CHINA REAL ESTATE YEARBOOK

2021

中国房地产年鉴

中国房地产业协会◎编著

企业管理出版社
ENTERPRISE MANAGEMENT PUBLISHING HOUSE

图书在版编目(CIP)数据

2021中国房地产年鉴 / 中国房地产业协会编著 . —北京:企业管理出版社,2021. 6

ISBN 978-7-5164-2373-8

Ⅰ. ①2… Ⅱ. ①中… Ⅲ. ①房地产业—中国—2021—年鉴 Ⅳ. ①F299. 233-54

中国版本图书馆CIP数据核字(2021)第070921号

书　　名: 2021中国房地产年鉴

作　　者: 中国房地产业协会

策划编辑: 刘一玲

责任编辑: 赵喜勤

书　　号: ISBN 978-7-5164-2373-8

出版发行: 企业管理出版社

地　　址: 北京市海淀区紫竹院南路17号　　邮编:100048

网　　址: http://www. emph. cn

电　　话: 编辑部010-68420809　发行部010-68414644

电子信箱: LiuYiLing0434@ 163. com

印　　刷: 北京市青云兴业印刷有限公司

经　　销: 新华书店

规　　格: 889毫米×1194毫米　16开本　40. 25印张　1200千字　彩插　5. 75印张

版　　次: 2021年6月第1版　2021年6月第1次印刷

定　　价: 598. 00元

编辑说明

2020年年初突发新冠肺炎疫情，楼市运行陷入困境。在政策扶持、企业自救、疫情受控、需求爆发等动因作用下，市场呈现V型反转，全年投资、销售面积及金额均创历史新高。为客观如实地反映中国房地产的年度发展，更好地为政府决策服务、为行业平稳健康发展服务、为会员单位提供市场信息服务，中国房地产业协会在连续十年编撰房地产年鉴的基础上，稳定总体框架，收录权威成果，推进内容创新，全新编撰了《2021中国房地产年鉴》。

2021版《年鉴》共有八个篇章。“政策篇”“大事记”以文字记述为主；“宏观篇”“产业篇”以数表记录为主；“市场篇”“城市篇”“企业篇”“发展篇”文字叙述和图表展示并重。

2021版《年鉴》主体结构及内容延续了2020版《年鉴》的体例，部分篇章内容根据实际情况和用户需求进行了调整。2021版《年鉴》收录的绝大部分数据是2020年年度的，个别部分是有关部门最新公布的2019年年度的数据。

“政策篇”收录了党中央、全国人大和国务院及其直属机构发布的房地产相关文件或会议要点。特别收录了《中华人民共和国民法典》“第二编物权”及地方政府为应对新冠肺炎疫情而出台的房地产复工复产政策。

“宏观篇”新增利率数据、住房保障支出数据、居民收支数据和全国第七次人口普查数据。

“市场篇”调整内容布局，包括全国房地产市场、存量住房市场、主要城市地价监测、城市住房价格指数四部分。原有的省、市分析报告移到“城市篇”。

“城市篇”包括全国18座城市及广东省的市场分析报告。国家统计局城市交易数据不再收录。

“企业篇”除了发布中国房地产业协会最新的三次年度重要测评榜单及广厦奖名单外，2021版《年鉴》还收录了首部中国房地产企业信用白皮书，以此彰显业内优秀企业品牌影响力，记录企业公民的社会责任。

“产业篇”“发展篇”“大事记”保持原有内容结构不变。

《年鉴》内容涉及面广、专业性强，加上编辑时间短和我们水平有限，难免还存在一定的局限和不足。我们愿意听取广大读者的意见，继续对《年鉴》进行改进和完善。

《年鉴》在编写过程中，得到住房和城乡建设部相关司局，中国宏观经济研究院、中国国土勘测规划院、中国物业管理协会、上海易居房地产研究院，各地住建部门、统计部门、房地产业协会（开发协会、开发建设促进会）和研究、监测、评估机构等几十家单位的约稿支持。中国房地产业协会相关专业委员会、协会副会长单位在《年鉴》内容编辑和推广方面也给予了宝贵的支持。在此一并表示衷心的感谢！

《2021中国房地产年鉴》编委会

2021年5月

《2021中国房地产年鉴》编辑委员会

目 录

Ⅰ. 政策篇

Ⅱ. 宏观篇

Ⅲ. 产业篇

Ⅳ. 市场篇

V. 城市篇

Ⅵ. 企业篇

Ⅶ. 发展篇

Ⅷ. 大事记

Ⅰ.政 策 篇

导 读

为综合反映2020年度房地产的法律法规、政策措施和重要会议精神，本篇收录了党中央、全国人大、国务院及其直属机构、最高人民法院等相关文件。地方层面专题收录各地为应对新冠肺炎疫情出台的房地产复工复产政策。有的内容节选，有的内容全文登载。

一、党中央、全国人大和国务院重要会议

2020年政府工作报告（节选）

2020年5月22日

国务院总理李克强代表国务院在第十三届全国人大三次会议上作《政府工作报告》：

一、2019年和今年以来工作回顾（节选）

新冠肺炎疫情发生后，党中央将疫情防控作为头等大事来抓，习近平总书记亲自指挥、亲自部署，坚持把人民生命安全和身体健康放在第一位。在党中央领导下，中央应对疫情工作领导小组及时研究部署，中央指导组加强指导督导，国务院联防联控机制统筹协调，各地区各部门履职尽责，社会各方面全力支持，开展了疫情防控的人民战争、总体战、阻击战。广大医务人员英勇奋战，人民解放军指战员勇挑重担，科技工作者协同攻关，社区工作者、公安干警、基层干部、新闻工作者、志愿者坚守岗位，快递、环卫、抗疫物资生产运输人员不辞劳苦，亿万普通劳动者默默奉献，武汉人民、湖北人民坚韧不拔，社会各界和港澳台同胞、海外侨胞捐款捐物。中华儿女风雨同舟、守望相助，筑起了抗击疫情的巍峨长城。

在疫情防控中，我们按照坚定信心、同舟共济、科学防治、精准施策的总要求，抓紧抓实抓细各项工作。及时采取应急举措，对新冠肺炎实行甲类传染病管理，各地启动重大突发公共卫生事件一级响应。坚决打赢武汉和湖北保卫战并取得决定性成果，通过果断实施严格管控措施，举全国之力予以支援，调派4万多名医护人员驰援，建设火神山、雷神山医院和方舱医院，快速扩充收治床位，优先保障医用物资，不断优化诊疗方案，坚持中西医结合，坚持“四集中”，全力救治患者，最大程度提高治愈率、降低病亡率。延长全国春节假期，推迟开学、灵活复工、错峰出行，坚持群防群控，坚持“四早”，坚决控制传染源，有效遏制疫情蔓延。加强药物、疫苗和检测试剂研发。迅速扩大医用物资生产，短时间内大幅增长，抓好生活必需品保供稳价，保障交通干线畅通和煤电油气供应。因应疫情变化，适时推进常态化防控。针对境外疫情蔓延情况，及时构建外防输入体系，加强对境外我国公民的关心关爱。积极开展国际合作，本着公开、透明、负责任态度，及时通报疫情信息，主动分享防疫技术和做法，相互帮助、共同抗疫。

对我们这样一个拥有14亿人口的发展中国家来说，能在较短时间内有效控制疫情，保障了人民基本生活，十分不易、成之惟艰。我们也付出巨大代价，一季度经济出现负增长，生产生活秩序受到冲击，但生命至上，这是必须承受也是值得付出的代价。我们统筹推进疫情防控和经济社会发展，不失时机推进复工复产，推出8个方面90项政策措施，实施援企稳岗，减免部分税费，免收所有收费公路通行费，降低用能成本，发放贴息贷款。按程序提前下达地方政府债务限额。不误农时抓春耕。不懈推进脱贫攻坚。发放抗疫一线和困难人员补助，将价格临时补贴标准提高1倍。这些政策使广大人民群众从中受益，及时有效促进了保供稳价和复工复产，我国经济表现出坚强韧性和巨大潜能。

去年以来经济社会发展和今年疫情防控取得的成绩，是以习近平同志为核心的党中央坚强领导的结果，是

习近平新时代中国特色社会主义思想科学指引的结果，是全党全军全国各族人民团结奋斗的结果。我代表国务院，向全国各族人民，向各民主党派、各人民团体和各界人士，表示诚挚感谢！向香港特别行政区同胞、澳门特别行政区同胞、台湾同胞和海外侨胞，表示诚挚感谢！向关心支持中国现代化建设和抗击疫情的各国政府、国际组织和各国朋友，表示诚挚感谢！

在肯定成绩的同时，我们也清醒看到面临的困难和问题。受全球疫情冲击，世界经济严重衰退，产业链供应链循环受阻，国际贸易投资萎缩，大宗商品市场动荡。国内消费、投资、出口下滑，就业压力显著加大，企业特别是民营企业、中小微企业困难凸显，金融等领域风险有所积聚，基层财政收支矛盾加剧。政府工作存在不足，形式主义、官僚主义仍较突出，少数干部不担当、不作为、不会为、乱作为。一些领域腐败问题多发。在疫情防控中，公共卫生应急管理等方面暴露出不少薄弱环节，群众还有一些意见和建议应予重视。我们一定要努力改进工作，切实履行职责，尽心竭力不辜负人民的期待。

二、今年发展主要目标和下一阶段工作总体部署

做好今年政府工作，要在以习近平同志为核心的党中央坚强领导下，以习近平新时代中国特色社会主义思想为指导，全面贯彻党的十九大和十九届二中、三中、四中全会精神，坚决贯彻党的基本理论、基本路线、基本方略，增强“四个意识”、坚定“四个自信”、做到“两个维护”，紧扣全面建成小康社会目标任务，统筹推进疫情防控和经济社会发展工作，在疫情防控常态化前提下，坚持稳中求进工作总基调，坚持新发展理念，坚持以供给侧结构性改革为主线，坚持以改革开放为动力推动高质量发展，坚决打好三大攻坚战，加大“六稳”工作力度，保居民就业、保基本民生、保市场主体、保粮食能源安全、保产业链供应链稳定、保基层运转，坚定实施扩大内需战略，维护经济发展和社会稳定大局，确保完成决战决胜脱贫攻坚目标任务，全面建成小康社会。

当前和今后一个时期，我国发展面临风险挑战前所未有，但我们有独特政治和制度优势、雄厚经济基础、巨大市场潜力，亿万人民勤劳智慧。只要直面挑战，坚定发展信心，增强发展动力，维护和用好我国发展重要战略机遇期，当前的难关一定能闯过，中国的发展必将充满希望。

综合研判形势，我们对疫情前考虑的预期目标作了适当调整。今年要优先稳就业保民生，坚决打赢脱贫攻坚战，努力实现全面建成小康社会目标任务；城镇新增就业 900 万人以上，城镇调查失业率 6% 左右，城镇登记失业率 5. 5% 左右；居民消费价格涨幅 3. 5% 左右；进出口促稳提质，国际收支基本平衡；居民收入增长与经济增长基本同步；现行标准下农村贫困人口全部脱贫、贫困县全部摘帽；重大金融风险有效防控；单位国内生产总值能耗和主要污染物排放量继续下降，努力完成“十三五”规划目标任务。

需要说明的是，我们没有提出全年经济增速具体目标，主要因为全球疫情和经贸形势不确定性很大，我国发展面临一些难以预料的影响因素。这样做，有利于引导各方面集中精力抓好“六稳”、“六保”。“六保”是今年“六稳”工作的着力点。守住“六保”底线，就能稳住经济基本盘；以保促稳、稳中求进，就能为全面建成小康社会夯实基础。要看到，无论是保住就业民生、实现脱贫目标，还是防范化解风险，都要有经济增长支撑，稳定经济运行事关全局。要用改革开放办法，稳就业、保民生、促消费，拉动市场、稳定增长，走出一条有效应对冲击、实现良性循环的新路子。

积极的财政政策要更加积极有为。今年赤字率拟按 3. 6% 以上安排，财政赤字规模比去年增加 1 万亿元，同时发行 1 万亿元抗疫特别国债。这是特殊时期的特殊举措。上述 2 万亿元全部转给地方，建立特殊转移支付机制，资金直达市县基层、直接惠企利民，主要用于保就业、保基本民生、保市场主体，包括支持减税降费、

减租降息、扩大消费和投资等，强化公共财政属性，决不允许截留挪用。要大力优化财政支出结构，基本民生支出只增不减，重点领域支出要切实保障，一般性支出要坚决压减，严禁新建楼堂馆所，严禁铺张浪费。各级政府必须真正过紧日子，中央政府要带头，中央本级支出安排负增长，其中非急需非刚性支出压减 50% 以上。各类结余、沉淀资金要应收尽收、重新安排。要大力提质增效，各项支出务必精打细算，一定要把每一笔钱都用在刀刃上、紧要处，一定要让市场主体和人民群众有真真切切的感受。

稳健的货币政策要更加灵活适度。综合运用降准降息、再贷款等手段，引导广义货币供应量和社会融资规模增速明显高于去年。保持人民币汇率在合理均衡水平上基本稳定。创新直达实体经济的货币政策工具，务必推动企业便利获得贷款，推动利率持续下行。

就业优先政策要全面强化。财政、货币和投资等政策要聚力支持稳就业。努力稳定现有就业，积极增加新的就业，促进失业人员再就业。各地要清理取消对就业的不合理限制，促就业举措要应出尽出，拓岗位办法要能用尽用。

脱贫是全面建成小康社会必须完成的硬任务，要坚持现行脱贫标准，增加扶贫投入，强化扶贫举措落实，确保剩余贫困人口全部脱贫，健全和执行好返贫人口监测帮扶机制，巩固脱贫成果。要打好蓝天、碧水、净土保卫战，实现污染防治攻坚战阶段性目标。加强金融等领域重大风险防控，坚决守住不发生系统性风险底线。

今年已过去近 5 个月，下一阶段要毫不放松常态化疫情防控，抓紧做好经济社会发展各项工作。出台的政策既保持力度又考虑可持续性，根据形势变化还可完善，我们有决心有能力完成全年目标任务。

三、加大宏观政策实施力度，着力稳企业保就业

保障就业和民生，必须稳住上亿市场主体，尽力帮助企业特别是中小微企业、个体工商户渡过难关。

加大减税降费力度。强化阶段性政策，与制度性安排相结合，放水养鱼，助力市场主体纾困发展。继续执行去年出台的下调增值税税率和企业养老保险费率政策，新增减税降费约 5000 亿元。前期出台 6 月前到期的减税降费政策，包括免征中小微企业养老、失业和工伤保险单位缴费，减免小规模纳税人增值税，免征公共交通运输、餐饮住宿、旅游娱乐、文化体育等服务增值税，减免民航发展基金、港口建设费，执行期限全部延长到今年年底。小微企业、个体工商户所得税缴纳一律延缓到明年。预计全年为企业新增减负超过 2.5 万亿元。要坚决把减税降费政策落到企业，留得青山，赢得未来。

推动降低企业生产经营成本。降低工商业电价 5% 政策延长到今年年底。宽带和专线平均资费降低 15%。减免国有房产租金，鼓励各类业主减免或缓收房租，并予政策支持。坚决整治涉企违规收费。

强化对稳企业的金融支持。中小微企业贷款延期还本付息政策再延长至明年 3 月底，对普惠型小微企业贷款应延尽延，对其他困难企业贷款协商延期。完善考核激励机制，鼓励银行敢贷、愿贷、能贷，大幅增加小微企业信用贷、首贷、无还本续贷，利用金融科技和大数据降低服务成本，提高服务精准性。大幅拓展政府性融资担保覆盖面并明显降低费率。大型商业银行普惠型小微企业贷款增速要高于 40%。促进涉企信用信息共享。支持企业扩大债券融资。加强监管，防止资金“空转”套利，打击恶意逃废债。金融机构与贷款企业共生共荣，鼓励银行合理让利。为保市场主体，一定要让中小微企业贷款可获得性明显提高，一定要让综合融资成本明显下降。

千方百计稳定和扩大就业。加强对重点行业、重点群体就业支持。今年高校毕业生达 874 万人，要促进市场化社会化就业，高校和属地政府都要提供不断线的就业服务，扩大基层服务项目招聘。做好退役军人安置和

就业保障。实行农民工在就业地平等享受就业服务政策。帮扶残疾人、零就业家庭等困难群体就业。我国包括零工在内的灵活就业人员数以亿计，今年对低收入人员实行社保费自愿缓缴政策，涉及就业的行政事业性收费全部取消，合理设定流动摊贩经营场所。资助以训稳岗拓岗，加强面向市场的技能培训，鼓励以工代训，共建共享生产性实训基地，今明两年职业技能培训 3500 万人次以上，高职院校扩招 200 万人，要使更多劳动者长技能、好就业。

四、依靠改革激发市场主体活力，增强发展新动能

困难挑战越大，越要深化改革，破除体制机制障碍，激发内生发展动力。

深化“放管服”改革。在常态化疫情防控下，要调整措施、简化手续，促进全面复工复产、复市复业。推动更多服务事项一网通办，做到企业开办全程网上办理。放宽小微企业、个体工商户登记经营场所限制，便利各类创业者注册经营、及时享受扶持政策。支持大中小企业融通发展。完善社会信用体系。以公正监管维护公平竞争，持续打造市场化、法治化、国际化营商环境。

推进要素市场化配置改革。推动中小银行补充资本和完善治理，更好服务中小微企业。改革创业板并试点注册制，发展多层次资本市场。强化保险保障功能。赋予省级政府建设用地更大自主权。促进人才流动，培育技术和数据市场，激活各类要素潜能。

提升国资国企改革成效。实施国企改革三年行动。健全现代企业制度，完善国资监管体制，深化混合所有制改革。基本完成剥离办社会职能和解决历史遗留问题。国企要聚焦主责主业，健全市场化经营机制，提高核心竞争力。

优化民营经济发展环境。保障民营企业平等获取生产要素和政策支持，清理废除与企业性质挂钩的不合理规定。限期完成清偿政府机构、国有企业拖欠民营和中小企业款项的任务。构建亲清政商关系，促进非公有制经济健康发展。

推动制造业升级和新兴产业发展。支持制造业高质量发展。大幅增加制造业中长期贷款。发展工业互联网，推进智能制造，培育新兴产业集群。发展研发设计、现代物流、检验检测认证等生产性服务业。电商网购、在线服务等新业态在抗疫中发挥了重要作用，要继续出台支持政策，全面推进“互联网 +”，打造数字经济新优势。

提高科技创新支撑能力。稳定支持基础研究和应用基础研究，引导企业增加研发投入，促进产学研融通创新。加快建设国家实验室，重组国家重点实验室体系，发展社会研发机构，加强关键核心技术攻关。发展民生科技。深化国际科技合作。加强知识产权保护。改革科技成果转化机制，畅通创新链，营造鼓励创新、宽容失败的科研环境。实行重点项目攻关“揭榜挂帅”，谁能干就让谁干。

深入推进大众创业万众创新。发展创业投资和股权投资，增加创业担保贷款。深化新一轮全面创新改革试验，新建一批双创示范基地，坚持包容审慎监管，发展平台经济、共享经济，更大激发社会创造力。

五、实施扩大内需战略，推动经济发展方式加快转变

我国内需潜力大，要深化供给侧结构性改革，突出民生导向，使提振消费与扩大投资有效结合、相互促进。

推动消费回升。通过稳就业促增收保民生，提高居民消费意愿和能力。支持餐饮、商场、文化、旅游、家政等生活服务业恢复发展，推动线上线下融合。促进汽车消费，大力解决停车难问题。发展养老、托幼服务。

发展大健康产业。改造提升步行街。支持电商、快递进农村，拓展农村消费。要多措并举扩消费，适应群众多元化需求。

扩大有效投资。今年拟安排地方政府专项债券3.75万亿元，比去年增加1.6万亿元，提高专项债券可用作项目资本金的比例，中央预算内投资安排6000亿元。重点支持既促消费惠民生又调结构增后劲的“两新一重”建设，主要是：加强新型基础设施建设，发展新一代信息网络，拓展5G应用，建设数据中心，增加充电桩、换电站等设施，推广新能源汽车，激发新消费需求、助力产业升级。加强新型城镇化建设，大力提升县城公共设施和服务能力，以适应农民日益增加的到县城就业安家需求。新开工改造城镇老旧小区3.9万个，支持管网改造、加装电梯等，发展居家养老、用餐、保洁等多样社区服务。加强交通、水利等重大工程建设。增加国家铁路建设资本金1000亿元。健全市场化投融资机制，支持民营企业平等参与。要优选项目，不留后遗症，让投资持续发挥效益。

深入推进新型城镇化。发挥中心城市和城市群综合带动作用，培育产业、增加就业。坚持房子是用来住的、不是用来炒的定位，因城施策，促进房地产市场平稳健康发展。完善便民、无障碍设施，让城市更宜业宜居。

加快落实区域发展战略。继续推动西部大开发、东北全面振兴、中部地区崛起、东部率先发展。深入推进京津冀协同发展、粤港澳大湾区建设、长三角一体化发展。推进长江经济带共抓大保护。编制黄河流域生态保护和高质量发展规划纲要。推动成渝地区双城经济圈建设。促进革命老区、民族地区、边疆地区、贫困地区加快发展。发展海洋经济。

实施好支持湖北发展一揽子政策，支持保就业、保民生、保运转，促进经济社会秩序全面恢复。

提高生态环境治理成效。突出依法、科学、精准治污。深化重点地区大气污染治理攻坚。加强污水、垃圾处置设施建设，推进生活垃圾分类。加快人口密集区危化品生产企业搬迁改造。壮大节能环保产业。严惩非法捕杀、交易、食用野生动物行为。实施重要生态系统保护和修复重大工程，促进生态文明建设。

保障能源安全。推动煤炭清洁高效利用，发展可再生能源，完善石油、天然气、电力产供销体系，提升能源储备能力。

六、确保实现脱贫攻坚目标，促进农业丰收农民增收

落实脱贫攻坚和乡村振兴举措，保障重要农产品供给，提高农民生活水平。

坚决打赢脱贫攻坚战。加大剩余贫困县和贫困村攻坚力度，对外出务工劳动力，要在就业地稳岗就业。开展消费扶贫行动，支持扶贫产业恢复发展。加强易地扶贫搬迁后续扶持。深化东西部扶贫协作和中央单位定点扶贫。强化对特殊贫困人口兜底保障。搞好脱贫攻坚普查。继续执行对摘帽县的主要扶持政策。接续推进脱贫与乡村振兴有效衔接，全力让脱贫群众迈向富裕。

着力抓好农业生产。稳定粮食播种面积和产量，提高复种指数，提高稻谷最低收购价，增加产粮大县奖励，大力防治重大病虫害。支持大豆等油料生产。惩处违法违规侵占耕地行为，新建高标准农田8000万亩。培育推广优良品种。完善农机补贴政策。深化农村改革。加强非洲猪瘟等疫病防控，恢复生猪生产，发展畜禽水产养殖。健全农产品流通体系。压实“米袋子”省长负责制和“菜篮子”市长负责制。14亿中国人的饭碗，我们有能力也务必牢牢端在自己手中。

拓展农民就业增收渠道。支持农民就近就业创业，促进一二三产业融合发展，扩大以工代赈规模，让返乡农民工能打工、有收入。加强农民职业技能培训。依法根治拖欠农民工工资问题。扶持适度规模经营主体，加

强农户社会化服务。支持农产品深加工。完善乡村产业发展用地保障政策。增强集体经济实力。增加专项债券投入，支持现代农业设施、饮水安全工程和人居环境整治，持续改善农民生产生活条件。

七、推进更高水平对外开放，稳住外贸外资基本盘

面对外部环境变化，要坚定不移扩大对外开放，稳定产业链供应链，以开放促改革促发展。

促进外贸基本稳定。围绕支持企业增订单稳岗位保就业，加大信贷投放，扩大出口信用保险覆盖面，降低进出口合规成本，支持出口产品转内销。加快跨境电商等新业态发展，提升国际货运能力。推进新一轮服务贸易创新发展试点。筹办好第三届进博会，积极扩大进口，发展更高水平面向世界的大市场。

积极利用外资。大幅缩减外资准入负面清单，出台跨境服务贸易负面清单。深化经济特区改革开放。赋予自贸试验区更大改革开放自主权，在中西部地区增设自贸试验区、综合保税区，增加服务业扩大开放综合试点。加快海南自由贸易港建设。营造内外资企业一视同仁、公平竞争的市场环境。

高质量共建“一带一路”。坚持共商共建共享，遵循市场原则和国际通行规则，发挥企业主体作用，开展互惠互利合作。引导对外投资健康发展。

推动贸易和投资自由化便利化。坚定维护多边贸易体制，积极参与世贸组织改革。推动签署区域全面经济伙伴关系协定，推进中日韩等自贸谈判。共同落实中美第一阶段经贸协议。中国致力于加强与各国经贸合作，实现互利共赢。

八、围绕保障和改善民生，推动社会事业改革发展

面对困难，基本民生的底线要坚决兜牢，群众关切的事情要努力办好。

加强公共卫生体系建设。坚持生命至上，改革疾病预防控制体制，加强传染病防治能力建设，完善传染病直报和预警系统，坚持及时公开透明发布疫情信息。用好抗疫特别国债，加大疫苗、药物和快速检测技术研发投入，增加防疫救治医疗设施，增加移动实验室，强化应急物资保障，强化基层卫生防疫。加快公共卫生人才队伍建设。深入开展爱国卫生运动。普及卫生健康知识，倡导健康文明生活方式。要大幅提升防控能力，坚决防止疫情反弹，坚决守护人民健康。

提高基本医疗服务水平。居民医保人均财政补助标准增加 30 元，开展门诊费用跨省直接结算试点。对受疫情影响的医疗机构给予扶持。深化公立医院综合改革。发展“互联网 + 医疗健康”。建设区域医疗中心。提高城乡社区医疗服务能力。推进分级诊疗。促进中医药振兴发展，加强中西医结合。构建和谐医患关系。严格食品药品监管，确保安全。

推动教育公平发展和质量提升。坚持立德树人。有序组织中小学教育教学和中高考工作。加强乡镇寄宿制学校、乡村小规模学校和县城学校建设。完善随迁子女义务教育入学政策。办好特殊教育、继续教育，支持和规范民办教育。发展普惠性学前教育，帮助民办幼儿园纾困。推动高等教育内涵式发展，推进一流大学和一流学科建设，支持中西部高校发展。扩大高校面向农村和贫困地区招生规模。发展职业教育。加强教师队伍建设。推进教育信息化。要稳定教育投入，优化投入结构，缩小城乡、区域、校际差距，让教育资源惠及所有家庭和孩子，让他们有更光明未来。

加大基本民生保障力度。上调退休人员基本养老金，提高城乡居民基础养老金最低标准。实现企业职工基本养老保险基金省级统收统支，提高中央调剂比例。全国近 3 亿人领取养老金，必须确保按时足额发放。落实退役军人优抚政策。做好因公殉职人员抚恤。扩大失业保险保障范围，将参保不足 1 年的农民工等失业人员都

纳入常住地保障。完善社会救助制度。扩大低保保障范围，对城乡困难家庭应保尽保，将符合条件的城镇失业和返乡人员及时纳入低保。对因灾因病因残遭遇暂时困难的人员，都要实施救助。要切实保障所有困难群众基本生活，保民生也必将助力更多失业人员再就业敢创业。

丰富群众精神文化生活。培育和践行社会主义核心价值观，发展哲学社会科学、新闻出版、广播影视等事业。加强文物保护利用和非物质文化遗产传承。加强公共文化服务，筹办北京冬奥会、冬残奥会，倡导全民健身和全民阅读，使全社会充满活力、向上向善。

加强和创新社会治理。健全社区管理和服务机制。加强乡村治理。支持社会组织、人道救助、志愿服务、慈善事业等健康发展。保障妇女、儿童、老人、残疾人合法权益。完善信访制度，加强法律援助，及时解决群众合理诉求，妥善化解矛盾纠纷。开展第七次全国人口普查。加强国家安全能力建设。完善社会治安防控体系，依法打击各类犯罪，建设更高水平的平安中国。

强化安全生产责任。加强洪涝、火灾、地震等灾害防御，做好气象服务，提高应急管理、抢险救援和防灾减灾能力。实施安全生产专项整治。坚决遏制重特大事故发生。

2021年政府工作报告（节选）

2021年3月5日

国务院总理李克强代表国务院在第十三届全国人大四次会议上作《政府工作报告》：

一、2020年工作回顾（节选）

过去一年，在新中国历史上极不平凡。面对突如其来的新冠肺炎疫情、世界经济深度衰退等多重严重冲击，在以习近平同志为核心的党中央坚强领导下，全国各族人民顽强拼搏，疫情防控取得重大战略成果，在全球主要经济体中唯一实现经济正增长，脱贫攻坚战取得全面胜利，决胜全面建成小康社会取得决定性成就，交出一份人民满意、世界瞩目、可以载入史册的答卷。全年发展主要目标任务较好完成，我国改革开放和社会主义现代化建设又取得新的重大进展。

在艰辛的抗疫历程中，党中央始终坚持人民至上、生命至上，习近平总书记亲自指挥、亲自部署，各方面持续努力，不断巩固防控成果。我们针对疫情形势变化，及时调整防控策略，健全常态化防控机制，有效处置局部地区聚集性疫情，最大限度保护了人民生命安全和身体健康，为恢复生产生活秩序创造必要条件。

一年来，我们贯彻党中央决策部署，统筹推进疫情防控和经济社会发展，主要做了以下工作。

一是围绕市场主体的急需制定和实施宏观政策，稳住了经济基本盘。面对历史罕见的冲击，我们在“六稳”工作基础上，明确提出“六保”任务，特别是保就业保民生保市场主体，以保促稳、稳中求进。立足国情实际，既及时果断又保持定力，坚持不搞“大水漫灌”，科学把握规模性政策的平衡点。注重用改革和创新办法，助企纾困和激发活力并举，帮助受冲击最直接且量大面广的中小微企业和个体工商户渡难关。实施阶段性大规模减税降费，与制度性安排相结合，全年为市场主体减负超过2.6万亿元，其中减免社保费1.7万亿元。创新宏观政策实施方式，对新增2万亿元中央财政资金建立直达机制，省级财政加大资金下沉力度，共同为市县基层落实惠企利民政策及时补充财力。支持银行定向增加贷款并降低利率水平，对中小微企业贷款延期还本付息，大型商业银行普惠小微企业贷款增长50%以上，金融系统向实体经济让利1.5万亿元。对大企业复工复产加强“点对点”服务。经过艰苦努力，我们率先实现复工复产，经济恢复好于预期，全年国内生产总值增长2.3%，宏观调控积累了新的经验，以合理代价取得较大成效。

二是优先稳就业保民生，人民生活得到切实保障。就业是最大的民生，保市场主体也是为稳就业保民生。各地加大稳岗扩岗激励力度，企业和员工共同克服困难。多渠道做好重点群体就业工作，支持大众创业万众创新带动就业。新增市场主体恢复快速增长，创造了大量就业岗位。城镇新增就业1186万人，年末全国城镇调查失业率降到5.2%。作为最大发展中国家，在巨大冲击下能够保持就业大局稳定，尤为难能可贵。加强生活必需品保供稳价，居民消费价格上涨2.5%。线上办公、网络购物、无接触配送等广泛开展。大幅度扩大失业保险保障范围。对因疫情遇困群众及时给予救助，新纳入低保、特困供养近600万人，实施临时救助超过800万人次。抵御严重洪涝、台风等自然灾害，全力应急抢险救援，妥善安置受灾群众，保障了人民群众生命财产安全和基本生活。

三是坚决打好三大攻坚战，主要目标任务如期完成。较大幅度增加财政扶贫资金投入。对工作难度大的贫困县和贫困村挂牌督战，精准落实各项帮扶措施。优先支持贫困劳动力稳岗就业，帮助返乡贫困劳动力再就业，努力稳住务工收入。加大产业扶贫力度，深入开展消费扶贫。加强易返贫致贫人口监测和帮扶。年初剩余的551万农村贫困人口全部脱贫、52个贫困县全部摘帽。继续打好蓝天、碧水、净土保卫战，完成污染防治攻坚战阶段性目标任务。长江、黄河、海岸带等重要生态系统保护和修复重大工程深入实施，生态建设得到加强。稳妥化解地方政府债务风险，及时处置一批重大金融风险隐患。

四是坚定不移推进改革开放，发展活力和内生动力进一步增强。完善要素市场化配置体制机制。加强产权保护。深入推进“放管服”改革，实施优化营商环境条例。出台国企改革三年行动方案。支持民营企业发展。完善资本市场基础制度。扎实推进农业农村、社会事业等领域改革。共建“一带一路”稳步推进。海南自由贸易港建设等重大举措陆续推出。成功举办第三届中国国际进口博览会、中国国际服务贸易交易会。推动区域全面经济伙伴关系协定签署。完成中欧投资协定谈判。维护产业链供应链稳定，对外贸易和利用外资保持增长。

五是大力促进科技创新，产业转型升级步伐加快。建设国际科技创新中心和综合性国家科学中心，成功组建首批国家实验室。“天问一号”、“嫦娥五号”、“奋斗者”号等突破性成果不断涌现。加强关键核心技术攻关。加大知识产权保护力度。支持科技成果转化应用，促进大中小企业融通创新，推广全面创新改革试验相关举措。推动产业数字化智能化改造，战略性新兴产业保持快速发展势头。

六是推进新型城镇化和乡村振兴，城乡区域发展格局不断优化。加大城镇老旧小区改造力度，因城施策促进房地产市场平稳健康发展。粮食实现增产，生猪产能加快恢复，乡村建设稳步展开，农村人居环境整治成效明显。推进煤电油气产供储销体系建设，提升能源安全保障能力。健全区域协调发展体制机制，在实施重大区域发展战略方面出台一批新举措。

七是加强依法行政和社会建设，社会保持和谐稳定。提请全国人大常委会审议法律议案9件，制定修订行政法规37部。认真办理人大代表建议和政协委员提案。广泛开展线上教学，秋季学期实现全面复学，1000多万高中毕业生顺利完成高考。全面深化教育领域综合改革。实现高职院校扩招100万人目标。加大公共卫生体系建设力度。提升大规模核酸检测能力，新冠肺炎患者治疗费用全部由国家承担。提高退休人员基本养老金，上调城乡居民基础养老金最低标准，保障养老金按时足额发放，实现企业养老保险基金省级统收统支。加强公共文化服务。完善城乡基层治理。扎实做好信访工作。发挥审计监督作用。开展国务院大督查。做好第七次全国人口普查、国家脱贫攻坚普查。加强生产安全事故防范和处置。严格食品药品疫苗监管。强化社会治安综合治理，持续推进扫黑除恶专项斗争，平安中国建设取得新成效。

二、“十三五”时期发展成就和“十四五”时期主要目标任务（节选）

过去五年，我国经济社会发展取得新的历史性成就。经济运行总体平稳，经济结构持续优化，国内生产总值从不到70万亿元增加到超过100万亿元。创新型国家建设成果丰硕，在载人航天、探月工程、深海工程、超级计算、量子信息等领域取得一批重大科技成果。脱贫攻坚成果举世瞩目，5575万农村贫困人口实现脱贫，960多万建档立卡贫困人口通过易地扶贫搬迁摆脱了“一方水土难养一方人”的困境，区域性整体贫困得到解决，完成了消除绝对贫困的艰巨任务。农业现代化稳步推进，粮食生产连年丰收。1亿农业转移人口和其他常住人口在城镇落户目标顺利实现，城镇棚户区住房改造超过2100万套。区域重大战略扎实推进。污染防治力度加大，资源能源利用效率显著提升，生态环境明显改善。金融风险处置取得重要阶段性成果。全面深化改革取得重大突破，供给侧结构性改革持续推进，“放管服”改革不断深入，营商环境持续改善。对外开放持续扩大，共建“一带一路”成果丰硕。人民生活水平显著提高，城镇新增就业超过6000万人，建成世界上规模最大的社会保障体系。全面建立实施困难残疾人生活补贴和重度残疾人护理补贴制度。教育、卫生、文化等领域发展取得新成就，教育公平和质量较大提升，医疗卫生事业加快发展，文化事业和文化产业繁荣发展。国防和军队建设水平大幅提升。国家安全全面加强，社会保持和谐稳定。经过五年持续奋斗，“十三五”规划主要目标任务胜利完成，中华民族伟大复兴向前迈出了新的一大步。

三、2021年重点工作（略）

2020年重要会议关于房地产要点汇总

会议名称	日期	主要内容
房地产工作座谈会	7月24日	要坚持从全局出发，进一步提高认识、统一思想，牢牢坚持房子是用来住的、不是用来炒的定位，坚持不将房地产作为短期刺激经济的手段，坚持稳地价、稳房价、稳预期，因城施策、一城一策，从各地实际出发，采取差异化调控措施，及时科学精准调控，确保房地产市场平稳健康发展。 要坚持问题导向，高度重视当前房地产市场出现的新情况新问题，时刻绷紧房地产调控这根弦，坚定不移推进落实好长效机制。要全面落实城市政府主体责任，发现问题要快速反应和处置，及时采取有针对性的政策措施。要实施好房地产金融审慎管理制度，稳住存量、严控增量，防止资金违规流入房地产市场。要加强市场监测，对市场异动及时提示、指导和预警，精准分析市场形势。要抓紧建立住宅用地市场监测指标体系，定期公开各地土地储备和已出让土地建设进展情况，接受社会监督。要发挥财税政策作用，有效调节住房需求。要持续整治房地产市场乱象，依法有效查处违法违规行为。要做好住房保障工作，因地制宜推进城镇老旧小区和棚户区改造，着力解决城市新市民和年轻人住房问题

续表

会议名称	日期	主要内容
中共中央政治局会议	4 月 17 日	要积极扩大有效投资，实施老旧小区改造，加强传统基础设施和新型基础设施投资，促进传统产业改造升级，扩大战略性新兴产业投资。要着力帮扶中小企业渡过难关，加快落实各项政策，推进减税降费，降低融资成本和房屋租金，提高中小企业生存和发展能力。要保持我国产业链供应链的稳定性和竞争力，促进产业链协同复工复产达产。要坚持房子是用来住的、不是用来炒的定位，促进房地产市场平稳健康发展
	7 月 30 日	要加快新型基础设施建设，深入推进重大区域发展战略，加快国家重大战略项目实施步伐。要以新型城镇化带动投资和消费需求，推动城市群、都市圈一体化发展体制机制创新。要坚持房子是用来住的、不是用来炒的定位，促进房地产市场平稳健康发展
	12 月 11 日	要整体推进改革开放，强化国家战略科技力量，增强产业链供应链自主可控能力，形成强大国内市场，夯实农业基础，强化反垄断和防止资本无序扩张，促进房地产市场平稳健康发展，持续改善生态环境质量。要对全面建成小康社会进行系统评估和总结，巩固拓展脱贫攻坚成果，做好同乡村振兴有效衔接
国务院常务会议	2 月 18 日	阶段性减免企业养老、失业、工伤保险单位缴费，以减轻疫情对企业特别是中小微企业的影响。6 月底前，企业可申请缓缴住房公积金，在此期间对职工因受疫情影响未能正常还款的公积金贷款，不作逾期处理
	3 月 17 日	抓紧出台公有用房对中小微企业租金减免的指导标准。鼓励地方对让利小微企业和个体工商户的私有用房业主、平台企业给予补贴
	4 月 14 日	2020 年各地计划改造城镇老旧小区 3.9 万个，涉及居民近 700 万户，比去年增加 1 倍，重点是 2000 年底前建成的住宅区。各地要统筹负责，按照居民意愿，重点改造完善小区配套和市政基础设施，提升社区养老、托育、医疗等公共服务水平。建立政府与居民、社会力量合理共担改造资金的机制，中央财政给予补助，地方政府专项债给予倾斜，鼓励社会资本参与改造运营
	4 月 21 日	推动对承租国有房屋的服务业小微企业和个体工商户，免除上半年 3 个月租金。国有企业尤其是央企和高校、研究院所等企事业单位要带头。出租人减免租金的可按规定减免当年房产税、城镇土地使用税，并引导国有银行对减免租金的出租人视需要给予优惠利率质押贷款等支持。非国有房屋减免租金的可同等享受上述各项政策优惠
	7 月 22 日	推进以人为核心的新型城镇化。加强城市短板领域建设，围绕农民进城就业安家需求提升县城公共设施和服务水平。 一要针对防疫和防汛防灾减灾中暴露出的问题，着力加强公共卫生体系和相关设施建设，提高城市预防和应对重大疫病的综合能力。科学规划和改造完善城市河道、堤防、水库、排水管网等防洪排涝设施，加强台风、地震、火灾等各种灾害防御能力建设。 二要着眼满足群众改善生活品质需求，加快推进老旧小区改造，加大环保设施、社区公共服务、智能化改造、公共停车场等薄弱环节建设，提高城市发展质量。 三要针对大量农民到县城居住发展的需求，加大以县城为载体的城镇化建设，完善县城交通、垃圾污水处理等公共设施，建设适应进城农民刚性需求的住房，提高县城承载能力。 四要引导促进多元化投入支持新型城镇化建设。完善公益性项目财政资金保障机制，地方政府专项债资金对有一定收益、确需建设的公共设施项目予以倾斜。发挥财政资金撬动作用，建立公用事业项目合理回报机制，吸引社会资本投入，积极引导开发性政策性和商业性金融机构加大中长期信贷支持。各地要加强项目储备和开发，逐步解决城市发展历史欠账。坚决防止搞脱离实际的形象工程。 五要发展劳动密集型产业，为进城农民就近打工就业提供机会

续表

会议名称	日期	主要内容
中央经济工作会议	12 月 16—18 日	解决好大城市住房突出问题。住房问题关系民生福祉。要坚持房子是用来住的、不是用来炒的定位，因地制宜、多策并举，促进房地产市场平稳健康发展。要高度重视保障性租赁住房建设，加快完善长租房政策，逐步使租购住房在享受公共服务上具有同等权利，规范发展长租房市场。土地供应要向租赁住房建设倾斜，单列租赁住房用地计划，探索利用集体建设用地和企事业单位自有闲置土地建设租赁住房，国有和民营企业都要发挥功能作用。要降低租赁住房税费负担，整顿租赁市场秩序，规范市场行为，对租金水平进行合理调控

中共中央关于制定国民经济和社会发展第十四个五年规划和二〇三五年远景目标的建议

（2020 年 10 月 29 日中国共产党第十九届中央委员会第五次全体会议通过）

一、全面建成小康社会，开启全面建设社会主义现代化国家新征程

1. 决胜全面建成小康社会取得决定性成就。“十三五”时期是全面建成小康社会决胜阶段。面对错综复杂的国际形势、艰巨繁重的国内改革发展稳定任务特别是新冠肺炎疫情严重冲击，以习近平同志为核心的党中央不忘初心、牢记使命，团结带领全党全国各族人民砥砺前行、开拓创新，奋发有为推进党和国家各项事业。全面深化改革取得重大突破，全面依法治国取得重大进展，全面从严治党取得重大成果，国家治理体系和治理能力现代化加快推进，中国共产党领导和我国社会主义制度优势进一步彰显；经济实力、科技实力、综合国力跃上新的大台阶，经济运行总体平稳，经济结构持续优化，预计二〇二〇年国内生产总值突破一百万亿元；脱贫攻坚成果举世瞩目，五千五百七十五万农村贫困人口实现脱贫；粮食年产量连续五年稳定在一万三千亿斤以上；污染防治力度加大，生态环境明显改善；对外开放持续扩大，共建“一带一路”成果丰硕；人民生活水平显著提高，高等教育进入普及化阶段，城镇新增就业超过六千万人，建成世界上规模最大的社会保障体系，基本医疗保险覆盖超过十三亿人，基本养老保险覆盖近十亿人，新冠肺炎疫情防控取得重大战略成果；文化事业和文化产业繁荣发展；国防和军队建设水平大幅提升，军队组织形态实现重大变革；国家安全全面加强，社会保持和谐稳定。“十三五”规划目标任务即将完成，全面建成小康社会胜利在望，中华民族伟大复兴向前迈出了新的一大步，社会主义中国以更加雄伟的身姿屹立于世界东方。全党全国各族人民要再接再厉、一鼓作气，确保如期打赢脱贫攻坚战，确保如期全面建成小康社会、实现第一个百年奋斗目标，为开启全面建设社会主义现代化国家新征程奠定坚实基础。

2. 我国发展环境面临深刻复杂变化。当前和今后一个时期，我国发展仍然处于重要战略机遇期，但机遇和挑战都有新的发展变化。当今世界正经历百年未有之大变局，新一轮科技革命和产业变革深入发展，国际力量对比深刻调整，和平与发展仍然是时代主题，人类命运共同体理念深入人心，同时国际环境日趋复杂，不稳定性不确定性明显增加，新冠肺炎疫情影响广泛深远，经济全球化遭遇逆流，世界进入动荡变革期，单边主义、保护主义、霸权主义对世界和平与发展构成威胁。我国已转向高质量发展阶段，制度优势显著，治理效能提

升，经济长期向好，物质基础雄厚，人力资源丰富，市场空间广阔，发展韧性强劲，社会大局稳定，继续发展具有多方面优势和条件，同时我国发展不平衡不充分问题仍然突出，重点领域关键环节改革任务仍然艰巨，创新能力不适应高质量发展要求，农业基础还不稳固，城乡区域发展和收入分配差距较大，生态环保任重道远，民生保障存在短板，社会治理还有弱项。全党要统筹中华民族伟大复兴战略全局和世界百年未有之大变局，深刻认识我国社会主要矛盾变化带来的新特征新要求，深刻认识错综复杂的国际环境带来的新矛盾新挑战，增强机遇意识和风险意识，立足社会主义初级阶段基本国情，保持战略定力，办好自己的事，认识和把握发展规律，发扬斗争精神，树立底线思维，准确识变、科学应变、主动求变，善于在危机中育先机、于变局中开新局，抓住机遇，应对挑战，趋利避害，奋勇前进。

3. 到二〇三五年基本实现社会主义现代化远景目标。党的十九大对实现第二个百年奋斗目标作出分两个阶段推进的战略安排，即到二〇三五年基本实现社会主义现代化，到本世纪中叶把我国建成富强民主文明和谐美丽的社会主义现代化强国。展望二〇三五年，我国经济实力、科技实力、综合国力将大幅跃升，经济总量和城乡居民人均收入将再迈上新的大台阶，关键核心技术实现重大突破，进入创新型国家前列；基本实现新型工业化、信息化、城镇化、农业现代化，建成现代化经济体系；基本实现国家治理体系和治理能力现代化，人民平等参与、平等发展权利得到充分保障，基本建成法治国家、法治政府、法治社会；建成文化强国、教育强国、人才强国、体育强国、健康中国，国民素质和社会文明程度达到新高度，国家文化软实力显著增强；广泛形成绿色生产生活方式，碳排放达峰后稳中有降，生态环境根本好转，美丽中国建设目标基本实现；形成对外开放新格局，参与国际经济合作和竞争新优势明显增强；人均国内生产总值达到中等发达国家水平，中等收入群体显著扩大，基本公共服务实现均等化，城乡区域发展差距和居民生活水平差距显著缩小；平安中国建设达到更高水平，基本实现国防和军队现代化；人民生活更加美好，人的全面发展、全体人民共同富裕取得更为明显的实质性进展。

二、“十四五”时期经济社会发展指导方针和主要目标

4. “十四五”时期经济社会发展指导思想。高举中国特色社会主义伟大旗帜，深入贯彻党的十九大和十九届二中、三中、四中、五中全会精神，坚持以马克思列宁主义、毛泽东思想、邓小平理论、“三个代表”重要思想、科学发展观、习近平新时代中国特色社会主义思想为指导，全面贯彻党的基本理论、基本路线、基本方略，统筹推进经济建设、政治建设、文化建设、社会建设、生态文明建设的总体布局，协调推进全面建设社会主义现代化国家、全面深化改革、全面依法治国、全面从严治党的战略布局，坚定不移贯彻创新、协调、绿色、开放、共享的新发展理念，坚持稳中求进工作总基调，以推动高质量发展为主题，以深化供给侧结构性改革为主线，以改革创新为根本动力，以满足人民日益增长的美好生活需要为根本目的，统筹发展和安全，加快建设现代化经济体系，加快构建以国内大循环为主体、国内国际双循环相互促进的新发展格局，推进国家治理体系和治理能力现代化，实现经济行稳致远、社会安定和谐，为全面建设社会主义现代化国家开好局、起好步。

5. “十四五”时期经济社会发展必须遵循的原则。

——坚持党的全面领导。坚持和完善党领导经济社会发展的体制机制，坚持和完善中国特色社会主义制度，不断提高贯彻新发展理念、构建新发展格局能力和水平，为实现高质量发展提供根本保证。

——坚持以人民为中心。坚持人民主体地位，坚持共同富裕方向，始终做到发展为了人民、发展依靠人民、发展成果由人民共享，维护人民根本利益，激发全体人民积极性、主动性、创造性，促进社会公平，增进

民生福祉，不断实现人民对美好生活的向往。

——坚持新发展理念。把新发展理念贯穿发展全过程和各领域，构建新发展格局，切实转变发展方式，推动质量变革、效率变革、动力变革，实现更高质量、更有效率、更加公平、更可持续、更为安全的发展。

——坚持深化改革开放。坚定不移推进改革，坚定不移扩大开放，加强国家治理体系和治理能力现代化建设，破除制约高质量发展、高品质生活的体制机制障碍，强化有利于提高资源配置效率、有利于调动全社会积极性的重大改革开放举措，持续增强发展动力和活力。

——坚持系统观念。加强前瞻性思考、全局性谋划、战略性布局、整体性推进，统筹国内国际两个大局，办好发展安全两件大事，坚持全国一盘棋，更好发挥中央、地方和各方面积极性，着力固根基、扬优势、补短板、强弱项，注重防范化解重大风险挑战，实现发展质量、结构、规模、速度、效益、安全相统一。

6. “十四五”时期经济社会发展主要目标。锚定二〇三五年远景目标，综合考虑国内外发展趋势和我国发展条件，坚持目标导向和问题导向相结合，坚持守正和创新相统一，今后五年经济社会发展要努力实现以下主要目标。

——经济发展取得新成效。发展是解决我国一切问题的基础和关键，发展必须坚持新发展理念，在质量效益明显提升的基础上实现经济持续健康发展，增长潜力充分发挥，国内市场更加强大，经济结构更加优化，创新能力显著提升，产业基础高级化、产业链现代化水平明显提高，农业基础更加稳固，城乡区域发展协调性明显增强，现代化经济体系建设取得重大进展。

——改革开放迈出新步伐。社会主义市场经济体制更加完善，高标准市场体系基本建成，市场主体更加充满活力，产权制度改革和要素市场化配置改革取得重大进展，公平竞争制度更加健全，更高水平开放型经济新体制基本形成。

——社会文明程度得到新提高。社会主义核心价值观深入人心，人民思想道德素质、科学文化素质和身心健康素质明显提高，公共文化服务体系和文化产业体系更加健全，人民精神文化生活日益丰富，中华文化影响力进一步提升，中华民族凝聚力进一步增强。

——生态文明建设实现新进步。国土空间开发保护格局得到优化，生产生活方式绿色转型成效显著，能源资源配置更加合理、利用效率大幅提高，主要污染物排放总量持续减少，生态环境持续改善，生态安全屏障更加牢固，城乡人居环境明显改善。

——民生福祉达到新水平。实现更加充分更高质量就业，居民收入增长和经济增长基本同步，分配结构明显改善，基本公共服务均等化水平明显提高，全民受教育程度不断提升，多层次社会保障体系更加健全，卫生健康体系更加完善，脱贫攻坚成果巩固拓展，乡村振兴战略全面推进。

——国家治理效能得到新提升。社会主义民主法治更加健全，社会公平正义进一步彰显，国家行政体系更加完善，政府作用更好发挥，行政效率和公信力显著提升，社会治理特别是基层治理水平明显提高，防范化解重大风险体制机制不断健全，突发公共事件应急能力显著增强，自然灾害防御水平明显提升，发展安全保障更加有力，国防和军队现代化迈出重大步伐。

三、坚持创新驱动发展，全面塑造发展新优势

坚持创新在我国现代化建设全局中的核心地位，把科技自立自强作为国家发展的战略支撑，面向世界科技前沿、面向经济主战场、面向国家重大需求、面向人民生命健康，深入实施科教兴国战略、人才强国战略、创新驱动发展战略，完善国家创新体系，加快建设科技强国。

7. 强化国家战略科技力量。制定科技强国行动纲要，健全社会主义市场经济条件下新型举国体制，打好关键核心技术攻坚战，提高创新链整体效能。加强基础研究、注重原始创新，优化学科布局和研发布局，推进学科交叉融合，完善共性基础技术供给体系。瞄准人工智能、量子信息、集成电路、生命健康、脑科学、生物育种、空天科技、深地深海等前沿领域，实施一批具有前瞻性、战略性的国家重大科技项目。制定实施战略性科学计划和科学工程，推进科研院所、高校、企业科研力量优化配置和资源共享。推进国家实验室建设，重组国家重点实验室体系。布局建设综合性国家科学中心和区域性创新高地，支持北京、上海、粤港澳大湾区形成国际科技创新中心。构建国家科研论文和科技信息高端交流平台。

8. 提升企业技术创新能力。强化企业创新主体地位，促进各类创新要素向企业集聚。推进产学研深度融合，支持企业牵头组建创新联合体，承担国家重大科技项目。发挥企业家在技术创新中的重要作用，鼓励企业加大研发投入，对企业投入基础研究实行税收优惠。发挥大企业引领支撑作用，支持创新型中小微企业成长为创新重要发源地，加强共性技术平台建设，推动产业链上中下游、大中小企业融通创新。

9. 激发人才创新活力。贯彻尊重劳动、尊重知识、尊重人才、尊重创造方针，深化人才发展体制机制改革，全方位培养、引进、用好人才，造就更多国际一流的科技领军人才和创新团队，培养具有国际竞争力的青年科技人才后备军。健全以创新能力、质量、实效、贡献为导向的科技人才评价体系。加强学风建设，坚守学术诚信。深化院士制度改革。健全创新激励和保障机制，构建充分体现知识、技术等创新要素价值的收益分配机制，完善科研人员职务发明成果权益分享机制。加强创新型、应用型、技能型人才培养，实施知识更新工程、技能提升行动，壮大高水平工程师和高技能人才队伍。支持发展高水平研究型大学，加强基础研究人才培养。实行更加开放的人才政策，构筑集聚国内外优秀人才的科研创新高地。

10. 完善科技创新体制机制。深入推进科技体制改革，完善国家科技治理体系，优化国家科技规划体系和运行机制，推动重点领域项目、基地、人才、资金一体化配置。改进科技项目组织管理方式，实行“揭榜挂帅”等制度。完善科技评价机制，优化科技奖励项目。加快科研院所改革，扩大科研自主权。加强知识产权保护，大幅提高科技成果转移转化成效。加大研发投入，健全政府投入为主、社会多渠道投入机制，加大对基础前沿研究支持。完善金融支持创新体系，促进新技术产业化规模化应用。弘扬科学精神和工匠精神，加强科普工作，营造崇尚创新的社会氛围。健全科技伦理体系。促进科技开放合作，研究设立面向全球的科学研究基金。

四、加快发展现代产业体系，推动经济体系优化升级

坚持把发展经济着力点放在实体经济上，坚定不移建设制造强国、质量强国、网络强国、数字中国，推进产业基础高级化、产业链现代化，提高经济质量效益和核心竞争力。

11. 提升产业链供应链现代化水平。保持制造业比重基本稳定，巩固壮大实体经济根基。坚持自主可控、安全高效，分行业做好供应链战略设计和精准施策，推动全产业链优化升级。锻造产业链供应链长板，立足我国产业规模优势、配套优势和部分领域先发优势，打造新兴产业链，推动传统产业高端化、智能化、绿色化，发展服务型制造。完善国家质量基础设施，加强标准、计量、专利等体系和能力建设，深入开展质量提升行动。促进产业在国内有序转移，优化区域产业链布局，支持老工业基地转型发展。补齐产业链供应链短板，实施产业基础再造工程，加大重要产品和关键核心技术攻关力度，发展先进适用技术，推动产业链供应链多元化。优化产业链供应链发展环境，强化要素支撑。加强国际产业安全合作，形成具有更强创新力、更高附加值、更安全可靠的产业链供应链。

12. 发展战略性新兴产业。加快壮大新一代信息技术、生物技术、新能源、新材料、高端装备、新能源汽车、绿色环保以及航空航天、海洋装备等产业。推动互联网、大数据、人工智能等同各产业深度融合，推动先进制造业集群发展，构建一批各具特色、优势互补、结构合理的战略性新兴产业增长引擎，培育新技术、新产品、新业态、新模式。促进平台经济、共享经济健康发展。鼓励企业兼并重组，防止低水平重复建设。

13. 加快发展现代服务业。推动生产性服务业向专业化和价值链高端延伸，推动各类市场主体参与服务供给，加快发展研发设计、现代物流、法律服务等服务业，推动现代服务业同先进制造业、现代农业深度融合，加快推进服务业数字化。推动生活性服务业向高品质和多样化升级，加快发展健康、养老、育幼、文化、旅游、体育、家政、物业等服务业，加强公益性、基础性服务业供给。推进服务业标准化、品牌化建设。

14. 统筹推进基础设施建设。构建系统完备、高效实用、智能绿色、安全可靠的现代化基础设施体系。系统布局新型基础设施，加快第五代移动通信、工业互联网、大数据中心等建设。加快建设交通强国，完善综合运输大通道、综合交通枢纽和物流网络，加快城市群和都市圈轨道交通网络化，提高农村和边境地区交通通达深度。推进能源革命，完善能源产供储销体系，加强国内油气勘探开发，加快油气储备设施建设，加快全国干线油气管道建设，建设智慧能源系统，优化电力生产和输送通道布局，提升新能源消纳和存储能力，提升向边远地区输配电能力。加强水利基础设施建设，提升水资源优化配置和水旱灾害防御能力。

15. 加快数字化发展。发展数字经济，推进数字产业化和产业数字化，推动数字经济和实体经济深度融合，打造具有国际竞争力的数字产业集群。加强数字社会、数字政府建设，提升公共服务、社会治理等数字化智能化水平。建立数据资源产权、交易流通、跨境传输和安全保护等基础制度和标准规范，推动数据资源开发利用。扩大基础公共信息数据有序开放，建设国家数据统一共享开放平台。保障国家数据安全，加强个人信息保护。提升全民数字技能，实现信息服务全覆盖。积极参与数字领域国际规则和标准制定。

五、形成强大国内市场，构建新发展格局

坚持扩大内需这个战略基点，加快培育完整内需体系，把实施扩大内需战略同深化供给侧结构性改革有机结合起来，以创新驱动、高质量供给引领和创造新需求。

16. 畅通国内大循环。依托强大国内市场，贯通生产、分配、流通、消费各环节，打破行业垄断和地方保护，形成国民经济良性循环。优化供给结构，改善供给质量，提升供给体系对国内需求的适配性。推动金融、房地产同实体经济均衡发展，实现上下游、产供销有效衔接，促进农业、制造业、服务业、能源资源等产业门类关系协调。破除妨碍生产要素市场化配置和商品服务流通的体制机制障碍，降低全社会交易成本。完善扩大内需的政策支撑体系，形成需求牵引供给、供给创造需求的更高水平动态平衡。

17. 促进国内国际双循环。立足国内大循环，发挥比较优势，协同推进强大国内市场和贸易强国建设，以国内大循环吸引全球资源要素，充分利用国内国际两个市场两种资源，积极促进内需和外需、进口和出口、引进外资和对外投资协调发展，促进国际收支基本平衡。完善内外贸一体化调控体系，促进内外贸法律法规、监管体制、经营资质、质量标准、检验检疫、认证认可等相衔接，推进同线同标同质。优化国内国际市场布局、商品结构、贸易方式，提升出口质量，增加优质产品进口，实施贸易投资融合工程，构建现代物流体系。

18. 全面促进消费。增强消费对经济发展的基础性作用，顺应消费升级趋势，提升传统消费，培育新型消费，适当增加公共消费。以质量品牌为重点，促进消费向绿色、健康、安全发展，鼓励消费新模式新业态发展。推动汽车等消费品由购买管理向使用管理转变，促进住房消费健康发展。健全现代流通体系，发展无接触交易服务，降低企业流通成本，促进线上线下消费融合发展，开拓城乡消费市场。发展服务消费，放宽服务消

费领域市场准入。完善节假日制度，落实带薪休假制度，扩大节假日消费。培育国际消费中心城市。改善消费环境，强化消费者权益保护。

19. 拓展投资空间。优化投资结构，保持投资合理增长，发挥投资对优化供给结构的关键作用。加快补齐基础设施、市政工程、农业农村、公共安全、生态环保、公共卫生、物资储备、防灾减灾、民生保障等领域短板，推动企业设备更新和技术改造，扩大战略性新兴产业投资。推进新型基础设施、新型城镇化、交通水利等重大工程建设，支持有利于城乡区域协调发展的重大项目建设。实施川藏铁路、西部陆海新通道、国家水网、雅鲁藏布江下游水电开发、星际探测、北斗产业化等重大工程，推进重大科研设施、重大生态系统保护修复、公共卫生应急保障、重大引调水、防洪减灾、送电输气、沿边沿江沿海交通等一批强基础、增功能、利长远的重大项目建设。发挥政府投资撬动作用，激发民间投资活力，形成市场主导的投资内生增长机制。

六、全面深化改革，构建高水平社会主义市场经济体制

坚持和完善社会主义基本经济制度，充分发挥市场在资源配置中的决定性作用，更好发挥政府作用，推动有效市场和有为政府更好结合。

20. 激发各类市场主体活力。毫不动摇巩固和发展公有制经济，毫不动摇鼓励、支持、引导非公有制经济发展。深化国资国企改革，做强做优做大国有资本和国有企业。加快国有经济布局优化和结构调整，发挥国有经济战略支撑作用。加快完善中国特色现代企业制度，深化国有企业混合所有制改革。健全管资本为主的国有资产监管体制，深化国有资本投资、运营公司改革。推进能源、铁路、电信、公用事业等行业竞争性环节市场化改革。优化民营经济发展环境，构建亲清政商关系，促进非公有制经济健康发展和非公有制经济人士健康成长，依法平等保护民营企业产权和企业家权益，破除制约民营企业发展的各种壁垒，完善促进中小微企业和个体工商户发展的法律环境和政策体系。弘扬企业家精神，加快建设世界一流企业。

21. 完善宏观经济治理。健全以国家发展规划为战略导向，以财政政策和货币政策为主要手段，就业、产业、投资、消费、环保、区域等政策紧密配合，目标优化、分工合理、高效协同的宏观经济治理体系。完善宏观经济政策制定和执行机制，重视预期管理，提高调控的科学性。加强国际宏观经济政策协调，搞好跨周期政策设计，提高逆周期调节能力，促进经济总量平衡、结构优化、内外均衡。加强宏观经济治理数据库等建设，提升大数据等现代技术手段辅助治理能力。推进统计现代化改革。

22. 建立现代财税金融体制。加强财政资源统筹，加强中期财政规划管理，增强国家重大战略任务财力保障。深化预算管理制度改革，强化对预算编制的宏观指导。推进财政支出标准化，强化预算约束和绩效管理。明确中央和地方政府事权与支出责任，健全省以下财政体制，增强基层公共服务保障能力。完善现代税收制度，健全地方税、直接税体系，优化税制结构，适当提高直接税比重，深化税收征管制度改革。健全政府债务管理制度。建设现代中央银行制度，完善货币供应调控机制，稳妥推进数字货币研发，健全市场化利率形成和传导机制。构建金融有效支持实体经济的体制机制，提升金融科技水平，增强金融普惠性。深化国有商业银行改革，支持中小银行和农村信用社持续健康发展，改革优化政策性金融。全面实行股票发行注册制，建立常态化退市机制，提高直接融资比重。推进金融双向开放。完善现代金融监管体系，提高金融监管透明度和法治化水平，完善存款保险制度，健全金融风险预防、预警、处置、问责制度体系，对违法违规行为零容忍。

23. 建设高标准市场体系。健全市场体系基础制度，坚持平等准入、公正监管、开放有序、诚信守法，形成高效规范、公平竞争的国内统一市场。实施高标准市场体系建设行动。健全产权执法司法保护制度。实施统

一的市场准入负面清单制度。继续放宽准入限制。健全公平竞争审查机制，加强反垄断和反不正当竞争执法司法，提升市场综合监管能力。深化土地管理制度改革。推进土地、劳动力、资本、技术、数据等要素市场化改革。健全要素市场运行机制，完善要素交易规则和服务体系。

24. 加快转变政府职能。建设职责明确、依法行政的政府治理体系。深化简政放权、放管结合、优化服务改革，全面实行政府权责清单制度。持续优化市场化法治化国际化营商环境。实施涉企经营许可事项清单管理，加强事中事后监管，对新产业新业态实行包容审慎监管。健全重大政策事前评估和事后评价制度，畅通参与政策制定的渠道，提高决策科学化、民主化、法治化水平。推进政务服务标准化、规范化、便利化，深化政务公开。深化行业协会、商会和中介机构改革。

七、优先发展农业农村，全面推进乡村振兴

坚持把解决好“三农”问题作为全党工作重中之重，走中国特色社会主义乡村振兴道路，全面实施乡村振兴战略，强化以工补农、以城带乡，推动形成工农互促、城乡互补、协调发展、共同繁荣的新型工农城乡关系，加快农业农村现代化。

25. 提高农业质量效益和竞争力。适应确保国计民生要求，以保障国家粮食安全为底线，健全农业支持保护制度。坚持最严格的耕地保护制度，深入实施藏粮于地、藏粮于技战略，加大农业水利设施建设力度，实施高标准农田建设工程，强化农业科技和装备支撑，提高农业良种化水平，健全动物防疫和农作物病虫害防治体系，建设智慧农业。强化绿色导向、标准引领和质量安全监管，建设农业现代化示范区。推动农业供给侧结构性改革，优化农业生产结构和区域布局，加强粮食生产功能区、重要农产品生产保护区和特色农产品优势区建设，推进优质粮食工程。完善粮食主产区利益补偿机制。保障粮、棉、油、糖、肉等重要农产品供给安全，提升收储调控能力。开展粮食节约行动。发展县域经济，推动农村一二三产业融合发展，丰富乡村经济业态，拓展农民增收空间。

26. 实施乡村建设行动。把乡村建设摆在社会主义现代化建设的重要位置。强化县城综合服务能力，把乡镇建成服务农民的区域中心。统筹县域城镇和村庄规划建设，保护传统村落和乡村风貌。完善乡村水、电、路、气、通信、广播电视、物流等基础设施，提升农房建设质量。因地制宜推进农村改厕、生活垃圾处理和污水治理，实施河湖水系综合整治，改善农村人居环境。提高农民科技文化素质，推动乡村人才振兴。

27. 深化农村改革。健全城乡融合发展机制，推动城乡要素平等交换、双向流动，增强农业农村发展活力。落实第二轮土地承包到期后再延长三十年政策，加快培育农民合作社、家庭农场等新型农业经营主体，健全农业专业化社会化服务体系，发展多种形式适度规模经营，实现小农户和现代农业有机衔接。健全城乡统一的建设用地市场，积极探索实施农村集体经营性建设用地入市制度。建立土地征收公共利益用地认定机制，缩小土地征收范围。探索宅基地所有权、资格权、使用权分置实现形式。保障进城落户农民土地承包权、宅基地使用权、集体收益分配权，鼓励依法自愿有偿转让。深化农村集体产权制度改革，发展新型农村集体经济。健全农村金融服务体系，发展农业保险。

28. 实现巩固拓展脱贫攻坚成果同乡村振兴有效衔接。建立农村低收入人口和欠发达地区帮扶机制，保持财政投入力度总体稳定，接续推进脱贫地区发展。健全防止返贫监测和帮扶机制，做好易地扶贫搬迁后续帮扶工作，加强扶贫项目资金资产管理和监督，推动特色产业可持续发展。健全农村社会保障和救助制度。在西部地区脱贫县中集中支持一批乡村振兴重点帮扶县，增强其巩固脱贫成果及内生发展能力。坚持和完善东西部协作和对口支援、社会力量参与帮扶等机制。

八、优化国土空间布局，推进区域协调发展和新型城镇化

坚持实施区域重大战略、区域协调发展战略、主体功能区战略，健全区域协调发展体制机制，完善新型城镇化战略，构建高质量发展的国土空间布局和支撑体系。

29. 构建国土空间开发保护新格局。立足资源环境承载能力，发挥各地比较优势，逐步形成城市化地区、农产品主产区、生态功能区三大空间格局，优化重大基础设施、重大生产力和公共资源布局。支持城市化地区高效集聚经济和人口、保护基本农田和生态空间，支持农产品主产区增强农业生产能力，支持生态功能区把发展重点放到保护生态环境、提供生态产品上，支持生态功能区的人口逐步有序转移，形成主体功能明显、优势互补、高质量发展的国土空间开发保护新格局。

30. 推动区域协调发展。推动西部大开发形成新格局，推动东北振兴取得新突破，促进中部地区加快崛起，鼓励东部地区加快推进现代化。支持革命老区、民族地区加快发展，加强边疆地区建设，推进兴边富民、稳边固边。推进京津冀协同发展、长江经济带发展、粤港澳大湾区建设、长三角一体化发展，打造创新平台和新增长极。推动黄河流域生态保护和高质量发展。高标准、高质量建设雄安新区。坚持陆海统筹，发展海洋经济，建设海洋强国。健全区域战略统筹、市场一体化发展、区域合作互助、区际利益补偿等机制，更好促进发达地区和欠发达地区、东中西部和东北地区共同发展。完善转移支付制度，加大对欠发达地区财力支持，逐步实现基本公共服务均等化。

31. 推进以人为核心的新型城镇化。实施城市更新行动，推进城市生态修复、功能完善工程，统筹城市规划、建设、管理，合理确定城市规模、人口密度、空间结构，促进大中小城市和小城镇协调发展。强化历史文化保护、塑造城市风貌，加强城镇老旧小区改造和社区建设，增强城市防洪排涝能力，建设海绵城市、韧性城市。提高城市治理水平，加强特大城市治理中的风险防控。坚持房子是用来住的、不是用来炒的定位，租购并举、因城施策，促进房地产市场平稳健康发展。有效增加保障性住房供给，完善土地出让收入分配机制，探索支持利用集体建设用地按照规划建设租赁住房，完善长租房政策，扩大保障性租赁住房供给。深化户籍制度改革，完善财政转移支付和城镇新增建设用地规模与农业转移人口市民化挂钩政策，强化基本公共服务保障，加快农业转移人口市民化。优化行政区划设置，发挥中心城市和城市群带动作用，建设现代化都市圈。推进成渝地区双城经济圈建设。推进以县城为重要载体的城镇化建设。

九、繁荣发展文化事业和文化产业，提高国家文化软实力

坚持马克思主义在意识形态领域的指导地位，坚定文化自信，坚持以社会主义核心价值观引领文化建设，加强社会主义精神文明建设，围绕举旗帜、聚民心、育新人、兴文化、展形象的使命任务，促进满足人民文化需求和增强人民精神力量相统一，推进社会主义文化强国建设。

32. 提高社会文明程度。推动形成适应新时代要求的思想观念、精神面貌、文明风尚、行为规范。深入开展习近平新时代中国特色社会主义思想学习教育，推进马克思主义理论研究和建设工程。推动理想信念教育常态化制度化，加强党史、新中国史、改革开放史、社会主义发展史教育，加强爱国主义、集体主义、社会主义教育，弘扬党和人民在各个历史时期奋斗中形成的伟大精神，推进公民道德建设，实施文明创建工程，拓展新时代文明实践中心建设。健全志愿服务体系，广泛开展志愿服务关爱行动。弘扬诚信文化，推进诚信建设。提倡艰苦奋斗、勤俭节约，开展以劳动创造幸福为主题的宣传教育。加强家庭、家教、家风建设。加强网络文明建设，发展积极健康的网络文化。

33. 提升公共文化服务水平。全面繁荣新闻出版、广播影视、文学艺术、哲学社会科学事业。实施文艺作品质量提升工程，加强现实题材创作生产，不断推出反映时代新气象、讴歌人民新创造的文艺精品。推进媒体深度融合，实施全媒体传播工程，做强新型主流媒体，建强用好县级融媒体中心。推进城乡公共文化服务体系一体建设，创新实施文化惠民工程，广泛开展群众性文化活动，推动公共文化数字化建设。加强国家重大文化设施和文化项目建设，推进国家版本馆、国家文献储备库、智慧广电等工程。传承弘扬中华优秀传统文化，加强文物古籍保护、研究、利用，强化重要文化和自然遗产、非物质文化遗产系统性保护，加强各民族优秀传统手工艺保护和传承，建设长城、大运河、长征、黄河等国家文化公园。广泛开展全民健身运动，增强人民体质。筹办好北京冬奥会、冬残奥会。

34. 健全现代文化产业体系。坚持把社会效益放在首位、社会效益和经济效益相统一，深化文化体制改革，完善文化产业规划和政策，加强文化市场体系建设，扩大优质文化产品供给。实施文化产业数字化战略，加快发展新型文化企业、文化业态、文化消费模式。规范发展文化产业园区，推动区域文化产业带建设。推动文化和旅游融合发展，建设一批富有文化底蕴的世界级旅游景区和度假区，打造一批文化特色鲜明的国家级旅游休闲城市和街区，发展红色旅游和乡村旅游。以讲好中国故事为着力点，创新推进国际传播，加强对外文化交流和多层次文明对话。

十、推动绿色发展，促进人与自然和谐共生

坚持绿水青山就是金山银山理念，坚持尊重自然、顺应自然、保护自然，坚持节约优先、保护优先、自然恢复为主，守住自然生态安全边界。深入实施可持续发展战略，完善生态文明领域统筹协调机制，构建生态文明体系，促进经济社会发展全面绿色转型，建设人与自然和谐共生的现代化。

35. 加快推动绿色低碳发展。强化国土空间规划和用途管控，落实生态保护、基本农田、城镇开发等空间管控边界，减少人类活动对自然空间的占用。强化绿色发展的法律和政策保障，发展绿色金融，支持绿色技术创新，推进清洁生产，发展环保产业，推进重点行业和重要领域绿色化改造。推动能源清洁低碳安全高效利用。发展绿色建筑。开展绿色生活创建活动。降低碳排放强度，支持有条件的地方率先达到碳排放峰值，制定二〇三〇年前碳排放达峰行动方案。

36. 持续改善环境质量。增强全社会生态环保意识，深入打好污染防治攻坚战。继续开展污染防治行动，建立地上地下、陆海统筹的生态环境治理制度。强化多污染物协同控制和区域协同治理，加强细颗粒物和臭氧协同控制，基本消除重污染天气。治理城乡生活环境，推进城镇污水管网全覆盖，基本消除城市黑臭水体。推进化肥农药减量化和土壤污染治理，加强白色污染治理。加强危险废物医疗废物收集处理。完成重点地区危险化学品生产企业搬迁改造。重视新污染物治理。全面实行排污许可制，推进排污权、用能权、用水权、碳排放权市场化交易。完善环境保护、节能减排约束性指标管理。完善中央生态环境保护督察制度。积极参与和引领应对气候变化等生态环保国际合作。

37. 提升生态系统质量和稳定性。坚持山水林田湖草系统治理，构建以国家公园为主体的自然保护地体系。实施生物多样性保护重大工程。加强外来物种管控。强化河湖长制，加强大江大河和重要湖泊湿地生态保护治理，实施好长江十年禁渔。科学推进荒漠化、石漠化、水土流失综合治理，开展大规模国土绿化行动，推行林长制。推行草原森林河流湖泊休养生息，加强黑土地保护，健全耕地休耕轮作制度。加强全球气候变暖对我国承受力脆弱地区影响的观测，完善自然保护地、生态保护红线监管制度，开展生态系统保护成效监测评估。

38. 全面提高资源利用效率。健全自然资源资产产权制度和法律法规，加强自然资源调查评价监测和确权登记，建立生态产品价值实现机制，完善市场化、多元化生态补偿，推进资源总量管理、科学配置、全面节约、循环利用。实施国家节水行动，建立水资源刚性约束制度。提高海洋资源、矿产资源开发保护水平。完善资源价格形成机制。推行垃圾分类和减量化、资源化。加快构建废旧物资循环利用体系。

十一、实行高水平对外开放，开拓合作共赢新局面

坚持实施更大范围、更宽领域、更深层次对外开放，依托我国大市场优势，促进国际合作，实现互利共赢。

39. 建设更高水平开放型经济新体制。全面提高对外开放水平，推动贸易和投资自由化便利化，推进贸易创新发展，增强对外贸易综合竞争力。完善外商投资准入前国民待遇加负面清单管理制度，有序扩大服务业对外开放，依法保护外资企业合法权益，健全促进和保障境外投资的法律、政策和服务体系，坚定维护中国企业海外合法权益，实现高质量引进来和高水平走出去。完善自由贸易试验区布局，赋予其更大改革自主权，稳步推进海南自由贸易港建设，建设对外开放新高地。稳慎推进人民币国际化，坚持市场驱动和企业自主选择，营造以人民币自由使用为基础的新型互利合作关系。发挥好中国国际进口博览会等重要展会平台作用。

40. 推动共建“一带一路”高质量发展。坚持共商共建共享原则，秉持绿色、开放、廉洁理念，深化务实合作，加强安全保障，促进共同发展。推进基础设施互联互通，拓展第三方市场合作。构筑互利共赢的产业链供应链合作体系，深化国际产能合作，扩大双向贸易和投资。坚持以企业为主体，以市场为导向，遵循国际惯例和债务可持续原则，健全多元化投融资体系。推进战略、规划、机制对接，加强政策、规则、标准联通。深化公共卫生、数字经济、绿色发展、科技教育合作，促进人文交流。

41. 积极参与全球经济治理体系改革。坚持平等协商、互利共赢，推动二十国集团等发挥国际经济合作功能。维护多边贸易体制，积极参与世界贸易组织改革，推动完善更加公正合理的全球经济治理体系。积极参与多双边区域投资贸易合作机制，推动新兴领域经济治理规则制定，提高参与国际金融治理能力。实施自由贸易区提升战略，构建面向全球的高标准自由贸易区网络。

十二、改善人民生活品质，提高社会建设水平

坚持把实现好、维护好、发展好最广大人民根本利益作为发展的出发点和落脚点，尽力而为、量力而行，健全基本公共服务体系，完善共建共治共享的社会治理制度，扎实推动共同富裕，不断增强人民群众获得感、幸福感、安全感，促进人的全面发展和社会全面进步。

42. 提高人民收入水平。坚持按劳分配为主体、多种分配方式并存，提高劳动报酬在初次分配中的比重，完善工资制度，健全工资合理增长机制，着力提高低收入群体收入，扩大中等收入群体。完善按要素分配政策制度，健全各类生产要素由市场决定报酬的机制，探索通过土地、资本等要素使用权、收益权增加中低收入群体要素收入。多渠道增加城乡居民财产性收入。完善再分配机制，加大税收、社保、转移支付等调节力度和精准性，合理调节过高收入，取缔非法收入。发挥第三次分配作用，发展慈善事业，改善收入和财富分配格局。

43. 强化就业优先政策。千方百计稳定和扩大就业，坚持经济发展就业导向，扩大就业容量，提升就业质量，促进充分就业，保障劳动者待遇和权益。健全就业公共服务体系、劳动关系协调机制、终身职业技能培训

制度。更加注重缓解结构性就业矛盾，加快提升劳动者技能素质，完善重点群体就业支持体系，统筹城乡就业政策体系。扩大公益性岗位安置，帮扶残疾人、零就业家庭成员就业。完善促进创业带动就业、多渠道灵活就业的保障制度，支持和规范发展新就业形态，健全就业需求调查和失业监测预警机制。

44. 建设高质量教育体系。全面贯彻党的教育方针，坚持立德树人，加强师德师风建设，培养德智体美劳全面发展的社会主义建设者和接班人。健全学校家庭社会协同育人机制，提升教师教书育人能力素质，增强学生文明素养、社会责任意识、实践本领，重视青少年身体素质和心理健康教育。坚持教育公益性原则，深化教育改革，促进教育公平，推动义务教育均衡发展和城乡一体化，完善普惠性学前教育和特殊教育、专门教育保障机制，鼓励高中阶段学校多样化发展。加大人力资本投入，增强职业技术教育适应性，深化职普融通、产教融合、校企合作，探索中国特色学徒制，大力培养技术技能人才。提高高等教育质量，分类建设一流大学和一流学科，加快培养理工农医类专业紧缺人才。提高民族地区教育质量和水平，加大国家通用语言文字推广力度。支持和规范民办教育发展，规范校外培训机构。发挥在线教育优势，完善终身学习体系，建设学习型社会。

45. 健全多层次社会保障体系。健全覆盖全民、统筹城乡、公平统一、可持续的多层次社会保障体系。推进社保转移接续，健全基本养老、基本医疗保险筹资和待遇调整机制。实现基本养老保险全国统筹，实施渐进式延迟法定退休年龄。发展多层次、多支柱养老保险体系。推动基本医疗保险、失业保险、工伤保险省级统筹，健全重大疾病医疗保险和救助制度，落实异地就医结算，稳步建立长期护理保险制度，积极发展商业医疗保险。健全灵活就业人员社保制度。健全退役军人工作体系和保障制度。健全分层分类的社会救助体系。坚持男女平等基本国策，保障妇女儿童合法权益。健全老年人、残疾人关爱服务体系和设施，完善帮扶残疾人、孤儿等社会福利制度。完善全国统一的社会保险公共服务平台。

46. 全面推进健康中国建设。把保障人民健康放在优先发展的战略位置，坚持预防为主的方针，深入实施健康中国行动，完善国民健康促进政策，织牢国家公共卫生防护网，为人民提供全方位全周期健康服务。改革疾病预防控制体系，强化监测预警、风险评估、流行病学调查、检验检测、应急处置等职能。建立稳定的公共卫生事业投入机制，加强人才队伍建设，改善疾控基础条件，完善公共卫生服务项目，强化基层公共卫生体系。落实医疗机构公共卫生责任，创新医防协同机制。完善突发公共卫生事件监测预警处置机制，健全医疗救治、科技支撑、物资保障体系，提高应对突发公共卫生事件能力。坚持基本医疗卫生事业公益属性，深化医药卫生体制改革，加快优质医疗资源扩容和区域均衡布局，加快建设分级诊疗体系，加强公立医院建设和管理考核，推进国家组织药品和耗材集中采购使用改革，发展高端医疗设备。支持社会办医，推广远程医疗。坚持中西医并重，大力发展中医药事业。提升健康教育、慢病管理和残疾康复服务质量，重视精神卫生和心理健康。深入开展爱国卫生运动，促进全民养成文明健康生活方式。完善全民健身公共服务体系。加快发展健康产业。

47. 实施积极应对人口老龄化国家战略。制定人口长期发展战略，优化生育政策，增强生育政策包容性，提高优生优育服务水平，发展普惠托育服务体系，降低生育、养育、教育成本，促进人口长期均衡发展，提高人口素质。积极开发老龄人力资源，发展银发经济。推动养老事业和养老产业协同发展，健全基本养老服务体系，发展普惠型养老服务和互助性养老，支持家庭承担养老功能，培育养老新业态，构建居家社区机构相协调、医养康养相结合的养老服务体系，健全养老服务综合监管制度。

48. 加强和创新社会治理。完善社会治理体系，健全党组织领导的自治、法治、德治相结合的城乡基层治理体系，完善基层民主协商制度，实现政府治理同社会调节、居民自治良性互动，建设人人有责、人人尽责、人人享有的社会治理共同体。发挥群团组织和社会组织在社会治理中的作用，畅通和规范市场主体、新社会阶层、社会工作者和志愿者等参与社会治理的途径。推动社会治理重心向基层下移，向基层放权赋能，加强城乡社区治理和服务体系建设，减轻基层特别是村级组织负担，加强基层社会治理队伍建设，构建网格化管理、精细化服务、信息化支撑、开放共享的基层管理服务平台。加强和创新市域社会治理，推进市域社会治理现代化。

十三、统筹发展和安全，建设更高水平的平安中国

坚持总体国家安全观，实施国家安全战略，维护和塑造国家安全，统筹传统安全和非传统安全，把安全发展贯穿国家发展各领域和全过程，防范和化解影响我国现代化进程的各种风险，筑牢国家安全屏障。

49. 加强国家安全体系和能力建设。完善集中统一、高效权威的国家安全领导体制，健全国家安全法治体系、战略体系、政策体系、人才体系和运行机制，完善重要领域国家安全立法、制度、政策。健全国家安全审查和监管制度，加强国家安全执法。加强国家安全宣传教育，增强全民国家安全意识，巩固国家安全人民防线。坚定维护国家政权安全、制度安全、意识形态安全，全面加强网络安全保障体系和能力建设。严密防范和严厉打击敌对势力渗透、破坏、颠覆、分裂活动。

50. 确保国家经济安全。加强经济安全风险预警、防控机制和能力建设，实现重要产业、基础设施、战略资源、重大科技等关键领域安全可控。实施产业竞争力调查和评价工程，增强产业体系抗冲击能力。确保粮食安全，保障能源和战略性矿产资源安全。维护水利、电力、供水、油气、交通、通信、网络、金融等重要基础设施安全，提高水资源集约安全利用水平。维护金融安全，守住不发生系统性风险底线。确保生态安全，加强核安全监管，维护新型领域安全。构建海外利益保护和风险预警防范体系。

51. 保障人民生命安全。坚持人民至上、生命至上，把保护人民生命安全摆在首位，全面提高公共安全保障能力。完善和落实安全生产责任制，加强安全生产监管执法，有效遏制危险化学品、矿山、建筑施工、交通等重特大安全事故。强化生物安全保护，提高食品药品等关系人民健康产品和服务的安全保障水平。提升洪涝干旱、森林草原火灾、地质灾害、地震等自然灾害防御工程标准，加快江河控制性工程建设，加快病险水库除险加固，全面推进堤防和蓄滞洪区建设。完善国家应急管理体系，加强应急物资保障体系建设，发展巨灾保险，提高防灾、减灾、抗灾、救灾能力。

52. 维护社会稳定和安全。正确处理新形势下人民内部矛盾，坚持和发展新时代“枫桥经验”，畅通和规范群众诉求表达、利益协调、权益保障通道，完善信访制度，完善各类调解联动工作体系，构建源头防控、排查梳理、纠纷化解、应急处置的社会矛盾综合治理机制。健全社会心理服务体系和危机干预机制。坚持专群结合、群防群治，加强社会治安防控体系建设，坚决防范和打击暴力恐怖、黑恶势力、新型网络犯罪和跨国犯罪，保持社会和谐稳定。

十四、加快国防和军队现代化，实现富国和强军相统一

贯彻习近平强军思想，贯彻新时代军事战略方针，坚持党对人民军队的绝对领导，坚持政治建军、改革强军、科技强军、人才强军、依法治军，加快机械化信息化智能化融合发展，全面加强练兵备战，提高捍卫国家主权、安全、发展利益的战略能力，确保二〇二〇七年实现建军百年奋斗目标。

53. 提高国防和军队现代化质量效益。加快军事理论现代化，与时俱进创新战争和战略指导，健全新时代军事战略体系，发展先进作战理论。加快军队组织形态现代化，深化国防和军队改革，推进军事管理革命，加

快军兵种和武警部队转型建设，壮大战略力量和新域新质作战力量，打造高水平战略威慑和联合作战体系，加强军事力量联合训练、联合保障、联合运用。加快军事人员现代化，贯彻新时代军事教育方针，完善三位一体新型军事人才培养体系，锻造高素质专业化军事人才方阵。加快武器装备现代化，聚力国防科技自主创新、原始创新，加速战略性前沿性颠覆性技术发展，加速武器装备升级换代和智能化武器装备发展。

54. 促进国防实力和经济实力同步提升。同国家现代化发展相协调，搞好战略层面筹划，深化资源要素共享，强化政策制度协调，构建一体化国家战略体系和能力。推动重点区域、重点领域、新兴领域协调发展，集中力量实施国防领域重大工程。优化国防科技工业布局，加快标准化通用化进程。完善国防动员体系，健全强边固防机制，强化全民国防教育，巩固军政军民团结。

十五、全党全国各族人民团结起来，为实现“十四五”规划和二〇三五年远景目标而奋斗

实现“十四五”规划和二〇三五年远景目标，必须坚持党的全面领导，充分调动一切积极因素，广泛团结一切可以团结的力量，形成推动发展的强大合力。

55. 加强党中央集中统一领导。贯彻党把方向、谋大局、定政策、促改革的要求，推动全党深入学习贯彻习近平新时代中国特色社会主义思想，增强“四个意识”、坚定“四个自信”、做到“两个维护”，完善上下贯通、执行有力的组织体系，确保党中央决策部署有效落实。落实全面从严治党主体责任、监督责任，提高党的建设质量。深入总结和学习运用中国共产党一百年的宝贵经验，教育引导广大党员、干部坚持共产主义远大理想和中国特色社会主义共同理想，不忘初心、牢记使命，为党和人民事业不懈奋斗。全面贯彻新时代党的组织路线，加强干部队伍建设，落实好干部标准，提高各级领导班子和干部适应新时代新要求抓改革、促发展、保稳定水平和专业化能力，加强对敢担当善作为干部的激励保护，以正确用人导向引领干事创业导向。完善人才工作体系，培养造就大批德才兼备的高素质人才。把严的主基调长期坚持下去，不断增强党自我净化、自我完善、自我革新、自我提高能力。锲而不舍落实中央八项规定精神，持续纠治形式主义、官僚主义，切实为基层减负。完善党和国家监督体系，加强政治监督，强化对公权力运行的制约和监督。坚持无禁区、全覆盖、零容忍，一体推进不敢腐、不能腐、不想腐，营造风清气正的良好政治生态。

56. 推进社会主义政治建设。坚持党的领导、人民当家作主、依法治国有机统一，推进中国特色社会主义政治制度自我完善和发展。坚持和完善人民代表大会制度，加强人大对“一府一委两院”的监督，保障人民依法通过各种途径和形式管理国家事务、管理经济文化事业、管理社会事务。坚持和完善中国共产党领导的多党合作和政治协商制度，加强人民政协专门协商机构建设，发挥社会主义协商民主独特优势，提高建言资政和凝聚共识水平。坚持和完善民族区域自治制度，全面贯彻党的民族政策，铸牢中华民族共同体意识，促进各民族共同团结奋斗、共同繁荣发展。全面贯彻党的宗教工作基本方针，积极引导宗教与社会主义社会相适应。健全基层群众自治制度，增强群众自我管理、自我服务、自我教育、自我监督实效。发挥工会、共青团、妇联等人民团体作用，把各自联系的群众紧紧凝聚在党的周围。完善大统战工作格局，促进政党关系、民族关系、宗教关系、阶层关系、海内外同胞关系和谐，巩固和发展大团结大联合局面。全面贯彻党的侨务政策，凝聚侨心、服务大局。坚持法治国家、法治政府、法治社会一体建设，完善以宪法为核心的中国特色社会主义法律体系，加强重点领域、新兴领域、涉外领域立法，提高依法行政水平，完善监察权、审判权、检察权运行和监督机制，促进司法公正，深入开展法治宣传教育，有效发挥法治固根本、稳预期、利长远的保障作用，推进法治中国建设。促进人权事业全面发展。

57. 保持香港、澳门长期繁荣稳定。全面准确贯彻“一国两制”、“港人治港”、“澳人治澳”、高度自治的

方针，坚持依法治港治澳，维护宪法和基本法确定的特别行政区宪制秩序，落实中央对特别行政区全面管治权，落实特别行政区维护国家安全的法律制度和执行机制，维护国家主权、安全、发展利益和特别行政区社会大局稳定。支持特别行政区巩固提升竞争优势，建设国际创新科技中心，打造“一带一路”功能平台，实现经济多元可持续发展。支持香港、澳门更好融入国家发展大局，高质量建设粤港澳大湾区，完善便利港澳居民在内地发展政策措施。增强港澳同胞国家意识和爱国精神。支持香港、澳门同各国各地区开展交流合作。坚决防范和遏制外部势力干预港澳事务。

58. 推进两岸关系和平发展和祖国统一。坚持一个中国原则和“九二共识”，以两岸同胞福祉为依归，推动两岸关系和平发展、融合发展，加强两岸产业合作，打造两岸共同市场，壮大中华民族经济，共同弘扬中华文化。完善保障台湾同胞福祉和在大陆享受同等待遇的制度和政策，支持台商台企参与“一带一路”建设和国家区域协调发展战略，支持符合条件的台资企业在大陆上市，支持福建探索海峡两岸融合发展新路。加强两岸基层和青少年交流。高度警惕和坚决遏制“台独”分裂活动。

59. 积极营造良好外部环境。高举和平、发展、合作、共赢旗帜，坚持独立自主的和平外交政策，推进各领域各层级对外交往，推动构建新型国际关系和人类命运共同体。推进大国协调和合作，深化同周边国家关系，加强同发展中国家团结合作，积极发展全球伙伴关系。坚持多边主义和共商共建共享原则，积极参与全球治理体系改革和建设，加强涉外法治体系建设，加强国际法运用，维护以联合国为核心的国际体系和以国际法为基础的国际秩序，共同应对全球性挑战。积极参与重大传染病防控国际合作，推动构建人类卫生健康共同体。

60. 健全规划制定和落实机制。按照本次全会精神，制定国家和地方“十四五”规划纲要和专项规划，形成定位准确、边界清晰、功能互补、统一衔接的国家规划体系。健全政策协调和工作协同机制，完善规划实施监测评估机制，确保党中央关于“十四五”发展的决策部署落到实处。

实现“十四五”规划和二〇三五年远景目标，意义重大，任务艰巨，前景光明。全党全国各族人民要紧密团结在以习近平同志为核心的党中央周围，同心同德，顽强奋斗，夺取全面建设社会主义现代化国家新胜利！

中华人民共和国民法典（节选）

（2020 年 5 月 28 日第十三届全国人民代表大会第三次会议通过）

第二编　物　　权

第一分编　通　　则

第一章　一 般 规 定

第二百零五条　本编调整因物的归属和利用产生的民事关系。

第二百零六条　国家坚持和完善公有制为主体、多种所有制经济共同发展，按劳分配为主体、多种分配方式并存，社会主义市场经济体制等社会主义基本经济制度。

国家巩固和发展公有制经济，鼓励、支持和引导非公有制经济的发展。

国家实行社会主义市场经济，保障一切市场主体的平等法律地位和发展权利。

第二百零七条 国家、集体、私人的物权和其他权利人的物权受法律平等保护，任何组织或者个人不得侵犯。

第二百零八条 不动产物权的设立、变更、转让和消灭，应当依照法律规定登记。动产物权的设立和转让，应当依照法律规定交付。

第二章 物权的设立、变更、转让和消灭

第一节 不动产登记

第二百零九条 不动产物权的设立、变更、转让和消灭，经依法登记，发生效力；未经登记，不发生效力，但是法律另有规定的除外。

依法属于国家所有的自然资源，所有权可以不登记。

第二百一十条 不动产登记，由不动产所在地的登记机构办理。

国家对不动产实行统一登记制度。统一登记的范围、登记机构和登记办法，由法律、行政法规规定。

第二百一十一条 当事人申请登记，应当根据不同登记事项提供权属证明和不动产界址、面积等必要材料。

第二百一十二条 登记机构应当履行下列职责：

（一）查验申请人提供的权属证明和其他必要材料；

（二）就有关登记事项询问申请人；

（三）如实、及时登记有关事项；

（四）法律、行政法规规定的其他职责。

申请登记的不动产的有关情况需要进一步证明的，登记机构可以要求申请人补充材料，必要时可以实地查看。

第二百一十三条 登记机构不得有下列行为：

（一）要求对不动产进行评估；

（二）以年检等名义进行重复登记；

（三）超出登记职责范围的其他行为。

第二百一十四条 不动产物权的设立、变更、转让和消灭，依照法律规定应当登记的，自记载于不动产登记簿时发生效力。

第二百一十五条 当事人之间订立有关设立、变更、转让和消灭不动产物权的合同，除法律另有规定或者当事人另有约定外，自合同成立时生效；未办理物权登记的，不影响合同效力。

第二百一十六条 不动产登记簿是物权归属和内容的根据。

不动产登记簿由登记机构管理。

第二百一十七条 不动产权属证书是权利人享有该不动产物权的证明。不动产权属证书记载的事项，应当与不动产登记簿一致；记载不一致的，除有证据证明不动产登记簿确有错误外，以不动产登记簿为准。

第二百一十八条 权利人、利害关系人可以申请查询、复制不动产登记资料，登记机构应当提供。

第二百一十九条 利害关系人不得公开、非法使用权利人的不动产登记资料。

第二百二十条 权利人、利害关系人认为不动产登记簿记载的事项错误的，可以申请更正登记。不动产登记簿记载的权利人书面同意更正或者有证据证明登记确有错误的，登记机构应当予以更正。

不动产登记簿记载的权利人不同意更正的，利害关系人可以申请异议登记。登记机构予以异议登记，申请人自异议登记之日起十五日内不提起诉讼的，异议登记失效。异议登记不当，造成权利人损害的，权利人可以向申请人请求损害赔偿。

第二百二十一条 当事人签订买卖房屋的协议或者签订其他不动产物权的协议，为保障将来实现物权，按照约定可以向登记机构申请预告登记。预告登记后，未经预告登记的权利人同意，处分该不动产的，不发生物权效力。

预告登记后，债权消灭或者自能够进行不动产登记之日起九十日内未申请登记的，预告登记失效。

第二百二十二条 当事人提供虚假材料申请登记，造成他人损害的，应当承担赔偿责任。

因登记错误，造成他人损害的，登记机构应当承担赔偿责任。登记机构赔偿后，可以向造成登记错误的人追偿。

第二百二十三条 不动产登记费按件收取，不得按照不动产的面积、体积或者价款的比例收取。

第二节 动产交付

第二百二十四条 动产物权的设立和转让，自交付时发生效力，但是法律另有规定的除外。

第二百二十五条 船舶、航空器和机动车等的物权的设立、变更、转让和消灭，未经登记，不得对抗善意第三人。

第二百二十六条 动产物权设立和转让前，权利人已经占有该动产的，物权自民事法律行为生效时发生效力。

第二百二十七条 动产物权设立和转让前，第三人占有该动产的，负有交付义务的人可以通过转让请求第三人返还原物的权利代替交付。

第二百二十八条 动产物权转让时，当事人又约定由出让人继续占有该动产的，物权自该约定生效时发生效力。

第三节 其他规定

第二百二十九条 因人民法院、仲裁机构的法律文书或者人民政府的征收决定等，导致物权设立、变更、转让或者消灭的，自法律文书或者征收决定等生效时发生效力。

第二百三十条 因继承取得物权的，自继承开始时发生效力。

第二百三十一条 因合法建造、拆除房屋等事实行为设立或者消灭物权的，自事实行为成就时发生效力。

第二百三十二条 处分依照本节规定享有的不动产物权，依照法律规定需要办理登记的，未经登记，不发生物权效力。

第三章 物权的保护

第二百三十三条 物权受到侵害的，权利人可以通过和解、调解、仲裁、诉讼等途径解决。

第二百三十四条 因物权的归属、内容发生争议的，利害关系人可以请求确认权利。

第二百三十五条 无权占有不动产或者动产的，权利人可以请求返还原物。

第二百三十六条 妨害物权或者可能妨害物权的，权利人可以请求排除妨害或者消除危险。

第二百三十七条 造成不动产或者动产毁损的，权利人可以依法请求修理、重作、更换或者恢复原状。

第二百三十八条 侵害物权，造成权利人损害的，权利人可以依法请求损害赔偿，也可以依法请求承担其他民事责任。

第二百三十九条 本章规定的物权保护方式，可以单独适用，也可以根据权利被侵害的情形合并适用。

第二分编 所 有 权

第四章 一 般 规 定

第二百四十条 所有权人对自己的不动产或者动产，依法享有占有、使用、收益和处分的权利。

第二百四十一条 所有权人有权在自己的不动产或者动产上设立用益物权和担保物权。用益物权人、担保物权人行使权利，不得损害所有权人的权益。

第二百四十二条 法律规定专属于国家所有的不动产和动产，任何组织或者个人不能取得所有权。

第二百四十三条 为了公共利益的需要，依照法律规定的权限和程序可以征收集体所有的土地和组织、个人的房屋以及其他不动产。

征收集体所有的土地，应当依法及时足额支付土地补偿费、安置补助费以及农村村民住宅、其他地上附着物和青苗等的补偿费用，并安排被征地农民的社会保障费用，保障被征地农民的生活，维护被征地农民的合法权益。

征收组织、个人的房屋以及其他不动产，应当依法给予征收补偿，维护被征收人的合法权益；征收个人住宅的，还应当保障被征收人的居住条件。

任何组织或者个人不得贪污、挪用、私分、截留、拖欠征收补偿费等费用。

第二百四十四条 国家对耕地实行特殊保护，严格限制农用地转为建设用地，控制建设用地总量。不得违反法律规定的权限和程序征收集体所有的土地。

第二百四十五条 因抢险救灾、疫情防控等紧急需要，依照法律规定的权限和程序可以征用组织、个人的不动产或者动产。被征用的不动产或者动产使用后，应当返还被征用人。组织、个人的不动产或者动产被征用或者征用后毁损、灭失的，应当给予补偿。

第五章 国家所有权和集体所有权、私人所有权

第二百四十六条 法律规定属于国家所有的财产，属于国家所有即全民所有。

国有财产由国务院代表国家行使所有权。法律另有规定的，依照其规定。

第二百四十七条 矿藏、水流、海域属于国家所有。

第二百四十八条 无居民海岛属于国家所有，国务院代表国家行使无居民海岛所有权。

第二百四十九条 城市的土地，属于国家所有。法律规定属于国家所有的农村和城市郊区的土地，属于国家所有。

第二百五十条 森林、山岭、草原、荒地、滩涂等自然资源，属于国家所有，但是法律规定属于集体所有的除外。

第二百五十一条 法律规定属于国家所有的野生动植物资源，属于国家所有。

第二百五十二条 无线电频谱资源属于国家所有。

第二百五十三条 法律规定属于国家所有的文物，属于国家所有。

第二百五十四条 国防资产属于国家所有。

铁路、公路、电力设施、电信设施和油气管道等基础设施，依照法律规定为国家所有的，属于国家所有。

第二百五十五条 国家机关对其直接支配的不动产和动产，享有占有、使用以及依照法律和国务院的有关规定处分的权利。

第二百五十六条 国家举办的事业单位对其直接支配的不动产和动产，享有占有、使用以及依照法律和国务院的有关规定收益、处分的权利。

第二百五十七条 国家出资的企业，由国务院、地方人民政府依照法律、行政法规规定分别代表国家履行出资人职责，享有出资人权益。

第二百五十八条 国家所有的财产受法律保护，禁止任何组织或者个人侵占、哄抢、私分、截留、破坏。

第二百五十九条 履行国有财产管理、监督职责的机构及其工作人员，应当依法加强对国有财产的管理、监督，促进国有财产保值增值，防止国有财产损失；滥用职权，玩忽职守，造成国有财产损失的，应当依法承担法律责任。

违反国有财产管理规定，在企业改制、合并分立、关联交易等过程中，低价转让、合谋私分、擅自担保或者以其他方式造成国有财产损失的，应当依法承担法律责任。

第二百六十条 集体所有的不动产和动产包括：

（一）法律规定属于集体所有的土地和森林、山岭、草原、荒地、滩涂；

（二）集体所有的建筑物、生产设施、农田水利设施；

（三）集体所有的教育、科学、文化、卫生、体育等设施；

（四）集体所有的其他不动产和动产。

第二百六十一条 农民集体所有的不动产和动产，属于本集体成员集体所有。

下列事项应当依照法定程序经本集体成员决定：

（一）土地承包方案以及将土地发包给本集体以外的组织或者个人承包；

（二）个别土地承包经营权人之间承包地的调整；

（三）土地补偿费等费用的使用、分配办法；

（四）集体出资的企业的所有权变动等事项；

（五）法律规定的其他事项。

第二百六十二条 对于集体所有的土地和森林、山岭、草原、荒地、滩涂等，依照下列规定行使所有权：

（一）属于村农民集体所有的，由村集体经济组织或者村民委员会依法代表集体行使所有权；

（二）分别属于村内两个以上农民集体所有的，由村内各该集体经济组织或者村民小组依法代表集体行使所有权；

（三）属于乡镇农民集体所有的，由乡镇集体经济组织代表集体行使所有权。

第二百六十三条 城镇集体所有的不动产和动产，依照法律、行政法规的规定由本集体享有占有、使用、收益和处分的权利。

第二百六十四条 农村集体经济组织或者村民委员会、村民小组应当依照法律、行政法规以及章程、村规民约向本集体成员公布集体财产的状况。集体成员有权查阅、复制相关资料。

第二百六十五条 集体所有的财产受法律保护，禁止任何组织或者个人侵占、哄抢、私分、破坏。

农村集体经济组织、村民委员会或者其负责人作出的决定侵害集体成员合法权益的，受侵害的集体成员可以请求人民法院予以撤销。

第二百六十六条 私人对其合法的收入、房屋、生活用品、生产工具、原材料等不动产和动产享有所有权。

第二百六十七条 私人的合法财产受法律保护，禁止任何组织或者个人侵占、哄抢、破坏。

第二百六十八条 国家、集体和私人依法可以出资设立有限责任公司、股份有限公司或者其他企业。国家、集体和私人所有的不动产或者动产投到企业的，由出资人按照约定或者出资比例享有资产收益、重大决策以及选择经营管理者等权利并履行义务。

第二百六十九条 营利法人对其不动产和动产依照法律、行政法规以及章程享有占有、使用、收益和处分的权利。

营利法人以外的法人，对其不动产和动产的权利，适用有关法律、行政法规以及章程的规定。

第二百七十条 社会团体法人、捐助法人依法所有的不动产和动产，受法律保护。

第六章 业主的建筑物区分所有权

第二百七十一条 业主对建筑物内的住宅、经营性用房等专有部分享有所有权，对专有部分以外的共有部分享有共有和共同管理的权利。

第二百七十二条 业主对其建筑物专有部分享有占有、使用、收益和处分的权利。业主行使权利不得危及建筑物的安全，不得损害其他业主的合法权益。

第二百七十三条 业主对建筑物专有部分以外的共有部分，享有权利，承担义务；不得以放弃权利为由不履行义务。

业主转让建筑物内的住宅、经营性用房，其对共有部分享有的共有和共同管理的权利一并转让。

第二百七十四条 建筑区划内的道路，属于业主共有，但是属于城镇公共道路的除外。建筑区划内的绿地，属于业主共有，但是属于城镇公共绿地或者明示属于个人的除外。建筑区划内的其他公共场所、公用设施和物业服务用房，属于业主共有。

第二百七十五条 建筑区划内，规划用于停放汽车的车位、车库的归属，由当事人通过出售、附赠或者出租等方式约定。

占用业主共有的道路或者其他场地用于停放汽车的车位，属于业主共有。

第二百七十六条 建筑区划内，规划用于停放汽车的车位、车库应当首先满足业主的需要。

第二百七十七条 业主可以设立业主大会，选举业主委员会。业主大会、业主委员会成立的具体条件和程序，依照法律、法规的规定。

地方人民政府有关部门、居民委员会应当对设立业主大会和选举业主委员会给予指导和协助。

第二百七十八条 下列事项由业主共同决定：

（一）制定和修改业主大会议事规则；

（二）制定和修改管理规约；

（三）选举业主委员会或者更换业主委员会成员；

（四）选聘和解聘物业服务企业或者其他管理人；

（五）使用建筑物及其附属设施的维修资金；

（六）筹集建筑物及其附属设施的维修资金；

（七）改建、重建建筑物及其附属设施；

（八）改变共有部分的用途或者利用共有部分从事经营活动；

（九）有关共有和共同管理权利的其他重大事项。

业主共同决定事项，应当由专有部分面积占比三分之二以上的业主且人数占比三分之二以上的业主参与表决。决定前款第六项至第八项规定的事项，应当经参与表决专有部分面积四分之三以上的业主且参与表决人数四分之三以上的业主同意。决定前款其他事项，应当经参与表决专有部分面积过半数的业主且参与表决人数过半数的业主同意。

第二百七十九条 业主不得违反法律、法规以及管理规约，将住宅改变为经营性用房。业主将住宅改变为经营性用房的，除遵守法律、法规以及管理规约外，应当经有利害关系的业主一致同意。

第二百八十条 业主大会或者业主委员会的决定，对业主具有法律约束力。

业主大会或者业主委员会作出的决定侵害业主合法权益的，受侵害的业主可以请求人民法院予以撤销。

第二百八十一条 建筑物及其附属设施的维修资金，属于业主共有。经业主共同决定，可以用于电梯、屋顶、外墙、无障碍设施等共有部分的维修、更新和改造。建筑物及其附属设施的维修资金的筹集、使用情况应当定期公布。

紧急情况下需要维修建筑物及其附属设施的，业主大会或者业主委员会可以依法申请使用建筑物及其附属设施的维修资金。

第二百八十二条 建设单位、物业服务企业或者其他管理人等利用业主的共有部分产生的收入，在扣除合理成本之后，属于业主共有。

第二百八十三条 建筑物及其附属设施的费用分摊、收益分配等事项，有约定的，按照约定；没有约定或者约定不明确的，按照业主专有部分面积所占比例确定。

第二百八十四条 业主可以自行管理建筑物及其附属设施，也可以委托物业服务企业或者其他管理人管理。

对建设单位聘请的物业服务企业或者其他管理人，业主有权依法更换。

第二百八十五条 物业服务企业或者其他管理人根据业主的委托，依照本法第三编有关物业服务合同的规定管理建筑区划内的建筑物及其附属设施，接受业主的监督，并及时答复业主对物业服务情况提出的询问。

物业服务企业或者其他管理人应当执行政府依法实施的应急处置措施和其他管理措施，积极配合开展相关工作。

第二百八十六条 业主应当遵守法律、法规以及管理规约，相关行为应当符合节约资源、保护生态环境的要求。对于物业服务企业或者其他管理人执行政府依法实施的应急处置措施和其他管理措施，业主应当依法予以配合。

业主大会或者业主委员会，对任意弃置垃圾、排放污染物或者噪声、违反规定饲养动物、违章搭建、侵占通道、拒付物业费等损害他人合法权益的行为，有权依照法律、法规以及管理规约，请求行为人停止侵害、排除妨碍、消除危险、恢复原状、赔偿损失。

业主或者其他行为人拒不履行相关义务的，有关当事人可以向有关行政主管部门报告或者投诉，有关行政主管部门应当依法处理。

第二百八十七条 业主对建设单位、物业服务企业或者其他管理人以及其他业主侵害自己合法权益的行为，有权请求其承担民事责任。

第七章 相邻关系

第二百八十八条 不动产的相邻权利人应当按照有利生产、方便生活、团结互助、公平合理的原则，正确处理相邻关系。

第二百八十九条 法律、法规对处理相邻关系有规定的，依照其规定；法律、法规没有规定的，可以按照当地习惯。

第二百九十条 不动产权利人应当为相邻权利人用水、排水提供必要的便利。

对自然流水的利用，应当在不动产的相邻权利人之间合理分配。对自然流水的排放，应当尊重自然流向。

第二百九十一条 不动产权利人对相邻权利人因通行等必须利用其土地的，应当提供必要的便利。

第二百九十二条 不动产权利人因建造、修缮建筑物以及铺设电线、电缆、水管、暖气和燃气管线等必须利用相邻土地、建筑物的，该土地、建筑物的权利人应当提供必要的便利。

第二百九十三条 建造建筑物，不得违反国家有关工程建设标准，不得妨碍相邻建筑物的通风、采光和日照。

第二百九十四条 不动产权利人不得违反国家规定弃置固体废物，排放大气污染物、水污染物、土壤污染物、噪声、光辐射、电磁辐射等有害物质。

第二百九十五条 不动产权利人挖掘土地、建造建筑物、铺设管线以及安装设备等，不得危及相邻不动产的安全。

第二百九十六条 不动产权利人因用水、排水、通行、铺设管线等利用相邻不动产的，应当尽量避免对相邻的不动产权利人造成损害。

第八章 共　　有

第二百九十七条 不动产或者动产可以由两个以上组织、个人共有。共有包括按份共有和共同共有。

第二百九十八条 按份共有人对共有的不动产或者动产按照其份额享有所有权。

第二百九十九条 共同共有人对共有的不动产或者动产共同享有所有权。

第三百条 共有人按照约定管理共有的不动产或者动产；没有约定或者约定不明确的，各共有人都有管理的权利和义务。

第三百零一条 处分共有的不动产或者动产以及对共有的不动产或者动产作重大修缮、变更性质或者用途的，应当经占份额三分之二以上的按份共有人或者全体共同共有人同意，但是共有人之间另有约定的除外。

第三百零二条 共有人对共有物的管理费用以及其他负担，有约定的，按照其约定；没有约定或者约定不明确的，按份共有人按照其份额负担，共同共有人共同负担。

第三百零三条 共有人约定不得分割共有的不动产或者动产，以维持共有关系的，应当按照约定，但是共有人有重大理由需要分割的，可以请求分割；没有约定或者约定不明确的，按份共有人可以随时请求分割，共同共有人在共有的基础丧失或者有重大理由需要分割时可以请求分割。因分割造成其他共有人损害的，应当给予赔偿。

第三百零四条 共有人可以协商确定分割方式。达不成协议，共有的不动产或者动产可以分割且不会因分割减损价值的，应当对实物予以分割；难以分割或者因分割会减损价值的，应当对折价或者拍卖、变卖取得的价款予以分割。

共有人分割所得的不动产或者动产有瑕疵的，其他共有人应当分担损失。

第三百零五条 按份共有人可以转让其享有的共有的不动产或者动产份额。其他共有人在同等条件下享有优先购买的权利。

第三百零六条 按份共有人转让其享有的共有的不动产或者动产份额的，应当将转让条件及时通知其他共有人。其他共有人应当在合理期限内行使优先购买权。

两个以上其他共有人主张行使优先购买权的，协商确定各自的购买比例；协商不成的，按照转让时各自的共有份额比例行使优先购买权。

第三百零七条 因共有的不动产或者动产产生的债权债务，在对外关系上，共有人享有连带债权、承担连带债务，但是法律另有规定或者第三人知道共有人不具有连带债权债务关系的除外；在共有人内部关系上，除共有人另有约定外，按份共有人按照份额享有债权、承担债务，共同共有人共同享有债权、承担债务。偿还债务超过自己应当承担份额的按份共有人，有权向其他共有人追偿。

第三百零八条 共有人对共有的不动产或者动产没有约定为按份共有或者共同共有，或者约定不明确的，除共有人具有家庭关系等外，视为按份共有。

第三百零九条 按份共有人对共有的不动产或者动产享有的份额，没有约定或者约定不明确的，按照出资额确定；不能确定出资额的，视为等额享有。

第三百一十条 两个以上组织、个人共同享有用益物权、担保物权的，参照适用本章的有关规定。

第九章 所有权取得的特别规定

第三百一十一条 无处分权人将不动产或者动产转让给受让人的，所有权人有权追回；除法律另有规定外，符合下列情形的，受让人取得该不动产或者动产的所有权：

（一）受让人受让该不动产或者动产时是善意；

（二）以合理的价格转让；

（三）转让的不动产或者动产依照法律规定应当登记的已经登记，不需要登记的已经交付给受让人。

受让人依据前款规定取得不动产或者动产的所有权的，原所有权人有权向无处分权人请求损害赔偿。

当事人善意取得其他物权的，参照适用前两款规定。

第三百一十二条 所有权人或者其他权利人有权追回遗失物。该遗失物通过转让被他人占有的，权利人有权向无处分权人请求损害赔偿，或者自知道或者应当知道受让人之日起二年内向受让人请求返还原物；但是，受让人通过拍卖或者向具有经营资格的经营者购得该遗失物的，权利人请求返还原物时应当支付受让人所付的费用。权利人向受让人支付所付费用后，有权向无处分权人追偿。

第三百一十三条 善意受让人取得动产后，该动产上的原有权利消灭。但是，善意受让人在受让时知道或者应当知道该权利的除外。

第三百一十四条 拾得遗失物，应当返还权利人。拾得人应当及时通知权利人领取，或者送交公安等有关部门。

第三百一十五条 有关部门收到遗失物，知道权利人的，应当及时通知其领取；不知道的，应当及时发布招领公告。

第三百一十六条 拾得人在遗失物送交有关部门前，有关部门在遗失物被领取前，应当妥善保管遗失物。因故意或者重大过失致使遗失物毁损、灭失的，应当承担民事责任。

第三百一十七条 权利人领取遗失物时，应当向拾得人或者有关部门支付保管遗失物等支出的必要费用。

权利人悬赏寻找遗失物的，领取遗失物时应当按照承诺履行义务。

拾得人侵占遗失物的，无权请求保管遗失物等支出的费用，也无权请求权利人按照承诺履行义务。

第三百一十八条 遗失物自发布招领公告之日起一年内无人认领的，归国家所有。

第三百一十九条 拾得漂流物、发现埋藏物或者隐藏物的，参照适用拾得遗失物的有关规定。法律另有规定的，依照其规定。

第三百二十条 主物转让的，从物随主物转让，但是当事人另有约定的除外。

第三百二十一条 天然孳息，由所有权人取得；既有所有权人又有用益物权人的，由用益物权人取得。当事人另有约定的，按照其约定。

法定孳息，当事人有约定的，按照约定取得；没有约定或者约定不明确的，按照交易习惯取得。

第三百二十二条 因加工、附合、混合而产生的物的归属，有约定的，按照约定；没有约定或者约定不明确的，依照法律规定；法律没有规定的，按照充分发挥物的效用以及保护无过错当事人的原则确定。因一方当事人的过错或者确定物的归属造成另一方当事人损害的，应当给予赔偿或者补偿。

第三分编 用益物权

第十章 一般规定

第三百二十三条 用益物权人对他人所有的不动产或者动产，依法享有占有、使用和收益的权利。

第三百二十四条 国家所有或者国家所有由集体使用以及法律规定属于集体所有的自然资源，组织、个人依法可以占有、使用和收益。

第三百二十五条 国家实行自然资源有偿使用制度，但是法律另有规定的除外。

第三百二十六条 用益物权人行使权利，应当遵守法律有关保护和合理开发利用资源、保护生态环境的规定。所有权人不得干涉用益物权人行使权利。

第三百二十七条 因不动产或者动产被征收、征用致使用益物权消灭或者影响用益物权行使的，用益物权人有权依据本法第二百四十三条、第二百四十五条的规定获得相应补偿。

第三百二十八条 依法取得的海域使用权受法律保护。

第三百二十九条 依法取得的探矿权、采矿权、取水权和使用水域、滩涂从事养殖、捕捞的权利受法律保护。

第十一章 土地承包经营权

第三百三十条 农村集体经济组织实行家庭承包经营为基础、统分结合的双层经营体制。

农民集体所有和国家所有由农民集体使用的耕地、林地、草地以及其他用于农业的土地，依法实行土地承包经营制度。

第三百三十一条 土地承包经营权人依法对其承包经营的耕地、林地、草地等享有占有、使用和收益的权利，有权从事种植业、林业、畜牧业等农业生产。

第三百三十二条 耕地的承包期为三十年。草地的承包期为三十年至五十年。林地的承包期为三十年至七十年。

前款规定的承包期限届满，由土地承包经营权人依照农村土地承包的法律规定继续承包。

第三百三十三条 土地承包经营权自土地承包经营权合同生效时设立。

登记机构应当向土地承包经营权人发放土地承包经营权证、林权证等证书，并登记造册，确认土地承包经营权。

第三百三十四条 土地承包经营权人依照法律规定，有权将土地承包经营权互换、转让。未经依法批准，不得将承包地用于非农建设。

第三百三十五条 土地承包经营权互换、转让的，当事人可以向登记机构申请登记；未经登记，不得对抗善意第三人。

第三百三十六条 承包期内发包人不得调整承包地。

因自然灾害严重毁损承包地等特殊情形，需要适当调整承包的耕地和草地的，应当依照农村土地承包的法律规定办理。

第三百三十七条 承包期内发包人不得收回承包地。法律另有规定的，依照其规定。

第三百三十八条 承包地被征收的，土地承包经营权人有权依据本法第二百四十三条的规定获得相应补偿。

第三百三十九条 土地承包经营权人可以自主决定依法采取出租、入股或者其他方式向他人流转土地经营权。

第三百四十条 土地经营权人有权在合同约定的期限内占有农村土地，自主开展农业生产经营并取得收益。

第三百四十一条 流转期限为五年以上的土地经营权，自流转合同生效时设立。当事人可以向登记机构申请土地经营权登记；未经登记，不得对抗善意第三人。

第三百四十二条 通过招标、拍卖、公开协商等方式承包农村土地，经依法登记取得权属证书的，可以依法采取出租、入股、抵押或者其他方式流转土地经营权。

第三百四十三条 国家所有的农用地实行承包经营的，参照适用本编的有关规定。

第十二章 建设用地使用权

第三百四十四条 建设用地使用权人依法对国家所有的土地享有占有、使用和收益的权利，有权利用该土地建造建筑物、构筑物及其附属设施。

第三百四十五条 建设用地使用权可以在土地的地表、地上或者地下分别设立。

第三百四十六条 设立建设用地使用权，应当符合节约资源、保护生态环境的要求，遵守法律、行政法规关于土地用途的规定，不得损害已经设立的用益物权。

第三百四十七条 设立建设用地使用权，可以采取出让或者划拨等方式。

工业、商业、旅游、娱乐和商品住宅等经营性用地以及同一土地有两个以上意向用地者的，应当采取招标、拍卖等公开竞价的方式出让。

严格限制以划拨方式设立建设用地使用权。

第三百四十八条 通过招标、拍卖、协议等出让方式设立建设用地使用权的，当事人应当采用书面形式订立建设用地使用权出让合同。

建设用地使用权出让合同一般包括下列条款：

（一）当事人的名称和住所；

（二）土地界址、面积等；

（三）建筑物、构筑物及其附属设施占用的空间；

（四）土地用途、规划条件；

（五）建设用地使用权期限；

（六）出让金等费用及其支付方式；

（七）解决争议的方法。

第三百四十九条 设立建设用地使用权的，应当向登记机构申请建设用地使用权登记。建设用地使用权自登记时设立。登记机构应当向建设用地使用权人发放权属证书。

第三百五十条 建设用地使用权人应当合理利用土地，不得改变土地用途；需要改变土地用途的，应当依法经有关行政主管部门批准。

第三百五十一条 建设用地使用权人应当依照法律规定以及合同约定支付出让金等费用。

第三百五十二条 建设用地使用权人建造的建筑物、构筑物及其附属设施的所有权属于建设用地使用权人，但是有相反证据证明的除外。

第三百五十三条 建设用地使用权人有权将建设用地使用权转让、互换、出资、赠与或者抵押，但是法律另有规定的除外。

第三百五十四条 建设用地使用权转让、互换、出资、赠与或者抵押的，当事人应当采用书面形式订立相应的合同。使用期限由当事人约定，但是不得超过建设用地使用权的剩余期限。

第三百五十五条 建设用地使用权转让、互换、出资或者赠与的，应当向登记机构申请变更登记。

第三百五十六条 建设用地使用权转让、互换、出资或者赠与的，附着于该土地上的建筑物、构筑物及其附属设施一并处分。

第三百五十七条 建筑物、构筑物及其附属设施转让、互换、出资或者赠与的，该建筑物、构筑物及其附属设施占用范围内的建设用地使用权一并处分。

第三百五十八条 建设用地使用权期限届满前，因公共利益需要提前收回该土地的，应当依据本法第二百四十三条的规定对该土地上的房屋以及其他不动产给予补偿，并退还相应的出让金。

第三百五十九条 住宅建设用地使用权期限届满的，自动续期。续期费用的缴纳或者减免，依照法律、行政法规的规定办理。

非住宅建设用地使用权期限届满后的续期，依照法律规定办理。该土地上的房屋以及其他不动产的归属，有约定的，按照约定；没有约定或者约定不明确的，依照法律、行政法规的规定办理。

第三百六十条 建设用地使用权消灭的，出让人应当及时办理注销登记。登记机构应当收回权属证书。

第三百六十一条 集体所有的土地作为建设用地的，应当依照土地管理的法律规定办理。

第十三章　宅基地使用权

第三百六十二条 宅基地使用权人依法对集体所有的土地享有占有和使用的权利，有权依法利用该土地建造住宅及其附属设施。

第三百六十三条 宅基地使用权的取得、行使和转让，适用土地管理的法律和国家有关规定。

第三百六十四条 宅基地因自然灾害等原因灭失的，宅基地使用权消灭。对失去宅基地的村民，应当依法重新分配宅基地。

第三百六十五条 已经登记的宅基地使用权转让或者消灭的，应当及时办理变更登记或者注销登记。

第十四章 居 住 权

第三百六十六条 居住权人有权按照合同约定，对他人的住宅享有占有、使用的用益物权，以满足生活居住的需要。

第三百六十七条 设立居住权，当事人应当采用书面形式订立居住权合同。

居住权合同一般包括下列条款：

（一）当事人的姓名或者名称和住所；

（二）住宅的位置；

（三）居住的条件和要求；

（四）居住权期限；

（五）解决争议的方法。

第三百六十八条 居住权无偿设立，但是当事人另有约定的除外。设立居住权的，应当向登记机构申请居住权登记。居住权自登记时设立。

第三百六十九条 居住权不得转让、继承。设立居住权的住宅不得出租，但是当事人另有约定的除外。

第三百七十条 居住权期限届满或者居住权人死亡的，居住权消灭。居住权消灭的，应当及时办理注销登记。

第三百七十一条 以遗嘱方式设立居住权的，参照适用本章的有关规定。

第十五章 地 役 权

第三百七十二条 地役权人有权按照合同约定，利用他人的不动产，以提高自己的不动产的效益。

前款所称他人的不动产为供役地，自己的不动产为需役地。

第三百七十三条 设立地役权，当事人应当采用书面形式订立地役权合同。

地役权合同一般包括下列条款：

（一）当事人的姓名或者名称和住所；

（二）供役地和需役地的位置；

（三）利用目的和方法；

（四）地役权期限；

（五）费用及其支付方式；

（六）解决争议的方法。

第三百七十四条 地役权自地役权合同生效时设立。当事人要求登记的，可以向登记机构申请地役权登记；未经登记，不得对抗善意第三人。

第三百七十五条 供役地权利人应当按照合同约定，允许地役权人利用其不动产，不得妨害地役权人行使权利。

第三百七十六条 地役权人应当按照合同约定的利用目的和方法利用供役地，尽量减少对供役地权利人物权的限制。

第三百七十七条 地役权期限由当事人约定；但是，不得超过土地承包经营权、建设用地使用权等用益物权的剩余期限。

第三百七十八条 土地所有权人享有地役权或者负担地役权的，设立土地承包经营权、宅基地使用权等用益物权时，该用益物权人继续享有或者负担已经设立的地役权。

第三百七十九条 土地上已经设立土地承包经营权、建设用地使用权、宅基地使用权等用益物权的，未经用益物权人同意，土地所有权人不得设立地役权。

第三百八十条 地役权不得单独转让。土地承包经营权、建设用地使用权等转让的，地役权一并转让，但是合同另有约定的除外。

第三百八十一条 地役权不得单独抵押。土地经营权、建设用地使用权等抵押的，在实现抵押权时，地役权一并转让。

第三百八十二条 需役地以及需役地上的土地承包经营权、建设用地使用权等部分转让时，转让部分涉及地役权的，受让人同时享有地役权。

第三百八十三条 供役地以及供役地上的土地承包经营权、建设用地使用权等部分转让时，转让部分涉及地役权的，地役权对受让人具有法律约束力。

第三百八十四条 地役权人有下列情形之一的，供役地权利人有权解除地役权合同，地役权消灭：

（一）违反法律规定或者合同约定，滥用地役权；

（二）有偿利用供役地，约定的付款期限届满后在合理期限内经两次催告未支付费用。

第三百八十五条 已经登记的地役权变更、转让或者消灭的，应当及时办理变更登记或者注销登记。

第四分编 担 保 物 权

第十六章 一 般 规 定

第三百八十六条 担保物权人在债务人不履行到期债务或者发生当事人约定的实现担保物权的情形，依法享有就担保财产优先受偿的权利，但是法律另有规定的除外。

第三百八十七条 债权人在借贷、买卖等民事活动中，为保障实现其债权，需要担保的，可以依照本法和其他法律的规定设立担保物权。

第三人为债务人向债权人提供担保的，可以要求债务人提供反担保。反担保适用本法和其他法律的规定。

第三百八十八条 设立担保物权，应当依照本法和其他法律的规定订立担保合同。担保合同包括抵押合同、质押合同和其他具有担保功能的合同。担保合同是主债权债务合同的从合同。主债权债务合同无效的，担保合同无效，但是法律另有规定的除外。

担保合同被确认无效后，债务人、担保人、债权人有过错的，应当根据其过错各自承担相应的民事责任。

第三百八十九条 担保物权的担保范围包括主债权及其利息、违约金、损害赔偿金、保管担保财产和实现担保物权的费用。当事人另有约定的，按照其约定。

第三百九十条 担保期间，担保财产毁损、灭失或者被征收等，担保物权人可以就获得的保险金、赔偿金或者补偿金等优先受偿。被担保债权的履行期限未届满的，也可以提存该保险金、赔偿金或者补偿金等。

第三百九十一条 第三人提供担保，未经其书面同意，债权人允许债务人转移全部或者部分债务的，担保人不再承担相应的担保责任。

第三百九十二条 被担保的债权既有物的担保又有人的担保的，债务人不履行到期债务或者发生当事人约定的实现担保物权的情形，债权人应当按照约定实现债权；没有约定或者约定不明确，债务人自己提供物的担保的，债权人应当先就该物的担保实现债权；第三人提供物的担保的，债权人可以就物的担保实现债权，也可以请求保证人承担保证责任。提供担保的第三人承担担保责任后，有权向债务人追偿。

第三百九十三条 有下列情形之一的，担保物权消灭：

（一）主债权消灭；

（二）担保物权实现；

（三）债权人放弃担保物权；

（四）法律规定担保物权消灭的其他情形。

第十七章 抵 押 权

第一节 一般抵押权

第三百九十四条 为担保债务的履行，债务人或者第三人不转移财产的占有，将该财产抵押给债权人的，债务人不履行到期债务或者发生当事人约定的实现抵押权的情形，债权人有权就该财产优先受偿。

前款规定的债务人或者第三人为抵押人，债权人为抵押权人，提供担保的财产为抵押财产。

第三百九十五条 债务人或者第三人有权处分的下列财产可以抵押：

（一）建筑物和其他土地附着物；

（二）建设用地使用权；

（三）海域使用权；

（四）生产设备、原材料、半成品、产品；

（五）正在建造的建筑物、船舶、航空器；

（六）交通运输工具；

（七）法律、行政法规未禁止抵押的其他财产。

抵押人可以将前款所列财产一并抵押。

第三百九十六条 企业、个体工商户、农业生产经营者可以将现有的以及将有的生产设备、原材料、半成品、产品抵押，债务人不履行到期债务或者发生当事人约定的实现抵押权的情形，债权人有权就抵押财产确定时的动产优先受偿。

第三百九十七条 以建筑物抵押的，该建筑物占用范围内的建设用地使用权一并抵押。以建设用地使用权抵押的，该土地上的建筑物一并抵押。

抵押人未依据前款规定一并抵押的，未抵押的财产视为一并抵押。

第三百九十八条 乡镇、村企业的建设用地使用权不得单独抵押。以乡镇、村企业的厂房等建筑物抵押的，其占用范围内的建设用地使用权一并抵押。

第三百九十九条 下列财产不得抵押：

（一）土地所有权；

（二）宅基地、自留地、自留山等集体所有土地的使用权，但是法律规定可以抵押的除外；

（三）学校、幼儿园、医疗机构等为公益目的成立的非营利法人的教育设施、医疗卫生设施和其他公益设施；

（四）所有权、使用权不明或者有争议的财产；

（五）依法被查封、扣押、监管的财产；

（六）法律、行政法规规定不得抵押的其他财产。

第四百条 设立抵押权，当事人应当采用书面形式订立抵押合同。

抵押合同一般包括下列条款：

（一）被担保债权的种类和数额；

（二）债务人履行债务的期限；

（三）抵押财产的名称、数量等情况；

（四）担保的范围。

第四百零一条 抵押权人在债务履行期限届满前，与抵押人约定债务人不履行到期债务时抵押财产归债权人所有的，只能依法就抵押财产优先受偿。

第四百零二条 以本法第三百九十五条第一款第一项至第三项规定的财产或者第五项规定的正在建造的建筑物抵押的，应当办理抵押登记。抵押权自登记时设立。

第四百零三条 以动产抵押的，抵押权自抵押合同生效时设立；未经登记，不得对抗善意第三人。

第四百零四条 以动产抵押的，不得对抗正常经营活动中已经支付合理价款并取得抵押财产的买受人。

第四百零五条 抵押权设立前，抵押财产已经出租并转移占有的，原租赁关系不受该抵押权的影响。

第四百零六条 抵押期间，抵押人可以转让抵押财产。当事人另有约定的，按照其约定。抵押财产转让的，抵押权不受影响。

抵押人转让抵押财产的，应当及时通知抵押权人。抵押权人能够证明抵押财产转让可能损害抵押权的，可以请求抵押人将转让所得的价款向抵押权人提前清偿债务或者提存。转让的价款超过债权数额的部分归抵押人所有，不足部分由债务人清偿。

第四百零七条 抵押权不得与债权分离而单独转让或者作为其他债权的担保。债权转让的，担保该债权的抵押权一并转让，但是法律另有规定或者当事人另有约定的除外。

第四百零八条 抵押人的行为足以使抵押财产价值减少的，抵押权人有权请求抵押人停止其行为；抵押财产价值减少的，抵押权人有权请求恢复抵押财产的价值，或者提供与减少的价值相应的担保。抵押人不恢复抵押财产的价值，也不提供担保的，抵押权人有权请求债务人提前清偿债务。

第四百零九条 抵押权人可以放弃抵押权或者抵押权的顺位。抵押权人与抵押人可以协议变更抵押权顺位以及被担保的债权数额等内容。但是，抵押权的变更未经其他抵押权人书面同意的，不得对其他抵押权人产生不利影响。

债务人以自己的财产设定抵押，抵押权人放弃该抵押权、抵押权顺位或者变更抵押权的，其他担保人在抵押权人丧失优先受偿权益的范围内免除担保责任，但是其他担保人承诺仍然提供担保的除外。

第四百一十条 债务人不履行到期债务或者发生当事人约定的实现抵押权的情形，抵押权人可以与抵押人协议以抵押财产折价或者以拍卖、变卖该抵押财产所得的价款优先受偿。协议损害其他债权人利益的，其他债权人可以请求人民法院撤销该协议。

抵押权人与抵押人未就抵押权实现方式达成协议的，抵押权人可以请求人民法院拍卖、变卖抵押财产。

抵押财产折价或者变卖的，应当参照市场价格。

第四百一十一条 依据本法第三百九十六条规定设定抵押的，抵押财产自下列情形之一发生时确定：

（一）债务履行期限届满，债权未实现；

（二）抵押人被宣告破产或者解散；

（三）当事人约定的实现抵押权的情形；

（四）严重影响债权实现的其他情形。

第四百一十二条 债务人不履行到期债务或者发生当事人约定的实现抵押权的情形，致使抵押财产被人民法院依法扣押的，自扣押之日起，抵押权人有权收取该抵押财产的天然孳息或者法定孳息，但是抵押权人未通知应当清偿法定孳息义务人的除外。

前款规定的孳息应当先充抵收取孳息的费用。

第四百一十三条 抵押财产折价或者拍卖、变卖后，其价款超过债权数额的部分归抵押人所有，不足部分由债务人清偿。

第四百一十四条 同一财产向两个以上债权人抵押的，拍卖、变卖抵押财产所得的价款依照下列规定清偿：

（一）抵押权已经登记的，按照登记的时间先后确定清偿顺序；

（二）抵押权已经登记的先于未登记的受偿；

（三）抵押权未登记的，按照债权比例清偿。

其他可以登记的担保物权，清偿顺序参照适用前款规定。

第四百一十五条 同一财产既设立抵押权又设立质权的，拍卖、变卖该财产所得的价款按照登记、交付的时间先后确定清偿顺序。

第四百一十六条 动产抵押担保的主债权是抵押物的价款，标的物交付后十日内办理抵押登记的，该抵押权人优先于抵押物买受人的其他担保物权人受偿，但是留置权人除外。

第四百一十七条 建设用地使用权抵押后，该土地上新增的建筑物不属于抵押财产。该建设用地使用权实现抵押权时，应当将该土地上新增的建筑物与建设用地使用权一并处分。但是，新增建筑物所得的价款，抵押权人无权优先受偿。

第四百一十八条 以集体所有土地的使用权依法抵押的，实现抵押权后，未经法定程序，不得改变土地所有权的性质和土地用途。

第四百一十九条 抵押权人应当在主债权诉讼时效期间行使抵押权；未行使的，人民法院不予保护。

第二节　最高额抵押权

第四百二十条 为担保债务的履行，债务人或者第三人对一定期间内将要连续发生的债权提供担保财产的，债务人不履行到期债务或者发生当事人约定的实现抵押权的情形，抵押权人有权在最高债权额限度内就该担保财产优先受偿。

最高额抵押权设立前已经存在的债权，经当事人同意，可以转入最高额抵押担保的债权范围。

第四百二十一条 最高额抵押担保的债权确定前，部分债权转让的，最高额抵押权不得转让，但是当事人另有约定的除外。

第四百二十二条 最高额抵押担保的债权确定前，抵押权人与抵押人可以通过协议变更债权确定的期间、债权范围以及最高债权额。但是，变更的内容不得对其他抵押权人产生不利影响。

第四百二十三条 有下列情形之一的，抵押权人的债权确定：

（一）约定的债权确定期间届满；

（二）没有约定债权确定期间或者约定不明确，抵押权人或者抵押人自最高额抵押权设立之日起满二年后请求确定债权；

（三）新的债权不可能发生；

（四）抵押权人知道或者应当知道抵押财产被查封、扣押；

（五）债务人、抵押人被宣告破产或者解散；

（六）法律规定债权确定的其他情形。

第四百二十四条 最高额抵押权除适用本节规定外，适用本章第一节的有关规定。

第十八章　质　　权

第一节　动 产 质 权

第四百二十五条 为担保债务的履行，债务人或者第三人将其动产出质给债权人占有的，债务人不履行到期债务或者发生当事人约定的实现质权的情形，债权人有权就该动产优先受偿。

前款规定的债务人或者第三人为出质人，债权人为质权人，交付的动产为质押财产。

第四百二十六条 法律、行政法规禁止转让的动产不得出质。

第四百二十七条 设立质权，当事人应当采用书面形式订立质押合同。

质押合同一般包括下列条款：

（一）被担保债权的种类和数额；

（二）债务人履行债务的期限；

（三）质押财产的名称、数量等情况；

（四）担保的范围；

（五）质押财产交付的时间、方式。

第四百二十八条 质权人在债务履行期限届满前，与出质人约定债务人不履行到期债务时质押财产归债权人所有的，只能依法就质押财产优先受偿。

第四百二十九条 质权自出质人交付质押财产时设立。

第四百三十条 质权人有权收取质押财产的孳息，但是合同另有约定的除外。

前款规定的孳息应当先充抵收取孳息的费用。

第四百三十一条 质权人在质权存续期间，未经出质人同意，擅自使用、处分质押财产，造成出质人损害的，应当承担赔偿责任。

第四百三十二条 质权人负有妥善保管质押财产的义务；因保管不善致使质押财产毁损、灭失的，应当承担赔偿责任。

质权人的行为可能使质押财产毁损、灭失的，出质人可以请求质权人将质押财产提存，或者请求提前清偿债务并返还质押财产。

第四百三十三条 因不可归责于质权人的事由可能使质押财产毁损或者价值明显减少，足以危害质权人权利的，质权人有权请求出质人提供相应的担保；出质人不提供的，质权人可以拍卖、变卖质押财产，并与出质人协议将拍卖、变卖所得的价款提前清偿债务或者提存。

第四百三十四条 质权人在质权存续期间，未经出质人同意转质，造成质押财产毁损、灭失的，应当承担赔偿责任。

第四百三十五条 质权人可以放弃质权。债务人以自己的财产出质，质权人放弃该质权的，其他担保人在质权人丧失优先受偿权益的范围内免除担保责任，但是其他担保人承诺仍然提供担保的除外。

第四百三十六条 债务人履行债务或者出质人提前清偿所担保的债权的，质权人应当返还质押财产。

债务人不履行到期债务或者发生当事人约定的实现质权的情形，质权人可以与出质人协议以质押财产折价，也可以就拍卖、变卖质押财产所得的价款优先受偿。

质押财产折价或者变卖的，应当参照市场价格。

第四百三十七条 出质人可以请求质权人在债务履行期限届满后及时行使质权；质权人不行使的，出质人可以请求人民法院拍卖、变卖质押财产。

出质人请求质权人及时行使质权，因质权人怠于行使权利造成出质人损害的，由质权人承担赔偿责任。

第四百三十八条 质押财产折价或者拍卖、变卖后，其价款超过债权数额的部分归出质人所有，不足部分由债务人清偿。

第四百三十九条 出质人与质权人可以协议设立最高额质权。

最高额质权除适用本节有关规定外，参照适用本编第十七章第二节的有关规定。

第二节　权 利 质 权

第四百四十条 债务人或者第三人有权处分的下列权利可以出质：

（一）汇票、本票、支票；

（二）债券、存款单；

（三）仓单、提单；

（四）可以转让的基金份额、股权；

（五）可以转让的注册商标专用权、专利权、著作权等知识产权中的财产权；

（六）现有的以及将有的应收账款；

（七）法律、行政法规规定可以出质的其他财产权利。

第四百四十一条 以汇票、本票、支票、债券、存款单、仓单、提单出质的，质权自权利凭证交付质权人时设立；没有权利凭证的，质权自办理出质登记时设立。法律另有规定的，依照其规定。

第四百四十二条 汇票、本票、支票、债券、存款单、仓单、提单的兑现日期或者提货日期先于主债权到期的，质权人可以兑现或者提货，并与出质人协议将兑现的价款或者提取的货物提前清偿债务或者提存。

第四百四十三条 以基金份额、股权出质的，质权自办理出质登记时设立。

基金份额、股权出质后，不得转让，但是出质人与质权人协商同意的除外。出质人转让基金份额、股权所得的价款，应当向质权人提前清偿债务或者提存。

第四百四十四条 以注册商标专用权、专利权、著作权等知识产权中的财产权出质的，质权自办理出质登记时设立。

知识产权中的财产权出质后，出质人不得转让或者许可他人使用，但是出质人与质权人协商同意的除外。出质人转让或者许可他人使用出质的知识产权中的财产权所得的价款，应当向质权人提前清偿债务或者提存。

第四百四十五条 以应收账款出质的，质权自办理出质登记时设立。

应收账款出质后，不得转让，但是出质人与质权人协商同意的除外。出质人转让应收账款所得的价款，应当向质权人提前清偿债务或者提存。

第四百四十六条 权利质权除适用本节规定外，适用本章第一节的有关规定。

第十九章 留置权

第四百四十七条 债务人不履行到期债务，债权人可以留置已经合法占有的债务人的动产，并有权就该动产优先受偿。

前款规定的债权人为留置权人，占有的动产为留置财产。

第四百四十八条 债权人留置的动产，应当与债权属于同一法律关系，但是企业之间留置的除外。

第四百四十九条 法律规定或者当事人约定不得留置的动产，不得留置。

第四百五十条 留置财产为可分物的，留置财产的价值应当相当于债务的金额。

第四百五十一条 留置权人负有妥善保管留置财产的义务；因保管不善致使留置财产毁损、灭失的，应当承担赔偿责任。

第四百五十二条 留置权人有权收取留置财产的孳息。

前款规定的孳息应当先充抵收取孳息的费用。

第四百五十三条 留置权人与债务人应当约定留置财产后的债务履行期限；没有约定或者约定不明确的，留置权人应当给债务人六十日以上履行债务的期限，但是鲜活易腐等不易保管的动产除外。债务人逾期未履行的，留置权人可以与债务人协议以留置财产折价，也可以就拍卖、变卖留置财产所得的价款优先受偿。

留置财产折价或者变卖的，应当参照市场价格。

第四百五十四条 债务人可以请求留置权人在债务履行期限届满后行使留置权；留置权人不行使的，债务人可以请求人民法院拍卖、变卖留置财产。

第四百五十五条 留置财产折价或者拍卖、变卖后，其价款超过债权数额的部分归债务人所有，不足部分由债务人清偿。

第四百五十六条 同一动产上已经设立抵押权或者质权，该动产又被留置的，留置权人优先受偿。

第四百五十七条 留置权人对留置财产丧失占有或者留置权人接受债务人另行提供担保的，留置权消灭。

第五分编 占有

第二十章 占有

第四百五十八条 基于合同关系等产生的占有，有关不动产或者动产的使用、收益、违约责任等，按照合同约定；合同没有约定或者约定不明确的，依照有关法律规定。

第四百五十九条 占有人因使用占有的不动产或者动产，致使该不动产或者动产受到损害的，恶意占有人应当承担赔偿责任。

第四百六十条 不动产或者动产被占有人占有的，权利人可以请求返还原物及其孳息；但是，应当支付善意占有人因维护该不动产或者动产支出的必要费用。

第四百六十一条 占有的不动产或者动产毁损、灭失，该不动产或者动产的权利人请求赔偿的，占有人应当将因毁损、灭失取得的保险金、赔偿金或者补偿金等返还给权利人；权利人的损害未得到足够弥补的，恶意占有人还应当赔偿损失。

第四百六十二条 占有的不动产或者动产被侵占的，占有人有权请求返还原物；对妨害占有的行为，占有人有权请求排除妨害或者消除危险；因侵占或者妨害造成损害的，占有人有权依法请求损害赔偿。

占有人返还原物的请求权，自侵占发生之日起一年内未行使的，该请求权消灭。

中华人民共和国契税法

（2020 年 8 月 11 日第十三届全国人民代表大会常务委员会第二十一次会议通过）

第一条 在中华人民共和国境内转移土地、房屋权属，承受的单位和个人为契税的纳税人，应当依照本法规定缴纳契税。

第二条 本法所称转移土地、房屋权属，是指下列行为：

（一）土地使用权出让；

（二）土地使用权转让，包括出售、赠与、互换；

（三）房屋买卖、赠与、互换。

前款第二项土地使用权转让，不包括土地承包经营权和土地经营权的转移。

以作价投资（入股）、偿还债务、划转、奖励等方式转移土地、房屋权属的，应当依照本法规定征收契税。

第三条 契税税率为百分之三至百分之五。

契税的具体适用税率，由省、自治区、直辖市人民政府在前款规定的税率幅度内提出，报同级人民代表大会常务委员会决定，并报全国人民代表大会常务委员会和国务院备案。

省、自治区、直辖市可以依照前款规定的程序对不同主体、不同地区、不同类型的住房的权属转移确定差别税率。

第四条 契税的计税依据：

（一）土地使用权出让、出售，房屋买卖，为土地、房屋权属转移合同确定的成交价格，包括应交付的货币以及实物、其他经济利益对应的价款；

（二）土地使用权互换、房屋互换，为所互换的土地使用权、房屋价格的差额；

（三）土地使用权赠与、房屋赠与以及其他没有价格的转移土地、房屋权属行为，为税务机关参照土地使用权出售、房屋买卖的市场价格依法核定的价格。

纳税人申报的成交价格、互换价格差额明显偏低且无正当理由的，由税务机关依照《中华人民共和国税收征收管理法》的规定核定。

第五条 契税的应纳税额按照计税依据乘以具体适用税率计算。

第六条 有下列情形之一的，免征契税：

（一）国家机关、事业单位、社会团体、军事单位承受土地、房屋权属用于办公、教学、医疗、科研、军事设施；

（二）非营利性的学校、医疗机构、社会福利机构承受土地、房屋权属用于办公、教学、医疗、科研、养老、救助；

（三）承受荒山、荒地、荒滩土地使用权用于农、林、牧、渔业生产；

（四）婚姻关系存续期间夫妻之间变更土地、房屋权属；

（五）法定继承人通过继承承受土地、房屋权属；

（六）依照法律规定应当予以免税的外国驻华使馆、领事馆和国际组织驻华代表机构承受土地、房屋权属。

根据国民经济和社会发展的需要，国务院对居民住房需求保障、企业改制重组、灾后重建等情形可以规定免征或者减征契税，报全国人民代表大会常务委员会备案。

第七条 省、自治区、直辖市可以决定对下列情形免征或者减征契税：

（一）因土地、房屋被县级以上人民政府征收、征用，重新承受土地、房屋权属；

（二）因不可抗力灭失住房，重新承受住房权属。

前款规定的免征或者减征契税的具体办法，由省、自治区、直辖市人民政府提出，报同级人民代表大会常务委员会决定，并报全国人民代表大会常务委员会和国务院备案。

第八条 纳税人改变有关土地、房屋的用途，或者有其他不再属于本法第六条规定的免征、减征契税情形的，应当缴纳已经免征、减征的税款。

第九条 契税的纳税义务发生时间，为纳税人签订土地、房屋权属转移合同的当日，或者纳税人取得其他具有土地、房屋权属转移合同性质凭证的当日。

第十条 纳税人应当在依法办理土地、房屋权属登记手续前申报缴纳契税。

第十一条 纳税人办理纳税事宜后，税务机关应当开具契税完税凭证。纳税人办理土地、房屋权属登记，不动产登记机构应当查验契税完税、减免税凭证或者有关信息。未按照规定缴纳契税的，不动产登记机构不予办理土地、房屋权属登记。

第十二条 在依法办理土地、房屋权属登记前，权属转移合同、权属转移合同性质凭证不生效、无效、被撤销或者被解除的，纳税人可以向税务机关申请退还已缴纳的税款，税务机关应当依法办理。

第十三条 税务机关应当与相关部门建立契税涉税信息共享和工作配合机制。自然资源、住房城乡建设、民政、公安等相关部门应当及时向税务机关提供与转移土地、房屋权属有关的信息，协助税务机关加强契税征收管理。

税务机关及其工作人员对税收征收管理过程中知悉的纳税人的个人信息，应当依法予以保密，不得泄露或者非法向他人提供。

第十四条 契税由土地、房屋所在地的税务机关依照本法和《中华人民共和国税收征收管理法》的规定征收管理。

第十五条 纳税人、税务机关及其工作人员违反本法规定的，依照《中华人民共和国税收征收管理法》和有关法律法规的规定追究法律责任。

第十六条 本法自2021年9月1日起施行。1997年7月7日国务院发布的《中华人民共和国契税暂行条例》同时废止。

二、中华人民共和国国务院

关于授权和委托用地审批权的决定

国发〔2020〕4 号　2020 年 3 月 1 日

一、将国务院可以授权的永久基本农田以外的农用地转为建设用地审批事项授权各省、自治区、直辖市人民政府批准。自本决定发布之日起，按照《中华人民共和国土地管理法》第四十四条第三款规定，对国务院批准土地利用总体规划的城市在建设用地规模范围内，按土地利用年度计划分批次将永久基本农田以外的农用地转为建设用地的，国务院授权各省、自治区、直辖市人民政府批准；按照《中华人民共和国土地管理法》第四十四条第四款规定，对在土地利用总体规划确定的城市和村庄、集镇建设用地规模范围外，将永久基本农田以外的农用地转为建设用地的，国务院授权各省、自治区、直辖市人民政府批准。

二、试点将永久基本农田转为建设用地和国务院批准土地征收审批事项委托部分省、自治区、直辖市人民政府批准。自本决定发布之日起，对《中华人民共和国土地管理法》第四十四条第二款规定的永久基本农田转为建设用地审批事项，以及第四十六条第一款规定的永久基本农田、永久基本农田以外的耕地超过三十五公顷的、其他土地超过七十公顷的土地征收审批事项，国务院委托部分试点省、自治区、直辖市人民政府批准。首批试点省份为北京、天津、上海、江苏、浙江、安徽、广东、重庆，试点期限 1 年，具体实施方案由试点省份人民政府制订并报自然资源部备案。国务院将建立健全省级人民政府用地审批工作评价机制，根据各省、自治区、直辖市的土地管理水平综合评估结果，对试点省份进行动态调整，对连续排名靠后或考核不合格的试点省份，国务院将收回委托。

三、有关要求。各省、自治区、直辖市人民政府要按照法律、行政法规和有关政策规定，严格审查把关，特别要严格审查涉及占用永久基本农田、生态保护红线、自然保护区的用地，切实保护耕地，节约集约用地，盘活存量土地，维护被征地农民合法权益，确保相关用地审批权“放得下、接得住、管得好”。各省、自治区、直辖市人民政府不得将承接的用地审批权进一步授权或委托。

自然资源部要加强对各省、自治区、直辖市人民政府用地审批工作的指导和服务，明确审批要求和标准，切实提高审批质量和效率；要采取“双随机、一公开”等方式，加强对用地审批情况的监督检查，发现违规问题及时督促纠正，重大问题及时向国务院报告。

关于构建更加完善的要素市场化配置体制机制的意见

2020 年 3 月 30 日

完善要素市场化配置是建设统一开放、竞争有序市场体系的内在要求，是坚持和完善社会主义基本经济制度、加快完善社会主义市场经济体制的重要内容。为深化要素市场化配置改革，促进要素自主有序流动，提高要素配置效率，进一步激发全社会创造力和市场活力，推动经济发展质量变革、效率变革、动力变革，现就构建更加完善的要素市场化配置体制机制提出如下意见。

一、总体要求

（一）指导思想。以习近平新时代中国特色社会主义思想为指导，全面贯彻党的十九大和十九届二中、三中、四中全会精神，坚持稳中求进工作总基调，坚持以供给侧结构性改革为主线，坚持新发展理念，坚持深化市场化改革、扩大高水平开放，破除阻碍要素自由流动的体制机制障碍，扩大要素市场化配置范围，健全要素市场体系，推进要素市场制度建设，实现要素价格市场决定、流动自主有序、配置高效公平，为建设高标准市场体系、推动高质量发展、建设现代化经济体系打下坚实制度基础。

（二）基本原则。一是市场决定，有序流动。充分发挥市场配置资源的决定性作用，畅通要素流动渠道，保障不同市场主体平等获取生产要素，推动要素配置依据市场规则、市场价格、市场竞争实现效益最大化和效率最优化。二是健全制度，创新监管。更好发挥政府作用，健全要素市场运行机制，完善政府调节与监管，做到放活与管好有机结合，提升监管和服务能力，引导各类要素协同向先进生产力集聚。三是问题导向，分类施策。针对市场决定要素配置范围有限、要素流动存在体制机制障碍等问题，根据不同要素属性、市场化程度差异和经济社会发展需要，分类完善要素市场化配置体制机制。四是稳中求进，循序渐进。坚持安全可控，从实际出发，尊重客观规律，培育发展新型要素形态，逐步提高要素质量，因地制宜稳步推进要素市场化配置改革。

二、推进土地要素市场化配置

（三）建立健全城乡统一的建设用地市场。加快修改完善土地管理法实施条例，完善相关配套制度，制定出台农村集体经营性建设用地入市指导意见。全面推开农村土地征收制度改革，扩大国有土地有偿使用范围。建立公平合理的集体经营性建设用地入市增值收益分配制度。建立公共利益征地的相关制度规定。

（四）深化产业用地市场化配置改革。健全长期租赁、先租后让、弹性年期供应、作价出资（入股）等工业用地市场供应体系。在符合国土空间规划和用途管制要求前提下，调整完善产业用地政策，创新使用方式，推动不同产业用地类型合理转换，探索增加混合产业用地供给。

（五）鼓励盘活存量建设用地。充分运用市场机制盘活存量土地和低效用地，研究完善促进盘活存量建设用地的税费制度。以多种方式推进国有企业存量用地盘活利用。深化农村宅基地制度改革试点，深入推进建设用地整理，完善城乡建设用地增减挂钩政策，为乡村振兴和城乡融合发展提供土地要素保障。

（六）完善土地管理体制。完善土地利用计划管理，实施年度建设用地总量调控制度，增强土地管理灵活性，推动土地计划指标更加合理化，城乡建设用地指标使用应更多由省级政府负责。在国土空间规划编制、农村房地一体不动产登记基本完成的前提下，建立健全城乡建设用地供应三年滚动计划。探索建立全国性的建设用地、补充耕地指标跨区域交易机制。加强土地供应利用统计监测。实施城乡土地统一调查、统一规划、统一整治、统一登记。推动制定不动产登记法。

三、引导劳动力要素合理畅通有序流动

（七）深化户籍制度改革。推动超大、特大城市调整完善积分落户政策，探索推动在长三角、珠三角等城市群率先实现户籍准入年限同城化累计互认。放开放宽除个别超大城市外的城市落户限制，试行以经常居住地

登记户口制度。建立城镇教育、就业创业、医疗卫生等基本公共服务与常住人口挂钩机制，推动公共资源按常住人口规模配置。

（八）畅通劳动力和人才社会性流动渠道。健全统一规范的人力资源市场体系，加快建立协调衔接的劳动力、人才流动政策体系和交流合作机制。营造公平就业环境，依法纠正身份、性别等就业歧视现象，保障城乡劳动者享有平等就业权利。进一步畅通企业、社会组织人员进入党政机关、国有企事业单位渠道。优化国有企事业单位面向社会选人用人机制，深入推行国有企业分级分类公开招聘。加强就业援助，实施优先扶持和重点帮助。完善人事档案管理服务，加快提升人事档案信息化水平。

（九）完善技术技能评价制度。创新评价标准，以职业能力为核心制定职业标准，进一步打破户籍、地域、身份、档案、人事关系等制约，畅通非公有制经济组织、社会组织、自由职业专业技术人员职称申报渠道。加快建立劳动者终身职业技能培训制度。推进社会化职称评审。完善技术工人评价选拔制度。探索实现职业技能等级证书和学历证书互通衔接。加强公共卫生队伍建设，健全执业人员培养、准入、使用、待遇保障、考核评价和激励机制。

（十）加大人才引进力度。畅通海外科学家来华工作通道。在职业资格认定认可、子女教育、商业医疗保险以及在中国境内停留、居留等方面，为外籍高层次人才来华创新创业提供便利。

四、推进资本要素市场化配置

（十一）完善股票市场基础制度。制定出台完善股票市场基础制度的意见。坚持市场化、法治化改革方向，改革完善股票市场发行、交易、退市等制度。鼓励和引导上市公司现金分红。完善投资者保护制度，推动完善具有中国特色的证券民事诉讼制度。完善主板、科创板、中小企业板、创业板和全国中小企业股份转让系统（新三板）市场建设。

（十二）加快发展债券市场。稳步扩大债券市场规模，丰富债券市场品种，推进债券市场互联互通。统一公司信用类债券信息披露标准，完善债券违约处置机制。探索对公司信用类债券实行发行注册管理制。加强债券市场评级机构统一准入管理，规范信用评级行业发展。

（十三）增加有效金融服务供给。健全多层次资本市场体系。构建多层次、广覆盖、有差异、大中小合理分工的银行机构体系，优化金融资源配置，放宽金融服务业市场准入，推动信用信息深度开发利用，增加服务小微企业和民营企业的金融服务供给。建立县域银行业金融机构服务“三农”的激励约束机制。推进绿色金融创新。完善金融机构市场化法治化退出机制。

（十四）主动有序扩大金融业对外开放。稳步推进人民币国际化和人民币资本项目可兑换。逐步推进证券、基金行业对内对外双向开放，有序推进期货市场对外开放。逐步放宽外资金融机构准入条件，推进境内金融机构参与国际金融市场交易。

五、加快发展技术要素市场

（十五）健全职务科技成果产权制度。深化科技成果使用权、处置权和收益权改革，开展赋予科研人员职务科技成果所有权或长期使用权试点。强化知识产权保护和运用，支持重大技术装备、重点新材料等领域的自主知识产权市场化运营。

（十六）完善科技创新资源配置方式。改革科研项目立项和组织实施方式，坚持目标引领，强化成果导向，建立健全多元化支持机制。完善专业机构管理项目机制。加强科技成果转化中试基地建设。支持有条件的企业承担国家重大科技项目。建立市场化社会化的科研成果评价制度，修订技术合同认定规则及科技成果登记管理办法。建立健全科技成果常态化路演和科技创新咨询制度。

（十七）培育发展技术转移机构和技术经理人。加强国家技术转移区域中心建设。支持科技企业与高校、科研机构合作建立技术研发中心、产业研究院、中试基地等新型研发机构。积极推进科研院所分类改革，加快推进应用技术类科研院所市场化、企业化发展。支持高校、科研机构和科技企业设立技术转移部门。建立国家技术转移人才培养体系，提高技术转移专业服务能力。

（十八）促进技术要素与资本要素融合发展。积极探索通过天使投资、创业投资、知识产权证券化、科技保险等方式推动科技成果资本化。鼓励商业银行采用知识产权质押、预期收益质押等融资方式，为促进技术转移转化提供更多金融产品服务。

（十九）支持国际科技创新合作。深化基础研究国际合作，组织实施国际科技创新合作重点专项，探索国际科技创新合作新模式，扩大科技领域对外开放。加大抗病毒药物及疫苗研发国际合作力度。开展创新要素跨境便利流动试点，发展离岸创新创业，探索推动外籍科学家领衔承担政府支持科技项目。发展技术贸易，促进技术进口来源多元化，扩大技术出口。

六、加快培育数据要素市场

（二十）推进政府数据开放共享。优化经济治理基础数据库，加快推动各地区各部门间数据共享交换，制定出台新一批数据共享责任清单。研究建立促进企业登记、交通运输、气象等公共数据开放和数据资源有效流动的制度规范。

（二十一）提升社会数据资源价值。培育数字经济新产业、新业态和新模式，支持构建农业、工业、交通、教育、安防、城市管理、公共资源交易等领域规范化数据开发利用的场景。发挥行业协会商会作用，推动人工智能、可穿戴设备、车联网、物联网等领域数据采集标准化。

（二十二）加强数据资源整合和安全保护。探索建立统一规范的数据管理制度，提高数据质量和规范性，丰富数据产品。研究根据数据性质完善产权性质。制定数据隐私保护制度和安全审查制度。推动完善适用于大数据环境下的数据分类分级安全保护制度，加强对政务数据、企业商业秘密和个人数据的保护。

七、加快要素价格市场化改革

（二十三）完善主要由市场决定要素价格机制。完善城乡基准地价、标定地价的制定与发布制度，逐步形成与市场价格挂钩动态调整机制。健全最低工资标准调整、工资集体协商和企业薪酬调查制度。深化国有企业工资决定机制改革，完善事业单位岗位绩效工资制度。建立公务员和企业相当人员工资水平调查比较制度，落实并完善工资正常调整机制。稳妥推进存贷款基准利率与市场利率并轨，提高债券市场定价效率，健全反映市场供求关系的国债收益率曲线，更好发挥国债收益率曲线定价基准作用。增强人民币汇率弹性，保持人民币汇率在合理均衡水平上的基本稳定。

（二十四）加强要素价格管理和监督。引导市场主体依法合理行使要素定价自主权，推动政府定价机制由制定具体价格水平向制定定价规则转变。构建要素价格公示和动态监测预警体系，逐步建立要素价格调查和信息发布制度。完善要素市场价格异常波动调节机制。加强要素领域价格反垄断工作，维护要素市场价格秩序。

（二十五）健全生产要素由市场评价贡献、按贡献决定报酬的机制。着重保护劳动所得，增加劳动者特别是一线劳动者劳动报酬，提高劳动报酬在初次分配中的比重。全面贯彻落实以增加知识价值为导向的收入分配政策，充分尊重科研、技术、管理人才，充分体现技术、知识、管理、数据等要素的价值。

八、健全要素市场运行机制

（二十六）健全要素市场化交易平台。拓展公共资源交易平台功能。健全科技成果交易平台，完善技术成果转化公开交易与监管体系。引导培育大数据交易市场，依法合规开展数据交易。支持各类所有制企业参与要素交易平台建设，规范要素交易平台治理，健全要素交易信息披露制度。

（二十七）完善要素交易规则和服务。研究制定土地、技术市场交易管理制度。建立健全数据产权交易和行业自律机制。推进全流程电子化交易。推进实物资产证券化。鼓励要素交易平台与各类金融机构、中介机构合作，形成涵盖产权界定、价格评估、流转交易、担保、保险等业务的综合服务体系。

（二十八）提升要素交易监管水平。打破地方保护，加强反垄断和反不正当竞争执法，规范交易行为，健全投诉举报查处机制，防止发生损害国家安全及公共利益的行为。加强信用体系建设，完善失信行为认定、失信联合惩戒、信用修复等机制。健全交易风险防范处置机制。

（二十九）增强要素应急配置能力。把要素的应急管理和配置作为国家应急管理体系建设的重要内容，适应应急物资生产调配和应急管理需要，建立对相关生产要素的紧急调拨、采购等制度，提高应急状态下的要素高效协同配置能力。鼓励运用大数据、人工智能、云计算等数字技术，在应急管理、疫情防控、资源调配、社会管理等方面更好发挥作用。

九、组织保障

（三十）加强组织领导。各地区各部门要充分认识完善要素市场化配置的重要性，切实把思想和行动统一到党中央、国务院决策部署上来，明确职责分工，完善工作机制，落实工作责任，研究制定出台配套政策措施，确保本意见确定的各项重点任务落到实处。

（三十一）营造良好改革环境。深化“放管服”改革，强化竞争政策基础地位，打破行政性垄断、防止市场垄断，清理废除妨碍统一市场和公平竞争的各种规定和做法，进一步减少政府对要素的直接配置。深化国有企业和国有金融机构改革，完善法人治理结构，确保各类所有制企业平等获取要素。

（三十二）推动改革稳步实施。在维护全国统一大市场的前提下，开展要素市场化配置改革试点示范。及时总结经验，认真研究改革中出现的新情况新问题，对不符合要素市场化配置改革的相关法律法规，要按程序抓紧推动调整完善。

（文件来源：国务院公报 2020 年第 11 号）

关于新时代加快完善社会主义市场经济体制的意见

2020 年 5 月 11 日

一、总体要求

（一）指导思想。以习近平新时代中国特色社会主义思想为指导，全面贯彻党的十九大和十九届二中、三中、四中全会精神，坚决贯彻党的基本理论、基本路线、基本方略，统筹推进“五位一体”总体布局和协调推进“四个全面”战略布局，坚持稳中求进工作总基调，坚持新发展理念，坚持以供给侧结构性改革为主线，坚持以人民为中心的发展思想，坚持和完善社会主义基本经济制度，以完善产权制度和要素市场化配置为重点，全面深化经济体制改革，加快完善社会主义市场经济体制，建设高标准市场体系，实现产权有效激励、要素自由流动、价格反应灵活、竞争公平有序、企业优胜劣汰，加强和改善制度供给，推进国家治理体系和治理能力现代化，推动生产关系同生产力、上层建筑同经济基础相适应，促进更高质量、更有效率、更加公平、更可持续的发展。

（二）基本原则

——坚持以习近平新时代中国特色社会主义经济思想为指导。坚持和加强党的全面领导，坚持和完善中国特色社会主义制度，强化问题导向，把握正确改革策略和方法，持续优化经济治理方式，着力构建市场机制有效、微观主体有活力、宏观调控有度的经济体制，使中国特色社会主义制度更加巩固、优越性充分体现。

——坚持解放和发展生产力。牢牢把握社会主义初级阶段这个基本国情，牢牢扭住经济建设这个中心，发挥经济体制改革牵引作用，协同推进政治、文化、社会、生态文明等领域改革，促进改革发展高效联动，进一步解放和发展社会生产力，不断满足人民日益增长的美好生活需要。

——坚持和完善社会主义基本经济制度。坚持和完善公有制为主体、多种所有制经济共同发展，按劳分配为主体、多种分配方式并存，社会主义市场经济体制等社会主义基本经济制度，把中国特色社会主义制度与市场经济有机结合起来，为推动高质量发展、建设现代化经济体系提供重要制度保障。

——坚持正确处理政府和市场关系。坚持社会主义市场经济改革方向，更加尊重市场经济一般规律，最大限度减少政府对市场资源的直接配置和对微观经济活动的直接干预，充分发挥市场在资源配置中的决定性作用，更好发挥政府作用，有效弥补市场失灵。

——坚持以供给侧结构性改革为主线。更多采用改革的办法，更多运用市场化法治化手段，在巩固、增强、提升、畅通上下功夫，加大结构性改革力度，创新制度供给，不断增强经济创新力和竞争力，适应和引发有效需求，促进更高水平的供需动态平衡。

——坚持扩大高水平开放和深化市场化改革互促共进。坚定不移扩大开放，推动由商品和要素流动型开放向规则等制度型开放转变，吸收借鉴国际成熟市场经济制度经验和人类文明有益成果，加快国内制度规则与国际接轨，以高水平开放促进深层次市场化改革。

二、坚持公有制为主体、多种所有制经济共同发展，增强微观主体活力

毫不动摇巩固和发展公有制经济，毫不动摇鼓励、支持、引导非公有制经济发展，探索公有制多种实现形式，支持民营企业改革发展，培育更多充满活力的市场主体。

（一）推进国有经济布局优化和结构调整。坚持有进有退、有所为有所不为，推动国有资本更多投向关系国计民生的重要领域和关系国家经济命脉、科技、国防、安全等领域，服务国家战略目标，增强国有经济竞争力、创新力、控制力、影响力、抗风险能力，做强做优做大国有资本，有效防止国有资产流失。对处于充分竞争领域的国有经济，通过资本化、证券化等方式优化国有资本配置，提高国有资本收益。进一步完善和加强国有资产监管，有效发挥国有资本投资、运营公司功能作用，坚持一企一策，成熟一个推动一个，运行一个成功一个，盘活存量国有资本，促进国有资产保值增值。

（二）积极稳妥推进国有企业混合所有制改革。在深入开展重点领域混合所有制改革试点基础上，按照完

善治理、强化激励、突出主业、提高效率要求，推进混合所有制改革，规范有序发展混合所有制经济。对充分竞争领域的国家出资企业和国有资本运营公司出资企业，探索将部分国有股权转化为优先股，强化国有资本收益功能。支持符合条件的混合所有制企业建立骨干员工持股、上市公司股权激励、科技型企业股权和分红激励等中长期激励机制。深化国有企业改革，加快完善国有企业法人治理结构和市场化经营机制，健全经理层任期制和契约化管理，完善中国特色现代企业制度。对混合所有制企业，探索建立有别于国有独资、全资公司的治理机制和监管制度。对国有资本不再绝对控股的混合所有制企业，探索实施更加灵活高效的监管制度。

（三）稳步推进自然垄断行业改革。深化以政企分开、政资分开、特许经营、政府监管为主要内容的改革，提高自然垄断行业基础设施供给质量，严格监管自然垄断环节，加快实现竞争性环节市场化，切实打破行政性垄断，防止市场垄断。构建有效竞争的电力市场，有序放开发用电计划和竞争性环节电价，提高电力交易市场化程度。推进油气管网对市场主体公平开放，适时放开天然气气源和销售价格，健全竞争性油气流通市场。深化铁路行业改革，促进铁路运输业务市场主体多元化和适度竞争。实现邮政普遍服务业务与竞争性业务分业经营。完善烟草专卖专营体制，构建适度竞争新机制。

（四）营造支持非公有制经济高质量发展的制度环境。健全支持民营经济、外商投资企业发展的市场、政策、法治和社会环境，进一步激发活力和创造力。在要素获取、准入许可、经营运行、政府采购和招投标等方面对各类所有制企业平等对待，破除制约市场竞争的各类障碍和隐性壁垒，营造各种所有制主体依法平等使用资源要素、公开公平公正参与竞争、同等受到法律保护的市场环境。完善支持非公有制经济进入电力、油气等领域的实施细则和具体办法，大幅放宽服务业领域市场准入，向社会资本释放更大发展空间。健全支持中小企业发展制度，增加面向中小企业的金融服务供给，支持发展民营银行、社区银行等中小金融机构。完善民营企业融资增信支持体系。健全民营企业直接融资支持制度。健全清理和防止拖欠民营企业中小企业账款长效机制，营造有利于化解民营企业之间债务问题的市场环境。完善构建亲清政商关系的政策体系，建立规范化机制化政企沟通渠道，鼓励民营企业参与实施重大国家战略。

三、夯实市场经济基础性制度，保障市场公平竞争

建设高标准市场体系，全面完善产权、市场准入、公平竞争等制度，筑牢社会主义市场经济有效运行的体制基础。

（一）全面完善产权制度。健全归属清晰、权责明确、保护严格、流转顺畅的现代产权制度，加强产权激励。完善以管资本为主的经营性国有资产产权管理制度，加快转变国资监管机构职能和履职方式。健全自然资源资产产权制度。健全以公平为原则的产权保护制度，全面依法平等保护民营经济产权，依法严肃查处各类侵害民营企业合法权益的行为。落实农村第二轮土地承包到期后再延长 30 年政策，完善农村承包地“三权分置”制度。深化农村集体产权制度改革，完善产权权能，将经营性资产折股量化到集体经济组织成员，创新农村集体经济有效组织形式和运行机制，完善农村基本经营制度。完善和细化知识产权创造、运用、交易、保护制度规则，加快建立知识产权侵权惩罚性赔偿制度，加强企业商业秘密保护，完善新领域新业态知识产权保护制度。

（二）全面实施市场准入负面清单制度。推行“全国一张清单”管理模式，维护清单的统一性和权威性。建立市场准入负面清单动态调整机制和第三方评估机制，以服务业为重点试点进一步放宽准入限制。建立统一的清单代码体系，使清单事项与行政审批体系紧密衔接、相互匹配。建立市场准入负面清单信息公开机制，提升准入政策透明度和负面清单使用便捷性。建立市场准入评估制度，定期评估、排查、清理各类显性和隐性壁

垒，推动“非禁即入”普遍落实。改革生产许可制度。

（三）全面落实公平竞争审查制度。完善竞争政策框架，建立健全竞争政策实施机制，强化竞争政策基础地位。强化公平竞争审查的刚性约束，修订完善公平竞争审查实施细则，建立公平竞争审查抽查、考核、公示制度，建立健全第三方审查和评估机制。统筹做好增量审查和存量清理，逐步清理废除妨碍全国统一市场和公平竞争的存量政策。建立违反公平竞争问题反映和举报绿色通道。加强和改进反垄断和反不正当竞争执法，加大执法力度，提高违法成本。培育和弘扬公平竞争文化，进一步营造公平竞争的社会环境。

四、构建更加完善的要素市场化配置体制机制，进一步激发全社会创造力和市场活力

以要素市场化配置改革为重点，加快建设统一开放、竞争有序的市场体系，推进要素市场制度建设，实现要素价格市场决定、流动自主有序、配置高效公平。

（一）建立健全统一开放的要素市场。加快建设城乡统一的建设用地市场，建立同权同价、流转顺畅、收益共享的农村集体经营性建设用地入市制度。探索农村宅基地所有权、资格权、使用权“三权分置”，深化农村宅基地改革试点。深化户籍制度改革，放开放宽除个别超大城市外的城市落户限制，探索实行城市群内户口通迁、居住证互认制度。推动公共资源由按城市行政等级配置向按实际服务管理人口规模配置转变。加快建立规范、透明、开放、有活力、有韧性的资本市场，加强资本市场基础制度建设，推动以信息披露为核心的股票发行注册制改革，完善强制退市和主动退市制度，提高上市公司质量，强化投资者保护。探索实行公司信用类债券发行注册管理制。构建与实体经济结构和融资需求相适应、多层次、广覆盖、有差异的银行体系。加快培育发展数据要素市场，建立数据资源清单管理机制，完善数据权属界定、开放共享、交易流通等标准和措施，发挥社会数据资源价值。推进数字政府建设，加强数据有序共享，依法保护个人信息。

（二）推进要素价格市场化改革。健全主要由市场决定价格的机制，最大限度减少政府对价格形成的不当干预。完善城镇建设用地价格形成机制和存量土地盘活利用政策，推动实施城镇低效用地再开发，在符合国土空间规划前提下，推动土地复合开发利用、用途合理转换。深化利率市场化改革，健全基准利率和市场化利率体系，更好发挥国债收益率曲线定价基准作用，提升金融机构自主定价能力。完善人民币汇率市场化形成机制，增强双向浮动弹性。加快全国技术交易平台建设，积极发展科技成果、专利等资产评估服务，促进技术要素有序流动和价格合理形成。

（三）创新要素市场化配置方式。缩小土地征收范围，严格界定公共利益用地范围，建立土地征收目录和公共利益用地认定机制。推进国有企事业单位改革改制土地资产处置，促进存量划拨土地盘活利用。健全工业用地多主体多方式供地制度，在符合国土空间规划前提下，探索增加混合产业用地供给。促进劳动力、人才社会性流动，完善企事业单位人才流动机制，畅通人才跨所有制流动渠道。抓住全球人才流动新机遇，构建更加开放的国际人才交流合作机制。

（四）推进商品和服务市场提质增效。推进商品市场创新发展，完善市场运行和监管规则，全面推进重要产品信息化追溯体系建设，建立打击假冒伪劣商品长效机制。构建优势互补、协作配套的现代服务市场体系。深化流通体制改革，加强全链条标准体系建设，发展“互联网+流通”，降低全社会物流成本。强化消费者权益保护，探索建立集体诉讼制度。

五、创新政府管理和服务方式，完善宏观经济治理体制

完善政府经济调节、市场监管、社会管理、公共服务、生态环境保护等职能，创新和完善宏观调控，进一

步提高宏观经济治理能力。

（一）构建有效协调的宏观调控新机制。加快建立与高质量发展要求相适应、体现新发展理念的宏观调控目标体系、政策体系、决策协调体系、监督考评体系和保障体系。健全以国家发展规划为战略导向，以财政政策、货币政策和就业优先政策为主要手段，投资、消费、产业、区域等政策协同发力的宏观调控制度体系，增强宏观调控前瞻性、针对性、协同性。完善国家重大发展战略和中长期经济社会发展规划制度。科学稳健把握宏观政策逆周期调节力度，更好发挥财政政策对经济结构优化升级的支持作用，健全货币政策和宏观审慎政策双支柱调控框架。实施就业优先政策，发挥民生政策兜底功能。完善促进消费的体制机制，增强消费对经济发展的基础性作用。深化投融资体制改革，发挥投资对优化供给结构的关键性作用。加强国家经济安全保障制度建设，构建国家粮食安全和战略资源能源储备体系。优化经济治理基础数据库。强化经济监测预测预警能力，充分利用大数据、人工智能等新技术，建立重大风险识别和预警机制，加强社会预期管理。

（二）加快建立现代财税制度。优化政府间事权和财权划分，建立权责清晰、财力协调、区域均衡的中央和地方财政关系，形成稳定的各级政府事权、支出责任和财力相适应的制度。适当加强中央在知识产权保护、养老保险、跨区域生态环境保护等方面事权，减少并规范中央和地方共同事权。完善标准科学、规范透明、约束有力的预算制度，全面实施预算绩效管理，提高财政资金使用效率。依法构建管理规范、责任清晰、公开透明、风险可控的政府举债融资机制，强化监督问责。清理规范地方融资平台公司，剥离政府融资职能。深化税收制度改革，完善直接税制度并逐步提高其比重。研究将部分品目消费税征收环节后移。建立和完善综合与分类相结合的个人所得税制度。稳妥推进房地产税立法。健全地方税体系，调整完善地方税税制，培育壮大地方税税源，稳步扩大地方税管理权。

（三）强化货币政策、宏观审慎政策和金融监管协调。建设现代中央银行制度，健全中央银行货币政策决策机制，完善基础货币投放机制，推动货币政策从数量型调控为主向价格型调控为主转型。建立现代金融监管体系，全面加强宏观审慎管理，强化综合监管，突出功能监管和行为监管，制定交叉性金融产品监管规则。加强薄弱环节金融监管制度建设，消除监管空白，守住不发生系统性金融风险底线。依法依规界定中央和地方金融监管权责分工，强化地方政府属地金融监管职责和风险处置责任。建立健全金融消费者保护基本制度。有序实现人民币资本项目可兑换，稳步推进人民币国际化。

（四）全面完善科技创新制度和组织体系。加强国家创新体系建设，编制新一轮国家中长期科技发展规划，强化国家战略科技力量，构建社会主义市场经济条件下关键核心技术攻关新型举国体制，使国家科研资源进一步聚焦重点领域、重点项目、重点单位。健全鼓励支持基础研究、原始创新的体制机制，在重要领域适度超前布局建设国家重大科技基础设施，研究建立重大科技基础设施建设运营多元投入机制，支持民营企业参与关键领域核心技术创新攻关。建立健全应对重大公共事件科研储备和支持体系。改革完善中央财政科技计划形成机制和组织实施机制，更多支持企业承担科研任务，激励企业加大研发投入，提高科技创新绩效。建立以企业为主体、市场为导向、产学研深度融合的技术创新体系，支持大中小企业和各类主体融通创新，创新促进科技成果转化机制，完善技术成果转化公开交易与监管体系，推动科技成果转化和产业化。完善科技人才发现、培养、激励机制，健全符合科研规律的科技管理体制和政策体系，改进科技评价体系，试点赋予科研人员职务科技成果所有权或长期使用权。

（五）完善产业政策和区域政策体系。推动产业政策向普惠化和功能性转型，强化对技术创新和结构升级的支持，加强产业政策和竞争政策协同。健全推动发展先进制造业、振兴实体经济的体制机制。建立市场化法治化化解过剩产能长效机制，健全有利于促进市场化兼并重组、转型升级的体制和政策。构建区域协调发展新机制，完善京津冀协同发展、长江经济带发展、长江三角洲区域一体化发展、粤港澳大湾区建设、黄河流域生态保护和高质量发展等国家重大区域战略推进实施机制，形成主体功能明显、优势互补、高质量发展的区域经济布局。健全城乡融合发展体制机制。

（六）以一流营商环境建设为牵引持续优化政府服务。深入推进“放管服”改革，深化行政审批制度改革，进一步精简行政许可事项，对所有涉企经营许可事项实行“证照分离”改革，大力推进“照后减证”。全面开展工程建设项目审批制度改革。深化投资审批制度改革，简化、整合投资项目报建手续，推进投资项目承诺制改革，依托全国投资项目在线审批监管平台加强事中事后监管。创新行政管理和服务方式，深入开展“互联网＋政务服务”，加快推进全国一体化政务服务平台建设。建立健全运用互联网、大数据、人工智能等技术手段进行行政管理的制度规则。落实《优化营商环境条例》，完善营商环境评价体系，适时在全国范围开展营商环境评价，加快打造市场化、法治化、国际化营商环境。

（七）构建适应高质量发展要求的社会信用体系和新型监管机制。完善诚信建设长效机制，推进信用信息共享，建立政府部门信用信息向市场主体有序开放机制。健全覆盖全社会的征信体系，培育具有全球话语权的征信机构和信用评级机构。实施“信易＋”工程。完善失信主体信用修复机制。建立政务诚信监测治理体系，建立健全政府失信责任追究制度。严格市场监管、质量监管、安全监管，加强违法惩戒。加强市场监管改革创新，健全以“双随机、一公开”监管为基本手段、以重点监管为补充、以信用监管为基础的新型监管机制。以食品安全、药品安全、疫苗安全为重点，健全统一权威的全过程食品药品安全监管体系。完善网络市场规制体系，促进网络市场健康发展。健全对新业态的包容审慎监管制度。

六、坚持和完善民生保障制度，促进社会公平正义

坚持按劳分配为主体、多种分配方式并存，优化收入分配格局，健全可持续的多层次社会保障体系，让改革发展成果更多更公平惠及全体人民。

（一）健全体现效率、促进公平的收入分配制度。坚持多劳多得，着重保护劳动所得，增加劳动者特别是一线劳动者劳动报酬，提高劳动报酬在初次分配中的比重，在经济增长的同时实现居民收入同步增长，在劳动生产率提高的同时实现劳动报酬同步提高。健全劳动、资本、土地、知识、技术、管理、数据等生产要素由市场评价贡献、按贡献决定报酬的机制。完善企业薪酬调查和信息发布制度，健全最低工资标准调整机制。推进高校、科研院所薪酬制度改革，扩大工资分配自主权。鼓励企事业单位对科研人员等实行灵活多样的分配形式。健全以税收、社会保障、转移支付等为主要手段的再分配调节机制。完善第三次分配机制，发展慈善等社会公益事业。多措并举促进城乡居民增收，缩小收入分配差距，扩大中等收入群体。

（二）完善覆盖全民的社会保障体系。健全统筹城乡、可持续的基本养老保险制度、基本医疗保险制度，稳步提高保障水平。实施企业职工基本养老保险基金中央调剂制度，尽快实现养老保险全国统筹，促进基本养老保险基金长期平衡。全面推开中央和地方划转部分国有资本充实社保基金工作。大力发展企业年金、职业年金、个人储蓄性养老保险和商业养老保险。深化医药卫生体制改革，完善统一的城乡居民医保和大病保险制度，健全基本医保筹资和待遇调整机制，持续推进医保支付方式改革，加快落实异地就医结算制度。完善失业保险制度。开展新业态从业人员职业伤害保障试点。统筹完善社会救助、社会福利、慈善事业、优抚安置等制度。加强社会救助资源统筹，完善基本民生保障兜底机制。加快建立多主体供给、多渠道保障、租购并举的住房制度，改革住房公积金制度。

（三）健全国家公共卫生应急管理体系。强化公共卫生法治保障，完善公共卫生领域相关法律法规。把生

物安全纳入国家安全体系，系统规划国家生物安全风险防控和治理体系建设，全面提高国家生物安全治理能力。健全公共卫生服务体系，优化医疗卫生资源投入结构，加强农村、社区等基层防控能力建设。完善优化重大疫情救治体系，建立健全分级、分层、分流的传染病等重大疫情救治机制。完善突发重特大疫情防控规范和应急救治管理办法。健全重大疾病医疗保险和救助制度，完善应急医疗救助机制。探索建立特殊群体、特定疾病医药费豁免制度。健全统一的应急物资保障体系，优化重要应急物资产能保障和区域布局，健全国家储备体系，完善储备品类、规模、结构，提升储备效能。

七、建设更高水平开放型经济新体制，以开放促改革促发展

实行更加积极主动的开放战略，全面对接国际高标准市场规则体系，实施更大范围、更宽领域、更深层次的全面开放。

（一）以“一带一路”建设为重点构建对外开放新格局。坚持互利共赢的开放战略，推动共建“一带一路”走深走实和高质量发展，促进商品、资金、技术、人员更大范围流通，依托各类开发区发展高水平经贸产业合作园区，加强市场、规则、标准方面的软联通，强化合作机制建设。加大西部和沿边地区开放力度，推进西部陆海新通道建设，促进东中西互动协同开放，加快形成陆海内外联动、东西双向互济的开放格局。

（二）加快自由贸易试验区、自由贸易港等对外开放高地建设。深化自由贸易试验区改革，在更大范围复制推广改革成果。建设好中国（上海）自由贸易试验区临港新片区，赋予其更大的自主发展、自主改革和自主创新管理权限。聚焦贸易投资自由化便利化，稳步推进海南自由贸易港建设。

（三）健全高水平开放政策保障机制。推进贸易高质量发展，拓展对外贸易多元化，提升一般贸易出口产品附加值，推动加工贸易产业链升级和服务贸易创新发展。办好中国国际进口博览会，更大规模增加商品和服务进口，降低关税总水平，努力消除非关税贸易壁垒，大幅削减进出口环节制度性成本，促进贸易平衡发展。推动制造业、服务业、农业扩大开放，在更多领域允许外资控股或独资经营，全面取消外资准入负面清单之外的限制。健全外商投资准入前国民待遇加负面清单管理制度，推动规则、规制、管理、标准等制度型开放。健全外商投资国家安全审查、反垄断审查、国家技术安全清单管理、不可靠实体清单等制度。健全促进对外投资政策和服务体系。全面实施外商投资法及其实施条例，促进内外资企业公平竞争，建立健全外资企业投诉工作机制，保护外资合法权益。创新对外投资方式，提升对外投资质量。推进国际产能合作，积极开展第三方市场合作。

（四）积极参与全球经济治理体系变革。维护完善多边贸易体制，维护世界贸易组织在多边贸易体制中的核心地位，积极推动和参与世界贸易组织改革，积极参与多边贸易规则谈判，推动贸易和投资自由化便利化，推动构建更高水平的国际经贸规则。加快自由贸易区建设，推动构建面向全球的高标准自由贸易区网络。依托共建“一带一路”倡议及联合国、上海合作组织、金砖国家、二十国集团、亚太经合组织等多边和区域次区域合作机制，积极参与全球经济治理和公共产品供给，构建全球互联互通伙伴关系，加强与相关国家、国际组织的经济发展倡议、规划和标准的对接。推动国际货币基金组织份额与治理改革以及世界银行投票权改革。积极参与国际宏观经济政策沟通协调及国际经济治理体系改革和建设，提出更多中国倡议、中国方案。

八、完善社会主义市场经济法律制度，强化法治保障

以保护产权、维护契约、统一市场、平等交换、公平竞争、有效监管为基本导向，不断完善社会主义市场经济法治体系，确保有法可依、有法必依、违法必究。

（一）完善经济领域法律法规体系。完善物权、债权、股权等各类产权相关法律制度，从立法上赋予私有财产和公有财产平等地位并平等保护。健全破产制度，改革完善企业破产法律制度，推动个人破产立法，建立健全金融机构市场化退出法规，实现市场主体有序退出。修订反垄断法，推动社会信用法律建设，维护公平竞争市场环境。制定和完善发展规划、国土空间规划、自然资源资产、生态环境、农业、财政税收、金融、涉外经贸等方面法律法规。按照包容审慎原则推进新经济领域立法。健全重大改革特别授权机制，对涉及调整现行法律法规的重大改革，按法定程序经全国人大或国务院统一授权后，由有条件的地方先行开展改革试验和实践创新。

（二）健全执法司法对市场经济运行的保障机制。深化行政执法体制改革，最大限度减少不必要的行政执法事项，规范行政执法行为，进一步明确具体操作流程。根据不同层级政府的事权和职能，优化配置执法力量，加快推进综合执法。强化对市场主体之间产权纠纷的公平裁判，完善涉及查封、扣押、冻结和处置公民财产行为的法律制度。健全涉产权冤错案件有效防范和常态化纠正机制。

（三）全面建立行政权力制约和监督机制。依法全面履行政府职能，推进机构、职能、权限、程序、责任法定化，实行政府权责清单制度。健全重大行政决策程序制度，提高决策质量和效率。加强对政府内部权力的制约，强化内部流程控制，防止权力滥用。完善审计制度，对公共资金、国有资产、国有资源和领导干部履行经济责任情况实行审计全覆盖。加强重大政策、重大项目财政承受能力评估。推动审批监管、执法司法、工程建设、资源开发、海外投资和在境外国有资产监管、金融信贷、公共资源交易、公共财政支出等重点领域监督机制改革和制度建设。依法推进财政预算、公共资源配置、重大建设项目批准和实施、社会公益事业建设等领域政府信息公开。

（四）完善发展市场经济监督制度和监督机制。坚持和完善党和国家监督体系，强化政治监督，严格约束公权力，推动落实党委（党组）主体责任、书记第一责任人责任、纪委监委监督责任。持之以恒深入推进党风廉政建设和反腐败斗争，坚决依规依纪依法查处资源、土地、规划、建设、工程、金融等领域腐败问题。完善监察法实施制度体系，围绕权力运行各个环节，压减权力设租寻租空间，坚决破除权钱交易关系网，实现执规执纪执法贯通，促进党内监督、监察监督、行政监督、司法监督、审计监督、财会监督、统计监督、群众监督、舆论监督协同发力，推动社会主义市场经济健康发展。

九、坚持和加强党的全面领导，确保改革举措有效实施

发挥党总揽全局、协调各方的领导核心作用，把党领导经济工作的制度优势转化为治理效能，强化改革落地见效，推动经济体制改革不断走深走实。

（一）坚持和加强党的领导。进一步增强“四个意识”、坚定“四个自信”、做到“两个维护”，从战略和全局高度深刻认识加快完善社会主义市场经济体制的重大意义，把党的领导贯穿于深化经济体制改革和加快完善社会主义市场经济体制全过程，贯穿于谋划改革思路、制定改革方案、推进改革实施等各环节，确保改革始终沿着正确方向前进。

（二）健全改革推进机制。各地区各部门要按照本意见要求并结合自身实际，制定完善配套政策或实施措施。从国情出发，坚持问题导向、目标导向和结果导向相统一，按照系统集成、协同高效要求纵深推进，在精准实施、精准落实上下足功夫，把落实党中央要求、满足实践需要、符合基层期盼统一起来，克服形式主义、官僚主义，一个领域一个领域盯住抓落实。将顶层设计与基层探索结合起来，充分发挥基层首创精神，发挥经济特区、自由贸易试验区（自由贸易港）的先行先试作用。

（三）完善改革激励机制。健全改革的正向激励体系，强化敢于担当、攻坚克难的用人导向，注重在改革一线考察识别干部，把那些具有改革创新意识、勇于改革、善谋改革的干部用起来。巩固党风廉政建设成果，推动构建亲清政商关系。建立健全改革容错纠错机制，正确把握干部在改革创新中出现失误错误的性质和影响，切实保护干部干事创业的积极性。加强对改革典型案例、改革成效的总结推广和宣传报道，按规定给予表彰激励，为改革营造良好舆论环境和社会氛围。

（文件来源：国务院公报 2020 年第 15 号）

关于新时代推进西部大开发形成新格局的指导意见

2020 年 5 月 17 日

一、总体要求

以习近平新时代中国特色社会主义思想为指导，全面贯彻党的十九大和十九届二中、三中全会精神，统筹推进“五位一体”总体布局，协调推进“四个全面”战略布局，落实总体国家安全观，坚持稳中求进工作总基调，坚持新发展理念，坚持推动高质量发展，坚持以供给侧结构性改革为主线，深化市场化改革、扩大高水平开放，坚定不移推动重大改革举措落实，防范化解推进改革中的重大风险挑战。强化举措抓重点、补短板、强弱项，形成大保护、大开放、高质量发展的新格局，推动经济发展质量变革、效率变革、动力变革，促进西部地区经济发展与人口、资源、环境相协调，实现更高质量、更有效率、更加公平、更可持续发展，确保到 2020 年西部地区生态环境、营商环境、开放环境、创新环境明显改善，与全国一道全面建成小康社会；到 2035 年，西部地区基本实现社会主义现代化，基本公共服务、基础设施通达程度、人民生活水平与东部地区大体相当，努力实现不同类型地区互补发展、东西双向开放协同并进、民族边疆地区繁荣安全稳固、人与自然和谐共生。

二、贯彻新发展理念，推动高质量发展

（一）打好三大攻坚战。把打好三大攻坚战特别是精准脱贫攻坚战作为决胜全面建成小康社会的关键任务，集中力量攻坚克难。重点解决实现“两不愁三保障”面临的突出问题，加大深度贫困地区和特殊贫困群体脱贫攻坚力度，减少和防止贫困人口返贫，确保到 2020 年现行标准下西部地区农村贫困人口全部实现脱贫，贫困县全部摘帽。在全面完成脱贫任务基础上压茬推进乡村振兴战略，巩固脱贫攻坚成果。结合西部地区发展实际，打好污染防治标志性重大战役，实施环境保护重大工程，构建生态环境分区管控体系。精准研判可能出现的主要风险点，结合西部地区实际，进一步完善体制机制，拿出改革创新举措。坚持底线思维，强化源头管控，有效稳住杠杆率。

（二）不断提升创新发展能力。以创新能力建设为核心，加强创新开放合作，打造区域创新高地。完善国家重大科研基础设施布局，支持西部地区在特色优势领域优先布局建设国家级创新平台和大科学装置。加快在西部具备条件的地区创建国家自主创新示范区、科技成果转移转化示范区等创新载体。进一步深化东西部科技创新合作，打造协同创新共同体。在西部地区布局建设一批应用型本科高校、高职学校，支持“双一流”高校

对西部地区开展对口支援。深入推进大众创业万众创新，促进西部地区创新创业高质量发展，打造“双创”升级版。健全以需求为导向、以企业为主体的产学研一体化创新体制，鼓励各类企业在西部地区设立科技创新公司。支持国家科技成果转化引导基金在西部地区设立创业投资子基金。加强知识产权保护、应用和服务体系建设，支持开展知识产权国际交流合作。

（三）推动形成现代化产业体系。充分发挥西部地区比较优势，推动具备条件的产业集群化发展，在培育新动能和传统动能改造升级上迈出更大步伐，促进信息技术在传统产业广泛应用并与之深度融合，构建富有竞争力的现代化产业体系。推动农村一二三产业深度融合，促进农牧业全产业链、价值链转型升级。加快推进高标准农田、现代化生态牧场、粮食生产功能区和棉油糖等重要农产品生产保护区建设，支持发展生态集约高效、用地规范的设施农业。加快高端、特色农机装备生产研发和推广应用。推动发展现代制造业和战略性新兴产业。积极发展大数据、人工智能和“智能＋”产业，大力发展工业互联网。推动“互联网＋教育”、“互联网＋医疗”、“互联网＋旅游”等新业态发展，推进网络提速降费，加快发展跨境电子商务。支持西部地区发挥生态、民族民俗、边境风光等优势，深化旅游资源开放、信息共享、行业监管、公共服务、旅游安全、标准化服务等方面国际合作，提升旅游服务水平。依托风景名胜区、边境旅游试验区等，大力发展旅游休闲、健康养生等服务业，打造区域重要支柱产业。加快发展现代服务业特别是专业服务业，加强现代物流服务体系建设。

（四）优化能源供需结构。优化煤炭生产与消费结构，推动煤炭清洁生产与智能高效开采，积极推进煤炭分级分质梯级利用，稳步开展煤制油、煤制气、煤制烯烃等升级示范。建设一批石油天然气生产基地。加快煤层气等勘探开发利用。加强可再生能源开发利用，开展黄河梯级电站大型储能项目研究，培育一批清洁能源基地。加快风电、光伏发电就地消纳。继续加大西电东送等跨省区重点输电通道建设，提升清洁电力输送能力。加强电网调峰能力建设，有效解决弃风弃光弃水问题。积极推进配电网改造行动和农网改造升级，提高偏远地区供电能力。加快北煤南运通道和大型煤炭储备基地建设，继续加强油气支线、终端管网建设。构建多层次天然气储备体系，在符合条件的地区加快建立地下储气库。支持符合环保、能效等标准要求的高载能行业向西部清洁能源优势地区集中。

（五）大力促进城乡融合发展。深入实施乡村振兴战略，做好新时代“三农”工作。培养新型农民，优化西部地区农业从业者结构。以建设美丽宜居村庄为目标，加强农村人居环境和综合服务设施建设。在加强保护基础上盘活农村历史文化资源，形成具有地域和民族特色的乡村文化产业和品牌。因地制宜优化城镇化布局与形态，提升并发挥国家和区域中心城市功能作用，推动城市群高质量发展和大中小城市网络化建设，培育发展一批特色小城镇。加大对西部地区资源枯竭等特殊类型地区振兴发展的支持力度。有序推进农业转移人口市民化。推动基本公共服务常住人口全覆盖，保障符合条件的未落户农民工在流入地平等享受城镇基本公共服务。总结城乡“资源变资产、资金变股金、农（市）民变股东”等改革经验，探索“联股联业、联股联责、联股联心”新机制。统筹城乡市政公用设施建设，促进城镇公共基础设施向周边农村地区延伸。

（六）强化基础设施规划建设。提高基础设施通达度、通畅性和均等化水平，推动绿色集约发展。加强横贯东西、纵贯南北的运输通道建设，拓展区域开发轴线。强化资源能源开发地干线通道规划建设。加快川藏铁路、沿江高铁、渝昆高铁、西（宁）成（都）铁路等重大工程规划建设。注重高速铁路和普通铁路协同发展，继续开好多站点、低票价的“慢火车”。打通断头路、瓶颈路，加强出海、扶贫通道和旅游交通基础设施建设。加强综合客运枢纽、货运枢纽（物流园区）建设。完善国家物流枢纽布局，提高物流运行效率。加强航空口岸和枢纽建设，扩大枢纽机场航权，积极发展通用航空。进一步提高农村、边远地区信息网络覆盖水平。合理规划建设一批重点水源工程、江河湖泊骨干治理工程和大型灌区工程，加强大中型灌区续建配套与现代化改造、中小河流治理和病险水库除险加固、抗旱水源工程建设和山洪灾害防治。推进城乡供水一体化和人口分散区域重点小型标准化供水设施建设，加强饮用水水源地规范化建设。

（七）切实维护国家安全和社会稳定。统筹发展与安全两件大事，更好发挥西部地区国家安全屏障作用。巩固和发展平等团结互助和谐的社会主义民族关系，促进各民族共同团结奋斗和共同繁荣发展。深入推进立体化社会治安防控，构建坚实可靠的社会安全体系。

三、以共建“一带一路”为引领，加大西部开放力度

（八）积极参与和融入“一带一路”建设。支持新疆加快丝绸之路经济带核心区建设，形成西向交通枢纽和商贸物流、文化科教、医疗服务中心。支持重庆、四川、陕西发挥综合优势，打造内陆开放高地和开发开放枢纽。支持甘肃、陕西充分发掘历史文化优势，发挥丝绸之路经济带重要通道、节点作用。支持贵州、青海深化国内外生态合作，推动绿色丝绸之路建设。支持内蒙古深度参与中蒙俄经济走廊建设。提升云南与澜沧江—湄公河区域开放合作水平。

（九）强化开放大通道建设。积极实施中新（重庆）战略性互联互通示范项目。完善北部湾港口建设，打造具有国际竞争力的港口群，加快培育现代海洋产业，积极发展向海经济。积极发展多式联运，加快铁路、公路与港口、园区连接线建设。强化沿江铁路通道运输能力和港口集疏运体系建设。依托长江黄金水道，构建陆海联运、空铁联运、中欧班列等有机结合的联运服务模式和物流大通道。支持在西部地区建设无水港。优化中欧班列组织运营模式，加强中欧班列枢纽节点建设。进一步完善口岸、跨境运输和信息通道等开放基础设施，加快建设开放物流网络和跨境邮递体系。加快中国—东盟信息港建设。

（十）构建内陆多层次开放平台。鼓励重庆、成都、西安等加快建设国际门户枢纽城市，提高昆明、南宁、乌鲁木齐、兰州、呼和浩特等省会（首府）城市面向毗邻国家的次区域合作支撑能力。支持西部地区自由贸易试验区在投资贸易领域依法依规开展先行先试，探索建设适应高水平开放的行政管理体制。加快内陆开放型经济试验区建设，研究在内陆地区增设国家一类口岸。研究按程序设立成都国际铁路港经济开发区。有序推进国家级新区等功能平台建设。整合规范现有各级各类基地、园区，加快开发区转型升级。鼓励国家级开发区实行更加灵活的人事制度，引进发展优质医疗、教育、金融、物流等服务。办好各类国家级博览会，提升西部地区影响力。

（十一）加快沿边地区开放发展。完善沿边重点开发开放试验区、边境经济合作区、跨境经济合作区布局，支持在跨境金融、跨境旅游、通关执法合作、人员出入境管理等方面开展创新。扎实推进边境旅游试验区、跨境旅游合作区、农业对外开放合作试验区等建设。统筹利用外经贸发展专项资金支持沿边地区外经贸发展。完善边民互市贸易管理制度。深入推进兴边富民行动。

（十二）发展高水平开放型经济。推动西部地区对外开放由商品和要素流动型逐步向规则制度型转变。落实好外商投资准入前国民待遇加负面清单管理制度，有序开放制造业，逐步放宽服务业准入，提高采矿业开放水平。支持西部地区按程序申请设立海关特殊监管区域，支持区域内企业开展委内加工业务。加强农业开放合作。推动西部优势产业企业积极参与国际产能合作，在境外投资经营中履行必要的环境、社会和治理责任。支持建设一批优势明显的外贸转型升级基地。建立东中西部开放平台对接机制，共建项目孵化、人才培养、市场拓展等服务平台，在西部地区打造若干产业转移示范区。对向西部地区梯度转移企业，按原所在地区已取得的海关信用等级实施监督。

（十三）拓展区际互动合作。积极对接京津冀协同发展、长江经济带发展、粤港澳大湾区建设等重大战略。支持青海、甘肃等加快建设长江上游生态屏障，探索协同推进生态优先、绿色发展新路径。依托陆桥综合运输通道，加强西北省份与江苏、山东、河南等东中部省份互惠合作。加快珠江—西江经济带和北部湾经济区建设，鼓励广西积极参与粤港澳大湾区建设和海南全面深化改革开放。推动东西部自由贸易试验区交流合作，加强协同开放。支持跨区域共建产业园区，鼓励探索“飞地经济”等模式。加强西北地区与西南地区合作互动，促进成渝、关中平原城市群协同发展，打造引领西部地区开放开发的核心引擎。推动北部湾、兰州—西宁、呼包鄂榆、宁夏沿黄、黔中、滇中、天山北坡等城市群互动发展。支持南疆地区开放发展。支持陕甘宁、川陕、左右江等革命老区和川渝、川滇黔、渝黔等跨省（自治区、直辖市）毗邻地区建立健全协同开放发展机制。加快推进重点区域一体化进程。

四、加大美丽西部建设力度，筑牢国家生态安全屏障

（十四）深入实施重点生态工程。坚定贯彻绿水青山就是金山银山理念，坚持在开发中保护、在保护中开发，按照全国主体功能区建设要求，保障好长江、黄河上游生态安全，保护好冰川、湿地等生态资源。进一步加大水土保持、天然林保护、退耕还林还草、退牧还草、重点防护林体系建设等重点生态工程实施力度，开展国土绿化行动，稳步推进自然保护地体系建设和湿地保护修复，展现大美西部新面貌。加快推进国家公园体系建设。

（十五）稳步开展重点区域综合治理。大力推进青海三江源生态保护和建设、祁连山生态保护与综合治理、岩溶地区石漠化综合治理、京津风沙源治理等。以汾渭平原、成渝地区、乌鲁木齐及周边地区为重点，加强区域大气污染联防联控，提高重污染天气应对能力。开展西部地区土壤污染状况详查，积极推进受污染耕地分类管理和安全利用，有序推进治理与修复。

（十六）加快推进西部地区绿色发展。落实市场导向的绿色技术创新体系建设任务，推动西部地区绿色产业加快发展。实施国家节水行动以及能源消耗总量和强度双控制度，全面推动重点领域节能减排。大力发展循环经济，推进资源循环利用基地建设和园区循环化改造，鼓励探索低碳转型路径。全面推进河长制、湖长制，推进绿色小水电改造。加快西南地区城镇污水管网建设和改造，加强入河排污口管理，强化西北地区城中村、老旧城区和城乡结合部污水截流、收集、纳管工作。加强跨境生态环境保护合作。

五、深化重点领域改革，坚定不移推动重大改革举措落实

（十七）深化要素市场化配置改革。探索集体荒漠土地市场化路径，设定土地用途，鼓励个人申领使用权。深入推进主业为充分竞争行业的商业类地方国有企业混合所有制改革。深化资源性产品等要素价格形成机制改革，建立健全定价成本信息公开制度。有序放开竞争性环节电价，深化输配电价改革。推进增量配电业务改革试点，开展电力现货交易试点。实施丰水期居民生活电能替代等电价政策，促进西部地区清洁能源消纳。建立健全天然气弹性价格机制和上下游价格传导机制。建立健全市场化、多元化生态保护补偿机制，进一步完善生态保护补偿市场体系。构建统一的自然资源资产交易平台，健全自然资源资产收益分配制度。提高西部地区直接融资比例，支持符合条件的企业在境内外发行上市融资、再融资，通过发行公司信用类债券、资产证券化产品融资。西部贫困地区企业首次公开发行上市、新三板挂牌、发行债券、并购重组等适用绿色通道政策。

（十八）积极推进科技体制改革。开展探索赋予科研人员职务科技成果所有权或长期使用权试点工作。支持扩大科研经费使用自主权，提高智力密集型项目间接经费比例并向创新绩效突出的团队和个人倾斜。加快科

技人员薪酬制度改革，扩大高校和科研院所工资分配自主权，健全绩效工资分配机制。

（十九）持续推进信用体系建设。建立健全地方信用法规体系。加强政务诚信建设，建立健全政府失信责任追究制度。完善省市县信用信息共享平台。加快征信市场建设，培育有良好信誉的信用服务机构，鼓励研发适合西部地区的征信产品。

（二十）努力营造良好营商环境。深化“放管服”改革，加快建设服务型政府。落实全国统一的市场准入负面清单制度，推动“非禁即入”普遍落实。推行政务服务“最多跑一次”和企业投资项目承诺制改革，大幅压缩工程建设项目审批时间。落实减税降费各项政策措施，着力降低物流、用能等费用。实施“双随机、一公开”监管，对新技术、新业态、新模式实行审慎包容监管，提高监管效能，防止任意检查、执法扰民。强化竞争政策的基础性地位，进一步落实公平竞争审查制度，加快清理废除妨碍统一市场和公平竞争的各种规定和做法，持续深入开展不正当竞争行为治理，形成优化营商环境长效机制。

六、坚持以人民为中心，把增强人民群众获得感、幸福感、安全感放到突出位置

（二十一）着力强化公共就业创业服务。完善城乡劳动者终身职业技能培训政策和组织实施体系。强化就业和国家通用语言培训。加大对高校毕业生在西部地区就业的扶持力度。积极引导农村劳动力转移就业和农民工返乡创业就业。妥善做好化解过剩产能中的职工分流安置工作。加大力度支持灵活就业和新就业形态。

（二十二）支持教育高质量发展。加强普惠性幼儿园建设，大力培养培训贫困地区幼儿园教师。加快改善贫困地区义务教育薄弱学校基本办学条件，全面加强乡村小规模学校、乡镇寄宿制学校建设。在县域义务教育学校学位供需矛盾突出地区有序增加义务教育供给，有效解决“大班额”问题，做好控辍保学工作。发展现代职业教育，推进职业教育东西协作，促进产教融合、校企合作。逐步普及高中阶段教育。加强学校语言文字工作，确保国家通用语言文字作为教育教学基本用语用字。支持探索利用人工智能、互联网开展远程教育，促进优质教学资源共享。支持西部地区高校“双一流”建设，着力加强适应西部地区发展需求的学科建设。持续推动东西部地区教育对口支援，继续实施东部地区高校对口支援西部地区高校计划、国家支援中西部地区招生协作计划，实施东部地区职业院校对口西部职业院校计划。促进西部高校国际人才交流，相关人才引进平台建设向西部地区倾斜。鼓励支持部委属高校和地方高校“订单式”培养西部地区专业化人才。

（二十三）提升医疗服务能力和水平。重点加强西部地区县级（含兵团团场）医院综合能力建设，持续改善农村医疗卫生条件，加快基层医疗卫生机构标准化建设。改善医疗基础设施和装备条件，提高医护人员专业技术水平。支持在西部地区建立若干区域医疗中心。探索利用人工智能、互联网等开展远程医疗，支持宁夏建设“互联网+医疗健康”示范区。充分发挥中医药在医疗卫生服务中的作用。加快补齐3岁以下婴幼儿照护服务短板。支持西部地区医疗机构与东中部地区医疗机构间开展双向交流。

（二十四）完善多层次广覆盖的社会保障体系。加快推进养老保险省级统筹，推进落实城乡居民基本养老保险待遇确定和基础养老金正常调整机制。合理确定基本医疗保险保障水平，完善医疗保险关系转移接续措施。完善失业保险制度，逐步提高失业保障水平。科学制定低保标准，逐步拓展低保覆盖范围。建设统一的社会保险公共服务平台，推广以社会保障卡为载体的“一卡通”服务管理模式。

（二十五）健全养老服务体系。加快构建以居家为基础、社区为依托、机构为补充、医养相结合的养老服务体系。稳步推进公办养老机构改革和建设，全面放开养老服务市场，积极引导社会资本进入养老服务业，扩大西部地区养老服务有效供给，探索建立长期照护保障体系。加大对养老服务设施建设支持力度，加强农村特困人员供养服务机构建设管理，稳步提高托底保障能力和服务质量。实施养老服务专业人才培养等工程。

（二十六）强化公共文化体育服务。完善公共文化服务设施网络，强化数字技术运用，推动文化惠民工程整合创新、提挡升级。推进县级融媒体中心建设，推动广播电视户户通，建立健全应急广播平台及传输覆盖网络。鼓励发展含少数民族传统体育在内的群众体育。加强公共体育场馆建设，推进相关场馆免费或低收费开放。

（二十七）改善住房保障条件。完善分类分级补助标准，加大对农村危房改造补助资金倾斜支持力度。鼓励通过闲置农房置换或长期租赁等方式，解决农村特困群体基本住房安全问题。落实易地扶贫搬迁政策，完善安置区配套基础设施和公共服务设施。积极改善城镇中等偏下及以下收入住房困难家庭、新就业无房职工和城镇稳定就业的无房外来务工人员居住条件。

（二十八）增强防灾减灾与应急管理能力。推进西部地区城乡基层防灾减灾救灾能力建设，完善事故灾害综合风险评估技术标准体系，推进事故灾害综合风险评估和隐患排查治理。结合西部地区实际，推进实施灾害风险防控、监测预警、应急抢险救援、信息服务保障、救灾物资储备以及防灾减灾救灾科技支撑、宣传教育等能力建设工程。实施地震易发区房屋设施加固工程。推进西部地区灾害应急救援联动指挥平台建设，建立应急救援资源共享及联合处置机制。打造符合西部地区需求的防灾减灾救灾科技创新团队、实验基地和实验平台。加快提高骨干救援队伍专业化技术装备水平。

七、加强政策支持和组织保障

（二十九）分类考核。参照高质量发展综合评价指标和分领域评价指标，根据西部地区不同地域特点，设置各有侧重、各具特色的考核内容和指标，实施差异化考核。深入研究制定分类考核的具体措施。

（三十）财税支持。稳妥有序推进中央和地方收入划分改革。中央财政在一般性转移支付和各领域专项转移支付分配中，继续通过加大资金分配系数、提高补助标准或降低地方财政投入比例等方式，对西部地区实行差别化补助，加大倾斜支持力度。考虑重点生态功能区占西部地区比例较大的实际，继续加大中央财政对重点生态功能区转移支付力度，完善资金测算分配办法。考虑西部地区普遍财力较为薄弱的实际，加大地方政府债券对基础设施建设的支持力度，将中央财政一般性转移支付收入纳入地方政府财政承受能力计算范畴。指导推动省以下财政事权和支出责任划分，调动市县积极性。对设在西部地区的鼓励类产业企业所得税优惠等政策到期后继续执行。赋予西部地区具备条件且有需求的海关特殊监管区域内企业增值税一般纳税人资格。对西部地区鼓励类产业项目在投资总额内进口的自用设备，在政策规定范围内免征关税。

（三十一）金融支持。支持商业金融、合作金融等更好为西部地区发展服务。引导金融机构加大对西部地区小微企业融资支持力度。落实无还本续贷、尽职免责等监管政策，在风险总体可控前提下加大对西部地区符合条件的小微企业续贷支持力度。引导和鼓励银行业金融机构合理调配信贷资源，加大对西部贫困地区扶贫产业支持力度。支持轻资产实体经济企业或项目以适当方式融资。增加绿色金融供给，推动西部地区经济绿色转型升级。依法合规探索建立西部地区基础设施领域融资风险分担机制。

（三十二）产业政策。实行负面清单与鼓励类产业目录相结合的产业政策，提高政策精准性和精细度。在执行全国统一的市场准入负面清单基础上，对西部地区鼓励类产业目录进行动态调整，与分类考核政策相适应。适时修订中西部地区外商投资优势产业目录并进行动态调整。继续完善产业转移引导政策，适时更新产业转移指导目录。加大中央财政对西部地区自然资源调查评价的支持力度，自然资源调查计划优先安排西部地区项目。凡有条件在西部地区就地加工转化的能源、资源开发利用项目，支持在当地优先布局建设并优先审批核准。鼓励新设在西部地区的中央企业及其分支机构在当地注册。适当降低社会保险费率，确保总体上不增加企业负担。

（三十三）用地政策。继续实施差别化用地政策，新增建设用地指标进一步向西部地区倾斜，合理增加荒山、沙地、戈壁等未利用土地开发建设指标。加强对基础设施领域补短板项目的用地保障。支持西部地区开放平台建设，对国家级新区、开发区利用外资项目以及重点开发开放试验区、边境经济合作区、跨境经济合作区产业发展所需建设用地，在计划指标安排上予以倾斜支持。推进耕地指标和城乡建设用地指标在国家统筹管理下实现跨省域调剂。

（三十四）人才政策。努力造就忠诚干净担当的西部地区高素质干部队伍，注重选拔符合西部地区需要的专业化人才，建立健全有利于吸引、激励和留住人才的体制机制。落实完善工资待遇倾斜政策，结合事业单位改革，鼓励引导机关事业单位人员特别是基层公务员、教师、医护人员、科技人员等扎根西部。鼓励符合条件的企业实施股权激励、分红等中长期激励。允许国有企事业单位专业技术和管理人才按有关规定在西部地区兼职并取得合法报酬。允许退休公职人员按有关规定在西部地区创业。

（三十五）帮扶政策。深入开展对口支援新疆、西藏和青海等省藏区以及对口帮扶贵州等工作。继续实施中央和国家机关及企事业单位等定点帮扶。支持军队发挥优势，积极参与西部大开发。推动统一战线继续支持毕节试验区改革发展。鼓励东中部城市帮助边境城市对口培训亟需的管理和技术人才。鼓励企业结对帮扶贫困县（村）。进一步推动从中央和国家机关、东部地区选派优秀干部到西部地区挂职任职，注重提拔使用在西部地区作出突出贡献的优秀干部。继续做好公务员对口培训工作。

（三十六）组织保障。加强党对西部大开发工作的领导，强化各级党组织在推进西部大开发形成新格局进程中的领导作用。强化基层党组织建设，健全以党组织为领导的组织体系，着力提升基层党组织的组织力，引导广大党员干部在西部大开发中发挥先锋模范作用。激励干部担当作为，鼓励创造性贯彻落实。国务院西部地区开发领导小组要加强统筹指导，各成员单位和有关部门要各司其职、压实责任，密切配合、通力协作，制定配套政策措施并推进落实。国家发展改革委要切实承担国务院西部地区开发领导小组办公室职责，适时对政策实施情况进行评估，发挥好督查促落实作用。西部地区各级党委和政府要切实承担主体责任，主动作为、真抓实干，结合本地区实际出台贯彻落实本意见的具体举措，团结带领广大干部群众认真抓好各项任务落实。要切实解决困扰基层的形式主义问题，让西部地区基层干部腾出更多精力干实事。东中部地区及社会各界要继续支持和参与西部大开发。

（文件来源：国务院公报 2020 年第 15 号）

关于全面推进城镇老旧小区改造工作的指导意见

国办发〔2020〕23 号　2020 年 7 月 10 日

一、总体要求

（一）指导思想。以习近平新时代中国特色社会主义思想为指导，全面贯彻党的十九大和十九届二中、三中、四中全会精神，按照党中央、国务院决策部署，坚持以人民为中心的发展思想，坚持新发展理念，按照高质量发展要求，大力改造提升城镇老旧小区，改善居民居住条件，推动构建“纵向到底、横向到边、共建共治共享”的社区治理体系，让人民群众生活更方便、更舒心、更美好。

（二）基本原则。

——坚持以人为本，把握改造重点。从人民群众最关心最直接最现实的利益问题出发，征求居民意见并合理确定改造内容，重点改造完善小区配套和市政基础设施，提升社区养老、托育、医疗等公共服务水平，推动建设安全健康、设施完善、管理有序的完整居住社区。

——坚持因地制宜，做到精准施策。科学确定改造目标，既尽力而为又量力而行，不搞“一刀切”、不层层下指标；合理制定改造方案，体现小区特点，杜绝政绩工程、形象工程。

——坚持居民自愿，调动各方参与。广泛开展“美好环境与幸福生活共同缔造”活动，激发居民参与改造的主动性、积极性，充分调动小区关联单位和社会力量支持、参与改造，实现决策共谋、发展共建、建设共管、效果共评、成果共享。

——坚持保护优先，注重历史传承。兼顾完善功能和传承历史，落实历史建筑保护修缮要求，保护历史文化街区，在改善居住条件、提高环境品质的同时，展现城市特色，延续历史文脉。

——坚持建管并重，加强长效管理。以加强基层党建为引领，将社区治理能力建设融入改造过程，促进小区治理模式创新，推动社会治理和服务重心向基层下移，完善小区长效管理机制。

（三）工作目标。2020年新开工改造城镇老旧小区3.9万个，涉及居民近700万户；到2022年，基本形成城镇老旧小区改造制度框架、政策体系和工作机制；到“十四五”期末，结合各地实际，力争基本完成2000年年底前建成的需改造城镇老旧小区改造任务。

二、明确改造任务

（一）明确改造对象范围。城镇老旧小区是指城市或县城（城关镇）建成年代较早、失养失修失管、市政配套设施不完善、社区服务设施不健全、居民改造意愿强烈的住宅小区（含单栋住宅楼）。各地要结合实际，合理界定本地区改造对象范围，重点改造2000年底前建成的老旧小区。

（二）合理确定改造内容。城镇老旧小区改造内容可分为基础类、完善类、提升类3类。

1. 基础类。为满足居民安全需要和基本生活需求的内容，主要是市政配套基础设施改造提升以及小区内建筑物屋面、外墙、楼梯等公共部位维修等。其中，改造提升市政配套基础设施包括改造提升小区内部及与小区联系的供水、排水、供电、弱电、道路、供气、供热、消防、安防、生活垃圾分类、移动通信等基础设施，以及光纤入户、架空线规整（入地）等。

2. 完善类。为满足居民生活便利需要和改善型生活需求的内容，主要是环境及配套设施改造建设、小区内建筑节能改造、有条件的楼栋加装电梯等。其中，改造建设环境及配套设施包括拆除违法建设，整治小区及周边绿化、照明等环境，改造或建设小区及周边适老设施、无障碍设施、停车库（场）、电动自行车及汽车充电设施、智能快件箱、智能信包箱、文化休闲设施、体育健身设施、物业用房等配套设施。

3. 提升类。为丰富社区服务供给、提升居民生活品质、立足小区及周边实际条件积极推进的内容，主要是公共服务设施配套建设及其智慧化改造，包括改造或建设小区及周边的社区综合服务设施、卫生服务站等公共卫生设施、幼儿园等教育设施、周界防护等智能感知设施，以及养老、托育、助餐、家政保洁、便民市场、便利店、邮政快递末端综合服务站等社区专项服务设施。

各地可因地制宜确定改造内容清单、标准和支持政策。

（三）编制专项改造规划和计划。各地要进一步摸清既有城镇老旧小区底数，建立项目储备库。区分轻重缓急，切实评估财政承受能力，科学编制城镇老旧小区改造规划和年度改造计划，不得盲目举债铺摊子。建立激励机制，优先对居民改造意愿强、参与积极性高的小区（包括移交政府安置的军队离退休干部住宅小区）实施改造。养老、文化、教育、卫生、托育、体育、邮政快递、社会治安等有关方面涉及城镇老旧小区的各类设施增设或改造计划，以及电力、通信、供水、排水、供气、供热等专业经营单位的相关管线改造计划，应主动与城镇老旧小区改造规划和计划有效对接，同步推进实施。国有企事业单位、军队所属城镇老旧小区按属地原则纳入地方改造规划和计划统一组织实施。

三、建立健全组织实施机制

（一）建立统筹协调机制。各地要建立健全政府统筹、条块协作、各部门齐抓共管的专门工作机制，明确各有关部门、单位和街道（镇）、社区职责分工，制定工作规则、责任清单和议事规程，形成工作合力，共同破解难题，统筹推进城镇老旧小区改造工作。

（二）健全动员居民参与机制。城镇老旧小区改造要与加强基层党组织建设、居民自治机制建设、社区服务体系建设有机结合。建立和完善党建引领城市基层治理机制，充分发挥社区党组织的领导作用，统筹协调社区居民委员会、业主委员会、产权单位、物业服务企业等共同推进改造。搭建沟通议事平台，利用“互联网＋共建共治共享”等线上线下手段，开展小区党组织引领的多种形式基层协商，主动了解居民诉求，促进居民形成共识，发动居民积极参与改造方案制定、配合施工、参与监督和后续管理、评价和反馈小区改造效果等。组织引导社区内机关、企事业单位积极参与改造。

（三）建立改造项目推进机制。区县人民政府要明确项目实施主体，健全项目管理机制，推进项目有序实施。积极推动设计师、工程师进社区，辅导居民有效参与改造。为专业经营单位的工程实施提供支持便利，禁止收取不合理费用。鼓励选用经济适用、绿色环保的技术、工艺、材料、产品。改造项目涉及历史文化街区、历史建筑的，应严格落实相关保护修缮要求。落实施工安全和工程质量责任，组织做好工程验收移交，杜绝安全隐患。充分发挥社会监督作用，畅通投诉举报渠道。结合城镇老旧小区改造，同步开展绿色社区创建。

（四）完善小区长效管理机制。结合改造工作同步建立健全基层党组织领导，社区居民委员会配合，业主委员会、物业服务企业等参与的联席会议机制，引导居民协商确定改造后小区的管理模式、管理规约及业主议事规则，共同维护改造成果。建立健全城镇老旧小区住宅专项维修资金归集、使用、续筹机制，促进小区改造后维护更新进入良性轨道。

四、建立改造资金政府与居民、社会力量合理共担机制

（一）合理落实居民出资责任。按照谁受益、谁出资原则，积极推动居民出资参与改造，可通过直接出资、使用（补建、续筹）住宅专项维修资金、让渡小区公共收益等方式落实。研究住宅专项维修资金用于城镇老旧小区改造的办法。支持小区居民提取住房公积金，用于加装电梯等自住住房改造。鼓励居民通过捐资捐物、投工投劳等支持改造。鼓励有需要的居民结合小区改造进行户内改造或装饰装修、家电更新。

（二）加大政府支持力度。将城镇老旧小区改造纳入保障性安居工程，中央给予资金补助，按照“保基本”的原则，重点支持基础类改造内容。中央财政资金重点支持改造 2000 年底前建成的老旧小区，可以适当支持 2000 年后建成的老旧小区，但需要限定年限和比例。省级人民政府要相应做好资金支持。市县人民政府对城镇老旧小区改造给予资金支持，可以纳入国有住房出售收入存量资金使用范围；要统筹涉及住宅小区的各类资金用于城镇老旧小区改造，提高资金使用效率。支持各地通过发行地方政府专项债券筹措改造资金。

（三）持续提升金融服务力度和质效。支持城镇老旧小区改造规模化实施运营主体采取市场化方式，运用公司信用类债券、项目收益票据等进行债券融资，但不得承担政府融资职能，杜绝新增地方政府隐性债务。国家开发银行、农业发展银行结合各自职能定位和业务范围，按照市场化、法治化原则，依法合规加大对城镇老旧小区改造的信贷支持力度。商业银行加大产品和服务创新力度，在风险可控、商业可持续前提下，依法合规对实施城镇老旧小区改造的企业和项目提供信贷支持。

（四）推动社会力量参与。鼓励原产权单位对已移交地方的原职工住宅小区改造给予资金等支持。公房产权单位应出资参与改造。引导专业经营单位履行社会责任，出资参与小区改造中相关管线设施设备的改造提升；改造后专营设施设备的产权可依照法定程序移交给专业经营单位，由其负责后续维护管理。通过政府采购、新增设施有偿使用、落实资产权益等方式，吸引各类专业机构等社会力量投资参与各类需改造设施的设计、改造、运营。支持规范各类企业以政府和社会资本合作模式参与改造。支持以“平台+创业单元”方式发展养老、托育、家政等社区服务新业态。

（五）落实税费减免政策。专业经营单位参与政府统一组织的城镇老旧小区改造，对其取得所有权的设施设备等配套资产改造所发生的费用，可以作为该设施设备的计税基础，按规定计提折旧并在企业所得税前扣除；所发生的维护管理费用，可按规定计入企业当期费用税前扣除。在城镇老旧小区改造中，为社区提供养老、托育、家政等服务的机构，提供养老、托育、家政服务取得的收入免征增值税，并减按90%计入所得税应纳税所得额；用于提供社区养老、托育、家政服务的房产、土地，可按现行规定免征契税、房产税、城镇土地使用税和城市基础设施配套费、不动产登记费等。

五、完善配套政策

（一）加快改造项目审批。各地要结合审批制度改革，精简城镇老旧小区改造工程审批事项和环节，构建快速审批流程，积极推行网上审批，提高项目审批效率。可由市县人民政府组织有关部门联合审查改造方案，认可后由相关部门直接办理立项、用地、规划审批。不涉及土地权属变化的项目，可用已有用地手续等材料作为土地证明文件，无需再办理用地手续。探索将工程建设许可和施工许可合并为一个阶段，简化相关审批手续。不涉及建筑主体结构变动的低风险项目，实行项目建设单位告知承诺制的，可不进行施工图审查。鼓励相关各方进行联合验收。

（二）完善适应改造需要的标准体系。各地要抓紧制定本地区城镇老旧小区改造技术规范，明确智能安防建设要求，鼓励综合运用物防、技防、人防等措施满足安全需要。及时推广应用新技术、新产品、新方法。因改造利用公共空间新建、改建各类设施涉及影响日照间距、占用绿化空间的，可在广泛征求居民意见基础上一事一议予以解决。

（三）建立存量资源整合利用机制。各地要合理拓展改造实施单元，推进相邻小区及周边地区联动改造，加强服务设施、公共空间共建共享。加强既有用地集约混合利用，在不违反规划且征得居民等同意的前提下，允许利用小区及周边存量土地建设各类环境及配套设施和公共服务设施。其中，对利用小区内空地、荒地、绿地及拆除违法建设腾空土地等加装电梯和建设各类设施的，可不增收土地价款。整合社区服务投入和资源，通过统筹利用公有住房、社区居民委员会办公用房和社区综合服务设施、闲置锅炉房等存量房屋资源，增设各类服务设施，有条件的地方可通过租赁住宅楼底层商业用房等其他符合条件的房屋发展社区服务。

（四）明确土地支持政策。城镇老旧小区改造涉及利用闲置用房等存量房屋建设各类公共服务设施的，可在一定年期内暂不办理变更用地主体和土地使用性质的手续。增设服务设施需要办理不动产登记的，不动产登记机构应依法积极予以办理。

六、强化组织保障

（一）明确部门职责。住房城乡建设部要切实担负城镇老旧小区改造工作的组织协调和督促指导责任。各有关部门要加强政策协调、工作衔接、调研督导，及时发现新情况新问题，完善相关政策措施。研究对城镇老旧小区改造工作成效显著的地区给予有关激励政策。

（二）落实地方责任。省级人民政府对本地区城镇老旧小区改造工作负总责，要加强统筹指导，明确市县人民政府责任，确保工作有序推进。市县人民政府要落实主体责任，主要负责同志亲自抓，把推进城镇老旧小区改造摆上重要议事日程，以人民群众满意度和受益程度、改造质量和财政资金使用效率为衡量标准，调动各方面资源抓好组织实施，健全工作机制，落实好各项配套支持政策。

（三）做好宣传引导。加大对优秀项目、典型案例的宣传力度，提高社会各界对城镇老旧小区改造的认识，着力引导群众转变观念，变“要我改”为“我要改”，形成社会各界支持、群众积极参与的浓厚氛围。要准确解读城镇老旧小区改造政策措施，及时回应社会关切。

关于坚决制止耕地“非农化”行为的通知

国办发明电〔2020〕24 号　2020 年 9 月 10 日

一、严禁违规占用耕地绿化造林。要严格执行土地管理法、基本农田保护条例等法律法规，禁止占用永久基本农田种植苗木、草皮等用于绿化装饰以及其他破坏耕作层的植物。违规占用耕地及永久基本农田造林的，不予核实造林面积，不享受财政资金补助政策。平原地区要根据资源禀赋，合理制定绿化造林等生态建设目标。退耕还林还草要严格控制在国家批准的规模和范围内，涉及地块全部实现上图入库管理。正在违规占用耕地绿化造林的要立即停止。

二、严禁超标准建设绿色通道。要严格控制铁路、公路两侧用地范围以外绿化带用地审批，道路沿线是耕地的，两侧用地范围以外绿化带宽度不得超过 5 米，其中县乡道路不得超过 3 米。铁路、国道省道（含高速公路）、县乡道路两侧用地范围以外违规占用耕地超标准建设绿化带的要立即停止。不得违规在河渠两侧、水库周边占用耕地及永久基本农田超标准建设绿色通道。今后新增的绿色通道，要依法依规建设，确需占用永久基本农田的，应履行永久基本农田占用报批手续。交通、水利工程建设用地范围内的绿化用地要严格按照有关规定办理建设用地审批手续，其中涉及占用耕地的必须做到占补平衡。禁止以城乡绿化建设等名义违法违规占用耕地。

三、严禁违规占用耕地挖湖造景。禁止以河流、湿地、湖泊治理为名，擅自占用耕地及永久基本农田挖田造湖、挖湖造景。不准在城市建设中违规占用耕地建设人造湿地公园、人造水利景观。确需占用的，应符合国土空间规划，依法办理建设用地审批和规划许可手续。未履行审批手续的在建项目，应立即停止并纠正；占用永久基本农田的，要限期恢复，确实无法恢复的按照有关规定进行补划。

四、严禁占用永久基本农田扩大自然保护地。新建的自然保护地应当边界清楚，不准占用永久基本农田。目前已划入自然保护地核心保护区内的永久基本农田要纳入生态退耕、有序退出。自然保护地一般控制区内的永久基本农田要根据对生态功能造成的影响确定是否退出，造成明显影响的纳入生态退耕、有序退出，不造成明显影响的可采取依法依规相应调整一般控制区范围等措施妥善处理。自然保护地以外的永久基本农田和集中连片耕地，不得划入生态保护红线，允许生态保护红线内零星的原住民在不扩大现有耕地规模前提下，保留生活必需的少量种植。

五、严禁违规占用耕地从事非农建设。加强农村地区建设用地审批和乡村建设规划许可管理，坚持农地农用。不得违反规划搞非农建设、乱占耕地建房等。巩固"大棚房"问题清理整治成果，强化农业设施用地监管。加强耕地利用情况监测，对乱占耕地从事非农建设及时预警，构建早发现、早制止、严查处的常态化监管机制。

六、严禁违法违规批地用地。批地用地必须符合国土空间规划，凡不符合国土空间规划以及不符合土地管理法律法规和国家产业政策的建设项目，不予批准用地。各地区不得通过擅自调整县乡国土空间规划规避占用永久基本农田审批。各项建设用地必须按照法定权限和程序报批，按照批准的用途、位置、标准使用，严禁未批先用、批少占多、批甲占乙。严格临时用地管理，不得超过规定时限长期使用。对各类未经批准或不符合规定的建设项目、临时用地等占用耕地及永久基本农田的，依法依规严肃处理，责令限期恢复原种植条件。

七、全面开展耕地保护检查。各省、自治区、直辖市人民政府要组织有关部门，结合 2016 — 2020 年省级政府耕地保护责任目标考核，对本地区耕地及永久基本农田保护情况进行全面检查，严肃查处违法占用和破坏耕地及永久基本农田的行为，对发现的问题限期整改。自然资源部要会同农业农村部、国家统计局按照《省级政府耕地保护责任目标考核办法》进行全面检查，并将违规占用永久基本农田开展绿化造林、挖湖造景、非农建设等耕地"非农化"行为纳入考核内容，加强对违法违规行为的查处，对有令不行、有禁不止的严肃追究责任。

八、严格落实耕地保护责任。各地区各部门要充分认识实行最严格耕地保护制度的极端重要性。地方各级人民政府要承担起耕地保护责任，对本行政区域内耕地保有量和永久基本农田保护面积及年度计划执行情况负总责。要健全党委领导、政府负责、部门协同、公众参与、上下联动的共同责任机制，对履职不力、监管不严、失职渎职的领导干部，依纪依规追究责任。各地区要根据本通知精神，抓紧制定和调整完善相关政策措施，对违反本通知规定的行为立即纠正，坚决遏制新增问题发生。各省、自治区、直辖市人民政府要在 2020 年底前将本通知执行情况报国务院，并抄送自然资源部、农业农村部。各有关部门要按照职责分工，履行耕地保护责任。自然资源部、农业农村部要会同有关部门做好对本通知执行情况的监督检查。

转发国家发展改革委关于促进特色小镇规范健康发展意见的通知

国办发〔2020〕33 号　2020 年 9 月 16 日

关于促进特色小镇规范健康发展的意见

一、总体要求

（一）指导思想。以习近平新时代中国特色社会主义思想为指导，全面贯彻党的十九大和十九届二中、三中、四中全会精神，坚持稳中求进工作总基调，坚持新发展理念，以准确把握特色小镇发展定位为前提，以培育发展主导产业为重点，促进产城人文融合，突出企业主体地位，健全激励约束机制和规范管理机制，有力有序有效推进特色小镇高质量发展，为扎实做好“六稳”工作、全面落实“六保”任务提供抓手，为坚定实施扩大内需战略和新型城镇化战略提供支撑。

（二）基本原则。

——遵循规律、质量第一。立足不同地区经济发展阶段和客观实际，遵循经济规律、城镇化规律和城乡融合发展趋势，不下指标、不搞平衡，控制数量、提高质量，防止一哄而上、一哄而散。

——因地制宜、突出特色。依托不同地区区位条件、资源禀赋、产业基础和比较优势，适合什么发展什么，合理谋划并做精做强特色小镇主导产业，防止重复建设、千镇一面。

——市场主导、政府引导。厘清政府与市场的关系，引导市场主体扩大有效投资，创新投资运营管理方式，更好发挥政府公共设施配套和政策引导等作用，防止政府大包大揽。

——统一管理、奖优惩劣。把握发展与规范的关系，实行正面激励与负面纠偏“两手抓”，实行部门指导、省负总责、市县落实，强化统筹协调和政策协同，防止政出多门。

二、主要任务

（三）准确把握发展定位。准确理解特色小镇概念，以微型产业集聚区为空间单元进行培育发展，不得将行政建制镇和传统产业园区命名为特色小镇。准确把握特色小镇区位布局，主要在城市群、都市圈、城市周边等优势区位或其他有条件区域进行培育发展。准确把握特色小镇发展内涵，发挥要素成本低、生态环境好、体制机制活等优势，打造经济高质量发展的新平台、新型城镇化建设的新空间、城乡融合发展的新支点、传统文化传承保护的新载体。

（四）聚力发展主导产业。聚焦行业细分门类，科学定位特色小镇主导产业，提高主导产业质量效益，切实增强产业核心竞争力。错位发展先进制造类特色小镇，信息、科创、金融、教育、商贸、文化旅游、森林、体育、康养等现代服务类特色小镇，以及农业田园类特色小镇，打造行业“单项冠军”。聚焦高端产业和产业高端环节，吸引先进要素集聚发展，助推产业基础高级化和产业链现代化。

（五）促进产城人文融合。推进特色小镇多元功能聚合，打造宜业宜居宜游的新型空间。叠加现代社区功能，结合教育、医疗、养老整体布局提供优质公共服务，完善社区服务、商业服务和交通站点，建设 15 分钟便捷生活圈。叠加文化功能，挖掘工业文化等产业衍生文化，促进优秀传统文化与现代生活相互交融，建设展示小镇建设整体图景和文化魅力的公共空间。叠加旅游功能，加强遗产遗迹保护，因地制宜开展绿化亮化美化，打造彰显地域特征的特色建筑，保护修复生态环境。

（六）突出企业主体地位。推进特色小镇市场化运作，以企业投入为主、以政府有效精准投资为辅，依法合规建立多元主体参与的特色小镇投资运营模式。培育一批特色小镇投资运营优质企业，鼓励有条件有经验的大中型企业独立或牵头发展特色小镇，实行全生命周期的投资建设运营管理，探索可持续的投融资模式和盈利模式，带动中小微企业联动发展。

（七）促进创业带动就业。因地制宜培育特色小镇创新创业生态，提高就业吸纳能力。结合主导产业加强创业就业技能培训服务，提高创业者和劳动者技能素质。发展创业孵化器等众创空间，强化场地安排、要素对接等服务功能。鼓励中小银行和地方银行分支机构入驻特色小镇或延伸服务，创新科技金融产品和服务模式。引导入驻企业与电商平台深化合作，拓宽新工艺新产品新模式的商业渠道。

（八）完善产业配套设施。着眼特色小镇主导产业发展所需，健全公共性、平台性产业配套设施，惠及更多市场主体。完善智能标准生产设施，提供标准厂房和通用基础制造装备，降低投产成本、缩短产品上市周期。健全技术研发转化设施，发展共性技术研发平台和科研成果中试基地。健全仓储集散回收设施，完善电子商务硬件设施及软件系统。

（九）开展改革探索试验。根据特色小镇多数位于城乡接合部的区位特点，推动其先行承接城乡融合发展等相关改革试验，努力探索微型产业集聚区高质量发展的经验和路径。深化“放管服”改革，因地制宜建设便企政务服务设施，有效承接下放的涉企行政审批事项，完善政务服务功能，优化营商环境。允许特色小镇稳妥探索综合体项目整体立项、子项目灵活布局的可行做法。开展供地用地方式改革，鼓励建设用地多功能复合利用，盘活存量建设用地和低效土地，稳妥探索农村集体经营性建设用地直接入市交易。探索投融资机制改革，谋划与新型城镇化建设项目相匹配、财务可持续的投融资模式。

三、规范管理

（十）实行清单管理。各省级人民政府要根据本意见，按照严定标准、严控数量、统一管理、动态调整原则，明确本省份特色小镇清单，择优予以倾斜支持。对此前已命名的特色小镇，经审核符合条件的可纳入清单，不符合条件的要及时清理或更名。国务院有关部门和行业协会不命名、不评比特色小镇。国家发展改革委要会同有关部门建立全国特色小镇信息库，加强对各省份特色小镇清单的指导监督和动态管理。

（十一）强化底线约束。地方各级人民政府要加强规划管理，严格节约集约利用土地，单个特色小镇规划面积原则上控制在1~5平方公里（文化旅游、体育、农业田园类特色小镇规划面积上限可适当提高），保持生产生活生态空间合理比例，保持四至范围清晰、空间相对独立，严守生态保护红线、永久基本农田、城镇开发边界三条控制线。严格控制高耗能、高污染、高排放企业入驻，同步规划建设污水、垃圾处理等市政基础设施和环境卫生设施。严防地方政府债务风险，县级政府债务风险预警地区原则上不得通过政府举债建设特色小镇。严控特色小镇房地产化倾向，在充分论证人口规模基础上合理控制住宅用地在建设用地中所占比重。严守安全生产底线，加强安全生产监管和重大灾害治理，维护人民生命财产安全。

（十二）加强激励引导。国务院有关部门要组织制定特色小镇发展导则，在规划布局、主导产业发展、产城人文融合和公共设施建设等方面提出普适性操作性指引，引导培育一批示范性特色小镇，总结提炼典型经验，发挥引领带动作用。建立政银企对接长效机制，支持符合条件的特色小镇投资运营企业发行企业债券，鼓励开发性、政策性和商业性金融机构在债务风险可控前提下增加中长期融资支持。加大中央预算内投资对特色小镇建设的支持力度。支持发行地方政府专项债券用于特色小镇有一定收益的产业配套设施、公共服务设施、市政公用设施等项目建设。鼓励地方通过安排相关资金、新增建设用地计划指标等方式，对特色小镇发展予以支持引导。

（十三）及时纠偏纠错。地方各级人民政府要对违法违规的特色小镇予以及时整改或淘汰。对主导产业薄弱的，要加强指导引导，长期不见效的要督促整改。对违法违规占地用地、破坏生态环境的，要及时制止并限期整改。对投资主体缺失、无法进行有效建设运营的，以及以“特色小镇”之名单纯进行大规模房地产开发的，要坚决淘汰除名。

四、组织实施

（十四）压实地方责任。各省级人民政府要强化主体责任，统筹制定本省份特色小镇管理制度、政策措施和检查评估机制，做好组织调度和监测监管。市县级人民政府要深化认识、把握节奏、强化落实、久久为功，结合本地实际制定细化可操作的工作措施，并科学编制特色小镇规划。

（十五）加强部门指导。依托城镇化工作暨城乡融合发展工作部际联席会议制度，国家发展改革委要会同财政部、自然资源部、住房城乡建设部、农业农村部、体育总局、国家林草局等有关部门和单位强化协同协作，统筹开展特色小镇监测督导、典型示范和规范纠偏等工作，督促有关地区及时处置特色小镇建设过程中的违法违规行为，对工作不力的地区进行通报，切实促进特色小镇规范健康发展。

印发《关于调整完善土地出让收入使用范围优先支持乡村振兴的意见》

2020 年 9 月 23 日

一、总体要求

（一）指导思想。以习近平新时代中国特色社会主义思想为指导，全面贯彻党的十九大和十九届二中、三中、四中全会精神，紧紧围绕统筹推进“五位一体”总体布局和协调推进“四个全面”战略布局，坚持和加强党对农村工作的全面领导，坚持把解决好“三农”问题作为全党工作重中之重，坚持农业农村优先发展，按照“取之于农、主要用之于农”的要求，调整土地出让收益城乡分配格局，稳步提高土地出让收入用于农业农村比例，集中支持乡村振兴重点任务，加快补上“三农”发展短板，为实施乡村振兴战略提供有力支撑。

（二）工作原则

——坚持优先保障、务求实效。既要在存量调整上做文章，也要在增量分配上想办法，确保土地出让收入用于支持乡村振兴的力度不断增强，为实施乡村振兴战略建立稳定可靠的资金来源。

——坚持积极稳妥、分步实施。统筹考虑各地财政实力、土地出让收入规模、农业农村发展需求等情况，明确全国总体目标，各省（自治区、直辖市）确定分年度目标和实施步骤，合理把握改革节奏。

——坚持统筹使用、规范管理。统筹整合土地出让收入用于农业农村的资金，与实施乡村振兴战略规划相衔接，聚焦补短板、强弱项，健全管理制度，坚持精打细算，加强监督检查，防止支出碎片化，提高资金使用整体效益。

（三）总体目标。从“十四五”第一年开始，各省（自治区、直辖市）分年度稳步提高土地出让收入用于农业农村比例；到“十四五”期末，以省（自治区、直辖市）为单位核算，土地出让收益用于农业农村比例达到 50% 以上。

二、重点举措

（一）提高土地出让收入用于农业农村比例。以省（自治区、直辖市）为单位确定计提方式。各省（自治区、直辖市）可结合本地实际，从以下两种方式中选择一种组织实施：一是按照当年土地出让收益用于农业农村的资金占比逐步达到 50% 以上计提，若计提数小于土地出让收入 8% 的，则按不低于土地出让收入 8% 计提；二是按照当年土地出让收入用于农业农村的资金占比逐步达到 10% 以上计提。严禁以已有明确用途的土地出让收入作为偿债资金来源发行地方政府专项债券。各省（自治区、直辖市）可对所辖市、县设定差异化计提标准，但全省（自治区、直辖市）总体上要实现土地出让收益用于农业农村比例逐步达到50%以上的目标要求。北京、上海等土地出让收入高、农业农村投入需求小的少数地区，可根据实际需要确定提高土地出让收入用于农业农村的具体比例。中央将根据实际支出情况考核各省（自治区、直辖市）土地出让收入用于农业农村比例是否达到要求，具体考核办法由财政部另行制定。

（二）做好与相关政策衔接。从土地出让收益中计提的农业土地开发资金、农田水利建设资金、教育资金等，以及市、县政府缴纳的新增建设用地土地有偿使用费中，实际用于农业农村的部分，计入土地出让收入用于农业农村的支出。允许省级政府按照现行政策继续统筹土地出让收入用于支持“十三五”易地扶贫搬迁融资资金偿还。允许将已收储土地的出让收入，继续通过计提国有土地收益基金用于偿还因收储土地形成的地方政府债务，并作为土地出让成本性支出计算核定。各地应当依据土地管理法等有关法律法规及政策规定，合理把握土地征收、收储、供应节奏，保持土地出让收入和收益总体稳定，统筹处理好提高土地出让收入用于农业农村比例与防范化解地方政府债务风险的关系。

（三）建立市县留用为主、中央和省级适当统筹的资金调剂机制。土地出让收入用于农业农村的资金主要由市、县政府安排使用，重点向县级倾斜，赋予县级政府合理使用资金自主权。省级政府可从土地出让收入用于农业农村的资金中统筹一定比例资金，在所辖各地区间进行调剂，重点支持粮食主产和财力薄弱县（市、区、旗）乡村振兴。省级统筹办法和具体比例由各省（自治区、直辖市）自主确定。中央财政继续按现行规定统筹农田水利建设资金的20%、新增建设用地土地有偿使用费的30%，向粮食主产区、中西部地区倾斜。

（四）加强土地出让收入用于农业农村资金的统筹使用。允许各地根据乡村振兴实际需要，打破分项计提、分散使用的管理方式，整合使用土地出让收入中用于农业农村的资金，重点用于高标准农田建设、农田水利建设、现代种业提升、农村供水保障、农村人居环境整治、农村土地综合整治、耕地及永久基本农田保护、村庄公共设施建设和管护、农村教育、农村文化和精神文明建设支出，以及与农业农村直接相关的山水林田湖草生态保护修复、以工代赈工程建设等。加强土地出让收入用于农业农村资金与一般公共预算支农投入之间的统筹衔接，持续加大各级财政通过原有渠道用于农业农村的支出力度，避免对一般公共预算支农投入产生挤出效应，确保对农业农村投入切实增加。

（五）加强对土地出让收入用于农业农村资金的核算。根据改革目标要求，进一步完善土地出让收入和支出核算办法，加强对土地出让收入用于农业农村支出的监督管理。规范土地出让收入管理，严禁变相减免土地出让收入，确保土地出让收入及时足额缴入国库。严格核定土地出让成本性支出，不得将与土地前期开发无关的基础设施和公益性项目建设成本纳入成本核算范围，虚增土地出让成本，缩减土地出让收益。

三、保障措施

（一）加强组织领导。各地区各有关部门要提高政治站位，从补齐全面建成小康社会短板、促进乡村全面振兴、推动城乡融合发展高度，深刻认识调整完善土地出让收入使用范围优先支持乡村振兴的重要性和紧迫性，切实将其摆上重要议事日程，明确工作责任，确保各项举措落地见效。地方党委和政府要加强领导，各省（自治区、直辖市）在2020年年底前制定具体措施并报中央农办，由中央农办会同有关部门审核备案。

（二）强化考核监督。把调整完善土地出让收入使用范围、提高用于农业农村比例情况纳入实施乡村振兴战略实绩考核，作为中央一号文件贯彻落实情况督查的重要内容。加强对土地出让相关政策落实及土地出让收支管理的审计监督，适时开展土地出让收入专项审计。建立全国统一的土地出让收支信息平台，实现收支实时监控。严肃查处擅自减免、截留、挤占、挪用应缴国库土地出让收入以及虚增土地出让成本、违规使用农业农村投入资金等行为，并依法依规追究有关责任人的责任。

各省（自治区、直辖市）党委和政府每年向党中央、国务院报告实施乡村振兴战略进展情况时，要专题报告调整完善土地出让收入使用范围、提高用于农业农村投入比例优先支持乡村振兴的情况。

（文件来源：国务院公报 2020 年第 28 号）

印发《深圳建设中国特色社会主义先行示范区综合改革试点实施方案（2020—2025 年）》

2020 年 10 月 11 日

一、总体要求

（一）指导思想。以习近平新时代中国特色社会主义思想为指导，全面贯彻党的十九大和十九届二中、三中、四中全会精神，按照党中央、国务院决策部署，牢牢把握正确改革方向，围绕中国特色社会主义先行示范区的战略定位和战略目标，赋予深圳在重点领域和关键环节改革上更多自主权，支持深圳在更高起点、更高层次、更高目标上推进改革开放，率先完善各方面制度，构建高质量发展体制机制，推进治理体系和治理能力现代化，加快形成全面深化改革、全面扩大开放新格局，推动更高水平深港合作，增强在粤港澳大湾区建设中的核心引擎功能，努力创建社会主义现代化强国的城市范例。

（二）工作原则

——坚持解放思想、守正创新。坚持和加强党的全面领导，坚持中国特色社会主义道路，坚持以人民为中心的发展思想，在守正的基础上创新，解放思想、实事求是，固根基、扬优势、补短板、强弱项。

——坚持市场化、法治化、国际化。充分发挥市场在资源配置中的决定性作用，更好发挥政府作用，推进改革与法治双轮驱动，实施更大范围、更宽领域、更深层次的全面开放。

——坚持系统集成、协同高效。突出改革系统性、整体性、协同性，聚焦重点领域和关键环节，推动各方面制度更加衔接配套、成熟定型，实现改革目标集成、政策集成、效果集成。

——坚持先行先试、引领示范。坚持问题导向、目标导向、结果导向，给予充分改革探索空间，在遵循宪法和法律、行政法规基本原则前提下，允许深圳立足改革创新实践需要，根据授权开展相关试点试验示范。鼓励大胆创新、真抓实干，注重经验总结，及时规范提升，为全国提供示范。

——坚持底线思维、稳步实施。提前预设底线情形，在风险总体可控前提下，科学把握时序、节奏和步骤，分期分步、稳妥有序推进改革。

（三）主要目标。2020 年，在要素市场化配置、营商环境优化、城市空间统筹利用等重要领域推出一批重大改革措施，制定实施首批综合授权事项清单，推动试点开好局、起好步。2022 年，各方面制度建设取得重要进展，形成一批可复制可推广的重大制度成果，试点取得阶段性成效。2025 年，重要领域和关键环节改革取得标志性成果，基本完成试点改革任务，为全国制度建设作出重要示范。

二、完善要素市场化配置体制机制

（四）支持在土地管理制度上深化探索。将国务院可以授权的永久基本农田以外的农用地转为建设用地审批事项委托深圳市政府批准。支持在符合国土空间规划要求的前提下，推进二三产业混合用地。支持盘活利用存量工业用地，探索解决规划调整、土地供应、收益分配、历史遗留用地问题。探索利用存量建设用地进行开发建设的市场化机制，完善闲置土地使用权收回机制。深化深汕特别合作区等区域农村土地制度改革。支持依托公共资源交易平台建设自然资源资产交易市场，完善一二级市场联动的土地市场服务监管体系。试点实行土地二级市场预告登记转让制度。

（五）完善适应超大城市特点的劳动力流动制度。深化户籍制度改革，调整完善积分落户政策。完善居住证制度，鼓励根据实际扩大公共服务范围、提高服务标准，稳步推进基本公共服务常住人口全覆盖。允许探索适应新技术、新业态、新产业、新模式发展需要的特殊工时管理制度。

（六）支持在资本市场建设上先行先试。推进创业板改革并试点注册制，试点创新企业境内发行股票或存托凭证（CDR）。建立新三板挂牌公司转板上市机制。优化私募基金市场准入环境。探索优化创业投资企业市场准入和发展环境。依法依规开展基础设施领域不动产投资信托基金试点。在中国人民银行数字货币研究所深圳下属机构的基础上成立金融科技创新平台。支持开展数字人民币内部封闭试点测试，推动数字人民币的研发应用和国际合作。

（七）加快完善技术成果转化相关制度。改革科研项目立项和组织方式，建立主要由市场决定的科技项目遴选、经费分配、成果评价机制。深化科技成果使用权、处置权和收益权改革，在探索赋予科研人员职务科技成果所有权或长期使用权、成果评价、收益分配等方面先行先试。探索政府资助项目科技成果专利权向发明人或设计人、中小企业转让和利益分配机制，健全国有企业科研成果转化利益分配机制。完善技术成果转化公开交易与监管体系。

（八）加快培育数据要素市场。率先完善数据产权制度，探索数据产权保护和利用新机制，建立数据隐私保护制度。试点推进政府数据开放共享。支持建设粤港澳大湾区数据平台，研究论证设立数据交易市场或依托现有交易场所开展数据交易。开展数据生产要素统计核算试点。

（九）健全要素市场评价贡献机制。率先探索完善生产要素由市场评价贡献、按贡献决定报酬的机制，增加劳动者特别是一线劳动者劳动报酬。充分尊重科研、技术、管理人才，探索充分体现技术、知识、管理、数据等要素价值的实现形式。深入推进区域性国资国企综合改革试验，支持建立和完善符合市场经济规律与企业家成长规律的国有企业领导人员管理机制，探索与企业市场地位和业绩贡献相匹配、与考核结果紧密挂钩、增量业绩决定增量激励的薪酬分配和长效激励约束机制。

三、打造市场化法治化国际化营商环境

（十）进一步完善公平开放的市场环境。在全国统一的市场准入负面清单基础上，制定深圳放宽市场准入特别措施清单，放宽能源、电信、公用事业、交通运输、教育等领域市场准入。进一步放宽前沿技术领域的外商投资准入限制。支持完善公平竞争制度。完善经营邮政通信业务审批机制。试点能源领域许可审批告知承诺制。推进破产制度和机制的综合配套改革，试行破产预重整制度，完善自然人破产制度。

（十一）打造保护知识产权标杆城市。开展新型知识产权法律保护试点，完善互联网信息等数字知识产权财产权益保护制度，探索建立健全证据披露、证据妨碍排除和优势证据规则，建立知识产权侵权惩罚性赔偿制

度。探索在部分知识产权案件中实行举证责任转移制度。实施知识产权领域以信用为基础的分级分类监管。

（十二）完善行政管理体制和经济特区立法。按程序赋予深圳在干部和机构管理、统筹使用各类编制资源等方面更大自主权。探索完善行政争议多元解决机制，健全行政复议与行政诉讼衔接机制。支持深圳扩宽经济特区立法空间，在新兴领域加强立法探索，依法制定经济特区法规规章。

四、完善科技创新环境制度

（十三）优化创新资源配置方式和管理机制。支持实行非竞争性、竞争性“双轨制”科研经费投入机制。推动完善科研机构管理机制，建立常态化的政企科技创新咨询制度。实施高层次科技人才定向培养机制。

（十四）建立具有国际竞争力的引才用才制度。按程序赋予深圳外国高端人才确认函权限，探索优化外国人来华工作许可和工作类居留许可审批流程。支持探索制定外籍“高精尖缺”人才认定标准，为符合条件的外籍人员办理 R 字签证和提供出入境便利。为符合条件的外籍高层次人才申请永久居留提供便利。支持探索建立高度便利化的境外专业人才执业制度，放宽境外人员（不包括医疗卫生人员）参加各类职业资格考试的限制。

五、完善高水平开放型经济体制

（十五）加大制度型开放力度。支持以规则衔接深化粤港澳大湾区合作发展。充分发挥中国（广东）自由贸易试验区深圳前海蛇口片区全面深化改革和扩大开放试验田作用，形成更多可复制可推广的制度创新成果。加强对重大疑难涉外商事案件的业务指导。支持完善法治领域跨境协作机制，健全国际法律服务和纠纷解决机制。

（十六）扩大金融业、航运业等对外开放。支持符合条件的在深境内企业赴境外上市融资。开展本外币合一跨境资金池业务试点。支持深圳在推进人民币国际化方面先行先试，推动完善外汇管理体制。支持符合条件的外资金融机构在深圳依法发起设立证券公司、基金管理公司。支持符合条件的外资机构在深圳依法合规获取支付业务许可证。推动构建与国际接轨的金融规则体系。探索完善国际船舶登记制度。赋予深圳国际航行船舶保税加油许可权，进一步放开保税燃料油供应市场。

六、完善民生服务供给体制

（十七）创新医疗服务体系。支持在深圳开展国际前沿药品临床应用。探索完善医疗服务跨境衔接，建立与国际接轨的医学人才培养、医院评审认证标准体系。支持建设全新机制的医学科学院。支持完善重大疫情防控体制机制，健全公共卫生应急管理体系。

（十八）探索扩大办学自主权。探索扩大在深高等学校办学自主权。在符合国家相关政策规定前提下，支持深圳引进境外优质教育资源，开展高水平中外合作办学。赋予深圳对企业博士后科研工作站分站的设立和撤销权限。

（十九）优化社会保障机制。探索公共服务多元化供给新机制，加快构建以促进健康为导向的创新型医保制度。支持完善普惠婴幼儿照护服务体系。鼓励利用全国一体化政务服务平台实现医保政务服务一体化办理。支持健全公共就业服务和终身职业技能培训制度。

（二十）完善文化体育运营管理体制。支持深化文艺院团改革，完善院团管理体制、运行机制和利益分配制度。按程序赋予省级电视剧审查等管理权限。支持建设适用国际通用规则的文化艺术品（非文物）拍卖中心。支持开展体育消费城市试点，推进体育产业创新试验，创新促进体育赛事发展的服务管理机制和安保制度。

七、完善生态环境和城市空间治理体制

（二十一）健全生态建设和环境保护制度。支持完善生态保护红线、环境质量底线、资源利用上线和生态环境准入清单等“三线一单”生态环境分区管控体系，开展重要生态空间自然资源确权登记，扩大生态系统服务价值核算范围。支持完善本地清洁能源供应机制，建设能源产业创新中心、创新联合体等平台机构。支持完善产品环保强制性地方标准，建立绿色产业认定规则体系，完善气候投融资机制。推动完善陆海统筹的海洋生态环境保护修复机制，实行环境污染强制责任保险制度，探索建立入海排污口分类管理制度。加快建设国家可持续发展议程创新示范区。

（二十二）提升城市空间统筹管理水平。按照相关法律法规，支持推动在建设用地地上、地表和地下分别设立使用权，探索按照海域的水面、水体、海床、底土分别设立使用权，促进空间合理开发利用。开展深化自然生态空间用途管制试点。按程序赋予深圳占用林地省级审核权限。探索优化用地用林用海“统一收文、统一办理、统一发文”审批机制，推动自然资源使用审批全链条融合。开展航空资源结构化改革试点。完善无人机飞行管理制度。

八、强化保障措施

（二十三）全面加强党的领导。坚持和加强党对深圳建设中国特色社会主义先行示范区综合改革试点的领导，增强“四个意识”、坚定“四个自信”、做到“两个维护”，把党的建设始终贯穿综合改革试点全过程，严密党的组织体系，为深圳深化改革开放提供坚强保障。

（二十四）创新工作机制。支持深圳结合实际率先开展相关试点试验示范，实施重大改革举措。国家发展改革委会同有关方面分批次研究制定授权事项清单，按照批量授权方式，按程序报批后推进实施。有关方面要按照本方案要求和经批准的事项清单，依法依规赋予深圳相关管理权限。建立健全重大风险识别及系统性风险防范制度和政策体系。实行包容审慎的改革风险分类分级管控机制，根据风险程度，分别采取调整、暂缓或终止等处置措施，不断优化综合改革试点实施路径。国家发展改革委会同有关部门及时跟进综合改革试点进展，加强统筹协调和指导评估，对达到预期效果的抓紧总结推广，对新情况新问题及时分析评估，重要情况及时向党中央、国务院报告。

（二十五）落实地方责任。广东省要积极为深圳开展综合改革试点创造条件，加大行政审批、科技创新、规划管理、综合监管、涉外机构和组织管理等方面放权力度，依法依规赋予深圳更多省级经济社会管理权限。深圳要切实担负起试点主体责任，增强使命感和责任感，认真做好具体实施工作，确保各项改革任务扎实有序推进。要加强与粤港澳大湾区其他城市协调合作，建立区域互动、优势互补的改革联动机制，实现协同对接，充分发挥制度整体效能。

（二十六）强化法治保障。建立健全与综合改革试点相配套的法律法规、政策调整机制。本方案提出的各项改革政策举措，凡涉及调整现行法律或行政法规的，经全国人大常委会或国务院授权后实施。有关方面要加强指导和服务，统筹综合改革试点涉及的法律法规事项，做好与相关法律法规立改废释的衔接。

（二十七）营造改革氛围。弘扬特区精神，继续大胆地闯、大胆地试。健全改革的正向激励机制，注重在改革一线考察识别干部，大胆提拔使用敢于改革、善于改革的干部，充分调动和激发广大干部参与改革的积极

性、主动性和创造性。全面落实“三个区分开来”，建立健全容错纠错机制，宽容干部在改革创新中的失误错误，对干部的失误错误进行综合分析，该容的大胆容，不该容的坚决不容。及时宣传深圳推进改革的新进展新成效，为综合改革试点营造良好舆论氛围。

（文件来源：国务院公报 2020 年第 30 号）

三、中华人民共和国国家发展和改革委员会

关于印发《2020 年新型城镇化建设和城乡融合发展重点任务》的通知

发改规划〔2020〕532 号　2020 年 4 月 3 日

2020 年新型城镇化建设和城乡融合发展重点任务

一、总体要求

以习近平新时代中国特色社会主义思想为指导，全面贯彻党的十九大和十九届二中、三中、四中全会精神，坚持稳中求进工作总基调，坚持新发展理念，加快实施以促进人的城镇化为核心、提高质量为导向的新型城镇化战略，提高农业转移人口市民化质量，增强中心城市和城市群综合承载、资源优化配置能力，推进以县城为重要载体的新型城镇化建设，促进大中小城市和小城镇协调发展，提升城市治理水平，推进城乡融合发展，实现 1 亿非户籍人口在城市落户目标和国家新型城镇化规划圆满收官，为全面建成小康社会提供有力支撑。

二、提高农业转移人口市民化质量

以深化改革户籍制度和基本公共服务提供机制为路径，打破阻碍劳动力自由流动的不合理壁垒，促进人力资源优化配置。

（一）督促城区常住人口 300 万以下城市全面取消落户限制。督促Ⅱ型大城市和中小城市（含设区市和县级市）坚决贯彻《中共中央办公厅　国务院办公厅关于促进劳动力和人才社会性流动体制机制改革的意见》，全面取消落户限制，进一步促进劳动力和人才社会性流动。（公安部、发展改革委、省级有关部门等负责）

（二）推动城区常住人口 300 万以上城市基本取消重点人群落户限制。督促除个别超大城市外的其他超大特大城市和Ⅰ型大城市坚持存量优先原则，取消进城就业生活 5 年以上和举家迁徙的农业转移人口、在城镇稳定就业生活的新生代农民工、农村学生升学和参军进城的人口等重点人群落户限制。推动Ⅰ型大城市探索进城常住的建档立卡农村贫困人口应落尽落。鼓励有条件的Ⅰ型大城市全面取消落户限制、超大特大城市取消郊区新区落户限制。（公安部、发展改革委、省级有关部门等负责）

（三）促进农业转移人口等非户籍人口在城市便捷落户。鼓励各城市政府简化户籍迁移手续，加强落户政策宣传，开通线上申请审核系统，大幅提高落户便利性。推动超大特大城市和Ⅰ型大城市改进积分落户政策，确保社保缴纳年限和居住年限分数占主要比例。（公安部、发展改革委、省级有关部门等负责）

（四）推动城镇基本公共服务覆盖未落户常住人口。出台国家基本公共服务标准。提高居住证发证量和含金量，推动未落户常住人口逐步享有与户籍人口同等的城镇基本公共服务。运用信息化手段建设便捷高效的公共服务平台，加快养老保险全国统筹进度，完善基本医疗保险跨省异地就医医疗费用直接结算制度，做好社会保险关系转移接续，方便人口流动。增加学位供给，健全以居住证为主要依据的随迁子女入学入园政策，使其在流入地享有普惠性学前教育。以解决新市民住房问题为主要出发点，完善住房保障体系。（发展改革委、财政部、公安部、人力资源社会保障部、卫生健康委、教育部、住房城乡建设部、市场监管总局、医保局、省级有关部门等负责）

（五）大力提升农业转移人口就业能力。深入实施新生代农民工职业技能提升计划，加强对新生代农民工等农业转移人口的职业技能培训。支持企业特别是规模以上企业或吸纳农民工较多企业开展岗前培训、新型学徒制培训和岗位技能提升培训，并按规定给予培训补贴。（人力资源社会保障部、教育部、财政部、省级有关部门等负责）

（六）加大“人地钱挂钩”配套政策的激励力度。提高城市政府吸纳农业转移人口落户积极性，加大农业转移人口市民化奖励资金支持力度，加大新增建设用地计划指标与吸纳落户数量挂钩力度。维护进城落户农民土地承包权、宅基地使用权、集体收益分配权，不得强行要求其转让上述权益或将此作为落户前置条件；按照依法自愿有偿原则，探索其转让上述权益的具体办法。探索利用大数据技术建立各城市城区常住人口等的常态化统计机制，为政策制定提供支撑。（财政部、自然资源部、农业农村部、发展改革委、统计局、省级有关部门等负责）

三、优化城镇化空间格局

完善和落实主体功能区战略，发挥各地区比较优势，增强经济发展优势区域承载能力，构建大中小城市和小城镇协调发展的城镇化空间格局，形成高质量发展的动力系统。

（七）加快发展重点城市群。加快实施京津冀协同发展、长三角区域一体化发展、粤港澳大湾区建设、长江经济带发展、黄河流域生态保护和高质量发展战略。全面实施城市群发展规划，推动哈长、长江中游、中原、北部湾城市群建设取得阶段性进展，支持关中平原城市群规划实施联席会议制度落地生效，推动兰州—西宁、呼包鄂榆等城市群健全一体化发展工作机制，促进天山北坡、滇中等边疆城市群及山东半岛、黔中等省内城市群发展。（发展改革委、自然资源部、住房城乡建设部、工业和信息化部、交通运输部、生态环境部、省级有关部门等负责）

（八）编制成渝地区双城经济圈建设规划纲要。加快推进规划编制实施，促进重庆市、四川省通力协作，加大成渝地区发展统筹力度，发挥中心城市带动作用，加强交通、产业、环保、民生政策对接，共同建设具有全国影响力的科技创新中心，加快培育形成新动力源。（发展改革委、重庆市和四川省有关部门等负责）

（九）大力推进都市圈同城化建设。深入实施《关于培育发展现代化都市圈的指导意见》，建立中心城市牵头的协调推进机制，支持南京、西安、福州等都市圈编制实施发展规划。以轨道交通为重点健全都市圈交通基础设施，有序规划建设城际铁路和市域（郊）铁路，推进中心城市轨道交通向周边城镇合理延伸，实施“断头路”畅通工程和“瓶颈路”拓宽工程。支持重点都市圈编制多层次轨道交通规划。（发展改革委、自然资源部、住房城乡建设部、工业和信息化部、交通运输部、生态环境部、国铁集团、省级有关部门等负责）

（十）提升中心城市能级和核心竞争力。优化发展直辖市、省会城市、计划单列市、重要节点城市等中心城市，强化用地等要素保障，优化重大生产力布局。完善部分中心城市市辖区规模结构和管辖范围，解决发展

空间严重不足问题。（发展改革委、自然资源部、住房城乡建设部、工业和信息化部、民政部、省级有关部门等负责）

（十一）推进以县城为重要载体的新型城镇化建设。加快印发指导意见，明确发展目标和建设任务，加大要素保障力度和政策扶持力度，抓紧补上新冠肺炎疫情发生后暴露出来的短板弱项，推进环境卫生设施提级扩能、市政公用设施提挡升级、公共服务设施提标扩面、产业配套设施提质增效。（发展改革委、财政部、住房城乡建设部、省级有关部门等负责）

（十二）规范发展特色小镇和特色小城镇。强化底线约束，严格节约集约利用土地、严守生态保护红线、严防地方政府债务风险、严控"房地产化"倾向，进一步深化淘汰整改。强化政策激励，加强用地和财政建设性资金保障，鼓励省级政府通过下达新增建设用地计划指标、设立省级专项资金等方式择优支持，在有条件区域培育一批示范性的精品特色小镇和特色小城镇。强化正面引导，制定特色小镇发展导则，挖掘推广第二轮全国特色小镇典型经验。（发展改革委、自然资源部、财政部、住房城乡建设部、体育总局、林草局、省级有关部门等负责）

（十三）推进边境地区新型城镇化建设。在边境地区推进潜力型城镇以产聚人、战略支点型城镇以城聚产，打造以内陆邻近的大中城市为辐射源、边境县级市及地级市市辖区为枢纽、边境口岸和小城镇为节点、边境特色小镇为散点的边境一线城镇廊带。推进兴边富民行动，改善边境一线城镇基础设施和公共服务，建设沿边抵边公路。实施守边固边工程。（发展改革委、财政部、住房城乡建设部、自然资源部、交通运输部、省级有关部门等负责）

（十四）推进大型搬迁安置区新型城镇化建设。顺应大型搬迁安置区转向新型城镇化建设新阶段的发展要求，加快推进搬迁人口市民化进程，强化产业就业支撑，帮助搬迁人口尽快解决稳定发展问题，适应新环境、融入新社区。（发展改革委、省级有关部门等负责）

（十五）优化行政区划设置。统筹新生城市培育和收缩型城市瘦身强体，按程序推进具备条件的非县级政府驻地特大镇设市，有序推进"县改市""县改区""市改区"，稳妥调减收缩型城市市辖区，审慎研究调整收缩型县（市）。全面完成各省（区、市）设镇设街道标准制定工作，合理推进"乡改镇""乡（镇）改街道"和乡镇撤并。（民政部、发展改革委、省级有关部门等负责）

四、提升城市综合承载能力

着眼于增强人口经济承载和资源优化配置等核心功能，健全城市可持续发展体制机制，提升城市发展质量。

（十六）补齐城市公共卫生短板。改革完善疾病预防控制体系，健全公共卫生重大风险研判、评估、决策、防控协同机制，完善重大疫情预警、救治和应急处置机制，强化重要物资储备，推动城市群、都市圈内城市建立联防联控机制。整治城市环境卫生死角，建立严格检疫、定点屠宰、冷鲜上市的畜禽产品供应体系，健全污水收集处理和生活垃圾分类处理设施。（卫生健康委、发展改革委、应急管理部、工业和信息化部、住房城乡建设部、省级有关部门等负责）

（十七）改善城市公用设施。健全城市路网系统，完善公交专用道、非机动车和行人交通系统、行人过街设施。完善市政管网和排水防涝设施。健全停车场、智能快件箱、社区菜市场等便民设施。扩大普惠性养老、幼儿园和托育服务供给。实施全民健康保障工程、全民健身提升工程、智慧广电公共服务工程。（住房城乡建设部、发展改革委、教育部、民政部、卫生健康委、商务部、体育总局、广电总局、省级有关部门等负责）

（十八）实施新型智慧城市行动。完善城市数字化管理平台和感知系统，打通社区末端、织密数据网格，整合卫生健康、公共安全、应急管理、交通运输等领域信息系统和数据资源，深化政务服务“一网通办”、城市运行“一网统管”，支撑城市健康高效运行和突发事件快速智能响应。（发展改革委、卫生健康委、公安部、住房城乡建设部、应急管理部、交通运输部、省级有关部门等负责）

（十九）加快推进城市更新。改造一批老旧小区，完善基础设施和公共服务配套，引导发展社区便民服务。改造一批老旧厂区，通过活化利用工业遗产和发展工业旅游等方式，将“工业锈带”改造为“生活秀带”、双创空间、新型产业空间和文化旅游场地。改造一批老旧街区，引导商业步行街、文化街、古城古街打造市民消费升级载体，因地制宜发展新型文旅商业消费聚集区。改造一批城中村，探索在政府引导下工商资本与农民集体合作共赢模式。开展城市更新改造试点，提升城市品质和人居环境质量。（住房城乡建设部、发展改革委、民政部、自然资源部、商务部、文化和旅游部、工业和信息化部、农业农村部、省级有关部门等负责）

（二十）改革建设用地计划管理方式。推动建设用地资源向中心城市和重点城市群倾斜。鼓励盘活低效存量建设用地，控制人均城市建设用地面积。修改土地管理法实施条例并完善配套制度，分步实现城乡建设用地指标使用更多由省级政府负责，将由国务院行使的农用地转为建设用地审批权以及永久基本农田、永久基本农田以外的耕地超过35公顷、其他土地超过70公顷的土地征收审批权，授权省级政府或委托试点地区的省级政府实施。探索建立全国性的建设用地、补充耕地指标跨区域交易机制。（发展改革委、自然资源部、省级有关部门等负责）

（二十一）改革城市投融资机制。在防范化解地方政府债务风险、合理处置存量债务的前提下，完善与新型城镇化建设相匹配的投融资工具。支持符合条件企业发行企业债券，用于新型城镇化建设项目、城乡融合典型项目、特色小镇和特色小城镇建设项目等。鼓励开发性政策性金融机构按照市场化原则和职能定位，对投资运营上述项目的企业进行综合授信，加大中长期贷款投放规模和力度。（人民银行、银保监会、财政部、发展改革委、开发银行、农业发展银行、省级有关部门等负责）

（二十二）改进城市治理方式。推动城市政府向服务型转变、治理方式向精细化转型、配套资源向街道社区下沉。加强和创新社区治理，引导社会组织、社会工作者和志愿者等参与，大幅提高城市社区综合服务设施覆盖率。提高国土空间规划水平，顺应城市发展逻辑和文化传承，落实适用、经济、绿色、美观的新时期建筑方针，加强建筑设计和城市风貌管理，提高城市绿色建筑占新建建筑比重。（民政部、住房城乡建设部、发展改革委、自然资源部、省级有关部门等负责）

五、加快推进城乡融合发展

突出以城带乡、以工促农，健全城乡融合发展体制机制，促进城乡生产要素双向自由流动和公共资源合理配置。

（二十三）加快推进国家城乡融合发展试验区改革探索。指导试验区分别制定实施方案。推动试验区在健全城乡人口迁徙制度、完善农村产权抵押担保权能、搭建城乡产业协同发展平台等方面先行先试，引导县级土地储备公司和融资平台公司参与相关农村产权流转及抵押，加快探索行之有效的改革发展路径。（发展改革委、公安部、自然资源部、人民银行、有关省级部门等负责）

（二十四）全面推开农村集体经营性建设用地直接入市。出台农村集体经营性建设用地入市指导意见。允许农民集体妥善处理产权和补偿关系后，依法收回农民自愿退出的闲置宅基地、废弃的集体公益性建设用地使用权，按照国土空间规划确定的经营性用途入市。启动新一轮农村宅基地制度改革试点。（自然资源部、农业

农村部、住房城乡建设部、省级有关部门等负责）

（二十五）加快引导工商资本入乡发展。开展工商资本入乡发展试点。发挥中央预算内投资和国家城乡融合发展基金作用，支持引导工商资本和金融资本入乡发展。培育一批城乡融合典型项目，形成承载城乡要素跨界配置的有效载体，在长江流域开展生态产品价值实现机制试点。允许符合条件的入乡就业创业人员在原籍地或就业创业地落户并依法享有相关权益。（中央统战部、全国工商联、发展改革委、人民银行、公安部、农业农村部、省级有关部门等负责）

（二十六）促进城乡公共设施联动发展。推进实施城乡统筹的污水垃圾收集处理、城乡联结的冷链物流、城乡农贸市场一体化改造、城乡道路客运一体化发展、城乡公共文化设施一体化布局、市政供水供气供热向城郊村延伸、乡村旅游路产业路等城乡联动建设项目，加快发展城乡教育联合体和县域医共体。（发展改革委、住房城乡建设部、教育部、卫生健康委、文化和旅游部、省级有关部门等负责）

六、组织实施

（二十七）强化部际协同。国家发展改革委依托城镇化工作暨城乡融合发展工作部际联席会议制度，强化统筹协调和指导督促，并总结推广第三批国家新型城镇化综合试点等典型经验。各有关部门要细化制定具体措施，调动本系统力量扎实推进。

（二十八）压实地方责任。省级发展改革委要牵头会同省级其他有关部门，结合实际做好组织调度和任务分解。市县级政府要将各项任务落实到事，确保任务落地生效。

关于做好2020年降成本重点工作的通知（节选）

发改运行〔2020〕1183号　2020年7月18日

一、总体要求

以习近平新时代中国特色社会主义思想为指导，全面贯彻党的十九大和十九届二中、三中、四中全会精神，在疫情防控常态化条件下，坚持稳中求进工作总基调，继续深化供给侧结构性改革。坚持“巩固、增强、提升、畅通”方针，巩固和拓展减税降费成效，阶段性政策与制度性安排相结合，把减税降费政策落到企业，助力市场主体纾困发展。

二、落实好既定减税降费政策（略）

三、强化金融支持实体经济力度（略）

四、持续降低制度性交易成本（略）

五、努力降低企业用工和房租负担

（十四）降低企业用工成本。免征中小微企业基本养老、失业、工伤“三项”社会保险单位缴费部分至年底。尽快实现养老保险全国统筹。落实住房公积金阶段性支持政策。

（十五）实施援企稳岗返还政策。鼓励有条件的地区适当提高稳岗返还比例，重点支持符合产业发展方向、长期吸纳就业人数多的企业以及受疫情影响大的企业。各地要优化经办流程，创新经办模式，多采用“免申即享”。利用大数据平台加强用工需求供需对接、信息引导。

（十六）缓解房屋租金压力。减免国有房产租金，鼓励各类业主减免或缓收房租。对实际减免租金的出租人，鼓励金融机构视需要给予适当信贷支持。稳定房屋租赁市场，建立健全房屋租赁纠纷调处机制。

六、继续降低用能用地成本

（十九）合理增加供应降低用地成本。改革土地管理方式，赋予省级政府更大用地自主权，盘活存量土地；合并规划选址和用地预审，合并建设用地规划许可和用地批准。加快落实跨地区耕地占补平衡政策，探索全国性的建设用地、补充耕地指标跨区域交易机制。加强工业项目建设用地管理，实现用地跟着项目走；合理增加工业项目用地、物流用地；推动不同产业用地类型合理转换。

七、推进物流降本增效（略）

八、激励企业内部挖潜（略）

四、中华人民共和国住房和城乡建设部

关于应对新型冠状病毒感染的肺炎疫情做好住房公积金管理服务工作的通知

建办金函〔2020〕71号　2020年2月10日

一、切实提高思想认识，贯彻落实各级党委、政府关于疫情防控工作的决策部署，落实落细疫情防控措施。住房公积金管理中心要按照当地党委、政府的统一部署，做好营业大厅对外服务时间安排，合理安排人员值班、上岗。要加强对营业大厅和服务设施的清洁消毒，上岗工作人员做好个人防护。

二、积极引导缴存单位和职工通过政务平台、网上营业厅、12329服务热线、微信公众号、手机APP等线上渠道办理住房公积金业务。对无法线上办理的，可倡导单位、职工疫情结束后再到现场办理。确需到现场办理的，实行预约办理和错峰办理，实现分时段合理分流，减少职工等待时间，减少人员聚集。

三、切实保障受疫情影响缴存职工的住房公积金贷款权益。对因感染新型肺炎住院治疗或隔离人员、疫情防控需要隔离观察人员、一线医务人员等参加疫情防控工作人员以及受疫情影响暂时失去收入来源的人群，可灵活调整其住房公积金贷款还款安排，合理延后还款期限。上述人员疫情防控期间未能正常还款的，可不作逾期处理，不作为逾期记录报送征信部门，已报送的予以调整。

四、优化提取办理流程，为缴存职工提取住房公积金提供便利。在疫情防控期间，对提取住房公积金有时限要求的，可延期办理；对支付房租压力较大的租房职工，可根据其实际需求合理确定租房提取额度、灵活安排提取时间，保障职工的租房提取需求。

五、住房公积金缴存单位及自愿缴存个人因受疫情影响，未能按时足额缴存住房公积金的，可向住房公积金管理中心说明情况并在一定期限内办理补缴。其间，职工的住房公积金缴存时间连续计算，不影响职工申请租房提取和住房公积金贷款的权益。

六、落实《住房和城乡建设部财政部人民银行关于改进住房公积金缴存机制进一步降低企业成本的通知》（建金〔2018〕45 号）要求，支持受疫情影响导致生产经营困难的企业按规定申请降低住房公积金缴存比例和暂缓缴存住房公积金。住房公积金管理中心要开辟绿色通道，加快受理审批。

请各地住房公积金管理中心按照本通知精神，结合本地实际，明确疫情防控期间的各项管理服务措施和操作办法，确保工作落实到位。各省、自治区住房和城乡建设厅要加强对住房公积金管理服务措施落实情况的指导监督。

关于妥善应对新冠肺炎疫情实施住房公积金阶段性支持政策的通知

建金〔2020〕23 号　2020 年 2 月 21 日

一、受新冠肺炎疫情影响的企业，可按规定申请在 2020 年 6 月 30 日前缓缴住房公积金，缓缴期间缴存时间连续计算，不影响职工正常提取和申请住房公积金贷款。

二、受新冠肺炎疫情影响的职工，2020 年 6 月 30 日前住房公积金贷款不能正常还款的，不作逾期处理，不作为逾期记录报送征信部门，已报送的予以调整。对支付房租压力较大的职工，可合理提高租房提取额度、灵活安排提取时间。

三、经认定的新冠肺炎疫情严重和较严重地区，企业在与职工充分协商的前提下，可在 2020 年 6 月 30 日前自愿缴存住房公积金。继续缴存的，自主确定缴存比例；停缴的，停缴期间缴存时间连续计算，不影响职工正常提取住房公积金和申请住房公积金贷款。

各地区要按照本通知要求，高度重视，周密部署，加强对工作落实情况的指导监督。各设区城市人民政府要结合本地实际，抓紧提出实施住房公积金阶段性支持政策的具体办法，做好落实工作。

关于加强新冠肺炎疫情防控期间房屋市政工程开复工质量安全工作的通知

建办质函〔2020〕106 号　2020 年 3 月 5 日

一、提高政治站位，严格落实责任

（一）强化政治意识。各地要进一步增强“四个意识”、坚定“四个自信”、做到“两个维护”，自觉把思想和行动统一到习近平总书记重要讲话精神和党中央决策部署上来，按照坚定信心、同舟共济、科学防治、精准施策的总要求，及时查漏补缺，坚决防止麻痹思想、厌战情绪、侥幸心理、松劲心态，坚决避免因工程开复工发生的聚集性疫情事件。

（二）坚持分区分级精准复工和监管。各地要根据疫情防控形势，制定差异化防控策略，实施分区分级精准开复工措施。低风险地区要全面推动企业和工程项目开复工，加大质量安全检查力度；中风险地区要在严格防控疫情的前提下，有序推动企业和工程项目分阶段、错时开复工，合理确定检查频次；高风险地区要确保在疫情得到有效防控后再逐步有序扩大工程开复工范围，原则上采用“互联网＋监管”方式进行抽查。对检查、抽查发现存在违法违规行为的，要从严依法查处。

（三）落实质量安全生产责任。各地要牢固树立质量安全发展理念，进一步强化政府监管责任和企业主体责任，做到守土有责、守土担责、守土尽责。坚持科学防控、精准施策，聚焦疫情对工程质量安全带来的冲击影响，深入分析工程开复工面临的各类质量安全隐患，在做好防疫防控工作的前提下，认真落实各项质量安全防范措施，坚决遏制质量安全事故。

二、坚持科学防控，强化精准施策

（四）做好工程开复工准备。各地要严格遵守疫情防护和开复工安全有关规定，合理安排开复工计划，对涉及国计民生重大建设项目和重点项目要优先推动开复工。建设单位、施工单位提前做好务工人员使用计划，可采取局部开工、部分施工、优先安排机械施工等措施，实施分批分阶段复工返岗。建设单位项目负责人及施工单位项目负责人不能到岗的，原则上不得开复工。

（五）完善疫情防控体系。各地要建立开复工疫情防控管理体系，编制疫情防控工作方案，制定防控应急预案，随时监控工地疫情变化，及时上报健康信息。明确专人对接属地社区和疫情防控主管部门，形成部门联动、群防群控机制。及时妥善处置突发事件，做到“早发现、早隔离、早治疗”，防止聚集性传染，坚决杜绝聚集性疫情事件。

（六）加强现场防疫管理。实施建筑工地封闭管理。加强工地隔离防护设施建设，落实返岗人员隔离措施；摸排人员流向及来源，做到“即到即报”；最大限度减少工地现场人员外出流动；施工作业区域应采取相对隔离封闭措施，各施工作业面尽量减少交叉流动。全面落实建筑工人实名制管理。对进场工人实行每日体温检测登记，落实“一人一档”制度；对进出入工地的车辆、工具一律登记进出去向，进行冲洗、消毒。实行严格消毒制度。对施工人员集中的作业区、办公区、生活区、食堂、宿舍、厕所等重点部位和人员密集场所，采取定时消毒、清洁、通风换气等措施；保障职工饮水、洗手、通风等自然生活条件；工程项目部实行分餐、错时用餐，人员配备独立餐具，避免集中就餐。严格按照有关规定和规范，对生活垃圾、医用垃圾、化学品垃圾、建筑垃圾进行专业化分类回收处置。

（七）加强培训教育工作。各地要督促企业按照国家和本地区有关疫情防控的要求，在开复工前通过微信、视频等方式，对从业人员进行卫生防疫教育。要抓好质量安全教育培训，可采取网上免费授课的方式，组织专家对重点岗位人员、新录用人员进行质量安全培训，指导建筑工人提高质量安全防范意识，准确识别现场质量安全风险，熟练掌握安全防护和操作技能，正确使用安全防护用具。严格开展上岗前疫情防范、质量安全技术交底，确保各项要求落实到每一名员工、每一个岗位。

（八）坚决防止盲目抢工期。各地要督促建设单位切实保障工程项目合理工期安排，严禁盲目抢工期、赶进度等行为。要充分考虑疫情对工期造成的影响，科学确定工期及每个阶段所需的合理时间，严格执行合理工期。工期确需调整的必须经过充分论证，并采取相应措施，通过加大投入、优化施工组织等措施，确保工程质量安全。要根据疫情防控和安全防范需要，加大文明施工措施费用保障力度，确保防疫、安全的投入和措施落实到位。

（九）加强重大风险管控。各地要督促建设单位牵头组织开展开复工前安全条件检查，严格检查安全生产责任落实情况，重点检查建筑起重机械、深基坑、模板工程及支撑体系、脚手架、施工临时用电设施以及城市轨道交通工程等危险性较大工程的设备安全状况和现场防护情况，并对重要文件落实、专项施工方案、人员教育培训情况进行检查，及时发现问题，及时整改、不留死角。

（十）加强施工质量管理。各地要督促建设、施工、监理等单位完善项目质量保障体系，落实质量责任制度，严把“到岗履职关、材料检测关、过程控制关、质量验收关”，不得放松质量要求、降低质量标准。要重点加强对混凝土、钢筋等建筑材料质量检测工作，防止因价格上涨偷工减料、使用不合格材料，切实保证工程质量。

三、优化管理举措，提高服务水平

（十一）加强工作指导。各省级住房和城乡建设主管部门要指导所辖地区有序推动工程开复工，全面掌握本行政区域内各地市工程开复工基本情况，及时了解开复工过程中遇到的困难和问题，加强分类指导，统筹做好建筑工人返岗、建材供应、建筑工地疫情防控和物资保障等工作。

（十二）推行安全生产承诺制。对安全管理较好、2019 年以来没有发生生产安全事故的企业，在落实安全防范措施的前提下，由企业主要负责人作出安全承诺自行复工复产，不再层层报备、现场验收盖章。对 2019 年发生生产安全事故和基础薄弱的企业，实行精准监管、重点指导帮扶。

（十三）网上办理开复工审核。各地要对企业申报新建、改扩建施工许可和复工安全条件审核的项目，优化报批审核流程，实施网上快速办理，落实不见面审批服务，待疫情防控结束后再进行现场核验。对于开复工申请达到各项条件要求的，合格一个开复工一个。对于达不到开复工条件的，坚决不允许开复工。

（十四）实行到期证件自动顺延。各地要主动为工程开复工做好服务，帮助企业解决实际困难，支持企业安全开复工。在疫情防控期间，企业安全生产许可证和企业主要负责人、项目负责人、安全生产管理人员及特种作业人员安全证书到期的，有效期自动顺延至疫情防控结束。

（十五）采取临时顶岗措施。各地要对因疫情不能返岗的工程管理人员，允许企业安排执有相应资格证书的其他人员暂时顶岗，顶岗期间要确保疫情防控和质量安全责任落实到位。针对企业面临的重点难点问题和重大风险隐患，组织专家对企业实施点对点网上会诊，解决现场问题，帮助企业有效防控质量安全风险。

（十六）利用信息化监管。各地要严格控制对企业和工地现场的检查，除涉及防疫、安全、质量、消防等必要检查外，疫情期间原则上不到企业和工地现场检查。完善安全隐患排查治理信息化系统，以自动分析报告替代人工统计填表。对自查自报自改安全风险隐患的，重点实行线上跟踪指导服务。充分运用远程视频监控等在线检查管理方式，开展更加精准有效的质量安全监管。

四、严格值班值守，强化应急准备

（十七）强化协调指挥。各地要加强组织领导，充分发挥各级领导干部模范带头作用，深入一线，分析问题、解决难题。加强与应急管理、卫生健康部门对接联动，加强疫情和质量安全形势研判，积极主动做好相关工作。

（十八）加强应急准备和值班值守。各地要制定疫情期间质量安全事故处置应急预案，做好应急准备，强化应急演练，加强与专业应急救援队伍密切联系，时刻保持应急状态。要严格落实领导干部带班和重要岗位24小时值班及事故信息报告制度，对突发情况要及时有效应对，并按规定程序和时限及时上报信息。

关于印发房屋市政工程复工复产指南的通知

建办质〔2020〕8号　2020年3月24日

房屋市政工程复工复产指南

1. 总则

1.1　为统筹做好新冠肺炎疫情防控和工程质量安全工作，指导建筑业企业稳步有序推动工程项目复工复产，根据国务院应对新冠肺炎疫情联防联控机制《企事业单位复工复产疫情防控措施指南》，结合建筑业实际情况，制定本指南。

1.2　本指南适用于新冠肺炎疫情防控期间房屋市政工程复工复产施工现场的运行和管理。

1.3　各参建单位（含建设、施工、监理等）项目负责人是本单位工程项目疫情防控和复工复产的第一责任人，按照“谁用工、谁管理、谁负责”要求，严格落实各项防控措施，确保疫情防控和工程质量安全管控到位。

1.4　地方各级住房和城乡建设主管部门及有关部门应当在地方党委和政府统一领导下，积极指导和帮扶建筑业企业分区分级、分类分时、有条件复工复产。坚持分区分级精准监管，按照疫情防控风险等级，采取差异化策略，开展疫情防控和质量安全监督检查，及时妥善处置突发事件，坚决防止发生聚集性传染事件和质量安全事故。

2. 复工复产条件

2.1　防控机制

组建疫情防控复工复产工作组，统筹指导工程项目疫情防控和质量安全管控工作。工作组设立可疑症状报告电话，并指定专人负责对接工程项目所在地的政府、街道、社区及定点医院，按照属地管理要求定期报送有关信息，保证信息渠道畅通。

2.2　专项方案

编制工程项目疫情防控方案和复工复产组织方案，并制定工程项目落实疫情防控责任承诺书，对现场管理、人员管控、物资储备和应急处置等作出安排，明确具体要求和措施，并要求工程项目全体人员认真落实。

2.3　人员健康管理

2.3.1　指定专人负责人员健康管理，建立“一人一档”制度，切实掌握人员流动情况，按照疫情防控要求，对聘用的所有人员进行健康管理。

2.3.2 加强与务工人员的沟通联系，严格执行项目所在地人员管控要求，杜绝不符合规定人员复工复产的情况。加强异地返程人员管理，做好返工人员的行程安排，鼓励协调或帮助同一地区人员采取“点对点”包车方式集中返回。

2.4 施工现场准备

2.4.1 施工现场采取封闭式管理。严格施工区、材料加工和存放区、办公区、生活区等“四区”分离，并设置隔离区和符合标准的隔离室。现场不具备条件的，应按照标准在异地设置。

2.4.2 在卫生健康、疾控等专业部门指导下，对施工现场所有场所进行全面消毒杀菌。

2.4.3 根据工程规模和务工人员数量等因素，合理配备体温计、口罩、消毒剂等疫情防控物资。

2.4.4 安排专人负责文明施工和卫生保洁等工作，按照相关规定分类设置防疫垃圾（废弃口罩等）、生活垃圾和建筑垃圾收集装置。

2.5 质量安全检查

2.5.1 施工单位、监理单位项目负责人及关键岗位人员原则上应当到岗履职。

2.5.2 对施工管理人员和务工人员，特别是新进场建筑工人和转岗人员，组织开展疫情防控知识和工程质量安全管理为重点的教育培训。

2.5.3 严格做到“五个必须”，建设单位必须召开安全例会，施工单位必须安全管理措施到位，项目部必须安全检查到位，项目人员必须安全教育到位，监理单位必须安全监理履职到位。

2.5.4 工程复工前应当全面开展施工现场安全隐患排查，突出检查脚手架、高支模等模板支撑体系是否牢固，起重机械等使用前是否进行了维护保养，深基坑变形监测是否超过报警值等。质量安全隐患未消除或整改不符合要求的，不得复工复产。

3. 现场疫情防控

3.1 人员登记

3.1.1 严格执行门卫登记检查制度。通过建筑工地实名制管理系统，对进入施工现场的人员进行实名制考勤、登记和核查，禁止无关人员进入现场。所有进入现场的人员必须佩戴口罩。

3.1.2 在施工现场进出口设立体温监测点，对所有进入施工现场人员进行体温检测并登记，每天测温不少于两次。凡有发热、干咳等症状的，应阻止其进入，并及时报告和妥善处置。

3.1.3 建立建设、施工、监理等单位各类人员实名名册，并对所有人员排查身体状况后建立健康卡，如实记录人员姓名、年龄、家庭地址、联系电话、进退场时间、身体健康等信息。

3.2 施工组织

3.2.1 按照疫情防控相关要求，修订完善施工组织设计、专项施工方案、应急预案等，增加疫情防控要求、措施等内容，落实疫情防控所需物资、人员、资金等。

3.2.2 优化施工计划与组织，优先安排机械进场作业，合理安排所需从业人员较多、有限空间等分部分项工程施工作业，杜绝人员聚集性作业。

3.2.3 保证施工作业区、工地生活区和办公区内洗手设施的正常使用，配备肥皂或洗手液。

3.3 宣传教育

3.3.1 组织开展疫情防控知识宣传教育，利用现场展板、网络、手机终端等方式，督促现场人员做好自身防护，做到勤洗手、勤通风、戴口罩，减少人员聚集，提高自我防护意识。

3.3.2 每日对现场人员开展卫生防疫岗前教育。宣传教育应尽量选择开阔、通风良好的场地，分批次进行，人员间隔不小于1米。

3.4 作业区管理

3.4.1 对施工现场起重机械的驾驶室、操作室等人员长期密闭作业场所进行消毒，予以记录并建立台账。施工现场起重机械投入使用前应组织检查，将驾驶室、操作室是否消毒作为必查项。

3.4.2 加大巡查检查力度，检查作业环境是否满足施工防疫要求，检查施工人员防护防疫措施是否到位。发现问题及时整改，第一时间消除防疫隐患。

3.5 办公及生活场所管理

3.5.1 现场办公场所、会议室、宿舍应保持通风，每天至少通风3次，每次不少于30分钟。

3.5.2 宿舍人员宜按减半安排，减少聚集，严禁通铺。对本地务工人员应加强下班后的跟踪管理。

3.5.3 工地现场食堂应严格执行卫生防疫规定，严禁工地区域饲养、宰杀、食用野生动物。通过正规渠道购买食品物资，全力把好食品安全关。严禁垃圾乱倒，做好垃圾储运、污水处理、沟渠及下水道疏通、消毒工作。

3.5.4 食堂就餐应采取错时就餐、分散就餐等方式方法，应避免就餐人员聚集。

3.5.5 定期对宿舍、食堂、盥洗室、厕所等重点场所进行消毒，并加强循环使用餐具清洁消毒管理，严格执行一人一具一用一消毒。

4. 质量安全管理

4.1 隐患排查

4.1.1 排查危险性较大分部分项工程安全状况。认真检查专项施工方案的制定、更新和落实情况，严禁不编制、不执行专项施工方案的违法违规行为。

4.1.2 排查脚手架、高支模等模板支撑体系安全状况。认真检查脚手架、高支模等模板支撑体系的基础、连墙件，斜撑和剪刀撑、扣件螺栓等关键部位结构的连接、杆件的紧固和架体基础稳定。

4.1.3 排查起重机械设备安全状况。认真检查起重机械基础、机械与基础的连接固定、保险和限位装置等关键部位，保证设备保持稳定、灵敏、可靠、牢固。

4.1.4 排查深基坑工程施工安全状况。认真检查深基坑工程（含人工挖孔桩）有无变形，作业前先进行通风，排除残留气体，保持空气流通。

4.1.5 排查城市轨道交通工程施工安全状况。认真检查城市轨道交通工程明挖法、暗挖法、盾构及高架桥各项施工安全条件。

4.1.6 对排查出的问题，应列出安全和质量问题（缺陷）隐患清单，并依据相关标准规范，制定可靠的整改方案，及时采取有效措施消除隐患。

4.2 风险管控

4.2.1 严格把好材料、设备等进场质量安全关。严禁将存在安全隐患的设备用于施工中，严禁将不合格的材料用到工程上。

4.2.2 加强工程质量安全管理，坚决杜绝盲目抢工期，遏制质量安全事故发生。确需调整工期的，应经过专家论证，确保施工安全。

4.2.3　加强分部分项工程质量安全验收管理，严禁将不合格工程当作合格工程验收后进入下道工序施工。城市轨道交通工程关键节点施工前应落实条件核查制度，提高风险预防控制能力。

5. 应急管理

5.1　应急准备

组建应急队伍，配齐配足应急物资，并接受当地卫生健康、疾控等部门专业培训，制定疫情防控应急预案。

5.2　应急处置

5.2.1　发生涉疫情况，应第一时间向有关部门报告、第一时间启动应急预案、第一时间采取停工措施并封闭现场。

5.2.2　按照应急预案和相关规定进行先期处置，安排涉疫人员至隔离观察区域，与现场其他人员进行隔离，并安排专人负责卫生健康、疾控等部门防控专业人员的进场引导工作，保障急救通道畅通。

5.2.3　积极配合卫生健康、疾控等部门做好流行病学调查、医学观察，对现场进行全面消杀。

5.2.4　根据属地要求，及时、全面、准确向有关部门报送疫情防控信息。

6. 监督管理

6.1　加强对复工复产期间的疫情防控和工程质量安全的监督检查，对发现的疫情防控不到位、施工安全隐患和工程质量问题，严格跟踪督促相关责任单位和责任人整改到位。

6.2　对监督检查中发现复工条件达不到要求、履职不到位，造成疫情蔓延扩散或工程质量安全事故的，应实施停工整改，并依法追究有关单位、人员的责任。

7. 保障措施

7.1　对因疫情不可抗力导致工期延误，施工单位可根据实际情况依法与建设单位协商，合理顺延合同工期。停工期间或工期延误增加的费用，发承包双方按照有关规定协商处理。

7.2　因疫情防控发生的防疫费用，可计入工程造价。因疫情造成的人工、建材价格上涨等成本，发承包双方应加强协商沟通，按照合同约定的调价方法调整合同价款。

7.3　严禁政府和国有投资工程以各种方式要求施工单位带资承包。建设单位应按照合同约定按时足额支付工程款，不得形成新的拖欠。

7.4　政府和国有投资工程不得以审计机关的审计结论作为工程结算依据，建设单位不得以未完成决算审计为由，拒绝或拖延办理工程结算和工程款支付。

7.5　严格执行工程建设领域保证金相关规定，保证金到期应当及时予以返还，未按规定或合同约定返还保证金的，保证金收取方应向企业支付逾期返还违约金。疫情防控期间新开工的工程项目，可暂不收取农民工工资保证金；投标保证金、工程质量保证金等其他保证金，可结合当地实际情况采用银行保函或缓缴等方式。

7.6　地方各级住房和城乡建设主管部门及有关部门要积极研究、主动作为，加强对复工复产保障政策的解读、细化和落实，向企业宣传好、解释好、落实好政策，支持企业依法享受税收、成本、金融、保险等优惠政策，打通政策落地“最后一公里”。对材料、设备等供应短缺，影响工程复工复产的，应会同有关部门积极协调解决，真正让企业得到实惠、受到激励，更加坚定复工复产信心。

关于进一步加强城市与建筑风貌管理的通知

建科〔2020〕38 号　2020 年 4 月 27 日

一、明确城市与建筑风貌管理重点

（一）超大体量公共建筑。各地要把市级体育场馆、展览馆、博物馆、大剧院等超大体量公共建筑作为城市重大建筑项目进行管理，严禁建筑抄袭、模仿、山寨行为。直辖市、计划单列市、省会城市的超大体量公共建筑设计方案，经审定后报住房和城乡建设部备案，如确有必要，住房和城乡建设部会同有关部门组织复核。其他城市超大体量公共建筑设计方案，经审定后报省级住房和城乡建设部门备案。

（二）超高层地标建筑。严格限制各地盲目规划建设超高层“摩天楼”，一般不得新建 500 米以上建筑，各地因特殊情况确需建设的，应进行消防、抗震、节能等专项论证和严格审查，审查通过的还需上报住房和城乡建设部、国家发展改革委复核，未通过论证、审查或复核的不得建设。要按照《建筑设计防火规范》，严格限制新建 250 米以上建筑，确需建设的，由省级住房和城乡建设部门会同有关部门结合消防等专题论证进行建筑方案审查，并报住房和城乡建设部备案。各地新建 100 米以上建筑应充分论证、集中布局，严格执行超限高层建筑工程抗震设防审批制度，与城市规模、空间尺度相适宜，与消防救援能力相匹配。中小城市要严格控制新建超高层建筑，县城住宅要以多层为主。

（三）重点地段建筑。各地应加强自然生态、历史人文、景观敏感等重点地段城市与建筑风貌管理，健全法规制度，加强历史文化遗存、景观风貌保护，严格管控新建建筑，不拆除历史建筑、不拆传统民居、不破坏地形地貌、不砍老树。对影响重点地段风貌的建筑设计方案，报省级住房和城乡建设部门备案；国家级各类保护区及影响区域内、对景观和风貌产生重大影响的建筑设计方案，报住房和城乡建设部备案，如确有必要，住房和城乡建设部会同有关部门组织复核。

二、完善城市与建筑风貌管理制度

（一）完善城市设计和建筑设计相关规范和管理制度。完善城市、街区、建筑等相关设计规范和管理制度，加强对重点地段、重要类型建筑风貌管控。强化城市设计对建筑的指导约束，建筑方案设计必须在形体、色彩、体量、高度和空间环境等方面符合城市设计要求。全面开展城市体检，及时整治包括奇奇怪怪建筑在内的各类“城市病”。2020 年，住房和城乡建设部将开展《城市设计管理办法》落实情况的调研评估。

（二）严把建筑设计方案审查关。各地要建立健全建筑设计方案比选论证和公开公示制度，把是否符合“适用、经济、绿色、美观”建筑方针作为建筑设计方案审查的重要内容，防止破坏城市风貌。对于不符合城市定位、规划、设计要求的，或专家意见分歧较大、公示争议较大的，不得批准建筑设计方案，不得核发建设工程规划许可证。大型公共建筑设计方案要按照重大建筑项目管理程序进行审议和审批。

（三）加强正面引导和市场监管。加大优秀建筑设计正面引导力度，引导建筑师树立正确的设计理念，注重建筑使用功能以及节能、节水、节地、节材和环保要求，防止片面追求建筑外观形象。表彰为建筑设计传承创新做出突出贡献、取得突出成绩的设计单位和优秀建筑师。组织开展建筑评论，促进建筑设计理念交融和升华，推进优秀传统建筑文化传承和发扬。各地要加强建筑设计市场规范管理，取消地区保护政策和准入限制，促进公平有序竞争。探索建立建筑设计行业诚信体系和黑名单制度，加大对建筑设计市场违法违规行为处罚力度。

（四）探索建立城市总建筑师制度。住房和城乡建设部制定设立城市总建筑师的有关规定，加强城市与建筑风貌管理。支持各地先行开展城市总建筑师试点，总结可复制可推广经验。城市总建筑师要对城市与建筑风貌进行指导和监督，并对重要建设项目的设计方案拥有否决权。

三、加强责任落实和宣传引导

各级住房和城乡建设部门会同有关部门加强对城市与建筑风貌管理工作的指导。省级住房和城乡建设部门要抓紧完善城市与建筑风貌管理相关制度和管理，各城市规划建设管理主管部门要加强城市与建筑风貌管理。发展改革部门要加强和完善固定资产投资项目管理，严把技术经济可行性、强化造价控制。

住房和城乡建设部会同有关部门对城市与建筑风貌管理情况进行监督，对于建筑设计方案突破底线、风貌管理工作不力，建设面子工程、形象工程、造成恶劣社会影响负有责任的领导干部，按照干部管理权限向相关党组织或者机关、单位提出开展问责的建议。

各地要采取多种形式宣传普及城市及建筑文化相关知识，提高全社会的文化自信和建筑审美。引导建设单位增强文化自觉，发挥建筑师的聪明才智，设计建造符合文化传承、功能优先、融合环境、环保节能等要求的建筑产品，满足人民群众日益增长的美好生活需要。

关于推动智能建造与建筑工业化协同发展的指导意见

建市〔2020〕60 号　2020 年 7 月 3 日

一、指导思想

以习近平新时代中国特色社会主义思想为指导，全面贯彻党的十九大和十九届二中、三中、四中全会精神，增强“四个意识”，坚定“四个自信”，做到“两个维护”，坚持稳中求进工作总基调，坚持新发展理念，坚持以供给侧结构性改革为主线，围绕建筑业高质量发展总体目标，以大力发展建筑工业化为载体，以数字化、智能化升级为动力，创新突破相关核心技术，加大智能建造在工程建设各环节应用，形成涵盖科研、设计、生产加工、施工装配、运营等全产业链融合一体的智能建造产业体系，提升工程质量安全、效益和品质，有效拉动内需，培育国民经济新的增长点，实现建筑业转型升级和持续健康发展。

二、基本原则

市场主导，政府引导。充分发挥市场在资源配置中的决定性作用，强化企业市场主体地位，积极探索智能建造与建筑工业化协同发展路径和模式，更好发挥政府在顶层设计、规划布局、政策制定等方面的引导作用，营造良好发展环境。

立足当前，着眼长远。准确把握新一轮科技革命和产业变革趋势，加强战略谋划和前瞻部署，引导各类要素有效聚集，加快推进建筑业转型升级和提质增效，全面提升智能建造水平。

跨界融合，协同创新。建立健全跨领域跨行业协同创新体系，推动智能建造核心技术联合攻关与示范应用，促进科技成果转化应用。激发企业创新创业活力，支持龙头企业与上下游中小企业加强协作，构建良好的产业创新生态。

节能环保，绿色发展。在建筑工业化、数字化、智能化升级过程中，注重能源资源节约和生态环境保护，严格标准规范，提高能源资源利用效率。

自主研发，开放合作。大力提升企业自主研发能力，掌握智能建造关键核心技术，完善产业链条，强化网络和信息安全管理，加强信息基础设施安全保障，促进国际交流合作，形成新的比较优势，提升建筑业开放发展水平。

三、发展目标

到2025年，我国智能建造与建筑工业化协同发展的政策体系和产业体系基本建立，建筑工业化、数字化、智能化水平显著提高，建筑产业互联网平台初步建立，产业基础、技术装备、科技创新能力以及建筑安全质量水平全面提升，劳动生产率明显提高，能源资源消耗及污染排放大幅下降，环境保护效应显著。推动形成一批智能建造龙头企业，引领并带动广大中小企业向智能建造转型升级，打造“中国建造”升级版。

到2035年，我国智能建造与建筑工业化协同发展取得显著进展，企业创新能力大幅提升，产业整体优势明显增强，“中国建造”核心竞争力世界领先，建筑工业化全面实现，迈入智能建造世界强国行列。

四、重点任务

（一）加快建筑工业化升级。

大力发展装配式建筑，推动建立以标准部品为基础的专业化、规模化、信息化生产体系。加快推动新一代信息技术与建筑工业化技术协同发展，在建造全过程加大建筑信息模型（BIM）、互联网、物联网、大数据、云计算、移动通信、人工智能、区块链等新技术的集成与创新应用。大力推进先进制造设备、智能设备及智慧工地相关装备的研发、制造和推广应用，提升各类施工机具的性能和效率，提高机械化施工程度。加快传感器、高速移动通讯、无线射频、近场通讯及二维码识别等建筑物联网技术应用，提升数据资源利用水平和信息服务能力。加快打造建筑产业互联网平台，推广应用钢结构构件智能制造生产线和预制混凝土构件智能生产线。

（二）加强技术创新。

加强技术攻关，推动智能建造和建筑工业化基础共性技术和关键核心技术研发、转移扩散和商业化应用，加快突破部品部件现代工艺制造、智能控制和优化、新型传感感知、工程质量检测监测、数据采集与分析、故障诊断与维护、专用软件等一批核心技术。探索具备人机协调、自然交互、自主学习功能的建筑机器人批量应用。研发自主知识产权的系统性软件与数据平台、集成建造平台。推进工业互联网平台在建筑领域的融合应用，建设建筑产业互联网平台，开发面向建筑领域的应用程序。加快智能建造科技成果转化应用，培育一批技术创新中心、重点实验室等科技创新基地。围绕数字设计、智能生产、智能施工，构建先进适用的智能建造及建筑工业化标准体系，开展基础共性标准、关键技术标准、行业应用标准研究。

（三）提升信息化水平。

推进数字化设计体系建设，统筹建筑结构、机电设备、部品部件、装配施工、装饰装修，推行一体化集成设计。积极应用自主可控的BIM技术，加快构建数字设计基础平台和集成系统，实现设计、工艺、制造协同。加快部品部件生产数字化、智能化升级，推广应用数字化技术、系统集成技术、智能化装备和建筑机器人，实现少人甚至无人工厂。加快人机智能交互、智能物流管理、增材制造等技术和智能装备的应用。以钢筋制作安装、模具安拆、混凝土浇筑、钢构件下料焊接、隔墙板和集成厨卫加工等工厂生产关键工艺环节为重点，推进工艺流程数字化和建筑机器人应用。以企业资源计划（ERP）平台为基础，进一步推动向生产管理子系统的延伸，实现工厂生产的信息化管理。推动在材料配送、钢筋加工、喷涂、铺贴地砖、安装隔墙板、高空焊接等现场施工环节，加强建筑机器人和智能控制造楼机等一体化施工设备的应用。

（四）培育产业体系。

探索适用于智能建造与建筑工业化协同发展的新型组织方式、流程和管理模式。加快培育具有智能建造系统解决方案能力的工程总承包企业，统筹建造活动全产业链，推动企业以多种形式紧密合作、协同创新，逐步形成以工程总承包企业为核心、相关领先企业深度参与的开放型产业体系。鼓励企业建立工程总承包项目多方协同智能建造工作平台，强化智能建造上下游协同工作，形成涵盖设计、生产、施工、技术服务的产业链。

（五）积极推行绿色建造。

实行工程建设项目全生命周期内的绿色建造，以节约资源、保护环境为核心，通过智能建造与建筑工业化协同发展，提高资源利用效率，减少建筑垃圾的产生，大幅降低能耗、物耗和水耗水平。推动建立建筑业绿色供应链，推行循环生产方式，提高建筑垃圾的综合利用水平。加大先进节能环保技术、工艺和装备的研发力度，提高能效水平，加快淘汰落后装备设备和技术，促进建筑业绿色改造升级。

（六）开放拓展应用场景。

加强智能建造及建筑工业化应用场景建设，推动科技成果转化、重大产品集成创新和示范应用。发挥重点项目以及大型项目示范引领作用，加大应用推广力度，拓宽各类技术的应用范围，初步形成集研发设计、数据训练、中试应用、科技金融于一体的综合应用模式。发挥龙头企业示范引领作用，在装配式建筑工厂打造“机器代人”应用场景，推动建立智能建造基地。梳理已经成熟应用的智能建造相关技术，定期发布成熟技术目录，并在基础条件较好、需求迫切的地区，率先推广应用。

（七）创新行业监管与服务模式。

推动各地加快研发适用于政府服务和决策的信息系统，探索建立大数据辅助科学决策和市场监管的机制，完善数字化成果交付、审查和存档管理体系。通过融合遥感信息、城市多维地理信息、建筑及地上地下设施的BIM、城市感知信息等多源信息，探索建立表达和管理城市三维空间全要素的城市信息模型（CIM）基础平台。建立健全与智能建造相适应的工程质量、安全监管模式与机制。引导大型总承包企业采购平台向行业电子商务平台转型，实现与供应链上下游企业间的互联互通，提高供应链协同水平。

五、保障措施

（一）加强组织实施。各地要建立智能建造和建筑工业化协同发展的体系框架，因地制宜制定具体实施方案，明确时间表、路线图及实施路径，强化部门联动，建立协同推进机制，落实属地管理责任，确保目标完成和任务落地。

（二）加大政策支持。各地要将现有各类产业支持政策进一步向智能建造领域倾斜，加大对智能建造关键技术研究、基础软硬件开发、智能系统和设备研制、项目应用示范等的支持力度。对经认定并取得高新技术企业资格的智能建造企业可按规定享受相关优惠政策。企业购置使用智能建造重大技术装备可按规定享受企业所得税、进口税收优惠等政策。推动建立和完善企业投入为主体的智能建造多元化投融资体系，鼓励创业投资和产业投资投向智能建造领域。各相关部门要加强跨部门、跨层级统筹协调，推动解决智能建造发展遇到的瓶颈问题。

（三）加大人才培育力度。各地要制定智能建造人才培育相关政策措施，明确目标任务，建立智能建造人才培养和发展的长效机制，打造多种形式的高层次人才培养平台。鼓励骨干企业和科研单位依托重大科研项目和示范应用工程，培养一批领军人才、专业技术人员、经营管理人员和产业工人队伍。加强后备人才培养，鼓励企业和高等院校深化合作，为智能建造发展提供人才后备保障。

（四）建立评估机制。各地要适时对智能建造与建筑工业化协同发展相关政策的实施情况进行评估，重点评估智能建造发展目标落实与完成情况、产业发展情况、政策出台情况、标准规范编制情况等，并通报结果。

（五）营造良好环境。要加强宣传推广，充分发挥相关企事业单位、行业学协会的作用，开展智能建造的政策宣传贯彻、技术指导、交流合作、成果推广。构建国际化创新合作机制，加强国际交流，推进开放合作，营造智能建造健康发展的良好环境。

关于印发绿色建筑创建行动方案的通知

建标〔2020〕65 号　2020 年 7 月 15 日

绿色建筑创建行动方案

一、创建对象

绿色建筑创建行动以城镇建筑作为创建对象。绿色建筑指在全寿命期内节约资源、保护环境、减少污染，为人们提供健康、适用、高效的使用空间，最大限度实现人与自然和谐共生的高质量建筑。

二、创建目标

到 2022 年，当年城镇新建建筑中绿色建筑面积占比达到 70%，星级绿色建筑持续增加，既有建筑能效水平不断提高，住宅健康性能不断完善，装配化建造方式占比稳步提升，绿色建材应用进一步扩大，绿色住宅使用者监督全面推广，人民群众积极参与绿色建筑创建活动，形成崇尚绿色生活的社会氛围。

三、重点任务

（一）推动新建建筑全面实施绿色设计。制修订相关标准，将绿色建筑基本要求纳入工程建设强制规范，提高建筑建设底线控制水平。推动绿色建筑标准实施，加强设计、施工和运行管理。推动各地绿色建筑立法，明确各方主体责任，鼓励各地制定更高要求的绿色建筑强制性规范。

（二）完善星级绿色建筑标识制度。根据国民经济和社会发展第十三个五年规划纲要、国务院办公厅《绿色建筑行动方案》（国办发〔2013〕1 号）等相关规定，规范绿色建筑标识管理，由住房和城乡建设部、省级政府住房和城乡建设部门、地市级政府住房和城乡建设部门分别授予三星、二星、一星绿色建筑标识。完善绿色建筑标识申报、审查、公示制度，统一全国认定标准和标识式样。建立标识撤销机制，对弄虚作假行为给予限期整改或直接撤销标识处理。建立全国绿色建筑标识管理平台，提高绿色建筑标识工作效率和水平。

（三）提升建筑能效水效水平。结合北方地区清洁取暖、城镇老旧小区改造、海绵城市建设等工作，推动既有居住建筑节能节水改造。开展公共建筑能效提升重点城市建设，建立完善运行管理制度，推广合同能源管理与合同节水管理，推进公共建筑能耗统计、能源审计及能效公示。鼓励各地因地制宜提高政府投资公益性建筑和大型公共建筑绿色等级，推动超低能耗建筑、近零能耗建筑发展，推广可再生能源应用和再生水利用。

（四）提高住宅健康性能。结合疫情防控和各地实际，完善实施住宅相关标准，提高建筑室内空气、水质、隔声等健康性能指标，提升建筑视觉和心理舒适性。推动一批住宅健康性能示范项目，强化住宅健康性能设计要求，严格竣工验收管理，推动绿色健康技术应用。

（五）推广装配化建造方式。大力发展钢结构等装配式建筑，新建公共建筑原则上采用钢结构。编制钢结构装配式住宅常用构件尺寸指南，强化设计要求，规范构件选型，提高装配式建筑构配件标准化水平。推动装配式装修。打造装配式建筑产业基地，提升建造水平。

（六）推动绿色建材应用。加快推进绿色建材评价认证和推广应用，建立绿色建材采信机制，推动建材产品质量提升。指导各地制定绿色建材推广应用政策措施，推动政府投资工程率先采用绿色建材，逐步提高城镇新建建筑中绿色建材应用比例。打造一批绿色建材应用示范工程，大力发展新型绿色建材。

（七）加强技术研发推广。加强绿色建筑科技研发，建立部省科技成果库，促进科技成果转化。积极探索5G、物联网、人工智能、建筑机器人等新技术在工程建设领域的应用，推动绿色建造与新技术融合发展。结合住房和城乡建设部科学技术计划和绿色建筑创新奖，推动绿色建筑新技术应用。

（八）建立绿色住宅使用者监督机制。制定《绿色住宅购房人验房指南》，向购房人提供房屋绿色性能和全装修质量验收方法，引导绿色住宅开发建设单位配合购房人做好验房工作。鼓励各地将住宅绿色性能和全装修质量相关指标纳入商品房买卖合同、住宅质量保证书和住宅使用说明书，明确质量保修责任和纠纷处理方式。

四、组织实施

（一）加强组织领导。省级政府住房和城乡建设、发展改革、教育、工业和信息化、机关事务管理等部门，要在各省（区、市）党委和政府直接指导下，认真落实绿色建筑创建行动方案，制定本地区创建实施方案，细化目标任务，落实支持政策，指导市、县编制绿色建筑创建行动实施计划，确保创建工作落实到位。各省（区、市）和新疆生产建设兵团住房和城乡建设部门应于2020年8月底前将本地区绿色建筑创建行动实施方案报住房和城乡建设部。

（二）加强财政金融支持。各地住房和城乡建设部门要加强与财政部门沟通，争取资金支持。各地要积极完善绿色金融支持绿色建筑的政策环境，推动绿色金融支持绿色建筑发展，用好国家绿色发展基金，鼓励采用政府和社会资本合作（PPP）等方式推进创建工作。

（三）强化绩效评价。住房和城乡建设部会同相关部门按照本方案，对各省（区、市）和新疆生产建设兵团绿色建筑创建行动工作落实情况和取得的成效开展年度总结评估，及时推广先进经验和典型做法。省级政府住房和城乡建设等部门负责组织本地区绿色建筑创建成效评价，及时总结当年进展情况和成效，形成年度报告，并于每年11月底前报住房和城乡建设部。

（四）加大宣传推广力度。各地要组织多渠道、多种形式的宣传活动，普及绿色建筑知识，宣传先进经验和典型做法，引导群众用好各类绿色设施，合理控制室内采暖空调温度，推动形成绿色生活方式。发挥街道、社区等基层组织作用，积极组织群众参与，通过共谋共建共管共评共享，营造有利于绿色建筑创建的社会氛围。

关于在城市更新改造中切实加强历史文化保护坚决制止破坏行为的通知

建办科电〔2020〕34号　2020年8月3日

一、推进历史文化街区划定和历史建筑确定工作。各地要加快推进历史文化街区划定和历史建筑确定专项工作，按照应划尽划、应保尽保原则，及时查漏补缺，确保具有保护价值的城市片区和建筑及时认定公布。认定公布后，要及时挂牌测绘建档，明确保护管理要求，完善保护利用政策，确保有效保护、合理利用。

二、加强对城市更新改造项目的评估论证。对涉及老街区、老厂区、老建筑的城市更新改造项目，各地要预先进行历史文化资源调查，组织专家开展评估论证，确保不破坏地形地貌、不拆除历史遗存、不砍老树。对改造面积大于1公顷或涉及5栋以上具有保护价值建筑的项目，评估论证结果要向省级住房和城乡建设（规划）部门报告备案。

三、加强监督指导。省级住房和城乡建设（规划）部门要加大指导和监督管理力度，组织市（县）对已经开工的城市更新改造项目开展自查，确保具有保护价值的城市片区和建筑得到有效保护，对发现的问题及时整改。

各级住房和城乡建设（规划）部门要会同有关部门，落实管理责任，在城市更新改造中加强历史文化保护传承工作，切实做到在保护中发展，在发展中保护。对不尽责履职、保护不力，造成历史文化遗产价值受到影响的领导干部、主管人员和其他直接责任人员，按照干部管理权限向相关党组织或者机关、单位提出开展问责的建议。

关于开展城市居住社区建设补短板行动的意见

建科规〔2020〕7号　2020年8月18日

一、总体要求

（一）指导思想。以习近平新时代中国特色社会主义思想为指导，全面贯彻党的十九大和十九届二中、三中、四中全会精神，坚持以人民为中心的发展思想，坚持新发展理念，以建设安全健康、设施完善、管理有序的完整居住社区为目标，以完善居住社区配套设施为着力点，大力开展居住社区建设补短板行动，提升居住社区建设质量、服务水平和管理能力，增强人民群众获得感、幸福感、安全感。

（二）工作目标。到2025年，基本补齐既有居住社区设施短板，新建居住社区同步配建各类设施，城市居住社区环境明显改善，共建共治共享机制不断健全，全国地级及以上城市完整居住社区覆盖率显著提升。

二、重点任务

（一）合理确定居住社区规模。以居民步行5～10分钟到达幼儿园、老年服务站等社区基本公共服务设施为原则，以城市道路网、自然地形地貌和现状居住小区等为基础，与社区居民委员会管理和服务范围相对接，因地制宜合理确定居住社区规模，原则上单个居住社区以0.5万～1.2万人口规模为宜。要结合实际统筹划定和调整居住社区范围，明确居住社区建设补短板行动的实施单元。

（二）落实完整居住社区建设标准。按照《完整居住社区建设标准（试行）》（附件），结合地方实际，细化完善居住社区基本公共服务设施、便民商业服务设施、市政配套基础设施和公共活动空间建设内容和形式，作为开展居住社区建设补短板行动的主要依据。

（三）因地制宜补齐既有居住社区建设短板。结合城镇老旧小区改造等城市更新改造工作，通过补建、购置、置换、租赁、改造等方式，因地制宜补齐既有居住社区建设短板。优先实施排水防涝设施建设、雨污水管网混错接改造。充分利用居住社区内空地、荒地及拆除违法建设腾空土地等配建设施，增加公共活动空间。统筹利用公有住房、社区居民委员会办公用房和社区综合服务设施、闲置锅炉房等存量房屋资源，增设基本公共服务设施和便民商业服务设施。要区分轻重缓急，优先在居住社区内配建居民最需要的设施。推进相邻居住社区及周边地区统筹建设、联动改造，加强各类配套设施和公共活动空间共建共享。加强居住社区无障碍环境建设和改造，为居民出行、生活提供便利。

（四）确保新建住宅项目同步配建设施。新建住宅项目要按照完整居住社区建设标准，将基本公共服务、便民商业服务等设施和公共活动空间建设作为开发建设配套要求，明确规模、产权和移交等规定，确保与住宅同步规划、同步建设、同步验收和同步交付，并按照有关规定和合同约定做好产权移交。规模较小的新建住宅项目，要在科学评估周边既有设施基础上按需配建；规模较大的，要合理划分成几个规模适宜的居住社区，按照标准配齐设施。地方相关行政主管部门要切实履行监督职责，确保产权人按照规定使用配套设施，未经法定程序，任何组织和个人不得擅自改变用途和性质。

（五）健全共建共治共享机制。按照基层党组织领导下的多方参与治理要求，推动建立“党委领导、政府组织、业主参与、企业服务”的居住社区管理机制。鼓励引入专业化物业服务，暂不具备条件的，通过社区托管、社会组织代管或居民自管等方式，提高物业管理覆盖率。推动城市管理进社区，将城市综合管理服务平台与物业管理服务平台相衔接，提高城市管理覆盖面，依法依规查处私搭乱建等违法违规行为，协助开展社区环境整治活动。

三、组织实施

（一）加强组织领导和部门协调。各级住房和城乡建设部门要会同教育、工业和信息化、公安、商务、文化和旅游、卫生健康、税务、市场监管、体育、能源、邮政管理、残联等部门建立协同机制，统筹整合涉及居住社区建设的各类资源、资金和力量，有序开展居住社区建设补短板行动。住房和城乡建设部门要结合城镇老旧小区改造、绿色社区创建、棚户区改造等同步推进居住社区建设补短板行动，建立居住社区建设项目审批绿色通道，加强对幼儿园、养老等基本公共服务设施的设计、建设、验收、移交的监管落实，提高物业管理覆盖率，推动城市管理进社区。教育部门要配合有关部门做好居住社区配套幼儿园规划、建设、验收、移交等工作。工业和信息化部门要加快光纤入户和多网融合。公安机关要加强社区警务工作及警务室建设，推进社区智能安防设施及系统建设。商务部门要支持便民商业服务设施建设，鼓励小店“一店多能”提供多样化便民服务，引导连锁企业进社区提供优质服务。文化和旅游部门要支持社区文化设施建设。卫生健康部门要协调有关部门加强社区卫生服务机构建设，完善婴幼儿照护服务政策规范。税务部门要落实社区服务税收优惠政策。市场监管部门要依法对住宅加装的电梯实施监督检验和使用登记。体育部门要加大对社区健身场地设施建设的指导支持力度，协调有关资金向居住社区倾斜。能源部门要支持居住社区充电桩等设施建设。邮政管理部门要加强对居住社区快递末端网点的监督管理。残联要积极组织残疾人代表开展体验活动，配合推进社区无障碍环境建设和改造工作。

（二）制定行动计划。各城市住房和城乡建设部门要会同有关部门按照完整居住社区建设标准，开展居住社区建设情况调查，摸清居住社区规模和数量，找准各类设施和公共活动空间建设短板，制定居住社区建设补短板行动计划，明确行动目标、重点任务和推进时序，并与城镇老旧小区改造计划等相衔接。按照行动计划，细化年度工作任务和建设项目库，纳入政府重点工作统筹推进。

（三）推动社会力量参与。通过政府采购、新增设施有偿使用、落实资产权益等方式，吸引各类专业机构等社会力量参与居住社区配套设施建设和运营。支持规范各类企业以政府和社会资本合作模式开展设施建设和改造。引导供水、供气、供热、供电、通信等专业经营单位履行社会责任，出资参与相关管线设施设备的改造提升及维护更新管理。建立物业管理服务平台，推动物业服务企业发展线上线下社区服务业，接入电子商务、健身、文化、旅游、家装、租赁等各类优质服务，拓展家政、教育、护理、养老等增值服务。

（四）动员居民广泛参与。以开展居住社区建设补短板行动为载体，大力推进美好环境与幸福生活共同缔造活动，搭建沟通议事平台，充分发挥居民主体作用，推动实现决策共谋、发展共建、建设共管、效果共评、成果共享。引导各类专业人员进社区，辅导居民参与居住社区建设和管理。加强培训和宣传，发掘和培养一批懂建设、会管理的老模范、老党员、老干部等社区能人。建立激励机制，引导和鼓励居民通过捐资捐物、投工投劳等方式参与居住社区建设。发布社区居民公约，促进居民自我管理、自我服务。

（五）做好评估和总结。各省级住房和城乡建设部门要会同有关部门加强跟踪督导，定期开展本辖区居住社区建设补短板行动评估，每年 11 月 30 日前将工作进展情况报送住房和城乡建设部，2025 年底前对城市居住社区建设补短板行动进行总结。住房和城乡建设部会同有关部门将定期对全国居住社区建设补短板行动进行调研评估。

关于加快新型建筑工业化发展的若干意见

建标规〔2020〕8 号　2020 年 8 月 28 日

一、加强系统化集成设计

（一）推动全产业链协同。推行新型建筑工业化项目建筑师负责制，鼓励设计单位提供全过程咨询服务。优化项目前期技术策划方案，统筹规划设计、构件和部品部件生产运输、施工安装和运营维护管理。引导建设单位和工程总承包单位以建筑最终产品和综合效益为目标，推进产业链上下游资源共享、系统集成和联动发展。

（二）促进多专业协同。通过数字化设计手段推进建筑、结构、设备管线、装修等多专业一体化集成设计，提高建筑整体性，避免二次拆分设计，确保设计深度符合生产和施工要求，发挥新型建筑工业化系统集成综合优势。

（三）推进标准化设计。完善设计选型标准，实施建筑平面、立面、构件和部品部件、接口标准化设计，推广少规格、多组合设计方法，以学校、医院、办公楼、酒店、住宅等为重点，强化设计引领，推广装配式建筑体系。

（四）强化设计方案技术论证。落实新型建筑工业化项目标准化设计、工业化建造与建筑风貌有机统一的建筑设计要求，塑造城市特色风貌。在建筑设计方案审查阶段，加强对新型建筑工业化项目设计要求落实情况的论证，避免建筑风貌千篇一律。

二、优化构件和部品部件生产

（五）推动构件和部件标准化。编制主要构件尺寸指南，推进型钢和混凝土构件以及预制混凝土墙板、叠合楼板、楼梯等通用部件的工厂化生产，满足标准化设计选型要求，扩大标准化构件和部品部件使用规模，逐步降低构件和部件生产成本。

（六）完善集成化建筑部品。编制集成化、模块化建筑部品相关标准图集，提高整体卫浴、集成厨房、整体门窗等建筑部品的产业配套能力，逐步形成标准化、系列化的建筑部品供应体系。

（七）促进产能供需平衡。综合考虑构件、部品部件运输和服务半径，引导产能合理布局，加强市场信息监测，定期发布构件和部品部件产能供需情况，提高产能利用率。

（八）推进构件和部品部件认证工作。编制新型建筑工业化构件和部品部件相关技术要求，推行质量认证制度，健全配套保险制度，提高产品配套能力和质量水平。

（九）推广应用绿色建材。发展安全健康、环境友好、性能优良的新型建材，推进绿色建材认证和推广应用，推动装配式建筑等新型建筑工业化项目率先采用绿色建材，逐步提高城镇新建建筑中绿色建材应用比例。

三、推广精益化施工

（十）大力发展钢结构建筑。鼓励医院、学校等公共建筑优先采用钢结构，积极推进钢结构住宅和农房建设。完善钢结构建筑防火、防腐等性能与技术措施，加大热轧 H 型钢、耐候钢和耐火钢应用，推动钢结构建筑关键技术和相关产业全面发展。

（十一）推广装配式混凝土建筑。完善适用于不同建筑类型的装配式混凝土建筑结构体系，加大高性能混凝土、高强钢筋和消能减震、预应力技术的集成应用。在保障性住房和商品住宅中积极应用装配式混凝土结构，鼓励有条件的地区全面推广应用预制内隔墙、预制楼梯板和预制楼板。

（十二）推进建筑全装修。装配式建筑、星级绿色建筑工程项目应推广全装修，积极发展成品住宅，倡导菜单式全装修，满足消费者个性化需求。推进装配化装修方式在商品住房项目中的应用，推广管线分离、一体化装修技术，推广集成化模块化建筑部品，提高装修品质，降低运行维护成本。

（十三）优化施工工艺工法。推行装配化绿色施工方式，引导施工企业研发与精益化施工相适应的部品部件吊装、运输与堆放、部品部件连接等施工工艺工法，推广应用钢筋定位钢板等配套装备和机具，在材料搬运、钢筋加工、高空焊接等环节提升现场施工工业化水平。

（十四）创新施工组织方式。完善与新型建筑工业化相适应的精益化施工组织方式，推广设计、采购、生产、施工一体化模式，实行装配式建筑装饰装修与主体结构、机电设备协同施工，发挥结构与装修穿插施工优势，提高施工现场精细化管理水平。

（十五）提高施工质量和效益。加强构件和部品部件进场、施工安装、节点连接灌浆、密封防水等关键部位和工序质量安全管控，强化对施工管理人员和一线作业人员的质量安全技术交底，通过全过程组织管理和技术优化集成，全面提升施工质量和效益。

四、加快信息技术融合发展

（十六）大力推广建筑信息模型（BIM）技术。加快推进 BIM 技术在新型建筑工业化全寿命期的一体化集成应用。充分利用社会资源，共同建立、维护基于 BIM 技术的标准化部品部件库，实现设计、采购、生产、建造、交付、运行维护等阶段的信息互联互通和交互共享。试点推进 BIM 报建审批和施工图 BIM 审图模式，推进与城市信息模型（CIM）平台的融通联动，提高信息化监管能力，提高建筑行业全产业链资源配置效率。

（十七）加快应用大数据技术。推动大数据技术在工程项目管理、招标投标环节和信用体系建设中的应用，依托全国建筑市场监管公共服务平台，汇聚整合和分析相关企业、项目、从业人员和信用信息等相关大数据，支撑市场监测和数据分析，提高建筑行业公共服务能力和监管效率。

（十八）推广应用物联网技术。推动传感器网络、低功耗广域网、5G、边缘计算、射频识别（RFID）及二维码识别等物联网技术在智慧工地的集成应用，发展可穿戴设备，提高建筑工人健康及安全监测能力，推动物联网技术在监控管理、节能减排和智能建筑中的应用。

（十九）推进发展智能建造技术。加快新型建筑工业化与高端制造业深度融合，搭建建筑产业互联网平台。推动智能光伏应用示范，促进与建筑相结合的光伏发电系统应用。开展生产装备、施工设备的智能化升级行动，鼓励应用建筑机器人、工业机器人、智能移动终端等智能设备。推广智能家居、智能办公、楼宇自动化系统，提升建筑的便捷性和舒适度。

五、创新组织管理模式

（二十）大力推行工程总承包。新型建筑工业化项目积极推行工程总承包模式，促进设计、生产、施工深度融合。引导骨干企业提高项目管理、技术创新和资源配置能力，培育具有综合管理能力的工程总承包企业，落实工程总承包单位的主体责任，保障工程总承包单位的合法权益。

（二十一）发展全过程工程咨询。大力发展以市场需求为导向、满足委托方多样化需求的全过程工程咨询服务，培育具备勘察、设计、监理、招标代理、造价等业务能力的全过程工程咨询企业。

（二十二）完善预制构件监管。加强预制构件质量管理，积极采用驻厂监造制度，实行全过程质量责任追溯，鼓励采用构件生产企业备案管理、构件质量飞行检查等手段，建立长效机制。

（二十三）探索工程保险制度。建立完善工程质量保险和担保制度，通过保险的风险事故预防和费率调节机制帮助企业加强风险管控，保障建筑工程质量。

（二十四）建立使用者监督机制。编制绿色住宅购房人验房指南，鼓励将住宅绿色性能和全装修质量相关指标纳入商品房买卖合同、住宅质量保证书和住宅使用说明书，明确质量保修责任和纠纷处理方式，保障购房人权益。

六、强化科技支撑

（二十五）培育科技创新基地。组建一批新型建筑工业化技术创新中心、重点实验室等创新基地，鼓励骨干企业、高等院校、科研院所等联合建立新型建筑工业化产业技术创新联盟。

（二十六）加大科技研发力度。大力支持BIM底层平台软件的研发，加大钢结构住宅在围护体系、材料性能、连接工艺等方面的联合攻关，加快装配式混凝土结构灌浆质量检测和高效连接技术研发，加强建筑机器人等智能建造技术产品研发。

（二十七）推动科技成果转化。建立新型建筑工业化重大科技成果库，加大科技成果公开，促进科技成果转化应用，推动建筑领域新技术、新材料、新产品、新工艺创新发展。

七、加快专业人才培育

（二十八）培育专业技术管理人才。大力培养新型建筑工业化专业人才，壮大设计、生产、施工、管理等方面人才队伍，加强新型建筑工业化专业技术人员继续教育，鼓励企业建立首席信息官（CIO）制度。

（二十九）培育技能型产业工人。深化建筑用工制度改革，完善建筑业从业人员技能水平评价体系，促进学历证书与职业技能等级证书融通衔接。打通建筑工人职业化发展道路，弘扬工匠精神，加强职业技能培训，大力培育产业工人队伍。

（三十）加大后备人才培养。推动新型建筑工业化相关企业开展校企合作，支持校企共建一批现代产业学院，支持院校对接建筑行业发展新需求、新业态、新技术，开设装配式建筑相关课程，创新人才培养模式，提供专业人才保障。

八、开展新型建筑工业化项目评价

（三十一）制定评价标准。建立新型建筑工业化项目评价技术指标体系，重点突出信息化技术应用情况，引领建筑工程项目不断提高劳动生产率和建筑品质。

（三十二）建立评价结果应用机制。鼓励新型建筑工业化项目单位在项目竣工后，按照评价标准开展自评价或委托第三方评价，积极探索区域性新型建筑工业化系统评价，评价结果可作为奖励政策重要参考。

九、加大政策扶持力度

（三十三）强化项目落地。各地住房和城乡建设部门要会同有关部门组织编制新型建筑工业化专项规划和年度发展计划，明确发展目标、重点任务和具体实施范围。要加大推进力度，在项目立项、项目审批、项目管理各环节明确新型建筑工业化的鼓励性措施。政府投资工程要带头按照新型建筑工业化方式建设，鼓励支持社会投资项目采用新型建筑工业化方式。

（三十四）加大金融扶持。支持新型建筑工业化企业通过发行企业债券、公司债券等方式开展融资。完善绿色金融支持新型建筑工业化的政策环境，积极探索多元化绿色金融支持方式，对达到绿色建筑星级标准的新型建筑工业化项目给予绿色金融支持。用好国家绿色发展基金，在不新增隐性债务的前提下鼓励各地设立专项基金。

（三十五）加大环保政策支持。支持施工企业做好环境影响评价和监测，在重污染天气期间，装配式等新型建筑工业化项目在非土石方作业的施工环节可以不停工。建立建筑垃圾排放限额标准，开展施工现场建筑垃圾排放公示，鼓励各地对施工现场达到建筑垃圾减量化要求的施工企业给予奖励。

（三十六）加强科技推广支持。推动国家重点研发计划和科研项目支持新型建筑工业化技术研发，鼓励各地优先将新型建筑工业化相关技术纳入住房和城乡建设领域推广应用技术公告和科技成果推广目录。

（三十七）加大评奖评优政策支持。将城市新型建筑工业化发展水平纳入中国人居环境奖评选、国家生态园林城市评估指标体系。大力支持新型建筑工业化项目参与绿色建筑创新奖评选。

关于落实建设单位工程质量首要责任的通知

建质规〔2020〕9号　2020年9月11日

一、充分认识落实建设单位工程质量首要责任重要意义

党的十八大以来，在以习近平同志为核心的党中央坚强领导下，我国工程质量水平不断提升，质量常见问题治理取得积极成效，工程质量事故得到有效遏制。但我国工程质量责任体系尚不完善，特别是建设单位首要责任不明确、不落实，存在违反基本建设程序，任意赶工期、压造价，拖欠工程款，不履行质量保修义务等问题，严重影响工程质量。

建设单位作为工程建设活动的总牵头单位，承担着重要的工程质量管理职责，对保障工程质量具有主导作用。各地要充分认识严格落实建设单位工程质量首要责任的必要性和重要性，进一步建立健全工程质量责任体系，推动工程质量提升，保障人民群众生命财产安全，不断满足人民群众对高品质工程和美好生活的需求。

二、准确把握落实建设单位工程质量首要责任内涵要求

建设单位是工程质量第一责任人，依法对工程质量承担全面责任。对因工程质量给工程所有权人、使用人或第三方造成的损失，建设单位依法承担赔偿责任，有其他责任人的，可以向其他责任人追偿。建设单位要严格落实项目法人责任制，依法开工建设，全面履行管理职责，确保工程质量符合国家法律法规、工程建设强制性标准和合同约定。

（一）严格执行法定程序和发包制度。建设单位要严格履行基本建设程序，禁止未取得施工许可等建设手续开工建设。严格执行工程发包承包法规制度，依法将工程发包给具备相应资质的勘察、设计、施工、监理等单位，不得肢解发包工程、违规指定分包单位，不得直接发包预拌混凝土等专业分包工程，不得指定按照合同约定应由施工单位购入用于工程的装配式建筑构配件、建筑材料和设备或者指定生产厂、供应商。按规定提供与工程建设有关的原始资料，并保证资料真实、准确、齐全。

（二）保证合理工期和造价。建设单位要科学合理确定工程建设工期和造价，严禁盲目赶工期、抢进度，不得迫使工程其他参建单位简化工序、降低质量标准。调整合同约定的勘察、设计周期和施工工期的，应相应调整相关费用。因极端恶劣天气等不可抗力以及重污染天气、重大活动保障等原因停工的，应给予合理的工期补偿。因材料、工程设备价格变化等原因，需要调整合同价款的，应按照合同约定给予调整。落实优质优价，鼓励和支持工程相关参建单位创建品质示范工程。

（三）推行施工过程结算。建设单位应有满足施工所需的资金安排，并向施工单位提供工程款支付担保。

建设合同应约定施工过程结算周期、工程进度款结算办法等内容。分部工程验收通过时原则上应同步完成工程款结算，不得以设计变更、工程洽商等理由变相拖延结算。政府投资工程应当按照国家有关规定确保资金按时支付到位，不得以未完成审计作为延期工程款结算的理由。

（四）全面履行质量管理职责。建设单位要健全工程项目质量管理体系，配备专职人员并明确其质量管理职责，不具备条件的可聘用专业机构或人员。加强对按照合同约定自行采购的建筑材料、构配件和设备等的质量管理，并承担相应的质量责任。不得明示或者暗示设计、施工等单位违反工程建设强制性标准，禁止以“优化设计”等名义变相违反工程建设强制性标准。严格质量检测管理，按时足额支付检测费用，不得违规减少依法应由建设单位委托的检测项目和数量，非建设单位委托的检测机构出具的检测报告不得作为工程质量验收依据。

（五）严格工程竣工验收。建设单位要在收到工程竣工报告后及时组织竣工验收，重大工程或技术复杂工程可邀请有关专家参加，未经验收合格不得交付使用。住宅工程竣工验收前，应组织施工、监理等单位进行分户验收，未组织分户验收或分户验收不合格，不得组织竣工验收。加强工程竣工验收资料管理，建立质量终身责任信息档案，落实竣工后永久性标牌制度，强化质量主体责任追溯。

三、切实加强住宅工程质量管理

各地要完善住宅工程质量与市场监管联动机制，督促建设单位加强工程质量管理，严格履行质量保修责任，推进质量信息公开，切实保障商品住房和保障性安居工程等住宅工程质量。

（一）严格履行质量保修责任。建设单位要建立质量回访和质量投诉处理机制，及时组织处理保修范围和保修期限内出现的质量问题，并对造成的损失先行赔偿。建设单位对房屋所有权人的质量保修期限自交付之日起计算，经维修合格的部位可重新约定保修期限。房地产开发企业应当在商品房买卖合同中明确企业发生注销情形下由其他房地产开发企业或具有承接能力的法人承接质量保修责任。房地产开发企业未投保工程质量保险的，在申请住宅工程竣工验收备案时应提供保修责任承接说明材料。

（二）加强质量信息公开。住宅工程开工前，建设单位要公开工程规划许可、施工许可、工程结构形式、设计使用年限、主要建筑材料、参建单位及项目负责人等信息；交付使用前，应公开质量承诺书、工程竣工验收报告、质量保修负责人及联系方式等信息。鼓励组织业主开放日、邀请业主代表和物业单位参加分户验收。试行按套出具质量合格证明文件。

（三）加强工程质量与房屋预售联动管理。因发生违法违规行为、质量安全事故或重大质量安全问题被责令全面停工的住宅工程，应暂停其项目预售或房屋交易合同网签备案，待批准复工后方可恢复。

（四）强化保障性安居工程质量管理。各地要制定保障性安居工程设计导则，明确室内面积标准、层高、装修设计、绿化景观等内容，探索建立标准化设计制度，突出住宅宜居属性。政府投资保障性安居工程应完善建设管理模式，带头推行工程总承包和全过程工程咨询。依法限制有严重违约失信记录的建设单位参与建设。

四、全面加强对建设单位的监督管理

各地要建立健全建设单位落实首要责任监管机制，加大政府监管力度，强化信用管理和责任追究，切实激发建设单位主动关心质量、追求质量、创造质量的内生动力，确保建设单位首要责任落到实处。

（一）强化监督检查。建立日常巡查和差别化监管制度，对质量责任落实不到位、有严重违法违规行为的建设单位，加大对其建设项目的检查频次和力度，发现存在严重质量安全问题的，坚决责令停工整改。督促建设单位严格整改检查中发现的质量问题，整改报告经建设单位项目负责人签字确认并加盖单位公章后报工程所在地住房和城乡建设主管部门。工程质量监督中发现的涉及主体结构安全、主要使用功能的质量问题和整改情况，要及时向社会公布。

（二）强化信用管理。加快推进行业信用体系建设，加强对建设单位及其法定代表人、项目负责人质量信用信息归集，及时向社会公开相关行政许可、行政处罚、抽查检查、质量投诉处理情况等信息，记入企业和个人信用档案，并与工程建设项目审批管理系统等实现数据共享和交换。充分运用守信激励和失信惩戒手段，加大对守信建设单位的政策支持和失信建设单位的联合惩戒力度，营造“一处失信，处处受罚”的良好信用环境。对实行告知承诺制的审批事项，发现建设单位承诺内容与实际不符的，依法从严从重处理。

（三）强化责任追究。对建设单位违反相关法律法规及本通知规定的行为，要依法严肃查处，并追究其法定代表人和项目负责人的责任；涉嫌犯罪的，移送监察或司法机关依法追究刑事责任。对于政府投资项目，除依法追究相关责任人责任外，还要依据相关规定追究政府部门有关负责人的领导责任。

本通知适用于房屋建筑和市政基础设施工程。各省、自治区、直辖市住房和城乡建设主管部门可根据本通知要求，制定具体办法。

关于推动物业服务企业发展居家社区养老服务的意见

建房〔2020〕92号 2020年11月24日

一、补齐居家社区养老服务设施短板

（一）盘活小区既有公共房屋和设施。清理整合居住小区内各类闲置和低效使用的公共房屋和设施，经业主共同决策同意，可交由物业服务企业统一改造用于居家社区养老服务；政府所有的闲置房屋和设施，由房屋管理部门按规定履行程序后，可交由物业服务企业用于居家社区养老服务。鼓励物业服务企业与房地产开发企业协商，将开发企业自持的房屋改造为养老服务用房，允许按照适老化设计要求优化户均面积、小区车位配比等指标，相关建设工程应符合国家工程建设消防技术标准和消防安全管理要求。

（二）保障新建居住小区养老服务设施达标。新建居住小区应落实居家社区养老服务设施规划建设要求，按照相关政策和标准配套建设居家社区养老服务设施，并与住宅同步规划、同步建设、同步验收、同步交付使用。对缓建、缩建、停建、不建养老服务设施的项目，在整改到位之前不得组织竣工验收。支持利用集体建设用地发展养老服务设施。加强居家社区养老服务设施设计、施工、验收、备案等环节的监督管理，保障设施建设达标。

（三）加强居家社区养老服务设施布点和综合利用。按照集中和分散兼顾、独立和混合使用并重的原则，完善居家社区养老服务设施布点。在老年人较多的若干相邻小区，集中建设老年服务中心，可交由物业服务企业为老年人提供全托、日托、上门、餐饮、文体、健身等方面的服务，提高养老设施使用效率。因地制宜多点布局小型养老服务点，作为居家社区养老服务中心的有效补充，方便小区老年人就地就近接受服务。

（四）推进居家社区适老化改造。支持物业服务企业根据老年人日常生活和社会交往需要，进行增设无障碍通道、加装电梯等设施适老化改造，以及提供地面防滑、加装扶手、消除地面高差等居家社区适老化改造。

二、推行“物业服务+养老服务”居家社区养老模式

（五）养老服务营收实行单独核算。物业服务企业开展居家社区养老服务，应当内设居家社区养老服务部门，专门提供助餐、助浴、助洁、助急、助行、助医、照料看护等定制养老服务，并按国家有关规定，建立健全财务会计制度，对社区养老服务的营业收支实行单独核算。

（六）支持养老服务品牌化连锁化经营。支持物业服务企业根据自身条件，结合养老需求，成立独立的居家社区养老服务机构，实现居家社区养老服务规模化、品牌化、连锁化经营。物业服务企业已经取得居家社区养老服务机构营业执照的，允许其跨区域经营居家社区养老服务。

（七）组建专业化养老服务队伍。鼓励开展居家社区养老服务的物业服务企业建立养老服务专业人员队伍，加强岗前培训及定期培训。协调职业院校、培训机构为物业服务企业培养养老护理、康复、社会工作、心理咨询等专业人员提供人力资源支持。按规定落实养老服务从业人员培训费补贴、职业技能鉴定补贴等政策。将符合条件的养老服务从业人员纳入公租房或政策性租赁住房保障范围。

三、丰富居家社区养老服务内容

（八）支持参与提供医养结合服务。鼓励物业服务企业开办社区医务室、护理站等医疗机构，招聘和培训专业人员，为老年人提供基本医护服务，支持将符合条件的医疗机构纳入医保支付范围。支持社区医务室、护理站与大型医疗机构建立长期合作关系和就医双向转介绿色通道。鼓励医护人员到社区医务室、护理站执业，并在职称评定等方面享有同等待遇。探索开展居家老年人上门医疗卫生服务。

（九）支持开展老年人营养服务和健康促进。鼓励物业服务企业因地制宜地开办小区老年餐桌，提供送餐上门服务。鼓励开办社区课堂，开展老年人思想道德、科学文化、养生保健、心理健康、法律法规、家庭理财、闲暇生活、代际沟通、生命尊严等方面教育，加强对老年人及其家属的营养和照护知识培训，指导老年人开展科学的体育健身活动，搭建老年文化活动平台。支持设置老年人康复辅助器具配置、租赁站点，满足老年人相应康复需求。

（十）发展社区助老志愿服务。鼓励物业服务企业加强与社区居民委员会、业主委员会的沟通合作，共同健全社区动员和参与机制，开展社区居民结对帮扶老年人志愿服务活动，以及敬老助老孝老主题教育和代际沟通活动，加强对老年人的精神关爱服务，为老年人参与社区生活搭建平台。

（十一）促进养老产业联动发展。支持物业服务企业在提供居家社区养老服务中，加强与专业养老机构信息和业务联通，开展技术交流、人员培训、资源共享和客户转介等方面的合作，推进居家、社区、机构养老融合发展，积极构建全方位、多层次、立体化的养老服务体系。

四、积极推进智慧居家社区养老服务

（十二）建设智慧养老信息平台。鼓励物业服务企业对接智慧城市和智慧社区数据系统，建设智慧养老信息平台，将社区老年人生活情况、健康状态、养老需求、就医诊疗等数据信息纳入统一的数据平台管理；开辟家政预约、购物购药、健康管理、就医挂号、绿色转诊等多项网上服务功能，提升居家社区养老服务智能化水平。

（十三）配置智慧养老服务设施。鼓励物业服务企业对居家社区养老服务设施进行智能化升级改造，配置健康管理、人身安全监护、家用电器监控、楼寓对讲和应急响应等智能设施。大力推广物联网和远程智能安防

监控技术，实现24小时安全自动值守，提高突发事件应对能力，降低老年人意外风险。

（十四）丰富智慧养老服务形式。鼓励物业服务企业参与开发居家社区养老服务智能终端、应用程序等，拓展远程提醒和控制、自动报警和处置、动态监测和记录等功能。以失能、独居、空巢老年人为重点，建立呼叫服务系统和应急救援服务机制。支持打造“互联网＋养老”模式，整合线上线下资源，精准对接助餐、助浴、助洁、助行、助医等需求与供给，为老年人提供“点菜式”便捷养老服务。

（十五）创新智慧养老产品供给。鼓励物业服务企业参与研发推广智能可穿戴设备、便携式健康监测设备、智能养老监护设备、家庭服务机器人等智能养老服务产品，推进人工智能、虚拟现实、5G等新兴技术在居家社区养老智能产品中的应用。支持物业服务企业发展以老年产品为特色的电商服务平台，为老年人提供多元、个性、精准的智能产品。

五、完善监督管理和激励扶持措施

（十六）加强养老服务监管。物业服务企业开展居家社区养老服务和有关设施应符合消防、环保、卫生、应急管理等相关标准及行业管理要求。物业服务企业为老年人提供居家社区养老服务，应严格保障老年人的信息安全，避免个人信息泄露。

（十七）规范养老服务收费行为。居家社区养老服务收费应当遵循诚实信用、公平合理、费用与服务水平相适应的原则。居家社区养老服务收费必须明码标价，在服务区域内的显著位置公示企业名称、服务内容、收费标准、投诉方式等事项，确保老年人的知情权、参与权、选择权和监督权。

（十八）拓宽养老服务融资渠道。鼓励商业银行向提供居家社区养老服务的物业服务企业发放资产（设施）抵押贷款和应收账款质押贷款，并参照贷款基准利率，结合风险分担情况，合理确定贷款利率水平。支持物业服务企业以企业未来收益权、土地使用权为担保发行债券。鼓励商业保险、基金、信托、社保基金等资金投资居家社区养老服务项目，降低物业服务企业负债率。

（十九）建立协同推进机制。加强组织领导，强化部门协同，将发展居家社区养老服务工作纳入养老服务部际联席会议制度，统筹推进。住房和城乡建设部负责物业服务企业开展居家社区养老服务组织协调工作，民政部负责养老服务工作的业务指导、监督管理，国家卫生健康委负责指导社区医务室、护理站设立和运营工作，国家医保局负责指导将符合条件的医疗机构纳入医保协议管理范围，全国老龄办负责老年人照顾服务指导工作。地方省级政府有关部门按照职责分工负责本行政区内推动物业服务企业发展居家社区养老服务相关工作。市县政府有关部门负责落实落细各项政策措施，积极探索实践，及时研究解决问题，为物业服务企业开展居家社区养老服务创造条件。

关于推动物业服务企业加快发展线上线下生活服务的意见

建房〔2020〕99号　2020年12月4日

一、构建智慧物业管理服务平台

（一）明确平台基础功能。广泛运用5G、互联网、物联网、云计算、大数据、区块链和人工智能等技术，建设智慧物业管理服务平台，对接城市信息模型（CIM）和城市运行管理服务平台，链接各类电子商务平台。以智慧物业管理服务平台为支撑，打造物业管理、政务服务、公共服务和生活服务应用，构建居住社区生活服务生态，为居民提供智慧物业服务。

（二）支持物业服务企业建设平台。住房和城乡建设主管部门制定智慧物业管理服务平台建设工作规划，加强平台建设工作指引，在统一物业管理服务规范的基础上明确数据共享标准，促进物业服务行业资源整合。引入政务服务和公用事业服务数据资源，利用CIM基础平台，为智慧物业管理服务平台提供数据共享服务。支持物业服务企业联合建设通用、开放的智慧物业管理服务平台，降低平台建设运营成本，提高服务资源整合能力。鼓励大型物业服务企业开放自有智慧物业管理服务平台功能，拓展服务范围，为中小物业服务企业提供平台支撑和技术支持。引导各类智慧物业管理服务平台加强与电商、科技、金融、快递等第三方平台互联互通，实现资源对接、互补。利用智慧物业管理服务平台对物业服务企业及其从业人员进行信用信息收集、整理和利用，加强信用管理和信用评价，规范物业服务企业经营行为。

（三）保障平台安全运营。严格落实网络和数据安全法律法规和政策标准，建立健全安全管理制度，采用国产密码技术，增强安全可控技术和产品应用，加强日常监测和安全演练，确保智慧物业管理服务平台网络和数据安全。规范与第三方平台合作，在数据安全、应用安全、网络安全、应急处理等方面，制定安全管理策略，实现智慧物业管理服务平台计算资源和数据资源的有序共享。全面建立隐私数据保护机制，保障用户知情权、选择权和隐私权。

二、全域全量采集数据

（四）采集物业管理数据。以加强城市新型基础设施建设为基础，大力推进居住社区物联网建设，对设施设备进行数字化、智能化改造，补齐数字化短板。对设施设备赋予唯一识别码，运用传感器、全球定位、射频识别、红外感应等装置与技术，全面感知、识别和记录水、电、气、热、安防、消防、电梯、水泵、照明、管线、变压器等设施设备运行数据。运用物联网、大数据、人工智能等先进技术，实时记录物业服务动态信息。对物业服务基础资料和档案进行全面数字化。

（五）共享公共服务数据。通过数据集成、应用集成和平台集成等技术手段，推动智慧物业管理服务平台与各类政务服务平台、公用事业服务平台相关资源、信息和流程的协同和共享。充分利用数据交互成果，为住房公积金、住房保障、就医、就学、养老、供水、供电、供气、供暖以及社区警务等各种应用场景提供动态需求信息。

（六）优化数据资源管理。依托智慧物业管理服务平台，对多主体、多来源、多应用、多服务产生的数据进行全周期系统化管理。优化数据组织方式，按照用途、用户、权限等维度对数据封装打包，进行分布式文件存储。鼓励物联网设备制造企业按照统一标准接入智慧物业管理服务平台，并与CIM基础平台、公共服务平台以及各类电子商务服务平台实现便捷数据交互。

三、推进物业管理智能化

（七）推动设施设备管理智能化。提高设施设备智能管理水平，实现智能化运行维护、安全管理和节能增效。通过基于位置的服务（LBS）、声源定位等技术，及时定位问题设备，实现智能派单，快速响应，提高维修管理效率。通过大数据智能分析，对消防、燃气、变压器、电梯、水泵、窨井盖等设施设备设置合理报警阈值，动态监测预警情况，有效识别安全隐患，及时防范化解相关风险。监测分析设施设备运行高峰期和低谷期情况，科学合理制定设备运行时间表，加强节能、节水、节电控制，有效降低能耗。

（八）实现车辆管理智能化。加强车辆出入、通行、停放管理。增设无人值守设备，实现扫码缴费、无感支付，减少管理人员，降低运营成本，提高车辆通行效率。统筹车位资源，实现车位智能化管理，提高车位使用率。完善新能源车辆充电设施，方便绿色出行。实时监控车辆和道闸、充电桩等相关设施设备运行情况，保障车辆行驶和停放安全。

（九）促进居住社区安全管理智能化。推动智能安防系统建设，建立完善智慧安防小区，为居民营造安全的居住环境。完善出入口智能化设施设备，为居民通行提供安全、快捷服务。根据居民需要，为儿童、独居老人等特殊人群提供必要帮助。加强对高空抛物、私搭乱建、侵占绿地等危害公共环境和扰乱公共秩序的行为分析，及时报告有关部门，履行安防管理职责。

四、融合线上线下服务

（十）拓宽物业服务领域。鼓励物业服务企业依托智慧物业管理服务平台，发挥熟悉居民、服务半径短、响应速度快等优势，在做好物业基础服务的同时，为家政服务、电子商务、居家养老、快递代收等生活服务提供便利。发挥物业服务企业连接居住社区内外的桥梁作用，精准掌握居民消费需求，对接各类供给端，通过集中采购等方式，为居民提供优质商品和服务。推动物业服务线上线下融合，促进物业服务企业由物的管理向居民服务转型升级。

（十一）对接各类商业服务。构建线上线下生活服务圈，满足居民多样化生活服务需求。连接居住社区周边餐饮、购物、娱乐等商业网点，对接各类电子商务平台，为居民提供定制化产品和个性化服务，实现家政服务、维修保养、美容美发等生活服务一键预约、服务上门，丰富生活服务内容。通过在居住社区布设智能快递柜、快件箱、无人售卖机等终端，发展智能零售。

（十二）提升公共服务效能。推进智慧物业管理服务平台与城市政务服务一体化平台对接，促进“互联网+政务服务”向居住社区延伸，打通服务群众的“最后一公里”。对接房屋网签备案、住房公积金、住房保障、城市管理、医保、行政审批、公安等政务服务平台，为政务服务下沉到居住社区提供支撑。对接供水、供电、供气、供暖、医疗、教育等公用事业服务平台，为居民提供生活缴费、在线预约等便民服务。鼓励物业服务企业线下“代跑腿”“接力办”，助力实现公共服务线上“一屏办”“指尖办”。

（十三）发展居家养老服务。以智慧物业管理服务平台为支撑，大力发展居家养老服务。通过线上预约，为老年人提供助餐、助浴、保洁、送药等生活服务。对接医疗医保服务平台，提供医疗资源查询、在线预约挂号、划价缴费、诊疗报告查询、医保信息查询、医疗费用报销等医疗医保服务。加强动态监测，为居家养老提供安全值守、定期寻访、疾病预防、精神慰藉等服务，降低老年人意外风险。

五、推进共建共治共享

（十四）加强党组织对物业工作领导。依托智慧物业管理服务平台，加强社区党组织对物业工作的领导，促进党建引领下的社区居民委员会、业主委员会、物业服务企业协调运行机制有效发挥，推动物业管理与基层治理的深度融合。通过“指尖上的党务”促进社区党建工作。

（十五）促进城市管理下沉。对接城市运行管理服务平台，实现城市管理进社区。畅通居民投诉举报网络渠道，结合城市管理线下执法，有效治理私搭乱建、侵占绿地、乱堆乱放、张贴小广告等违法违规行为。把智慧物业管理服务平台作为城市管理政策宣传、政策解读、信息发布、舆论引导、执法结果公示的重要窗口，方便居民开展政策咨询、提出政策建议、实施政策监督，增强居民对城市管理工作的认同和支持，推动居民参与城市管理，营造“人民城市人民建，人民城市为人民”的良好氛围。

（十六）*发动居民共建共治共享*。通过智慧物业管理服务平台调动居民参与居住社区事务的积极性和主动性。建立“网上议事厅”，引导居民参与互动，不断完善业主大会议事规则。畅通电子投票渠道，对重大事项进行表决。公开利用业主共有部位开展停车、广告、租赁等经营收支明细及入账情况，以及住宅专项维修资金使用及结存信息，接受居民监督。组织居民开展线上线下形式多样的居民互助、邻里守望活动，共同缔造美好家园。

六、加强领导统筹推进

（十七）*切实加强组织领导*。各省级住房和城乡建设、工业和信息化、公安、商务、卫生健康、市场监管部门要会同有关部门完善协作机制，细化职责分工，建立保障措施，指导各地推进物业服务企业发展线上线下生活服务。各地要加强组织领导，统筹协调各方力量，整合利用已有信息化基础设施和数据资源，整体谋划、系统推进，及时研究解决工作中遇到的困难。

（十八）*分期分批组织实施*。按照先试点探索、后全面覆盖的模式，区分商品房、保障性住房和老旧小区等不同类型，结合城镇老旧小区改造、绿色社区创建、完整居住社区建设等工作，以点带面、分类推进，逐步提高物业服务智慧化水平。2021 年，各省（区、市）选择部分基础条件较好的城市开展试点。在试点工作的基础上，总结形成可复制、可推广的实践经验，加快推进智慧物业管理服务平台建设，实现居住社区生活服务线上线下融合，推动城市提质增效，促进城市高质量发展。

五、中华人民共和国自然资源部

关于做好疫情防控建设项目用地保障工作的通知

自然资办函〔2020〕215 号　2020 年 2 月 11 日

一、支持疫情防控建设项目先行使用土地

对于疫情防控急需使用的土地，可根据需要先行使用；对选址有特殊要求，确需占用永久基本农田和生态保护红线的，视作重大项目允许占用。使用期满不需转为永久性建设用地的，使用结束后恢复原状，交还原土地使用者，不再补办用地手续。需要转为永久性建设用地的，待疫情结束后及时完善用地手续。同时，要做好被占地单位和群众的补偿安置。

二、坚持节约集约用地

科学合理安排用地，坚持节约集约用地。严禁与防控疫情无关的项目搭便车违规用地。

三、保障疫情防控建设项目用地计划指标

对疫情防控建设项目，新增建设用地计划指标应保尽保，计划指标挂账使用。地方计划指标不足的，疫情

结束后由省级自然资源主管部门汇总形成项目用地批准清单，由国家统一核销计划指标。

四、创新工作方式

各级自然资源主管部门在正常用地审批中，要根据防控疫情需要，通过开展网上联审等，创新工作方式。可采取影像比对等方式，暂时取消永久基本农田占用和补划实地踏勘论证等户外要求。要围绕落实好“六稳”工作部署，抓紧做好交通、能源、水利等重大项目用地组卷报批工作，持续做好用地保障。

关于加强国土空间规划监督管理的通知

自然资办发〔2020〕27号 2020年5月22日

一、总体要求

（一）提高政治站位。认真贯彻落实党中央、国务院决策部署，明确履职责任，加快机构整合、队伍融合，加强行业指导和监管，切实把“多规合一”改革精神落到实处，决不能身子进了新时代，思想还停留在过去。

（二）改进工作作风。统筹推进疫情防控和经济社会发展工作，力戒形式主义、官僚主义。深化“放管服”改革，在“多规合一”基础上全面推进规划用地“多审合一、多证合一”，提高审批效率。依法帮助行政相对人解决困难问题，保障项目及时落地，服务便民。

（三）严守廉政底线。坚持依法行政，把纪律和规矩挺在前面，进一步完善制度、规范程序，加强国土空间规划重点领域、重点岗位、重点环节的廉政风险防控，树立风清气正的行业形象。

二、规范规划编制审批

（一）严格按照中央精神，依法依规编制和审批国土空间规划，不在国土空间规划体系之外另行编制审批新的土地利用总体规划、城市（镇）总体规划等空间规划，不再出台不符合新发展理念和“多规合一”要求的空间规划类标准规范。

（二）建立健全国土空间规划“编”“审”分离机制。规划编制实行编制单位终身负责制；规划审查应充分发挥规划委员会的作用，实行参编单位专家回避制度，推动开展第三方独立技术审查。

（三）下级国土空间规划不得突破上级国土空间规划确定的约束性指标，不得违背上级国土空间规划的刚性管控要求。各地不得违反国土空间规划约束性指标和刚性管控要求审批其他各类规划，不得以其他规划替代国土空间规划作为各类开发保护建设活动的规划审批依据。

（四）规划修改必须严格落实法定程序要求，深入调查研究，征求利害关系人意见，组织专家论证，实行集体决策。不得以城市设计、工程设计或建设方案等非法定方式擅自修改规划、违规变更规划条件。

三、严格规划许可管理

（一）坚持先规划、后建设。严格按照国土空间规划核发建设项目用地预审与选址意见书、建设用地规划许可证、建设工程规划许可证和乡村建设规划许可证。未取得规划许可，不得实施新建、改建、扩建工程。不得以集体讨论、会议决定等非法定方式替代规划许可、搞“特事特办”。

（二）严格依据规划条件和建设工程规划许可证开展规划核实。规划核实必须两人以上现场审核并全过程记录，核实结果应及时公开，接受社会监督。无规划许可或违反规划许可的建设项目不得通过规划核实，不得组织竣工验收。

（三）农村地区要有序推进"多规合一"的实用性村庄规划编制和规划用地"多审合一、多证合一"，加强用地审批和乡村建设规划许可管理，坚持农地农用。严禁借农用地流转、土地整治等名义违反规划搞非农建设、乱占耕地建房等，坚决杜绝集体土地失管失控现象。

四、实行规划全周期管理

（一）加快建立完善国土空间基础信息平台，形成国土空间规划"一张图"，作为统一国土空间用途管制、实施建设项目规划许可、强化规划实施监督的依据和支撑。不得擅自更改底图、数据，确保数据规范、上下贯通、图数一致。

（二）建立规划编制、审批、修改和实施监督全程留痕制度，要在国土空间规划"一张图"实施监督信息系统中设置自动强制留痕功能；尚未建成系统的，必须落实人工留痕制度，确保规划管理行为全过程可回溯、可查询。

（三）加强规划实施监测评估预警，按照"一年一体检、五年一评估"要求开展城市体检评估并提出改进规划管理意见，市县自然资源主管部门要适时向社会公开城市体检评估报告，省级自然资源主管部门要严格履行监督检查责任。

（四）将国土空间规划执行情况纳入自然资源执法督察内容，加强日常巡查和台账检查，做好批后监管。对新增违法违规建设"零容忍"，一经发现，及时严肃查处；对历史遗留问题全面梳理，依法依规分类加快处置。

五、严格干部队伍管理

（一）规划领域涉及利益重大，严禁规划重点岗位公职人员配偶、子女及其配偶在规划直接相关领域经商办企业。严查官商勾结、权力寻租、利益输送、失职渎职甚至包庇纵容充当"保护伞"等违纪违法行为。坚决遏制规划领域腐败现象，打造忠诚干净担当的干部队伍。

（二）建立健全规划重点岗位干部轮岗交流制度，防范干部在同一岗位长期任职的廉政风险。

（三）对违规编制、审批、修改规划，违规发放或变更规划许可，不按规定开展规划核实，插手干预规划实施监督管理等行为的单位或个人，一经发现，必须严肃处理。涉嫌违法违纪的，按有关规定移交纪委监委等有权机关调查处理；涉嫌犯罪的，移送司法机关。

文件执行中遇到的重大问题，及时向部报告。

关于农村乱占耕地建房"八不准"的通知

自然资发〔2020〕127 号　2020 年 7 月 29 日

一、不准占用永久基本农田建房。

二、不准强占多占耕地建房。

三、不准买卖、流转耕地违法建房。

四、不准在承包耕地上违法建房。

五、不准巧立名目违法占用耕地建房。

六、不准违反“一户一宅”规定占用耕地建房。

七、不准非法出售占用耕地建的房屋。

八、不准违法审批占用耕地建房。

各地要深刻认识耕地保护的极端重要性，向社会广泛公告、宣传“八不准”相关规定。地方各级自然资源、农业农村主管部门要在党委和政府的领导下，完善土地执法监管体制机制，加强与纪检监察、法院、检察院和公安机关的协作配合，采取多种措施合力强化日常监管，务必坚决遏制新增农村乱占耕地建房行为。对通知下发后出现的新增违法违规行为，各地要以“零容忍”的态度依法严肃处理，该拆除的要拆除，该没收的要没收，该复耕的要限期恢复耕种条件，该追究责任的要追究责任，做到“早发现、早制止、严查处”，严肃追究监管不力、失职渎职、不作为、乱作为问题，坚决守住耕地保护红线。

六、中华人民共和国财政部、国家税务总局

关于明确国有农用地出租等增值税政策的公告

财政部税务总局公告2020年第2号　2020年1月20日

一、纳税人将国有农用地出租给农业生产者用于农业生产，免征增值税。

二、房地产开发企业中的一般纳税人购入未完工的房地产老项目继续开发后，以自己名义立项销售的不动产，属于房地产老项目，可以选择适用简易计税方法按照5%的征收率计算缴纳增值税。

三、保险公司按照《财政部　税务总局关于明确养老机构免征增值税等政策的通知》（财税〔2019〕20号）第四条第（三）项规定抵减以后月份应缴纳增值税，截至2020年12月31日抵减不完的，可以向主管税务机关申请一次性办理退税。

四、纳税人出口货物劳务、发生跨境应税行为，未在规定期限内申报出口退（免）税或者开具《代理出口货物证明》的，在收齐退（免）税凭证及相关电子信息后，即可申报办理出口退（免）税；未在规定期限内收汇或者办理不能收汇手续的，在收汇或者办理不能收汇手续后，即可申报办理退（免）税。

《财政部　国家税务总局关于出口货物劳务增值税和消费税政策的通知》（财税〔2012〕39号）第六条第（一）项第3点、第七条第（一）项第6点“出口企业或其他单位未在国家税务总局规定期限内申报免税核销”及第九条第（二）项第2点的规定相应停止执行。

五、自2019年8月20日起，将《财政部　税务总局关于金融机构小微企业贷款利息收入免征增值税政策的通知》（财税〔2018〕91号）第一条“人民银行同期贷款基准利率”修改为“中国人民银行授权全国银行间同业拆借中心公布的贷款市场报价利率”。

六、纳税人按照《财政部　税务总局海关总署关于深化增值税改革有关政策的公告》（财政部　税务总局

海关总署公告2019年第39号）、《财政部　税务总局关于明确部分先进制造业增值税期末留抵退税政策的公告》（财政部　税务总局公告2019年第84号）规定取得增值税留抵退税款的，不得再申请享受增值税即征即退、先征后返（退）政策。

本公告发布之日前，纳税人已按照上述规定取得增值税留抵退税款的，在2020年6月30日前将已退还的增值税留抵退税款全部缴回，可以按规定享受增值税即征即退、先征后返（退）政策；否则，不得享受增值税即征即退、先征后返（退）政策。

七、本公告自发布之日起执行。此前已发生未处理的事项，按本公告规定执行。

关于政府采购支持绿色建材促进建筑品质提升试点工作的通知

财库〔2020〕31号　2020年10月13日

一、总体要求

（一）指导思想。以习近平新时代中国特色社会主义思想为指导，牢固树立新发展理念，发挥政府采购的示范引领作用，在政府采购工程中积极推广绿色建筑和绿色建材应用，推进建筑业供给侧结构性改革，促进绿色生产和绿色消费，推动经济社会绿色发展。

（二）基本原则。坚持先行先试。选择一批绿色发展基础较好的城市，在政府采购工程中探索支持绿色建筑和绿色建材推广应用的有效模式，形成可复制、可推广的经验。

强化主体责任。压实采购人落实政策的主体责任，通过加强采购需求管理等措施，切实提高绿色建筑和绿色建材在政府采购工程中的比重。

加强统筹协调。加强部门间的沟通协调，明确相关部门职责，强化对政府工程采购、实施和履约验收中的监督管理，引导采购人、工程承包单位、建材企业、相关行业协会及第三方机构积极参与试点工作，形成推进试点的合力。

（三）工作目标。在政府采购工程中推广可循环可利用建材、高强度高耐久建材、绿色部品部件、绿色装饰装修材料、节水节能建材等绿色建材产品，积极应用装配式、智能化等新型建筑工业化建造方式，鼓励建成二星级及以上绿色建筑。到2022年，基本形成绿色建筑和绿色建材政府采购需求标准，政策措施体系和工作机制逐步完善，政府采购工程建筑品质得到提升，绿色消费和绿色发展的理念进一步增强。

二、试点对象和时间

（一）试点城市。试点城市为南京市、杭州市、绍兴市、湖州市、青岛市、佛山市。鼓励其他地区按照本通知要求，积极推广绿色建筑和绿色建材应用。

（二）试点项目。医院、学校、办公楼、综合体、展览馆、会展中心、体育馆、保障性住房等新建政府采购工程。鼓励试点地区将使用财政性资金实施的其他新建工程项目纳入试点范围。

（三）试点期限。试点时间为2年，相关工程项目原则上应于2022年12月底前竣工。对于较大规模的工程项目，可适当延长试点时间。

三、试点内容

（一）形成绿色建筑和绿色建材政府采购需求标准。财政部、住房和城乡建设部会同相关部门根据建材产品在政府采购工程中的应用情况、市场供给情况和相关产业升级发展方向等，结合有关国家标准、行业标准等绿色建材产品标准，制定发布绿色建筑和绿色建材政府采购基本要求（试行，以下简称《基本要求》）。财政部、住房和城乡建设部将根据试点推进情况，动态更新《基本要求》，并在中华人民共和国财政部网站（www. mof. gov. cn）、住房和城乡建设部网站（www. mohurd. gov. cn）和中国政府采购网（www. ccgp. gov. cn）发布。试点地区可根据地方实际情况，对《基本要求》中的相关设计要求、建材种类和具体指标进行微调。试点地区要通过试点，在《基本要求》的基础上，细化和完善绿色建筑政府采购相关设计规范、施工规范和产品标准，形成客观、量化、可验证，适应本地区实际和不同建筑类型的绿色建筑和绿色建材政府采购需求标准，报财政部、住房和城乡建设部。

（二）加强工程设计管理。采购人应当要求设计单位根据《基本要求》编制设计文件，严格审查或者委托第三方机构审查设计文件中执行《基本要求》的情况。试点地区住房和城乡建设部门要加强政府采购工程中落实《基本要求》情况的事中事后监管。同时，要积极推动工程造价改革，完善工程概预算编制办法，充分发挥市场定价作用，将政府采购绿色建筑和绿色建材增量成本纳入工程造价。

（三）落实绿色建材采购要求。采购人要在编制采购文件和拟定合同文本时将满足《基本要求》的有关规定作为实质性条件，直接采购或要求承包单位使用符合规定的绿色建材产品。绿色建材供应商在供货时应当提供包含相关指标的第三方检测或认证机构出具的检测报告、认证证书等证明性文件。对于尚未纳入《基本要求》的建材产品，鼓励采购人采购获得绿色建材评价标识、认证或者获得环境标志产品认证的绿色建材产品。

（四）探索开展绿色建材批量集中采购。试点地区财政部门可以选择部分通用类绿色建材探索实施批量集中采购。由政府集中采购机构或部门集中采购机构定期归集采购人绿色建材采购计划，开展集中带量采购。鼓励通过电子化政府采购平台采购绿色建材，强化采购全流程监管。

（五）严格工程施工和验收管理。试点地区要积极探索创新施工现场监管模式，督促施工单位使用符合要求的绿色建材产品，严格按照《基本要求》的规定和工程建设相关标准施工。工程竣工后，采购人要按照合同约定开展履约验收。

（六）加强对绿色采购政策执行的监督检查。试点地区财政部门要会同住房和城乡建设部门通过大数据、区块链等技术手段密切跟踪试点情况，加强有关政策执行情况的监督检查。对于采购人、采购代理机构和供应商在采购活动中的违法违规行为，依照政府采购法律制度有关规定处理。

四、保障措施

（一）加强组织领导。试点地区要高度重视政府采购支持绿色建筑和绿色建材推广试点工作，大胆创新，研究建立有利于推进试点的制度机制。试点地区财政部门、住房和城乡建设部门要共同牵头做好试点工作，及时制定出台本地区试点实施方案，报财政部、住房和城乡建设部备案。试点实施方案印发后，有关部门要按照职责分工加强协调配合，确保试点工作顺利推进。

（二）做好试点跟踪和评估。试点地区财政部门、住房和城乡建设部门要加强对试点工作的动态跟踪和工作督导，及时协调解决试点中的难点堵点，对试点过程中遇到的关于《基本要求》具体内容、操作执行等方面问题和相关意见建议，要及时向财政部、住房和城乡建设部报告。财政部、住房和城乡建设部将定期组织试点情况评估，试点结束后系统总结各地试点经验和成效，形成政府采购支持绿色建筑和绿色建材推广的全国实施方案。

（三）加强宣传引导。加强政府采购支持绿色建筑和绿色建材推广政策解读和舆论引导，统一各方思想认识，及时回应社会关切，稳定市场主体预期。通过新闻媒体宣传推广各地的好经验好做法，充分发挥试点示范效应。

七、中华人民共和国农业农村部

关于落实党中央、国务院2020年农业农村重点工作部署的实施意见

农发〔2020〕1号　2020年2月12日

一、千方百计稳定粮食生猪生产，保障重要农产品有效供给（略）

二、大力发展富民乡村产业，促进农民持续增收（略）

三、推进农业绿色发展，提高农业生态保护和资源利用水平（略）

四、加强现代农业设施建设，改善物质技术装备条件（略）

五、加快发展农村社会事业，提升乡村建设和治理水平

25. 扎实做好农村人居环境整治。农村户厕改造重点推进一类县、兼顾二类县，组织实施好农村厕所革命整村推进财政奖补政策。制定完善相关产品标准和技术规范，指导各地因地制宜选择农村改厕技术模式，加强高寒干旱地区关键技术模式试点试验，切实做好厕所粪污处理及资源化利用。以中西部地区为重点，实施农村人居环境整治整县推进工程。统筹推进农村生活垃圾污水治理。以“干干净净迎小康”为主题，深入开展村庄清洁行动，巩固提升“三清一改”成果。指导地方建立完善问题投诉反馈和发现整改机制。

26. 推动提升农村基础设施建设和公共服务水平。配合有关部门推进农村饮水安全、村内道路、信息通讯、能源等基础设施建设，引导健全运行管护机制。促进提高农村基本公共服务质量，推动补强农村教育、医疗、社会保障等薄弱环节。基本完成县域村庄分类，推动具备条件的村庄编制“多规合一”实用性村庄规划。

27. 加强和改进乡村治理。贯彻落实加强和改进乡村治理的指导意见，推动加强农村基层党组织建设，持续整顿软弱涣散村党组织，扎实开展自治、法治、德治相结合的乡村治理体系建设试点示范，抓好示范村镇创建。总结推广各地乡风文明建设经验，推进移风易俗。探索建立区域性农业文化遗产名录，组织申报第六批中国重要农业文化遗产。广泛开展农民体育健康活动，推动下基层进农家。

28.（略）

六、抓好重点改革任务落实，增强农业农村发展活力

29. 完善农村土地承包管理制度。落实中央关于保持土地承包关系稳定并长久不变的意见，组织开展第二轮土地承包到期后再延长30年试点，研究完善相关配套政策，推动地方制定延包的具体办法。规范农村土地经营权流转，指导地方建立健全工商企业租赁农地的资格审查、项目审核和风险防范制度，推进土地经营权入股发展农业产业化经营试点，加强农村土地承包经营纠纷调解仲裁能力建设。

30. 全面推开农村集体产权制度改革试点。有序开展集体成员身份确认、集体资产折股量化、村集体经济组织登记赋码等工作，建设农村集体资产监管平台。继续扶持2万个村开展壮大集体经济试点示范。集成推广农村改革试验试点成果，推动完善农村集体经营性建设用地入市配套制度。

31. 稳慎推进农村宅基地制度改革。研究制定农村宅基地管理办法，指导各地规范宅基地审批管理，强化监督。深化农村宅基地制度改革试点，扩大范围、丰富内容，探索宅基地“三权分置”路径办法。开展农村宅基地和农房利用现状调查，积极稳妥盘活利用农村闲置宅基地和农房资源，推动实施农村闲置宅基地复垦试点。

32.（略）

七、强化支撑保障，提升“三农”工作效能

33—36（略）37. 谋划好“十四五”农业农村发展。完成“十三五”农业农村相关规划确定的目标任务，形成对“十三五”有关规划实施情况的评估，协调推进乡村振兴战略规划重点任务和重大工程计划行动落实。加强“十四五”农业农村重大问题研究，高质量编制农业农村现代化及相关行业专项规划，加强“三农”领域项目库建设，谋划论证一批重大政策、重大工程和重大项目。推动东部沿海发达地区加快农业农村现代化建设，研究建立农业农村现代化监测体系。

八、中国人民银行、中国银行保险监督管理委员会

关于进一步强化金融支持防控新型冠状病毒感染肺炎疫情的通知

银发〔2020〕29号　2020年1月31日

一、保持流动性合理充裕，加大货币信贷支持力度

（一）保持流动性合理充裕。人民银行继续强化预期引导，通过公开市场操作、常备借贷便利、再贷款、再贴现等多种货币政策工具，提供充足流动性，保持金融市场流动性合理充裕，维护货币市场利率平稳运行。人民银行分支机构对因春节假期调整受到影响的金融机构，根据实际情况适当提高2020年1月下旬存款准备金考核的容忍度。引导金融机构加大信贷投放支持实体经济，促进货币信贷合理增长。

（二）加大对疫情防控相关领域的信贷支持力度。在疫情防控期间，人民银行会同发展改革委、工业和信

息化部对生产、运输和销售应对疫情使用的医用防护服、医用口罩、医用护目镜、新型冠状病毒检测试剂盒、负压救护车、消毒机、84 消毒液、红外测温仪和相关药品等重要医用物资，以及重要生活物资的骨干企业实行名单制管理。人民银行通过专项再贷款向金融机构提供低成本资金，支持金融机构对名单内的企业提供优惠利率的信贷支持。中央财政对疫情防控重点保障企业给予贴息支持。金融机构要主动加强与有关医院、医疗科研单位和相关企业的服务对接，提供足额信贷资源，全力满足相关单位和企业卫生防疫、医药用品制造及采购、公共卫生基础设施建设、科研攻关、技术改造等方面的合理融资需求。

（三）为受疫情影响较大的地区、行业和企业提供差异化优惠的金融服务。金融机构要通过调整区域融资政策、内部资金转移定价、实施差异化的绩效考核办法等措施，提升受疫情影响严重地区的金融供给能力。对受疫情影响较大的批发零售、住宿餐饮、物流运输、文化旅游等行业，以及有发展前景但受疫情影响暂遇困难的企业，特别是小微企业，不得盲目抽贷、断贷、压贷。对受疫情影响严重的企业到期还款困难的，可予以展期或续贷。通过适当下调贷款利率、增加信用贷款和中长期贷款等方式，支持相关企业战胜疫情灾害影响。各级政府性融资担保再担保机构应取消反担保要求，降低担保和再担保费。对受疫情影响严重地区的融资担保再担保机构，国家融资担保基金减半收取再担保费。

（四）完善受疫情影响的社会民生领域的金融服务。对因感染新型肺炎住院治疗或隔离人员、疫情防控需要隔离观察人员、参加疫情防控工作人员以及受疫情影响暂时失去收入来源的人群，金融机构要在信贷政策上予以适当倾斜，灵活调整住房按揭、信用卡等个人信贷还款安排，合理延后还款期限。感染新型肺炎的个人创业担保贷款可展期一年，继续享受财政贴息支持。对感染新型肺炎或受疫情影响受损的出险理赔客户，金融机构要优先处理，适当扩展责任范围，应赔尽赔。

（五）提高疫情期间金融服务的效率。对受疫情影响较大领域和地区的融资需求，金融机构要建立、启动快速审批通道，简化业务流程，切实提高业务办理效率。在受到交通管制的地区，金融机构要创新工作方式，采取在就近网点办公、召开视频会议等方式尽快为企业办理审批放款等业务。

（六）支持开发性、政策性银行加大信贷支持力度。国家开发银行、进出口银行、农业发展银行要结合自身业务范围，加强统筹协调，合理调整信贷安排，加大对市场化融资有困难的防疫单位和企业的生产研发、医药用品进口采购，以及重要生活物资供应企业的生产、运输和销售的资金支持力度，合理满足疫情防控的需要。

（七）加强制造业、小微企业、民营企业等重点领域信贷支持。金融机构要围绕内部资源配置、激励考核安排等加强服务能力建设，继续加大对小微企业、民营企业支持力度，要保持贷款增速，切实落实综合融资成本压降要求。增加制造业中长期贷款投放。

（八）发挥金融租赁特色优势。对于在金融租赁公司办理疫情防控相关医疗设备的金融租赁业务，鼓励予以缓收或减收相关租金和利息，提供医疗设备租赁优惠金融服务。

二、合理调度金融资源，保障人民群众日常金融服务

（九）保障基本金融服务畅通。金融机构要根据疫情防控工作需要，合理安排营业网点及营业时间，切实做好营业场所的清洁消毒，保障基本金融服务畅通。金融机构要加强全国范围特别是疫情严重地区的线上服务，引导企业和居民通过互联网、手机 APP 等线上方式办理金融业务。

（十）加强流通中现金管理。合理调配现金资源，确保现金供应充足。加大对医院、居民社区以及应急建设项目等的现金供应，及时满足疫情物资采购相关单位和企业的大额现金需求。做好现金储存及业务办理场地的消毒工作。对外付出现金尽可能以新券为主，对收入的现金采取消毒措施后交存当地人民银行分支机构。

（十一）确保支付清算通畅运行。人民银行根据需要，放开小额支付系统业务限额，延长大额支付系统、中央银行会计核算数据集中系统运行时间，支持金融机构线上办理人民币交存款等业务。人民银行分支机构、清算机构及银行业金融机构要做好各类支付清算系统、中央银行会计核算数据集中系统的正常安全运营，开通疫情防控专用通道，保障境内外救援和捐赠资金及时划拨到位、社会资金流转高效顺畅。

（十二）建立银行账户防疫"绿色通道"。银行业金融机构要在风险可控的前提下，做好与防控疫情相关的银行账户服务工作，简化开户流程，加快业务办理。要积极开辟捐款"绿色通道"，确保疫情防控款项第一时间到达指定收款人账户。减免银行业金融机构通过人民银行支付系统办理防控疫情相关款项汇划费用。鼓励清算机构、银行业金融机构对向慈善机构账户或疫区专用账户的转账汇款业务、对疫区的取现业务减免服务手续费。

（十三）加大电子支付服务保障力度。支持银行业金融机构、非银行支付机构在疫情防控期间，采用远程视频、电话等方式办理商户准入审核和日常巡检，通过交易监测强化风险防控。鼓励清算机构、银行业金融机构和非银行支付机构对特定领域或区域特约商户实行支付服务手续费优惠。银行业金融机构、非银行支付机构要强化电子渠道服务保障，灵活调整相关业务限额，引导客户通过电子商业汇票系统、个人网上银行、企业网上银行、手机银行、支付服务 APP 等电子化渠道在线办理支付结算业务。

（十四）切实保障公众征信相关权益。人民银行分支机构和金融信用信息基础数据库接入机构要妥善安排征信查询服务，引导公众通过互联网、自助查询机进行征信查询。要合理调整逾期信用记录报送，对因感染新型肺炎住院治疗或隔离人员、疫情防控需要隔离观察人员和参加疫情防控工作人员，因疫情影响未能及时还款的，经接入机构认定，相关逾期贷款可以不作逾期记录报送，已经报送的予以调整。对受疫情影响暂时失去收入来源的个人和企业，可依调整后的还款安排，报送信用记录。

（十五）畅通国库紧急拨款通道。建立财库银协同工作机制，及时了解财政部门疫情防控资金拨付安排，随时做好资金拨付工作。加强对商业银行相关业务的指导，建立信息反馈机制，及时跟踪资金拨付情况。人民银行和商业银行确保资金汇划渠道畅通和国库业务相关系统运行安全稳定，构建疫情防控拨款"绿色通道"。各级国库部门要简化业务处理流程和手续，确保疫情防控资金及时、安全、准确拨付到位。

（十六）切实保障消费者合法权益。金融机构要树立负责任金融理念，对受疫情影响临时停业或调整营业时间的网点，要提前向社会公布并主动说明临近正常营业的网点。金融机构要充分利用线上等方式保持投诉渠道畅通，优化客户咨询、投诉处理流程，及时妥善处理疫情相关的金融咨询和投诉。金融机构要切实加强行业自律，维护市场秩序，不得利用疫情进行不当金融营销宣传。

三、保障金融基础设施安全，维护金融市场平稳有序运行

（十七）加强金融基础设施服务保障。金融市场基础设施要从工作机制、人员配备、办公场所、系统运维、技术支持等方面提升服务保障能力，确保发行、交易、清算、结算等业务正常运转，尽可能实施全流程、全链条线上操作。要制定应急预案，对突发事件快速响应、高效处理。要加强与主管部门、市场机构、其他金融基础设施的沟通，保持业务系统联通顺畅。对受疫情影响较大的地区，要开设"绿色通道"，必要时提供特别服务安排，并降低服务收费标准。

（十八）稳妥开展金融市场相关业务。金融机构要合理调配人员，稳妥开展金融市场相关交易、清算、结算、发行、承销等工作，加强流动性管理与风险应对。要合理引导投资者预期，确保金融市场各项业务平稳有序开展。对受疫情影响较大地区的金融机构，要保持正常业务往来，加大支持力度。

（十九）提高债券发行等服务效率。中国银行间市场交易商协会、上海证券交易所、深圳证券交易所等要优化公司信用类债券发行工作流程，鼓励金融机构线上提交公司信用类债券的发行申报材料，远程办理备案、注册等，减少疫情传播风险。对募集资金主要用于疫情防控以及疫情较重地区金融机构和企业发行的金融债券、资产支持证券、公司信用类债券建立注册发行“绿色通道”，证券市场自律组织对拟投资于防疫相关医疗设备、疫苗药品生产研发企业的私募股权投资基金，建立登记备案“绿色通道”，切实提高服务效率。

（二十）灵活妥善调整企业信息披露等监管事项。上市公司、挂牌公司、公司债券发行人受疫情影响，在法定期限内披露2019年年报或2020年第一季度季报有困难的，证监会、证券交易所、全国中小企业股份转让系统要依法妥善安排。上市公司受疫情影响，难以按期披露业绩预告或业绩快报的，可向证券交易所申请延期办理；难以在原预约日期披露2019年年报的，可向证券交易所申请延期至2020年4月30日前披露。湖北省证券基金经营机构可向当地证监局申请延期办理年度报告的审计、披露和报备。受疫情影响较大的证券基金经营机构管理的公募基金或其他资产管理产品，管理人可向当地证监局申请延期办理年报审计和披露。对疫情严重地区的证券基金期货经营机构，适当放宽相关风控指标监管标准。

（二十一）适当放宽资本市场相关业务办理时限。适当延长上市公司并购重组行政许可财务资料有效期和重组预案披露后发布召开股东大会通知的时限。如因受疫情影响确实不能按期更新财务资料或发出股东大会通知的，公司可在充分披露疫情对本次重组的具体影响后，申请财务资料有效期延长或股东大会通知时间延期1个月，最多可申请延期3次。疫情期间，对股票发行人的反馈意见回复时限、告知函回复时限、财务报告到期终止时限，以及已核发的再融资批文有效期，自本通知发布之日起暂缓计算。已取得债券发行许可，因疫情影响未能在许可有效期内完成发行的，可向证监会申请延期发行。

（二十二）减免疫情严重地区公司上市等部分费用。免收湖北省上市公司、挂牌公司应向证券交易所、全国中小企业股份转让系统缴纳的2020年度上市年费和挂牌年费。免除湖北省期货公司应向期货交易所缴纳的2020年度会费和席位费。

四、建立“绿色通道”，切实提高外汇及跨境人民币业务办理效率

（二十三）便利防疫物资进口。银行应当为疫情防控相关物资进口、捐赠等跨境人民币业务开辟“绿色通道”。对有关部门和地方政府所需的疫情防控物资进口，外汇局各分支机构要指导辖区内银行简化进口购付汇业务流程与材料。

（二十四）便捷资金入账和结汇。对于境内外因支援疫情防控汇入的外汇捐赠资金业务，银行可直接通过受赠单位已有的经常项目外汇结算账户办理，暂停实施需开立捐赠外汇账户的要求。

（二十五）支持企业跨境融资防控疫情。企业办理与疫情防控相关的资本项目收入结汇支付时，无需事前、逐笔提交单证材料，由银行加强对企业资金使用真实性的事后检查。对疫情防控确有需要的，可取消企业借用外债限额等，并可线上申请外债登记，便利企业开展跨境融资。

（二十六）支持个人和企业合理用汇需求。银行应当密切关注个人用汇需求，鼓励通过手机银行等线上渠道办理个人外汇业务。与疫情防控有关的其他特殊外汇及人民币跨境业务，银行可先行办理、事后检查，并分别向所在地外汇局分支机构、人民银行分支机构报备。

（二十七）简化疫情防控相关跨境人民币业务办理流程。支持银行在“展业三原则”基础上，凭企业提交的收付款指令，直接为其办理疫情防控相关进口跨境人民币结算业务以及资本项目下收入人民币资金在境内支付使用。

五、加强金融系统党的领导，为打赢疫情防控阻击战提供坚强政治保证

（二十八）强化疫情防控的组织保障。金融管理部门和金融机构要增强“四个意识”，坚定“四个自信”，做到“两个维护”，切实把思想和行动统一到习近平总书记的重要指示精神上来，把打赢疫情防控阻击战作为当前重大政治任务，全力以赴做好各项金融服务工作。

（二十九）做好自身的疫情防控工作。金融管理部门和金融机构要完善疫情应对工作机制，持续关注员工特别是从疫情较重地区返回员工的健康情况，建立日报制度，加大疫情排查力度，做好员工防疫安排，努力为员工提供必要的防疫用品。

（三十）配合地方政府加强应急管理。金融管理部门和金融机构要按照属地原则，配合当地政府做好组织协调，及时处理突发事件。服从当地政府防疫安排，对防控疫情需要征用的人员车辆、设备设施等，不得推诿拒绝。各单位要继续严格执行应急值守制度，确保政令畅通。

关于建立银行业金融机构房地产贷款集中度管理制度的通知

银发〔2020〕322 号　2020 年 12 月 28 日

一、本通知所称银行业金融机构是指在中华人民共和国境内设立的中资法人银行业金融机构。

二、本通知所称房地产贷款集中度管理是指银行业金融机构（不含境外分行）房地产贷款余额占该机构人民币各项贷款余额的比例（以下简称房地产贷款占比）和个人住房贷款余额占该机构人民币各项贷款余额的比例（以下简称个人住房贷款占比）应满足人民银行、银保监会确定的管理要求，即不得高于人民银行、银保监会确定的房地产贷款占比上限和个人住房贷款占比上限，开发性银行和政策性银行参照执行。

$$\text{房地产贷款占比}=\frac{\text{房地产贷款余额}}{\text{人民币各项贷款余额}}\times 100\%$$

$$\text{个人住房贷款占比}=\frac{\text{个人住房贷款余额}}{\text{人民币各项贷款余额}}\times 100\%$$

三、人民银行、银保监会根据银行业金融机构资产规模及机构类型，分档对房地产贷款集中度进行管理（具体分档及相应管理要求见附件），并综合考虑银行业金融机构的规模发展、房地产系统性金融风险表现等因素，适时调整适用机构覆盖范围、分档设置、管理要求和相关指标的统计口径。

四、人民银行副省级城市中心支行以上分支机构会同所在地银保监会派出机构，可在充分论证的前提下，结合所在地经济金融发展水平、辖区内地方法人银行业金融机构的具体情况和系统性金融风险特点，以本通知第三档、第四档、第五档房地产贷款集中度管理要求为基准，在增减 2.5 个百分点的范围内，合理确定辖区内适用于相应档次的地方法人银行业金融机构房地产贷款集中度管理要求。人民银行、银保监会将对人民银行副省级城市中心支行以上分支机构、银保监会派出机构确定辖区内地方法人银行业金融机构房地产贷款集中度管理要求的行为进行监督管理。

五、2020 年 12 月末，银行业金融机构房地产贷款占比、个人住房贷款占比超出管理要求，超出 2 个百分点以内的，业务调整过渡期为自本通知实施之日起 2 年；超出 2 个百分点及以上的，业务调整过渡期为自本通

知实施之日起4年。房地产贷款占比、个人住房贷款占比的业务调整过渡期分别设置。

六、房地产贷款集中度超出管理要求的银行业金融机构，须制定业务调整过渡期内逐步达到管理要求的调整方案，明确向管理要求边际收敛的具体举措。适用于第一档和第二档房地产贷款集中度管理要求的银行业金融机构，于本通知实施之日起1个月内将调整方案报送人民银行、银保监会，并按季度报告执行情况。适用于第三档、第四档、第五档房地产贷款集中度管理要求的银行业金融机构，于本通知实施之日起1个月内将调整方案报送当地人民银行分支机构、银保监会派出机构，并按季度报告执行情况。

七、人民银行、银保监会及人民银行分支机构、银保监会派出机构定期监测、评估执行情况。

八、房地产贷款集中度符合管理要求的银行业金融机构，应稳健开展房地产贷款相关业务，保持房地产贷款占比、个人住房贷款占比基本稳定。

九、业务调整过渡期结束后因客观原因未能满足房地产贷款集中度管理要求的，由银行业金融机构提出申请，经人民银行、银保监会或当地人民银行分支机构、银保监会派出机构评估后认为合理的，可适当延长业务调整过渡期。

十、人民银行、银保监会将对未执行本通知要求的银行业金融机构，采取额外资本要求、调整房地产资产风险权重等措施。

十一、本通知自2021年1月1日起实施。

请人民银行上海总部，各分行、营业管理部，各省会（首府）城市中心支行，各副省级城市中心支行将本通知转发至辖区内人民银行分支机构、城市商业银行、农村商业银行、农村合作银行、农村信用社、村镇银行、民营银行。请各银保监局将本通知转发至辖内各银保监分局。

附：

房地产贷款集中度管理要求

银行业金融机构分档类型	房地产贷款占比上限	个人住房贷款占比上限
第一档：中资大型银行		
中国工商银行、中国建设银行、中国农业银行、中国银行、国家开发银行、交通银行、中国邮政储蓄银行	40%	32.5%
第二档：中资中型银行		
招商银行、农业发展银行、浦发银行、中信银行、兴业银行、中国民生银行、中国光大银行、华夏银行、进出口银行、广发银行、平安银行、北京银行、上海银行、江苏银行、恒丰银行、浙商银行、渤海银行	27.5%	20%
第三档：中资小型银行和非县域农合机构[1]		
城市商业银行[2]、民营银行	22.5%	17.5%
大中城市和城区农合机构		
第四档：县域农合机构		
县域农合机构	17.5%	12.5%
第五档：村镇银行		
村镇银行	12.5%	7.5%

注：1. 农合机构包括：农村商业银行、农村合作银行、农村信用合作社。
2. 不包括第二档中的城市商业银行。

九、最高人民法院

关于为新时代加快完善社会主义市场经济体制提供司法服务和保障的意见（节选）

法发〔2020〕25号　2020年7月20日

一、完善市场主体司法保护机制，进一步增强微观主体活力（略）

二、加强产权司法保护，夯实市场经济有效运行的制度基础

6. 健全以公平公正为原则的产权保护制度。严格执行产权保护司法政策，全面依法平等保护各种所有制经济产权和合法权益，推动健全归属清晰、权责明确、保护严格、流转顺畅的现代产权制度。明确和统一裁判标准，准确界定产权关系，合理划定责任财产范围，重点解决国有资产流失，利用公权力侵害私有产权，违法查封、扣押、冻结民营企业财产等产权保护中的突出问题。严格区分经济纠纷与经济犯罪，依法慎用刑事强制措施，严格规范涉案财产的保全和处置措施，健全涉产权冤错案件有效防范和常态化纠错机制。坚持法定赔偿原则，加大涉产权冤错案件赔偿决定执行力度。完善和统一执行异议之诉、担保物权实现、破产债权清偿中的权利冲突解决规则。强化善意文明执行理念，严禁超标的查封、乱查封，建立健全查封财产融资偿债和自行处置机制，尽最大可能保持企业财产运营价值。加强对数字货币、网络虚拟财产、数据等新型权益的保护，充分发挥司法裁判对产权保护的价值引领作用。

7. 依法惩治各类侵犯产权行为。依法惩治侵吞、瓜分、贱卖国有、集体资产的犯罪，推动完善资产监督管理制度。坚持惩罚犯罪与追赃挽损并重的原则，打击针对企业家和严重危害民营企业发展的违法犯罪行为，依法追缴民营企业被侵占、挪用的财物，完善财产返还和退赔制度。依法制裁知识产权违法犯罪，加大对链条式、产业化知识产权犯罪的惩治力度。合理认定产权侵权行为及其民事责任，及时出台证券纠纷代表人诉讼司法解释，保护上市公司与新三板公司股东权利。依法支持行政机关为保护产权实施的行政执法行为，纠正侵犯产权的违法行政行为，修订完善行政赔偿案件司法解释。

8. 服务农村集体产权制度改革。依法加强对农村集体产权制度改革的司法保障，促进集体资产保值增值，不断增加农民收入，推动乡村振兴发展，巩固脱贫攻坚成果。严格实施土地管理法、农村土地承包法和民法典物权编规定，妥善审理农村承包地、宅基地“三权分置”产生的土地权属流转纠纷案件，依法依规认定承包地经营权流转合同、宅基地使用权流转合同的效力，促进土地资源有效合理利用。依法保护农户土地承包权和宅基地资格权，确保农村土地归农民集体所有。依法保护农村集体经济组织成员权益，对农村集体经济组织将经营性资产、资源性资产折股量化到集体经济组织成员的，要依法充分保障农村集体经济组织成员参与经营决策和收益分配的权利。

9. 公正审理土地征收征用案件。严格界定公共利益用地范围，对不符合公共利益需要征收、征用土地的行

为，依法不予支持。支持行政机关依法打击各种违法占用耕地行为，确保耕地和永久基本农田不受侵犯。遵循及时合理补偿原则，综合运用多种方式对被征收征用者进行公平合理补偿，维护被征收征用者的合法权益。妥善审理承包地征收补偿费用分配纠纷案件，防止农村集体经济组织非法截留土地承包经营权人应得的补偿。

10. 加强自然资源的产权保护。依法审理自然资源权属争议，规范自然资源交易流转制度，加强自然资源资产产权保护。贯彻生态环境监管体制改革要求，依法审理自然生态空间确权登记等案件，推进自然资源资产确权登记制度有效实施。修改完善公益诉讼和生态环境损害赔偿诉讼司法解释，全面促进自然资源保护和生态环境修复。促进建立健全协商、调解、仲裁、行政裁决、行政复议和诉讼等有机衔接、相互协调、多元化的自然资源资产产权纠纷解决机制。

11. 服务国家创新体系建设。完善与重大科技攻关、科技成果转化等有关的知识产权归属、保护、利益分配等相关制度，实现知识产权保护范围、强度与其贡献程度相适应，推动形成激励和保护创新的司法保障体系。研究制定专利授权确权、商业秘密、惩罚性赔偿、知识产权民事诉讼证据等司法解释和司法政策，加大对知识产权、商誉权侵权犯罪行为的惩治力度。加强知识产权专门化审判体系和人才队伍建设。积极适应新技术、新领域、新业态对司法保护提出的新要求，强化对科技创新、商业模式创新和技术要素市场的规则指引，为国家创新体系建设和新兴产业发展提供司法保障。

三、保障要素市场化配置改革，推动建立公平公正、竞争有序的市场体系

12. 尊重合同自愿和契约精神。以要素市场化配置改革为重点，坚持诚实信用、意思自治、公平竞争，充分发挥各类合同在市场配置资源中的基础性作用。准确把握自然垄断行业、服务业等市场准入的放宽对合同效力的影响，落实“非禁即入”政策，妥善审理建设工程、房地产、矿产资源以及水、电、气、热力等关系要素配置和市场准入的合同纠纷案件，正确处理合同自愿与行政审批、自然资源开发利用与生态环境保护的关系。适应土地供给的政策调整，统一国有土地使用权出让、转让合同纠纷案件的裁判尺度。合理判断股权融资、双向对赌等交易模式和交易结构创新的合同效力，鼓励市场主体创新创业。及时出台不良资产处置司法解释，优化资本与生产要素配置。

13. 促进金融和民间资本为实体经济服务。依法支持能够降低交易成本、实现普惠金融、合法合规的交易模式，为解决中小微企业融资难、融资贵问题提供司法保障。统筹兼顾利率市场化改革与维护正常金融秩序的关系，对于借贷合同中一方主张的利息、复利、罚息、违约金和其他费用总和超出司法保护上限的，不予支持。对于当事人以预扣利息、租金、保证金或加收中介费、服务费等方式变相提高实体经济融资成本、规避民间借贷利率司法保护上限的行为，按照实际形成的借款关系确定各方权利义务。规范、遏制国有企业贷款通道业务，引导其回归实体经济。抓紧修改完善关于审理民间借贷案件适用法律问题的司法解释，大幅度降低民间借贷利率的司法保护上限，坚决否定高利转贷行为、违法放贷行为的效力，维护金融市场秩序，服务实体经济发展。

14. 依法认定新型担保的法律效力。准确把握物权法定原则的新发展、民法典物权编扩大担保合同范围的新规定，依法认定融资租赁、保理、所有权保留等具有担保功能的非典型担保合同的效力。结合民法典对禁止流押规则的调整和让与担保的司法实践，进一步研究细化让与担保的制度规则和裁判标准，尊重当事人基于意思自治作出的交易安排。依据物权变动规则依法认定担保物权的物权效力，最大限度发挥担保制度的融资功能作用，促进商事交易健康发展。

15. 依法妥善审理互联网交易纠纷案件。注意把握互联网交易合同订立的特殊规则，依法认定互联网交易

中电子合同、预约合同、格式合同的成立生效要件。准确界定电子商务平台运营者、平台内经营者、消费者及知识产权权利人的权利义务关系，依法保障各方当事人合法权益。促进电子商务平台经营活动规范有序、健康发展，有效发挥互联网在生产要素配置中的优化集成作用。

16. 依法促进劳动力要素优化配置。妥善审理劳动争议案件，遵循劳动力要素市场化配置要求，促进劳动力和人才的社会性流动。对暂时存在资金困难但有发展潜力的企业，特别是中小微企业，发挥集体协商援企稳岗作用，尽量通过和解、调解等方式，鼓励劳动者与企业共渡难关。对因产能过剩被倒逼退出市场的企业，要防止用人单位对劳动者权益的恶意侵害，打击恶意欠薪行为，加大财产保全、先予执行力度，最大限度保护劳动者合法权益。对地区、行业影响较大的产业结构调整，要提前制定劳动争议处置预案，健全劳动关系风险排查化解机制，形成多层次、全方位的协同联动机制和纠纷化解合力。完善促进人才社会性流动的司法解释和规范性文件，畅通人才跨所有制流通渠道，健全企事业单位人才流动机制，推动建立国际人才交流合作的法律保障机制，为畅通经济运行提供“软保障”。

四、维护社会诚信与市场秩序，营造适应经济高质量发展的法治化营商环境

17. 依法支持和服务“放管服”改革。依法审理涉及行政审批、行政许可等行政案件，促进行政机关不断优化行政审批制度、创新行政管理和服务方式，服务法治政府和政务诚信建设。研究制定行政诉讼中规范性文件附带审查的司法解释，加大对行政决策合法性和行政行为合理性的审查力度，促进政府守信践诺。依法审理政府招商引资、政府特许经营、土地房屋征收等行政协议案件，严格把握政府解除行政协议的条件，切实维护行政相对人的合法权益。

18. 加强反不正当竞争、反垄断审判工作。准确把握法律标准，恪守竞争中性原则，综合运用效能竞争、比例原则、竞争效果评估方法，建立健全第三方审查和评估机制，依法判断竞争行为的正当性，及时制止不正当竞争、垄断行为，提高违法成本，引导市场主体诚信公平有序竞争，增强市场竞争活力。

19. 规范金融市场投融资秩序。依法严惩非法集资犯罪行为，坚决守住不发生系统性金融风险的底线。按照“穿透监管”要求，剔除当事人之间通谋虚伪的意思表示，正确认定多层嵌套金融交易合同下的真实交易关系。按照功能监管要求，对以金融创新为名掩盖金融风险、规避金融监管、进行制度套利的违规行为，以其实际构成的法律关系认定合同效力和权利义务。主动加强与金融监管机构的沟通协调，支持、促进金融监管机构依法履职，加强金融风险行政处置与司法审判的衔接，协助做好金融风险预警预防和化解工作。及时研究和制定针对网络借贷、资管计划、场外配资、资产证券化、股权众筹等金融现象的司法应对举措，提高防范化解重大金融风险的主动性、预判性。严厉打击涉互联网金融或者以互联网金融名义进行的违法犯罪行为，规范和保障互联网金融健康发展。

20. 加强“逃废债”清理惩戒机制建设。健全清理拖欠企业债务长效机制，加大强制执行力度，依法适用拘留等强制措施，树立实质穿透执行理念，依法识别和精准打击规避、抗拒执行行为，保障胜诉当事人及时实现权益，降低债权实现成本，助力企业化解债务危机。完善诚信建设长效机制，推进政府部门诚信信息与法院信息共享机制，精准适用、严格规范失信被执行人名单和限制消费等措施，完善信用修复机制，探索建立虚假诉讼失信人名单制度，严厉制裁诉讼失信行为，促进社会诚信建设。

五、强化民生司法保障，实现更高水平的公平正义

24. 依法促进房地产市场平稳健康发展。坚持“房子是用来住的，不是用来炒的”定位，依法妥善审理涉

房地产相关纠纷案件，引导房产交易回归居住属性。落实中央加快建立多主体供给、多渠道保障、租购并举的住房制度要求，坚持租购同权，依法保护房屋承租人的优先承租权。准确把握民法典关于居住权的立法目的与成立条件，依法妥善审理涉居住权案件，充分发挥居住权扶弱、施惠的社会保障功能，保护弱势群体的居住权益。积极运用司法手段支持政府严控房价，防范炒地炒房投机行为，保障房地产市场平稳健康发展。

六、健全涉外司法保障机制，推动建设更大范围、更宽领域、更深层次的全面开放（略）

七、以一站式多元解纷为切入点，建设具有中国特色、更加适应市场经济需求、便捷高效的矛盾纠纷化解机制（略）

十、地方抗疫阶段性支持政策

新冠肺炎疫情防控类政策

代表地区：广东省

文件名称：《广东省住房和城乡建设厅关于印发新型冠状病毒感染肺炎疫情防控工作指引的通知》

日期：2020 年 1 月 27 日

政策内容：

一、切实加强组织领导。要以习近平总书记的重要指示精神为根本遵循，把人民群众生命安全和身体健康放在第一位，把疫情防控工作作为当前压倒一切的重要政治任务来抓紧抓实。要充分认识疫情形势的严峻性、危害性、艰巨性，切实增强责任感、紧迫感和使命感。各级主管部门要按照省防控工作领导小组（指挥部）的要求，迅速成立指挥部或工作专班，制订工作方案，完善工作机制，查找工作漏洞，补齐工作短板，根据疫情变化，即时研究对策，督促指导有关各方落实主体责任，配合做好联防联控联治工作。

二、认真落实宣传责任。疫情瞬息万变，要密切关注国家、省和属地发布的最新动态，通过有效途径，运用大数据技术信息等手段，迅速将党中央、国务院的决策部署，省防控工作领导小组（指挥部）的要求，及时传达到各区域内的每一个房屋市政工程参建单位、市政环卫单位、相关物业服务企业、房屋市政和城市轨道交通工程在建工地等。横向到边，纵向到底，做到全方位、全覆盖，无死角、无盲区。要督促企业认真落实主体责任，有效防止疫情传播。

三、加强来粤人员管护。迅速对全省 32000 多个在建工地、各地市政环卫单位以及相关物业服务企业开展排查，摸清底数，精确到人。突出重点，对目前已在疫区休假的从业人员登记造册，由所在企业负责逐一进行联系，要求其在未收到企业通知前，暂缓返回广东，并及时将情况报告属地卫生健康部门。对节日期间未停工的工程项目，所有在岗人员都要每日进行体温检测并作记录，特别要确保近期出入过疫区的人员自行居家健康监测不少于 14 天，未发现疑似症状方可上岗，误工费用按有关规定严格执行，不得进行变通。

四、加强在建工地监测。按照全省重大突发公共卫生事件一级响应机制，督促各地在每一个工作场所特别是工地现场、工人生活区等设置体温检测点，确保对入场作业人员进行体温测试；按时配发口罩，确保有限空间作业人员按规定佩戴；严格控制外来人员随意进入工作场所，严禁从业人员携带野生动物和家禽家畜进入工作场所，抵制食用野生动物；要求从业人员外出时做足防疫措施，尽量减少到通风不畅和人流密集场所活动。

不参加聚集性活动，加强工地疫情监测，对所有在建工地从业人员实行疫情日报制度。

五、做好节后复工预案。鼓励和支持建筑施工企业在条件许可的情况下延迟开工。督促工程建设各方主体针对房屋市政工程从业人员流动性大、异地务工人员多的特点，采取严密的复工应对措施，制定周密的工作预案，预案应包括根据疫情变化，加强对从业人员的疫情监测和防控，强化工地饮食、环境卫生管理，确保开工后对从业人员每日进行体温检测，建立假期与疫区相关人员接触情况报告台账，明确突发事件应急处置措施等。协助房屋市政工程建设企事业单位提前与当地卫生健康部门协商，明确收治医院，一旦发现从业人员出现疑似症状，要第一时间隔离观察，及时送院诊治，并对密切接触者采取防护措施，做到早发现、早报告、早隔离、早处置。

六、广泛开展爱国卫生运动。配合当地卫生健康部门实行联防联控，加强部门、上下、社区协作，深入开展爱国卫生运动，实施工地生活区等从业人员聚集区环境卫生整治，落实通风、消毒和清洁措施，清除病媒孳生地。提高个人文明素养，戴口罩，勤洗手，不随地吐痰，咳嗽或打喷嚏时捂住鼻子，将肉蛋食物彻底煮熟等，提高自我保护意识和能力。

七、强化城市公园防控。进一步加大对城市公园室外区域及办公场所的清扫、保洁及消毒力度，为作业人员及时配备必备的劳动安全防护用品，对其工作、休息环境及劳动工具设备及时消毒。疫情结束前，严防在公园内开展群聚性聚会、跳广场舞等活动。

八、加强环卫行业管理。及时对生活垃圾进行无害化处理，严格禁止医疗废弃物混入生活垃圾处理系统；加强供水水质监测，严防供水水质污染；加强排污口及排水单元管控，做好水厂运行监测，严禁污水直排；对生活垃圾运输工具和处置场所以及城市公厕等及时消毒，加强市容环境卫生管理；妥善做好医疗机构等相关场所生活垃圾处置工作，确保环卫工作在作业服务中防护安全。

九、做好物业小区管控。督导各物业服务企业切实加强物业服务区域和从业人员的疫情防控，门卫、保洁等岗位人员必须佩戴口罩，身体不适的要立即停岗隔离观察；认真做好小区出入口、楼栋大堂、箱式电梯等人员流动场所的环境清洁和卫生消毒工作，增加清洁消毒频次，切实减少交叉感染风险；加强物业管理区域秩序维护，完善外地车辆、人员进出小区管理制度，做到防控无盲区；配合属地卫生健康部门做好重点观察人群的登记和报告工作。督促各房地产开发企业、中介机构暂停举办集中宣传、促销等公众聚集活动。

十、加强应急值守。严格落实领导带班，值班人员24小时在岗值班值守制度，时刻保持响应状态。各地主管部门要向社会公开举报电话号码，对未按规定执行的进行严肃处理。要做好信息报送，落实每日一报制度，各地级以上市住建系统各主管部门每天16点前填写《全省住房城乡建设系统疫情防控信息情况表》，并报送我厅工程质量安全监管处。

代表地区：南京市

文件名称：南京市住房保障和房产局《关于做好我市房地产行业新型冠状病毒感染的肺炎防控工作的紧急通知》

日期：2020年1月26日

政策内容：

一、全市所有商品房项目及房地产开发企业暂停举办发布会、答谢会及开放、登记报名、认购、开盘等各种形式的群体性活动，恢复时间另行通知。

二、各企业要做好售楼处、中介门店、租赁接待服务点等公共场所的疫情防控工作，落实市新型冠状病毒感染的肺炎防控工作指挥部佩戴口罩通知要求，保持室内通气通风，配备清洗消毒液，对发现异常情况的，要第一时间向当地卫生防疫部门报告。

三、各企业要按照全市要求，积极做好疫情防控，在属地卫生防疫部门的指导下，做好本单位工作方案。加强对本单位职工春节期间人员去向及身体状况的排查梳理，主动配合相关部门做好信息的采集报送工作。

代表地区：杭州市

文件名称：杭州市住房保障和房产管理局《关于积极落实疫情防控措施做好房地产市场销售工作的通知》

日期：2020 年 2 月 17 日

政策内容：

一、按规定程序有序复工

房地产开发企业、房地产经纪机构切实落实企业疫情防控主体责任，按照《杭州市企业复工疫情防控工作导则》的要求，通过“企业严格防控有序复工申报备案”数字平台或线下方式，将复工方案、复工员工防疫承诺书、责任承诺书、防疫应急预案、食堂防控措施、宿舍防控措施报属地乡镇（街道）管委会后，即可自行复工。

二、加强疫情防控期间的商品房销售工作

1. 实行网上销售宣传。各房地产开发企业可通过微信公众号、企业官网、小程序、“透明家 APP 线上售楼处”等渠道，以“线上看房”的方式对项目样板房、户型图、楼书等进行宣传展示，其中样板房的展示还可通过在现场安装摄像头、VR 录制等方式，以线上实景形式供消费者查看。

2. 实行网上公证摇号。房地产开发企业应明确要求购房人必须采取网上报名方式参加摇号购房。公证摇号由公证机构发布公告，明确防控期间不再邀请购房者到公证摇号现场。公证机构应及时将摇号结果通过网站、微信小程序等多渠道进行发布。

3. 加强选房环节的管理。倡导房地产开发企业通过公证机构监督网上视频选房的方式，实现购房人远程选房，在选房、付款、签订意向合同等环节设计合理流程，避免选房人员聚集。如确需线下选房的，应按选房顺序预约选房人员分批次选房（选房现场应提前做好各项疫情防控措施），每个选房时间段安排少量选房人员，且设置间隔（人与人之间距离在 1 米以上）。提前到达者应在室外空旷处等候。

4. 加强交付环节的管理，避免集中交房。已经完成竣备的项目，房地产开发企业应提前加强与业主的沟通，合理安排交房事宜，避免人员集中；尚未完成竣备且因疫情可能影响按期交房的项目，应及时向业主通告相关情况，有效降低法律风险，并与属地住建部门、街道社区密切配合，避免发生群体信访事件。

三、加强疫情防控期间的二手房经纪服务工作

1. 创新服务模式，通过网上挂牌、VR 看房、视频多方协商、电话沟通等非接触方式提供经纪服务，减少面对面接触带来的疫情防控风险。

2. 对合同签约、办理网签、过户办证等确需现场办理的业务，实行预约制度，根据场地、时间等实际情况，分批、错时、预约办理，避免人员聚集产生不可控因素。

3. 对复工前已达成购房意向、已签订意向（定金）协议的经纪业务，要进行全面梳理，实行分类管理，稳妥有序推进合同网签、过户办证等后续工作，并做好沟通解释工作，避免矛盾纠纷。

4. 在组织看房等活动中，严格遵守房屋所在小区有关疫情防控管理的规定，积极配合做好登记、检查、限制进入等工作，杜绝抗拒检查、强行进入等不配合疫情防控工作的情况发生。

5. 加强经纪服务场所、经纪服务人员管理及购房人员的现场管理，切实做到《关于加快推进企业和建设工程复工复产的通知》要求的“六个必须”（详见附件）。

希望各房地产开发企业、房地产经纪机构认真贯彻执行本通知的各项要求，积极主动落实疫情防控措施，安全有序开展市场销售工作，努力减轻疫情对房地产市场的影响，齐心协力，共克时艰。

附件：企业复工“六个必须”

1. 必须履行主体责任。企业主要负责人要切实承担起防疫工作第一责任人的职责，严格履行承诺，确保各项防控举措落实到位。

2. 必须严格员工管理。严格执行健康码上岗制度，员工早晚两次检测体温，每日组织健康打卡并核查信息，“一人一档”做好登记。督促员工做好个人卫生防护，做到戴口罩、勤洗手，避免参加聚餐聚集活动。疫情期间减少安排员工外出，严禁赴重点疫情地区出差。

3. 必须确保生产经营场地卫生。加强工作场所全面通风，生产车间、经营店堂、办公室等重要区域和电梯间、卫生间等公共部位要消毒到位。

4. 必须守住安全底线。提前做好重点设施设备、生产经营场所安全隐患排查，加强员工安全培训，严格落实安全生产措施。

5. 必须建立应急预案。员工如有发热、胸闷、乏力等异常症状，应第一时间报告园区或属地政府，并实施隔离、送医等措施。

6. 必须落实检查整改。主动配合属地政府开展防疫检查，发现问题立即整改，自觉承担相应的法律责任。入驻楼宇（产业园）的，必须服从统一管理。

代表地区：北京市

文件名称：北京市住房和城乡建设委员会《关于进一步做好疫情防控期间住房租赁服务管理的通知》

文号及日期：京建发〔2020〕67 号　2020 年 3 月 13 日

政策内容：

一、在确保疫情防控的基础上，允许经审查后的住房租赁企业从业人员进入社区开展业务

（一）各住房租赁企业根据业务需求，筛选指定出符合疫情防控要求且已到社区报到的从业人员，将身份信息、房源信息（具体见附件）等上报市住房城乡建设委。原则上，每小区只能上报一名从业人员。

（二）市住房城乡建设委对住房租赁企业备案、从业人员信息登记、合同备案等信息进行核实，并将核实后的企业、人员名单及房源信息告知属地社区居委会联系人。

（三）经核实的从业人员申请进入小区时，应向社区工作人员报告所属企业并出示身份证、信息卡等证件，经社区工作人员确认属于市住房城乡建设委核实通过的企业和人员名单，且现场查询“北京健康宝”结果为“未见异常”的，社区工作人员予以办理临时出入证，并纳入本社区疫情防控体系。

二、从业人员开展房源推广带看，应严格执行社区疫情防控要求

（四）经社区审查并领取出入证的从业人员，必须严格遵守所在社区疫情防控管理规定，依法依规开展相

关业务，房源推广带看尽量通过 VR 看房、微信视频等方式，未经社区允许不得擅自带客户进入社区。对于不服从社区管理的住房租赁企业从业人员，社区可以收回出入证。

（五）看房客户进入小区时，须向社区出示当日“北京健康宝”的结果，经社区同意方可进入小区。原则上，从业人员带看客户每天不得超过两次，每次只能带一名客户，并尽量缩短带看时间。带看房源时，从业人员应做好房屋消毒、通风，且与客户保持适当距离，符合社区防控工作要求。

三、加强承租人疫情防控管理，确保新签约承租人顺利入住并纳入社区防控体系

（六）各住房租赁企业与承租人达成租赁意向，并查询“北京健康宝”结果为“未见异常”的，双方签订租赁合同（租期不得少于半年）并在市住房城乡建设委完成租赁合同备案后，由企业从业人员陪同承租人到社区申请办理出入证。

（七）办理出入证时，承租人应向社区工作人员出示当日“北京健康宝”的查询结果、市住房城乡建设委“安居北京”公众号中“我要查询”的“租赁合同备案信息”查询结果。社区工作人员对已完成租赁合同备案、符合社区防控要求的承租人，按规定办理出入证，并将承租人纳入社区防控体系。

四、强化企业主体责任，确保疫情防控措施落实到位

（八）各住房租赁企业应切实加强对新成交出租房屋及承租人的管理，严格执行社区疫情防控各项要求，通过人力保障和技术手段确保所有承租人纳入社区疫情防控体系。对于不服从社区管理、存在违法违规行为、引起投诉举报的，由市、区住房城乡建设（房管）部门依法依规从严查处。

（九）鼓励各住房租赁企业从业人员在依法依规开展业务同时，积极参与并协助社区做好各项疫情防控工作。

公积金服务类政策

代表地区：武汉市

文件名称：武汉住房公积金管理中心《关于做好疫情防控期间住房公积金服务保障工作的通知》

日期：2020 年 2 月 7 日

政策内容：

一、支持受困单位战胜疫情。因疫情影响导致生产经营发生困难的相关企业，可依照《武汉住房公积金缴存管理办法》，申请缓缴住房公积金，或在规定标准内降低住房公积金缴存比例，待经济效益发生好转后恢复正常缴存。

因在疫情防控期间无法按月缴存住房公积金的单位职工需办理公积金贷款时，经单位说明情况并补缴住房公积金后，可视作连续足额缴存，职工申请住房公积金个人贷款不受影响。

二、关怀疫情防控一线工作者。对参加我市疫情防控的医护人员、工作人员，在一定期限内提供住房公积金使用倾斜政策：购买自住房贷款的，参照我市高层次领军人才的支持政策，提高可贷额度，降低缴存时限要求；支援武汉防疫工作的外地医护人员，在汉购房申请异地公积金贷款时，不受户籍地限制。对疫情防控一线工作人员不能本人到场办理提取业务的，将代办人放宽至单位住房公积金经办人员。

三、全力做好线上线下业务保障。提倡业务网上办，缴存单位及职工可通过公积金中心官网、手机 APP、微信公众号等线上渠道，办理缴存、提取、还贷、账务信息查询等业务。办理住房公积金提取业务时，所持相

关证件和资料因疫情防控延迟申请的，不受办理时限的限制。正常上班后，确需到服务大厅办理的，各分中心做好服务设施清洁消毒，以及督促佩戴口罩、测量体温等防护措施，最大限度减少感染风险。

四、调整四类特殊逾期信用记录。按照《中国人民银行武汉分行办公室关于做好新型冠状病毒感染肺炎疫情防控期间征信信息主体权益保护工作的通知》的有关要求，对感染新型肺炎住院治疗或隔离人员、疫情防控需要隔离观察人员和参加疫情防控工作人员，因疫情影响未能及时还款的逾期记录，以及受疫情影响暂时失去收入来源未能及时还款逾期记录，对后期归还并正常还款的，经个人申请，给予疫情防控期间征信逾期信用记录修改处理，并退还所收取的逾期罚息。

五、国家或本市另有规定的，按其规定执行。

代表地区：福州市

文件名称：《福州住房公积中心关于对受疫情影响的缴存单位和职工给予政策支持的通知》

文号及日期：榕公积业〔2020〕3号　2020年2月16日

政策内容：

一、受疫情影响的单位允许单位缓缴补缴住房公积金

对受疫情影响导致生产经营困难的企业，可按规定申请暂缓缴存住房公积金，可在福州市结束突发公共卫生事件应急响应起3个月内，再申请恢复缴存。

受疫情影响，单位未能及时缴存住房公积金的，该单位职工申请公积金贷款时，若公积金已补缴到位，视同连续足额正常缴存，可以正常申请住房公积金贷款。

二、适当延长受疫情影响的职工购房提取、提前结清贷款提取及租房提取的时间限制

对因疫情影响未能及时提取的人员，购买商品房（含保障性住房）或二手房（含拍卖房）申请提取住房公积金的，可在福州市结束突发公共卫生事件应急响应起3个月内申请提取，不受取得房屋预告登记证明或房屋所有权证转移之日起12个月内申请提取的限制；房屋被征收时选择房屋产权调换补偿且有补交差价的，可在福州市结束突发公共卫生事件应急响应起3个月内申请提取，不受交款发票或交款凭证开具之日起12个月内申请提取的限制。提前结清贷款提取住房公积金的，可在福州市结束突发公共卫生事件应急响应起3个月内申请提取，不受结清贷款之日起12个月内申请提取的限制。家庭无自有住房而租赁住房需租房提取住房公积金的，可在福州市结束突发公共卫生事件应急响应起3个月内申请提取，不受提取金额不超过12个月租金的限制。在福州市启动突发公共卫生事件应急响应前，已超过12个月期限规定的，仍不能申请提取。

三、从事疫情防控一线工作及新型冠状病毒感染的肺炎患者，其住房贷款逾期不上报征信、减免贷款逾期利息

对从事疫情防控一线工作及新型冠状病毒感染的肺炎患者，因防控或隔离疫情不能正常还款的，（对新型冠状病毒感染的肺炎患者、疑似病人、密切接触者在其隔离治疗期间或医学观察期间以及因实施隔离措施而不能正常还款的），经本人提供医院出具的相关证明或所在单位证明或社区证明，不作逾期处理，不收取逾期利息，相关个人征信信息不报送至人民银行个人征信数据库。已报送的，由住房公积金中心按规定程序对逾期信息进行修复，不影响缴存职工办理后续公积金业务。上述职工应在结束隔离之日起，向所治疗医院或所在单

位、社区索取证明，待疫情结束3个月内向中心各管理部窗口申请，逾期不提起申请的，不再处理。

代表地区：浙江省

文件名称：浙江省住房和城乡建设厅、浙江省财政厅、中国人民银行杭州中心支行《关于做好妥善应对新冠肺炎疫情实施住房公积金阶段性支持政策相关工作的通知》

日期：2020年3月18日

政策内容：

一、落实城市主体责任。实施住房公积金阶段性支持政策是贯彻落实党中央、国务院决策部署的重要举措，各地要高度重视，周密部署，抓好落实。各设区市人民政府要结合本地区新冠肺炎疫情影响实际和住房公积金资金抗风险能力，提出实施住房公积金阶段性支持政策的具体办法。

二、坚持民主协商原则。受新冠肺炎疫情影响的企业，必须在与职工充分协商的前提下，经职工代表大会或工会讨论通过后，方可按规定申请在2020年6月30日前缓缴住房公积金；影响严重和较为严重的地区，实施住房公积金阶段性自愿缴存政策（自主确定缴存比例或停缴）的，企业也必须经职工代表大会或工会讨论通过后，方可申请。

三、切实维护职工权益。受新冠肺炎疫情影响的职工，2020年6月30日前，住房公积金贷款不能正常还款的，不作逾期处理，不作为逾期记录报送征信部门，已报送的予以调整；职工缓缴、停缴期间缴存时间连续计算，不影响正常提取和申请住房公积金贷款。对支付房租压力较大的职工，可合理提高租房提取额度、灵活安排提取时间。

四、确保资金平稳运行。各地要科学评估政策调整对资金使用的影响，制定应急预案，做好后续政策储备。对政策到期后仍需降低缴存比例、缓缴、停缴的企业按规定做好政策的衔接工作，确保住房公积金业务的平稳有序开展。同时，在新冠肺炎疫情影响期间，各地住房公积金贷款政策要适当保持连续性，避免频繁调整。

五、全面提升服务水平。各地要深入开展“三服务”活动，及时了解缴存企业的实际困难和职工的合理诉求，充分尊重企业和职工的意愿，协助企业做好解释工作并选择合理的缴存方案。

六、积极引导线上办理。各地要进一步完善线上办理渠道和流程，提高审批效率，确保企业和职工可通过浙江政务服务网、浙里办APP及各地网上办事大厅便捷办理住房公积金业务。

七、切实加大宣传力度。各地要及时向社会发布住房公积金业务调整公告及业务办理指南，让社会各界充分知晓住房公积金阶段支持政策实施范围及办理方式，并及时解答企业及职工的咨询疑问。

土地供应保障类政策

代表地区：上海市

文件名称：上海市规划和自然资源局《关于全力应对疫情支持服务企业发展的若干土地利用政策》

文号及日期：沪规划资源用〔2020〕42号　2020年2月11日

政策内容：

一、保持土地市场交易平稳有序

强化落实落细疫情防控措施，从保障重点地区发展、保障产业发展、保障民生需要出发，保持土地市场交易平稳有序进行。对采取定向挂牌出让的地块，取消现场交易环节，直接电子挂牌交易并确认竞得，出让人可根据受让人实际情况延迟签订土地出让合同。对以公开招标拍卖挂牌方式出让的地块，经批准同意可继续交易，现场交易环节积极做好疫情防控工作。

二、消除疫情对合同履约的影响

1. 调整土地价款缴付方式和期限。受疫情影响，未能按土地出让合同约定缴付土地价款和交付土地的，不作为违约行为，不计滞纳金和违约金，受让人可以向出让人申请延期缴付或分期缴付，疫情解除后签订补充出让合同调整土地价款缴付方式和期限，交地时间相应顺延。

2. 顺延开竣工和投达产履约时间。土地出让合同关于开竣工、投达产的履约时间要求根据疫情自动顺延，可在疫情解除后通过签订补充出让合同调整履约时间，也可以在竣工验收时直接按顺延后的履约时间予以核验。

3. 履约监管时充分考虑疫情影响。在全生命周期履约监管时，对因疫情影响造成产业绩效等指标不达标的情形，应予充分考虑，免除相应违约责任。疫情期间暂不开展实地履约巡查。

三、支持企业恢复生产和发展产业

1. 免除疫情期间的用地费用。企业以租赁方式（含先租后让）从政府或国有企业取得的产业用地，免除疫情期间的土地租赁费用，各区可以根据疫情具体确定免租期。

2. 降低产业用地成本。产业用地地价实行底线管理原则，工业用地出让起始价不低于全国工业用地出让最低价，研发用地出让起始价不低于本市研发用地基准地价。

3. 鼓励企业盘活存量资源投资兴业。存量工业用地经批准提高容积率和增加地下空间的，不再增收土地价款。支持利用划拨土地上的存量房产发展各类线上运营的新业态新模式，土地用途和权利人、权利类型暂不变更。

4. 加强服务推进政策落地。疫情期间，市、区支持产业发展规划土地工作推进组将组织各园区，通过电话、微信、视频会议等线上途径，及时回应和解决企业在生产经营中的问题需求，推进政策落地。

代表地区：济南市

文件名称：《济南市自然资源和规划局关于做好疫情防控期间土地要素保障和规划服务工作的若干措施》

文号及日期：济自然规划发〔2020〕15 号　2020 年 2 月 13 日

政策内容：

一、加强土地要素保障

1. 先行预支用地指标。对急需落地项目，实行新增建设用地指标预支制度，在省分配下达用地指标前先行进行用地审查审批，压茬推进各环节工作，确保重点急需项目落地。

2. 支持疫情防控用地。为防控疫情建设的医疗卫生设施和医药用品、医疗器械生产等所需用地，可以先行使用；疫情结束后需要永久用地的，予以完善用地和规划手续；属于临时用地的，恢复原状并及时归还。

3. 充分利用存量土地。鼓励企业通过自主、联营、入股、转让等方式实施城镇低效用地再开发。加快盘活闲置土地，对于因资金短缺造成闲置土地的企业，经认定非恶意囤地、炒地的，在企业承诺所贷资金仅用于本宗闲置土地开发建设的前提下，可依法依规为其办理抵押登记手续。

二、降低企业履约风险

4. 允许延期签订土地出让合同。对土地已成交，按规定在2020年1月23日（含）之后签订《土地成交确认书》或《土地出让合同》的，可依竞得人申请延期签订。签订《土地成交确认书》的，延期签订时间为疫情消除日后3日内；签订《土地出让合同》的，延期签订时间为疫情消除日后10日内。

5. 允许延期缴纳土地出让金。对已签订《土地出让合同》的医疗卫生用地及工业、仓储等产业用地，按合同约定应在2020年1月23日（含）至疫情消除日（含）期间缴纳土地出让金的，可依受让人申请，延期到疫情消除日（不含）后10个工作日内缴纳；其他用地项目，按合同约定应在2020年1月23日（含）至疫情消除日（含）期间缴纳土地出让金的，可依受让人申请，在合同约定缴纳土地出让金期限的基础上延期1个月缴纳，并按照同期中国人民银行贷款利率支付出让金利息。

6. 暂缓开（竣）工现场核验。需进行开（竣）工申报的，采用网上传递施工许可证、规划核实合格证、现场照片等电子材料的方式先行办理，待疫情结束后再行核验项目现场和纸质材料原件。受疫情影响未能按期开（竣）工的，自2020年1月23日（含）至我市疫情消除日后10日不计入违约责任。

7. 允许土地收回签约和交地延期。按照济政字〔2019〕42文件实施的国有土地使用权收回，对已向被收回方发放《国有土地使用权收回签约通知书》的，计算提前签约时间时去除自2020年1月23日（含）至我市疫情结束后10日。对已签订《国有土地使用权收回合同》，合同内容明确约定了交地时间的，可依被收回方申请延期交付土地，延期时间按2020年1月23日（含）至我市疫情消除日后10日进行顺延。上述条款中的“疫情消除日”以当地市县级人民政府不再限制人员流动和项目开发建设的日期为准。竞得人、受让人、用地单位所在地区疫情消除日期晚于宗地所在地的，以竞得人、受让人、用地单位所在地区疫情消除日期为准。涉及上述条款在2020年1月23日（不含）之前发生违约的，疫情期间不计入违约责任。

三、加快规划审批服务

8. 开辟疫情防控建设项目审查审批绿色通道。新建疫情防控医疗卫生设施的，项目方案经行业主管部门审查同意后，可以先行建设；新建疫情防控医药用品、医疗器械生产及疫情防控项目相关配套市政设施的，在符合标准规范、保障安全前提下，可以先行建设。疫情消除后，经评估符合要求的，予以补办相关建设工程规划许可手续。现有建筑改建或改造为疫情防控卫生设施的，无需进行规划审查审批。

9. 全力保障落地项目开工建设。进一步优化审批流程，精简要件，提高效率，全力推进重点片区项目、实体经济项目、公共服务设施项目和基础设施项目早开工、早建设、早见效。

10. 加快谋划筹备新建设项目。加快新旧动能转换先行区、齐鲁科创大走廊、中科院济南科创城、国际医学中心等重点区域的规划编制，保障项目落地，形成集聚效应。主动对接各土地运作平台，提前谋划供地方案，及时与环境保护、名泉保护和公共设施主管部门做好衔接，科学配置民生设施，保障项目尽早落地。

四、创新窗口便捷服务

11. 推行“不见面”审批服务。充分利用网站、公众号等提供网上申报、证照快递办理服务，实行网上报建流程、办事指南、公开咨询电话扫码查阅办理，提升服务便捷性。对于必须审验的原件、办理完毕的证照，提供“快递寄送”服务，让企业和群众足不出户办成业务。

12. 推广“互联网+不动产”登记和预约办理。加强“互联网+不动产”线上服务，完善线上办理服务指南，倡导网上办理。确需到窗口办理的，推广电话及网上预约，提供电子证照服务，做到“一次办成、一次办好”。

代表地区：苏州市

文件名称：《苏州市自然资源和规划局关于做好土地出让相关工作有效应对疫情的通知》

日期：2020 年 2 月 19 日

政策内容：

一、加快工业用地供应，保障产业项目落地。主动靠前做好产业项目落地服务工作，提高项目用地供地效率，充分利用疫情期间做好项目用地规划许可、建设工程规划技术审查、不动产登记提前服务和技术指导等各项工作。

二、调整交地、开竣工等履约要求。苏州市疫情防控一级响应期间可不开展实地履约巡查，对受疫情影响未能按期开竣工的，用地单位可申请延期并签订补充协议，疫情防控一级响应持续期间不计入违约期。工业用地已签订开发建设协议并约定投入产出要求的，各区政府（管委会）可根据企业复工情况调整开发建设协议，2020 年度可不计入考核年份，考核期相应顺延。

三、延长土地出让金缴纳时限。在苏州市疫情防控一级响应期间苏州市自然资源和规划局公告挂牌出让的经营性用地，第二期出让金缴纳时间可在原规定缴纳时间基础上顺延，交地时间相应顺延，顺延天数为地块成交之日（不含成交当日）到苏州市疫情防控一级响应解除之日（含解除当日）的天数。

四、调整超过市场指导价报价规则。住宅（商住）地块不统一要求设置竣工预售许可调整价，超过市场指导价的，不统一要求项目工程结构封顶后申请预售许可；进入一次报价的，不统一要求工程竣工验收后申请预售许可。

已成交须工程结构封顶或竣工验收后预售、销售的住宅（商住）用地，开发企业预售、销售的时间节点可适当提前，以按照正常工期测算的预售、销售时点为基准，提前时间按疫情防控一级响应天数计算，具体由住建部门核定。

税费减免类政策

代表地区：武汉市

文件名称：《国家税务总局武汉市税务局关于贯彻落实新型冠状病毒肺炎疫情期间房产税城镇土地使用税困难减免优惠有关事项的公告》

文号及日期：2020 年第 2 号　2020 年 4 月 22 日

政策内容：

一、因疫情影响停产停业的纳税人，可申请减免 2020 年第一季度自用房产、土地的房产税、城镇土地使用税。

二、疫情防控期间在营食品、药品、医疗器械经营企业（批发和零售）、防疫物资、餐饮服务、其他生活必需品和物流配送等市场保供企业（包括参与上述物品市场保供的供销系统县级应急物资储备中心、交通系统进鄂物资中转站及交通运输物流和邮政快递等关联企业）以及参与属地疫情防控的物业服务企业，可申请减免 2020 年第一、二季度的自用房产、土地的房产税、城镇土地使用税。

按各级新冠肺炎疫情防控指挥部统一汇总、核定的本地区商贸流通在营保供企业和物业服务企业名单执行。

三、疫情期间，纳税人自有的房产、土地被政府征用用于设立方舱医院、隔离点、存储防疫物资等防疫用途的，可申请减免2020年第一、二季度被征用的自有房产、土地的房产税、城镇土地使用税。

四、受疫情影响十分重大的困难行业纳税人，可申请减免2020年第一、二季度的房产税、城镇土地使用税。

困难行业包括批发和零售业、交通运输业（指铁路运输、道路运输，航空运输、多式联运和运输代理等）、住宿和餐饮业、旅游（指旅行社及相关服务、游览景区管理两类）、文化体育和娱乐业五类，具体标准按照现行《国民经济行业分类》执行。

五、在疫情期间为中小微企业和个体工商户减免租金的单位和个人，根据租金减免额度，可申请减免该租金对应的2020年度房产税、城镇土地使用税，具体减免标准为：

（一）减免租金1个月（含）以上，不足2个月的（或减免租金额度达到全年租金8.33%以上，不足16.67%的），可申请2020年第一季度对应出租房产的房产税、城镇土地使用税困难减免；

（二）减免租金2个月（含）以上，不足3个月的（或减免租金额度达到全年租金16.67%以上，不足25%的），可申请2020年第一、二季度对应出租房产的房产税、城镇土地使用税困难减免；

（三）减免租金3个月（含）以上的（或减免租金额度达到全年租金25%以上的），可申请2020年度全年对应出租房产的房产税、城镇土地使用税困难减免。

全年租金为现行租赁合同约定月租金×12。

中小微企业划分按照现行《关于印发中小企业划型标准规定的通知》（工信部联企业〔2011〕300号）执行。

六、其他情形申请房产税、城镇土地使用税困难减免税的，按现行有关政策规定执行。

七、为切实减轻纳税人负担，纳税人享受本公告第一、二、三、四、五条规定的困难减免，可通过“网上申请，即时核准，后续核查”的简易办税流程办理。

八、符合本公告第一、二、三、四条情形的纳税人原则上应在2020年6月30日前提出减免申请，完成房产税、城镇土地使用税减免申报。符合本公告第五条情形的纳税人原则上应在2020年12月31日前提出减免申请，完成房产税、城镇土地使用税减免申报。

企业减负类政策

代表地区：北京市

文件名称：《北京市人民政府办公厅关于应对新型冠状病毒感染的肺炎疫情影响促进中小微企业持续健康发展的若干措施》

文号及日期：京政办发〔2020〕7号　2020年2月5日

政策内容：

一、减轻中小微企业负担

1. 停征部分行政事业性收费。疫情期间，对受影响较大的中小微企业停征特种设备检验费、污水处理费、占道费。（责任单位：市财政局、市发展改革委、市市场监管局、市水务局、市交通委、各区政府）

2. 减免中小微企业房租。中小微企业承租京内市及区属国有企业房产从事生产经营活动，按照政府要求坚持营业或依照防疫规定关闭停业且不裁员、少裁员的，免收2月房租；承租用于办公用房的，给予2月租金50%的减免。对承租其他经营用房的，鼓励业主（房东）为租户减免租金，具体由双方协商解决。对在疫情期间为承租房屋的中小微企业减免租金的企业，由市区政府给予一定资金补贴。对在疫情期间为承租房屋的中小微企业减免租金的特色园、科技企业孵化器、大学科技园、众创空间、创业基地、文化产业园、视听园区等各类载体，优先予以政策扶持。鼓励在京中央企业参照执行。（责任单位：市国资委、市财政局、市住房城乡建设委、市经济和信息化局、市科委、市委宣传部、市文化和旅游局、市广播电视局、市体育局、中关村管委会、市文资中心、北京经济技术开发区管委会、各区政府）

3. 为经营困难企业办理延期纳税。受疫情影响纳税申报困难的中小微企业，可依法办理延期缴纳税款，最长不超过3个月。对受疫情影响的“定期定额”户，结合实际情况合理调整定额，或简化停业手续。（责任单位：北京市税务局、各区政府）

4. 补贴小微企业研发成本。对中关村国家自主创新示范区内的科技型小微企业，根据研发投入实际情况，给予每家最高不超过20万元的研发费用补助。（责任单位：中关村管委会、市财政局）

5. 缓解疫情造成的突出影响。对符合条件的中小文化企业融资，通过“投贷奖”政策给予贴息、贴租等奖励。对符合条件的小微、初创型文化企业房租，通过“房租通”政策给予房租补贴。对受疫情影响的滑冰滑雪场所给予适当额度用水用电补贴。按照有关规定对经营规范、信誉良好的旅行社，全额退还旅行社质量保证金，待疫情结束后再适时重新缴纳。对受疫情影响严重或在疫情防控工作中保障市民基本生活的重点连锁餐饮（早餐）、菜店（生鲜超市）、便利店等网点设立项目，对其给予房屋租金等支持，支持比例上限由原50%提高至70%。对于因疫情影响暂停举办的展会项目，如年内继续在京举办且参展中小微企业数量超过参展企业总数的50%，给予一定的场租费用补贴。降低出租车运营成本，鼓励出租车企业对疫情期间继续正常从事运营服务的出租车司机适度减免承包金；市区两级按照管理事权，可对采取减免承包金等措施鼓励运营的出租车企业给予一定运营补贴。（责任单位：市委宣传部、市体育局、市文化和旅游局、市商务局、市交通委、市财政局、各区政府）

二、加大金融支持力度

6. 进一步增加信贷投放。全年普惠型小微企业贷款增速高于各项贷款增速，其中国有大型银行普惠型小微企业贷款增速不低于20%。对因受疫情影响经营暂时出现困难但有发展前景的企业不抽贷、不断贷、不压贷，对受疫情影响严重的中小微企业到期还款困难的，可予以展期或续贷。（责任单位：人行营业管理部、北京银保监局、市金融监管局）

7. 降低企业融资成本。加快和扩大LPR定价基准的运用，推动2020年全市普惠型小微企业贷款综合融资成本较2019年再下降0.5个百分点。对疫情防控重点保障企业给予贷款贴息支持。（责任单位：人行营业管理部、北京银保监局、市金融监管局、市财政局）

8. 拓宽直接融资渠道。中小企业股票质押协议在疫情防控期间到期，企业由于还款困难申请展期的，可与证券公司等金融机构协商，展期3～6个月。积极推进拟上市公司IPO、新三板创新层企业申请精选层辅导验收工作，采取非现场等灵活高效方式进行辅导验收。疫情期间，加快资本市场线上服务平台建设，组织辅导机构加大企业挂牌上市线上培训力度。（责任单位：北京证监局、人行营业管理部、市金融监管局、中关村管委会）

9. 提高融资便捷性。加强金融服务快速响应机制和网络建设，开展“网上畅融工程”快速对接服务，充分发挥银企对接系统作用，提升金融服务可获得性，降低服务成本。完善本市企业续贷服务中心功能，加快建设企业首贷服务中心，持续提高中小微企业“首贷率”、信用贷款占比，小微企业无还本续贷占比提升 20 个百分点以上。建设基于区块链的供应链债权债务平台，为参与政府采购和国企采购的中小微企业提供确权融资服务。(责任单位：人行营业管理部、北京银保监局、市金融监管局、市政务服务局)

10. 优化融资担保服务。疫情期间，本市政府性担保机构对受疫情影响严重的中小微企业降低综合费率 0.5 个百分点；对疫情期间提供生活服务保障的相关企业，担保费率降至 1.5% 以下；对疫情防控相关企业，担保费率降至 1% 以下。(责任单位：市财政局、市金融监管局、市经济和信息化局)

11. 加强创新型中小微企业融资服务。进一步降低十大高精尖产业和中关村国家自主创新示范区等地区资金困难的中小微企业贷款利率。力争 2020 年科创类企业贷款同比增长不低于 15%，有贷款余额的户数同比增长不低于 15%，针对因疫情造成中小微企业信用评级负面影响的，暂不予以信用降级。对符合条件的中关村创新型中小微企业给予贷款贴息以及债券、融资租赁费用补贴。(责任单位：人行营业管理部、市经济和信息化局、中关村管委会、市发展改革委、市科委、市财政局、北京银保监局、市金融监管局)

三、保障企业正常生产运营

12. 实施援企稳岗政策。对受疫情影响较大，面临暂时性生产经营困难且恢复有望、坚持不裁员或少裁员的参保企业，可按 6 个月的上年度本市月人均失业保险金标准和参保职工人数，返还失业保险费。疫情期间，对符合首都功能定位和产业发展方向的中小微企业，截至 4 月底企业职工平均人数与上年平均人数相比持平或增长 20%（不含）以内的，一次性给予该企业 3 个月应缴纳社会保险费 30% 的补贴；截至 4 月底企业职工平均人数与上年平均人数相比增长 20% 及以上的，一次性给予该企业 3 个月应缴纳社会保险费 50% 的补贴。对于享受上述政策的企业，根据岗位需要组织职工（含待岗人员）参加符合规定的职业技能培训，可按每人 1000 元的标准享受一次性技能提升培训补贴。符合条件的本市失业人员按照有关规定可享受免费培训。(责任单位：市人力资源社会保障局、市财政局、各区政府)

13. 促进就业困难群体就业。用人单位招用本市登记失业人员和城乡就业困难人员，依法签订一年及以上期限劳动合同且按规定缴纳职工社会保险、按月足额发放不低于本市职工最低工资标准 1.2 倍工资的，可按规定申请享受岗位补贴、社会保险补贴。(责任单位：市人力资源社会保障局、市财政局)

14. 保障企业正常安全生产需求。各生产企业要严格落实本市疫情防控工作要求，保障生产工作人员健康安全。优化疫情防控货物、生活必需品及国家级、市级重大工程建设原材料和涉及保障城市运行必需、重要国计民生的相关项目建设原材料的调配、运输，为企业办理疫情防控应急物资通行证，保障运输通畅。加大企业复产用工保障力度，积极帮助企业协调解决防疫物资需求，加强防控工作技术支持，监督指导企业在疫情防控达标前提下开展生产经营活动。(责任单位：市住房城乡建设委、市交通委、市商务局、市经济和信息化局、市卫生健康委、各区政府)

15. 加大政府采购和中小微企业购买产品服务支持力度。全市预算单位在满足机构自身运转和提供公共服务基本需求的前提下，要加大对中小微企业的倾斜力度，进一步提高面向中小微企业采购的金额和比例。依托市中小企业公共服务平台发放中小微企业服务券，受疫情影响严重的企业采购远程办公、视频会议、法律咨询、在线检测、网络销售等指定服务产品的，对每家企业给予不超过合同额 50% 的补贴，最高额度不超过 20 万元。(责任单位：市财政局、市经济和信息化局、各有关部门)

16. 精心做好企业服务。发挥 12345 企业服务热线功能，及时帮助企业解决困难和问题。开通中小微企业法律咨询热线专席服务，组建律师专家服务团，为中小微企业提供咨询、代理、“法治体检”等多种形式的法律服务。出台涉疫情防控公证事项办事指引，为受疫情影响的中小微企业提供专门公证服务。（责任单位：市发展改革委、市司法局、市经济和信息化局、各有关部门、各区政府）

以上政策措施适用于符合工业和信息化部、国家统计局、国家发展改革委、财政部联合发布的《中小企业划型标准规定》（工信部联企业〔2011〕300号）且在北京注册的中小微企业，自印发之日起实施，有效期至2020年年底（文中具体措施有明确期限规定的从其规定，因本市新型冠状病毒感染的肺炎疫情应急响应结束等原因政策措施不再有必要性的自然失效）。

代表地区：厦门市

文件名称：《厦门市人民政府关于应对新型冠状病毒感染的肺炎疫情支持企业共渡难关若干措施的通知》

文号及日期：厦府规〔2020〕3号　2020年2月5日

政策内容：

一、保持信贷规模不下降。鼓励各银行机构加大对小微企业支持力度，确保2020年小微企业信贷余额不低于2019年同期余额，小微企业专项贷款增幅不低于全部贷款增幅。对受疫情影响较大，以及暂时受困的小微企业，不得抽贷、断贷、压贷。对受疫情影响严重的企业，到期还款困难的予以展期或续贷。（责任单位：市金融监管局、厦门银保监局）

二、确保融资成本降低。鼓励各银行机构通过压降贷款利率，对疫情防控和保障的相关企业，给予低于贷款利率上限的优惠利率贷款；对受疫情影响较大，以及暂时受困的小微企业，在原有贷款利率水平基础上，下浮10%以上，并减免相关费用，确保2020年小微企业融资成本明显低于2019年同期融资成本。政府性担保公司减半收取担保费。（责任单位：市金融监管局、厦门银保监局）

三、加大信贷支持力度。鼓励金融机构加大支持力度，全力满足疫情防控融资需求。引导国家开发银行厦门分行等政策性银行切实做好向重点企业提供优惠利率信贷支持，贷款利率上限为贷款发放时最近一次公布的1年期LPR减100基点；鼓励地方法人金融机构发放专项项目贷款，贷款利率低于同期贷款市场利率水平。积极引导企业使用应急还贷资金，帮助企业渡过阶段性难关。鼓励各金融机构按照“特事特办、急事急办”的原则，开辟快速审批通道，提供优质高效综合金融服务。（责任单位：市金融监管局、厦门银保监局）

四、给予信贷财政贴息。积极争取我市重点保障企业列入国家发改委、工信部重点医用物品和重点生活物资企业名单，享受优惠贷款和财政部有关专项贴息。对未列入的市重点保障企业，我市将视情给予一定比例的财政贴息。（责任单位：市发改委、市工信局、市财政局）

五、给予创业担保贷款支持。对已发放的个人创业担保贷款，借款人患新型冠状病毒感染肺炎的，可向贷款银行申请展期还款，展期期限原则上不超过1年，财政部门继续给予贴息支持。对受疫情影响暂时失去收入来源的个人和小微企业，在其申请创业担保贷款时优先给予支持。（责任单位：市人社局、市财政局）

六、优化融资担保服务。鼓励金融机构对疫情防控重点保障企业和受疫情影响较大的小微企业提供信用贷款支持，各政府性融资担保机构应当提高业务办理效率，降低担保和再担保费率，帮助企业与金融机构对接，争取尽快放贷、不抽贷、不压贷、不断贷。对确实无还款能力的小微企业，为其提供融资担保服务的政府性融资担保机构应及时履行代偿义务，视疫情影响情况适当延长追偿时限；符合核销条件的，按规定核销代偿损失。（责任单位：市金融监管局）

七、延期缴纳税款。对按月申报的纳税人、扣缴义务人，将2020年2月的法定申报纳税期限延长至2月24日。受疫情影响，在2020年2月申报纳税期限延长后，对有特殊困难不能按期缴纳税款的企业，由企业申

请，依法办理延期缴纳税款，最长不超过 3 个月。（责任单位：市税务局）

八、适当减免房租。对承租政府性资产中经营用房的中小企业和个体工商户，租金 1 个月全免、2 个月减半；鼓励其他业主（房东）为租户减免租金。国有企业出租的经营用房，可参照政府性经营用房做法并结合自身实际加以执行。（责任单位：市财政局、市国资委、各区政府、各开发区管委会、各有关单位）

九、适当减免税费。对于疫情期间减免租金的大型商务楼宇、商场、市场和产业园区等出租方，当年缴纳房产税、城镇土地使用税确有困难的，可申请困难减免。如不符合条件无法享受减免的，可按照租金减免期间所缴纳的房产税和土地使用税给予 50% 扶持，扶持金额不超过减免租金总额。（责任单位：市税务局、市财政局、市住房局、各区政府、各开发区管委会、各有关单位）

十、缓缴社会保险费。对受疫情影响导致面临暂时性生产经营困难，确实无法按时办理参保登记和无力足额缴纳社会保险费的企业和个体工商户，由税务部门按规定允许其在疫情结束后补办登记和缴纳社会保险费，延长期限最长 6 个月，不征收滞纳金。缓缴期满后，企业足额补缴缓缴的社会保险费，不影响参保人员待遇。（责任单位：市人社局、市税务局）

十一、加大稳岗扶持。对今年不裁员或少裁员的参保企业，可返还其上年度实际缴纳失业保险费的 50%，企业实际缴纳失业保险费金额按照税务部门缴费凭证确认。对经政府有关部门认定，面临暂时性生产经营困难且恢复有望的企业，坚持不裁员或少裁员的，返还标准按照上年度本市月人均失业保险金 6 个月金额和参保职工人数确定。少裁员按照净裁员率低于本市 2019 年年底城镇登记失业率确定。（责任单位：市人社局）

十二、给予企业春节用工奖补。对春节假期期间，为防控疫情提供紧缺急需物资的生物医药、医疗器械、卫生防护用品生产企业，与防控疫情保障民生密切相关的生鲜食品的大型超市、连锁便利店企业、限上批发零售企业，以及与上述企业开展密切合作的城市配送企业，发放一次性奖补资金。补助标准为：以 2018 年我市社平工资为计算口径，正月初一至初三按日平均工资 3 倍计算，除夕、初四至初九按日平均工资 2 倍计算，单家企业最高奖补 50 万元。（责任单位：市人社局、市财政局）

十三、给予企业招工补贴。对初次来厦就业和本市初次就业的劳动力，且已办理就业登记和缴交社保，在同一企业连续工作 3 个月以上的，按每人 500 元的标准补贴给企业。（责任单位：市人社局）

十四、降低企业创新创业成本。对在疫情期间为承租的中小企业减免租金的创业园、科技企业孵化器、创业基地等各类载体，优先予以政策扶持，其中每个创业创新示范基地享受中小企业服务补贴券总额度由 30 万元提高至 50 万元。（责任单位：市科技局、市工信局）

十五、加快拨付研发费用补助。提前启动企业研发费用补助申报，加快拨付兑现进度，支持企业加大研发投入，缓解企业资金压力。（责任单位：市科技局、市税务局）

本措施执行期限为 2020 年 1 月 1 日至 2020 年 12 月 31 日，国家、省另有规定的，按就高不重复执行。

代表地区：杭州市

文件名称：杭州市规划和自然资源局《关于做好疫情防控保障服务企业稳定发展的通知》

日期：2020 年 2 月 11 日

政策内容：

一、统筹资源要素保障

对疫情防控急需的医疗卫生和民生设施项目占用耕地，符合土地利用总体规划的，由市级统筹协调解决耕地占补平衡指标。紧急医疗防控用地无法避让需临时占用永久基本农田的，按照临时占用的相关规定先行办理。优先做好疫情防疫和重大基础设施、重大民生工程、重大产业项目等用地计划指标保障。其中，新建非营利性医疗卫生设施所需用地计划指标优先安排落实。

二、实施审批绿色通道

对疫情防控相关的项目办理建设用地预审与选址意见书、用地规划许可证等手续开通“绿色通道”，实施“容缺受理”机制。按照“特事特办、急事急办”的原则，在浙江省人民政府启动重大公共突发卫生事件一级响应后，与疫情防控工作相关需要紧急使用土地的，可以先行用地，并在疫情结束后6个月内完善相关手续。积极推进地铁、铁路西站等重大工程和亚运会配套重点项目复工建设。

三、延长审批许可时效

对经批准的临时用地、临时建设工程、建筑物临时改变房屋用途可在原审批期限的基础上再顺延2个月。采矿许可证到期但仍有可采资源储量的，直接办理延续审批手续。服务指导矿山企业复工复产，保障市场砂石料资源供应。对不按照开发利用方案开采等问题进行停产整顿的矿山，经企业自查完成整改的，在企业做出承诺后可直接复工，规划资源部门后续依承诺进行补验。

四、调整出让时间节点

对正在挂牌出让的地块，各地规划资源部门可根据当地疫情防控形势和实际需要，暂停网上交易活动，待疫情消除后再按规定重新挂牌或继续挂牌出让，其中涉及亚运会配套项目可继续组织实施出让。对已成交的地块，按挂牌文件约定应在2020年1月31日至2020年2月20日期间签订《成交确认书》和《土地出让合同》的，经竞得人申请，《成交确认书》和《土地出让合同》签订时间可顺延21天。

五、调整合同履约要求

已签订《土地出让合同》的地块，按合同约定应在2020年1月31日至2020年2月20日期间缴纳土地出让金的，经受让人申请，该期土地出让金可顺延21天缴纳。已交付尚未开工或竣工的地块，疫情持续期间不计入企业自身原因的开竣工违约责任。经建设用地使用权人申请，可顺延地块开竣工时间，具体顺延时间由各地规划资源部门按规定调查后报属地政府确定。

六、减免土地相关费用

对经批准临时改变国有土地上房屋用途从事商业等经营性活动、利用国有划拨土地上房屋出租或以划拨方式取得的经营性国有土地继续进行经营性活动的，经属地政府同意，建设用地使用权人可申请减免2个月土地年收益。减免承租储备土地用于临时经营的企业2个月租金，免收用于防疫工作的承租储备土地租金。

七、优化规划许可流程

工业项目实行告知承诺制，实行建设工程规划许可证即时办理。2020年6月底前需开工的一般企业投资项目及政府投资项目，工程规划许可审批实行告知承诺制审批，由建设单位出具符合有关法律和强制性标准要求的书面承诺后，事前审查改为事后审查。通过浙江政务服务网、“浙里办”APP、“杭州办事服务”APP实施网上办、移动办，对确需提交的纸质原件，可在提供电子材料后先行办理，待疫情结束后再补交纸质原件。

八、强化征地拆迁保障

因疫情防控原因，可以适当延长房屋补偿实施方案涉及的冻结公告期限，并通过电话、微信等方式申请延期或实行预约办理。对尚未或正在开展拆房的工地，积极鼓励拆迁主体顺延拆房开竣工时间；疫情持续期间，拆房工地一律暂停拆房工作，避免人员聚集。

九、提升登记服务水平

倡导办事企业通过“全程网办”方式办理不动产登记业务，对于急需资金开工复工的企业办理抵押贷款的，通过“预约办”“邮寄办”“专员办”等方式，实行精准服务，加快办理。强化不动产测绘管理，指导督促不动产测绘中介机构进一步压缩厂房类等项目外业调查时限，加快不动产权籍调查成果报送，确保企业尽快办妥不动产登记。与疫情防控相关的登记业务，一律实行特事特办，即时受理并以最短时间办结发证。

十、深入开展三服务活动

全市各级规划资源部门及党员干部要深化“走亲连心三服务”活动，深入基层指导企业做好防疫，了解疫情对企业运行带来的影响，帮助企业解决规划和自然资源保障等方面问题，同时做好稳企业稳经济稳发展政策的宣传和解读，确保服务企业稳定发展相关政策落地落细落实，帮助企业克服疫情影响，有序复工复产，顺利渡过难关。

代表地区：无锡市

文件名称：中共无锡市委 无锡市人民政府《关于应对新型冠状病毒感染的肺炎疫情保障城乡有序建设的政策意见》

日期：2020 年 2 月 12 日

政策内容：

一、受疫情影响办理纳税申报困难的房地产开发企业、建筑业企业、房屋中介企业、房屋租赁企业，由企业申请，依法办理延期申报。对确有特殊困难而不能按期缴纳税款的，由企业申请，依法办理延期缴纳税款，最长不超过 3 个月。至疫情结束，受疫情影响缴纳房产税、城镇土地使用税确有困难的，可申请房产税、城镇土地使用税困难减免。受疫情影响导致重大损失、亏损严重的长租公寓企业，可申请服务业企业纾困专项资金补助。（责任单位：市税务局、市财政局、市发展改革委）

二、引导在锡银行机构保持房地产和建筑施工企业信贷合理适度增长，不得盲目抽贷、断贷、压贷，缓解企业流动性困难。采取有力措施帮助房地产和建筑施工企业渡过防疫困难期，保障我市实施疫情防控一级响应措施期间个人住房贷款的有序投放；对受疫情影响严重、到期还款困难的企业可予以展期，对 2020 年 6 月 30 日前到期、贷款期限在一年以内的贷款落实无还本续贷，并依调整后的还款安排报送信用记录。（责任单位：人民银行无锡市中心支行、无锡银保监分局、市地方金融监管局、市公积金中心）

三、已经领取施工许可证范围内的楼栋，因疫情影响施工建设的，预售资金监管主管部门可依企业申请，对正常执行资金监管办法的企业批准其可跨一个节点申请提前拨付重点监管资金。完成不动产首次登记前，累计申请使用额度不超过重点入账监管资金的 95%。（责任单位：市住房城乡建设局）

四、已经领取施工许可证范围内的楼栋，因疫情影响施工建设的，申请预售时原形象进度要求调整为按投资额计算，预售部分完成25%以上投资即可（装配式建筑的形象进度要求不变）。每一批次申请销售规模原则上高层商品房不少于2万平方米、多层商品房不少于1万平方米。（责任单位：市住房城乡建设局）

五、已挂牌成交地块，因疫情影响无法按期签订《成交确认书》或《出让合同》的，竞得人可申请延期签订，由自然资源规划部门与竞得人商议通过邮寄、快递等不接触方式进行，最迟可于我市疫情防控一级响应措施解除后5个工作日内签订。我市实施疫情防控一级响应措施期间无法现场交付土地和按期缴纳出让金的，企业可申请延迟交地和延期缴纳出让金，最迟可于我市疫情防控一级响应措施解除后5个工作日内办理。（责任单位：市自然资源规划局、市财政局）。

六、受疫情影响的开发项目，城市基础设施配套费由企业申请，可根据属地政府意见予以延期缴纳，延期缴纳时间自属地政府批准延期之日起最长不超过6个月，并在竣工验收前结清；延期缴纳情况应在批准之日起15日内报市财政局备案。（责任单位：市住房城乡建设局、市财政局）

七、因疫情影响造成已出让土地延期复工，不能按期开竣工的，开竣工时间相应顺延，我市实施疫情防控一级响应措施期间不计违约责任；不能如期竣工验收和交付的房地产开发项目，交付期限顺延。（责任单位：市住房城乡建设局、市自然资源规划局、市市政园林局）

八、我市实施疫情防控一级响应措施期间，房地产行业主管部门牵头组织开办网上房交会，简化程序，靠前服务，实现“不见面”政务服务，帮助房地产开发和中介企业促成交易。（责任单位：市住房城乡建设局、市自然资源规划局、市税务局）

九、对租赁房屋属于国有资产的中小企业，免收1～3个月租金。鼓励其他产权人为经营困难的中小企业租户减免或者缓收租金，具体由双方协商确定。市住房租赁公共服务平台优先支持帮助住房租赁企业联盟实施纾困举措，鼓励互联网平台降低或者减免防疫期间的端口使用费。（责任单位：市国资委、市财政局，各市（县）区政府、无锡经开区管委会）

十、对受疫情影响不能按照原定时间开复工的建设项目，工期顺延；无法按照原施工周期完工的，应重新合理确定施工周期。（责任单位：市中级人民法院、市住房城乡建设局，各市（县）区政府、无锡经开区管委会）

十一、各建设单位不得以抢工期、按原合同约定时间交付或违约扣款等为由要求施工单位加快工程进度，除施工单位故意怠于履行合同义务外，由此所产生的费用及损失由建设单位承担。（责任单位：市中级人民法院、市住房城乡建设局，各市（县）区政府、无锡经开区管委会）

十二、因受疫情影响造成的损失和费用增加，按照《关于新型冠状病毒感染的肺炎疫情后我市建设工程施工合同履约及工程价款调整的指导意见》（锡建建市〔2020〕4号）执行。（责任单位：市住房城乡建设局、市财政局、市审计局，各市（县）区政府、无锡经开区管委会）

十三、国有投资项目不得由施工单位垫资施工，应严格按照合同约定支付项目工程款。若前期未按合同支付的，应尽快予以支付；对受疫情影响，资金确实存在困难的企业，经批准后可适当提高支付比例和进度。（责任单位：市财政局、市审计局、市国资委，各建设主体，各市（县）区政府、无锡经开区管委会）

十四、审计机关应依法加强对以政府投资为主的公共工程建设项目的审计监督，建设单位不得将未完成审计作为延期工程结算、拖欠工程款的理由。工程竣工验收前，工程款应根据期中计量结果，按照工程交付时间节点进行支付。（责任单位：市财政局、市审计局、市住房城乡建设局，各建设主体，各市（县）区政府、无锡经开区管委会）

十五、为切实保障疫情防控相关采购项目顺利进行，对于疫情防控急需的应急设施等建设项目，符合《招标投标法》第六十六条规定的，可由业主采用非招标方式采购，或者在招标时酌情缩短有关时限要求。（责任

单位：市行政审批局、市发展改革委、市财政局、市住房城乡建设局，市公共资源交易中心，各市（县）区政府、无锡经开区管委会）

十六、各级政府和部门应当为保障我市城乡有序建设提高项目审批效率，简化审批流程，压缩审批时限，全面推行“不见面”审批，实行备案制项目应“即报即批”。通过“告知承诺制”和加强事中事后监管等方式，加快手续办理。住建部门应加强复工指导，主动上门服务，支持企业尽快复工。（责任单位：市行政审批局、各相关部门，各市（县）区政府、无锡经开区管委会）

十七、其他有关企业运营成本、金融支持、稳岗就业等方面的支持政策，按照市委、市政府《关于应对新型冠状病毒感染的肺炎疫情支持企业共渡难关保障经济平稳运行的政策意见》执行。

保障复工复产类政策

代表地区：浙江省

文件名称：《浙江省自然资源厅关于全力做好疫情防控和企业复工复产资源要素保障服务的通知》

日期：2020 年 2 月 12 日

政策内容：

一、优先保障疫情防控建设项目用地

1. 允许先行用地。全省新冠肺炎疫情应急“一级响应”期间，对疫情防控和治疗急需的医疗卫生设施建设和药品、医疗器械生产等用地，可先行使用。疫情解除后，需要永久性用地的，6 个月内补办有关手续；属于临时用地的，当地政府和土地使用单位要恢复土地原状，交还原土地使用者。对选址有特殊要求，确需占用永久基本农田和生态保护红线的，视作国家重大项目允许占用。暂时取消永久基本农田占用和补划实地踏勘等户外要求，可采取影像比对等方式进行论证，疫情解除后 6 个月内补办和完善有关手续。严禁与疫情防控无关的项目搭便车违规用地。

2. 统筹土地指标。支持医疗卫生事业补短板项目建设，新增建设用地计划指标应保尽保、挂账使用，地方用地计划指标不足的，疫情解除后由设区市主管部门汇总后上报省自然资源厅，统一核销。新建非营利性重大医疗卫生设施项目，占补平衡指标由省统筹解决；其他项目所需占补平衡指标由市、县统筹优先安排，不足部分可申请省统筹指标。

二、全力支持重大项目建设和企业复工复产

3. 预支省重大产业项目用地指标。对纳入 2019 年省重大产业项目库且用地报批条件成熟的，可提前申请预支建设用地计划指标，由各设区市主管部门于 2 月 20 日前汇总后统一报送省自然资源厅。

4. 加快重大基础设施项目用地报批。对具备用地报批条件的重大基础设施工程项目，各地抓紧组织上报，实行建设用地计划指标“核销制”，提高省统筹占补平衡指标支持比例。

5. 拓展中小企业用地空间。各地要按照《浙江省人民政府关于全面推进城镇低效用地再开发工作的意见》（浙政发〔2014〕20 号）文件要求，积极解决历史遗留问题，加快低效用地再开发。支持鼓励各地建设小微企业园，对利用盘活存量建设用地建设小微企业园的，增存挂钩指标奖励比例由 3∶1 调增为 2∶1。在符合规划的前提下，鼓励企业利用周边存量建设用地改扩建。有序开展农村集体经营性建设用地入市，为中小企业发展提供用地。

6. 加强重大项目用矿、用海保障。全力支持为重点工程提供建筑石料保障的企业复工复产，有针对性地开

展重点服务，保障市场供应。矿山企业可直接网上申请办理矿业权延续手续。支持沿海各地积极申报区域性存量围填海处理方案。

三、优化审批服务、调整履约监管

7. 实施容缺受理、优先审批。大力推广在线审批服务，对涉及疫情防控的建设项目用地、用矿、用海、用岛，开通绿色通道，优先受理、优先审批、即收即办；对急需开工建设的项目可容缺受理、先办后补；需提交纸质原件的，可先提供电子材料进行办理并以电子盖章批准件为批复依据，疫情解除后再补交纸质原件，暂缓提交审批归档纸质材料。涉及土地征收的，要按照新修订的《土地管理法》，认真做好征地补偿安置工作，切实维护被征地农民权益。简化矿业权抵押备案事项，抵押双方自愿签署矿业权抵押合同的，可不再向矿业权登记机关申请抵押备案。

8. 调整土地交易和履约监管要求。经本级人民政府批准，各地可适当调整土地出让时间节点，终止或中止国有建设用地使用权交易，《补充公告》和相关信息应通过浙江省土地使用权网上交易系统发布，中止后交易相关时间节点顺延。企业因疫情影响无法按约定签订《成交确认书》《土地出让合同》或缴纳出让金的，经申请可以延期至疫情消除后签约、缴纳，不收取滞纳金，不记入企业诚信档案。疫情防控期间，暂不开展实地履约巡查，因疫情影响未能按期交地、动工、竣工的，不计入违约期并不收取违约金。

四、全面减轻企业资金压力

9. 允许土地出让金延期缴纳。疫情防控期间，经本级人民政府批准同意，对急需开工建设的医疗疾控、民生保障、扩大有效投资（房地产项目除外）等项目，土地出让金可以延缓至疫情解除后 3 个月内缴纳。

10. 减免国有土地租金。积极推行“先租后让”供地，疫情防控期内可暂缓交纳土地租金。租赁国有土地从事生产经营活动的企业，可申请减免土地租金。

11. 允许矿业权出让收益延期缴纳。已完成矿业权有偿出让但尚未缴清出让收益的，经所在地县级人民政府批准，可适当延长缴纳期限，延期缴纳款项免缴资金占用费、滞纳金。

12. 允许海域和无居民海岛使用金延期申请减免和延期缴纳。允许企业和个人在提交省级及以下批准权限的用海用岛申请时，同步提出减免海域和无居民海岛使用金减免申请；符合减免政策的，可以延期提交减免书面申请；企业和个人在获得用海用岛批复后，允许延期缴纳海域和无居民海岛使用金；延期最长均不超过疫情解除后 3 个月。

五、积极保障规模化畜禽养殖等设施农业用地

13. 支持生猪养殖等设施农业建设。允许生猪养殖等设施农业用地使用一般耕地，不需要落实占补平衡，根据种（养）殖规模合理确定设施用地规模。养殖设施用地确实无法避让永久基本农田的，允许使用少量、零星的永久基本农田，可以先行使用，待疫情解除后补办永久基本农田补划手续。

14. 简化设施农业用地备案手续。可由养殖户与村集体经济组织签订用地协议，即可获得生猪养殖设施用地使用权，报乡（镇、街道）备案及县级自然资源主管部门汇总等手续可延期补办。

六、高效开展企业不动产登记服务

15. 即收即办。全力推进“互联网 + 不动产登记”，引导企业通过“网上办、掌上办”方式申请办理；对

确需到服务窗口现场办理的，实行网络、电话、手机预约，实行错峰错时和24小时“全天候”办理，条件允许的即时办结。设立企业不动产登记绿色通道，积极做好复工复产企业不动产登记业务咨询与指导，及时研究解决不动产登记中的问题。

16. 减少环节。推进不动产登记信息共享集成，对自然资源部门自身产生的数据或通过共享能够获取、核验的材料，应通过共享和内部衔接获取，不再要求企业提交。实施企业不动产登记“一件事”便利化行动，优化税费缴纳方式。对同一权利人的转移登记和抵押登记等相关联登记事项，实行“一并申请、一并受理与审核、同步出证办结”。小微企业一律免收登记费。

17. 优化抵押登记服务。做好企业融资、转贷、续贷或展期等涉及的不动产抵押登记办理，通过与银行建立的“抵押登记＋金融信贷”联办机制，实行“网上办、一次不用跑”，进一步缩短抵押办理时间，实现审贷放贷与抵押登记无缝对接，避免“过桥资金”，帮助企业降本减负。支持企业以不动产抵押物余额设定再次抵押，依法办理不动产余额顺位抵押登记，助推企业增加抵押融资规模。

代表地区：苏州市

文件名称：苏州市新型冠状病毒感染的肺炎疫情防控指挥部《关于支持企业组织返苏务工人员有序来苏复工的通告》

日期：2020年2月18日

政策内容：

一、有力支持企业复工。各地采取有效措施，支持企业在防控措施明确、管理执行到位、防控物资保障等前提下，组织市外非重点疫情地区务工人员有序返苏返岗。

二、推广优化线上招聘服务。运用苏州市抗击疫情人力资源调剂平台，整合发布全市岗位招聘信息和个人求职等信息，为企业及求职者提供高效便捷服务，促进人力资源供求有效对接。鼓励各级各类公共就业人才服务机构、人力资源服务机构加大“就业服务不打烊、网上招聘不停歇”的线上招聘活动力度。

三、实施集中返岗包车补贴。鼓励企业集中包车组织非重点疫情地区人员返岗，由用工企业提出申请，并落实好疫情防控主体责任，经各县（市）、区核准，通过“复工企业返苏人员运输需求服务平台”或委托有资质的道路客运企业，采用包车形式点对点运输，产生的包车费用由市、县（市）区两级给予用工企业50%的补贴。用工企业可采用公交、包车等形式解决务工人员的通勤出行问题。

四、实施重点企业人力资源服务补贴。人力资源服务机构成功介绍劳动者到经市工信局认定的重点疫情防控保障企业和市政府确定的重点企业就业，签订劳动合同且缴纳社会保险满2个月的，按1000元/人标准给予人力资源服务机构职业介绍补贴。人力资源服务机构落实疫情防控要求，为我市企业输送外来务工人员且稳定就业3个月以上的，或在保障用工方面成绩突出的，由各地制定政策，市、县（市）区两级给予一定补助。

五、支持复工企业开展防疫工作。各地积极为企业复工提供防疫工作指导。对来自非重点疫情地区的返苏务工人员，抵苏后如需隔离观察且企业和务工人员确有困难的，鼓励各地为其提供相应服务保障并给予适当补助。

六、支持建筑业企业做好复工工作。各地对建筑业企业复工开展针对性防疫工作指导，协助其落实防控措施。对落实措施到位、组织复工有力的建筑业企业，提前退清民工工资保证金，对疫情期间严格落实防控责任、未出现疫情的予以企业信用分奖励；鼓励有条件的地区为建筑企业外来员工提供临时过渡用房。

七、帮助企业做好防护物资保障。市、县（市）区两级防疫指挥部物资保障组统筹物资保障，特别是对重点工程、重大项目、重点企业等加大对接服务力度，对复工所需防护物资给予帮助支持。

代表地区：石家庄市

文件名称：石家庄市住房和城乡建设局《应对新冠肺炎疫情防控期间支持我市建筑业和房地产业复工复业若干措施》

日期：2020年2月25日

政策内容：

一、坚持分区分类有序推进。按照市应对新型冠状病毒感染的肺炎疫情工作领导小组办公室《关于疫情期间实施分区分级精准防控促进经济社会平稳运行的通知》要求，坚持科学防控、精准施策，以县域为单元，根据疫情严重程度，分区分类实行差异化复工复产，不搞简单化、一刀切。

二、落实疫情防控与安全生产责任“双到位”。严格执行省、市《新型冠状病毒感染肺炎疫情防控期间建筑工地开（复）工工作指南》“六不原则”和7个条件，坚决落实安全生产防范措施，加大隐患排查治理，坚决遏制安全生产事故发生。

三、实行重点项目领导包联制度。市、县两级住建部门安排领导干部对重点建设项目（民生工程）实行包联，帮助企业协调解决疫情防控、安全生产、劳动用工以及设备材料和人员进出场等工作，协助处理现场突发情况。

四、实行网上审批、不见面审批。全面实行网上受理、邮寄受理等不见面审批方式，做好网上、电话咨询服务，实行24小时不间断服务模式。疫情防控期间，对医疗卫生、防疫管理、隔离观察等疫情防控需新开工的建设项目，经市、县应对疫情领导机构认定，建设单位在工程质量安全保证措施到位情况下可先行开工建设，疫情解除后再补办有关手续。其他需新开工的社会投资房屋建筑和市政基础设施工程项目，施工许可实行告知承诺制，建设单位可按照法定条件作出书面承诺，审批机关直接做出许可。对满足疫情防控措施和安全生产条件申请开工复工的项目，现场踏勘可以采取视频方式，审核办理时限不超过24小时。

五、保障建筑材料供应。建立商品混凝土等主要建材供应调度机制，各县（市、区）住建部门积极协调当地环保、交通、公安等部门，把生产能力强、信誉好、措施管控有力的商品混凝土生产企业和扬尘管控到位的施工项目纳入环保正面清单，保障疫情期间建设项目正常开工复工。

六、依法处理项目建设工期延误。建设单位和施工企业、工程总承包企业可依法适用不可抗力的有关规定，妥善处理因疫情防控产生的工期延误，根据实际情况合理顺延工期。因疫情影响不能如期交付的房地产开发项目，适用商品房买卖合同不可抗力有关条款，可顺延交付期限。

七、确保按时足额支付企业工程款。疫情防控期间，督促建设单位严格按照合同约定按时足额支付工程款，鼓励建设单位提前预支工程款，不得形成新的拖欠。

八、允许企业疫情防控支出列入成本。根据省支持企业发展相关要求，疫情期间发生的人工、材料、机械价格重大变化，在合同中未约定或约定不具体的，按《河北省建设工程工程量清单编制与计价规程》（DB13（J）/T150－2013），对价格波动幅度超出3%的部分，由发包人承担。对疫情防控期间未复工的项目，承包人按照发包人要求留守施工现场的必要人员费用等支出，由发包人承担。对疫情防控期间继续施工的项目，施工中产生的疫情防护物资费用、防护人员费用等防疫成本，经承发包双方据实签证后列入工程造价予以追加。施工企业使用疫情防护费应当专款专用，确保施工人员人身健康。每月采集、测算、发布市场指导价格，为工程建设承发包双方提供计价服务。

九、降低企业住房公积金缴存压力。受疫情影响未能正常按时足额缴存住房公积金的企业，可在疫情解除后两个月内补缴，视同企业职工连续正常缴存。受疫情影响生产经营困难的企业可申请降低住房公积金缴存比例或缓缴住房公积金，待经营正常后再恢复缴存比例或补缴。

十、顺延企业资质和人员资格有效期。市、县（市、区）审批的房地产开发、勘察、设计、施工、监理、造价咨询、质量检测等企业资质和有关人员资格，2020年6月30日之前届满的，统一延至2020年6月30日，资质审批时间实行“无缝对接”。

十一、缓解房地产开发项目资金压力。在疫情防控期间至结束后6个月内，市、县行政审批（住建）部门对已取得施工许可的项目可调整预售许可审批条件，将形象进度要求调整为预售楼栋完成投资不低于25%。同时，预售重点资金监管比例由40%下调至30%；预售资金监管主管部门可依企业申请，对执行资金监管办法的企业可批准其跨一个节点申请提前拨付重点监管资金。在此期间，拨付的预售资金可用于与项目防疫相关的支出。

十二、促进住房交易和消费。支持房地产企业利用线上售楼平台进行售房。商品房售楼部、房地产中介机构门店，满足相关疫情防控要求（具体要求见附件），经属地住建部门同意后，可采取电话预约、一对一接待等方式对外开放。推行购房资格证明、商品房合同备案等业务网上预约办理。对因疫情影响未能缴纳社会保险费的购房者，在全省疫情防控结束后及时补缴的，视同连续缴纳，个人购房资格不受影响。

十三、加大住房保障支持力度。在疫情防控期间，对参与疫情防控一线的医护、环卫、公交、物业等行业以及社区工作的公租房保障对象，免收公租房租金，其中领取租赁补贴的，按当地城镇低保家庭标准发放。对受疫情影响，难以按时缴纳公租房租金的家庭，经当地住房保障部门同意，可延期缴纳租金。对政府投资公租房小区，物业服务及运营管理单位因疫情防控额外产生物资采购、人员成本等费用的，当地财政部门予以适当补助；租赁配套商业用房的个人、单位因疫情防控工作影响正常营业的，按照市政府办公室《关于应对新型冠状病毒感染的肺炎疫情支持企业健康发展的若干意见》和市财政局《关于新冠肺炎疫情期间国有资产出租租金减免有关事项的通知》有关规定执行。在疫情防控期间，保障家庭出现欠租的，不再催交，欠缴租金达到6个月及以上的，暂不取消保障资格，在疫情结束后，一次性补交房租的，疫情防控期间未及时缴纳房租的时间，不作为欠租时间累计计算；保障家庭在疫情防控期间出现的保障房空置时间不累计计算。

十四、加强企业用工帮扶。各县（市、区）住建部门要主动收集建筑工地开复工用工需求，支持施工企业优先使用本地用工，引导企业向疫情较轻的区域定点招工，组织企业有序做好农民工复工返岗的疫情防控和服务保障工作。协调当地交通运输部门做好劳务人员返场复工的交通安全保障工作。鼓励用工集中地区和集中企业通过组织专车等方式为农民工返城复工提供“点对点、一站式”直达运输服务。

十五、优化消防设计和验收流程。企业在项目取得《建设工程规划许可证》、设计文件以及图审机构出具的图审报告等要件后，出具未开工承诺及现场资料，住建部门可先行受理，不再全部进行现场勘验，按比例进行抽查。住建部门出具消防设计审查意见书前，企业补齐相关资料即可。消防验收前置要件由企业承诺材料真实性后，实行网上申报，住建部门先行受理，纸质资料待疫情防控工作结束后再予以补报；完善消防验收一次性告知单，实行验收常见问题共享，方便各方责任主体对照问题和评定规则自验整改，提高验收效率。

十六、推行建设工程全流程电子招投标。全面取消纸质招投标文件，依托“河北省招投标公共服务平台”和社会第三方电子招投标交易平台，实行网上招标、投标、开标、评标、定标和电子资料网上数据归档。

十七、实行建筑施工企业信息入库网上办理。建筑施工企业信息入库实行无纸化办理，全部网上申报。鼓励企业使用承诺制力、理信息入库，推进企业信息网上“互认”。

本意见自印发之日起施行，至疫情解除终止。期间，中央、省、市出台相关政策，严格遵照执行。

代表地区：深圳市

文件名称：《深圳市住房和建设局关于应对新冠肺炎疫情支持房地产中介行业复工复产的通知》

日期：2020 年 4 月 2 日

政策内容：

一、我市房地产中介机构及从业人员开展线下看房等业务活动，应严格遵守市疫情防控管理要求，通过“i 深圳”平台如实申报，行为轨迹清楚、体温正常，取得业主书面或电子版本授权委托，持有效《深圳市房地产中介人员星级服务牌》，经卡口工作人员按规定确认后方可进入社区小区。

二、我市物业服务企业及人员应为业主或租户办理相关手续提供必要便利，不得以不正当理由阻扰符合条件的房地产中介机构及从业人员开展正常业务活动。

房地产中介机构及从业人员应配合物业服务企业相关管理要求，合理控制看房人数及带看次数。三、鼓励房地产中介机构及从业人员充分利用 VR 及电子签名等技术手段，开展线上委托、看房、交易等服务，各类线上服务活动应严格遵守我市房地产经纪、租赁活动相关管理要求。

四、因疫情原因导致二手房委托、买卖、租赁合同无法如期履行的，鼓励合同各方友好协商，妥善解决。

五、物业服务企业开展房地产经纪业务的，须按照《深圳市房地产市场监管办法》等规定办理经纪机构备案手续，相关从业人员应进行实名登记。

六、各房地产中介机构、物业服务企业应相互配合，严格落实防控主体责任，对违反我市疫情防控工作要求，情节严重的，将依法追究相关企业和人员的法律责任。

代表地区：武汉市

文件名称：武汉市住房保障和房屋管理局《关于支持房地产开发企业复工复产确保我市房地产市场平稳健康发展的六条措施》

日期：2020 年 3 月 23 日

政策内容：

一、分批有序开工复工。以区为单位，根据疫情风险等级动态调整，在落实防护措施情况下，支持房地产企业实行差别化分批复工复产，全面加强办公场所、经营场所、施工现场的防疫管理，有序组织房地产企业开展线上线下营销活动。

二、加强安全管理。严格落实企业疫情防控主体责任，加强防护物资保障、人员健康监测和教育培训，确保复工复产安全有序。切实保障工程项目合理工期安排，确保工程质量安全，严禁盲目抢工期、赶进度等行为。

三、优化审批服务。深入推进审批服务事项“网上办”，全面实行网上预审制度，提高审批效率。实行告知承诺制，进一步简化手续，提高办理速度，对开发企业资质事项，取消劳动合同、企业章程和专业技术人员身份证明等收件资料，采用法人承诺的方式予以替代；对商品房预售许可事项，在未取得前期物业合同备案的情况下，法人承诺在签订商品房买卖合同前完成相关手续的，可先行办理。推行不见面服务，资质、预售许可和告知书等各类证照文书和各事项办理过程中确需收取的材料，通过邮政免费快递送达，减少办事大厅人员聚集。开通预约办理服务，对于重大项目等急需办理相关手续的，开辟“绿色通道”，按预约时间优先办理。

四、适当调整预售许可形象进度要求。2020 年 10 月 1 日以前取得施工许可证的房地产开发项目，其开发投资额达到25%以上，且高层建筑形象进度达到1/4 以上、多层（含六跃七层）及低层建筑形象进度达到正负零，即可申请办理预售许可。

五、提高预售监管资金使用效率。2020 年 10 月 1 日之前，在重点监管资金增加“项目主体结构达到三分之二进度”拨付节点，累计拨付额度不超过重点监管资金标准的55%；进一步降低开发企业财务成本，开发企业申请使用银行保函等额替换重点监管资金时，无需签订《新建商品房预售资金监管协议书补充协议》，银行保函有效期原则上不低于6个月；项目取得《建设工程竣工验收备案表》且已按规定足额缴存住宅专项维修资金的，开发企业可申请使用重点监管资金，累计申请额度为重点监管资金标准的100%，并可申请撤销监管账户的监管；对受疫情影响经营困难或疫情防控期间作出贡献的企业，在工程进度未达到规定的用款节点，可申请预支重点监管资金。

六、完善社保、个税缴纳认定标准。非本市户籍购房人因受疫情影响未能按时缴纳社保或个税需缓缴的，其缓缴期可视为连续缴纳，补缴时限不超过6个月。

代表地区：武汉市

文件名称：武汉市住房保障房管局 市教育局 人行武汉分行营业管理部《关于应对新冠肺炎疫情做好商品房交付有关工作的指导意见》

文号及日期：武房发〔2020〕5号　2020年3月23日

政策内容：

一、合理顺延商品房项目交付时间

买卖双方已签订商品房买卖合同且约定交付时间在2020年1月24日及以后的商品房项目，受疫情影响不能如期交付的，依法适用不可抗力有关规定，根据实际情况合理顺延交付时间。顺延时间可参照《省政府办公厅关于印发促进建筑业和房地产市场平稳健康发展措施的通知》有关合理确定项目工期的要求，原则上最长不超过3个月，买卖双方当事人另有约定的除外。房地产开发企业应当依法就延期交付事项告知购房人。买卖双方对不可抗力适用及交付时间存在争议的，应当按照合同约定通过仲裁或司法途径解决。

二、合理延后商品房购房人还款期限

因疫情影响导致商品房购房人失去收入来源或收入减少造成还贷困难的，经购房人申请，可合理适当延后还款期限，延后期限原则上最长不超过3个月。鼓励金融机构与购房人协商，适当为受疫情影响暂时失去收入来源的购房人减免个人住房贷款利息，减轻其还款资金压力。

三、容缺办理商品房购房人子女入学相关手续

对于经买卖双方协商明确并经房管部门确认交付时间在2020年8月31日前的商品房项目，购房人符合我市买房落户或户口迁移的有关政策，但确因疫情影响无法及时办理不动产权证书以及落户或户口迁移手续的，购房人可凭商品房买卖合同向房屋所在区申请子女接受义务教育，由区教育部门先行统筹安排入学。购房人应书面承诺在2020年12月31日前补齐相关手续，未按承诺补齐的，接受教育部门为其子女继续接受义务教育的学校调整。

促投资稳经济类政策

代表地区：上海市

文件名称：上海市人民政府办公厅《上海市扩大有效投资稳定经济发展的若干政策措施》

文号及日期：沪府办规〔2020〕3号　2020年2月12日

政策内容：

一、推进重大项目开复工

（一）加快在建项目有序复工。对具备复工条件的项目做到应复尽复。做好人员和物资的储备调配，市、区相关部门协助重大项目施工企业多渠道筹集防疫物资。加强市属重点企业集团间、集团内部的物资协调。依托长三角区域合作机制，协调跨省市、地区防疫物资、施工材料和机械设备调配。按月细化投资计划，优化施工组织，逐步增加施工强度。（责任部门：市发展改革委、市住房城乡建设管理委、市商务委、长三角区域合作办公室、各行业主管部门）

（二）加大新开工项目协调力度。对列入市、区两级重大工程的计划新开工项目和预备项目，统一开展立项、规划、土地、环保、报建等跨前服务，稳定设计方案，加快前期工作，争取尽早开工。（责任部门：市发展改革委、市住房城乡建设管理委、市规划资源局、市生态环境局）

（三）做好重大项目储备。结合“十四五”规划编制，深化研究重大项目专项规划、建设方案等，围绕产业升级与科技创新、新一代信息基础设施、社会民生、生态文明、综合交通和市政基础设施、安全保障和能源供应等六大领域，制订全市重大建设项目清单（2020—2022 年）。对部分带动性强的功能性项目，安排市级建设财力 6000 万元专项经费，推动预备项目转为正式项目，加快重大项目前期工作。（责任部门：市发展改革委）

二、扩大政府有效投资

（四）加强政府财力资金保障。统筹调度市、区两级财政预算，保障政府投资项目建设资金。提前下达 2020 年度第一批市级建设财力投资计划 150 亿元。疫情防控期间，政府投资项目按照标准列支防疫专项措施费，因复工合理增加的各项成本纳入项目总投资。加快制定机场联络线、轨道交通崇明线资金平衡方案。（责任部门：市发展改革委、市住房城乡建设管理委、市财政局）

（五）加快政府专项债券发行和使用。加快完成地方政府专项债券发行工作，将发行收入尽快用于在建项目，形成实物工作量。做好新增政府专项债券的项目准备和争取工作。（责任部门：市财政局、市发展改革委）

（六）加快土地出让收入安排和使用。疫情防控期间，对急需用款的旧改项目先行预拨 100 亿元资金。加快启动市、区联手土地储备项目和新一轮市、区联合旧区改造项目。（责任部门：市发展改革委、市财政局、市规划资源局、市住房城乡建设管理委）

（七）落实前期工作主体责任。进一步加强政府投资重大项目谋划和前期工作，全面落实项目前期协调推进机制，优化审批流程。对市政线性工程建设项目，可采取分期（段）审批、分期（段）核发规划土地许可。对涉及国家部委审批的事项，落实工作专班，加强工作对接。（责任部门：各行业主管部门、市住房城乡建设管理委、市发展改革委、市规划资源局）

（八）加强建设项目用地保障。全力支持重大项目建设用地计划，做到应保尽保。提前向各区下达 50% 建设用地减量化指标，加大周转指标暂借的支持力度。强化各区建设用地减量化指标对重大项目落地的保障，必要时，可采取“直供”方式，在农用地转建设用地办理环节直接使用区减量化指标落实项目用地。加大重大项目耕地占补平衡指标在全市范围内的统筹调剂力度。贯彻落实新实施的《中华人民共和国土地管理法》要求，制订征地补偿操作规程，确保征地工作依法合规。（责任部门和单位：市规划资源局、各区政府）

三、激发社会投资活力

（九）保持土地市场交易平稳有序。疫情防控期间，对采取定向挂牌出让的地块，取消现场交易环节，直接电子挂牌交易并确认竞得。对公开招标拍卖挂牌方式出让的地块，做好统筹安排，现场交易环节通过网络方式进行，并做好疫情防控。顺延开竣工和投达产履约时间，消除疫情对土地出让合同履约的影响。（责任部门：市规划资源局）

（十）加快经营性用地出让节奏。夯实土地供应计划，适当增加年度土地供应量，按月动态细化。实施差别化土地交易管理，针对不同出让方式，采取差别化入市管理，有序高效推进。（责任部门和单位：市规划资源局、各区政府）

（十一）加快推进城市更新。存量工业用地经批准提高容积率和增加地下空间的，不再增收土地价款。坚持公共交通导向发展模式和区域总量平衡，研究优化住宅和商办地块容积率，提升投资强度。支持利用划拨土地上的存量房产发展新业态、新模式，土地用途和权利人、权利类型在5年过渡期内可暂不变更。稳步推动农民相对集中居住。（责任部门：市规划资源局、市住房城乡建设管理委、市农业农村委）

（十二）减轻房企入市成本压力。2020年开工建设的住宅项目应缴纳的城市基础设施配套费，可在首次取得建筑工程施工许可证后3个月内缴纳。允许符合条件的房地产开发企业延期申报、缴纳土地增值税。优化经营性用地土地出让价款缴付时间和方式要求。（责任部门：市房屋管理局、市规划资源局、市税务局）

（十三）降低制造业项目用地成本。工业用地出让起始价可参考全国工业用地最低价，研发用地出让起始价可参考本市研发用地基准地价。对企业以租赁方式（含先租后让）从政府或国有企业取得的产业用地，免除疫情防控期间的土地租赁费用。保障重点转型区域制造业用地规模。协调推进桃浦、南大、吴淞、吴泾、高桥等重点区域整体转型，研究土地开发机制，降低项目落地成本。（责任部门：市规划资源局、市经济信息化委、市发展改革委、市房屋管理局）

（十四）提高存量土地投资强度。按照已划定的产业区块控制线，严格实施管理，确保制造业发展空间。创新土地利用机制，按照不同区域、不同产业差异化需求，精准实施混合用地出让、容积率提升、标准厂房分割转让、绿化率区域统筹等政策，高效利用存量土地。（责任部门和单位：市规划资源局、市绿化市容局、各区政府）

（十五）加大对先进制造业、现代服务业筹资支持力度。本市战略性新兴产业资金通过投资补助、资本金、贷款贴息等多种方式，支持重点领域发展，中长期低息贷款政策从集成电路扩大至人工智能、生物医药领域。做好市、区两级技改专项资金保障，增加资金规模，提高项目支持比例，实施无人工厂专项技改行动。（责任部门和单位：市发展改革委、市经济信息化委、各区政府）

四、不断优化投资环境

（十六）压细压实年度招商引资任务。压实各区、重点园区招商引资的主体责任，进一步加强区级投资促进部门队伍建设，建立招商引资工作考核机制和激励机制。建立市、区两级领导联系重大招商项目制度，推动上海自贸试验区临港新片区、虹桥商务区、长三角生态绿色发展一体化发展示范区、张江科学城、世博园区、国际旅游度假区、长兴岛等重点区域引入优质项目，协调解决引进项目土地、能源、环境容量等保障要素和建设过程中的困难问题，确保重大招商引资项目早开工、早投产。（责任部门和单位：市经济信息化委、各区政府）

（十七）做好投资项目融资对接服务。按照房地产金融政策总体要求，加强动态监测，支持房地产企业合理融资需求，鼓励金融机构加大对旧区改造的融资支持，保持房地产市场平稳发展。用好人民银行专项再贷款政策和政策性金融机构复工复产专项贷款，降低融资成本，减轻企业特殊时期财务负担。支持向制造业企业发放中长期信贷产品。支持企业发行债券募集资金用于投资等相关领域。引导金融机构开辟绿色通道，提供财务顾问服务、设计融资方案，加大信贷投放。（责任部门：市地方金融监管局、人民银行上海总部、上海银保监

局、市经济信息化委、市住房城乡建设管理委、市发展改革委）

（十八）推进“一网通办”，深化投资项目审批制度改革。依托“一网通办”平台，对投资主体所属工程建设项目的政务服务事项办理实现线上“一口管理”，各类材料数据实现线上“一口报送”。建设项目信息主题库，归集工程建设项目各类批复的结构化数据、电子证照和电子文件。充分发挥“特斯拉”综合效应，积极探索区域评估、标准地供地、容缺受理、告知承诺、“多审合一”“多证合一”等审批创新。（责任部门：市政府办公厅、市大数据中心、市住房城乡建设管理委、市规划资源局、市发展改革委）

（十九）规范评估评审中介服务。实行中介服务清单制管理、标准化管理、分类别管理，最大程度清理一批、整合一批、精简一批。对社会投资低风险产业类项目，取消建设单位委托的施工图设计文件审查，加强施工图设计文件质量事中事后检查。探索逐步缩小施工图审查范围，实施施工图设计质量告知承诺制，严格落实工程勘察设计质量终身责任制。对保留的中介服务，逐一编制服务指南，强化信用信息管理，健全监督考核。（责任部门：市住房城乡建设管理委、各中介服务管理部门）

（二十）优化市政配套工程建设和服务。加强红线外市政配套建设管理，鼓励具有资质的市政配套建设和运维主体参与竞争。开展企业反垄断合规指引，加强反垄断执法。规范工程配套收费管理，增加收费标准，提高服务信息透明度，提升服务质量，缩短市政配套接入工期。研究合理规范的市政配套收费体制机制。（责任部门：市发展改革委、市市场监管局）

本政策措施自2020年4月15日起施行（具体政策措施已明确执行期限的，从其规定）。

代表地区：重庆市

文件名称：《重庆市人民政府办公厅关于应对新冠肺炎疫情影响进一步稳定和促进就业的实施意见》

文号及日期：渝府办发〔2020〕62号　2020年5月8日

政策内容：

一、更好实施就业优先政策

（一）推动企业复工复产。坚持分区分级精准防控，提高复工复产服务便利度，取消不合理审批，坚决纠正限制劳动者返岗的不合理规定。集中资源优先支持支柱产业、重点项目、行业龙头企业、规上工业企业和限上商贸企业复工复产，循序渐进带动其他行业就业。协调解决复工复产企业日常防护物资需求，督促其落实工作场所、食堂宿舍等防控措施。（责任单位：市发展改革委、市经济信息委、市交通局、市住房城乡建委、市商务委、市卫生健康委）

（二）加大减负稳岗力度。继续执行阶段性降低失业保险费率、工伤保险费率政策。对受疫情影响严重、面临暂时性生产经营困难且恢复有望的中小企业，返还3个月的企业及其职工应缴纳社会保险费的50%。加快实施阶段性减免、缓缴社会保险费政策，减免期间企业吸纳就业困难人员的社会保险补贴期限可顺延。（责任单位：市发展改革委、市财政局、市人力社保局、重庆市税务局）

（三）提升投资和产业带动就业能力。实施重大产业就业影响评估，综合评价重大产业、重大项目实施对就业岗位、就业环境、失业风险带来的影响，鼓励投资就业带动能力强、有利于农村劳动力和高校毕业生就业的产业项目。对部分带动就业能力强、环境影响可控的项目，实施环评审批正面清单，加大环评“放管服”改革力度，审慎采取查封扣押、限产停产等措施。（责任单位：市发展改革委、市教委、市经济信息委、市人力社保局、市生态环境局、市商务委、市市场监管局）

（四）优化自主创业环境。加大创业担保贷款支持力度，优先支持受疫情影响较大的个体工商户以及高校毕业生、农民工等重点群体，贷款额度由15万元提高至20万元，合理降低利率，对优质创业项目免除反担保要求。降低创业担保贷款申请门槛，小微企业当年新招用符合条件创业担保贷款申请条件人数与企业现有在职职工人数占比，由20%下调为15%，超过100人的企业下调为8%。各类城市创优评先项目应将带动就业能力强的“小店经济”、步行街发展状况作为重要条件。对年新增创业主体较多、带动就业效果显著的创业孵化基地等载体，以及在疫情期间提供场租减免和创新性服务支持的载体，视其绩效给予18万~28万元的补助。高校毕业生、退役军人、返乡农民工等重点群体首次创办企业（含个体工商户），正常经营1年以上，按企业实际缴纳社会保险费单位缴费部分的20%给予创业补助，最长不超过3年。（责任单位：市教委、市科技局、市财政局、市人力社保局、市农业农村委、市商务委、市退役军人事务局、市金融监管局、重庆银保监局、人行重庆营管部）

（五）支持多渠道灵活就业。合理设定无固定经营场所摊贩管理模式，预留自由市场、摊点群等经营网点。加快落实促进平台经济规范健康发展的实施意见，推进平台经济相关市场主体登记注册便利化，引导平台企业放宽入驻条件、降低管理服务费，与平台就业人员就劳动报酬、工作时间、劳动保护等建立制度化、常态化沟通协调机制，支持劳动者依托平台就业，平台就业人员购置生产经营必需工具的，可申请创业担保贷款及贴息。对就业困难人员、离校2年内未就业高校毕业生灵活就业后缴纳社会保险费的，按规定给予社会保险补贴。加强新职业形态研究，完善从业者服务保障体系。（责任单位：市财政局、市人力社保局、市商务委、人行重庆营管部、市市场监管局）

二、引导农民工安全有序转移就业

（六）引导有序外出就业。强化重点企业用工调度保障、农民工“点对点、一站式”返岗复工服务，加强省际劳务协作，建立健康互认、劳务互助机制，按照“分组编队、行前建群、准备物资、出发签到、途中衔接、抵达对接”方式，成规模、成批次组织农民工返岗复工。引导劳动者有序求职就业，及时收集发布用工信息，加强输出地和输入地信息对接，鼓励农民工尽快返岗复工。对组织集中返岗、劳务输出涉及的交通运输、卫生防疫等给予支持。对协助区县（自治县）和两江新区、重庆高新区、万盛经开区（以下统称区县）组织农民工跨省劳务输出的人力资源服务机构、劳务经纪人，按200元/人的标准给予就业创业服务补助。（责任单位：市公安局、市财政局、市人力社保局、市交通局、市卫生健康委）

（七）支持就地就近就业。抓好春季农业生产，大力发展新型农业经营主体，组织暂时无法外出的农民工投入春耕备耕，从事特色养殖、精深加工、生态旅游等行业。广泛收集和发布本地用工需求信息，充分挖掘当地产业园区和服务业带动就业潜力，通过岗位置换、就业推荐、技能培训、托底安置、创业帮扶等方式，帮助农民工实现就近就业。加强农业基础设施建设，实施农村人居环境改善工程，开展以工代赈工程建设，优先吸纳农村贫困劳动力、湖北返渝农民工和低收入群体就业。（责任单位：市发展改革委、市人力社保局、市交通局、市农业农村委）

（八）优先支持贫困劳动力就业。开展“就业援助月”“扶贫日专项活动”等就业帮扶活动，推动贫困劳动力就业意愿、就业技能与就业岗位精准对接。深化鲁渝劳务扶贫协作，强化跟踪服务，促进贫困劳动力在山东稳定就业。支持和引导更多企业因地制宜创建扶贫车间，重点吸纳贫困劳动力就业。支持贫困劳动力返乡创业，发挥创业带动就业的倍增效应。加大对深度贫困乡镇、易地扶贫搬迁大型安置区的就业支持力度。（责任单位：市发展改革委、市财政局、市人力社保局、市农业农村委、市扶贫办）

三、拓宽高校毕业生就业渠道

（九）扩大企业吸纳规模。适应市场需求，优化高校专业结构设置，加大“学历+技能”教育培养力度。

对中小微企业新招用2020年应届高校毕业生并签订1年以上劳动合同、稳定用工6个月以上、按规定缴纳社会保险费的，按2000元/人标准给予一次性吸纳就业补贴。2020年，我市国有企业提供不低于50%的新增岗位专门招聘应届或离校2年内未就业的高校毕业生，不得随意毁约，不得将本单位实习期限作为招聘入职的前提条件。（责任单位：市教委、市财政局、市人力社保局、市国资委）

（十）扩大基层就业规模。加大事业单位面向高校毕业生的公开招聘力度，2020—2021年事业单位空缺岗位主要用于专项招聘高校毕业生。扩大基层项目招募规模，2020年招录选调生600名左右，招募“三支一扶”人员500名左右、特岗教师200名左右，招募“西部志愿者”1500名左右（含延期）。支持开发城乡社区等基层公共管理和社会服务岗位，吸纳2020年应届或离校2年内未就业的高校毕业生就业，各区县可按当地最低工资标准每月给予补贴，所需资金从就业补助资金列支。（责任单位：市委组织部、市教委、市民政局、市人力社保局、团市委）

（十一）扩大招生入伍规模。积极落实国家扩大2020年硕士研究生和普通高等学校专升本招生计划部署，市属高校硕士研究生招生计划总量增加30%，专升本规模扩大至占全市高校专科毕业生总量的15%左右。扩大大学生应征入伍规模，健全参军入伍激励政策，提高应届毕业生征集比例。（责任单位：市教委、市征兵办）

（十二）扩大就业见习规模。支持机关和企事业单位、政府重大投资项目、重大科研项目设立见习岗位，对因疫情影响见习暂时中断的，相应延长见习单位补贴期限；对见习期未满与高校毕业生签订劳动合同的见习单位，给予剩余期限见习补贴。（责任单位：市发展改革委、市经济信息委、市科技局、市人力社保局、市商务委、市国资委）

（十三）引导鼓励大学生创新创业。实施“优创优帮”在校大学生创业扶持计划，每年择优遴选30个项目，给予一定立项资金，并安排导师跟踪帮扶1年。实施“渝创渝新”大学生创业启航计划，每年择优遴选100个左右项目，根据项目质量给予一定资金补助。（责任单位：市教委、市人力社保局）

（十四）适当延迟录用接收。引导用人单位推迟面试体检和签约录取时间。对延迟离校的应届毕业生，相应延长报到接收、档案转递、落户办理时限。离校未就业毕业生可根据本人意愿，将户口、档案在学校保留2年或转入生源地公共就业人才服务机构，以应届毕业生身份参加用人单位考试、录用，落实工作单位后参照应届毕业生办理相关手续。（责任单位：市教委、市人力社保局、市国资委）

四、加强困难人员兜底保障

（十五）保障失业人员基本生活。畅通失业保险金申领渠道，放宽失业保险申领期限，实现线上申领失业保险金。对领取失业保险金期满仍未就业且距离法定退休年龄不足1年的人员，可继续发放失业保险金直至法定退休年龄。对领取失业保险金期满仍未就业的失业人员、不符合领取失业保险金条件的参保失业人员，积极研究发放失业补助金政策。继续执行困难失业人员一次性临时生活补助政策，补助标准为全市月失业保险金标准的2倍。对符合条件的生活困难失业人员及家庭，按规定及时纳入最低生活保障、临时救助等社会救助范围。（责任单位：市民政局、市人力社保局）

（十六）强化困难人员就业援助。动态调整就业困难人员认定标准，及时将受疫情影响人员纳入就业援助范围，确保零就业家庭动态清零。对招用符合条件的困难失业人员并与其签订1年以上劳动合同、按规定缴纳社会保险费的各类企业，按照6000元/人标准给予一次性吸纳就业补贴。将在我市高校就读的湖北籍2020届毕业生纳入一次性求职创业补贴范围。将我市长江流域退捕渔民纳入社会保障体系，同等享受就业创业扶持政策和服务。利用公益性岗位托底安置通过市场渠道难以就业的困难人员，对从事公益性岗位政策期满，仍未实现稳定就业的特殊困难人员，政策享受期限可延长 1 年；也可再次申请公益性岗位予以安置，岗位补贴和社会保险补贴期限重新计算。（责任单位：市教委、市人力社保局、市农业农村委）

五、完善职业培训和就业服务

（十七）大规模开展职业技能培训。加大失业人员、农民工等群体职业技能培训力度，实施专项培训，适当延长培训时间。扩大企业新型学徒制培训范围和规模，企业在职职工（含见习期）参加企业新型学徒制培训，并取得初级工（含专项职业能力证书）、中级工、高级工国家职业资格证书（或职业技能等级证书）的，在培训周期内分别按每人每年 4000 元、5000 元、6000 元的标准给予企业补贴。（责任单位：市人力社保局）

（十八）鼓励开展线上职业技能培训。企业组织职工开展线上职业培训，按规定落实培训补贴。劳动者在市外参加我市线上培训，返回重庆后完成线下培训课程并取得相应证书，按规定给予培训补贴。（责任单位：市人力社保局）

（十九）优化就业服务。健全完善全方位公共就业服务体系，加快智能就业线上办事平台建设，实现线上求职招聘、线上培训、线上创业服务、线上政策办理。组织开展百日千万网络招聘专项活动，提高劳动力市场供需匹配效率。区县可有序开展小型专项供需对接活动。优化用工指导服务，鼓励困难企业与职工协商采取调整薪酬、轮岗轮休、灵活安排工作时间等方式稳定岗位，尽量不裁员或少裁员，确保劳动关系稳定。（责任单位：市教委、市财政局、市人力社保局、市总工会、市工商联）

六、压实就业工作责任

（二十）加强组织领导。各区县政府要切实履行稳就业主体责任，建立由政府负责人牵头、有关部门共同参与的工作机制，统筹推进本地区稳就业工作。市政府有关部门和单位要同向发力，落实完善政策措施，形成工作合力。健全公共就业服务体系，提升基层公共就业服务标准化、信息化和便捷化水平。（责任单位：各区县政府，市级有关部门）

（二十一）加强资金保障。发挥财政资金引导作用，完善多渠道就业资金投入保障机制。加强就业资金监管，严格失业保险金发放，提高资金使用效益。支持区县根据稳就业工作推进和政策实施需要，统筹用好就业创业、职业培训、风险储备等方面资金。（责任单位：各区县政府，市级有关部门）

（二十二）加强表扬激励。对就业创业任务完成较好的区县，予以资金支持。对在稳就业工作中作出突出贡献的集体和个人，按照有关规定给予表扬奖励。表扬激励一批就业创业先进典型，在全社会形成支持就业创业的良好氛围。（责任单位：各区县政府，市级有关部门）

（二十三）加强督促落实。细化分解目标任务，在相关督查工作中将稳就业作为重要内容，重点督促政策服务落地及重点群体就业、资金保障落实等。对不履行促进就业职责，产生严重后果或造成恶劣社会影响的，依法依规严肃问责。启动就业岗位调查，做好化解失业风险的政策储备和应对预案。（责任单位：市人力社保局、市统计局）

上述新增补贴政策，受理截至期限原则上为 2020 年 12 月 31 日。各区县政府、市政府有关部门和单位要抓紧政策实施，发挥政策最大效应，工作中遇到的重要情况和重大问题及时报告市政府。

Ⅱ.宏观篇

导 读

本篇收录了2020年（部分为最新公布的2019年数据）宏观经济发展指标，包括国内生产总值、投资、贸易、消费、物价、交通、教育、医疗卫生、主要产业、重要产品、货币金融、财政收支、人口、居民收支、就业等方面的宏观数据。数据来源于国家统计局、中国人民银行、财政部等。本篇所列全国数据，指中国大陆地区，不包括港澳台地区的数据。

一、国民经济主要数据

表 2-1　2020 年全国宏观经济数据（单月）

类　别	1月	2月	3月	4月	5月	6月	7月	8月	9月	10月	11月	12月
工业增加值同比增幅（%）	—	—	-1.1	3.9	4.4	4.8	4.8	5.6	6.9	6.9	7.0	7.3
固定资产投资额（亿元）	—	33323	50822	52679	62370	82409	47611	49620	57696	46762	16268	19347
同比增幅（%）	—	-25.7	-10.9	-2.2	0.9	1.1	-4.4	-4.1	-4.8	-5.9	-28.8	8.9
进口总额当期值（亿美元）	—	—	1652	1549	1439	1672	1753	1763	2028	1787	1927	2038
同比增幅（%）	-12.7	-4.0	-1.0	-14.2	-16.7	2.7	-1.4	-2.1	13.2	4.7	4.5	6.5
出口总额当期值（亿美元）	—	—	1851	2002	2068	2136	2376	2353	2398	2372	2681	2819
同比增幅（%）	-2.9	-17.2	-6.6	3.5	-3.3	0.5	7.2	9.5	9.9	11.4	21.1	18.1
社会消费品零售总额（亿元）	—	52130	26450	28178	31973	33526	32203	33571	35295	38577	39514	40566
同比增幅（%）	—	-20.5	-15.8	-7.5	-2.8	-1.8	-1.1	0.5	3.3	4.3	5.0	4.6
生产价格指数（PPI）同比增幅（%）	0.1	-0.4	-1.5	-3.1	-3.7	-3.0	-2.4	-2.0	-2.1	-2.1	-1.5	-0.4
居民消费价格指数（CPI）同比增幅（%）	5.4	5.2	4.3	3.3	2.4	2.5	2.7	2.4	1.7	0.5	-0.5	0.2
制造业采购经理指数（PMI）（%）	50.0	35.7	52.0	50.8	50.6	50.9	51.1	51.0	51.5	51.4	52.1	51.9
城镇调查失业率（%）	5.3	6.2	5.9	6.0	5.9	5.7	5.7	5.6	5.4	5.3	5.2	5.2

数据来源：国家统计局。

注：2 月固定资产投资总额、社会消费品零售总额为 1—2 月累计值。

表 2-2　2020 年全国宏观经济数据（月度累计）

类　别	1—2月	1—3月	1—4月	1—5月	1—6月	1—7月	1—8月	1—9月	1—10月	1—11月	1—12月
工业增加值累计增幅（%）	-13.5	-8.4	-4.9	-2.8	-1.3	-0.4	0.4	1.2	1.8	2.3	2.8
固定资产投资额（亿元）	33323	84145	136824	199194	281603	329214	378834	436530	483292	499560	518907
同比增幅（%）	-24.5	-16.1	-10.3	-6.3	-3.1	-1.6	-0.3	0.8	1.8	2.6	2.9
进口总额累计（亿美元）	2995	4650	6200	7636	9309	11062	12826	14853	16641	18568	20556
同比增幅（%）	-4.0	-2.9	-6.0	-8.2	-6.4	-5.7	-5.2	-3.1	-2.3	-1.6	-1.1
出口总额累计（亿美元）	2924	4780	6782	8850	10987	13364	15716	18114	20486	23167	25906
同比增幅（%）	-17.2	-13.3	-9.0	-7.7	-6.2	-4.1	-2.3	-0.8	0.5	2.5	3.6
社会消费品零售总额（亿元）	52130	78580	106758	138730	172256	204459	238029	273324	311901	351415	391981
同比增幅（%）	-20.5	-19.0	-16.2	-13.5	-11.4	-9.9	-8.6	-7.2	-5.9	-4.8	-3.9

数据来源：国家统计局。

表 2-3　2020 年国内生产总值及同比增幅数据（单季度）

类　别	绝对值（亿元）				同比增幅（%）			
	一季度	二季度	三季度	四季度	一季度	二季度	三季度	四季度
国内生产总值	205727	248985	264976	296298	-6.8	3.2	4.9	6.5
第一产业	10185	15867	22072	29630	-3.2	3.3	3.9	4.1
第二产业	72533	97699	100083	113940	-9.6	4.7	6.0	6.8
第三产业	123009	135419	142822	152728	-5.2	1.9	4.3	6.7
农林牧渔业	10708	16597	22975	30824	-2.8	3.4	4.0	4.2
工业	63568	79048	80613	89843	-8.5	4.1	5.6	6.9
制造业	52821	67957	68266	76899	-10.2	4.4	6.1	7.3
建筑业	9344	19088	19910	24654	-17.5	7.8	8.1	6.6
批发和零售业	18704	23642	25062	28279	-17.8	1.2	3.1	6.3
交通运输、仓储和邮政业	7803	10552	11205	12002	-14.0	1.7	3.9	7.6
住宿和餐饮业	2800	3455	4449	5267	-35.3	-18.0	-5.1	2.7
金融业	21103	20724	21514	20729	6.0	7.2	7.9	7.0
房地产业	15467	18799	19383	20903	-6.1	4.1	6.3	6.7
信息传输、软件和信息技术服务业	9149	9804	8925	10073	13.2	15.7	18.8	19.7
租赁和商务服务业	7073	7102	7929	9512	-9.4	-8.0	-6.9	2.2
其他行业	40009	40175	43012	44212	-1.8	-0.9	2.3	4.5

数据来源：国家统计局。

表 2-4　2020 年国内生产总值及同比增幅数据（季度累计）

类　别	绝对值（亿元）				同比增幅（%）			
	一季度	上半年	前三季度	全年	一季度	上半年	前三季度	全年
国内生产总值	205727	454712	719688	1015986	-6.8	-1.6	0.7	2.3
第一产业	10185	26052	48124	77754	-3.2	0.9	2.3	3.0
第二产业	72533	170233	270315	384255	-9.6	-1.9	0.9	2.6
第三产业	123009	258427	401249	553977	-5.2	-1.6	0.4	2.1
农林牧渔业	10708	27305	50280	81104	-2.8	1.1	2.4	3.1
工业	63568	142616	223228	313071	-8.5	-1.8	0.7	2.4
制造业	52821	120778	189044	265944	-10.2	-2.5	0.5	2.3
建筑业	9344	28431	48342	72996	-17.5	-1.9	2.0	3.5
批发和零售业	18704	42345	67407	95686	-17.8	-8.1	-4.2	-1.3
交通运输、仓储和邮政业	7803	18355	29560	41562	-14.0	-5.6	-2.2	0.5
住宿和餐饮业	2800	6256	10704	15971	-35.3	-26.8	-19.1	-13.1
金融业	21103	41827	63341	84070	6.0	6.6	7.0	7.0
房地产业	15467	34266	53649	74553	-6.1	-0.9	1.6	2.9
信息传输、软件和信息技术服务业	9149	18953	27877	37951	13.2	14.4	15.8	16.9
租赁和商务服务业	7073	14175	22104	31616	-9.4	-8.7	-8.1	-5.3
其他行业	40009	80184	123196	167407	-1.8	-1.4	-0.2	1.0

数据来源：国家统计局。

表 2-5　2016—2020 年国内（地区）生产总值

单位：亿元

地　区	2016 年	2017 年	2018 年	2019 年	2020 年
全　国	**746395**	**832036**	**919281**	**986515**	**1015986**
北　京	27041	29883	33106	35445	36103
天　津	11477	12451	13363	14056	14084
河　北	28474	30641	32495	34979	36207
上　海	29887	32925	36012	37988	38701
江　苏	77351	85870	93208	98657	102719
浙　江	47254	52403	58003	62462	64613
福　建	29609	33842	38688	42327	43904
山　东	58763	63012	66649	70541	73129
广　东	82163	91649	99945	107987	110761
海　南	4090	4498	4911	5331	5532
山　西	11946	14484	15958	16962	17652
安　徽	26308	29676	34011	36846	38681
江　西	18389	20211	22717	24667	25692
河　南	40249	44825	49936	53718	54997
湖　北	33353	37235	42022	45429	43443
湖　南	30854	33828	36330	39894	41781
内蒙古	13789	14898	16141	17213	17360
广　西	16117	17791	19628	21237	22157
重　庆	18023	20066	21589	23606	25003
四　川	33139	37905	42902	46364	48599
贵　州	11792	13605	15353	16769	17827
云　南	16369	18486	20881	23224	24522
西　藏	1173	1349	1548	1698	1903
陕　西	19046	21474	23942	25793	26182
甘　肃	6908	7337	8104	8718	9017
青　海	2258	2465	2748	2941	3006
宁　夏	2781	3200	3510	3749	3921
新　疆	9631	11160	12809	13597	13798
辽　宁	20393	21693	23511	24855	25115
吉　林	10427	10922	11254	11727	12311
黑龙江	11895	12313	12847	13544	13699

数据来源：国家统计局。

表 2－6　2019 年东、中、西部及东北地区国民经济和社会发展主要指标

类　别	全国总计	东部地区		中部地区		西部地区		东北地区	
		绝对数	占全国比重（%）	绝对数	占全国比重（%）	绝对数	占全国比重（%）	绝对数	占全国比重（%）
总人口（万人）	140005.0	54164.5	38.6	37246.2	26.5	38179.8	27.2	10793.7	7.7
国内（地区）生产总值（亿元）	990865.1	511161.2	51.9	218737.8	22.2	205185.2	20.8	50249.0	5.1
第一产业	70466.7	23459.2	33.3	17889.4	25.4	22471.0	31.9	6647.5	9.4
第二产业	386165.3	198955.9	51.6	91382.2	23.7	77797.3	20.2	17281.3	4.5
第三产业	534233.1	288746.1	54.5	109466.2	20.7	104917.0	19.8	26320.2	5.0
居民人均可支配收入（元）	30732.8	39438.9	—	26025.3	—	23986.1	—	27370.6	—
城镇居民人均可支配收入	42358.8	50145.4	—	36607.5	—	36040.6	—	35130.3	—
农村居民人均可支配收入	160207.0	19988.6	—	15290.5	—	13035.3	—	15356.7	—
地方一般公共预算收入（亿元）	101080.6	58030.8	57.4	18455.4	18.3	19562.2	19.4	5032.1	5.0
地方一般公共预算支出（亿元）	203743.2	85052.9	41.7	44658.3	21.9	59341.9	29.1	14690.1	7.2
社会消费品零售总额（亿元）	408017.2	206182.2	50.5	97843.0	24.0	84504.7	20.7	19487.4	4.8
货物进出口总额（亿元）	315627.3	253847.7	80.4	21739.5	6.9	27779.4	8.8	12260.7	3.9
出口	172373.6	140187.2	81.3	13897.8	8.1	13692.3	7.9	4596.3	2.7
进口	143253.7	113660.5	79.3	7841.7	5.5	14087.2	9.8	7664.4	5.4
主要农产品产量									
谷物（万吨）	61369.7	14917.3	24.3	19229.1	31.3	14425.2	23.5	12798.1	20.9
棉花（万吨）	588.9	46.5	7.9	37.7	6.4	504.7	85.7	0.0	0.0
油料（万吨）	3493.0	677.2	19.4	1494.5	42.8	1130.3	32.4	191.0	5.5
主要工业产品产量									
原煤（亿吨）	38.5	1.9	4.9	12.3	31.9	23.3	60.6	1.0	26.0
天然气（亿立方米）	1761.7	213.4	12.1	74.6	4.2	1411.6	80.1	62.2	3.5
水泥（万吨）	234430.6	84182.1	35.9	62113.4	26.5	79653.1	34.0	8482.1	3.6
粗钢（万吨）	99541.9	53336.9	53.6	21065.5	21.2	15524.9	15.6	9614.6	9.7
钢材（万吨）	120456.9	71072.2	59.0	21587.7	17.9	18216.4	15.1	9580.7	8.0
汽车（万辆）	2567.7	1237.0	48.2	481.5	18.8	462.0	18.0	387.2	15.1
发电量（亿千瓦小时）	75034.3	27892.8	37.2	15029.5	20.0	27980.8	37.3	4131.2	5.5
铁路营业里程（千米）	139926.4	33138.9	23.7	32849.9	23.5	55601.5	39.7	18336.1	13.1
公路里程（千米）	5012495.8	1178782.5	23.5	1371135.8	27.4	2062440.2	41.1	400137.3	8.0
高速公路	149571.2	42743.8	28.6	37361.7	25.0	57039.0	38.1	12426.8	8.3
客运量（万人）	1760435.7	635215.9	37.5	437806.8	25.8	489803.6	28.9	131616.0	7.8
货运量（万吨）	4713624.4	1809035.3	39.1	1308286.7	28.3	1232242.3	26.7	271921.1	5.9
邮政业务总量（亿元）	16229.6	12333.7	76.0	2158.0	13.3	1325.9	8.2	411.9	2.5
电信业务总量（亿元）	106810.7	47063.6	44.1	22839.2	21.4	30505.5	28.6	6225.0	5.8
普通高等学校数（个）	2688.0	1020.0	37.9	699.0	26.0	711.0	26.5	258.0	9.6
本专科在校学生数（万人）	3031.5	1139.7	37.6	840.6	27.7	799.3	26.4	251.9	8.3
医院数（个）	34354.0	12081.0	35.2	8078.0	23.5	10890.0	31.7	3305.0	9.6
执业（助理）医师（万人）	386.7	164.6	42.6	93.6	24.2	98.9	25.6	29.6	7.7
医院床位数（万张）	686.7	247.3	36.0	177.1	25.8	199.1	29.0	63.1	9.2

数据来源：国家统计局。

表 2-7 2019 年京津冀、长江经济带国民经济和社会发展主要指标

类 别	全国总计	京津冀地区		长江经济带	
		绝对数	占全国比重（%）	绝对数	占全国比重（%）
总人口（万人）	140005.0	11307.4	8.1	60205.8	42.9
国内（地区）生产总值（亿元）	990865.1	84580.1	8.6	457805.2	46.5
第一产业	70466.7	3817.4	5.4	30603.7	43.4
第二产业	386165.3	24281.5	6.3	182341.8	47.3
第三产业	534233.1	56481.2	10.7	244859.7	46.2
地方一般公共预算收入（亿元）	101080.6	11966.5	11.8	45128.6	44.6
地方一般公共预算支出（亿元）	203743.2	19272.9	9.5	88504.2	43.4
社会消费品零售总额（亿元）	408017.2	32267.4	7.9	198801.4	48.7
货物进出口总额（亿元）	315627.3	23664.0	7.5	139828.7	44.3
出口	172373.6	7981.8	4.6	80124.3	46.5
进口	143253.7	15682.2	10.9	59704.4	41.7
主要农产品产量					
谷物（万吨）	61369.7	3815.8	6.2	21543.7	35.1
棉花（万吨）	588.9	24.6	4.2	37.4	6.3
油料（万吨）	3493.0	120.3	3.4	1560.4	44.7
主要工业产品产量					
原煤（亿吨）	38.5	0.5	1.3	3.7	9.7
天然气（亿立方米）	1761.7	70.5	4.0	541.4	30.7
水泥（万吨）	234430.6	11533.9	4.9	120915.7	51.6
粗钢（万吨）	99541.9	26352.5	26.5	32911.1	33.1
钢材（万吨）	120456.9	34035.3	28.3	39130.6	32.5
汽车（万辆）	2567.7	373.3	14.5	1089.7	42.4
发电量（亿千瓦小时）	75034.3	4494.7	6.0	28713.3	38.3
铁路营业里程（千米）	139926.4	10343.5	7.4	42795.2	30.6
公路里程（千米）	5012495.8	235481.0	4.7	2230326.0	44.5
高速公路	149571.2	9938.5	6.6	58801.3	39.3
客运量（万人）	1760435.7	125388.7	7.4	828795.9	48.9
货运量（万吨）	4713624.4	315346.2	6.8	2066338.9	44.7
邮政业务总量（亿元）	16229.6	1166.3	7.2	7634.3	47.0
电信业务总量（亿元）	106810.7	8618.5	8.1	46795.6	43.9
普通高等学校数（个）	2688.0	271.0	10.1	1159.0	43.1
本专科在校学生数（万人）	3031.5	261.5	8.6	1288.6	42.5
医院数（个）	34354.0	3225.0	9.4	14365.0	41.8
执业（助理）医师（万人）	386.7	38.1	9.8	162.3	42.0
医院床位数（万张）	686.7	51.0	7.4	304.6	44.4

数据来源：国家统计局。

二、金融数据

表 2－8　2020 年新增贷款

单位：亿元

月　份	各项贷款	境内贷款	住户贷款	短期贷款			中长期贷款		
					消费贷款	经营贷款		消费贷款	经营贷款
1	33375	33331	6340	－19780	－20429	650	26120	24981	1139
2	9057	8986	－4133	－4504	－4075	－429	371	645	－274
3	28534	28434	9865	5144	2428	2716	4722	3666	1056
4	16978	16635	6669	2280	1134	1146	4389	3648	741
5	14821	14841	7043	2381	1246	1135	4662	3967	695
6	18110	18240	9775	3401	1238	2162	6374	5025	1349
7	9927	9953	7578	1510	824	686	6067	5131	936
8	12783	12738	8415	2844	1632	1212	5571	4584	986
9	18957	18972	9688	3371	1549	1822	6317	4723	1595
10	6898	7048	4331	272	431	－159	4059	3449	610
11	14337	14305	7534	2486	1722	764	5049	4125	923
12	12552	12118	5551	1169	848	321	4382	3507	875

数据来源：中国人民银行。

表 2－9　2020 年货币供应量

单位：亿元

月　份	货币和准货币（M_2）	货币（M_1）	流通中货币（M_0）
1	2023066	545532	93249
2	2030830	552701	88187
3	2080923	575050	83022
4	2093534	570150	81485
5	2100184	581111	79707
6	2134949	604318	79459
7	2125458	591193	79867
8	2136837	601289	80043
9	2164085	602312	82371
10	2149720	609182	81036
11	2172003	618632	81594
12	2186796	625581	84315

数据来源：中国人民银行。

表 2-10　2020 年社会融资规模增量

单位：亿元

月份	社会融资规模增量	其中									
		人民币贷款	外币贷款（折合人民币）	委托贷款	信托贷款	未贴现银行承兑汇票	企业债券	政府债券	非金融企业境内股票融资	存款类金融机构资产支持证券	贷款核销
1	50535	34924	513	-26	432	1403	3967	7613	609	478	166
2	8737	7202	252	-356	-540	-3961	3894	1824	449	-549	263
3	51838	30390	1145	-588	-21	2818	9931	6344	198	-161	1117
4	31027	16239	910	-579	23	577	9237	3357	315	-202	460
5	31866	15502	457	-273	-337	836	2879	11362	353	-88	413
6	34681	19029	204	-484	-852	2190	3686	7450	538	-15	2044
7	16928	10221	-524	-152	-1367	-1130	2358	5459	1215	-742	748
8	35853	14201	397	-415	-316	1441	3659	13788	1282	308	643
9	34693	19171	-302	-317	-1159	1503	1316	10116	1141	440	1790
10	13929	6663	-175	-174	-875	-1089	2263	4931	927	194	539
11	21355	15309	-447	-31	-1387	-625	840	4000	771	1270	673
12	16476	11458	-981	-559	-4620	-2216	-281	6973	1126	1177	3366

数据来源：中国人民银行。

表 2-11　2020 年各地区社会融资规模增量

单位：亿元

地　区	一季度	上半年	前三季度	全年
北　京	7557	9514	12598	16631
天　津	1875	3037	4206	4508
河　北	3419	6441	8766	10169
上　海	3051	6750	10204	10916
江　苏	14860	24305	29592	33611
浙　江	11128	20026	27382	32155
福　建	4386	7233	9616	10592
山　东	7500	13484	18343	20108
广　东	14092	26499	34492	40692
海　南	700	951	1024	970
山　西	2073	3209	4106	4689
安　徽	3901	6604	9075	9251
江　西	3292	5969	8030	8550
河　南	5350	8544	10544	11472
湖　北	2255	4986	8527	10433
湖　南	4207	7143	9629	10779
内蒙古	679	1352	2043	1095
广　西	2576	4777	6470	7089
重　庆	2386	4969	7074	8101
四　川	4817	8895	12530	14334
贵　州	1794	3498	5729	6567

续表

地　区	一季度	上半年	前三季度	全年
云　南	1899	3598	5604	5873
西　藏	182	351	539	491
陕　西	1897	4176	5827	6407
甘　肃	1969	3386	3876	4016
青　海	48	414	449	117
宁　夏	196	446	670	872
新　疆	1074	2528	3845	4558
辽　宁	307	362	788	1310
吉　林	874	2412	3255	3579
黑龙江	1336	2004	2303	1899

数据来源：中国人民银行。

表 2－12　2020 年官方储备资产

月　份	单位	外汇储备	基金组织储备头寸	特别提款权	黄金	其他储备资产
1	亿美元	31154. 97	83. 75	110. 96	992. 40	0. 11
	亿 SDR	22626. 05	60. 82	80. 58	720. 72	0. 08
2	亿美元	31067. 18	81. 20	110. 87	1008. 47	－1. 00
	亿 SDR	22622. 59	59. 13	80. 73	734. 35	－0. 73
3	亿美元	30606. 33	80. 70	110. 19	1007. 90	－2. 38
	亿 SDR	22425. 53	59. 13	80. 74	738. 50	－1. 74
4	亿美元	30914. 59	90. 36	108. 12	1066. 66	－0. 34
	亿 SDR	22624. 81	66. 13	79. 13	780. 63	－0. 25
5	亿美元	31016. 92	90. 73	108. 75	1082. 92	－0. 51
	亿 SDR	22606. 78	66. 13	79. 26	789. 29	－0. 37
6	亿美元	31123. 28	96. 10	109. 54	1107. 60	－3. 26
	亿 SDR	22623. 67	69. 86	79. 63	805. 12	－2. 37
7	亿美元	31543. 91	98. 71	112. 68	1230. 88	－3. 96
	亿 SDR	22322. 99	69. 86	79. 74	871. 07	－2. 80
8	亿美元	31646. 09	98. 14	113. 18	1226. 15	－4. 13
	亿 SDR	22303. 06	69. 17	79. 77	864. 15	－2. 91
9	亿美元	31425. 62	96. 77	111. 67	1182. 02	－3. 99
	亿 SDR	22326. 08	68. 75	79. 34	839. 76	－2. 83
10	亿美元	31279. 82	97. 04	112. 05	1178. 86	－4. 91
	亿 SDR	22158. 50	68. 74	79. 38	835. 10	－3. 48
11	亿美元	31784. 90	98. 31	113. 65	1104. 12	－4. 72
	亿 SDR	22225. 75	68. 74	79. 47	772. 06	－3. 30
12	亿美元	32165. 22	107. 65	114. 95	1182. 46	－4. 99
	亿 SDR	22332. 79	74. 74	79. 81	821. 00	－3. 46

数据来源：中国人民银行。

注：自 2016 年 4 月 1 日起，除按美元公布官方储备资产外，增加以国际货币基金组织特别提款权（SDR）公布相关数据，折算汇率来源于国际货币基金组织网站，其中 2020 年 1 月 USD/SDR＝0. 726242，2020 年 2 月 USD/SDR＝0. 728183，2020 年 3 月 USD/SDR＝0. 732709，2020 年 4 月 USD/SDR＝0. 731849，2020 年 5 月 USD/SDR＝0. 728853，2020 年 6 月 USD/SDR＝0. 726905，2020 年 7 月 USD/SDR＝0. 70768，2020 年 8 月 USD/SDR＝0. 704765，2020 年 10 月 USD/SDR＝0. 708396，2020 年 11 月 USD/SDR＝0. 699255，2020 年 12 月 USD/SDR＝0. 694315。

表 2-13　2020 年主要外币兑人民币汇率（期末值）

类　别	1月	2月	3月	4月	5月	6月	7月	8月	9月	10月	11月	12月
一特别提款权单位折合人民币元	9.5616	9.6138	9.6801	9.6390	9.8049	9.7236	9.8710	9.7282	9.5836	9.4556	9.4167	9.4120
一美元折合人民币	6.8876	7.0066	7.0851	7.0571	7.1316	7.0795	6.9848	6.8605	6.8101	6.7232	6.5782	6.5249
一欧元折合人民币	7.6400	7.7059	7.8088	7.6744	7.8970	7.9610	8.2882	8.1649	7.9941	7.8463	7.8719	8.0250
一英镑折合人民币	9.0505	9.0305	8.7597	8.7996	8.7860	8.7144	9.1590	9.1522	8.7577	8.6905	8.7702	8.8903
一百日元折合人民币	6.2742	6.3919	6.5544	6.6195	6.6225	6.5808	6.6726	6.4957	6.4429	6.4268	6.3181	6.3236
一澳元折合人民币	4.7133	4.6104	4.3629	4.6249	4.7283	4.8657	5.0272	5.0482	4.8627	4.7273	4.8675	5.0163
一加元折合人民币	5.2417	5.2360	4.9952	5.0859	5.1767	5.1843	5.2054	5.2393	5.0864	5.0462	5.0685	5.1161

数据来源：中国人民银行。

表 2-14　2020 年全国银行间同业拆借中心受权公布贷款市场报价利率（LPR）

单位:%

报价日期	1—5 年（含）	5 年以上	报价日期	1—5 年（含）	5 年以上
1 月 20 日	4.15	4.80	7 月 20 日	3.85	4.65
2 月 20 日	4.05	4.75	8 月 20 日	3.85	4.65
3 月 20 日	4.05	4.75	9 月 21 日	3.85	4.65
4 月 20 日	3.85	4.65	10 月 20 日	3.85	4.65
5 月 20 日	3.85	4.65	11 月 20 日	3.85	4.65
6 月 22 日	3.85	4.65	12 月 21 日	3.85	4.65

数据来源：中国人民银行。

表 2-15　2020 年新发放贷款加权平均利率

单位:%

类　别	3月	6月	9月	12月
新发放贷款加权平均利率	5.08	5.06	5.12	5.03
一般贷款加权平均利率	5.48	5.26	5.31	5.30
其中：企业贷款加权平均利率	4.82	4.64	4.63	4.61
票据融资加权平均利率	2.94	2.85	3.23	3.10
个人住房贷款加权平均利率	5.60	5.42	5.36	5.34

数据来源：中国人民银行。

三、财政数据

表 2-16　2016—2020 年全国财政收入情况

单位：亿元

类　别	2016 年	2017 年	2018 年	2019 年	2020 年
全国一般公共财政收入	159552	172593	183360	190390	182895
中央一般公共财政收入	72357	81123	85456	89309	82771
地方一般公共财政收入（本级）	87239	91469	97903	101081	100124
税收收入	130354	144370	156403	158000	154310
全国政府性基金收入	46619	61480	75479	84518	93489
#中央政府性基金收入	4178	3825	4035	4040	3562
#地方政府性基金收入（本级）	42441	57655	71444	80478	89927
##国有土地使用权出让收入	37457	52074	65168	72580	84142

数据来源：财政部。

表 2-17　2016—2020 年全国财政支出情况

单位：亿元

类　别	2016 年	2017 年	2018 年	2019 年	2020 年
全国一般公共财政支出	187755	203085	220904	238858	245588
中央一般公共财政支出	27404	29857	32708	35115	35096
地方一般公共财政支出	160351	173228	188196	203743	210492
全国政府性基金支出	46878	60969	80602	91648	117999
中央政府性基金支出	4000	3669	3089	3113	2715
地方政府性基金支出	43988	58285	77512	88534	115284
国有土地使用权出让收入相关支出	38518	52129	69925	75754	76503

数据来源：财政部。

表 2-18　2015—2019 年全国住房保障支出情况

单位：亿元

类　别	2015 年	2016 年	2017 年	2018 年	2019 年
住房保障支出	**5797.02**	**6776.21**	**6552.49**	**6806.37**	**6401.19**
保障性安居工程支出	**3907.35**	**4390.87**	**3791.56**	**3697.45**	**2941.16**
其中：廉租住房	119.63	84.82	46.01	38.95	33.29
沉陷区治理	14.90	22.35	4.28	5.78	12.01
棚户区改造	1289.73	1722.44	1684.84	1667.78	1086.24
少数民族地区游牧民定居工程	0.99	9.29	6.42	1.14	4.84
农村危房改造	536.02	445.79	419.33	456.93	393.60
公共租赁住房	639.38	597.43	390.71	329.63	285.57
保障性住房租金补贴	49.86	62.73	59.94	53.21	50.07
其他保障性安居工程支出	1256.84	1446.00	1180.04	1144.03	1075.53
住房改革支出	**1730.13**	**2145.54**	**2494.98**	**2852.80**	**3166.08**
其中：住房公积金	1255.31	1551.16	1772.26	1989.43	2244.29
提租补贴	73.50	102.72	168.65	215.50	274.05
购房补贴	401.32	491.66	554.07	647.87	647.74
城乡社区住宅	**159.54**	**239.80**	**265.95**	**256.12**	**293.95**
其中：公有住房建设和维修改造支出	18.13	28.09	39.25	44.54	51.18
住房公积金管理	—	76.92	71.95	76.78	82.90
其他城乡社区住宅支出	141.40	134.79	154.75	134.80	159.87

数据来源：财政部。

表 2-19 2015—2019 年地方住房保障支出情况

单位：亿元

类 别	2015 年	2016 年	2017 年	2018 年	2019 年
住房保障支出	**5395.84**	**6338.77**	**6131.82**	**6299.92**	**5839.35**
保障性安居工程支出	**3836.29**	**4342.62**	**3776.60**	**3674.92**	**2930.02**
其中：廉租住房	119.63	84.82	46.01	38.94	33.29
沉陷区治理	14.90	22.35	4.28	5.78	12.01
棚户区改造	1287.09	1706.66	1683.40	1664.40	1085.49
少数民族地区游牧民定居工程	0.99	9.29	6.42	1.14	4.84
农村危房改造	527.94	442.24	418.88	455.37	392.10
公共租赁住房	639.38	587.43	389.04	322.56	285.57
保障性住房租金补贴	49.86	61.73	58.44	53.07	50.07
其他保障性安居工程支出	1196.50	1428.08	1170.14	1133.66	1066.64
住房改革支出	**1400.01**	**1756.35**	**2089.27**	**2368.96**	**2620.12**
其中：住房公积金	1115.83	1378.04	1582.32	1784.97	1980.51
提租补贴	67.25	96.32	162.09	208.82	267.43
购房补贴	216.93	281.99	344.86	375.17	372.18
城乡社区住宅	**159.54**	**239.80**	**265.95**	**256.04**	**289.21**
其中：公有住房建设和维修改造支出	18.13	28.09	39.25	44.54	46.64
住房公积金管理	—	76.92	71.95	76.78	82.76
其他城乡社区住宅支出	141.40	134.79	154.75	134.72	159.81

数据来源：财政部。

表 2-20 2016—2020 年地方财政收入和土地出让金比较

单位：亿元,%

年 份	地方财政收入	增幅	土地出让金	增幅	出让金收入占地方财政收入比重
2016	87239	5.1	37479	15.2	43.0
2017	91469	4.8	52074	38.9	56.9
2018	97903	7.0	65168	25.0	66.6
2019	101081	3.2	72580	11.4	71.8
2020	100124	-0.9	84142	15.9	84.0

数据来源：财政部。

表 2-21　2016—2020 年各地区公共财政收入情况

单位：亿元

地　区	2016 年	2017 年	2018 年	2019 年	2020 年
合　计	**87239.35**	**91469.41**	**97903.38**	**101080.61**	**100123.81**
北　京	5081.26	5430.79	5785.92	5817.10	5483.90
天　津	2723.50	2310.36	2106.24	2410.41	1923.05
河　北	2849.87	3233.83	3513.86	3738.99	3826.40
上　海	6406.13	6642.26	7108.15	7165.10	7046.30
江　苏	8121.23	8171.53	8630.16	8802.36	9059.00
浙　江	5301.98	5804.38	6598.21	7048.58	7248.00
福　建	2654.83	2809.03	3007.41	3052.93	3078.96
山　东	5860.18	6098.63	6485.40	6526.71	6559.90
广　东	10390.35	11320.35	12105.26	12654.53	12921.97
海　南	637.51	674.11	752.67	814.14	816.05
山　西	1557.00	1867.00	2292.70	2347.75	2296.50
安　徽	2672.79	2812.45	3048.67	3182.71	3216.00
江　西	2151.47	2247.06	2373.01	2487.39	2507.50
河　南	3153.47	3407.22	3766.02	4041.89	4155.22
湖　北	3102.06	3248.32	3307.08	3388.57	2511.52
湖　南	2697.88	2757.82	2860.84	3007.15	3008.70
内蒙古	2016.43	1703.21	1857.65	2059.69	2051.30
广　西	1556.27	1615.13	1681.45	1811.89	1716.94
重　庆	2227.91	2252.38	2265.54	2134.93	2094.80
四　川	3388.85	3577.99	3910.90	4070.83	4258.00
贵　州	1561.34	1613.84	1726.85	1767.47	1786.78
云　南	1812.29	1886.17	1994.35	2073.56	2116.70
西　藏	155.99	185.83	230.35	221.99	220.98
陕　西	1833.99	2006.69	2243.14	2287.90	2257.20
甘　肃	786.97	815.73	871.05	850.49	874.50
青　海	238.51	246.20	272.89	282.25	298.03
宁　夏	387.66	417.59	436.52	423.58	419.40
新　疆	1298.95	1466.52	1531.42	1577.63	1477.21
辽　宁	2200.49	2392.77	2616.08	2652.40	2655.50
吉　林	1263.78	1210.91	1240.89	1116.95	1085.00
黑龙江	1148.41	1243.31	1282.60	1262.76	1152.50

数据来源：财政部及地方财政厅/局。

表 2-22　2016—2020 年各地区公共财政支出情况

单位：亿元

地　区	2016 年	2017 年	2018 年	2019 年	2020 年
合　计	**160351.36**	**173228.34**	**188196.32**	**203743.22**	**210578.70**
北　京	6406.77	6824.53	7471.43	7408.19	7116.20
天　津	3699.43	3282.54	3103.16	3555.71	3151.37
河　北	6049.53	6639.18	7726.21	8309.04	9021.70
上　海	6918.94	7547.62	8351.54	8179.28	8102.11
江　苏	9981.96	10621.03	11657.35	12573.55	13682.50
浙　江	6974.26	7530.32	8629.53	10053.03	10082.00
福　建	4275.40	4684.15	4832.69	5077.93	5214.61
山　东	8755.21	9258.40	10100.96	10739.76	11231.20
广　东	13446.09	15037.48	15729.26	17297.85	17484.67
海　南	1376.48	1443.97	1691.30	1858.60	1973.89
山　西	3428.86	3756.42	4283.91	4710.76	5110.90
安　徽	5522.95	6203.81	6572.15	7392.22	7471.00
江　西	4617.40	5111.47	5667.52	6386.80	6666.10
河　南	7453.74	8215.52	9217.73	10163.93	10382.77
湖　北	6422.98	6801.26	7258.27	7970.21	8439.04
湖　南	6339.16	6869.39	7479.61	8034.42	8402.70
内蒙古	4512.71	4529.93	4831.46	5100.91	5268.20
广　西	4441.70	4908.55	5310.74	5850.96	6155.42
重　庆	4001.81	4336.28	4540.95	4847.68	4893.90
四　川	8008.89	8694.76	9707.50	10348.17	11200.70
贵　州	4262.36	4612.52	5029.68	5948.74	5723.27
云　南	5018.86	5712.97	6075.03	6770.09	6974.00
西　藏	1587.98	1681.94	1970.68	2187.75	2207.77
陕　西	4389.37	4833.19	5302.44	5718.52	5933.80
甘　肃	3150.03	3304.44	3772.23	3951.60	4154.90
青　海	1524.80	1530.44	1647.43	1863.67	1933.28
宁　夏	1254.54	1372.78	1419.06	1438.29	1483.00
新　疆	4138.25	4637.24	5012.45	5315.49	5539.10
辽　宁	4577.47	4879.42	5337.72	5745.09	6002.00
吉　林	3586.09	3725.72	3789.59	3933.42	4127.20
黑龙江	4227.34	4641.08	4676.75	5011.56	5449.40

数据来源：财政部及地方财政厅/局。

表 2-23　2016—2020 年房地产五项税收收入情况

单位：亿元

类　别	2016 年	2017 年	2018 年	2019 年	2020 年
房产税	2221	2604	2889	2988	2842
契税	4300	4910	5730	6213	7061
土地增值税	4212	4911	5642	6465	6468
耕地占用税	2029	1652	1319	1390	1258
城镇土地使用税	2256	2361	2388	2195	2058

数据来源：财政部。

表 2-24　2015—2019 年各地区房产税收入情况

单位：亿元

地　区	2015 年	2016 年	2017 年	2018 年	2019 年
合　计	**2050.90**	**2220.91**	**2604.33**	**2888.56**	**2988.43**
北　京	152.06	198.22	273.11	299.52	354.43
天　津	71.81	72.18	76.45	76.20	77.44
河　北	51.34	54.63	62.21	71.28	75.24
上　海	123.81	170.96	203.69	213.84	216.83
江　苏	248.01	256.60	291.19	310.82	322.91
浙　江	179.98	184.30	195.35	233.29	207.25
福　建	63.23	63.74	79.01	87.20	87.47
山　东	133.86	143.36	157.81	168.25	166.73
广　东	241.00	243.97	299.46	361.21	356.76
海　南	15.87	15.62	19.45	22.98	21.61
山　西	35.20	33.31	34.39	41.11	43.13
安　徽	46.15	51.58	59.33	65.10	68.99
江　西	34.29	34.37	40.24	39.82	41.38
河　南	52.52	53.78	65.12	71.52	76.17
湖　北	53.14	59.70	82.67	89.31	100.67
湖　南	44.02	46.07	58.04	63.55	70.31
内蒙古	42.87	49.20	51.64	59.05	51.32
广　西	27.52	30.71	32.67	33.17	50.06
重　庆	52.46	56.88	64.90	67.33	73.15
四　川	73.91	79.79	88.66	106.78	111.86
贵　州	29.48	30.51	38.61	35.36	36.88
云　南	35.90	37.92	41.96	46.96	47.49
西　藏	—	—	—	—	—
陕　西	41.59	42.84	44.72	59.57	65.80
甘　肃	17.71	19.54	21.04	23.87	23.67
青　海	5.52	5.67	6.53	7.35	7.46
宁　夏	9.69	10.02	12.15	12.59	13.68
新　疆	26.62	32.11	37.12	42.93	46.00
辽　宁	82.37	84.10	95.22	101.83	97.17
吉　林	27.61	27.31	33.33	35.63	34.40
黑龙江	31.38	31.92	38.27	41.14	42.18

数据来源：国家统计局。

表 2-25 2015—2019 年各地区契税收入情况

单位：亿元

地 区	2015 年	2016 年	2017 年	2018 年	2019 年
合 计	**3898. 55**	**4300. 00**	**4910. 42**	**5729. 94**	**6212. 86**
北 京	210. 23	254. 29	197. 46	245. 30	225. 19
天 津	92. 59	171. 10	151. 00	105. 61	112. 96
河 北	109. 20	136. 74	181. 08	220. 66	234. 51
上 海	270. 99	345. 83	271. 55	284. 95	315. 18
江 苏	370. 11	335. 41	488. 20	635. 10	717. 13
浙 江	243. 37	304. 79	381. 59	459. 45	571. 34
福 建	123. 90	136. 32	167. 57	190. 28	193. 31
山 东	247. 76	267. 63	312. 52	428. 58	455. 52
广 东	427. 24	513. 67	578. 75	601. 70	640. 89
海 南	31. 88	27. 30	36. 95	44. 52	52. 53
山 西	30. 10	30. 06	38. 68	47. 91	75. 07
安 徽	172. 52	185. 40	244. 30	237. 65	231. 90
江 西	136. 33	140. 29	168. 18	177. 89	192. 69
河 南	138. 75	186. 95	208. 54	246. 79	274. 94
湖 北	153. 50	149. 64	204. 87	230. 54	257. 24
湖 南	184. 76	178. 58	220. 42	264. 52	289. 57
内蒙古	36. 60	48. 44	34. 83	41. 42	52. 03
广 西	77. 15	88. 03	101. 35	122. 92	91. 84
重 庆	134. 48	129. 84	178. 57	200. 69	190. 64
四 川	213. 10	184. 14	209. 95	280. 99	289. 24
贵 州	73. 40	91. 92	89. 29	96. 11	103. 66
云 南	56. 16	52. 35	63. 36	90. 57	118. 66
西 藏	—	—	—	—	—
陕 西	68. 53	50. 81	72. 56	90. 67	97. 32
甘 肃	16. 85	23. 47	22. 55	27. 47	36. 23
青 海	6. 07	3. 68	4. 60	8. 87	10. 51
宁 夏	14. 53	12. 84	13. 50	17. 57	18. 80
新 疆	41. 93	38. 20	33. 89	42. 45	48. 87
辽 宁	105. 05	100. 25	105. 42	130. 56	153. 60
吉 林	66. 35	65. 36	70. 62	89. 14	88. 25
黑龙江	45. 13	46. 67	58. 23	69. 07	73. 26

数据来源：国家统计局。

表 2－26　2015—2019 年各地区土地增值税收入情况

单位：亿元

地　区	2015 年	2016 年	2017 年	2018 年	2019 年
合　计	**3832.18**	**4212.19**	**4911.28**	**5641.38**	**6465.14**
北　京	174.86	177.34	288.99	209.13	225.37
天　津	139.99	120.41	126.60	99.92	102.82
河　北	118.58	138.74	168.70	247.65	270.11
上　海	253.31	334.25	387.73	421.84	412.76
江　苏	437.01	480.58	458.93	494.48	558.86
浙　江	210.16	234.55	288.90	342.20	467.69
福　建	196.43	215.87	274.25	262.37	254.53
山　东	259.51	293.15	367.18	390.79	404.28
广　东	576.75	681.58	839.11	1056.11	1402.89
海　南	75.55	90.29	98.66	133.81	172.37
山　西	29.57	31.62	43.63	57.52	60.84
安　徽	90.42	104.83	120.85	147.88	146.84
江　西	128.84	118.75	118.05	133.90	138.86
河　南	139.43	144.83	192.24	237.40	295.81
湖　北	187.76	201.55	215.80	236.79	255.41
湖　南	84.20	96.48	129.44	169.19	221.76
内蒙古	39.89	40.06	22.42	30.93	61.74
广　西	57.09	62.58	72.79	84.65	95.06
重　庆	94.36	102.77	83.95	121.06	129.03
四　川	149.14	143.98	172.19	215.52	244.10
贵　州	86.57	95.01	108.66	98.34	89.23
云　南	56.34	42.63	50.53	71.93	86.92
西　藏	1.08	1.62	1.41	3.18	4.13
陕　西	40.86	34.89	44.82	87.82	80.50
甘　肃	16.97	23.58	28.84	34.76	30.62
青　海	3.53	3.26	4.60	9.26	8.18
宁　夏	6.61	7.76	8.59	9.50	9.23
新　疆	31.60	41.69	33.26	33.85	40.35
辽　宁	46.14	60.08	65.74	76.39	90.11
吉　林	36.15	34.15	31.03	43.41	37.79
黑龙江	63.46	53.31	63.41	79.81	66.93

数据来源：国家统计局。

表 2-27　2015—2019 年各地区耕地占用税收入情况

单位：亿元

地　区	2015 年	2016 年	2017 年	2018 年	2019 年
合　计	**2097.21**	**2028.89**	**1651.89**	**1318.85**	**1389.84**
北　京	4.54	3.34	2.72	2.82	3.23
天　津	10.41	8.02	10.82	9.11	4.60
河　北	49.37	67.24	58.50	63.40	80.86
上　海	7.26	4.62	5.89	5.71	13.29
江　苏	31.76	26.63	53.00	54.17	72.53
浙　江	62.51	82.65	64.97	45.63	121.85
福　建	28.13	16.43	15.96	15.30	15.03
山　东	251.52	217.30	163.24	119.29	97.25
广　东	95.38	76.67	66.26	53.78	58.34
海　南	12.74	12.23	0.95	2.55	14.46
山　西	11.43	11.75	12.08	11.62	10.60
安　徽	45.12	68.38	52.12	52.99	46.81
江　西	86.30	86.04	78.01	44.12	36.58
河　南	184.74	184.34	189.15	175.73	166.87
湖　北	116.42	115.60	106.37	105.47	98.71
湖　南	59.83	63.36	60.96	49.63	66.32
内蒙古	282.44	262.01	88.81	49.78	69.09
广　西	128.25	122.07	90.43	41.16	38.44
重　庆	48.80	48.67	43.41	36.18	30.87
四　川	121.96	118.36	105.12	89.11	90.67
贵　州	146.26	146.15	153.10	93.14	44.71
云　南	67.06	61.28	52.99	35.72	33.32
西　藏	1.32	1.72	1.09	1.62	0.73
陕　西	71.55	54.75	51.15	34.19	45.04
甘　肃	5.46	5.52	6.81	4.89	4.60
青　海	9.24	5.64	5.03	5.89	4.93
宁　夏	10.93	7.33	10.63	8.07	6.96
新　疆	49.62	53.21	48.28	63.32	63.18
辽　宁	15.07	14.97	13.27	10.14	14.62
吉　林	63.21	61.11	19.83	18.34	12.39
黑龙江	18.57	21.50	20.92	16.00	22.96

数据来源：国家统计局。

表 2-28　2015—2019 年各地区城镇土地使用税收入情况

单位：亿元

地　区	2015 年	2016 年	2017 年	2018 年	2019 年
合　计	**2142.04**	**2255.74**	**2360.55**	**2387.60**	**2195.41**
北　京	17.88	19.18	19.92	19.65	20.03
天　津	25.07	23.47	18.59	16.88	15.95
河　北	106.84	101.65	112.14	122.98	139.06
上　海	37.44	42.97	47.58	43.99	22.89
江　苏	180.06	185.12	202.72	199.22	180.44
浙　江	132.86	134.13	116.29	127.65	92.44
福　建	37.59	36.13	44.41	44.53	34.87
山　东	358.75	393.74	398.18	396.84	337.27
广　东	143.69	133.60	111.98	158.52	120.70
海　南	30.97	21.52	28.20	28.57	24.50
山　西	36.02	34.18	35.59	39.49	34.91
安　徽	133.05	141.87	143.62	122.52	102.72
江　西	44.12	46.26	55.48	48.93	50.65
河　南	102.81	104.77	116.22	126.84	153.83
湖　北	50.33	52.53	67.66	63.10	60.10
湖　南	53.59	58.89	73.62	70.23	75.25
内蒙古	93.20	122.03	81.19	89.28	76.24
广　西	26.05	26.14	31.11	26.61	25.16
重　庆	121.31	139.14	147.00	110.32	99.13
四　川	64.64	65.10	72.05	81.66	79.18
贵　州	27.91	30.12	37.90	36.49	31.75
云　南	25.04	30.39	37.11	38.82	39.80
西　藏	0.17	0.20	0.21	0.21	0.18
陕　西	28.34	27.69	36.71	40.79	45.12
甘　肃	18.84	19.20	19.40	22.25	21.65
青　海	4.19	5.70	4.58	4.17	3.62
宁　夏	9.01	8.68	12.34	12.53	12.92
新　疆	14.85	39.50	43.39	48.64	54.87
辽　宁	125.41	125.21	139.10	142.60	132.86
吉　林	30.60	28.69	31.03	30.54	26.47
黑龙江	61.41	57.94	75.21	72.76	80.83

数据来源：国家统计局。

四、人口、就业及收支情况数据

1. 人口数据

表 2-29　第七次全国人口普查数据对比情况

单位：万人、%

地　区	第七次普查	第六次普查	十年增量	年均增量	较六普增幅
全　国	141177.87	133281.09	7896.79	789.68	5.92
北　京	2189.31	1961.24	228.07	22.81	11.63
天　津	1386.60	1293.87	92.73	9.27	7.17
河　北	7461.02	7185.42	275.60	27.56	3.84
山　西	3491.56	3571.21	-79.65	-7.96	-2.23
内蒙古	2404.92	2470.63	-65.71	-6.57	-2.66
辽　宁	4259.14	4374.63	-115.49	-11.55	-2.64
吉　林	2407.35	2745.28	-337.94	-33.79	-12.31
黑龙江	3185.01	3831.40	-646.39	-64.64	-16.87
上　海	2487.09	2301.92	185.17	18.52	8.04
江　苏	8474.80	7866.09	608.71	60.87	7.74
浙　江	6456.76	5442.69	1014.07	101.41	18.63
安　徽	6102.72	5950.05	152.67	15.27	2.57
福　建	4154.01	3689.42	464.59	46.46	12.59
江　西	4518.86	4456.78	62.08	6.21	1.39
山　东	10152.75	9579.27	573.47	57.35	5.99
河　南	9936.55	9402.99	533.56	53.36	5.67
湖　北	5775.26	5723.77	51.48	5.15	0.90
湖　南	6644.49	6570.08	74.41	7.44	1.13
广　东	12601.25	10432.05	2169.21	216.92	20.79
广　西	5012.68	4602.38	410.30	41.03	8.92
海　南	1008.12	867.15	140.97	14.10	16.26
重　庆	3205.42	2884.62	320.80	32.08	11.12
四　川	8367.49	8041.75	325.73	32.57	4.05
贵　州	3856.21	3474.86	381.36	38.14	10.97
云　南	4720.93	4596.68	124.25	12.43	2.70
西　藏	364.81	300.22	64.59	6.46	21.52
陕　西	3952.90	3732.74	220.16	22.02	5.90
甘　肃	2501.98	2557.53	-55.54	-5.55	-2.17
青　海	592.40	562.67	29.72	2.97	5.28
宁　夏	720.27	630.14	90.13	9.01	14.30
新　疆	2585.23	2181.58	403.65	40.37	18.50

数据来源：国家统计局。

表 2－30　2015—2019 年全国人口情况

类　别	2015 年	2016 年	2017 年	2018 年	2019 年
总人口（万人）	**137462**	**138271**	**139008**	**139538**	**140005**
男（万人）	70414	70815	71137	71351	71527
比重（%）	51.22	51.21	51.17	51.13	51.09
女（万人）	67048	67456	67871	68187	68478
比重（%）	48.78	48.79	48.83	48.87	48.91
城镇（万人）	77116	79298	81347	83137	84843
比重（%）	56.10	57.35	58.52	59.58	60.60
乡村（万人）	60346	58973	57661	56401	55162
比重（%）	43.90	42.65	41.48	40.42	39.40
0～14 岁人口（万人）	22715	23008	23348	23523	23492
比重（%）	16.50	16.70	16.80	16.90	16.80
15～64 岁人口（万人）	100361	100260	99829	99357	98910
比重（%）	73.00	72.50	71.80	71.20	70.60
65 岁及以上（万人）	14386	15003	15831	16658	17603
比重（%）	10.50	10.80	11.40	11.90	12.60
出生率（‰）	12.07	12.95	12.43	10.94	10.48
死亡率（‰）	7.11	7.09	7.11	7.13	7.14
自然增长率（‰）	4.96	5.86	5.32	3.81	3.34
人户分离人口（亿人）	2.94	2.92	2.91	2.86	2.80
流动人口（亿人）	2.47	2.45	2.44	2.42	2.36

数据来源：国家统计局。

表 2－31　2015—2019 年各地区年底常住人口数

单位：万人

地　区	2015 年	2016 年	2017 年	2018 年	2019 年
北　京	2171	2173	2171	2154	2154
天　津	1547	1562	1557	1560	1562
河　北	7425	7470	7520	7556	7592
上　海	2415	2420	2418	2424	2428
江　苏	7976	7999	8029	8051	8070
浙　江	5539	5590	5657	5737	5850
福　建	3839	3874	3911	3941	3973
山　东	9847	9947	10006	10047	10070

续表

地　区	2015 年	2016 年	2017 年	2018 年	2019 年
广　东	10849	10999	11169	11346	11521
海　南	911	917	926	934	945
山　西	3664	3682	3702	3718	3729
安　徽	6144	6196	6255	6324	6366
江　西	4566	4592	4622	4648	4666
河　南	9480	9532	9559	9605	9640
湖　北	5852	5885	5902	5917	5927
湖　南	6783	6822	6860	6899	6918
内蒙古	2511	2520	2529	2534	2540
广　西	4796	4838	4885	4926	4960
重　庆	3017	3048	3075	3102	3124
四　川	8204	8262	8302	8341	8375
贵　州	3530	3555	3580	3600	3623
云　南	4742	4771	4801	4830	4858
西　藏	324	331	337	344	351
陕　西	3793	3813	3835	3864	3876
甘　肃	2600	2610	2626	2637	2647
青　海	588	593	598	603	608
宁　夏	668	675	682	688	695
新　疆	2360	2398	2445	2487	2523
辽　宁	4382	4378	4369	4359	4352
吉　林	2753	2733	2717	2704	2691
黑龙江	3812	3799	3789	3773	3751

数据来源：国家统计局。

表 2-32　2015—2019 年各地区年底城镇常住人口数

单位：万人

地　区	2015 年	2016 年	2017 年	2018 年	2019 年
北　京	1878	1880	1878	1863	1865
天　津	1278	1295	1291	1297	1304
河　北	3811	3983	4136	4264	4374
上　海	2116	2127	2121	2136	2144
江　苏	5306	5417	5521	5604	5698
浙　江	3645	3745	3847	3953	4095
福　建	2403	2464	2534	2594	2642
山　东	5614	5871	6062	6147	6194
广　东	7454	7611	7802	8022	8226
海　南	502	521	537	552	560
山　西	2016	2070	2123	2172	2221

续表

地　区	2015 年	2016 年	2017 年	2018 年	2019 年
安　徽	3103	3221	3346	3459	3553
江　西	2357	2438	2524	2604	2679
河　南	4441	4623	4795	4967	5129
湖　北	3327	3419	3500	3568	3615
湖　南	3452	3599	3747	3865	3959
内蒙古	1514	1542	1568	1589	1609
广　西	2257	2326	2404	2474	2534
重　庆	1838	1908	1971	2032	2087
四　川	3913	4066	4217	4362	4505
贵　州	1483	1570	1648	1711	1776
云　南	2055	2148	2241	2309	2376
西　藏	90	98	104	107	111
陕　西	2045	2110	2178	2246	2304
甘　肃	1123	1166	1218	1258	1284
青　海	296	306	317	328	337
宁　夏	369	380	395	405	416
新　疆	1115	1159	1207	1266	1309
辽　宁	2952	2949	2949	2968	2964
吉　林	1523	1530	1539	1556	1568
黑龙江	2241	2249	2250	2268	2284

数据来源：国家统计局。

表 2－33　2015—2019 年各地区年底城镇常住人口数比重

单位：%

地　区	2015 年	2016 年	2017 年	2018 年	2019 年
北　京	86. 50	86. 50	86. 50	86. 50	86. 60
天　津	82. 64	82. 93	82. 93	83. 15	83. 48
河　北	51. 33	53. 32	55. 01	56. 43	57. 62
上　海	87. 60	87. 90	87. 70	88. 10	88. 30
江　苏	66. 52	67. 72	68. 76	69. 61	70. 61
浙　江	65. 80	67. 00	68. 00	68. 90	70. 00
福　建	62. 60	63. 60	64. 80	65. 82	66. 50
山　东	57. 01	59. 02	60. 58	61. 18	61. 51
广　东	68. 71	69. 20	69. 85	70. 70	71. 40
海　南	55. 12	56. 78	58. 04	59. 06	59. 26
山　西	55. 03	56. 21	57. 34	58. 41	59. 56
安　徽	50. 50	51. 99	53. 49	54. 69	55. 81
江　西	51. 62	53. 10	54. 60	56. 02	57. 42
河　南	46. 85	48. 50	50. 16	51. 71	53. 21

续表

地区	2015 年	2016 年	2017 年	2018 年	2019 年
湖北	56.85	58.10	59.30	60.30	60.99
湖南	50.89	52.75	54.62	56.02	57.23
内蒙古	60.30	61.19	62.02	62.71	63.35
广西	47.06	48.08	49.21	50.22	51.09
重庆	60.94	62.60	64.08	65.50	66.81
四川	47.69	49.21	50.79	52.29	53.79
贵州	42.01	44.15	46.02	47.52	49.02
云南	43.33	45.03	46.69	47.81	48.91
西藏	27.74	29.56	30.89	31.14	31.62
陕西	53.92	55.34	56.79	58.13	59.44
甘肃	43.19	44.69	46.39	47.69	48.51
青海	50.30	51.63	53.07	54.47	55.43
宁夏	55.23	56.29	57.98	58.88	59.86
新疆	47.23	48.35	49.38	50.91	51.88
辽宁	67.35	67.37	67.49	68.10	68.11
吉林	55.31	55.97	56.65	57.53	58.27
黑龙江	58.80	59.20	59.40	60.10	60.89

数据来源：国家统计局。

表 2－34　2015—2019 年各地区年底乡村人口数

单位：万人

地区	2015 年	2016 年	2017 年	2018 年	2019 年
北京	293	293	293	291	289
天津	269	267	266	263	258
河北	3614	3487	3383	3292	3218
上海	299	293	297	288	284
江苏	2670	2582	2508	2447	2372
浙江	1894	1845	1810	1784	1755
福建	1436	1410	1377	1347	1331
山东	4233	4076	3944	3900	3876
广东	3395	3388	3367	3324	3295
海南	409	396	389	382	385
山西	1648	1612	1579	1546	1508
安徽	3041	2975	2909	2865	2813
江西	2209	2154	2098	2044	1987
河南	5039	4909	4764	4638	4511
湖北	2525	2466	2402	2349	2312
湖南	3331	3223	3113	3034	2959
内蒙古	997	978	961	945	931
广西	2539	2512	2481	2452	2426

续表

地　区	2015 年	2016 年	2017 年	2018 年	2019 年
重　庆	1178	1140	1105	1070	1037
四　川	4291	4196	4085	3979	3870
贵　州	2047	1985	1932	1889	1847
云　南	2687	2623	2559	2521	2482
西　藏	234	233	233	237	240
陕　西	1748	1703	1657	1618	1572
甘　肃	1477	1444	1408	1379	1363
青　海	292	287	281	275	271
宁　夏	299	295	287	283	279
新　疆	1245	1239	1238	1221	1214
辽　宁	1431	1429	1420	1391	1388
吉　林	1230	1203	1178	1148	1123
黑龙江	1571	1550	1538	1505	1467

数据来源：国家统计局。

表 2-35　2015—2019 年各地区年底乡村人口数比重

单位:%

地　区	2015 年	2016 年	2017 年	2018 年	2019 年
北　京	13.50	13.50	13.50	13.50	13.40
天　津	17.36	17.07	17.07	16.85	16.52
河　北	48.67	46.68	44.99	43.57	42.38
上　海	12.40	12.10	12.30	11.90	11.70
江　苏	33.48	32.28	31.24	30.39	29.39
浙　江	34.20	33.00	32.00	31.10	30.00
福　建	37.40	36.40	35.20	34.18	33.50
山　东	42.99	40.98	39.42	38.82	38.49
广　东	31.29	30.80	30.15	29.30	28.60
海　南	44.88	43.22	41.96	40.94	40.74
山　西	44.97	43.79	42.66	41.59	40.44
安　徽	49.50	48.01	46.51	45.31	44.19
江　西	48.38	46.90	45.40	43.98	42.58
河　南	53.15	51.50	49.84	48.29	46.79
湖　北	43.15	41.90	40.70	39.70	39.01
湖　南	49.11	47.25	45.38	43.98	42.77
内蒙古	39.70	38.81	37.98	37.29	36.65
广　西	52.94	51.92	50.79	49.78	48.91
重　庆	39.06	37.40	35.92	34.50	33.19
四　川	52.31	50.79	49.21	47.71	46.21
贵　州	57.99	55.85	53.98	52.48	50.98
云　南	56.67	54.97	53.31	52.19	51.09
西　藏	72.26	70.44	69.11	68.86	68.46
陕　西	46.08	44.66	43.21	41.87	40.56

续表

地　区	2015 年	2016 年	2017 年	2018 年	2019 年
甘　肃	56.81	55.31	53.61	52.31	51.51
青　海	49.70	48.37	46.93	45.53	44.48
宁　夏	44.77	43.71	42.02	41.12	40.14
新　疆	52.77	51.65	50.62	49.09	48.13
辽　宁	32.65	32.63	32.51	31.90	31.89
吉　林	44.69	44.03	43.35	42.47	41.73
黑龙江	41.20	40.80	40.60	39.90	39.11

数据来源：国家统计局。

2. 居民收支数据

表 2-36　2016—2020 年全国城镇居民可支配收入及构成

地　区	2016 年	2017 年	2018 年	2019 年	2020 年
可支配收入（元）	33616	36396	39251	42359	43834
工资性收入	20665	22201	23792	25565	26381
经营净收入	3770	4065	4443	4840	4711
财产净收入	3271	3607	4028	4391	4627
转移净收入	5910	6524	6988	7563	8116
可支配收入构成（%）	100.0	100.0	100.0	100.0	100.0
工资性收入	61.5	61.0	60.6	60.4	60.2
经营净收入	11.2	11.2	11.3	11.4	10.7
财产净收入	9.7	9.9	10.3	10.4	10.6
转移净收入	17.6	17.9	17.8	17.9	18.5

数据来源：国家统计局。

表 2-37　2016—2020 年各地区城镇居民人均可支配收入

单位：元

地　区	2016 年	2017 年	2018 年	2019 年	2020 年
北　京	57275	62406	67990	73849	75602
天　津	37110	40278	42976	46119	47659
河　北	28249	30548	32997	35738	37286
上　海	57692	62596	68034	73615	76437
江　苏	40152	43622	47200	51056	53102
浙　江	47237	51261	55574	60182	62699
福　建	36014	39001	42121	45620	47160
山　东	34012	36789	39549	42329	43726
广　东	37684	40975	44341	48118	50257
海　南	28453	30817	33349	36017	37097
山　西	27352	29132	31035	33262	34793
安　徽	29156	31640	34393	37540	39442

续表

地　区	2016 年	2017 年	2018 年	2019 年	2020 年
江　西	28673	31198	33819	36546	38556
河　南	27233	29558	31874	34201	34750
湖　北	29386	31889	34455	37601	36706
湖　南	31284	33948	36698	39842	41698
内蒙古	32975	35670	38305	40782	41353
广　西	28324	30502	32436	34745	35859
重　庆	29610	32193	34889	37939	40006
四　川	28335	30727	33216	36154	38253
贵　州	26743	29080	31592	34404	36096
云　南	28611	30996	33488	36238	37500
西　藏	27802	30671	33797	37410	41156
陕　西	28440	30810	33319	36098	37868
甘　肃	25693	27763	29957	32323	33822
青　海	26757	29169	31515	33830	35506
宁　夏	27153	29472	31895	34328	35720
新　疆	28463	30775	32764	34664	34838
辽　宁	32876	34993	37342	39777	40376
吉　林	26530	28319	30172	32299	33396
黑龙江	25736	27446	29191	30945	31115

数据来源：国家及各地统计局。

表 2－38　2016—2020 年全国城镇居民消费支出及构成

单位：元,%

地　区	2016 年	2017 年	2018 年	2019 年	2020 年
消费支出	23079	24445	26112	28063	27007
食品烟酒	6762	7001	7239	7733	7881
衣着	1739	1758	1808	1832	1645
居住	5114	5564	6255	6780	6958
生活用品及服务	1427	1525	1629	1689	1640
交通通信	3174	3322	3473	3671	3474
教育文化娱乐	2638	2847	2974	3328	2592
医疗保健	1631	1777	2046	2283	2172
其他用品及服务	595	652	687	747	646
消费支出构成	100.0	100.0	100.0	100.0	100.0
食品烟酒	29.3	28.6	27.7	27.6	29.2
衣着	7.5	7.2	6.9	6.5	6.1
居住	22.2	22.8	24.0	24.2	25.8
生活用品及服务	6.2	6.2	6.2	6.0	6.1
交通通信	13.8	13.6	13.3	13.1	12.9
教育文化娱乐	11.4	11.6	11.4	11.9	9.6
医疗保健	7.1	7.3	7.8	8.1	8.0
其他用品及服务	2.6	2.7	2.6	2.7	2.4

数据来源：国家统计局。

表 2-39　2016—2020 年各地区城镇居民人均消费支出

单位：元

地　区	2016 年	2017 年	2018 年	2019 年	2020 年
北　京	38256	40346	42926	46358	41726
天　津	28345	30284	32655	34811	30895
河　北	19106	20600	22127	23483	23167
上　海	39857	42304	46015	48272	44839
江　苏	26433	27726	29462	31329	30882
浙　江	30068	31924	34598	37508	36197
福　建	25006	25981	28145	30946	30487
山　东	21495	23072	24798	26731	27291
广　东	28613	30198	30924	34424	33511
海　南	19016	20372	22971	25317	23560
山　西	16993	18404	19790	21159	20332
安　徽	19606	20740	21523	23782	22683
江　西	17696	19245	20760	22714	22134
河　南	18088	19422	20989	21972	20645
湖　北	20040	21276	23996	26422	22885
湖　南	21420	23163	25064	26924	26796
内蒙古	22745	23638	24437	25383	23888
广　西	17269	18349	20159	21591	20907
重　庆	21031	22759	24154	25785	26464
四　川	20660	21991	23484	25367	25133
贵　州	19202	20348	20788	21402	20587
云　南	18622	19560	21626	23455	24569
西　藏	19441	21088	23029	25637	24927
陕　西	19369	20388	21966	23514	22866
甘　肃	19539	20659	22606	24454	24615
青　海	20853	21473	22998	23799	24315
宁　夏	20364	20220	21977	24161	22379
新　疆	21229	22797	24191	25594	22952
辽　宁	24996	25379	26448	27355	24849
吉　林	19166	20051	22394	23394	21623
黑龙江	18145	19270	21036	22165	20397

数据来源：国家及各地统计局。

3. 就业数据

表 2－40　2015—2019 年全国就业基本情况

类　别	2015 年	2016 年	2017 年	2018 年	2019 年
劳动力（万人）	**80091**	**80694**	**80686**	**80567**	**81104**
就业人员合计（万人）	**77451**	**77603**	**77640**	**77586**	**77471**
第一产业	21919	21496	20944	20258	19445
第二产业	22693	22350	21824	21390	21305
第三产业	32839	33757	34872	35938	36721
就业人员构成（%）					
第一产业	28. 3	27. 7	27	26. 1	25. 1
第二产业	29. 3	28. 8	28. 1	27. 6	27. 5
第三产业	42. 4	43. 5	44. 9	46. 3	47. 4
按城乡分就业人员（万人）					
城镇就业人员	40410	41428	42462	43419	44247
#国有单位	6208	6170	6064	5740	5473
城镇集体单位	481	453	406	347	296
股份合作单位	92	86	77	66	60
联营单位	20	18	13	12	12
有限责任公司	6389	6381	6367	6555	6608
股份有限公司	1798	1824	1846	1875	1879
私营企业	11180	12083	13327	13952	14567
港澳台商投资单位	1344	1305	1290	1153	1157
外商投资单位	1446	1361	1291	1212	1203
个体	7800	8627	9348	10440	11692
乡村就业人员	37041	36175	35178	34167	33224
#私营企业	5215	5914	6554	7424	8267
个体	3882	4235	4878	5597	6000
城镇登记失业人数（万人）	**966**	**982**	**972**	**974**	**945**
城镇登记失业率（%）	**4. 05**	**4. 02**	**3. 90**	**3. 80**	**3. 62**

数据来源：国家统计局。

表 2－41　2015—2019 年分行业城镇非私营单位就业人员年底人数

单位：万人

类　别	2015 年	2016 年	2017 年	2018 年	2019 年
合　计	**18062. 5**	**17888. 1**	**17643. 8**	**17258. 2**	**17161. 8**
农、林、牧、渔业	270. 0	263. 2	255. 4	192. 6	134. 1
采矿业	545. 8	490. 9	455. 4	414. 4	367. 7
制造业	5068. 7	4893. 8	4635. 5	4178. 3	3832. 0
电力、热力、燃气及水生产和供应业	396. 0	387. 6	377. 0	369. 2	373. 1
建筑业	2796. 0	2724. 7	2643. 2	2710. 9	2270. 5

续表

类　别	2015 年	2016 年	2017 年	2018 年	2019 年
批发和零售业	883.3	875.0	842.8	823.3	830.0
交通运输、仓储和邮政业	854.4	849.5	843.9	819.0	815.5
住宿和餐饮业	276.1	269.7	265.9	269.8	265.2
信息传输、软件和信息技术服务业	349.9	364.1	395.4	424.3	455.3
金融业	606.8	665.2	688.8	699.3	826.1
房地产业	417.3	431.7	444.8	466.0	510.3
租赁和商务服务业	474.0	488.4	522.6	529.5	660.4
科学研究和技术服务业	410.6	419.6	420.4	411.5	434.3
水利、环境和公共设施管理业	273.3	269.6	268.5	260.6	244.5
居民服务、修理和其他服务业	75.2	75.4	78.2	77.4	86.3
教育	1736.5	1729.2	1730.4	1735.6	1909.3
卫生和社会工作	841.6	867.0	897.9	912.4	1006.2
文化、体育和娱乐业	149.1	150.8	152.2	146.6	151.2
公共管理、社会保障和社会组织	1637.8	1672.6	1725.6	1817.5	1989.8

数据来源：国家统计局。

表 2-42　2015—2019 年分行业城镇非私营单位就业人员平均工资

单位：元

类　别	2015 年	2016 年	2017 年	2018 年	2019 年
平均工资	**62029**	**67569**	**74318**	**82413**	**90501**
农、林、牧、渔业	31947	33612	36504	36466	39340
采矿业	59404	60544	69500	81429	91068
制造业	55324	59470	64452	72088	78147
电力、热力、燃气及水生产和供应业	78886	83863	90348	100162	107733
建筑业	48886	52082	55568	60501	65580
批发和零售业	60328	65061	71201	80551	89047
交通运输、仓储和邮政业	68822	73650	80225	88508	97050
住宿和餐饮业	40806	43382	45751	48260	50346
信息传输、软件和信息技术服务业	112042	122478	133150	147678	161352
金融业	114777	117418	122851	129837	131405
房地产业	60244	65497	69277	75281	80157
租赁和商务服务业	72489	76782	81393	85147	88190
科学研究和技术服务业	89410	96638	107815	123343	133459
水利、环境和公共设施管理业	43528	47750	52229	56670	61158
居民服务、修理和其他服务业	44802	47577	50552	55343	60232
教育	66592	74498	83412	92383	97681
卫生和社会工作	71624	80026	89648	98118	108903
文化、体育和娱乐业	72764	79875	87803	98621	107708
公共管理、社会保障和社会组织	62323	70959	80372	87932	94369

数据来源：国家统计局。

表 2－43　2015—2019 年各地区城镇非私营单位就业人员平均工资

单位：元

地　区	2015 年	2016 年	2017 年	2018 年	2019 年
北　京	111390	119928	131700	145766	166803
天　津	80090	86305	94534	100731	108002
河　北	50921	55334	63036	68717	72956
上　海	109174	119935	129795	140400	149377
江　苏	66196	71574	78267	84688	96527
浙　江	66668	73326	80750	88883	99654
福　建	57628	61973	67420	74316	81814
山　东	57270	62539	68081	73593	81446
广　东	65788	72326	79183	88636	98889
海　南	57600	61663	67727	75885	82227
山　西	51803	53705	60061	65917	69551
安　徽	55139	59102	65150	74378	79037
江　西	50932	56136	61429	68573	73725
河　南	45403	49505	55495	63174	67268
湖　北	54367	59831	65912	73777	79303
湖　南	52357	58241	63690	70221	74316
内蒙古	57135	61067	66679	73835	80563
广　西	52982	57878	63821	70606	76479
重　庆	60543	65545	70889	78928	86559
四　川	58915	63926	69419	77686	83367
贵　州	59701	66279	71795	78316	83298
云　南	52564	60450	69106	75701	86585
西　藏	97849	103232	108817	116015	118118
陕　西	54994	59637	65181	71983	78361
甘　肃	52942	57575	63374	70695	73607
青　海	61090	66589	75701	85379	90929
宁　夏	60380	65570	70298	78384	83947
新　疆	60117	63739	67932	75457	79421
辽　宁	52332	56015	61153	67324	72891
吉　林	51558	56098	61451	68533	73813
黑龙江	48881	52435	56067	60780	68416

数据来源：国家统计局。

表 2-44　2015—2019 年分行业城镇私营企业和个体就业人员年底人数

单位：万人

类　别	2015 年	2016 年	2017 年	2018 年	2019 年
合　计	**18979.6**	**20710.4**	**22674.7**	**24391.9**	**26258.2**
制造业	2770.3	2814.7	2937.1	3007.9	2984.8
建筑业	913.0	992.1	1046.2	1176.2	1254.3
批发和零售业	8032.3	8725.8	9355.1	9838.2	10615.9
交通运输、仓储和邮政业	431.8	464.2	512.1	592.3	634.5
住宿和餐饮业	1409.2	1673.4	1955.8	2151.5	2413.2
租赁和商务服务业	1678.0	1815.7	2095.3	2273.6	2455.3
居民服务、修理和其他服务业	1151.6	1306.0	1491.6	1563.6	1745.5

数据来源：国家统计局。

表 2-45　2015—2019 年分行业城镇私营单位就业人员平均工资

单位：元

类　别	2015 年	2016 年	2017 年	2018 年	2019 年
平均工资	**39589**	**42833**	**45761**	**49575**	**53604**
农、林、牧、渔业	28869	31301	34272	36375	37760
采　矿　业	38192	39600	41236	44096	49675
制　造　业	38948	42115	44991	49275	52858
电力、热力、燃气及水生产和供应业	34631	38605	41510	44239	49633
建　筑　业	41710	44803	46944	50879	54167
批发和零售业	36635	39589	42359	45177	48722
交通运输、仓储和邮政业	40495	42705	45852	50547	54006
住宿和餐饮业	31889	34712	36886	39632	42424
信息传输、软件和信息技术服务业	57719	63578	70415	76326	85301
金融业	44898	50366	52289	62943	76107
房地产业	41767	46063	48025	51393	54416
租赁和商务服务业	43770	47836	51394	53382	57248
科学研究和技术服务业	50441	54764	58102	61876	67642
水利、环境和公共设施管理业	37222	40099	41061	42409	44444
居民服务、修理和其他服务业	33203	35824	38417	41058	43926
教育	37040	39508	43263	46228	50761
卫生和社会工作	40558	43993	47296	52343	57140
文化、体育和娱乐业	34974	38228	41201	44592	49289

数据来源：国家统计局。

表 2－46　2015—2019 年各地区城镇私营单位就业人员平均工资

单位：元

地　区	2015 年	2016 年	2017 年	2018 年	2019 年
北　京	58689	65881	70738	76908	85262
天　津	53352	57216	59740	62316	64542
河　北	34084	36507	38136	39512	42919
上　海	41762	47177	52038	57056	64226
江　苏	43689	47156	49345	54161	58322
浙　江	41272	45005	48289	52564	56383
福　建	43385	46326	48830	52930	57141
山　东	43608	48156	51992	55350	55479
广　东	44838	48236	53347	58258	62521
海　南	37093	40675	45640	49541	53442
山　西	30195	30501	31745	34535	37501
安　徽	37148	39110	41199	44964	48461
江　西	33329	36868	40310	43733	46341
河　南	30546	33312	36730	40209	43194
湖　北	31051	34167	37142	40126	43536
湖　南	33033	34582	36978	40175	42012
内蒙古	35512	36114	36626	40018	43491
广　西	33519	36089	38227	39948	42949
重　庆	44213	47345	50450	52558	54845
四　川	35127	37763	40087	43352	46974
贵　州	36044	39058	41796	43582	45526
云　南	35015	38183	40656	43588	46830
西　藏	—	—	—	—	—
陕　西	33220	35676	37472	40783	43477
甘　肃	31091	35685	37704	39834	41715
青　海	32248	34908	36588	38451	39727
宁　夏	36322	37926	38982	40586	43892
新　疆	37598	38776	39958	41777	45859
辽　宁	33812	34615	35654	38269	41821
吉　林	27774	30184	33209	35026	37627
黑龙江	28586	30533	32422	34801	36674

数据来源：国家统计局。

Ⅲ.产 业 篇

导 读

本篇收录的房地产投资、建设、交易数据和房地产信贷数据为2020年度的统计数据，并按省、市（直辖）、自治区分别披露。收录的城乡建设发展数据，全国住房公积金数据为2019年年度的统计数据。数据主要来源于国家统计局、住房和城乡建部和中国人民银行。港澳台房地产业数据，来自当地官方机构和企业组织。

一、全国房地产建设和交易数据

（一）房地产业数据概览

表 3－1　2020 年全国房地产开发投资情况（月度累计）

单位：亿元，%

类　别	1—2 月	1—3 月	1—4 月	1—5 月	1—6 月	1—7 月	1—8 月	1—9 月	1—10 月	1—11 月	1—12 月
房地产投资	**10115**	**21963**	**33103**	**45920**	**62780**	**75325**	**88454**	**103484**	**116556**	**129492**	**141443**
累计增长	**−16.3**	**−7.7**	**−3.3**	**−0.3**	**1.9**	**3.4**	**4.6**	**5.6**	**6.3**	**6.8**	**7.0**
一、按工程用途分											
住宅投资	7318	16015	24238	33765	46350	55682	65454	76562	86298	95837	104446
累计增长	−16.0	−7.2	−2.8	0.0	2.6	4.1	5.3	6.1	7.0	7.4	7.6
其中：90 平方米及以下	1429	3157	4856	6736	9265	10996	12856	15024	16856	18688	20445
累计增长	−23.7	−13.6	−6.6	−4.2	−0.4	0.7	2.4	3.1	4.0	4.1	4.5
144 平方米以上	1283	2700	4028	5539	7437	8930	10488	12132	13723	15251	16584
累计增长	−25.1	−18.7	−15.2	−12.3	−10.2	−8.5	−7.1	−6.5	−5.0	−4.2	−4.1
办公楼投资	550	1036	1530	2080	2727	3262	3821	4470	5160	5788	6494
累计增长	−17.8	−10.8	−4.8	−1.2	−3.1	−2.1	−1.0	0.5	3.5	4.2	5.4
商业营业用房投资	979	2106	3145	4328	5850	6991	8209	9548	10683	11886	13076
累计增长	−25.6	−14.8	−10.4	−6.9	−5.4	−4.5	−2.9	−2.5	−2.8	−1.9	−1.1
其他房地产投资	1268	2806	4190	5747	7852	9390	10970	12904	14414	15981	17427
累计增长	−9.1	−3.7	0.4	3.8	5.5	7.6	8.8	11.1	11.2	11.3	10.8
二、按构成分											
建筑工程投资	6394	12612	18814	25912	34961	42105	49763	58309	65966	73711	81905
累计增长	−16.3	−9.5	−4.5	−1.1	1.8	3.0	4.9	6.1	7.0	7.9	8.8
安装工程投资	463	937	1420	1950	2591	3100	3642	4225	4757	5284	5850
累计增长	−37.7	−31.0	−25.4	−22.2	−20.0	−18.3	−16.6	−15.6	−14.3	−13.9	−12.9
设备工器具购置投资	123	257	392	520	676	800	925	1070	1205	1326	1443
累计增长	−35.1	−27.0	−21.6	−21.1	−20.5	−20.3	−18.6	−17.4	−16.2	−15.8	−15.8
其他费用投资	3135	8156	12477	17537	24552	29319	34124	39880	44627	49172	52245
累计增长	−10.9	−0.1	3.0	4.9	5.9	8.0	7.9	8.5	8.9	8.7	7.7
其中：土地购置费	2640	7003	10827	15287	21405	25600	29826	34715	38719	42493	44452
累计增长	−9.3	1.0	4.1	5.4	6.2	8.5	8.2	8.4	8.6	8.1	6.7
计划总投资	**745156**	**766029**	**786511**	**805471**	**834888**	**851130**	**869329**	**889430**	**906268**	**928868**	**948887**
累计增长	**13.1**	**12.5**	**12.0**	**11.8**	**12.3**	**11.9**	**12.3**	**12.6**	**12.5**	**12.6**	**13.0**
新增固定资产投资	**4896**	**7726**	**9397**	**11387**	**14029**	**15994**	**17769**	**19770**	**23295**	**28019**	**42970**
累计增长	**−18.1**	**−10.0**	**−9.6**	**−7.1**	**−5.1**	**−4.4**	**−4.0**	**−4.8**	**−3.5**	**−0.4**	**−0.1**

数据来源：国家统计局。

表 3-2　2020 年全国房地产开发投资实际到位资金情况（月度累计）

单位：亿元，%

类　别	1—2 月	1—3 月	1—4 月	1—5 月	1—6 月	1—7 月	1—8 月	1—9 月	1—10 月	1—11 月	1—12 月
一、本年实际到位资金合计	**73123**	**100418**	**107755**	**126131**	**149664**	**167936**	**185531**	**205967**	**223654**	**242656**	**265346**
累计增长	**-5.9**	**5.4**	**-1.3**	**0.7**	**2.6**	**3.9**	**4.7**	**5.5**	**6.2**	**6.9**	**8.0**
1. 上年底结余资金	52913	66852	60752	63477	66320	67311	68439	69590	70584	71557	72231
累计增长	-0.5	18.6	7.1	8.3	8.9	9.0	7.8	7.6	7.7	7.6	7.5
2. 本年实际到位资金	20210	33566	47004	62654	83344	100625	117092	136376	153070	171099	193115
累计增长	-17.5	-13.8	-10.4	-6.1	-1.9	0.8	3.0	4.4	5.5	6.6	8.1
其中：国内贷款	4547	6716	8730	10703	13792	16130	18016	20484	22378	24256	26676
累计增长	-8.6	-5.9	-2.5	-0.5	3.5	4.9	4.0	4.0	5.1	5.4	5.7
利用外资	12	19	23	34	46	80	101	94	111	154	192
累计增长	-77.2	-42.5	-31.6	15.3	8.0	29.9	24.5	-9.5	-15.2	-4.7	9.3
自筹资金	6161	10755	14875	20106	26943	32042	37320	44485	50045	56666	63377
累计增长	-15.4	-8.8	-5.2	-0.8	0.8	3.3	3.6	5.9	6.5	7.9	9.0
其他到位资金	856	1305	1784	2178	2887	3343	3861	4386	4937	5657	6348
累计增长	-37.3	-36.0	-28.9	-26.8	-19.6	-19.5	-13.4	-11.9	-9.2	-5.2	-0.9
二、本年各项应付款合计	**13645**	**19573**	**19834**	**23094**	**27223**	**30415**	**33161**	**37505**	**40595**	**43588**	**47794**
累计增长	**-1.5**	**20.5**	**5.2**	**6.7**	**7.2**	**9.5**	**10.3**	**14.8**	**15.5**	**14.9**	**14.1**
其中：工程款	7728	11125	11065	12920	15314	17234	18893	21016	22854	24564	26838
累计增长	2.0	26.3	9.0	9.8	12.4	14.1	14.7	15.8	18.0	17.6	16.9

数据来源：国家统计局。

表 3-3　2020 年全国房地产土地购置与建设情况（月度累计）

单位：亿元，万平方米，%

类　别	1—2 月	1—3 月	1—4 月	1—5 月	1—6 月	1—7 月	1—8 月	1—9 月	1—10 月	1—11 月	1—12 月
土地购置面积	1092	1969	3151	4752	7965	9659	11947	15011	17775	20591	25536
累计增长	29.3	-22.6	-12.0	-8.1	-0.9	-1.0	-2.4	-2.9	-3.3	-5.2	-1.1
土地成交价款	440	977	1699	2429	4036	5382	7088	9316	11386	13890	17269
累计增长	-36.2	-18.1	6.9	7.1	5.9	12.2	11.2	13.8	14.8	16.1	17.4
施工面积	694241	717886	740568	762628	792721	818280	839734	859820	880117	902425	926759
累计增长	2.9	2.6	2.5	2.3	2.6	3.0	3.3	3.1	3.0	3.2	3.7
新开工面积	10370	28203	47768	69533	97536	120032	139917	160090	180718	201085	224433
累计增长	-44.9	-27.2	-18.4	-12.8	-7.6	-4.5	-3.6	-3.4	-2.6	-2.0	-1.2
竣工面积	9636	15557	19286	23687	29030	33248	37107	41338	49240	59173	91218
累计增长	-22.9	-15.8	-14.5	-11.3	-10.5	-10.9	-10.8	-11.6	-9.2	-7.3	-4.9

数据来源：国家统计局。

表3-4 2020年全国商品房销售情况（月度累计）

单位：亿元，万平方米，%

类　别	1—2月	1—3月	1—4月	1—5月	1—6月	1—7月	1—8月	1—9月	1—10月	1—11月	1—12月
商品房销售面积	8475	21978	33973	48703	69404	83631	98486	117073	133294	150834	176086
累计增长	-39.9	-26.3	-19.3	-12.3	-8.4	-5.8	-3.3	-1.8	0.0	1.3	2.6
其中：现房	1208	3088	4611	6483	9111	10814	12446	14711	16618	18994	22386
累计增长	-45.4	-34.2	-28.2	-23.1	-22.0	-19.2	-16.9	-14.5	-12.7	-10.8	-10.1
期房	7267	18890	29361	42220	60292	72818	86040	102362	116676	131841	153700
累计增长	-38.9	-24.8	-17.7	-10.3	-5.9	-3.4	-1.0	0.4	2.2	3.3	4.8
商品房销售额	8203	20365	31863	46269	66895	81422	96943	115647	131665	148969	173613
累计增长	-35.9	-24.7	-18.6	-10.6	-5.4	-2.1	1.6	3.7	5.8	7.2	8.7
其中：现房	1152	2686	4078	5722	8015	9676	11251	13389	15205	17240	20336
累计增长	-35.5	-27.1	-19.8	-14.2	-12.6	-9.1	-5.7	-1.9	0.8	1.9	2.6
期房	7052	17679	27786	40547	58879	71746	85691	102258	116460	131728	153276
累计增长	-36.0	-24.3	-18.4	-10.1	-4.3	-1.1	2.7	4.5	6.5	7.9	9.6
商品住宅房销售面积	7489	19235	29916	42941	61119	73838	87200	103614	118092	133307	154878
累计增长	-39.2	-25.9	-18.7	-11.8	-7.6	-5.0	-2.5	-1.0	0.8	1.9	3.2
其中：现房	888	2188	3267	4583	6386	7593	8813	10420	11810	13424	15736
累计增长	-44.1	-35.6	-30.1	-25.9	-25.7	-22.9	-20.1	-17.9	-16.0	-14.3	-13.6
期房	6601	17047	26649	38358	54733	66246	78387	93195	106282	119883	139142
累计增长	-38.5	-24.4	-17.0	-9.8	-5.0	-2.4	0.0	1.3	3.1	4.1	5.5
商品住宅房销售额	7198	17934	28291	41250	59633	72686	86769	103497	117923	133247	154567
累计增长	-34.7	-22.8	-16.5	-8.4	-2.8	0.4	4.1	6.2	8.2	9.5	10.8
其中：现房	825	1905	2912	4132	5787	7004	8254	9772	11137	12625	14854
累计增长	-34.1	-24.2	-18.3	-12.4	-11.1	-8.0	-3.3	0.1	2.7	3.8	5.0
期房	6372	16029	25379	37118	53847	65682	78515	93725	106786	120622	139713
累计增长	-34.8	-22.7	-16.3	-7.9	-1.8	1.3	5.0	6.8	8.8	10.1	11.5
办公楼销售面积	166	428	643	917	1290	1577	1832	2190	2449	2771	3334
累计增长	-48.4	-36.2	-32.0	-26.7	-26.5	-21.8	-19.5	-16.5	-14.5	-12.8	-10.4
其中：现房	65	140	218	309	400	492	550	637	700	793	944
累计增长	-40.1	-32.8	-17.3	-9.8	-14.6	-6.3	-5.6	-3.4	-2.2	-1.2	0.1
期房	101	288	425	608	890	1085	1282	1552	1750	1978	2390
累计增长	-52.6	-37.7	-37.7	-33.1	-30.8	-27.3	-24.2	-21.0	-18.6	-16.7	-14.0
办公楼销售额	300	607	883	1189	1789	2205	2646	3164	3582	4071	5047
累计增长	-40.6	-36.8	-37.5	-35.3	-28.0	-22.2	-18.0	-15.7	-12.8	-10.7	-5.3
其中：现房	139	223	335	434	579	729	804	992	1092	1217	1471

续表

类 别	1—2 月	1—3 月	1—4 月	1—5 月	1—6 月	1—7 月	1—8 月	1—9 月	1—10 月	1—11 月	1—12 月
累计增长	2.8	-14.5	1.2	-2.0	-4.6	4.9	2.0	10.4	12.5	11.8	14.2
期房	162	384	548	755	1210	1476	1843	2172	2490	2854	3576
累计增长	-56.4	-45.1	-49.3	-45.9	-35.5	-31.0	-24.4	-23.9	-20.6	-17.7	-11.5
商业营业用房销售面积	453	1221	1828	2577	3659	4310	4956	5929	6689	7730	9288
累计增长	-46.0	-35.1	-29.1	-21.7	-20.7	-18.8	-17.0	-15.3	-14.0	-11.1	-8.7
其中：现房	142	412	604	846	1200	1410	1594	1916	2160	2520	2994
累计增长	-50.5	-35.3	-29.2	-22.7	-20.8	-18.8	-18.0	-14.2	-12.0	-8.7	-7.5
期房	311	809	1224	1731	2459	2900	3361	4014	4530	5209	6295
累计增长	-43.6	-35.0	-29.1	-21.2	-20.6	-18.7	-16.6	-15.9	-14.9	-12.2	-9.2
商业营业用房销售额	517	1294	1920	2742	3874	4637	5333	6403	7208	8257	9889
累计增长	-46.0	-39.8	-34.5	-26.6	-25.5	-22.3	-19.9	-17.1	-15.8	-13.7	-11.2
其中：现房	133	406	592	811	1126	1333	1502	1834	2074	2365	2789
累计增长	-53.8	-41.0	-31.7	-27.3	-25.4	-22.8	-21.6	-16.4	-13.5	-12.0	-12.2
期房	384	888	1327	1931	2747	3304	3831	4569	5134	5892	7100
累计增长	-42.7	-39.3	-35.6	-26.2	-25.5	-22.1	-19.2	-17.4	-16.7	-14.3	-10.8

数据来源：国家统计局。

表 3-5　2020 年全国房地产数据（单月）

单位：亿元，万平方米

类 别	1—2 月	3 月	4 月	5 月	6 月	7 月	8 月	9 月	10 月	11 月	12 月
房地产开发投资额	10115	11847	11140	12817	16861	12544	13130	15030	13072	12937	11951
住宅开发投资额	7318	8697	8223	9527	12585	9332	9772	11108	9736	9539	8609
开发企业到位资金	20210	13356	13438	15650	20691	17281	16467	19285	16693	18030	22015
土地购置面积	1092	877	1182	1601	3213	1695	2287	3064	2764	2816	4946
土地成交价款	440	537	722	730	1607	1346	1706	2228	2071	2504	3379
房屋新开工面积	10370	17833	19565	21765	28004	22495	19885	20173	20628	20366	23348
住宅新开工面积	7559	13240	14449	15639	20695	16506	14397	14707	15288	14862	16985
房屋竣工面积	9636	5922	3729	4401	5343	4219	3859	4231	7902	9933	32046
住宅竣工面积	6761	4167	2782	3066	3905	3005	2813	3099	5846	7212	23255
全国商品房销售面积	8475	13503	11994	14730	20701	14228	14855	18587	16221	17541	25252
住宅销售面积	7489	11746	10681	13025	18178	12719	13362	16414	14478	15215	21571
全国商品房销售额	8203	12161	11498	14406	20625	14527	15521	18705	16018	17304	24644
住宅销售额	7198	10737	10356	12959	18384	13053	14083	16728	14426	15324	21320
国房景气指数（当月）	97.45	98.18	98.90	99.39	99.89	100.14	100.38	100.49	100.57	100.62	100.86

数据来源：根据国家统计局整理。

（二）各地区房地产开发投资数据

表 3-6　2016—2020 年全国及各地区房地产开发投资

单位：亿元

地　区	2016 年	2017 年	2018 年	2019 年	2020 年
全　国	**102580.61**	**109798.53**	**120263.51**	**132194.26**	**141442.97**
东部地区	**54138.59**	**58022.55**	**64355.24**	**69313.31**	**74563.76**
北　京	4000.57	3692.54	3873.35	3838.38	3938.71
天　津	2300.01	2233.39	2424.49	2727.82	2608.54
河　北	4695.63	4823.91	4476.40	4347.05	4601.13
上　海	3709.03	3856.53	4033.18	4231.38	4698.75
江　苏	8956.37	9629.11	10982.34	12009.35	13171.27
浙　江	7469.37	8226.78	9944.93	10682.97	11413.66
福　建	4588.83	4794.23	4940.34	5673.13	6026.80
山　东	6323.38	6637.25	7552.97	8614.89	9450.49
广　东	10307.80	12075.69	14412.19	15852.16	17312.74
海　南	1787.60	2053.11	1715.04	1336.18	1341.67
中部地区	**21404.41**	**23884.01**	**25180.17**	**27587.87**	**28802.33**
山　西	1597.35	1166.28	1376.59	1656.50	1830.36
安　徽	4603.56	5612.47	5974.11	6670.48	7042.29
江　西	1770.94	2013.98	2174.93	2239.11	2378.08
河　南	6179.13	7090.25	7015.47	7464.59	7782.29
湖　北	4296.38	4574.89	4693.12	5111.73	4888.87
湖　南	2957.04	3426.13	3945.95	4445.47	4880.44
西部地区	**23061.17**	**23876.57**	**26008.55**	**30185.61**	**32654.32**
内蒙古	1133.48	889.72	882.85	1041.95	1176.48
广　西	2397.99	2683.48	3004.13	3814.41	3845.62
重　庆	3725.95	3980.08	4248.76	4439.30	4351.96
四　川	5282.64	5149.89	5697.87	6573.24	7315.31
贵　州	2148.96	2201.00	2349.23	2990.81	3418.75
云　南	2688.34	2786.25	3247.23	4151.41	4505.19
西　藏	48.54	40.36	92.60	129.56	165.47
陕　西	2736.75	3101.97	3534.67	3903.65	4404.39
甘　肃	850.03	944.52	1116.39	1257.85	1355.64
青　海	396.92	408.59	351.82	406.29	421.35
宁　夏	728.16	652.84	449.57	403.09	433.27
新　疆	923.40	1037.86	1033.44	1074.04	1260.89
东北地区	**3976.45**	**4015.40**	**4719.56**	**5107.48**	**5422.56**
辽　宁	2094.85	2289.67	2599.27	2833.95	2978.86
吉　林	1016.76	910.14	1175.88	1315.52	1460.78
黑龙江	864.84	815.60	944.40	958.01	982.92

数据来源：国家统计局。

表 3-7 2020 年全国及各地区房地产开发投资（月度累计）

单位：亿元

地 区	1—2 月	1—3 月	1—4 月	1—5 月	1—6 月	1—7 月	1—8 月	1—9 月	1—10 月	1—11 月	1—12 月
全 国	**10115.43**	**21962.59**	**33102.83**	**45919.56**	**62780.23**	**75324.64**	**88454.17**	**103484.20**	**116555.77**	**129492.35**	**141442.97**
东部地区	**6308.39**	**12714.10**	**18443.57**	**25189.90**	**33940.21**	**40621.44**	**47329.43**	**55023.22**	**61714.40**	**68488.24**	**74563.76**
北 京	302.36	616.35	878.08	1256.47	1730.25	2119.25	2479.80	2918.80	3330.28	3617.33	3938.71
天 津	186.48	481.87	733.53	1088.37	1452.48	1660.12	1863.84	2124.80	2301.52	2468.16	2608.54
河 北	146.96	557.49	908.11	1364.59	2118.11	2584.70	3042.11	3520.83	3929.57	4326.88	4601.13
上 海	575.37	859.97	1194.78	1594.11	2014.54	2419.10	2835.66	3261.74	3691.98	4135.69	4698.75
江 苏	1333.97	2717.82	3790.40	4964.94	6277.38	7509.01	8777.61	10052.70	11166.03	12253.39	13171.27
浙 江	1089.48	2044.65	2968.37	3993.30	5308.84	6300.79	7321.73	8536.70	9567.25	10634.57	11413.66
福 建	525.24	1132.93	1661.61	2254.12	2905.65	3452.16	3966.27	4605.14	5107.68	5581.01	6026.80
山 东	733.83	1538.66	2264.11	3099.43	4191.41	5065.52	5901.01	6865.35	7780.17	8668.81	9450.49
广 东	1309.57	2548.83	3752.80	5186.74	7433.89	8899.27	10414.87	12276.85	13843.42	15644.20	17312.74
海 南	105.13	215.53	291.78	387.83	507.66	611.52	726.53	860.31	996.50	1158.20	1341.67
中部地区	**1731.05**	**3917.18**	**6417.60**	**9050.89**	**12272.29**	**14772.10**	**17605.18**	**20669.94**	**23372.16**	**26012.25**	**28802.33**
山 西	60.37	195.06	329.15	512.11	815.24	990.99	1155.53	1379.81	1559.94	1708.94	1830.36
安 徽	569.59	1216.53	1920.80	2638.71	3450.26	4095.35	4796.78	5456.26	5966.08	6471.36	7042.29
江 西	223.99	424.19	626.91	836.40	1063.75	1294.38	1546.58	1794.64	1996.28	2204.51	2378.08
河 南	416.63	1168.86	1831.18	2585.79	3346.14	4004.77	4657.10	5391.32	6112.23	6911.30	7782.29
湖 北	127.39	257.22	647.46	1020.77	1604.51	2018.20	2602.68	3261.62	3843.42	4338.87	4888.87
湖 南	333.08	655.32	1062.10	1457.11	1992.39	2368.41	2846.51	3386.29	3894.21	4377.27	4880.44
西部地区	**1952.95**	**4861.21**	**7341.64**	**10174.55**	**14241.86**	**17015.17**	**19965.86**	**23517.70**	**26635.61**	**29746.44**	**32654.32**
内蒙古	5.61	46.46	117.01	224.71	390.85	562.10	725.73	927.33	1063.45	1154.96	1176.48
广 西	260.92	652.10	990.94	1338.79	1830.64	2049.81	2287.46	2630.69	2966.14	3353.45	3845.62
重 庆	286.09	764.55	1113.19	1541.06	2143.05	2493.04	2842.09	3285.28	3621.19	3975.23	4351.96
四 川	672.61	1332.35	1950.19	2570.01	3360.50	3946.09	4632.63	5340.78	6012.51	6659.28	7315.31
贵 州	247.43	600.55	832.18	1098.59	1495.14	1808.08	2149.69	2482.36	2821.47	3162.50	3418.75
云 南	242.63	749.76	1087.97	1449.13	1955.69	2306.56	2699.60	3160.05	3578.04	4018.87	4505.19
西 藏	0.42	6.64	17.17	39.63	59.40	72.26	89.88	111.28	128.74	155.50	165.47
陕 西	191.97	518.58	821.02	1192.16	1807.53	2154.32	2560.23	3098.51	3504.45	3972.83	4404.39
甘 肃	31.54	105.55	201.76	333.75	527.61	666.25	813.41	986.25	1129.51	1262.21	1355.64
青 海	0.13	16.58	50.46	95.37	171.92	230.15	280.18	327.84	376.70	409.45	421.35
宁 夏	5.36	34.29	73.27	115.43	179.90	222.45	267.97	323.85	367.88	407.95	433.27
新 疆	8.24	33.80	86.48	175.92	319.63	504.06	616.99	843.48	1065.53	1214.21	1260.89
东北地区	**123.04**	**470.10**	**900.02**	**1504.22**	**2325.87**	**2915.93**	**3553.70**	**4273.34**	**4833.60**	**5245.42**	**5422.56**
辽 宁	110.20	402.32	700.45	997.87	1477.59	1746.66	2041.85	2407.82	2687.14	2885.63	2978.86
吉 林	11.67	46.57	130.01	356.50	545.28	749.89	966.52	1167.51	1329.98	1433.12	1460.78
黑龙江	1.17	21.21	69.56	149.85	303.00	419.38	545.33	698.01	816.48	926.67	982.92

数据来源：国家统计局。

表3－8　2016—2020年全国及各地区住宅开发投资

单位：亿元

地　区	2016年	2017年	2018年	2019年	2020年
全　国	**68703.87**	**75147.88**	**85192.25**	**97070.74**	**104445.72**
东部地区	**36385.45**	**39769.51**	**45351.97**	**49838.88**	**53598.35**
北　京	1925.86	1694.67	2026.06	2039.76	2317.08
天　津	1598.27	1559.70	1863.50	2200.01	2084.80
河　北	3475.48	3656.98	3471.11	3455.74	3746.74
上　海	1965.43	2152.40	2225.92	2318.13	2418.79
江　苏	6628.87	7315.28	8366.18	9461.98	10416.03
浙　江	4806.64	5645.98	7156.45	7727.11	8089.57
福　建	2999.29	3236.51	3456.86	4076.31	4372.10
山　东	4690.22	4929.53	5717.52	6672.22	7296.40
广　东	6977.66	8100.93	9757.86	10852.77	11910.43
海　南	1317.73	1477.53	1310.51	1034.86	946.41
中部地区	**14899.74**	**17005.80**	**18804.50**	**21439.16**	**22660.83**
山　西	1141.08	846.38	1033.76	1296.48	1431.80
安　徽	3069.36	4007.00	4563.41	5248.06	5636.78
江　西	1247.58	1391.79	1590.64	1687.18	1808.76
河　南	4558.07	5330.80	5387.62	6055.37	6453.00
湖　北	3012.35	3235.42	3464.59	3954.72	3715.43
湖　南	1871.30	2194.41	2764.48	3197.35	3615.06
西部地区	**14604.61**	**15510.41**	**17602.53**	**21945.53**	**24133.35**
内蒙古	793.70	645.85	641.99	782.13	907.23
广　西	1725.29	1983.52	2217.50	2924.18	2983.51
重　庆	2319.97	2632.88	3012.65	3246.77	3189.05
四　川	3185.64	3182.34	3764.71	4665.31	5330.14
贵　州	1243.60	1365.33	1557.85	2078.37	2572.34
云　南	1635.38	1743.91	2115.17	3028.96	3317.55
西　藏	39.14	20.10	49.99	96.87	118.47
陕　西	1916.13	2145.56	2411.55	2957.08	3225.45
甘　肃	563.75	601.25	672.35	865.93	1010.28
青　海	227.78	213.66	215.89	294.08	292.32
宁　夏	435.41	387.75	300.41	281.74	308.59
新　疆	518.83	588.25	642.48	724.13	878.42
东北地区	**2814.08**	**2862.16**	**3433.25**	**3847.17**	**4053.19**
辽　宁	1505.42	1673.91	1944.46	2188.35	2303.23
吉　林	710.69	633.55	841.02	970.99	1047.87
黑龙江	597.96	554.70	647.77	687.83	702.09

数据来源：国家统计局。

表 3－9　2020 年全国及各地区住宅开发投资（月度累计）

单位：亿元

地　区	1—2 月	1—3 月	1—4 月	1—5 月	1—6 月	1—7 月	1—8 月	1—9 月	1—10 月	1—11 月	1—12 月
全　国	**7318.31**	**16014.89**	**24237.83**	**33764.95**	**46350.43**	**55682.32**	**65454.06**	**76561.96**	**86298.42**	**95836.98**	**104445.72**
东部地区	**4437.94**	**9036.69**	**13163.03**	**18042.04**	**24474.38**	**29320.17**	**34238.81**	**39796.98**	**44624.01**	**49447.84**	**53598.35**
北　京	142.95	318.31	466.35	722.19	982.70	1239.77	1453.18	1691.15	1975.51	2151.69	2317.08
天　津	153.43	385.10	599.15	876.39	1173.31	1340.13	1498.51	1715.10	1857.78	1993.66	2084.80
河　北	119.12	453.23	738.40	1099.85	1718.44	2092.29	2461.88	2860.22	3190.34	3515.29	3746.74
上　海	292.76	431.02	598.57	816.33	1037.99	1216.79	1462.67	1655.92	1891.81	2128.58	2418.79
江　苏	1070.72	2179.97	3028.35	3968.48	5004.05	5999.74	7002.49	8010.69	8873.42	9737.32	10416.03
浙　江	765.19	1403.80	2067.91	2804.49	3750.81	4453.53	5197.89	6064.65	6812.44	7552.54	8089.57
福　建	382.66	837.39	1207.60	1618.55	2119.53	2522.78	2894.01	3368.71	3725.28	4064.51	4372.10
山　东	550.57	1170.10	1721.76	2377.77	3234.49	3900.46	4569.65	5338.62	6035.60	6716.16	7296.40
广　东	878.71	1690.83	2509.75	3464.07	5070.24	6099.77	7161.59	8461.25	9541.90	10763.95	11910.43
海　南	81.83	166.94	225.19	293.92	382.82	454.91	536.94	630.67	719.93	824.14	946.41
中部地区	**1367.43**	**3054.90**	**5003.70**	**7083.57**	**9605.69**	**11586.87**	**13816.14**	**16220.73**	**18354.20**	**20442.54**	**22660.83**
山　西	48.98	154.28	246.30	407.13	643.39	779.55	914.29	1078.23	1220.66	1337.14	1431.80
安　徽	451.02	959.68	1517.08	2081.89	2720.21	3240.80	3809.51	4356.77	4779.34	5190.88	5636.78
江　西	171.21	318.68	471.83	635.41	807.24	978.06	1164.04	1359.01	1511.69	1675.68	1808.76
河　南	348.89	948.79	1497.21	2114.68	2753.48	3302.26	3854.20	4457.08	5050.07	5708.41	6453.00
湖　北	100.99	194.41	496.48	779.83	1225.00	1547.22	1984.96	2487.07	2932.53	3306.00	3715.43
湖　南	246.34	479.06	774.80	1064.63	1456.37	1738.98	2089.14	2482.57	2859.91	3224.43	3615.06
西部地区	**1414.68**	**3559.73**	**5369.94**	**7467.54**	**10456.82**	**12529.50**	**14708.84**	**17314.94**	**19647.94**	**22003.95**	**24133.35**
内蒙古	4.19	36.60	91.86	174.28	292.23	430.87	555.78	707.34	822.13	892.13	907.23
广　西	197.84	486.28	749.98	1027.99	1415.77	1592.84	1781.50	2042.27	2301.22	2607.05	2983.51
重　庆	215.23	569.32	806.02	1110.39	1548.97	1801.19	2054.51	2379.42	2637.78	2911.53	3189.05
四　川	480.47	958.64	1403.90	1857.21	2440.08	2874.29	3372.85	3902.36	4389.48	4865.49	5330.14
贵　州	178.94	453.81	630.76	825.99	1115.25	1348.75	1599.93	1861.65	2116.23	2377.42	2572.34
云　南	169.01	543.42	788.56	1056.85	1406.92	1665.44	1955.91	2292.31	2599.38	2979.22	3317.55
西　藏	0.11	4.86	12.30	29.28	44.31	54.08	66.22	77.37	92.66	111.60	118.47
陕　西	137.46	373.46	599.74	879.37	1339.99	1609.70	1909.25	2281.89	2586.54	2902.10	3225.45
甘　肃	21.71	72.21	139.86	235.38	377.29	481.55	600.14	730.51	839.32	938.87	1010.28
青　海	0.10	12.76	36.26	70.30	122.73	157.08	190.70	224.31	258.69	283.22	292.32
宁　夏	4.24	23.46	49.10	79.51	126.47	157.23	190.12	230.43	262.33	291.53	308.59
新　疆	5.38	24.91	61.60	120.99	226.81	356.48	431.93	585.08	742.18	843.79	878.42
东北地区	**98.26**	**363.57**	**701.16**	**1171.80**	**1813.54**	**2245.78**	**2690.27**	**3229.31**	**3672.27**	**3942.65**	**4053.19**
辽　宁	88.78	313.22	547.49	786.21	1172.05	1375.36	1595.69	1875.85	2096.94	2245.21	2303.23
吉　林	8.52	34.04	99.34	269.76	417.09	559.53	701.48	849.25	986.48	1033.58	1047.87
黑龙江	0.96	16.31	54.33	115.83	224.40	310.89	393.10	504.21	588.85	663.86	702.09

数据来源：国家统计局。

（三）各地区房地产建设数据

1. 各地区房屋施工面积

表 3-10　2016—2020 年全国及各地区房屋施工面积

单位：万平方米

地　区	2016 年	2017 年	2018 年	2019 年	2020 年
全　国	**758974.80**	**781483.73**	**822300.24**	**893820.89**	**926759.21**
东部地区	**332477.08**	**345151.87**	**364740.59**	**389869.74**	**412296.43**
北　京	12976.00	12412.74	12962.61	12514.99	13918.64
天　津	9349.76	8795.82	10324.37	11453.43	12034.51
河　北	30476.78	30318.32	28172.06	29852.97	31408.39
上　海	15111.24	15362.25	14672.37	14802.97	15740.34
江　苏	58761.73	59464.23	62673.47	65686.75	67889.46
浙　江	41609.78	41236.24	44537.06	49604.61	56725.08
福　建	31064.14	31939.55	32825.97	34140.18	34556.77
山　东	59957.07	63563.24	69063.06	75767.42	79791.89
广　东	64233.80	72492.10	79935.06	86824.87	91642.42
海　南	8936.78	9567.39	9574.56	9221.56	8588.93
中部地区	**176520.75**	**186593.39**	**200599.23**	**218133.96**	**225108.25**
山　西	17069.25	16473.40	16949.56	19548.55	21937.83
安　徽	35645.44	39169.24	41128.34	43591.15	44974.60
江　西	16427.25	18806.79	20738.65	23556.98	23580.80
河　南	47359.55	49942.29	54685.56	57567.10	58438.21
湖　北	29879.88	30510.48	31315.60	33825.07	35419.40
湖　南	30139.38	31691.19	35781.53	40045.12	40757.41
西部地区	**200949.79**	**201615.78**	**210075.83**	**238184.78**	**241749.20**
内蒙古	16906.28	15815.41	15053.71	15889.08	15310.96
广　西	21134.65	22689.62	25399.02	29807.03	32184.05
重　庆	27363.39	25960.99	27226.56	27986.64	27368.16
四　川	41532.14	41294.89	44065.92	49113.75	50755.54
贵　州	20352.24	20385.43	21953.33	27775.07	26922.73
云　南	20593.19	21085.35	21800.41	26314.05	25801.30
西　藏	348.77	229.85	358.61	764.16	945.33
陕　西	22297.53	23630.10	24618.05	27728.39	28358.31
甘　肃	8933.24	9153.46	9428.51	10977.33	11328.26
青　海	2847.71	2936.71	2549.21	2922.38	2943.51
宁　夏	7110.06	6836.71	6047.78	5936.59	5562.65
新　疆	11530.59	11597.26	11574.72	12970.30	14268.40
东北地区	**49027.18**	**48122.69**	**46884.60**	**47632.41**	**47605.33**
辽　宁	26364.11	25906.89	24216.83	23787.49	24002.81
吉　林	11797.33	11887.33	12079.52	12403.73	12340.61
黑龙江	10865.75	10328.47	10588.25	11441.20	11261.91

数据来源：国家统计局。

表 3－11　2020 年全国及各地区施工面积（月度累计）

单位：万平方米

地　区	1—2 月	1—3 月	1—4 月	1—5 月	1—6 月	1—7 月	1—8 月	1—9 月	1—10 月	1—11 月	1—12 月
全　国	**694241.22**	**717886.41**	**740567.72**	**762627.74**	**792721.16**	**818279.72**	**839733.61**	**859820.26**	**880117.47**	**902424.80**	**926759.21**
东部地区	**311720.57**	**321367.54**	**330705.49**	**339460.12**	**351909.18**	**364627.31**	**374058.32**	**382042.94**	**390315.08**	**400235.70**	**412296.43**
北　京	10738.72	11099.21	11457.62	11565.02	11964.81	12278.32	12519.34	13061.19	13346.85	13633.60	13918.64
天　津	9031.13	9818.32	10104.91	10434.60	10753.62	10906.39	11005.05	11225.45	11286.37	11594.67	12034.51
河　北	20943.49	21673.53	22584.10	23471.07	25524.74	27328.41	28532.67	29287.37	29911.87	30801.45	31408.39
上　海	11812.01	12085.79	12489.79	13165.29	13693.21	13979.68	14441.80	14627.21	15110.71	15308.78	15740.34
江　苏	50943.56	53094.40	54344.37	55183.06	56019.06	58102.50	60149.21	61322.28	63067.79	65095.24	67889.46
浙　江	40709.14	41974.22	43847.89	45174.09	47984.14	50116.61	51437.67	52707.36	53691.26	55423.88	56725.08
福　建	27947.10	28360.84	29026.67	29681.90	30612.72	31684.00	32187.94	33006.04	33421.69	33928.01	34556.77
山　东	59557.19	61314.97	63159.88	65092.83	67198.59	69643.98	71417.58	72756.76	74384.88	76455.64	79791.89
广　东	72916.61	74375.87	76015.20	77932.34	80315.73	82617.07	84322.55	85933.16	87801.02	89571.38	91642.42
海　南	7121.62	7570.39	7675.06	7759.92	7842.56	7970.35	8044.51	8116.12	8292.64	8423.05	8588.93
中部地区	**167988.62**	**174105.16**	**180281.28**	**185429.10**	**192691.14**	**197460.57**	**202431.51**	**208195.48**	**213038.35**	**218808.13**	**225108.25**
山　西	15748.81	16448.67	17088.70	17694.19	18665.12	19155.40	19362.21	20174.92	20611.90	21385.62	21937.83
安　徽	33823.38	35171.96	36232.62	36983.08	38600.86	39497.06	40499.48	41568.66	42400.07	43343.21	44974.60
江　西	18623.41	19054.03	19577.10	20053.31	20705.28	21277.84	21793.29	22356.18	22773.97	23351.31	23580.80
河　南	44808.30	46235.48	47824.10	49558.86	51220.39	52329.15	53341.21	54615.20	55712.53	56819.27	58438.21
湖　北	26452.20	26750.60	27706.40	27871.34	29336.42	29989.08	31348.73	32449.76	33226.42	34273.10	35419.40
湖　南	28532.52	30444.42	31852.36	33268.32	34163.07	35212.04	36086.59	37030.76	38313.46	39635.62	40757.41
西部地区	**176549.49**	**183710.23**	**190424.32**	**197217.54**	**205973.81**	**212839.85**	**218544.81**	**223913.89**	**230199.18**	**235928.47**	**241749.20**
内蒙古	10286.21	11077.78	11760.47	12409.18	12964.63	13629.14	14099.34	14431.60	14885.67	15104.86	15310.96
广　西	23883.89	24437.32	25752.61	26489.75	27675.89	28365.88	28888.59	29294.18	30332.23	31152.11	32184.05
重　庆	22130.23	22795.04	22919.09	23595.12	24367.98	24860.31	25404.44	25827.15	26397.97	26878.11	27368.16
四　川	35863.75	38138.09	39489.50	41148.29	42792.50	44121.26	45361.34	46528.84	47428.10	48790.31	50755.54
贵　州	20598.26	21242.47	22019.71	22525.11	23332.51	23833.50	24346.29	25022.49	25853.60	26465.60	26922.73
云　南	18101.96	18897.77	19810.38	20545.20	21698.93	22157.71	22776.72	23447.37	24221.71	25031.30	25801.30
西　藏	303.81	691.20	705.23	760.20	784.68	845.76	863.73	883.13	913.60	926.96	945.33
陕　西	22358.75	23026.44	23606.31	24117.04	25023.23	25569.96	26305.97	26921.58	27431.62	27922.13	28358.31
甘　肃	6921.50	7051.89	7409.41	8313.88	8927.70	9272.96	9636.63	10064.77	10604.62	11053.50	11328.26
青　海	1863.35	1964.17	2286.33	2309.25	2557.44	2698.92	2716.38	2787.89	2848.30	2893.20	2943.51
宁　夏	4689.28	4743.37	4885.39	5043.77	5292.30	5392.39	5473.02	5587.39	5665.56	5672.49	5562.65
新　疆	9548.50	9644.69	9779.89	9960.75	10556.02	12092.06	12672.36	13117.50	13616.20	14037.90	14268.40
东北地区	**37982.54**	**38703.48**	**39156.63**	**40520.98**	**42147.03**	**43351.99**	**44698.97**	**45667.95**	**46564.86**	**47452.50**	**47605.33**
辽　宁	19421.14	19768.23	20184.08	20827.46	21760.07	22097.68	22418.90	22959.39	23437.45	23767.00	24002.81
吉　林	9620.86	9727.56	9773.29	10280.58	10583.24	11221.42	11836.76	12016.06	12193.42	12502.67	12340.61
黑龙江	8940.54	9207.69	9199.26	9412.94	9803.72	10032.89	10443.31	10692.50	10933.99	11182.83	11261.91

数据来源：国家统计局。

表 3-12　2016—2020 年全国及各地区住宅施工面积

单位：万平方米

地　区	2016 年	2017 年	2018 年	2019 年	2020 年
全　国	**521310.22**	**536443.96**	**569986.66**	**627673.42**	**655557.72**
东部地区	**225814.36**	**234383.86**	**249438.55**	**269203.48**	**284746.55**
北　京	5857.61	5390.89	5877.06	5640.11	6715.26
天　津	6311.70	5911.03	7151.20	8156.94	8518.17
河　北	23407.19	23200.01	21452.64	23023.40	24276.14
上　海	8073.94	8013.80	7520.39	7446.43	7712.25
江　苏	43002.93	43554.54	46328.92	49010.85	51020.11
浙　江	24709.37	24760.01	27437.16	31175.94	36070.35
福　建	19436.54	20378.76	21031.59	22456.97	22929.82
山　东	44158.11	46742.06	50789.55	55941.98	58913.61
广　东	44171.00	49450.82	54791.17	59664.36	62695.09
海　南	6685.96	6981.94	7058.88	6686.50	5895.75
中部地区	**127337.11**	**135103.46**	**147485.69**	**162703.71**	**169556.01**
山　西	12222.32	11817.12	12314.82	14323.76	16419.90
安　徽	24115.13	26858.99	29191.11	31953.75	33686.67
江　西	12000.47	13659.14	15246.86	17661.43	17891.22
河　南	35579.02	37518.01	41349.89	43971.26	44943.22
湖　北	21803.01	22479.79	23397.47	25540.84	26598.05
湖　南	21617.17	22770.42	25985.55	29252.68	30016.95
西部地区	**133002.07**	**132391.33**	**139238.04**	**161506.24**	**166798.13**
内蒙古	11141.41	10394.39	9925.98	10808.28	10780.02
广　西	15339.29	16453.90	18522.84	22061.19	23779.14
重　庆	17932.69	16747.92	17859.42	18466.12	18241.78
四　川	26425.45	26272.05	28540.40	32151.96	33706.21
贵　州	12847.14	12789.65	13985.42	18426.52	18390.09
云　南	13324.64	13534.43	14243.51	17531.69	17482.38
西　藏	232.59	132.51	225.04	549.81	684.04
陕　西	16164.28	16958.61	17479.71	20154.62	20702.43
甘　肃	6191.65	6087.85	6167.60	7473.29	7824.44
青　海	1753.44	1735.76	1582.56	1931.17	2021.89
宁　夏	4555.28	4346.91	3821.19	3789.29	3633.11
新　疆	7094.22	6937.35	6884.37	8162.30	9552.60
东北地区	**35156.68**	**34565.30**	**33824.38**	**34259.99**	**34457.03**
辽　宁	19104.64	18784.00	17742.31	17429.59	17800.29
吉　林	8305.99	8349.19	8398.11	8614.03	8524.10
黑龙江	7746.05	7432.11	7683.95	8216.36	8132.64

数据来源：国家统计局。

表 3-13　2020 年全国及各地区住宅施工面积（月度累计）

单位：万平方米

地区	1—2 月	1—3 月	1—4 月	1—5 月	1—6 月	1—7 月	1—8 月	1—9 月	1—10 月	1—11 月	1—12 月
全国	**487654.06**	**504616.09**	**521043.13**	**536765.17**	**558776.01**	**576909.27**	**592215.96**	**607030.71**	**621835.65**	**637903.39**	**655557.72**
东部地区	**215007.96**	**221742.40**	**228243.14**	**234006.38**	**242828.55**	**251723.68**	**258183.33**	**263781.75**	**269532.70**	**276324.04**	**284746.55**
北京	4957.06	5169.24	5370.23	5453.93	5656.76	5804.24	5919.48	6220.15	6362.10	6532.04	6715.26
天津	6325.07	6885.23	7122.75	7378.13	7627.79	7767.51	7821.61	7995.32	8029.05	8258.63	8518.17
河北	16225.79	16791.48	17534.42	18162.81	19763.79	21132.19	21996.76	22588.83	23060.03	23768.45	24276.14
上海	5856.01	5963.65	6175.66	6571.36	6808.72	6841.82	7155.48	7281.47	7488.34	7601.88	7712.25
江苏	38213.57	39900.10	40864.48	41389.74	42101.39	43763.13	45250.27	46101.91	47429.08	48908.32	51020.11
浙江	25793.76	26554.25	27687.70	28542.75	30482.84	31891.95	32763.28	33522.85	34153.22	35231.71	36070.35
福建	18507.48	18798.30	19220.34	19667.94	20341.57	21054.35	21360.93	21934.87	22231.55	22567.70	22929.82
山东	43866.81	45174.89	46556.79	47948.87	49528.95	51375.51	52721.04	53776.00	55104.86	56503.33	58913.61
广东	50232.25	51196.95	52375.06	53518.08	55097.00	56574.53	57622.92	58747.55	59966.90	61176.17	62695.09
海南	5030.16	5308.31	5335.71	5372.77	5419.74	5518.45	5571.56	5612.80	5707.57	5775.81	5895.75
中部地区	**125312.24**	**129862.99**	**134607.24**	**138663.58**	**144231.95**	**147923.68**	**151835.10**	**156357.26**	**160198.91**	**164674.44**	**169556.01**
山西	11735.03	12236.53	12753.32	13201.73	13953.07	14299.60	14467.36	15087.07	15413.90	15983.32	16419.90
安徽	24922.40	25943.75	26758.13	27383.23	28580.78	29273.54	30083.35	30994.35	31671.25	32393.20	33686.67
江西	13938.19	14260.71	14679.65	15107.98	15623.20	16048.93	16416.67	16846.51	17189.97	17675.49	17891.22
河南	34073.21	35214.29	36474.91	37851.38	39176.41	40040.11	40892.81	41912.38	42793.75	43632.44	44943.22
湖北	19786.78	19976.77	20700.00	20853.68	21934.73	22506.67	23522.76	24324.77	24932.04	25794.37	26598.05
湖南	20856.63	22230.94	23241.23	24265.58	24963.76	25754.83	26452.15	27192.18	28198.00	29195.62	30016.95
西部地区	**120109.85**	**125302.85**	**130047.75**	**134801.87**	**141138.26**	**145918.80**	**149904.06**	**153856.18**	**158349.87**	**162571.47**	**166798.13**
内蒙古	7026.44	7592.06	8090.72	8593.79	8976.65	9451.87	9794.78	10037.92	10384.59	10573.74	10780.02
广西	17663.41	18167.72	19104.13	19667.33	20520.18	20991.25	21388.80	21682.80	22432.20	23052.04	23779.14
重庆	14533.99	15020.96	15169.12	15617.10	16166.01	16508.12	16873.18	17201.74	17524.60	17858.94	18241.78
四川	23816.22	25162.39	25999.13	27099.50	28239.78	29112.56	29923.52	30652.41	31315.72	32290.18	33706.21
贵州	13734.27	14293.67	14917.78	15240.52	15809.54	16178.16	16504.61	17051.36	17631.21	18067.05	18390.09
云南	12188.69	12758.09	13323.33	13785.29	14579.96	14909.08	15325.19	15820.25	16341.70	16934.73	17482.38
西藏	187.80	511.52	519.87	568.83	579.03	617.45	635.44	650.60	661.70	672.51	684.04
陕西	16212.77	16733.87	17127.99	17497.17	18221.27	18637.17	19182.43	19669.05	20068.34	20441.60	20702.43
甘肃	4616.71	4706.08	4990.57	5647.26	6086.58	6344.45	6599.77	6921.44	7310.57	7658.55	7824.44
青海	1257.09	1331.83	1576.48	1600.32	1746.08	1834.38	1849.59	1907.17	1952.15	1987.84	2021.89
宁夏	2918.94	2965.15	3064.56	3182.96	3363.10	3444.56	3511.47	3610.47	3668.02	3673.99	3633.11
新疆	5953.52	6059.51	6164.07	6301.80	6850.08	7889.75	8315.28	8650.97	9059.07	9360.30	9552.60
东北地区	**27224.01**	**27707.85**	**28145.00**	**29293.34**	**30577.25**	**31343.11**	**32293.47**	**33035.52**	**33754.17**	**34333.44**	**34457.03**
辽宁	14269.01	14526.87	14859.29	15400.85	16113.73	16355.25	16573.76	16971.54	17319.44	17598.12	17800.29
吉林	6634.71	6651.56	6693.01	7132.19	7419.90	7759.59	8196.15	8349.18	8546.27	8661.29	8524.10
黑龙江	6320.29	6529.42	6592.70	6760.30	7043.62	7228.27	7523.56	7714.80	7888.46	8074.03	8132.64

数据来源：国家统计局。

表 3－14　2016—2020 年全国及各地区办公楼施工面积

单位：万平方米

地　区	2016 年	2017 年	2018 年	2019 年	2020 年
全　国	**35029.37**	**36014.62**	**35842.23**	**37251.82**	**37083.57**
东部地区	**19616.36**	**20575.14**	**20571.16**	**21118.05**	**21250.52**
北　京	2447.26	2428.40	2220.52	1951.02	1654.23
天　津	723.32	693.83	623.55	562.40	586.48
河　北	858.69	829.75	690.06	684.94	657.22
上　海	2180.50	2282.08	2139.02	2130.54	2282.65
江　苏	2281.90	2503.74	2466.10	2456.54	2384.36
浙　江	3016.91	2845.86	2817.41	2864.84	2841.13
福　建	2262.87	2203.83	2227.70	2030.75	1848.05
山　东	2434.79	2574.61	2681.25	3018.86	2891.17
广　东	3206.43	3965.06	4480.20	5159.27	5737.68
海　南	203.69	247.98	225.35	258.89	367.55
中部地区	**5992.75**	**6220.02**	**6104.93**	**6487.74**	**6546.89**
山　西	607.47	548.93	495.84	554.04	501.44
安　徽	1205.03	1330.35	1232.57	1268.31	1211.92
江　西	574.30	616.15	582.35	598.24	622.77
河　南	1698.99	1699.76	1791.97	1856.95	1755.06
湖　北	1048.39	1157.25	1154.29	1173.24	1436.88
湖　南	858.57	867.57	847.92	1036.96	1018.82
西部地区	**8114.28**	**7948.62**	**7884.68**	**8355.91**	**8020.43**
内蒙古	565.76	556.87	463.74	387.59	243.01
广　西	743.68	735.52	764.06	835.57	864.93
重　庆	1020.20	907.70	809.16	727.73	701.86
四　川	1584.66	1487.57	1689.40	2029.80	2173.66
贵　州	812.79	752.50	747.85	824.39	627.19
云　南	763.01	840.36	781.72	929.18	855.66
西　藏	15.85	9.17	6.51	20.05	30.22
陕　西	1171.05	1224.76	1301.74	1420.03	1470.57
甘　肃	276.95	298.59	303.83	278.90	327.07
青　海	164.12	167.68	103.96	87.56	67.47
宁　夏	368.59	357.92	299.90	264.58	187.98
新　疆	627.61	609.97	612.79	550.53	470.81
东北地区	**1305.98**	**1270.84**	**1281.46**	**1290.11**	**1265.73**
辽　宁	595.51	535.05	518.23	526.03	468.59
吉　林	473.76	497.41	532.30	549.75	581.81
黑龙江	236.71	238.39	230.94	214.33	215.33

数据来源：国家统计局。

表 3－15　2020 年全国及各地区办公楼施工面积（月度累计）

单位：万平方米

地 区	1—2 月	1—3 月	1—4 月	1—5 月	1—6 月	1—7 月	1—8 月	1—9 月	1—10 月	1—11 月	1—12 月
全 国	**29641.74**	**30482.01**	**31348.09**	**32114.23**	**32823.52**	**33930.68**	**34498.89**	**35121.14**	**35693.40**	**36308.42**	**37083.57**
东部地区	**17025.89**	**17396.54**	**17821.58**	**18248.62**	**18638.06**	**19237.36**	**19532.30**	**19945.34**	**20300.94**	**20741.54**	**21250.52**
北 京	1568.45	1565.87	1580.86	1581.79	1591.46	1600.87	1625.18	1649.40	1686.42	1690.99	1654.23
天 津	504.81	529.47	532.24	539.01	542.74	543.23	543.15	543.17	541.67	542.78	586.48
河 北	406.76	433.22	442.79	457.73	500.52	588.01	610.56	608.48	636.92	648.83	657.22
上 海	1819.07	1869.28	1927.95	1958.07	2015.97	2100.81	2113.61	2133.60	2172.13	2174.99	2282.65
江 苏	1922.56	1994.31	2021.20	2056.40	2032.73	2102.89	2175.36	2197.94	2277.37	2295.57	2384.36
浙 江	2259.40	2313.77	2413.44	2496.10	2548.34	2609.40	2639.10	2707.65	2730.30	2778.37	2841.13
福 建	1635.55	1641.54	1693.95	1695.66	1717.20	1815.87	1769.84	1794.82	1810.61	1823.04	1848.05
山 东	2260.54	2300.61	2364.29	2423.24	2471.51	2557.47	2609.49	2652.45	2617.39	2804.75	2891.17
广 东	4403.73	4489.83	4572.89	4748.18	4921.73	5022.36	5149.08	5354.76	5501.23	5629.57	5737.68
海 南	245.02	258.64	271.97	292.44	295.86	296.45	296.93	303.07	326.90	352.65	367.55
中部地区	**5263.00**	**5402.35**	**5560.40**	**5689.55**	**5909.28**	**6081.86**	**6187.77**	**6273.15**	**6332.07**	**6386.90**	**6546.89**
山 西	385.73	423.08	429.06	455.68	458.50	462.84	468.39	472.73	476.02	501.30	501.44
安 徽	1076.01	1089.60	1100.35	1099.85	1171.28	1198.61	1200.21	1212.78	1219.96	1208.97	1211.92
江 西	505.98	512.16	518.59	521.09	540.88	563.83	579.89	595.93	600.02	615.61	622.77
河 南	1549.20	1563.74	1577.85	1603.59	1636.06	1669.09	1682.76	1694.38	1708.11	1718.85	1755.06
湖 北	1014.38	1032.39	1073.13	1106.11	1198.13	1254.64	1318.47	1349.76	1359.73	1347.42	1436.88
湖 南	731.70	781.38	861.42	903.23	904.43	932.85	938.05	947.57	968.23	994.75	1018.82
西部地区	**6253.63**	**6517.03**	**6800.51**	**7041.72**	**7159.45**	**7397.29**	**7544.27**	**7643.18**	**7827.18**	**7887.55**	**8020.43**
内蒙古	204.19	212.37	223.01	225.41	235.16	236.29	236.45	241.02	241.68	244.95	243.01
广 西	690.09	702.25	743.09	759.03	764.63	783.52	787.33	818.59	837.55	848.82	864.93
重 庆	623.04	629.83	613.09	630.46	633.72	645.44	654.35	656.99	693.52	694.88	701.86
四 川	1573.04	1702.00	1787.02	1840.37	1913.81	1994.81	2045.90	2084.41	2096.69	2112.45	2173.66
贵 州	563.17	563.20	573.91	580.21	584.97	586.84	591.40	586.60	614.17	621.53	627.19
云 南	631.20	649.12	679.09	709.70	732.88	743.48	781.94	793.18	823.31	837.74	855.66
西 藏	14.83	21.99	22.44	21.58	25.58	25.78	25.78	25.78	29.39	29.39	30.22
陕 西	1120.81	1165.96	1258.38	1326.04	1360.44	1371.00	1391.77	1402.90	1421.46	1431.11	1470.57
甘 肃	194.99	211.58	234.13	250.68	267.20	271.50	282.55	289.25	310.08	312.25	327.07
青 海	35.15	37.55	43.21	44.83	57.63	67.44	67.44	67.44	67.44	67.44	67.47
宁 夏	216.88	216.88	216.88	216.89	220.40	221.40	221.64	217.75	218.99	211.85	187.98
新 疆	386.24	404.30	406.26	436.52	363.03	449.79	457.72	459.27	472.90	475.14	470.81
东北地区	**1099.22**	**1166.09**	**1165.60**	**1134.34**	**1116.73**	**1214.17**	**1234.55**	**1259.47**	**1233.21**	**1292.43**	**1265.73**
辽 宁	448.39	449.48	450.32	439.64	440.31	449.05	450.66	451.82	457.61	464.31	468.59
吉 林	471.76	528.09	524.19	502.57	481.70	567.30	583.39	605.52	562.25	613.85	581.81
黑龙江	179.07	188.52	191.09	192.13	194.72	197.82	200.50	202.13	213.35	214.27	215.33

数据来源：国家统计局。

表3-16 2016—2020年全国及各地区商业营业用房施工面积

单位：万平方米

地 区	2016年	2017年	2018年	2019年	2020年
全 国	**104571.86**	**105232.50**	**102629.22**	**100389.49**	**93197.67**
东部地区	**39382.80**	**39361.83**	**38246.35**	**36854.17**	**36102.23**
北 京	1354.82	1246.34	1160.15	1051.99	1092.06
天 津	1162.28	994.93	929.56	1057.83	1127.65
河 北	3238.84	3229.34	2974.65	2528.83	2407.74
上 海	1990.81	2016.16	1876.24	1775.50	1820.52
江 苏	7392.75	7067.92	6847.07	6401.33	6082.26
浙 江	5264.16	5014.84	4819.35	4693.46	4846.71
福 建	3764.97	3534.90	3484.18	3253.89	2997.92
山 东	7239.74	7492.12	7335.83	7095.24	6611.86
广 东	7006.00	7599.47	7680.99	7846.26	7937.75
海 南	968.43	1165.82	1138.34	1149.84	1177.76
中部地区	**24823.52**	**25419.31**	**25177.72**	**24944.94**	**22898.01**
山 西	2150.13	1979.85	1856.51	1993.94	1825.93
安 徽	6696.89	6694.49	6132.90	5516.10	4899.12
江 西	2368.53	2775.35	2921.66	3029.94	2741.61
河 南	5630.64	5926.85	6224.08	6130.07	5549.57
湖 北	3873.15	3761.84	3448.72	3323.36	3205.14
湖 南	4104.19	4280.94	4593.84	4951.54	4676.64
西部地区	**32366.70**	**32748.52**	**31957.15**	**31525.81**	**27611.53**
内蒙古	3295.88	3074.62	2862.89	2647.65	2247.27
广 西	2454.80	2601.65	2733.66	2831.24	2742.82
重 庆	4193.65	3988.08	3836.44	3474.74	3041.00
四 川	6223.91	6186.89	5882.13	5704.08	5010.34
贵 州	3755.27	3908.58	3922.74	4253.08	3533.80
云 南	3320.12	3447.33	3433.26	3611.36	2959.76
西 藏	59.39	49.00	71.08	106.40	129.07
陕 西	3010.38	3109.85	3167.74	3112.35	2784.71
甘 肃	1476.47	1605.00	1631.91	1563.49	1322.63
青 海	565.63	640.18	524.55	500.32	420.14
宁 夏	1314.02	1290.28	1099.12	972.72	833.19
新 疆	2697.18	2847.06	2791.64	2748.38	2586.80
东北地区	**7998.85**	**7702.84**	**7248.00**	**7064.57**	**6585.90**
辽 宁	4445.32	4319.76	3779.17	3568.52	3342.00
吉 林	1840.53	1813.98	1860.68	1767.04	1646.84
黑龙江	1713.00	1569.10	1608.16	1729.01	1597.06

数据来源：国家统计局。

表 3－17　2020 年全国及各地区商业营业用房施工面积（月度累计）

单位：万平方米

地 区	1—2 月	1—3 月	1—4 月	1—5 月	1—6 月	1—7 月	1—8 月	1—9 月	1—10 月	1—11 月	1—12 月
全 国	**74457.33**	**76573.02**	**78232.34**	**79937.59**	**82484.01**	**84606.10**	**86534.21**	**88081.59**	**89626.09**	**91405.76**	**93197.67**
东部地区	**28482.59**	**29263.99**	**29866.24**	**30636.57**	**31511.22**	**32512.93**	**33293.97**	**33827.00**	**34395.20**	**35082.47**	**36102.23**
北 京	930.67	962.17	970.22	967.64	1019.68	1042.23	1037.85	1067.11	1072.02	1073.99	1092.06
天 津	857.37	925.96	944.74	966.64	1014.56	1016.08	1022.14	1036.20	1058.87	1080.97	1127.65
河 北	1633.49	1693.87	1741.11	1884.96	2008.44	2136.83	2275.42	2304.14	2347.45	2392.59	2407.74
上 海	1390.07	1456.82	1483.62	1519.48	1600.64	1661.94	1670.04	1671.69	1741.72	1752.58	1820.52
江 苏	4732.84	4835.11	4937.27	5061.96	5087.34	5235.15	5427.87	5557.53	5628.10	5849.67	6082.26
浙 江	3738.92	3869.53	4025.38	4125.63	4263.94	4385.88	4462.12	4575.99	4634.07	4775.81	4846.71
福 建	2452.07	2473.26	2499.67	2549.60	2622.59	2705.15	2769.22	2807.15	2816.91	2842.96	2997.92
山 东	5356.63	5458.89	5531.58	5666.82	5784.83	5973.11	6091.71	6129.45	6259.15	6367.64	6611.86
广 东	6435.61	6577.61	6697.43	6849.59	7040.46	7273.88	7440.46	7565.61	7689.35	7798.39	7937.75
海 南	954.92	1010.77	1035.22	1044.25	1068.74	1082.68	1097.14	1112.13	1147.56	1147.87	1177.76
中部地区	**18271.27**	**18910.02**	**19470.03**	**19833.21**	**20432.27**	**20782.77**	**21105.74**	**21557.66**	**21965.70**	**22464.38**	**22898.01**
山 西	1405.99	1491.28	1520.25	1544.11	1596.45	1637.72	1637.15	1703.05	1731.52	1798.74	1825.93
安 徽	3969.12	4101.42	4213.32	4269.46	4448.70	4493.02	4546.68	4590.46	4684.16	4730.47	4899.12
江 西	2336.76	2383.63	2434.45	2446.07	2513.31	2572.28	2652.61	2711.73	2740.13	2772.59	2741.61
河 南	4531.47	4648.16	4840.28	4936.78	5069.87	5144.52	5176.31	5269.43	5319.92	5448.76	5549.57
湖 北	2562.90	2609.06	2662.32	2676.10	2773.74	2795.24	2890.99	2984.39	3066.09	3150.31	3205.14
湖 南	3465.03	3676.47	3799.41	3960.69	4030.20	4139.99	4202.00	4298.60	4423.88	4563.51	4676.64
西部地区	**22097.07**	**22693.20**	**23192.19**	**23686.32**	**24594.17**	**25200.77**	**25805.56**	**26292.26**	**26788.86**	**27291.35**	**27611.53**
内蒙古	1827.58	1899.23	1968.26	2020.76	2096.40	2163.90	2205.44	2233.29	2285.83	2274.70	2247.27
广 西	2142.62	2212.57	2290.31	2326.06	2501.33	2493.39	2599.74	2611.74	2656.64	2699.58	2742.82
重 庆	2714.16	2767.36	2728.97	2781.41	2845.39	2871.67	2900.08	2913.91	2994.25	3034.89	3041.00
四 川	3679.34	3938.99	4086.32	4225.26	4309.09	4421.10	4540.23	4751.65	4810.81	4941.11	5010.34
贵 州	2945.98	2956.47	3011.65	3072.85	3159.28	3210.41	3283.46	3303.79	3426.45	3488.00	3533.80
云 南	2220.47	2289.78	2356.68	2436.03	2577.65	2599.57	2640.10	2692.89	2759.41	2842.36	2959.76
西 藏	57.18	93.12	93.89	94.97	102.21	107.73	112.04	115.74	125.29	127.58	129.07
陕 西	2427.73	2462.50	2460.37	2475.14	2527.28	2576.97	2634.60	2679.26	2702.80	2759.42	2784.71
甘 肃	909.23	925.36	968.91	1038.20	1104.65	1141.05	1184.41	1227.65	1249.94	1273.06	1322.63
青 海	290.53	298.13	329.76	332.90	367.24	399.72	400.60	405.29	411.04	414.33	420.14
宁 夏	796.17	799.15	824.48	830.42	844.77	850.62	857.15	864.49	872.14	871.26	833.19
新 疆	2086.08	2050.54	2072.59	2052.32	2158.88	2364.64	2447.71	2492.56	2494.26	2565.06	2586.80
东北地区	**5606.40**	**5705.81**	**5703.88**	**5781.49**	**5946.35**	**6109.63**	**6328.94**	**6404.67**	**6476.33**	**6567.56**	**6585.90**
辽 宁	2873.53	2918.58	2963.08	3004.00	3092.04	3135.72	3204.92	3255.49	3315.83	3327.90	3342.00
吉 林	1326.18	1347.88	1355.54	1375.90	1401.54	1494.12	1595.43	1604.25	1591.78	1651.00	1646.84
黑龙江	1406.69	1439.35	1385.26	1401.59	1452.77	1479.79	1528.59	1544.93	1568.72	1588.66	1597.06

数据来源：国家统计局。

2. 各地区房屋新开工面积

表 3-18 2016—2020 年全国及各地区房屋新开工面积

单位：万平方米

地　区	2016 年	2017 年	2018 年	2019 年	2020 年
全　国	**166928.13**	**178653.77**	**209341.79**	**227153.58**	**224433.15**
东部地区	**72254.58**	**78426.96**	**92604.55**	**94806.76**	**98704.39**
北　京	2795.57	2361.51	2321.11	2073.21	3006.62
天　津	2511.47	2334.62	2479.34	2544.84	2161.86
河　北	8161.30	8417.21	8390.07	9452.68	10232.19
上　海	2840.95	2618.00	2687.17	3063.44	3440.62
江　苏	13670.83	13739.10	16821.27	16227.47	17672.82
浙　江	7282.02	10117.49	12879.28	12730.92	15875.49
福　建	4875.06	5528.75	7205.35	6398.36	6637.99
山　东	13293.69	14424.99	18732.25	22658.90	20204.08
广　东	14847.51	16775.55	19144.08	18437.38	18407.77
海　南	1976.16	2109.74	1944.64	1219.56	1064.95
中部地区	**45308.54**	**49295.39**	**54824.26**	**58337.72**	**56366.03**
山　西	3854.78	3305.84	3872.55	4879.09	5795.65
安　徽	8586.37	11398.66	10849.59	11117.46	11785.64
江　西	3875.01	4954.33	5801.49	5862.57	5301.79
河　南	14669.72	13628.78	14677.65	15836.53	14114.24
湖　北	6850.10	7771.87	8495.32	8708.85	8452.55
湖　南	7472.56	8235.91	11127.65	11933.23	10916.16
西部地区	**41509.10**	**42996.95**	**52978.58**	**64473.48**	**60074.23**
内蒙古	2563.70	2359.70	3024.31	3706.06	3287.84
广　西	4984.18	4912.21	6059.30	8218.52	7877.62
重　庆	4875.16	5680.04	7386.16	6725.40	5947.70
四　川	10825.16	11521.59	14094.44	15325.50	13939.74
贵　州	3467.55	3310.77	5689.20	7239.89	5441.06
云　南	3453.98	4017.34	4738.28	8018.51	7538.09
西　藏	57.01	61.07	193.06	416.89	222.83
陕　西	4483.64	4279.08	5451.76	6431.21	5796.94
甘　肃	2331.71	2374.63	2443.03	3307.26	3534.11
青　海	870.10	714.37	513.83	865.90	923.17
宁　夏	1391.34	1187.61	994.55	1185.67	1039.16
新　疆	2205.57	2578.54	2390.67	3032.66	4525.97
东北地区	**7855.91**	**7934.47**	**8934.40**	**9535.63**	**9288.50**
辽　宁	3733.61	3806.88	3961.71	4142.51	4404.14
吉　林	2115.99	1907.88	2477.96	2947.01	2662.39
黑龙江	2006.31	2219.72	2494.74	2446.11	2221.97

数据来源：国家统计局。

表 3-19　2020 年全国及各地区新开工面积（月度累计）

单位：万平方米

地区	1—2 月	1—3 月	1—4 月	1—5 月	1—6 月	1—7 月	1—8 月	1—9 月	1—10 月	1—11 月	1—12 月
全　国	**10369.62**	**28203.00**	**47767.65**	**69532.82**	**97536.42**	**120031.54**	**139916.97**	**160090.03**	**180718.42**	**201084.69**	**224433.15**
东部地区	**5250.91**	**13418.17**	**22015.28**	**31373.98**	**43251.52**	**54439.17**	**62785.29**	**70712.43**	**79568.79**	**88317.21**	**98704.39**
北　京	103.87	311.18	592.39	686.95	1065.91	1304.88	1505.30	2087.24	2323.53	2616.42	3006.62
天　津	71.66	258.92	468.27	745.44	1025.93	1135.40	1254.71	1526.42	1626.60	1871.20	2161.86
河　北	166.36	771.47	1501.65	2625.64	4265.14	5992.35	7150.60	7918.68	8737.08	9416.41	10232.19
上　海	84.15	231.28	582.83	1210.61	1707.54	1980.50	2260.64	2479.59	2839.58	3060.50	3440.62
江　苏	1044.22	3115.94	4367.06	5814.05	7511.20	9476.80	10979.90	12079.08	14110.91	15811.78	17672.82
浙　江	868.64	1923.73	3417.54	4815.27	7223.36	9045.75	10155.51	11464.43	12569.53	14177.61	15875.49
福　建	371.73	787.47	1435.52	2067.56	2946.05	3920.50	4400.07	5134.11	5540.15	6046.39	6637.99
山　东	1140.21	3219.79	5194.91	7097.27	9063.40	11244.52	12956.93	14383.54	16359.33	18215.40	20204.08
广　东	1315.48	2657.81	4269.52	6048.55	8104.56	9873.62	11582.63	13011.08	14700.17	16256.51	18407.77
海　南	84.59	140.58	185.59	262.64	338.43	464.85	539.00	628.26	761.91	844.99	1064.95
中部地区	**2438.85**	**7170.56**	**12340.69**	**18020.61**	**24527.66**	**29203.03**	**33984.00**	**39568.33**	**44515.17**	**49888.56**	**56366.03**
山　西	37.31	555.51	1096.18	1765.82	2637.24	3097.24	3568.69	4161.67	4776.96	5276.39	5795.65
安　徽	829.73	2060.80	3058.11	4162.73	5508.68	6458.30	7358.24	8499.87	9228.14	10372.63	11785.64
江　西	319.22	853.67	1304.04	1656.79	2246.88	2750.10	3216.63	3746.63	4145.44	4704.15	5301.79
河　南	723.51	2040.35	3540.10	5269.37	6937.08	8039.27	9044.39	10324.90	11417.50	12512.51	14114.24
湖　北	84.94	374.12	1117.70	1603.62	2750.20	3551.87	4644.77	5698.41	6581.60	7329.36	8452.55
湖　南	444.14	1286.11	2224.56	3562.28	4447.58	5306.25	6151.28	7136.85	8365.53	9693.52	10916.16
西部地区	**2654.36**	**7157.08**	**12449.23**	**18029.45**	**25930.80**	**31634.33**	**37091.74**	**42698.38**	**48522.21**	**54050.56**	**60074.23**
内蒙古	0.02	30.39	242.64	547.35	1048.45	1638.29	2147.26	2554.32	2889.76	3160.73	3287.84
广　西	595.25	1109.21	1818.41	2510.04	3621.48	4150.58	4663.11	5146.85	6019.99	6739.99	7877.62
重　庆	358.61	1001.98	1395.44	2057.90	2777.44	3323.92	3801.18	4212.08	4782.90	5242.27	5947.70
四　川	986.62	2257.62	3427.29	4852.65	6276.82	7462.32	8684.73	9812.10	10653.11	11948.99	13939.74
贵　州	231.63	630.78	1115.07	1467.80	2095.80	2555.48	3089.53	3763.21	4469.08	4977.29	5441.06
云　南	319.42	1013.21	1858.48	2518.69	3485.77	4005.92	4616.71	5322.88	6086.64	6829.28	7538.09
西　藏	1.53	5.46	14.82	57.79	69.94	129.60	147.58	166.97	193.81	204.46	222.83
陕　西	157.39	745.19	1299.43	1799.60	2667.21	3196.25	3818.87	4408.45	4901.55	5378.60	5796.94
甘　肃	3.54	132.44	512.12	830.97	1382.95	1699.45	2064.83	2497.31	2946.51	3350.13	3534.11
青　海	—	77.29	268.54	322.90	530.94	673.83	692.89	764.40	827.96	872.86	923.17
宁　夏	—	68.02	209.53	344.74	550.12	640.45	733.27	848.55	922.48	1023.48	1039.16
新　疆	0.35	85.49	287.46	719.02	1423.88	2158.24	2631.78	3201.26	3828.42	4322.48	4525.97
东北地区	**25.50**	**457.19**	**962.45**	**2108.78**	**3826.44**	**4755.01**	**6055.94**	**7110.89**	**8112.25**	**8828.36**	**9288.50**
辽　宁	11.27	290.72	623.87	1174.40	2097.04	2468.98	2789.13	3336.86	3818.95	4158.73	4404.14
吉　林	14.23	129.13	184.78	577.61	978.01	1302.38	1896.10	2160.76	2424.10	2551.60	2662.39
黑龙江	—	37.34	153.80	356.77	751.39	983.65	1370.71	1613.27	1869.20	2118.03	2221.97

数据来源：国家统计局。

表 3-20　2016—2020 年全国及各地区住宅新开工面积

单位：万平方米

地　区	2016 年	2017 年	2018 年	2019 年	2020 年
全　国	**115910.60**	**128097.78**	**153352.57**	**167463.43**	**164328.53**
东部地区	**50284.19**	**55959.78**	**66809.34**	**68224.43**	**69864.21**
北　京	1199.43	1159.64	1233.58	1003.72	1716.36
天　津	1943.39	1822.72	1862.93	1973.81	1566.72
河　北	6190.29	6568.03	6443.62	7404.40	7979.05
上　海	1436.13	1402.91	1473.17	1572.90	1756.37
江　苏	10534.34	10263.87	12902.27	12478.43	13538.15
浙　江	4516.71	6653.70	8765.56	8345.91	10443.67
福　建	3168.77	3826.31	5073.73	4615.00	4549.05
山　东	9747.12	10918.39	13940.76	17096.90	15063.71
广　东	10165.64	11694.46	13593.10	12904.92	12573.97
海　南	1382.36	1649.76	1520.62	828.44	677.16
中部地区	**32689.52**	**37216.34**	**42417.05**	**45652.70**	**44074.58**
山　西	2654.28	2411.22	2957.24	3771.70	4468.38
安　徽	6007.40	8601.75	8454.68	8704.45	9243.72
江　西	2855.03	3712.08	4454.65	4666.64	4170.08
河　南	10954.03	10439.82	11431.06	12607.65	11371.00
湖　北	4946.70	5961.79	6698.65	6849.43	6514.21
湖　南	5272.08	6089.67	8420.77	9052.83	8307.19
西部地区	**27100.63**	**28889.42**	**37397.71**	**46449.92**	**43412.80**
内蒙古	1742.40	1734.67	2154.03	2783.87	2485.53
广　西	3577.13	3662.39	4672.08	6533.95	5912.31
重　庆	2998.92	3759.63	5145.20	4593.17	4106.57
四　川	6941.73	7604.00	9734.54	10294.70	9631.06
贵　州	2172.14	2208.59	3983.80	5235.85	4009.19
云　南	2201.34	2632.02	3386.83	5695.45	5286.82
西　藏	35.53	31.58	128.55	333.99	145.72
陕　西	3106.22	3102.33	3979.58	4873.52	4488.42
甘　肃	1587.23	1442.96	1611.52	2406.64	2620.69
青　海	524.82	381.29	331.84	640.42	652.29
宁　夏	875.41	815.15	681.57	883.85	784.84
新　疆	1337.76	1514.81	1588.18	2174.49	3289.36
东北地区	**5836.26**	**6032.24**	**6728.46**	**7136.38**	**6976.94**
辽　宁	2800.75	2942.01	3118.63	3190.97	3396.87
吉　林	1493.55	1412.47	1752.84	2169.83	1906.76
黑龙江	1541.95	1677.77	1857.00	1775.59	1673.31

数据来源：国家统计局。

表 3-21　2020 年全国及各地区住宅新开工面积（月度累计）

单位：万平方米

地 区	1—2 月	1—3 月	1—4 月	1—5 月	1—6 月	1—7 月	1—8 月	1—9 月	1—10 月	1—11 月	1—12 月
全 国	**7559.48**	**20799.46**	**35248.32**	**50887.60**	**71582.87**	**88089.11**	**102485.90**	**117193.07**	**132481.11**	**147343.55**	**164328.53**
东部地区	**3691.75**	**9561.34**	**15677.95**	**22056.83**	**30644.55**	**38752.06**	**44606.26**	**50079.99**	**56486.68**	**62572.27**	**69864.21**
北 京	66.45	212.41	379.08	454.13	661.11	792.04	889.31	1202.59	1333.50	1517.73	1716.36
天 津	58.95	163.27	326.39	512.93	729.53	828.72	900.46	1111.39	1186.00	1352.96	1566.72
河 北	122.95	614.37	1218.51	2036.16	3290.50	4666.91	5507.90	6088.86	6772.42	7306.85	7979.05
上 海	54.97	110.51	280.34	649.98	897.19	1001.96	1187.82	1328.18	1506.00	1635.48	1756.37
江 苏	751.23	2379.17	3361.19	4426.29	5798.99	7346.69	8481.03	9252.51	10879.29	12109.38	13538.15
浙 江	578.33	1248.54	2196.44	3133.79	4804.27	6057.32	6805.69	7610.46	8339.36	9360.48	10443.67
福 建	244.45	560.23	954.14	1393.33	2046.99	2695.45	3002.34	3523.50	3817.35	4152.36	4549.05
山 东	825.69	2346.75	3858.39	5242.11	6698.68	8338.88	9655.25	10741.02	12229.31	13571.12	15063.71
广 东	933.21	1828.87	2986.46	4053.78	5519.71	6723.13	7821.40	8809.12	9943.40	11050.23	12573.97
海 南	55.52	97.22	117.01	154.33	197.58	300.96	355.06	412.36	480.05	515.68	677.16
中部地区	**1901.77**	**5570.02**	**9729.24**	**14116.29**	**19186.39**	**22787.84**	**26599.58**	**30961.51**	**34904.13**	**39052.44**	**44074.58**
山 西	25.51	453.05	899.00	1401.08	2059.48	2390.08	2752.46	3239.76	3690.89	4057.87	4468.38
安 徽	635.68	1563.65	2373.65	3204.92	4248.32	4996.35	5712.62	6677.60	7293.19	8147.65	9243.72
江 西	232.39	643.62	1018.57	1328.89	1792.77	2166.03	2507.90	2903.36	3230.39	3695.80	4170.08
河 南	588.39	1660.19	2883.28	4272.92	5611.51	6476.31	7329.01	8341.57	9219.35	10062.34	11371.00
湖 北	77.18	281.91	865.94	1242.16	2139.50	2781.72	3646.93	4376.03	5081.03	5692.56	6514.21
湖 南	342.62	967.60	1688.80	2666.32	3334.81	3977.35	4650.66	5423.19	6389.28	7396.22	8307.19
西部地区	**1943.13**	**5320.34**	**9092.34**	**13054.30**	**18791.98**	**22896.17**	**26717.51**	**30819.74**	**34990.54**	**39091.34**	**43412.80**
内蒙古	0.01	24.29	192.90	432.95	784.53	1212.49	1589.59	1918.22	2164.85	2372.11	2485.53
广 西	471.15	889.41	1412.72	1949.91	2759.36	3133.55	3532.36	3882.57	4521.99	5066.82	5912.31
重 庆	245.99	711.18	994.95	1434.37	1946.76	2329.72	2655.07	2976.84	3303.27	3637.80	4106.57
四 川	712.66	1588.86	2338.91	3304.96	4319.17	5122.58	5922.68	6624.15	7253.65	8188.17	9631.06
贵 州	167.18	515.81	909.63	1151.51	1615.57	1956.90	2312.02	2805.27	3314.84	3688.82	4009.19
云 南	212.80	713.70	1310.05	1735.75	2417.01	2782.09	3190.01	3722.62	4251.21	4799.39	5286.82
西 藏	1.53	2.53	8.22	45.45	48.09	86.51	99.55	114.71	125.89	134.19	145.72
陕 西	128.94	585.92	967.27	1357.15	2052.49	2458.74	2948.91	3429.32	3817.73	4182.79	4488.42
甘 肃	2.59	100.34	393.79	624.35	1028.09	1261.83	1518.21	1843.96	2160.52	2474.19	2620.69
青 海	—	61.39	208.13	251.48	372.57	461.67	476.88	534.46	582.67	618.31	652.29
宁 夏	—	54.60	154.01	259.28	405.62	478.23	544.46	642.37	699.38	778.00	784.84
新 疆	0.28	72.31	201.76	507.14	1042.72	1611.86	1927.77	2325.25	2794.54	3150.75	3289.36
东北地区	**22.83**	**347.76**	**748.79**	**1660.18**	**2959.95**	**3653.04**	**4562.55**	**5331.83**	**6099.76**	**6627.50**	**6976.94**
辽 宁	8.86	214.59	486.57	959.37	1653.76	1935.51	2153.50	2552.04	2914.81	3201.94	3396.87
吉 林	13.97	101.20	136.46	414.34	735.43	960.29	1368.01	1560.06	1779.67	1834.72	1906.76
黑龙江	—	31.97	125.76	286.47	570.76	757.24	1041.04	1219.73	1405.28	1590.84	1673.31

数据来源：国家统计局。

表 3-22　2016—2020 年全国及各地区办公楼新开工面积

单位：万平方米

地　区	2016 年	2017 年	2018 年	2019 年	2020 年
全　国	**6415.29**	**6139.66**	**6049.04**	**7083.59**	**6603.73**
东部地区	**3548.93**	**3680.45**	**3387.00**	**3800.64**	**3877.87**
北　京	464.41	364.61	221.31	170.50	130.53
天　津	41.48	67.49	19.64	44.00	57.02
河　北	342.23	142.51	157.75	209.36	207.19
上　海	384.49	368.84	310.84	388.87	421.09
江　苏	385.10	626.70	441.55	397.26	453.81
浙　江	370.04	467.18	484.66	506.87	506.53
福　建	272.90	241.34	236.26	201.67	277.49
山　东	439.26	502.61	613.77	765.91	598.03
广　东	795.96	883.58	863.77	1063.16	1133.75
海　南	53.08	15.60	37.44	53.04	92.43
中部地区	**1312.53**	**1229.03**	**1131.92**	**1388.26**	**1145.38**
山　西	157.73	73.93	52.91	73.87	83.24
安　徽	238.51	270.11	230.38	265.68	181.56
江　西	139.22	110.73	77.40	104.11	111.31
河　南	331.61	360.93	361.30	428.14	199.63
湖　北	230.77	267.58	260.69	203.42	358.50
湖　南	214.68	145.74	149.24	313.04	211.14
西部地区	**1385.41**	**1095.50**	**1343.07**	**1660.75**	**1431.64**
内蒙古	20.14	37.03	29.76	36.75	13.60
广　西	239.56	67.49	96.03	81.07	146.73
重　庆	160.79	94.86	132.72	126.42	110.69
四　川	278.00	315.09	513.74	657.40	477.06
贵　州	81.06	76.19	97.78	122.33	51.27
云　南	144.40	104.38	91.52	258.56	224.29
西　藏	1.66	0.05	1.21	14.21	12.53
陕　西	225.09	161.32	223.48	268.85	203.52
甘　肃	40.42	71.85	53.39	31.86	94.45
青　海	47.97	45.31	7.48	7.99	30.00
宁　夏	72.11	21.85	10.56	5.18	5.79
新　疆	74.20	100.08	85.39	50.14	61.71
东北地区	**168.41**	**134.68**	**187.05**	**233.93**	**148.84**
辽　宁	57.01	66.37	32.74	80.70	39.18
吉　林	87.27	36.11	100.54	115.44	79.20
黑龙江	24.12	32.20	53.77	37.79	30.46

数据来源：国家统计局。

表 3-23　2020 年全国及各地区办公楼新开工面积（月度累计）

单位：万平方米

地　区	1—2 月	1—3 月	1—4 月	1—5 月	1—6 月	1—7 月	1—8 月	1—9 月	1—10 月	1—11 月	1—12 月
全　国	**303.73**	**806.68**	**1369.52**	**2172.86**	**2852.68**	**3680.53**	**4220.14**	**4825.92**	**5395.74**	**5841.74**	**6603.73**
东部地区	**216.29**	**523.44**	**827.07**	**1269.59**	**1654.07**	**2131.55**	**2428.61**	**2759.00**	**3096.79**	**3382.86**	**3877.87**
北　京	0.83	0.83	9.51	6.87	12.26	17.71	34.42	75.38	89.86	92.21	130.53
天　津	—	9.56	10.77	16.44	25.60	25.99	25.99	26.19	24.69	25.21	57.02
河　北	3.71	35.50	42.13	57.86	101.83	139.40	158.74	168.64	187.30	199.29	207.19
上　海	0.39	42.14	94.42	144.72	198.17	275.94	290.72	304.34	326.95	334.79	421.09
江　苏	46.50	77.57	109.39	147.74	171.81	217.12	272.34	300.63	372.83	406.12	453.81
浙　江	9.62	68.58	126.58	185.46	226.97	282.11	303.09	376.20	397.36	433.97	506.53
福　建	17.39	25.87	78.60	80.41	101.48	183.52	190.52	202.44	218.69	234.09	277.49
山　东	50.36	91.57	131.94	219.88	257.77	332.33	373.79	420.14	463.55	556.91	598.03
广　东	81.45	163.25	215.09	385.99	530.54	629.20	750.29	853.70	961.28	1024.24	1133.75
海　南	6.04	8.57	8.64	24.22	27.64	28.23	28.71	31.34	54.28	76.03	92.43
中部地区	**28.16**	**127.51**	**183.76**	**366.84**	**499.31**	**655.24**	**726.91**	**859.24**	**921.26**	**995.91**	**1145.38**
山　西	0.25	10.99	16.81	43.37	45.50	49.67	53.90	54.63	63.89	82.92	83.24
安　徽	6.90	22.06	32.88	79.21	110.48	135.57	140.89	149.44	156.62	175.60	181.56
江　西	7.02	13.03	16.25	16.55	36.08	56.74	65.90	81.76	85.85	101.44	111.31
河　南	9.13	19.83	33.31	59.90	89.95	122.98	129.70	151.33	160.96	171.71	199.63
湖　北	0.55	23.26	34.91	76.18	118.13	164.77	205.81	284.56	295.09	278.88	358.50
湖　南	4.31	38.34	49.60	91.63	99.17	125.51	130.71	137.52	158.85	185.36	211.14
西部地区	**57.96**	**153.14**	**347.53**	**517.36**	**674.36**	**826.95**	**969.39**	**1092.97**	**1245.74**	**1315.98**	**1431.64**
内蒙古	—	—	1.41	3.30	5.43	8.21	8.37	9.03	9.68	15.20	13.60
广　西	8.30	12.35	40.92	51.96	57.25	74.25	78.00	113.94	128.25	139.90	146.73
重　庆	0.14	6.75	8.58	27.80	31.06	42.77	51.69	53.37	98.58	99.94	110.69
四　川	35.01	73.02	137.90	163.74	212.75	291.80	343.31	381.82	394.07	415.83	477.06
贵　州	0.30	1.99	5.21	12.85	17.54	23.44	26.22	41.27	48.83	49.98	51.27
云　南	11.51	27.46	54.28	83.04	105.07	111.34	151.21	162.45	189.53	205.56	224.29
西　藏	—	1.94	2.39	2.43	6.43	6.64	6.64	6.64	11.70	11.70	12.53
陕　西	2.70	23.63	64.24	98.14	128.14	138.67	153.31	164.83	178.89	188.34	203.52
甘　肃	—	3.82	22.12	40.83	56.48	60.78	71.83	78.53	91.02	93.49	94.45
青　海	—	1.93	6.45	8.08	19.61	29.43	29.97	29.97	29.97	29.97	30.00
宁　夏	—	—	—	0.01	3.16	4.16	4.39	4.55	5.79	5.79	5.79
新　疆	—	0.25	4.03	25.18	31.44	35.46	44.45	46.57	59.43	60.28	61.71
东北地区	**1.32**	**2.59**	**11.16**	**19.07**	**24.94**	**66.79**	**95.23**	**114.71**	**131.95**	**146.99**	**148.84**
辽　宁	1.32	2.59	3.45	8.01	9.35	20.62	20.33	25.82	31.60	37.64	39.18
吉　林	—	—	0.63	3.92	5.86	33.34	59.41	71.61	71.85	79.93	79.20
黑龙江	—	—	7.08	7.14	9.73	12.83	15.49	17.28	28.50	29.42	30.46

数据来源：国家统计局。

表 3-24 2016—2020 年全国及各地区商业营业用房新开工面积

单位：万平方米

地区	2016 年	2017 年	2018 年	2019 年	2020 年
全　国	**22316.63**	**20483.93**	**20065.69**	**18936.28**	**18012.31**
东部地区	**7724.96**	**7124.76**	**7176.68**	**6782.06**	**7206.24**
北　京	278.50	156.30	108.32	139.55	124.56
天　津	228.70	166.68	187.29	215.14	238.76
河　北	849.33	810.22	805.20	602.31	726.80
上　海	401.78	297.68	206.93	286.83	331.70
江　苏	1422.47	1283.04	1418.72	1237.21	1407.88
浙　江	838.03	893.53	856.27	911.42	1059.94
福　建	433.30	432.02	557.08	331.54	446.88
山　东	1437.37	1367.65	1488.74	1603.25	1346.74
广　东	1596.87	1481.36	1403.85	1283.32	1388.11
海　南	238.61	236.29	144.29	171.50	134.87
中部地区	**6365.64**	**5803.68**	**5558.44**	**5035.20**	**4563.00**
山　西	494.28	329.29	318.84	360.38	353.39
安　徽	1459.81	1302.52	955.27	903.23	964.66
江　西	576.39	704.69	711.53	581.76	507.92
河　南	1791.85	1568.69	1643.45	1298.68	1051.15
湖　北	872.28	903.24	678.24	690.78	619.59
湖　南	1171.02	995.25	1251.10	1200.38	1066.29
西部地区	**7066.18**	**6520.85**	**6115.20**	**6092.76**	**5306.69**
内蒙古	525.00	333.75	462.19	324.00	296.77
广　西	556.47	574.18	523.36	566.65	516.37
重　庆	899.94	768.10	725.19	579.82	453.36
四　川	1649.58	1631.17	1366.53	1534.99	1221.75
贵　州	732.19	583.36	712.73	774.32	541.58
云　南	529.77	593.19	569.56	754.86	686.57
西　藏	13.46	11.12	38.90	37.63	29.24
陕　西	683.84	497.32	633.69	553.06	414.27
甘　肃	454.64	492.58	393.88	314.31	300.46
青　海	191.01	174.24	91.96	109.18	118.36
宁　夏	276.92	203.41	149.36	109.08	77.84
新　疆	553.37	658.44	447.85	434.87	650.12
东北地区	**1159.85**	**1034.64**	**1215.37**	**1026.26**	**936.38**
辽　宁	554.09	457.38	464.06	404.58	447.77
吉　林	341.48	270.81	364.46	280.84	266.98
黑龙江	264.28	306.45	386.84	340.85	221.63

数据来源：国家统计局。

表 3-25　2020 年全国及各地区商业营业用房新开工面积（月度累计）

单位：万平方米

地　区	1—2 月	1—3 月	1—4 月	1—5 月	1—6 月	1—7 月	1—8 月	1—9 月	1—10 月	1—11 月	1—12 月
全　国	**875.38**	**2361.19**	**3873.36**	**5590.86**	**7990.92**	**9630.75**	**11391.92**	**13068.50**	**14566.67**	**16218.71**	**18012.31**
东部地区	**415.75**	**1086.65**	**1668.39**	**2412.46**	**3321.43**	**4051.55**	**4720.36**	**5293.07**	**5831.32**	**6430.62**	**7206.24**
北　京	0.75	2.86	8.46	9.56	52.29	66.88	62.33	94.12	102.44	104.39	124.56
天　津	1.12	45.32	66.50	95.54	133.47	134.10	141.26	157.30	179.53	199.95	238.76
河　北	10.38	48.68	85.24	235.78	358.34	456.41	588.59	635.90	665.67	692.76	726.80
上　海	8.75	43.05	70.73	109.10	177.05	199.99	210.45	219.24	274.60	278.31	331.70
江　苏	83.49	237.23	344.76	479.37	572.89	727.59	859.33	971.03	1071.27	1243.92	1407.88
浙　江	89.77	195.51	296.91	378.32	512.50	590.71	644.81	760.08	823.76	950.18	1059.94
福　建	25.57	44.83	82.14	134.36	198.35	276.30	322.06	358.80	368.10	401.42	446.88
山　东	116.49	254.42	366.77	480.59	649.94	777.92	891.21	975.49	1099.40	1208.79	1346.74
广　东	74.13	203.23	326.39	461.32	622.98	770.12	934.33	1040.35	1137.65	1243.99	1388.11
海　南	5.30	11.52	20.49	28.52	43.62	51.53	65.99	80.76	108.90	106.91	134.87
中部地区	**244.93**	**658.52**	**1078.38**	**1511.66**	**2030.81**	**2407.86**	**2719.07**	**3152.23**	**3531.43**	**4038.60**	**4563.00**
山　西	4.39	30.48	51.99	82.82	132.50	167.21	199.24	234.22	274.54	325.75	353.39
安　徽	75.43	194.10	268.92	369.75	501.45	567.70	613.20	681.22	746.53	832.03	964.66
江　西	40.30	95.24	131.11	152.37	213.14	264.61	337.37	393.75	419.96	451.45	507.92
河　南	78.49	189.98	338.17	432.03	566.00	641.36	673.14	763.27	817.67	941.24	1051.15
湖　北	4.82	38.77	80.65	120.62	183.30	240.04	310.12	397.42	466.79	546.59	619.59
湖　南	41.50	109.95	207.54	354.07	434.42	526.94	586.00	682.35	805.94	941.54	1066.29
西部地区	**213.58**	**549.87**	**1015.36**	**1466.35**	**2264.41**	**2703.58**	**3302.09**	**3879.28**	**4367.51**	**4857.90**	**5306.69**
内蒙古	—	0.46	15.54	38.09	107.60	167.73	211.30	237.63	279.17	300.87	296.77
广　西	30.94	62.94	99.25	129.50	281.93	254.76	356.46	378.50	420.33	457.12	516.37
重　庆	41.23	90.13	114.46	164.44	226.14	256.71	282.81	296.98	373.97	400.73	453.36
四　川	78.74	183.56	314.27	443.99	539.59	631.92	756.25	961.34	1014.21	1140.65	1221.75
贵　州	17.54	38.44	73.00	116.46	177.40	220.27	299.69	351.09	445.08	490.81	541.58
云　南	27.00	87.00	143.18	209.39	308.17	359.60	400.68	451.42	510.31	576.98	686.57
西　藏	—	—	0.81	3.06	8.76	12.86	16.81	20.51	25.65	27.74	29.24
陕　西	17.62	50.97	95.90	120.63	176.79	216.95	256.39	299.36	325.11	382.18	414.27
甘　肃	0.45	13.46	51.17	71.48	129.89	162.75	206.36	247.84	269.30	285.36	300.46
青　海	—	9.54	28.15	31.98	63.65	96.74	98.32	103.01	108.69	112.55	118.36
宁　夏	—	5.14	29.91	34.58	47.67	52.65	59.28	64.66	68.65	74.12	77.84
新　疆	0.06	8.23	49.72	102.75	196.82	270.64	357.74	466.94	527.04	608.79	650.12
东北地区	**1.12**	**66.15**	**111.23**	**200.39**	**374.27**	**467.76**	**650.40**	**743.92**	**836.41**	**891.59**	**936.38**
辽　宁	0.86	52.50	80.29	108.79	187.82	230.29	296.19	349.00	404.40	419.81	447.77
吉　林	0.26	9.12	16.92	64.03	105.27	133.03	208.51	225.51	240.28	260.11	266.98
黑龙江	—	4.53	14.02	27.57	81.18	104.44	145.70	169.41	191.73	211.67	221.63

数据来源：国家统计局。

3. 各地区房屋竣工面积

表3－26 2016—2020年全国及各地区房屋竣工面积

单位：万平方米

地　区	2016年	2017年	2018年	2019年	2020年
全　国	**106127.71**	**101486.41**	**93550.11**	**95941.53**	**91218.22**
东部地区	**50309.10**	**48918.80**	**45935.88**	**47775.65**	**47850.01**
北　京	2369.95	1466.67	1557.90	1343.28	1545.72
天　津	2914.25	2023.41	2092.22	1655.50	1634.47
河　北	4287.78	3416.00	2390.41	2679.96	2367.17
上　海	2550.64	3387.56	3115.76	2669.67	2877.78
江　苏	10073.96	9581.73	8536.27	9369.08	11151.04
浙　江	7925.40	6884.18	5189.67	5738.82	6692.70
福　建	3665.25	4266.69	3739.02	2882.29	3804.07
山　东	8253.50	8429.06	10512.57	10179.25	9325.86
广　东	6593.75	8196.34	7615.25	9955.54	7763.75
海　南	1674.61	1267.16	1186.81	1302.26	687.45
中部地区	**23662.83**	**22077.51**	**21518.31**	**23748.92**	**20844.08**
山　西	2683.59	1969.92	1407.95	2739.22	1481.18
安　徽	5382.95	4747.71	4488.40	5673.90	5100.86
江　西	1635.61	1854.40	2031.76	2230.76	2238.50
河　南	6299.44	6201.71	6655.23	6571.21	5412.77
湖　北	3127.49	3219.72	2773.99	2558.60	2646.83
湖　南	4533.74	4084.05	4160.98	3975.24	3963.94
西部地区	**25719.23**	**24571.80**	**21098.64**	**20173.08**	**18273.03**
内蒙古	1664.02	1714.24	1415.72	950.56	841.28
广　西	1735.05	1856.24	2192.94	2037.85	2129.16
重　庆	4421.30	5055.73	4083.45	5069.17	3774.33
四　川	7050.24	5620.73	5635.30	4580.04	4545.86
贵　州	1901.45	1171.70	1279.64	954.85	862.28
云　南	2115.08	2419.63	1447.28	1844.49	1637.76
西　藏	31.53	43.57	49.94	18.87	28.00
陕　西	2431.70	2392.05	1524.66	1782.13	1745.62
甘　肃	991.73	847.91	752.34	674.14	881.36
青　海	386.67	440.90	319.91	133.27	153.60
宁　夏	1294.55	1328.62	1213.98	1011.05	772.25
新　疆	1695.91	1680.48	1183.49	1116.66	901.53
东北地区	**6436.55**	**5918.30**	**4997.28**	**4243.88**	**4251.10**
辽　宁	2709.29	2788.28	2273.85	1817.63	1848.18
吉　林	1351.65	1478.85	1519.96	1222.17	964.94
黑龙江	2375.61	1651.17	1203.46	1204.08	1437.98

数据来源：国家统计局。

表 3-27 2020 年全国及各地区竣工面积（月度累计）

单位：万平方米

地 区	1—2 月	1—3 月	1—4 月	1—5 月	1—6 月	1—7 月	1—8 月	1—9 月	1—10 月	1—11 月	1—12 月
全 国	**9635. 53**	**15557. 19**	**19286. 03**	**23687. 13**	**29029. 79**	**33248. 40**	**37107. 48**	**41338. 21**	**49239. 73**	**59172. 63**	**91218. 22**
东部地区	**5289. 38**	**8111. 76**	**9994. 86**	**12582. 13**	**15176. 99**	**17458. 08**	**19159. 15**	**21292. 42**	**25567. 01**	**30530. 38**	**47850. 01**
北 京	50. 97	52. 75	120. 30	194. 16	238. 78	387. 32	406. 15	425. 36	544. 16	694. 43	1545. 72
天 津	103. 92	152. 56	139. 11	153. 97	191. 86	216. 54	226. 32	241. 87	314. 41	793. 21	1634. 47
河 北	121. 60	253. 11	376. 88	512. 76	664. 60	807. 79	905. 13	1002. 10	1124. 37	1452. 29	2367. 17
上 海	293. 16	427. 48	484. 34	1071. 92	1187. 52	1452. 01	1521. 77	1611. 02	1976. 47	2191. 18	2877. 78
江 苏	1283. 06	2252. 29	2765. 46	3318. 24	3952. 74	4323. 83	4698. 21	5270. 39	6792. 01	7856. 36	11151. 04
浙 江	914. 25	1245. 68	1490. 90	1794. 74	2165. 19	2442. 00	2845. 89	3189. 94	3826. 71	4564. 76	6692. 70
福 建	331. 71	567. 61	707. 58	829. 63	1090. 41	1206. 49	1356. 16	1661. 35	1962. 55	2251. 67	3804. 07
山 东	800. 31	1133. 11	1436. 26	1838. 63	2251. 81	2603. 47	2895. 33	3296. 38	3872. 93	4689. 62	9325. 86
广 东	1313. 28	1926. 24	2336. 02	2713. 55	3197. 78	3733. 92	4013. 65	4292. 57	4814. 54	5654. 71	7763. 75
海 南	77. 12	100. 93	138. 01	154. 53	236. 30	284. 71	290. 54	301. 44	338. 86	382. 15	687. 45
中部地区	**2334. 88**	**4092. 34**	**4942. 38**	**5713. 17**	**6899. 36**	**7777. 86**	**8839. 37**	**9802. 65**	**11330. 92**	**13546. 19**	**20844. 08**
山 西	93. 63	118. 65	140. 89	151. 40	172. 45	249. 49	316. 05	387. 76	648. 12	970. 60	1481. 18
安 徽	716. 99	1128. 35	1336. 94	1542. 37	1934. 16	2126. 47	2357. 98	2618. 77	2873. 49	3417. 76	5100. 86
江 西	375. 59	607. 93	691. 50	746. 65	890. 19	958. 27	1154. 59	1289. 62	1408. 56	1594. 09	2238. 50
河 南	344. 99	684. 91	866. 25	1116. 05	1374. 50	1699. 26	1930. 51	2122. 24	2357. 81	2846. 41	5412. 77
湖 北	81. 89	505. 44	632. 85	702. 61	799. 58	867. 76	995. 78	1156. 14	1407. 85	1690. 60	2646. 83
湖 南	721. 79	1047. 06	1273. 95	1454. 09	1728. 48	1876. 61	2084. 46	2228. 12	2635. 09	3026. 73	3963. 94
西部地区	**1836. 70**	**2886. 81**	**3730. 20**	**4508. 47**	**5874. 36**	**6740. 37**	**7641. 34**	**8491. 40**	**10233. 68**	**12423. 06**	**18273. 03**
内蒙古	8. 04	37. 07	139. 29	226. 05	278. 50	389. 95	402. 70	460. 32	544. 30	741. 69	841. 28
广 西	480. 93	589. 80	636. 90	697. 96	933. 92	963. 06	1028. 15	1088. 57	1195. 35	1353. 01	2129. 16
重 庆	390. 00	561. 93	748. 08	1013. 02	1390. 57	1616. 94	1864. 64	2149. 16	2427. 77	2790. 44	3774. 33
四 川	411. 16	634. 69	889. 93	1027. 96	1268. 44	1589. 13	1784. 96	1955. 85	2498. 23	2896. 75	4545. 86
贵 州	142. 04	163. 27	236. 27	226. 12	262. 95	262. 62	285. 09	329. 00	397. 19	422. 68	862. 28
云 南	78. 77	175. 21	226. 73	297. 57	457. 33	507. 85	570. 70	633. 29	726. 78	1016. 61	1637. 76
西 藏	2. 41	5. 34	7. 12	10. 25	13. 65	14. 87	15. 80	17. 60	18. 16	19. 62	28. 00
陕 西	235. 18	316. 20	390. 57	446. 43	459. 62	509. 42	558. 76	583. 30	693. 02	1145. 76	1745. 62
甘 肃	20. 34	93. 38	104. 31	136. 53	188. 53	203. 75	255. 76	306. 35	709. 72	775. 21	881. 36
青 海	—	10. 02	22. 00	22. 17	70. 21	80. 21	82. 79	82. 79	90. 42	94. 88	153. 60
宁 夏	34. 90	85. 56	103. 35	128. 27	162. 88	189. 47	267. 93	310. 65	340. 04	479. 48	772. 25
新 疆	32. 93	214. 34	225. 65	276. 14	387. 76	413. 10	524. 06	574. 52	592. 70	686. 93	901. 53
东北地区	**174. 57**	**466. 28**	**618. 59**	**883. 36**	**1079. 08**	**1272. 09**	**1467. 62**	**1751. 74**	**2108. 12**	**2673. 00**	**4251. 10**
辽 宁	96. 56	225. 00	311. 26	488. 74	552. 17	636. 05	692. 05	811. 32	996. 64	1320. 26	1848. 18
吉 林	76. 61	192. 63	234. 45	298. 24	328. 21	384. 79	462. 84	518. 76	537. 54	617. 32	964. 94
黑龙江	1. 40	48. 65	72. 88	96. 38	198. 70	251. 25	312. 73	421. 66	573. 94	735. 42	1437. 98

数据来源：国家统计局。

表 3-28　2016—2020 年全国及各地区住宅竣工面积

单位：万平方米

地　区	2016 年	2017 年	2018 年	2019 年	2020 年
全　国	**77185. 19**	**71815. 12**	**66015. 75**	**68011. 11**	**65910. 03**
东部地区	**36032. 52**	**34094. 51**	**31916. 69**	**33012. 49**	**33719. 05**
北　京	1267. 06	604. 04	731. 20	583. 20	728. 48
天　津	2189. 14	1433. 24	1522. 27	1186. 69	1256. 43
河　北	3352. 61	2730. 13	1917. 23	2042. 67	1871. 19
上　海	1532. 88	1862. 74	1730. 27	1453. 28	1627. 61
江　苏	7602. 69	7089. 80	6360. 00	6968. 89	8272. 63
浙　江	5091. 95	4338. 91	3047. 84	3551. 11	4266. 78
福　建	2420. 45	2891. 33	2347. 24	1813. 90	2403. 09
山　东	6358. 16	6406. 46	8057. 09	7734. 65	7172. 55
广　东	4773. 04	5784. 01	5216. 15	6578. 17	5573. 29
海　南	1444. 53	953. 86	987. 39	1099. 94	547. 00
中部地区	**18128. 37**	**16410. 22**	**16029. 96**	**18057. 61**	**16156. 75**
山　西	2042. 22	1413. 83	1094. 50	1985. 29	1131. 67
安　徽	4047. 73	3424. 98	3184. 19	4250. 81	3874. 40
江　西	1316. 26	1365. 86	1510. 51	1670. 19	1744. 48
河　南	5015. 23	4701. 53	5074. 09	5162. 69	4278. 13
湖　北	2348. 38	2433. 72	2091. 69	2019. 29	2166. 11
湖　南	3358. 54	3070. 28	3074. 98	2969. 35	2961. 96
西部地区	**18048. 78**	**16859. 68**	**14331. 76**	**13732. 54**	**12780. 18**
内蒙古	1203. 26	1265. 15	1013. 97	689. 74	614. 19
广　西	1373. 27	1478. 96	1654. 54	1515. 99	1561. 89
重　庆	3084. 00	3316. 37	2784. 64	3400. 08	2585. 26
四　川	4677. 37	3675. 76	3707. 61	2940. 11	3073. 73
贵　州	1283. 25	785. 00	841. 59	634. 50	568. 12
云　南	1433. 86	1554. 70	1047. 65	1225. 40	1163. 01
西　藏	25. 20	26. 65	38. 74	8. 12	15. 52
陕　西	1922. 84	1873. 42	1036. 15	1281. 67	1301. 25
甘　肃	730. 25	619. 44	498. 67	470. 51	654. 99
青　海	231. 21	229. 45	187. 38	86. 28	99. 46
宁　夏	931. 25	883. 54	843. 82	718. 11	513. 53
新　疆	1153. 02	1151. 25	677. 01	762. 03	629. 23
东北地区	**4975. 52**	**4450. 71**	**3737. 34**	**3208. 46**	**3254. 05**
辽　宁	2210. 06	2214. 31	1711. 44	1374. 26	1440. 82
吉　林	1008. 37	1030. 46	1105. 37	893. 27	697. 29
黑龙江	1757. 09	1205. 94	920. 53	940. 93	1115. 94

数据来源：国家统计局。

表 3-29　2020 年全国及各地区住宅竣工面积（月度累计）

单位：万平方米

地　区	1—2 月	1—3 月	1—4 月	1—5 月	1—6 月	1—7 月	1—8 月	1—9 月	1—10 月	1—11 月	1—12 月
全　国	**6760.94**	**10927.82**	**13709.30**	**16775.43**	**20680.37**	**23685.13**	**26498.32**	**29597.23**	**35442.71**	**42655.01**	**65910.03**
东部地区	**3650.48**	**5626.12**	**7031.77**	**8767.68**	**10635.63**	**12163.46**	**13349.48**	**14827.21**	**17910.05**	**21453.48**	**33719.05**
北　京	33.22	34.90	68.27	107.26	117.10	185.89	192.42	203.76	260.05	327.19	728.48
天　津	64.90	100.04	105.20	110.81	143.18	161.77	172.52	179.80	248.62	616.50	1256.43
河　北	94.94	203.98	294.51	389.67	505.13	606.12	682.68	772.45	862.29	1124.65	1871.19
上　海	182.70	222.07	266.39	606.43	674.07	793.77	819.18	851.41	1123.14	1229.48	1627.61
江　苏	927.29	1638.63	2018.49	2432.42	2943.67	3196.87	3475.24	3917.44	5034.20	5806.06	8272.63
浙　江	576.75	780.24	947.02	1123.20	1361.69	1526.94	1771.50	2000.50	2427.96	2919.32	4266.78
福　建	216.28	380.66	478.27	542.69	690.77	777.59	884.59	1094.31	1288.49	1498.28	2403.09
山　东	629.66	855.58	1100.95	1423.28	1747.05	2025.35	2262.32	2529.66	2989.49	3645.25	7172.55
广　东	863.88	1332.46	1642.10	1904.47	2276.79	2672.85	2866.89	3049.08	3414.77	3988.08	5573.29
海　南	60.86	77.56	110.57	127.45	176.18	216.31	222.14	228.80	261.04	298.67	547.00
中部地区	**1768.08**	**3098.52**	**3784.61**	**4375.01**	**5289.13**	**5973.11**	**6812.57**	**7600.50**	**8827.96**	**10494.64**	**16156.75**
山　西	71.87	87.52	107.27	112.86	126.14	189.28	241.33	290.91	496.78	738.88	1131.67
安　徽	543.16	849.18	994.32	1125.83	1434.44	1589.26	1782.68	1975.88	2184.09	2626.03	3874.40
江　西	263.32	428.46	496.98	548.52	638.79	698.55	859.72	984.33	1081.42	1213.18	1744.48
河　南	278.52	541.25	695.56	901.90	1113.34	1359.13	1539.66	1706.66	1900.63	2226.11	4278.13
湖　北	73.64	407.38	521.45	575.50	650.52	701.38	811.62	961.83	1163.48	1395.07	2166.11
湖　南	537.57	784.73	969.03	1110.40	1325.90	1435.51	1577.56	1680.89	2001.56	2295.37	2961.96
西部地区	**1214.40**	**1889.05**	**2454.68**	**3009.18**	**3969.95**	**4609.20**	**5243.21**	**5858.98**	**7116.05**	**8687.36**	**12780.18**
内蒙古	6.54	20.61	99.42	166.54	206.23	281.38	289.88	335.86	392.78	529.60	614.19
广　西	333.83	414.58	445.46	495.70	694.23	721.53	772.06	822.64	901.32	1026.45	1561.89
重　庆	249.45	372.25	477.93	656.60	899.65	1076.02	1246.66	1452.25	1639.62	1894.02	2585.26
四　川	258.22	394.45	570.91	665.62	826.36	1053.06	1177.76	1297.14	1659.36	1922.48	3073.73
贵　州	91.77	110.28	170.89	155.65	185.08	185.88	198.18	225.21	284.13	303.36	568.12
云　南	48.58	110.71	136.12	193.05	307.76	346.64	399.39	448.29	513.79	735.59	1163.01
西　藏	2.41	3.26	4.20	4.35	5.21	5.56	5.74	7.14	7.25	8.14	15.52
陕　西	166.40	212.23	279.21	309.98	322.08	366.85	405.83	416.78	505.32	850.82	1301.25
甘　肃	17.36	60.13	69.35	95.94	138.21	149.61	186.99	218.01	533.11	573.77	654.99
青　海	—	10.02	10.02	10.02	42.83	50.57	51.55	51.55	59.18	62.57	99.46
宁　夏	21.93	51.24	67.76	88.85	114.13	131.69	182.79	212.67	233.37	324.94	513.53
新　疆	17.91	129.29	123.41	166.88	228.18	240.41	326.38	371.44	386.82	455.62	629.23
东北地区	**127.98**	**314.13**	**438.24**	**623.56**	**785.66**	**939.36**	**1093.06**	**1310.54**	**1588.65**	**2019.53**	**3254.05**
辽　宁	71.79	158.29	221.83	348.54	404.51	474.57	517.97	601.43	747.67	1010.10	1440.82
吉　林	54.79	111.80	153.24	191.97	221.01	262.92	326.15	366.49	380.24	430.42	697.29
黑龙江	1.40	44.04	63.17	83.05	160.14	201.87	248.94	342.62	460.74	579.01	1115.94

数据来源：国家统计局。

表 3－30　2016—2020 年全国及各地区办公楼竣工面积

单位：万平方米

地　区	2016 年	2017 年	2018 年	2019 年	2020 年
全　国	**3629.27**	**4006.54**	**3884.04**	**3923.39**	**3041.59**
东部地区	**2353.31**	**2450.63**	**2457.10**	**2565.34**	**2049.23**
北　京	343.74	321.18	249.87	290.28	242.21
天　津	143.22	138.64	113.42	41.99	32.44
河　北	101.67	84.41	42.11	76.54	24.98
上　海	279.31	444.83	413.46	259.36	259.14
江　苏	280.30	340.64	275.49	357.66	351.65
浙　江	473.59	391.97	383.68	332.85	348.75
福　建	182.15	144.64	261.45	177.59	226.57
山　东	293.08	279.91	354.35	381.42	219.51
广　东	252.67	258.62	349.31	640.10	326.47
海　南	3.57	45.79	13.94	7.54	17.51
中部地区	**542.09**	**677.82**	**611.41**	**692.93**	**418.97**
山　西	42.04	84.57	16.04	83.51	19.49
安　徽	121.04	235.08	190.95	160.05	146.44
江　西	37.96	56.69	50.56	54.60	66.20
河　南	163.38	166.97	187.97	240.06	88.47
湖　北	67.27	61.78	91.76	70.04	45.73
湖　南	110.40	72.73	74.14	84.67	52.64
西部地区	**648.12**	**744.42**	**660.52**	**572.55**	**473.68**
内蒙古	23.80	39.18	25.48	21.46	8.90
广　西	29.86	31.32	36.92	59.21	129.60
重　庆	100.97	142.01	129.04	99.11	62.17
四　川	194.08	171.18	165.89	131.98	109.89
贵　州	113.75	29.77	34.84	26.61	45.18
云　南	23.04	58.57	16.37	53.89	29.16
西　藏	6.05	2.34	—	—	—
陕　西	48.01	84.12	69.20	89.51	43.45
甘　肃	10.21	26.17	32.70	12.49	3.40
青　海	34.39	51.42	15.15	10.02	3.42
宁　夏	28.67	64.07	40.58	31.35	18.77
新　疆	35.30	44.28	94.36	36.92	19.74
东北地区	**85.75**	**133.67**	**155.01**	**92.58**	**99.71**
辽　宁	26.71	35.91	30.59	39.60	31.68
吉　林	18.19	58.76	73.55	35.82	45.02
黑龙江	40.85	38.99	50.86	17.15	23.01

数据来源：国家统计局。

表 3－31　2020 年全国及各地区办公楼竣工面积（月度累计）

单位：万平方米

地 区	1—2 月	1—3 月	1—4 月	1—5 月	1—6 月	1—7 月	1—8 月	1—9 月	1—10 月	1—11 月	1—12 月
全 国	**396.80**	**613.39**	**703.36**	**884.82**	**1028.95**	**1206.55**	**1282.01**	**1415.85**	**1631.55**	**1898.67**	**3041.59**
东部地区	**275.05**	**359.41**	**431.25**	**585.97**	**682.40**	**840.80**	**881.72**	**978.09**	**1154.28**	**1323.38**	**2049.23**
北 京	4.60	4.60	17.19	22.47	45.21	76.84	79.88	79.88	95.18	109.99	242.21
天 津	1.14	1.14	1.14	3.33	3.33	3.33	5.82	5.82	5.82	9.28	32.44
河 北	0.85	1.77	8.50	17.76	18.21	18.57	18.59	19.24	21.44	25.11	24.98
上 海	11.47	30.14	30.14	106.00	107.13	159.76	159.76	176.70	193.28	214.15	259.14
江 苏	55.18	77.38	81.85	88.22	85.59	113.12	122.56	139.61	186.31	234.13	351.65
浙 江	59.43	78.17	83.15	111.09	136.53	169.26	172.27	186.66	208.22	221.10	348.75
福 建	35.80	38.91	49.08	60.05	85.63	90.45	100.30	103.18	141.06	141.14	226.57
山 东	12.76	17.22	19.40	23.59	30.01	36.22	40.90	80.65	89.54	107.41	219.51
广 东	93.57	110.08	140.80	153.46	170.64	173.13	181.52	185.36	210.57	258.11	326.47
海 南	0.25	—	—	—	0.12	0.12	0.12	0.99	2.86	2.96	17.51
中部地区	**53.59**	**114.74**	**116.38**	**130.65**	**161.75**	**177.70**	**197.05**	**213.55**	**226.64**	**262.60**	**418.97**
山 西	1.50	1.70	1.70	1.70	4.62	4.62	4.62	5.02	8.67	12.78	19.49
安 徽	15.33	26.49	26.49	29.66	48.05	55.41	55.69	69.46	69.75	79.31	146.44
江 西	24.72	37.01	37.01	41.27	44.56	46.96	48.86	48.86	49.96	56.60	66.20
河 南	2.95	17.69	17.69	18.76	18.59	24.34	37.21	37.31	44.78	54.96	88.47
湖 北	0.39	19.49	19.65	25.11	30.97	31.30	32.47	26.86	27.42	32.79	45.73
湖 南	8.70	12.36	13.84	14.15	14.96	15.07	18.20	26.04	26.06	26.16	52.64
西部地区	**64.75**	**106.79**	**120.13**	**130.84**	**147.73**	**150.51**	**163.38**	**177.69**	**200.90**	**243.39**	**473.68**
内蒙古	—	5.90	5.90	6.68	7.24	7.24	7.31	7.83	7.83	8.77	8.90
广 西	35.41	37.31	43.22	43.22	43.22	43.24	43.44	44.29	44.29	44.29	129.60
重 庆	8.69	8.92	12.10	16.73	20.95	23.34	26.08	29.22	37.89	41.00	62.17
四 川	9.45	29.95	33.97	35.11	35.11	35.11	42.81	42.81	55.17	69.93	109.89
贵 州	4.60	5.92	6.04	5.92	5.92	5.92	5.92	5.92	5.92	5.92	45.18
云 南	0.48	7.27	9.64	9.66	18.16	18.16	19.34	20.27	20.27	20.41	29.16
西 藏	—	—	—	—	—	—	—	—	—	—	—
陕 西	2.59	4.89	5.10	5.10	5.10	5.10	5.10	6.59	7.46	16.32	43.45
甘 肃	0.15	0.16	0.16	0.16	0.48	0.48	0.56	0.56	1.87	1.87	3.40
青 海	—	—	—	—	—	—	—	—	—	—	3.42
宁 夏	—	0.37	0.37	0.37	0.37	0.37	2.26	9.53	9.53	15.73	18.77
新 疆	3.38	6.10	3.63	7.89	11.18	11.55	10.56	10.67	10.67	19.15	19.74
东北地区	**3.41**	**32.45**	**35.60**	**37.36**	**37.07**	**37.54**	**39.86**	**46.52**	**49.73**	**69.30**	**99.71**
辽 宁	3.06	8.09	10.69	12.25	11.93	12.25	12.71	19.36	19.71	28.51	31.68
吉 林	0.35	24.36	24.36	24.56	24.56	24.71	26.42	26.42	27.92	33.17	45.02
黑龙江	—	—	0.55	0.55	0.58	0.58	0.73	0.74	2.10	7.62	23.01

数据来源：国家统计局。

表 3－32　2016—2020 年全国及各地区商业营业用房竣工面积

单位：万平方米

地　区	2016 年	2017 年	2018 年	2019 年	2020 年
全　国	**12518.08**	**12670.26**	**11258.68**	**10814.18**	**8620.62**
东部地区	**5099.94**	**5314.09**	**4749.03**	**4773.74**	**4065.71**
北　京	171.61	166.94	162.83	98.60	95.08
天　津	293.59	209.21	119.33	147.51	135.70
河　北	395.32	293.26	253.79	275.30	191.95
上　海	266.06	387.73	341.05	324.55	286.38
江　苏	1172.03	1085.87	989.85	937.56	1059.52
浙　江	780.45	739.72	629.84	576.56	541.59
福　建	457.34	390.35	374.56	367.91	391.51
山　东	816.36	1028.10	1088.91	1022.04	706.32
广　东	641.07	858.66	701.16	939.51	593.35
海　南	106.11	154.26	87.72	84.19	64.31
中部地区	**2913.87**	**2939.08**	**2687.09**	**2732.76**	**2057.74**
山　西	298.42	228.03	127.41	358.07	85.44
安　徽	719.53	638.96	631.50	628.09	484.55
江　西	165.80	287.88	303.69	358.71	207.52
河　南	748.05	824.27	792.40	694.09	603.47
湖　北	466.52	474.61	352.46	247.42	192.80
湖　南	515.54	485.34	479.63	446.39	483.96
西部地区	**3638.24**	**3588.50**	**3138.44**	**2780.54**	**1998.39**
内蒙古	259.68	252.54	220.41	125.25	91.24
广　西	189.14	150.96	270.24	198.02	158.22
重　庆	634.46	724.40	509.48	613.18	366.37
四　川	923.43	816.43	814.77	612.25	445.98
贵　州	250.17	195.67	242.10	164.00	104.25
云　南	313.08	380.08	192.10	296.86	185.67
西　藏	0.23	11.75	4.60	7.16	12.48
陕　西	307.98	298.58	184.06	257.73	184.14
甘　肃	162.11	134.54	137.11	124.22	113.44
青　海	65.94	87.78	87.64	20.63	23.57
宁　夏	170.51	235.19	196.32	152.69	113.80
新　疆	361.51	300.58	279.61	208.56	199.23
东北地区	**866.03**	**828.58**	**684.12**	**527.13**	**498.78**
辽　宁	307.37	327.72	351.05	254.61	216.87
吉　林	213.22	243.86	186.26	143.71	121.53
黑龙江	345.43	257.00	146.81	128.81	160.38

数据来源：国家统计局。

表 3-33　2020 年全国及各地区商业营业用房竣工面积（月度累计）

单位：万平方米

地　区	1—2 月	1—3 月	1—4 月	1—5 月	1—6 月	1—7 月	1—8 月	1—9 月	1—10 月	1—11 月	1—12 月
全　国	**1036.68**	**1802.06**	**2151.11**	**2599.34**	**3082.28**	**3484.91**	**3847.15**	**4198.13**	**4900.91**	**5773.57**	**8620.62**
东部地区	**514.32**	**854.37**	**994.84**	**1216.71**	**1401.32**	**1598.53**	**1753.40**	**1917.83**	**2276.89**	**2640.78**	**4065.71**
北　京	1.79	1.79	14.99	20.07	22.02	23.80	25.03	25.03	37.23	47.85	95.08
天　津	16.86	26.56	16.53	23.17	23.94	24.23	24.59	30.22	30.32	49.23	135.70
河　北	2.92	12.52	24.20	40.72	54.35	85.58	95.05	89.63	112.75	138.41	191.95
上　海	27.37	59.80	64.75	121.23	125.57	156.50	177.90	190.79	196.60	215.60	286.38
江　苏	150.80	287.58	341.07	382.17	432.12	470.77	504.19	548.85	697.16	784.65	1059.52
浙　江	93.49	134.12	143.82	167.20	196.45	216.42	270.45	302.02	336.80	387.26	541.59
福　建	17.13	39.66	48.76	59.12	71.61	76.51	81.73	100.77	122.40	140.28	391.51
山　东	46.55	100.93	127.70	150.01	182.79	196.99	212.35	243.91	298.81	360.24	706.32
广　东	146.73	178.50	197.71	237.15	259.82	308.16	322.54	344.64	399.92	466.81	593.35
海　南	10.68	12.91	15.31	15.87	32.65	39.57	39.57	41.97	44.90	50.45	64.31
中部地区	**277.50**	**472.50**	**540.26**	**623.21**	**750.46**	**840.58**	**947.51**	**1010.54**	**1134.65**	**1360.94**	**2057.74**
山　西	3.14	8.00	8.49	11.94	14.20	17.00	20.35	22.98	42.02	58.09	85.44
安　徽	84.09	135.11	154.91	180.20	199.54	212.99	220.49	243.56	262.73	302.04	484.55
江　西	49.96	69.65	80.55	73.62	111.10	114.45	132.84	138.31	146.48	157.10	207.52
河　南	42.52	86.81	101.28	134.46	174.16	218.86	247.51	253.46	272.06	364.96	603.47
湖　北	3.84	36.80	43.40	53.43	64.78	76.07	86.39	93.47	106.71	129.75	192.80
湖　南	93.95	136.13	151.63	169.56	186.68	201.21	239.93	258.76	304.65	349.00	483.96
西部地区	**225.80**	**420.48**	**542.87**	**631.06**	**792.03**	**883.87**	**961.27**	**1052.65**	**1223.21**	**1457.32**	**1998.39**
内蒙古	—	3.33	11.92	20.92	29.05	39.05	42.41	47.79	58.66	86.55	91.24
广　西	35.82	44.04	52.54	57.92	70.30	70.89	78.26	81.54	98.89	112.01	158.22
重　庆	48.90	71.45	101.90	123.15	164.89	185.00	195.45	236.89	267.91	294.49	366.37
四　川	50.54	79.93	97.70	120.03	150.00	190.12	209.77	221.78	261.79	309.61	445.98
贵　州	23.80	23.08	31.12	35.63	41.86	38.31	40.34	43.70	49.02	51.77	104.25
云　南	19.47	31.47	35.51	41.51	50.59	52.30	53.71	60.60	67.35	88.75	185.67
西　藏	—	2.08	2.92	5.91	8.44	9.31	10.06	10.46	10.91	11.48	12.48
陕　西	29.98	61.06	65.64	78.83	79.62	81.91	85.51	87.54	94.85	138.48	184.14
甘　肃	2.39	20.20	21.60	25.65	30.53	32.95	38.25	52.54	86.10	101.19	113.44
青　海	—	—	11.98	12.15	15.16	15.60	17.18	17.18	17.18	17.36	23.57
宁　夏	6.40	25.94	27.02	27.71	31.06	35.90	45.38	45.94	54.03	75.09	113.80
新　疆	8.50	57.90	83.02	81.65	120.53	132.53	144.95	146.69	156.52	170.54	199.23
东北地区	**19.06**	**54.71**	**73.14**	**128.36**	**138.47**	**161.93**	**184.97**	**217.11**	**266.16**	**314.53**	**498.78**
辽　宁	11.33	34.53	45.67	83.60	88.51	96.49	103.16	119.70	143.00	166.29	216.87
吉　林	7.73	17.33	20.38	35.57	35.18	42.37	50.48	57.73	59.24	73.25	121.53
黑龙江	—	2.85	7.09	9.19	14.78	23.07	31.33	39.68	63.92	74.99	160.38

数据来源：国家统计局。

（四）各地区房地产销售数据

1. 各地区商品房销售面积

表 3-34　2016—2020 年全国及各地区商品房销售面积

单位：万平方米

地　区	2016 年	2017 年	2018 年	2019 年	2020 年
全　国	**157348.53**	**169407.82**	**171654.36**	**171557.87**	**176086.20**
东部地区	**69182.23**	**71199.03**	**67641.39**	**66607.01**	**71311.41**
北　京	1658.93	869.95	696.19	938.86	970.88
天　津	2711.08	1482.12	1249.87	1478.68	1306.96
河　北	6682.29	6425.91	5251.93	5282.70	6028.41
上　海	2705.69	1691.60	1767.01	1696.34	1789.16
江　苏	13962.09	14211.12	13484.21	13972.85	15426.99
浙　江	8636.79	9599.67	9755.49	9378.31	10250.30
福　建	4915.35	5854.05	6213.40	6456.13	6607.18
山　东	11789.88	12813.18	13454.73	12727.25	13271.74
广　东	14611.60	15958.81	14336.31	13846.54	14908.25
海　南	1508.53	2292.61	1432.25	829.34	751.54
中部地区	**42071.34**	**47459.90**	**50695.07**	**50037.45**	**49078.06**
山　西	2061.06	2415.92	2360.90	2366.11	2685.29
安　徽	8499.65	9200.71	10038.43	9229.38	9534.13
江　西	4691.84	5841.93	6200.71	6458.86	6732.71
河　南	11306.27	13313.89	13990.50	14277.55	14100.66
湖　北	7427.16	8155.21	8865.38	8602.04	6587.83
湖　南	8085.36	8532.25	9239.15	9103.50	9437.44
西部地区	**38346.48**	**42459.41**	**45395.63**	**47410.31**	**48627.99**
内蒙古	2527.85	2067.60	2007.67	2008.19	2045.89
广　西	4215.39	5170.99	6212.90	6711.77	6729.02
重　庆	6257.15	6711.00	6536.25	6104.68	6143.47
四　川	9300.47	10869.07	12210.73	12978.61	13257.75
贵　州	4156.93	4696.90	5181.96	5323.31	5552.51
云　南	3639.75	4327.18	4531.88	4835.41	4857.26
西　藏	74.61	53.25	73.35	127.71	93.26
陕　西	3262.70	3890.40	4118.56	4401.06	4452.07
甘　肃	1679.49	1559.51	1595.65	1705.31	1967.92
青　海	437.85	494.04	447.93	480.52	469.66
宁　夏	966.07	1021.36	1026.50	1009.55	1095.49
新　疆	1828.22	1598.11	1452.23	1724.18	1963.69
东北地区	**7748.48**	**8289.47**	**7922.28**	**7503.10**	**7068.74**
辽　宁	3711.90	4148.45	3934.57	3696.27	3743.16
吉　林	1919.30	1885.21	2074.46	2122.34	1831.22
黑龙江	2117.29	2255.81	1913.25	1684.50	1494.36

数据来源：国家统计局。

表 3-35　2020 年全国及各地区商品房销售面积（月度累计）

单位：万平方米

地　区	1—2 月	1—3 月	1—4 月	1—5 月	1—6 月	1—7 月	1—8 月	1—9 月	1—10 月	1—11 月	1—12 月
全　国	**8474.96**	**21978.33**	**33972.60**	**48702.99**	**69403.70**	**83631.34**	**98485.97**	**117072.67**	**133293.78**	**150834.44**	**176086.20**
东部地区	**3537.37**	**8802.94**	**13761.84**	**19915.69**	**28510.83**	**34523.63**	**40614.25**	**48074.61**	**54531.58**	**61467.92**	**71311.41**
北　京	58.30	86.67	164.77	228.64	296.29	390.37	489.31	606.38	670.88	760.33	970.88
天　津	55.73	130.61	255.80	375.23	540.22	660.87	791.07	921.27	1036.34	1173.81	1306.96
河　北	139.29	462.12	749.16	1316.36	2182.91	2703.01	3200.01	3755.87	4158.51	4852.13	6028.41
上　海	120.47	230.38	346.92	434.80	644.43	800.13	935.64	1131.80	1374.08	1515.41	1789.16
江　苏	839.19	2111.16	3228.11	4656.63	6544.05	7873.27	9237.25	10761.13	12070.43	13470.02	15426.99
浙　江	521.63	1346.70	2149.34	3168.49	4547.35	5425.03	6252.80	7177.52	8066.86	9014.08	10250.30
福　建	391.36	961.82	1467.59	2062.64	2996.27	3483.85	3981.86	4669.93	5239.80	5819.68	6607.18
山　东	571.69	1569.47	2543.59	3690.57	5246.85	6322.72	7476.43	8969.08	10209.71	11488.45	13271.74
广　东	780.18	1802.30	2714.65	3800.54	5262.42	6539.46	7845.77	9595.90	11149.47	12742.24	14908.25
海　南	59.53	101.71	141.91	181.79	250.04	324.92	404.11	485.73	555.50	631.77	751.54
中部地区	**2139.11**	**5705.66**	**8981.82**	**12743.04**	**18450.22**	**22315.42**	**26329.73**	**31458.97**	**36052.69**	**41021.24**	**49078.06**
山　西	68.10	245.13	399.24	592.26	867.72	1092.29	1314.08	1591.02	1896.40	2212.73	2685.29
安　徽	481.07	1355.77	2088.90	2882.55	4075.96	4850.66	5675.79	6612.86	7428.01	8270.70	9534.13
江　西	387.44	934.21	1374.56	1902.59	2685.97	3234.22	3708.96	4450.70	5048.22	5672.29	6732.71
河　南	520.52	1645.95	2635.45	3742.67	5447.22	6498.94	7629.95	9007.51	10170.44	11623.65	14100.66
湖　北	146.97	317.29	639.98	1078.88	1815.19	2411.30	3053.45	3840.31	4609.11	5342.43	6587.83
湖　南	535.01	1207.31	1843.69	2544.09	3558.16	4228.01	4947.50	5956.57	6900.51	7899.44	9437.44
西部地区	**2564.76**	**6824.45**	**10084.70**	**14320.72**	**19908.41**	**23589.42**	**27525.40**	**32687.47**	**37155.11**	**42026.08**	**48627.99**
内蒙古	23.93	134.07	257.18	449.73	626.03	810.87	1022.12	1298.99	1571.86	1824.42	2045.89
广　西	396.29	991.41	1480.17	2022.41	2854.34	3272.27	3719.05	4336.40	4940.94	5581.12	6729.02
重　庆	322.24	943.40	1340.29	2002.16	2728.33	3185.15	3650.31	4317.60	4845.64	5351.87	6143.47
四　川	812.51	2176.39	3080.59	4187.44	5737.05	6734.72	7740.88	9168.37	10222.03	11400.62	13257.75
贵　州	383.51	903.71	1298.41	1732.43	2384.25	2805.35	3300.12	3834.38	4387.83	4968.57	5552.51
云　南	297.72	698.80	985.39	1404.83	1870.96	2269.08	2739.00	3221.69	3668.11	4186.82	4857.26
西　藏	0.13	4.51	15.50	26.71	42.70	55.71	58.79	69.91	76.42	81.48	93.26
陕　西	202.44	488.76	773.19	1163.02	1721.80	2058.44	2453.96	2977.23	3356.23	3849.48	4452.07
甘　肃	51.65	168.39	305.74	477.04	693.29	860.48	1052.38	1326.58	1542.16	1753.06	1967.92
青　海	20.87	45.24	77.59	123.77	173.82	222.43	275.51	330.05	363.71	416.39	469.66
宁　夏	37.97	98.64	192.33	290.45	403.44	488.86	604.66	716.38	835.43	961.46	1095.49
新　疆	15.50	171.13	278.32	440.73	672.40	826.06	908.62	1089.89	1344.75	1650.79	1963.69
东北地区	**233.72**	**645.28**	**1144.24**	**1723.54**	**2534.24**	**3202.87**	**4016.59**	**4851.62**	**5554.40**	**6319.20**	**7068.74**
辽　宁	177.27	409.04	699.47	1027.15	1463.37	1823.97	2234.39	2714.18	3053.02	3418.80	3743.16
吉　林	42.43	156.09	290.82	455.95	719.19	893.55	1115.74	1296.07	1444.22	1620.12	1831.22
黑龙江	14.02	80.15	153.95	240.44	351.68	485.35	666.46	841.37	1057.16	1280.28	1494.36

数据来源：国家统计局。

表 3-36 2016—2020 年全国及各地区商品房现房销售面积

单位：万平方米

地 区	2016 年	2017 年	2018 年	2019 年	2020 年
全 国	**39322.14**	**39994.77**	**31044.09**	**24893.74**	**22386.51**
东部地区	**16988.04**	**16984.03**	**12648.97**	**10152.28**	**10080.77**
北 京	661.84	358.12	313.80	319.18	267.04
天 津	871.49	312.54	190.40	204.80	201.12
河 北	1637.58	1767.78	998.17	700.52	520.24
上 海	1162.71	812.54	771.86	731.23	743.60
江 苏	3329.64	3629.91	2811.16	2524.60	2862.65
浙 江	2302.96	2191.74	1440.65	903.57	821.11
福 建	718.26	993.41	874.70	804.31	862.63
山 东	2621.10	2819.20	2380.72	1421.62	1148.19
广 东	3256.49	3293.12	2521.75	2337.81	2506.43
海 南	425.98	805.66	345.76	204.65	147.76
中部地区	**10208.33**	**10722.98**	**8799.89**	**7447.03**	**5807.57**
山 西	796.95	820.21	472.12	488.43	243.11
安 徽	1459.15	1495.47	1100.45	888.34	927.67
江 西	1006.92	1138.71	914.10	878.87	640.54
河 南	3235.83	3468.27	3294.61	2895.42	2333.78
湖 北	1603.21	1876.49	1679.77	1171.47	728.95
湖 南	2106.27	1923.83	1338.84	1123.49	933.52
西部地区	**8908.97**	**9020.50**	**7107.88**	**5314.41**	**4937.35**
内蒙古	1048.08	1005.12	770.73	467.59	471.81
广 西	602.61	760.72	672.98	607.86	577.07
重 庆	1476.70	1301.50	890.96	782.85	1060.66
四 川	1795.48	1881.65	1427.57	1061.31	983.93
贵 州	796.37	778.23	566.37	471.80	345.27
云 南	1144.20	1116.28	943.16	570.57	414.98
西 藏	22.53	20.78	34.11	14.38	10.90
陕 西	511.34	607.02	593.57	434.58	396.57
甘 肃	527.34	459.39	425.70	336.11	198.60
青 海	106.21	131.89	58.05	44.20	41.78
宁 夏	379.13	397.88	359.05	247.15	194.65
新 疆	498.98	560.04	365.62	276.02	241.13
东北地区	**3216.80**	**3267.26**	**2487.34**	**1980.02**	**1560.82**
辽 宁	1345.24	1442.43	1189.13	920.42	676.75
吉 林	798.32	655.77	554.02	469.66	430.92
黑龙江	1073.23	1169.06	744.18	589.94	453.15

数据来源：国家统计局。

表 3－37　2020 年全国及各地区商品房现房销售面积（月度累计）

单位：万平方米

地　区	1—2 月	1—3 月	1—4 月	1—5 月	1—6 月	1—7 月	1—8 月	1—9 月	1—10 月	1—11 月	1—12 月
全　国	**1208.29**	**3088.33**	**4611.18**	**6482.67**	**9111.25**	**10813.64**	**12446.39**	**14711.20**	**16618.12**	**18993.88**	**22386.51**
东部地区	**621.17**	**1464.30**	**2182.02**	**3040.56**	**4223.30**	**5008.09**	**5773.88**	**6799.40**	**7639.78**	**8605.48**	**10080.77**
北　京	11.26	17.25	40.99	61.06	81.92	108.59	129.35	172.95	190.35	215.17	267.04
天　津	4.99	12.29	28.89	42.78	65.29	84.17	104.44	135.75	151.68	174.87	201.12
河　北	16.81	56.45	86.23	145.78	206.83	244.28	282.03	338.20	374.41	419.27	520.24
上　海	71.47	107.15	142.61	176.98	255.87	349.18	390.65	469.73	593.90	623.50	743.60
江　苏	173.50	437.16	654.33	953.72	1311.42	1490.96	1724.19	1995.68	2207.21	2475.75	2862.65
浙　江	47.53	144.33	215.26	320.17	400.27	480.50	538.58	616.91	653.63	725.73	821.11
福　建	74.12	200.53	275.88	342.69	482.19	523.62	566.14	619.72	682.26	765.68	862.63
山　东	55.75	154.61	226.30	310.17	457.86	548.68	637.50	756.85	857.00	984.21	1148.19
广　东	158.61	321.07	490.01	656.68	918.23	1124.70	1336.54	1615.35	1835.77	2111.41	2506.43
海　南	7.13	13.46	21.52	30.53	43.42	53.41	64.46	78.26	93.57	109.89	147.76
中部地区	**269.92**	**726.59**	**1087.43**	**1539.11**	**2265.27**	**2728.49**	**3130.56**	**3664.83**	**4141.36**	**4775.73**	**5807.57**
山　西	9.87	29.14	56.85	81.40	112.35	142.68	175.06	208.11	244.87	262.18	243.11
安　徽	48.27	127.90	185.86	268.16	398.59	467.78	522.75	616.10	674.71	765.37	927.67
江　西	37.62	87.97	126.13	179.71	266.89	313.80	352.67	422.78	469.80	521.47	640.54
河　南	106.99	323.32	460.21	652.03	929.39	1111.45	1263.34	1432.70	1605.07	1919.79	2333.78
湖　北	13.69	39.64	78.13	114.11	200.38	269.64	323.60	409.63	494.15	564.14	728.95
湖　南	53.48	118.62	180.25	243.70	357.67	423.14	493.14	575.51	652.76	742.78	933.52
西部地区	**273.91**	**759.66**	**1083.84**	**1516.19**	**2083.92**	**2415.18**	**2731.27**	**3263.61**	**3677.42**	**4255.32**	**4937.35**
内蒙古	4.25	22.42	45.98	86.05	125.35	156.95	184.41	243.82	300.13	403.41	471.81
广　西	46.33	99.13	124.33	157.43	217.43	244.26	277.05	346.27	394.70	459.50	577.07
重　庆	52.00	169.56	241.67	373.21	509.82	585.72	641.59	784.09	874.06	955.10	1060.66
四　川	52.69	184.92	251.75	325.75	463.90	531.47	595.79	687.70	746.47	843.04	983.93
贵　州	36.08	85.34	108.08	136.57	176.30	197.25	216.25	241.68	278.35	317.77	345.27
云　南	38.70	73.38	95.90	129.89	161.56	197.26	234.51	266.36	294.62	348.16	414.98
西　藏	—	0.52	1.14	2.69	4.04	4.97	5.74	7.32	8.64	10.00	10.90
陕　西	26.44	47.64	85.42	118.07	173.50	198.64	228.07	271.21	302.36	346.89	396.57
甘　肃	6.53	27.27	41.47	50.95	70.85	85.66	109.54	140.05	158.05	179.36	198.60
青　海	1.64	4.08	6.64	9.61	12.97	17.79	21.37	24.65	27.69	30.89	41.78
宁　夏	6.25	16.63	36.93	50.74	65.85	78.35	94.13	109.89	130.41	165.56	194.65
新　疆	3.00	28.77	44.53	75.23	102.35	116.86	122.82	140.57	161.94	195.64	241.13
东北地区	**43.29**	**137.78**	**257.89**	**386.81**	**538.76**	**661.88**	**810.68**	**983.36**	**1159.56**	**1357.35**	**1560.82**
辽　宁	35.85	78.52	140.78	201.71	272.56	320.32	380.50	460.70	522.99	606.34	676.75
吉　林	5.09	47.73	90.94	137.23	181.35	219.19	258.29	300.33	344.72	374.26	430.92
黑龙江	2.35	11.53	26.17	47.87	84.85	122.37	171.89	222.33	291.85	376.75	453.15

数据来源：国家统计局。

表 3-38 2016—2020 年全国及各地区住宅销售面积

单位：万平方米

地 区	2016 年	2017 年	2018 年	2019 年	2020 年
全 国	**137539.93**	**144788.77**	**147929.42**	**150144.32**	**154878.45**
东部地区	**60486.71**	**60449.43**	**57602.91**	**57741.68**	**62320.37**
北 京	981.37	608.78	526.76	789.02	733.59
天 津	2521.87	1342.87	1140.73	1382.63	1220.74
河 北	5899.72	5576.99	4714.42	4770.38	5572.25
上 海	2019.80	1341.62	1333.29	1353.70	1434.07
江 苏	12657.66	12486.66	12040.68	12545.04	13855.72
浙 江	7234.19	7669.70	7936.17	7803.99	8832.38
福 建	4134.46	4526.13	4781.58	5073.73	5210.03
山 东	10598.58	11201.04	11755.37	11429.01	11904.74
广 东	13021.97	13522.51	12075.10	11872.61	12930.66
海 南	1417.09	2173.12	1298.82	721.57	626.19
中部地区	**37645.92**	**41599.72**	**45088.37**	**45194.16**	**44395.80**
山 西	1881.51	2246.28	2215.59	2169.33	2549.49
安 徽	7506.87	7949.28	8901.25	8323.89	8695.35
江 西	4140.55	4964.97	5389.00	5678.98	5853.05
河 南	10137.13	11707.26	12482.88	12981.63	12831.18
湖 北	6789.21	7363.67	8101.71	7967.09	5960.08
湖 南	7190.66	7368.27	7997.94	8073.25	8506.65
西部地区	**32596.48**	**35472.36**	**38203.93**	**40460.85**	**41711.52**
内蒙古	2073.36	1726.16	1702.39	1803.55	1867.46
广 西	3864.01	4687.41	5589.89	6076.88	6007.45
重 庆	5105.46	5452.65	5424.76	5149.08	4814.49
四 川	7884.09	8786.61	9895.35	10451.05	10902.37
贵 州	3426.96	3897.65	4441.44	4612.13	4929.93
云 南	2933.10	3484.49	3643.93	4064.52	4175.88
西 藏	71.16	44.96	62.10	110.49	81.62
陕 西	3012.61	3419.84	3545.60	3818.25	3902.39
甘 肃	1478.81	1386.04	1437.95	1569.16	1863.81
青 海	373.03	399.57	377.41	406.66	420.64
宁 夏	830.22	870.28	887.97	887.35	971.87
新 疆	1543.66	1316.70	1195.14	1511.75	1773.61
东北地区	**6810.81**	**7267.25**	**7034.21**	**6747.64**	**6450.76**
辽 宁	3383.08	3797.05	3554.81	3412.52	3447.26
吉 林	1630.72	1602.06	1813.82	1873.99	1653.64
黑龙江	1797.02	1868.14	1665.58	1461.12	1349.86

数据来源：国家统计局。

表 3－39　2020 年全国及各地区住宅销售面积（月度累计）

单位：万平方米

地　区	1—2 月	1—3 月	1—4 月	1—5 月	1—6 月	1—7 月	1—8 月	1—9 月	1—10 月	1—11 月	1—12 月
全　国	**7488.96**	**19234.75**	**29916.19**	**42941.34**	**61119.34**	**73838.10**	**87200.44**	**103614.19**	**118092.13**	**133307.32**	**154878.45**
东部地区	**3061.13**	**7565.01**	**11958.34**	**17376.76**	**24855.45**	**30252.74**	**35710.08**	**42309.58**	**48053.61**	**54048.70**	**62320.37**
北　京	33.26	57.03	107.70	159.50	213.09	281.49	371.43	474.43	525.99	597.68	733.59
天　津	53.82	124.54	245.83	355.28	505.78	612.19	734.50	857.99	966.25	1097.33	1220.74
河　北	130.67	426.40	690.26	1220.12	2006.33	2472.55	2928.95	3454.96	3843.69	4489.43	5572.25
上　海	101.02	192.87	291.38	366.61	543.19	675.48	781.16	915.29	1134.15	1255.39	1434.07
江　苏	759.13	1899.14	2904.95	4212.90	5927.92	7145.78	8384.14	9758.64	10943.52	12154.05	13855.72
浙　江	425.93	1063.21	1757.34	2626.95	3856.84	4647.75	5405.93	6221.90	7013.63	7824.18	8832.38
福　建	317.37	730.31	1147.44	1622.30	2312.50	2714.46	3121.34	3677.52	4140.59	4609.97	5210.03
山　东	506.93	1402.05	2302.19	3315.05	4691.08	5686.80	6749.14	8103.15	9234.83	10370.66	11904.74
广　东	682.90	1583.40	2390.62	3341.91	4582.87	5735.97	6887.22	8428.48	9775.37	11111.50	12930.66
海　南	50.10	86.06	120.63	156.14	215.85	280.27	346.27	417.22	475.59	538.51	626.19
中部地区	**1971.77**	**5218.58**	**8222.22**	**11659.97**	**16832.18**	**20300.08**	**23969.60**	**28616.56**	**32776.12**	**37232.98**	**44395.80**
山　西	64.66	233.05	379.92	564.59	822.30	1035.29	1247.77	1514.63	1800.72	2101.19	2549.49
安　徽	439.80	1239.60	1921.00	2642.31	3716.82	4413.34	5174.16	6045.89	6805.37	7575.25	8695.35
江　西	352.70	833.31	1220.22	1701.02	2385.32	2855.23	3281.33	3879.61	4400.99	4945.89	5853.05
河　南	481.48	1510.91	2414.59	3424.53	4989.36	5948.17	6991.21	8254.03	9327.87	10605.70	12831.18
湖　北	141.01	302.01	604.12	1006.55	1679.21	2202.61	2763.96	3500.89	4161.56	4829.78	5960.08
湖　南	492.12	1099.70	1682.37	2320.97	3239.17	3845.44	4511.17	5421.51	6279.61	7175.17	8506.65
西部地区	**2240.73**	**5859.55**	**8683.82**	**12315.32**	**17101.72**	**20343.57**	**23837.20**	**28229.57**	**32168.39**	**36256.50**	**41711.52**
内蒙古	22.59	126.71	239.62	413.96	575.73	745.83	945.75	1207.78	1458.50	1662.79	1867.46
广　西	357.32	897.45	1336.85	1835.74	2591.86	2970.63	3381.66	3932.25	4488.42	5051.91	6007.45
重　庆	264.18	735.71	1040.81	1551.12	2110.77	2485.04	2874.90	3355.91	3786.89	4175.17	4814.49
四　川	710.82	1840.12	2602.42	3545.82	4816.61	5663.29	6515.02	7685.45	8568.59	9480.80	10902.37
贵　州	335.54	777.49	1135.71	1512.51	2077.57	2456.59	2907.72	3387.24	3891.71	4407.00	4929.93
云　南	260.20	622.14	874.80	1226.24	1628.42	1974.18	2387.71	2812.73	3194.00	3629.91	4175.88
西　藏	0.11	4.10	14.43	24.76	38.56	50.40	52.36	61.58	66.40	71.49	81.62
陕　西	174.35	418.04	665.67	996.74	1482.65	1793.48	2153.48	2597.40	2948.40	3385.22	3902.39
甘　肃	48.54	161.00	294.22	457.69	666.77	824.99	1004.75	1259.57	1462.47	1663.83	1863.81
青　海	18.03	33.48	63.61	106.56	153.92	200.46	251.44	300.32	331.47	373.45	420.64
宁　夏	35.26	88.88	169.53	258.99	360.33	436.15	543.28	644.15	745.23	855.60	971.87
新　疆	13.79	154.43	246.15	385.19	598.53	742.53	819.13	985.19	1226.31	1499.33	1773.61
东北地区	**215.33**	**591.61**	**1051.81**	**1589.29**	**2329.99**	**2941.71**	**3683.56**	**4458.48**	**5094.01**	**5769.14**	**6450.76**
辽　宁	165.14	379.94	650.99	960.96	1362.73	1699.30	2078.30	2524.85	2837.19	3158.29	3447.26
吉　林	37.36	137.05	256.37	404.53	648.29	802.69	998.94	1166.96	1299.51	1452.68	1653.64
黑龙江	12.83	74.62	144.45	223.80	318.97	439.72	606.32	766.67	957.31	1158.17	1349.86

数据来源：国家统计局。

表 3－40　2016—2020 年全国及各地区住宅现房销售面积

单位：万平方米

地　区	2016 年	2017 年	2018 年	2019 年	2020 年
全　国	**31931. 31**	**31243. 64**	**23204. 71**	**18215. 21**	**15736. 49**
东部地区	**13676. 22**	**13069. 63**	**9093. 84**	**7167. 54**	**6981. 46**
北　京	360. 26	227. 75	202. 45	226. 53	154. 07
天　津	780. 05	231. 43	126. 29	172. 09	163. 44
河　北	1332. 63	1466. 81	860. 56	622. 46	443. 72
上　海	809. 79	579. 39	491. 06	493. 40	484. 03
江　苏	2813. 43	2962. 73	2279. 25	1920. 72	2175. 88
浙　江	1724. 10	1520. 15	842. 16	490. 90	480. 88
福　建	530. 02	656. 32	420. 45	453. 92	413. 37
山　东	2237. 81	2237. 07	1824. 96	1087. 51	918. 05
广　东	2684. 59	2413. 46	1740. 26	1533. 19	1625. 64
海　南	403. 55	774. 52	306. 42	166. 82	122. 38
中部地区	**8640. 40**	**8754. 93**	**7060. 68**	**6064. 84**	**4501. 96**
山　西	704. 69	737. 60	422. 30	420. 42	215. 54
安　徽	1203. 46	1058. 16	788. 39	645. 53	664. 05
江　西	865. 44	921. 95	719. 66	680. 94	486. 37
河　南	2717. 89	2930. 66	2753. 21	2476. 79	1900. 50
湖　北	1365. 67	1577. 76	1425. 43	986. 22	537. 73
湖　南	1783. 25	1528. 80	951. 69	854. 93	697. 77
西部地区	**6878. 84**	**6693. 69**	**4935. 50**	**3359. 49**	**2966. 16**
内蒙古	843. 24	785. 23	603. 85	392. 92	388. 17
广　西	535. 77	674. 22	554. 27	487. 95	437. 46
重　庆	995. 37	817. 20	431. 66	316. 32	363. 82
四　川	1301. 38	1214. 10	813. 86	446. 36	468. 08
贵　州	591. 95	575. 00	392. 32	292. 77	205. 37
云　南	897. 91	844. 78	676. 79	386. 10	285. 15
西　藏	22. 53	17. 07	26. 23	11. 48	8. 24
陕　西	466. 89	492. 31	447. 02	312. 37	297. 13
甘　肃	456. 05	403. 35	378. 62	284. 92	169. 37
青　海	91. 90	112. 18	44. 88	34. 63	35. 94
宁　夏	292. 44	314. 86	288. 95	177. 25	129. 78
新　疆	383. 42	443. 39	277. 05	216. 43	177. 65
东北地区	**2735. 86**	**2725. 40**	**2114. 69**	**1623. 34**	**1286. 91**
辽　宁	1191. 43	1292. 08	1043. 16	783. 26	551. 10
吉　林	682. 76	527. 08	465. 06	362. 56	356. 83
黑龙江	861. 67	906. 24	606. 48	477. 52	378. 98

数据来源：国家统计局。

表 3-41 2020 年全国及各地区住宅现房销售面积（月度累计）

单位：万平方米

地 区	1—2 月	1—3 月	1—4 月	1—5 月	1—6 月	1—7 月	1—8 月	1—9 月	1—10 月	1—11 月	1—12 月
全 国	**887.74**	**2188.22**	**3266.91**	**4582.90**	**6385.86**	**7592.54**	**8813.33**	**10419.58**	**11809.66**	**13423.94**	**15736.49**
东部地区	**450.03**	**1023.18**	**1524.96**	**2142.08**	**2950.30**	**3492.57**	**4058.69**	**4778.89**	**5386.57**	**6034.70**	**6981.46**
北 京	6.16	9.58	16.35	28.00	39.93	50.12	67.49	101.69	112.49	129.27	154.07
天 津	4.24	10.35	25.30	33.75	51.69	61.84	79.34	108.07	121.25	142.54	163.44
河 北	14.23	48.56	72.52	122.65	178.05	210.53	242.43	289.80	320.99	360.16	443.72
上 海	54.00	79.43	98.72	122.45	180.05	254.60	281.37	311.23	420.36	432.15	484.03
江 苏	140.14	349.38	523.84	763.09	1049.36	1169.24	1347.39	1553.37	1709.22	1902.28	2175.88
浙 江	28.65	74.53	119.07	182.98	226.78	271.34	307.20	360.19	380.12	424.24	480.88
福 建	42.47	94.97	134.95	165.09	211.16	228.54	251.48	274.23	315.05	362.12	413.37
山 东	46.16	125.68	184.88	251.39	374.57	448.01	524.81	620.07	700.00	793.79	918.05
广 东	108.98	221.07	332.70	448.05	603.46	754.20	903.80	1094.44	1228.57	1396.32	1625.64
海 南	5.00	9.63	16.63	24.63	35.25	44.15	53.38	65.80	78.52	91.83	122.38
中部地区	**221.77**	**587.15**	**872.86**	**1233.23**	**1788.63**	**2143.54**	**2472.24**	**2899.64**	**3267.89**	**3723.83**	**4501.96**
山 西	8.64	25.28	50.27	72.32	99.94	127.04	155.87	187.26	220.01	234.76	215.54
安 徽	30.75	84.57	127.14	191.87	277.12	319.30	360.17	435.06	478.41	545.31	664.05
江 西	31.87	69.33	99.30	144.97	207.68	245.24	278.88	327.03	365.31	401.19	486.37
河 南	92.30	274.72	389.43	545.45	774.46	926.23	1051.84	1194.10	1333.35	1567.37	1900.50
湖 北	12.00	34.13	61.19	89.98	154.89	200.34	242.37	311.83	369.94	413.30	537.73
湖 南	46.21	99.12	145.53	188.64	274.54	325.39	383.11	444.36	500.87	561.90	697.77
西部地区	**179.06**	**462.00**	**655.00**	**890.01**	**1209.41**	**1417.87**	**1619.96**	**1935.24**	**2200.55**	**2554.97**	**2966.16**
内蒙古	3.81	19.68	39.28	69.62	103.31	127.62	151.28	204.31	253.79	327.08	388.17
广 西	36.67	81.05	98.56	124.77	173.90	196.11	218.93	274.29	314.06	361.28	437.46
重 庆	24.73	66.63	85.06	128.91	186.97	215.02	228.75	264.55	302.88	329.46	363.82
四 川	30.53	94.34	130.84	165.32	219.84	252.28	292.66	337.11	364.50	404.82	468.08
贵 州	24.90	51.80	69.62	83.55	100.95	114.97	126.73	143.89	168.65	189.17	205.37
云 南	24.16	49.95	66.81	91.72	113.56	139.32	164.84	187.01	202.01	239.86	285.15
西 藏	—	0.48	0.86	2.18	2.06	2.82	3.52	4.70	6.02	7.38	8.24
陕 西	20.13	34.84	63.80	83.15	118.77	139.60	163.67	199.40	224.26	262.06	297.13
甘 肃	5.72	24.97	37.31	44.94	63.30	76.92	97.58	122.24	138.05	155.82	169.37
青 海	1.19	3.29	5.37	7.82	10.17	14.65	17.64	20.68	22.81	25.17	35.94
宁 夏	4.48	11.93	22.59	32.98	43.00	51.71	63.45	73.52	83.50	111.25	129.78
新 疆	2.74	23.04	34.90	55.05	73.58	86.85	90.91	103.54	120.02	141.62	177.65
东北地区	**36.88**	**115.89**	**214.09**	**317.58**	**437.52**	**538.56**	**662.44**	**805.81**	**954.65**	**1110.44**	**1286.91**
辽 宁	30.43	65.10	116.52	168.44	224.35	265.85	318.25	386.03	437.05	497.23	551.10
吉 林	4.64	41.02	74.83	108.27	142.43	171.37	202.11	236.11	274.43	299.44	356.83
黑龙江	1.81	9.77	22.74	40.87	70.74	101.34	142.08	183.67	243.17	313.77	378.98

数据来源：国家统计局。

2. 各地区商品房销售金额

表 3－42　2016—2020 年全国及各地区商品房销售金额

单位：亿元

地　区	2016 年	2017 年	2018 年	2019 年	2020 年
全　国	**117627.05**	**133701.31**	**149972.74**	**159725.12**	**173612.66**
东部地区	**70074.13**	**74438.86**	**79257.80**	**83833.15**	**95689.66**
北　京	4561.60	2796.03	2377.00	3370.98	3656.85
天　津	3478.22	2272.30	2006.62	2274.14	2113.61
河　北	4301.83	4628.37	4034.96	4138.57	4950.38
上　海	6695.85	4026.67	4751.50	5203.82	6046.97
江　苏	12293.02	13066.85	14527.27	16259.61	19408.89
浙　江	9605.10	12339.99	14089.85	14352.11	17145.01
福　建	4530.79	5705.19	6579.49	6938.79	7497.74
山　东	6902.90	8096.97	10065.70	10271.15	11065.62
广　东	16214.61	18792.76	18742.12	19748.21	22572.51
海　南	1490.20	2713.72	2083.29	1275.76	1232.08
中部地区	**23099.87**	**28664.75**	**33848.12**	**35505.46**	**35854.19**
山　西	1027.14	1357.48	1610.61	1631.76	1885.94
安　徽	5035.55	5865.77	7076.95	6823.52	7346.15
江　西	2678.37	3592.52	4219.89	4710.42	5222.78
河　南	5612.90	7129.40	8055.30	9009.98	9364.36
湖　北	4994.05	6258.92	7531.38	7751.79	6087.90
湖　南	3751.86	4460.66	5353.99	5577.99	5947.06
西部地区	**20045.52**	**25231.11**	**31126.77**	**34487.80**	**36256.78**
内蒙古	1149.08	956.81	1113.94	1243.91	1365.48
广　西	2207.47	3016.64	3826.50	4366.24	4251.47
重　庆	3432.00	4557.85	5272.70	5129.42	5071.34
四　川	5358.91	6757.11	8532.35	9666.73	10394.25
贵　州	1790.53	2240.77	2920.95	3183.57	3224.23
云　南	1917.76	2561.19	3406.84	3846.19	3969.91
西　藏	38.14	35.28	52.82	96.78	83.93
陕　西	1785.17	2661.08	3407.45	3960.21	4375.33
甘　肃	873.46	890.31	922.34	1019.28	1293.41
青　海	236.44	296.50	289.89	367.28	383.25
宁　夏	409.71	464.13	517.73	573.90	698.39
新　疆	846.84	793.45	863.26	1034.30	1145.79
东北地区	**4407.53**	**5366.59**	**5740.05**	**5898.71**	**5812.03**
辽　宁	2256.91	2771.69	2967.31	3049.06	3366.28
吉　林	1029.58	1135.18	1452.43	1581.47	1381.55
黑龙江	1121.04	1459.72	1320.31	1268.18	1064.20

数据来源：国家统计局。

表 3-43　2020 年全国及各地区商品房销售金额（月度累计）

单位：亿元

地　区	1—2 月	1—3 月	1—4 月	1—5 月	1—6 月	1—7 月	1—8 月	1—9 月	1—10 月	1—11 月	1—12 月
全　国	**8203.47**	**20364.84**	**31863.09**	**46269.47**	**66894.57**	**81422.02**	**96942.53**	**115647.30**	**131665.11**	**148968.70**	**173612.66**
东部地区	**4792.19**	**11299.92**	**17628.54**	**25661.42**	**37118.99**	**45316.04**	**54065.23**	**64424.41**	**73164.75**	**82567.93**	**95689.66**
北　京	219.35	346.71	595.39	860.31	1145.92	1520.03	1930.17	2340.19	2614.12	2999.37	3656.85
天　津	86.19	203.16	377.25	588.21	863.51	1053.35	1262.98	1475.98	1668.37	1881.39	2113.61
河　北	105.42	357.74	581.53	1061.78	1829.94	2277.09	2678.59	3128.05	3458.52	4076.96	4950.38
上　海	330.65	598.41	977.66	1457.89	2195.77	2620.27	3248.66	4152.64	4865.03	5401.08	6046.97
江　苏	1070.98	2648.33	4047.58	5796.24	8173.84	9824.68	11566.25	13441.34	15100.84	16844.74	19408.89
浙　江	881.56	2149.28	3418.38	5062.49	7396.62	8966.80	10572.71	12151.97	13663.08	15190.72	17145.01
福　建	442.33	1040.75	1584.88	2276.77	3338.26	3906.34	4491.81	5326.81	5994.16	6662.72	7497.74
山　东	460.09	1237.44	2034.60	2997.74	4313.22	5250.13	6231.66	7456.75	8474.40	9522.63	11065.62
广　东	1101.95	2557.51	3786.36	5271.92	7456.92	9371.57	11424.40	14152.80	16415.51	18955.87	22572.51
海　南	93.67	160.59	224.91	288.07	404.99	525.78	658.00	797.88	910.72	1032.45	1232.08
中部地区	**1425.02**	**3769.12**	**6114.23**	**8862.55**	**13147.17**	**16061.55**	**19071.85**	**22890.34**	**26325.08**	**29898.00**	**35854.19**
山　西	48.05	184.04	289.80	433.15	635.94	784.53	939.00	1121.87	1340.02	1580.23	1885.94
安　徽	349.21	962.31	1520.78	2135.25	3189.82	3750.84	4417.50	5148.50	5790.95	6413.09	7346.15
江　西	271.97	667.61	1015.24	1409.47	1995.64	2476.58	2839.89	3441.47	3930.09	4410.53	5222.78
河　南	333.45	1022.80	1685.50	2433.58	3535.61	4280.68	5036.23	5949.64	6734.85	7646.64	9364.36
湖　北	102.30	210.87	488.10	903.95	1578.60	2126.45	2728.21	3482.57	4199.82	4902.20	6087.90
湖　南	320.04	721.49	1114.81	1547.15	2211.56	2642.47	3111.02	3746.29	4329.35	4945.31	5947.06
西部地区	**1778.08**	**4745.80**	**7155.35**	**10300.81**	**14484.31**	**17324.23**	**20424.31**	**24286.08**	**27564.64**	**31266.70**	**36256.78**
内蒙古	16.15	87.42	166.30	301.00	414.32	546.43	702.97	890.17	1063.76	1225.34	1365.48
广　西	244.36	596.80	918.68	1267.64	1786.11	2082.17	2377.39	2770.84	3155.62	3540.10	4251.47
重　庆	219.39	665.94	1003.29	1557.84	2155.48	2533.47	2949.11	3472.61	3923.84	4375.71	5071.34
四　川	592.95	1625.92	2344.45	3189.60	4367.81	5211.37	6050.56	7138.73	7955.95	8947.63	10394.25
贵　州	205.21	505.54	730.72	977.37	1347.41	1594.63	1898.57	2208.77	2540.02	2867.66	3224.23
云　南	223.64	501.20	733.68	1071.10	1482.02	1819.89	2216.89	2602.33	2982.16	3390.29	3969.91
西　藏	0.09	4.05	13.43	22.84	35.48	47.81	49.67	60.43	66.49	72.00	83.93
陕　西	197.16	468.66	712.89	1061.69	1658.94	1955.10	2357.88	2909.85	3235.59	3766.87	4375.33
甘　肃	29.94	102.49	184.69	298.76	433.60	544.81	669.95	853.33	1002.31	1147.30	1293.41
青　海	16.20	30.45	57.42	97.87	137.99	180.83	228.81	277.79	307.03	346.05	383.25
宁　夏	24.49	61.34	119.49	184.00	260.15	318.18	396.09	468.38	544.44	617.49	698.39
新　疆	8.50	95.99	170.31	271.10	405.00	489.54	526.42	632.85	787.43	970.26	1145.79
东北地区	**208.18**	**550.00**	**964.97**	**1444.69**	**2144.10**	**2720.20**	**3381.14**	**4046.47**	**4610.64**	**5236.07**	**5812.03**
辽　宁	158.79	364.64	619.19	906.56	1318.33	1643.60	2005.58	2416.38	2727.62	3070.94	3366.28
吉　林	37.14	116.72	215.71	340.76	549.53	697.59	862.29	990.76	1095.20	1229.58	1381.55
黑龙江	12.25	68.64	130.07	197.37	276.24	379.01	513.27	639.33	787.82	935.55	1064.20

数据来源：国家统计局。

表3-44 2016—2020年全国及各地区住宅销售金额

单位：亿元

地 区	2016年	2017年	2018年	2019年	2020年
全 国	**99064.17**	**110239.51**	**126392.60**	**139439.97**	**154566.93**
东部地区	**59811.32**	**62002.29**	**67193.73**	**73775.42**	**85942.64**
北 京	2795.81	2077.01	1971.15	3032.40	3131.31
天 津	3245.60	2032.93	1816.53	2132.48	2000.98
河 北	3710.88	3925.37	3567.27	3714.57	4597.91
上 海	5233.29	3336.09	3864.03	4457.16	5268.85
江 苏	11055.36	11325.84	12693.86	14894.77	18027.33
浙 江	8280.85	10300.34	12096.31	12723.10	15584.82
福 建	3793.41	4202.00	5074.52	5685.25	6343.34
山 东	6070.54	6891.65	8682.81	9287.11	10109.55
广 东	14240.33	15437.89	15595.29	16758.01	19829.63
海 南	1385.26	2473.18	1831.95	1090.56	1048.92
中部地区	**19676.01**	**23832.87**	**29044.87**	**31259.18**	**32012.82**
山 西	900.79	1225.90	1473.17	1452.40	1753.36
安 徽	4231.59	4878.56	6174.85	6126.69	6760.86
江 西	2207.17	2879.66	3524.32	4038.02	4425.19
河 南	4839.03	5897.68	6903.79	8016.93	8402.53
湖 北	4383.81	5380.31	6591.36	6903.70	5447.32
湖 南	3113.62	3570.76	4377.39	4721.43	5223.56
西部地区	**15878.66**	**19896.80**	**25192.47**	**29147.01**	**31312.98**
内蒙古	838.08	731.69	909.04	1104.10	1242.58
广 西	1948.23	2635.74	3330.75	3913.40	3803.55
重 庆	2635.64	3601.56	4442.87	4457.78	4293.18
四 川	4296.27	5173.60	6621.21	7869.04	8766.96
贵 州	1269.43	1623.37	2278.10	2527.41	2760.73
云 南	1411.38	1973.72	2690.84	3255.84	3452.00
西 藏	34.70	25.19	42.94	81.21	72.03
陕 西	1585.71	2215.17	2808.78	3359.17	3755.77
甘 肃	712.35	738.22	774.63	907.07	1205.42
青 海	172.06	211.71	224.05	295.59	343.42
宁 夏	325.89	369.30	420.63	498.51	626.26
新 疆	648.94	597.52	648.64	877.89	991.08
东北地区	**3698.18**	**4507.55**	**4961.54**	**5258.36**	**5298.49**
辽 宁	1988.03	2452.23	2615.75	2814.86	3114.11
吉 林	806.49	920.85	1233.50	1373.54	1238.23
黑龙江	903.66	1134.47	1112.28	1069.97	946.15

数据来源：国家统计局。

表 3-45 2020 年全国及各地区住宅销售金额（月度累计）

单位：亿元

地 区	1—2 月	1—3 月	1—4 月	1—5 月	1—6 月	1—7 月	1—8 月	1—9 月	1—10 月	1—11 月	1—12 月
全 国	**7197.57**	**17934.39**	**28290.64**	**41249.79**	**59633.40**	**72686.45**	**86769.38**	**103497.40**	**117923.07**	**133246.79**	**154566.93**
东部地区	**4191.20**	**10008.09**	**15760.93**	**23049.60**	**33288.45**	**40762.29**	**48740.78**	**58179.21**	**66159.78**	**74578.19**	**85942.64**
北 京	140.79	259.85	463.74	706.29	950.41	1258.21	1649.52	2041.07	2295.58	2643.92	3131.31
天 津	82.45	193.26	362.27	558.78	818.13	992.59	1189.29	1394.55	1578.06	1782.60	2000.98
河 北	97.99	330.84	537.66	991.12	1682.31	2075.21	2452.72	2886.15	3210.85	3796.38	4597.91
上 海	294.18	541.77	882.86	1344.59	1981.86	2358.65	2864.66	3612.21	4286.46	4798.93	5268.85
江 苏	995.98	2459.64	3753.53	5391.38	7613.34	9150.07	10788.65	12560.01	14107.35	15681.62	18027.33
浙 江	785.43	1889.14	3045.13	4542.85	6717.63	8172.17	9666.10	11118.58	12516.90	13894.09	15584.82
福 建	378.01	872.23	1344.53	1925.85	2776.04	3272.07	3775.87	4497.88	5078.08	5656.75	6343.34
山 东	412.69	1117.25	1862.33	2745.29	3942.85	4814.47	5734.41	6860.73	7799.06	8749.67	10109.55
广 东	920.16	2202.52	3310.78	4586.74	6444.91	8205.08	10044.12	12509.27	14494.38	16678.87	19829.63
海 南	83.52	141.59	198.10	256.71	360.97	463.77	575.44	698.76	793.06	895.36	1048.92
中部地区	**1295.59**	**3395.21**	**5519.37**	**8001.68**	**11870.62**	**14407.07**	**17154.50**	**20524.26**	**23557.59**	**26777.09**	**32012.82**
山 西	44.51	171.92	270.68	405.77	594.21	733.49	878.91	1052.35	1248.74	1475.67	1753.36
安 徽	318.60	878.67	1399.35	1961.57	2930.73	3438.36	4065.27	4750.30	5347.25	5926.92	6760.86
江 西	245.42	583.60	888.19	1242.86	1748.55	2117.63	2441.26	2891.83	3311.44	3729.59	4425.19
河 南	305.10	923.05	1520.26	2190.43	3192.61	3858.29	4545.02	5359.12	6075.25	6877.66	8402.53
湖 北	95.96	198.02	450.24	824.13	1439.82	1914.87	2452.93	3139.65	3729.78	4389.51	5447.32
湖 南	286.00	639.95	990.65	1376.92	1964.70	2344.43	2771.11	3331.01	3845.13	4377.74	5223.56
西部地区	**1518.39**	**4026.26**	**6120.60**	**8861.39**	**12492.69**	**15009.97**	**17764.86**	**21065.83**	**23968.60**	**27109.39**	**31312.98**
内蒙古	15.24	81.91	153.67	278.51	381.65	504.69	653.59	829.88	989.75	1116.45	1242.58
广 西	213.54	532.58	822.33	1142.80	1611.80	1883.62	2153.32	2505.03	2861.57	3199.86	3803.55
重 庆	187.18	539.88	812.93	1282.65	1787.65	2120.65	2486.16	2903.26	3297.44	3683.96	4293.18
四 川	522.82	1392.35	2018.00	2746.02	3748.27	4478.98	5198.08	6100.47	6802.91	7605.37	8766.96
贵 州	172.47	408.15	604.31	816.14	1128.52	1342.52	1612.92	1877.53	2166.37	2450.21	2760.73
云 南	188.69	437.44	645.78	939.47	1301.29	1599.92	1955.36	2293.08	2622.67	2972.75	3452.00
西 藏	0.07	3.48	12.21	20.89	31.89	42.38	43.68	52.94	57.04	62.32	72.03
陕 西	147.09	373.60	579.00	875.62	1388.85	1654.62	2013.10	2481.62	2776.55	3235.82	3755.77
甘 肃	27.31	95.78	174.79	281.69	408.97	511.61	626.98	795.47	934.37	1071.24	1205.42
青 海	13.79	22.99	47.84	85.57	123.03	163.27	208.97	251.89	278.15	311.12	343.42
宁 夏	22.65	54.86	103.43	162.32	231.32	283.34	356.49	422.95	488.70	553.91	626.26
新 疆	7.54	83.24	146.31	229.71	349.45	424.37	456.21	551.71	693.08	846.38	991.08
东北地区	**192.39**	**504.83**	**889.74**	**1337.12**	**1981.64**	**2507.12**	**3109.24**	**3728.10**	**4237.10**	**4782.12**	**5298.49**
辽 宁	147.45	340.03	580.40	855.27	1242.45	1544.76	1885.28	2270.20	2554.53	2854.78	3114.11
吉 林	33.88	101.47	188.15	299.34	491.90	624.06	763.74	884.47	981.39	1094.08	1238.23
黑龙江	11.06	63.33	121.19	182.51	247.29	338.30	460.22	573.43	701.18	833.26	946.15

数据来源：国家统计局。

（五）各地区成套住宅竣工与销售数据

表 3－46 2015—2019 年全国及各地区住宅竣工套数

单位：套

地区	2015 年	2016 年	2017 年	2018 年	2019 年
全　国	**7050109**	**7455409**	**6770598**	**6182425**	**6452838**
北　京	137357	135606	62796	79744	62367
天　津	251813	219734	149400	177624	131137
河　北	311110	319948	259478	187153	186404
上　海	153148	157370	180347	171688	142001
江　苏	682532	649768	618260	580531	592808
浙　江	333583	434798	375051	256252	292944
福　建	215517	223190	272532	218227	164317
山　东	553856	570374	563453	682920	634381
广　东	383408	414143	512495	463752	586849
海　南	102640	251915	119210	116842	143822
山　西	140003	178002	129811	101379	173581
安　徽	406780	386790	320280	290667	707369
江　西	137670	116627	123554	131329	149213
河　南	376630	448902	411871	460503	451982
湖　北	217150	254145	218337	181886	174301
湖　南	264008	288795	260069	263374	238493
内蒙古	138048	106592	126256	100722	62638
广　西	119886	121447	142705	155423	130016
重　庆	374295	343593	385456	312512	322022
四　川	333274	566002	374735	369022	296444
贵　州	209059	114983	72255	76801	56685
云　南	151062	121545	132794	80653	95110
西　藏	6763	2505	2950	3892	328
陕　西	128574	176644	187120	100087	115123
甘　肃	73502	71194	59780	45003	43568
青　海	31847	27106	22568	17094	7644
宁　夏	68980	88380	80390	82663	63710
新　疆	112787	109502	107754	63885	86342
辽　宁	276272	247146	253544	199740	140321
吉　林	114188	113320	111715	111814	98228
黑龙江	244367	195343	133632	99243	102690

数据来源：国家统计局。

表 3-47　2015—2019 年全国及各地区别墅、高档公寓竣工套数

单位：套

地　区	2015 年	2016 年	2017 年	2018 年	2019 年
全　国	**126972**	**218297**	**153900**	**136666**	**141022**
北　京	2547	2530	1183	1214	1481
天　津	5114	5416	3340	3439	5142
河　北	2377	3192	3524	912	1303
上　海	16876	13641	22154	25655	21800
江　苏	19576	21610	19176	16902	18929
浙　江	8790	6322	9906	7182	8701
福　建	1176	4724	3124	4831	1644
山　东	8553	6505	5716	8201	10258
广　东	10232	18591	13401	17373	9462
海　南	8654	82274	7652	7360	12014
山　西	258	654	383	193	865
安　徽	2981	3058	3335	2173	3641
江　西	2235	1997	4711	1604	3108
河　南	3034	2366	4381	1382	451
湖　北	3228	4606	3574	2012	3612
湖　南	1973	3845	4957	5847	5340
内蒙古	862	3301	749	2629	289
广　西	544	905	1130	710	448
重　庆	5154	11387	6047	6366	10485
四　川	2800	3238	5672	3121	8294
贵　州	574	888	523	912	2595
云　南	5676	5590	5722	5511	6241
西　藏	918	131	—	630	—
陕　西	239	1139	320	4133	1752
甘　肃	—	21	42	96	158
青　海	303	230	4	767	—
宁　夏	351	1304	6174	1086	308
新　疆	4002	5138	3710	1202	541
辽　宁	4521	1462	5782	1761	1936
吉　林	1115	978	6451	1161	224
黑龙江	2309	1254	1057	301	—

数据来源：国家统计局。

表 3-48　2015—2019 年全国及各地区住宅销售套数

单位：套

地　区	2015 年	2016 年	2017 年	2018 年	2019 年
全　国	**10578898**	**12822565**	**13361411**	**13298420**	**13216466**
北　京	113181	92387	57950	49412	75557
天　津	167083	242287	125150	107316	129196
河　北	501954	565634	513767	449855	436573
上　海	198077	195044	139628	143725	138412
江　苏	913062	1096211	1077200	1014809	1064427
浙　江	430145	614849	634063	664046	661470
福　建	296405	378563	417153	446805	471476
山　东	775586	935027	979142	987777	930841
广　东	943194	1196094	1212690	1093652	1106045
海　南	119393	172347	268435	162803	77954
山　西	130673	166423	196486	191333	182563
安　徽	517542	709401	735435	828007	733434
江　西	287453	369982	442196	471058	482939
河　南	693734	913280	1039431	1114669	1130247
湖　北	525927	631330	682464	704013	678139
湖　南	483857	630886	639220	658427	654565
内蒙古	185031	195175	158195	157230	153962
广　西	294588	354015	494930	504148	542579
重　庆	496914	565075	582851	523030	484681
四　川	685981	822273	884861	957882	979682
贵　州	276382	319528	347650	381021	395143
云　南	214233	247148	286841	290014	323079
西　藏	3691	6323	4143	5542	9173
陕　西	256955	276798	306586	312177	323359
甘　肃	127254	138886	126937	131212	139465
青　海	31205	35710	34938	34428	34908
宁　夏	62953	72994	76202	75795	71521
新　疆	143200	142899	121761	105058	128599
辽　宁	375240	371332	410420	378186	345715
吉　林	138747	172275	164319	180868	181291
黑龙江	189258	192389	200367	174122	149471

数据来源：国家统计局。

表 3-49　2015—2019 年全国及各地区别墅、高档公寓销售套数

单位：套

地　区	2015 年	2016 年	2017 年	2018 年	2019 年
全　国	**191594**	**258582**	**294616**	**281405**	**260475**
北　京	2536	4859	2763	2110	2103
天　津	4420	10005	5536	5912	4749
河　北	3050	4012	6017	2169	2522
上　海	25700	28646	14161	12445	16836
江　苏	24466	37091	33582	37275	27970
浙　江	11582	13479	16543	21878	22822
福　建	4766	4650	8650	10154	7131
山　东	10844	11774	17309	12945	8664
广　东	30598	33430	33581	37718	39883
海　南	7321	16176	20223	7349	1991
山　西	1522	1307	2602	4830	2545
安　徽	4727	7556	7061	7293	7256
江　西	2650	6431	7767	9329	8751
河　南	3688	6317	6635	6940	6201
湖　北	7275	8039	9516	8076	6937
湖　南	5494	10075	13142	13620	10172
内蒙古	789	2095	1921	1473	2516
广　西	1638	3769	4230	6168	5303
重　庆	9754	10278	21893	21125	19300
四　川	5677	10304	19699	12432	13108
贵　州	1875	4249	5013	7154	9460
云　南	7410	8664	13980	15296	17315
西　藏	278	198	—	96	854
陕　西	3265	4177	6189	3114	3395
甘　肃	355	343	430	666	540
青　海	3	20	21	750	19
宁　夏	833	1752	3549	1462	1532
新　疆	3251	2605	2976	3043	1641
辽　宁	3139	2574	6434	5234	5511
吉　林	1815	1498	1491	1837	1783
黑龙江	873	2209	1702	1512	1665

数据来源：国家统计局。

（六）各地区商品房待售数据

表 3－50　2016—2020 年全国商品房待售面积

单位：万平方米

类　别	2016 年	2017 年	2018 年	2019 年	2020 年
商品房待售面积	**69539**	**58923**	**52909**	**49821**	**49850**
住宅	40257	30163	25328	22473	22379
办公楼	3631	3664	3703	3800	3796
商业营业用房	15838	13906	13906	13282	12934

数据来源：国家统计局。

表 3－51　2020 年全国商品房待售面积（月度累计）

单位：万平方米

类　别	1—2 月	1—3 月	1—4 月	1—5 月	1—6 月	1—7 月	1—8 月	1—9 月	1—10 月	1—11 月	1—12 月
商品房待售面积	**53004**	**52727**	**52255**	**51771**	**51081**	**50691**	**50052**	**49581**	**49492**	**49287**	**49850**
住宅	25697	25257	24804	24368	23856	23540	22835	22416	22268	22067	22379
办公楼	3831	3852	3845	3825	3811	3797	3780	3765	3797	3762	3796
商业营业用房	13000	13169	13152	13128	13022	13004	13031	12969	12933	12945	12934

数据来源：国家统计局。

表 3－52　2015—2019 年全国及各地区商品房待售面积

单位：万平方米

地　区	2015 年	2016 年	2017 年	2018 年	2019 年
全　国	**71853. 48**	**69539. 30**	**58923. 14**	**52909. 29**	**49820. 70**
北　京	2167. 46	2143. 91	2080. 18	2226. 38	2489. 52
天　津	1055. 91	880. 55	617. 26	671. 40	657. 80
河　北	2180. 05	1582. 40	1056. 46	967. 30	996. 14
上　海	2054. 74	1901. 21	2026. 05	2211. 12	2360. 46
江　苏	6908. 99	6519. 11	5590. 51	5015. 74	4612. 13
浙　江	4244. 88	4224. 85	3437. 37	2592. 88	2266. 06
福　建	2010. 43	2058. 50	2079. 59	1890. 39	1862. 04
山　东	4276. 80	4178. 11	3257. 31	2690. 65	2433. 80
广　东	5637. 94	5502. 46	4988. 58	5029. 82	5716. 44
海　南	1316. 47	1271. 84	852. 75	649. 74	589. 65
山　西	1816. 06	1761. 03	1225. 73	984. 85	966. 25
安　徽	2509. 40	2401. 44	2021. 26	1685. 13	1531. 69
江　西	1496. 06	1434. 56	1129. 94	950. 68	818. 32
河　南	3606. 83	3395. 26	2846. 55	2808. 17	2529. 37
湖　北	2650. 93	2373. 46	1848. 01	1769. 39	1417. 88
湖　南	3309. 54	2901. 46	2015. 46	1727. 63	1410. 73
内蒙古	1483. 39	1384. 99	1265. 60	1244. 21	1068. 72

续表

地　区	2015 年	2016 年	2017 年	2018 年	2019 年
广　西	1677. 60	1772. 74	1598. 85	1408. 74	1268. 96
重　庆	2356. 78	2308. 47	2051. 69	1787. 95	1959. 11
四　川	2819. 13	3061. 03	2678. 67	2428. 82	2021. 21
贵　州	1526. 79	1346. 63	1031. 20	783. 67	571. 63
云　南	1948. 59	1944. 31	1505. 73	1159. 30	1089. 50
西　藏	62. 37	61. 92	36. 56	27. 52	38. 51
陕　西	687. 92	892. 39	936. 86	726. 95	650. 28
甘　肃	742. 93	916. 62	822. 57	796. 42	704. 08
青　海	264. 27	222. 29	178. 86	141. 35	120. 23
宁　夏	1207. 15	1247. 29	1036. 68	945. 36	957. 57
新　疆	1136. 62	1457. 76	1468. 73	1315. 88	1219. 94
辽　宁	4626. 24	4127. 14	3558. 56	3260. 80	2909. 27
吉　林	1570. 25	1671. 96	1584. 36	1258. 16	1077. 59
黑龙江	2500. 98	2593. 61	2095. 21	1752. 87	1505. 83

数据来源：国家统计局。

表 3－53　2015—2019 年全国及各地区住宅待售面积

单位：万平方米

地　区	2015 年	2016 年	2017 年	2018 年	2019 年
全　国	**45248. 05**	**40257. 07**	**30162. 96**	**25327. 64**	**22472. 83**
北　京	867. 03	834. 51	803. 85	847. 96	893. 12
天　津	684. 48	461. 74	264. 71	315. 53	313. 56
河　北	1681. 52	1133. 05	703. 02	648. 24	648. 93
上　海	903. 83	675. 13	635. 68	664. 30	734. 87
江　苏	4270. 57	3774. 76	3021. 18	2507. 63	2131. 29
浙　江	2357. 22	2060. 31	1390. 58	849. 86	706. 04
福　建	1001. 31	854. 43	643. 78	531. 56	532. 54
山　东	2912. 09	2738. 99	1945. 03	1468. 54	1284. 28
广　东	3493. 35	3085. 78	2414. 75	2384. 29	2666. 41
海　南	1107. 78	1029. 57	634. 28	448. 15	415. 65
山　西	1285. 72	1234. 27	811. 33	639. 32	571. 15
安　徽	1483. 73	1202. 47	885. 17	779. 55	650. 26
江　西	1032. 13	938. 28	599. 72	498. 10	397. 60
河　南	2768. 26	2530. 41	1995. 61	1914. 38	1694. 00
湖　北	1802. 80	1466. 32	1025. 65	962. 69	724. 34
湖　南	2180. 76	1684. 87	992. 72	810. 28	654. 79
内蒙古	973. 20	848. 89	739. 90	738. 04	599. 15
广　西	1124. 51	1187. 21	989. 74	798. 41	702. 44
重　庆	1003. 88	874. 70	578. 08	394. 06	356. 63
四　川	1404. 38	1131. 58	781. 85	596. 11	360. 98

续表

地　区	2015 年	2016 年	2017 年	2018 年	2019 年
贵　州	816.84	698.17	464.13	300.14	178.75
云　南	1220.54	1142.42	796.93	501.81	422.12
西　藏	39.64	33.93	17.23	11.91	14.76
陕　西	451.19	536.93	513.31	336.70	280.66
甘　肃	538.35	615.31	541.76	467.76	375.66
青　海	189.36	149.06	90.68	65.35	53.71
宁　夏	733.43	715.57	482.25	387.64	344.51
新　疆	701.45	802.81	701.84	569.68	458.93
辽　宁	3460.26	3038.52	2481.75	2192.33	1877.08
吉　林	1062.27	1081.85	949.14	690.03	587.05
黑龙江	1696.17	1695.25	1267.33	1007.28	841.56

数据来源：国家统计局。

表 3-54　2015—2019 年全国及各地区别墅、高档公寓待售面积

单位：万平方米

地　区	2015 年	2016 年	2017 年	2018 年	2019 年
全　国	**3407.19**	**3010.26**	**2482.22**	**2167.91**	**1998.92**
北　京	247.26	224.19	232.87	219.57	207.61
天　津	94.34	59.64	39.40	51.69	41.73
河　北	47.76	39.53	38.73	26.86	17.32
上　海	360.89	265.36	203.65	212.89	208.87
江　苏	568.53	495.36	412.93	310.03	261.25
浙　江	344.19	333.79	243.73	178.32	146.29
福　建	79.37	74.82	59.44	55.75	50.40
山　东	116.62	115.91	92.86	72.15	73.19
广　东	376.26	376.85	301.55	305.17	311.20
海　南	135.69	103.39	85.08	64.05	79.91
山　西	19.06	12.97	14.10	15.63	12.86
安　徽	72.67	60.14	45.77	49.46	38.90
江　西	48.73	40.28	40.95	28.38	27.69
河　南	34.73	18.31	24.35	26.17	23.91
湖　北	56.17	44.30	34.50	38.38	42.27
湖　南	100.49	117.06	72.47	41.68	38.25
内蒙古	31.15	39.15	36.25	38.27	42.92
广　西	53.93	29.10	30.97	42.13	31.45
重　庆	63.61	57.37	42.74	30.07	28.47
四　川	74.75	66.69	51.90	35.76	27.26
贵　州	22.40	24.17	12.97	8.55	8.53
云　南	173.68	153.94	119.05	100.98	88.79
西　藏	7.73	0.74	—	1.08	4.16

续表

地　区	2015 年	2016 年	2017 年	2018 年	2019 年
陕　西	1.58	1.00	3.46	3.18	2.73
甘　肃	0.13	3.57	1.69	1.18	1.51
青　海	0.50	0.50	—	0.67	0.50
宁　夏	28.12	29.16	36.86	32.46	27.97
新　疆	53.96	53.49	47.88	33.17	27.40
辽　宁	142.81	109.85	101.44	92.79	91.96
吉　林	31.70	27.35	27.76	32.48	20.43
黑龙江	18.41	32.27	26.86	18.97	13.20

数据来源：国家统计局。

表 3-55　2015—2019 年全国及各地区办公楼待售面积

单位：万平方米

地　区	2015 年	2016 年	2017 年	2018 年	2019 年
全　国	**3276.09**	**3631.05**	**3664.24**	**3702.76**	**3800.01**
北　京	332.48	320.61	336.03	414.54	569.01
天　津	94.07	98.21	115.86	125.80	112.49
河　北	37.16	44.10	34.69	34.40	55.33
上　海	285.59	326.13	327.79	400.69	406.03
江　苏	463.13	458.17	442.04	430.34	442.45
浙　江	407.74	484.80	467.18	402.47	347.81
福　建	67.47	114.23	148.18	157.63	145.52
山　东	180.09	212.53	198.39	204.65	198.88
广　东	219.70	262.75	272.89	266.10	337.64
海　南	17.75	9.97	8.15	12.32	9.49
山　西	47.70	41.54	29.00	22.31	33.07
安　徽	100.19	99.32	108.24	76.38	95.40
江　西	32.21	38.53	52.02	39.91	32.28
河　南	90.40	99.42	98.87	129.11	128.42
湖　北	55.40	78.92	65.24	88.75	85.76
湖　南	87.54	91.07	89.31	85.26	67.38
内蒙古	39.68	27.84	57.12	59.30	54.03
广　西	40.17	29.88	22.10	23.42	17.90
重　庆	125.65	154.29	130.21	106.90	103.22
四　川	93.28	117.24	112.93	92.02	69.63
贵　州	98.78	97.37	72.68	47.70	36.82
云　南	74.53	54.87	69.04	52.43	49.41
西　藏	0.84	8.10	1.57	0.00	0.41
陕　西	12.79	20.44	32.94	40.84	34.19
甘　肃	9.63	19.06	20.54	30.03	30.96
青　海	11.18	15.81	14.80	3.57	3.57

续表

地 区	2015 年	2016 年	2017 年	2018 年	2019 年
宁 夏	28.43	45.45	71.38	67.01	77.04
新 疆	36.65	52.21	61.29	71.81	53.33
辽 宁	94.97	104.98	61.71	86.46	86.27
吉 林	48.94	56.11	82.27	87.02	73.29
黑龙江	41.95	47.11	59.77	43.62	42.97

数据来源：国家统计局。

表 3-56 2015—2019 年全国及各地区商业营业用房待售面积

单位：万平方米

地 区	2015 年	2016 年	2017 年	2018 年	2019 年
全 国	**14664.02**	**15838.26**	**15203.80**	**13905.82**	**13281.95**
北 京	461.28	431.98	428.57	394.10	369.91
天 津	133.62	162.72	153.23	143.68	139.72
河 北	303.45	260.41	207.39	158.08	148.02
上 海	398.12	374.57	410.46	433.64	430.68
江 苏	1659.71	1762.33	1594.21	1468.52	1413.89
浙 江	921.23	1034.21	980.87	851.78	794.86
福 建	460.19	536.22	567.82	514.66	482.23
山 东	861.79	920.59	843.24	738.12	694.68
广 东	887.91	984.74	1073.72	1052.07	1119.54
海 南	102.29	121.21	117.95	98.06	92.22
山 西	296.07	309.76	235.34	189.91	216.52
安 徽	770.47	883.22	813.44	615.21	554.27
江 西	350.40	360.70	388.12	344.40	317.15
河 南	563.86	605.31	564.58	550.43	492.36
湖 北	557.23	572.33	562.31	513.80	435.24
湖 南	671.50	682.75	590.34	511.88	457.92
内蒙古	330.49	355.71	315.45	308.00	302.40
广 西	287.94	341.80	360.98	368.76	322.75
重 庆	571.64	575.70	561.96	515.10	535.70
四 川	616.66	748.44	744.43	679.86	602.00
贵 州	456.94	408.65	349.46	299.56	236.23
云 南	410.55	450.60	368.13	345.37	337.38
西 藏	14.85	14.45	13.24	12.86	13.90
陕 西	152.22	239.97	266.33	223.21	230.13
甘 肃	135.16	207.44	194.18	218.66	219.46
青 海	51.10	49.14	65.85	64.11	57.65
宁 夏	330.98	346.35	345.40	343.78	382.17
新 疆	299.58	444.69	500.99	481.78	512.56
辽 宁	783.68	725.30	726.40	698.58	704.28

续表

地　区	2015 年	2016 年	2017 年	2018 年	2019 年
吉　林	326.31	379.21	396.22	331.29	287.64
黑龙江	496.80	547.78	463.21	436.57	378.52

数据来源：国家统计局。

表 3-57　2015—2019 年全国及各地区其他房屋待售面积

单位：万平方米

地　区	2015 年	2016 年	2017 年	2018 年	2019 年
全　国	**8665.32**	**9812.92**	**9892.14**	**9973.07**	**10265.92**
北　京	506.67	556.81	511.73	569.78	657.48
天　津	143.74	157.88	83.47	86.39	92.02
河　北	157.92	144.84	111.36	126.58	143.85
上　海	467.20	525.38	652.12	712.49	788.89
江　苏	515.58	523.86	533.08	609.25	624.50
浙　江	558.69	645.53	598.74	488.78	417.34
福　建	481.46	553.62	719.82	686.54	701.75
山　东	322.83	306.01	270.65	279.34	255.96
广　东	1036.98	1169.20	1227.22	1327.36	1592.85
海　南	88.65	111.08	92.37	91.21	72.28
山　西	186.57	175.45	150.05	133.31	145.52
安　徽	155.01	216.43	214.42	214.00	231.76
江　西	81.31	97.05	90.08	68.27	71.30
河　南	184.31	160.11	187.49	214.26	214.59
湖　北	235.49	255.89	194.82	204.15	172.54
湖　南	369.75	442.76	343.09	320.20	230.63
内蒙古	140.02	152.55	153.12	138.87	113.14
广　西	224.98	213.84	226.03	218.15	225.86
重　庆	655.60	703.78	781.45	771.90	963.56
四　川	704.81	1063.76	1039.46	1060.84	988.60
贵　州	154.23	142.45	144.93	136.28	119.83
云　南	242.97	296.43	271.63	259.69	280.60
西　藏	7.04	5.44	4.52	2.75	9.45
陕　西	71.71	95.05	124.29	126.20	105.30
甘　肃	59.78	74.80	66.09	79.97	78.00
青　海	12.63	8.28	7.53	8.33	5.31
宁　夏	114.30	139.93	137.65	146.92	153.86
新　疆	98.93	158.05	204.61	192.61	195.13
辽　宁	287.34	258.35	288.71	283.43	241.64
吉　林	132.73	154.80	156.73	149.82	129.61
黑龙江	266.07	303.47	304.90	265.40	242.78

数据来源：国家统计局。

（七）各地区房地产开发企业房屋出租面积

表 3－58 2015—2019 年全国及各地区房地产开发企业房屋出租面积

单位：万平方米

地 区	2015 年	2016 年	2017 年	2018 年	2019 年
全 国	**2975.46**	**3219.71**	**3579.15**	**3519.57**	**3617.82**
北 京	480.61	380.28	350.29	265.78	265.14
天 津	108.16	7.91	12.12	77.52	35.98
河 北	17.54	15.38	7.46	4.49	11.88
上 海	1202.42	1322.51	1646.30	1868.23	2035.94
江 苏	104.07	184.20	166.28	169.56	134.54
浙 江	96.57	126.21	138.75	127.10	118.89
福 建	101.67	118.18	91.28	103.13	113.89
山 东	109.16	63.71	95.20	96.38	132.27
广 东	220.72	268.31	275.41	206.66	197.12
海 南	4.63	15.60	39.70	13.25	15.64
山 西	7.77	39.28	55.08	10.34	7.03
安 徽	33.96	51.34	66.34	20.21	29.75
江 西	5.96	7.23	8.77	16.82	1.21
河 南	28.59	37.23	29.60	1.53	2.29
湖 北	12.96	53.93	41.52	14.11	37.21
湖 南	24.70	20.79	39.10	41.73	27.85
内蒙古	0.76	12.49	19.19	8.21	3.78
广 西	31.15	12.48	9.05	28.48	26.41
重 庆	96.77	45.32	55.29	68.59	30.90
四 川	21.71	81.67	81.03	64.36	20.94
贵 州	12.35	14.62	20.05	12.02	8.43
云 南	55.61	52.86	80.07	53.20	112.22
西 藏	—	—	—	0.19	0.48
陕 西	19.87	61.28	63.32	61.24	61.00
甘 肃	6.88	5.32	22.27	9.29	9.63
青 海	3.52	6.47	0.05	—	—
宁 夏	28.10	53.35	57.00	36.41	44.80
新 疆	58.54	74.28	44.31	70.90	29.09
辽 宁	43.44	47.22	20.27	12.74	15.01
吉 林	34.09	36.77	28.98	48.63	50.76
黑龙江	3.20	3.51	15.06	8.47	37.74

数据来源：国家统计局。

表 3-59　2015—2019 年全国及各地区房地产开发企业住宅出租面积

单位：万平方米

地　区	2015 年	2016 年	2017 年	2018 年	2019 年
全　国	**257.81**	**241.46**	**302.72**	**244.74**	**248.15**
北　京	19.04	17.81	14.58	8.22	6.81
天　津	5.14	4.22	1.72	0.35	0.25
河　北	—	2.15	0.07	—	—
上　海	120.59	83.41	110.15	128.60	129.62
江　苏	6.33	10.95	10.25	4.11	2.56
浙　江	6.29	0.30	6.95	0.00	11.72
福　建	8.64	9.29	5.38	6.73	11.52
山　东	6.61	—	3.08	3.78	2.58
广　东	9.66	18.62	24.62	8.81	10.86
海　南	0.04	0.09	0.78	0.73	1.38
山　西	—	2.01	1.43	—	—
安　徽	0.57	0.83	18.99	0.94	0.10
江　西	—	—	—	0.30	—
河　南	1.51	12.90	7.65	—	—
湖　北	—	3.75	0.33	0.59	1.03
湖　南	1.51	2.68	1.58	0.71	0.80
内蒙古	0.50	—	—	3.83	—
广　西	1.43	0.11	3.17	2.16	11.92
重　庆	0.84	0.78	0.78	—	0.57
四　川	1.01	3.34	0.01	0.38	0.04
贵　州	—	0.01	—	—	1.02
云　南	42.37	38.63	65.19	42.85	40.75
西　藏	—	—	—	—	—
陕　西	1.47	1.47	—	2.37	—
甘　肃	0.19	—	—	—	—
青　海	—	—	—	—	—
宁　夏	1.96	2.36	11.13	2.24	2.09
新　疆	14.43	21.71	1.10	23.38	—
辽　宁	7.58	1.89	13.78	3.63	0.05
吉　林	0.04	—	—	—	—
黑龙江	0.05	2.19	—	—	12.48

数据来源：国家统计局。

表 3-60　2015—2019 年全国及各地区房地产开发企业别墅、高档公寓出租面积

单位：万平方米

地　区	2015 年	2016 年	2017 年	2018 年	2019 年
全　国	**84.16**	**78.91**	**68.91**	**67.24**	**65.51**
北　京	13.95	11.93	8.65	5.50	3.92
天　津	0.33	0.33	0.50	—	—
河　北	—	—	—	—	—
上　海	66.26	62.08	55.43	54.91	54.75
江　苏	0.04	0.09	—	—	0.47
浙　江	—	0.10	—	—	2.52
福　建	—	—	—	2.92	2.92
山　东	—	—	—	—	—
广　东	2.30	2.64	2.19	2.02	0.91
海　南	0.04	0.09	—	—	—
山　西	—	—	—	—	—
安　徽	0.05	—	—	—	—
江　西	—	—	—	—	—
河　南	—	—	—	—	—
湖　北	—	—	—	—	—
湖　南	—	—	0.14	—	—
内蒙古	—	—	—	—	—
广　西	—	—	0.22	0.22	—
重　庆	—	—	—	—	—
四　川	—	—	—	—	—
贵　州	—	—	—	—	—
云　南	—	—	—	—	—
西　藏	—	—	—	—	—
陕　西	—	—	—	—	—
甘　肃	—	—	—	—	—
青　海	—	—	—	—	—
宁　夏	—	—	—	—	—
新　疆	—	—	0.09	—	—
辽　宁	1.20	1.66	1.67	1.67	—
吉　林	—	—	—	—	—
黑龙江	—	—	—	—	—

数据来源：国家统计局。

表 3-61　2015—2019 年全国及各地区房地产开发企业办公楼出租面积

单位：万平方米

地　区	2015 年	2016 年	2017 年	2018 年	2019 年
全　国	**956.10**	**876.36**	**1051.87**	**1094.84**	**1155.03**
北　京	192.27	114.11	129.14	96.74	102.68
天　津	100.67	0.38	7.48	54.80	14.20
河　北	8.02	4.12	0.02	—	—
上　海	501.86	578.44	692.42	753.52	809.85
江　苏	13.14	37.07	32.33	18.74	23.73
浙　江	24.24	26.85	44.19	42.98	45.67
福　建	3.13	5.57	2.57	7.96	14.16
山　东	21.46	8.64	10.79	16.98	28.11
广　东	42.02	59.35	52.40	47.57	50.78
海　南	0.17	—	4.69	0.05	1.69
山　西	0.02	0.63	7.27	0.07	—
安　徽	0.77	0.23	1.74	6.82	8.96
江　西	0.49	—	—	—	—
河　南	3.74	6.66	1.27	—	1.02
湖　北	0.96	0.06	2.79	4.89	—
湖　南	2.39	3.36	1.92	11.19	6.74
内蒙古	—	—	11.50	—	0.35
广　西	2.75	—	0.14	0.65	4.27
重　庆	18.01	7.05	20.41	1.90	—
四　川	5.69	3.59	5.78	6.59	2.95
贵　州	0.28	2.39	5.46	3.18	1.00
云　南	1.41	1.90	0.17	0.79	22.51
西　藏	—	—	—	—	—
陕　西	3.72	6.81	4.38	9.99	3.03
甘　肃	—	—	1.15	1.13	—
青　海	—	3.08	—	—	—
宁　夏	0.78	1.28	3.57	2.07	2.71
新　疆	1.63	1.60	3.38	1.48	3.07
辽　宁	3.46	1.00	2.71	2.59	4.64
吉　林	3.01	2.22	2.22	2.17	2.17
黑龙江	—	—	—	—	0.75

数据来源：国家统计局。

表 3-62 2015—2019 年全国及各地区房地产开发企业商业营业用房出租面积

单位：万平方米

地区	2015 年	2016 年	2017 年	2018 年	2019 年
全国	**1314.75**	**1593.48**	**1650.70**	**1615.11**	**1624.81**
北京	181.07	163.09	133.90	113.51	118.15
天津	—	0.16	—	14.51	16.32
河北	6.80	8.02	4.46	4.22	6.44
上海	367.02	415.25	542.09	630.83	707.89
江苏	82.01	125.09	106.12	135.35	97.80
浙江	58.60	89.42	70.99	73.96	55.40
福建	70.62	89.77	67.71	64.71	62.80
山东	72.90	50.19	67.22	67.58	81.33
广东	117.62	143.61	143.61	129.94	117.62
海南	4.42	12.69	33.15	8.66	10.37
山西	7.29	33.17	38.65	7.55	5.70
安徽	32.48	40.98	28.72	4.74	6.92
江西	5.48	6.05	8.66	16.52	0.30
河南	15.52	9.37	15.39	0.53	1.27
湖北	10.06	39.69	27.93	6.40	34.19
湖南	13.13	7.57	25.79	22.10	13.93
内蒙古	0.26	12.49	6.19	3.66	3.43
广西	26.08	11.70	5.26	24.98	10.07
重庆	60.33	23.74	32.21	45.25	25.25
四川	13.53	61.16	66.56	41.83	15.04
贵州	8.56	11.65	12.00	5.70	5.62
云南	11.82	9.22	13.88	9.56	42.35
西藏	—	—	—	0.19	—
陕西	14.67	51.51	57.92	44.86	48.83
甘肃	6.68	5.20	18.90	8.09	9.43
青海	3.52	1.49	0.05	—	—
宁夏	25.31	48.37	40.75	31.95	38.37
新疆	36.44	42.92	38.33	40.21	24.29
辽宁	28.98	44.34	3.40	6.51	10.32
吉林	30.77	34.35	26.77	46.47	36.36
黑龙江	2.79	1.24	14.10	4.74	19.02

数据来源：国家统计局。

表 3－63　2015—2019 年全国及各地区房地产开发企业其他房屋出租面积

单位：万平方米

地　区	2015 年	2016 年	2017 年	2018 年	2019 年
全　国	**446.80**	**508.40**	**573.85**	**564.89**	**589.83**
北　京	88.24	85.28	72.68	47.32	37.50
天　津	2.35	3.15	2.92	7.85	5.21
河　北	2.72	1.09	2.90	0.27	5.44
上　海	212.95	245.41	301.63	355.28	388.57
江　苏	2.58	11.09	17.57	11.35	10.45
浙　江	7.44	9.64	16.62	10.16	6.12
福　建	19.27	13.55	15.61	23.73	25.40
山　东	8.19	4.88	14.12	8.03	20.25
广　东	51.42	46.72	54.77	20.35	17.86
海　南	—	2.82	1.08	3.81	2.21
山　西	0.46	3.46	7.74	2.72	1.33
安　徽	0.14	9.30	16.90	7.71	13.77
江　西	—	1.18	0.11	—	0.90
河　南	7.81	8.31	5.29	1.00	—
湖　北	1.94	10.44	10.47	2.22	1.98
湖　南	7.66	7.19	9.82	7.73	6.38
内蒙古	—	—	1.50	0.72	—
广　西	0.88	0.68	0.48	0.68	0.15
重　庆	17.59	13.75	1.90	21.43	5.09
四　川	1.47	13.57	8.68	15.56	2.91
贵　州	3.50	0.58	2.58	3.14	0.80
云　南	0.01	3.12	0.83	—	6.61
西　藏	—	—	—	—	0.48
陕　西	0.02	1.50	1.02	4.01	9.14
甘　肃	—	0.12	2.22	0.07	0.20
青　海	—	1.90	—	—	—
宁　夏	0.06	1.34	1.55	0.16	1.64
新　疆	6.04	8.05	1.49	5.83	1.73
辽　宁	3.42	—	0.39	0.01	—
吉　林	0.28	0.20	—	—	12.23
黑龙江	0.36	0.08	0.97	3.73	5.49

数据来源：国家统计局。

二、港澳台地区房地产数据①

（一）香港

表 3-64　2016—2020 年香港地区新落成私人楼宇

单位：个，千平方米

年份	住宅		商住两用			商业		工业	
	楼宇数目	实用楼面面积	楼宇数目	住宅实用楼面面积	非住宅实用楼面面积	楼宇数目	实用楼面面积	楼宇数目	实用楼面面积
2016	262	330.4	67	283.5	68.1	21	193.4	13	91.4
2017	355	394.7	128	231.3	34.1	24	239.4	22	195.2
2018	308	467.4	140	314.2	92.1	21	199.2	12	68.4
2019	389	380.3	23	92.7	22.0	32	369.6	16	81.5
2020	310	483.7	72	208.2	64.6	15	69.2	8	58.8

年份	其他			所有种类			
	楼宇数目	住宅实用楼面面积	非住宅实用楼面面积	楼宇数目	住宅实用楼面面积	非住宅实用楼面面积	统计
2016	193	23.1	238.6	556	637.0	591.6	1228.6
2017	174	5.5	272.7	703	631.5	741.3	1372.9
2018	251	11.0	257.3	732	792.6	616.9	1409.5
2019	196	0.6	196.7	656	473.6	669.9	1143.5
2020	223	13.1	190.6	628	705.0	383.2	1088.2

数据来源：香港房屋署，香港房屋协会。
注：2019 年数据根据最新公布数据有调整。

表 3-65　2016—2020 年香港地区获批可动工兴建私人楼宇

单位：个，千平方米

年份	住宅				商住两用					
	楼宇数目		实用楼面面积		楼宇数目		住宅实用楼面面积		非住宅实用楼面面积	
	初次呈交图则	重大修改	初次呈交图则	重大修改	初次呈交图则	重大修改	初次呈交图则	重大修改	初次呈交图则	重大修改
2016	262	110	317.3	187.8	53	36	96.2	40.3	53.1	12.7
2017	165	151	296.3	117.8	35	28	112.8	336.0	113.5	120.9
2018	85	178	300.8	117.6	99	6	226.2	50.9	23.8	38.6
2019	151	108	285.2	231.1	26	18	162.2	83.8	16.4	6.8
2020	114	125	130.1	125.7	31	25	96.0	171.4	13.9	4.5

① 港澳台地区数据货币均为当地货币。

续表

年份	商业				工业			
	楼宇数目		实用楼面面积		楼宇数目		实用楼面面积	
	初次呈交图则	重大修改	初次呈交图则	重大修改	初次呈交图则	重大修改	初次呈交图则	重大修改
2016	9	6	187.4	59.2	12	3	63.3	12.8
2017	14	3	244.3	9.9	9	1	54.2	8.4
2018	12	3	44.9	1.9	7	3	74.6	23.8
2019	20	13	532.0	207.7	6	2	97.7	80.0
2020	8	8	37.9	172.6	3	8	85.3	97.3

年份	其他					
	楼宇数目		住宅实用楼面面积		非住宅实用楼面面积	
	初次呈交图则	重大修改	初次呈交图则	重大修改	初次呈交图则	重大修改
2016	47	8	4.2	0.0	163.5	71.5
2017	46	9	9.5	0.3	184.8	42.3
2018	35	9	5.7	1.8	60.8	31.1
2019	44	6	1.5	1.2	155.4	79.2
2020	36	8	6.1	1.1	393.5	17.4

年份	所有统计							
	楼宇数目		住宅实用楼面面积		非住宅实用楼面面积		统计实用楼面面积	
	初次呈交图则	重大修改	初次呈交图则	重大修改	初次呈交图则	重大修改	初次呈交图则	重大修改
2016	383	163	417.7	228.1	467.4	156.3	885.1	384.4
2017	269	192	418.7	454.1	596.8	181.5	1015.5	635.6
2018	238	199	532.7	170.3	204.1	95.4	736.8	265.7
2019	247	147	448.9	316.1	801.6	373.7	1250.5	689.8
2020	192	174	232.2	298.2	530.6	291.7	762.8	589.9

数据来源：香港房屋署，香港房屋协会。

注：2019 年数据根据最新公布数据有调整。

表 3-66　2016—2020 年香港地区私人住宅楼宇平均售价

单位：港元/平方米

年份	少于 40 平方米			40～69.9 平方米			70～99.9 平方米		
	香港	九龙	新界	香港	九龙	新界	香港	九龙	新界
2016	137558	112486	102680	140103	115792	91942	162731	149335	97811
2017	158293	130558	121633	160860	131061	106554	186054	163325	112805
2018	180411	149890	138412	176330	147161	120067	210583	177561	128256
2019	183457	157317	144665	183330	153582	125490	213796	188291	132512
2020	187016	163309	149716	182449	160323	132095	211392	187751	129315

续表

年份	100－159.9 平方米			160 平方米或以上		
	香港	九龙	新界	香港	九龙	新界
2016	197622	167980	94692	238737	231700	82547
2017	215818	179974	103235	251606	273418	91785
2018	232023	194996	116406	286369	270109	103209
2019	247352	204379	121902	281395	245958	95646
2020	236077	196024	120524	273208	252314	101667

数据来源：香港房屋署，香港房屋协会。
注：2019 年数据根据最新公布数据有调整。

表 3－67　2016—2020 年香港地区私人住宅楼宇新订租约平均租金

单位：港元/平方米·月

年份	少于 40 平方米			40～69.9 平方米			70～99.9 平方米		
	香港	九龙	新界	香港	九龙	新界	香港	九龙	新界
2016	415	329	266	372	302	226	395	329	233
2017	452	354	296	403	327	251	433	356	259
2018	488	391	314	428	353	267	455	376	270
2019	507	391	316	432	350	266	450	371	271
2020	446	370	298	395	330	254	411	348	255

年份	100～159.9 平方米			160 平方米或以上		
	香港	九龙	新界	香港	九龙	新界
2016	422	326	247	433	349	235
2017	444	349	256	454	368	240
2018	452	381	269	474	370	252
2019	458	363	268	468	382	244
2020	418	338	253	423	344	230

数据来源：香港房屋署，香港房屋协会。
注：2019 年数据根据最新公布数据有调整。

表 3－68　2016—2020 年香港政府土地拍卖/投标（市区）

单位：平方米，百万港元

年份	住宅		商业		商业/住宅	
	面积	已征收的地价	面积	已征收的地价	面积	已征收的地价
2016	117952	48280	15924	9916	0	0
2017	57630	54344	41576	67731	0	0
2018	65314	69299	0	0	0	0
2019	78513	78552	71022	44678	0	0
2020	40253	23110	0	0	0	0

续表

年份	工业/货仓		其他用途		统计	
	面积	已征收的地价	面积	已征收的地价	面积	已征收的地价
2016	0	0	1512	369	135388	58565
2017	0	0	0	0	99206	122075
2018	0	0	0	0	65314	69299
2019	0	0	4313	2575	153848	125805
2020	0	0	1554	817	41807	23927

数据来源：香港房屋署，香港房屋协会。

表3-69　2016—2020年香港政府土地拍卖/投标（新界）

单位：平方米，百万港元

年份	住宅		商业		商业/住宅	
	面积	已征收的地价	面积	已征收的地价	面积	已征收的地价
2016	222549	23933	1775	1109	0	0
2017	27166	5216	0	0	0	0
2018	11279	1314	0	0	0	0
2019	55677	7893	0	0	0	0
2020	45947	8188	0	0	0	0

年份	工业/货仓		其他用途		统计	
	面积	已征收的地价	面积	已征收的地价	面积	已征收的地价
2016	3707	834	2640	314	230671	26190
2017	1730	451	4361	691	33257	6358
2018	5738	1459	63899	9793	80916	12566
2019	0	0	1707	1678	57384	9571
2020	9178	5600	1405	1058	56530	14846

数据来源：香港房屋署，香港房屋协会。

表3-70　2016—2020年香港政府土地批租（私人协约方式批地）

单位：平方米

年份	市区					新界				
	工业/仓库	住宅	公用事业/团体用途	其他用途	统计	工业/仓库	住宅	公用事业/团体用途	其他用途	统计
2016	0	14494	6430	68555	89479	0	35332	20375	682889	738596
2017	0	27799	11779	0	39578	0	51298	1451	0	52749
2018	0	28258	0	0	28258	0	5438	2948	0	8386
2019	0	18495	7414	3507	29416	0	98371	0	3087	101458
2020	0	26518	11779	386488	424785	0	102220	54912	0	157132

数据来源：香港房屋署，香港房屋协会。
注：2018年、2019年数据根据最新公布数据有调整。

（二）澳门

表 3-71　2016—2020 年澳门地区新动工及建成楼宇

年　份	新动工楼宇			建成楼宇		
	楼宇数目（个）	单位数目（个）	建筑面积（平方米）	楼宇数目（个）	单位数目	建筑面积（平方米）
2016	81	5372	868827	60	498	192191
2017	47	3226	410902	69	4525	839517
2018	68	1674	575816	66	4268	1293667
2019	67	405	442050	58	3013	474123
2020	55	233	881296	57	2521	287170

数据来源：澳门统计暨普查局。

表 3-72　2016—2020 年澳门地区楼宇单位买卖数目

年　份	总　数	住宅（总数）	商　业	办公室	工　业	停车位	其他用途
2016	14108	10170	555	197	84	3013	89
2017	13985	10581	589	284	117	2284	130
2018	15073	10822	631	263	235	3084	38
2019	11022	8277	468	183	87	1989	18
2020	9002	6483	341	156	66	1928	28

数据来源：澳门统计暨普查局。

表 3-73　2016—2020 年澳门地区楼宇单位买卖价值

单位：百万澳元

年　份	总　数	住宅（总数）	商　业	办公室	工　业	停车位	其他用途
2016	74129	58755	7816	1320	1068	4194	975
2017	85228	69442	7340	2399	1543	3498	1006
2018	89604	69426	9694	3809	1963	4104	608
2019	62237	51049	5713	1396	1130	2797	151
2020	51111	42957	3260	1186	944	2432	332

数据来源：澳门统计暨普查局。

表 3-74　2016—2020 年澳门地区楼宇单位买卖平均成交价

单位：澳元/平方米

年　份	住宅（全澳）	办公室	工　业
2016	86342	100057	47568
2017	100822	113198	54411
2018	108427	163863	56393
2019	107522	108407	54979
2020	105064	110973	47855

数据来源：澳门统计暨普查局。

（三）台湾

表 3－75　2016—2020 年台湾地区建筑物所有权登记

单位：栋，千平方公尺

年　份	第一次登记		移转登记			
	栋　数	面　积	栋　数	面　积	买卖登记	
					栋　数	面　积
2016	122307	32643	378661	47307	245396	27709
2017	110419	30290	405806	49399	266086	29102
2018	116589	31344	418546	51023	277967	30416
2019	119459	30214	456234	54874	300275	32271
2020	117363	29360	474579	56837	326589	34848

数据来源：台湾内政部统计通报。

表 3－76　2020 年台湾地区住宅交易指标

月　份	成交天数（中位数）	住宅屋龄（年）	住宅面积（坪）
1	59.0	20.8	39.9
2	63.0	21.1	39.6
3	64.0	21.4	39.8
4	62.5	21.7	39.2
5	61.0	21.3	40.0
6	59.0	21.4	40.0
7	58.0	21.0	40.4
8	55.0	21.1	40.6
9	51.0	21.0	40.8
10	49.0	21.3	40.7
11	47.0	21.4	40.6
12	46.0	21.5	40.6

数据来源：信义不动产 2020 年第四季度报告。
注：坪原为日本面积单位，1 日坪（台坪）＝3.305785123967 平方公尺（平方米）。

表 3－77　2020 年台湾地区各类产品交易占比变化

单位:%

月　份	公　寓	大　楼	店　面	办公室	套　房	别墅＋透天
1	13.9	67.8	3.9	2.7	2.2	6.5
2	13.7	67.3	4.2	2.3	2.4	6.6
3	14.6	66.8	3.5	2.3	2.4	7.1
4	15.8	65.7	3.2	2.3	2.7	7.1
5	16.1	65.8	3.0	2.6	2.6	6.7

续表

月 份	公 寓	大 楼	店 面	办公室	套 房	别墅+透天
6	16. 1	66. 1	3. 3	2. 5	2. 4	6. 5
7	14. 7	66. 9	3. 6	2. 5	2. 1	6. 7
8	14. 3	66. 9	3. 7	2. 7	1. 9	7. 1
9	13. 4	67. 6	3. 5	2. 8	2. 0	7. 1
10	14. 5	67. 7	3. 3	2. 6	2. 0	6. 5
11	14. 7	67. 5	3. 7	2. 1	2. 1	6. 2
12	15. 0	66. 7	4. 1	2. 1	1. 9	6. 5

数据来源：信义不动产2020年第四季度报告。

表3-78 2020年台湾地区住宅产品总价分布变化

单位:%

月 份	300万元以下	300万~500万元	500万~700万元	700万~1000万元	1000万~1500万元	1500万~2000万元	2000万~2500万元	2500万~3000万元	3000万~5000万元	5000万元以上
1	3. 7	8. 4	13. 5	22. 4	24. 1	12. 2	5. 6	3. 7	4. 7	1. 7
2	3. 4	8. 3	14. 0	22. 5	23. 7	12. 4	5. 5	3. 7	4. 7	1. 7
3	3. 1	8. 1	14. 8	22. 6	23. 1	12. 1	6. 0	3. 7	5. 0	1. 6
4	3. 1	8. 1	14. 7	22. 4	24. 3	11. 9	5. 7	3. 5	4. 6	1. 5
5	2. 9	7. 8	14. 0	22. 4	24. 8	12. 0	6. 0	3. 6	4. 8	1. 8
6	3. 1	7. 5	13. 6	21. 3	25. 8	12. 6	6. 2	3. 7	4. 4	1. 9
7	2. 9	7. 5	13. 3	21. 6	25. 1	13. 2	6. 2	3. 3	4. 9	2. 1
8	2. 8	7. 4	13. 0	20. 7	25. 3	13. 5	6. 6	3. 4	5. 3	2. 1
9	2. 8	7. 1	12. 7	21. 1	25. 2	13. 6	6. 5	3. 3	5. 6	2. 1
10	2. 8	7. 3	12. 6	21. 0	25. 4	13. 5	6. 9	3. 4	5. 0	2. 0
11	2. 9	7. 3	13. 0	21. 2	25. 0	13. 1	7. 1	3. 5	4. 8	2. 1
12	2. 6	7. 2	12. 9	20. 9	25. 1	13. 3	7. 2	4. 0	4. 8	2. 0

数据来源：信义不动产2020年第四季度报告。
注：货币单位为台币。

表3-79 2020年台湾地区住宅产品面积分布变化

单位:%

月 份	15坪以下	15~25坪	25~35坪	35~45坪	45~55坪	55坪以上
1	7. 2	14. 5	24. 4	21. 1	15. 8	17. 0
2	6. 9	15. 0	25. 7	20. 2	15. 5	16. 7
3	6. 3	15. 1	26. 3	19. 9	15. 3	17. 1
4	6. 2	15. 6	27. 4	20. 3	14. 5	16. 2
5	6. 3	15. 0	26. 3	20. 5	14. 6	17. 3
6	6. 6	14. 8	25. 4	21. 6	15. 0	16. 6
7	6. 6	14. 5	24. 6	22. 3	14. 7	17. 3
8	6. 6	14. 7	24. 5	21. 9	14. 5	17. 9

续表

月　份	15 坪以下	15～25 坪	25～35 坪	35～45 坪	45～55 坪	55 坪以上
9	6.6	14.5	24.2	22.0	14.3	18.3
10	6.7	14.4	24.6	21.4	15.6	17.4
11	6.6	14.6	24.3	22.2	15.8	16.5
12	6.5	14.6	24.9	21.3	16.0	16.8

数据来源：信义不动产 2020 年第四季度报告。

表 3－80　2020 年台北市住宅成交均价表现

月　份	成交天数（中位数）	住宅屋龄（年）	住宅面积（坪）	住宅总价（万元）	公寓单价（万元/坪）	大楼单价（万元/坪）	住宅单价（万元/坪）
1	63.0	27.4	36.0	2299	51.3	66.4	62.9
2	71.0	27.4	36.2	2377	51.3	65.1	62.0
3	69.5	27.9	36.4	2380	50.7	66.1	62.7
4	67.0	28.6	35.5	2321	50.4	66.2	62.5
5	71.0	28.3	36.7	2342	51.9	65.9	62.5
6	68.0	28.3	36.5	2346	52.7	65.3	62.2
7	68.0	27.6	37.5	2476	53.5	66.6	63.7
8	56.0	27.1	37.4	2482	52.7	67.7	64.5
9	54.0	26.7	37.4	2513	52.4	69.8	66.3
10	51.0	27.6	36.7	2407	53.1	69.0	65.3
11	52.0	28.3	36.8	2459	54.5	69.9	66.1
12	52.5	28.2	37.7	2522	54.5	68.1	64.9

数据来源：信义不动产 2020 年第四季度报告。
注：货币单位为台币。

三、房地产信贷数据

（一）全国住房公积金

表 3－81　2019 年年底全国公积金机构情况

类　别		2019 年
机构数量	全国设区城市（个）	341
	未纳入设区城市（个）	139
	其中：省直分中心（个）	24
	区县分支机构（个）	44
	石油、电力、煤炭等企业分中心（个）	71
从业人员	全国总数（万人）	4.42
	在编（万人）	2.67
	非在编（万人）	1.75

数据来源：《全国住房公积金 2019 年年度报告》。

表 3-82　2019 年全国及各地区住房公积金缴存情况

地　区	实缴单位（万个）	实缴职工（万人）	缴存额（亿元）	累计缴存总额（亿元）	缴存余额（亿元）
全　国	**322.40**	**14881.38**	**23709.67**	**169607.66**	**65372.43**
北　京	20.63	798.54	2213.55	15309.92	4844.99
天　津	7.04	280.39	526.77	4488.17	1473.89
河　北	6.41	494.09	655.17	5102.45	2223.61
山　西	4.80	333.80	412.24	3160.70	1268.70
内蒙古	4.32	244.07	393.14	3075.15	1406.11
辽　宁	9.63	508.93	781.22	7188.59	2614.86
吉　林	4.13	248.12	353.54	2839.28	1217.69
黑龙江	4.04	283.08	428.75	3660.55	1492.28
上　海	42.67	882.78	1533.57	11087.60	4721.13
江　苏	34.92	1357.12	2039.80	13832.86	4900.31
浙　江	26.28	867.67	1599.28	10979.22	3573.87
安　徽	6.55	437.35	686.96	5477.88	1800.82
福　建	12.43	416.38	667.66	4790.01	1739.31
江　西	4.71	268.02	443.27	2807.13	1339.29
山　东	16.78	967.45	1307.97	9362.94	3846.75
河　南	8.07	637.57	799.12	5361.21	2529.26
湖　北	7.73	486.35	853.33	5650.01	2647.14
湖　南	7.18	456.02	683.69	4481.44	2146.83
广　东	42.57	2008.32	2590.26	17852.71	6023.98
广　西	5.59	302.74	475.25	3402.97	1228.95
海　南	3.05	108.14	133.20	960.02	433.23
重　庆	3.95	267.18	429.50	2912.75	1081.97
四　川	12.74	693.09	1102.84	7508.42	3168.69
贵　州	4.81	261.09	414.21	2469.33	1141.59
云　南	5.43	278.67	546.22	3992.29	1539.32
西　藏	0.48	33.04	98.91	598.06	300.83
陕　西	6.28	404.55	547.77	3787.94	1590.34
甘　肃	3.25	193.46	300.85	2252.78	1051.32
青　海	0.97	54.52	117.76	880.73	329.73
宁　夏	1.00	65.63	106.79	892.93	326.46
新　疆	3.44	217.43	421.40	3145.07	1230.94
新疆生产建设兵团	0.51	25.80	45.68	296.54	138.23

数据来源：《全国住房公积金 2019 年年度报告》。

表 3-83 2019 年全国及各地区住房公积金提取情况

地 区	提取额（亿元）	提取率（%）	住房消费类提取额（亿元）	非住房消费类提取额（亿元）	累计提取总额（亿元）
全 国	**16281.78**	**68.67**	**13297.17**	**2984.61**	**104235.23**
北 京	1612.65	72.85	1443.54	169.11	10464.94
天 津	390.66	74.16	309.83	80.83	3014.28
河 北	415.97	63.49	291.39	124.58	2878.85
山 西	231.99	56.28	177.52	54.47	1892.00
内蒙古	261.30	66.46	187.35	73.95	1669.04
辽 宁	590.70	75.61	459.04	131.66	4573.73
吉 林	247.09	69.89	175.48	71.61	1621.59
黑龙江	315.65	73.62	225.13	90.52	2168.27
上 海	907.07	59.15	760.23	146.84	6366.47
江 苏	1480.08	72.56	1246.72	233.36	8932.55
浙 江	1201.45	75.12	1026.01	175.44	7405.36
安 徽	511.79	74.5	418.09	93.70	3677.06
福 建	482.95	72.34	395.01	87.94	3050.69
江 西	288.29	65.04	227.20	61.09	1467.84
山 东	909.93	69.57	738.59	171.34	5516.19
河 南	480.09	60.08	354.08	126.01	2831.95
湖 北	513.30	60.15	390.31	122.99	3002.87
湖 南	399.49	58.43	294.10	105.39	2334.61
广 东	1837.67	70.95	1624.58	213.09	11828.73
广 西	358.46	75.42	287.31	71.15	2174.02
海 南	89.62	67.28	72.35	17.27	526.80
重 庆	322.63	75.12	261.82	60.81	1830.78
四 川	688.86	62.46	543.90	144.96	4339.73
贵 州	267.45	64.57	216.71	50.74	1327.74
云 南	425.05	77.82	358.01	67.04	2452.96
西 藏	52.32	52.9	40.81	11.51	297.23
陕 西	293.33	53.55	227.75	65.58	2197.59
甘 肃	208.39	69.27	159.21	49.18	1201.46
青 海	98.64	83.76	76.92	21.72	551.00
宁 夏	73.04	68.39	57.73	15.31	566.47
新 疆	293.03	69.54	229.93	63.10	1914.12
新疆生产建设兵团	32.84	71.89	20.52	12.32	158.31

数据来源：《全国住房公积金 2019 年年度报告》。

表 3-84　2019 年全国及各地区住房公积金个人住房贷款情况

地　区	放贷笔数（万笔）	贷款发放额（亿元）	累计放贷笔数（万笔）	累计贷款总额（亿元）	贷款余额（亿元）	个人住房贷款率（%）
全　国	**286.04**	**12139.06**	**3620.88**	**97959.46**	**55883.11**	**85.48**
北　京	7.15	557.56	117.99	6916.21	4292.83	88.60
天　津	4.99	228.92	102.32	3198.82	1390.07	94.31
河　北	8.76	362.57	108.05	2676.35	1640.24	73.77
山　西	6.30	269.78	60.74	1459.61	956.63	75.40
内蒙古	6.84	248.23	110.90	2194.66	1106.21	78.67
辽　宁	12.22	399.72	181.09	4170.17	2217.39	84.80
吉　林	5.41	196.65	74.21	1723.99	1034.22	84.93
黑龙江	6.02	209.24	92.91	2077.59	1062.68	71.21
上　海	14.08	939.18	268.24	8727.96	4450.05	94.26
江　苏	28.40	1226.04	331.67	9128.35	4793.93	97.83
浙　江	15.74	698.42	192.89	6315.88	3407.92	95.36
安　徽	10.81	363.97	136.48	3144.72	1765.07	98.02
福　建	6.55	331.50	102.98	2904.48	1626.89	93.54
江　西	6.47	231.46	79.11	1938.12	1162.87	86.83
山　东	19.49	717.41	220.95	5564.42	3231.19	84.00
河　南	11.95	416.68	131.08	3080.94	1919.75	75.90
湖　北	12.33	520.27	137.42	3541.00	2078.18	78.51
湖　南	11.19	421.18	137.53	3060.28	1908.82	88.91
广　东	22.68	1173.83	200.31	7216.20	4584.49	76.10
广　西	6.09	210.97	72.76	1654.61	1072.71	87.29
海　南	1.43	66.81	17.70	516.61	355.55	82.07
重　庆	6.07	232.11	60.19	1663.04	1096.71	101.36
四　川	14.39	558.44	162.85	4110.85	2567.03	81.01
贵　州	7.54	271.31	73.98	1733.18	1111.54	97.37
云　南	6.71	262.78	125.21	2562.19	1279.72	83.14
西　藏	1.06	65.74	9.16	348.90	209.08	69.50
陕　西	8.21	345.44	79.27	1915.13	1278.81	80.41
甘　肃	5.47	194.46	78.04	1477.48	814.35	77.46
青　海	1.73	70.59	27.21	527.92	247.80	75.15
宁　夏	1.74	67.60	28.31	585.16	266.83	81.73
新　疆	7.35	250.92	93.28	1708.53	884.50	71.86
新疆生产建设兵团	0.84	29.30	6.06	116.12	69.03	49.93

数据来源：《全国住房公积金 2019 年年度报告》。

表 3-85　2019 年全国及各地区住房公积金增值收益及分配情况

地　区	业务收入（亿元）	业务支出（亿元）	增值收益（亿元）	增值收益率（%）	提取贷款风险准备金（亿元）	提取管理费用（亿元）	提取公租房（廉租房）建设补充资金（亿元）
全　国	**2051.25**	**1075.10**	**976.15**	**1.58**	**273.63**	**115.78**	**588.70**
北　京	151.39	74.73	76.65	1.68	9.36	5.61	61.68
天　津	46.39	25.87	20.52	1.46	2.29	3.57	14.89
河　北	67.56	34.62	32.95	1.57	2.29	6.87	24.02
山　西	42.00	19.48	22.52	1.92	7.42	2.68	11.48
内蒙古	42.22	20.86	21.36	1.60	11.07	3.11	7.09
辽　宁	82.72	41.35	41.37	1.64	11.86	5.43	24.08
吉　林	37.77	18.91	18.86	1.62	7.47	3.33	8.06
黑龙江	44.19	26.00	18.19	1.27	1.00	2.58	14.61
上　海	159.99	74.81	85.18	1.92	50.22	1.44	33.52
江　苏	156.80	90.35	66.45	1.43	29.80	7.22	29.83
浙　江	115.92	65.51	50.42	1.49	29.64	3.83	16.95
安　徽	59.27	32.14	27.13	1.58	4.60	4.00	18.52
福　建	54.95	32.47	22.48	1.37	5.49	1.49	15.50
江　西	43.30	21.14	22.16	1.78	3.69	2.55	15.91
山　东	119.16	62.13	57.03	1.56	3.60	5.39	48.05
河　南	74.10	39.55	34.56	1.46	10.24	4.32	20.03
湖　北	84.59	42.32	42.27	1.70	7.58	6.31	29.76
湖　南	69.54	35.25	34.29	1.71	4.70	5.66	24.61
广　东	188.38	102.52	85.85	1.51	33.97	6.52	45.37
广　西	37.72	19.47	18.25	1.56	3.40	4.93	9.92
海　南	12.27	6.30	5.96	1.44	3.58	0.68	1.71
重　庆	34.28	19.81	14.48	1.41	1.31	2.35	10.82
四　川	98.07	48.56	49.52	1.67	12.76	6.79	29.96
贵　州	34.09	19.03	15.06	1.40	1.37	2.17	11.53
云　南	47.14	23.96	23.19	1.56	0.97	4.63	17.58
西　藏	5.84	4.48	1.36	0.49	0.82	0.18	0.36
陕　西	48.02	24.26	23.76	1.63	4.91	4.36	14.44
甘　肃	32.06	17.96	14.10	1.40	1.41	3.55	9.15
青　海	10.39	5.63	4.76	1.47	2.94	0.55	1.18
宁　夏	9.53	5.39	4.14	1.33	0.28	0.67	3.19
新　疆	36.81	18.11	18.69	1.59	2.92	2.80	13.12
新疆生产建设兵团	4.77	2.13	2.64	1.99	0.65	0.22	1.77

数据来源：《全国住房公积金 2019 年年度报告》。

（二）房地产贷款

表 3－86　2016—2020 年各季度房地产开发贷款情况

单位：亿元，%

季　度	房地产开发贷款余额		个人住房贷款余额	
	绝对值	同　比	绝对值	同　比
2020Q4	119100	6. 1	344400	14. 6
2020Q3	121600	8. 2	335900	15. 7
2020Q2	119700	8. 5	323600	15. 7
2020Q1	118900	9. 6	311500	15. 9
2019Q4	112200	10. 1	300700	16. 7
2019Q3	112400	11. 7	290500	16. 8
2019Q2	110400	14. 6	279600	17. 3
2019Q1	108500	18. 9	268700	17. 6
2018Q4	101900	22. 6	257500	17. 8
2018Q3	100600	24. 5	248800	17. 9
2018Q2	96400	24. 2	238400	18. 6
2018Q1	91000	20. 7	228600	20. 0
2017Q4	83000	16. 7	219000	22. 2
2017Q3	81000	15. 1	211000	26. 2
2017Q2	77600	9. 8	201000	30. 8
2017Q1	75400	7. 4	190500	35. 7
2016Q4	71100	8. 4	191400	35. 0
2016Q3	70400	7. 6	179300	33. 4
2016Q2	70700	10. 1	165500	30. 9
2016Q1	70200	15. 5	151800	25. 5

数据来源：中国人民银行。

四、城乡建设发展情况

（一）城市建设及用地情况

表 3－87　2016—2020 年中国建设用地供应情况

单位：万公顷

类　别	2016 年	2017 年	2018 年	2019 年	2020 年
国有建设用地供应面积	53. 11	60. 32	64. 3	62. 4	65. 8
住宅用地	7. 45	8. 43	14. 4	14. 2	15. 5
商服用地	3. 51	3. 09			
工矿仓储用地	12. 31	12. 28	13. 2	14. 7	16. 7
其他用地	29. 84	36. 52	36. 8	33. 5	33. 7

数据来源：自然资源部。

表 3-88　2015—2019 年全国城市数量及面积情况

单位：个，平方公里

年　份	城市个数			城区面积		城市建设用地面积
		地级	县级		建成区面积	
2015	656	291	361	191775.5	52102.3	51584.1
2016	657	293	360	198178.6	54331.5	52761.3
2017	661	294	363	198357.2	56225.4	55155.5
2018	673	302	371	200896.5	58455.7	56075.9
2019	679	301	381	200569.5	60312.5	58307.7

数据来源：住房和城乡建设部。

表 3-89　2015—2019 年全国县城数量及面积情况

单位：个，平方公里

年份	县城数量	县城面积		城市建设用地面积
			建成区面积	
2015	1568	75204	20043	18718
2016	1537	72591	19467	18242
2017	1526	71583	19854	18864
2018	1519	70357	20238	19071
2019	1516	76044	20672	19427

数据来源：住房和城乡建设部。

表 3-90　2019 年全国及各地区面积及用地情况

单位：平方公里

地　区	市区面积	城区面积	建成区面积	城市建设用地面积	本年征用土地面积	
						耕地
全　国	**2281507.73**	**200569.51**	**60312.45**	**58307.71**	**2684.81**	**1189.27**
北　京	16410.00	16410.00	1469.05	1471.75	29.90	6.12
天　津	11760.24	2639.78	1151.05	998.15	13.46	5.64
河　北	48656.08	6309.33	2182.09	1899.89	106.54	67.19
上　海	6340.50	6340.50	1237.85	1944.96	16.96	8.97
江　苏	69964.25	15536.38	4648.33	4529.05	217.58	113.11
浙　江	55049.13	12421.76	3021.89	2935.19	142.64	72.72
福　建	45734.09	4138.17	1620.74	1511.41	65.18	15.16
山　东	92489.52	23206.32	5412.68	5129.91	140.83	68.09
广　东	97733.44	16079.29	6397.65	5896.26	214.53	130.21
海　南	17064.20	1478.79	382.89	319.07	18.21	2.15
山　西	35127.83	3164.34	1222.75	1326.40	500.93	165.95
安　徽	45649.09	6355.30	2241.50	2165.47	193.89	110.09
江　西	42954.34	2940.88	1607.80	1530.80	84.95	30.51

续表

地　区	市区面积	城区面积	建成区面积	城市建设用地面积	本年征用土地面积	
						耕地
河　南	47285.77	5364.36	2944.30	2785.03	48.98	26.66
湖　北	94419.52	8186.15	2660.99	2646.26	96.63	46.20
湖　南	51429.68	5102.94	1855.94	1758.08	60.71	15.62
内蒙古	148649.07	5081.98	1269.74	1170.37	50.28	7.01
广　西	70298.38	5814.43	1542.78	1493.78	121.51	37.58
重　庆	43263.52	7659.78	1515.41	1319.16	97.24	47.92
四　川	85091.09	8609.50	3054.31	2865.85	183.20	78.31
贵　州	36217.91	3650.88	1085.52	1007.75	19.04	5.79
云　南	87343.65	3203.56	1217.60	1194.04	43.72	17.89
西　藏	47978.51	632.17	164.42	153.14	8.06	0.80
陕　西	53039.80	2431.31	1357.51	1331.45	43.48	16.71
甘　肃	88539.17	1977.76	875.72	897.91	24.20	9.58
青　海	197504.60	696.03	215.19	202.43	1.98	0.30
宁　夏	22201.63	951.50	489.05	445.83	7.83	4.32
新　疆	220619.11	1792.15	1209.56	1169.03	18.77	3.99
辽　宁	75460.91	12894.60	2720.06	2768.13	27.38	21.11
吉　林	109274.42	6482.77	1555.13	1490.61	47.08	29.32
黑龙江	205251.86	2528.10	1770.89	1773.73	36.09	23.11

数据来源：住房和城乡建设部。

表 3-91　2019 年全国及各地区城市建设用地面积

单位：平方公里

地　区	居住用地	公共管理与公共服务用地	商业服务业设施用地	工业用地	物流仓储用地	道路交通设施用地	公用设施用地	绿地与广场用地
全　国	**18102.07**	**5221.26**	**4039.15**	**11478.80**	**1650.53**	**9328.65**	**1823.09**	**6664.16**
北　京	427.92	173.14	137.26	263.09	50.88	271.62	31.60	116.24
天　津	263.32	75.82	79.51	237.71	55.22	151.92	20.16	114.49
河　北	614.67	150.06	121.26	257.55	54.62	314.55	57.71	329.47
上　海	549.77	153.19	124.66	537.74	52.31	139.05	247.48	140.76
江　苏	1310.64	334.50	337.79	964.45	108.08	742.47	110.85	620.27
浙　江	884.79	252.47	201.60	678.49	60.33	510.30	66.56	280.65
福　建	504.58	142.90	101.83	289.23	31.77	238.09	42.65	160.36
山　东	1521.82	514.46	375.25	1113.38	153.21	727.16	138.57	586.06
广　东	1860.67	442.95	396.52	1554.60	110.68	1084.14	101.06	345.64
海　南	118.90	44.65	17.67	17.75	2.00	65.89	3.75	48.46
山　西	447.90	147.45	88.10	168.61	51.08	245.02	42.29	135.95
安　徽	672.11	166.87	157.49	437.53	47.76	351.92	60.48	271.31

续表

地　区	居住用地	公共管理与公共服务用地	商业服务业设施用地	工业用地	物流仓储用地	道路交通设施用地	公用设施用地	绿地与广场用地
江　西	462.21	159.77	107.70	286.55	31.47	240.68	44.60	197.82
河　南	841.48	295.19	143.49	352.80	76.16	446.55	101.82	527.54
湖　北	801.03	242.51	157.79	624.58	72.90	429.38	91.80	226.27
湖　南	643.16	199.29	115.51	276.42	40.56	238.52	74.72	169.90
内蒙古	362.73	104.05	99.23	147.33	51.28	215.04	39.65	151.06
广　西	435.16	143.21	92.25	206.46	46.65	266.01	55.43	248.61
重　庆	412.48	118.11	83.79	262.63	31.46	250.62	33.40	126.67
四　川	899.21	250.45	220.38	482.39	76.17	487.85	68.73	380.67
贵　州	315.09	106.77	81.21	162.32	37.78	169.47	29.74	105.37
云　南	412.77	134.36	100.95	126.72	35.57	178.69	36.06	168.92
西　藏	34.82	21.91	14.19	14.61	4.28	23.28	8.79	31.26
陕　西	422.41	132.52	103.71	174.56	33.27	210.45	26.46	228.07
甘　肃	229.43	80.89	66.38	200.47	41.56	130.14	35.45	113.59
青　海	61.01	15.68	10.31	14.49	16.79	36.69	7.72	39.74
宁　夏	134.23	56.44	20.17	45.43	13.87	76.81	16.77	82.11
新　疆	353.85	106.13	97.48	188.51	55.50	170.81	49.64	147.11
辽　宁	910.52	164.53	185.51	707.14	84.16	405.94	68.77	241.56
吉　林	515.70	111.81	92.62	300.43	49.94	222.22	55.41	142.48
黑龙江	628.56	159.37	90.72	357.89	68.64	260.03	49.85	158.67

数据来源：住房和城乡建设部。

表 3－92　2019 年全国按城市分城市面积及用地情况

单位：平方公里

地　区	市区面积	城区面积	建成区面积	城市建设用地面积	本年征用土地面积	
						耕地
全国	**2281507.73**	**200569.51**	**60312.45**	**58307.71**	**2684.81**	**1189.27**
北京市	**16410.00**	**16410.00**	**1469.05**	**1471.75**	**29.90**	**6.12**
天津市	**11760.24**	**2639.78**	**1151.05**	**998.15**	**13.46**	**5.64**
河北省	**48656.08**	**6309.33**	**2182.09**	**1899.89**	**106.54**	**67.19**
石家庄市	2194.11	518.81	309.32	56.93	6.72	4.10
晋州市	619.00	90.78	14.83	14.83	1.02	0.72
新乐市	525.00	45.92	14.01	14.01	—	—
唐山市	3874.00	293.65	249.00	240.96	—	—
滦州市	1027.21	140.80	30.10	30.07	—	—
遵化市	1521.00	85.80	26.40	26.03	0.38	—
迁安市	1227.00	128.10	44.40	42.57	—	—
秦皇岛市	2131.51	330.25	141.80	138.65	2.58	1.68
邯郸市	2652.22	556.00	187.69	197.18	6.26	4.90

续表

地　区	市区面积	城区面积	建成区面积	城市建设用地面积	本年征用土地面积	
						耕地
武安市	1806.00	95.00	37.30	37.30	0.68	0.41
邢台市	132.30	114.80	108.19	108.19	39.77	27.43
南宫市	863.26	53.50	16.03	16.03	—	—
沙河市	999.00	21.97	17.74	17.50	0.06	0.02
保定市	2564.78	344.93	199.35	192.78	3.97	1.86
涿州市	751.30	181.00	36.34	36.34	0.00	0.00
安国市	485.09	31.71	14.68	13.49	0.38	0.37
高碑店市	620.01	36.80	20.58	20.58	0.96	0.92
白沟新城	54.35	54.35	19.85	18.42	0.59	0.41
张家口市	6963.80	407.45	100.94	97.07	2.10	0.44
承德市	1252.72	724.03	78.02	74.39	1.90	1.00
平泉市	3294.11	26.00	17.30	17.10	0.94	0.37
沧州市	320.00	320.00	87.24	83.07	3.58	2.39
泊头市	1007.00	22.00	20.03	19.82	—	—
任丘市	864.00	74.40	49.40	49.33	1.37	1.04
黄骅市	2202.00	200.00	37.50	35.31	0.20	—
河间市	1322.00	69.40	20.90	20.72	2.32	—
廊坊市	960.00	292.00	71.37	71.17	18.31	9.90
霸州市	784.00	79.00	17.60	17.51	1.27	1.10
三河市	643.00	169.00	19.31	19.15	—	—
衡水市	1509.60	401.40	75.59	75.20	1.00	0.85
深州市	1252.00	83.19	21.23	20.80	—	—
辛集市	951.00	137.10	33.85	33.19	1.90	1.34
定州市	1283.71	180.19	44.20	44.20	8.28	5.94
山西省	**35127.83**	**3164.34**	**1222.75**	**1326.40**	**500.93**	**165.95**
太原市	1500.00	1000.00	340.00	478.38	470.85	152.14
古交市	1511.99	25.75	17.05	16.94	—	—
大同市	2080.00	130.20	125.20	148.43	11.16	5.52
阳泉市	5221.90	68.93	62.20	51.04	0.75	—
长治市	334.00	76.20	59.30	58.88	—	—
潞城市	630.00	132.00	10.50	8.50	—	—
晋城市	2167.01	142.59	47.87	47.87	10.39	4.99
高平市	946.00	63.00	17.80	17.30	0.01	—
朔州市	4093.70	176.00	49.70	49.01	—	—
怀仁市	1232.00	80.00	28.00	27.49	—	—
晋中市	1311.00	237.00	103.15	82.40	3.61	1.74
介休市	743.70	42.00	19.48	25.55	0.41	0.02
运城市	1237.00	88.90	66.00	41.75	—	—
永济市	1221.06	214.34	25.78	25.43	—	—

续表

地区	市区面积	城区面积	建成区面积	城市建设用地面积	本年征用土地面积	
						耕地
河津市	593.10	131.80	27.00	26.60	—	—
忻州市	1982.00	183.00	36.76	36.39	1.15	—
原平市	2571.00	148.00	17.71	17.71	—	—
临汾市	1307.00	60.00	54.00	53.98	2.15	1.31
侯马市	220.07	20.43	20.43	20.43	—	—
霍州市	765.00	19.50	15.40	15.11	—	—
吕梁市	1339.00	50.20	33.32	32.33	—	—
孝义市	946.00	54.50	28.50	28.02	0.40	0.18
汾阳市	1175.30	20.00	17.60	16.86	0.05	0.05
内蒙古自治区	**148649.07**	**5081.98**	**1269.74**	**1170.37**	**50.28**	**7.01**
呼和浩特市	2054.00	265.03	261.00	242.77	16.30	6.15
包头市	2965.00	885.00	211.62	195.79	—	—
乌海市	1754.00	67.17	62.30	40.78	2.82	—
赤峰市	7057.35	560.00	114.18	103.29	2.24	0.74
通辽市	3212.00	75.63	62.50	62.50	—	—
霍林郭勒市	585.00	36.04	17.10	17.10	0.28	—
鄂尔多斯市	2884.06	200.87	117.87	103.87	—	—
呼伦贝尔市	1507.40	240.50	51.46	51.46	0.29	—
满洲里市	734.56	734.56	27.06	27.00	—	—
牙克石市	27590.00	39.00	27.70	25.81	6.30	—
扎兰屯市	16800.00	385.00	19.20	18.25	1.00	—
额尔古纳市	28000.00	303.00	10.48	10.49	0.00	0.00
根河市	19659.00	350.00	8.70	8.70	—	—
巴彦淖尔市	2354.00	80.51	51.00	50.59	—	—
乌兰察布市	420.00	74.87	74.87	60.87	—	—
丰镇市	2704.00	25.00	25.00	24.81	—	—
乌兰浩特市	2353.00	256.00	44.30	43.25	0.26	0.11
阿尔山市	7408.70	15.40	11.40	11.40	0.00	0.00
二连浩特市	4015.00	79.40	27.00	26.64	—	—
锡林浩特市	14592.00	409.00	45.00	45.00	20.79	0.01
辽宁省	**75460.91**	**12894.60**	**2720.06**	**2768.13**	**27.38**	**21.11**
沈阳市	5116.00	1610.00	563.00	630.00	—	—
新民市	3318.00	22.50	22.50	—	—	—
大连市	5244.00	1523.00	444.04	439.38	1.37	0.33
瓦房店市	3793.53	167.50	35.80	35.90	0.14	0.06
庄河市	4114.00	239.00	42.80	41.87	0.07	0.03
鞍山市	792.00	625.60	175.02	175.02	0.19	0.17
海城市	2581.00	104.00	36.40	36.40	2.93	—
抚顺市	1381.72	660.34	141.82	141.82	0.48	0.29

续表

地　区	市区面积	城区面积	建成区面积	城市建设用地面积	本年征用土地面积	
						耕地
本溪市	1518.00	1518.00	109.00	92.40	0.38	0.30
丹东市	941.15	620.80	84.89	96.37	0.88	0.61
东港市	2398.00	126.00	22.00	21.00	0.18	0.16
凤城市	5515.00	329.33	21.00	21.00	16.21	16.21
锦州市	728.00	436.00	77.10	106.60	—	—
凌海市	2585.50	136.74	21.16	19.43	0.00	0.00
北镇市	1782.00	78.80	14.90	14.90	0.00	0.00
营口市	858.64	538.25	180.07	172.67	0.87	0.11
盖州市	2930.00	150.00	29.45	29.45	—	—
大石桥市	1610.00	150.00	43.68	43.68	—	—
阜新市	490.00	448.00	76.50	76.50	—	—
辽阳市	1111.19	728.00	106.80	106.80	1.97	1.63
灯塔市	1166.00	127.00	14.20	13.71	—	—
盘锦市	276.91	276.91	106.89	104.29	1.10	0.88
铁岭市	699.03	240.33	69.95	68.12	0.02	0.02
调兵山市	262.15	23.97	18.95	18.95	0.11	0.11
开原市	2813.29	150.39	27.96	27.32	0.18	0.14
朝阳市	1170.50	570.00	60.30	60.30	—	—
北票市	4469.00	183.00	23.41	23.41	—	—
凌源市	3263.00	462.24	25.27	25.27	—	—
葫芦岛市	10415.00	380.40	90.20	90.79	—	—
兴城市	2118.30	268.50	35.00	34.78	0.30	0.06
吉林省	**109274.42**	**6482.77**	**1555.13**	**1490.61**	**47.08**	**29.32**
长春市	7589.31	3427.42	542.71	537.31	29.24	20.76
榆树市	4723.77	109.00	23.48	20.32	0.00	0.00
德惠市	3460.85	34.00	31.87	31.84	1.02	0.55
吉林市	1995.00	498.75	193.42	193.42	—	—
蛟河市	6429.00	27.50	18.50	18.50	0.65	0.51
桦甸市	6626.00	192.00	19.50	19.50	—	—
舒兰市	4557.00	180.00	25.30	25.30	0.45	—
磐石市	3960.00	25.00	23.80	23.26	0.00	0.00
四平市	1085.00	118.11	62.95	61.60	0.35	0.15
双辽市	3121.30	149.20	22.21	22.21	—	—
辽源市	432.37	46.30	46.30	46.30	1.89	1.23
通化市	745.40	64.75	58.53	57.86	1.14	0.76
集安市	3341.13	44.89	8.71	7.73	—	—
白山市	2736.00	388.11	47.83	43.04	—	—
临江市	3026.97	170.84	10.05	9.30	0.00	0.00
松原市	1327.03	81.80	53.52	51.36	1.28	0.53

续表

地　区	市区面积	城区面积	建成区面积	城市建设用地面积	本年征用土地面积	
						耕地
扶余市	4673.00	17.20	16.50	15.99	0.36	0.31
白城市	2568.80	67.50	46.86	46.60	1.98	1.49
洮南市	5103.00	40.00	26.55	26.55	—	—
大安市	4878.58	19.50	18.49	18.48	2.93	0.20
延吉市	1748.33	71.71	62.00	42.24	3.16	1.19
图们市	1142.65	15.00	11.29	11.01	0.09	0.00
敦化市	11957.00	116.00	34.34	34.34	0.57	0.51
珲春市	5145.38	125.39	25.91	25.23	0.58	0.28
龙井市	2208.00	31.05	12.00	8.38	—	—
和龙市	5069.00	145.00	12.55	10.88	—	—
公主岭市	4172.55	137.75	34.39	33.82	0.73	0.61
梅河口市	2174.00	80.00	34.57	24.99	—	—
长白山保护开发区管理委员会	3278.00	59.00	31.00	23.25	0.66	0.24
黑龙江省	**205251.86**	**2528.10**	**1770.89**	**1773.73**	**36.09**	**23.11**
哈尔滨市	10198.29	467.30	445.75	437.85	15.15	10.24
尚志市	8824.94	152.00	21.32	21.32	0.80	0.28
五常市	7512.30	100.55	26.70	20.07	0.08	0.08
齐齐哈尔市	4377.12	127.46	127.46	127.01	0.70	—
讷河市	6651.00	20.00	15.02	15.00	0.58	—
鸡西市	2300.00	80.41	80.40	79.99	0.17	0.11
虎林市	9334.00	46.22	11.14	11.14	—	—
密山市	7731.00	87.38	19.36	17.89	0.30	0.15
鹤岗市	4551.00	85.00	54.71	48.59	—	—
双鸭山市	1760.00	118.00	58.09	58.09	2.79	2.48
大庆市	5107.00	325.21	250.55	325.21	1.88	0.07
伊春市	8895.87	121.93	96.10	97.18	—	—
铁力市	3793.04	21.40	16.50	15.68	—	—
佳木斯市	1875.00	188.00	95.68	80.30	—	—
同江市	6300.00	10.80	10.80	10.69	0.49	0.40
富锦市	8227.00	17.90	16.20	16.18	—	—
抚远市	6262.48	12.60	5.60	5.03	—	—
七台河市	3646.00	67.60	67.60	67.60	2.20	2.20
牡丹江市	2675.00	92.68	82.24	70.20	1.30	0.87
海林市	8711.00	24.25	17.70	17.70	0.43	0.32
宁安市	7924.00	13.50	11.23	11.22	—	—
穆棱市	6187.00	10.44	10.44	10.06	0.36	—
绥芬河市	422.36	28.33	28.33	20.89	0.56	0.21
东宁市	7139.00	19.29	14.70	14.59	0.01	0.01

续表

地　区	市区面积	城区面积	建成区面积	城市建设用地面积	本年征用土地面积	
						耕地
黑河市	14446.00	27.88	20.00	20.00	—	—
北安市	7194.00	57.31	23.13	22.97	0.03	0.02
五大连池市	9874.00	10.00	5.62	5.62	—	—
绥化市	2743.00	92.77	45.00	44.41	8.21	5.63
安达市	3586.00	25.95	25.10	21.82	—	—
肇东市	3905.00	48.77	42.00	35.60	0.00	—
海伦市	4667.00	17.68	16.93	16.93	0.05	0.04
漠河市	18432.46	9.49	9.49	6.90	—	—
上海市	**6340.50**	**6340.50**	**1237.85**	**1944.96**	**16.96**	**8.97**
江苏省	**69964.25**	**15536.38**	**4648.33**	**4529.05**	**217.58**	**113.11**
南京市	6588.54	4226.41	822.97	802.47	49.05	20.50
无锡市	1643.88	1261.26	347.03	299.80	11.16	2.55
江阴市	988.00	198.00	125.00	124.54	3.52	1.63
宜兴市	1996.61	599.86	85.16	85.16	0.54	0.35
徐州市	3040.00	604.78	282.24	280.15	14.01	8.14
新沂市	1571.00	120.00	37.54	37.52	—	—
邳州市	2088.00	124.00	50.54	50.54	5.36	3.21
常州市	2838.65	772.51	272.85	272.61	10.36	3.37
溧阳市	1535.00	140.24	33.10	33.08	—	—
苏州市	4652.84	1523.88	477.63	476.20	9.04	8.05
常熟市	1276.32	349.40	98.00	97.69	—	—
张家港市	986.72	172.52	60.59	50.40	6.95	3.08
昆山市	931.51	148.30	72.00	67.64	—	—
太仓市	809.93	147.97	51.83	51.66	0.44	0.22
南通市	1706.00	398.00	240.58	238.48	15.07	8.50
海安市	1108.00	168.00	32.20	31.31	0.00	0.00
启东市	1208.00	50.00	34.50	34.15	5.25	3.26
如皋市	1477.00	108.16	41.60	39.21	9.32	5.69
海门市	1148.77	60.00	31.50	31.50	6.82	4.08
连云港市	2602.00	718.50	223.00	222.99	6.00	4.43
淮安市	4531.00	309.69	198.00	197.65	12.45	6.81
盐城市	5131.00	608.76	166.60	164.35	4.60	2.00
东台市	3221.00	128.50	37.90	37.84	—	—
扬州市	2358.00	415.34	178.84	178.23	3.15	1.72
仪征市	853.00	67.70	39.28	39.01	1.99	1.15
高邮市	1922.00	135.00	27.50	24.10	4.30	2.37
镇江市	1088.00	555.43	144.62	144.62	9.98	5.35
丹阳市	1047.00	154.22	36.01	36.01	2.74	1.59
扬中市	332.00	94.75	15.17	14.75	0.51	0.27

续表

地 区	市区面积	城区面积	建成区面积	城市建设用地面积	本年征用土地面积	
						耕地
句容市	1386.40	92.80	31.31	31.31	3.23	1.68
泰州市	1567.12	441.44	143.00	141.00	—	—
兴化市	2393.35	64.00	41.10	36.80	2.10	1.37
靖江市	655.58	143.00	33.98	33.64	2.20	1.31
泰兴市	1174.03	74.64	35.00	22.70	5.28	3.98
宿迁市	2108.00	359.32	100.16	99.94	12.16	6.45
浙江省	**55049.13**	**12421.76**	**3021.89**	**2935.19**	**142.64**	**72.72**
杭州市	8006.23	1726.96	648.46	611.96	32.87	16.45
建德市	2364.00	85.00	10.60	10.59	0.91	0.29
宁波市	3731.60	1380.80	354.79	396.95	10.80	7.52
余姚市	1527.00	355.00	50.54	45.71	3.04	1.25
慈溪市	1361.00	270.48	48.00	45.47	3.08	2.29
温州市	1311.00	849.26	268.04	200.19	8.47	4.25
瑞安市	1350.00	111.40	23.00	21.32	19.37	10.95
乐清市	1390.69	324.90	23.31	40.14	2.10	0.53
嘉兴市	1040.76	293.00	155.17	154.48	5.72	3.39
海宁市	862.74	150.54	54.97	50.62	2.31	1.13
平湖市	500.00	152.12	43.06	39.99	2.18	1.56
桐乡市	727.45	209.43	52.71	49.37	3.71	1.70
湖州市	1565.00	640.69	125.15	125.15	2.70	0.80
绍兴市	2942.00	684.00	242.31	243.82	6.86	3.11
诸暨市	2311.00	346.62	68.80	65.67	3.12	1.49
嵊州市	1790.00	214.70	41.40	40.11	1.90	0.94
金华市	2049.39	579.69	107.74	107.74	1.47	1.00
兰溪市	1312.54	206.30	37.59	35.27	2.08	0.94
义乌市	1105.00	419.44	108.02	108.02	5.02	2.64
东阳市	1739.00	373.00	44.33	44.32	4.88	1.97
永康市	1049.00	134.80	38.85	38.85	0.98	0.17
衢州市	2354.50	200.10	77.70	80.73	2.29	1.01
江山市	2019.03	286.46	17.80	17.80	0.95	0.62
舟山市	1026.33	578.70	66.79	55.92	0.50	0.23
台州市	1536.30	750.28	143.00	135.37	8.11	4.39
玉环市	509.57	158.20	25.23	28.64	0.76	0.28
温岭市	836.00	121.90	38.81	38.81	2.10	0.77
临海市	2171.00	360.00	48.54	45.36	0.59	0.36
丽水市	1502.00	266.13	41.58	41.58	3.16	0.36
龙泉市	3059.00	191.86	15.60	15.24	0.61	0.33
安徽省	**45649.09**	**6355.30**	**2241.50**	**2165.47**	**193.89**	**110.09**
合肥市	1312.48	1126.61	480.50	463.57	17.62	9.88

续表

地　区	市区面积	城区面积	建成区面积	城市建设用地面积	本年征用土地面积	
						耕地
巢湖市	2031.00	48.00	48.00	47.60	8.50	3.20
芜湖市	1394.70	721.70	182.91	177.52	6.36	3.91
无为市	2083.00	124.00	25.20	25.04	3.75	2.75
蚌埠市	956.93	365.48	151.00	149.34	12.10	7.63
淮南市	1689.96	469.02	106.28	105.76	5.51	4.09
马鞍山市	704.00	175.84	100.30	93.90	2.07	1.37
淮北市	754.00	210.00	89.48	95.87	9.73	5.59
铜陵市	1535.27	205.60	81.32	73.68	9.67	—
安庆市	821.20	311.50	129.50	126.55	4.34	1.62
潜山市	1686.00	107.83	19.50	18.65	1.74	1.74
桐城市	1571.04	91.56	28.10	33.76	3.06	2.14
黄山市	2376.70	461.80	71.01	57.28	1.82	0.82
滁州市	1404.31	282.60	92.32	92.32	37.31	23.45
天长市	1770.00	33.00	30.74	30.69	6.01	3.59
明光市	2335.00	40.00	28.50	26.50	5.06	3.37
阜阳市	1923.75	338.87	144.53	119.87	35.71	23.98
界首市	667.30	77.95	24.91	24.76	3.26	1.70
宿州市	2868.00	164.51	89.68	85.89	3.82	2.34
六安市	3834.00	166.12	79.50	79.50	2.29	1.31
亳州市	2226.00	86.90	72.00	72.00	2.59	0.21
池州市	2431.70	252.93	40.55	41.46	3.61	1.93
宣城市	2620.75	131.77	63.00	62.10	2.55	1.06
广德市	2165.00	41.01	31.86	31.86	3.86	1.77
宁国市	2487.00	320.70	30.81	30.00	1.55	0.64
福建省	**45734.09**	**4138.17**	**1620.74**	**1511.41**	**65.18**	**15.16**
福州市	1684.11	758.57	301.28	225.00	11.27	3.68
福清市	2030.00	224.50	53.00	52.19	0.74	—
厦门市	1700.61	397.84	397.84	382.89	21.40	—
莆田市	2290.00	248.20	98.50	97.65	3.12	2.39
三明市	1171.61	220.00	39.91	35.51	0.67	0.04
永安市	2942.00	300.00	24.87	24.87	0.14	0.03
泉州市	892.00	539.00	226.00	226.00	—	—
石狮市	178.00	48.00	39.40	39.39	0.45	0.12
晋江市	649.00	111.00	38.01	38.01	0.00	0.00
南安市	2036.00	130.00	35.60	34.46	2.18	0.68
漳州市	374.04	91.51	68.67	68.67	2.66	0.51
龙海市	1128.00	27.00	23.35	22.48	0.04	0.01
南平市	6044.76	344.72	49.46	49.46	1.25	0.19
邵武市	2836.73	95.00	25.12	25.12	1.33	0.45

续表

地　区	市区面积	城区面积	建成区面积	城市建设用地面积	本年征用土地面积	
						耕地
武夷山市	2798.00	50.00	14.74	13.50	0.80	0.25
建瓯市	4233.13	35.00	16.10	14.94	—	—
龙岩市	4901.00	200.00	73.69	67.74	4.88	0.57
漳平市	2958.00	45.00	15.00	14.76	2.04	0.83
宁德市	1537.00	107.50	42.00	40.57	10.60	4.85
福安市	1880.10	41.33	17.52	17.52	1.50	0.54
福鼎市	1470.00	124.00	20.68	20.68	0.11	0.02
江西省	**42954.34**	**2940.88**	**1607.80**	**1530.80**	**84.95**	**30.51**
南昌市	3095.36	428.40	355.67	319.17	13.88	7.35
景德镇市	580.00	198.50	101.00	99.67	2.55	0.93
乐平市	1974.00	49.20	25.47	25.46	—	—
萍乡市	1065.00	85.70	52.08	52.08	1.70	0.60
九江市	1514.25	554.00	154.48	132.58	11.75	7.37
瑞昌市	1423.11	23.67	22.88	22.88	—	—
共青城市	310.00	23.12	23.12	23.12	—	—
庐山市	764.20	12.00	12.00	11.95	—	—
新余市	1789.00	230.00	82.00	73.00	0.89	0.56
鹰潭市	1077.50	101.00	49.54	47.76	3.69	1.60
贵溪市	2480.00	90.00	33.69	33.68	5.33	2.32
赣州市	5366.24	328.24	190.47	190.37	18.07	3.58
瑞金市	2449.00	52.00	30.38	29.91	0.46	0.18
吉安市	1381.53	230.00	59.80	58.68	19.00	2.80
井冈山市	1297.50	8.90	8.90	8.70	—	—
宜春市	2532.36	115.00	88.30	88.30	—	—
丰城市	2845.00	62.60	54.50	53.55	—	—
樟树市	1290.99	46.34	31.09	31.08	2.33	1.47
高安市	2439.00	52.00	35.17	35.07	—	—
抚州市	3428.30	135.25	101.83	99.06	5.07	1.71
上饶市	1770.00	93.96	81.83	81.35	—	—
德兴市	2082.00	21.00	13.60	13.38	0.23	0.04
山东省	**92489.52**	**23206.32**	**5412.68**	**5129.91**	**140.83**	**68.09**
济南市	8367.03	2340.01	716.11	702.11	38.61	20.92
青岛市	5190.39	3089.18	758.16	651.19	10.65	4.98
胶州市	1324.00	835.40	72.00	72.00	—	—
平度市	3176.00	719.90	70.34	70.34	—	—
莱西市	1568.00	448.09	37.13	36.32	—	—
淄博市	2989.06	705.10	288.18	284.17	12.73	6.85
枣庄市	3068.38	359.10	156.24	144.18	2.42	1.37
滕州市	1495.14	107.50	60.70	58.69	3.83	1.79

续表

地　区	市区面积	城区面积	建成区面积	城市建设用地面积	本年征用土地面积	
						耕地
东营市	5525.41	1388.20	153.00	152.71	0.93	0.14
烟台市	2723.99	914.00	338.92	297.01	7.77	2.12
龙口市	901.00	104.00	45.60	44.10	—	—
莱阳市	1731.54	265.49	43.14	43.14	0.68	0.15
莱州市	1928.00	368.20	53.61	47.35	—	—
蓬莱市	1128.60	158.60	25.53	24.45	1.39	0.42
招远市	1433.17	138.00	35.50	33.28	—	—
栖霞市	2016.02	32.00	17.10	16.58	—	—
海阳市	1886.84	262.00	34.44	33.87	0.36	0.33
潍坊市	2006.00	1186.54	180.28	172.47	22.42	9.97
青州市	1569.00	300.00	52.50	51.70	—	—
诸城市	2151.00	326.40	51.80	51.76	2.33	1.10
寿光市	1990.12	328.30	46.53	46.41	2.76	1.89
安丘市	1712.00	362.00	63.57	63.57	1.59	0.97
高密市	1527.00	198.00	54.82	50.95	—	—
昌邑市	1628.00	120.00	32.50	26.84	—	—
济宁市	1647.50	883.87	245.50	205.94	—	—
曲阜市	815.00	66.00	27.00	27.00	—	—
邹城市	1616.00	97.86	48.50	48.49	1.50	0.61
泰安市	2087.00	587.63	161.04	161.04	1.29	0.12
新泰市	1933.00	496.47	69.85	69.85	—	—
肥城市	1277.00	137.10	47.39	47.39	3.27	1.37
威海市	2607.28	652.42	199.45	195.04	3.21	1.84
荣成市	1527.68	491.70	58.04	58.04	—	—
乳山市	1664.88	140.60	36.16	36.16	0.41	—
日照市	2043.09	403.70	115.70	111.40	8.52	4.41
临沂市	2656.92	1277.63	247.72	228.92	5.52	1.49
德州市	1752.40	602.00	165.00	162.77	0.90	0.73
乐陵市	1168.00	100.00	33.00	32.60	—	—
禹城市	990.00	60.00	37.77	36.00	1.32	0.90
聊城市	1444.00	439.87	119.38	117.92	0.89	0.23
临清市	950.00	262.00	31.40	31.40	—	—
滨州市	3763.08	799.90	144.10	149.95	0.92	—
邹平市	1250.00	207.00	59.00	58.90	—	—
菏泽市	2261.00	444.56	178.98	175.91	4.61	3.39
河南省	**47285.77**	**5364.36**	**2944.30**	**2785.03**	**48.98**	**26.66**
郑州市	1010.30	762.41	580.75	562.56	8.38	—
巩义市	1041.00	36.00	35.60	34.75	3.05	1.88
荥阳市	908.00	92.39	38.48	26.67	—	—

续表

地 区	市区面积	城区面积	建成区面积	城市建设用地面积	本年征用土地面积	
						耕地
新密市	1001.00	78.22	31.70	28.06	—	—
新郑市	887.00	34.30	34.10	33.90	6.91	4.87
登封市	1219.00	58.79	30.23	25.29	2.08	—
开封市	1837.00	192.25	138.15	136.79	4.20	2.81
洛阳市	593.50	331.42	255.51	250.15	2.73	1.68
偃师市	948.00	21.00	20.98	20.97	0.18	0.18
平顶山市	443.00	260.03	73.40	73.30	0.00	0.00
舞钢市	635.00	68.03	16.82	16.51	—	—
汝州市	1573.00	136.50	41.65	40.01	—	—
安阳市	543.60	153.00	88.00	87.82	0.48	—
林州市	2046.00	38.00	25.20	25.20	—	—
鹤壁市	679.00	130.42	64.15	64.14	—	—
新乡市	346.00	140.00	126.36	118.30	—	—
长垣市	1051.00	42.97	42.10	40.48	—	—
卫辉市	862.00	45.00	22.93	22.08	1.42	1.11
辉县市	2007.00	116.50	22.38	21.84	—	—
焦作市	543.60	140.00	113.30	112.96	—	—
沁阳市	624.00	34.00	21.00	20.39	—	—
孟州市	541.61	113.37	16.80	16.73	1.02	1.02
濮阳市	263.00	153.56	64.00	63.55	—	—
许昌市	1099.00	190.00	112.00	86.80	5.19	3.85
禹州市	1461.00	52.26	46.50	44.04	—	—
长葛市	650.00	75.55	27.60	25.32	2.32	1.90
漯河市	1020.00	106.82	68.49	68.49	0.00	0.00
三门峡市	1948.00	73.00	61.20	58.06	0.53	0.18
义马市	112.00	112.00	18.67	18.65	0.00	0.00
灵宝市	3011.00	29.00	23.00	22.43	0.73	0.42
南阳市	2144.57	640.77	159.80	159.48	0.94	0.66
邓州市	2294.00	40.00	38.00	33.48	—	—
商丘市	1697.00	103.00	69.00	66.29	7.35	4.78
永城市	1994.49	81.29	48.70	47.40	0.61	0.50
信阳市	3604.00	259.51	103.21	95.57	—	—
周口市	269.00	100.00	77.52	60.53	—	—
项城市	1083.00	60.00	36.56	32.47	0.86	0.82
驻马店市	1365.10	185.00	95.08	77.21	—	—
济源示范区	1931.00	78.00	55.38	46.36	—	—
湖北省	**94419.52**	**8186.15**	**2660.99**	**2646.26**	**96.63**	**46.20**
武汉市	8569.15	1452.00	812.39	864.53	15.38	8.01
黄石市	233.80	233.80	85.42	85.42	—	—

续表

地　区	市区面积	城区面积	建成区面积	城市建设用地面积	本年征用土地面积	耕地
大冶市	1566.00	276.68	32.45	32.45	1.44	0.51
十堰市	8916.00	410.50	114.90	114.90	0.00	0.00
丹江口市	3121.00	214.94	29.17	21.62	2.08	0.13
宜昌市	4234.26	541.00	179.11	179.11	11.93	2.79
宜都市	1357.00	221.50	26.84	26.84	1.09	0.64
当阳市	2149.69	220.30	24.17	22.77	2.38	1.10
枝江市	1374.42	100.00	27.07	27.04	0.92	0.44
襄阳市	3672.87	374.30	206.00	174.51	7.21	4.94
老河口市	1032.00	65.28	30.83	30.83	0.73	0.46
枣阳市	3277.00	460.00	54.20	48.95	—	—
宜城市	2115.00	48.00	27.80	27.29	0.16	0.00
鄂州市	1596.46	63.45	36.18	36.03	0.00	—
荆门市	2251.94	248.70	65.70	65.70	5.29	2.70
京山市	3537.76	34.00	30.05	30.03	—	—
钟祥市	4403.37	175.00	27.37	27.37	0.45	0.00
孝感市	1018.32	115.25	56.39	56.39	4.13	2.92
应城市	1095.61	183.78	19.41	19.41	1.67	1.11
安陆市	1353.58	91.31	19.88	20.02	0.98	0.09
汉川市	1632.00	84.60	28.00	27.90	—	—
荆州市	1576.00	93.87	93.87	93.87	10.07	5.56
石首市	1427.00	22.56	22.56	20.93	0.42	0.00
洪湖市	2519.00	41.40	20.00	19.04	1.44	0.10
松滋市	2176.93	96.00	19.85	19.73	2.10	1.03
黄冈市	362.37	59.15	59.15	59.15	1.51	0.76
麻城市	3604.00	251.27	39.80	39.69	3.23	2.31
武穴市	1241.69	31.00	30.30	30.28	—	—
咸宁市	1503.08	165.00	73.25	57.75	3.39	0.85
赤壁市	1723.00	51.20	30.67	28.65	1.26	0.61
随州市	1425.41	236.61	80.29	80.29	3.88	2.24
广水市	2645.51	73.85	33.00	32.95	0.90	0.45
恩施市	3967.30	120.00	41.28	41.28	3.16	0.20
利川市	4605.52	133.00	19.00	18.90	0.55	0.49
仙桃市	2519.06	240.00	62.56	62.56	5.45	3.11
潜江市	2004.00	632.45	58.17	58.17	—	—
天门市	2612.42	324.40	43.91	43.91	3.43	2.65
湖南省	**51429.68**	**5102.94**	**1855.94**	**1758.08**	**60.71**	**15.62**
长沙市	1199.84	1199.84	377.95	324.02	5.73	2.49
宁乡市	2906.00	345.97	67.88	61.53	9.27	3.80
浏阳市	5008.00	145.00	29.00	28.55	—	—

续表

地　区	市区面积	城区面积	建成区面积	城市建设用地面积	本年征用土地面积	
						耕地
株洲市	967.84	864.00	145.82	135.79	18.40	—
醴陵市	2158.00	113.80	30.40	30.39	—	—
湘潭市	655.53	118.41	80.04	110.49	2.63	1.03
湘乡市	1966.57	26.00	21.50	21.50	0.62	0.17
韶山市	247.30	32.00	5.11	4.99	0.45	0.30
衡阳市	518.00	189.00	137.85	134.33	2.50	0.86
耒阳市	2678.00	49.80	33.93	32.25	1.80	0.80
常宁市	2047.90	60.60	35.20	34.10	1.27	0.34
邵阳市	436.00	83.00	78.00	76.58	0.00	0.00
武冈市	1549.00	40.00	21.95	21.92	0.97	0.28
岳阳市	1412.58	167.00	114.00	100.10	0.62	—
汨罗市	1484.00	20.20	19.91	19.91	0.55	0.34
临湘市	1718.00	49.00	16.17	15.77	0.91	0.30
常德市	2797.77	332.07	105.11	105.11	3.89	2.30
津市市	558.00	71.19	17.32	17.21	0.44	0.29
张家界市	2571.29	55.20	38.89	33.62	1.47	0.75
益阳市	1853.00	109.66	82.20	75.39	3.20	1.10
沅江市	1797.00	19.73	19.32	16.71	—	—
郴州市	2158.46	580.00	78.90	78.90	—	—
资兴市	2747.00	24.63	21.46	20.37	0.23	—
永州市	3193.00	100.00	67.96	66.71	2.96	0.34
怀化市	722.80	65.00	65.00	54.16	0.58	—
洪江市	2288.50	57.83	14.90	14.84	0.36	0.13
娄底市	428.00	62.20	52.10	52.00	1.51	—
冷水江市	439.00	48.81	25.01	24.98	0.35	—
涟源市	1830.00	25.00	15.06	15.06	—	—
吉首市	1093.30	48.00	38.00	30.80	—	—
广东省	**97733.44**	**16079.29**	**6397.65**	**5896.26**	**214.53**	**130.21**
广州市	7434.40	2202.03	1324.17	722.06	24.87	8.00
韶关市	2915.96	241.95	105.08	105.08	1.86	0.71
乐昌市	2451.00	38.00	20.84	20.84	0.24	0.00
南雄市	2361.40	23.80	14.23	14.07	0.61	0.17
深圳市	1997.47	1997.47	960.45	939.51	—	—
珠海市	1736.00	761.69	152.85	390.55	0.19	0.06
汕头市	1956.00	291.81	291.81	260.83	—	—
佛山市	3800.18	557.33	161.25	144.49	3.01	0.45
江门市	1785.85	566.00	158.01	158.01	8.52	1.62
台山市	3287.80	156.77	31.60	31.44	1.11	0.04
开平市	1659.94	157.02	33.46	32.81	0.00	0.00

续表

地　区	市区面积	城区面积	建成区面积	城市建设用地面积	本年征用土地面积	
						耕地
鹤山市	1082.73	81.40	36.02	29.82	1.01	0.05
恩平市	1697.00	162.50	41.65	34.87	0.81	0.05
湛江市	1703.30	115.50	111.37	110.12	2.15	0.56
廉江市	2835.00	67.00	38.50	38.50	1.54	0.38
雷州市	3459.00	39.30	28.86	28.86	4.45	0.00
吴川市	858.50	36.90	25.60	25.50	0.06	0.00
茂名市	2748.00	167.93	123.31	95.27	14.32	3.95
高州市	3276.00	165.00	37.00	37.00	2.05	0.00
化州市	2356.52	145.46	36.60	35.90	0.57	0.04
信宜市	3101.70	64.40	27.10	27.10	0.55	0.04
肇庆市	2960.24	416.65	126.25	120.01	4.85	0.94
四会市	1163.00	50.00	28.35	28.32	—	—
惠州市	2695.60	1181.65	286.02	278.96	10.69	5.36
梅州市	3053.00	376.00	63.51	54.07	—	—
兴宁市	2104.85	57.00	28.29	28.29	0.73	0.06
汕尾市	392.91	283.16	34.16	23.77	2.27	0.00
陆丰市	1684.00	147.47	24.67	15.09	1.95	0.33
河源市	361.00	41.21	41.21	—	1.07	0.11
阳江市	2482.99	626.72	97.97	86.53	1.06	0.24
阳春市	4102.00	319.80	33.08	29.65	15.00	15.00
清远市	3687.39	311.03	82.89	73.76	1.55	0.76
英德市	5634.21	168.47	30.15	30.15	1.07	0.39
连州市	2667.55	80.00	17.10	16.11	1.19	0.24
东莞市	2460.08	2460.08	1194.31	1194.31	9.22	1.30
中山市	1783.67	257.34	147.80	140.28	89.74	88.29
潮州市	1216.27	241.02	117.50	100.15	3.95	0.33
揭阳市	1031.00	372.00	151.90	261.73	0.78	0.09
普宁市	1620.08	114.00	67.70	67.70	0.36	0.04
云浮市	1961.55	368.13	30.40	30.12	1.13	0.61
罗定市	168.30	168.30	34.63	34.63	0.00	—
广西壮族自治区	**70298.38**	**5814.43**	**1542.78**	**1493.78**	**121.51**	**37.58**
南宁市	9947.00	865.08	319.69	315.24	20.34	5.29
柳州市	3555.16	501.78	240.23	240.23	17.63	10.38
桂林市	2767.00	612.63	128.13	121.86	3.26	1.65
荔浦市	1758.62	25.00	10.87	10.25	0.55	—
梧州市	1850.20	485.01	66.34	62.50	4.82	0.08
岑溪市	2783.00	30.00	22.60	22.60	0.17	—
北海市	957.00	957.00	85.97	84.89	20.84	—
防城港市	2816.40	238.33	50.73	49.99	8.89	1.93

续表

地　区	市区面积	城区面积	建成区面积	城市建设用地面积	本年征用土地面积	耕地
东兴市	548.60	130.40	13.30	12.95	1.81	0.71
钦州市	4767.20	354.38	90.51	89.99	2.86	—
贵港市	3533.00	301.50	86.09	84.14	11.41	7.88
桂平市	4074.00	73.50	37.60	37.38	0.98	0.64
玉林市	1251.30	302.04	76.50	71.95	3.69	1.89
北流市	2457.00	135.40	28.70	27.59	3.70	0.44
百色市	3702.00	362.60	55.32	51.32	2.90	—
靖西市	3331.00	35.78	20.00	18.26	3.47	3.00
贺州市	5676.60	78.00	54.74	54.11	5.57	2.49
河池市	6209.00	124.00	44.89	41.87	0.62	0.42
来宾市	4363.00	92.00	51.92	51.43	5.46	—
合山市	350.00	20.00	7.54	7.34	0.01	—
崇左市	2951.00	50.00	38.00	26.43	1.32	—
凭祥市	650.30	40.00	13.11	11.46	1.21	0.78
海南省	**17064.20**	**1478.79**	**382.89**	**319.07**	**18.21**	**2.15**
海口市	2289.51	562.40	195.50	156.79	5.00	—
三亚市	1920.75	188.00	51.63	47.39	1.50	0.91
儋州市	3400.00	194.05	36.32	31.70	3.95	—
五指山市	1127.00	60.00	12.34	11.33	—	—
琼海市	1710.14	31.83	19.75	19.39	3.83	0.78
文昌市	2459.18	84.99	22.16	17.42	1.70	0.31
万宁市	1885.00	260.00	16.69	11.53	1.22	0.15
东方市	2272.62	97.52	28.50	23.52	1.01	—
重庆市	**43263.52**	**7659.78**	**1515.41**	**1319.16**	**97.24**	**47.92**
四川省	**85091.09**	**8609.50**	**3054.31**	**2865.85**	**183.20**	**78.31**
成都市	3639.81	1285.12	949.58	879.19	31.57	10.60
都江堰市	1208.44	102.13	38.22	37.98	0.47	0.25
彭州市	1421.36	133.80	28.35	28.35	2.10	1.08
邛崃市	1377.00	144.28	26.37	26.37	1.52	1.12
崇州市	1089.77	63.42	31.07	30.95	0.96	—
简阳市	2213.00	112.00	38.00	37.96	1.57	1.40
自贡市	1438.00	778.32	128.00	127.80	12.19	7.80
攀枝花市	2047.62	342.56	82.07	80.05	3.41	0.87
泸州市	2132.00	411.38	172.00	172.00	8.30	4.85
德阳市	1096.00	193.59	93.06	92.68	1.81	1.17
广汉市	551.00	60.50	39.30	39.30	1.59	1.19
什邡市	820.30	21.00	17.80	17.47	—	—
绵竹市	1245.00	16.52	16.52	14.88	2.42	1.90

续表

地　区	市区面积	城区面积	建成区面积	城市建设用地面积	本年征用土地面积	
						耕地
绵阳市	2751.37	602.82	162.61	162.61	7.47	3.23
江油市	2720.15	199.41	35.00	34.54	5.60	2.40
广元市	4535.00	216.70	64.25	63.31	0.02	0.02
遂宁市	1876.61	261.52	85.04	74.51	6.45	3.13
内江市	1569.00	278.93	90.21	90.21	5.46	3.82
隆昌市	794.00	57.00	25.30	25.30	—	—
乐山市	2506.00	437.18	78.31	75.33	—	—
峨眉山市	1181.00	90.20	23.26	23.02	—	—
南充市	2527.00	420.00	153.00	153.00	8.00	0.00
阆中市	1877.00	150.00	36.00	36.00	1.00	—
眉山市	1796.00	253.56	66.93	64.38	0.95	0.51
宜宾市	4775.56	185.77	152.47	136.90	5.77	4.02
广安市	1555.51	139.44	64.78	62.70	1.32	0.70
华蓥市	466.00	92.40	15.60	15.60	0.40	0.12
达州市	3146.00	157.37	115.10	88.19	0.10	—
万源市	4065.00	18.27	15.35	15.35	—	—
雅安市	1681.00	196.90	40.56	38.31	4.51	4.51
巴中市	2577.00	162.30	60.83	19.00	—	—
资阳市	1632.39	249.23	51.00	48.05	2.20	1.37
马尔康市	6639.00	369.16	5.26	4.43	65.19	22.25
康定市	11486.00	6.00	5.40	5.02	0.85	—
西昌市	2655.20	400.72	47.71	45.11	—	—
贵州省	**36217.91**	**3650.88**	**1085.52**	**1007.75**	**19.04**	**5.79**
贵阳市	2526.00	1230.00	369.00	344.96	—	—
清镇市	1386.60	51.60	26.62	21.39	—	—
六盘水市	472.33	276.64	54.20	54.19	1.74	—
盘州市	4056.00	330.60	23.80	23.37	1.60	—
遵义市	5382.00	531.51	155.27	143.78	—	—
赤水市	1851.98	75.40	21.50	18.73	—	—
仁怀市	1789.79	89.00	26.40	24.30	2.40	0.70
安顺市	2703.00	160.00	69.80	69.48	—	—
毕节市	3410.98	170.08	49.00	48.93	4.01	1.77
铜仁市	2395.94	68.00	54.02	46.27	0.71	0.31
兴义市	2915.00	104.00	49.17	48.08	5.03	2.77
兴仁市	1785.00	40.40	18.54	16.27	—	—
凯里市	1570.00	140.65	86.56	85.14	3.55	0.24
都匀市	2285.29	360.00	61.81	46.19	—	—
福泉市	1688.00	23.00	19.83	16.67	0.00	—

续表

地　区	市区面积	城区面积	建成区面积	城市建设用地面积	本年征用土地面积	
						耕地
云南省	**87343.65**	**3203.56**	**1217.60**	**1194.04**	**43.72**	**17.89**
昆明市	6194.23	1782.60	446.13	457.59	15.48	4.71
安宁市	1301.81	240.76	37.39	36.39	6.20	1.49
曲靖市	5954.82	124.28	102.89	100.37	2.68	1.56
宣威市	6053.50	50.00	38.22	38.20	0.42	0.29
玉溪市	1867.12	102.02	38.42	38.25	1.20	0.86
保山市	5011.00	68.00	37.52	37.52	—	—
腾冲市	5845.00	47.40	28.30	27.28	2.50	1.20
昭通市	2240.00	61.00	46.95	37.48	1.26	0.67
水富市	439.80	17.00	12.70	7.89	0.77	0.77
丽江市	1262.78	28.08	24.00	23.94	0.70	0.09
普洱市	3928.00	50.00	26.50	26.49	—	—
临沧市	2557.00	35.18	22.50	22.42	0.06	—
楚雄市	4433.00	51.22	49.71	49.22	0.60	0.34
个旧市	1587.00	34.60	13.16	12.51	0.37	0.09
开远市	1950.00	45.00	26.90	26.89	0.31	0.23
蒙自市	2228.00	38.85	33.63	23.40	1.77	—
弥勒市	4004.00	36.70	24.13	21.82	3.97	3.27
文山市	2887.49	42.00	39.86	39.53	1.45	1.16
景洪市	6959.00	83.63	37.77	37.77	0.71	—
大理市	1815.00	87.20	54.85	51.83	0.32	0.10
瑞丽市	1020.00	55.00	26.50	26.50	1.79	0.46
芒市	2987.00	50.00	20.52	22.91	—	—
泸水市	3204.00	11.94	11.02	10.95	0.21	0.04
香格里拉市	11614.10	61.10	18.03	16.89	0.95	0.56
西藏自治区	**47978.51**	**632.17**	**164.42**	**153.14**	**8.06**	**0.80**
拉萨市	5541.61	505.42	87.27	78.49	4.17	0.62
日喀则市	3875.00	42.00	28.60	27.95	—	—
昌都市	10808.90	18.20	8.90	7.79	0.54	0.04
林芝市	10237.00	12.50	12.50	12.40	1.25	0.14
山南市	2211.00	34.00	10.80	10.80	—	—
那曲市	15305.00	20.05	16.35	15.71	2.10	0.00
陕西省	**53039.80**	**2431.31**	**1357.51**	**1331.45**	**43.48**	**16.71**
西安市	5806.67	942.53	700.69	700.69	28.02	11.97
铜川市	2373.20	55.00	48.85	48.85	—	—
宝鸡市	3625.10	156.30	96.73	93.81	—	—
咸阳市	138.00	138.00	73.50	72.80	2.16	—
彬州市	1181.10	25.00	9.53	9.52	0.30	0.30
兴平市	454.93	67.30	22.89	22.89	—	—

续表

地　区	市区面积	城区面积	建成区面积	城市建设用地面积	本年征用土地面积	
						耕地
渭南市	2390.00	267.00	68.26	65.62	2.18	1.80
韩城市	1595.90	77.20	18.20	18.20	—	—
华阴市	675.20	65.00	18.00	17.24	—	—
延安市	6488.90	62.06	41.00	40.98	—	—
汉中市	3353.10	131.64	56.73	56.36	3.15	1.78
榆林市	11095.60	179.00	78.38	66.99	5.97	0.38
神木市	7480.70	30.00	29.50	29.48	—	—
安康市	3643.60	160.00	45.00	45.00	1.00	0.48
商洛市	2644.60	40.00	26.00	19.70	—	—
杨凌区	93.20	35.28	24.25	23.32	0.70	—
甘肃省	**88539.17**	**1977.76**	**875.72**	**897.91**	**24.20**	**9.58**
兰州市	1711.60	328.38	313.52	322.48	9.52	1.12
嘉峪关市	1224.00	342.00	70.40	105.35	—	—
金昌市	3060.24	52.30	44.45	44.45	0.00	0.00
白银市	3478.00	114.00	67.25	67.22	0.46	0.46
天水市	5861.00	60.00	56.00	56.00	—	—
武威市	5081.00	177.77	33.89	33.89	2.40	0.43
张掖市	4240.00	200.00	45.10	44.90	1.08	0.35
平凉市	1936.00	255.00	42.00	41.66	2.40	0.50
华亭市	1182.00	17.90	15.41	14.78	0.01	0.01
酒泉市	3386.00	235.00	53.90	45.00	—	—
玉门市	13500.00	15.00	12.06	11.60	0.41	0.12
敦煌市	31200.00	19.86	15.58	15.39	0.22	—
庆阳市	996.00	31.00	30.00	25.03	5.52	5.52
定西市	4226.00	35.90	25.22	24.92	1.41	0.30
陇南市	4683.00	40.00	13.80	12.78	—	—
临夏市	88.60	38.05	24.00	20.98	0.77	0.77
合作市	2685.73	15.60	13.14	11.48	—	—
青海省	**197504.60**	**696.03**	**215.19**	**202.43**	**1.98**	**0.30**
西宁市	510.00	380.00	98.00	94.57	—	—
海东市	3571.00	147.00	33.78	27.12	0.40	0.10
玉树市	15413.00	15.50	14.26	13.74	—	—
茫崖市	31173.10	7.88	6.24	4.18	0.00	0.00
格尔木市	119137.50	72.75	39.98	39.89	1.30	—
德令哈市	27700.00	72.90	22.93	22.93	0.28	0.20
宁夏回族自治区	**22201.63**	**951.50**	**489.05**	**445.83**	**7.83**	**4.32**
银川市	2310.60	562.49	190.55	190.55	1.78	1.11
灵武市	4010.00	21.10	20.21	17.66	0.06	0.05

续表

地　区	市区面积	城区面积	建成区面积	城市建设用地面积	本年征用土地面积	
						耕地
宁东能源化工基地	766.00	40.00	12.00	8.20	0.00	—
石嘴山市	2380.80	118.20	102.80	72.13	—	—
吴忠市	1414.54	60.00	56.48	56.48	1.06	0.13
青铜峡市	2438.26	32.68	32.45	31.68	0.71	0.31
固原市	3501.00	52.33	44.10	39.76	2.60	1.10
中卫市	5380.43	64.70	30.46	29.37	1.62	1.62
新疆维吾尔自治区	**220619.11**	**1792.15**	**1209.56**	**1169.03**	**18.77**	**3.99**
乌鲁木齐市	13787.90	842.09	487.88	456.24	3.50	1.82
克拉玛依市	7735.20	77.20	77.03	72.89	3.22	—
吐鲁番市	15729.20	21.87	21.85	21.85	—	—
哈密市	85035.00	71.17	52.25	52.25	—	—
昌吉市	7971.00	96.96	63.86	63.86	0.00	0.00
阜康市	8544.85	36.98	22.62	22.50	0.64	0.40
博乐市	7956.00	31.58	26.90	26.05	—	—
阿拉山口市	1204.00	27.00	10.85	10.81	0.02	0.00
库尔勒市	7267.32	125.00	98.90	98.83	6.30	0.00
阿克苏市	14400.00	65.00	65.00	58.20	1.72	—
阿图什市	16151.00	20.30	15.00	14.69	0.04	—
喀什市	1056.80	91.00	91.00	91.00	1.73	0.38
和田市	584.54	80.21	38.50	38.50	0.21	—
伊宁市	644.01	55.45	42.40	42.39	—	—
奎屯市	1171.14	59.51	30.18	30.17	—	—
霍尔果斯市	1908.55	20.00	6.84	6.74	—	—
塔城市	4356.60	21.29	17.15	20.81	1.39	1.39
乌苏市	14290.00	24.95	23.35	23.35	—	—
阿勒泰市	10826.00	24.59	18.00	17.90	—	—
新疆生产建设兵团	**12706.42**	**488.70**	**212.06**	**176.82**	**3.03**	**1.14**
石河子市	460.00	150.00	57.57	57.57	0.89	0.64
阿拉尔市	5897.17	34.32	19.72	19.72	0.70	0.50
图木舒克市	3624.35	92.70	21.18	21.18	0.00	0.00
五家渠市	761.07	58.43	33.22	23.90	—	—
北屯市	271.00	21.42	21.42	21.42	—	—
铁门关市	590.27	18.90	6.40	5.18	1.44	—
双河市	742.18	22.50	22.50	—	—	—
可克达拉市	26.04	26.04	18.96	18.96	0.00	0.00
昆玉市	334.34	64.39	11.09	8.89	—	—

数据来源：住房和城乡建设部。

表 3-93 2019 年全国按城市分城市建设用地面积

单位：平方公里

地 区	居住用地	公共管理与公共服务用地	商业服务业设施用地	工业用地	物流仓储用地	道路交通设施用地	公用设施用地	绿地与广场用地
全国	**18102.07**	**5221.26**	**4039.15**	**11478.80**	**1650.53**	**9328.65**	**1823.09**	**6664.16**
北京市	**427.92**	**173.14**	**137.26**	**263.09**	**50.88**	**271.62**	**31.60**	**116.24**
天津市	**263.32**	**75.82**	**79.51**	**237.71**	**55.22**	**151.92**	**20.16**	**114.49**
河北省	**614.67**	**150.06**	**121.26**	**257.55**	**54.62**	**314.55**	**57.71**	**329.47**
石家庄市	19.31	4.24	2.99	6.82	1.28	9.86	2.42	10.01
晋州市	4.20	1.17	1.00	2.30	0.86	3.30	0.50	1.50
新乐市	4.12	0.97	0.92	0.74	0.35	2.59	0.93	3.39
唐山市	61.53	10.86	17.00	43.77	4.35	41.58	8.35	53.52
滦州市	10.03	3.21	2.92	0.43	0.74	4.63	0.47	7.64
遵化市	7.41	1.11	0.29	2.20	0.40	5.13	1.50	7.99
迁安市	11.85	3.84	4.34	8.01	0.22	5.49	0.28	8.54
秦皇岛市	39.00	10.00	12.00	15.00	4.80	23.87	4.98	29.00
邯郸市	76.56	26.58	15.61	15.91	13.20	24.33	7.33	17.66
武安市	11.50	2.74	1.47	8.84	1.85	6.40	1.08	3.42
邢台市	42.66	7.73	6.44	17.13	2.36	20.15	2.23	9.49
南宫市	4.93	1.45	1.68	3.22	0.14	2.91	0.25	1.45
沙河市	4.37	1.41	1.01	3.04	0.57	0.70	0.94	5.46
保定市	67.53	15.98	9.63	48.05	4.49	25.56	5.83	15.71
涿州市	11.49	3.90	2.10	5.15	0.31	6.78	0.65	5.96
安国市	5.24	0.71	0.83	0.71	0.20	2.87	0.11	2.82
高碑店市	5.20	1.86	1.14	1.70	0.27	4.69	1.01	4.71
白沟新城	7.38	0.59	3.50	3.42	0.26	2.50	0.31	0.46
张家口市	25.57	7.68	4.38	6.01	1.68	21.26	3.63	26.86
承德市	18.89	7.88	4.42	10.61	1.92	11.41	1.46	17.80
平泉市	4.89	1.07	0.66	0.92	0.54	3.63	1.14	4.25
沧州市	30.81	6.31	3.68	11.40	2.12	14.53	1.34	12.88
泊头市	6.63	1.30	1.02	3.75	0.18	3.15	0.24	3.55
任丘市	17.03	4.56	3.42	4.80	1.67	7.44	2.20	8.21
黄骅市	10.00	3.68	1.70	5.22	0.94	6.25	0.60	6.92
河间市	7.01	0.90	0.75	1.31	0.45	3.61	0.71	5.98
廊坊市	23.71	3.96	3.12	7.36	3.24	13.63	2.65	13.50
霸州市	8.40	0.79	1.18	1.32	0.30	2.63	0.80	2.09
三河市	2.49	3.72	2.65	0.58	0.57	4.89	0.70	3.55
衡水市	26.38	4.90	4.05	6.68	1.64	12.04	1.38	18.13
深州市	4.55	1.45	2.10	1.90	1.10	4.17	0.38	5.15
辛集市	11.89	1.58	2.00	4.22	0.59	5.82	0.43	6.66
定州市	22.11	1.93	1.26	5.03	1.03	6.75	0.88	5.21

续表

地　区	居住用地	公共管理与公共服务用地	商业服务业设施用地	工业用地	物流仓储用地	道路交通设施用地	公用设施用地	绿地与广场用地
山西省	**447.90**	**147.45**	**88.10**	**168.61**	**51.08**	**245.02**	**42.29**	**135.95**
太原市	165.23	62.57	33.62	67.64	24.38	96.46	5.07	23.41
古交市	5.20	3.43	0.49	4.91	0.03	2.70	0.08	0.10
大同市	51.74	13.43	10.75	22.36	6.02	26.05	1.92	16.16
阳泉市	17.81	2.51	0.88	11.32	1.32	11.37	1.27	4.56
长治市	16.70	12.94	0.54	12.97	2.59	8.84	3.05	1.25
潞城市	3.84	0.82	0.56	1.10	0.07	0.95	0.13	1.03
晋城市	16.66	7.50	5.00	4.00	1.00	9.50	0.70	3.51
高平市	7.00	1.50	1.80	0.85	1.32	2.48	0.40	1.95
朔州市	12.40	4.00	5.35	0.98	1.85	10.02	1.90	12.51
怀仁市	6.65	2.02	2.04	0.48	0.34	5.47	1.94	8.55
晋中市	26.28	6.13	6.72	10.44	4.20	15.47	11.81	1.35
介休市	8.63	2.19	2.58	2.00	0.70	3.96	0.20	5.29
运城市	13.62	1.52	1.34	3.89	1.20	7.62	2.54	10.02
永济市	4.13	2.30	0.33	3.06	0.36	3.15	2.30	9.80
河津市	8.87	2.14	1.84	7.04	1.09	3.67	0.26	1.69
忻州市	11.35	3.52	3.53	1.22	0.83	6.95	0.59	8.40
原平市	6.53	1.80	0.94	3.19	0.30	1.91	0.39	2.65
临汾市	21.98	4.71	4.12	1.30	1.53	7.09	2.73	10.52
侯马市	8.03	1.97	1.59	2.23	0.87	3.96	0.31	1.47
霍州市	6.40	1.97	0.70	0.44	0.43	2.11	0.34	2.72
吕梁市	11.44	4.00	1.80	5.35	0.02	5.31	0.33	4.08
孝义市	10.33	4.46	0.98	1.76	0.62	6.48	1.49	1.90
汾阳市	7.08	0.02	0.60	0.08	0.01	3.50	2.54	3.03
内蒙古自治区	**362.73**	**104.05**	**99.23**	**147.33**	**51.28**	**215.04**	**39.65**	**151.06**
呼和浩特市	78.21	28.70	26.24	19.36	8.50	43.11	5.43	33.22
包头市	58.60	15.82	9.83	52.50	7.50	24.40	3.49	23.65
乌海市	19.45	4.15	2.28	1.68	1.02	6.73	0.47	5.00
赤峰市	32.37	4.11	5.04	13.70	7.19	21.96	7.86	11.06
通辽市	14.39	6.28	3.00	5.16	3.50	12.28	3.35	14.54
霍林郭勒市	3.00	1.81	1.78	1.22	1.15	4.25	1.10	2.79
鄂尔多斯市	26.65	9.30	15.45	3.57	0.05	34.31	0.95	13.59
呼伦贝尔市	21.06	2.75	2.06	10.60	1.13	6.91	2.03	4.92
满洲里市	8.00	3.00	1.00	2.00	1.00	8.00	2.00	2.00
牙克石市	7.03	1.65	1.57	3.44	1.12	5.30	0.25	5.45
扎兰屯市	8.71	0.60	0.50	0.30	0.30	4.01	0.40	3.43
额尔古纳市	6.25	0.75	0.88	0.69	0.20	1.02	0.28	0.42
根河市	5.18	0.40	0.03	0.80	0.20	1.28	0.10	0.71

续表

地　区	居住用地	公共管理与公共服务用地	商业服务业设施用地	工业用地	物流仓储用地	道路交通设施用地	公用设施用地	绿地与广场用地
巴彦淖尔市	15.42	4.34	3.39	5.61	4.19	10.86	2.34	4.44
乌兰察布市	17.85	6.75	9.65	7.45	1.46	6.90	3.45	7.36
丰镇市	8.05	1.75	2.96	4.38	0.98	4.00	0.38	2.31
乌兰浩特市	14.35	3.16	1.16	6.68	5.20	3.85	0.42	8.43
阿尔山市	4.30	0.43	0.90	0.27	0.34	1.50	1.77	1.89
二连浩特市	3.35	2.88	7.37	1.53	2.84	6.24	1.43	1.00
锡林浩特市	10.51	5.42	4.14	6.39	3.41	8.13	2.15	4.85
辽宁省	**910.52**	**164.53**	**185.51**	**707.14**	**84.16**	**405.94**	**68.77**	**241.56**
沈阳市	210.33	23.93	35.35	137.38	20.64	109.74	22.83	69.80
新民市	—	—	—	—	—	—	—	—
大连市	143.51	33.44	34.16	131.79	16.03	58.21	8.64	13.60
瓦房店市	12.80	3.00	4.80	9.00	0.90	0.60	0.70	4.10
庄河市	16.81	3.82	2.17	11.75	0.24	5.13	0.55	1.40
鞍山市	59.39	7.83	9.25	54.34	3.97	27.96	3.79	8.49
海城市	18.33	3.25	2.48	4.68	1.15	4.29	0.48	1.74
抚顺市	34.62	11.12	7.64	47.58	4.91	8.10	6.00	21.85
本溪市	27.96	6.80	12.72	21.90	0.93	13.76	1.88	6.45
丹东市	30.34	4.23	6.23	22.60	2.36	16.48	2.56	11.57
东港市	7.60	1.80	0.84	5.00	0.15	4.82	0.38	0.41
凤城市	11.66	1.24	0.44	3.15	0.61	3.42	0.25	0.23
锦州市	42.33	6.65	6.52	24.23	4.70	9.10	1.69	11.38
凌海市	9.48	1.30	4.50	0.57	0.36	2.50	0.30	0.42
北镇市	5.58	2.09	1.58	1.82	0.12	1.40	0.38	1.93
营口市	37.90	8.57	7.71	50.31	6.67	35.86	2.58	23.07
盖州市	9.10	1.02	2.35	6.96	0.40	5.38	0.38	3.86
大石桥市	12.83	3.17	4.74	12.80	0.44	4.50	0.45	4.75
阜新市	20.73	3.90	6.42	18.97	3.20	12.47	0.69	10.12
辽阳市	38.03	3.42	8.25	27.34	7.05	15.46	2.68	4.57
灯塔市	5.10	1.46	0.08	3.45	0.31	2.27	0.33	0.71
盘锦市	38.32	7.85	5.87	23.56	2.00	18.59	1.94	6.16
铁岭市	28.53	5.12	5.24	13.53	1.16	13.57	0.38	0.59
调兵山市	5.10	0.50	0.70	4.11	0.10	2.14	0.20	6.10
开原市	6.84	1.21	1.34	8.18	0.37	2.99	0.46	5.93
朝阳市	18.16	4.82	3.41	18.56	0.59	9.26	1.56	3.94
北票市	10.31	1.44	1.14	5.51	0.44	2.54	0.59	1.44
凌源市	12.93	0.32	0.31	6.25	0.44	1.86	2.93	0.23
葫芦岛市	19.07	5.50	5.81	28.83	3.16	12.49	2.81	13.12
兴城市	16.83	5.73	3.46	2.99	0.76	1.05	0.36	3.60

续表

地 区	居住用地	公共管理与公共服务用地	商业服务业设施用地	工业用地	物流仓储用地	道路交通设施用地	公用设施用地	绿地与广场用地
吉林	**515.70**	**111.81**	**92.62**	**300.43**	**49.94**	**222.22**	**55.41**	**142.48**
长春市	156.93	49.21	29.35	127.57	18.02	85.37	31.05	39.81
榆树市	10.31	1.24	1.47	1.52	0.92	2.56	0.40	1.90
德惠市	19.68	0.71	2.01	0.61	1.83	2.80	0.90	3.30
吉林市	60.28	11.66	12.46	56.95	5.35	26.34	3.32	17.06
蛟河市	7.54	1.68	4.26	1.66	0.70	1.58	0.47	0.61
桦甸市	9.34	1.22	0.81	3.00	0.32	2.97	1.17	0.67
舒兰市	16.30	1.30	1.00	2.40	0.10	1.61	1.05	1.54
磐石市	6.97	0.85	1.60	2.20	0.30	2.79	0.58	7.97
四平市	21.92	5.08	2.73	16.40	2.12	8.57	1.43	3.35
双辽市	8.18	1.35	1.37	6.40	0.94	2.14	0.48	1.35
辽源市	27.60	1.86	0.79	8.81	0.84	3.40	1.40	1.60
通化市	18.30	4.52	10.68	8.83	1.94	6.50	1.79	5.30
集安市	2.93	0.63	0.33	0.92	0.10	0.90	0.28	1.64
白山市	19.34	2.49	1.55	6.87	0.93	6.36	0.99	4.51
临江市	3.95	0.39	0.10	0.69	0.17	1.13	0.12	2.75
松原市	17.17	4.20	1.70	7.01	1.32	9.83	1.21	8.92
扶余市	5.79	1.53	1.03	2.19	1.34	1.94	0.60	1.57
白城市	12.15	4.59	2.87	11.75	3.49	7.94	0.71	3.10
洮南市	15.00	1.27	1.65	3.61	0.96	2.48	0.30	1.28
大安市	4.27	0.94	0.31	1.32	0.37	4.95	0.09	6.23
延吉市	12.38	4.98	2.22	5.26	1.48	9.87	0.75	5.30
图们市	3.69	0.60	0.30	1.71	0.39	2.40	0.32	1.60
敦化市	8.51	2.29	3.46	5.73	1.02	3.56	1.31	8.46
珲春市	7.39	0.82	1.26	4.39	2.00	5.09	0.24	4.04
龙井市	2.87	1.03	0.28	1.75	0.15	2.01	0.21	0.08
和龙市	5.72	0.38	0.21	1.66	0.45	2.12	0.21	0.13
公主岭市	10.21	2.81	1.68	6.98	2.00	5.93	2.97	1.24
梅河口市	14.75	0.84	0.79	0.76	0.35	5.39	0.31	1.80
长白山保护开发区管理委员会	6.23	1.34	4.35	1.48	0.04	3.69	0.75	5.37
黑龙江省	**628.56**	**159.37**	**90.72**	**357.89**	**68.64**	**260.03**	**49.85**	**158.67**
哈尔滨市	140.55	53.72	27.11	96.57	11.49	56.29	10.97	41.15
尚志市	5.14	1.44	0.50	7.74	0.60	2.26	0.74	2.90
五常市	12.24	1.21	0.73	1.84	0.37	1.58	0.15	1.95
齐齐哈尔市	42.41	17.15	5.84	32.88	3.65	16.97	4.17	3.94
讷河市	4.46	1.07	0.79	1.92	0.94	2.38	0.32	3.12
鸡西市	47.03	2.82	1.48	10.42	1.92	7.82	1.44	7.06

续表

地　区	居住用地	公共管理与公共服务用地	商业服务业设施用地	工业用地	物流仓储用地	道路交通设施用地	公用设施用地	绿地与广场用地
虎林市	4. 14	0. 78	0. 48	2. 02	0. 96	2. 12	0. 16	0. 48
密山市	8. 95	0. 62	0. 47	2. 34	1. 42	1. 89	0. 29	1. 91
鹤岗市	17. 82	2. 91	1. 75	11. 09	1. 29	6. 88	0. 87	5. 98
双鸭山市	15. 84	3. 35	4. 13	9. 35	1. 95	9. 34	1. 96	12. 17
大庆市	79. 16	34. 06	13. 94	75. 72	21. 02	68. 75	10. 73	21. 83
伊春市	39. 79	5. 68	7. 65	12. 02	2. 85	12. 42	4. 24	12. 53
铁力市	8. 56	0. 20	0. 02	1. 67	0. 92	1. 99	0. 02	2. 30
佳木斯市	27. 17	6. 42	6. 01	15. 26	2. 82	11. 37	2. 69	8. 56
同江市	3. 39	0. 95	0. 98	1. 65	0. 78	2. 02	0. 16	0. 76
富锦市	7. 57	0. 94	0. 52	1. 72	0. 65	2. 59	0. 25	1. 94
抚远市	2. 50	1. 03	0. 45	0. 28	0. 01	0. 43	0. 19	0. 14
七台河市	40. 70	1. 60	1. 00	9. 23	0. 97	10. 70	0. 70	2. 70
牡丹江市	25. 28	5. 16	3. 67	19. 45	2. 13	9. 80	1. 17	3. 54
海林市	5. 80	0. 25	2. 06	0. 80	0. 87	2. 82	0. 60	4. 50
宁安市	4. 90	0. 63	0. 18	2. 45	0. 32	0. 69	1. 74	0. 31
穆棱市	3. 39	0. 86	0. 87	0. 92	0. 35	1. 58	0. 16	1. 93
绥芬河市	4. 82	1. 58	1. 08	5. 55	0. 93	4. 00	1. 03	1. 90
东宁市	6. 83	1. 15	0. 85	3. 07	0. 23	1. 80	0. 13	0. 53
黑河市	5. 50	3. 94	1. 36	2. 13	1. 15	2. 12	0. 89	2. 91
北安市	4. 51	1. 10	1. 61	6. 14	2. 73	3. 99	0. 42	2. 47
五大连池市	1. 36	0. 30	0. 39	1. 04	0. 68	0. 95	0. 15	0. 75
绥化市	18. 87	3. 02	2. 19	12. 16	1. 46	3. 95	0. 47	2. 29
安达市	10. 45	1. 57	0. 75	5. 13	1. 35	1. 83	0. 39	0. 35
肇东市	20. 00	2. 00	1. 04	2. 00	1. 10	3. 10	2. 16	4. 20
海伦市	7. 09	1. 18	0. 52	2. 14	0. 52	4. 66	0. 42	0. 40
漠河市	2. 34	0. 68	0. 30	1. 19	0. 21	0. 94	0. 07	1. 17
上海市	**549. 77**	**153. 19**	**124. 66**	**537. 74**	**52. 31**	**139. 05**	**247. 48**	**140. 76**
江苏省	**1310. 64**	**334. 50**	**337. 79**	**964. 45**	**108. 08**	**742. 47**	**110. 85**	**620. 27**
南京市	223. 82	64. 39	59. 77	93. 87	19. 72	163. 72	18. 81	158. 37
无锡市	91. 80	20. 40	27. 36	71. 44	6. 25	45. 27	3. 79	33. 49
江阴市	46. 54	2. 85	7. 93	25. 98	3. 00	16. 67	5. 84	15. 73
宜兴市	24. 26	4. 84	5. 93	27. 61	0. 77	12. 16	1. 70	7. 89
徐州市	91. 66	19. 11	22. 73	49. 97	4. 58	48. 52	7. 78	35. 80
新沂市	13. 66	5. 45	1. 32	7. 30	1. 18	2. 59	3. 78	2. 24
邳州市	20. 93	4. 35	1. 68	10. 41	0. 32	6. 06	1. 56	5. 23
常州市	60. 73	17. 24	16. 49	89. 53	6. 74	40. 97	5. 41	35. 50
溧阳市	9. 63	2. 82	2. 27	7. 17	0. 69	6. 20	1. 15	3. 15
苏州市	138. 72	32. 30	34. 83	128. 83	8. 08	67. 96	9. 44	56. 04

续表

地 区	居住用地	公共管理与公共服务用地	商业服务业设施用地	工业用地	物流仓储用地	道路交通设施用地	公用设施用地	绿地与广场用地
常熟市	35.03	3.87	12.80	13.13	1.34	15.16	1.72	14.64
张家港市	19.30	4.48	3.78	2.29	0.24	9.36	0.55	10.40
昆山市	22.31	5.00	2.39	15.05	1.63	7.79	4.34	9.13
太仓市	10.51	1.48	2.81	10.44	0.37	4.93	1.15	19.97
南通市	73.18	16.40	16.86	60.69	7.56	37.40	2.68	23.71
海安市	6.73	3.56	2.01	5.93	3.17	3.20	2.00	4.71
启东市	8.52	2.89	4.28	7.01	0.83	5.20	1.29	4.13
如皋市	9.82	2.68	3.08	9.42	0.27	7.58	0.59	5.77
海门市	10.36	1.76	2.20	3.18	0.35	6.71	2.80	4.14
连云港市	80.14	15.82	19.15	52.10	12.27	30.03	4.60	8.88
淮安市	44.03	22.75	18.63	36.00	4.10	36.96	2.18	33.00
盐城市	43.18	12.66	9.27	39.04	3.26	30.11	3.39	23.44
东台市	9.37	2.70	5.80	2.08	2.10	7.29	0.52	7.98
扬州市	49.01	11.11	12.25	38.84	1.92	31.45	2.89	30.76
仪征市	8.43	2.20	1.29	12.01	2.17	4.40	0.97	7.54
高邮市	6.51	2.29	1.46	2.80	0.94	4.41	1.54	4.15
镇江市	41.24	9.53	7.36	40.20	5.62	18.87	5.59	16.21
丹阳市	7.39	5.73	7.24	8.60	0.80	1.04	4.22	0.99
扬中市	4.03	0.99	0.93	2.96	0.43	2.57	0.64	2.20
句容市	11.48	1.56	2.08	6.34	0.30	5.62	0.22	3.71
泰州市	32.90	16.43	11.93	33.96	4.17	29.64	5.55	6.42
兴化市	12.73	2.42	1.92	11.14	0.22	5.95	0.35	2.07
靖江市	11.58	0.68	0.56	3.05	0.19	4.50	0.16	12.92
泰兴市	8.40	1.52	0.47	6.57	0.71	4.14	0.16	0.73
宿迁市	22.71	10.24	6.93	29.51	1.79	18.04	1.49	9.23
浙江省	**884.79**	**252.47**	**201.60**	**678.49**	**60.33**	**510.30**	**66.56**	**280.65**
杭州市	188.45	74.69	36.14	124.38	6.30	127.73	10.59	43.68
建德市	2.10	1.08	1.05	0.05	0.03	2.62	0.21	3.45
宁波市	90.61	30.88	22.63	132.03	19.40	66.13	5.79	29.48
余姚市	19.01	2.88	2.43	12.74	0.15	6.97	0.32	1.21
慈溪市	20.95	3.39	2.65	9.18	0.12	5.31	0.43	3.44
温州市	55.99	15.81	38.17	6.72	7.56	39.71	11.28	24.95
瑞安市	9.11	2.28	1.94	0.36	0.51	4.25	0.18	2.69
乐清市	11.93	2.01	4.19	0.88	0.92	10.52	0.63	9.06
嘉兴市	41.12	13.31	11.57	34.63	5.35	24.00	1.84	22.66
海宁市	16.84	3.97	3.86	11.07	0.13	6.62	0.33	7.80
平湖市	13.13	3.69	1.89	9.75	0.79	6.01	0.35	4.38
桐乡市	16.54	3.41	3.80	13.13	0.56	6.73	0.43	4.77

续表

地 区	居住用地	公共管理与公共服务用地	商业服务业设施用地	工业用地	物流仓储用地	道路交通设施用地	公用设施用地	绿地与广场用地
湖州市	39.01	8.91	9.59	31.41	1.37	26.83	2.13	5.90
绍兴市	82.62	14.99	18.12	65.48	3.80	32.68	8.88	17.25
诸暨市	25.82	6.04	3.60	17.15	0.90	10.00	0.64	1.52
嵊州市	10.75	2.52	2.21	14.08	0.33	5.64	1.05	3.53
金华市	34.06	9.72	5.23	25.01	1.01	18.89	1.10	12.72
兰溪市	11.41	2.18	1.33	13.48	0.22	3.70	0.37	2.58
义乌市	32.57	7.60	7.23	14.84	2.83	24.11	0.99	17.85
东阳市	12.90	1.55	0.77	13.35	0.75	6.23	1.37	7.40
永康市	9.47	2.73	0.64	15.40	0.82	6.53	1.66	1.60
衢州市	18.19	6.13	3.43	27.93	2.02	13.24	2.47	7.32
江山市	5.03	1.43	1.80	2.05	0.72	3.71	0.51	2.55
舟山市	20.88	7.52	3.58	6.29	0.47	8.32	1.35	7.51
台州市	43.35	9.47	5.20	34.50	0.85	19.97	2.47	19.56
玉环市	10.70	1.96	0.80	10.05	0.20	3.72	0.52	0.69
温岭市	15.12	1.51	2.80	8.02	0.50	5.69	1.55	3.62
临海市	10.35	3.14	2.05	15.97	1.19	6.44	1.69	4.53
丽水市	13.18	6.32	2.48	4.36	0.35	4.78	5.24	4.87
龙泉市	3.60	1.35	0.42	4.20	0.18	3.22	0.19	2.08
安徽省	**672.11**	**166.87**	**157.49**	**437.53**	**47.76**	**351.92**	**60.48**	**271.31**
合肥市	143.86	47.38	35.86	84.82	5.06	66.53	7.62	72.44
巢湖市	16.20	4.00	9.00	2.40	0.80	3.40	3.00	8.80
芜湖市	40.40	6.60	16.42	16.00	4.10	38.70	12.00	43.30
无为市	7.00	2.05	3.20	1.20	0.56	3.20	0.45	7.38
蚌埠市	50.11	11.03	6.97	26.25	10.01	24.26	11.24	9.47
淮南市	46.40	9.51	7.72	18.65	1.00	18.00	1.16	3.32
马鞍山市	22.90	7.65	4.70	34.23	2.00	13.75	1.43	7.24
淮北市	34.39	7.06	9.06	19.40	2.96	11.54	1.74	9.72
铜陵市	20.60	6.53	4.49	23.90	1.50	9.77	1.01	5.88
安庆市	39.13	9.71	10.18	27.80	2.92	16.71	2.98	17.12
潜山市	7.50	1.14	0.91	3.77	0.13	2.70	0.42	2.08
桐城市	6.22	3.07	4.55	10.77	0.42	4.30	1.18	3.25
黄山市	20.87	3.53	4.20	10.15	0.58	9.84	1.29	6.82
滁州市	27.13	5.96	3.81	25.72	1.86	18.24	3.44	6.16
天长市	9.23	1.56	1.99	8.94	0.18	5.65	0.34	2.80
明光市	6.82	2.80	1.07	6.68	0.65	4.70	0.62	3.16
阜阳市	46.52	8.11	5.61	20.71	1.43	23.37	0.51	13.61
界首市	6.03	1.58	1.02	4.67	0.14	2.85	0.18	8.29
宿州市	27.85	3.72	4.58	18.16	4.18	16.50	2.34	8.56

续表

地　区	居住用地	公共管理与公共服务用地	商业服务业设施用地	工业用地	物流仓储用地	道路交通设施用地	公用设施用地	绿地与广场用地
六安市	25.87	5.46	4.86	13.49	1.86	12.13	2.67	13.16
亳州市	19.80	6.20	8.20	14.30	2.40	14.40	1.70	5.00
池州市	15.09	4.00	2.64	6.25	1.38	7.79	0.90	3.41
宣城市	15.48	4.65	3.35	17.67	0.84	13.05	1.20	5.86
广德市	8.01	2.01	1.63	9.76	0.68	6.28	0.31	3.18
宁国市	8.70	1.56	1.47	11.84	0.12	4.26	0.75	1.30
福建省	**504.58**	**142.90**	**101.83**	**289.23**	**31.77**	**238.09**	**42.65**	**160.36**
福州市	96.05	24.40	13.07	31.49	3.09	37.72	3.40	15.78
福清市	14.61	4.70	1.91	11.80	0.82	12.69	0.47	5.19
厦门市	104.05	33.58	24.80	89.75	9.79	67.71	9.54	43.67
莆田市	49.22	8.22	3.40	15.71	1.70	14.02	0.92	4.46
三明市	10.79	2.81	1.30	11.15	1.32	5.49	0.66	1.99
永安市	8.44	1.74	0.97	3.01	0.82	3.50	0.43	5.96
泉州市	78.00	24.91	27.81	44.80	5.64	22.19	3.65	19.00
石狮市	8.52	8.25	2.59	4.73	1.26	6.89	2.59	4.56
晋江市	11.00	3.25	1.85	3.81	0.20	9.00	5.00	3.90
南安市	10.12	1.32	3.76	2.90	0.65	4.66	5.69	5.36
漳州市	23.83	5.11	3.14	17.13	0.54	9.22	0.66	9.04
龙海市	6.02	1.46	1.62	0.39	0.39	3.93	1.50	7.17
南平市	16.64	4.93	2.40	12.13	0.93	4.77	1.08	6.58
邵武市	6.69	1.71	0.49	8.05	0.94	2.67	0.85	3.72
武夷山市	4.14	1.40	1.66	1.04	0.01	2.40	0.10	2.75
建瓯市	6.10	1.12	0.81	2.94	0.17	2.20	0.13	1.47
龙岩市	21.27	6.81	4.52	8.77	1.17	13.49	2.02	9.69
漳平市	3.52	0.82	0.94	4.30	0.02	2.70	0.72	1.74
宁德市	13.32	3.62	1.96	9.51	1.05	6.67	0.90	3.54
福安市	4.64	1.17	1.14	2.79	0.68	2.90	1.16	3.04
福鼎市	7.61	1.57	1.69	3.03	0.58	3.27	1.18	1.75
江西省	**462.21**	**159.77**	**107.70**	**286.55**	**31.47**	**240.68**	**44.60**	**197.82**
南昌市	96.30	45.55	23.42	61.10	4.35	48.55	6.85	33.05
景德镇市	44.22	12.25	8.63	25.54	1.64	7.29	0.03	0.07
乐平市	6.33	3.24	3.31	5.61	0.99	2.06	0.97	2.95
萍乡市	18.53	5.55	2.07	8.70	0.96	10.36	0.66	5.25
九江市	42.09	9.63	8.54	29.86	2.34	19.19	5.92	15.01
瑞昌市	10.02	2.36	0.91	3.48	0.69	2.12	1.56	1.74
共青城市	5.45	1.55	1.62	2.60	0.65	3.30	1.35	6.60
庐山市	2.20	0.90	0.80	2.30	0.20	2.90	0.35	2.30
新余市	21.31	3.90	3.21	8.15	0.84	12.91	1.27	21.41

续表

地　区	居住用地	公共管理与公共服务用地	商业服务业设施用地	工业用地	物流仓储用地	道路交通设施用地	公用设施用地	绿地与广场用地
鹰潭市	13.99	3.76	3.57	8.64	1.72	8.73	1.01	6.34
贵溪市	8.01	2.29	1.83	12.28	0.58	4.78	1.26	2.65
赣州市	50.95	20.87	13.50	30.20	4.11	31.05	6.95	32.74
瑞金市	8.72	2.48	4.56	1.74	1.36	6.03	2.14	2.88
吉安市	14.80	9.70	3.05	15.40	1.54	8.23	0.60	5.36
井冈山市	2.32	1.05	1.80	0.90	0.18	1.31	0.10	1.04
宜春市	22.53	6.07	7.57	12.56	3.91	17.56	4.19	13.91
丰城市	10.82	3.85	3.35	20.67	1.25	6.92	1.82	4.87
樟树市	8.39	3.88	4.54	3.08	0.90	6.43	0.83	3.03
高安市	7.49	5.20	1.45	5.66	0.73	7.06	1.09	6.39
抚州市	32.61	8.70	5.49	22.80	1.81	14.67	1.63	11.35
上饶市	30.43	5.66	3.18	3.88	0.39	17.63	3.60	16.58
德兴市	4.70	1.33	1.30	1.40	0.33	1.60	0.42	2.30
山东省	**1521.82**	**514.46**	**375.25**	**1113.38**	**153.21**	**727.16**	**138.57**	**586.06**
济南市	205.44	92.85	59.78	135.67	11.72	108.76	17.51	70.38
青岛市	163.12	52.26	48.08	191.40	35.91	94.03	8.86	57.53
胶州市	17.16	6.79	3.26	21.89	3.69	9.78	3.75	5.68
平度市	27.58	6.09	3.10	21.37	0.35	7.50	0.60	3.75
莱西市	13.35	3.64	1.11	8.03	2.31	3.70	0.93	3.25
淄博市	98.76	19.84	17.82	80.68	7.05	35.51	5.74	18.77
枣庄市	60.32	13.31	12.26	27.41	2.27	16.65	2.32	9.64
滕州市	28.83	5.84	4.93	12.43	—	1.31	3.68	1.67
东营市	41.99	20.00	14.48	31.44	3.84	12.68	11.51	16.77
烟台市	73.28	38.49	23.17	63.72	15.83	35.21	12.51	34.80
龙口市	11.95	5.15	5.77	2.24	2.35	8.24	2.10	6.30
莱阳市	19.54	7.35	7.47	1.75	0.38	2.50	1.30	2.85
莱州市	16.75	3.94	3.32	11.33	1.01	6.53	0.41	4.06
蓬莱市	7.52	4.00	4.51	0.68	1.89	3.32	0.43	2.10
招远市	10.08	1.75	3.25	8.46	0.09	4.74	0.05	4.86
栖霞市	4.36	1.34	1.98	3.74	0.60	2.46	0.24	1.86
海阳市	11.24	2.90	2.00	5.30	0.63	2.13	2.03	7.64
潍坊市	57.12	12.91	12.02	33.10	5.67	25.25	6.00	20.40
青州市	14.30	4.10	4.40	6.60	0.50	10.70	1.50	9.60
诸城市	16.42	4.64	3.88	9.74	3.42	5.16	1.63	6.87
寿光市	10.60	2.77	2.63	5.24	0.10	6.99	0.10	17.98
安丘市	16.19	4.92	3.18	18.39	1.70	9.39	3.17	6.63
高密市	16.30	6.05	0.17	12.17	2.98	0.77	5.12	7.39
昌邑市	7.47	4.36	0.97	5.82	0.70	5.52	0.20	1.80

续表

地 区	居住用地	公共管理与公共服务用地	商业服务业设施用地	工业用地	物流仓储用地	道路交通设施用地	公用设施用地	绿地与广场用地
济宁市	66.88	14.50	17.15	51.45	5.30	31.25	1.63	17.78
曲阜市	7.00	3.00	2.00	4.90	0.60	2.50	3.00	4.00
邹城市	14.14	7.63	2.75	7.65	2.00	5.95	1.75	6.62
泰安市	52.70	16.60	15.02	39.25	1.64	23.19	2.37	10.27
新泰市	16.30	4.80	12.16	1.57	2.61	7.97	4.44	20.00
肥城市	21.71	2.83	3.47	5.78	0.66	5.95	1.13	5.86
威海市	55.12	14.41	14.39	59.90	3.33	31.02	1.82	15.05
荣成市	14.55	3.63	4.08	7.86	1.50	9.40	1.22	15.80
乳山市	8.11	4.84	2.18	5.77	1.11	5.93	1.42	6.80
日照市	36.23	7.76	7.52	21.35	1.69	26.45	0.99	9.41
临沂市	61.28	25.40	12.16	36.91	8.82	26.62	10.88	46.85
德州市	44.36	27.31	1.72	43.64	3.26	23.74	2.68	16.06
乐陵市	5.00	5.50	2.00	3.80	1.60	7.30	3.70	3.70
禹城市	12.01	1.40	1.33	14.36	0.87	3.88	0.32	1.83
聊城市	30.92	9.85	10.64	21.06	3.22	21.52	0.80	19.91
临清市	10.00	4.06	0.91	5.20	1.15	4.59	0.63	4.86
滨州市	37.60	15.56	5.71	33.92	3.03	23.04	3.53	27.56
邹平市	12.50	1.90	2.74	16.05	1.06	10.56	3.30	10.79
菏泽市	65.74	18.19	13.78	14.36	4.77	37.47	1.27	20.33
河南省	**841.48**	**295.19**	**143.49**	**352.80**	**76.16**	**446.55**	**101.82**	**527.54**
郑州市	141.53	80.34	20.83	46.72	21.56	100.42	22.66	128.50
巩义市	9.45	3.82	1.54	6.25	0.82	4.85	0.56	7.46
荥阳市	9.00	2.60	1.00	6.22	0.70	3.81	0.70	2.64
新密市	7.80	1.20	2.00	3.36	1.20	4.40	4.60	3.50
新郑市	9.60	4.28	3.56	3.00	0.85	4.47	0.75	7.39
登封市	12.19	3.50	1.30	0.49	0.23	3.00	0.08	4.50
开封市	42.60	16.47	7.77	26.38	2.82	21.10	5.02	14.63
洛阳市	89.25	18.95	11.60	41.18	5.18	37.77	3.76	42.46
偃师市	5.50	1.20	2.10	3.40	0.70	3.02	1.10	3.95
平顶山市	28.50	2.89	2.50	8.54	1.27	12.43	1.35	15.82
舞钢市	3.34	1.84	0.18	3.76	0.10	2.49	0.93	3.87
汝州市	13.00	2.50	3.00	4.73	1.18	6.20	0.42	8.98
安阳市	26.43	10.30	3.24	7.21	3.20	17.44	3.15	16.85
林州市	10.05	2.58	0.95	1.46	0.35	3.79	0.28	5.74
鹤壁市	15.09	5.35	4.17	15.40	1.01	10.15	1.50	11.47
新乡市	42.87	11.62	6.91	11.32	2.12	13.48	2.91	27.07
长垣市	11.56	3.18	2.12	7.91	0.38	6.77	0.59	7.97
卫辉市	7.27	2.09	1.52	3.83	0.50	2.58	1.01	3.28

续表

地　区	居住用地	公共管理与公共服务用地	商业服务业设施用地	工业用地	物流仓储用地	道路交通设施用地	公用设施用地	绿地与广场用地
辉县市	10.86	1.36	0.33	1.75	0.50	3.18	0.48	3.38
焦作市	37.14	13.00	5.00	24.00	1.02	14.19	1.56	17.05
沁阳市	7.09	1.40	1.32	0.58	1.19	4.00	1.44	3.37
孟州市	5.35	0.82	0.94	1.40	0.25	4.03	0.61	3.33
濮阳市	22.95	3.60	5.30	4.62	1.51	9.92	2.20	13.45
许昌市	23.16	7.38	5.29	10.47	2.12	15.99	7.39	15.00
禹州市	12.60	4.79	2.08	7.91	1.87	6.32	0.70	7.77
长葛市	4.58	2.70	0.95	4.00	0.90	5.45	0.24	6.50
漯河市	17.03	4.41	2.31	5.92	2.34	12.39	7.83	16.26
三门峡市	29.21	6.04	4.01	9.46	1.06	6.65	0.69	0.94
义马市	3.61	2.05	0.81	3.11	0.60	3.06	0.53	4.88
灵宝市	5.20	3.39	0.85	4.70	0.55	2.95	1.19	3.60
南阳市	47.22	22.51	8.95	24.10	4.57	27.50	5.92	18.71
邓州市	8.56	0.54	3.25	5.96	1.20	7.24	0.84	5.89
商丘市	11.19	6.20	1.82	1.39	0.70	11.30	3.13	30.56
永城市	12.46	4.92	4.65	3.82	0.50	8.87	2.32	9.86
信阳市	28.17	13.66	3.14	16.85	3.10	9.33	1.02	20.30
周口市	16.95	5.92	5.85	5.65	3.25	11.25	4.02	7.64
项城市	10.09	3.95	1.60	2.08	2.08	5.14	1.73	5.80
驻马店市	26.84	8.17	6.41	6.27	1.56	12.13	4.73	11.10
济源示范区	16.19	3.67	2.34	7.60	1.12	7.49	1.88	6.07
湖北省	**801.03**	**242.51**	**157.79**	**624.58**	**72.90**	**429.38**	**91.80**	**226.27**
武汉市	270.46	95.37	44.15	217.95	26.16	134.01	28.31	48.12
黄石市	24.59	5.80	2.35	24.37	0.80	17.97	1.51	8.03
大冶市	8.42	2.50	1.39	5.07	—	5.31	1.25	8.51
十堰市	33.12	12.71	4.40	33.89	3.48	12.90	4.21	10.19
丹江口市	7.59	2.05	1.18	6.20	0.12	3.08	0.68	0.72
宜昌市	49.73	12.43	9.76	39.38	8.17	30.95	11.81	16.88
宜都市	6.21	3.07	2.19	3.80	0.83	4.77	4.90	1.07
当阳市	4.27	0.46	0.61	8.62	0.48	3.65	1.32	3.36
枝江市	7.36	1.03	2.27	6.64	0.69	4.37	1.21	3.47
襄阳市	47.63	15.41	12.49	52.31	2.82	31.68	4.37	7.80
老河口市	10.23	1.35	2.14	8.09	1.00	4.98	1.01	2.03
枣阳市	13.70	3.56	4.71	17.12	1.07	7.29	0.50	1.00
宜城市	8.77	1.91	1.37	5.27	0.67	4.77	0.57	3.96
鄂州市	8.06	2.57	1.62	2.50	1.08	4.69	1.80	13.71
荆门市	14.02	5.84	4.10	12.21	1.56	12.33	4.60	11.04
京山市	8.02	2.12	1.30	7.06	0.69	6.99	0.65	3.20

续表

地　区	居住用地	公共管理与公共服务用地	商业服务业设施用地	工业用地	物流仓储用地	道路交通设施用地	公用设施用地	绿地与广场用地
钟祥市	6.33	1.65	0.78	4.95	1.87	5.50	0.35	5.94
孝感市	16.33	3.79	4.41	14.35	2.03	10.72	0.67	4.09
应城市	6.31	2.50	1.69	3.06	0.82	2.72	0.59	1.72
安陆市	7.93	0.57	0.66	2.74	0.76	4.80	0.94	1.62
汉川市	8.61	3.70	6.64	2.67	1.34	3.89	0.51	0.54
荆州市	24.42	10.46	5.30	21.70	2.14	15.80	2.76	11.29
石首市	6.29	1.14	5.32	1.62	1.01	3.28	0.64	1.63
洪湖市	4.30	0.40	1.31	3.21	0.22	4.00	2.20	3.40
松滋市	6.42	2.29	1.40	4.31	0.23	2.81	0.25	2.02
黄冈市	18.87	6.20	2.51	16.44	0.11	12.93	0.27	1.82
麻城市	9.30	3.12	3.99	7.58	1.16	8.48	0.53	5.53
武穴市	9.40	4.00	1.20	2.00	1.60	6.03	2.10	3.95
咸宁市	25.71	2.79	2.07	14.47	0.45	6.60	0.31	5.35
赤壁市	10.30	1.10	1.56	5.81	1.22	4.47	1.84	2.35
随州市	31.55	5.50	3.88	21.59	1.31	10.35	1.21	4.90
广水市	13.45	3.22	2.70	5.00	0.76	6.57	0.80	0.45
恩施市	11.20	5.70	4.30	5.90	2.00	3.50	1.70	6.98
利川市	5.20	1.20	1.40	1.60	0.90	2.00	1.58	5.02
仙桃市	26.58	4.21	2.23	12.55	1.29	10.16	2.28	3.26
潜江市	17.41	7.16	5.55	11.77	1.41	8.73	0.84	5.30
天门市	12.94	3.63	2.86	10.78	0.65	6.30	0.73	6.02
湖南省	**643.16**	**199.29**	**115.51**	**276.42**	**40.56**	**238.52**	**74.72**	**169.90**
长沙市	122.95	38.86	20.07	31.61	7.44	58.78	4.12	40.19
宁乡市	20.10	4.42	3.14	19.63	0.60	5.08	0.50	8.06
浏阳市	8.60	2.80	2.10	2.10	0.90	1.20	1.35	9.50
株洲市	55.06	15.78	3.90	33.33	0.00	27.72	0.00	0.00
醴陵市	11.92	5.23	2.35	5.71	1.06	1.76	0.04	2.32
湘潭市	42.92	14.66	3.78	28.58	2.86	13.69	0.72	3.28
湘乡市	8.11	1.71	1.71	4.60	0.61	3.32	0.42	1.02
韶山市	1.20	0.54	0.78	0.80	—	0.62	0.26	0.79
衡阳市	45.92	14.20	7.70	29.70	3.10	21.50	3.90	8.31
耒阳市	11.50	6.50	1.60	4.50	1.40	2.10	1.35	3.30
常宁市	16.25	2.96	3.12	2.89	0.30	5.78	0.14	2.66
邵阳市	28.52	9.52	5.23	4.85	3.21	6.35	5.38	13.52
武冈市	7.45	3.08	3.02	1.18	1.07	2.18	1.72	2.22
岳阳市	27.85	11.20	6.89	19.98	4.18	4.52	12.13	13.35
汨罗市	6.23	1.84	1.63	4.35	0.12	3.44	0.49	1.81
临湘市	6.09	1.20	0.87	3.75	0.08	2.12	0.19	1.47

续表

地　区	居住用地	公共管理与公共服务用地	商业服务业设施用地	工业用地	物流仓储用地	道路交通设施用地	公用设施用地	绿地与广场用地
常德市	33.99	10.67	8.51	17.73	2.48	18.95	2.73	10.05
津市市	5.34	1.77	0.44	4.92	0.74	2.01	0.59	1.40
张家界市	16.15	2.00	5.38	2.98	0.61	5.07	0.61	0.82
益阳市	29.11	11.00	3.70	6.33	—	2.90	16.55	5.80
沅江市	9.32	1.38	0.30	0.58	—	0.52	2.51	2.10
郴州市	32.97	6.72	3.74	6.94	1.71	16.87	1.35	8.60
资兴市	6.52	1.19	0.87	7.74	0.56	1.13	0.24	2.12
永州市	16.34	5.73	7.11	8.02	2.28	9.83	8.35	9.05
怀化市	19.46	8.01	8.69	2.21	2.08	8.73	0.62	4.36
洪江市	4.70	1.12	0.21	1.83	0.38	1.83	1.11	3.66
娄底市	16.45	5.99	4.95	11.52	1.28	3.56	3.57	4.68
冷水江市	7.64	1.01	1.32	4.66	0.41	4.06	2.20	3.68
涟源市	4.50	2.70	2.10	2.40	0.40	1.40	0.68	0.88
吉首市	20.00	5.50	0.30	1.00	0.70	1.50	0.90	0.90
广东省	**1860.67**	**442.95**	**396.52**	**1554.60**	**110.68**	**1084.14**	**101.06**	**345.64**
广州市	223.18	111.70	58.42	194.34	21.07	79.22	7.17	26.96
韶关市	35.91	10.40	5.41	28.80	2.31	12.30	1.04	8.91
乐昌市	7.61	1.85	2.18	4.44	0.34	1.20	0.44	2.78
南雄市	5.11	1.06	0.94	3.12	0.14	0.85	0.18	2.67
深圳市	212.93	37.72	60.65	273.42	20.24	237.88	24.00	72.67
珠海市	118.39	33.12	39.87	90.68	4.46	94.63	4.13	5.27
汕头市	119.59	14.79	12.23	55.24	4.63	40.35	5.69	8.31
佛山市	43.02	12.32	13.59	40.28	6.06	16.80	3.53	8.89
江门市	30.97	8.99	6.91	64.37	0.63	28.73	2.27	15.14
台山市	11.42	2.46	1.88	5.32	0.05	6.14	0.20	3.97
开平市	14.65	1.45	2.09	10.31	0.10	2.18	0.27	1.76
鹤山市	11.12	3.73	0.63	4.15	0.75	4.96	0.70	3.78
恩平市	13.53	2.15	0.96	11.88	0.12	3.93	0.78	1.52
湛江市	43.05	11.58	13.70	4.15	4.18	15.05	2.00	16.41
廉江市	15.18	3.22	1.93	4.80	1.16	8.41	0.31	3.49
雷州市	9.69	2.91	6.60	0.66	0.75	2.18	3.34	2.73
吴川市	10.20	1.55	2.05	1.75	0.85	2.12	1.35	5.63
茂名市	33.33	7.11	3.80	21.32	1.93	16.20	2.52	9.06
高州市	14.41	3.60	1.79	6.41	1.01	4.25	0.64	4.89
化州市	11.49	1.54	1.35	3.37	0.86	7.89	0.90	8.50
信宜市	10.05	0.85	1.75	2.30	0.45	1.35	3.40	6.95
肇庆市	37.45	11.26	7.15	31.96	2.27	22.04	1.24	6.64
四会市	9.70	1.50	2.53	7.85	0.86	4.75	0.82	0.31

续表

地 区	居住用地	公共管理与公共服务用地	商业服务业设施用地	工业用地	物流仓储用地	道路交通设施用地	公用设施用地	绿地与广场用地
惠州市	89.10	17.63	18.35	70.08	6.31	35.65	9.17	32.67
梅州市	23.18	6.07	4.62	5.02	0.32	8.10	0.54	6.22
兴宁市	9.46	2.13	2.50	0.70	1.35	3.37	0.70	8.08
汕尾市	9.87	1.94	1.78	4.25	0.27	3.04	0.72	1.90
陆丰市	4.91	1.29	0.78	3.38	0.02	3.29	0.20	1.22
河源市	—	—	—	—	—	—	—	—
阳江市	29.71	5.73	5.68	18.28	0.52	12.79	0.84	12.98
阳春市	16.00	1.00	2.00	4.81	0.39	4.74	0.61	0.10
清远市	29.52	12.12	2.50	9.65	1.79	15.26	0.59	2.33
英德市	8.15	5.94	2.03	2.64	0.39	4.08	2.29	4.63
连州市	5.91	0.05	0.03	0.88	—	4.75	0.39	4.10
东莞市	312.06	66.69	77.78	424.55	17.78	271.49	11.54	12.42
中山市	63.27	9.28	9.36	35.17	1.12	18.92	0.55	2.61
潮州市	29.74	4.64	5.16	28.06	0.80	17.37	0.91	13.47
揭阳市	127.64	12.08	7.14	55.96	2.09	53.60	1.51	1.71
普宁市	36.56	2.98	3.99	7.72	0.54	8.12	0.88	6.91
云浮市	8.72	3.08	2.66	6.20	1.42	2.34	2.33	3.37
罗定市	14.89	3.44	1.75	6.33	0.35	3.82	0.37	3.68
广西壮族自治区	**435.16**	**143.21**	**92.25**	**206.46**	**46.65**	**266.01**	**55.43**	**248.61**
南宁市	99.27	35.67	23.14	19.23	7.74	53.34	18.77	58.08
柳州市	64.58	22.46	12.10	57.90	9.57	47.69	2.80	23.13
桂林市	37.75	16.28	10.29	14.99	2.94	17.82	1.31	20.48
荔浦市	2.89	0.71	0.65	1.51	0.19	1.55	0.17	2.58
梧州市	19.82	6.16	3.64	9.82	2.39	10.08	2.68	7.91
岑溪市	10.17	1.49	1.21	1.55	0.69	3.02	1.17	3.30
北海市	28.65	7.30	6.00	8.32	1.03	19.00	1.79	12.80
防城港市	11.55	2.99	4.12	9.04	4.61	8.70	1.29	7.69
东兴市	2.33	1.47	1.36	1.17	0.43	3.21	0.60	2.38
钦州市	18.12	6.75	5.39	21.68	4.50	14.48	1.18	17.89
贵港市	24.38	7.02	3.16	15.53	2.60	15.58	3.12	12.75
桂平市	7.68	2.70	2.16	6.85	1.16	6.31	0.46	10.06
玉林市	26.76	9.70	8.00	0.42	0.30	12.37	2.40	12.00
北流市	8.30	0.42	0.75	2.69	0.28	5.90	0.83	8.42
百色市	16.43	5.47	1.48	7.39	2.39	7.99	2.64	7.53
靖西市	7.50	0.65	0.20	2.90	0.10	3.84	0.35	2.72
贺州市	14.72	6.42	3.19	8.40	0.70	7.82	2.02	10.84
河池市	9.24	2.81	1.09	6.00	1.12	8.94	3.04	9.63
来宾市	12.38	2.75	2.57	7.07	1.85	11.48	6.27	7.06

续表

地　区	居住用地	公共管理与公共服务用地	商业服务业设施用地	工业用地	物流仓储用地	道路交通设施用地	公用设施用地	绿地与广场用地
合山市	3.25	0.11	0.06	0.98	0.01	0.96	0.18	1.79
崇左市	6.60	2.32	0.80	2.60	0.66	4.30	1.70	7.45
凭祥市	2.79	1.56	0.89	0.42	1.39	1.63	0.66	2.12
海南省	**118.90**	**44.65**	**17.67**	**17.75**	**2.00**	**65.89**	**3.75**	**48.46**
海口市	54.20	26.00	10.00	9.20	0.60	35.00	0.79	21.00
三亚市	15.26	7.33	0.89	2.43	0.10	9.94	0.51	10.93
儋州市	13.71	3.31	1.37	2.35	0.48	4.20	0.90	5.38
五指山市	3.54	1.50	0.05	0.01	—	3.00	0.80	2.43
琼海市	10.01	1.39	1.46	0.85	0.22	2.60	0.10	2.76
文昌市	4.70	1.90	1.83	0.63	0.12	4.95	0.29	3.00
万宁市	5.34	1.10	0.78	0.75	0.05	1.91	0.15	1.45
东方市	12.14	2.12	1.29	1.53	0.43	4.29	0.21	1.51
重庆市	**412.48**	**118.11**	**83.79**	**262.63**	**31.46**	**250.62**	**33.40**	**126.67**
四川省	**899.21**	**250.45**	**220.38**	**482.39**	**76.17**	**487.85**	**68.73**	**380.67**
成都市	300.70	82.18	73.35	137.95	16.88	158.32	12.86	96.95
都江堰市	19.41	2.26	4.10	0.41	0.20	7.29	0.25	4.06
彭州市	7.36	2.24	6.57	2.22	0.90	3.85	1.28	3.93
邛崃市	7.40	1.48	0.93	9.15	0.11	4.45	0.37	2.48
崇州市	7.17	2.04	2.52	8.05	0.26	4.30	0.28	6.33
简阳市	8.43	5.21	3.13	2.22	2.29	4.91	2.15	9.62
自贡市	41.83	6.94	6.60	29.45	2.21	14.63	3.31	22.83
攀枝花市	21.71	4.54	6.57	23.40	3.44	6.46	3.95	9.98
泸州市	39.77	13.48	7.74	27.65	1.88	37.28	2.92	41.28
德阳市	27.17	7.80	3.96	24.63	1.26	19.36	2.26	6.24
广汉市	10.17	2.82	2.22	11.55	1.33	6.43	0.50	4.28
什邡市	4.70	0.64	1.36	2.93	0.50	3.07	2.41	1.86
绵竹市	3.80	0.87	0.27	0.42	0.03	3.99	0.31	5.19
绵阳市	50.41	11.92	12.57	30.61	3.49	29.55	3.11	20.95
江油市	10.20	3.10	1.42	6.37	0.60	6.25	0.37	6.23
广元市	15.32	6.75	4.01	11.17	1.64	9.57	3.32	11.53
遂宁市	23.77	4.74	6.35	13.44	1.32	12.01	2.82	10.06
内江市	32.52	8.46	5.41	16.42	2.88	16.17	1.89	6.46
隆昌市	7.00	3.87	1.14	4.06	1.20	4.82	0.45	2.76
乐山市	24.89	8.04	7.57	8.80	0.79	13.51	0.82	10.91
峨眉山市	10.19	3.30	3.07	1.54	0.11	2.00	0.35	2.46
南充市	57.15	15.68	9.93	22.54	7.37	22.53	6.73	11.07
阆中市	10.90	3.15	2.80	6.00	1.60	4.75	1.20	5.60
眉山市	24.67	5.13	8.80	7.33	1.59	8.99	3.90	3.97

续表

地　区	居住用地	公共管理与公共服务用地	商业服务业设施用地	工业用地	物流仓储用地	道路交通设施用地	公用设施用地	绿地与广场用地
宜宾市	29.82	15.12	6.92	29.03	7.46	27.44	1.78	19.33
广安市	23.98	3.99	3.06	11.68	4.19	7.15	1.62	7.03
华蓥市	4.40	1.25	0.48	2.62	0.10	2.05	1.34	3.36
达州市	23.94	5.30	7.09	5.82	5.23	21.24	2.07	17.50
万源市	8.64	0.93	1.18	0.52	0.54	1.08	0.65	1.81
雅安市	9.52	4.01	2.74	8.52	0.48	8.82	1.20	3.02
巴中市	1.41	0.72	1.05	1.62	0.92	1.05	1.02	11.21
资阳市	10.20	5.30	9.66	4.87	1.43	7.28	0.56	8.75
马尔康市	1.73	0.85	0.23	0.09	0.02	0.73	0.07	0.71
康定市	1.55	0.92	0.82	0.06	0.16	0.91	0.25	0.35
西昌市	17.38	5.42	4.76	9.25	1.76	5.61	0.36	0.57
贵州省	**315.09**	**106.77**	**81.21**	**162.32**	**37.78**	**169.47**	**29.74**	**105.37**
贵阳市	96.41	39.15	27.33	60.07	9.51	60.54	5.32	46.63
清镇市	8.75	4.26	2.07	1.20	0.45	4.41	0.21	0.04
六盘水市	24.88	5.80	2.53	6.44	1.08	6.84	0.26	6.36
盘州市	9.90	1.12	1.86	3.20	0.99	4.22	0.40	1.68
遵义市	37.40	14.20	11.20	24.90	1.30	37.98	4.30	12.50
赤水市	3.35	1.53	1.06	3.14	0.07	1.22	0.18	8.18
仁怀市	9.00	2.00	1.00	4.00	2.00	1.50	1.30	3.50
安顺市	24.50	5.82	5.68	11.38	2.83	11.72	1.89	5.66
毕节市	15.40	9.55	3.56	12.10	0.37	4.08	1.27	2.60
铜仁市	18.24	2.98	3.71	6.33	1.88	5.68	1.93	5.52
兴义市	16.51	4.09	5.99	2.00	3.54	10.45	1.96	3.54
兴仁市	4.63	1.46	1.26	1.93	0.68	3.12	0.23	2.96
凯里市	28.35	7.74	7.11	11.35	10.80	7.98	8.90	2.91
都匀市	12.16	5.80	5.57	11.03	1.82	6.69	1.06	2.06
福泉市	5.61	1.27	1.28	3.25	0.46	3.04	0.53	1.23
云南省	**412.77**	**134.36**	**100.95**	**126.72**	**35.57**	**178.69**	**36.06**	**168.92**
昆明市	191.11	47.19	40.02	55.57	11.58	53.52	8.53	50.07
安宁市	7.23	9.97	1.41	7.98	0.27	4.94	0.32	4.27
曲靖市	37.68	9.55	7.41	9.69	2.04	17.86	1.10	15.04
宣威市	10.42	5.31	1.57	4.56	1.80	5.06	4.68	4.80
玉溪市	7.88	2.50	1.86	4.60	3.23	11.03	0.51	6.64
保山市	10.22	2.92	2.56	1.90	0.80	8.51	0.70	9.91
腾冲市	9.40	2.14	3.52	2.80	0.20	3.38	0.21	5.63
昭通市	10.68	4.01	2.10	4.98	1.00	7.26	1.32	6.13
水富市	2.00	0.84	1.00	1.17	0.20	1.50	0.12	1.06
丽江市	4.70	2.40	2.30	2.10	3.00	3.64	1.70	4.10
普洱市	5.38	5.05	2.64	0.49	2.30	4.47	0.51	5.65

续表

地　区	居住用地	公共管理与公共服务用地	商业服务业设施用地	工业用地	物流仓储用地	道路交通设施用地	公用设施用地	绿地与广场用地
临沧市	8.00	1.10	3.20	1.80	0.55	4.17	1.25	2.35
楚雄市	17.70	5.65	3.15	5.52	0.61	8.84	0.63	7.12
个旧市	3.53	1.93	0.59	2.49	0.40	1.90	0.35	1.32
开远市	7.53	2.82	3.20	4.04	2.14	2.26	2.75	2.15
蒙自市	6.89	2.15	2.52	2.27	0.19	5.94	2.68	0.76
弥勒市	5.88	2.76	0.29	0.97	0.49	3.70	2.66	5.07
文山市	9.89	6.06	6.13	4.73	1.96	5.17	0.83	4.76
景洪市	12.02	3.15	2.03	0.01	0.65	6.48	1.35	12.08
大理市	15.67	7.48	3.54	4.98	1.25	7.98	1.65	9.28
瑞丽市	8.44	1.50	5.01	1.80	0.30	5.42	0.13	3.90
芒市	8.28	4.01	2.93	1.90	0.47	2.81	1.65	0.86
泸水市	4.38	2.52	0.62	0.26	0.04	1.48	0.22	1.43
香格里拉市	7.86	1.35	1.35	0.11	0.10	1.37	0.21	4.54
西藏自治区	**34.82**	**21.91**	**14.19**	**14.61**	**4.28**	**23.28**	**8.79**	**31.26**
拉萨市	17.69	6.27	8.05	10.70	2.02	16.87	5.35	11.54
日喀则市	7.50	5.80	2.00	2.00	1.30	2.75	1.50	5.10
昌都市	0.60	5.10	0.38	0.63	0.01	0.55	0.20	0.32
林芝市	1.20	1.10	1.80	0.40	0.30	0.90	1.30	5.40
山南市	2.10	1.36	0.80	0.40	0.32	1.13	0.19	4.50
那曲市	5.73	2.28	1.16	0.48	0.33	1.08	0.25	4.40
陕西省	**422.41**	**132.52**	**103.71**	**174.56**	**33.27**	**210.45**	**26.46**	**228.07**
西安市	246.08	88.22	55.81	109.73	20.37	104.04	8.79	67.65
铜川市	17.39	4.47	3.04	9.45	0.36	8.66	0.69	4.79
宝鸡市	21.89	4.88	11.50	11.51	2.51	14.47	3.03	24.02
咸阳市	20.95	5.69	3.15	15.01	0.77	15.10	0.21	11.92
彬州市	3.50	0.75	0.26	0.28	0.15	1.96	0.54	2.08
兴平市	6.59	1.10	0.50	4.28	0.16	3.42	0.20	6.64
渭南市	24.08	5.74	3.34	5.45	1.58	8.90	1.54	14.99
韩城市	6.57	0.75	1.10	0.85	0.80	3.15	0.80	4.18
华阴市	5.00	1.42	1.96	2.25	0.43	1.71	0.75	3.72
延安市	13.81	2.33	2.37	2.13	0.24	6.01	0.90	13.19
汉中市	12.56	4.10	6.73	6.31	1.55	9.01	2.89	13.21
榆林市	16.89	2.45	4.61	3.57	0.91	16.79	1.32	20.45
神木市	7.10	3.20	1.65	1.04	0.36	5.67	0.60	9.86
安康市	13.20	1.65	1.17	0.79	0.15	5.75	2.60	19.69
商洛市	3.10	2.30	2.60	0.60	2.00	2.80	0.60	5.70
杨凌区	3.70	3.47	3.92	1.31	0.93	3.01	1.00	5.98
甘肃省	**229.43**	**80.89**	**66.38**	**200.47**	**41.56**	**130.14**	**35.45**	**113.59**
兰州市	84.29	34.81	30.38	77.18	18.73	54.12	7.08	15.89

续表

地　区	居住用地	公共管理与公共服务用地	商业服务业设施用地	工业用地	物流仓储用地	道路交通设施用地	公用设施用地	绿地与广场用地
嘉峪关市	12.47	4.43	6.58	52.99	3.82	15.47	0.69	8.90
金昌市	8.04	2.98	1.67	17.68	1.46	5.55	1.48	5.59
白银市	17.62	5.79	3.27	22.05	1.42	6.46	4.13	6.48
天水市	11.20	3.24	4.00	10.33	5.79	6.07	4.17	11.20
武威市	14.12	2.22	3.06	0.56	0.36	5.47	0.50	7.60
张掖市	18.65	3.19	3.18	2.01	2.57	3.87	4.25	7.18
平凉市	14.45	3.63	2.41	3.21	2.01	7.12	1.10	7.73
华亭市	4.95	2.35	0.05	0.48	0.52	2.61	0.82	3.00
酒泉市	10.75	4.50	5.16	3.30	1.15	5.23	1.24	13.67
玉门市	1.78	1.21	0.80	3.34	0.37	2.43	0.30	1.37
敦煌市	2.36	0.87	2.15	0.50	0.22	2.76	0.37	6.16
庆阳市	4.99	4.68	0.04	1.15	0.60	3.54	2.25	7.78
定西市	5.73	2.00	0.05	2.90	1.52	3.01	5.55	4.16
陇南市	6.64	0.86	0.40	0.16	0.02	2.00	0.70	2.00
临夏市	8.54	2.93	2.18	1.53	0.00	2.71	0.32	2.77
合作市	2.85	1.20	1.00	1.10	1.00	1.72	0.50	2.11
青海省	**61.01**	**15.68**	**10.31**	**14.49**	**16.79**	**36.69**	**7.72**	**39.74**
西宁市	27.60	5.95	2.59	4.30	8.47	17.01	3.91	24.74
海东市	7.42	1.97	1.29	0.99	1.61	6.97	1.16	5.71
玉树市	5.16	1.27	0.42	0.45	0.47	2.24	0.52	3.21
茫崖市	1.16	0.35	0.70	0.45	0.50	0.74	0.02	0.26
格尔木市	15.43	2.51	2.75	4.41	4.82	6.54	0.95	2.48
德令哈市	4.24	3.63	2.56	3.89	0.92	3.19	1.16	3.34
宁夏回族自治区	**134.23**	**56.44**	**20.17**	**45.43**	**13.87**	**76.81**	**16.77**	**82.11**
银川市	58.66	33.14	3.96	18.23	7.62	32.01	10.24	26.69
灵武市	5.22	0.69	1.40	4.17	0.07	2.62	0.23	3.26
宁东能源化工基地	0.50	1.00	0.50	0.10	0.00	1.84	1.00	3.26
石嘴山市	21.86	2.84	3.81	10.01	0.20	12.27	1.00	20.14
吴忠市	18.49	7.01	3.59	7.75	0.61	8.72	2.27	8.04
青铜峡市	9.84	5.62	2.50	2.90	2.37	4.30	0.87	3.28
固原市	10.50	3.56	2.15	1.51	2.40	8.70	0.52	10.42
中卫市	9.16	2.58	2.26	0.76	0.60	6.35	0.64	7.02
新疆维吾尔自治区	**353.85**	**106.13**	**97.48**	**188.51**	**55.50**	**170.81**	**49.64**	**147.11**
乌鲁木齐市	128.29	39.93	32.31	101.13	30.58	71.34	11.10	41.56
克拉玛依市	24.36	10.72	6.49	4.25	0.61	13.09	2.83	10.54
吐鲁番市	9.24	1.42	1.16	1.06	0.80	3.91	0.50	3.76
哈密市	20.17	4.65	4.44	2.25	1.57	6.79	4.18	8.20

续表

地　区	居住用地	公共管理与公共服务用地	商业服务业设施用地	工业用地	物流仓储用地	道路交通设施用地	公用设施用地	绿地与广场用地
昌吉市	21.04	4.50	6.37	10.24	1.29	13.13	0.77	6.52
阜康市	4.74	1.38	1.22	0.40	1.14	3.03	1.24	9.35
博乐市	10.00	1.87	3.19	4.03	1.27	2.34	1.07	2.28
阿拉山口市	0.61	0.60	0.52	3.30	1.40	2.02	1.01	1.35
库尔勒市	24.10	7.90	9.45	20.57	3.21	13.00	11.10	9.50
阿克苏市	18.50	5.27	4.19	4.14	2.12	5.01	1.97	17.00
阿图什市	4.53	3.30	2.04	0.40	0.26	2.04	0.53	1.59
喀什市	25.37	4.86	9.23	18.85	6.33	10.38	3.00	12.98
和田市	13.30	5.12	3.09	6.11	1.88	3.94	2.15	2.91
伊宁市	16.00	3.90	3.30	3.22	0.55	8.60	2.32	4.50
奎屯市	5.38	3.30	4.90	1.78	0.31	3.90	4.40	6.20
霍尔果斯市	2.87	0.60	0.33	1.68	0.20	0.80	0.20	0.06
塔城市	12.60	2.63	1.34	1.47	0.52	1.62	0.56	0.07
乌苏市	7.57	1.90	1.46	3.51	1.20	2.47	0.70	4.54
阿勒泰市	5.18	2.28	2.45	0.12	0.26	3.40	0.01	4.20
新疆生产建设兵团	**49.13**	**19.81**	**16.82**	**26.94**	**4.58**	**27.34**	**5.12**	**27.08**
石河子市	20.67	5.48	3.86	9.13	2.00	8.75	1.13	6.55
阿拉尔市	3.60	2.57	1.28	5.64	0.68	1.79	1.80	2.36
图木舒克市	5.22	3.07	4.46	2.82	0.20	1.78	0.20	3.43
五家渠市	8.70	3.58	3.64	1.75	0.92	2.15	0.87	2.29
北屯市	6.11	2.16	2.68	2.18	0.72	5.47	0.33	1.77
铁门关市	0.81	1.07	0.17	0.22	0.05	1.36	0.06	1.44
双河市	—	—	—	—	—	—	—	—
可克达拉市	2.93	1.15	0.49	1.84	0.00	4.41	0.63	7.51
昆玉市	1.09	0.73	0.24	3.36	0.01	1.63	0.10	1.73

数据来源：住房和城乡建设部。

（二）城市市政公用设施投资及建设情况

表3-94　2015—2019年全国城市市政公用设施建设固定资产投资

单位：亿元，%

年　份	投资完成额	同比增长率	占同期全社会固定资产投资比重	占同期国内生产总值比重
2015	16204.4	-0.25	2.88	2.39
2016	17460.0	7.75	2.88	2.35
2017	19327.6	10.70	3.01	2.34
2018	20123.2	4.12	3.12	2.24
2019	20126.3	0.02	3.59	2.03

数据来源：住房和城乡建设部。

表 3-95　2019 年全国及各地区城市市政公用设施建设固定资产投资（1）

单位：万元

地　区	本年完成投资	供　水	燃　气	集中供热	轨道交通	道路桥梁	地下综合管廊
全　国	**201263041**	**5600744**	**2426995**	**3329712**	**58556287**	**76553456**	**5581094**
北　京	12451203	229793	154399	274904	3464541	2408804	564183
天　津	3716352	27242	4704	47709	2176268	550976	103223
河　北	4336395	109567	148871	326922	719488	1324243	138453
上　海	4937185	75428	257383	—	2067600	1075072	—
江　苏	19684223	464541	263614	600	7186516	7910407	458101
浙　江	17170521	613809	166616	0	8596321	5049728	181029
福　建	8965227	414529	80148	0	3195314	3232222	213700
山　东	12890364	399971	240432	626262	3251101	4833690	721608
广　东	16131893	356480	131052	0	7390493	4295874	655964
海　南	1131119	33196	0	0	45900	784863	14836
山　西	3090314	148332	39887	395194	0	1363278	1200
安　徽	7407386	297619	141155	32698	1405751	2968890	94987
江　西	6986550	191982	50666	0	838984	2766892	349824
河　南	8989313	160816	87222	380555	1238691	3994769	180757
湖　北	14047981	171721	32467	0	0	8941351	180285
湖　南	4763631	366044	39441	0	0	2927824	144693
内蒙古	3432269	104274	17868	277118	606600	1823086	102968
广　西	4929528	143674	56656	0	989090	2279923	193588
重　庆	8033701	185509	48602	0	3099960	3183058	76224
四　川	15105502	314321	66327	0	6232592	5740528	151072
贵　州	3644873	100918	3361	3300	340877	2673169	50923
云　南	4204933	72797	37829	0	1640821	1398861	228850
西　藏	21599	—	—	—	—	12099	—
陕　西	4015803	97759	76292	141180	1650710	906593	85161
甘　肃	1666686	38781	20518	121877	278271	528921	45123
青　海	1153508	34181	5049	0	95000	778296	167143
宁　夏	368348	3296	4086	20315	74	136932	90716
新　疆	2219385	67977	58320	133722	306416	942165	171067
辽　宁	1863930	171978	94741	235919	771341	375102	280
吉　林	1889898	68605	39334	95429	440709	704086	165135
黑龙江	1755839	117253	57662	208359	526860	554148	—

数据来源：住房和城乡建设部。

表 3-96　2019 年全国及各地区城市市政公用设施建设固定资产投资（2）

单位：万元

地　区	排　水				园林绿化	市容环境卫生		其　他	本年新增固定资产
		污水处理	污泥处置	再生水利用			垃圾处理		
全　国	**15623608**	**7556335**	**581239**	**480574**	**18448477**	**5573593**	**4068464**	**9569074**	**144422734**
北　京	1163097	604318	12111	141509	3504425	524052	58782	163005	5278385
天　津	297405	126843	1318	3149	203007	185541	175873	120277	414085
河　北	424824	116473	7850	22128	925096	201897	161951	17035	3396165
上　海	989428	644428	345000	—	99647	158630	154172	213997	1959489
江　苏	1198960	477448	43350	600	1767956	411858	274127	21670	13478309
浙　江	465509	265289	282	7716	1153270	338664	295980	605574	11981659
福　建	578316	277329	0	24786	491815	145542	104171	613641	4573995
山　东	980179	416260	29027	10414	1106892	280935	228779	449297	10659898
广　东	1942458	1510359	22453	133212	187335	844674	837516	327564	6592707
海　南	149777	136538	12203	0	17985	22579	22579	61984	273527
山　西	136675	99065	13387	12370	732212	102412	96717	171125	2879699
安　徽	731867	285503	11980	11700	864855	276745	221517	592820	4796971
江　西	914137	424794	6713	11690	818810	496570	413604	558685	3955693
河　南	533103	194112	1270	12706	1806483	331184	248945	275734	8760359
湖　北	1685443	434206	1132	0	651489	313847	35920	2071379	12828687
湖　南	294524	161969	5177	0	136151	49928	28563	805026	3918631
内蒙古	178518	56253	8561	30251	196018	43816	34160	82003	2960664
广　西	308811	45198	2141	0	241265	125972	98559	590550	4364429
重　庆	478709	145808	11000	0	802423	38806	16250	120411	8638968
四　川	893907	570570	20155	0	988335	259789	205061	458631	10447784
贵　州	77324	27354	0	0	75320	19431	26479	300250	963963
云　南	199834	85713	102	7355	489582	27624	19915	108733	2569575
西　藏	200	—	—	—	5000	4300	—	—	480296
陕　西	257425	121917	3085	3540	475465	125274	114574	199944	2671384
甘　肃	102339	58783	42	8302	206160	14822	10692	309875	1626055
青　海	22021	3034	1900	0	33413	15405	985	3000	1031411
宁　夏	54979	5421		2000	39264	1839	1499	16847	219278
新　疆	149728	54475	21000	33853	284558	29008	21378	76426	1596596
辽　宁	75762	40737	0	0	25274	101707	98823	11828	904581
吉　林	218050	115088	0	1833	53218	6261	5431	99071	1281907
黑龙江	117516	49647	—	1460	46482	65782	55462	61777	8834475

数据来源：住房和城乡建设部。

表 3-97　2019 年全国及各地区城市设施水平

地　区	城市用水普及率（%）	城市燃气普及率（%）	每万人拥有公共汽电车辆（标台）	人均城市道路面积（平方米）	人均公园绿地面积（平方米）	每万人拥有公共厕所（座）
全　国	**98.78**	**97.29**	**13.13**	**17.36**	**14.36**	**2.93**
北　京	99.06	100.00	17.41	7.68	16.40	3.24
天　津	100.00	100.00	10.93	12.98	9.21	1.16
河　北	99.98	99.46	13.18	19.95	14.29	3.04
上　海	100.00	100.00	9.29	4.72	8.73	2.56
江　苏	100.00	99.77	15.52	25.41	14.98	4.14
浙　江	100.00	100.00	16.42	19.02	14.03	3.02
福　建	99.86	98.42	14.85	21.37	15.03	4.18
山　东	99.73	99.14	16.08	25.28	17.67	1.93
广　东	99.06	97.94	11.93	13.60	18.13	1.85
海　南	98.47	97.73	13.38	18.24	10.57	3.01
山　西	99.28	96.43	11.30	17.22	12.63	2.19
安　徽	99.36	98.70	13.23	23.69	14.80	2.60
江　西	98.45	97.87	9.63	19.93	14.53	3.02
河　南	97.38	97.05	12.29	15.19	13.59	4.10
湖　北	99.16	97.92	10.82	17.45	11.96	2.50
湖　南	97.71	96.65	17.94	17.69	11.81	2.41
内蒙古	99.27	95.80	11.53	23.32	18.71	7.82
广　西	98.88	98.84	10.10	21.92	13.52	1.46
重　庆	97.89	97.36	10.10	14.38	16.61	2.99
四　川	95.89	94.95	13.25	16.38	14.03	2.53
贵　州	98.33	91.80	11.16	14.53	16.38	2.80
云　南	97.08	77.92	12.97	15.00	11.88	4.59
西　藏	95.03	60.11	7.62	15.75	9.80	6.34
陕　西	96.84	97.80	14.73	16.84	11.62	4.90
甘　肃	98.04	92.66	13.29	19.31	14.28	3.05
青　海	99.24	93.83	14.09	18.44	11.93	3.65
宁　夏	98.39	96.65	12.85	26.20	21.05	2.99
新　疆	98.55	98.52	13.39	23.67	14.88	2.74
辽　宁	99.16	97.95	12.14	15.06	11.97	2.02
吉　林	94.70	91.80	10.22	14.13	12.54	3.62
黑龙江	98.79	91.09	14.81	15.22	12.43	4.29

数据来源：国家统计局。

表 3-98　2019 年全国及各地区城市供水情况

地　区	年底供水综合生产能力（万立方米/日）	年末供水管道长度（千米）	全年供水总量（万立方米）			用水人口（万人）	人均日生活用水量（升）
				生活用水	生产用水		
全　国	**30897.8**	**920082**	**6283010**	**3401161**	**1615647**	**51778.0**	**180.0**
北　京	1942.6	20384	157672	113635	17293	1847.6	168.5
天　津	476.9	20294	96911	52942	29083	1303.8	111.2
河　北	889.1	20399	173684	85128	58106	1932.0	120.7
上　海	1250.0	38869	297923	183908	42742	2428.1	207.5
江　苏	3472.5	109316	599976	273496	201721	3450.6	217.1
浙　江	1902.4	76115	389283	203783	134676	2564.4	217.7
福　建	831.0	28853	173856	100551	34982	1319.6	208.8
山　东	1925.0	57028	392093	176537	156581	3852.6	125.5
广　东	3584.1	124879	947940	540301	225060	6146.9	240.8
海　南	201.6	9522	52351	37014	3706	342.5	296.1
山　西	411.7	12133	89570	53058	26352	1195.2	121.6
安　徽	997.7	32601	226762	119355	66598	1681.3	194.5
江　西	594.3	23541	136140	77963	25514	1223.5	174.6
河　南	1281.5	27811	221104	123793	56428	2533.4	133.9
湖　北	1497.3	43066	311077	160844	78329	2310.1	190.8
湖　南	1081.7	34851	226060	128684	44716	1628.0	216.6
内蒙古	410.8	12051	86568	35165	31738	918.3	104.9
广　西	661.9	22001	181326	118487	36119	1205.6	269.3
重　庆	627.8	20159	157953	92460	31162	1508.4	167.9
四　川	1390.6	48423	272784	191085	30636	2514.1	208.2
贵　州	423.8	17094	87262	51212	16469	797.8	175.9
云　南	444.0	15527	105393	53258	29539	974.2	149.8
西　藏	67.0	1885	14519	11107	1383	100.4	303.1
陕　西	566.7	10469	125971	66540	40926	1210.1	150.6
甘　肃	375.4	6539	56205	31936	15763	632.2	138.4
青　海	136.0	2976	30123	9903	15187	204.3	132.8
宁　夏	251.7	2993	32024	16110	7149	286.4	154.1
新　疆	605.1	12060	110444	52930	27731	826.3	175.5
辽　宁	1286.6	36769	287316	125342	69080	2310.1	148.6
吉　林	627.9	13580	107279	51066	23722	1157.2	120.9
黑龙江	683.3	17895	135444	63568	37157	1373.1	126.8

数据来源：国家统计局。

表 3-99　2019 年全国及各地区城市天燃气情况

地　区	管道长度（公里）			全年供气总量			用气人口（万人）		
	人工煤气	天然气	液化石油气	人工煤气（万立方米）	天然气（万立方米）	液化石油气（吨）	人工煤气	天然气	液化石油气
全　国	**10915**	**767946**	**4452**	**276841**	**16085570**	**10408110**	**675.37**	**39024.99**	**11297.10**
北　京	—	29150	279	—	1924347	434286	—	1436.05	428.95
天　津	—	29802	—	—	576197	54448	—	1251.57	52.27
河　北	1229	35355	142	45218	581672	141206	47.38	1657.74	216.80
上　海	—	32095	263	—	973605	328008	—	1880.75	547.39
江　苏	—	89338	169	—	1332189	558223	—	3016.51	426.22
浙　江	112	47523	328	454	656652	769427	4.15	1634.87	925.38
福　建	156	12258	188	1208	263595	326593	7.07	701.51	591.99
山　东	10	70631	50	48002	1074897	298330	0.00	3394.66	435.41
广　东	0	39436	1182	0	1918463	4123672	0.00	3018.61	3059.27
海　南	—	4127	2	—	36844	75319	—	264.16	75.76
山　西	985	22102	135	67845	404718	63217	40.48	1071.19	49.17
安　徽	—	29577	254	—	385150	162157	—	1503.11	166.97
江　西	460	16197	0	15026	169840	208151	7.10	838.25	370.88
河　南	242	29204	14	31835	601761	176726	0.28	2106.66	417.98
湖　北	—	38957	130	—	570290	329993	—	1847.78	433.40
湖　南	—	22191	42	—	283440	256917	—	1145.87	464.44
内蒙古	321	10145	120	3068	221198	58654	16.43	668.03	201.72
广　西	574	8456	2	4199	87444	304973	35.83	631.93	537.41
重　庆	—	23613	—	—	538136	61187	—	1432.91	67.24
四　川	699	57055	414	14192	920112	194371	57.74	2324.81	106.90
贵　州	—	7816	0	—	99848	121083	—	433.70	311.09
云　南	342	7904	75	816	48815	162123	0.00	530.08	251.84
西　藏	—	3459	2	—	3862	6894	—	32.94	30.55
陕　西	0	21514	3	0	521589	30336	0.00	1168.25	53.92
甘　肃	373	3817	253	2354	252040	47732	15.08	487.95	94.49
青　海	—	2500	—	—	170390	11433	—	166.87	26.33
宁　夏	—	6906	1		216050	13350	—	251.07	30.27
新　疆	61	14212	2	1753	505090	71790	4.50	697.95	43.35
辽　宁	4708	27540	312	34685	335858	679254	360.87	1571.21	350.04
吉　林	348	13137	70	3310	209125	147208	40.50	839.54	241.79
黑龙江	297	10709	19	2872	164258	188058	35.76	948.48	281.76

数据来源：国家统计局。

表 3-100 2019 年全国及各地区城市市政设施情况

地区	道路长度（公里）	道路面积（万平方米）	桥梁数（座）	城市排水管道长度（公里）	城市污水日处理能力（万立方米）	城市道路照明灯（千盏）
全国	**459245**	**909678**	**76157**	**743982**	**19171**	**28656**
北京	8307	14318	2350	17992	703.6	309.4
天津	8927	16918	1151	22069	318.9	377.5
河北	17771	38546	1716	19586	663.9	1048.5
上海	5494	11459	2836	21754	834.3	634.5
江苏	49056	87687	16519	83943	1942.1	3621.2
浙江	25307	48780	11878	51185	1185.1	1709.1
福建	13859	28236	1724	18112	440.3	838.0
山东	48149	97663	5855	67710	1279.9	2061.9
广东	49269	84371	8090	98633	2453.1	3144.1
海南	4571	6344	217	5660	117.3	193.5
山西	9188	20736	572	11023	301.3	529.9
安徽	16329	40095	1890	33302	704.7	1053.9
江西	11909	24771	1012	17590	332.8	795.1
河南	15767	39506	1563	27933	849.3	1038.6
湖北	21802	40650	2289	30751	809.4	903.1
湖南	13076	29474	1187	19601	691.8	817.1
内蒙古	10094	21571	483	13827	243.9	576.5
广西	12823	26726	1493	17571	723.2	654.4
重庆	10105	22160	2020	20839	394.1	775.5
四川	20402	42936	3247	38276	755.8	1550.2
贵州	5347	11786	715	10035	280.1	626.2
云南	7793	15050	827	15357	299.0	624.0
西藏	827	1664	41	831	29.9	28.1
陕西	9114	21039	799	11017	397.2	824.6
甘肃	5585	12450	674	7280	160.4	354.2
青海	1485	3797	212	3269	607.0	146.5
宁夏	2663	7625	213	2207	108.6	238.1
新疆	11873	19803	623	9084	302.1	711.7
辽宁	19461	35090	1855	22745	941.3	1309.4
吉林	9467	17270	949	12378	419.6	471.0
黑龙江	13422	21160	1157	12422	427.5	690.3

数据来源：国家统计局。

表 3-101 2019 年全国及各地区城市绿地和园林情况

地 区	城市绿地面积（公顷）		公园（个）	公园面积（公顷）	建成区绿化覆盖率（%）
		公园绿地			
全 国	**3152889**	**756441**	**18038**	**502360**	**41.5**
北 京	88704	35157	344	35157	48.5
天 津	42921	12002	131	2845	37.5
河 北	93701	27616	723	21709	42.3
上 海	157785	21206	319	2975	36.8
江 苏	298531	51683	1168	31423	43.4
浙 江	172280	35977	1401	21269	41.5
福 建	73903	19864	690	15851	44.5
山 东	252338	67884	1200	41450	41.8
广 东	502353	112519	3912	81100	43.3
海 南	17661	3678	106	2617	41.7
山 西	51446	15204	262	11422	42.3
安 徽	114267	25041	529	17251	42.7
江 西	71933	18055	614	13662	45.5
河 南	115269	35362	523	16970	41.0
湖 北	96910	27871	486	16260	38.9
湖 南	74359	19672	395	14197	41.2
内蒙古	69069	17310	330	13753	40.5
广 西	72409	16479	320	14205	40.8
重 庆	67694	25589	479	15503	41.8
四 川	124158	36786	693	20696	41.8
贵 州	54433	13290	217	12361	39.4
云 南	48586	11926	901	9796	39.7
西 藏	6049	1035	105	800	37.6
陕 西	59616	14516	314	8528	39.3
甘 肃	29186	9208	178	5706	36.0
青 海	7309	2456	54	1694	35.2
宁 夏	26216	6127	100	3474	41.3
新 疆	76931	12445	312	7584	39.9
辽 宁	128137	27883	503	18335	40.8
吉 林	90003	15324	356	12687	39.2
黑龙江	68732	17275	373	11078	36.4

数据来源：国家统计局。

表 3-102　2019 年各地区城市公共交通情况

地　区	公共汽电车			轨道交通			出租汽车（辆）
	运营车数（辆）	运营线路总长度（公里）	客运总量（万人次）	配属车辆数（辆）	运营里程（公里）	客运总量（万人次）	
全　国	**584026**	**964919**	**6288266**	**40998**	**6172**	**2387796**	**1102470**
北　京	23685	27632	311896	6449	696	395414	71517
天　津	12746	25526	109077	1244	239	52506	31775
河　北	22355	42389	170959	264	38	9566	54095
上　海	17903	24779	204695	5949	705	388023	39962
江　苏	44976	80628	417859	3611	739	165925	51098
浙　江	36794	88260	293511	1632	281	80821	39341
福　建	17444	28505	193951	834	125	16542	20382
山　东	54961	122395	394202	807	233	19442	62340
广　东	64953	113595	605351	5602	885	538681	61437
海　南	4187	8338	28858	—	—	—	6184
山　西	11350	22396	135826	—	—	—	31410
安　徽	18156	22202	158478	594	90	17982	39131
江　西	10390	22757	109107	366	60	17479	13970
河　南	27537	26618	239933	846	152	41126	46742
湖　北	21307	23517	298214	2416	335	122373	37253
湖　南	24488	25696	230855	540	101	33789	26479
内蒙古	8862	19093	102893	144	22	20	38662
广　西	10530	17554	94179	474	81	27338	17343
重　庆	13226	27105	240421	2130	329	104187	22385
四　川	29337	38160	361271	2764	342	140011	34499
贵　州	7583	12729	139687	204	35	5064	25679
云　南	11856	21885	145192	492	89	21400	20001
西　藏	674	1853	9257	—	—	—	2365
陕　西	15018	14330	227252	1122	130	94368	27939
甘　肃	7314	13210	138368	156	26	3250	24582
青　海	2410	2619	36242	—	—	—	8641
宁　夏	3085	6538	32546	—	—	—	12845
新　疆	8949	10322	133253	156	27	2552	34547
辽　宁	23080	30295	364976	1168	269	57822	81589
吉　林	11391	16983	151566	848	118	21762	56028
黑龙江	17479	27012	208393	186	30	10355	62249

数据来源：国家统计局。

表 3-103　2015—2019 年全国城市轨道交通情况

年　份	建成轨道交通的城市个数（个）	建成轨道交通线路长度（千米）	正在建设轨道交通的城市个数（个）	正在建设轨道交通线路长度（千米）
2015	24	3069. 23	38	3994. 15
2016	30	3586. 34	39	4870. 18
2017	32	4594. 26	50	4913. 56
2018	34	5141. 05	50	5400. 25
2019	41	6058. 90	49	5594. 08

数据来源：住房和城乡建设部。

表 3-104　2019 年城市轨道交通（建成）（1）

地　区	线路长度（千米）								
	合　计	按轨道类型					按敷设方式		
		地铁	轻轨	单轨	有轨	磁浮	地面线	地下线	高架线
全　国	**6058. 90**	**5170. 62**	**443. 16**	**78. 52**	**318. 15**	**48. 45**	**477. 44**	**4191. 87**	**1389. 59**
北　京	761. 45	711. 45	—	—	50. 00	—	62. 75	521. 00	177. 70
天　津	232. 54	180. 29	52. 25	—	—	—	10. 47	160. 90	61. 17
河　北	30. 28	30. 28	—	—	—	—	0. 00	30. 28	0. 00
上　海	709. 56	673. 37	—	—	6. 29	29. 90	16. 41	432. 86	260. 29
江　苏	677. 94	597. 10	—	—	80. 84	—	79. 62	412. 06	186. 26
浙　江	302. 83	249. 33	—	—	53. 50	—	3. 22	217. 86	81. 75
福　建	60. 47	60. 47	—	—	—	—	1. 60	56. 07	2. 80
山　东	81. 25	72. 48	—	—	8. 77	—	8. 97	56. 08	16. 20
广　东	946. 50	861. 08	50. 60	—	34. 82	—	84. 19	759. 79	102. 52
海　南	—	—	—	—	—	—	—	—	—
山　西	—	—	—	—	—	—	—	—	—
安　徽	89. 54	89. 54	—	—	—	—	—	85. 31	4. 23
江　西	60. 38	60. 38	—	—	—	—	0. 00	60. 38	0. 00
河　南	143. 10	143. 10	—	—	—	—	1. 27	125. 80	16. 03
湖　北	383. 17	334. 04	—	—	49. 13		44. 45	258. 44	80. 28
湖　南	102. 22	83. 67	—	—	—	18. 55	0. 22	82. 32	19. 68
内蒙古	—	—	—	—	—	—	—	—	—
广　西	81. 06	81. 06	—	—	—	—	0. 00	81. 06	0. 00
重　庆	312. 21	213. 97	19. 72	78. 52	—	—	4. 31	175. 58	132. 32
四　川	234. 49	234. 49	—	—	—	—	8. 36	208. 68	17. 45
贵　州	35. 11	35. 11	—	—	—	—	3. 31	29. 00	2. 80
云　南	102. 06	88. 76	—	—	13. 30	—	15. 57	65. 59	20. 90
西　藏	—	—	—	—	—	—	—	—	—
陕　西	161. 41	132. 10	29. 31	—	—	—	0. 90	114. 70	45. 81
甘　肃	—	—	—	—	—	—	—	—	—

续表

地　区	线路长度（千米）								
	合　计	按轨道类型					按敷设方式		
		地铁	轻轨	单轨	有轨	磁浮	地面线	地下线	高架线
青　海	15.00			—	15.00	—	15.00	—	
宁　夏	—	—	—	—	—	—	—	—	—
新　疆	—	—	—	—	—	—	—	—	—
辽　宁	399.03	168.08	230.95	—	—	—	90.88	183.24	124.91
吉　林	105.47	38.64	60.33	—	6.50	—	25.94	43.04	36.49
黑龙江	31.83	31.83	—	—	—	—	0.00	31.83	0.00

数据来源：住房和城乡建设部。

表 3-105　2019 年城市轨道交通（建成）（2）

地　区	车站数（个）				换乘站数（个）	配置车辆数（辆）					
	合计	地面站	地下站	高架站		合计	地铁	轻轨	单轨	有轨	磁浮
全　国	**3945**	**408**	**2934**	**603**	**1005**	**30668**	**29174**	**436**	**492**	**546**	**20**
北　京	419	28	323	68	131	6861	6766	—	—	95	—
天　津	167	6	130	31	42	1186	1034	152	—	—	—
河　北	26	0	26	0	9	198	198	—	—	—	—
上　海	415	12	298	105	131	5425	5367	—	—	44	14
江　苏	442	78	296	68	78	2934	2848	—	—	86	—
浙　江	202	2	158	42	26	1886	1758	—	—	128	—
福　建	46	0	45	1	11	71	71	—	—	128	—
山　东	68	22	39	7	17	193	186	—	—	7	—
广　东	576	77	463	36	141	3585	3493	8	—	84	—
海　南	—	—	—	—	—	—	—	—	—	—	—
山　西	—	—	—	—	—	—	—	—	—	—	—
安　徽	80		76	4	19	594	594	—	—	—	—
江　西	52	0	52	0	11	366	366	—	—	—	—
河　南	92		85	7	32	145	145	—	—	—	—
湖　北	289	60	178	51	88	2199	2136	—	—	63	—
湖　南	71	0	67	4	24	93	87	—	—	—	6
内蒙古	—	—	—	—	—	—	—	—	—	—	—
广　西	66	0	66	0	19	79	79	—	—	—	—
重　庆	186	4	110	72	60	1650	1058	100	492	—	—
四　川	171	1	162	8	62	1848	1848	—	—	—	—
贵　州	25	2	20	3	10	204	204	—	—	—	—
云　南	74	17	50	7	27	120	86			34	—
西　藏	—	—	—	—	—	—	—	—	—	—	—

续表

地 区	车站数（个）				换乘站数（个）	配置车辆数（辆）					
	合计	地面站	地下站	高架站		合计	地铁	轻轨	单轨	有轨	磁浮
陕 西	104	1	86	17	24	98	98	—	—	—	—
甘 肃	—	—	—	—	—	—	—	—	—	—	—
青 海	21	21	—	—	—	4	—	—	—	4	—
宁 夏	—	—	—	—	—	—	—	—	—	—	—
新 疆	—	—	—	—	—	—	—	—	—	—	—
辽 宁	223	49	139	35	21	742	566	176	—	—	—
吉 林	102	28	37	37	19	1	—	—	—	1	—
黑龙江	28	0	28	0	3	186	186	—	—	—	—

数据来源：住房和城乡建设部。

表 3-106　2019 年城市轨道交通（在建）（1）

地 区	线路长度（千米）								
	合 计	按轨道类型					按敷设方式		
		地铁	轻轨	单轨	有轨	磁浮	地面线	地下线	高架线
全 国	**5594.08**	**5187.91**	**236.52**	**46.25**	**122.20**	**1.20**	**112.73**	**4667.52**	**813.83**
北 京	338.90	337.70	—	—	—	1.20	—	273.20	65.70
天 津	176.15	176.15	—	—	—	—	0.00	176.15	0.00
河 北	49.30	49.30	—	—	—	—	—	49.30	—
上 海	133.60	133.60	—	—	—	—	—	123.30	10.30
江 苏	674.27	630.62	43.65	—	—	—	5.08	595.13	74.06
浙 江	644.88	465.82	115.43	—	63.63	—	7.89	444.81	192.18
福 建	259.09	259.09	—	—	—	—	2.80	221.97	34.32
山 东	342.16	342.16	—	—	—	—	2.12	234.82	105.22
广 东	763.52	750.18	13.34	—	—	—	5.43	686.18	71.91
海 南	8.37	—	—	—	8.37	—	8.02	0.00	0.35
山 西	23.65	23.65	—	—	—	—	0.00	23.65	0.00
安 徽	132.38	86.13	—	46.25	—	—	0.00	87.70	44.68
江 西	68.52	68.52	—	—	—	—	0.48	61.47	6.57
河 南	167.83	167.83	—	—	—	—	0.00	165.03	2.80
湖 北	110.56	110.56	—	—	—	—	—	102.30	8.26
湖 南	124.37	124.37	—	—	—	—	0.21	114.69	9.47
内蒙古	49.03	49.03	—	—	—	—	0.34	45.84	2.85
广 西	51.28	51.28	—	—	—	—	0.00	51.28	0.00
重 庆	224.38	208.98	—	—	15.40	—	21.14	136.88	66.36
四 川	432.46	410.58	—	—	21.88	—	19.65	365.51	47.30
贵 州	83.63	83.63	—	—	—	—	—	79.10	4.53

续表

地　区	线路长度（千米）								
	合　计	按轨道类型					按敷设方式		
		地铁	轻轨	单轨	有轨	磁浮	地面线	地下线	高架线
云　南	115.68	115.68	—	—	—	—	0.30	97.04	18.34
西　藏	—	—	—	—	—	—	—	—	—
陕　西	187.08	171.52	15.56	—	—	—	4.10	159.52	23.46
甘　肃	47.98	35.06	—	—	12.92	—	11.57	35.06	1.35
青　海	—	—	—	—	—	—	—	—	—
宁　夏	—	—	—	—	—	—	—	—	—
新　疆	83.36	83.36	—	—	—	—	0.00	83.36	0.00
辽　宁	195.39	152.23	43.16	—	—	—	23.60	152.46	19.33
吉　林	45.38	40.00	5.38	—	—	—		40.89	4.49
黑龙江	60.88	60.88	—	—	—	—	0.00	60.88	0.00

数据来源：住房和城乡建设部。

表3-107　2019年城市轨道交通（在建）（2）

地　区	车站数（个）				换乘站数（个）	配置车辆数（辆）					
	合计	地面站	地下站	高架站		合计	地铁	轻轨	单轨	有轨	磁浮
全　国	**3581**	**132**	**3110**	**339**	**1124**	**25704**	**24614**	**545**	**240**	**245**	**60**
北　京	173	—	152	21	96	4380	4320	—	—	—	60
天　津	142	—	142	0	56	912	912	—	—	—	—
河　北	39	—	39	—	9	288	288	—	—	—	—
上　海	95	—	89	6	32	1076	1076	—	—	—	—
江　苏	459	7	438	14	135	3999	3867	132	—	—	—
浙　江	326	—	264	62	90	3224	2856	368	—	—	—
福　建	170	0	161	9	57	240	240	—	—	—	—
山　东	173	—	135	38	61	1368	1368	—	—	—	—
广　东	421	3	377	41	105	441	425	16	—	—	—
海　南	15	15	0	0	0	11	—	—	—	11	—
山　西	23	0	23	0	7	144	144	—	—	—	—
安　徽	103	0	68	35	25	852	612	—	240	—	—
江　西	51	0	46	5	13	468	468	—	—	—	—
河　南	127	0	127	0	45	181	181	—	—	—	—
湖　北	65	—	59	6	21	426	426	—	—	—	—
湖　南	85	0	81	4	23	125	125	—	—	—	—
内蒙古	44	1	40	3	10	312	312	—	—	—	—
广　西	41	0	41	0	11	60	60	—	—	—	—
重　庆	148	18	85	45	49	1258	1243	—	—	15	—

续表

地　区	车站数（个）				换乘站数（个）	配置车辆数（辆）					
	合计	地面站	地下站	高架站		合计	地铁	轻轨	单轨	有轨	磁浮
四　川	296	71	208	17	135	3652	3450	—	—	202	—
贵　州	61	—	59	2	19	558	558	—	—	—	—
云　南	80	0	73	7	29	451	451	—	—	—	—
西　藏	—	—	—	—	—	—	—	—	—	—	—
陕　西	129	1	116	12	27	55	36	19	—	—	—
甘　肃	41	12	29	—	10	53	36	—	—	17	—
青　海	—	—	—	—	—	—	—	—	—	—	—
宁　夏	—	—	—	—	—	—	—	—	—	—	—
新　疆	65	0	65	0	21	588	588	—	—	—	—
辽　宁	125	4	114	7	19	42	32	10	—	—	—
吉　林	35	—	30	5	3	—	—	—	—	—	—
黑龙江	49	0	49	0	16	540	540	—	—	—	—

数据来源：住房和城乡建设部。

（三）农村住户固定资产投资和建房情况

表 3－108　2015—2019 年全国农村住户固定资产投资和建房情况

年　份	投资总额（亿元）	竣工房屋投资	住宅	房屋施工面积（万平方米）	房屋竣工面积（万平方米）	住宅	竣工房屋造价（元/平方米）	住宅
2015	10409. 8	7157. 1	6709. 6	98376. 7	85316. 8	79380. 2	838. 9	845. 2
2016	9964. 9	6812. 6	6331. 3	92039. 7	79649. 1	73051. 4	855. 3	866. 7
2017	9554. 4	6446. 3	5899. 3	84395. 0	72727. 0	66870. 0	886. 4	882. 2
2018	10039. 2	6369. 0	5885. 0	79898. 2	67861. 3	62189. 8	938. 5	946. 3
2019	9396. 2	5732. 2	5256. 3	69488. 9	60049. 9	55571. 7	954. 6	945. 9

数据来源：国家统计局。

表 3－109　2019 年各地区农村住户固定资产投资和建房情况

地　区	投资总额（亿元）	竣工房屋投资	住宅	房屋施工面积（万平方米）	房屋竣工面积（万平方米）	住宅	竣工房屋造价（元/平方米）	住宅
北　京	76. 8	69. 2	69. 0	572. 5	477. 2	476. 1	1451. 0	1450. 1
天　津	18. 0	8. 7	3. 8	54. 7	52. 1	29. 8	1678. 8	1263. 4
河　北	316. 8	204. 0	176. 5	1826. 3	1565. 3	1486. 7	1303. 1	1187. 4
上　海	6. 9	4. 9	4. 7	47. 4	33. 3	32. 8	1479. 3	1423. 9
江　苏	236. 5	126. 4	117. 6	1580. 0	1395. 7	1222. 0	905. 4	961. 9
浙　江	665. 0	410. 8	396. 8	3328. 2	2062. 5	1983. 0	1991. 8	2001. 1

续表

地区	投资总额（亿元）	竣工房屋投资	住宅	房屋施工面积（万平方米）	房屋竣工面积（万平方米）	住宅	竣工房屋造价（元/平方米）	住宅
福　建	248.1	179.6	178.2	2112.9	1569.0	1556.7	1145.0	1144.6
山　东	943.8	503.4	379.9	10342.9	9381.5	7826.2	536.6	485.4
广　东	423.4	268.1	262.2	2876.5	1601.5	1555.5	1674.4	1685.4
海　南	117.0	87.1	84.5	855.1	652.0	631.9	1335.7	1336.8
山　西	178.9	92.8	87.8	1247.9	1226.0	1210.8	756.7	725.0
安　徽	501.6	338.7	281.3	4209.8	3426.9	3268.6	988.4	860.5
江　西	345.9	249.7	237.2	3281.7	2854.3	2738.9	874.9	865.9
河　南	580.1	401.1	376.7	5281.6	4784.9	4553.4	838.2	827.3
湖　北	433.8	308.4	256.8	2686.1	3240.9	3005.1	951.5	854.5
湖　南	638.9	472.3	452.6	3719.5	3160.0	3008.9	1494.6	1504.2
内蒙古	154.2	43.5	41.7	530.9	489.1	458.2	889.1	910.9
广　西	619.4	365.2	355.8	6423.5	6020.1	5778.8	606.6	615.7
重　庆	90.5	43.6	43.5	615.1	541.3	528.6	804.8	823.0
四　川	630.5	463.0	425.3	4756.4	4138.0	3832.8	1118.9	1109.6
贵　州	215.5	123.8	118.4	1461.0	1351.0	1307.0	916.3	906.3
云　南	479.9	417.2	399.0	4758.8	3677.7	3388.4	1134.3	1177.7
西　藏	—	—	—	—	—	—	—	—
陕　西	355.1	148.3	141.6	1520.3	1414.5	1353.3	1048.4	1046.4
甘　肃	136.6	82.3	72.8	1276.0	1101.0	998.0	747.2	729.9
青　海	73.5	42.8	40.9	520.2	427.0	385.8	1001.9	1059.0
宁　夏	65.3	23.2	20.0	270.0	196.0	148.0	1186.1	1353.4
新　疆	288.0	136.2	130.0	1947.2	1850.3	1766.3	736.0	736.0
辽　宁	221.0	67.6	54.3	740.1	737.7	516.4	916.6	1051.3
吉　林	114.1	15.8	15.8	190.8	161.5	161.5	980.5	980.5
黑龙江	221.2	34.5	31.6	455.4	461.9	362.3	747.1	872.7

数据来源：国家统计局。

表 3-110　2015—2019 年全国建制镇及住宅基本情况

年　份	建制镇统计个数（万个）	建成区面积（万公顷）	本年住宅竣工建筑面积（亿平方米）	年底实有住宅建筑面积（亿平方米）	人均住宅建筑面积（平方米）
2015	1.78	390.8	2.53	55.4	34.6
2016	1.81	397.0	2.32	56.7	34.9
2017	1.81	392.6	3.00	53.9	34.8
2018	1.83	405.3	3.32	57.9	36.1
2019	1.87	422.9	2.75	60.4	36.5

数据来源：住房和城乡建设部。

表 3-111　2015—2019 年全国乡及住宅基本情况

年　份	乡统计个数（万个）	建成区面积（万公顷）	本年住宅竣工建筑面积（亿平方米）	年末实有住宅建筑面积（亿平方米）	人均住宅建筑面积（平方米）
2015	1.15	70.00	0.32	9.0	31.2
2016	1.09	67.30	0.29	8.7	31.2
2017	1.03	63.38	0.56	7.9	31.5
2018	1.02	65.39	0.39	8.4	33.2
2019	0.95	62.95	0.44	8.3	33.9

数据来源：住房和城乡建设部。

Ⅳ.市场篇

导　读

本篇包括全国房地产市场、存量住房市场、全国主要城市地价监测及城市住房价格指数四部分内容。文章来自房地产相关研究机构和国家统计局。

一、全国房地产市场

受益于各项疫情救助政策和流动性宽松，2020 年房地产市场运行好于上年，好于预期，全年房地产投资和房屋销售均出现超预期增加，为宏观经济恢复增长做出重要贡献；房价、地价保持上涨，涨幅小幅回落；房地产企业融资较快增加。从月度数据看，年初受新冠疫情影响房地产开发和销售各项指标大幅下降，3 月开始房地产各项指标增幅迅速回升，并于年中左右同比由负转正。

（一）土地市场景气高于上年

1. 百城土地供应面积和成交面积同比增加

2020 年，100 座大中城市[①]土地供应 17248 宗，同比增加 3%；100 座大中城市成交土地 6.98 万公顷，同比增加 5%，增幅比上年增加 4 个百分点。其中，一、二、三线城市土地成交面积均为同比增加，增幅分别为 14%、10% 和 12%。2018—2020 年，100 座大中城市土地供应稳定在 8 万公顷左右，土地成交面积稳定在 7 万公顷左右，均为 2014 年以来的高水平（见图 4-1）。

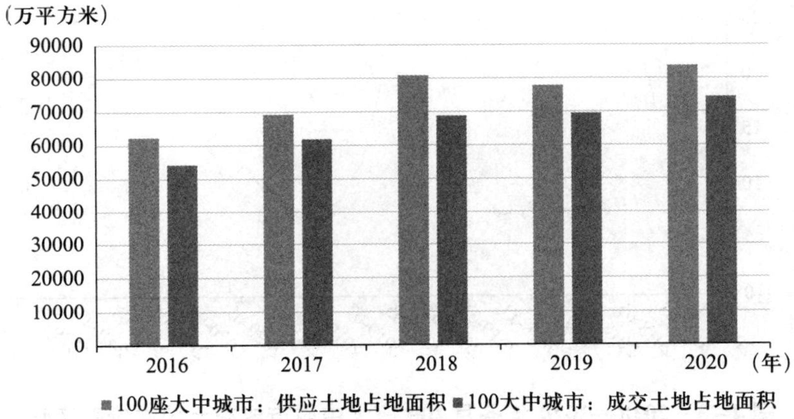

图 4-1　2016—2020 年 100 座大中城市土地供应面积和土地成交面积

数据来源：wind 数据库。

从月度数据看，2020 年 1 月 100 座大中城市成交土地面积同比下降 44%，2—4 月成交土地面积降幅逐步收窄，5 月后转为正增长，8 月增幅最高为 15%，9 月后增幅逐月下降（见图 4-2）。

2. 百城土地成交溢价率高于 2019 年下半年

2020 年各月 100 座大中城市成交土地溢价率保持在 15% 左右的较低水平，9 月后成交土地溢价率波动下降。其中，2 月、10 月和 12 月土地溢价率最低至大约 10%，其他各月基本在 15% 左右，均高于上年下半年成交土地溢价率（见图 4-3）。分区域看，三线城市成交土地溢价率相对较高，全年平均为 17.2%；二线城市成交土地溢价率下半年持续下降至 10%，全年平均为 12.6%；一线城市成交土地溢价率相对最低，全年平均为 8.8%。

---

① 100 座大中城市：北京、上海、广州、深圳、天津、重庆、杭州、南京、武汉、长沙、济南、青岛、宁波、苏州、厦门、福州、南昌、郑州、合肥、沈阳、大连、长春、哈尔滨、成都、西安、太原、石家庄、珠海、兰州、呼和浩特、贵阳、昆明、南宁、海口、银川、乌鲁木齐、无锡、常州、唐山、温州、嘉兴、烟台、佛山、东莞、绍兴、西宁、三亚、湖州、舟山、台州、金华、镇江、扬州、泰州、南通、连云港、保定、廊坊、秦皇岛、包头、北海、赣州、桂林、惠州、湛江、吉林、洛阳、泉州、徐州、宜昌、蚌埠、常德、大理、丹东、济宁、锦州、九江、泸州、牡丹江、南充、平顶山、韶关、襄阳、岳阳、遵义、淮安、盐城、宿迁、衢州、丽水、肇庆、江门、中山、汕头、张家口、淄博、潍坊、马鞍山、绵阳、湘潭。

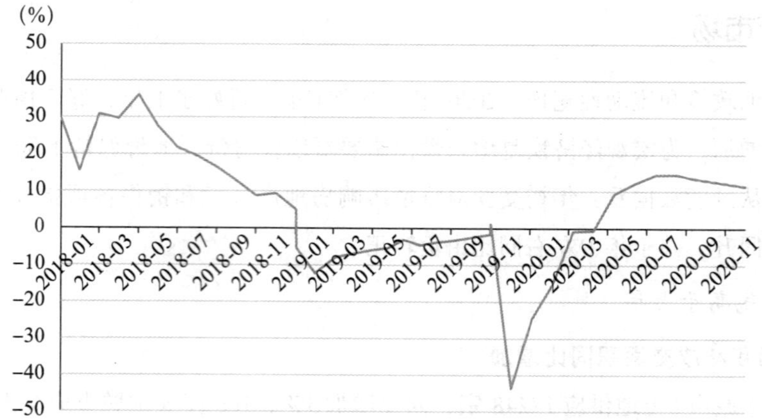

图 4-2　2018—2020 年各月 100 座大中城市土地成交面积增幅变化

数据来源：wind 数据库。

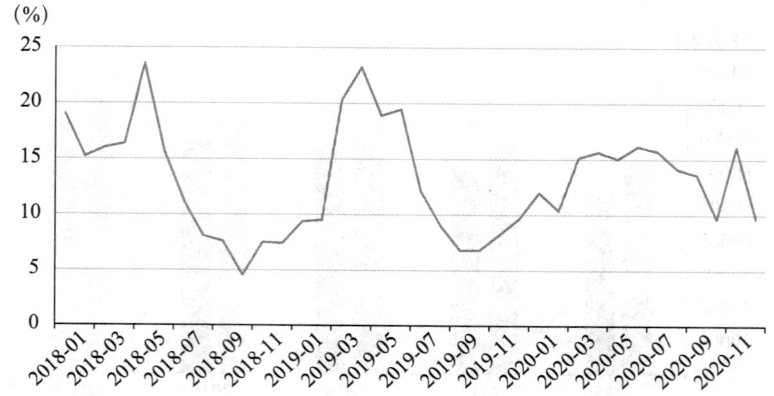

图 4-3　2018—2020 年各月 100 座大中城市成交土地溢价率变化

数据来源：wind 数据库。

3. 全国房地产企业购置土地面积降幅收窄

2020 年房地产开发企业购置土地面积负增长，连续两年负增长。2020 年，房企购置土地面积 25536 万平方米，同比减少 1.1%，降幅比上年收窄 10 个百分点；土地成交价款 1.73 万亿元，同比增加 17.4%。分月度数据看，购置土地面积各月均为负增长，2 月降幅最高 29.3%，上半年降幅逐月收窄，9—11 月降幅较快增加，12 月降幅收窄（见图 4-4）。可见，受“三线四档”房企融资政策规则影响，9 月后房地产企业购置土地意愿有所下降。

4. 土地价格涨幅先降后升，全年涨幅低于上年

受疫情影响，2020 年地价涨幅先降后升，全年涨幅仍低于上年。2020 年，主要监测城市综合地价环比涨幅为 1.74%，比上年地价涨幅低 2.1 个百分点。分季度看，全国主要监测城市综合地价环比涨幅逐季增加，1—4 各季度地价涨幅分别为 0.09%、0.43%、0.58% 和 0.63%（见图 4-5）。

2020 年，居住用地价格涨幅为 3.11%，涨幅比上年低 1.9 个百分点；商业用地价格涨幅为 -0.11%，涨幅比上年低 3 个百分点；工业用地价格涨幅为 0.95%，涨幅比上年低 1.75 个百分点。

2020 年，长三角、珠三角、京津冀三个地区的地价涨幅均低于上年，连续三年下降。2020 年，长三角地区、珠三角地区、京津冀地区综合地价累计分别环比上涨 0.84%、1.79%、1.45%，分别低于上年 1 个百分点、3.7 个百分点和 4 个百分点。

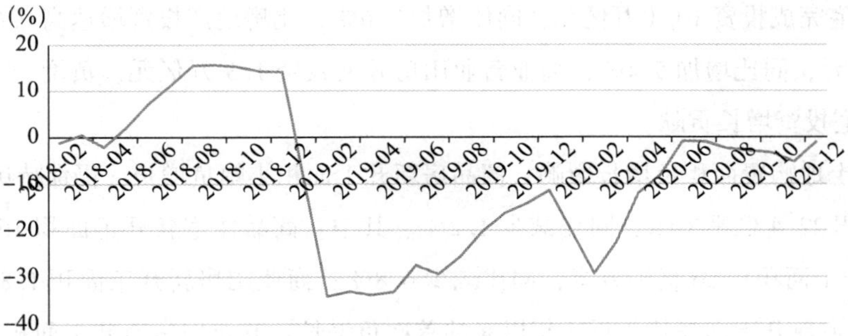

图 4-4　2018—2020 年各月房地产企业购置土地面积增长变化

数据来源：国家统计局。

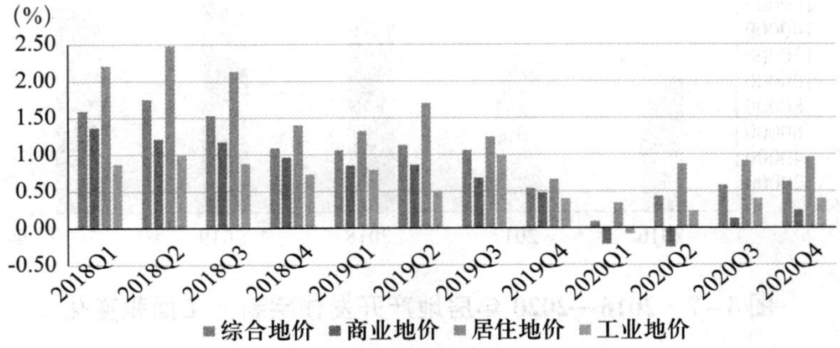

图 4-5　2018—2020 年各季度地价涨幅变化

数据来源：国土资源部。

（二）房地产市场表现好于预期

1. 房地产投资和建设指标增长表现出较高韧性

2020 年，房地产开发完成投资 14.1 万亿元，同比增长 7%，增幅比上年减少 2.9 个百分点，比同期固定资产投资增幅高 4.1 个百分点；商品房施工面积 92.7 亿平方米，同比增长 3.7%，增幅比上年减少 5 个百分点；商品房竣工面积 9.1 亿平方米，同比减少 5%，增幅减少 7.5 个百分点（见图 4-6）。分月度看，2 月受疫情影响，房地产开发投资同比下降 24.5%，之后各月房地产投资增速快速增加，1—6 月即由同比下降恢复为同比增加。2020 年房地产开发投资对固定资产投资增长贡献率约为 60%，为经济增长做出主要贡献。在房地产投资增速中，建安工程费增长贡献率逐月上升至 70% 以上，说明在建设周期影响和充裕的货币流动性支持下，房地产投资和建设增长韧性较高。

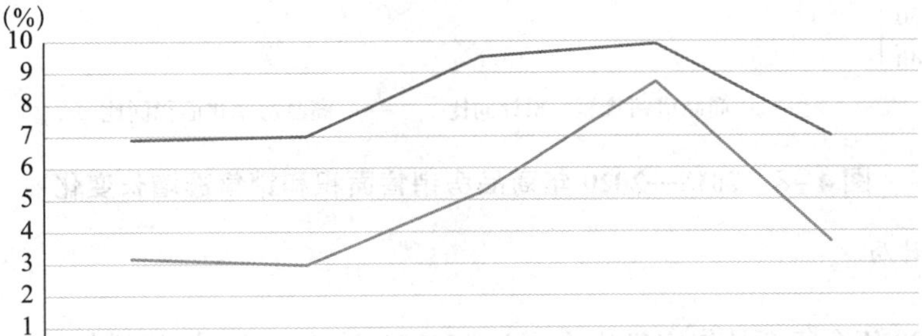

图 4-6　2016—2020 年房地产开发投资增速和商品房施工面积增幅变化

数据来源：国家统计局。

2020 年，商品住宅完成投资 10.4 万亿元，同比增长 7.6%，比房地产投资增速高 0.6 个百分点；办公楼开发投资完成 0.64 万亿元，同比增加 5.4%；商业营业用房开发投资 1.3 万亿元，负增长 1.1%。房地产投资增速回升主要来源于住宅投资增长贡献。

2020 年，受上年土地购置面积负增长影响，商品房新开工面积小幅负增长，仍保持历史高位（见图4-7）。全年商品房新开工面积 22.4 亿平方米，同比减少 1.2%。其中：商品住宅新开工面积 16.4 亿平方米，同比减少 1.9%；办公楼新开工面积 0.66 亿平方米，同比减少 6.8%；商业用房新开工面积 1.8 亿平方米，同比减少 5%。商品房和商品住宅新开工面积均为近 5 年以来的首次负增长，商业用房新开工面积已经连续 7 年负增长，办公楼新开工面积 7 年中有 5 年时间为负增长。

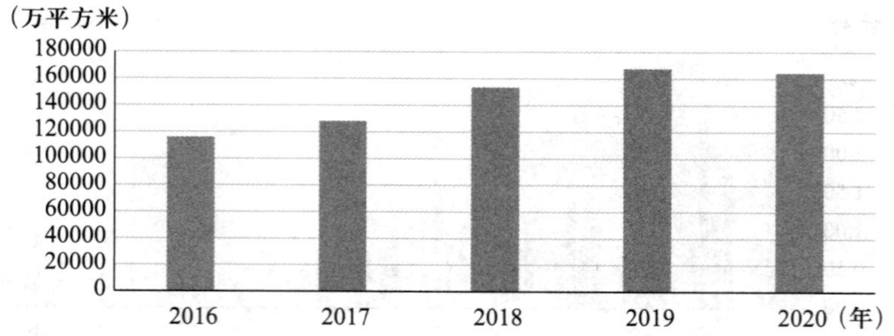

图 4-7　2016—2020 年房地产开发住宅新开工面积变化

数据来源：国家统计局。

2. 房屋销售规模创历史新高

2020 年，商品房销售面积和销售金额创出历史新高。其中：商品房销售面积 176086 万平方米，同比增加 2.6%，增幅比上年增加 2.7 个百分点；商品房销售额 173613 亿元，同比增加 8.7%，增幅比上年增加 1.2 个百分点。逐月数据看，1—2 月受疫情影响，商品房销售面积和销售额降幅大约 40%，之后降幅逐月快速收窄，8 月商品房销售额同比回正，10 月商品房销售面积同比回正（见图 4-8）。

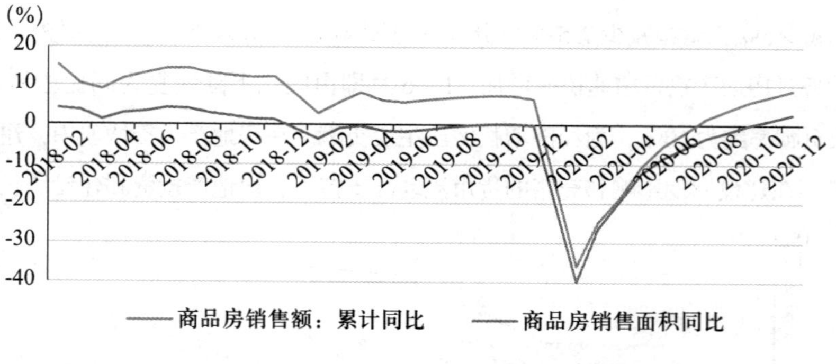

图 4-8　2018—2020 年商品房销售面积和销售额增长变化

数据来源：国家统计局。

从物业类型看，2020 年全年商品住宅销售面积为 154878 万平方米，同比增加 3.2%；办公楼销售面积为 3334 万平方米，同比减少 10.4%；商业用房销售面积为 9288 万平方米，同比减少 8.7%。2018—2020 年，商品房销售面积连续三年稳定在大约 17 亿平方米，办公楼和商业用房连续三年销售面积负增长，住宅销售面积小幅度增加至历史最高值。

3. 商品房库存减少

2020 年，商品房新开工面积负增长，商品房销售面积同比增加，商品房库存（商品房新开工面积 - 商品房销售面积）下降，低于上年。2020 年，商品房库存 4.8 亿平方米，同比减少 13%，其中商品住宅库存 0.95 亿平方米，同比减少 45%。住宅库存下降推动了商品住宅投资增长。而办公楼和商业用房销售面积连续三年负增长，库存压力大，制约了办公楼和商业用房投资增长。

4. 大中城市房价上涨，9 月后涨幅回落

2020 年，70 座大中城市商品住房价格、二手住房价格环比上涨，涨幅低于上年。全年 70 座大中城市商品住房价格环比上涨 3.86%（70 座大中城市住房价格指数中位数，下同），涨幅比上年减少 2.6 个百分点；二手住房价格环比上涨 2.22%，涨幅比上年减少 0.8 个百分点。全年 70 座大中城市商品住房价格同比上涨 5%，二手住房价格同比上涨 3%，涨幅均低于上年。

分月度数据看，2020 年年初受疫情影响，2 月基本无住房成交，住房价格指数保持不变，3 月以后住房价格指数增加，8 月商品住房价格环比上涨 0.6%、二手住房价格环比上涨 0.45%，均为年内最高涨幅，9 月以后房价涨幅快速回落，12 月商品住房价格环比涨幅降至 0.15%，二手住房价格环比涨幅降至 0.1%（见表 4 - 1）。9 月以后房价上涨城市数量减少，其中，11 月 70 座大中城市中商品住房价格环比上涨城市数量为 34 座，12 月增加至 42 座城市，二手住房价格环比上涨城市数量持续回落至 12 月的 38 座（见表 4 - 2）。

表 4 - 1　2018—2020 年 70 座大中城市新建商品住宅和二手住宅价格环比变化

年 份	指 标	1 月	2 月	3 月	4 月	5 月	6 月	7 月	8 月	9 月	10 月	11 月	12 月
2018	新建商品住宅环比	100.4	100.2	100.4	100.6	100.7	101.1	101.0	101.5	100.9	100.9	100.9	100.7
	二手住宅环比	100.2	100.2	100.3	100.5	100.6	100.7	101.0	101.5	100.9	100.5	100.5	100.3
2019	新建商品住宅环比	100.6	100.5	100.6	100.6	100.7	100.6	100.6	100.6	100.5	100.4	100.3	100.5
	二手住宅环比	100.1	100.2	100.4	100.6	100.4	100.3	100.4	100.3	100.2	100.0	100.0	100.1
2020	新建商品住宅环比	100.3	100.0	100.1	100.5	100.5	100.6	100.4	100.6	100.4	100.2	100.1	100.2
	二手住宅环比	100.0	100.0	100.1	100.2	100.2	100.3	100.3	100.5	100.3	100.1	100.2	100.1

数据来源：国家统计局。

表 4 - 2　2018—2020 年 70 座大中城市房价上涨城市数量变化

单位：个

年 份	指 标	1 月	2 月	3 月	4 月	5 月	6 月	7 月	8 月	9 月	10 月	11 月	12 月
2018	新建商品住宅环比上涨城市数量	52	44	55	58	61	63	65	67	64	66	63	62
	二手住宅环比上涨城市数量	45	49	59	59	61	66	67	66	59	55	51	48
2019	新建商品住宅环比上涨城市数量	58	57	65	67	67	63	60	55	54	50	44	50
	二手住宅环比上涨城市数量	41	47	57	55	55	45	48	43	39	31	32	38
2020	新建商品住宅环比上涨城市数量	47	20	37	51	57	61	59	59	55	45	34	42
	二手住宅环比上涨城市数量	33	14	32	37	41	50	45	47	50	39	44	38

数据来源：国家统计局。

5. 一线城市和三大城市群房价上涨表现突出

由于新房有限价政策影响，二手住房价格市场化程度较高。2020 年，一线城市二手住房价格涨幅大幅度增加，远高于二线、三线城市。其中，一线城市二手住房价格环比上涨 8.2%，二线城市和三线城市二手住房价格分别环比上涨 2.4% 和 1.5%（见表 4－3）。

分城市群看，2020 年长三角（6.4%）、珠三角（3.1%）、成渝（4.5%）三大城市群二手住房价格涨幅均高于全国平均水平（2.2%），表现突出；京津冀（2.2%）城市群二手住房价格涨幅与全国平均水平持平；长江中游（1%）城市群二手住房价格涨幅低于全国平均水平（见表 4－4）。

表 4－3　2018—2020 年各线城市二手住房价格环比变化

年　份	指　标	1 月	2 月	3 月	4 月	5 月	6 月	7 月	8 月	9 月	10 月	11 月	12 月
2018	一线城市	100.1	100.2	100.0	100.1	100.5	100.1	100.3	100.4	100.0	99.7	99.7	99.7
	二线城市	100.2	100.2	100.5	100.6	100.7	100.8	101.2	101.3	100.9	100.5	100.5	100.3
	三四线城市	100.2	100.2	100.3	100.5	100.6	100.6	101.2	101.6	101.1	100.6	100.7	100.4
2019	一线城市	99.8	100.1	100.2	100.5	100.0	100.0	100.3	100.0	100.3	100.0	100.2	100.4
	二线城市	100.3	100.4	100.5	100.6	100.5	100.3	100.3	100.2	100.2	100.1	100.1	100.1
	三四线城市	100.2	100.3	100.5	100.4	100.4	100.3	100.4	100.3	100.4	100.1	100.2	100.2
2020	一线城市	100.4	100.0	100.0	101.0	101.1	101.0	100.8	101.1	100.8	100.6	100.6	100.6
	二线城市	100.0	100.1	100.2	100.3	100.3	100.3	100.3	100.3	100.2	100.1	100.1	100.1
	三四线城市	100.1	100.0	100.1	100.0	100.1	100.2	100.2	100.3	100.3	100.0	100.1	100.1

数据来源：国家统计局。

表 4－4　2018—2020 年五大城市群二手住房价格环比变化

年　份	指　标	1 月	2 月	3 月	4 月	5 月	6 月	7 月	8 月	9 月	10 月	11 月	12 月
2018	长三角	100.1	100.2	100.3	100.5	100.4	100.3	100.8	101.0	100.5	100.2	99.9	99.9
	珠三角	100.2	100.4	100.3	100.3	100.5	100.5	100.8	101.4	100.7	100.2	100.3	100.0
	京津冀	100.1	100.2	100.4	100.6	100.8	100.8	101.3	101.4	100.9	100.5	100.6	100.4
	成渝	99.9	100.2	100.0	100.3	100.8	100.9	101.4	101.5	100.7	100.5	100.4	100.8
	长江中游	100.3	100.2	100.1	100.2	100.9	100.5	101.0	101.7	100.8	100.6	100.6	100.3
2019	长三角	100.1	100.0	100.4	100.5	100.6	100.6	100.6	100.7	100.6	100.2	100.2	100.0
	珠三角	99.9	100.0	100.2	100.1	99.9	99.9	100.5	100.2	100.0	100.0	100.0	100.1
	京津冀	100.3	100.4	100.6	100.7	100.4	100.3	100.2	100.4	100.4	100.0	100.2	100.1
	成渝	100.2	100.4	100.0	100.3	100.4	100.4	100.5	99.4	99.5	99.9	100.2	100.1
	长江中游	100.1	100.0	100.2	100.1	100.3	100.0	100.3	100.1	100.0	100.0	99.9	100.3
2020	长三角	100.2	100.0	100.3	100.7	100.6	100.8	100.8	100.9	100.7	100.4	100.3	100.5
	珠三角	100.1	99.9	99.8	100.1	100.2	100.4	100.6	100.7	100.5	100.3	100.4	100.1
	京津冀	100.0	100.1	100.2	100.3	100.3	100.3	100.2	100.4	100.2	100.1	100.1	100.0
	成渝	99.8	100.5	100.4	101.0	100.7	100.5	100.4	100.9	100.4	100.0	100.4	99.8
	长江中游	99.9	100.0	99.9	100.1	100.3	100.2	100.2	100.2	100.2	99.8	100.2	100.0

数据来源：国家统计局。

（三）房地产企业到位资金及应付款较快增加

1. 房地产企业融资增加受益于超宽松货币政策

2020 年年初，新冠肺炎疫情在全球蔓延，全球经济陷入衰退，各主要经济体均采取了宽松货币政策，向经济体注入大量流动性。3 月，为应对疫情冲击，我国 M_2 增幅快速增加至 10.1%，4 月进一步增加至 11.1%，是 2017 年以来的最高值。7 月，M_2 增幅小幅收窄至 10.7%，至年底仍保持 10.1% 增幅，为近年高位水平。2020 年 3—5 月社会融资规模增量增幅快速增加至 45%，至年底保持在 40% 以上的增幅。2020 年，新增社会融资规模 34.86 万亿元，同比增加 36.3%，比上年增加了 23 个百分点。

2020 年，受益于应对疫情的超宽松货币政策，商品房销售增加，房地产开发企业资金来源为 19.3 万亿元，同比增长 8.1%，比同期房地产开发投资增幅高 1 个百分点。其中，国内贷款、定金及预收款、个人按揭贷款分别同比增加 5.7%、8.5%、9.9%。2020 年房地产开发“本年资金来源/开发投资完成额”为 1.37，高于上年，意味着房地产企业的资金充裕度好于上年。

2. 房地产企业各项应付款持续较快增加

2020 年，房地产企业各项应付款 4.8 万亿元，同比增加 14.1%，增幅比上年高 1.7 个百分点；房地产企业各项应付款额相当于房地产开发资金来源的 24.7%，比上年高 1.2 个百分点。2018 年开始，房地产企业各项应付款连续三年较快增加，增幅均超过 10%（见表 4-5）。

2020 年，房地产企业各项应付款中应付工程款为 2.7 万亿元，占比为 56%。2019—2010 年，房企应付工程款均超过 2 万亿元，年均增速分别达到 18% 和 16.9%。近两年房企应付工程款数量大、增速快，需要引起必要重视。

表 4-5　2016—2020 年房地产企业各项应付款/房地产开发资金来源变化

单位:%

指标	2016 年	2017 年	2018 年	2019 年	2020 年
各项应付款/房地产开发资金来源	21.4	21.6	22.4	23.5	24.7

数据来源：国家统计局。

（刘　琳　中国宏观经济研究院）

二、存量住房市场

2020 年，房地产市场总体处于市场升温阶段，呈现出价格上涨、区域分化等特点。存量住房价格与租金的背离扩大；珠三角、长三角城市群等市场快速上行；京津冀（除北京）、山东半岛城市群等北方城市基本面较弱，市场整体下行（因资料数据搜集和调查所限，本文涉及存量住房市场的各个方面，分别界定在不同城市数量范围中。）

交易量扩大：2020 年，尽管有新冠肺炎疫情冲击，但房地产市场保持韧性增长。2020 年全国存量住房成交套数约 420 万套，同比下降 1.3%；成交面积约 3.96 亿平方米，同比增长 1.0%；成交总额共计约 7.3 万亿元，同比增长 8.1%；成交均价 1.8 万元/平方米，同比上涨约 7.0%。

价格上涨：2020 年 12 月，贝壳 G22 存量住房房价指数①同比上涨 5.2%（见图 4-9）。其中，珠三角、长三角城市群房价同比涨幅较大，如深圳市同比上涨 24.5%，宁波市同比上涨 18.7%，上海市及安徽省合肥市、江苏省无锡市同比涨幅在 10%～15% 之间。

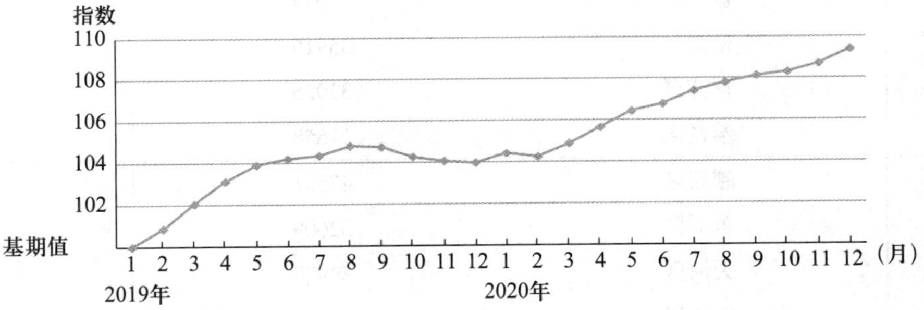

图 4-9　2019—2020 年 22 座城存量住房综合价格指数走势

数据来源：贝壳研究院。

① 2019 年 1 月为基期，基期值 = 100。22 座城市：北京、成都、广州、杭州、合肥、济南、南京、青岛、上海、深圳、天津、武汉、重庆、长沙、沈阳、苏州、厦门、无锡、宁波、长春、郑州、福州。

核心区域存量住房高单价房源价格同比涨幅较大。以一线城市为例，广州的越秀区，深圳的宝安区、南山区，北京的西城区、海淀区及上海的黄浦区等核心区域存量住房价格同比涨幅在各区域房价涨幅排名中居前位（见表4－6）。

表4－6　2020年北京、上海、广州、深圳各区域存量住房价格及同比

单位：元/平方米，%

城　市	区　域	2020年成交均价	同比涨幅
北京	海淀区	80975	2.0
	西城区	111113	0.0
	东城区	89843	－1.0
	朝阳区	63362	－1.0
	昌平区	41443	－2.0
	丰台区	53802	－2.0
	石景山区	49323	－2.0
	房山区	32687	－2.0
	大兴区	39779	－3.0
	顺义区	36600	－3.0
	通州区	41474	－6.0
上海	黄浦区	94826	8.0
	闵行区	50612	7.0
	徐汇区	74472	7.0
	虹口区	68024	7.0
	浦东新区	55119	5.0
	宝山区	43977	5.0
	静安区	75511	5.0
	杨浦区	64715	5.0
	长宁区	71063	4.0
	普陀区	60845	4.0
	嘉定区	37914	4.0
	松江区	35915	3.0
	青浦区	32925	3.0
	奉贤区	21658	0.0
广州	越秀区	47521	7.0
	黄埔区	32609	6.0
	天河区	53977	1.0
	海珠区	39893	0.0
	荔湾区	35712	0.0
	白云区	30721	－2.0
	番禺区	26441	－2.0
	花都区	15526	－6.0
	增城区	18640	－6.0

续表

城　市	区　域	2020 年成交均价	同比涨幅
深圳	宝安区	77887	34.0
	南山区	99405	29.0
	福田区	85527	29.0
	龙华区	62607	24.0
	罗湖区	58931	15.0
	龙岗区	45581	14.0
	盐田区	46924	7.0

数据来源：贝壳研究院。

改善需求释放：新冠肺炎疫情封闭期间，消费者对居住条件改善的需求被激发。2020 年，大户型高端改善房源月度成交套数环比增速明显高于其他面积段的房源。基于贝壳交易大数据，2020 年贝壳重点 18 座城市[①] 180 平方米以上房源成交套数同比增长 31.9%，140 ~ 180 平方米的中高端改善房源成交套数同比增长 21.2%，高于其他小面积房源的同比增速（见图 4 - 10）。大面积高端改善房源的价格涨幅也超过其他房源，140 ~ 180 平方米的房源价格同比涨幅为 9.0%，在所有面积段房源中涨幅最大，180 平方米以上的房源成交均价同比涨幅也相对较大（见图 4 - 11）。

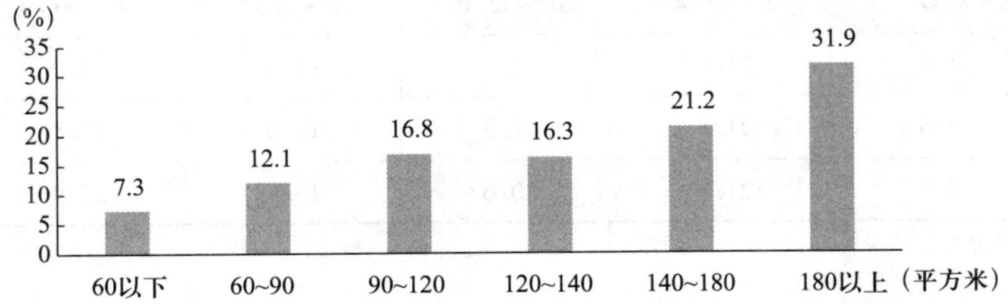

图 4 - 10　2020 年 18 座城市各面积段房源成交套数同比增幅

数据来源：贝壳研究院。

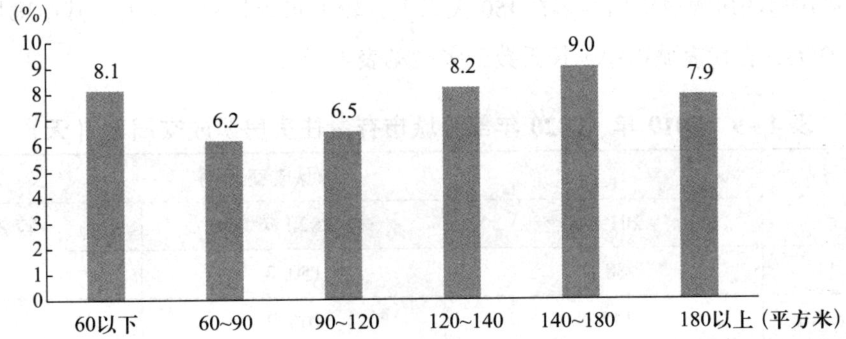

图 4 - 11　2020 年 18 座城市各面积段房源成交均价同比增幅

数据来源：贝壳研究院。

① 18 座城市：北京、上海、深圳、广州、大连、天津、廊坊、西安、济南、青岛、烟台、武汉、南京、合肥、杭州、长沙、成都、重庆，下同。

三居室户型房源成交占比为 26.8%，较 2018 年提高 3.3 个百分点；四居室及以上的房源成交占比为 4.6%，较 2018 年提高 0.6 个百分点；二居室户型房源成交占比降至 50% 以下，一居室户型房源成交占比较 2018 年下降 2.9 个百分点（见表 4-7）。

表 4-7　2018—2020 年 18 座城市不同居室房源成交占比（%）

年　份	一居室	二居室	三居室	四居室及以上
2018	22.7	49.7	23.5	4.0
2019	20.7	48.9	26.1	4.3
2020	19.8	48.8	26.8	4.6

数据来源：贝壳研究院。

除了居住空间的改善，消费者也更加注重居住环境的改善。2020 年，18 座城市存量住房成交房源中，楼龄在 5 年以下的房源成交占比为 7.5%，较 2018 年提高 3.6 个百分点；楼龄在 5～10 年的房源成交占比为 21.9%，较 2018 年提高 0.8 个百分点；楼龄在 10～20 年的房源成交占比为 36.4%，较 2018 年降低 3.8 个百分点（见表 4-8）。

表 4-8　2018—2020 年 18 座城市不同楼龄房源成交占比（%）

年　份	5 年以下	5～10 年	10～15 年	15～20 年	20～30 年	30 年以上
2018	3.9	21.1	23.6	16.6	23.0	11.8
2019	6.6	21.8	21.3	16.0	22.8	11.4
2020	7.5	21.9	20.6	15.8	22.9	11.3

数据来源：贝壳研究院。

成交周期南短北长：南北城市的市场差异也体现在存量住房成交节奏的变化上。长三角、珠三角城市群的上海、深圳、东莞等城市房源成交周期缩短，而京津冀城市群的廊坊、石家庄及山东半岛城市群的烟台、青岛等城市，2020 年存量住房的房源成交周期多在 150 天以上，较上年延长幅度较大，其中廊坊 2020 年房源成交周期较上年延长 62.0 天，在代表城市中延长天数最多（见表 4-9）。

表 4-9　2019 年、2020 年部分城市存量住房房源成交周期（天）

城　市	房源成交周期		
	2019 年	2020 年	较 2019 年变化
廊　坊	88.2	150.2	62.0
烟　台	115.8	166.7	51.0
石家庄	106.4	155.5	49.1
青　岛	117.3	166.3	49.1
重　庆	94.2	139.4	45.2
武　汉	113.9	158.0	44.1
济　南	116.9	159.4	42.5

续表

城　市	房源成交周期		
	2019 年	2020 年	较 2019 年变化
天　津	120.2	160.9	40.7
沈　阳	92.6	131.8	39.2
大　连	114.7	142.9	28.3
北　京	101.9	130.0	28.2
上　海	113.8	101.9	-12.0
深　圳	130.6	118.4	-12.2
东　莞	107.8	79.8	-28.0

数据来源：贝壳研究院。

城市分化：2020 年，全国房地产市场区域间分化进一步扩大。长三角、珠三角、成渝、关中平原等城市群内核心一、二线城市存量住房成交套数同比增长较快，如一线城市中上海、深圳、广州同比增速均在 20% 以上，二线城市中杭州同比增幅超过 40%，西安、成都等城市同比涨幅 30%～40%，增速超过其余多数二、三线城市。2020 年珠三角、长三角城市群存量住房成交价格同比涨幅普遍较大，如东莞、深圳、宁波均超过 10%，上海涨幅为 9.5%（见表 4-10）。

表 4-10　2020 年南方城市群代表城市存量住房成交套数与成交均价同比

城市群	城　市	成交套数同比（%）	成交均价同比（%）
珠三角城市群	东　莞	-19.4	15.5
	深　圳	22.9	11.5
	惠　州	-11.1	7.5
	广　州	22.8	0.6
	中　山	4.8	-0.5
	佛　山	6.9	-1.4
长三角城市群	宁　波	-3.3	11.3
	上　海	21.8	9.5
	无　锡	3.1	5.9
	南　京	29.1	5.1
	杭　州	45.2	2.7
	苏　州	-39.9	-6.0
成渝城市群	成　都	31.8	4.6
	重　庆	-7.0	-2.0
关中城市群	西　安	36.7	5.0
长江中游城市群	武　汉	-13.4	1.9
	合　肥	17.6	3.1
	长　沙	21.1	2.5
	南　昌	-20.3	-0.9

数据来源：贝壳研究院。

与长三角、珠三角城市群等南方城市表现不同，2020 年北方城市存量住房市场呈现不同程度的降温（见表4－11）。

表4－11　2020 年北方城市群代表城市存量住房成交套数与成交均价同比

城市群	城　市	城市等级	成交套数同比（%）	成交均价同比（%）
京津冀城市群	北　京	一线城市	14.3	－0.8
	天　津	二线城市	－12.0	－3.6
	廊　坊	三线城市	6.9	－11.0
辽中南城市群	沈　阳	二线城市	－24.7	4.5
	大　连	二线城市	－8.2	5.3
哈长城市群	长　春	二线城市	－10.3	－1.5
	哈尔滨	二线城市	－36.9	9.7
山东半岛城市群	青　岛	二线城市	18.5	－5.6
	济　南	二线城市	16.7	－4.6
	烟　台	二线城市	－12.0	－1.4
中原城市群	郑　州	二线城市	11.7	－3.4

数据来源：贝壳研究院。

从贝壳二手房价格指数月度走势看，2020 年上海市及广东省广州、深圳、东莞三市存量住房房价持续上涨，而天津市及济南、青岛、廊坊三市存量住房房价呈现逐步向下的走势。

利率下调：为应对新冠肺炎疫情对经济的冲击，央行加大逆周期调节力度，综合运用降息、降准、中期借贷便利、再贴现等工具投放中长期流动性，引导货币市场利率中枢下行。央行分别于 2020 年 2 月、4 月两次下调贷款市场报价利率（LPR），1 年期 LPR、五年期 LPR 累计下调幅度分别为 30 个、15 个基点。

LPR 下降带动购房利率整体向下调整。36 座城市主流房贷利率①显示，首套房贷主流利率从 2020 年 1 月的 5.56% 下降到 12 月的 5.22%，累计降低 34 个基点；二套房贷主流利率从 1 月的 5.89% 下降到 12 月的 5.51%，累计降低 38 个基点。

根据 36 座城市平均房贷放款周期，2020 年进入二季度重点城市房贷放款周期②呈现逐月缩短走势，7 月降至 38.1 天，较 3 月的高点缩短 32.4 天，8 月起房贷放款周期呈企稳回升态势，至 12 月回升至 48.0 天（见图 4－12）。

① 主流房贷利率指统计期内房贷成交最集中的利率点位。36 座城市：北京、上海、广州、深圳、成都、大连、东莞、佛山、哈尔滨、杭州、合肥、惠州、济南、昆明、廊坊、南昌、南京、南通、宁波、青岛、厦门、沈阳、石家庄、苏州、太原、天津、无锡、武汉、西安、烟台、银川、长春、长沙、郑州、中山、重庆，下同。

② 房贷放款周期指签订贷款合同到最终放款的自然日数。

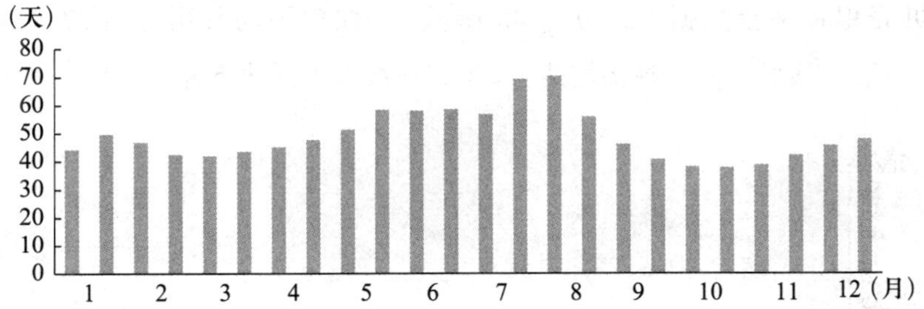

图4-12　2019年1月—2020年12月贝壳36座城市存量住房平均房贷放款周期

数据来源：贝壳研究院。

购房杠杆率上升：据央行统计，2020年居民户新增人民币贷款同比增长5.9%，其中新增中长期贷款（主要用于购买住房）同比增长9.2%。2020年年底，居民部门杠杆率为62.2%，较上年年底提高6.1个百分点。

2020年，52座城市①综合购房杠杆率（存量住房客户的房屋贷款金额与房屋总成交金额的比值）月平均值为42.97%，较上年提升0.16个百分点。其中，商业贷款杠杆率月平均值为38.05%，公积金贷款杠杆率为4.92%。

2020年，52座城市平均贷款成数（使用按揭贷款的购房客户贷款额与其房屋成交额的比值）为57.05%。城市间分化明显。2020年，珠三角城市群的贷款成数最高，为61.13%，较上年上升0.59个百分点；其中中山贷款成数最高为69.13%，较上年提高约2个百分点；珠海、东莞、佛山贷款成数均超过62%，较上年上升较快。其次为长江中游城市群，2020年贷款成数为58.32%，较上年提高1.30个百分点，其中南昌贷款成数上升较快。京津冀城市群最低，平均贷款成数为50.15%，石家庄、廊坊贷款成数较高，在55%以上（见图4-13）。

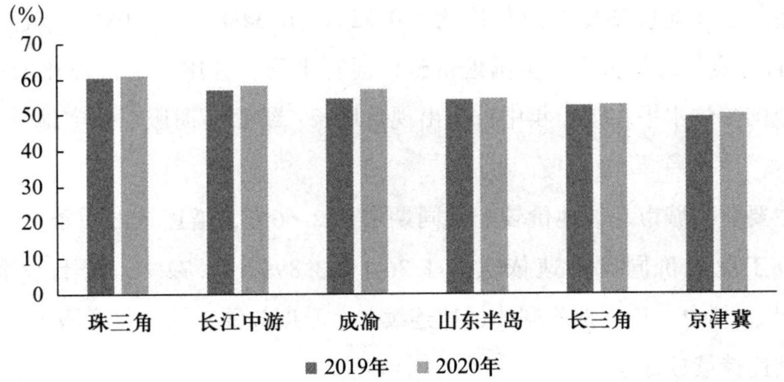

图4-13　2019—2020年不同城市群存量住房客户平均贷款成数比较

数据来源：贝壳研究院。

2020年，新增个人购房贷款同比增长仅为1.2%，新增个人购房贷款在新增人民币贷款的占比较上年下降3.4个百分点。

① 52座城市：安庆、北京、常州、成都、大连、东莞、佛山、福州、广州、贵阳、哈尔滨、杭州、合肥、惠州、济南、开封、昆明、兰州、廊坊、临沂、洛阳、绵阳、南昌、南充、南京、南通、宁波、青岛、厦门、上海、绍兴、深圳、沈阳、石家庄、苏州、太原、天津、温州、无锡、武汉、西安、咸阳、襄阳、徐州、烟台、银川、长春、长沙、郑州、中山、重庆、珠海。

租金下滑：根据贝壳租赁平台数据，2020 年 40 座城市①住房平均月租金为 37.8 元/平方米，同比下降 9.9%（见图 4-14）。一、二线城市同比降幅均达 4.0%，三线城市同比下降 1.5%。

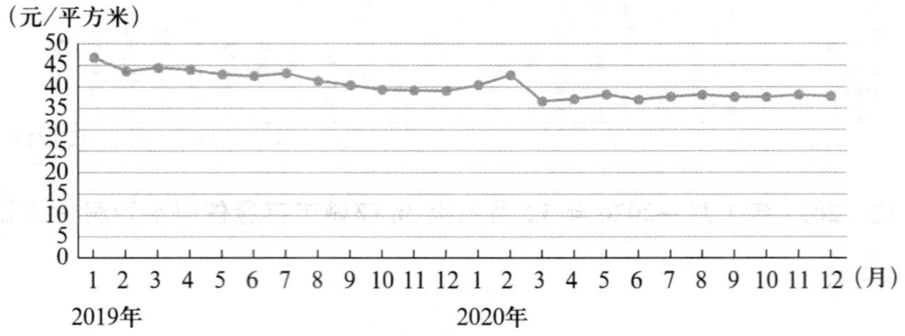

图 4-14　2019—2020 年 40 座城市住房月平均租金变化

数据来源：贝壳研究院。

（许小乐　贝壳研究院）

三、全国主要城市地价监测

（一）2020 年第一季度全国重点区域和主要城市地价状况

1. 全国各用途地价环比、同比增速持续放缓，商服、工业地价较上一季度略有下降

2020 年第一季度，从环比看，全国主要监测城市总体地价增速为 0.09%，较上一季度下降 0.45 个百分点。分用途看，商服、住宅、工业地价环比增速依次为 -0.22%、0.34%、-0.08%，较上一季度分别下降 0.70 个、0.32 个、0.48 个百分点。总体来看，全国地价整体运行平稳，各用途地价环比增速均保持放缓态势。其中，商服、工业地价全国整体水平在近十年中首次出现负增长；综合、商服、住宅地价环比增速则连续 3 个季度放缓。

从同比看，全国主要监测城市总体地价较上年同期增长 2.66%，增速较上一季度下降 1.11 个百分点。分用途看，商服、住宅、工业地价同比增速依次为 1.36%、3.89%、1.72%，较上一季度分别下降 1.42 个、1.08 个、0.89 个百分点。其中，住宅地价同比增速连续 8 个季度放缓，综合、商服地价同比增速连续 7 个季度放缓，工业地价同比增速持续放缓。

重点城市定基地价指数②保持稳定。2020 年第一季度，以 2000 年为基期的重点城市综合、商服、住宅、工业平均地价指数分别为 310、299、390、229，较上一季度分别变化 0 个、-1 个、0 个、-1 个点，其中商服地价指数首次出现下降。

重点监测城市中，综合地价环比增速为 0.17%，较上一季度下降 0.25 个百分点，增速连续 3 个季度放缓；同比增速为 2.81%，较上一季度下降 1.10 个百分点，增速连续 9 个季度放缓。商服、住宅、工业地价环比增

① 40 座城市：北京、上海、广州、深圳、南京、天津、杭州、青岛、成都、大连、苏州、济南、合肥、武汉、长沙、烟台、厦门、东莞、沈阳、重庆、郑州、石家庄、无锡、西安、南通、徐州、福州、长春、宁波、佛山、哈尔滨、南昌、廊坊、惠州、兰州、中山、贵阳、呼和浩特、芜湖、太原。

② 重点城市定基地价指数包括除拉萨以外的 35 个直辖市、省会城市和计划单列市。重点城市地价增长率包括 36 个直辖市、省会城市和计划单列市。下同。

速分别为－0.19%、0.36%和0.06%，其中，商服地价水平较上一季度略有下降；同比增速依次为1.59%、3.82%和1.84%。

2. 除长三角地区住宅地价环比持平外，三大重点区域各用途地价环比、同比增速均下降

2020年第一季度，从环比看，三大重点区域综合地价环比增速持续下降，长江三角洲地区、粤港澳大湾区、环渤海与京津冀地区综合地价增速依次为－0.05%、0.20%、－0.68%（见图4－15），较上一季度分别下降0.14个、0.42个、1.29个百分点，其中，长江三角洲、环渤海与京津冀地区综合地价水平出现负增长。

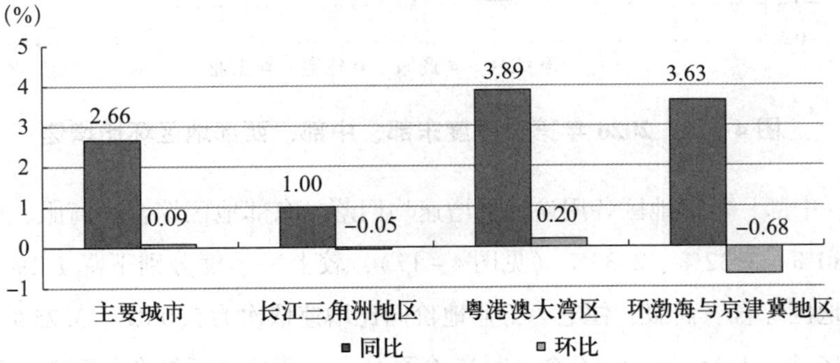

图4－15 2020年第一季度三大重点区域综合地价增速

分用途看，长江三角洲地区商服、住宅、工业地价环比增速依次为－0.34%、0%、0.10%，较上一季度分别变化－0.45个、0.19个、－0.24个百分点，其中，商服地价水平下降，住宅地价增速在上一季度负增长的基础上持平。粤港澳大湾区、环渤海与京津冀地区各用途地价环比增速均放缓，粤港澳大湾区商服、住宅、工业地价环比增速依次为－0.80%、0.68%、0.13%，较上一季度分别下降0.72个、0.13个、0.61个百分点，其中商服地价连续两个季度负增长；环渤海与京津冀地区商服、住宅、工业地价环比增速依次为0.13%、0.32%、－2.24%，较上一季度分别下降0.76个、0.48个、2.51个百分点。就各区域的城市住宅地价来看，长江三角洲地区的上海、杭州、苏州、温州、湖州、金华6座城市住宅地价下降；粤港澳大湾区仅广州市住宅地价下降；环渤海与京津冀地区的天津和烟台住宅地价下降。

从同比增速看，长江三角洲地区、粤港澳大湾区、环渤海与京津冀地区综合地价同比增速依次为1.0%、3.89%、3.63%，较上一季度分别下降0.70个、1.67个、1.75个百分点。

分用途看，三大重点区域各用途地价同比增速均放缓。长江三角洲地区商服、住宅、工业地价同比增速依次为0%、1.54%、1.16%，较上一季度分别下降1.09个、0.43个、0.54个百分点。粤港澳大湾区商服、住宅、工业地价同比增速持续回落，较上一季度分别下降1.77个、1.54个、1.82个百分点，依次为0.84%、5.22%、3.81%，其中，广东省佛山市顺德区、中山市、惠州市、东莞市住宅地价同比涨幅超过5%。环渤海与京津冀地区商服、住宅、工业地价同比增速依次为3.52%、4.17%、2.97%，较上一季度分别下降1.03个、0.68个、3.37个百分点，其中，潍坊市、廊坊市、秦皇岛市、大连市住宅地价同比增速超过5%。

3. 除东部地区住宅地价环比增速加快外，各区域不同用途地价环比、同比增速均放缓

2020年第一季度，全国重点城市中，从环比看，东部、中部、西部地区综合地价环比增速依次为0.07%、0.14%、0.41%，较上一季度分别下降0.16个、0.38个、0.32个百分点（见图4－16）。分用途看，除东部地区住宅地价增速上升外，各区域不同用途地价增速均放缓。东部、中部、西部地区住宅地价环比增速依次为0.32%、0.14%、0.63%，较上一季度分别变化0.27个、－0.44个、－0.17个百分点，其中，东部地区住宅地价环比增长较快的城市为深圳（2.34%）、石家庄（1.85%）、沈阳（1.16%），区域内其他13座城市的住宅地价环比增速保持在－1.0%~1.0%。

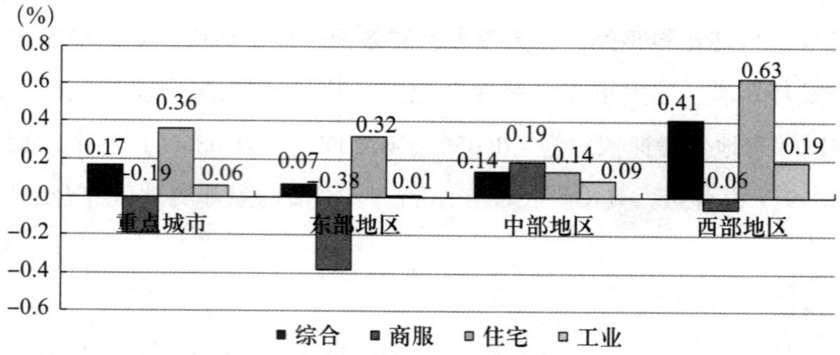

图 4－16　2020 年第一季度东部、中部、西部地区环比增速

从同比看，东部、中部、西部地区各用途地价增速均回落。东部地区综合、商服、住宅、工业地价同比增速依次为2.48%、0.80%、3.32%、2.33%（见图4－17），较上一季度分别下降1.19个、1.44个、0.84个、1.34个百分点。中部地区综合、商服、住宅、工业地价同比增速依次为3.00%、3.25%、4.06%、0.71%，较上一季度分别下降1.16个、1.15个、1.56个、0.25个百分点。西部地区综合、商服、住宅、工业地价同比增速依次为3.45%、2.12%、4.60%、1.48%，较上一季度分别下降0.71个、1.06个、0.86个、0.09个百分点。

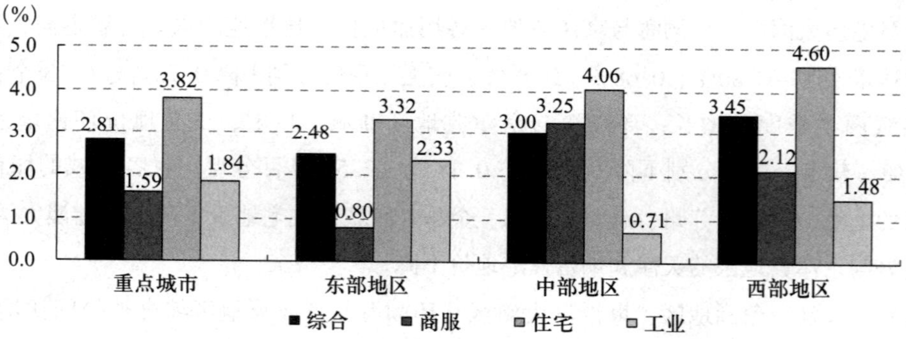

图 4－17　2020 年第一季度东、中、西部地区同比增速

4. 一、二、三线城市①各用途地价环比、同比增速均回落

2020年第一季度，一线城市各用途地价水平较上一季度均有所下降，同比增速均为正向增长；二线城市各用途地价水平保持微升，环比、同比增速放缓；三线城市商服和工业地价较上一季略有下降，住宅地价正向增长，涨幅明显回落（见图4－18、图4－19）。

① 105个监测城市中，一线城市：北京、上海、广州、深圳；二线城市包括除一线城市外的直辖市、省会城市和计划单列市，共32个；三线城市包括除一线、二线城市外的69个监测城市。下同。

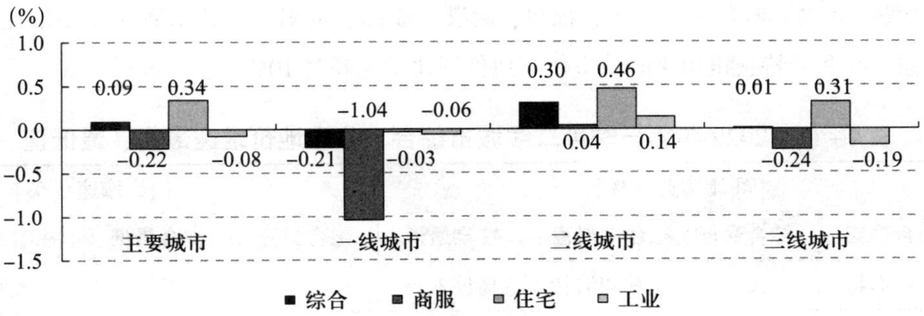

图 4-18　2020 年第一季度一、二、三线城市地价环比增速

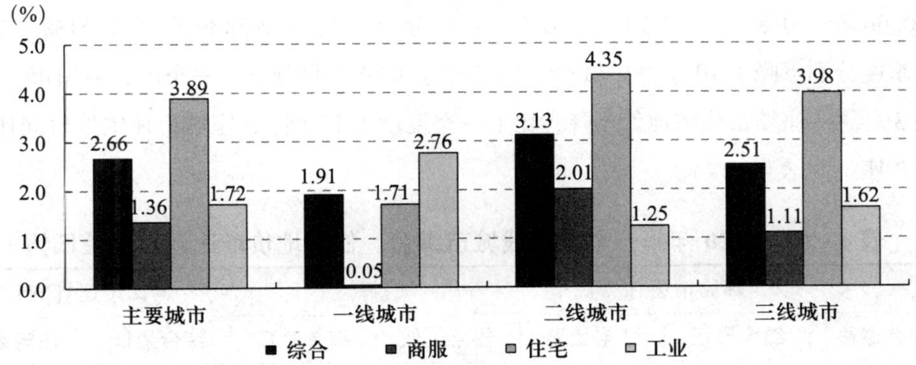

图 4-19　2020 年第一季度一、二、三线城市地价同比增速

一线城市，从环比看，综合、商服、住宅、工业地价水平均较上一季度略有下降，增速依次为 -0.21%、-1.04%、-0.03%、-0.06%（见表 4-12），较上一季度分别放缓 0.49 个、0.88 个、0.04 个、0.74 个百分点。北京、上海、广州住宅地价环比增速下降，深圳住宅地价环比增速上升，其中，上海、广州住宅地价环比持续负增长。从同比看，综合、商服、住宅、工业地价增速依次为 1.91%、0.05%、1.71%、2.76%，较上一季度分别下降 1.42 个、1.74 个、0.76 个、1.89 个百分点，北京、广州住宅地价同比增速持续放缓，上海住宅地价同比保持负增长，深圳住宅地价同比增速由降转升。

表 4-12　2020 年第一季度一线城市各用途地价增速

监测范围	环比增速（%）				同比增速（%）			
	综合	商服	住宅	工业	综合	商服	住宅	工业
一线城市	-0.21	-1.04	-0.03	-0.06	1.91	0.05	1.71	2.76
北京	0.12	-0.40	0.21	0.27	2.73	1.16	3.00	3.06
上海	-0.58	-1.03	-0.51	0.05	-0.24	0.22	-0.46	2.59
广州	-0.187	-0.77	-0.95	0.29	1.86	1.38	1.87	6.53
深圳	0.77	-1.80	2.34	-0.97	1.75	-2.78	4.74	-2.76

二线城市，综合、商服、住宅、工业地价环比增速依次为 0.30%、0.04%、0.46%、0.14%，较上一季度分别下降 0.18 个、0.56 个、0.05 个、0.20 个百分点；同比增速依次为 3.13%、2.01%、4.35%、1.25%，较上一季度分别下降 1.0 个、1.52 个、1.22 个、0.22 个百分点。一季度，呼和浩特住宅地价环比增速超过 3.0%

（见表4-13），天津、青岛、哈尔滨、杭州、福州、武汉、成都、贵阳、乌鲁木齐9座城市住宅地价环比为负增长；沈阳、太原、呼和浩特、银川4座城市住宅地价同比增速超过10%。

表4-13　2020年第一季度二线城市综合、住宅地价增速最高、最低值

	环比增速（%）				同比增速（%）			
	综合最高	综合最低	住宅最高	住宅最低	综合最高	综合最低	住宅最高	住宅最低
监测城市	呼和浩特	天津	呼和浩特	乌鲁木齐	太原	天津	太原	天津
增长率	4.71	-0.95	5.70	-1.41	13.23	-2.94	16.82	-2.78

三线城市，综合、商服、住宅、工业地价环比增速依次为0.01%、-0.24%、0.31%、-0.19%，较上一季度分别下降0.66个、0.81个、0.70个、0.53个百分点；同比增速依次为2.51%、1.11%、3.98%、1.62%，较上一季度分别下降1.10个、1.33个、1.07个、0.89个百分点。一季度，洛阳市、平顶山市住宅地价环比增速超过3%，23座城市住宅地价下降，比上一季度增加14座；5座城市住宅地价同比增速超过10%，比上一季度减少3座（见表4-14）。

表4-14　2020年第一季度三线城市综合、住宅地价增速最高、最低值

	环比增速（%）				同比增速（%）			
	综合最高	综合最低	住宅最高	住宅最低	综合最高	综合最低	住宅最高	住宅最低
监测城市	洛阳	三亚	洛阳	泸州	洛阳	金华	洛阳	金华
增长率	4.56	-2.63	5.00	-3.29	17.04	-1.72	18.77	-1.91

5. 综合及住宅地价环比上涨的城市数量明显减少，地价水平下降的城市达到1/3

2020年第一季度，全国主要监测城市中，综合地价环比为正向增长的城市64座，比上一季度减少20座。综合地价环比增速大（等）于3%的城市2座，比上一季度减少1座；地价环比下降的城市37座，较上一季度增加19座。另外，89座城市的地价环比增速稳定在-1.0%~1.0%。与上年同期相比，95座城市地价正向增长，较上一季度减少5座，同比增速超过10%的城市6座，较上一季度减少3座；地价同比下降的城市为9座，比上一季度增加5座。

住宅地价环比正向增长的城市68座，较上一季度减少16座。住宅地价环比增速超过3%的城市3座，较上一季度减少3座；地价环比下降的城市34座，较上一季度增加16座。此外，84座城市的地价增速稳定在-1.0%~1.0%之间。与上年同期相比，地价正向增长的城市96座，较上一季度减少3座；增速超过10%的城市9座，比上一季度减少2座；地价同比下降的城市9座，比上一季度增加4座。

（二）2020年第二季度全国重点区域和主要城市地价状况

1. 全国综合、住宅、工业地价环比增速由降转升；各用途地价同比增速持续放缓

2020年第二季度，从环比看，全国主要监测城市总体地价增速为0.43%，较上一季度上升0.34个百分点。分用途看，商服、住宅、工业地价环比增速依次为-0.26%、0.87%、0.23%，较上一季度分别变化-0.04个、0.53个、0.31个百分点。总体来看，全国地价整体运行平稳，综合、住宅、工业地价环比增速由降转升，商服地价环比增速则持续放缓；其中，综合、住宅地价环比增速在连续三个季度下降后回升，商服地价环比增速则连续4个季度放缓。

从同比看，全国主要监测城市总体地价较上年同期增长2.05%，增速较上一季度下降0.61个百分点。分用途看，商服、住宅、工业地价同比增速依次为0.54%、3.11%、1.46%，较上一季度分别下降0.82、0.78、0.26个百分点。其中，住宅地价同比增速连续9个季度放缓，综合、商服地价同比增速连续8个季度放缓，工业地价同比增速持续3个季度放缓。

重点城市定基地价指数保持稳定。2020年第二季度，以2000年为基期的重点城市综合、商服、住宅、工业平均地价指数分别为311、299、393、229，较上一季度分别变化1个、0个、3个、0个点。

重点监测城市中，综合地价环比增速为0.49%，较上一季度上升0.32个百分点；同比增速为2.02%，较上一季度下降0.79个百分点，增速连续10个季度放缓。商服、住宅、工业地价环比增速分别为0.08%、0.82%和0.18%，其中，商服地价增速由负转正；同比增速依次为0.81%、2.80%和1.46%。

2. 三大重点区域综合、工业地价环比增速均由降转升，商服、住宅地价环比增速则有升有降；各用途地价同比增速持续下降

2020年第二季度，从环比看，三大重点区域综合地价环比增速由降转升，长江三角洲地区、粤港澳大湾区、环渤海与京津冀地区综合地价环比增速依次为0.13%、0.26%、0.80%（见图4-20），较上一季度分别上升0.18个、0.06个、1.48个百分点。

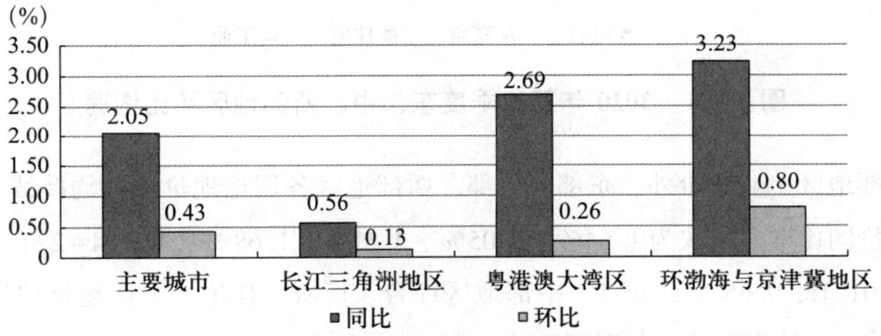

图4-20　2020年第二季度三大重点区域综合地价增速

分用途看，长江三角洲地区商服、住宅、工业地价环比增速依次为-0.88%、0.85%、0.12%，较上一季度分别变化-0.54个、0.85个、0.02个百分点。其中，商服地价水平持续下降，住宅地价增速由零增长转为正向增长，工业地价增速由降转升。粤港澳大湾区商服、住宅、工业地价环比增速依次为-0.43%、0.48%、0.33%，较上一季度分别变化0.37个、-0.20个、0.20个百分点。环渤海与京津冀地区商服、住宅、工业地价环比增速依次为0.06%、1.37%、0.32%，较上一季度分别变化-0.07个、1.05个、2.56个百分点。就各区域城市的住宅地价来看，除天津市住宅地价为负增长外，三大重点区域各城市住宅地价环比均为正向增长，其中唐山市住宅地价环比增速达7.04%。

从同比增速看，长江三角洲地区、粤港澳大湾区、环渤海与京津冀地区综合地价同比增速依次为0.56%、2.69%、3.23%，较上一季度分别下降0.44个、1.20个、0.40个百分点。

分用途看，三大重点区域各用途地价同比增速持续放缓。长江三角洲地区商服、住宅、工业地价同比增速依次为-1.04%、1.38%、0.84%，较上一季度分别下降1.04个、0.16个、0.32个百分点。粤港澳大湾区商服、住宅、工业地价同比增速依次为-0.45%、3.73%、2.96%，较上一季度分别下降1.29个、1.49个、0.85个百分点。其中广东省佛山市顺德区、中山市、东莞市住宅地价同比增速超过5%。环渤海与京津冀地区商服、住宅、工业地价同比增速依次为2.20%、3.84%、2.80%，较上一季度分别下降1.32个、0.33个、0.17个百分点。其中，河北省唐山市住宅地价同比增速超过10%，潍坊市、廊坊市、秦皇岛市、大连市住宅地价同比增速超过5%。

3. 东中西部地区综合、商服地价环比增速止跌转升；除西部地区工业地价外，各地区各用途地价同比增速持续放缓

2020年第二季度，全国重点城市中，从环比看，东部、中部、西部地区综合地价环比增速依次为0.39%、0.33%、0.89%（见图4-21），较上一季度分别上升0.32个、0.19个、0.48个百分点。分用途看，东部地区住宅地价增速持续上升，中部地区工业地价增速下降，其他各区域不同用途地价增速均止跌转升。东、中、西部地区住宅地价环比增速依次为0.79%、0.44%、1.20%，较上一季度分别上升0.47个、0.30个、0.57个百分点。其中，银川（3.0%）、乌鲁木齐（2.99%）、拉萨（2.94%）、宁波（2.51%）、厦门（2.09%）五座城市住宅地价环比增长较快。

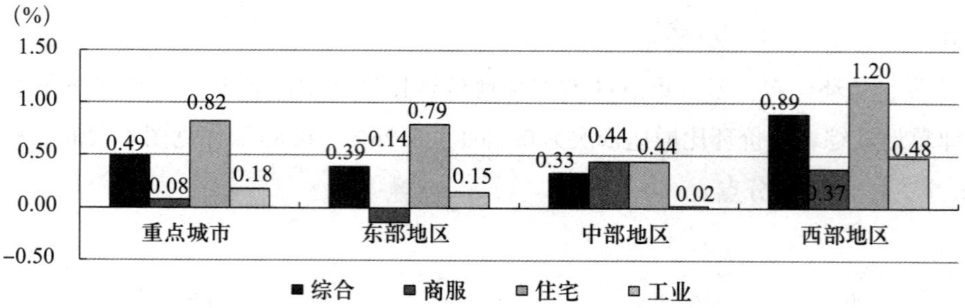

图4-21 2020年第二季度东、中、西部地区环比增速

从同比看，除西部地区工业地价外，东部、中部、西部地区各用途地价增速均持续放缓。东部地区综合、商服、住宅、工业地价同比增速依次为1.64%、0.05%、2.31%、1.68%（见图4-22），较上一季度分别下降0.84个、0.75个、1.01个、0.65个百分点。中部地区综合、商服、住宅、工业地价同比增速依次为1.71%、2.00%、2.15%、0.63%，较上一季度分别下降1.29个、1.25个、1.91、0.08个百分点。西部地区综合、商服、住宅、工业地价同比增速依次为3.30%、1.83%、4.36%、1.65%，较上一季度分别变化-0.15个、-0.29个、-0.24个、0.17个百分点。

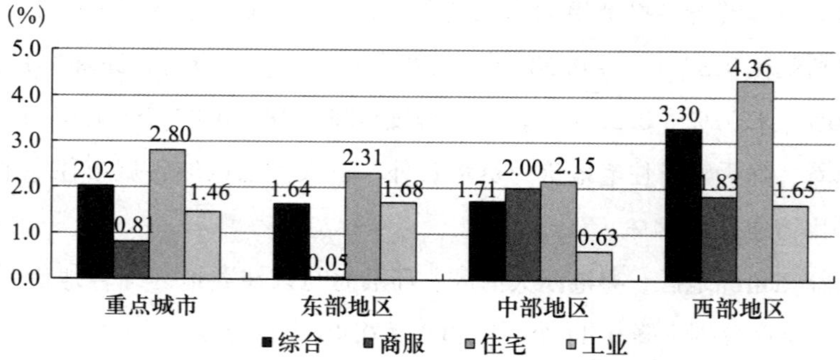

图4-22 2020年第二季度东、中、西部地区同比增速

4. 除三线城市商服地价环比持续回落外，一、二、三线城市各用途地价环比增速均转降为升；各用途地价同比增速持续回落

2020年第二季度，一、二线城市各用途地价环比增速均转降为升，同比增速则持续放缓；三线城市综合、住宅和工业地价环比增速由降转升，商服地价环比增速持续回落，各用途地价同比增速均持续放缓（见图4-

23、图 4-24）。

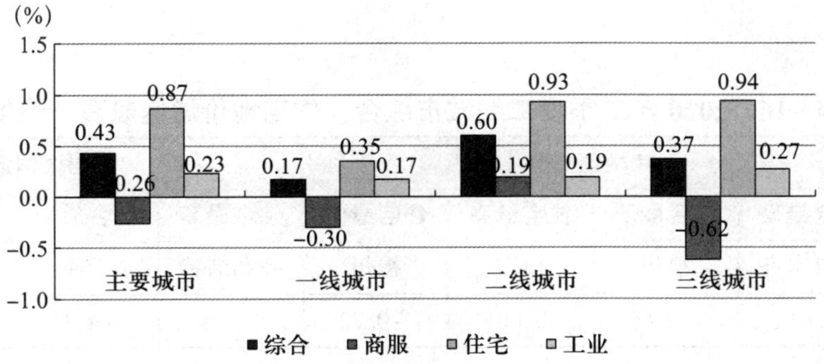

图 4-23　2020 年第二季度一、二、三线城市地价环比增速

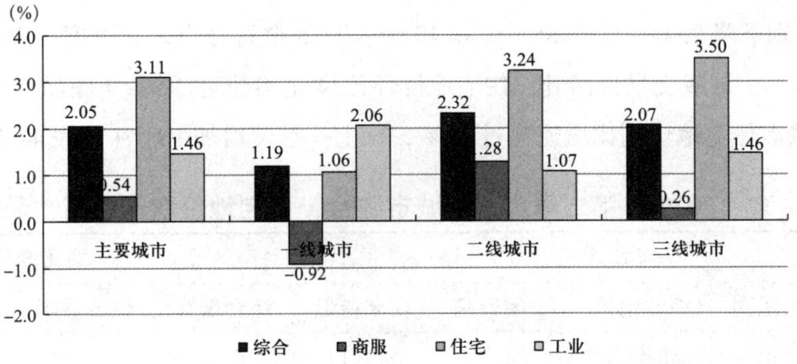

图 4-24　2020 年第二季度一、二、三线城市地价同比增速

一线城市，从环比看，综合、商服、住宅、工业地价增速均较上一季度转降为升，增速依次为 0.17%、-0.30%、0.35%、0.17%（见表 4-15），较上一季度分别回升 0.38 个、0.74 个、0.38 个、0.23 个百分点。北京、上海、广州住宅地价环比增速转降为升，深圳住宅地价环比增速放缓。其中，上海、广州住宅地价由负增长转为正向增长。从同比看，综合、商服、住宅、工业地价增速依次为 1.19%、-0.92%、1.06%、2.06%，较上一季度分别下降 0.72 个、0.97 个、0.65 个、0.70 个百分点，北京、广州、深圳住宅地价同比增速放缓，上海住宅地价同比保持负增长，但降幅有所收窄。

表 4-15　2020 年第二季度一线城市各用途地价增速

监测范围	环比增速（%）				同比增速（%）			
	综合	商服	住宅	工业	综合	商服	住宅	工业
一线城市	0.17	-0.30	0.35	0.17	1.19	-0.92	1.06	2.06
北京	0.31	-0.78	0.50	0.47	1.50	-0.64	1.86	2.27
上海	0.43	0.68	0.39	0.16	0.03	0.30	-0.11	1.96
广州	0.00	-0.28	0.10	0.71	0.34	0.42	0.17	4.59
深圳	-0.14	-1.14	0.44	-0.72	0.91	-4.48	4.20	-1.68

二线城市，综合、商服、住宅、工业地价环比增速依次为 0.60%、0.19%、0.93%、0.19%，较上一季度分别上升 0.30 个、0.15 个、0.47 个、0.05 个百分点；同比增速依次为 2.32%、1.28%、3.24%、1.07%，较

上一季度分别下降 0.81 个、0.73 个、1.11 个、0.18 个百分点。二季度，银川住宅地价环比增速为 3.0%（见表 4-16），住宅地价环比为负增长的城市由上一季度的 9 座减少到本季度的 6 座；仅呼和浩特、银川住宅地价同比增速超过 10%。

表 4-16　2020 年二季度二线城市综合、住宅地价增速最高、最低值

	环比增速（%）				同比增速（%）			
	综合最高	综合最低	住宅最高	住宅最低	综合最高	综合最低	住宅最高	住宅最低
监测城市	乌鲁木齐	福州	银川	福州	呼和浩特	天津	呼和浩特	天津
增长率	2.61	-0.66	3.00	-0.72	11.28	-4.16	12.14	-4.02

三线城市，综合、商服、住宅、工业地价环比增速依次为 0.37%、-0.62%、0.94%、0.27%，较上一季度分别变化 0.36 个、-0.38 个、0.63 个、0.46 个百分点；同比增速依次为 2.07%、0.26%、3.50%、1.46%，较上一季度分别下降 0.44 个、0.85 个、0.48 个、0.16 个百分点。二季度，唐山市、常德市、济宁市受住房市场需求的拉动，土地成交量价回升，住宅地价环比增速均超过 3%，9 座城市住宅地价下降，比上一季度减少 14 座；6 座城市住宅地价同比增速超过 10%，比上一季度增加 1 座（见表 4-17）。

表 4-17　2020 年第二季度三线城市综合、住宅地价增速最高、最低值

	环比增速（%）				同比增速（%）			
	综合最高	综合最低	住宅最高	住宅最低	综合最高	综合最低	住宅最高	住宅最低
监测城市	唐山	张家口	唐山	张家口	洛阳	金华	洛阳	泸州
增长率	6.25	-1.10	7.04	-1.31	16.28	-1.81	17.68	-2.01

22 座重点关注城市①住宅地价环比增速中位数为 0.51%，较一季度上涨 0.38 个百分点，环比增速上升的城市 19 座；同比增速中位数为 1.63%，保持放缓态势。总体而言，22 座重点关注城市土地市场较上一季度有所回升，总体涨幅处于平稳区间。

5. 综合及住宅地价环比上涨的城市数量明显回升，地价下降的城市数量则明显减少

2020 年第二季度，全国主要监测城市中，综合地价环比为正向增长的城市 83 座，较上一季度增加 19 座。综合地价环比增速大（等）于 3% 的城市 3 座，较上一季度增加 1 座；地价环比下降的城市 17 座，较上一季度减少 20 座。另外，81 座城市的地价环比增速稳定在 -1.0%~1.0% 之间。与上年同期相比，91 座城市地价正向增长，较上一季度减少 4 座，同比增速超过 10% 的城市 5 座，较上一季度减少 1 座；地价同比下降的城市为 14 座，较上一季度增加 5 座。

住宅地价环比正向增长的城市 87 座，较上一季度增加 19 座。住宅地价环比增速超过 3% 的城市 4 座，较上一季度增加 1 座；地价环比下降的城市 15 座，较上一季度减少 19 座。此外，71 座城市的地价增速稳定在 -1.0%~1.0% 之间。与上年同期相比，地价正向增长的城市 91 座，较上一季度减少 5 座；增速超过 10% 的城市 8 座，比上一季度减少 1 座；地价同比下降的城市 13 座，比上一季度增加 4 座。

① 22 座重点关注城市：北京、天津、济南、青岛、郑州、沈阳、长春、上海、南京、杭州、宁波、福州、厦门、广州、深圳、合肥、武汉、长沙、重庆、成都、无锡、苏州。

（三）2020 年第三季度全国重点区域和主要城市地价状况

1. 全国各用途地价环比增速上升，同比增速持续放缓

2020 年第三季度，从环比看，全国主要监测城市总体地价增速为 0.58%，较上一季度上升 0.15 个百分点。分用途看，商服、住宅、工业地价环比增速依次为 0.13%、0.91%、0.40%，较上一季度分别上升 0.39 个、0.04 个、0.17 个百分点。总体来看，全国地价整体运行稳中有升，综合、住宅、工业地价环比增速持续上升，商服地价环比增速则由降转升；其中，综合、住宅地价环比增速连续两个季度上升，商服地价环比增速在连续 4 个季度放缓后转为上升。

从同比看，全国主要监测城市总体地价较上年同期增长 1.65%，增速较上一季度下降 0.40 个百分点。分用途看，商服、住宅、工业地价同比增速依次为 0.13%、2.81%、0.94%，较上一季度分别下降 0.41 个、0.30 个、0.52 个百分点。其中，住宅地价同比增速连续 10 个季度放缓，综合、商服地价同比增速连续 9 个季度放缓，工业地价同比增速持续四个季度放缓。

重点城市定基地价指数①保持稳定。2020 年第三季度，以 2000 年为基期的重点城市综合、商服、住宅、工业平均地价指数分别为 314、300、397、231，较上一季度分别变化 3 个、1 个、4 个、2 个点。

重点监测城市中，综合地价环比增速为 0.78%，较上一季度上升 0.29 个百分点；同比增速为 1.87%，较上一季度下降 0.15 个百分点，增速连续 11 个季度放缓。商服、住宅、工业地价环比增速依次为 0.28%、1.07% 和 0.59%，较上一季度分别上升 0.20 个、0.25 个、0.41 个百分点；同比增速依次为 0.54%、2.68% 和 1.32%，较上一季度分别下降 0.27 个、0.12 个、0.14 个百分点。

2. 三大重点区域各用途地价环比增速变化各异，同比增速以降为主

2020 年第三季度，从环比看，长江三角洲地区、粤港澳大湾区、环渤海与京津冀地区综合地价环比增速依次为 0.33%、0.54%、0.54%（见图 4－25），较上一季度分别变化 0.20 个、0.28 个、－0.26 个百分点。

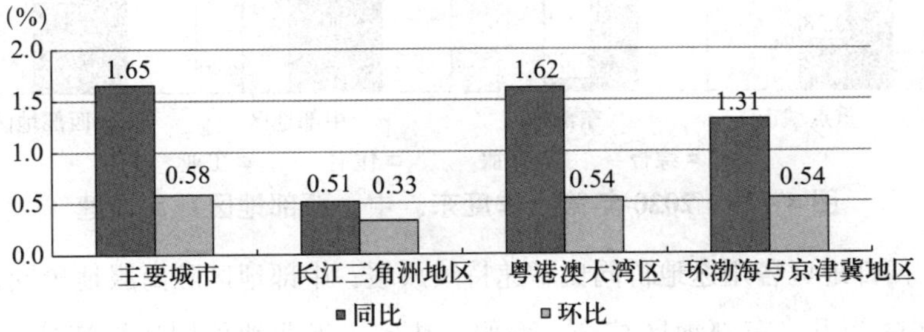

图 4－25　2020 年第三季度三大重点区域综合地价增速

从用途看，粤港澳大湾区各用途地价环比增速均上升，其他两大区域地价环比增速有升有降。长江三角洲地区商服、住宅、工业地价环比增速依次为 －0.20%、0.75%、0.28%，较上一季度分别变化 0.68 个、－0.10 个、0.16 个百分点，其中，商服、工业地价环比增速上升，住宅地价环比增速放缓。粤港澳大湾区商服、住宅、工业地价环比增速依次为 －0.09%、0.53%、0.88%，较上一季度分别上升 0.34 个、0.05 个、0.55 个百分点。环渤海与京津冀地区商服、住宅、工业地价环比增速依次为 0.19%、0.94%、0.15%，较上一季度分别变化 0.13 个、－0.43 个、－0.17 个百分点。其中，长三角、环渤海地区住宅地价环比增速转升为降，大湾区

① 重点城市定基地价指数包括除拉萨市以外的 35 个直辖市、省会城市和计划单列市。重点城市地价增长率包括 36 个直辖市、省会城市和计划单列市。

住宅地价环比增速连续下降 8 个季度后转为上升；就各区域城市的住宅地价来看，除苏州市、烟台市住宅地价为负增长外，三大重点区域各城市住宅地价环比均为正向增长。

从同比增速看，长江三角洲地区、粤港澳大湾区、环渤海与京津冀地区综合地价同比增速依次为 0. 51%、1. 62%、1. 31%，较上一季度分别下降 0. 05 个、1. 07 个、1. 92 个百分点。

分用途看，三大重点区域，除长三角地区住宅地价同比增速回升，其他各用途地价同比增速均持续放缓。长江三角洲地区商服、住宅、工业地价同比增速依次为 -1. 39%、1. 52%、0. 82%，较上一季度分别变化 -0. 35个、0. 14 个、 -0. 02 个百分点。粤港澳大湾区商服、住宅、工业地价同比增速依次为 -0. 93%、2. 50%、2. 01%，较上一季度分别下降 0. 48 个、1. 23 个、0. 95 个百分点。环渤海与京津冀地区商服、住宅、工业地价同比增速依次为 1. 29%、3. 52%、 -1. 52%，较上一季度分别下降 0. 91 个、0. 32 个、4. 32 个百分点，其中，唐山市住宅地价同比增速超过 10%，秦皇岛市、廊坊市、潍坊市住宅地价同比增速超过 5%。

3. 东、中、西部地区综合、商服、住宅地价环比增速均上升；东部和西部地区各用途地价同比增速均放缓

2020 年第三季度，全国重点城市中，从环比看，东、中、西部地区综合地价环比增速依次为 0. 60%、0. 99%、1. 01%（见图 4-26），较上一季度分别上升 0. 21 个、0. 66 个、0. 12 个百分点。分用途看，除西部地区工业地价环比增速下降，东、中、西部地区不同用途地价环比增速均上升。东、中、西部地区住宅地价环比增速依次为 0. 80%、1. 18%、1. 48%，较上一季度分别上升 0. 01 个、0. 74 个、0. 28 个百分点。其中银川、拉萨、西安等西部城市住宅地价环比增长较快。

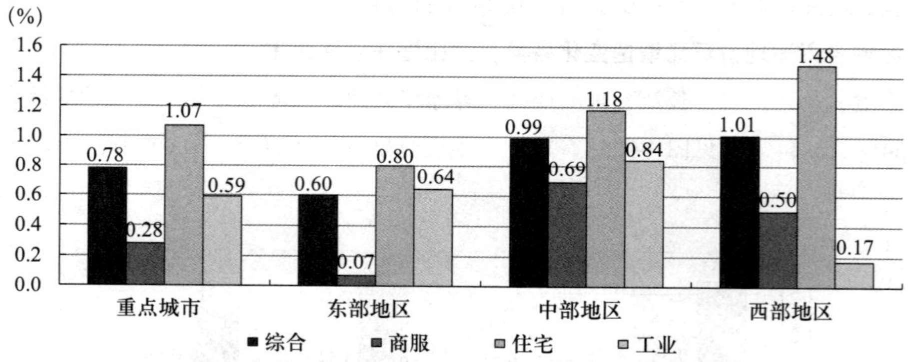

图 4-26　2020 年第三季度东、中、西部地区环比增速

从同比看，东部、西部地区各用途地价同比增速持续放缓；中部地区除商服地价同比增速持续放缓外，其他用途地价同比增速转降为升。东部地区综合、商服、住宅、工业地价同比增速依次为 1. 32%、 -0. 36%、2. 06%、1. 34%（见图 4-27），较上一季度分别下降 0. 32 个、0. 41 个、0. 25 个、0. 34 个百分点。中部地区综合、商服、住宅、工业地价同比增速依次为 1. 98%、1. 95%、2. 35%、1. 27%，较上一季度分别变化 0. 27 个、-0. 05 个、0. 20 个、0. 64 个百分点。西部地区综合、商服、住宅、工业地价同比增速依次为 3. 10%、1. 67%、4. 19%、1. 34%，较上一季度分别下降 0. 20 个、0. 16 个、0. 17 个、0. 31 个百分点。

4. 一、二线城市各用途地价环比增速持续上升；除二线城市工业地价同比增速回升外，其他各用途地价同比增速持续下降

2020 年第三季度，一线城市各用途地价环比增速持续上升，同比增速则持续下降；二线城市各用途地价环比增速持续上升，综合、商服、住宅地价同比增速则持续放缓，工业地价同比增速回升；三线城市综合、商服地价环比增速上升，住宅、工业地价环比增速由升转降，各用途地价同比增速均持续放缓（见图 4-28、图 4-29）。

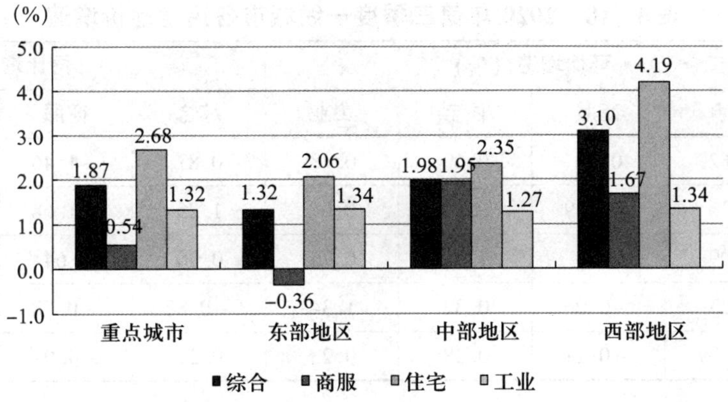

图 4-27　2020 年第三季度东部、中部、西部地区同比增速

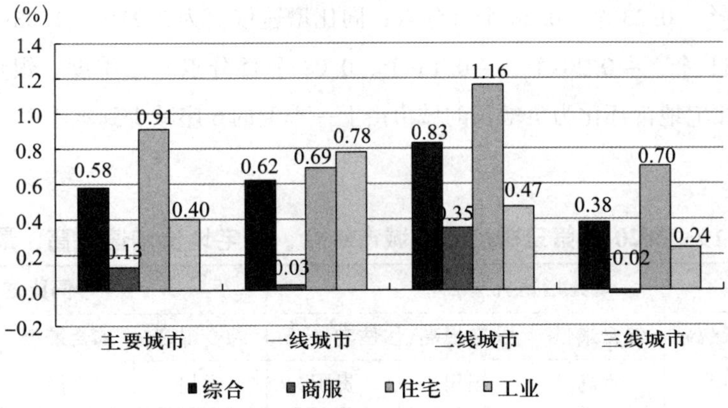

图 4-28　2020 年第三季度一、二、三线城市地价环比增速

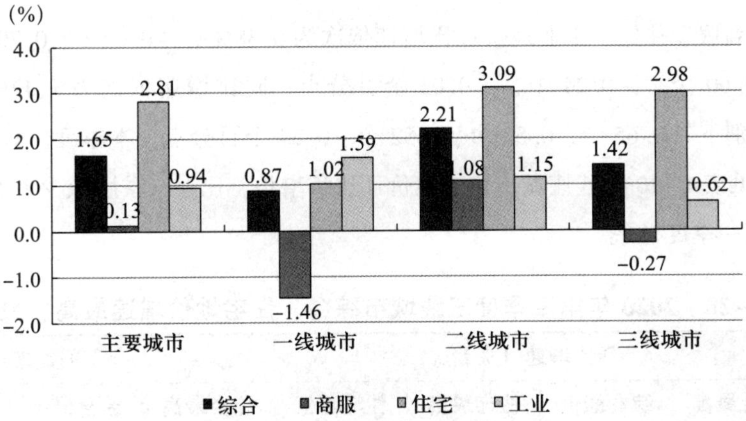

图 4-29　2020 年第三季度一、二、三线城市地价同比增速

一线城市，从环比看，综合、商服、住宅、工业地价环比增速持续上升，增速依次为 0.62%、0.03%、0.69%、0.78%（见表 4-18），较上一季度分别上升 0.45 个、0.33 个、0.34 个、0.61 个百分点。北京、深圳住宅地价环比增速略有放缓，上海、广州住宅地价环比增速持续上升。从同比看，综合、商服、住宅、工业地价同比增速依次为 0.87%、-1.46%、1.02%、1.59%，较上一季度分别下降 0.32 个、0.54 个、0.04 个、0.47 个百分点，北京、广州、深圳住宅地价同比增速持续放缓，上海住宅地价同比增速则上升。其中，上海住宅地价同比由负增长转为正向增长，广州住宅地价同比则由正向增长转为负增长。

表 4-18　2020 年第三季度一线城市各用途地价增速

监测范围	环比增速（%）				同比增速（%）			
	综合	商服	住宅	工业	综合	商服	住宅	工业
一线城市	0.62	0.03	0.69	0.78	0.87	-1.46	1.02	1.59
北京	0.36	-0.39	0.49	0.07	1.25	-1.68	1.75	1.29
上海	1.09	0.58	1.22	0.75	0.90	0.64	0.91	1.89
广州	0.23	-0.06	0.32	1.34	-0.82	-0.58	-1.04	3.24
深圳	-0.09	-0.21	0.38	0.23	0.21	-4.97	3.75	-1.56

二线城市，综合、商服、住宅、工业地价环比增速依次为 0.83%、0.35%、1.16%、0.47%，较上一季度分别上升 0.23 个、0.16 个、0.23 个、0.28 个百分点；同比增速依次为 2.21%、1.08%、3.09%、1.15%，较上一季度分别变化 -0.11 个、-0.20 个、-0.15 个、0.08 个百分点。三季度，银川住宅地价环比增速为 5.19%（见表 4-19）；住宅地价环比为负增长的城市由上一季度的 6 座减少到本季度的 2 座；银川、拉萨住宅地价同比增速超过 10%。

表 4-19　2020 年第三季度二线城市综合、住宅地价增速最高、最低值

类　别	环比增速（%）				同比增速（%）			
	综合最高	综合最低	住宅最高	住宅最低	综合最高	综合最低	住宅最高	住宅最低
监测城市	银川	青岛	银川	贵阳	银川	天津	银川	天津
增长率	3.87	-0.49	5.19	-0.10	10.70	-3.63	13.85	-3.55

三线城市，综合、商服、住宅、工业地价环比增速依次为 0.38%、-0.02%、0.70%、0.24%，较上一季度分别变化 0.01 个、0.60 个、-0.24 个、-0.03 个百分点；同比增速依次为 1.42%、-0.27%、2.98%、0.62%，较上一季度分别下降 0.65 个、0.53 个、0.52 个、0.84 个百分点。本季度，宜宾、温州、汕头住宅地价环比增速超过 3%（见表 4-20）；6 座城市住宅地价环比负增长，比上一季度减少 3 座；6 座城市住宅地价同比增速超过 10%，与上一季度持平。

表 4-20　2020 年第三季度三线城市综合、住宅地价增速最高、最低值

类　别	环比增速（%）				同比增速（%）			
	综合最高	综合最低	住宅最高	住宅最低	综合最高	综合最低	住宅最高	住宅最低
监测城市	宜宾	烟台	宜宾	烟台	济宁	烟台	宜宾	烟台
增长率	3.83	-0.63	4.83	-0.70	12.40	-4.10	15.64	-3.47

5. 综合及住宅地价环比上涨的城市数量进一步增加，同比上涨的城市数量持续微降

2020 年第三季度，全国主要监测城市中，综合地价环比为正向增长的城市 93 座，较上一季度增加 10 座。综合地价环比增速大（等）于 3% 的城市 2 座，较上一季减少 1 座；地价下降的城市 10 座，较上一季度减少 7 座。另外，75 座城市的地价环比稳定在 -1.0%~1.0% 之间。与上年同期相比，89 座城市地价正向增长，较上一季度减少 2 座，同比增速超过 10% 的城市 7 座，较上一季度增加 2 座；地价下降的城市为 15 座，比上一季度增加1座。

住宅地价环比正向增长的城市95座，较上一季度增加8座。住宅地价环比增速超过3%的城市4座，与上一季度持平；地价下降的城市8座，较上一季度减少7座。此外，64座城市的地价增速稳定在-1.0%~1.0%之间。与上年同期相比，地价正向增长的城市88座，较上一季度减少3座；增速超过10%的城市8座，与上一季度持平；地价下降的城市17座，比上一季度增加4座。

（四）2020年第四季度全国重点区域和主要城市地价状况

1. 全国综合、商服、住宅地价环比增速持续上升；综合、住宅、工业地价同比增速转降为升

2020年第四季度，从环比看，全国主要监测城市总体地价增速为0.63%，较上一季度上升0.05个百分点。分用途看，商服、住宅、工业地价环比增速依次为0.24%、0.96%、0.40%，较上一季度分别变化0.11个、0.05个、0个百分点。总体来看，全国地价水平整体平稳微升，综合、商服、住宅地价环比增速持续上涨，工业地价环比增速与上一季度持平。

从同比看，全国主要监测城市总体地价较上年同期增长1.75%，增速较上一季度上升0.10个百分点。分用途看，商服、住宅、工业地价同比增速依次为-0.11%、3.11%、0.96%，较上一季度分别变化-0.24个、0.30个、0.02个百分点。其中，综合、住宅地价同比增速在持续两年之余的逐季放缓后，四季度首次出现上升；商服地价同比增速连续10个季度放缓，工业地价同比增速由降转升。

重点城市定基地价指数保持上升。2020年，以2000年为基期的重点城市综合、商服、住宅、工业平均地价指数分别为318、302、404、233，较上一年度分别上涨8个、2个、14个、3个点。

重点监测城市中，综合地价环比增速为0.82%，较上一季度上升0.04个百分点；同比增速为2.28%，较上一季度上升0.41个百分点，增速连续11个季度放缓后转为上升。商服、住宅、工业地价环比增速依次为0.25%、1.16%和0.60%，较上一季度分别变化-0.03个、0.09个、0.01个百分点；同比增速依次为0.43%、3.46%和1.45%，较上一季度分别变化-0.11个、0.78个、0.13个百分点。

2. 除长三角地区住宅地价外，其他各区域、各用途地价环比增速上升；三大重点区域综合、工业地价同比增速上升

2020年第四季度，从环比看，长江三角洲地区、粤港澳大湾区、环渤海与京津冀地区综合地价环比增速依次为0.43%、0.78%、0.79%（见图4-30），较上一季度分别上升0.10个、0.24个、0.25个百分点。

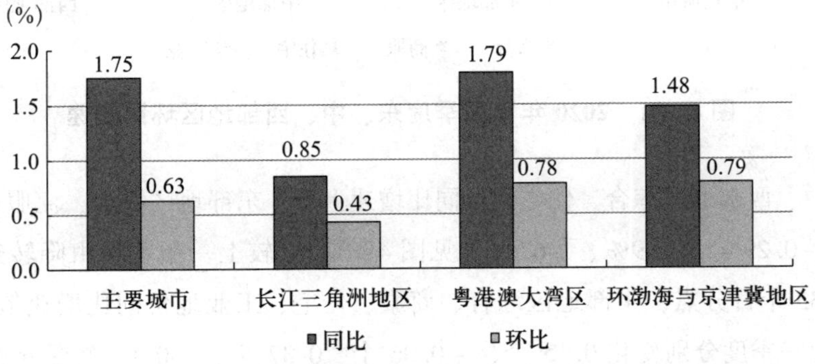

图4-30　2020年第四季度三大重点区域综合地价增速

分用途看，除长江三角洲地区住宅地价增速略有放缓外，其他各区域、各用途地价环比增速均上升。长江三角洲地区商服、住宅、工业地价环比增速依次为0.02%、0.74%、0.39%，较上一季度分别变化0.22个、-0.01个、0.11个百分点。其中，商服、工业地价环比增速持续上升，住宅地价环比增速保持微降。粤港澳大湾区商服、住宅、工业地价环比增速依次为 0.15%、0.73%、1.18%，较上一季度分别上升 0.24 个、0.20 个、0.30 个百分点。环渤海与京津冀地区商服、住宅、工业地价环比增速依次为 0.30%、1.16%、0.47%，较上一季度分别上升 0.11 个、0.22 个、0.32 个百分点。就具体城市来看，除苏州、烟台、锦州住宅地价为负增长外，三大重点区域各城市住宅地价环比均为正向增长。

从同比看，长江三角洲地区、粤港澳大湾区、环渤海与京津冀地区综合地价同比增速依次为 0.85%、1.79%、1.48%，较上一季度均转降为升，分别上升 0.34 个、0.17 个、0.17 个百分点。

分用途看，三大重点区域商服、住宅地价同比增速变化各异，工业地价同比增速均由降转升。长江三角洲地区商服、住宅、工业地价同比增速依次为 -1.40%、2.36%、0.90%，较上一季度分别变化 -0.01 个、0.84 个、0.08 个百分点。粤港澳大湾区商服、住宅、工业地价同比增速依次为 -0.88%、2.43%、2.51%，较上一季度分别变化 0.05 个、-0.07 个、0.50 个百分点。环渤海与京津冀地区商服、住宅、工业地价同比增速依次为 0.70%、3.87%、-1.31%，较上一季度分别变化 -0.59 个、0.35 个、0.21 个百分点。

3. 东部地区各用途地价环比、同比增速均上升；中部地区各用途地价环比增速均放缓

2020 年第四季度，全国重点城市中，从环比看，东、中、西部地区综合地价环比增速依次为 0.74%、0.66%、1.16%（见图 4-31），较上一季度分别变化 0.14 个、-0.33 个、0.15 个百分点。分用途看，东部地区各用途地价环比增速上升；中部地区各用途地价环比增速均下降；西部地区不同用途地价环比增速变化各异。东、中、西部地区住宅地价环比增速依次为 0.93%、0.94%、1.82%，较上一季度分别变化 0.13 个、-0.24 个、0.34 个百分点。重点城市中，银川、成都、兰州、北京、西安等东、西城市住宅地价环比增长较快。

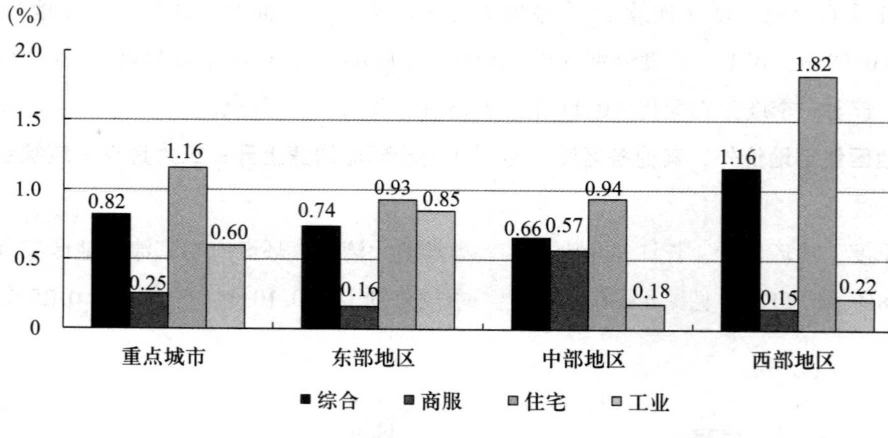

图 4-31 2020 年第四季度东、中、西部地区环比增速

从同比看，东、中、西部地区综合、住宅地价同比增速上升。东部地区综合、商服、住宅、工业地价同比增速依次为 1.84%、-0.29%、2.89%、1.67%（见图 4-32），较上一季度均由降转升，分别上升 0.52 个、0.07 个、0.83 个、0.33 个百分点；中部地区综合、商服、住宅、工业地价同比增速依次为 2.13%、1.89%、2.72%、1.13%，较上一季度分别变化 0.15 个、-0.06 个、0.37 个、-0.14 个百分点；西部地区综合、商服、住宅、工业地价同比增速依次为 3.55%、0.98%、5.25%、1.07%，较上一季度分别变化 0.45 个、-0.69 个、1.06 个、-0.27 个百分点。

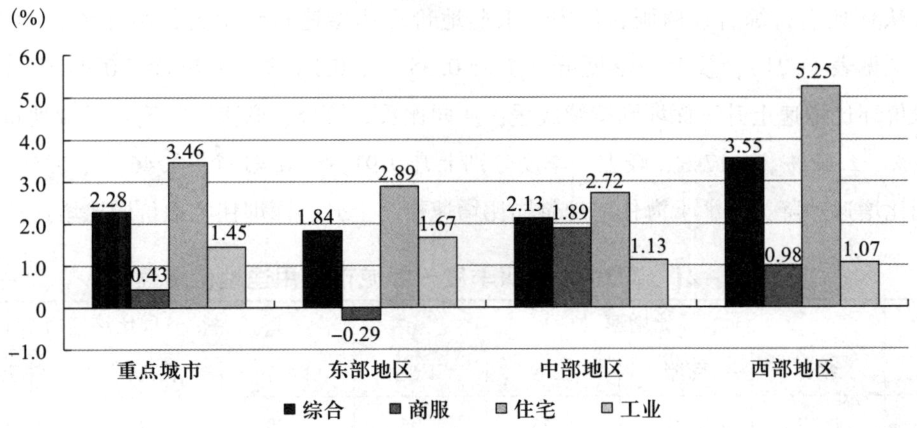

图 4-32　2020 年第四季度东、中、西部地区同比增速

4. 一线城市各用途地价环比、同比增速均上升；二线城市各用途地价环比增速转升为降；三线城市各用途地价同比增速持续回落

2020 年第四季度，一线城市各用途地价环比增速持续上升，同比增速则由降转升；二线城市各用途地价环比增速转升为降，综合、住宅地价同比增速转降为升，商服、工业地价同比增速放缓；三线城市综合、商服地价环比增速持续上升，住宅、工业地价环比增速与上一季度持平，各用途地价同比增速持续回落（见图 4-33、图 4-34）。

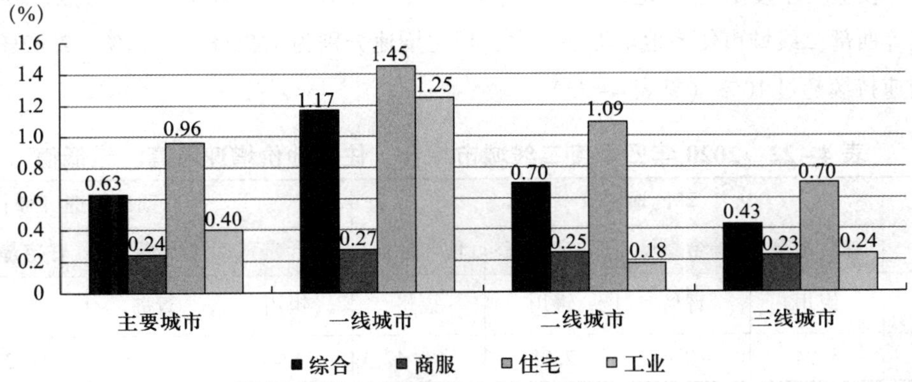

图 4-33　2020 年第四季度一、二、三线城市地价环比增速

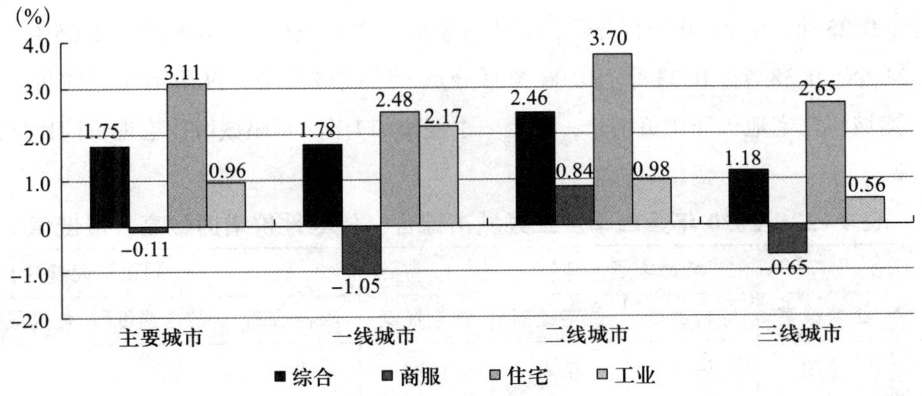

图 4-34　2020 年第四季度一、二、三线城市地价同比增速

一线城市，从环比看，综合、商服、住宅、工业地价环比增速持续上升，增速依次为 1.17%、0.27%、1.45%、1.25%（见表 4-21），较上一季度分别上升 0.55 个、0.24 个、0.76 个、0.47 个百分点。北京、上海、广州住宅地价环比增速上升，深圳则持续放缓；从同比看，综合、商服、住宅、工业地价同比增速依次为 1.78%、-1.05%、2.48%、2.17%，较上一季度分别上升 0.91 个、0.41 个、1.46 个、0.58 个百分点，北京、广州住宅地价同比增速转降为升，上海住宅地价同比增速持续上升，深圳住宅地价同比增速持续下降。

表 4-21　2020 年第四季度一线城市各用途地价增速

监测范围	环比增速（%）				同比增速（%）			
	综合	商服	住宅	工业	综合	商服	住宅	工业
一线城市	1.17	0.27	1.45	1.25	1.78	-1.05	2.48	2.17
北京	2.07	0.37	2.35	2.69	2.88	-1.20	3.58	3.52
上海	1.67	0.43	1.97	1.00	2.62	0.64	3.09	1.98
广州	0.65	0.29	0.74	2.09	0.00	-0.83	0.21	4.50
深圳	0.07	0.01	0.09	0.06	0.60	-3.12	3.28	-1.40

二线城市，综合、商服、住宅、工业地价环比增速依次为 0.70%、0.25%、1.09%、0.18%，较上一季度均转升为降，分别下降 0.13 个、0.10 个、0.07 个、0.29 个百分点；同比增速依次为 2.46%、0.84%、3.70%、0.98%，较上一季度分别变化 0.25 个、-0.24 个、0.61 个、-0.17 个百分点。四季度，银川、成都、兰州、西安等西部二线城市住宅地价涨幅较大，环比增速分别为 7.98%、3.13%、2.42%、2.07%；银川住宅地价同比增速持续超过 10%（见表 4-22）。

表 4-22　2020 年四季度二线城市综合、住宅地价增速最高、最低值

类　别	环比增速（%）				同比增速（%）			
	综合最高	综合最低	住宅最高	住宅最低	综合最高	综合最低	住宅最高	住宅最低
监测城市	银川	青岛	银川	福州	银川	青岛	银川	福州
增长率	5.94	-0.64	7.98	-0.47	14.41	-1.86	19.23	-1.27

三线城市，综合、商服、住宅、工业地价环比增速依次为 0.43%、0.23%、0.70%、0.24%，较上一季度分别变化 0.05 个、0.25 个、0 个、0 个百分点；同比增速依次为 1.18%、-0.65%、2.65%、0.56%，较上一季度分别下降 0.24 个、0.38 个、0.33 个、0.06 个百分点。三线城市中，仅岳阳住宅地价环比增速超过 3%（见表 4-23）；7 座城市住宅地价环比负增长，比上一季度增加 1 座；4 座城市住宅地价同比增速超过 10%，比上一季度减少 2 座。

表 4-23　2020 年第四季度三线城市综合、住宅地价增速最高、最低值

类　别	环比增速（%）				同比增速（%）			
	综合最高	综合最低	住宅最高	住宅最低	综合最高	综合最低	住宅最高	住宅最低
监测城市	岳阳	株洲	岳阳	株洲	济宁	烟台	济宁	张家口
增长率	2.68	-2.37	3.13	-2.41	11.22	-3.24	12.37	-3.27

5. 综合及住宅地价环比上涨城市的数量较上一季度略有减少；住宅地价同比上涨城市的数量微增

2020 年第四季度，全国主要监测城市中，综合地价环比为正向增长的城市 88 座，比上一季度减少 5 座；环比增速大（等）于 3% 的城市 1 座，比上一季减少 1 座；综合地价下降的城市 13 座，比上一季度增加 3 座。与上年同期相比，88 座城市地价正向增长，较上一季度减少 1 座，同比增速超过 10% 的城市 4 座，比上一季度减少 3 座；地价下降的城市为 15 座，与上一季度持平。

住宅地价环比正向增长的城市 93 座，比上一季度减少 2 座；环比增速超过 3% 的城市 3 座，比上一季度减少 1 座；地价下降的城市 10 座，比上一季度增加 2 座。与上年同期相比，住宅地价正向增长的城市 91 座，比上一季度增加 3 座；增速超过 10% 的城市 5 座，比上一季度减少 3 座；地价下降的城市 14 座，比上一季度减少 3 座。

（赵　松　中国土地勘测规划院）

四、城市住房价格指数

（一）70 座大中城市价格指数（见表 4－24 ~ 表 4－29）

表 4－24　2020 年 70 座大中城市新建商品住宅价格定基指数

城　市	1 月	2 月	3 月	4 月	5 月	6 月	7 月	8 月	9 月	10 月	11 月	12 月
北　京	144.6	144.8	144.8	144.4	145.1	145.6	146.1	147.0	147.4	147.7	147.5	147.9
天　津	132.3	131.8	131.7	131.9	132.4	133.2	133.9	134.2	134.4	133.8	134.2	134.1
石家庄	155.6	155.6	156.0	157.0	157.2	157.4	157.9	158.1	159.1	159.5	160.2	160.1
太　原	129.3	129.3	129.4	129.7	130.4	131.1	131.0	130.7	130.1	129.7	129.1	128.9
呼和浩特	151.3	151.3	151.5	152.3	153.7	153.9	154.9	155.7	156.4	157.3	158.0	158.3
沈　阳	142.0	142.7	143.2	144.3	145.7	147.0	148.2	149.8	149.7	149.5	149.3	148.7
大　连	136.8	137.3	137.7	138.4	139.5	140.7	141.4	141.8	142.5	143.0	143.0	143.3
长　春	137.8	137.6	138.3	139.0	139.5	140.4	140.9	141.8	142.1	142.0	141.5	141.0
哈尔滨	143.5	143.5	143.9	145.3	145.3	145.5	145.4	145.6	145.3	145.5	145.1	144.2
上　海	150.4	150.4	150.4	151.3	152.4	153.1	153.7	154.6	155.4	155.8	155.8	156.0
南　京	153.6	153.4	153.6	156.3	158.2	159.9	160.0	160.0	159.9	160.6	160.8	161.0
杭　州	147.9	147.8	149.8	151.0	152.1	153.9	154.3	154.9	155.0	154.9	154.5	154.1
宁　波	139.7	139.5	139.9	139.9	141.8	142.9	143.5	144.5	144.9	145.1	145.1	144.9
合　肥	161.4	161.4	161.5	160.7	160.6	161.7	162.3	162.8	163.7	164.5	165.4	166.6
福　州	144.2	145.0	145.6	146.3	147.0	147.8	148.4	148.8	149.3	149.6	150.3	151.4

续表

城市	1月	2月	3月	4月	5月	6月	7月	8月	9月	10月	11月	12月
厦门	157.4	157.4	157.4	157.3	158.0	159.6	160.7	161.3	162.3	162.5	163.2	164.2
南昌	140.7	140.7	140.4	141.1	141.6	141.9	142.2	141.8	142.0	141.4	140.8	141.4
济南	141.0	140.7	140.2	140.2	140.9	141.4	141.6	141.0	141.1	140.9	140.4	140.2
青岛	139.1	139.1	138.5	139.1	139.5	140.5	141.2	142.2	142.9	142.6	142.5	142.9
郑州	144.7	144.2	144.0	144.1	143.9	144.4	144.4	145.2	145.0	144.3	143.8	143.5
武汉	161.6	161.6	161.6	161.3	161.9	164.1	165.2	166.2	166.8	167.4	167.7	168.1
长沙	147.2	147.7	148.1	148.8	149.3	151.3	152.0	153.3	153.7	153.6	153.3	153.7
广州	156.9	156.8	156.0	156.1	156.5	157.5	158.8	160.2	161.1	161.9	163.3	164.4
深圳	151.9	151.9	152.7	152.7	153.6	154.9	155.9	156.6	157.2	157.6	157.5	157.4
南宁	151.8	151.8	152.1	152.6	153.6	155.2	156.4	157.7	158.6	158.9	158.8	159.0
海口	148.4	148.4	148.5	149.1	148.6	149.1	149.7	150.9	151.5	151.9	152.3	152.5
重庆	142.7	142.3	142.7	144.1	145.3	146.6	147.3	147.8	148.6	149.0	148.8	149.3
成都	154.1	156.0	156.8	157.8	158.6	160.1	161.6	163.2	163.6	163.8	163.8	163.4
贵阳	145.7	146.4	146.2	145.6	146.0	146.3	146.6	147.6	147.9	148.5	149.2	150.0
昆明	147.4	147.1	147.2	148.6	149.5	151.3	151.8	153.2	153.5	154.8	155.1	155.6
西安	170.1	170.1	170.9	171.8	172.7	174.1	175.8	177.7	179.1	180.1	180.4	181.2
兰州	127.5	127.5	127.2	127.9	128.5	129.2	129.9	130.7	131.5	132.2	133.0	133.3
西宁	137.2	137.9	139.8	140.9	142.0	143.4	143.5	145.0	145.8	146.7	147.5	148.5
银川	130.0	129.9	131.4	132.7	135.4	138.0	140.7	143.2	144.7	145.6	146.3	147.0
乌鲁木齐	116.6	116.4	116.3	117.3	117.9	119.1	119.9	119.9	120.1	120.7	120.9	120.3
唐山	140.0	140.3	141.6	144.2	145.8	148.1	150.1	152.0	152.9	152.9	153.4	153.9
秦皇岛	148.1	147.7	148.3	149.4	150.7	151.9	152.0	152.8	153.4	152.9	153.2	153.2
包头	123.7	123.5	123.7	123.4	124.4	124.3	124.9	125.9	126.5	126.7	126.5	126.8
丹东	129.0	129.6	130.2	130.9	131.2	131.0	132.3	133.3	134.4	134.9	135.9	136.8
锦州	121.3	121.4	121.7	122.7	123.9	124.7	126.1	127.8	127.6	127.7	128.3	128.6
吉林	135.9	136.2	136.9	137.7	138.0	138.6	139.0	140.1	141.3	141.0	140.5	140.1
牡丹江	124.4	124.8	124.7	123.9	123.7	123.6	123.1	124.1	124.2	123.6	123.2	122.3
无锡	154.2	154.4	155.2	156.0	157.6	158.9	161.1	162.9	163.4	163.3	163.1	162.5
扬州	151.8	151.8	152.4	153.1	154.0	155.0	156.3	157.7	158.4	159.7	159.9	161.1
徐州	158.7	160.0	161.0	162.6	164.0	165.8	168.4	169.8	172.2	173.3	173.2	173.2
温州	121.1	120.7	120.0	121.2	122.1	123.5	124.3	125.9	125.9	126.3	126.0	125.9
金华	134.9	134.9	135.0	135.6	136.6	137.9	138.5	140.1	140.4	140.1	140.4	141.1
蚌埠	130.6	130.6	131.1	131.7	132.4	133.7	134.2	134.9	135.5	135.9	136.3	136.6
安庆	126.0	125.7	125.0	124.5	124.3	123.6	123.2	122.3	122.6	123.3	123.6	124.0
泉州	116.1	115.6	116.1	116.4	117.5	118.4	119.0	120.1	120.9	121.3	121.5	122.1

续表

城　市	1月	2月	3月	4月	5月	6月	7月	8月	9月	10月	11月	12月
九　江	144.1	144.7	144.5	145.4	146.1	147.4	147.9	147.7	148.5	148.5	148.2	148.4
赣　州	128.8	129.2	129.1	129.8	130.2	130.9	131.9	132.5	132.7	133.1	133.7	134.1
烟　台	142.8	143.7	144.1	144.6	145.1	145.9	146.6	148.1	148.9	149.5	149.8	149.9
济　宁	135.3	135.4	135.9	136.7	137.6	138.5	140.0	141.6	142.9	143.8	145.6	146.2
洛　阳	143.8	143.9	143.7	144.1	144.3	144.5	145.7	146.1	146.5	146.6	146.7	146.6
平顶山	130.2	130.2	130.4	130.4	131.0	132.0	132.5	132.9	133.4	133.5	134.3	134.4
宜　昌	129.5	129.5	129.2	129.6	130.1	130.6	131.5	131.6	131.9	132.7	133.2	133.3
襄　阳	136.1	136.1	136.1	136.0	136.0	136.7	137.7	138.7	139.4	139.9	140.5	140.7
岳　阳	120.3	119.7	119.8	120.4	121.0	121.7	121.9	122.4	122.8	121.9	121.8	121.8
常　德	127.6	127.8	127.3	127.1	127.5	127.2	127.6	127.5	127.0	126.2	126.0	126.1
惠　州	142.1	142.1	141.9	142.4	143.8	146.0	147.4	150.2	151.2	151.7	151.4	151.9
湛　江	130.3	130.0	129.1	129.0	128.8	128.8	129.2	129.7	130.5	131.2	131.8	131.5
韶　关	122.7	122.1	121.9	121.9	121.7	121.8	121.9	122.4	122.2	122.7	122.7	122.4
桂　林	130.8	130.4	130.2	130.8	131.4	131.7	131.7	130.3	131.2	131.7	131.4	131.7
北　海	142.2	142.4	142.4	142.3	142.0	141.1	140.8	139.7	139.2	138.3	137.9	137.3
三　亚	155.1	155.1	154.3	155.3	154.6	155.0	156.5	158.0	159.3	160.4	161.0	161.8
泸　州	120.9	120.0	119.8	119.8	120.2	120.8	121.0	121.6	121.9	121.4	121.2	120.9
南　充	128.1	127.3	127.9	129.4	131.1	129.9	129.5	128.8	128.8	128.1	127.7	127.5
遵　义	129.1	128.6	128.8	129.0	128.9	129.1	128.6	129.0	128.8	128.6	129.0	129.0
大　理	149.3	149.3	149.7	149.7	149.5	149.1	149.6	150.6	151.0	151.0	150.9	150.5

数据来源：国家统计局。
注：定基指数以2015年价格为100。

表4-25　2020年70座大中城市二手住宅价格定基指数

城　市	1月	2月	3月	4月	5月	6月	7月	8月	9月	10月	11月	12月
北　京	145.1	144.7	144.9	146.5	149.1	150.2	150.1	151.1	151.7	152.2	153.0	153.7
天　津	133.5	132.9	132.3	132.0	131.3	131.0	130.8	129.8	129.5	129.4	129.1	128.9
石家庄	125.7	125.7	125.6	125.3	125.1	124.9	124.5	124.1	124.1	123.7	123.4	123.1
太　原	129.0	128.4	130.2	129.5	128.3	127.0	126.7	127.1	126.4	125.9	125.7	125.5
呼和浩特	133.2	133.2	132.3	132.3	131.6	132.1	132.6	133.2	133.3	133.0	132.6	132.1
沈　阳	130.1	130.5	131.1	133.3	134.5	135.7	136.4	137.3	137.6	138.8	139.4	139.6
大　连	121.8	121.8	122.4	123.7	124.8	125.7	126.5	127.3	127.8	128.2	128.5	129.2
长　春	126.2	126.4	126.9	127.2	127.4	128.1	127.6	127.7	127.4	126.8	126.2	125.4
哈尔滨	136.0	136.0	136.3	136.8	136.8	135.6	134.7	133.9	132.9	132.4	131.7	130.8
上　海	139.5	139.7	140.1	141.7	142.5	143.0	143.7	144.8	146.2	146.9	147.2	148.1
南　京	146.0	146.0	146.3	147.0	147.7	148.5	149.2	149.9	150.8	151.2	151.8	152.4

续表

城市	1月	2月	3月	4月	5月	6月	7月	8月	9月	10月	11月	12月
杭州	144.6	144.7	145.6	147.1	148.3	149.7	151.7	152.7	153.1	153.6	153.7	154.5
宁波	134.4	133.8	134.5	135.4	136.8	138.4	140.0	141.2	142.4	143.4	144.0	144.8
合肥	161.7	161.7	162.0	162.9	163.6	163.9	164.3	165.1	165.7	166.5	167.6	168.7
福州	129.7	129.6	129.3	130.3	131.6	131.9	131.6	131.4	131.9	132.5	132.4	133.4
厦门	142.5	142.4	142.6	143.3	144.6	145.8	146.6	146.5	146.4	147.0	147.7	148.7
南昌	132.6	132.6	131.9	131.5	132.1	131.9	131.3	131.1	131.0	130.8	131.3	132.0
济南	128.9	128.5	128.4	128.3	128.3	128.2	128.4	127.7	127.2	126.8	126.2	125.6
青岛	126.2	125.4	124.8	124.8	124.6	124.9	124.7	125.2	124.8	124.3	123.9	123.6
郑州	127.7	127.7	126.9	126.3	125.5	125.3	125.0	124.9	124.2	124.0	123.7	123.6
武汉	144.4	144.4	144.4	144.1	144.1	143.7	144.5	145.5	145.9	146.0	145.8	145.3
长沙	134.2	134.1	134.0	133.5	133.6	134.2	134.7	134.9	134.9	135.2	135.5	136.1
广州	147.5	147.5	147.1	147.0	147.6	148.8	151.2	153.8	154.9	155.8	157.0	158.1
深圳	163.8	164.6	167.1	169.9	172.6	176.0	178.0	179.9	182.0	183.6	184.7	185.7
南宁	137.4	137.4	137.5	137.8	137.9	138.3	139.3	139.5	139.9	140.6	141.0	141.5
海口	113.5	113.5	112.8	112.6	112.2	112.3	113.1	114.2	114.7	115.4	115.9	116.2
重庆	127.8	127.2	126.3	126.2	126.1	126.5	126.6	127.2	127.7	127.3	127.7	127.6
成都	117.9	119.0	119.8	122.3	123.8	124.5	125.4	126.9	127.2	127.5	128.0	127.6
贵阳	118.6	118.6	118.2	117.8	117.6	117.2	116.3	116.0	115.8	115.5	115.3	114.9
昆明	133.4	133.8	134.5	135.2	135.6	136.2	136.3	135.7	136.5	137.1	137.4	137.6
西安	121.0	121.0	120.7	120.6	120.8	121.5	122.1	123.2	124.0	124.5	124.0	124.2
兰州	125.9	125.9	125.5	126.3	126.6	127.1	127.7	128.0	128.5	128.9	129.4	129.9
西宁	123.6	123.9	124.5	125.5	126.8	128.6	129.8	131.0	131.4	131.9	132.6	133.3
银川	113.7	113.9	114.4	115.8	117.3	118.8	120.2	121.4	122.0	123.0	123.5	123.8
乌鲁木齐	124.4	123.9	124.8	125.8	126.9	128.1	128.7	128.7	129.9	130.7	131.1	131.8
唐山	133.0	133.8	135.2	136.2	137.1	138.4	139.5	141.1	141.7	141.8	142.4	142.6
秦皇岛	131.1	130.6	130.4	130.6	131.5	132.1	133.5	134.5	135.0	135.0	135.4	135.1
包头	113.7	113.7	113.4	112.7	113.9	114.7	115.1	115.2	115.6	115.4	115.5	115.6
丹东	117.9	118.2	118.4	118.6	119.0	119.3	119.8	120.6	121.3	121.8	122.5	122.9
锦州	103.1	103.1	103.4	102.7	102.3	102.5	102.5	103.1	103.2	102.9	103.0	102.8
吉林	123.9	123.8	124.0	124.0	124.0	123.9	123.2	122.8	122.6	122.3	122.1	121.5
牡丹江	109.0	108.8	108.2	106.7	105.1	103.2	101.8	100.2	99.7	99.2	98.6	98.4
无锡	148.3	147.9	148.6	150.1	151.4	153.9	155.6	157.3	158.7	158.6	158.9	158.7
扬州	129.4	129.4	129.9	130.4	130.6	130.8	130.9	132.0	132.9	133.9	134.1	135.3
徐州	127.7	128.4	128.8	129.6	130.7	131.9	132.8	134.0	135.7	136.4	137.3	137.8
温州	116.3	116.3	116.1	117.2	117.9	119.0	120.0	121.2	121.8	121.8	122.1	122.4

续表

城 市	1月	2月	3月	4月	5月	6月	7月	8月	9月	10月	11月	12月
金 华	120.6	120.2	120.5	120.7	120.7	121.6	122.5	124.0	124.6	124.9	125.2	126.2
蚌 埠	125.7	125.7	125.6	126.3	127.0	127.4	127.7	128.5	128.7	129.0	129.7	130.2
安 庆	117.4	117.0	117.4	117.9	117.7	117.6	117.1	116.9	116.8	116.6	116.1	115.8
泉 州	116.9	116.7	116.4	116.4	117.3	117.9	118.3	119.3	120.0	120.5	121.1	121.9
九 江	130.8	131.1	130.9	130.9	131.7	132.4	132.3	132.0	132.2	132.0	132.6	133.0
赣 州	130.1	130.2	129.8	130.1	130.6	131.1	131.5	132.0	132.7	132.8	133.3	133.1
烟 台	126.2	125.3	124.8	124.4	124.2	124.1	123.6	123.8	124.3	124.7	125.1	125.2
济 宁	137.9	137.8	138.0	138.5	138.5	139.4	140.3	141.7	142.7	143.2	143.7	144.6
洛 阳	128.8	128.8	129.2	129.3	129.5	129.9	131.0	131.6	131.8	131.9	131.7	132.2
平顶山	122.8	122.8	123.2	123.4	123.7	124.2	124.7	125.3	126.0	126.4	126.5	126.6
宜 昌	118.3	118.3	117.6	117.4	117.2	117.3	118.1	117.9	118.2	118.2	118.1	117.8
襄 阳	122.2	122.2	121.9	121.7	121.8	121.7	121.0	121.3	121.3	121.2	120.9	120.8
岳 阳	112.6	112.1	112.1	112.6	113.1	113.4	113.5	113.6	113.9	113.3	113.5	113.6
常 德	113.6	113.6	112.8	112.8	112.3	112.0	111.8	112.1	111.9	111.7	112.0	111.8
惠 州	135.5	135.5	135.4	135.0	135.4	135.7	136.5	137.8	138.8	139.3	139.3	139.8
湛 江	110.5	110.1	109.3	108.7	108.3	108.0	107.9	107.8	108.5	108.7	108.7	108.5
韶 关	115.7	115.1	115.1	114.7	114.3	114.7	114.9	115.4	115.3	115.2	115.6	115.3
桂 林	112.4	112.6	112.6	113.0	113.4	113.6	114.0	114.0	114.4	114.6	114.9	114.6
北 海	122.9	122.6	122.6	122.1	121.5	121.1	120.5	120.3	120.0	119.4	119.1	118.9
三 亚	120.0	120.0	119.4	119.2	118.3	118.6	118.9	118.3	118.9	119.0	119.2	119.9
泸 州	120.1	119.1	118.6	118.2	117.7	117.6	117.3	116.8	116.9	116.9	116.6	116.5
南 充	120.6	119.6	119.5	119.0	118.5	118.0	117.7	117.0	116.3	115.7	114.7	114.4
遵 义	113.6	112.8	112.8	112.6	112.5	112.9	112.8	113.5	113.4	113.2	113.3	113.1
大 理	131.0	131.0	131.3	131.4	131.8	131.9	132.4	133.4	133.9	133.8	133.6	133.3

数据来源：国家统计局。

注：定基指数以2015年价格为100。

表4-26　2020年70座大中城市新建商品住宅价格环比指数

城 市	1月	2月	3月	4月	5月	6月	7月	8月	9月	10月	11月	12月
北 京	100.0	100.1	100.0	99.7	100.5	100.4	100.3	100.6	100.3	100.2	99.9	100.3
天 津	99.8	99.6	99.9	100.2	100.4	100.6	100.5	100.3	100.2	99.6	100.3	100.0
石家庄	100.0	100.0	100.2	100.6	100.2	100.1	100.3	100.1	100.6	100.2	100.4	99.9
太 原	99.4	100.0	100.1	100.3	100.5	100.6	99.9	99.8	99.6	99.7	99.6	99.8
呼和浩特	100.5	100.0	100.1	100.5	101.0	100.1	100.6	100.5	100.4	100.6	100.4	100.2
沈 阳	100.3	100.5	100.4	100.8	101.0	100.9	100.8	101.1	100.0	99.9	99.9	99.6
大 连	100.1	100.4	100.2	100.5	100.8	100.9	100.5	100.3	100.5	100.3	100.0	100.2

续表

城 市	1月	2月	3月	4月	5月	6月	7月	8月	9月	10月	11月	12月
长 春	100.0	99.9	100.4	100.5	100.4	100.7	100.3	100.6	100.3	99.9	99.7	99.6
哈尔滨	100.3	100.0	100.3	101.0	100.0	100.1	100.0	100.2	99.8	100.1	99.7	99.4
上 海	100.5	100.0	100.1	100.6	100.8	100.5	100.4	100.6	100.5	100.3	100.0	100.2
南 京	100.1	99.9	100.2	101.8	101.2	101.0	100.1	100.0	100.0	100.4	100.1	100.1
杭 州	100.3	99.9	101.3	100.9	100.7	101.2	100.2	100.4	100.0	100.0	99.8	99.7
宁 波	100.6	99.8	100.3	100.0	101.4	100.8	100.4	100.7	100.3	100.1	100.0	99.8
合 肥	100.4	100.0	100.1	99.5	99.9	100.7	100.4	100.3	100.6	100.5	100.6	100.7
福 州	99.5	100.6	100.4	100.5	100.5	100.6	100.4	100.3	100.3	100.1	100.5	100.7
厦 门	100.2	100.0	100.0	99.9	100.5	101.0	100.7	100.4	100.6	100.2	100.4	100.6
南 昌	100.3	100.0	99.7	100.6	100.3	100.2	100.2	99.7	100.1	99.6	99.6	100.5
济 南	99.5	99.8	99.6	100.0	100.5	100.3	100.1	99.6	100.0	99.8	99.7	99.9
青 岛	100.1	100.0	99.5	100.5	100.3	100.8	100.4	100.8	100.5	99.8	99.9	100.3
郑 州	100.0	99.7	99.8	100.1	99.8	100.4	100.0	100.6	99.9	99.5	99.7	99.8
武 汉	100.4	100.0	100.0	99.8	100.4	101.4	100.7	100.6	100.4	100.4	100.2	100.3
长 沙	100.6	100.3	100.3	100.5	100.4	101.4	100.5	100.9	100.2	100.0	99.8	100.3
广 州	100.3	99.9	99.5	100.0	100.3	100.6	100.8	100.9	100.6	100.5	100.9	100.7
深 圳	100.5	100.0	100.5	100.0	100.6	100.8	100.6	100.5	100.4	100.2	100.0	99.9
南 宁	100.4	100.0	100.2	100.4	100.6	101.1	100.7	100.9	100.6	100.2	99.9	100.2
海 口	99.9	100.0	100.0	100.5	99.7	100.3	100.4	100.8	100.4	100.2	100.3	100.1
重 庆	100.0	99.7	100.3	101.0	100.8	100.9	100.5	100.4	100.6	100.2	99.9	100.3
成 都	100.3	101.2	100.5	100.7	100.5	100.9	100.9	101.0	100.3	100.1	100.0	99.7
贵 阳	99.5	100.5	99.9	99.6	100.3	100.2	100.3	100.7	100.2	100.4	100.5	100.5
昆 明	100.0	99.8	100.0	101.0	100.6	101.2	100.3	100.9	100.2	100.8	100.2	100.3
西 安	100.3	100.0	100.5	100.6	100.5	100.8	100.9	101.1	100.8	100.5	100.2	100.5
兰 州	100.6	100.0	99.8	100.6	100.4	100.5	100.6	100.7	100.6	100.5	100.6	100.3
西 宁	100.8	100.5	101.4	100.7	100.8	101.0	100.0	101.0	100.6	100.6	100.6	100.7
银 川	101.0	100.0	101.1	101.0	102.1	101.9	102.0	101.8	101.0	100.6	100.4	100.5
乌鲁木齐	99.9	99.8	100.0	100.9	100.5	101.0	100.6	100.0	100.2	100.5	100.2	99.5
唐 山	101.2	100.2	100.9	101.8	101.2	101.5	101.4	101.3	100.6	100.0	100.3	100.3
秦皇岛	100.0	99.7	100.4	100.7	100.9	100.8	100.1	100.5	100.4	99.7	100.2	100.0
包 头	100.0	99.9	100.1	99.8	100.8	99.9	100.5	100.8	100.5	100.1	99.9	100.2
丹 东	100.6	100.5	100.4	100.6	100.3	99.8	101.0	100.8	100.8	100.4	100.7	100.6
锦 州	101.4	100.1	100.2	100.8	101.0	100.6	101.1	101.4	99.8	100.1	100.4	100.2
吉 林	101.0	100.2	100.5	100.7	100.2	100.4	100.3	100.8	100.9	99.8	99.7	99.7
牡丹江	100.7	100.3	99.9	99.4	99.8	100.0	99.6	100.8	100.0	99.5	99.7	99.3

续表

城市	1月	2月	3月	4月	5月	6月	7月	8月	9月	10月	11月	12月
无锡	100.8	100.2	100.5	100.6	101.0	100.9	101.3	101.1	100.3	99.9	99.9	99.7
扬州	100.4	100.0	100.4	100.5	100.6	100.7	100.9	100.9	100.4	100.9	100.1	100.8
徐州	100.8	100.8	100.6	101.0	100.9	101.1	101.6	100.8	101.4	100.7	99.9	100.0
温州	100.3	99.7	99.4	101.0	100.7	101.1	100.7	101.3	100.0	100.3	99.7	100.0
金华	100.4	100.0	100.0	100.4	100.8	100.9	100.4	101.1	100.2	99.8	100.2	100.5
蚌埠	100.7	100.0	100.4	100.5	100.5	101.0	100.3	100.6	100.4	100.4	100.2	100.3
安庆	99.6	99.8	99.4	99.6	99.9	99.4	99.7	99.3	100.2	100.5	100.3	100.4
泉州	100.3	99.6	100.4	100.3	101.0	100.8	100.5	100.9	100.7	100.3	100.2	100.5
九江	101.1	100.4	99.8	100.7	100.5	100.9	100.3	99.9	100.5	100.0	99.8	100.1
赣州	100.1	100.3	99.9	100.5	100.3	100.5	100.7	100.5	100.2	100.3	100.4	100.3
烟台	100.5	100.6	100.3	100.3	100.4	100.5	100.5	101.0	100.6	100.4	100.2	100.1
济宁	100.2	100.0	100.4	100.6	100.7	100.6	101.1	101.2	100.9	100.6	101.2	100.4
洛阳	100.1	100.1	99.9	100.3	100.1	100.2	100.8	100.3	100.3	100.0	100.1	100.0
平顶山	100.2	100.0	100.1	100.0	100.5	100.7	100.4	100.3	100.4	100.1	100.6	100.1
宜昌	99.5	100.0	99.7	100.3	100.4	100.3	100.7	100.1	100.2	100.6	100.4	100.1
襄阳	100.6	100.0	100.0	99.9	100.0	100.5	100.8	100.7	100.5	100.4	100.5	100.2
岳阳	99.7	99.6	100.0	100.5	100.5	100.6	100.2	100.4	100.3	99.3	99.9	100.0
常德	99.8	100.2	99.6	99.8	100.3	99.8	100.3	99.9	99.6	99.4	99.8	100.1
惠州	100.7	100.0	99.8	100.4	101.0	101.5	101.0	101.9	100.7	100.3	99.8	100.4
湛江	99.5	99.8	99.3	100.0	99.8	100.0	100.3	100.5	100.6	100.5	100.5	99.8
韶关	99.8	99.5	99.9	100.0	99.8	100.2	100.0	100.5	99.8	100.4	100.0	99.8
桂林	100.3	99.7	99.8	100.5	100.4	100.3	100.0	99.0	100.7	100.3	99.8	100.2
北海	100.4	100.1	100.0	99.9	99.8	99.4	99.7	99.3	99.6	99.3	99.8	99.5
三亚	101.3	100.0	99.5	100.7	99.6	100.3	100.9	101.0	100.8	100.7	100.4	100.5
泸州	99.8	99.3	99.8	100.0	100.3	100.5	100.2	100.5	100.2	99.6	99.9	99.8
南充	99.6	99.4	100.5	101.1	101.3	99.1	99.6	99.5	100.0	99.5	99.6	99.9
遵义	100.2	99.6	100.2	100.1	99.9	100.2	99.6	100.3	99.8	99.9	100.3	99.9
大理	100.8	100.0	100.3	100.0	99.9	99.7	100.4	100.7	100.2	100.0	99.9	99.8

数据来源：国家统计局。
注：环比以上月价格为100。

表 4-27　2020 年 70 座大中城市二手住宅价格环比指数

城　市	1月	2月	3月	4月	5月	6月	7月	8月	9月	10月	11月	12月
北　京	100.4	99.8	100.2	101.1	101.8	100.7	100.0	100.7	100.4	100.4	100.5	100.5
天　津	99.4	99.6	99.5	99.8	99.5	99.7	99.9	99.2	99.8	99.9	99.8	99.9
石家庄	99.5	100.0	100.0	99.7	99.8	99.9	99.7	99.6	100.1	99.6	99.8	99.7
太　原	99.6	99.5	101.4	99.4	99.1	99.0	99.7	100.4	99.5	99.5	99.8	99.9
呼和浩特	100.0	100.0	99.4	100.0	99.5	100.4	100.3	100.5	100.1	99.8	99.7	99.6
沈　阳	100.5	100.3	100.4	101.7	101.0	100.9	100.5	100.7	100.3	100.8	100.5	100.1
大　连	100.0	100.0	100.5	101.0	100.9	100.7	100.6	100.7	100.4	100.3	100.2	100.6
长　春	100.4	100.2	100.4	100.3	100.2	100.5	99.6	100.1	99.8	99.5	99.6	99.4
哈尔滨	100.9	100.0	100.2	100.4	100.0	99.1	99.3	99.5	99.3	99.6	99.5	99.3
上　海	100.2	100.2	100.3	101.2	100.6	100.4	100.5	100.8	101.0	100.5	100.3	100.6
南　京	100.1	100.0	100.2	100.5	100.4	100.5	100.4	100.5	100.6	100.3	100.4	100.4
杭　州	100.1	100.0	100.7	101.0	100.8	101.0	101.3	100.7	100.3	100.3	100.1	100.5
宁　波	100.7	99.6	100.5	100.7	101.1	101.2	101.1	100.9	100.8	100.7	100.4	100.6
合　肥	100.3	100.0	100.2	100.5	100.4	100.2	100.3	100.5	100.4	100.5	100.7	100.7
福　州	99.7	99.9	99.8	100.8	101.0	100.2	99.8	99.9	100.4	100.4	99.9	100.8
厦　门	100.4	100.0	100.1	100.5	100.9	100.8	100.5	100.0	99.9	100.4	100.5	100.7
南　昌	100.1	100.0	99.5	99.7	100.4	99.9	99.5	99.8	100.0	99.8	100.4	100.5
济　南	99.8	99.6	100.0	99.9	100.0	99.9	100.1	99.5	99.6	99.7	99.6	99.5
青　岛	99.9	99.4	99.6	100.0	99.9	100.2	99.8	100.4	99.7	99.6	99.7	99.8
郑　州	99.6	100.0	99.4	99.5	99.4	99.8	99.7	99.9	99.5	99.8	99.7	99.9
武　汉	99.6	100.0	100.0	99.8	99.9	99.8	100.5	100.7	100.3	100.1	99.8	99.7
长　沙	99.8	99.9	100.0	99.6	100.0	100.5	100.4	100.2	100.0	100.2	100.2	100.5
广　州	100.3	99.9	99.8	100.0	100.4	100.8	101.6	101.7	100.7	100.6	100.8	100.7
深　圳	100.7	100.5	101.6	101.7	101.6	101.9	101.2	101.1	101.1	100.9	100.6	100.5
南　宁	100.6	100.0	100.1	100.2	100.1	100.3	100.7	100.2	100.2	100.5	100.3	100.3
海　口	100.0	100.0	99.4	99.8	99.6	100.1	100.7	101.0	100.4	100.7	100.4	100.3
重　庆	99.6	99.5	99.3	99.9	100.0	100.3	100.1	100.5	100.4	99.7	100.3	99.9
成　都	99.9	100.9	100.7	102.1	101.3	100.6	100.7	101.2	100.3	100.2	100.4	99.7
贵　阳	99.6	100.0	99.7	99.6	99.8	99.7	99.2	99.8	99.9	99.7	99.8	99.6
昆　明	99.8	100.3	100.5	100.6	100.3	100.5	100.0	99.6	100.6	100.5	100.2	100.1
西　安	99.8	100.0	99.7	99.9	100.2	100.5	100.6	100.9	100.7	100.3	99.7	100.2
兰　州	101.1	100.0	99.7	100.6	100.2	100.4	100.5	100.2	100.4	100.4	100.3	100.4
西　宁	100.0	100.2	100.5	100.9	101.0	101.4	101.0	100.9	100.3	100.4	100.5	100.5
银　川	99.7	100.2	100.4	101.2	101.3	101.4	101.2	101.0	100.5	100.8	100.5	100.2
乌鲁木齐	99.9	99.6	100.7	100.8	100.9	100.9	100.5	100.0	100.9	100.6	100.3	100.5

续表

城市	1月	2月	3月	4月	5月	6月	7月	8月	9月	10月	11月	12月
唐山	101.0	100.6	101.0	100.8	100.7	100.9	100.8	101.1	100.5	100.1	100.4	100.2
秦皇岛	99.7	99.6	99.9	100.2	100.7	100.4	101.0	100.8	100.3	100.0	100.3	99.7
包头	100.2	100.0	99.7	99.4	101.1	100.7	100.3	100.1	100.3	99.9	100.0	100.1
丹东	100.4	100.3	100.1	100.2	100.3	100.2	100.4	100.7	100.6	100.4	100.5	100.4
锦州	99.6	100.0	100.3	99.3	99.6	100.2	100.0	100.6	100.1	99.7	100.1	99.8
吉林	100.4	99.9	100.2	100.0	100.0	99.9	99.5	99.7	99.8	99.7	99.8	99.6
牡丹江	99.7	99.8	99.5	98.6	98.5	98.2	98.7	98.4	99.5	99.5	99.5	99.8
无锡	100.3	99.7	100.5	101.0	100.9	101.6	101.2	101.0	100.9	100.0	100.2	99.9
扬州	100.2	100.0	100.3	100.4	100.2	100.2	100.1	100.9	100.7	100.8	100.1	100.9
徐州	100.5	100.5	100.4	100.6	100.8	100.9	100.7	100.8	101.3	100.5	100.7	100.4
温州	99.9	100.0	99.8	100.9	100.6	100.9	100.8	101.0	100.4	100.0	100.3	100.2
金华	99.8	99.7	100.3	100.2	100.0	100.7	100.7	101.2	100.5	100.3	100.2	100.8
蚌埠	100.3	100.0	99.9	100.6	100.5	100.4	100.2	100.7	100.1	100.2	100.5	100.4
安庆	99.8	99.7	100.3	100.5	99.8	99.9	99.6	99.8	99.9	99.8	99.6	99.7
泉州	100.2	99.8	99.8	100.0	100.8	100.5	100.3	100.8	100.6	100.4	100.5	100.6
九江	100.2	100.2	99.9	100.0	100.6	100.5	100.0	99.8	100.2	99.8	100.5	100.3
赣州	100.4	100.1	99.7	100.2	100.4	100.4	100.3	100.4	100.5	100.1	100.4	99.9
烟台	99.5	99.3	99.6	99.7	99.8	99.9	99.6	100.2	100.4	100.3	100.3	100.1
济宁	100.4	99.9	100.2	100.3	100.1	100.6	100.6	101.0	100.7	100.4	100.3	100.6
洛阳	100.6	100.0	100.3	100.1	100.2	100.3	100.8	100.5	100.2	100.1	99.8	100.3
平顶山	100.3	100.0	100.3	100.2	100.2	100.4	100.3	100.5	100.5	100.4	100.1	100.1
宜昌	99.6	100.0	99.4	99.8	99.9	100.1	100.7	99.8	100.2	100.0	99.9	99.8
襄阳	99.8	100.0	99.8	99.9	100.0	99.9	99.5	100.2	100.0	99.9	99.8	99.9
岳阳	99.9	99.6	100.0	100.5	100.4	100.3	100.1	100.0	100.2	99.5	100.2	100.0
常德	100.1	100.0	99.3	100.0	99.6	99.7	99.9	100.2	99.9	99.8	100.3	99.8
惠州	100.4	100.0	100.0	99.7	100.3	100.2	100.6	100.9	100.8	100.4	100.0	100.3
湛江	99.8	99.6	99.3	99.5	99.6	99.7	99.9	100.0	100.7	100.1	100.0	99.8
韶关	99.5	99.5	100.0	99.6	99.7	100.3	100.2	100.4	99.9	99.9	100.4	99.7
桂林	100.5	100.2	100.0	100.3	100.4	100.2	100.4	100.0	100.3	100.2	100.2	99.8
北海	99.7	99.8	99.9	99.6	99.5	99.7	99.5	99.9	99.7	99.5	99.7	99.9
三亚	100.0	100.0	99.5	99.9	99.2	100.2	100.3	99.5	100.5	100.1	100.2	100.6
泸州	99.9	99.2	99.5	99.7	99.6	99.9	99.8	99.5	100.2	99.9	99.8	99.9
南充	99.8	99.1	100.0	99.6	99.5	99.6	99.7	99.4	99.4	99.5	99.1	99.7
遵义	99.5	99.3	100.0	99.8	99.9	100.3	100.0	100.5	99.9	99.8	100.2	99.8
大理	100.7	100.0	100.2	100.1	100.3	100.0	100.4	100.8	100.3	99.9	99.9	99.8

数据来源：国家统计局。
注：环比以上月价格为100。

表4-28　2020年70座大中城市新建商品住宅价格同比指数

城　市	1月	2月	3月	4月	5月	6月	7月	8月	9月	10月	11月	12月
北　京	104.1	104.4	104.1	103.3	103.1	103.6	103.3	103.4	103.8	104.2	102.4	102.3
天　津	101.3	100.5	100.1	99.6	99.7	100.0	100.7	100.9	100.8	100.8	101.1	101.1
石家庄	108.8	107.6	106.5	106.7	105.6	104.6	104.9	103.6	103.3	103.1	103.6	102.8
太　原	102.9	102.1	101.7	101.3	101.4	101.4	101.2	100.1	99.3	99.0	98.5	99.0
呼和浩特	114.8	113.9	113.7	113.7	113.8	112.0	111.8	109.9	109.0	107.0	105.9	105.1
沈　阳	109.2	109.2	108.7	108.8	108.8	108.7	109.0	109.2	108.2	106.8	106.0	105.0
大　连	108.4	106.9	106.1	105.9	105.3	105.0	104.5	104.2	105.0	105.1	104.9	104.8
长　春	108.6	107.8	108.0	107.9	107.8	107.2	107.3	107.0	106.3	104.8	103.4	102.3
哈尔滨	109.4	108.8	108.1	108.2	107.5	106.5	106.0	105.3	104.1	102.8	101.9	100.8
上　海	102.7	102.3	102.4	102.7	103.5	103.7	104.2	104.5	104.5	104.4	104.1	104.2
南　京	103.3	103.2	103.3	104.5	105.0	106.1	104.9	105.1	104.3	104.5	104.8	104.9
杭　州	105.0	104.4	105.4	105.2	105.1	105.2	104.9	105.3	105.1	105.2	105.1	104.5
宁　波	108.2	107.4	106.5	105.8	106.1	106.0	105.7	105.4	105.1	104.9	104.9	104.4
合　肥	103.7	102.9	102.3	101.3	101.1	101.4	101.1	100.6	101.4	102.2	103.1	103.6
福　州	103.5	104.0	104.0	103.8	103.4	103.7	103.6	103.3	103.2	103.1	103.5	104.4
厦　门	104.4	104.2	103.5	102.8	103.0	103.1	102.4	101.9	102.8	103.7	104.4	104.5
南　昌	103.3	103.3	102.3	102.1	101.9	102.0	101.7	101.0	100.5	100.2	100.4	100.8
济　南	99.7	99.0	97.8	96.8	96.9	96.9	96.8	96.7	97.1	97.9	98.3	99.0
青　岛	103.7	103.3	102.3	102.4	101.9	102.5	102.3	102.5	102.9	102.9	102.8	102.8
郑　州	101.4	101.1	100.5	100.2	99.8	99.6	99.3	99.6	99.3	98.8	99.0	99.2
武　汉	111.5	110.3	109.5	108.3	107.4	107.9	107.4	106.8	106.4	105.8	105.1	104.5
长　沙	104.6	104.7	105.0	105.3	104.8	105.4	105.7	106.3	106.5	106.4	105.8	105.0
广　州	104.2	103.0	101.7	100.7	100.2	100.5	101.0	101.6	102.1	102.7	104.1	105.2
深　圳	104.3	104.3	105.2	104.8	104.9	105.3	105.9	106.2	105.3	105.1	104.9	104.1
南　宁	112.0	111.3	110.5	110.0	110.2	110.9	111.2	109.6	108.0	106.0	105.6	105.2
海　口	106.6	106.3	105.8	105.3	103.8	102.9	102.4	103.2	103.1	102.3	102.8	102.7
重　庆	107.5	106.5	106.2	106.0	105.0	105.2	104.6	105.3	105.3	105.4	104.7	104.6
成　都	110.0	110.6	110.5	110.3	110.4	110.0	109.6	109.9	109.5	108.0	107.2	106.3
贵　阳	104.4	103.6	102.6	101.3	100.6	100.0	99.1	99.4	99.9	100.5	101.5	102.5
昆　明	110.5	109.5	108.6	108.4	108.3	108.3	107.5	107.3	106.1	105.4	105.0	105.6
西　安	112.8	111.6	111.0	110.4	108.8	107.8	107.3	108.0	108.0	107.6	107.1	106.9
兰　州	104.7	104.5	104.1	104.6	104.4	104.7	104.5	105.3	105.6	105.8	105.3	105.2
西　宁	114.7	112.7	113.2	113.4	113.9	114.4	113.2	113.4	112.7	110.3	109.5	109.1
银　川	112.8	112.0	112.5	113.0	114.7	115.7	117.6	117.6	116.8	116.6	115.0	114.2
乌鲁木齐	101.1	100.3	99.9	100.2	100.6	100.8	101.3	101.7	101.7	102.5	103.7	103.1

续表

城市	1月	2月	3月	4月	5月	6月	7月	8月	9月	10月	11月	12月
唐山	113.6	113.2	113.2	114.7	115.0	115.3	116.1	115.4	115.4	113.4	111.7	111.2
秦皇岛	110.4	109.1	108.1	106.9	107.0	106.6	106.0	105.6	106.0	104.7	103.9	103.5
包头	105.9	105.1	104.4	103.4	103.7	103.9	104.3	104.0	103.8	103.4	103.2	102.6
丹东	107.9	107.8	106.2	106.2	106.0	106.0	106.7	106.9	106.7	106.3	106.5	106.6
锦州	108.5	108.9	107.5	107.9	108.2	108.7	109.7	111.5	110.6	109.7	108.5	107.5
吉林	109.2	109.0	108.8	108.9	108.3	108.4	108.0	107.7	107.5	106.3	105.1	104.1
牡丹江	105.1	104.9	104.5	103.5	102.3	102.1	100.8	101.0	101.3	100.3	100.0	99.0
无锡	109.0	109.5	109.0	109.5	109.1	109.0	109.6	110.0	108.7	107.8	107.1	106.3
扬州	110.5	110.1	109.5	109.5	109.5	109.3	109.1	108.3	107.5	107.7	107.1	106.6
徐州	111.5	111.1	111.3	111.6	111.1	111.2	111.6	111.6	111.9	111.9	111.4	110.0
温州	104.5	103.9	102.4	103.3	103.4	104.5	105.1	106.1	105.6	105.0	104.4	104.3
金华	107.9	107.5	107.1	106.6	105.9	106.3	105.4	105.7	105.7	105.5	104.9	105.0
蚌埠	103.4	103.7	103.8	103.7	103.6	104.1	103.8	104.3	104.3	104.5	104.8	105.3
安庆	102.1	101.7	100.0	99.5	98.8	98.0	97.7	96.9	96.5	96.8	97.5	98.0
泉州	103.5	103.5	103.7	103.6	104.5	105.2	105.2	105.6	106.1	105.5	105.6	105.5
九江	108.6	108.6	107.7	107.6	107.5	107.5	107.3	106.3	106.1	105.2	104.7	104.1
赣州	102.7	103.0	103.2	104.0	104.0	104.7	104.5	105.0	104.3	104.2	104.4	104.2
烟台	109.7	109.9	109.6	109.2	108.7	108.1	107.5	107.7	107.1	106.7	106.3	105.5
济宁	109.3	107.9	107.8	107.7	107.3	106.8	107.4	107.4	107.2	107.2	107.9	108.3
洛阳	112.4	111.9	111.5	110.7	109.0	106.6	106.9	106.6	104.8	103.1	102.5	102.1
平顶山	108.6	107.4	106.2	105.6	105.5	105.2	103.9	103.9	104.3	103.7	103.8	103.4
宜昌	100.1	99.3	98.4	98.2	98.2	98.9	99.3	99.9	100.3	101.3	102.1	102.5
襄阳	110.0	109.2	108.7	107.8	107.1	106.9	107.0	106.4	105.9	105.1	104.8	104.0
岳阳	97.9	97.9	97.7	98.0	98.6	99.0	99.1	99.7	100.5	100.2	100.4	101.0
常德	103.4	103.7	101.8	100.7	100.7	100.0	100.3	99.5	99.4	98.4	98.4	98.6
惠州	105.0	105.2	104.9	105.1	105.7	106.8	107.3	108.7	109.2	109.0	108.1	107.6
湛江	104.1	103.1	101.9	101.5	100.7	100.2	100.1	100.1	100.7	100.5	101.4	100.5
韶关	99.5	99.1	99.2	99.3	98.0	97.8	97.1	98.4	98.4	99.0	99.4	99.6
桂林	106.7	105.7	104.9	105.5	105.1	104.2	103.1	101.7	101.4	101.5	100.9	100.9
北海	107.7	107.2	106.0	104.7	103.5	102.2	101.2	99.5	99.1	98.2	97.9	97.0
三亚	106.7	106.6	105.8	105.6	104.6	104.1	104.6	105.0	105.5	105.9	105.9	105.7
泸州	97.9	96.8	96.4	96.2	96.5	97.2	97.4	98.3	98.7	99.4	99.6	99.8
南充	102.0	101.1	100.5	100.7	101.3	100.3	100.2	99.6	99.2	98.9	98.7	99.1
遵义	104.2	102.5	102.2	101.6	101.1	100.9	100.5	100.3	99.7	99.8	100.6	100.1
大理	114.1	112.1	110.9	110.3	108.2	106.0	104.9	104.7	104.2	103.5	102.5	101.7

数据来源：国家统计局。
注：同比以上年同月价格为100。

表 4-29　2020 年 70 座大中城市二手住宅价格同比指数

城　市	1月	2月	3月	4月	5月	6月	7月	8月	9月	10月	11月	12月
北　京	100.0	99.6	99.3	99.8	101.5	102.2	102.5	103.6	104.5	105.4	106.4	106.3
天　津	99.2	98.2	97.7	96.7	95.7	95.4	95.8	95.5	95.4	95.8	95.6	96.0
石家庄	100.3	99.7	99.1	98.5	97.9	97.6	97.5	97.0	97.6	97.5	97.5	97.5
太　原	103.3	102.4	103.8	101.9	100.4	99.1	97.7	97.7	96.6	96.5	96.7	96.9
呼和浩特	109.5	107.9	106.3	104.7	102.3	101.4	101.0	101.0	100.4	99.7	99.3	99.2
沈　阳	109.9	109.3	109.0	110.0	110.4	110.4	110.3	109.4	108.8	109.1	108.3	107.8
大　连	105.0	104.4	103.8	104.0	103.9	104.1	104.6	104.8	105.1	105.5	105.7	106.1
长　春	107.3	107.3	106.5	105.7	105.3	105.3	104.5	103.8	102.7	101.8	100.9	99.8
哈尔滨	112.2	111.7	111.5	110.8	110.0	108.3	106.7	104.9	102.6	100.4	98.4	97.0
上　海	101.4	101.6	101.6	102.3	102.8	103.3	103.3	104.1	104.6	105.2	105.5	106.3
南　京	105.6	105.3	104.6	105.0	105.3	105.7	105.2	104.9	103.9	103.8	104.0	104.5
杭　州	103.0	103.1	103.1	103.2	102.7	103.3	104.6	105.4	105.9	106.4	106.5	106.9
宁　波	108.8	108.3	108.1	108.1	108.2	108.6	108.3	107.7	107.7	107.8	107.9	108.5
合　肥	103.1	103.1	103.1	103.0	103.3	103.2	102.5	102.6	103.0	103.5	104.4	104.7
福　州	103.8	103.5	102.7	103.0	103.4	103.7	103.5	104.4	104.8	103.6	102.8	102.5
厦　门	105.9	105.6	104.1	103.3	103.8	104.3	103.5	103.3	103.3	104.2	104.9	104.8
南　昌	101.5	101.1	100.0	99.3	99.4	99.6	99.4	99.1	98.9	99.0	99.7	99.6
济　南	97.2	96.4	95.9	96.1	96.4	96.4	96.7	97.1	96.9	97.3	97.5	97.2
青　岛	94.5	94.2	94.1	94.3	94.5	95.4	95.8	96.6	97.0	97.2	97.7	97.9
郑　州	96.6	97.0	96.6	96.0	95.3	95.5	95.4	95.6	95.5	95.5	95.7	96.4
武　汉	97.8	97.8	97.7	97.7	98.0	98.1	98.8	99.0	100.1	100.5	100.5	100.2
长　沙	98.8	98.7	98.7	98.1	98.3	98.9	99.5	99.7	100.0	100.3	100.7	101.3
广　州	98.7	98.8	99.1	99.5	100.1	101.0	102.2	103.9	104.9	105.7	106.7	107.5
深　圳	108.8	108.8	109.7	110.3	112.0	114.3	114.9	115.9	115.7	115.5	114.6	114.1
南　宁	109.0	107.7	106.8	105.5	104.4	103.9	104.1	103.7	103.2	103.6	103.7	103.7
海　口	98.6	98.6	98.2	97.2	97.1	97.1	98.0	99.5	100.7	101.1	101.9	102.4
重　庆	100.9	100.1	99.3	98.4	98.1	97.7	97.7	98.6	99.5	99.4	99.3	99.4
成　都	100.6	101.0	101.8	104.1	104.9	105.4	105.2	107.5	108.1	108.4	109.0	108.2
贵　阳	97.2	96.8	96.6	96.1	95.5	95.5	95.0	95.3	95.8	95.9	96.2	96.5
昆　明	105.7	105.3	105.5	106.0	105.5	105.2	104.8	103.3	103.1	103.3	102.9	103.0
西　安	100.3	100.4	99.0	98.1	97.7	97.7	98.1	99.0	100.2	101.2	101.7	102.4
兰　州	108.6	108.4	107.0	107.4	106.4	106.3	106.2	105.5	105.3	104.7	104.4	104.3
西　宁	112.8	111.7	110.4	109.2	109.1	109.7	109.5	109.5	108.7	108.3	107.7	107.9
银　川	107.0	107.0	106.3	107.2	108.3	109.2	109.6	109.1	108.9	109.2	108.8	108.5
乌鲁木齐	101.5	100.3	101.4	100.9	101.0	101.3	101.9	103.0	104.0	104.1	105.0	105.8

续表

城　市	1月	2月	3月	4月	5月	6月	7月	8月	9月	10月	11月	12月
唐　山	116.1	116.6	116.4	115.6	115.2	115.0	115.3	114.6	112.2	110.8	109.3	108.3
秦皇岛	108.8	107.6	106.2	104.8	104.9	104.4	104.9	104.5	104.3	103.6	103.2	102.7
包　头	106.1	105.4	104.3	103.0	103.6	103.4	102.5	102.2	102.2	102.7	102.2	101.9
丹　东	108.9	108.4	107.8	107.2	106.5	106.1	106.0	106.1	105.9	105.7	105.2	104.7
锦　州	102.5	102.2	102.5	101.5	101.1	101.5	100.6	101.0	100.1	100.0	99.6	99.3
吉　林	108.0	107.6	106.5	105.7	105.3	105.0	104.6	103.6	102.1	100.5	99.7	98.5
牡丹江	99.3	98.3	97.8	96.0	94.5	93.0	91.9	90.7	90.9	90.6	90.5	90.0
无　锡	109.3	109.1	109.3	110.0	109.8	110.0	109.9	109.2	108.9	107.8	107.6	107.4
扬　州	105.1	104.7	104.9	104.6	104.5	103.9	103.5	103.7	104.0	104.6	104.3	104.7
徐　州	104.8	105.4	105.1	105.8	106.3	106.5	107.0	107.3	107.7	107.6	108.0	108.5
温　州	103.3	103.1	102.7	102.9	103.1	103.7	104.7	105.2	105.0	104.9	104.6	105.2
金　华	101.4	101.2	101.3	101.0	100.6	100.5	100.7	101.6	102.6	103.0	103.7	104.5
蚌　埠	104.5	104.4	103.9	104.0	104.1	103.8	103.1	103.0	102.8	103.5	103.8	103.9
安　庆	96.3	96.1	96.4	97.7	97.5	97.7	97.5	98.3	98.6	98.6	98.4	98.4
泉　州	102.3	102.2	101.6	101.7	102.3	102.6	102.4	102.6	103.5	103.7	103.9	104.5
九　江	107.1	107.0	106.5	105.9	105.9	106.0	105.2	104.6	103.7	102.5	102.5	101.8
赣　州	105.4	105.0	104.3	104.1	104.1	104.4	104.3	104.4	104.3	104.1	103.6	102.8
烟　台	103.4	102.3	101.0	100.0	98.8	97.9	96.8	96.4	96.6	97.1	97.8	98.7
济　宁	108.2	107.6	107.1	106.5	105.9	106.0	105.9	105.9	105.5	105.3	105.3	105.3
洛　阳	109.6	109.7	110.2	109.1	108.5	107.9	107.1	106.9	105.1	104.6	103.7	103.2
平顶山	106.7	106.0	106.1	105.6	105.3	105.3	105.2	105.8	105.5	105.1	104.4	103.4
宜　昌	96.3	96.1	95.5	95.4	95.3	96.1	97.1	97.9	98.6	99.0	99.2	99.2
襄　阳	104.6	103.7	102.7	101.5	100.8	100.1	99.2	99.1	99.0	98.6	98.7	98.7
岳　阳	98.6	98.2	98.2	98.6	98.5	98.8	98.5	99.1	99.7	99.9	100.7	100.8
常　德	98.6	98.6	97.7	97.8	97.5	97.7	97.5	97.8	97.9	98.0	98.2	98.5
惠　州	103.4	103.5	103.1	102.6	102.8	102.9	102.8	102.9	103.6	104.1	103.7	103.6
湛　江	97.6	97.3	96.4	96.0	95.9	95.9	95.8	95.8	96.8	97.0	97.4	97.9
韶　关	99.9	99.3	99.1	98.4	97.9	97.9	97.5	97.5	98.0	98.3	99.6	99.2
桂　林	105.1	105.3	104.4	104.1	103.9	103.6	103.6	103.0	102.7	102.1	102.5	102.5
北　海	101.7	101.0	100.0	99.0	98.0	97.8	97.0	96.5	96.9	96.5	96.5	96.5
三　亚	99.7	98.9	97.5	96.6	95.6	96.5	97.1	97.3	98.3	98.9	99.4	100.0
泸　州	100.0	99.1	98.6	98.8	98.3	98.7	98.6	98.1	97.6	97.6	97.6	96.9
南　充	99.7	99.0	99.5	99.2	98.5	97.4	97.0	96.4	95.6	95.4	95.0	94.6
遵　义	96.6	95.6	95.6	95.5	95.6	96.1	96.7	97.5	98.0	98.3	98.8	99.0
大　理	110.6	109.2	107.5	106.8	105.9	105.4	104.9	105.2	104.5	104.0	103.3	102.5

数据来源：国家统计局。

注：同比以上年同月价格为100。

（二）中国城市住房（一手房）价格288指数（见表4-30）

表4-30 2020年中国城市住房（一手房）价格288指数

城市	1月	2月	3月	4月	5月	6月	7月	8月	9月	10月	11月	12月
全国	1545.5	1542.1	1538.3	1538.5	1543.7	1545.8	1547.7	1554.8	1557.5	1559.6	1560.9	1562.9
北京	1929.2	1929.4	1931.2	1917.8	1918.4	1937.5	1940.2	1998.4	2011.9	2018.2	2020.4	2019.6
上海	2388.4	2388.4	2382.5	2386.6	2383.9	2409.6	2429.1	2447.0	2486.7	2491.4	2493.6	2521.5
重庆	1727.6	1723.1	1710.3	1764.6	1785.1	1855.7	1901.0	1937.2	1945.8	1946.7	1948.7	1947.5
天津	1766.5	1765.9	1762.4	1770.4	1784.4	1775.3	1786.1	1788.2	1790.9	1792.7	1789.1	1791.8
石家庄	1358.3	1353.4	1326.7	1319.2	1312.8	1309.4	1306.4	1306.8	1316.0	1326.3	1327.6	1330.3
张家口	1623.9	1599.3	1561.4	1565.8	1555.8	1546.9	1526.4	1526.6	1524.4	1528.5	1527.0	1507.8
承德	1139.4	1137.6	1134.4	1145.1	1132.7	1144.5	1144.5	1151.7	1150.1	1145.2	1145.3	1150.8
唐山	1026.2	1008.8	1026.7	1037.1	1062.4	1049.9	1048.0	1048.3	1050.8	1053.9	1053.9	1073.5
秦皇岛	1206.0	1212.1	1216.5	1217.7	1242.3	1253.3	1255.2	1258.5	1261.6	1263.6	1257.9	1259.2
廊坊	1260.5	1268.4	1271.3	1294.2	1310.6	1293.8	1294.4	1290.4	1288.6	1281.0	1266.4	1277.6
保定	1103.2	1109.2	1109.0	1097.1	1091.5	1073.0	1047.7	1046.3	1021.5	1011.9	1018.4	1021.8
沧州	1796.7	1839.2	1827.8	1822.3	1804.8	1830.3	1805.9	1809.7	1809.7	1804.1	1772.3	1770.5
衡水	1327.5	1318.0	1309.8	1303.1	1299.2	1299.2	1296.2	1298.1	1281.4	1261.9	1269.8	1267.5
邢台	1230.6	1235.7	1251.7	1240.7	1242.5	1242.5	1232.7	1235.4	1256.5	1255.8	1254.6	1243.2
邯郸	1233.7	1247.8	1256.9	1251.3	1251.8	1252.0	1252.2	1252.5	1307.8	1352.2	1392.3	1364.8
泰州	1385.1	1396.0	1385.0	1382.4	1382.7	1395.4	1411.3	1426.8	1410.3	1391.2	1402.6	1402.6
扬州	1127.1	1102.7	1073.9	1055.2	1067.7	1051.6	1031.5	1058.3	1058.5	1060.7	1065.4	1066.0
镇江	1133.4	1130.4	1147.5	1118.5	1152.3	1145.6	1147.6	1181.4	1230.5	1234.7	1220.2	1210.0
南通	1347.4	1338.3	1354.8	1323.5	1340.0	1370.2	1379.0	1383.3	1423.8	1364.3	1404.4	1426.9
常州	1667.9	1671.8	1638.7	1665.5	1678.1	1699.5	1724.1	1727.8	1763.7	1753.1	1711.9	1692.6
无锡	1573.3	1544.2	1531.5	1519.1	1530.0	1534.3	1543.2	1584.5	1593.2	1594.2	1584.5	1583.7
苏州	1710.1	1698.7	1699.7	1695.8	1694.1	1707.9	1705.3	1747.7	1739.7	1735.7	1746.8	1743.7
南京	1740.3	1743.9	1737.7	1740.0	1734.1	1750.6	1736.0	1731.7	1750.5	1749.5	1753.0	1753.9
连云港	1190.6	1192.5	1196.1	1192.7	1211.2	1178.2	1187.5	1189.4	1163.7	1159.1	1175.3	1175.3
徐州	1723.2	1743.9	1753.7	1771.2	1809.1	1793.8	1833.8	1848.5	1889.9	1903.1	1909.8	1908.3
宿迁	1364.9	1308.1	1310.6	1319.6	1320.2	1331.4	1340.0	1342.7	1345.4	1371.3	1370.0	1373.1
淮安	1401.0	1434.1	1427.5	1439.1	1455.0	1446.0	1468.3	1470.7	1469.2	1467.3	1465.1	1465.1
盐城	874.4	860.5	863.9	878.8	889.1	887.3	907.6	907.9	927.8	941.9	960.4	996.0
合肥	2079.7	2077.9	2086.4	2083.3	2090.8	2093.2	2099.0	2139.8	2150.8	2168.9	2174.3	2180.6
淮北	800.3	804.3	817.3	839.3	839.4	834.3	833.1	836.1	851.0	849.3	851.8	890.4
亳州	738.5	740.3	743.1	723.8	742.6	746.7	746.5	745.7	752.7	752.9	754.8	747.1
宿州	713.1	701.9	703.4	706.3	704.7	718.7	710.9	711.0	705.9	702.8	703.7	703.3

续表

城市	1月	2月	3月	4月	5月	6月	7月	8月	9月	10月	11月	12月
蚌埠	1409.6	1383.1	1379.5	1383.9	1380.0	1398.0	1387.2	1391.3	1395.5	1398.3	1401.1	1402.5
阜阳	1415.5	1420.1	1417.4	1415.6	1440.2	1436.9	1436.7	1435.7	1433.4	1430.2	1430.2	1422.4
淮南	897.3	891.3	915.4	926.3	940.2	920.0	923.4	923.9	916.0	926.0	940.7	923.2
滁州	1028.3	1015.8	1006.6	1009.8	997.0	991.7	985.1	984.2	997.2	998.9	996.0	997.0
六安	724.3	719.2	720.1	717.3	718.6	723.7	724.6	727.0	727.7	727.7	732.8	732.8
马鞍山	1160.4	1174.8	1171.4	1131.9	1123.4	1125.9	1099.0	1127.9	1112.0	1119.4	1119.3	1140.8
芜湖	1236.4	1227.9	1202.3	1198.2	1206.5	1194.9	1221.7	1221.7	1187.0	1197.5	1197.5	1194.7
宣城	1440.9	1444.6	1455.2	1389.7	1360.9	1363.9	1306.1	1307.8	1311.3	1303.5	1296.2	1297.9
铜陵	1032.5	1019.4	1022.4	1018.3	1020.1	999.0	1011.5	985.9	967.1	945.5	946.3	947.0
池州	733.8	740.3	721.4	736.4	750.4	768.1	775.3	788.4	755.0	717.8	704.8	705.3
安庆	1122.2	1084.5	1116.3	1112.5	1111.9	1116.0	1114.1	1111.2	1107.4	1109.5	1109.8	1116.5
黄山	1040.0	1050.8	1053.9	1050.1	1055.2	1006.9	997.3	999.7	1026.8	1051.4	1081.3	1094.3
南昌	1522.2	1523.3	1523.3	1523.3	1523.2	1523.3	1523.7	1519.7	1502.0	1503.5	1500.5	1498.2
九江	1257.2	1260.5	1253.2	1250.8	1250.1	1249.2	1249.9	1249.7	1249.4	1252.5	1257.1	1255.5
景德镇	1088.2	1083.5	1098.5	1114.0	1119.8	1143.5	1144.5	1164.4	1124.4	1131.0	1139.5	1142.3
上饶	1174.4	1144.9	1145.0	1145.5	1123.5	1130.5	1126.5	1124.7	1098.7	1099.3	1099.4	1100.0
鹰潭	1216.6	1160.5	1159.1	1160.7	1151.6	1166.4	1211.9	1214.8	1214.8	1214.8	1219.2	1219.2
抚州	1104.5	1089.9	1082.0	1083.6	1095.7	1092.1	1082.2	1034.0	1015.2	1044.0	1022.3	1024.4
新余	1069.7	1078.0	1080.9	1083.4	1098.5	1098.5	1106.7	1105.4	1105.4	1116.8	1112.0	1120.5
宜春	1333.2	1367.3	1336.8	1322.9	1292.1	1319.6	1314.3	1324.8	1281.0	1291.3	1321.4	1350.3
萍乡	1169.9	1167.7	1169.9	1163.3	1176.2	1176.2	1212.6	1213.9	1199.6	1192.8	1180.6	1197.1
吉安	1425.8	1440.3	1437.3	1436.4	1456.1	1454.0	1460.6	1459.7	1448.5	1442.5	1435.5	1438.2
赣州	1131.2	1107.8	1092.6	1109.0	1120.4	1115.4	1106.7	1109.9	1113.9	1116.3	1118.0	1126.1
郑州	1595.2	1592.9	1589.0	1591.3	1577.2	1555.7	1549.0	1549.3	1554.1	1550.2	1546.3	1544.0
安阳	1168.8	1169.0	1166.3	1158.5	1161.0	1158.3	1154.7	1155.7	1147.5	1157.8	1154.9	1153.2
鹤壁	1802.6	1754.0	1771.3	1770.1	1733.6	1699.3	1685.4	1692.1	1699.2	1683.4	1675.9	1668.5
濮阳	1640.3	1607.0	1605.7	1615.7	1610.4	1595.9	1598.7	1600.4	1542.8	1559.2	1572.4	1566.9
新乡	1096.3	1097.7	1088.7	1091.0	1098.3	1081.3	1071.8	1076.8	1049.9	1031.4	1019.2	1019.2
焦作	1499.7	1482.0	1471.8	1476.4	1475.2	1481.8	1478.2	1476.3	1419.5	1457.7	1466.3	1466.3
三门峡	1529.3	1498.4	1519.8	1525.9	1527.8	1528.5	1522.1	1513.3	1514.5	1564.8	1566.8	1530.1
开封	1316.1	1261.6	1250.1	1255.8	1249.3	1221.0	1216.2	1213.3	1197.0	1164.0	1141.0	1128.6
洛阳	1687.0	1692.0	1691.8	1668.7	1681.8	1674.3	1696.8	1699.3	1743.2	1745.8	1745.8	1746.6
商丘	1436.8	1491.7	1463.5	1478.8	1476.3	1475.3	1466.8	1461.9	1453.2	1454.8	1448.6	1451.0
许昌	1561.1	1573.2	1590.3	1596.2	1599.0	1600.2	1601.0	1618.9	1611.9	1614.8	1614.5	1611.3
平顶山	1250.8	1240.8	1240.0	1179.5	1168.1	1166.6	1110.2	1110.7	1112.3	1111.9	1112.5	1119.8

续表

城　市	1月	2月	3月	4月	5月	6月	7月	8月	9月	10月	11月	12月
周　口	1656.7	1653.5	1646.7	1655.0	1587.8	1582.5	1564.1	1564.1	1568.9	1563.5	1576.7	1584.7
漯　河	1472.6	1467.4	1460.3	1472.4	1487.5	1487.0	1494.4	1493.7	1562.3	1608.6	1607.3	1632.7
南　阳	982.9	967.3	981.7	996.6	993.6	974.6	985.3	985.8	970.8	961.3	971.9	976.6
驻马店	1399.1	1389.3	1389.5	1349.8	1345.1	1344.4	1373.8	1365.4	1313.2	1303.7	1286.0	1279.0
信　阳	1698.7	1689.6	1682.4	1713.8	1704.8	1707.8	1692.8	1695.0	1694.1	1686.5	1695.3	1680.2
沈　阳	1545.3	1559.1	1542.9	1568.6	1587.2	1586.4	1579.5	1598.1	1625.6	1629.8	1629.0	1611.7
铁　岭	886.8	886.8	886.8	886.8	900.5	900.5	900.5	902.1	893.2	873.9	873.9	873.9
阜　新	1378.3	1392.4	1390.8	1392.4	1431.3	1436.0	1437.5	1443.8	1455.1	1454.9	1454.9	1457.8
抚　顺	1054.3	1054.7	1055.2	1047.7	1040.8	1040.8	1040.8	1042.2	1042.2	1068.4	1063.5	1063.5
朝　阳	1479.6	1506.6	1534.0	1513.1	1524.0	1524.0	1517.4	1517.7	1517.7	1517.7	1562.2	1580.6
本　溪	989.0	989.0	989.0	1002.1	1038.2	1016.6	986.8	988.8	988.8	988.8	988.8	945.1
辽　阳	967.5	967.5	967.5	966.2	970.2	976.3	990.2	994.8	994.8	1012.5	1012.5	1012.5
鞍　山	915.0	902.3	901.9	903.3	903.9	900.2	919.3	980.8	932.3	935.5	935.5	946.4
盘　锦	962.7	972.5	968.7	967.2	967.0	989.6	986.8	986.7	988.7	983.6	983.9	988.8
锦　州	665.6	687.8	710.9	710.9	710.9	726.2	723.5	724.6	729.7	729.0	731.8	741.8
葫芦岛	1254.3	1283.5	1313.3	1325.7	1332.7	1332.7	1339.5	1340.3	1340.3	1340.3	1375.1	1375.1
营　口	430.3	426.6	425.8	429.4	429.1	429.1	435.4	434.8	430.0	430.0	443.7	451.3
丹　东	1060.6	1059.9	1054.9	1054.2	1054.2	1047.9	999.8	1000.7	1017.7	1017.7	1018.9	1024.4
大　连	1193.6	1183.6	1209.7	1208.5	1213.2	1208.6	1207.9	1266.4	1268.3	1271.5	1273.4	1268.1
杭　州	1569.8	1569.6	1570.0	1571.4	1578.9	1581.0	1581.1	1607.5	1614.0	1622.7	1627.7	1626.1
湖　州	1602.0	1601.5	1598.1	1632.6	1653.8	1665.0	1699.2	1700.4	1695.4	1712.6	1708.4	1718.9
嘉　兴	1205.8	1208.3	1192.9	1197.9	1206.3	1205.4	1199.2	1204.5	1202.4	1206.8	1214.7	1200.2
绍　兴	1401.2	1400.6	1389.2	1398.1	1402.3	1406.7	1389.9	1361.6	1309.7	1314.5	1294.1	1319.5
舟　山	1421.9	1407.4	1407.9	1430.0	1448.5	1462.3	1489.4	1487.1	1500.7	1489.8	1474.9	1476.2
宁　波	1775.8	1717.8	1693.6	1697.5	1712.1	1721.0	1743.6	1750.1	1760.6	1774.7	1775.6	1781.6
金　华	1557.7	1524.5	1504.5	1563.4	1532.3	1589.3	1567.5	1570.8	1575.5	1590.8	1589.2	1610.3
衢　州	1394.8	1400.1	1332.4	1316.1	1352.8	1374.2	1374.1	1373.4	1416.4	1373.4	1373.4	1373.3
台　州	1287.8	1256.4	1290.4	1294.7	1322.6	1353.9	1354.0	1360.3	1356.1	1364.7	1367.6	1375.9
丽　水	891.2	904.7	917.9	945.8	937.8	967.9	970.5	970.5	929.3	918.4	919.0	918.1
温　州	953.4	944.5	934.7	948.4	952.5	954.1	974.1	975.5	985.4	984.7	988.1	986.6
福　州	1757.0	1749.4	1756.1	1774.5	1765.7	1786.2	1770.2	1786.9	1789.6	1792.3	1793.2	1797.7
宁　德	1115.9	1133.3	1116.5	1131.1	1133.9	1105.2	1124.7	1154.3	1192.0	1221.4	1183.9	1201.5
南　平	1304.1	1283.5	1249.9	1251.5	1262.9	1262.9	1262.9	1263.5	1263.5	1252.7	1222.9	1222.9
三　明	945.6	935.8	930.3	940.9	941.5	942.7	983.1	982.3	982.3	1000.6	1022.0	1025.1
莆　田	853.9	857.5	838.4	849.1	841.8	839.1	836.0	876.6	843.9	851.5	835.4	842.6

续表

城市	1月	2月	3月	4月	5月	6月	7月	8月	9月	10月	11月	12月
龙岩	1340.7	1341.2	1306.8	1306.3	1301.5	1317.6	1334.0	1334.3	1309.5	1303.3	1283.5	1297.9
泉州	1221.2	1218.7	1197.8	1211.8	1210.3	1209.5	1217.3	1228.2	1263.0	1272.7	1283.1	1286.5
漳州	2173.8	2157.5	2138.2	2113.2	2119.8	2102.9	2128.5	2072.4	2113.9	2129.6	2155.2	2145.5
厦门	2154.4	2160.6	2123.7	2111.4	2106.3	2107.5	2103.8	2105.7	2114.8	2118.8	2120.9	2127.5
西安	1518.4	1523.6	1522.1	1521.3	1524.7	1520.5	1509.8	1539.4	1547.4	1558.7	1567.3	1578.2
榆林	917.8	891.7	922.6	926.4	926.4	931.6	932.0	938.5	966.0	969.5	941.4	941.4
延安	973.3	1020.8	1009.3	997.9	966.2	966.2	966.1	968.2	968.2	981.1	1000.7	1000.7
铜川	1200.4	1218.2	1217.4	1247.6	1234.3	1234.3	1235.4	1235.4	1294.1	1307.4	1301.5	1301.5
渭南	1155.4	1159.7	1159.4	1159.1	1159.3	1160.0	1152.5	1162.8	1204.3	1204.4	1206.2	1206.1
宝鸡	1161.8	1166.1	1148.7	1158.3	1159.3	1164.3	1169.7	1219.6	1247.1	1244.4	1230.6	1217.5
咸阳	1113.7	1113.5	1103.6	1113.1	1119.5	1106.9	1106.7	1106.8	1093.4	1094.6	1107.1	1137.3
商洛	1189.6	1189.6	1189.6	1185.8	1185.8	1185.8	1165.6	1165.6	1216.0	1194.2	1180.8	1180.8
汉中	1152.6	1147.6	1143.3	1141.4	1153.8	1161.0	1132.7	1133.4	1179.6	1194.4	1192.6	1195.0
安康	1190.9	1187.1	1189.1	1189.0	1217.6	1224.6	1216.3	1215.2	1185.2	1184.1	1183.0	1162.2
广州	2142.1	2139.3	2140.8	2141.0	2177.3	2202.2	2207.7	2208.4	2218.3	2225.2	2230.8	2256.0
韶关	1192.1	1192.2	1194.3	1198.0	1201.7	1167.3	1171.2	1177.1	1201.8	1202.4	1210.7	1203.3
梅州	1652.1	1580.4	1576.6	1547.5	1580.5	1547.8	1559.6	1508.1	1469.1	1468.3	1465.0	1468.8
河源	1216.7	1193.6	1222.8	1230.3	1223.6	1223.5	1246.4	1247.3	1208.9	1233.8	1234.0	1252.8
清远	1328.3	1321.2	1314.2	1313.5	1322.4	1295.1	1282.1	1276.1	1223.7	1219.2	1207.0	1209.6
潮州	1254.6	1211.6	1211.6	1211.6	1199.8	1199.8	1205.6	1205.6	1205.6	1205.6	1205.6	1215.9
揭阳	1658.5	1665.6	1663.0	1682.9	1651.8	1642.0	1642.0	1647.0	1647.8	1658.3	1667.8	1651.6
汕头	1004.3	1004.3	1021.3	1021.3	1020.4	1045.1	1055.6	1020.8	1048.9	1054.5	1075.6	1082.3
肇庆	1083.1	1091.0	1090.4	1089.6	1085.0	1086.0	1075.8	1058.8	1014.2	998.6	1031.1	1026.0
惠州	1464.3	1468.0	1474.1	1478.6	1488.8	1492.7	1502.6	1531.2	1549.0	1577.0	1583.6	1597.1
佛山	2210.7	2211.0	2204.0	2186.9	2222.5	2227.4	2245.7	2222.0	2271.2	2266.6	2256.4	2323.4
东莞	2276.0	2276.5	2312.8	2318.3	2364.0	2396.5	2432.3	2412.2	2383.5	2437.4	2475.2	2525.4
云浮	1424.8	1426.5	1434.3	1434.5	1456.7	1456.7	1465.6	1466.2	1441.1	1449.6	1457.0	1438.7
汕尾	1204.7	1228.4	1228.4	1258.6	1263.9	1251.6	1245.2	1245.2	1259.2	1263.5	1262.6	1261.2
江门	1444.2	1444.9	1459.1	1416.5	1409.6	1389.3	1393.1	1429.4	1452.2	1458.3	1488.3	1449.3
中山	1584.9	1584.4	1570.8	1566.4	1567.7	1573.5	1572.7	1573.9	1582.6	1583.6	1574.7	1579.5
深圳	1673.0	1673.0	1674.0	1673.8	1683.7	1695.0	1696.9	1722.5	1762.1	1763.0	1764.7	1758.7
珠海	1411.3	1417.9	1411.4	1421.8	1459.2	1459.3	1458.4	1460.4	1425.2	1425.8	1432.5	1441.2
阳江	1353.9	1351.5	1376.5	1359.5	1336.9	1336.1	1346.6	1353.1	1325.9	1319.5	1318.6	1312.8
茂名	1388.1	1326.3	1307.2	1329.9	1351.1	1366.9	1362.5	1294.6	1301.8	1281.2	1309.7	1297.1
湛江	1515.2	1510.7	1505.7	1498.7	1489.7	1497.0	1487.4	1499.4	1507.2	1513.1	1514.6	1519.1

续表

城 市	1月	2月	3月	4月	5月	6月	7月	8月	9月	10月	11月	12月
昆 明	1307.0	1318.3	1304.5	1332.9	1352.7	1361.0	1370.1	1369.7	1402.6	1412.4	1418.0	1420.6
昭 通	1743.4	1743.4	1743.4	1743.4	1743.4	1797.4	1851.9	1851.9	1827.1	1827.1	1853.6	1892.3
丽 江	1190.4	1190.4	1190.4	1170.2	1170.2	1192.5	1236.3	1242.1	1291.1	1291.1	1291.1	1291.1
曲 靖	1800.6	1777.2	1794.2	1787.4	1776.5	1814.5	1808.1	1813.1	1845.8	1830.4	1823.3	1817.1
保 山	1795.5	1786.0	1719.5	1719.5	1692.2	1641.2	1626.9	1626.9	1592.3	1617.0	1673.4	1647.5
玉 溪	1744.2	1708.7	1694.6	1705.8	1657.4	1656.2	1681.8	1681.4	1684.6	1684.6	1656.6	1656.3
临 沧	1544.5	1544.5	1544.5	1544.5	1544.5	1544.5	1544.5	1544.5	1544.5	1544.5	1544.5	1544.5
普 洱	1875.7	1858.2	1788.3	1788.3	1789.0	1789.0	1789.0	1786.7	1786.7	1786.7	1786.7	1784.9
呼和浩特	1133.5	1140.3	1115.7	1121.2	1129.9	1126.1	1071.5	1080.0	1082.7	1084.8	1088.1	1090.3
呼伦贝尔	896.2	898.9	901.7	894.9	894.9	895.6	895.6	894.5	915.7	915.7	900.2	900.2
通 辽	1015.5	1019.4	1019.6	1029.2	1002.9	1003.6	1003.6	1003.8	1011.3	1009.3	1010.5	1010.5
赤 峰	919.9	917.7	939.2	973.1	973.1	973.1	963.1	962.8	925.5	925.5	922.0	938.4
巴彦淖尔	903.3	903.3	888.4	888.4	871.3	871.3	871.3	871.5	847.5	857.2	857.2	862.7
乌兰察布	1058.3	1085.9	1088.7	1088.7	1080.2	1075.3	1075.3	1074.4	1072.0	1064.4	1060.3	1052.1
包 头	1056.3	1059.0	1031.4	1034.7	1053.9	1067.9	1079.4	1083.1	1087.5	1090.2	1090.7	1090.3
鄂尔多斯	1021.3	1021.3	1021.3	1021.3	1021.3	1021.3	1016.2	1017.0	1061.5	1094.3	1102.8	1113.0
乌 海	969.6	961.9	983.2	983.2	983.2	983.2	983.2	983.5	946.4	946.4	946.4	950.6
长 沙	1512.4	1513.5	1507.9	1509.3	1514.4	1520.5	1544.5	1587.1	1610.6	1611.7	1611.7	1608.6
岳 阳	1226.4	1217.7	1226.3	1218.4	1224.6	1194.1	1213.1	1226.9	1273.7	1275.5	1271.2	1270.5
张家界	1112.4	1107.9	1103.4	1103.4	1076.7	1066.9	1067.0	1067.2	1116.0	1112.1	1122.2	1122.2
常 德	1262.1	1291.8	1245.9	1226.7	1283.7	1286.1	1278.3	1276.8	1272.2	1269.6	1264.0	1261.0
益 阳	1264.8	1259.0	1247.6	1252.6	1229.6	1247.3	1299.9	1299.6	1341.5	1336.0	1334.9	1298.0
湘 潭	1272.3	1262.8	1268.1	1269.0	1268.3	1270.1	1269.9	1268.4	1262.7	1260.8	1261.7	1268.4
株 洲	1462.1	1439.8	1440.5	1442.5	1450.4	1412.7	1408.3	1407.5	1382.0	1355.2	1381.5	1358.6
娄 底	1086.3	1088.9	1091.4	1102.7	1102.2	1102.2	1124.5	1123.9	1123.9	1139.3	1138.7	1142.9
怀 化	1151.5	1159.2	1150.2	1128.8	1123.9	1089.2	1072.8	1076.2	1067.7	1068.6	1068.2	1054.8
邵 阳	1267.8	1247.8	1228.9	1221.5	1216.0	1213.9	1213.8	1213.6	1213.5	1207.2	1212.8	1213.3
衡 阳	1205.2	1192.2	1200.6	1181.0	1177.4	1173.2	1179.6	1192.1	1205.4	1210.2	1207.4	1202.6
永 州	1145.5	1151.6	1148.0	1164.2	1165.2	1170.6	1168.7	1163.9	1165.8	1166.1	1162.6	1153.7
郴 州	1391.1	1345.5	1339.0	1331.0	1309.8	1297.7	1298.9	1302.7	1297.2	1292.4	1293.5	1279.0
乌鲁木齐	1205.5	1185.6	1180.2	1179.9	1171.9	1186.8	1191.7	1192.9	1196.1	1198.4	1206.2	1207.4
克拉玛依	1347.9	1347.9	1347.9	1347.9	1347.9	1347.9	1347.9	1346.7	1346.7	1346.7	1346.7	1346.7
太 原	1144.7	1143.6	1144.4	1141.8	1160.6	1156.1	1148.1	1145.8	1145.4	1140.5	1138.8	1136.6
大 同	1165.5	1179.4	1184.3	1196.2	1176.3	1167.8	1164.6	1164.6	1156.1	1156.1	1156.1	1156.1
朔 州	840.4	830.0	819.8	819.8	811.4	823.8	820.3	820.2	820.2	823.3	832.0	851.5

续表

城 市	1月	2月	3月	4月	5月	6月	7月	8月	9月	10月	11月	12月
忻 州	994.7	989.3	984.3	984.3	1031.0	1035.1	1083.7	1139.2	1194.1	1173.9	1135.6	1141.7
阳 泉	975.9	973.3	978.3	977.1	991.6	991.6	1006.6	1007.2	1007.2	992.1	992.1	992.1
晋 中	1156.8	1106.4	1094.7	1094.9	1092.1	1095.1	1089.2	1089.1	1075.3	1085.6	1073.1	1035.3
吕 梁	994.8	1008.1	992.2	992.2	992.2	993.5	1003.4	1003.4	1001.4	971.7	1002.8	1002.8
长 治	1150.3	1169.2	1154.5	1209.3	1220.7	1244.5	1266.9	1266.9	1311.0	1311.0	1270.8	1289.7
临 汾	994.6	958.7	954.6	946.6	950.9	968.3	972.5	973.3	967.9	959.3	1001.3	976.7
晋 城	1013.7	996.2	1004.4	1000.4	987.9	998.2	1023.6	1022.7	1038.0	1030.7	1030.7	1045.8
运 城	1063.3	1063.0	1077.5	1077.9	1071.9	1085.2	1079.6	1056.3	1029.3	992.3	967.7	970.3
哈尔滨	1146.2	1140.8	1142.9	1129.6	1136.4	1132.2	1129.9	1130.9	1136.6	1135.4	1145.8	1144.1
黑 河	1052.0	1052.0	1052.0	1052.0	1052.0	1052.0	1052.0	1052.0	1052.0	1052.0	1010.5	1010.5
伊 春	1090.3	1090.3	1090.3	1090.3	1050.8	1050.8	1050.8	1050.8	1050.8	1059.2	1059.2	1082.4
齐齐哈尔	1082.1	1082.1	1082.1	1089.5	1092.4	1083.3	1083.3	1084.1	1084.1	1082.8	1082.8	1082.8
鹤 岗	944.8	944.8	944.8	944.8	944.8	944.8	944.8	944.8	944.8	944.8	944.8	944.8
佳木斯	1099.1	1084.9	1070.9	1024.0	1024.0	1024.0	1024.0	1023.7	1023.7	1023.7	1023.7	1023.7
双鸭山	919.4	919.4	919.4	919.4	919.4	919.4	919.4	919.4	919.4	919.4	919.4	919.4
绥 化	1034.4	1035.0	1035.6	1035.6	1035.6	1035.6	1035.6	1037.1	1044.5	1044.5	1044.5	1044.5
大 庆	897.0	901.4	924.0	913.4	915.6	915.6	913.3	914.4	914.4	914.6	914.6	914.6
七台河	891.1	891.1	891.1	891.1	891.1	891.1	891.1	891.1	891.1	891.1	891.1	891.1
鸡 西	1005.9	1005.9	1005.9	1005.9	1005.9	1005.9	1005.9	1006.2	1006.2	1006.2	1006.2	1006.2
牡丹江	1094.5	1094.5	1094.5	1096.3	1091.2	1091.2	1091.2	1094.5	1098.9	1099.0	1099.0	1097.3
淄 博	1279.5	1270.8	1262.5	1286.3	1313.3	1326.8	1307.3	1354.9	1378.5	1440.3	1443.1	1494.5
潍 坊	1241.7	1239.8	1244.3	1247.3	1241.0	1260.8	1266.3	1267.0	1275.5	1283.8	1293.7	1295.9
聊 城	1195.3	1185.5	1174.0	1162.2	1104.6	1143.3	1150.4	1156.1	1113.4	1114.0	1103.5	1106.9
泰 安	1356.6	1309.7	1317.8	1283.7	1248.1	1276.6	1276.4	1275.8	1277.7	1276.6	1305.0	1327.3
莱 芜	1116.8	1141.5	1141.5	1142.3	1142.3	1142.3	1142.3	1142.3	1142.3	1142.3	1142.3	1142.3
青 岛	1934.5	1951.1	1949.9	1955.5	1974.9	2022.4	2031.9	2056.9	2065.9	2071.1	2069.0	2068.0
日 照	1443.7	1449.0	1449.4	1450.2	1449.3	1449.2	1450.0	1452.5	1452.5	1451.6	1433.4	1432.9
济 宁	1205.1	1228.1	1222.9	1239.3	1245.3	1243.8	1244.9	1248.1	1280.6	1303.9	1313.6	1324.6
菏 泽	1206.6	1193.7	1191.2	1173.7	1153.2	1151.3	1156.0	1159.4	1152.3	1145.9	1136.9	1145.1
临 沂	1621.7	1619.9	1610.4	1615.5	1618.3	1640.6	1660.5	1665.0	1654.3	1661.9	1676.7	1690.1
枣 庄	1427.7	1425.1	1429.9	1438.6	1453.3	1442.0	1398.3	1397.8	1403.1	1404.4	1389.1	1457.7
济 南	1834.0	1804.9	1793.7	1769.5	1776.6	1806.9	1793.0	1785.8	1782.2	1777.6	1775.4	1768.5
德 州	1148.6	1128.0	1114.8	1112.9	1100.7	1082.8	1078.7	1078.3	1078.3	1078.4	1074.8	1067.9
滨 州	1308.4	1267.0	1252.1	1243.8	1229.0	1229.0	1226.8	1225.9	1248.7	1242.7	1234.8	1234.5
东 营	999.0	1007.2	961.2	933.0	947.3	950.7	953.6	953.2	947.9	932.9	929.0	929.0

续表

城市	1月	2月	3月	4月	5月	6月	7月	8月	9月	10月	11月	12月
烟台	1710.8	1707.9	1689.4	1705.0	1724.7	1709.0	1717.2	1780.3	1785.9	1791.3	1794.9	1786.8
威海	1248.0	1244.4	1234.0	1237.5	1226.2	1214.1	1206.7	1207.9	1192.6	1199.5	1219.4	1220.0
武汉	2563.0	2562.7	2560.2	2540.5	2572.9	2573.6	2594.7	2598.3	2606.1	2611.3	2616.5	2617.6
十堰	1287.4	1281.4	1281.7	1281.3	1295.4	1293.4	1271.8	1270.3	1292.5	1297.4	1291.3	1286.0
襄阳	1660.6	1660.4	1664.7	1673.7	1661.8	1661.8	1670.6	1673.8	1687.7	1691.9	1695.3	1720.2
随州	1553.7	1541.8	1540.1	1530.1	1530.8	1526.1	1518.9	1519.0	1519.0	1549.2	1532.5	1518.4
荆门	1426.1	1422.5	1412.1	1404.2	1393.7	1393.7	1374.5	1375.2	1375.2	1366.6	1373.1	1378.3
孝感	1592.2	1566.0	1558.3	1563.3	1597.9	1593.3	1547.9	1551.0	1565.2	1578.0	1557.3	1512.2
宜昌	1328.7	1328.6	1321.0	1277.0	1295.0	1285.3	1265.2	1266.6	1271.0	1282.9	1286.7	1289.3
黄冈	1359.7	1353.8	1361.0	1347.0	1310.9	1309.3	1311.1	1310.6	1315.3	1317.9	1321.4	1310.9
鄂州	1705.4	1705.2	1716.0	1703.3	1703.3	1700.4	1700.4	1701.9	1701.9	1701.9	1701.9	1681.3
荆州	1368.1	1360.3	1350.1	1347.2	1328.9	1334.6	1332.8	1334.8	1376.8	1381.2	1402.1	1400.5
黄石	1217.1	1187.9	1186.4	1240.5	1235.2	1236.4	1228.7	1227.9	1227.9	1225.2	1241.6	1224.1
咸宁	1429.6	1429.5	1416.6	1404.0	1401.1	1398.4	1370.0	1370.7	1376.3	1366.8	1352.3	1352.4
长春	1576.2	1587.6	1577.2	1565.4	1572.0	1601.1	1620.4	1632.0	1651.4	1653.9	1640.0	1639.2
白城	1475.1	1475.1	1475.1	1475.1	1465.3	1465.3	1465.3	1465.3	1528.3	1533.5	1533.5	1533.5
松原	1412.9	1400.4	1401.7	1384.6	1393.6	1389.0	1406.0	1407.1	1407.1	1395.6	1385.8	1379.2
吉林	1184.7	1193.1	1190.1	1203.6	1195.6	1243.0	1225.7	1227.0	1231.9	1236.8	1235.6	1232.1
四平	1424.0	1443.2	1444.2	1407.4	1409.2	1418.1	1426.7	1426.4	1464.2	1483.1	1487.5	1543.7
辽源	1069.0	1069.0	1069.0	1069.0	1069.0	1069.0	1069.0	1068.4	1068.4	1068.4	1114.6	1132.4
白山	1468.5	1468.5	1468.5	1468.5	1468.5	1468.5	1468.5	1468.5	1468.5	1468.5	1468.5	1468.5
通化	1452.5	1478.3	1486.0	1486.0	1486.5	1433.1	1372.0	1373.6	1377.9	1377.9	1381.5	1381.5
西宁	1225.0	1215.9	1215.9	1218.7	1212.8	1233.7	1216.8	1255.2	1270.4	1274.2	1277.8	1281.5
拉萨	1297.1	1297.1	1296.6	1296.3	1296.3	1297.7	1297.4	1297.4	1297.4	1297.4	1295.0	1296.7
海口	1592.4	1597.9	1576.4	1610.9	1625.1	1630.6	1641.5	1647.3	1649.1	1652.4	1654.0	1661.1
三亚	1006.3	997.0	992.4	980.2	992.3	991.3	981.9	991.8	996.7	998.6	1002.1	1004.1
银川	1314.9	1316.7	1319.0	1322.3	1325.1	1317.6	1327.6	1338.3	1376.4	1393.2	1397.4	1400.2
石嘴山	1174.9	1229.4	1286.5	1235.1	1235.1	1235.1	1235.1	1235.7	1235.7	1235.7	1235.7	1235.7
吴忠	1230.2	1199.3	1220.5	1220.5	1264.5	1264.5	1264.5	1264.5	1245.0	1245.0	1245.0	1286.4
中卫	1026.8	1026.8	1028.9	1038.8	1075.6	1075.6	1075.6	1075.6	1118.2	1122.3	1122.3	1122.3
固原	843.8	843.8	843.8	837.8	797.6	797.6	797.6	797.6	797.6	797.6	797.6	797.6
兰州	1434.2	1415.4	1406.7	1407.9	1420.6	1389.6	1373.6	1375.6	1404.4	1426.8	1430.4	1433.6
嘉峪关	1131.1	1131.1	1132.3	1132.3	1132.8	1133.9	1132.5	1149.5	1109.3	1109.5	1110.3	1109.8
酒泉	1010.6	1046.1	1030.6	1011.8	1036.3	1036.3	1036.3	1036.3	1009.4	1009.4	1016.7	1016.7
张掖	923.2	923.2	922.6	922.1	921.9	923.2	923.4	918.0	926.9	927.2	928.1	923.8

续表

城市	1月	2月	3月	4月	5月	6月	7月	8月	9月	10月	11月	12月
金昌	953.3	976.2	955.8	955.8	955.8	955.8	989.5	989.5	1016.7	1015.0	1013.7	1024.6
武威	953.2	942.7	943.2	919.7	918.1	918.1	892.7	892.4	892.4	892.4	892.4	884.4
白银	906.9	906.9	910.3	910.3	910.3	910.3	910.3	910.2	908.0	908.0	895.1	873.1
庆阳	823.3	789.7	789.7	790.2	785.2	785.2	801.6	803.0	783.4	784.6	772.0	763.3
平凉	992.3	993.6	1000.5	959.4	958.9	961.1	961.1	961.1	937.7	942.4	948.9	949.4
定西	1010.2	1007.1	1011.2	1040.9	1040.0	1040.0	1040.0	1040.0	1044.6	1030.2	1037.5	1037.5
天水	1050.5	1034.5	1041.1	1037.4	1000.7	996.7	996.6	996.3	995.4	1006.2	979.9	984.6
陇南	885.1	885.1	885.1	885.1	885.1	885.1	885.1	885.1	885.1	885.1	885.1	885.1
贵阳	1155.0	1141.1	1145.9	1143.4	1141.1	1135.1	1138.4	1150.4	1160.8	1168.4	1170.7	1174.7
遵义	954.9	932.7	918.8	921.6	924.9	921.6	921.6	922.4	922.9	922.0	921.5	922.9
六盘水	1077.1	1080.8	1080.6	1079.0	1085.9	1087.4	1087.0	1084.7	1068.3	1066.4	1066.5	1066.5
安顺	1278.7	1236.7	1229.9	1221.3	1187.3	1212.9	1227.9	1226.8	1244.5	1242.2	1238.4	1240.1
毕节	1041.8	1044.3	1022.1	1022.5	1009.7	1007.7	1013.7	1044.2	1005.7	1011.7	1014.0	1008.7
铜仁	938.6	954.5	953.0	965.2	946.9	946.9	941.5	941.5	935.8	935.8	938.0	937.2
成都	1700.2	1702.4	1702.6	1713.4	1761.9	1824.6	1824.8	1825.0	1842.0	1857.1	1866.7	1854.8
广元	1168.4	1181.8	1178.3	1175.5	1153.0	1171.7	1151.0	1151.0	1130.3	1163.1	1166.9	1143.7
巴中	1101.9	1099.3	1093.7	1090.6	1101.3	1098.3	1092.5	1092.3	1139.3	1139.1	1142.0	1148.5
绵阳	1032.6	1023.7	1020.0	1019.7	1025.5	1015.9	1015.8	1014.0	1014.0	1015.4	1016.8	1016.8
德阳	947.6	938.5	971.2	974.9	1018.9	1019.1	1014.4	1059.7	1063.1	1090.0	1090.9	1090.3
达州	1043.9	1027.4	1016.9	1002.1	961.1	956.8	958.7	960.8	953.3	946.4	925.1	936.5
南充	1357.6	1342.0	1311.8	1310.4	1301.0	1269.5	1258.0	1256.8	1254.6	1248.9	1238.1	1233.2
遂宁	1033.6	1016.6	1017.3	1009.8	1009.9	1000.2	1001.5	1001.3	985.2	980.4	974.8	977.7
广安	1349.7	1343.0	1344.2	1346.3	1382.2	1390.6	1389.6	1389.6	1364.2	1371.5	1376.9	1385.8
资阳	1338.2	1325.4	1318.9	1321.9	1376.6	1331.2	1325.2	1326.5	1324.4	1324.4	1323.5	1342.8
眉山	1025.2	1018.3	1020.7	1021.2	1018.3	1019.9	1011.7	1012.6	1036.0	1033.0	1042.4	1046.1
雅安	1350.0	1345.4	1357.3	1343.1	1371.7	1371.7	1360.6	1360.6	1401.1	1391.0	1370.7	1389.5
内江	1036.5	1024.1	1019.9	1048.4	1043.7	1038.4	1025.2	1024.4	1026.1	1016.2	976.0	973.8
乐山	943.7	933.8	920.7	920.3	940.4	945.4	929.7	929.0	953.3	953.1	948.6	947.3
自贡	833.8	830.9	824.9	828.3	821.0	821.9	821.9	823.9	792.7	798.2	797.4	797.4
泸州	1028.9	1003.9	1004.2	1005.3	996.0	1001.5	1001.9	1002.3	1004.8	1005.8	998.8	997.8
宜宾	1128.9	1121.4	1119.2	1120.0	1120.5	1111.5	1113.4	1110.9	1095.3	1075.4	1081.7	1085.4
攀枝花	1146.5	1151.9	1144.3	1161.5	1172.9	1176.1	1193.7	1190.3	1195.0	1172.3	1155.0	1152.7
南宁	1839.4	1851.9	1866.7	1881.6	1875.0	1879.3	1874.2	1877.5	1885.9	1894.4	1934.6	1932.2
桂林	1124.9	1123.9	1125.3	1126.6	1107.5	1110.2	1145.4	1108.0	1103.2	1106.1	1107.7	1103.0
河池	1050.3	1048.3	1047.2	1047.3	1057.2	1041.4	1040.4	1039.3	1039.3	1039.3	1008.6	1008.6

续表

城 市	1月	2月	3月	4月	5月	6月	7月	8月	9月	10月	11月	12月
贺 州	1216.5	1206.3	1188.4	1189.6	1247.2	1236.2	1233.4	1168.9	1168.9	1176.9	1188.3	1182.1
柳 州	1080.2	1087.2	1090.3	1095.8	1093.4	1093.5	1089.4	1057.4	1108.3	1106.6	1095.7	1093.4
百 色	1192.2	1192.3	1192.4	1197.8	1242.3	1254.9	1256.7	1256.7	1241.8	1255.2	1236.7	1228.2
来 宾	1024.6	1026.9	1018.1	1018.8	1013.3	1015.4	1017.2	1034.8	1017.1	1015.6	1015.6	1014.0
梧 州	926.6	927.8	935.9	939.9	938.1	949.9	947.3	969.0	930.6	918.7	908.0	915.8
贵 港	1101.8	1098.7	1093.0	1094.3	1095.8	1093.1	1093.6	1094.2	1082.4	1085.1	1052.3	1031.5
玉 林	1110.6	1090.3	1049.4	1055.6	1040.7	1039.9	1029.2	1050.2	1075.6	1068.2	1080.3	1077.9
崇 左	1043.8	1042.9	1030.4	995.2	1019.6	1017.6	1005.0	1031.9	995.9	995.9	1004.5	1029.7
钦 州	845.4	845.4	850.0	854.6	856.5	853.1	844.9	838.6	817.2	797.1	789.8	803.7
防城港	1055.3	1064.5	1071.8	1029.0	1017.4	978.6	979.1	979.7	979.7	981.0	981.4	977.6
北 海	1367.4	1362.6	1362.6	1358.1	1342.2	1342.2	1345.4	1346.4	1344.5	1337.8	1341.9	1336.1

数据来源：中国房地产测评中心。

（三）中国城市住房（二手房）价格60指数（见表4-31）

表4-31　2020年中国城市住房（二手房）价格60指数

城市	1月	2月	3月	4月	5月	6月	7月	8月	9月	10月	11月	12月
全 国	1405.9	1409.6	1414.2	1415.5	1420.5	1426.3	1434.0	1440.1	1445.0	1451.3	1455.2	1459.6
上 海	1699.6	1699.5	1701.4	1701.8	1710.0	1717.9	1725.3	1733.6	1747.0	1762.9	1776.9	1792.3
北 京	1869.9	1870.9	1865.9	1866.8	1868.2	1886.3	1897.4	1886.5	1893.4	1885.0	1882.4	1880.3
广 州	1723.2	1724.6	1734.8	1718.5	1714.7	1718.6	1734.5	1752.9	1758.0	1777.8	1794.4	1802.1
深 圳	1863.8	1880.1	1883.1	1932.1	1991.5	2022.5	2052.2	2056.1	2075.3	2101.8	2120.2	2140.2
济 南	1499.3	1495.5	1485.2	1484.4	1479.9	1469.9	1467.4	1468.7	1464.3	1458.1	1455.9	1446.1
郑 州	1445.9	1444.8	1434.9	1440.2	1437.7	1433.6	1431.6	1430.7	1419.0	1413.2	1408.6	1406.9
重 庆	1503.0	1509.3	1506.5	1501.2	1499.4	1501.6	1499.7	1503.3	1501.3	1502.8	1504.2	1500.9
大 连	1165.3	1167.5	1167.8	1169.2	1180.3	1188.4	1198.2	1202.7	1204.6	1211.5	1218.8	1224.0
杭 州	1364.1	1362.6	1366.5	1374.5	1384.8	1394.0	1399.8	1402.6	1405.8	1406.7	1413.0	1424.4
成 都	1688.6	1688.2	1705.2	1706.9	1708.8	1711.6	1718.1	1727.0	1727.4	1732.3	1736.8	1737.7
昆 明	1349.7	1345.5	1343.3	1348.7	1357.6	1362.1	1370.5	1378.1	1384.2	1387.5	1390.0	1397.2
武 汉	1728.5	1724.0	1724.0	1721.5	1711.6	1705.9	1701.5	1698.3	1697.1	1696.3	1701.9	1697.6
天 津	1502.8	1499.4	1496.8	1499.1	1495.7	1495.6	1491.6	1484.6	1480.0	1469.8	1463.6	1460.2
南 京	1899.0	1901.3	1904.4	1921.9	1931.0	1947.5	1957.6	1965.4	1974.3	1979.9	1985.5	1986.9
长 春	1513.5	1514.4	1514.7	1521.2	1526.5	1530.0	1536.4	1529.3	1534.7	1533.6	1532.7	1530.5
长 沙	1301.3	1296.6	1296.5	1296.6	1292.0	1297.3	1301.4	1304.8	1307.6	1314.5	1319.2	1327.7
常 州	1515.5	1519.1	1529.3	1534.1	1551.0	1564.8	1582.4	1597.6	1606.1	1615.2	1620.6	1634.8
东 莞	1840.5	1846.9	1864.3	1848.1	1878.3	1900.5	1918.8	1927.4	1938.3	1957.9	1969.2	1985.0

续表

城市	1月	2月	3月	4月	5月	6月	7月	8月	9月	10月	11月	12月
佛山	1578.2	1591.4	1604.3	1588.2	1594.0	1600.7	1611.2	1617.6	1626.9	1635.6	1650.3	1657.1
福州	1644.3	1646.1	1644.6	1640.3	1643.7	1649.1	1654.0	1651.6	1649.9	1656.6	1660.2	1659.9
赣州	1268.3	1270.6	1281.0	1292.6	1292.6	1292.6	1292.6	1292.6	1292.6	1288.0	1278.5	1286.3
贵阳	1364.4	1363.1	1361.9	1354.3	1353.7	1349.6	1346.6	1346.0	1344.5	1341.3	1347.6	1344.6
哈尔滨	1187.9	1190.0	1197.9	1199.3	1201.9	1197.1	1191.8	1190.5	1189.0	1178.3	1181.0	1180.3
海口	1403.6	1402.9	1408.1	1400.5	1396.3	1391.7	1401.6	1409.6	1415.6	1420.8	1429.5	1435.1
合肥	1799.8	1816.6	1822.1	1826.2	1828.7	1837.8	1846.3	1853.5	1861.7	1875.7	1877.6	1894.0
呼和浩特	1296.0	1298.9	1302.3	1299.8	1307.9	1303.3	1308.4	1317.1	1319.0	1320.4	1321.4	1319.4
柳州	1274.3	1279.8	1282.0	1275.0	1273.1	1270.8	1268.9	1266.7	1263.2	1262.5	1260.8	1256.1
洛阳	1552.5	1555.3	1567.2	1568.4	1576.5	1590.7	1590.7	1601.3	1613.7	1616.3	1620.7	1613.9
南昌	1452.1	1460.1	1465.0	1464.8	1458.3	1461.5	1456.5	1454.4	1453.3	1455.8	1455.2	1456.3
南宁	1543.4	1548.2	1556.7	1553.8	1559.1	1572.9	1586.7	1600.0	1599.0	1614.8	1628.3	1642.0
宁波	1542.6	1555.6	1552.2	1556.2	1564.5	1582.6	1599.3	1615.8	1631.1	1652.1	1663.2	1670.2
青岛	1484.6	1481.1	1480.2	1477.5	1467.9	1461.5	1459.8	1460.1	1460.1	1462.8	1459.2	1450.9
沈阳	1342.2	1343.0	1343.7	1350.2	1360.9	1370.4	1378.2	1390.0	1403.2	1414.5	1413.3	1421.0
石家庄	1541.7	1541.4	1541.4	1539.5	1537.0	1541.0	1540.3	1532.4	1529.3	1538.3	1544.2	1536.0
苏州	1956.6	1970.1	1982.2	1996.8	2021.8	2022.8	2029.1	2031.3	2041.0	2041.9	2050.1	2058.9
太原	1534.6	1529.9	1529.2	1543.7	1541.7	1539.0	1536.9	1532.2	1534.5	1528.3	1527.0	1525.5
泰州	1408.1	1413.6	1420.4	1420.9	1422.3	1424.3	1432.9	1442.9	1439.6	1438.4	1443.7	1452.4
唐山	1234.1	1238.4	1251.8	1261.9	1276.3	1287.3	1304.0	1316.6	1324.3	1330.6	1333.1	1339.1
无锡	1622.7	1632.6	1624.6	1624.7	1644.3	1660.2	1683.3	1703.9	1717.5	1732.6	1728.6	1742.2
芜湖	1205.3	1217.1	1214.8	1209.7	1209.4	1213.3	1228.0	1217.9	1225.7	1228.6	1225.6	1226.8
西安	1621.0	1618.4	1624.1	1614.5	1614.0	1615.6	1620.3	1629.5	1631.3	1643.6	1652.9	1652.6
厦门	2061.4	2073.5	2080.6	2091.4	2096.2	2117.1	2126.3	2139.2	2144.2	2141.8	2163.1	2182.2
徐州	1419.5	1424.5	1431.4	1434.0	1442.3	1455.0	1464.7	1473.2	1482.1	1493.0	1501.0	1513.0
扬州	1351.6	1354.4	1363.9	1370.7	1376.2	1380.5	1385.5	1395.1	1397.4	1404.1	1408.0	1409.3
珠海	1613.8	1612.8	1604.1	1593.0	1591.0	1590.5	1590.0	1603.9	1615.3	1622.3	1633.3	1645.4
咸阳	1343.2	1350.5	1358.1	1358.5	1358.8	1363.3	1368.8	1374.6	1375.5	1386.1	1374.9	1373.8
包头	1081.6	1087.5	1088.9	1083.4	1080.1	1083.5	1090.3	1092.6	1097.1	1102.5	1106.7	1100.8
衡阳	1063.9	1069.5	1065.7	1051.7	1050.7	1049.4	1047.4	1048.2	1048.9	1048.1	1047.6	1046.3
乌鲁木齐	1567.1	1562.8	1558.0	1560.8	1561.0	1561.7	1566.4	1572.3	1571.7	1579.8	1581.0	1584.2
大同	1067.1	1067.1	1067.1	1083.9	1083.9	1083.9	1083.9	1083.9	1083.9	1091.2	1087.6	1085.1
齐齐哈尔	949.2	950.0	958.2	955.0	955.0	955.0	955.0	955.0	954.1	952.8	952.1	958.4
宜昌	1361.2	1354.7	1346.9	1344.6	1339.3	1333.8	1335.9	1344.5	1337.4	1345.7	1354.7	1351.1
西宁	1304.8	1306.6	1323.9	1327.0	1327.5	1329.0	1331.9	1336.0	1338.4	1341.3	1342.6	1345.1

续表

城　市	1月	2月	3月	4月	5月	6月	7月	8月	9月	10月	11月	12月
拉　萨	1445.2	1445.5	1449.1	1458.7	1475.1	1484.6	1485.5	1485.8	1488.9	1488.4	1481.9	1486.8
三　亚	1275.8	1273.3	1273.7	1265.1	1261.4	1249.1	1254.1	1267.2	1261.8	1266.1	1267.9	1271.4
银　川	1147.6	1141.1	1150.8	1154.6	1157.8	1162.8	1181.6	1193.0	1204.9	1209.3	1209.3	1219.5
兰　州	1407.7	1412.6	1419.7	1416.5	1425.6	1433.8	1449.4	1456.8	1459.3	1464.0	1464.7	1469.6
天　水	1110.6	1111.2	1112.6	1119.4	1119.4	1119.4	1119.4	1119.4	1118.5	1120.4	1118.2	1111.1
绵　阳	1132.9	1140.0	1143.5	1142.0	1145.5	1145.6	1144.4	1149.3	1156.3	1160.6	1161.8	1160.7
北　海	1064.0	1063.4	1062.8	1060.8	1049.6	1047.2	1042.4	1035.5	1035.3	1028.9	1021.0	1016.5

数据来源：中国房地产测评中心。

（四）35 座城市住房租赁价格指数（见表 4-32）

表 4-32　2020 年 35 座城市住房租赁价格指数

城市	1月	2月	3月	4月	5月	6月	7月	8月	9月	10月	11月	12月
北　京	1177.4	1176.6	1176.5	1177.8	1177.6	1177.7	1175.5	1170.4	1170.9	1167.2	1165.9	1161.3
上　海	1110.9	1110.2	1111.6	1112.9	1114.5	1114.1	1117.2	1121.7	1127.8	1127.1	1137.2	1141.0
广　州	1110.1	1112.8	1110.7	1111.2	1109.4	1107.7	1108.5	1102.5	1095.6	1095.6	1096.4	1095.2
深　圳	1096.2	1095.5	1093.5	1094.3	1096.0	1090.8	1091.7	1088.1	1081.0	1078.0	1070.9	1075.5
重　庆	1026.4	1027.6	1034.9	1033.6	1033.2	1034.1	1032.7	1032.0	1035.9	1041.6	1048.0	1043.9
天　津	1032.1	1032.2	1031.1	1031.3	1030.5	1034.1	1032.0	1029.4	1019.7	1020.2	1015.1	1013.3
南　京	1043.0	1044.1	1045.5	1047.3	1049.5	1048.3	1044.6	1046.9	1047.7	1047.7	1042.4	1043.9
杭　州	1050.5	1050.7	1055.6	1056.9	1058.8	1056.5	1055.8	1059.7	1062.9	1055.2	1050.8	1056.8
大　连	1069.8	1069.6	1070.3	1068.9	1068.5	1064.8	1058.8	1059.8	1064.5	1064.5	1066.2	1062.4
青　岛	996.2	995.7	999.7	1001.6	1003.2	1005.0	1000.4	1004.2	1002.1	996.6	998.0	995.1
武　汉	1019.8	1018.1	1018.1	1016.2	1014.8	1011.2	1006.3	1001.2	1001.6	995.3	995.3	993.2
成　都	1050.1	1052.9	1051.5	1052.6	1054.2	1050.4	1049.7	1056.6	1064.2	1064.2	1064.9	1060.5
合　肥	977.1	978.2	976.7	976.5	975.5	971.5	968.8	966.1	962.0	961.4	959.9	957.4
厦　门	983.4	983.2	981.5	979.9	979.3	976.4	973.6	972.5	975.5	975.0	973.9	971.1
济　南	918.4	918.7	921.0	922.3	921.0	916.9	912.5	906.8	904.8	901.1	897.7	892.4
长　沙	960.0	960.0	957.7	956.3	955.2	951.9	949.0	945.1	943.9	956.3	954.3	951.3
宁　波	1014.2	1014.8	1013.6	1015.0	1014.0	1012.1	1010.2	1008.1	1005.9	996.4	994.9	984.1
福　州	1014.9	1015.7	1014.5	1012.3	1010.4	1009.7	1008.4	1008.0	1006.4	1005.7	1005.6	1014.5
南　昌	986.2	984.4	983.8	982.4	982.2	980.5	978.3	976.9	976.0	974.7	972.6	971.7
郑　州	970.4	969.7	967.7	964.5	963.1	961.5	957.2	953.8	945.8	945.7	944.3	941.2
南　宁	994.1	993.1	991.1	990.8	989.0	984.8	982.7	979.5	978.3	978.1	975.6	970.2
海　口	1001.4	999.5	999.1	998.3	996.8	994.6	991.7	989.8	988.3	987.9	986.7	984.9
贵　阳	957.2	957.0	957.0	954.6	952.5	949.0	946.9	945.5	942.8	938.8	936.3	933.4

续表

城　市	1月	2月	3月	4月	5月	6月	7月	8月	9月	10月	11月	12月
昆　明	998.8	997.8	996.3	996.4	997.0	995.8	993.8	991.4	987.7	993.1	991.1	988.5
石家庄	999.1	997.8	997.0	995.9	994.6	992.2	991.5	990.9	992.9	991.8	990.9	991.0
沈　阳	976.4	976.5	975.1	974.0	973.6	970.1	967.3	964.7	964.5	964.0	963.4	960.8
长　春	995.0	994.7	993.0	992.6	992.0	991.7	989.2	987.0	986.6	986.1	989.0	986.8
哈尔滨	990.7	989.5	989.3	988.5	986.9	986.3	984.2	982.8	979.2	978.0	976.4	976.6
太　原	987.6	987.1	985.6	984.2	981.9	977.3	973.6	969.8	965.9	965.2	964.3	961.0
西　安	989.1	988.9	988.3	987.9	987.8	985.5	985.2	984.2	982.6	982.2	982.0	981.2
兰　州	977.5	977.3	975.9	972.4	971.0	967.1	962.4	961.2	960.2	960.1	959.8	954.8
西　宁	998.7	997.2	996.7	996.1	995.4	998.7	996.6	990.7	987.4	987.2	985.7	986.3
银　川	990.3	989.6	989.1	989.9	991.0	989.5	989.2	988.6	987.5	985.5	986.9	987.0
乌鲁木齐	1075.5	1075.0	1074.8	1074.4	1074.3	1072.6	1073.1	1079.1	1072.7	1071.8	1069.0	1069.3
呼和浩特	1002.5	1001.8	1001.7	1001.5	1001.9	1002.0	1003.4	1009.2	1006.9	1007.0	1006.5	1006.2

数据来源：中国房地产测评中心。

V.城市篇

导　读

本篇收录全国18座城市及广东省的年度市场报告，内容包括各城市的开发投资、土地交易、市场销售、房屋价格、存量房交易、住房保障工作等各方面情况。文章来源于各地住建委（局）、统计局、房地产业协会（开发协会、开发建设促进会）。

一、重点城市相关数据列表

（一）40座重点城市经济数据

表5-1　2020年40座重点城市宏观经济数据

城　市	GDP（亿元）	同比（%）	进出口总额（亿元）	同比（%）	固定资产投资同比（%）	社会消费品零售总额（亿元）	同比（%）
北　京	36102.6	1.2	23215.9	-19.1	2.2	13716.4	-8.9
天　津	14083.7	1.5	7340.7	-0.1	3.0	—	-15.1
石家庄	5935.1	3.9	1341.1	14.0	-20.1	2279.6	-3.4
太　原	4153.3	2.6	1211.5	8.1	11.3	1655.1	-6.4
呼和浩特	2800.7	0.2	147.0	18.3	-8.5	1032.9	-4.0
沈　阳	6571.6	0.8	1028.1	-4.2	4.1	3637.6	-5.4
大　连	7030.4	0.9	3854.2	-11.7	0.1	1828.0	-11.5
长　春	6638.0	3.6	—	—	8.8	2003.7	-6.5
哈尔滨	5183.8	0.6	255.9	1.5	2.8	—	-11.3
上　海	38700.6	1.7	34828.5	2.3	10.3	15932.5	0.5
南　京	14818.0	4.6	5340.2	10.6	6.6	7203.0	0.9
无　锡	12370.5	3.7	6075.6	-4.6	6.1	2994.4	-1.0
苏　州	20170.5	3.4	3223.5 *	1.0	6.6	7702.0	-1.4
杭　州	16106.0	3.9	5934.0	5.9	6.8	5973.0	-3.5
宁　波	12408.7	3.3	9786.9	6.7	5.5	4238.3	-0.7
温　州	6870.9	3.4	2189.7	15.1	4.9	3497.8	-2.7
合　肥	10045.7	4.3	374.9 *	16.4	4.7	4513.8	3.1
福　州	10020.0	5.1	2504.8	-1.0	9.6	4225.6	0.6
厦　门	6384.0	5.7	6915.8	7.8	8.8	2293.9	1.6
南　昌	5745.5	3.6	1151.5	8.4	8.8	2452.7	3.0
济　南	10140.9	4.9	1382.7	22.9	4.0	4469.1	1.1
青　岛	12400.6	3.7	6407.0	8.2	3.2	5203.5	1.5
郑　州	12003.0	3.0	4946.4	19.7	3.6	5076.3	-4.7
武　汉	15616.1	-4.7	2704.3	10.8	-11.8	6149.8	-20.9
长　沙	12142.5	4.0	2350.5	17.4	6.2	4469.8	-2.6
广　州	25019.1	2.7	9530.1	-4.8	10.0	9218.7	-3.5
深　圳	27670.2	3.1	30502.5	2.4	8.2	8664.8	-5.2
南　宁	4726.3	3.7	986.0	31.8	-2.5	2180.4	-6.3
北　海	1276.9	-1.3	268.1	-8.9	16.9	314.2	-8.8
海　口	1791.6	5.3	368.3	11.2	9.9	835.9	1.5
三　亚	695.4	3.1	172.0	76.6	5.3	381.1	12.1
重　庆	25002.8	3.9	6513.4	12.5	3.9	11787.2	1.3
成　都	17716.7	4.0	7154.2	22.4	9.9	8118.5	-2.3
贵　阳	4311.7	5.0	446.9	31.1	2.7	2188.3	6.6
昆　明	6733.8	2.3	160.6 *	21.8	8.1	3070.4	-3.6
西　安	10020.4	5.2	3473.8	7.2	12.3	4989.3	-2.9
兰　州	2886.7	2.4	102.5	-14.2	3.4	1641.2	-1.8
西　宁	1373.0	1.8	16.8	-37.0	-25.9	573.6	-9.3
银　川	1964.4	3.2	63.0	-60.0	1.1	770.9	-7.1
乌鲁木齐	3337.3	0.3	455.9	-11.0	0.3	1043.5	-19.8

数据来源：各地方统计局。
注：苏州、合肥、昆明进出口总额单位为亿美元。

表 5-2　2020 年 40 座重点城市城镇居民人均可支配收入和人均消费支出情况

城　市	人均可支配收入（元）	同比（%）	人均消费支出（元）	同比（%）
北　京	75602	2.4	41726	-10.0
天　津	47659	3.3	30895	-11.2
石家庄	40247	4.4	—	—
太　原	38329	5.4	20559	-3.5
呼和浩特	49789	0.8	28579	-8.2
沈　阳	47413	1.3	31562	-7.5
大　连	47380	2.0	30158	-4.2
长　春	41553	9.8	—	—
哈尔滨	39791	-0.5	27202	-7.0
上　海	76437	3.8	44839	-7.1
南　京	67553	4.9	35854	-0.2
无　锡	64714	4.5	37195	-0.6
苏　州	70966	3.4	39005	-1.6
杭　州	68666	3.9	41916	-4.9
宁　波	68008	4.8	38702	1.1
温　州	63481	4.1	39860	0.1
合　肥	48283	6.3	28002	2.5
福　州	49300	2.9	32019	-2.0
厦　门	61331	3.9	38069	-1.0
南　昌	46796	6.0	27955	-2.0
济　南	53329	2.7	34391	2.8
青　岛	55905	2.6	35936	1.9
郑　州	42887	1.9	25450	-6.4
武　汉	50362	-2.6	31115	-8.5
长　沙	57971	5.0	39133	-1.0
广　州	68304	5.0	44283	-1.7
深　圳	64878	3.8	40581	-5.9
南　宁	38542	2.3	—	—
北　海	37956	3.7	22326	—
海　口	40049	2.8	—	—
三　亚	40547	3.2	—	—
重　庆	40006	5.4	26464	2.6
成　都	48593	5.9	28736	-3.3
贵　阳	40305	5.4	—	—
昆　明	48018	3.7	37057	4.8
西　安	43713	4.5	25813	-8.3
兰　州	40152	5.4	25892	-4.2
西　宁	36959	6.1	24811	3.3
银　川	39416	3.1	26671	-3.8
乌鲁木齐	42770	0.2	—	—

数据来源：各地方统计局。

（二）40 座重点城市财政和金融数据

表 5－3　2016—2020 年 40 座重点城市公共财政收入情况

单位：亿元

城　市	2016 年	2017 年	2018 年	2019 年	2020 年
北　京	5081.3	5430.8	5785.9	5817.1	5483.9
天　津	2723.5	2310.1	2106.2	2410.3	1923.1
石家庄	410.8	460.7	519.7	569.1	605.0
太　原	282.7	311.9	373.2	386.6	378.4
呼和浩特	269.7	201.6	204.7	203.1	217.1
沈　阳	620.9	656.2	720.6	730.3	736.1
大　连	611.9	657.7	704.0	692.8	702.7
长　春	415.5	450.1	478.0	420.0	440.4
哈尔滨	376.2	368.1	384.4	370.9	339.6
上　海	6406.1	6642.3	7108.2	7165.1	7046.3
南　京	1142.6	1271.9	1470.0	1580.0	1637.7
无　锡	875.0	930.0	1012.3	1036.3	1075.7
苏　州	1730.0	1908.1	2120.0	2221.8	2303.0
杭　州	1402.4	1567.4	1825.1	1966.0	2093.4
宁　波	1114.5	1245.3	1379.7	1468.5	1510.8
温　州	439.9	465.4	547.6	579.0	602.0
合　肥	614.9	655.9	712.5	746.0	762.9
福　州	598.9	634.2	680.4	668.1	675.6
厦　门	647.9	696.8	754.5	768.3	783.9
南　昌	402.2	417.1	461.8	476.1	483.9
济　南	641.2	677.2	752.8	874.2	906.1
青　岛	1100.0	1157.1	1231.9	1241.7	1253.8
郑　州	1011.2	1056.7	1152.1	1222.5	1259.2
武　汉	1322.1	1402.9	1528.7	1564.1	1230.3
长　沙	743.7	800.4	879.7	950.2	1100.1
广　州	1393.9	1533.1	1632.3	1697.2	1721.6
深　圳	3136.4	3332.1	3538.4	3773.2	3857.4
南　宁	312.8	332.2	359.0	370.9	372.3
北　海	50.1	64.3	71.6	78.1	79.4
海　口	115.5	125.4	169.9	185.3	186.1
三　亚	89.6	93.0	100.4	109.1	110.4
重　庆	2227.9	2252.4	2265.5	2134.9	2094.8
成　都	1175.4	1275.5	1424.2	1483.0	1520.4
贵　阳	366.3	377.8	411.3	417.3	398.1
昆　明	530.0	560.9	595.6	630.0	650.5
西　安	641.1	654.5	684.7	702.6	724.1
兰　州	215.5	234.2	253.3	233.2	247.1
西　宁	75.2	79.2	92.9	101.8	133.5
银　川	173.2	177.5	181.2	154.7	157.3
乌鲁木齐	369.7	400.8	458.3	472.5	392.6

资料来源：各地方财政局网站。

表 5-4　2016—2020 年 40 座重点城市公共财政支出情况

单位：亿元

城　市	2016 年	2017 年	2018 年	2019 年	2020 年
北　京	6406.8	6824.5	7471.4	7408.2	7116.2
天　津	3699.4	3282.5	3103.2	3555.7	3151.4
石家庄	746.1	806.7	991.6	1051.4	1068.0
太　原	424.1	479.1	542.5	610.6	647.4
呼和浩特	420.0	403.0	356.7	417.9	435.7
沈　阳	825.4	855.0	965.4	1047.7	1074.1
大　连	870.3	919.8	1001.5	1016.3	1002.0
长　春	770.6	875.7	894.3	896.0	1084.1
哈尔滨	876.3	958.5	962.2	1101.1	1162.2
上　海	6918.9	7547.6	8351.5	8179.3	8102.1
南　昌	1173.8	1354.1	1532.7	1658.1	1754.6
无　锡	867.7	989.4	1056.0	1117.6	1214.9
苏　州	1617.2	1771.5	1952.8	2141.5	2263.6
杭　州	1404.3	1540.9	1717.1	1952.9	2069.7
宁　波	1289.3	1410.6	1594.1	1767.9	1767.9
温　州	666.8	761.6	874.1	1084.1	1027.2
合　肥	859.9	965.3	1004.9	1122.7	1164.8
福　州	829.9	938.9	924.8	949.8	950.2
厦　门	758.6	797.1	892.5	913.0	976.9
南　昌	583.3	653.1	752.4	834.1	838.1
济　南	741.3	834.1	1018.3	1197.3	1288.4
青　岛	1352.9	1403.0	1559.8	1576.0	1584.7
郑　州	1321.5	1515.0	1763.3	1910.7	1721.3
武　汉	1524.7	1728.3	1929.3	2237.1	2407.2
长　沙	1041.4	1182.6	1300.8	1426.0	1480.2
广　州	1943.8	2186.0	2506.2	2865.3	2953.0
深　圳	4211.0	4593.8	4282.5	4552.7	4177.7
南　宁	587.0	646.4	698.0	789.2	819.9
北　海	150.1	157.5	175.6	200.5	212.7
海　口	200.3	198.3	238.3	265.9	305.4
三　亚	125.8	130.0	178.8	215.4	199.7
重　庆	4001.8	4336.3	4541.0	4847.7	4893.9
成　都	1595.9	1756.7	1837.4	2007.0	2158.0
贵　阳	525.3	582.5	624.2	718.8	676.4
昆　明	688.4	775.9	756.8	820.9	875.1
西　安	942.5	1045.1	1151.9	1247.0	1352.7
兰　州	424.2	429.4	465.6	456.7	485.7
西　宁	287.8	288.4	297.5	328.0	329.5
银　川	331.1	341.8	363.3	346.5	335.8
乌鲁木齐	417.6	458.6	659.8	620.3	536.9

资料来源：各地方财政局网站。

表 5-5　2016—2020 年 40 座重点城市住户储蓄余额

单位：亿元

城　市	2016 年	2017 年	2018 年	2019 年	2020 年
北　京	28012.0	28962.2	34019.0	37309.7	44486.1
天　津	9125.4	9558.1	10746.2	12639.6	14868.3
石家庄	5348.2	5641.6	6473.3	7630.0	8321.8
太　原	3661.8	4384.9	4767.5	5252.1	5896.9
呼和浩特	1866.0	1953.4	2174.1	2391.6	2623.8
沈　阳	6145.6	6495.3	7288.1	8337.6	—
大　连	5277.7	5414.5	6040.0	6842.3	—
长　春	4218.1	4567.0	4993.2	5889.1	—
哈尔滨	4671.9	4938.4	5394.3	6291.8	7311.4
上　海	23639.8	24338.5	27071.7	31727.7	38302.5
南　京	5894.5	6019.7	6914.8	8299.6	9701.2
无　锡	4957.0	5143.5	5599.9	6316.1	7283.7
苏　州	7913.8	8166.4	9168.4	10466.7	12052.0
杭　州	8313.1	8503.0	9981.2	11677.3	14398.1
宁　波	5689.4	5902.7	6561.3	7475.5	8611.1
温　州	5135.8	5617.6	6620.9	7601.8	8550.4
合　肥	3281.3	3489.2	4003.4	4667.2	5636.9
福　州	4087.5	4385.3	5053.3	6027.1	7074.8
厦　门	2172.0	2292.1	2610.2	3062.0	3675.4
南　昌	2722.4	2869.8	3132.1	3618.1	4319.7
济　南	4280.0	4465.7	5008.1	6438.1	7648.0
青　岛	5326.3	5394.2	5913.7	6755.2	8030.9
郑　州	6297.6	6538.2	7157.3	7957.0	8961.8
武　汉	6464.9	6879.7	7728.5	8993.0	10349.5
长　沙	4868.6	5200.2	5692.1	6530.5	7572.2
广　州	13995.8	14625.6	16042.1	17980.6	21178.0
深　圳	10391.1	10837.6	13478.9	16010.8	19031.9
南　宁	2924.6	3176.7	3542.8	3960.3	4415.4
北　海	524.2	578.6	653.8	730.1	789.5
海　口	1445.5	3790.1	1706.5	1838.7	2055.1
三　亚	491.1	563.3	640.9	685.8	756.5
重　庆	13399.4	14367.4	15907.2	17860.4	20209.8
成　都	10808.0	11970.8	13141.5	14900.6	17085.0
贵　阳	2229.8	2646.1	2835.7	3164.1	3634.6
昆　明	3540.7	4431.4	4882.5	5355.5	5962.8
西　安	7035.8	7497.3	8360.3	9553.9	10913.1
兰　州	2796.2	2949.3	3244.1	3571.2	3884.7
西　宁	1267.2	1339.2	1436.8	1548.9	1723.9
银　川	1391.4	1496.9	1664.8	1867.0	2137.5
乌鲁木齐	2295.7	2600.4	2871.1	3171.7	3680.3

资料来源：国家统计局及各地方统计局网站。

（三）35 座重点城市商品房待售数据

表 5－6　2015—2019 年 35 座重点城市商品房待售面积

单位：万平方米

地　区	2015 年	2016 年	2017 年	2018 年	2019 年
总　计	**24808. 44**	**23485. 12**	**20520. 40**	**18977. 36**	**18725. 11**
北　京	2167. 46	2143. 91	2080. 18	2226. 38	2489. 52
天　津	1055. 91	880. 55	617. 26	671. 40	657. 80
石家庄	219. 57	118. 85	115. 69	97. 27	76. 84
太　原	137. 88	171. 47	135. 86	97. 86	98. 65
呼和浩特	316. 05	205. 99	176. 12	231. 34	190. 35
沈　阳	1171. 04	957. 02	585. 66	471. 94	404. 51
大　连	1151. 52	1038. 36	797. 04	686. 66	640. 84
长　春	570. 13	711. 51	718. 61	693. 81	594. 26
哈尔滨	1238. 60	1477. 26	1147. 41	846. 81	645. 81
上　海	2054. 74	1901. 21	2026. 05	2211. 12	2360. 46
南　京	517. 96	436. 23	322. 18	352. 66	400. 16
杭　州	989. 27	900. 95	735. 30	529. 47	451. 43
宁　波	784. 32	721. 69	646. 63	471. 35	417. 75
合　肥	259. 93	199. 73	204. 55	191. 26	226. 29
福　州	460. 64	405. 64	461. 49	380. 34	375. 04
厦　门	264. 09	291. 82	307. 37	257. 39	226. 92
南　昌	198. 25	266. 77	244. 31	181. 20	162. 95
济　南	169. 46	172. 02	139. 85	98. 03	80. 69
青　岛	673. 39	638. 09	469. 99	433. 34	459. 10
郑　州	477. 61	348. 98	456. 95	577. 99	616. 71
武　汉	626. 15	445. 93	239. 07	274. 80	192. 29
长　沙	1188. 99	1030. 77	750. 64	684. 47	517. 97
广　州	865. 60	793. 59	774. 42	850. 94	886. 85
深　圳	336. 51	272. 98	261. 30	276. 90	396. 15
南　宁	455. 30	329. 82	307. 32	268. 87	251. 38
海　口	242. 70	261. 75	186. 75	175. 41	146. 66
重　庆	2356. 78	2308. 47	2051. 69	1787. 95	1959. 11
成　都	1255. 13	1308. 25	1103. 37	1028. 27	957. 04
贵　阳	384. 39	259. 99	228. 59	146. 53	105. 70
昆　明	735. 97	723. 07	604. 63	469. 49	463. 82
西　安	284. 82	359. 14	362. 30	232. 09	170. 88
兰　州	161. 63	207. 60	174. 45	121. 40	115. 10
西　宁	139. 32	123. 93	72. 75	29. 93	16. 84
银　川	657. 59	723. 08	655. 90	591. 29	600. 97
乌鲁木齐	239. 75	348. 72	358. 72	331. 39	368. 32

数据来源：国家统计局。

表 5-7 2015—2019 年 35 座重点城市住宅待售面积

单位：万平方米

城市	2015 年	2016 年	2017 年	2018 年	2019 年
总计	**13783.44**	**11714.37**	**8725.38**	**7298.48**	**6746.00**
北京	867.03	834.51	803.85	847.96	893.12
天津	684.48	461.74	264.71	315.53	313.56
石家庄	179.46	91.18	86.61	72.67	34.39
太原	101.22	118.38	89.60	61.92	63.04
呼和浩特	201.12	126.43	88.70	140.88	97.63
沈阳	838.50	725.44	429.07	327.87	277.64
大连	870.49	767.46	578.42	473.30	430.24
长春	336.68	397.91	350.76	328.16	254.96
哈尔滨	863.57	978.73	668.73	436.34	302.71
上海	903.83	675.13	635.68	664.30	734.87
南京	335.45	282.30	208.68	197.09	229.86
杭州	597.24	415.49	263.30	153.65	116.52
宁波	419.00	362.20	276.23	144.04	98.45
合肥	94.48	41.36	38.37	39.99	47.18
福州	274.14	218.84	127.76	95.86	94.39
厦门	95.48	76.28	62.57	45.82	37.80
南昌	130.78	178.69	137.11	100.43	83.73
济南	86.49	93.14	74.06	54.20	44.10
青岛	418.51	359.91	210.15	162.17	164.10
郑州	315.28	199.31	294.16	347.92	374.17
武汉	396.50	239.79	99.17	126.23	70.97
长沙	697.52	486.07	294.41	263.59	184.82
广州	418.52	376.18	322.89	331.70	334.63
深圳	231.66	140.17	147.20	157.91	224.42
南宁	246.89	157.35	146.81	120.90	120.31
海口	154.33	157.73	79.75	64.51	57.82
重庆	1003.88	874.70	578.08	394.06	356.63
成都	533.94	369.78	209.92	153.82	107.19
贵阳	188.73	133.96	137.56	74.45	34.68
昆明	401.40	374.01	274.04	154.14	144.34
西安	176.34	204.76	167.58	57.86	32.11
兰州	107.36	128.37	99.68	35.74	37.83
西宁	98.86	82.90	37.76	16.41	8.23
银川	386.21	404.81	294.13	227.13	217.18
乌鲁木齐	128.07	179.35	147.91	109.92	122.38

数据来源：国家统计局。

表 5-8 2015—2019 年 35 座重点城市别墅、高档公寓待售面积

单位：万平方米

城 市	2015 年	2016 年	2017 年	2018 年	2019 年
总 计	**1542.80**	**1280.60**	**1101.98**	**993.76**	**896.02**
北 京	247.26	224.19	232.87	219.57	207.61
天 津	94.34	59.64	39.40	51.69	41.73
石家庄	11.97	0.00	5.86	2.20	0.00
太 原	3.72	4.16	3.50	5.57	5.42
呼和浩特	8.94	10.35	10.20	5.59	5.13
沈 阳	45.65	28.09	27.41	19.00	16.01
大 连	41.95	29.32	28.67	42.35	41.01
长 春	20.70	17.63	18.13	26.30	14.85
哈尔滨	13.17	27.72	22.93	15.00	7.70
上 海	360.89	265.36	203.65	212.89	208.87
南 京	20.67	20.55	23.44	17.31	13.66
杭 州	64.62	47.94	32.62	22.68	18.65
宁 波	52.86	45.27	41.21	24.74	20.25
合 肥	9.94	6.16	10.76	8.90	9.43
福 州	23.46	20.07	13.62	12.95	12.53
厦 门	14.34	12.89	9.23	6.51	3.81
南 昌	19.17	14.71	11.80	4.72	3.35
济 南	13.30	15.40	16.96	15.18	20.64
青 岛	34.96	33.08	21.40	17.68	17.20
郑 州	12.78	5.04	10.82	11.04	9.74
武 汉	32.16	22.45	14.93	13.72	8.77
长 沙	60.94	62.68	46.51	24.81	20.08
广 州	64.48	52.85	38.15	51.91	45.78
深 圳	15.96	21.22	18.47	16.67	15.05
南 宁	18.74	3.94	4.48	2.61	2.24
海 口	24.12	19.06	15.79	11.12	9.39
重 庆	63.61	57.37	42.74	30.07	28.47
成 都	71.43	53.54	42.21	27.48	22.99
贵 阳	7.42	9.10	6.77	4.70	4.60
昆 明	45.89	58.67	48.16	36.84	33.63
西 安	0.53	0.00	1.10	3.04	2.69
兰 州	—	3.45	1.69	0.26	—
西 宁	—	—	—	—	—
银 川	18.25	17.79	24.56	17.96	13.63
乌鲁木齐	4.61	10.91	11.92	10.72	11.12

数据来源：国家统计局。

表 5-9　2015—2019 年 35 座重点城市办公楼待售面积

单位：万平方米

城　市	2015 年	2016 年	2017 年	2018 年	2019 年
总　计	**1987. 21**	**2151. 73**	**2202. 67**	**2328. 61**	**2394. 60**
北　京	332. 48	320. 61	336. 03	414. 54	569. 01
天　津	94. 07	98. 21	115. 86	125. 80	112. 49
石家庄	6. 47	9. 35	12. 64	12. 26	26. 06
太　原	9. 15	8. 83	10. 15	8. 77	13. 77
呼和浩特	7. 59	3. 91	22. 95	18. 92	12. 84
沈　阳	39. 69	37. 40	9. 38	17. 86	14. 23
大　连	41. 58	47. 04	28. 24	46. 45	42. 33
长　春	41. 49	48. 61	77. 02	75. 56	63. 69
哈尔滨	37. 33	38. 12	31. 39	23. 95	23. 03
上　海	285. 59	326. 13	327. 79	400. 69	406. 03
南　京	30. 59	32. 94	23. 66	32. 25	37. 06
杭　州	121. 07	163. 99	178. 56	139. 80	116. 95
宁　波	92. 11	91. 90	96. 63	85. 46	77. 08
合　肥	44. 39	25. 39	36. 37	19. 73	40. 89
福　州	17. 30	11. 64	8. 21	9. 39	10. 25
厦　门	13. 42	41. 68	58. 07	57. 83	45. 42
南　昌	21. 85	23. 65	35. 65	27. 83	20. 13
济　南	15. 79	8. 03	11. 96	5. 64	5. 36
青　岛	56. 80	90. 95	70. 73	91. 33	90. 52
郑　州	51. 17	51. 99	57. 48	69. 71	74. 93
武　汉	37. 55	55. 21	40. 80	46. 06	43. 17
长　沙	69. 32	63. 75	68. 04	72. 46	58. 95
广　州	80. 27	57. 20	55. 27	73. 61	63. 75
深　圳	14. 72	29. 86	28. 83	36. 18	62. 71
南　宁	30. 44	16. 99	11. 57	14. 20	4. 34
海　口	2. 86	5. 40	3. 56	3. 66	3. 66
重　庆	125. 65	154. 29	130. 21	106. 90	103. 22
成　都	80. 59	89. 42	81. 57	69. 91	54. 39
贵　阳	56. 17	47. 53	32. 08	24. 00	18. 02
昆　明	59. 92	44. 51	58. 04	44. 35	40. 71
西　安	3. 96	7. 23	21. 27	29. 96	26. 67
兰　州	6. 85	16. 38	15. 05	18. 86	15. 89
西　宁	10. 51	14. 51	12. 81	1. 09	1. 09
银　川	25. 39	37. 86	64. 37	60. 37	67. 64
乌鲁木齐	23. 07	31. 20	30. 44	43. 21	28. 30

数据来源：国家统计局。

表 5-10　2015—2019 年 35 座重点城市商业营业用房待售面积

单位：万平方米

城　市	2015 年	2016 年	2017 年	2018 年	2019 年
总　计	**4667.66**	**4796.40**	**4704.21**	**4449.89**	**4406.27**
北　京	461.28	431.98	428.57	394.10	369.91
天　津	133.62	162.72	153.23	143.68	139.72
石家庄	12.28	12.06	12.20	4.31	6.37
太　原	25.26	42.69	33.45	20.30	15.81
呼和浩特	89.14	64.55	48.02	52.24	61.66
沈　阳	240.76	155.87	122.47	102.00	95.86
大　连	147.23	142.69	120.01	104.25	101.71
长　春	132.43	178.49	200.61	196.81	181.78
哈尔滨	204.22	267.37	237.84	218.97	179.76
上　海	398.12	374.57	410.46	433.64	430.68
南　京	89.76	66.19	42.21	55.89	50.06
杭　州	153.66	183.83	176.66	165.89	160.90
宁　波	131.94	135.40	157.00	141.39	142.87
合　肥	76.71	59.95	48.30	39.40	44.93
福　州	58.40	58.07	75.55	64.95	61.00
厦　门	52.09	65.16	70.01	65.44	79.92
南　昌	36.53	50.48	56.86	44.92	46.90
济　南	38.22	36.73	29.12	16.91	14.66
青　岛	130.71	147.70	155.13	152.18	166.07
郑　州	76.51	69.72	78.80	108.15	111.43
武　汉	109.04	95.15	67.62	63.56	53.49
长　沙	227.37	237.99	218.44	200.14	170.99
广　州	138.25	131.14	152.31	161.40	162.86
深　圳	65.57	77.44	72.74	65.30	79.41
南　宁	68.21	70.36	72.70	65.09	47.96
海　口	34.16	40.92	44.23	39.80	33.84
重　庆	571.64	575.70	561.96	515.10	535.70
成　都	227.30	266.26	259.05	253.73	269.65
贵　阳	93.08	54.07	36.85	30.14	33.15
昆　明	128.51	136.87	120.90	118.97	117.67
西　安	65.75	102.04	112.18	83.81	73.22
兰　州	24.58	38.68	44.18	51.14	50.38
西　宁	18.51	19.94	19.41	10.40	7.51
银　川	167.84	184.33	197.30	198.71	203.50
乌鲁木齐	38.98	59.32	67.84	67.16	104.93

数据来源：国家统计局。

表 5-11　2015—2019 年 35 座重点城市其他房屋待售面积

单位：万平方米

城　市	2015 年	2016 年	2017 年	2018 年	2019 年
总　计	**4370.13**	**4822.62**	**4888.14**	**4900.37**	**5178.25**
北　京	506.67	556.81	511.73	569.78	657.48
天　津	143.74	157.88	83.47	86.39	92.02
石家庄	21.36	6.27	4.25	8.02	10.03
太　原	2.24	1.56	2.65	6.86	6.02
呼和浩特	18.21	11.09	16.46	19.30	18.21
沈　阳	52.09	38.31	24.75	24.20	16.78
大　连	92.22	81.17	70.35	62.67	66.56
长　春	59.53	86.50	90.22	93.29	93.81
哈尔滨	133.48	193.04	209.45	167.55	140.30
上　海	467.20	525.38	652.12	712.49	788.89
南　京	62.17	54.80	47.63	67.42	83.19
杭　州	117.30	137.64	116.76	70.13	57.06
宁　波	141.28	132.18	116.78	100.45	99.35
合　肥	44.36	73.02	81.52	92.14	93.29
福　州	110.80	117.08	249.98	210.14	209.40
厦　门	103.09	108.69	116.72	88.30	63.77
南　昌	9.08	13.95	14.69	8.01	12.19
济　南	28.95	34.12	24.70	21.27	16.57
青　岛	67.37	39.54	33.98	27.65	38.41
郑　州	34.65	27.95	26.51	52.21	56.18
武　汉	83.07	55.78	31.48	38.95	24.66
长　沙	194.78	242.96	169.75	148.28	103.21
广　州	228.55	229.06	243.95	284.23	325.61
深　圳	24.57	25.52	12.53	17.51	29.61
南　宁	109.77	85.12	76.24	68.68	78.77
海　口	51.34	57.71	59.21	67.43	51.34
重　庆	655.60	703.78	781.45	771.90	963.56
成　都	413.31	582.78	552.83	550.82	525.80
贵　阳	46.40	24.43	22.11	17.94	19.86
昆　明	146.14	167.68	151.65	152.03	161.09
西　安	38.76	45.12	61.27	60.45	38.87
兰　州	22.84	24.17	15.54	15.66	11.00
西　宁	11.43	6.58	2.77	2.02	0.00
银　川	78.14	96.09	100.11	105.08	112.65
乌鲁木齐	49.64	78.85	112.52	111.09	112.71

数据来源：国家统计局。

（四）35 座重点城市房地产开发企业房屋出租面积

表 5－12　2015—2019 年 35 座重点城市房地产开发企业房屋出租面积

单位：万平方米

城　市	2015 年	2016 年	2017 年	2018 年	2019 年
总　计	**2392. 65**	**2356. 36**	**2717. 13**	**2834. 90**	**2985. 03**
北　京	480. 61	380. 28	350. 29	265. 78	265. 14
天　津	108. 16	7. 91	12. 12	77. 52	35. 98
石家庄	15. 95	—	0. 07	0. 27	0. 26
太　原	2. 20	0. 35	10. 50	0. 66	0. 09
呼和浩特	—	3. 10	—	—	1. 18
沈　阳	20. 35	1. 70	14. 95	4. 43	1. 93
大　连	21. 25	38. 73	—	3. 71	6. 91
长　春	28. 32	36. 19	28. 98	48. 63	50. 69
哈尔滨	1. 57	3. 51	1. 31	8. 47	35. 59
上　海	1202. 42	1322. 51	1646. 30	1868. 23	2035. 94
南　京	4. 99	1. 63	1. 85	15. 32	11. 03
杭　州	20. 31	17. 73	62. 95	48. 80	35. 64
宁　波	18. 01	34. 89	20. 59	21. 39	40. 70
合　肥	13. 87	5. 72	12. 13	7. 69	21. 02
福　州	—	12. 18	8. 58	11. 40	8. 58
厦　门	18. 19	13. 25	17. 82	21. 99	35. 04
南　昌	1. 35	3. 33	4. 35	15. 81	—
济　南	22. 94	18. 21	6. 61	0. 18	3. 91
青　岛	39. 15	20. 83	37. 62	52. 45	48. 45
郑　州	1. 50	14. 66	3. 25	—	—
武　汉	1. 36	24. 08	24. 12	8. 29	24. 35
长　沙	13. 78	7. 57	19. 07	21. 03	13. 35
广　州	101. 94	89. 88	57. 98	27. 61	38. 22
深　圳	43. 22	68. 83	102. 66	50. 84	63. 28
南　宁	2. 30	5. 99	1. 69	1. 82	16. 38
海　口	4. 50	13. 71	35. 47	6. 73	13. 21
重　庆	96. 77	45. 32	55. 29	68. 59	30. 90
成　都	11. 79	23. 23	39. 76	40. 71	8. 25
贵　阳	2. 53	6. 26	10. 71	7. 92	0. 55
昆　明	10. 50	8. 51	5. 86	—	54. 18
西　安	19. 64	48. 67	57. 12	51. 58	26. 97
兰　州	0. 55	2. 65	5. 24	4. 04	5. 20
西　宁	2. 50	5. 98	0. 05	—	—
银　川	22. 43	22. 63	38. 06	24. 96	34. 74
乌鲁木齐	37. 69	46. 36	23. 78	48. 05	17. 38

数据来源：国家统计局。

表 5－13　2015—2019 年 35 座重点城市房地产开发企业住宅出租面积

单位：万平方米

城　市	2015 年	2016 年	2017 年	2018 年	2019 年
总　计	**188.55**	**163.64**	**181.75**	**177.56**	**190.31**
北　京	19.04	17.81	14.58	8.22	6.81
天　津	5.14	4.22	1.72	0.35	0.25
石家庄	—	—	—	—	—
太　原	—	—	—	—	—
呼和浩特	—	—	—	—	—
沈　阳	2.83	1.66	12.84	1.67	—
大　连	4.03	0.08	—	—	0.05
长　春	—	—	—	—	—
哈尔滨	—	2.19	—	—	12.48
上　海	120.59	83.41	110.15	128.60	129.62
南　京	3.35	0.04	0.44	—	0.07
杭　州	3.51	—	5.38	—	9.20
宁　波	—	0.10	—	—	2.52
合　肥	—	0.34	6.99	—	—
福　州	—	3.24	—	—	—
厦　门	—	—	—	4.62	11.46
南　昌	—	—	—	0.30	—
济　南	6.32	—	—	—	—
青　岛	0.29	—	0.39	—	0.02
郑　州	—	12.88	3.25	—	—
武　汉	—	—	0.26	0.17	1.03
长　沙	—	0.05	0.44	—	0.70
广　州	4.34	7.68	11.22	5.44	0.86
深　圳	1.21	5.45	3.85	0.27	0.39
南　宁	—	—	0.00	—	11.73
海　口	—	—	0.78	—	0.77
重　庆	0.84	0.78	0.78	—	0.57
成　都	—	—	0.01	0.35	—
贵　阳	—	0.01	—	—	0.05
昆　明	—	7.07	—	—	—
西　安	1.47	1.47	—	2.37	—
兰　州	0.19	—	—	—	—
西　宁	—	—	—	—	—
银　川	1.96	1.98	8.67	1.81	1.74
乌鲁木齐	13.46	13.21	—	23.38	—

数据来源：国家统计局。

表 5-14 2015—2019 年 35 座重点城市房地产开发企业别墅、高档公寓出租面积

单位：万平方米

城 市	2015 年	2016 年	2017 年	2018 年	2019 年
总 计	**84.04**	**78.73**	**68.45**	**67.02**	**65.03**
北 京	13.95	11.93	8.65	5.50	3.92
天 津	0.33	0.33	0.50	—	—
石家庄	—	—	—	—	—
太 原	—	—	—	—	—
呼和浩特	—	—	—	—	—
沈 阳	1.20	1.66	1.67	1.67	—
大 连	—	—	—	—	—
长 春	—	—	—	—	—
哈尔滨	—	—	—	—	—
上 海	66.26	62.08	55.43	54.91	54.75
南 京	—	—	—	—	—
杭 州	—	—	—	—	—
宁 波	—	0.10	—	—	2.52
合 肥	—	—	—	—	—
福 州	—	—	—	—	—
厦 门	—	—	—	2.92	2.92
南 昌	—	—	—	—	—
济 南	—	—	—	—	—
青 岛	—	—	—	—	—
郑 州	—	—	—	—	—
武 汉	—	—	—	—	—
长 沙	—	—	—	—	—
广 州	2.30	2.64	2.19	2.02	0.84
深 圳	—	—	—	—	0.07
南 宁	—	—	—	—	—
海 口	—	—	—	—	—
重 庆	—	—	—	—	—
成 都	—	—	—	—	—
贵 阳	—	—	—	—	—
昆 明	—	—	—	—	—
西 安	—	—	—	—	—
兰 州	—	—	—	—	—
西 宁	—	—	—	—	—
银 川	—	—	—	—	—
乌鲁木齐	—	—	—	—	—

数据来源：国家统计局。

表 5-15 2015—2019 年 35 座重点城市房地产开发企业办公楼出租面积

单位：万平方米

城 市	2015 年	2016 年	2017 年	2018 年	2019 年
总 计	**898.68**	**798.97**	**958.92**	**1028.02**	**1093.59**
北 京	192.27	114.11	129.14	96.74	102.68
天 津	100.67	0.38	7.48	54.80	14.20
石家庄	8.00	—	0.02	—	—
太 原	—	—	0.52	—	—
呼和浩特	—	—	—	—	0.35
沈 阳	3.46	—	1.38	2.59	1.93
大 连	—	1.00	—	—	2.70
长 春	2.83	2.22	2.22	2.17	2.17
哈尔滨	—	—	—	—	0.75
上 海	501.86	578.44	692.42	753.52	809.85
南 京	—	—	—	0.13	—
杭 州	8.61	4.75	23.07	19.90	20.77
宁 波	7.62	15.13	12.63	15.20	18.43
合 肥	0.38	—	—	—	8.96
福 州	—	—	—	0.95	—
厦 门	1.60	3.10	1.60	1.68	7.80
南 昌	—	—	—	—	—
济 南	—	—	0.62	—	1.86
青 岛	4.08	7.22	3.36	8.92	16.36
郑 州	—	0.63	—	—	—
武 汉	—	—	—	4.89	—
长 沙	2.28	1.69	1.92	9.32	6.74
广 州	9.75	11.49	3.79	6.09	6.63
深 圳	25.80	33.54	36.60	29.49	33.76
南 宁	0.30	—	—	—	3.16
海 口	0.17	—	4.69	0.05	1.69
重 庆	18.01	7.05	20.41	1.90	0.00
成 都	3.76	3.51	5.42	2.53	2.95
贵 阳	—	1.40	0.71	2.54	0.03
昆 明	1.41	0.89	—	—	22.32
西 安	3.72	6.74	3.99	9.99	2.97
兰 州	—	—	1.15	1.13	—
西 宁	—	3.08	—	—	—
银 川	0.78	1.28	3.44	2.07	2.44
乌鲁木齐	1.32	1.32	2.34	1.43	2.07

数据来源：国家统计局。

表 5-16　2015—2019 年 35 座重点城市房地产开发企业商业营业用房出租面积

单位：万平方米

城　市	2015 年	2016 年	2017 年	2018 年	2019 年
总　计	**933.79**	**979.55**	**1104.55**	**1135.98**	**1208.03**
北　京	181.07	163.09	133.90	113.51	118.15
天　津	—	0.16	—	14.51	16.32
石家庄	5.23	—	0.05	—	0.26
太　原	2.09	0.02	9.56	0.66	0.09
呼和浩特	—	3.10	—	—	0.83
沈　阳	10.78	0.04	0.74	0.16	—
大　连	17.08	37.65	—	3.71	4.15
长　春	25.49	33.77	26.77	46.47	36.36
哈尔滨	1.21	1.24	0.34	4.74	16.87
上　海	367.02	415.25	542.09	630.83	707.89
南　京	1.64	0.33	1.20	15.19	10.97
杭　州	8.20	12.97	25.22	24.34	5.68
宁　波	9.71	17.16	4.12	5.56	17.21
合　肥	13.49	5.35	0.09	—	4.02
福　州	—	6.58	8.58	9.79	8.58
厦　门	14.17	9.44	10.30	12.98	11.50
南　昌	1.35	3.33	4.35	15.52	—
济　南	16.12	18.21	5.99	0.18	1.55
青　岛	32.51	11.34	24.96	36.74	24.01
郑　州	1.50	0.91	—	—	—
武　汉	1.36	19.27	17.79	1.00	23.31
长　沙	6.50	3.10	8.90	4.06	3.86
广　州	63.64	39.38	31.26	14.92	25.60
深　圳	14.81	27.81	36.15	20.03	27.41
南　宁	2.00	5.99	1.69	1.63	1.50
海　口	4.32	12.20	28.92	3.52	8.90
重　庆	60.33	23.74	32.21	45.25	25.25
成　都	6.55	16.09	33.49	29.25	2.79
贵　阳	2.53	4.51	8.83	2.90	0.46
昆　明	9.09	0.13	5.86	—	31.86
西　安	14.44	38.96	52.48	37.29	24.00
兰　州	0.36	2.65	4.09	2.91	5.20
西　宁	2.50	1.00	0.05	—	—
银　川	19.64	19.31	24.40	20.93	29.87
乌鲁木齐	17.04	25.47	20.18	17.41	13.58

数据来源：国家统计局。

表 5-17 2015—2019 年 35 座重点城市房地产开发企业其他房屋出租面积

单位：万平方米

城 市	2015 年	2016 年	2017 年	2018 年	2019 年
总 计	**371.64**	**414.19**	**471.92**	**493.34**	**493.11**
北 京	88.24	85.28	72.68	47.32	37.50
天 津	2.35	3.15	2.92	7.85	5.21
石家庄	2.72	—	—	0.27	—
太 原	0.11	0.33	0.42	—	—
呼和浩特	—	—	—	—	—
沈 阳	3.28	—	—	0.01	—
大 连	0.15	—	—	—	—
长 春	—	0.20	—	—	12.16
哈尔滨	0.36	0.08	0.97	3.73	5.49
上 海	212.95	245.41	301.63	355.28	388.57
南 京	—	1.26	0.22	—	—
杭 州	—	—	9.29	4.55	—
宁 波	0.68	2.50	3.84	0.63	2.53
合 肥	—	0.03	5.04	7.69	8.04
福 州	—	2.36	—	0.66	—
厦 门	2.42	0.70	5.92	2.71	4.29
南 昌	—	—	—	—	—
济 南	0.50	—	—	—	0.50
青 岛	2.27	2.27	8.90	6.79	8.06
郑 州	—	0.23	—	—	—
武 汉	—	4.81	6.07	2.22	—
长 沙	5.00	2.72	7.81	7.65	2.05
广 州	24.21	31.33	11.71	1.15	5.13
深 圳	1.40	2.04	26.06	1.06	1.71
南 宁	—	—	—	0.19	—
海 口	—	1.51	1.08	3.16	1.85
重 庆	17.59	13.75	1.90	21.43	5.09
成 都	1.47	3.64	0.83	8.58	2.51
贵 阳	—	0.35	1.18	2.48	—
昆 明	—	0.42	—	—	—
西 安	0.02	1.50	0.66	1.92	—
兰 州	—	—	—	—	—
西 宁	—	1.90	—	—	—
银 川	0.06	0.06	1.55	0.16	0.70
乌鲁木齐	5.87	6.36	1.26	5.83	1.73

数据来源：国家统计局。

（五）90 座城市存量商品房交易面积

表 5-18　2020 年 90 座城市存量商品房交易面积

单位：万平方米

城　市	存量房	存量住宅	城　市	存量房	存量住宅
北京	1608.0	1512.9	安庆	120.5	111.6
天津	957.4	907.6	宣城	152.3	134.5
石家庄	443.2	406.5	福州	530.9	433.4
唐山	449.3	392.1	厦门	646.4	410.9
秦皇岛	213.9	200.9	泉州	472.6	337.6
太原	159.9	153.9	南昌	389.1	366.7
大同	107.6	101.8	九江	134.4	117.9
呼和浩特	845.5	749.7	赣州	430.2	314.4
包头	—	—	济南	467.3	395.7
沈阳	1067.7	895.1	青岛	600.7	563.7
大连	407.1	399.5	淄博	141.9	140.9
本溪	59.2	57.9	烟台	384.7	365.1
丹东	10.8	10.2	潍坊	200.8	148.1
锦州	51.4	49.3	泰安	21.1	20.0
长春	698.3	659.6	郑州	660.8	631.4
吉林	332.9	277.7	洛阳	262.0	249.7
哈尔滨	708.2	665.7	平顶山	99.4	98.5
齐齐哈尔	214.2	201.8	南阳	135.8	124.0
大庆	313.5	296.0	武汉	897.0	817.8
牡丹江	0.06	0.04	宜昌	15.6	13.9
上海	2680.6	2417.5	长沙	443.4	401.6
南京	1122.4	1067.4	株洲	8.9	8.5
无锡	799.0	731.9	岳阳	—	—
徐州	551.4	431.1	常德	4.8	4.5
常州	589.2	534.9	广州	1449.6	1348.0
苏州	1638.8	1298.7	韶关	156.2	135.7
扬州	379.2	354.3	深圳	895.9	819.5
杭州	1250.3	1067.5	汕头	207.5	177.5
宁波	1653.8	1088.3	佛山	838.2	663.6
温州	1036.5	854.1	江门	334.7	248.3
绍兴	768.8	465.1	湛江	51.2	47.9
金华	851.3	567.4	惠州	595.4	515.4
合肥	912.0	783.3	中山	509.3	422.6
芜湖	376.9	366.8	南宁	306.5	291.8
蚌埠	131.6	109.3	桂林	62.6	61.1

续表

城　市	存量房	存量住宅	城市	存量房	存量住宅
北海	104.2	101.3	昆明	714.1	570.4
海口	1163.5	148.4	大理	65.7	56.1
三亚	34.3	21.3	西安	897.5	834.4
重庆	2837.7	2620.3	宝鸡	80.8	79.0
成都	1964.1	1685.0	兰州	265.3	207.0
泸州	87.6	81.6	天水	30.0	29.7
绵阳	289.8	207.9	西宁	72.0	70.6
南充	146.8	126.5	银川	226.3	214.2
贵阳	197.7	186.7	乌鲁木齐	626.6	648.2
遵义	39.9	38.6	襄阳	80.9	79.8

数据来源：中房研协研究中心收集整理。

二、北京市房地产市场

（一）2020年北京市房地产市场基本情况

1. 房地产开发投资和房屋新开工面积增长

2020年全年房地产开发投资3938.7亿元，同比增长2.6%，占固定资产投资50.6%，比上年提高了1.4个百分点。其中，住宅2317.1亿元，增长13.6%；办公楼313.4亿元，下降17.5%；商业营业用房237.6亿元，下降8.4%。

2020年全年房屋新开工面积3006.6万平方米，同比增长45.0%。其中：住宅1716.4万平方米，增长71.0%；办公楼130.5万平方米，下降23.5%；商业营业用房124.6万平方米，下降10.7%。房屋施工面积1.39亿平方米，同比增长11.2%。竣工面积1545.7万平方米，同比增长15.1%。

2. 新建商品住房供应均衡，交易量价平稳

2020年新建商品住房上市945万平方米、8.1万套，同比下降7.2%、7.1%；成交740万平方米、6.4万套、3417亿元，增长6.1%、8%、6.8%。供应量连续四年多于成交量，供需关系合理，预期平稳向好。其中：共有产权住房供应1.67万套，成交1.05万套；纯商品住房供应6.4万套，成交5.4万套。据国家统计局数据，新建商品住房价格指数同比上涨3.5%，保持在合理区间内。

3. 新建商业、办公成交量增长

2020年全年新建办公用房上市235.2万平方米，同比增长9.1%；成交104.8万平方米，342亿元，增长26.9%、36.9%。新建商业营业用房上市89.7万平方米，同比下降34.8%；成交71.8万平方米，204亿元，增长22.9%、7.3%。

4. 二手住房成交量增价稳

2020年全年二手住房成交1479万平方米，16.5万套，同比增长17.5%、15.4%。据经纪机构数据，二手住房成交均价6.08万元/平方米，同比基本持平，较2017年最高位下降5.4%。

5. 住房租赁交易量增价落

据经纪机构数据，2020年全年住房租赁累计交易220.7万套次，同比增长2.7%（见图5-1）；平均租金

82.6 元/平方米·月，同比下降 4.4%（见图 5-2）。住房租赁平台合同备案量突破 300 万笔。

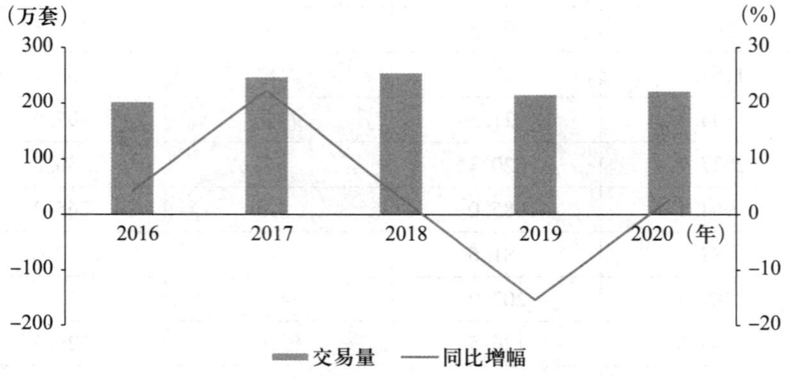

图 5-1　2016—2020 年北京市住房租赁交易情况

数据来源：北京市住建委。

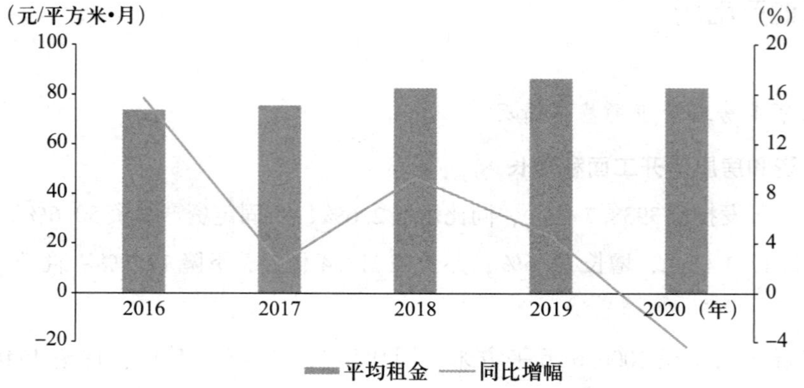

图 5-2　2016—2020 年北京市住房租赁月平均租金变化情况

数据来源：北京市住建委。

6. 房企到位资金有所增加

2020 年全年房地产开发企业到位资金 5820.9 亿元，同比增长 2.6%。其中：国内贷款 1423.1 亿元，增长 5.7%；自筹资金 1406.5 亿元，增长 16.7%；定金及预收款 2450.9 亿元，下降 2.6%；个人按揭贷款 336.5 亿元，下降 7.1%。

（二）北京市住房保障情况

1. 保障性住房有效供给不断增加

“十三五”期间，全市建设筹集各类政策性住房 41.4 万套，竣工 38.8 万套。分配公共租赁住房 16 万套，发放市场租房补贴近 10 亿元，集体建设用地建设租赁住房开工 41 个项目、房源 5.5 万套，共有产权住房供应 74 个项目、房源 7.8 万套。2020 年，建设筹集各类政策性住房 6.8 万套，完成全年 4.5 万套（间）任务的 151.1%；竣工 9.8 万套，完成全年 9 万套（间）任务的 108.9%。

2. 老旧小区综合整治加快推进

自 2017 年新一轮老旧小区综合整治启动以来，全市已累计确认 433 个项目，涉及小区 511 个、住宅楼

3646栋、居民34万户；拆除违法建设、规范物业管理等整治类内容已全面实施；已累计开工项目317个、完工项目105个。2020年，实现新开工项目220个，涉及小区261个、建筑面积1028万平方米、居民17万户；新完工项目61个，涉及小区72个、建筑面积214万平方米、居民3.5万户，居民满意度达90%以上。

（北京市城建研究中心）

三、上海市房地产市场

（一）2020年上海房地产市场基本情况

2020年，随着疫情防控逐步向好发展，上海市扩大有效投资、稳定经济发展相关措施持续推进，房地产开发建设明显提速。房地产开发投资、新开工面积等指标持续较快增长。楼市成交也逐步恢复，需求持续释放，市场全面回暖，住宅销售价格稳中有升。

1. 房地产开发建设明显提速

（1）房地产开发投资实现两位数增长

2020年，上海市房地产开发投资较快增长，全年开发投资4698.75亿元，比上年增长11.0%，增速较上年提高6.1个百分点（见图5-3）。

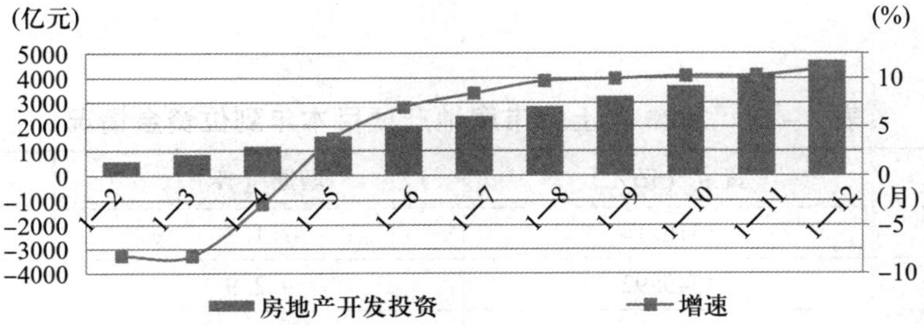

图5-3　2020年上海市房地产开发月度累计投资情况

数据来源：上海市统计局。

随着全市复工复产全面推进和开工建设持续加快，上海市房地产开发投资增速明显加快，在1—5月同比由降转增后持续攀升，实现了近4年以来的首次两位数增长。

从房屋类型看，住宅投资同比微增，商办投资较快增长。2020年，上海市住宅投资2418.79亿元，同比增长4.3%，占房地产开发投资的51.5%，占比下降3.3个百分点。商办投资经历了连续2年的下降后，2020年开始低位回升。其中：办公楼投资833.08亿元，增长20.8%，占投资总额的17.7%；商业用房投资559.85亿元，增长22.4%，占投资总额的11.9%。

从投资结构看，土地购置费仍是支撑房地产开发投资增长的主要因素。2020年，上海市房地产开发投资中的土地购置费2325.53亿元，同比增长18.4%，较上年同期增速提高3.6个百分点。土地购置费占全部房地产开发投资的49.5%，占比提高3.1个百分点；建安工程投资2053.41亿元，增长1.6%，占43.7%。

从投资主体看，除港澳台企业投资下降外，其他类型企业投资均增长较快。2020年，上海市国有房地产企业投资678.31亿元，同比增长13.9%；非国有投资4020.44亿元，增长10.6%。在非国有房地产企业中，股份制企业投资2610.91亿元，增长19.4%；外商企业投资161.26亿元，增长22.5%；私营企业投资905.96亿元，增长0.6%；港澳台企业投资337.69亿元，下降18.8%。

（2）房屋在建规模有所扩大

2020 年，随着上海促开工、稳增长力度持续加大，房屋在建规模有所扩大。上海市房屋施工面积 15740. 34 万平方米，同比增长 6. 3%。其中住宅 7712. 25 万平方米，增长 3. 6%。

随着各项稳增长政策措施持续显效发力，上海市住宅新开工止跌后快速回升，带动全部房屋新开工面积较快增长，竣工面积涨跌互现（见表 5－19）。

表 5－19　2020 年上海市房屋新开工、竣工面积情况

指　标	新开工面积（万平方米）	增速（%）	竣工面积（万平方米）	增速（%）
全部房屋	3440. 62	12. 3	2877. 78	7. 8
#住宅	1756. 37	11. 7	1627. 61	12. 0
市场化	861. 86	24. 5	654. 80	－27. 1
保障性	894. 52	1. 6	972. 81	75. 3
商　办	752. 79	11. 4	545. 52	－6. 6

数据来源：上海市统计局。

（3）到位资金更加依赖于企业自筹资金

2020 年房地产金融监管持续强化，企业资金筹措难度加大。从资金来源渠道看，企业更加依赖自筹资金。（见表 5－20）。

表 5－20　2020 年上海市房地产项目本年到位资金情况

指　标	资金（亿元）	增速（%）	比重（%）
本年到位资金	5516. 14	1. 3	100. 0
#国内贷款	1345. 92	－2. 9	24. 4
自筹资金	1975. 50	10. 5	35. 8
其他资金	2188. 97	－3. 4	39. 7

数据来源：上海市统计局。

据人民银行上海总部统计，截至 2020 年年底，上海中外资金融机构本外币商业性房地产贷款余额 24671. 34 亿元，比上年增长 6. 8%。其中：房地产开发贷款余额 7162. 33 亿元，增长 6. 4%；个人购房贷款余额 15974. 26 亿元，增长 6. 0%。上海市公积金贷款余额 4978. 75 亿元，比上年增长 11. 9%。

2. 楼市成交回暖

2020 年，上海市采取一系列措施，增供应、稳需求、稳预期，加强供需两端精细调控。

（1）新建住宅销售面积增长 5. 9%

2020 年，上海市新建房屋销售面积 1789. 16 万平方米，同比增长 5. 5%。其中住宅销售面积 1434. 07 万平方米，增长 5. 9%。2020 年虽然随着疫情的好转，楼市成交逐步恢复，市场化住宅销售量呈现两位数增长，但由于保障性住宅和非住宅销售规模仍然下降，因此全部房屋销售面积小幅增长（见图 5－4）。

从销售结构看，因征收安置中货币化补偿占比提高，对动迁房源需求减少，上海市保障性新建住宅销售持续下行，销售面积 629. 54 万平方米，下降 2. 7%。而市场化住宅成交明显增加，销售面积 804. 53 万平方米，增长 13. 9%，占全部新建住宅销售面积的 56. 1%，比重同比上升 3. 9 个百分点。

2020 年，上海市新建市场化住宅月均销售量回升至约 65 万平方米，为近 4 年成交新高。主要是因为：一

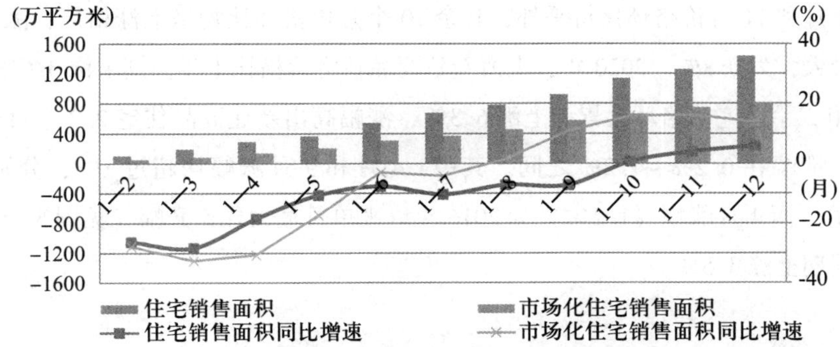

图 5-4　2020 年上海市新建住宅及市场化住宅月度累计销售面积情况

数据来源：上海市统计局。

方面为应对新冠肺炎疫情影响，提振市场信心，政府部门加快了市中心项目的预售证审批，部分项目的预售价格突破所在区域的限价上限，这在一定程度上提振了房企推盘的积极性。另一方面，在经济下行及货币宽松背景下，部分客户有资产配置的需求，加快了入市的节奏。而不断释放的成交又有力地支撑了市场，带动了市场成交的整体释放。

2020 年，上海市商办销售受新冠肺炎疫情和交易形式转变（更多采取股权交易的形式）影响，办公楼销售面积 101. 68 万平方米，比上年增长 0. 8%；商业营业用房销售面积 83. 74 万平方米，下降 5. 4%。

（2）存量房成交活跃

2020 年，上海市二手房市场活跃度明显上升，成交量同比增长。据上海市房地产交易中心统计，上海市存量房网签面积 2495. 43 万平方米，比上年增长 19. 9%。其中存量住宅网签面积 2246. 23 万平方米，增长 24. 4%。新冠肺炎疫情得到控制后，上海市二手房市场恢复快于新房，积压的购房需求明显释放，成交量快速上升，创近 4 年新高。

从月度存量房成交量看，新冠肺炎疫情得到控制后上海存量住宅成交量逐月回升。2020 年 1—3 月二手房成交量受新冠肺炎疫情影响较大，当月成交同比均呈两位数下降。自 4 月开始，二手房市场逐渐升温，月度成交量逐步上升。5 月开始月度成交面积均超 200 万平方米，是 2016 年 10 月调控以来的新高。9 月，市场成交继续上升，当月成交面积 252. 39 万平方米，基本达到 2015 年月均成交水平（253 万平方米）。10 月、11 月和 12 月，虽然临近年底月成交量有所回落，分别成交 215. 87 万平方米、196. 19 万平方米和 203. 14 万平方米，但与上年同月相比仍处于较高水平，分别增长 75. 4%、42. 2% 和 72. 5%。

（3）新建市场化住宅供应减少

2020 年，受新冠肺炎疫情影响，上海市市场化住宅新增供应节奏略有不均、总量也有所减少。据上海市房地产交易中心统计，上海新建市场化住宅新增供应面积 711. 17 万平方米，比上年下降 11. 2%。1 季度，受疫情和春节叠加因素影响，市场化住宅新增供应有所暂停，2 月和 3 月供应合计不足 5 万平方米。2 季度，随着疫情趋于稳定，预售许可审批明显加快，供应大幅增加，当季新增供应同比微降 0. 9%。下半年，供应节奏进一步加快，供应规模同比增长约三成，3 季度供应量已超上半年，有效支撑市场需求。但由于全年供应总量仍同比减少，而市场成交释放明显，上海新建市场化住宅网上可售面积下降。2020 年年底，新建市场化住宅网上可售面积 699 万平方米，比年初减少 94 万平方米。

3. 新建和二手住宅销售价格均小幅上涨

2020 年，上海市新建商品住宅价格指数总体稳中有升，全年环比累计上涨 4. 2%。分月看，各月价格均呈小步上行态势，除2月和11月价格环比持平外，其余10个月价格环比均呈上涨格局，涨幅在0.1%~0.8%之间，其中5月涨幅最大，为0.8%。2020年，上海新建商品住宅价格比上年同期上涨3.6%。

2020年，上海市二手住宅价格环比累计上涨6.3%，涨幅高出新建商品住宅2.2个百分点。分月看，各月价格均呈上涨态势，涨幅在0.2%~1.2%之间。其中，4月和9月涨幅均超过1%，分别对应"小阳春"和"金九"，是两个峰值，而4月涨幅（1.2%）为2016年以来单月最大环比升幅（见图5-5）。2020年，上海二手住宅价格比上年同期上涨3.5%。

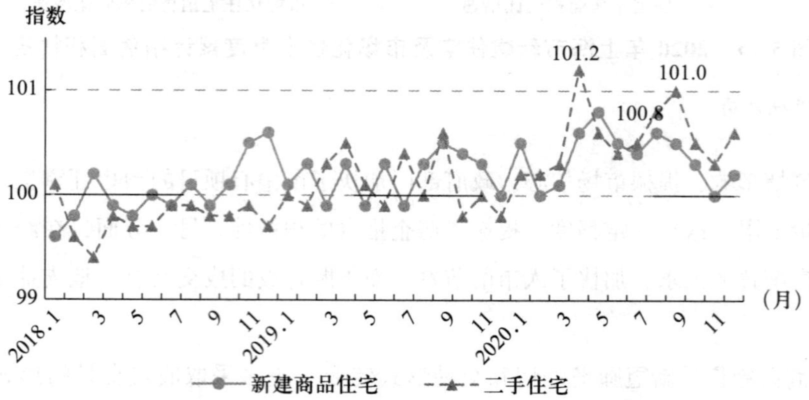

图5-5 2018年1月—2020年12月上海市住宅销售环比价格指数

数据来源：上海市统计局。

（二）住房保障工作水平持续提升

全年新增保障性住房供应6.1万套，新增代理经租房源9.9万套，新建和转化租赁房源10万套，租赁住房累计形成供应约13万套。历年累计廉租住房受益家庭达13.4万户，累计公共租赁房享受保障72万户。

大力推进旧区改造，完成中心城区成片二级旧里以下房屋改造75.3万平方米、受益居民3.6万户；完成709万平方米三类旧住房综合改造，受益居民约13万户；修缮保护各类里弄房屋55.8万平方米。全年有751幢房屋通过居民意见征询完成加装电梯计划立项工作，完工运行294台。

（上海市统计局）

四、广东省房地产市场

（一）房地产市场总体超预期复苏

2020年1—2月受新冠肺炎疫情影响，广东省商品房销售和房地产开发投资等主要指标增速出现大幅下滑。但自3月开始，一方面因疫情得到有效控制，行业有序复工复产；另一方面因相对宽松的货币金融环境及房企加快销售回笼资金，促使市场持续恢复，总体上超预期复苏。

1. 商品房销售量处于历史高位

2020年，全省商品房销售面积14908.25万平方米，销售额22572.51亿元，同比增长7.7%和14.3%。其中：住宅销售面积12930.66万平方米，销售额19829.63亿元，同比分别增长8.9%和18.3%。商品房销售均价15141元/平方米，同比上涨6.2%。其中商品住宅15335元/平方米，上涨8.6%（见表5-21，图5-6）。数据显示，2020年商品房市场呈持续复苏态势，全年销售面积仅低于2017年的历史最高水平，销售额则再创历史新高。

表 5-21　2020 年广东省各用途商品房销售情况

单位：万平方米，亿元，元/平方米

类　别	销售面积（万平方米）	同比（%）	销售金额（亿元）	同比（%）	销售均价（元/平方米）	同比（%）
商品房	14908.25	7.7	22572.51	14.3	15141	6.2
#商品住宅	12930.66	8.9	19829.63	18.3	15335	8.6
#办公楼	448.14	-12.4	1189.86	-7.1	26551	6.1
#商业营业用房	610.92	-6.7	954.31	-13.8	15621	-7.7
#其他用房	918.54	13.7	598.71	-0.6	6518	-12.6

数据来源：广东省统计局。

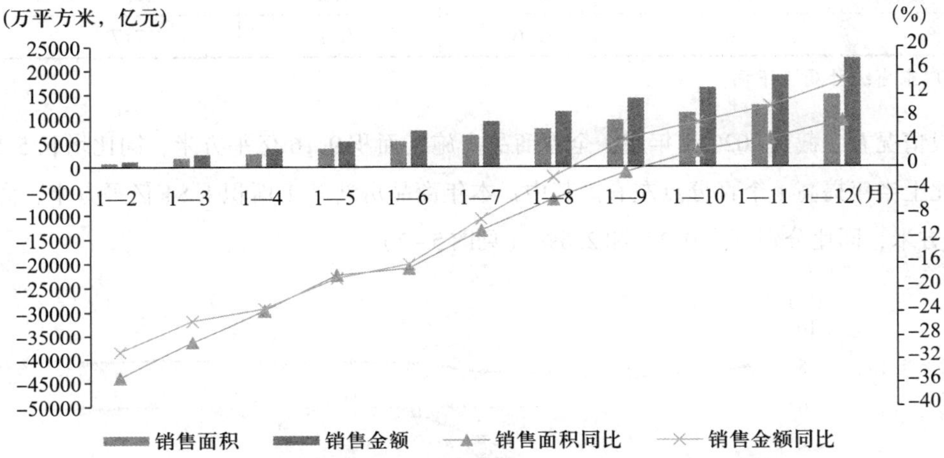

图 5-6　2020 年广东省商品房销售面积、销售额月度累计走势

数据来源：广东省统计局。

2. 土地市场相比楼市更显活跃

2020 年全省土地成交量和成交价的同比增幅均明显高于商品房成交指标增幅，土地市场相对商品房市场更显活跃（见表 5-22）。

表 5-22　2020 年广东省经营性用地成交情况

指　标	数　值				同比（%）			
	居住用地	商服用地	工业用地	合计	居住用地	商服用地	工业用地	合计
成交宗数（宗）	985	379	2019	3383	23.0	28.5	38.6	32.5
占地面积（万平方米）	4192.77	866.03	7153.49	12212.29	31.7	2.4	24.5	25.0
可建面积（万平方米）	11627.64	2241.18	17276.35	31145.17	32.6	12.5	28.6	28.7
成交金额（亿元）	6592.09	1063.60	531.53	8187.23	50.6	49.2	4.7	46.3
起始地价（元/平方米）	4905	4680	301	2335	12.2	34.9	-19.0	12.4
平均成交地价（元/平方米）	5669	4746	308	2629	13.6	32.7	-18.6	13.6
平均溢价率（%）	15.6	1.4	2.2	12.6	1.4	-1.7	0.6	1.2

数据来源：广东省房地产行业协会土地与产业研究中心。

3. 土地成本上升带动投资增长

从投资建设情况看，全省完成房地产投资 17312.74 亿元，同比增长 9.2%，比年初提高 25.3 个百分点（见表5－23）。自2018 年起，土地购置费占同期完成投资额的比重明显提高，2020 年房地产完成投资同比增速的较快回升，主要也是受土地购置费的拉动。

表 5－23　2020 年广东省房地产完成投资构成比较

项　目	本年完成投资				
		建安工程	设备工器具购置	其他费用	
					土地购置费
投资额（亿元）	17312.74	8939.27	178.86	8194.61	6742.55
同比（%）	9.2	3.0	－6.1	17.4	14.7
占比（%）	100	51.6	1.0	47.3	38.9
拉动增长（%）	9.2	1.6	－0.1	7.7	5.4

数据来源：广东省统计局，下同。

从施工建设情况看，截至2020 年年底，全省商品房施工面积9.16 亿平方米，同比增长 5.5%，下半年的累计同比增速比上半年提高 1 个百分点左右。其中：本年商品房新开工面积 1.84 亿平方米，商品住宅新开工面积 1.26 亿平方米，同比分别下降 0.2% 和 2.6%（见图 5－7）。

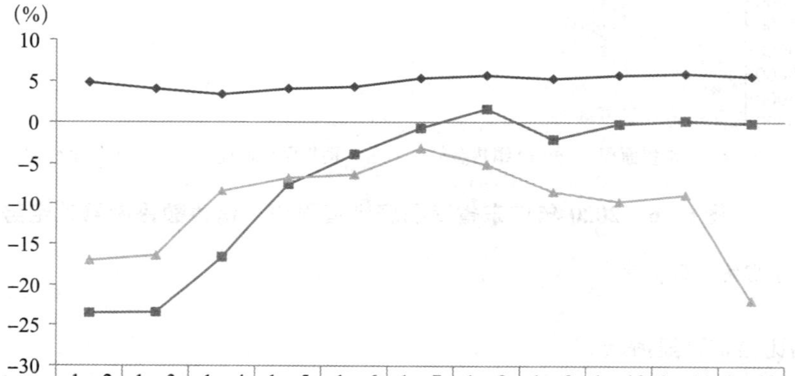

	1—2	1—3	1—4	1—5	1—6	1—7	1—8	1—9	1—10	1—11	1—12（月）
施工面积同比	4.8	4.0	3.4	4.1	4.3	5.3	5.7	5.3	5.7	5.9	5.5
新开工面积同比	-23.5	-23.5	-16.6	-7.6	-3.9	-0.7	1.6	-2.1	-0.2	0.2	-0.2
竣工面积同比	-17.0	-16.4	-8.4	-6.8	-6.3	-3.1	-5.1	-8.6	-9.8	-9.0	-22.0

图 5－7　广东省商品房施工、新开工、竣工面积月度累计同比走势

4. 监管加强行业资金压力加大

得益于商品房销售市场的持续复苏，2020 年房地产到位资金同比增速逐月提高，全年到位资金 26338.87 亿元，同比增长 10.2%，比年初提高 30.5 个百分点。其中，定金及预收款 8485.31 亿元，个人按揭贷款 3939.32 亿元，增长 4.8% 和 7.5%，上述销售回笼资金合计占到位资金 47.2%。国内贷款 4799.69 亿元，增长 10.5%；占到位资金 18.2%，比上半年下降 3.8 个百分点（见图 5－8），这与下半年国家进一步加强房地产金融监管有关，尤其与 9 月起针对部分房企试点实施的融资“三道红线”制度密切相关。

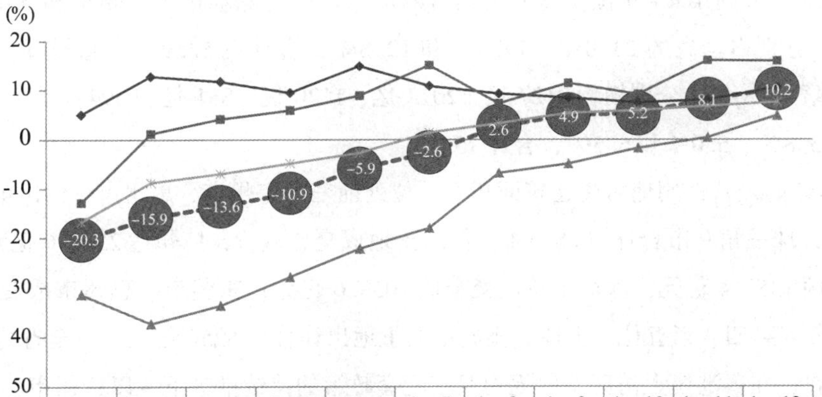

	1—2	1—3	1—4	1—5	1—6	1—7	1—8	1—9	1—10	1—11	1—12 (月)
到位资金	-20.3	-15.9	-13.6	-10.9	-5.9	-2.6	2.6	4.9	5.2	8.1	10.2
国内贷款	5.0	12.7	11.7	9.4	14.9	10.8	9.2	8.4	7.4	8.0	10.5
自筹资金	-12.9	1.2	4.1	5.9	8.8	15.1	7.2	11.3	9.1	16.1	16.0
定金及预收款	-31.4	-37.3	-33.7	-27.8	-22.2	-18.0	-6.8	-4.9	-1.7	0.4	4.8
个人按揭贷款	-16.8	-8.8	-6.9	-4.8	-2.7	1.4	3.2	5.3	5.9	6.7	7.5

图 5-8　2020 年广东省房地产企业主要来源资金月度累计同比走势

数据来源：广东省统计局。

2020 年全省中外资银行业机构新增房地产贷款余额 7309. 35 亿元，占各项新增贷款余额总量的 26. 4%，同比下降 8. 9 个百分点，其中新增个人住房按揭贷款 5841. 69 亿元，占总新增贷款余额的 21. 1%，截至 2020 年年底，房地产贷款余额 68740. 97 亿元，占总贷款余额的 35. 1%；其中个人住房贷款余额 49915. 16 亿元，占总贷款余额的 25. 5%（见表 5-24）。

表 5-24　广东省中外资银行业机构新增个人住房贷款情况

单位：亿元，%

年　份	各项新增贷款余额	新增房地产贷款		新增房地产贷款占总新增贷款余额比重	新增个人房贷占总新增贷款比重
			新增个人住房贷款		
2016	15267. 28	9222. 62	158. 80	8450. 27	60. 4
2017	15103. 54	7599. 39	1948. 34	4811. 50	50. 3
2018	19137. 45	8980. 24	2545. 14	5238. 87	46. 9
2019	22825. 19	8050. 89	1584. 64	5860. 25	35. 3
2020	27686. 03	7309. 35	1134. 21	5841. 69	26. 4

数据来源：中国人民银行广州分行。

（二）核心城市引领区域市场发展

1. 两个都市圈表现抢眼

2020 年佛山市、惠州市、广州市的商品房销售面积居全省前三，达 2165 万平方米、1838 万平方米和 1539 万平方米，分别占全省的 14. 5%、12. 3% 和 10. 3%，远高于其他城市；深圳市、东莞市分别为 929 万平方米和 880 平方米，清远市、江门市、肇庆市、中山市分别为 778 万平方米、749 万平方米、732 万平方米和 698 万平方米，分列第 4 ~9 位。商品房销售额前三位则为深圳市、广州市和佛山市，达 5193 亿、3857 亿和 2895 亿元，分别占全省的 23.0%、17.1% 和 12.8%，合计占 52.9%；惠州市、东莞市、珠海市、中山市、江门市分列第 4 ~8 位，分别销售 2127 亿、2017 亿、1120 亿、831 亿和 594 亿元；粤东西北 3 个地区销售额分别占全省的 3.8%、5.0% 和 6.5%，合计 15.3%。

从 2020 年出让的经营性用地可建建筑面积看，位列前三的广州市、惠州市、佛山市分别占全省的 13.6%、13.4% 和 11.0%，珠三角 9 市合计占 68.5%。但从土地成交金额看，广州达 2538.6 亿元，遥遥领先其他城市；佛山市总成交金额 1352.4 亿元，深圳市总成交金额 1053.6 亿元；东莞市、惠州市成交金额分别为 713.8 亿元和 595.6 亿元，分列第四、第五位。上述 5 座城市的土地出让合计 6254 亿元，占全省的 76.4%。

数据综合反映，在粤港澳大湾区发展规划及其配套政策的持续推进下，以广州市、深圳市两个中心城市为核心，广佛都市圈、深莞惠都市圈的房地产市场表现明显强于其他城市，是房地产企业重点布局的两个核心地区。

2. 各市复苏态势普遍良好

从相对量看，汕头、韶关、河源、潮州 4 座城市 2020 年的商品房销售面积同比有所下降；销售均价同比下降的则多达 9 座城市，分别为清远、肇庆、云浮、梅州、汕尾、阳江、茂名、韶关和珠海。其中，东莞、广州、湛江、佛山、惠州、揭阳、中山、江门、深圳 9 座城市商品房销售面积、销售均价同比均有不同幅度增长，表现为量升价涨；清远、肇庆、云浮、梅州、阳江、汕尾、茂名、珠海 8 座城市则呈量升价跌态势，潮州、河源两市量降价涨，韶关、汕头两市量价与上年同期基本相当。

（三）广东省各地房地产市场主要指标数据（见表 5-25 ~5-27）

表 5-25　2020 年广东省各市商品房销售情况

单位：万平方米，亿元，%

城市/地区	商品房销售面积	#住宅	销售面积同比	#住宅	商品房销售金额	#住宅	销售金额同比	#住宅
广东省	14908.25	12930.66	7.7	8.9	22572.51	19829.63	14.3	18.3
广州市	1539.40	1223.21	5.1	10.5	3857.08	3316.33	17.8	24.8
深圳市	929.16	772.53	12.4	17.3	5193.00	4304.51	15.0	20.3
珠海市	481.83	419.38	10.1	8.4	1119.93	968.71	8.9	7.7
汕头市	387.30	328.83	-0.2	-1.9	351.45	283.60	0.8	1.9
佛山市	2165.33	1693.04	1.5	2.6	2895.37	2466.81	9.2	12.2
韶关市	330.49	301.38	-1.9	-1.6	203.55	179.91	-3.4	-3.0
河源市	442.86	379.88	-4.2	-12.6	292.86	259.23	-2.5	-7.5
梅州市	400.95	371.06	8.8	8.8	245.54	226.81	3.3	4.8
惠州市	1838.14	1745.55	6.6	6.2	2126.68	2056.17	13.3	14.1
汕尾市	294.45	280.11	31.4	32.0	218.05	205.83	25.6	26.9
东莞市	879.57	766.79	23.6	37.4	2016.64	1840.65	47.2	65.6

续表

城市/地区	商品房销售面积	#住宅	销售面积同比	#住宅	商品房销售金额	#住宅	销售金额同比	#住宅
中山市	697.65	581.99	0.7	1.7	831.32	765.41	4.6	6.8
江门市	748.57	666.55	12.2	18.5	594.16	544.54	15.5	20.1
阳江市	358.55	327.37	5.7	4.2	210.23	191.39	2.6	3.0
湛江市	593.99	576.04	12.6	16.1	541.24	518.70	22.0	25.4
茂名市	574.66	535.35	28.5	29.7	385.03	356.71	25.8	27.1
肇庆市	731.67	663.48	8.2	8.7	476.16	431.72	-0.6	1.0
清远市	777.63	637.42	8.2	1.4	547.87	486.94	-3.9	-4.3
潮州市	126.93	122.74	-12.1	-10.9	85.80	81.59	-6.7	-5.3
揭阳市	282.47	266.44	3.0	3.3	205.26	190.64	9.0	9.7
云浮市	326.68	271.53	16.5	9.8	175.29	153.47	7.8	7.9
按经济区域分								
珠三角	10011.31	8532.52	7.2	10.1	19110.34	16694.84	15.8	20.6
东　翼	1091.14	998.12	5.8	5.8	860.56	761.65	7.2	8.7
西　翼	1527.20	1438.76	16.2	17.6	1136.50	1066.79	19.0	21.2
山　区	2278.60	1961.26	5.2	0.2	1465.11	1306.35	-1.1	-2.0

数据来源：广东省统计局。

表 5-26　2020 年广东各市商品房施工、新开工情况

单位：万平方米，%

城市/地区	商品房施工面积	#住宅	施工面积同比	#住宅	商品房新开工面积	#住宅	新开工面积同比	#住宅
广东省	91642.42	62695.09	5.5	5.1	18407.77	12573.97	-0.2	-2.6
广州市	11878.29	6924.32	-0.9	-3.3	2620.61	1405.67	18.0	-0.1
深圳市	9661.44	4793.00	21.3	21.0	1882.36	983.10	29.3	27.2
珠海市	4132.98	2164.65	13.4	12.6	869.29	491.61	22.0	42.1
汕头市	2838.69	1822.89	-6.7	-5.7	543.84	405.53	69.7	105.5
佛山市	9749.78	6590.25	-0.9	-0.1	1821.50	1232.30	6.7	8.4
韶关市	2333.41	1849.82	1.3	2.1	347.75	286.75	-29.2	-25.6
河源市	1791.24	1401.08	8.9	7.7	483.20	356.37	-12.8	-16.3
梅州市	2421.35	1888.98	0.6	3.3	316.71	267.34	-48.3	-42.9

续表

城市/地区	商品房施工面积	#住宅	施工面积同比	#住宅	商品房新开工面积	#住宅	新开工面积同比	#住宅
惠州市	9953.04	7888.39	9.3	9.5	1730.53	1375.56	-17.7	-16.2
汕尾市	1634.89	1260.45	38.8	36.7	513.29	396.93	22.8	34.2
东莞市	4294.25	3107.18	3.1	5.6	926.12	711.99	60.9	85.2
中山市	4432.57	3017.90	-8.2	-8.0	492.06	348.67	-39.0	-38.9
江门市	4655.62	3546.83	11.8	14.2	1321.20	997.03	9.0	13.3
阳江市	1959.41	1620.08	-6.5	-4.1	240.27	206.01	-43.5	-43.3
湛江市	3729.00	2699.23	6.2	5.3	785.38	574.44	-32.2	-31.0
茂名市	3445.56	2595.91	14.9	15.1	748.44	577.56	6.9	8.1
肇庆市	4186.90	3223.14	1.1	2.8	764.02	587.69	-25.8	-21.5
清远市	4592.28	3338.97	8.3	2.4	972.30	686.98	-0.5	-10.1
潮州市	889.62	600.39	9.9	0.2	226.86	124.70	48.4	12.4
揭阳市	1440.46	1120.09	22.9	16.3	543.48	387.81	25.4	9.9
云浮市	1621.65	1241.55	3.3	1.2	258.55	169.95	-31.0	-40.6
按经济区域分								
珠三角	62944.87	41255.66	5.2	5.0	12427.70	8133.60	5.1	3.1
东　翼	6803.66	4803.82	9.7	8.7	1827.47	1314.97	38.0	37.4
西　翼	9133.97	6915.22	6.1	6.2	1774.08	1358.01	-22.3	-21.5
山　区	12759.93	9720.39	4.9	3.1	2378.52	1767.38	-21.0	-24.1

数据来源：广东省统计局。

表 5-27　2020 年广东省各市居住用地成交情况

单位：宗，公顷，万平方米，亿元，元/平方米

序号	城市	宗数	城市	用地面积	城市	可建面积	城市	成交金额	城市	楼面地价
1	惠州	156	广州	572.51	惠州	1706.95	广州	1940.93	深圳	14907
2	河源	111	佛山	495.75	广州	1440.07	佛山	1242.11	广州	13478
3	佛山	87	惠州	485.39	佛山	1343.75	深圳	800.72	珠海	11450
4	广州	81	湛江	313.11	河源	745.27	东莞	559.85	东莞	9753
5	清远	54	河源	303.40	湛江	728.89	惠州	465.04	佛山	9244
6	韶关	54	东莞	223.81	肇庆	607.42	珠海	325.50	中山	8642
7	茂名	53	肇庆	215.03	东莞	574.02	中山	224.32	汕头	4231
8	湛江	52	茂名	205.53	茂名	557.03	江门	190.07	江门	3746

续表

序号	城市	宗数	城市	用地面积	城市	可建面积	城市	成交金额	城市	楼面地价
9	肇庆	49	江门	196.55	深圳	537.13	汕头	168.93	惠州	2724
10	江门	46	清远	176.50	江门	507.32	肇庆	109.06	潮州	1873
11	东莞	43	韶关	160.20	韶关	461.41	湛江	106.26	揭阳	1854
12	梅州	41	深圳	158.86	汕头	399.24	河源	92.42	肇庆	1795
13	深圳	31	珠海	137.26	清远	394.66	茂名	79.69	清远	1747
14	汕头	22	汕头	104.27	梅州	313.25	清远	68.95	梅州	1482
15	揭阳	22	梅州	98.41	珠海	284.29	韶关	55.71	湛江	1458
16	珠海	20	中山	83.01	中山	259.56	梅州	46.42	茂名	1431
17	云浮	17	揭阳	70.63	揭阳	222.03	揭阳	41.17	云浮	1371
18	阳江	15	汕尾	57.40	汕尾	169.71	潮州	25.42	河源	1240
19	汕尾	12	潮州	51.18	云浮	153.57	云浮	21.06	汕尾	1226
20	中山	11	云浮	48.14	潮州	135.75	汕尾	20.81	韶关	1207
21	潮州	8	阳江	35.81	阳江	86.31	阳江	7.64	阳江	885
22	**全省**	**985**	**全省**	**4192.77**	**全省**	**11627.64**	**全省**	**6592.09**	**全省**	**5669**

数据来源：广东省房协土地与产业研究中心。

（广东省房地产业协会）

五、广州市房地产市场

（一）2020年广州市房地产市场基本情况

2020年年初受突发的新冠肺炎疫情影响，广州房地产市场多项指标出现明显下滑。自4月起，随着疫情得到有效控制，房企积极让利促销及多区出台人才购房政策等因素叠加影响，房地产市场逐月加速复苏。

1. 开发投资情况

2020年全市完成房地产投资3293.95亿元，同比增长6.2%，增速同比下降8.6个百分点。

按投资构成看，建筑安装工程和设备工器具购置分别为1184.01亿元和14.31亿元，同比增长9.1%和8.3%，合计拉动整体投资增长3.2个百分点；土地购置费2095.62亿元，同比增长2.2%，拉动投资增长1.3个百分点（见表5-28）。

表5-28 2020年广州房地产完成投资情况

单位：亿元，%

项目	本年完成投资	按构成分				按用途分			
		建安工程	设备工器具购置	其他费用	土地购置费	商品住宅	办公楼	商业营业用房	其他
金额	3293.95	1184.01	14.31	2095.62	1820.98	2155.21	405.88	235.42	497.44
同比	6.2	9.1	8.3	4.6	2.2	3.3	23.8	-20.9	27.6
占比	100.0	35.9	0.4	63.6	55.3	65.4	12.3	7.1	15.1

数据来源：广东省统计局。

按用途分，商品住宅和办公楼分别完成投资 2155.21 亿元和 405.88 亿元，同比分别增长 3.3% 和 23.8%，占总投资的 65.4% 和 12.3%，拉动投资增长 2.2 个和 2.5 个百分点；商业营业用房完成投资 235.42 亿元，同比下降 20.9%，占总投资 7.1%；其他用房投资 497.44 亿元，同比增长 27.6%。

2. 房屋建设情况

截至 2020 年年底，全市商品房施工面积 11878.29 万平方米，同比微降 0.9%。按用途分，商品住宅、商业营业用房、办公楼和其他用房的施工面积分别为 6924.32 万平方米、1147.76 万平方米、1374.19 万平方米和 2432.02 万平方米，占总施工面积的 58.3%、9.7%、11.6% 和 20.5%，同比分别下降 3.3%、10.0% 和增长 1.7%、10.6%。其中本年商品房新开工面积 2620.61 万平方米，同比增长 18.0%。

3. 到位资金情况

2020 年，广州市房地产开发项目本年到位资金 5337.13 亿元，同比增长 6.7%（见表 5-29）。

表 5-29　2019 年、2020 年广州市房地房地产项目本年到位资金情况

单位：亿元，%

指标		到位资金	国内贷款	自筹资金	定金及预收款	个人按揭贷款	其他到位资金
2019 年	金额	5003.56	1017.46	1668.71	1703.82	396.35	217.22
	占比	100.0	20.3	33.4	34.1	7.9	4.3
2020 年	金额	5337.13	1052.25	1904.07	1662.22	640.55	78.03
	占比	100.0	19.7	35.7	31.1	12.0	1.5
	同比	6.7	3.4	14.1	-2.4	61.6	-64.1

数据来源：广东省统计局。

4. 土地市场情况

2020 年，广州市经营性建设用地挂牌 334 宗，用地面积 1678.19 公顷（见表 5-30）。

表 5-30　2019 年、2020 年广州市经营性建设用地成交情况

指标	挂牌数（宗）	居住用地	商服用地	工业用地	挂牌面积（公顷）	居住用地	商服用地	工业用地
2019 年	267	77	51	139	1595.84	570.30	165.08	860.46
2020 年	334	104	87	143	1678.19	711.70	280.70	685.79
同比增长（%）	25.1	35.1	70.6	2.9	5.2	24.8	70.0	-20.3

数据来源：广东省房协土地与产业研究中心。

通过招拍挂出让土地 286 宗，用地面积 1484.23 公顷（见表 5-31）。

表 5-31　2020 年广州市经营性建设用地挂牌情况

指标	数值				同比（%）			
	建设用地	居住用地	商服用地	工业用地	建设用地	居住用地	商服用地	工业用地
成交宗数（宗）	286	81	66	139	38.8	50.0	94.1	17.8
用地面积（公顷）	1484.23	572.51	257.63	654.09	9.7	40.7	91.8	-19.4

续表

指　标	数　值				同比（%）			
	建设用地	居住用地	商服用地	工业用地	建设用地	居住用地	商服用地	工业用地
可建面积（万平方米）	4227.37	1440.07	636.63	2150.68	12.5	36.0	105.2	-10.0
成交金额（亿元）	2538.57	1940.93	509.34	88.30	52.0	43.1	134.0	-8.5
楼面地价（元/平方米）	6005.00	13478.00	8001.00	411.00	35.1	5.2	14.0	1.6
溢价率（%）	6.90	9.20	0.00	0.30	1.3	2.2	0.0	-0.1

数据来源：广东省房协土地与产业研究中心。

5. 新房供应与销售情况

2020年广州市新建商品房供应持续增加，全年批准预售面积1513.17万平方米，同比增长53.5%（见表5-32）。

表5-32　2020年广州市各区新建商品房批准预售面积情况

单位：万平方米，%

行政区	住　宅		商　业		办　公		合　计	
		同比		同比		同比		同比
越秀区	7.87	40.2	0.13	—	0.13	-39.7	8.14	39.5
海珠区	22.42	126.1	3.95	1628.8	29.74	330.7	56.11	229.1
荔湾区	43.09	-0.4	31.05	4623.0	1.29	-69.7	75.42	56.6
天河区	24.55	6.9	3.04	-31.1	4.50	-20.2	32.09	-2.8
白云区	103.76	174.2	1.40	97.4	5.87	-13.6	111.03	144.8
黄埔区	198.25	78.9	7.08	16.6	27.43	6.9	232.77	63.3
花都区	116.27	24.6	2.49	-89.0	9.65	-39.8	128.41	-2.7
番禺区	156.78	114.8	30.38	974.3	9.76	-53.0	196.92	103.8
南沙区	259.11	100.0	7.31	35.0	39.91	490.2	306.33	116.1
从化区	52.35	18.6	0.41	-38.3	0.00	-100.0	52.76	11.9
增城区	286.51	9.4	5.93	35.1	20.75	104.1	313.18	13.3
合　计	1270.96	52.7	93.18	93.9	149.04	41.2	1513.17	53.5

数据来源：广州市住房和城乡建设局。

从新房销售情况看，年初因受新冠肺炎疫情的影响，第一季度商品房销售量同比下降超过30%；3—5月，随着积压的购房需求逐渐释放，市场逐步回暖；年中之后，随着疫情逐步得到控制，加上不少房企采取“加速推货+以价换量”策略，以及多个行政区纷纷出台了人才政策，市场加速恢复。全年新建商品房销售面积1539.40万平方米，销售额3857.08亿元，同比分别增长5.1%和17.8%。其中：商品住宅销售面积1223.21万平方米，销售额3316.33亿元，同比增长10.5%和24.8%；办公楼销售面积119.73万平方米，同比下降22.2%；商业营业用房销售面积110.04万平方米，同比增长3.2%（表5-33、表5-34）。

表 5－33　2020 年广州市各区新建商品房销售面积及同比情况

单位：万平方米，%

市/区		商品房合计	同比	商品住宅	同比	办公楼	同比	商业营业用房	同比
主城区	荔湾区	53.10	－38.2	44.61	－37.3	0.70	－53.7	6.49	－20.3
	越秀区	44.00	79.7	42.53	87.1	0.60	—	0.09	－94.5
	海珠区	49.61	1.8	20.39	－20.5	10.95	－26.2	10.55	36.2
	天河区	83.99	4.3	48.84	5.6	9.22	－48.9	15.72	41.9
	白云区	81.60	35.4	74.39	53.7	4.56	－15.5	0.20	－95.8
	黄埔区	207.00	－9.2	167.22	8.0	20.82	－28.7	8.15	－17.8
非主城区	番禺区	222.88	57.4	156.62	64.6	43.70	82.2	11.97	7.1
	花都区	148.47	11.2	121.34	58.0	9.87	－71.1	9.22	－42.9
	南沙区	256.37	19.1	200.03	24.9	17.54	－23.9	34.40	107.9
	从化区	54.88	13.9	50.98	22.4	0.00	－100.0	3.00	－10.8
	增城区	337.51	－15.3	296.26	－18.6	1.77	－28.9	10.25	－36.6
全　市		1539.40	5.1	1223.21	10.5	119.73	－22.2	110.04	3.2

数据来源：广东省统计局。

表 5－34　2020 年广州市各区新建商品房销售额及同比情况

单位：亿元，%

市/区		商品房合计	同比	商品住宅	同比	办公楼	同比	商业营业用房	同比
主城区	荔湾区	252.72	－32.5	223.29	－32.8	2.71	－46.8	24.00	－14.1
	越秀区	109.23	137.0	106.61	174.4	0.60	—	0.38	－94.3
	海珠区	215.80	16.5	139.96	9.8	27.33	－34.0	26.38	64.7
	天河区	272.09	－7.0	192.07	－5.4	29.00	－36.9	33.86	25.0
	白云区	295.84	13.8	279.48	20.0	10.86	0.1	0.83	－94.3
	黄埔区	566.86	18.1	499.57	31.2	42.59	－25.1	15.66	－8.9
非主城区	番禺区	588.52	47.9	469.78	55.5	74.60	32.5	34.26	32.0
	花都区	288.54	24.5	251.82	63.8	15.18	－69.3	14.73	－38.5
	南沙区	636.00	51.0	548.48	61.5	30.91	－15.2	53.65	56.7
	从化区	80.97	18.2	76.92	27.2	0.00	－100.0	3.16	－22.3
	增城区	550.52	6.2	528.34	8.7	3.28	－5.0	9.12	－46.8
全市合计		3857.08	17.8	3316.33	24.8	237.07	－22.8	216.01	0.6

数据来源：广东省统计局。

从商品住宅供求关系看，2020 年广州市批准预售面积和销售面积分别为 1270.96 万平方米和 1223.21 万平方米，供求比为 1.04，供求关系基本平衡。其中：越秀和天河两区的供求比为 0.19 和 0.50，表现为供不应求；

花都、荔湾、增城、番禺、从化和海珠六区供求比在0.96~1.10之间，供求关系基本平衡；黄埔、南沙和白云三区供求分别为1.19、1.30和1.39，表现为供大于求。

6. 存量房销售情况

2020年，广州市存量商品房成交面积1167.24万平方米，同比增长16.5%。其中：存量商品住宅成交10.99万套，成交面积992.51万平方米，同比分别增长19.2%和25.5%（见表5-35）。

表5-35 2019年、2020年广州市存量商品房成交面积

单位：万平方米,%

年 份	存量房合计	#住宅	#商业	#办公	#车位	#其他
2019	1002.15	790.70	31.42	36.78	11.72	131.53
2020	1167.24	992.51	22.18	33.93	10.93	107.69
同比增速	16.50	25.50	-29.40	-7.70	-6.70	-18.10

数据来源：广州市住房和城乡建设局。

7. 住宅销售价格

根据广东省统计局数据，2020年广州市新建商品住宅销售面积为1223.21万平方米，销售金额为3316.33亿元，依此计算的销售均价为27112元/平方米，同比上涨12.9%。

根据国家统计局发布的70座大中城市商品住宅销售价格变动情况数据，2020年1—12月，广州市新建商品住宅价格指数环比数据较为平稳，波动幅度均在1%以内；价格指数同比则均有所上涨，涨幅呈现先下降后回升态势，至12月达到5.2%的最高值。从二手住宅看，1—4月价格指数同比均有所下降，但降幅逐月缩窄；自5月起由降转升，涨幅也有所扩大，至12月达7.5%，比新建住宅同比涨幅大2.3个百分点。

（二）2020年广州市住房保障工作情况

1. 住房保障工作总体情况

2020年，广州全市新开工棚户区改造住房11053套，是年度任务量的273.9%；基本建成棚户区改造住房8857套、公共租赁住房3805套，完成率分别为144.5%和702.0%，均超额完成计划任务；新建改建、盘活存量租赁住房房源超4万套（见表5-36）。

表5-36 广州市保障性安居工程年度项目建设计划任务量完成进度

单位：套,%

年份	新开工棚户区			基本建成棚户区			基本建成公租房		
	任务量	实际开工	完成率	任务量	实际建成	完成率	任务量	实际建成	完成率
2019	14641	17283	118.0	7500	17686	235.8	4500	5643	125.4
2020	4035	11053	273.9	6130	8857	144.5	542	3805	702.0

数据来源：广州市住房和城乡建设局。

2020年广州市保障性安居工程建设投入57.51亿元，投入金额创近年新高。其中：棚户区改造支出11.93亿元；公租房建设支出17.27亿元，公租房租金补贴1.68亿元，面向符合条件的户籍家庭、新就业无房职工发放公共租赁住房补贴 15791 户；城镇老旧小区改造支出 10.96 亿元，全市 2020 年老旧小区改造项目新开工 155 个、完工 139 个，惠及 32.7 万户家庭 104.6 万居民；住房租赁市场发展支出 15.67 亿元，对符合条件的住房租赁企业予以奖补，惠及 58 个企事业单位 74 个项目，助力住房租赁市场平稳恢复。

全年广州市推出 1366 套共有产权住房，同时推进新造、鸦岗等共有产权住房项目施工建设。

2. 城市更新改造工作

全年旧村改造项目新开工 20 个、完工 1 个；旧厂改造项目新开工 19 个、完工 7 个；老旧小区改造项目新开工 155 个、完工 139 个。全市城市更新项目完成固定资产投资 1006 亿元，超额完成年度 1000 亿元投资目标。老旧小区微改造成效明显，惠及 32.7 万户家庭 104.6 万居民。共盘活存量用地 34 平方公里，新增配套公共服务设施 170 万平方米，新增绿化面积 277 万平方米，实现经济效益、社会效益、生态效益深度融合。

（广东省房地产行业协会）

六、深圳市房地产市场

（一）2020 年深圳市房地产市场基本情况

2020 年深圳市房地产市场呈现了供销两旺的局面，全年预售面积及销售面积再创新高。2020 年深圳市新增商品房住宅预售 522.16 万平方米，同比上涨 11.1%；商品房住宅销售面积达到 448.86 万平方米，同比上涨 20.5%。年底全市一手住宅库存 312.76 万平方米，较上年年底微涨。

1. 开发投资情况

截至 2020 年 12 月 31 日，深圳市共有房地产开发企业 1498 家，同比增长 9.2%。其中，一级 21 家、二级 46 家、三级 466 家、四级 534 家、暂定级 431 家。

2020 年房地产全年完成投资 3562.58 亿元，同比增长 16.4%，增速较上年增长 5.5 个百分点。从房屋类型看，住宅投资 1932.83 亿元，同比增长 27.25%，占房地产开发投资的 54.23%，占比增长 4.6 个百分点，写字楼投资等 697.92 亿元，比上年增长 16.17%，占房地产开发投资的 19.59%，占比下降 0.04 个百分点。

2. 土地供应与成交情况

2020 年，深圳市土地市场共供应土地 87 宗，成交 82 宗，成交建面积 1026.91 万平方米，成交建面上涨 52.18%，成交金额为 1026.25 亿元，同比上涨 50.72%。其中：住宅地块成交 28 宗，成交总建面 521.35 万平方米，同比上涨 297.46%；成交金额为 782.75 亿元，同比上涨 100.58%。

2020 年，全市居住用地计划供应 293.2 公顷，实际供应 357.03 公顷，完成计划的 121.77%。其中，新供应 196 公顷、更新整备供应 140.49 公顷、棚户区改造供应 9.28 公顷、其他（含工改保）供应 11.26 公顷。2020 年居住用地的计划供应量和实际供应量均为历年最高。

2020 年，深圳市存量住宅用地项目 442 个，存量住宅用地总面积 970.98 公顷，其中，未动工土地面积 348.11 公顷、已动工土地面积 622.87 公顷（含未销售土地面积 307.74 公顷）。

3. 房屋建设情况

据深圳市住建局数据，为缓解住房供应紧张局面，2020 年深圳市进一步加大商品住房建设力度，共完成新开工商品住房建筑面积 1236 万平方米，为历年之最，同比增长 160%；商品住房用地供应 227.53 公顷，完成年度实施计划的 182%。

全市共批准预售商品房项目 144 个，建筑面积 888.72 万平方米，同比增长 13.9%。其中：商品住宅建筑面积507.13万平方米，5.15万套；商务公寓150.19万平方米，2.55万套。

房屋施工面积9661.44万平方米，比上年增长21.26%。其中住宅4793.00万平方米，比上年增长21.02%。

房屋新开工面积1882.36万平方米，比上年增长29.32%。其中：住宅983.10万平方米，增长27.21%；办公楼324.69万平方米，增长10.74%；商业营业用房216.64万平方米，下降1.62%。

房屋竣工面积640.88万平方米，比上年增长12.02%。其中：住宅341.00万平方米（竣工套数为37332套），增长12.26%；办公楼97.72万平方米，增长67.41%；商业营业用房105.66万平方米，增长46.04%。

4. 到位资金情况

2020年深圳市房地产开发项目本年到位资金4874.69亿元，比上年增长10.99%，高于全国房地产开发投资增速近4个百分点。

5. 新房供应与销售情况

（1）新建商品房供应——商品房供应稳步增长。2020年深圳市商品房新批预售总套数96976套，同比上涨13.95%；新上市总面积855.50万平方米，同比上涨7.27%。其中：住宅新批预售总套数53432套，同比上涨8.27%；住宅新上市总面积510.32万平方米，同比上涨8.58%。上半年疫情影响施工进度，入市项目较少，再加上9月中央祭出“三道红线”，开发商回款压力陡增，下半年入市积极性加大。

（2）新建商品房销售——保持增长态势。2020年深圳市新建商品房成交65341套，同比上涨8.65%。其中：住宅共成交45384套，同比上涨19.80%（见图5－9）；住宅成交面积为448.86万平方米，同比上涨20.52%。商品房销售金额5193亿元，同比增长15%；住宅销售金额4304.51亿元，同比增长20.3%。

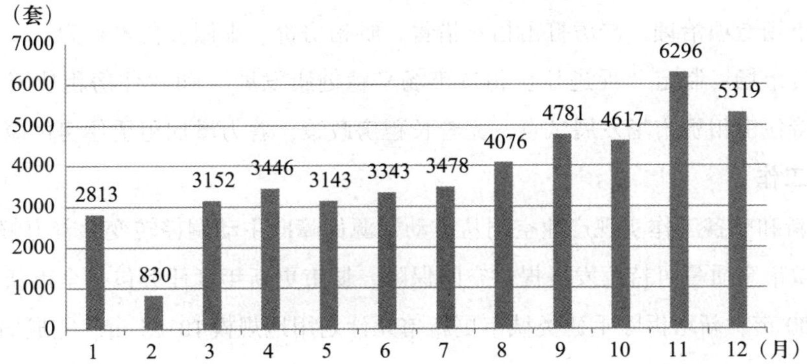

图5－9　2020年深圳市新房住宅成交情况

数据来源：深圳房管局、中商产业研究院整理。

新冠肺炎疫情对深圳楼市影响较小，从月度成交数据来看，3—7月，深圳新房住宅成交小幅波动，总体保持在3000套以上。8月以来，深圳市新房住宅成交呈现上涨的趋势，11月成交达到最高峰为6296套。

6. 住宅销售价格

2020年以来，深圳市新房房价温和上涨。2020年12月，深圳市房价涨幅持续收窄，新房价格环比下跌0.1%，这也是2020年深圳市房价首次出现下跌，和2019年12月的数据相比，深圳市新房房价上涨4.1%（见图5－10）。

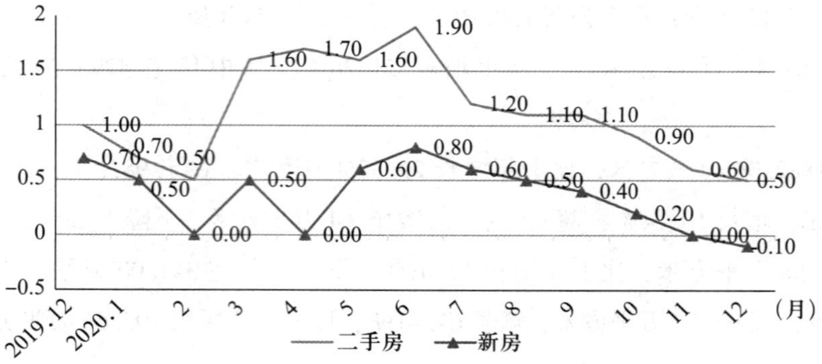

图 5-10 深圳市新房二手房价格月度环比涨幅图

数据来源：深圳房管局、中商产业研究院整理。

（二）2020 年深圳市住房保障工作情况

1. 超额完成政策性住房各项指标任务

2020 年，计划安排供应公共住房用地 168.2 公顷；计划建设筹集安居工程项目 8.1 万套；计划基本建成（含竣工）安居工程项目约 2.28 万套；计划供应安居工程项目 4 万套。全年建设筹集 8.85 万套、供应 4.17 万套，棚户区改造开工 5456 套，均超额完成目标。

2. 住房保障能力持续提升

坚持“房住不炒”定位，深圳市于 2020 年 7 月 15 日出台“新深八条”，综合运用行政、金融、税收等手段，精准调控房地产市场。进一步加强商品住房购房资格审查和管理，研究建立二手住房成交参考价格发布机制。深入开展房地产市场专项治理，严厉打击捂盘惜售、哄抬房价、虚假宣传等行为。

持续规范住房租赁市场，制定“促进住房租赁市场平稳健康发展”和“住房租赁资金监管”两个政策文件，推进中央财政支持住房租赁市场发展试点，完善长租房政策，着力增加租赁住房供应。

3. 城市更新改造工作

2020 年深圳市更新和整备工作实现产业空间从被动资源保障向主动调控转变，着力解决公共服务设施供需矛盾突出的问题，为城市高质量可持续发展提供空间保障。城市更新年度任务包括全市新增实施改造任务 9000 亩，完成改造任务 5000 亩；新增拆除重建类城市更新单元计划用地规模 10185 亩；完成旧工业区综合整治建筑面积 120 万平方米。

（深圳市房地产业协会）

七、重庆市房地产市场

（一）2020 年重庆市房地产市场基本情况

1. 开发投资情况

2020 年全市完成房地产开发投资 4352 亿元，同比下降 2.0%。其中：住宅完成投资 3189.1 亿元，同比下降 1.8%；非住宅完成投资 1162.9 亿元，同比下降 2.5%（见表 5-37）。其他物业完成投资 627.2 亿元，同比增长 14%，是 2020 年表现最突出的亮点。目前新建项目车位配比提高，社区用房、教育设施、架空层、公共空间等有利于提高居住体验的配套建筑也越来越多，使得其他物业投资增长提速，同时也大幅强化了新建项目的自身配套能力，促进项目品质的提高。

表5-37　2020年重庆市房地产开发投资构成情况

单位：亿元，%

物业类型	2020年	2019年	同比增速
住　宅	3189.1	3246.8	-1.8
办公楼	89.5	112.9	-20.7
商业营业用房	446.2	529.5	-15.7
其　他	627.2	550.2	14.0
合　计	4352.0	4439.3	-2.0

2. 房屋建设情况

2020年全市房地产施工面积27368.2万平方米，同比下降2.2%。其中：住宅施工面积18241.8万平方米，同比下降1.2%；非住宅施工面积9126.4万平方米，较上年下降4.1%。2020年全市房地产新开工面积5947.7万平方米，同比下降11.6%。住宅新开工4106.6万平方米，同比下降10.6%；非住宅新开工1841.1万平方米，同比下降13.7%（见表5-38）。

表5-38　2020年重庆市房地产新开工情况

单位：万平方米，%

物业类型	2020年	2019年	同比增速
住　宅	4106.6	4593.2	-10.6
办公楼	110.7	126.4	-12.4
商业营业用房	453.4	579.8	-21.8
其　他	1277.1	1426.0	-10.4
合　计	5947.7	6725.4	-11.6

2020年全市房地产竣工面积3774.3万平方米，同比下降25.5%。其中：住宅竣工面积2585.3万平方米，同比下降24%；非住宅竣工面积1189.1万平方米，同比下降28.8%。

3. 到位资金情况

2020年全市开发企业资金来源合计7597.3亿元，同比下降5.4%，其中本年资金来源合计5780.5亿元，同比下降2.9%（见表5-39）。受销售业绩下滑影响，企业销售回款减少，定金及预收款和个人按揭贷款两大资金来源渠道均出现了明显的下滑。同时在房地产信贷审慎管理新规则下，房地产领域信贷呈现结构性收紧，国内贷款较上年略有下降。受制于融资收紧和业绩下滑，开发企业更多地依靠信托、债券等成本较高的融资渠道，因此自筹资金出现一定增长。开发企业各项应付款项合计达到1983.9亿元，同比增长16.6%，显示出房地产企业加强对工程款、材料款等无息负债的调度来提升管理红利；也显示出企业资金压力的加大。

表 5－39　重庆市房地产企业到位资金来源构成情况

单位：亿元，%

资金来源渠道	2020 年	2019 年	同比增速
上年底结余资金	1816.9	2074.7	-12.4
国内贷款	1019.1	1036.9	-1.7
利用外资	0.0	1.5	-100.0
自筹资金	1311.0	1162.4	12.8
其他资金	386.2	373.7	3.3
定金及预收款	2092.6	2257.8	-7.3
个人按揭贷款	971.5	1120.6	-13.3
合　计	7597.3	8027.6	-5.4

4. 新房销售情况

2020 年全市商品房销售面积 6143.5 万平方米，同比增长 0.6%，12 月销售面积增速转正。其中：住宅销售面积 4814.5 万平方米，同比下降 6.5%；办公楼销售面积 106.7 万平方米，同比增长 27.6%；商业销售面积 519.3 万平方米，同比增长 24.3%；其他房屋销售面积 703 万平方米，同比增长 54.8%（见表 5－40）。下半年来，因新冠肺炎疫情延期开盘的项目陆续面市，市场供应增多；开发企业注重市场调研，对购房需求的变动进行了精准研判；新建项目普遍品质过硬。在此带动下，销售面积最终在 12 月实现了由负转正。

表 5－40　2020 年重庆市房地产销售面积情况

单位：万平方米，%

物业类型	2020 年	2019 年	同比增速
住　宅	4814.5	5149.1	-6.5
办公楼	106.7	83.6	27.6
商业营业用房	519.3	417.9	24.3
其　他	703.0	454.1	54.8
合　计	6143.5	6104.7	0.6

2020 年全市商品房销售均价 8254.9 元/平方米，同比下降 1.8%。其中：住宅销售均价 8917.2 元/平方米，同比增长 3%；办公楼销售均价 11998.4 元/平方米，同比下降 1.9%；商业销售均价 8477.3 元/平方米，同比下降 16.2%；其他物业销售均价 2985.9 元/平方米，同比下降 7.6%（见表 5－41）。住宅销售均价较上年有所增长，主要是 2020 年精装修、大平层等高品质项目增多，带动了售价略微走高，但涨幅较小。非住宅因为存量规模较大，销售去化难，开发企业普遍采取了以价换量的促销策略，尤其是非临街的商铺，售价下滑明显。

表 5－41　2020 年重庆市房地产销售均价情况

单位：元/平方米，%

物业类型	2020 年	2019 年	同比增速
住　宅	8917.2	8657.4	3.0
办公楼	11998.4	12230.3	-1.9
商业营业用房	8477.3	10112.9	-16.2
其　他	2985.9	3231.7	-7.6
合　计	8254.9	8402.4	-1.8

5. 存量房供应与销售情况

截至2020年12月，正常营业的二手房中介门店数2557家，较年初增加651家。全年重庆市中心城区存量房（含非住宅）委托出售房源合计55.1万套，挂牌均价12849.9元/平方米。全年存量房成交51399套，成交面积448.4万平方米，成交均价11870.3元/平方米，套均总价104.9万元。成交套均面积87平方米。

（二）2020年重庆市住房保障工作情况

1. 政策性住房各项指标任务

重庆市2020年棚户区改造目标任务32596户（其中城市棚户区28231户、城中村4029户、国有企业棚户区336户）。全年重庆市共申报中央补助支持老旧小区改造计划面积2275.27万平方米，涉及35个区县、729个小区、10065栋楼、251072户居民。

全年重庆市共计14个公租房项目累计83次公开摇号，提供房源41157套，其中：单间配套20881套，一室一厅10493套，两室一厅9008套，三室一厅775套。累计申请人数39.04万人。

2. 城市更新改造工作

重庆市推进城市更新基于以下6项基本原则：以人为本，尊重民意；强调政府引导，市场运作；多方参与，共治共享；统筹谋划，持续更新；保护文脉，修复生态；盘活资源，促进转型。

重庆城市更新工作主要涉及5大板块：

（1）老旧小区改造提升。改善老旧小区居住条件，重点改造完善小区配套和市政基础设施，规范物业管理，推动建设安全健康、设施完善、管理有序的完整居住社区。

（2）老旧工业片区转型升级。转变区域功能，完善配套设施，整合集聚创新要素，促进产业优化升级。落实工业遗产保护和利用，加强生态环境整治修复。

（3）传统商圈提档升级。拓展商圈新型服务功能，促进传统商圈转型升级。完善配套设施，规范管理运营，优化商圈业态，突出商圈特色。推动传统商圈转型升级，全面提升重庆商圈发展水平，增强经济发展活力。

（4）公共服务设施与公共空间优化升级。完善公共服务设施，提高公共服务水平，促进城市健康绿色发展。优化城市公共空间，提升城市交通水平，完善城市功能布局，增强城市社会经济活力。

（5）建立中心城区住房综合大数据库和中心城区住房与人口关联的数据库，形成住房相关信息数据更新、交换、共享机制；大力发展住房租赁市场，多措并举盘活利用存量房屋。

（重庆市房地产开发协会）

八、武汉市房地产市场

（一）2020年武汉市房地产基本情况

1. 开发投资情况

2020年武汉市房地产开发投资2777.15亿元，同比下降6.37%，是近年来下降最明显的一年（见表5-42）。

表5-42 武汉市2016—2020年房地产开发投资额

年 份	2016	2017	2018	2019	2020
房地产开发投资额（亿元）	2517	2686	2780	2966	2777.15
同比增长（%）	-2.52	6.71	3.50	6.69	-6.37

数据来源：武汉市住房保障和房屋管理局。

2. 房屋建设情况

2020 年，武汉市的房地产施工面积、房地产新开工面积、商品住宅新开工面积都迎来了增长。房地产施工面积 15600 万平方米，同比增长 15.08%。房地产新开工面积 3666.72 万平方米，同比增长 6.88%，其中商品住宅新开工面积 2477.06 万平方米，同比增长 1.47%。

3. 新房供应与销售情况

2020 年武汉市新建商品房批准预售 257946 套，批准预售面积 2893.23 万平方米，同比减少 7.89%。其中：新建商品住房批准预售 203404 套，批准预售面积 2357.36 万平方米，同比减少 10.61%。

新建商品房销售 224735 套，销售面积 2469.44 万平方米（其中，预签约 23629 套，预签约面积 255.56 万平方米），同比减少 5.94%。其中：新建商品住房销售 197187 套，销售面积 2195.53 万平方米（其中，预签约 21791 套，预签约面积 233.88 万平方米），同比减少 6.43%。

截至 2020 年 12 月底，已批准预售尚未网签的商品住房 175693 套，面积 2059.59 万平方米（见表 5-43）。

表 5-43 武汉市 2020 年分月度新建商品房供应与销售情况及同比一览

单位：万平方米，%

月 份	新建商品房批准预售	同比增长	新建商品住房批准预售	同比增长	新建商品房销售	同比增长	新建商品住房销售	同比增长
1—3	167.00	-51.00	141.47	-50.00	154.26	-62.00	136.32	-62.00
4	132.02	-41.00	91.65	-56.00	82.87	-57.00	74.29	-56.00
5	210.43	-16.00	161.49	-21.00	150.69	-23.00	136.37	-22.00
6	308.44	1.00	253.24	0.00	169.08	-37.00	151.75	-38.00
7	270.77	6.00	223.37	8.00	277.45	-2.00	248.23	-3.00
8	275.12	-8.00	227.87	-2.00	230.43	-9.00	207.01	-8.00
9	459.00	1.00	383.70	-5.00	239.33	5.00	210.73	3.00
10	316.03	305.00	271.72	357.00	328.9	21.00	297.99	19.00
11	353.94	-29.00	286.37	-36.00	291.39	16.00	237.57	7.00
12	400.48	-9.00	316.48	-7.00	545.04	95.00	495.27	106.00

数据来源：武汉市住房保障和房屋管理局。

注：因疫情影响，一季度为整体数据，无分月数据。

武汉市分区域新建商品房成交总量的前三名依次为洪山区、东湖高新区和汉阳区，成交面积在全市成交面积中占比分别为 14%、11%、11%（见表 5-44）。

表 5-44 2020 年武汉市各区分用途成交面积一览表

单位：万平方米

区域 \ 类型	住 宅	办 公	商 业	其 他	合 计
江岸区	125.03	3.64	6.86	0.00	135.53
江汉区	74.71	7.31	4.25	0.04	86.31
硚口区	123.10	4.42	7.04	0.00	134.55
汉阳区	197.98	27.39	14.22	0.19	239.79
青山区	55.56	5.65	7.43	5.53	74.18
武昌区	69.42	5.05	3.30	0.00	77.77

续表

区域＼类型	住　宅	办　公	商　业	其　他	合　计
洪山区	282.00	10.60	9.71	4.26	306.59
东西湖区	145.23	6.22	8.82	4.83	165.09
东湖高新区	202.21	22.45	9.31	14.06	248.02
经济开发区	58.15	2.80	2.75	0.40	64.09
江夏区	167.82	3.12	7.84	3.36	182.13
黄陂区	176.73	1.12	6.77	9.97	194.60
蔡甸区	93.85	2.34	11.78	0.01	107.98
新洲区	127.51	0.38	5.18	1.24	134.32
汉南区	51.01	0.17	0.44	0.08	51.70

数据来源：武汉市住房保障和房屋管理局。

4. 存量房供应与销售情况

2020年，武汉市存量房成交90815套，成交面积896.97万平方米，同比减少16.37%。其中：存量住房成交85788套，成交面积817.81万平方米，同比减少12.34%（见表5-45）。

表5-45　2020年武汉市存量房供应与销售情况

月　份	存量房成交			存量住房成交		
	数量（套）	面积（万平方米）	面积同比（%）	数量（套）	面积（万平方米）	面积同比（%）
1—3	6368	61.36	-66.72	5912	55.89	-61.97
4	2198	22.18	-73.95	2079	19.86	-74.65
5	5182	49.01	-48.98	4843	46.06	-44.90
6	8824	89.42	-6.58	8320	78.17	-8.35
7	12302	126.72	18.04	11644	112.73	11.44
8	11031	105.33	1.05	10564	100.34	1.29
9	12746	123.43	-0.92	11943	114.77	19.70
10	9279	91.74	16.54	8804	83.57	11.35
11	11079	109.61	24.33	10581	100.35	22.29
12	11806	118.17	9.23	11098	106.07	23.96
合　计	90815	896.97	-16.37	85788	817.81	-12.34

数据来源：武汉市住房保障和房屋管理局。
注：受新冠肺炎疫情影响，一季度为整体数据，无分月数据。

5. 住宅销售价格

根据国家统计局公布的房价指数，2020年12月，武汉市新建商品住宅销售价格同比增长4.5%；二手住宅销售价格同比增长0.2%。

（二）2020年武汉市住房保障工作情况

1. 政策性住房各项指标任务

（1）2020年武汉市保障性安居工程目标任务：棚户区住房改造开工25000套（户）；棚户区住房改造基本建成25000套（户）；发放城镇住房保障家庭租赁补贴8000户。

（2）优化住房供应结构，实现“商品住房供应维持稳定，保障性住房确保供应，租赁住房供应大幅增加，中小户型住房占比大幅提高”的发展目标。2020—2022 年，新增供应租赁住房套（间）数与新增供应商品住房套数比达到 3∶7。120 平方米以下中小套型商品住房供应比例提高至 75%。

（3）以促进市场调控，便于规划实施为导向，优先在住房需求集中、房价相对较高的区域通过棚户区改造配建、商品住房配建、工业园工业用地配建租赁住宅。以方便生产生活、适应需求为导向，优先考虑在轨道站点、商服中心、产业园区、大学园区周边集中建设租赁住房。

（4）大学毕业生安居房主要在开发区和新城区统筹布置，其中武汉经济技术开发区、东湖高新区、黄陂区、蔡甸区等 4 个区已经先期启动。

2. 保障性安居工程目标任务完成情况

全市棚户区改造住房开工 26937 套，占目标任务（25000 套）的 107. 75%。

全市棚户区改造住房基本建成 33930 套，占目标任务（25000 套）的 135. 72%。

全市建设筹集公租房 3473 套，占目标任务（3000 套）的 115. 77%。

全市发放城镇住房保障家庭租赁补贴 12375 户，占目标任务（8000 户）的 154. 69%。

3. 城市更新改造工作

武汉市老旧小区改造坚持政府主导、属地管理，居民参与、尊重民意，先急后缓、分步实施，建管并重、着眼长远，保护文化、彰显特色的原则。用 3 年时间，基本完成全市 760 个老旧小区（建筑面积约 2713. 95 万平方米，居民约 33. 46 万户）改造工作，基本解决 2000 年前建成的老旧小区市政基础设施配套不全、共用设施设备破损老化、环境脏乱差、物业管理机制不健全等问题。

老旧小区改造包括小区内及小区红线外与小区直接相关的基础设施，其中小区内改造主要分为 3 类：①基本类基础设施改造。含水、电（含通信）、气、道路、路灯、安防设施、消防设施改造和违法建筑整治、生活垃圾分类、楼道修缮（含楼道照明改造）、绿化美化等 11 项。②提升类基础设施改造。含停车场配建及优化、建筑本体公共部位修缮、加装电梯、功能用房建设 4 项。③公共服务类设施改造。主要是在有条件的小区同步配套文体活动、养老、智慧便民等公共服务设施 3 项。

基本类基础设施改造要根据小区现状，拾遗补阙，确保完备；提升类基础设施和公共服务类设施改造要结合小区实际、居民意愿和改造经费预算等因素综合确定改造项目。同时，要统筹安排小区红线外与小区直接相关的道路、水、电、气、通信等基础设施建设。

（湖北省房地产业协会）

九、厦门市房地产市场

（一）2020 年厦门市房地产市场基本情况

2020 年，厦门市房地产市场总体呈现低开高走，供需平衡，结构分化等特征。市场预期进一步回归理性，市场运行总体平稳。房地产市场呈现开发投资平稳增长、建设规模基本稳定、市场需求明显释放、价格总体稳定、土地、房地产交易规模稳步增长的局面。

1. 房地产开发投资情况

2020 年，厦门市房地产投资 1055. 76 亿元，同比增长 17. 37%，高于全省 11. 2 个百分点，拉动全市固定资产投资增长 6. 9 个百分点，贡献率 78. 7%。2020 年，房地产业实现增加值 590. 48 亿元，增长 7. 4%。

2020 年，厦门市住宅投资 687. 85 亿元，比上年增长 23%，占房地产开发完成总投资的 65. 15%；办公楼投资64.6亿元，比上年减少34.6%，占房地产开发完成总投资的6.12%；商业用房投资90.6亿元，比上年增长3.01%，占房地产开发完成总投资的8.58%；其他用房投资212.7亿元，比上年增长38.58%，占房地产开发完成总投资的20.15%。

全市投资增长仍主要依赖于土地费用拉动，2020年厦门市土地购置费656.85亿元，同比增长67.11%，占总投资比重的62.22%；而体现实物施工量的建筑安装工程投资还未恢复至上年同期水平，全年建安投资额398.91亿元，同比减少21.24%，占全市房地产开发完成总投资37.78%。

2. 房屋建设规模情况

2020年，厦门市房屋建设规模基本稳定，还未恢复至上年同期水平，房屋施工面积3616.04万平方米，比上年减少11.57%。其中：住宅施工面积1637.99万平方米，同比减少9.43%，占施工面积比重45.30%；办公写字楼施工面积619.1万平方米，同比减少14.38%，占施工面积比重17.12%；商业营业用房施工面积301.33万平方米，同比减少22.05%，占施工面积比重8.33%；其他用房施工面积1057.62万平方米，同比减少9.68%，占施工面积比重29.25%。

2020年，厦门市房屋新开工面积405.68万平方米，比上年减少19.7%；厦门市房屋竣工面积348.79万平方米，比上年下降5.92%（见表5-46）。

表5-46 2020年厦门市房屋新开工、竣工面积情况

指　标	新开工面积（万平方米）	同比（%）	竣工面积（万平方米）	同比（%）
全部房屋	405.68	-19.70	348.79	-5.92
住　宅	228.60	-18.28	107.43	-29.91
办　公	47.66	-25.34	90.70	33.23
商　业	24.05	19.71	19.08	-65.43
其　他	105.37	-25.75	131.58	39.71

3. 到位资金情况

2020年1—12月，全市房地产开发企业本年到位资金1274.47亿元，增长15.5%，增速比1—11月提高0.1个百分点。其中：国内贷款128.54亿元，下降18.2%；自筹资金630.98亿元，增长8.1%；定金及预付款204.72亿元，增长16.7%；个人按揭贷款214.55亿元，增长2.36倍。

截至2020年年底，厦门市房地产贷款余额4181.72亿元，同比增长5.08%。其中，房地产开发贷款余额821.46亿元，同比增长2.82%；个人住房贷款余额3097.78亿元，同比增长5.75%。

4. 新房供应和销售情况

（1）全市新建商品住宅销售面积同比增长

2020年，厦门市商品房（含商业、办公等业态）销售总金额超千亿元，达1082.49亿元，同比增长53.8%。其中商品住宅销售金额938.1亿元，同比增长60.2%；销售均价39959元/平方米。

2020年，厦门市商品住宅批准预售面积为276.9万平方米，同比增长9.1%。其中：岛内（思明区、湖里区）批准预售面积为59.3万平方米；岛外（海沧区、集美区、同安区、翔安区）批准预售面积为217.6万平方米。

全年商品住宅销售面积235.2万平方米，同比增长37.3%。其中：岛内商品住宅销售量为50.4万平方米，全市占比21%；岛外商品住宅销售量为184.8万平方米，全市占比79%。

（2）分区供销情况

2020 年，思明区全年商品住宅批准预售面积 15.7 万平方米，同比增长 273.8%，主要由于新盘入市，销售面积 13.9 万平方米，同比增长 25.2%。

2020 年，湖里区全年商品住宅批准预售面积 43.5 万平方米，同比增加 62.9%，该区域多个新盘入市，销售面积 36.5 万平方米，同比增长 117.3%。

2020 年，集美区全年新建商品住宅批准预售面积 60.1 万平方米，同比增加 11.1%；销售面积 52.7 万平方米，同比增长 27.6%。

海沧区全年商品住宅批准预售面积 46.8 万平方米，同比增长 47%，销售面积 38.1 万平方米，同比增长 80.6%。

同安区全年新建商品住宅批准预售面积 62.2 万平方米，同比下降 15%；销售面积 52.9 万平方米，同比增长 33.2%。

翔安区全年新建商品住宅批准预售面积 48.5 万平方米，同比下降 24%；销售面积 41.1 万平方米，与上年基本持平。

从一、二手房成交比例来看，2015 年之前，厦门楼市以新房成交为主，二手房成交占比低于 5 成；2017 年后，楼市进入存量房时代。自 2015 年起连续 4 年二手房成交占比不断提高，2020 年二手房占比仍超一手房，但总体占比有所回落（见图 5－11）。

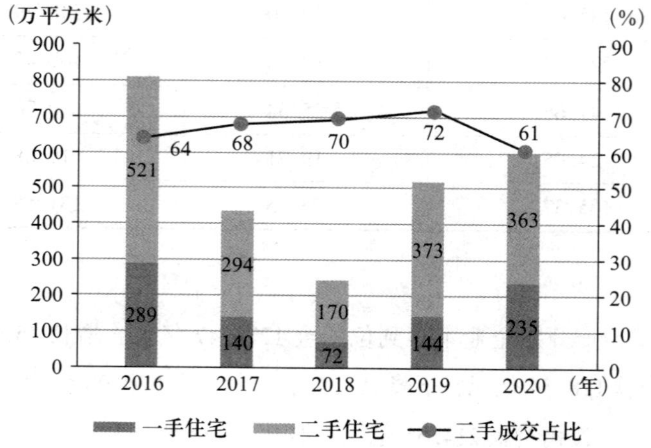

图 5－11　厦门市一、二手住宅成交量占比（2016—2020 年）

5. 住宅库存

截至 2020 年年底，厦门市商品住宅可售存量 338.9 万平方米。全市总存量 726.8 万平方米。

（二）2020 年厦门市住房保障工作情况

按照市委、市政府《关于加快保障性住房建设的实施意见》，2017—2020 年厦门市共开建 100053 套保障性住房，全面完成了市委市政府提出的“2017—2020 年全市计划开工建设 10 万套保障性住房”目标。

最低生活保障家庭、分散供养的特困人员的住房困难，一直是厦门市的民生焦点。针对该部分群体，厦门市提供实物保障和货币保障两种住房保障方式，力求实现应保尽保。目前正享受实物保障的低保家庭约 1400 户。本年度累计发放廉租住房租金补助 2682423 元，受补助对象 3904 户次。

（数据、图表来源：厦门市住房保障和房屋管理局官网、厦门市建设局官网、厦门市统计局官网、《厦门市房地产市

场》、厦门中原地产研究中心数据库）

（厦门市房地产业协会）

十、长春市房地产市场

（一）2020 年长春市房地产市场基本情况

1. 房地产开发投资持续平稳增长

2020 年，长春市房地产开发投资总体持续上涨。受新冠肺炎疫情影响，1—2 月增速出现了负增长，随着疫情防控和复工复产的开展，3—5 月起投资开始大幅增长，6 月以后恢复到常态。全年完成房地产开发投资 995.93 亿元，同比增长 13.59%，增速较上年提高 0.98 个百分点（见图 5-12）。

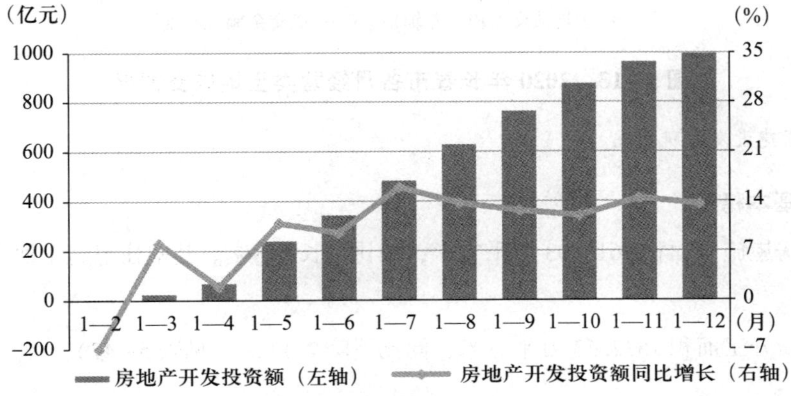

图 5-12　2020 年长春市月度累计房地产开发投资情况

数据来源：吉林省建设发展研究院。

从产品类型看，住宅投资增速大幅收窄，占比略有下降。2020 年，长春市住宅投资 691.18 亿元，同比增长 9.48%，增速较上年收窄 9.74 个百分点，占房地产开发投资的 69.40%，占比回落 2.6 个百分点；办公楼投资 66.76 亿元，同比增长 51.64%，占 6.70%；商业营业用房投资 100.82 亿元，同比下降 8.09%，占比 10.12%。

从投资结构看，土地购置费占比和增速均有提高。2020 年，长春市房地产开发投资中的土地购置费 381.03 亿元，同比增长 48.68%，增速较上年提高 20.6 个百分点。土地购置费占全部房地产开发投资的 38.26%，占比提高 9.03 个百分点。

从投资区域看，高新开发区从投资占比与增速均居于首位，2020 年，高新开发区占比 25.2%，提高 4.14 个百分点，同比增速 35.88%，连续三年领涨全市。

2. 土地交易首推纯租赁住房用地

2020 年，长春市（市本级）计划供地总面积 3633 万平方米，其中商品住房用地面积 1102 万平方米；保障性安居工程用地面积 464 万平方米。全年招标拍卖挂牌出让土地面积 2409.53 万平方米，总成交价款 745.95 亿元。其中：经营类用地 226 宗，土地面积 1106.89 万平方米，出让成交价款为 702.88 亿元，平均溢价率 5.54%；成交土地规划建筑面积 2183.19 万平方米，平均楼面地价为 3219 元/平方米。

2020 年，长春土地市场成交结构改变，纯租赁住房用地首次推出。出让的地块中，有 8 宗地块要求建设 100% 的租赁住宅，租赁住宅需开发商自持 10 年以上，长春润德租赁住房管理有限公司摘 6 宗，成为长春市租赁住房主力供应商。

从各月经营类土地成交情况看，成交面积和成交金额前低后高，下半年各地土地供应加快，市场逐步回温（见图 5-13）。

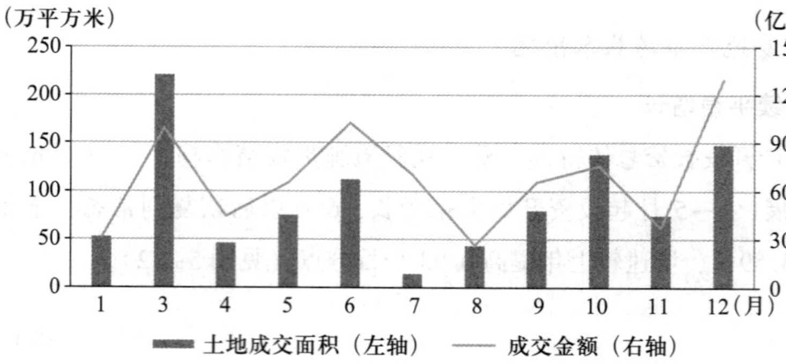

图 5-13　2020 年长春市各月经营类土地成交情况

数据来源：吉林省建设发展研究院。

3. 房屋建设规模基本稳定

2020 年，长春市房屋施工面积 7612.03 万平方米，同比增长 0.8%。其中住宅施工面积 4933.59 万平方米，同比增长 0.48%。

2020 年，长春市新开工面积 1532.53 万平方米，同比下降 2.11%（见表 5-47）。

表 5-47　2020 年长春市房屋新开工、竣工面积情况

指　标	新开工面积（万平方米）	同比增速（%）	竣工面积（万平方米）	同比增速（%）
全部房屋	1532.53	-2.11	658.15	-28.80
住宅	1052.16	-4.49	459.09	-29.17
90 平方米以下	392.41	28.44	197.15	-44.02
90～144 平方米	580.67	-11.24	184.22	-21.88
144 平方米以上	79.07	-44.27	77.72	29.20
办公楼	73.93	-31.34	43.24	22.14
商业营业用房	127.86	-8.73	82.73	-26.54

数据来源：吉林省建设发展研究院。

南关区、经济开发区、高新开发区的商品房开工面积占全市的比均超过 10%，占比合计达到 42.39%。

4. 新房销售面积降幅超过 20%

2020 年，长春市主城区（不含农安县、德惠市、榆树市）新建商品房上市面积 1050.66 万平方米，其中住宅 895.49 万平方米；商品房销售面积 1003.43 万平方米，其中商品住宅销售面积 870.27 万平方米。

长春市各区县新建商品房销售面积 1054.41 万平方米，同比下降 21.45%。其中新建商品住宅销售面积 936.39 万平方米，同比下降 19.01%（见图 5-13）。

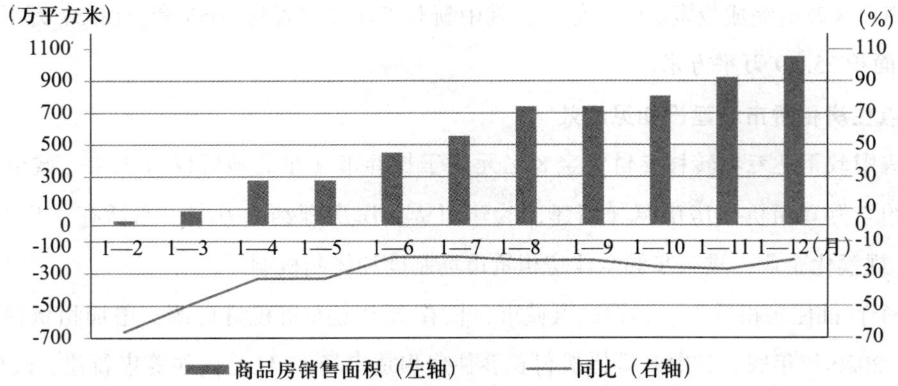

图 5-13 2020 年长春市各月度累计商品房销售面积情况

数据来源:吉林省建设发展研究院。

销售面积经济开发区、南关区、高新开发区居三甲,合计占比 54.94%,与上年相比占比提高 15.72 个百分点。

5. 商品房销售均价增速较为稳定

2020 年,长春市商品房销售均价为 9080.94 元/平方米,同比增长 3.46%;其中商品住宅销售均价 9127.66 元/平方米,同比增长 4.54%。

6. 存量房市场活跃度下降

2020 年长春市二手房成交 698.34 万平方米,同比下降 15.1%(见图 5-14)。

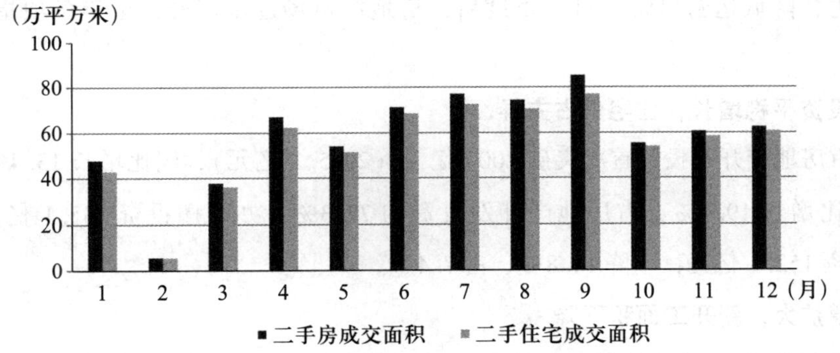

图 5-14 2020 年长春市各月存量房交易情况

数据来源:吉林省建设发展研究院。

(二)2020 年长春市住房保障工作情况

1. 平稳推进住房保障

至 2020 年年底,长春市城区低保和低收入住房困难家庭(人均月收入 900 元以下、人均住房建筑面积 16 平方米以下的家庭)基本实现了应保尽保,部分中等偏下收入无房家庭、外来务工人员及大中专毕业生的住房困难问题得到解决。全市享受住房保障的家庭达 6.6 万户,其中享受实物配租家庭 5.91 万户、享受租赁补贴家庭 7663 户,发放资金 2445 万元。

2. 超额完成棚户区改造任务

2020 年,长春市棚户区改造计划投资 29.30 亿元,拟改造 5088 套、22.88 万平方米棚户区住宅。至 2020

年年底，长春市棚户区改造完成投资22.43亿元，其中新开工建设安置房2655套、18.57万平方米；货币化安置3256户，征收面积25.19万平方米。

3. 国家级试点住房租赁市场建设初见成效

2020年，中央财政下达专项转移支付资金8亿元用于长春市（东北地区仅有长春一城市）发展住房租赁市场，计划筹集约4万套租赁住房房源（新建、改建租赁住房房源约2万套、盘活存量房源2万套），培育5家以上专业化、规模化企业，进一步健全住房租赁市场制度和体制机制。

作为全国16个首批住房租赁市场建设试点城市，长春市大力筹集租赁房源，增加租赁住房供应主体，规范租赁市场管理。2020年年底，省财政筹措拨付长春住房租赁市场17亿元，共筹集新建、改建房源27336套，项目实际开工量达到20701套，盘活房源29131套，培育住房租赁企业32家，其中专业化、规模化住房租赁企业5家。通过住房租赁监管服务平台外网发布房源68594套（间），其中成交房源18601套，并全部完成网签备案。

（长春工程学院　吉林省建设发展研究院）

十一、青岛市房地产市场

（一）2020年青岛房地产市场基本情况

2020年年初，面对突如其来的新冠肺炎疫情，青岛市房地产业迅速响应。市政府出台政策精准扶持，从金融政策支持、税费减免、预售节点和监管资金节点调整、土地竞买保证金降低、出让金分期缴纳等方面缓解企业资金压力，降低运营风险。自一季度后，房地产市场逐步回升，全年各项指标达到或超过去年同期水平。

1. 房地产开发投资平稳增长，住宅仍占主导

2020年，青岛市房地产开发投资首次突破2000亿元（2045.1亿元），同比增长13.4%。其中：市住宅投资1479.2亿元，同比增长19.4%，占房地产开发投资的72.3%；办公楼投资135.1亿元，增长5.9%，占6.6%；商业用房投资152.1亿元，下降14.8%，占7.4%。

2. 房屋建设规模扩大，新开工面积下降

2020年，青岛房屋建设规模持续扩大，房屋施工面积12528.4万平方米，同比增长8.2%。其中住宅8241.7万平方米，同比下降8.6%。房屋新开工面积3312.4万平方米，同比下降4.6%。房屋竣工面积1153.9万平方米，同比下降28%（见表5-48）。

表5-48　2020年青岛市房屋新开工、竣工面积情况

指　标	新开工面积（万平方米）	同比增速（%）	竣工面积（万平方米）	同比增速（%）
全部房屋	3312.4	-4.6	1153.9	-28.0
住宅	2256.4	-0.9	782.7	-26.4
商办	344.5	-34.7	183.5	-35.6

3. 企业到位资金减少，融资压力加大

2020年，青岛市房地产开发企业资金来源合计2930.5亿元，同比下降5.9%（见表5-49）。

表 5-49　2020 年青岛市房地产项目本年到位资金情况

指　标	资金（亿元）	增速（%）	比重（%）
本年到位资金	2930.5	-5.9	100.0
国内贷款	602.7	-11.0	20.6
自筹资金	784.1	-7.5	26.8
其他资金	1521.3	-2.3	51.9
定金预付款及个人按揭贷款	1191.0	2.1	40.6

截至 2020 年年底，青岛市房地产贷款余额 7314.6 亿元，同比增长 10.8%，增速较上年同期下降 6.2 个百分点。其中：房地产贷款余额新增 711.9 亿元，同比减少 25.74%，增速较上年同期下降 36.7 个百分点；新发放个人住房贷款 1127 亿元，同比增长 12.4%。

4. 新建住宅上市减少、销量增加

网签数据显示，2020 年，青岛市新建商品住宅成交 13.5 万套、1586 万平方米，同比分别增长 6.99% 和 6.43%。截至 12 月 31 日，青岛市新建住房库存为 18.5 万套，同比增长 22.6%（见图 5-15）。

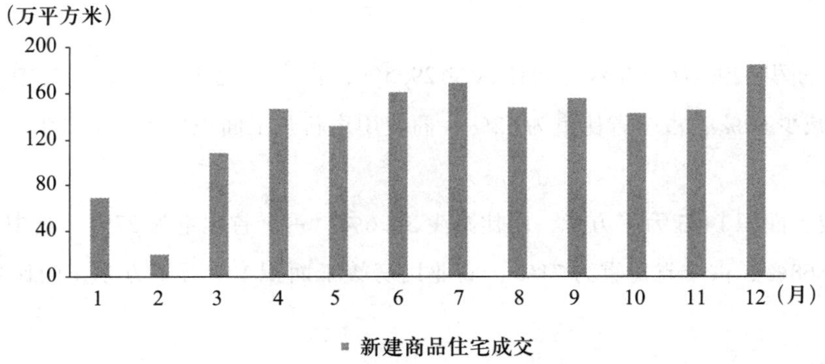

图 5-15　2020 年 1—12 月青岛市新建住宅月度成交情况

2020 年，青岛市新建商品住宅批准预售 14.59 万套，同比减少 8.58%，面积 1718.97 万平方米，同比减少 10%。从库存情况看，截至 2020 年 12 月底，青岛市新建商品住宅库存 18.5 万套，同比增长 22.6%。

5. 存量房市场回暖，成交上升

2020 年，青岛市二手住宅成交量达 60510 套，同比增长 16.38%；成交面积 546.37 万平方米，同比增长 19.10%；成交金额 678.62 亿元，同比增长 18.90%。

6. 住宅价格保持平稳

据国家统计局数据，1—12 月，青岛市新建商品住宅销售价格指数环比累计上涨 2.9%，在 19 个副省级及以上城市中排名第 14 位。青岛市二手住宅销售价格指数环比累计下降 2.0%，在 19 个副省级及以上城市中排名第 16 位。

（二）2020 年青岛市住房保障情况

2020 年，青岛市开工建设公共租赁住房 2005 套，新增住房租赁补贴 5606 户，已确定人才住房建设主体的房源 9.6 万套/间。开工改造老旧小区项目 111 个，建筑面积 236 万平方米。启动棚户区改造 2.93 万套（户）。完成节能保暖改造 532 万平方米、二星级以上绿色建筑 224 万平方米、装配式建筑 470 万平方米，实施 106 万平方米公共建筑节能改造，完成工业余热和新能源供暖 510 万平方米，为既有住宅加装电梯 151 部，推进 136

部。探索开展“先验房后交房”“交房即可办证”试点，出台新建商品房全装修管理制度、新建商品住宅交付流程指导意见等一系列新政策举措。

（青岛市房地产业协会）

十二、郑州市房地产市场

（一）2020 年郑州市房地产市场基本情况

1. 房地产开发投资情况

郑州市 2020 年房地产开发投资 3428.8 亿元，同比增长 2.4%，增速较上年同期回落 0.4 个百分点，占全省的比重为 44%。其中：住宅投资 2700.3 亿元，同比增长 5.7%，增速较上年回落 3.2 个百分点；办公楼投资 164.6 亿元，同比减少 20.4%；商业用房投资 273.3 亿元，同比增长 6.1%。

2. 商品房建设情况

郑州市 2020 年房屋施工面积 19445 万平方米，同比减少 0.7%，占全省比重为 33%。其中：办公楼施工面积 1294 万平方米，同比减少 6.5%，占全省比重为 74%；商业用房施工面积 1721 万平方米，同比减少 7.3%，占全省比重为 31%。

2020 年，新开工面积 3290 万平方米，同比减少 29.5%，占全省比重为 23%。其中：办公楼新开工面积 104 万平方米，同比减少 69%，占全省比重为 52%；商业用房新开工面积 277 万平方米，同比减少 20%，占全省比重为 26%。

2020 年，房屋竣工面积 1463 万平方米，同比减少 30.6%，占全省比重为 27%。其中：办公楼竣工面积 63 万平方米，同比减少 68%，占全省比重为 71%；商业用房竣工面积 137 万平方米，同比减少 18%，占全省比重为 23%。

3. 土地供应情况

郑州市 2020 年土地供应 67270 亩，同比减少 5.5%。其中住宅土地供应 20084 亩，同比减少 34.4%。市本级土地供应 20594 亩，同比减少 9.2%。其中住宅土地供应 7763 亩，同比减少 21.7%。住宅用地设定容积率 3.0 的监测地面地价为 13960 元/平方米、楼面地价为 4654 元/平方米，同比上涨 2.8%。

4. 商品房供应情况

郑州市 2020 年共批准预售面积 3202 万平方米，同比下降 13%，其中住宅批准预售面积 2629 万平方米，同比下降 9%。郑州市主城区批准预售面积 1892 万平方米，同比下降 9%，其中住宅批准预售面积 1504 万平方米，同比下降 4%。

5. 商品房销售情况

郑州市 2020 年商品房合同备案面积 2606 万平方米，同比下降 15%，其中住宅合同备案面积 2257 万平方米，同比下降 14%。郑州市主城区商品房合同备案面积 1565 万平方米，同比下降 13%，其中住宅合同备案面积 1358 万平方米，同比下降 10%。

6. 商品房价格情况

郑州市 2020 年商品房销售均价 11611 元/平方米，同比增长 1.13%，其中住宅销售均价 11729 元/平方米，同比增长 1.5%。根据国家统计局发布的新建商品住房销售价格指数，郑州市全年有 7 个月环比下降，同比指数从年初的 101.4 下降到 99.2，年度累计值为 99.8，是历年来首次下降。

7. 商品房库存情况

郑州市截至2020年年底，商品房库存4596万平方米，较上年同期增加462万平方米，去化周期35个月，其中住宅库存1931万平方米。

（二）2020年郑州市二手房交易情况

郑州市2020年二手房交易面积为671万平方米，同比减少6%，其中住宅交易面积612万平方米，同比减少10%。

主城区二手房交易面积497万平方米，同比减少6%，其中住宅交易面积471万平方米，同比减少6%。

郑州市二手房均价为10291元/平方米，同比增长1%；住宅均价为10501元/平方米，同比增长2%。

主城区二手房均价为12079元/平方米，同比减少1%；二手住宅均价12136元/平方米，同比减少1%。

（河南省房地产业协会）

十三、合肥市房地产市场

（一）2020年合肥市房地产市场基本情况

1. 房地产开发投资情况

2020年，合肥市房地产开发投资总体保持平稳。全年完成房地产开发投资1547.0亿元，同比下降0.6%。其中：住宅投资1237.4亿元，同比下降0.4%，总量占比达80%，同比提高0.1个百分点。从投资结构看，2020年，合肥市房地产建安投资680.13亿元，连续7个月保持增长，占房地产开发投资的44.0%；土地购置费758.28亿元，同比下降13.4%，占房地产开发投资的49.0%，同比回落7.2个百分点。

2. 房屋建设规模情况

2020年，合肥市房屋施工面积7999.0万平方米，同比增长1.6%。商品房新开工面积1732.2万平方米，同比增长6.9%。其中，住宅新开工面积1287.0万平方米，同比增长7.2%。商品房竣工面积1613.7万平方米，同比增长8.9%。其中住宅竣工面积1130.2万平方米，同比增长8.2%。

3. 土地供应和成交情况

2020年合肥市土地供应量590万平方米，经营性土地成交101宗，535万平方米，其中：涉及住宅用地447万平方米，商办用地45万平方米，其他用地41万平方米。

2020年合肥市区涉及住宅土地成交约179万平方米，共计成交涉及住宅土地约34宗。因土地定价及拍卖方式调整，2020年楼面价达6343元/平方米，同比基本持平。

随着老城区房地产市场开发逐渐饱和，加之滨湖、高新热点区域开发成熟，土地成交逐渐向新站及四县一市集中，城市开发向郊区延伸。

4. 商品房批准预售及销售情况

2020年，合肥市商品房批准预售面积1697.82万平方米，同比上升0.02%，其中商品住宅1269.94万平方米，同比上升3.94%。市区商品房批准预售面积998.99万平方米，同比上升0.72%，其中商品住宅687.77万平方米，同比上升1.94%。

全年商品房销售面积1486.11万平方米，同比上升12.4%。其中：商品住宅销售面积1297.40万平方米，同比上升12.3%；办公楼销售面积为72.43万平方米；商业营业用房销售面积为39.70万平方米。

5. 住宅销售价格情况

2020年，合肥市商品房销售备案均价13774元/平方米，商品住宅15181元/平方米。其中市区商品住宅销售均价 18033 元/平方米。分区域看，包河、滨湖、蜀山、政务 4 个区域商品住宅销售价格超过平均价格，其中政务和滨湖 2 个区域均超过 20000 元/平方米，领先各区。

6. 存量房交易情况

2020 年，合肥市二手房成交总面积为 912.03 万平方米，同比上升 9.67%；二手房成交均价为 11967 元/平方米。其中：二手住宅成交总面积为 783.31 万平方米（83344 套），同比上升 6.67%；二手住宅成交均价为 12919 元/平方米。

二手住宅交易主要集中蜀山、庐阳和滨湖三个区域，共签订二手住宅网签合同 28938 套，交易面积 261.79 万平方米，分别占合肥市区二手住房交易总量的 48.7% 和 47.6%。其中蜀山区以 10673 套和 95.67 万平方米的成交规模位于首位。价格方面，政务区以 19147 元/平方米成为各区交易价格第一，滨湖新区以 16323 元/平方米位于各区成交均价第二。

（二）2020 年合肥市住房租赁工作情况

1. 多措筹集各类租赁住房房源

一是利用国有用地新建。商品住宅用地使用权拍卖方式调整为“价高者得＋最高限价时转竞自持用于租赁的商品住房”。2020 年可新建租赁住房约 1.3 万套。

二是着力支持房屋改建。对权属清晰的商业（办公）、工业（厂房、仓储）、科研教育等非居住类型房屋，可按相关文件规定和程序改建为租赁住房。2020 年以来，合房股份、建信租赁等住房租赁企业新增利用非住宅改建为租赁住房约 0.6 万套/间。

三是鼓励支持企业自建。对未纳入土地收储计划、难以成片统一规划的零星存量工业用地，鼓励企事业单位利用自有存量非住宅国有建设用地新建租赁住房。据摸底统计，企业利用自有存量土地拟开工或正在开工建设的宿舍类住房约 1.1 万套/间。

四是积极盘活社会存量。截至目前，孟邻、悦客艾家、天泰等分散式住房租赁企业盘活存量住房约 6.8 万套（间）。

2. 重点培育规模住房租赁企业

着重发挥国有租赁企业引领作用，培育专业化规模化住房租赁企业，鼓励房地产开发企业、经纪企业和物业企业利用经营便利拓展住房租赁业务，培育多元化的市场主体。

截至 2020 年年底，通过市住房租赁交易服务监管平台办理登记备案的房地产中介机构 505 家。其中，住房租赁企业 295 家、房地产经纪企业 210 家，培育规模化、专业化住房租赁企业 20 家。

3. 稳步整合市区国有租赁资源

2019 年 12 月，合肥市将先后成立的 9 家国有住房租赁企业，以作价入股方式整合成立市住房租赁发展股份有限公司，对市区内国有租赁住房统一规划布局和建设运营管理。

4. 主动完善住房租赁管理服务

合肥市坚持以市监管平台为基础，进行二期升级改造，建设一个以住房租赁基础数据为支撑的应用中心，建立存量房源基础信息库、住房租赁企业和房地产经纪机构数据库，完善住房租赁服务与监管平台。

合肥市监管平台自上线运行以来，截至 2020 年年底，累计核验租赁住房信息约 19.7 万条，网签备案租赁合同约 11.5 万份，注册用户约 19.6 万人。

（三）2020 年合肥市住房保障工作情况

1. 注重目标导向，全面完成棚改年度任务

2020 年，合肥市棚改安置房新开工目标任务 25340 套，基本建成目标任务 16865 套。截至 9 月底，全市新开工棚改安置房 25645 套，占目标任务的 101.2%；全市基本建成棚改安置房 21565 套，完成率 127.87%，提前超额完成年度棚户区改造目标任务。

2. 注重服务效能，不断提升公租房保障能力

一是完善信息系统。做好与建行对接，优化完善住房保障系统，实现服务管理功能提档升级。完善平台建设模块，明确管理工作程序，构建"互联网 + 公租房"服务体系，努力实现申请分配、住用监管、维修维护等环节全流程信息化管理，实现保障数据统一收集、统计、分析，为保障性住房科学管理提供支持。

二是提升服务效能。2020 年根据合肥市开发园区产业调整需要，新开工合巢产业新城映湖公租房 272 套、经开区天门湖公租房三期公租房 650 套。依据相关部门公布的标准，印发《关于公布合肥市市区公共租赁住房准入条件的通知》，及时调整市区 2020 年度公共租赁住房准入条件，降低低收入以下家庭准入标准；主动对接市民政局，简化申请手续，优化审批流程，提升服务效能。

三是提供优质服务。积极拓展政府购买公租房运营管理服务，在试点 5 个项目实施规范化、专业化、精准化管理基础上，有效实施第 2 批 11 个项目购买公租房运营管理服务，通过现场检查和第三方绩效评估结果反应，保障对象的居住条件和环境得到较大改善。根据住建部和省厅要求，在公布市区公共租赁住房准入条件的通知中，明确对符合条件的抚恤优先对象和伤病残退役军人、省部级以上劳模家庭、进城农村建档立卡贫困人口等，按规定优先予以保障。

3. 注重探索创新，开展完善住房保障体系试点

一是制订试点方案。根据住建部《完善住房保障体系工作试点方案》要求，结合合肥市实际，制订《合肥市完善住房保障体系工作试点方案》，报请市政府批准后，上报住建部备案。

二是确定试点项目。对照企事业单位利用自有土地建设租赁住房意愿和住建部完善住房保障体系试点工作要求，调查摸排和征求投资主体意愿，统筹考虑投资主体、户型面积、供应对象、运营方式等因素，对符合试点发展政策性租赁住房要求的项目实地调查，详细了解项目具体情况和建设进展，对照"小户型、低租金、新市民"等具体要求，筛选确定新材料企业、创新性企业和国有企业，以及建行实施改建的 4 个有代表性的项目作为政策性租赁住房试点项目。

三是开展银企对接。联合建设银行安徽省分行精心筹备举行银企合作对接活动，建设银行与 12 家住房租赁企业分别签订合作协议、授信协议和贷款协议，提供贷款期限 3 ~ 25 年，利率 4.25% 左右，共约 160 亿元贷款支持发展租赁住房。

（注：土地市场内容来源：克而瑞；统计口径为涉宅用地，不含安置房、回迁房、租赁用房等非商品住房用地。其他数据来源于政府公示，仅供参考。）

（合肥市房地产业协会）

十四、石家庄市房地产市场

（一）2020 年石家庄市房地产市场基本情况

1. 房地产开发投资情况

2020 年石家庄市地区生产总值 5935.1 亿元，较上年增长 3.9%。

2020 年石家庄市固定资产投资实际完成 5476.15 亿元，同比下降 19.9%。其中，城市基础设施投资实际完成 1883.26 亿元，同比下降 28.5%。

2020 年石家庄市房地产开发投资则呈现正增长，改变了自 2018 年以来持续负增长的局面。全年实际完成 875.22 亿元，房地产开发投资同比增长 3.3%。其中，商品住宅投资规模最大，较以往升幅最为显著。统计显示，2020 年，石家庄市商品住宅投资同比增长 10.4%，是唯一实现正增长的房地产开发投资门类。此外，办公楼投资下降 26.7%，商业营业用房投资下降 10.8%。

2020 年全年，石家庄市房屋新开工面积 1336.4 万平方米，同比下降 7.0%。即便是投资呈现唯一正增长的住宅门类，其新开工面积亦同比下降 10.7%。

2. 房企到位资金情况

至 2020 年，全国性房企在石家庄市的市场占有率已超过 70%，本地房企生存空间被大幅挤压，尤以到位资金规模和资金来源构成上表现最为明显。

2020 年全年，河北房企到位资金 5540.1 亿元，同比增长 10.0%。其中：来自国内贷款的资金 514.4 亿元，占总量的 9.2%，同比下降 13.4%；通过自筹获取资金 2722.1 亿元，占总量的 49.1%，同比上升 6.5%；以购房定金、预收款和住房贷款为主的资金 2303.6 亿元，占总量的 41.5%，同比增长 22.17%。

3. 土地市场交易情况

（1）整体情况

自 2019 年起，石家庄市房地产开发用地交易规模便呈现下降趋势。2020 年降幅则有所扩大，当年撤拍、流拍的房地产开发用地 30 宗，面积 96.72 万平方米，同比增长 42%，较以往均呈现出大幅上扬趋势。

2020 年全年，石家庄市房地产开发用地供应 152 宗，面积 522.81 万平方米，同比下降 5%。成交 115 宗，面积 389.07 万平方米，同比下降 14%；成交金额 404.15 亿元，同比下降 17%；成交单价 692 万元/亩，同比下降 3%。

与此同时，房地产开发用地在区域和环线上的成交规模亦有显著变化。主城区成交规模降幅最小，全年成交面积 227.69 万平方米，同比下降 10%。正定降幅最大，全年 62.30 万平方米，同比下降 29%；一环内成交规模略有上扬，但规模较低，全年成交面积 16.66 万平方米，同比增长 1%；三环外升幅更大，全年 26.23 万平方米，同比增长 14%；二至三环和卫星城比较大，全年成交面积分别是 165.45 万平方米和 111.24 万平方米，同比分别下降 4% 和 38%。

（2）住宅用地

2020 年，石家庄市住宅用地交易显示出相对弱势状态。全年，石家庄市住宅用地供应 70 宗，面积 224.47 万平方米，同比下降 19%。成交 55 宗，面积 155.99 万平方米，同比下降 37%；成交金额 155.16 亿元，同比下降 37%；成交单价 663 万元/亩，同比增长 0.3%；可形成建筑面积 377.92 万平方米，同比下降 28%；成交楼面价 4105 元/平方米，同比下降 11%。此外，2020 年成交住宅用地的平均容积率 2.42，较上年的 2.12 有所增长，导致当年住宅用地成交价格稳定，但成交楼面价略有下降。

（3）住宅、商服混合用地

2020 年，石家庄市土地市场上出现竞价争夺的 8 宗地块，有 5 宗系住宅、商服混合用地。其中 3 宗位于二环内，2 宗地处二环外但地段优势明显，这成为当年石家庄市土地市场的有限亮点。2020 年全年，石家庄市住宅、商服用地供应 31 宗，面积 19.05 万平方米，同比增长 8%；成交 22 宗，面积 147.00 万平方米，同比增长 4%；成交金额 220.19 亿元，同比增长 8%；成交单价 998 万元/亩，同比增长 3%。尽管住宅、商服混合用地交易呈现量价齐升状态，但受土地市场整体表现弱势影响，成交价格升幅有所收窄。住宅、商服混合用地出现撤拍、流拍现象，全年撤拍、流拍地块8宗，面积41.70万平方米，同比增长160%。

4. 商品房市场交易情况

（1）整体情况

2020年全年，石家庄市普通住宅供应33517套，面积387.00万平方米，同比下降7%。成交44093套，面积516.10万平方米，同比增长18%；成交价格14983元/平方米，与上年相比持平；成交金额773.28亿元，同比增长18%。

（2）高层住宅

高层住宅是2020年石家庄市普通住宅的交易主力。2020年全年，石家庄市高层住宅供应15858套，面积185.34万平方米；成交20826套，面积244.57万平方米；成交价格15689元/平方米，成交金额383.71亿元。高层住宅成交规模占全市总量的47%。与之相比，小高层住宅成交规模占总量的39%，洋房则占13%。因项目规划和容积率限制，小高层住宅交易集中在"新三区"，成交价格有限；洋房交易则呈现出"哑铃状"分布，主城区和周边区均有交易，但成交价格表现各异。

（3）成交结构

2020年全年，石家庄市普通住宅成交规模最高的面积段系80~100平方米，共12465套，占全市总量的28%。但100~120平方米、120~140平方米普通住宅成交规模分别占全市总量的27%和26%。新华区和桥西区呈现出更强的改善特点，高新区和"新三区"则仍以小户型、低总价为交易特点；正定新区在120~140平方米的成交比例上较高，呈现出一定的"改善特点"；区内城中村拆迁溢出购房需求系主力。

与上年相比，80~100平方米、100~120平方米、120~140平方米及140~160平方米普通住宅成交规模均有所上升，但仅100~120平方米、120~140平方米及140~160平方米成交占比呈现显著上升。究其原因，首次改善仍系主力，二次改善尚可。但高端改善表现一般，规模不高，且占比变化不大。

（4）成交价位

改善需求的结构性变化在成交总价段上体现得更为突出。2020年全年，石家庄市普通住宅成交规模最高的总价段是100万~150万元，共15533套，占全市总量的35%。150万~200万元成交规模次之，占22%。成交价格水平和购房需求特点上的反差，导致行政区间在总价上亦出现反差。其中，"城四区"在200万元以上的成交表现更活跃；高新区、"新三区"及正定县、正定新区则偏向中低总价规模。特别是新华区和桥西区，在250万元以上的成交表现更好。

尽管100万~150万元和150万~200万元总价段的普通住宅成交规模较高，但与上年相比，成交规模上升幅度较大的却是200万~250万元、250万~300万元及300万~350万元三个总价段，尤以250万~300万元成交规模上升幅度最大。

5. 计划入市项目情况

截至2020年12月31日，石家庄市房地产市场可监测到的计划入市项目46个，可供应房源将超过2.7万套。

（二）2020年石家庄市住房信贷及购房潜力情况

2020年全年，石家庄市金融机构投放的人民币新增贷款1706.31亿元，同比增长42%。其中，住户贷款新增695.53亿元，同比上升39%。以住房贷款为主的住户中长期贷款新增495.49亿元，同比增长23%。在规模上扬的同时，当年石家庄市住房贷款利率稳中有降。至年底，购房者通过金融机构实际申请到的家庭首套住房贷款利率下降至4.9%，较前两年的水平明显较低。

（河北省住宅与房地产业协会）

十五、南昌市房地产市场

（一）房地产市场运行情况

1. 房地产开发投资情况

2020 年 1—12 月，全市房地产投资同比增长 6.4%，略高于全省增幅 0.2 个百分点；与上年增幅相比提高了 3.9 个百分点，投资增速较疫情前有所扩大。其中住宅开发投资同比增长 4.1%，低于上年增速 3.0 个百分点。

2. 土地市场出让情况

2020 年，全市开发用地出让宗地 145 宗，13581.65 亩，同比增长 135%。其中住宅用地 10686.42 亩、商服用地 2895.23 亩。

3. 商品房新开工情况

2020 年 1—12 月，全市商品房新开工面积 1087.8 万平方米，同比下降 23.7%。其中住宅 773.4 万平方米，同比下降 26.3%。

4. 新建商品房供应及销售情况

2020 年，全市商品房新批上市面积 1144.5 万平方米，同比下降 22.9%。其中住宅 893.0 万平方米，同比下降 24.4%。全市新建商品房网签销售面积 1051.2 万平方米，同比下降 28.0%。

新建商品房网签销售面积：一季度，184.1 万平方米，同比下降 53.8%，环比下降 41.4%；二季度，304.2 万平方米，同比下降 21.6%，环比增长 65.2%；三季度，251.5 万平方米，同比下降 30.0%，环比下降 17.3%；四季度，311.4 万平方米，同比下降 0.9%，环比增长 23.8%。

5. 新建商品住房价格情况

2020 年，全市新建商品住宅销售均价 9491 元/平方米，同比增长 11.9%。市区新建商品住宅价格环比指数呈波动性增长，1—12 月累计环比指数 100.8，在全国 70 座大中城市中排第 59 位，在中部省会城市中排第 4 位。市区新建商品住宅价格一季度环比指数 100.0，同比指数 102.9；二季度环比指数 101.1，同比指数 102.0；三季度环比指数 100.0，同比指数 101.1；四季度环比指数 99.5，同比指数 100.4。

6. 新建商品房待售面积情况

2020 年 12 月底，全市商品房待售面积 1437.3 万平方米，同比增长 9.9%。其中：住宅待售面积 668.0 万平方米，同比增长 9.7%；非住宅待售面积 770.3 万平方米，同比增长 10.3%。非住宅待售面积占总待售面积 53.6%，压力明显。

7. 二手房交易情况

2020 年，全市二手房网签交易面积 390.4 万平方米，同比下降 11.8%。

二手房网签交易面积一季度 44.5 万平方米，同比下降 51.8%，环比下降 54.7%；二季度 106.3 万平方米，同比下降 17.4%，环比增长 139.2%；三季度 125.4 万平方米，同比增长 1.5%，环比增长 17.9%；四季度 114.2 万平方米，同比增长 16.3%，环比下降 9.0%。

8. 房地产信贷情况

截至 2020 年年底，全市房地产贷款余额 5258.7 亿元，同比增长 7.4%，较上年年底下降了 7.4 个百分点；占各项贷款余额的比重为 33.3%，较上年下降了 0.7 个百点。房地产开发贷款余额 1961.1 亿元，同比增长 3.6%，较上年年底下降了 7.2 个百分点；住房贷款余额 2965.7 亿元，同比增长 9.7%，较上年年底下降 8.4 个百分点。

9. 房地产税收情况

2020年，全市房地产税收186.93亿元，同比下降8.1%。房地产税收占全市税收总收入比重22.8%，与上年24.5%略降1.7个百分点。

（二）2020年南昌市住房保障工作情况

1. 住房保障能力进一步增强

截至2020年年底，南昌市53634套公租房（廉租房），已分配51897套，分配率96.76%。其中政府投资的39270套公租房，已全部分配，分配率100%。

2020年，南昌市（含三县一区）发放租赁补贴已完成25920户，金额为7704万元（其中中心城区发放23208户，发放金额为7017万元）。已超额完成上级规定的目标任务数。

2. 城市更新改造工作

2020年，全市共申报247个老旧小区改造任务，涉及户数58543户，房屋1993栋，建筑面积422万平方米，惠及人数18.73万人，累计投资达22亿元。南昌市财政局下达2020年南昌市老旧小区改造项目市级奖补资金2526.2万元，主要用于老旧小区内水电路气等配套基础设施和公共服务设施建设改造、小区内房屋公共区域修缮、建筑节能改造等支出。

2020年，南昌市棚户区改造目标任务30322套，其中，中心城区27048套、南昌县2796套、进贤县358套、安义县120套。截至年底，已全部完成棚改任务。

2020年南昌市出台“人才10条”政策，按照“政府主导、社会参与；市级统筹、县区落实；统一规划、分步实施；以需定建、多点布局”的基本原则，统筹推进人才公寓建设，力争5年内达到满足10万人租住需求的人才公寓总规模，基本满足全市引进人才居住需求。

（江西省房地产业协会）

十六、福州市房地产市场

（一）2020年福州市房地产市场运行情况

1. 房地产开发投资情况

2020年，福州市房地产开发投资2070.23亿元，比上年增长14.2%，增速较上年下降11.7个百分点。其中：住宅投资1493.95亿元，比上年增长15.9%，占房地产开发投资的72.2%，占比较上年上升1.1个百分点；土地购置费992.95亿元，比上年增长10.0%，增速同比回落30.2个百分点。土地购置费占全部房地产开发投资的48.0%，占比较上年下降1.8个百分点；建安工程投资1046.33亿元，比上年增长21.3%，占全部房地产开发投资的50.5%。

2. 房屋建设规模情况

2020年，福州市房屋施工面积8662.60万平方米，比上年增长2.1%。其中住宅施工面积5445.40万平方米，比上年下降0.2%。房屋新开工面积1941.02万平方米，比上年增长11.4%。其中住宅新开工面积1227.43万平方米，比上年下降2.4%。房屋竣工面积1092.27万平方米，比上年增长180.2%。其中住宅竣工面积658.31万平方米，比上年增长166.9%。

3. 房地产开发项目规划情况（见表 5－50）

表 5－50　2020 年福州市房地产开发项目规划情况

指标名称	数量（万平方米）	同比增长（%）
项目规划占地面积	3979.55	－0.13
项目规划建筑面积	9411.89	7.38
其中：住宅	5665.13	－0.13
商业营业用房	942.31	－0.14
办公楼	825.22	－0.10

4. 房地产市场销售情况

2020 年，福州市商品房销售面积 1822 万平方米，同比增长 12%。其中：住宅销售面积 1519 万平方米，同比增长 14.2%；非住宅销售面积 303 万平方米，同比与上年同期持平。二手房交易面积 529 万平方米，同比回落 10.75%。其中：二手住宅交易面积 439 万平方米，同比回落 12.14%；二手非住宅交易面积 90 万平方米，同比回落 3.2%。

2020 年，福州市五城区新建商品房成交 50004 套，成交面积 380.08 万平方米。其中住宅成交 31040 套，成交面积 295.20 万平方米。二手房成交 32754 套，成交面积 251.72 万平方米，其中住宅成交 24582 套，成交面积 231.47 万平方米。

5. 住宅销售价格情况

2020 年 12 月，福州市新建商品住宅销售价格指数环比增长 0.7%，同比增长 4.4%；二手住宅销售价格指数环比增长 0.8%，同比增长 2.5%。

新建商品住宅销售价格分类指数，90 平方米及以下新建商品住宅销售价格环比增长 1.6%，同比增长 2.5%；90～144 平方米新建商品住宅销售价格环比增长 0.7%，同比增长 4.5%；144 平方米及以上新建商品住宅销售价格环比增长 0.4%，同比增长 5.2%。

二手住宅销售价格分类指数，90 平方米及以下二手住宅销售价格环比增长 1.4%，同比增长 1.8%；90～144 平方米二手住宅销售价格环比增长 0.6%，同比增长 2.5%；144 平方米及以上二手住宅销售价格环比增长 0.3%，同比增长 3.3%。

6. 房地产贷款情况

截至 2020 年 12 月底，福州市房地产贷款余额 5836 亿元，同比增长 7.05%。其中：个人购房贷款余额 4310 亿元，同比增长 8.86%；开发贷款余额 1291 亿元，同比增长 8.06%。

（二）2020 年福州市旧屋区改造情况

1. 连片旧屋区改造

2020 年福州市城区连片旧屋区改造工作以“大规模、成片区”为重点，坚持“4 个统筹、7 个同步”，即资金使用、力量调配、居民安置、任务分工 4 个方面实行全市统筹；项目策划、规划设计、招商引资、手续报批、征地拆迁、配套建设、安置房建设 7 个方面坚持同步推进，加快探索“城市更新＋”模式，进一步加快社会事业发展，补齐民生设施短板，提升城市功能品质，顺利完成“2018—2020”三年旧改行动涉及的 106 个连片旧屋区改造项目扫尾工作。

2. 零星地块精准改造

2020年福州市城区零星地块精准改造工作继续按照规划先行、资金兜底、一户一策、现房安置的原则推进改造工作，因地制宜打造街头公园、绿地、停车场、市民活动广场等市政配套，弥补公共服务设施短板，提升老旧城区的生活宜居性。同时，将零星地块精准改造纳入为民办实事项目和老城区综合提升“十位一体”工作范畴，进一步加快补齐民生基础设施短板，解决群众住房安全问题。2020年共实施125个零星地块精准改造项目。

3. 保障性安居工程建设和分配情况

2020年福州市棚户区改造省里下达年度目标任务5405套，已开工5405套，占年度目标任务的100%。棚改基本建成2545套，超额完成40套。

（福州市房地产开发建设促进会）

十七、南宁市房地产市场

（一）2020年南宁市房地产市场基本情况

1. 房地产开发投资情况

2020年，南宁市全年房地产开发投资总额1318.2亿元，同比下降5.7%（见图5-16）。

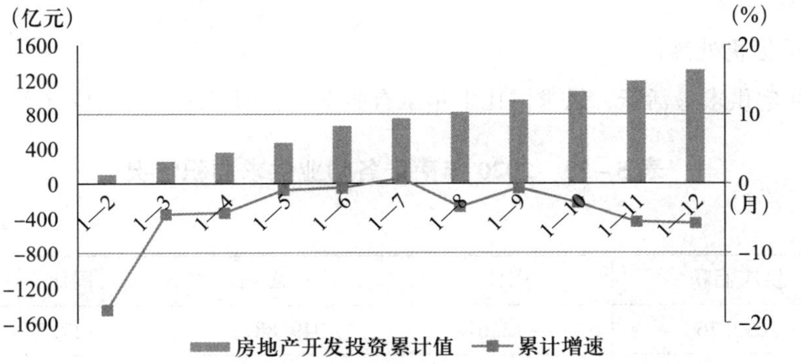

图5-16　2020年南宁房地产开发投资情况

2. 房屋建设规模情况

2020年，南宁市房地产开发企业房屋施工面积9220.35万平方米，比上年同期增加637.95万平方米，同比增长7.43%。其中新开工面积2678.96万平方米，比上年同期增加462.19万平方米，同比增长20.85%。

3. 土地市场运行情况

2020年，南宁经营性建设用地供应143幅，用地面积12096.8亩，同比分别增长1.4%和9.0%。其中，居住用地供应59幅，用地面积4638.0亩，同比分别下降11.9%和5.6%（见表5-51）。

表5-51　2019年、2020年南宁市经营性建设用地供应情况

指标	供应幅数（幅）				供应面积（亩）			
	合计	居住用地	商服用地	工业用地	合计	居住用地	商服用地	工业用地
2019年	141	67	17	57	11098.7	4913.3	961.5	5223.9
2020年	143	59	27	57	12096.8	4638.0	2699.4	4759.4
同比增长（%）	1.4	-11.9	58.8	0	9.0	-5.6	180.8	-8.9

数据来源：克而瑞，覆盖南宁六城区。

2020 年南宁通过招拍挂出让土地 136 幅（见表 5－52）。

表 5－52　2020 年南宁市经营性建设用地成交情况

指标	数值				同比（%）			
	合计	居住用地	商服用地	工业用地	合计	居住用地	商服用地	工业用地
成交幅数（幅）	136	53	25	58	7. 1	－14. 5	66. 7	16. 0
用地面积（亩）	10945. 3	3938. 6	2542. 5	4464. 2	4. 2	－13. 1	161. 5	－10. 8
可建面积（万平方米）	1957. 0	799. 0	464. 8	693. 3	5. 0	－8. 6	141. 6	－13. 1
成交金额（亿元）	533. 8	381. 2	139. 6	13. 0	12. 4	－5. 9	160. 3	－20. 3
楼面地价（元/平方米）	2728	4771	3004	188	7. 1	3. 0	7. 8	－8. 3
溢价率（%）	29. 8	32. 5	26. 0	1. 9	－8. 8	－12. 4	12. 0	－0. 2

数据来源：克而瑞，覆盖南宁六城区。

4. 新房市场运行情况

（1）新建商品房供应销售面积均有回落

2020 年，南宁市新建商品房供应面积 1723. 64 万平方米，同比下降 3. 4%。商品房成交面积 1250. 22 万平方米，同比下降 10. 6%。

（2）住宅供求收缩但仍处高位

各物业形态中，住宅供求最活跃，供求同比上年虽有所下滑，但量级仍处高位（见表 5－53）。

表 5－53　2020 年南宁各物业供求面积情况

单位：万平方米，%

指标	供应面积	同比	成交面积	同比	成交占比
住宅	1092. 76	－12. 61	949. 88	－17. 5	76
商业	104. 56	12. 65	68. 75	56. 56	5
办公	85. 46	－18. 33	47. 84	－23. 27	4
车位	440. 86	31. 34	183. 76	29. 96	15

（3）住宅市场仍在修复，多月度同比成交下降

从住宅各月走势来看，2 月受疫情冲击楼市停摆，供求量骤降，3 月起市场逐步修复，供应、成交均逐步加码。全年月均成交 79. 2 万平方米，其中 5 月、12 月突破百万。除 5 月、8 月外，其他月度成交量同比上年均呈下降趋势，9—12 月降幅区间在 20% ~40% 之间，市场观望情绪加重，整体市场仍处在波动、修复阶段。

（4）90 ~ 130 平方米产品是成交主力

在各面积段产品成交中，90 ~ 110 平方米成交套数占全市 34% 份额，110 ~ 130 平方米占全市 28% 份额，合计超六成，是市场成交热点所在。

70 ~ 90 平方米成交套数占比 17%、130 ~ 150 平方米成交占比 11%，其余面积段成交占比均在 5% 以内。

（5）住宅成交价格情况

2020 年，南宁市六城区住宅成交均价同比上涨 9. 03%，各月涨幅在 1% ~ 15% 不等。涨幅小高峰出现在 10 月、11 月，主要受部分高端改善项目成交拉动全市均价上扬。

国家统计局发布的70座大中城市住宅销售价格变动情况显示，2020年12月，9个较典型的二线省会城市中，南宁市新建商品住宅销售价格涨幅5.2%，排在首位。二手住宅销售价格南宁涨幅3.7%，排在第四位。

（6）良庆区、青秀区是住宅成交热点

2020年，在南宁市各行政区中，良庆区住宅成交最多，共成交312.22万平方米，占全市33%份额。其次是青秀区，成交198.78万平方米，占全市21%份额。江南区成交170.53万平方米，占18%；西乡塘区成交116.6万平方米，占12%；兴宁区成交81.81万平方米，占9%。

（7）住宅存量有所拉长但仍处健康状态

截至2020年12月底，南宁市住宅库存量为695.54万平方米，较年初增多了159万平方米。

5. 二手房市场运行情况

2020年，南宁市二手房交易36183套，同比增长62.0%；交易面积346.3万平方米，同比增长66.5%。

（二）2020年南宁市住房保障建设情况

南宁市累计建成保障性住房17.3万套，解决了近60万中低收入群众的住房困难问题。发放公租房货币补贴共3.68亿元，惠及低收入困难群众4.9万户约12万人。

南宁市城镇棚户区改造项目共计27个、11066套，涉及良庆区4105套、江南区606套、西乡塘区350套、兴宁区229套、邕宁区5263套、高新区40套和宾阳县473套。

南宁计划公租房建设新筹集项目4个、合计2000套。分别是良庆区物流园区公租房项目1153套，滨江小区一号地块公租房项目400套，滨江锦湾配建公租房项目237套，金科紫来湾配建公租房项目210套。

（广西房地产业协会）

十八、苏州市房地产市场

（一）苏州市房地产开发投资情况

2020年，苏州市完成房地产开发投资2673.7亿元，较上年下降0.5%，占全社会固定资产投资51.2%，较上年下降3.6个百分点；其中住宅投资2171.6亿元，较上年下降1.7%，占房地产开发投资的81.2%（见图5-17）。

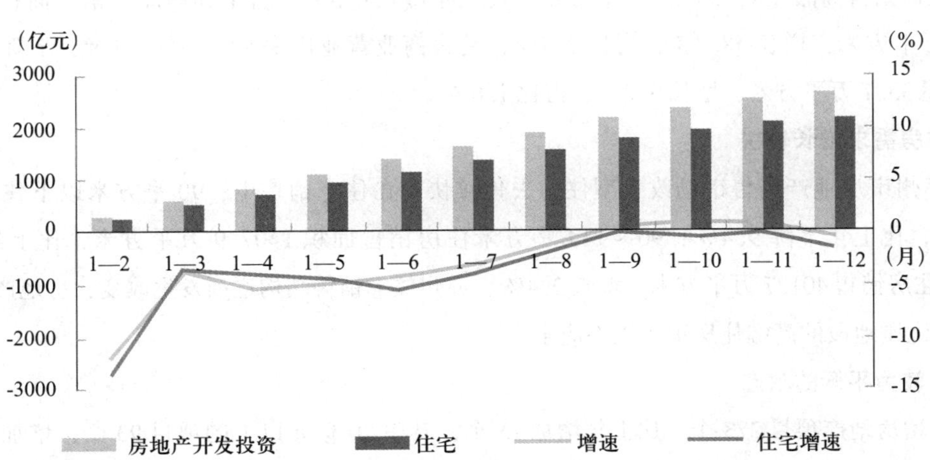

图5-17　2020年苏州市房地产开发投资月度累计及增速

1. 房地产开发投资呈现季度性变化特征

2020 年，苏州市房地产开发投资季度性变化特征明显，全年呈现“下降—反弹—趋稳—渐缓”的走势。一季度，房地产开发投资完成 624.7 亿元，下降 3.8%，降幅比 1—2 月收窄 8.5 个百分点。二季度，房地产开发投资保持月均 250 亿元左右的投资规模，降幅保持不断收窄的态势。三季度，完成房地产开发投资 2167.2 亿元，同比增长 0.4%，增速由负转正。四季度，投资规模下降至月均 168 亿元。

2. 建安工程实现正增长

2020 年，苏州市房地产建筑工程完成投资 1233.1 亿元，比上年增长 3.6%；安装工程完成投资 68.5 亿元，比上年下降 22.7%；设备工器具购置完成投资 18.4 亿元，下降 1.5%；其他费用 1353.6 亿元，下降 2.5%。其中土地购置费 1237.4 亿元，同比下降 3.5%，土地购置费占全部房地产开发投资的比重达 46.3%。

（二）苏州市房屋建设情况

1. 90～144 平方米房屋建设面积比重增加

2020 年，苏州市房屋施工面积 12385.5 万平方米，比上年增长 2.0%。其中：住宅、商业营业用房、办公楼和其他房屋施工面积分别为 9133.0 万平方米、1042.3 万平方米、559.5 万平方米和 1650.8 万平方米。住宅是施工的主体，占比 73.7%。90 平方米以下住房和 144 平方米以上住房的房屋施工面积均有所下降；90～144 平方米房屋施工面积为 6113.8 万平方米，占住宅施工面积 66.9%，占比比上年提高 4.3 个百分点。

2. 新开工面积降幅较大

2020 年，苏州市房屋新开工面积 2398.6 万平方米，比上年下降 13.1%，其中住宅新开工面积 1846.3 万平方米，同比下降 9.9%。与之相比，苏州市房屋施工面积和竣工面积都实现了正增长。

（三）苏州市商品房销售情况

2020 年，苏州市商品房销售面积 2192.2 万平方米，比上年增长 0.6%；月均销售约 180 万平方米，属于正常偏好的销售水平。一季度受新冠肺炎疫情影响，降幅较大；二季度商品房销售整体恢复性反弹，部分地区出现销售火爆现象，商品销售面积转为正增长。三、四季度商品房销售面积保持平稳增长态势，全年商品房销售面积实现正增长。

1. 住宅销售面积占比九成以上

2020 年，全市销售商品住宅 1993.9 万平方米，比上年增长 0.5%，占全部商品房销售面积的 91.0%；销售办公楼 80.1 万平方米，增长 48.7%，占比 3.7%；销售商业营业用房 83.1 万平方米，下降 23.5%，占比 3.8%；其他房屋 35.1 万平方米，增长 9.2%，占比 1.6%。

2. 改善型住房需求增长较快

2020 年，苏州市房地产销售市场改善型住房去化较快，在住宅销售中，90 平方米以下住房销售面积为 184.3 万平方米，比上年下降 9.4%；90～114 平方米住房销售面积 1407.9 万平方米，比上年增长 1.4%；144 平方米以上住房销售 401.7 万平方米，增长 2.4%。苏州住宅销售结构逐渐发生改变，房地产供需市场都偏向改善型住房，优质地段的高端住房销售供不应求。

3. 供求保持较为平衡的状态

2020 年，新增房地产项目 273 个，比上年增加 15 个，其中 20 亿元以上的项目 93 个，增加 3 个。2020 年苏州市公开出让的商品住宅用地和商服用地共 259 宗，总面积约 1063.9 万平方米，总成交金额 1744.1 亿元。按照 2.1 的容积率计算，2020 年商品住宅用地和商服用地建筑面积约为 2234 万平方米，商品房销售的供应和需求大致保持平衡。

(四) 苏州市房地产开发企业资金情况

2020年，苏州市房地产企业全部资金来源合计5656.0亿元，比上年增长2.8%。其中，银行贷款、定金及预收款、个人按揭贷款分别完成943.3亿元、2478.8亿元和783.5亿元，比上年分别增长14.0%、9.5%、和0.6%；自筹资金完成1136.2亿元，比上年下降6.5%。

根据2020年四季度全市1188家房地产开发企业的问卷调查显示，企业经营状况以稳健经营为主。与上年同期相比，开发经营状况有所好转、维持稳定、有所下降的房企占比分别为0.6%、83.9%、15.5%。四季度，近84%房企保持稳经营，比一季度提高4.5个百分点。

(苏州市统计局)

十九、济南市房地产市场

(一) 2020年房地产市场运行情况

1. 房地产投资情况

2020年济南市完成房地产开发投资1707.63亿元，同比增长8.3%，其中住宅1204.31亿元，同比增长6.0%。

2. 土地出让情况

2020年市本级供地510宗，面积41506.58亩。其中：出让263宗，面积16719.03亩；划拨247宗，面积24787.55亩。市本级住宅用地出让100宗，面积5847.51亩。共出现15宗流拍、7宗终止异常交易情况。

3. 房屋建设情况

2020年新开工商品房面积2131.09万平方米，同比下降6.7%。其中住宅1449.55万平方米，同比下降7.8%。房屋施工面积10353.04万平方米，同比增长3.7%。其中住宅6700.92万平方米，同比增长2.7%。竣工面积1272.97万平方米，同比增长19.0%。其中住宅913.57万平方米，同比增长18.5%。

4. 新建商品房情况

2020年，新建商品房销售19.93万套，面积1595.95万平方米，同比增长5.18%。销售均价11768.35元/平方米，同比下降1.13%。其中，住宅销售8.95万套，面积1124.94万平方米，同比增长11.58%；住宅销售均价12897.52元/平方米，同比下降1.35%；办公物业销售0.78万套，面积73.51万平方米，同比下降14.34%；办公物业销售均价11721.46元/平方米，同比下降8.59%。商业营业用房销售0.58万套，面积54.61万平方米，同比下降25.21%；商业营业用房销售均价16597.51元/平方米，同比下降8.64%。

市场以本地刚需和改善型需求为主。新建商品住宅100~144平方米面积段是市场的成交主力，占全年网签数量的77%。新建商品住宅购房中非本市居民占比为14%。

5. 开发企业资金来源情况

2020年实际到位资金2506.28亿元，同比增长8.0%。其中：国内贷款587.83亿元，同比增长23.3%（包括银行贷款376.90亿元，同比增长31.0%；非银行金融机构贷款210.93亿元，同比增长11.6%）；利用外资7.24亿元，自筹资金717.64亿元，同比增长6.0%；定金及预收款933.16亿元，同比增长5.7%；个人按揭贷款213.79亿元，同比增长16.0%；其他到位资金46.61亿元，同比下降53.5%。

6. 存量房交易情况

2020年存量房交易6.09万套，成交面积467.29万平方米，同比增长7.08%；网签申报均价为9686.35元/平方米，同比增长0.38%。其中：存量住宅交易4.22万套，成交面积395.65万平方米，同比增长11.32%；网签申报均价为10298.64元/平方米，同比增长0.88%。存量住宅购房中非本市居民占比为11%。

（二）住房租赁市场试点工作情况

1. 体制机制建设情况

成立了市级层面及各试点区政府（管委会）、市级平台公司住房租赁试点工作领导小组，建立了领导小组办公室周例会制度和工作周报制度，在市住房城乡建设局成立了专门处室，确保试点工作顺利推进。

2. 制度体系建设情况

在《关于培育和发展住房租赁市场试点工作的实施意见》的基础上，共出台了房源筹集、专项资金使用、市场管理、保障承租人相关权益等 12 项配套政策和 5 个工作导则。

3. 租赁住房房源筹集情况

（1）租赁住房用地供应情况。济南市新建住房租赁试点项目占地面积约 1358 亩，其中居住用地 1069.15 亩，商业商务用地 289.4 亩，并为租赁住房项目预留了 700 亩新增建设用地指标。

（2）新建改建租赁住房情况。确定新建、改建租赁住房试点项目 31 个，预计新增租赁住房 36513 套。截至 2020 年年底，27 个项目 35527 套房源已开工建设，超额完成年度工作任务。

（3）企业盘活闲置存量住房情况。搭建了济南市住房租赁综合服务平台，引导住房租赁企业、房地产经纪机构将盘活房源及租赁合同上传至平台备案。全年共盘活房源 33882 套，超额完成年度工作任务。

4. 培育住房租赁企业情况

通过宣传培训、奖补支持、银行授信等方式，培育了济南中合、山东汇鲁等 7 家租赁房源量 1000 间以上的专业化、规模化住房租赁企业。引导济南城市建设集团、济南城市投资集团、济南轨道交通集团、建信住房服务有限公司山东分公司等国有企业开展租赁住房建设管理业务，目前我市以国有企业为主体实施建设的租赁住房超过 3 万套。

5. 住房租赁管理服务平台建设情况

搭建了济南市住房租赁综合服务平台，基本实现市场主体登记备案、房源核验发布、合同网签备案、试点项目管理、奖补申请、市场监管、数据共享、数据分析与监测等全流程监管。截至 2020 年年底，已有 81 家住房租赁企业、505 家经纪机构及门店在平台登记备案，7 家住房租赁企业、8 家房地产经纪机构完成系统对接，录入房源超过 22 万套。

6. 整顿规范住房租赁市场秩序情况

对发布虚假房源信息、恶意克扣押金租金及“群租房”乱象等漠视侵害群众利益问题进行了集中整治，并定期组织扫黑除恶集中宣传，营造良好市场环境。畅通投诉渠道，及时受理 12345 市民热线反馈信息，积极化解租住矛盾。研究制定了住房租赁合同、房屋托管合同 2 个示范文本，保障当事人的合法权益。

（济南市房地产业协会）

二十、北海市房地产市场

（一）2020 年北海市房地产市场基本情况

1. 房地产开发投资情况

2020 年，北海市房地产开发投资总体呈下降趋势同比下降 18.1%，排在全广西第 13 位（见图 5－18）。

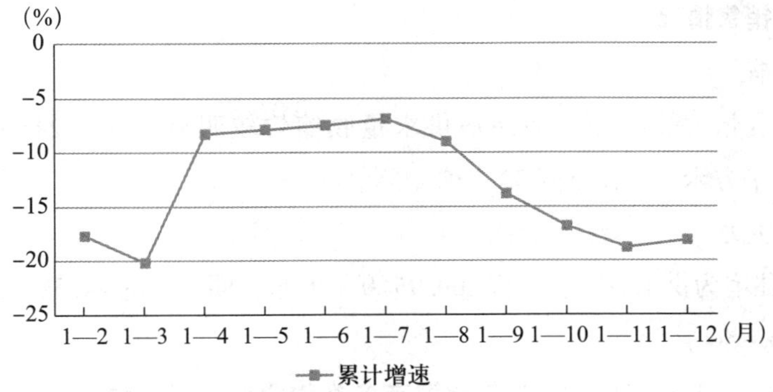

图 5-18　2020 年北海市房地产开发投资增速情况

2. 土地市场情况

2020 年，北海经营性建设用地供应 22 幅，用地面积 2608.7 亩，同比分别下降 38.9% 和 58.3%。其中，居住用地供应 11 幅，较上年供地幅数持平，用地面积 1040.3 亩，同比下降 41.5%（见表 5-54）。

表 5-54　2019 年、2020 年北海经营性建设用地供应情况

指标	供应幅数（幅）				供应面积（亩）			
	合计	居住用地	商服用地	工业用地	合计	居住用地	商服用地	工业用地
2019 年	36	11	15	10	6261.9	1778.0	3610.6	873.3
2020 年	22	11	4	7	2608.7	1040.3	226.2	1342.2
同比增长（%）	-38.9	0	-73.3	-30	-58.3	-41.5	-93.7	53.7

数据来源：克而瑞。覆盖海城区、银海区。

通过招拍挂出让土地 20 幅，用地面积 2481.9 亩，可建建筑面积 407.9 万平方米，总出让金额 54.8 亿元，同比分别下降 20.0%、42.3%、24.0% 和 43.3%；平均楼面地价 1343 元/平方米，同比下降 25.4%；平均溢价率 3.2%，同比减少 2.5 个百分点。其中，居住用地出让 11 幅，用地面积 1040.3 亩，可建筑面积 179.6 万平方米，出让金额 44.6 亿元，同比分别增长 10.0%、-33.9%、-19.4% 和 -34.5%；楼面地价 2484 元/平方米，同比下降 18.7%；溢价率 4.0%，同比减少 4.2 个百分点（见表 5-55）。

表 5-55　2020 年北海市经营性建设用地成交情况

指标	数值				同比（%）			
	合计	居住用地	商服用地	工业用地	合计	居住用地	商服用地	工业用地
成交幅数（幅）	20	11	4	5	-20.0	10.0	-55.6	-16.7
用地面积（亩）	2481.9	1040.3	226.2	1215.3	-42.3	-33.9	-88.7	63.8
可建面积（万平方米）	407.9	179.6	26.8	201.5	-24.0	-19.4	-87.3	96.6
成交金额（亿元）	54.8	44.6	6.2	4.0	-43.3	-34.5	-77.0	150.3
楼面地价（元/平方米）	1343	2484	2296	199	-25.4	-18.7	80.9	27.6
溢价率（%）	3.2	4.0	0	0.02	-2.5	-4.2	0	0.02

数据来源：克而瑞。覆盖海城区、银海区。

3. 北海市新房供应与销售情况

（1）市场供求量均收缩

2020 年，在新冠肺炎疫情冲击之下，商品房供求量收缩均较明显。供应 245.63 万平方米，同比下滑 46.3%。成交量 182.58 万平方米，同比下降 32.29%。

（2）普通住宅为供求主力

各物业形态中，普通住宅为供求主力，供应 209.95 万平方米，同比下降 44.39%。成交 159.64 万平方米，同比下降 33.69%（见表 5－56）。

表 5－56　2020 年北海市各类物业形态供求情况

单位：万平方米，%

物业	供应面积	同比	成交面积	同比	成交占比
普通住宅	209.95	－44.39	159.64	－33.69	87.44
别 墅	—	－100.00	1.73	9.49	0.95
商 业	23.87	－57.35	18.53	－13.97	10.15
办 公	3.88	－46.56	1.03	39.19	0.56
车库/车位	7.94	－40.30	1.64	－67.33	0.90

（3）随着新冠肺炎疫情逐步得到控制，成交量缓慢恢复

一季度，受新冠肺炎疫情影响，北海楼市几乎处于停摆状态。从二季度开始，随着疫情逐渐得到控制，市场逐步修复。四季度成交量为全年最佳（见图 5－19）。但各月成交面积同比仍为负，市场仍未完全恢复。

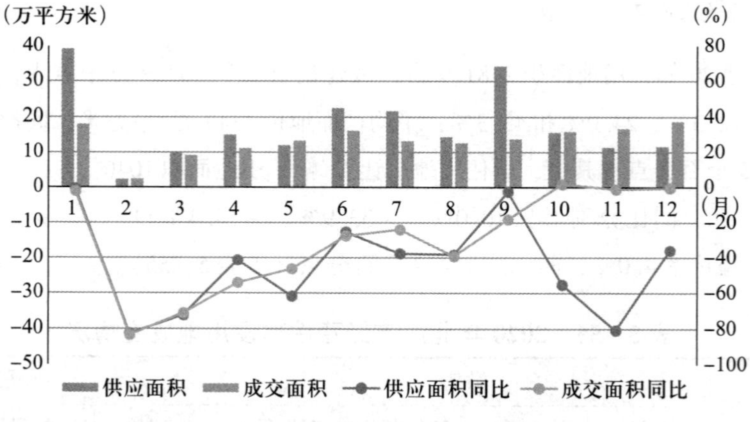

图 5－19　2020 年北海市住宅供求面积情况

（4）70～90 平方米小户型是成交主力

在各面积段产品成交中，70～90 平方米成交占全市 43% 份额。90～110 平方米占全市 18% 份额；50～70 平方米的小户型占比 17%。

（5）各区供求量下滑均较明显

北海主城区由银海、海城两区构成。在新冠肺炎疫情影响之下，两区供应、成交同比下滑幅度均较明显（见表 5－57、表 5－58）。

表 5－57　2020 年北海市各区新建商品房批准预售面积及同比情况

单位：万平方米，%

行政区	住宅		商业		办公		商品房合计	
	预售面积	同比	预售面积	同比	预售面积	同比	预售面积	同比
海城区	66.90	－61.84	7.24	－77.61	—	—	75.68	－65.35
银海区	143.05	－30.42	16.62	－29.60	3.88	26.81	169.96	－28.89

数据来源：克而瑞。

表 5－58　2020 年北海市各区新建商品房销售面积及同比情况

单位：万平方米，%

行政区	商品房合计		商品住宅		办公		商业	
	销售面积	同比	销售面积	同比	销售面积	同比	销售面积	同比
海城区	85.86	－28.85	71.73	－31.25	0.43	－41.02	12.55	－11.13
银海区	96.72	－35.07	89.65	－35.04	0.60	—	5.98	－19.38

数据来源：克而瑞。

4. 住宅销售价格情况

2020 年，北海市新建商品住宅各月度销售价格同比上年大多呈下降趋势，环比价格也出现下调，环比涨跌幅度在－0.7%～0.4%之间。

2020 年，北海市二手房各月价格略有波动，整体维稳，环比涨跌幅度在－0.5%～－0.1%之间。

2020 年 12 月，北海市新建商品住宅销售价格环比下跌 0.5%，同比下跌 3%；二手房价格环比下跌 0.1%，同比下跌 3.0%。至此，北海市新房房价环比已连续 9 个月下跌，且跌幅有所扩大。

（二）北海市二手房市场销售情况

2020 年北海市二手房交易 9902 套，较上年的 15243 套下降约 35.04%；交易面积 104.7 万平方米，同比下降 31.04%。其中，北海市二手住房交易 9615 套，同比下降 34.88%，交易面积 100.04 万平方米，同比下降 32.74%。

（广西房地产业协会）

Ⅵ.企业篇

导读

本篇收录了由中国房地产业协会和中国房地产测评中心联合发布的2020—2021年中国房地产行业三个重要测评榜单及分析；第九届“广厦奖”第二批获奖项目名单；首部中国房地产企业信用白皮书；中国房地产企业整体运营数据，以及58家大型房地产开发企业2020年重要财务数据和经营情况。

一、2020—2021 年度中国房地产开发企业测评榜及分析

(一) 2021 年中国房地产开发企业综合实力测评

发布机构：中国房地产业协会　上海易居房地产研究院中国房地产测评中心

发布时间：2021 年 3 月 16 日

发布地点：上海

1. 测评榜单（见表 6-1）

表 6-1　2021 中国房地产开发企业综合实力 TOP500 榜

2021 年排名	企业名称	2021 年排名	企业名称
1	万科企业股份有限公司	29	雅居乐集团控股有限公司
2	恒大地产集团有限公司	30	美的置业集团有限公司
3	碧桂园控股有限公司	31	大连万达商业管理集团股份有限公司
4	中国海外发展有限公司	32	远洋集团控股有限公司
5	融创中国控股有限公司	33	时代中国控股有限公司
6	保利发展控股集团股份有限公司	34	中国铁建房地产集团有限公司
7	龙湖集团控股有限公司	35	路劲地产集团有限公司
8	华润置地有限公司	36	建发房地产集团有限公司
9	世茂集团控股有限公司	37	金辉集团股份有限公司
10	新城控股集团股份有限公司	38	宝龙地产控股有限公司
11	招商局蛇口工业区控股股份有限公司	39	禹洲集团
12	广州富力地产股份有限公司	40	合景泰富集团控股有限公司
13	旭辉集团股份有限公司	41	中骏集团控股有限公司
14	阳光城集团股份有限公司	42	越秀地产股份有限公司
15	金地（集团）股份有限公司	43	卓越置业集团有限公司
16	江苏中南建设集团股份有限公司	44	四川蓝光发展股份有限公司
17	中国金茂控股集团有限公司	45	佳源创盛控股集团有限公司
18	中梁控股集团有限公司	46	红星地产
19	正荣地产控股股份有限公司	47	弘阳地产集团有限公司
20	荣盛房地产发展股份有限公司	48	俊发集团有限公司
21	融信集团	49	四川新希望房地产开发有限公司
22	龙光集团有限公司	50	仁恒置地有限公司
23	金科地产集团股份有限公司	51	海伦堡中国控股有限公司
24	奥园集团有限公司	52	隆基泰和集团有限公司
25	绿城中国控股有限公司	53	正商集团
26	绿地控股集团股份有限公司	54	东原房地产开发集团有限公司
27	佳兆业集团控股有限公司	55	联发集团有限公司
28	祥生实业集团有限公司	56	广州市敏捷投资有限公司

续表

2021 年排名	企业名称	2021 年排名	企业名称
57	中国电建地产集团有限公司	94	中建信和地产有限公司
58	新力控股（集团）有限公司	95	云星集团
59	重庆华宇集团有限公司	96	龙记泰信
60	融侨集团股份有限公司	97	中天城投集团有限公司
61	珠海华发实业股份有限公司	98	星河湾集团有限公司
62	建业住宅集团（中国）有限公司	99	祥源控股集团有限责任公司
63	杭州滨江房产集团股份有限公司	100	广东方直集团有限公司
64	朗诗集团股份有限公司	100	重庆新鸥鹏地产（集团）有限公司
65	三盛集团有限公司	102	星河控股集团有限公司
66	大华（集团）有限公司	103	领地集团有限公司
67	中交地产股份有限公司	104	金融街控股股份有限公司
68	景瑞地产（集团）有限公司	105	中冶置业集团有限公司
69	北京金隅地产开发集团有限公司	106	力高地产集团有限公司
70	石榴置业集团有限公司	107	杭州澳海控股集团有限公司
71	保利置业集团有限公司	108	阳光大地置业集团有限公司
72	鑫苑集团	109	德信中国控股有限公司
73	北京鸿坤伟业房地产开发有限公司	110	光明房地产集团股份有限公司
74	北京北辰实业股份有限公司	111	荣安地产股份有限公司
75	当代节能置业股份有限公司	112	华鸿嘉信控股集团有限公司
76	上海建工房产有限公司	113	上海大发房地产集团有限公司
77	郭氏投资集团有限公司	114	五矿地产有限公司
78	上坤置业有限公司	115	郑州绿都地产集团股份有限公司
79	复地（集团）股份有限公司	116	信达地产股份有限公司
80	首创置业股份有限公司	117	河南信友置业集团有限公司
81	大悦城控股集团股份有限公司	118	合生创展集团有限公司
82	安徽省恒泰房地产开发有限责任公司	119	奥山置业有限公司
83	康桥集团	120	和昌地产集团有限公司
84	广东珠江投资股份有限公司	121	华远地产股份有限公司
85	中昂地产（集团）有限公司	122	天誉置业（控股）有限公司
86	广州市方圆房地产发展有限公司	123	重庆飞洋控股（集团）有限公司
87	青岛海尔产城创集团有限公司	124	华地集团有限公司
88	厦门大唐房地产集团有限公司	125	中天美好集团有限公司
89	国贸地产集团有限公司	126	华南城控股有限公司
90	华董（中国）有限公司	127	武汉城市建设集团有限公司
91	杭州市城建开发集团有限公司	128	港龙中国地产集团有限公司
92	北京首都开发股份有限公司	129	上海陆家嘴金融贸易区开发股份有限公司
93	花样年集团（中国）有限公司	130	恒通建设集团有限公司

续表

2021 年排名	企业名称	2021 年排名	企业名称
131	中庚置业集团有限公司	168	中华企业股份有限公司
132	四川邦泰置业有限公司	169	桂林彰泰实业集团有限公司
133	实地地产集团有限公司	170	广西大都投资有限公司
134	阳光 100 中国控股有限公司	171	象屿地产集团有限公司
135	吉林大众置业集团有限公司	172	山东儒辰控股集团有限公司
136	上海实业城市开发集团有限公司	173	上海中奥实业发展有限公司
137	北京城建投资发展股份有限公司	174	香港合能投资有限公司
138	上海大名城企业股份有限公司	175	青岛海信房地产股份有限公司
139	河南亚新投资集团	176	众安集团有限公司
140	深圳控股有限公司	177	新怡和控股集团有限公司
141	安徽伟星置业有限公司	178	深圳市中洲投资控股股份有限公司
142	鲁商健康产业发展股份有限公司	179	九颂山河置业集团有限公司
143	北京天恒置业集团有限公司	180	成都兴城人居地产投资集团股份有限公司
144	保亿集团股份有限公司	181	南通银洲房地产开发有限公司
145	苏宁置业集团有限公司	182	上海中环投资开发（集团）有限公司
146	安徽华安发展控股集团有限公司	183	长沙房产（集团）有限公司
147	中国葛洲坝集团房地产开发有限公司	184	安徽置地投资有限公司
148	上海宝华企业集团有限公司	185	天津广宇发展股份有限公司
149	成都德商置业有限公司	186	武汉联投置业有限公司
150	金成房地产集团有限公司	187	广西荣和企业集团有限责任公司
151	河南昌建地产集团	188	深圳市新南山控股（集团）股份有限公司
152	新湖中宝股份有限公司	189	江苏富园集团有限公司
153	永威置业集团有限公司	190	深圳市天健地产集团有限公司
154	锦艺置业集团有限公司	191	天阳地产有限公司
155	文一地产有限公司	192	北京建工集团有限责任公司
156	雅戈尔集团股份有限公司	193	恒盛地产控股有限公司
157	亿达中国控股有限公司	194	南京颐居建设有限公司
158	鸿荣源房地产开发有限公司	195	青岛天一仁和房地产集团有限公司
159	国瑞置业有限公司	196	河南东方今典房地产集团有限公司
160	银城国际控股有限公司	197	重庆俊豪实业（集团）有限责任公司
161	京投发展股份有限公司	198	鸿翔房地产有限公司
162	杭州宋都房地产集团有限公司	199	深圳市恒裕实业（集团）有限公司
163	深圳市宝能投资集团有限公司	200	四川金为集团有限公司
164	上海城建（集团）公司	201	中建智地置业有限公司
165	贵州麒龙房地产开发集团有限公司	202	同信地产集团有限公司
166	上海城投置地（集团）有限公司	203	福星惠誉控股有限公司
167	正黄集团有限公司	204	星联芒果集团有限公司

续表

2021 年排名	企业名称	2021 年排名	企业名称
205	广西兴进实业集团有限责任公司	242	北京科技园建设（集团）股份有限公司
206	汇景控股有限公司	243	上海金桥出口加工区开发股份有限公司
207	金鹏地产集团	244	青岛鑫江置业集团有限公司
208	青岛和达集团有限公司	245	美林基业集团有限公司
209	郑州浩创房地产开发有限公司	246	瀚海大观地产集团有限公司
210	青岛青特置业有限公司	247	上海西岸开发（集团）有限公司
211	明发集团有限公司	248	南益地产集团有限公司
212	河南正弘置业有限公司	249	东莞市光大房地产开发有限公司
213	天地源股份有限公司	250	长春市万龙房地产开发有限责任公司
214	保集控股集团有限公司	251	安徽高速地产集团有限公司
215	苏州新区高新技术产业股份有限公司	252	湖南润和城实业有限公司
216	安徽三巽投资集团有限公司	253	广西北投地产集团有限公司
217	重庆中科置地有限公司	254	成都万华投资有限责任公司
218	江苏九洲投资集团有限公司	255	广东珠光集团有限公司
219	远创置业集团有限公司	256	山东东方佳园房地产开发集团有限公司
220	京基集团有限公司	257	广东珑远投资集团有限公司
221	美好置业集团股份有限公司	258	浙江国鸿新瑞房地产集团有限公司
222	江苏嘉宏投资集团	259	山东众成地产集团有限公司
223	北京住总集团有限责任公司	260	乐富强房地产开发有限公司
224	厦门经济特区房地产开发集团有限公司	261	浙江得力房地产开发有限公司
225	武汉城投房地产开发有限公司	262	SOHO 中国有限公司
226	山东银丰投资集团有限公司	263	绿景（中国）地产投资有限公司
227	宁波奥克斯置业有限公司	264	云南城投置业股份有限公司
228	深圳市勤诚达集团有限公司	265	福州滨海房地产有限公司
229	黑牡丹（集团）股份有限公司	266	河南瀚宇置业集团有限公司
230	上海张江高科技园区开发股份有限公司	267	湖南金钟置业投资集团有限公司
231	格力地产股份有限公司	268	湖南梦想置业开发有限公司
232	天津市房地产发展（集团）股份有限公司	269	重庆康田置业（集团）有限公司
233	南京高科股份有限公司	270	力旺集团有限公司
234	中垠地产有限公司	271	东莞市新世纪房地产开发有限公司
235	河北润江房地产开发有限公司	272	大汉城镇建设有限公司
236	郑州市振兴房地产开发有限公司	273	河南亚星置业集团有限公司
237	上海外高桥保税区开发股份有限公司	274	上海同济科技实业股份有限公司
238	厦门住宅建设集团有限公司	275	三湘印象股份有限公司
239	华景川集团有限公司	276	宁波江山万里置业有限公司
240	广西中鼎集团	277	广州市番禺祈福新邨房地产有限公司
241	时代大地控股有限公司	278	中国武夷实业股份有限公司

续表

2021 年排名	企业名称	2021 年排名	企业名称
279	苏宁环球股份有限公司	316	郑州普罗房地产开发有限公司
280	上海升龙投资集团有限公司	317	广东筠城置业有限公司
281	深圳市合正房地产集团有限公司	318	阳光郡置地集团有限公司
282	江苏吴中地产集团有限公司	319	唐山市恒荣房地产开发有限公司
283	华联控股股份有限公司	320	茂名金源阳光置业有限公司
284	安徽皖投置业有限责任公司	321	天正房地产开发有限公司
285	深圳香江控股股份有限公司	322	龙岩厦鑫房地产开发有限公司
286	世纪金源投资集团有限公司	323	广东世荣兆业股份有限公司
287	经纬置地有限公司	324	东亚新华投资有限公司
288	合肥城建发展股份有限公司	325	淮矿地产有限责任公司
289	冠城大通股份有限公司	326	东旭蓝天新能源股份有限公司
290	粤海置地控股有限公司	327	贵州宏立城集团
291	杭州西湖房地产集团有限公司	328	福成投资集团有限公司
292	天津泰达股份有限公司	329	新东润地产有限公司
293	重庆贵博地产集团有限公司	330	河南豫发置业有限公司
294	中锐投资集团	331	翔顺控股集团有限公司
295	北京首钢房地产开发有限公司	332	贵阳坤本硕置业有限公司
296	北京天润置地集团有限公司	333	深圳华强新城市发展有限公司
297	深圳市振业（集团）股份有限公司	334	辽宁金沙房地产集团有限公司
298	苏州工业园区建屋发展集团有限公司	335	福建联美建设集团有限公司
299	成都置信实业（集团）有限公司	336	天津贻成集团有限公司
300	湖北恒泰天纵控股集团有限公司	337	上置集团有限公司
301	名门地产（河南）有限公司	338	康大时代房地产开发有限公司
302	南京栖霞建设股份有限公司	339	安徽金大地投资控股有限公司
303	长沙城发恒伟置业有限公司	340	西安经发地产有限公司
304	京能置业股份有限公司	341	浙江广厦股份有限公司
305	郑州朗悦置业有限公司	342	广东联泰地产有限公司
306	甘肃天庆房地产集团有限公司	343	深圳市物业发展（集团）股份有限公司
307	天鸿集团	344	辰兴发展控股有限公司
308	广西盛天投资集团有限公司	345	长春国信投资集团有限公司
309	厦门新景地集团有限公司	346	江西润达房地产投资开发集团有限公司
310	杭州兴耀房地产开发集团有限公司	347	日盛房地产开发有限公司
311	宝业集团股份有限公司	348	长春宝丰阁房地产开发有限公司
312	厦门源昌房地产开发有限公司	349	昆山金源置业有限公司
313	中核房地产开发有限公司	350	北京嘉德投资集团有限公司
314	云南子元（集团）股份有限公司	351	甘肃永坤房地产开发有限公司
315	河北三河燕达实业集团有限公司	352	吉林亚泰房地产开发有限公司

续表

2021 年排名	企业名称	2021 年排名	企业名称
353	江苏常发地产集团有限公司	390	杭州开元房地产集团有限公司
354	天津津滨发展股份有限公司	391	江苏美好置地有限公司
355	广宇集团股份有限公司	392	浙江省赞成集团有限公司
356	邯郸市荣科房地产开发有限公司	393	福来国际（上海）有限公司
357	河北永康房地产开发集团有限公司	394	上海鹏欣房地产（集团）有限公司
358	杭州新天地集团有限公司	395	上海证大房地产有限公司
359	四川蓝润实业集团有限公司	396	东莞宏远工业区股份有限公司
360	东建集团	397	和泓控股集团有限公司
361	河北家乐园房地产开发有限公司	398	重庆两江新区置业发展有限公司
362	卧龙地产集团股份有限公司	399	厦门海投房地产有限公司
363	深圳市鹏瑞地产开发有限公司	400	苏州伟业集团有限公司
364	光大嘉宝股份有限公司	401	天津海泰科技发展股份有限公司
365	绿都控股集团有限公司	402	福建德兴集团
366	泉州东海开发有限公司	403	西藏城市发展投资股份有限公司
367	漳州城投地产集团有限公司	404	北京绿宸控股集团有限公司
368	合肥滨湖投资控股集团有限公司	405	联东集团
369	亨通地产股份有限公司	406	河北中宏置业房地产开发有限公司
370	张家港市金厦房地产开发公司	407	武汉美联地产有限公司
371	河南裕华置业有限公司	408	中赫置地投资控股有限公司
372	河南和谐置业有限公司	409	深圳市建滔投资有限公司
373	佛山市恒福兴达投资集团有限公司	410	天津松江股份有限公司
374	宿迁市亿嘉置业有限公司	411	河北卓正房地产开发集团有限公司
375	宁德市东晟房地产有限公司	412	浙江金昌房地产集团有限公司
376	龙岩市土地发展集团有限公司	413	吉林省双龙地产有限责任公司
377	广西嘉和置业集团有限公司	414	滕州市房地产综合开发有限公司
378	海亮地产控股集团有限公司	415	北京万通地产股份有限公司
379	湖南宏吉置业发展有限公司	416	徐州市新盛投资控股集团有限公司
380	南京金鹰国际集团有限公司	417	广东建华置地投资集团有限公司
381	山东金象泰置业有限公司	418	悦达地产集团有限公司
382	河北安联房地产开发有限公司	419	三河兴达控股集团有限公司
383	金新控股集团有限公司	420	河北国域永赫控股集团有限公司
384	安徽大富地产集团有限公司	421	江苏安禾置业有限公司
385	天津住宅建设发展集团有限公司	422	唐山垣城房地产开发有限公司
386	长春市朗惠房地产开发有限责任公司	423	万泽实业股份有限公司
387	河南省美景集团有限公司	424	福建三木集团股份有限公司
388	四川滨江地产集团有限公司	425	武汉东湖高新集团股份有限公司
389	海蓝控股有限公司	426	金都房产集团有限公司

续表

2021 年排名	企业名称	2021 年排名	企业名称
427	翠屏国际控股有限公司	464	中国宏泰产业市镇发展有限公司
428	武汉光谷联合股份有限公司	465	福建中联房地产开发集团有限公司
429	杭州地上房地产集团有限公司	466	沈阳富禹房屋开发有限公司
430	福建坤禾投资有限公司	467	上海新长宁（集团）有限公司
431	祥泰实业有限公司	468	金新城置业集团有限公司
432	金轮天地控股有限公司	469	吉林省伟峰实业有限公司
433	世光创建集团有限公司	470	江苏凯尔置业有限公司
434	中浩德地产有限公司	471	国锐地产有限公司
435	中邦置业集团有限公司	472	中珠医疗控股股份有限公司
436	杭州市房地产开发集团有限公司	473	北京中关村科技发展（控股）股份有限公司
437	广西汇东投资置业有限公司	474	兰州天正中广投资控股集团有限公司
438	天津天保基建股份有限公司	475	莱蒙国际集团有限公司
439	洛阳市增凯房地产开发有限公司	476	新天地产集团有限公司
440	河北澳鸿房地产开发有限公司	477	沈阳格林豪森房地产开发有限公司
441	昆山大道房地产开发有限公司	478	广东海骏达置业投资集团有限公司
442	青岛天泰集团股份有限公司	479	中国新城市商业发展有限公司
443	宁德市金禾房地产有限公司	480	重庆市来新居房地产开发有限公司
444	常熟尚嘉置业有限公司	481	上海爱建股份有限公司
445	北京市大龙伟业房地产开发股份有限公司	482	中国宝安集团股份有限公司
446	侨鑫集团有限公司	483	野风集团有限公司
447	上海万业企业股份有限公司	484	江苏新能源置业集团有限公司
448	福州汇泉投资有限公司	485	河南常绿集团置业有限公司
449	大理佳利集团	486	广东华标创业集团有限公司
450	河北高远企业投资集团有限公司	487	坤和建设集团有限公司
451	福清福泽房地产开发有限公司	488	陕西金泰恒业房地产有限公司
452	河北华中房地产开发有限公司	489	合肥光明置业有限公司
453	广州粤泰集团股份有限公司	490	江苏亚东建设发展集团有限公司
454	山东鲁信置业有限公司	491	安徽安粮控股股份有限公司
455	上海新黄浦置业股份有限公司	492	沈阳市城建房地产开发集团有限公司
456	中惠熙元房地产集团有限公司	493	阳光新业地产股份有限公司
457	河南宏光实业集团	494	河南天伦地产集团有限公司
458	广州尚东置业有限公司	495	广东骋望地产集团
459	广源房地产开发集团有限公司	496	宁波联合建设开发有限公司
460	中体产业集团股份有限公司	497	北京润丰房地产开发有限公司
461	沙河实业股份有限公司	498	沈阳宏发房屋开发有限公司
462	西安天朗地产集团有限公司	499	北京国华置业有限公司
463	顺发恒业股份公司	500	南京金融城建设发展股份有限公司

2. 测评分析

（1）年度特征分析。

销售规模维持高位　行业逻辑深刻变化

2020 年，我国房地产市场运行政策以稳为主。中央层面，上半年在稳定经济的宏观背景下，房地产行业政策相对宽松；下半年随着宏观经济回暖，政策强调稳房价、稳地价、稳预期。梳理 2020 年重要会议，4 月政治局会议强调，进一步明确房地产行业定位和未来长期化调控基调，即“房住不炒”底线不动摇，精细化精准化“因城施策、因企施策”，不做强刺激，维持房地产市场的健康发展秩序；5 月两会指出，坚持“房子是用来住的、不是用来炒的”定位，因城施策，促进房地产市场平稳健康发展；8 月住建部、央行联合召开重点房地产企业座谈会，形成了重点房地产企业资金监测和融资管理规则，提出了“三道红线”政策；12 月中央经济工作会议，再次提出促进房地产市场平稳健康发展。从地方政策来看，上半年为缓解市场和企业的压力，地方主要在土地出让及房地产交易环节为市场、企业减压。土地出让政策涉及取消限制性规定、增加优质土地供应、延期或分期缴纳土地款、延长竣工期限；房地产交易政策涉及放松预售、放松限价、人才新政、购房补贴、公积金政策调整。下半年，地方政策则持续收紧，全国有 19 座城市调控加码。

2020 年，全国商品房销售面积和销售金额再创新高。1—2 月由于疫情突袭，房地产市场全面停摆，销售面积与金额累计同比下降 39.9% 和 35.9%。随着全国楼市逐步复工复产，城市积压需求与新增需求的持续释放，销售金额和销售面积逐步回升。全国商品房销售金额在 8 月实现累计同比转正，销售面积稍晚一些在 11 月实现累计同比转正。2020 年三季度以来，房企加强销售力度，“金九银十”“双十一”等节点营销手段频出，促使全国商品房销售面积和销售金额持续上扬。四季度市场竞争压力有所上升、去化率承压。从具体增速来看，全国销售面积同比增长 2.6%，销售金额同比增长 8.7%。房地产行业依然是中国经济的压舱石和稳定剂。

目前我国房地产行业的发展逻辑正经历着深刻变化。首先，房地产融资政策持续趋紧，行业金融红利逐渐消失。其次，随着市场交易结构逐步偏向一、二线城市，在交易金额不断提高的前提下，交易面积增速明显放缓。企业层面，“三道红线”的要求提出后，房企实施各种举措降低杠杆。同时，行业分化愈加明显，个别规模房企 2020 年的业绩出现下降。整体来看，房地产企业从高速增长转变为高质量发展。在此背景下，企业需要充分发挥自身的金融、制造和服务属性优势。房企一方面需要认真研究绿色人居、智慧建筑、百年建筑等未来重点发展方向，制造出更符合客户需求的产品；另一方面需要积极拓展物业管理、租赁、文旅地产、养老地产等领域，服务更多客户。

综合实力万科居首　行业整体相对稳定

中国房地产测评中心经过客观、公正、专业和科学的测评研究，形成了 2021 中国房地产开发企业综合实力 TOP500 测评成果（见表 6-2）。前三位由万科、恒大、碧桂园占据。其中，万科上升两位，综合实力排名第一，全年合同销售额达 7041.5 亿元；恒大、碧桂园分别位列第二、三位。恒大全年合同销售额为 7232.5 亿元，碧桂园全年权益销售额为 5706.6 亿元。中海、融创、保利、龙湖、华润、世茂、新城分列四至十位。

表 6-2　2020—2021 年 TOP10 房企名次变化表

企业名称	2021 排名	排名变化	2020 排名
万科	1	↑（2）	3
恒大	2	↓（1）	1
碧桂园	3	↓（1）	2

续表

企业名称	2021 排名	排名变化	2020 排名
中海	4	↑（1）	5
融创	5	↓（1）	4
保利	6	—	6
龙湖	7	—	7
华润	8	↑（1）	9
世茂	9	↑（2）	11
新城	10	↓（2）	8

数据来源：CRIC、中国房地产测评中心。

相比 2020 年，2021 年的 TOP10 变动率为 10%，其中世茂为新晋企业；TOP50 的变动率约为 10%，整体相对较为稳定。但相比 2009 年，2021 年 TOP10 变动率为 40%，其中，万科、碧桂园、中海、保利、华润、世茂两次均处于 TOP10 行列；TOP50 变动较大，变动率约为 60%。表明近十几年来房地产行业高速发展，整体格局变化较大，但随着近几年过渡到高质量发展，行业整体相对稳定。

华东华南保持优势　中部占比连续攀升

我们以 TOP500 房企总部所在地区域为标准进行划分。其中，华东地区占比 37.6%，东北地区占比 3.0%，西部地区占比 8.2%，同比有所下降；华南地区占比 20.2%，华北地区占比 16.6%，中部地区占比 14.4%，同比有所上升。华东、华南与华北三区企业数量占比为 74.4%，中部地区占比继续提升，发展势头良好。

（2）企业规模分析。

资产规模增速减缓　龙头房企保持稳定

2020 年，TOP500 房地产开发企业总资产均值为 829.89 亿元，同比增长 16.64%，增速较上年回落 1.26 个百分点；净资产均值为 178.81 亿元，同比增长 17.89%，增速较上年上升 1.76 个百分点。总体来看，TOP500 房企资产规模保持增长态势，总资产增速略收窄。

2020 年房地产市场总资产规模同比持续上升，得益于房企优秀的销售能力和良好的市场环境。由于政策调控，房地产行业向着更加规范、高质量、可持续的方向发展，总资产增速放缓。房企积极降费提效，积极降负债，净资产增速加快。

在企业层面，规模房企依旧占据优势位置，房企发展结构分化明显。碧桂园、恒大、万科等房企的资产规模持续积累，行业地位稳固。融创、华润等企业更注重利润和品质，融创降杠杆战略成效明显，华润在一线城市拿地占比提高，优化土储结构。在政策的引导下，行业保持稳定增长，龙头房企也在逐渐发力新盈利点。

整体销售有所上升　房企表现趋于稳健

2020 年，全国商品房销售面积 176086 万平方米，同比增长 2.6%；商品房销售额 173613 亿元，同比增长 8.7%。住宅销售面积同比增长 3.2%，销售额同比增长 10.8%；办公楼销售面积同比下降 10.4%，销售额同比下降 5.3%；商业营业用房销售面积同比下降 8.7%，销售额同比下降 11.2%。TOP500 房企全年销售规模稳定增长，增速略高于行业整体。其中，销售金额达到 11.7 万亿元，销售面积达到 7.9 亿平方米，分别较上年提升 10.5%、5.5%。

2020 年，TOP100 房企销售表现持续领先。据克而瑞的数据显示，年内销售规模（全口径）过千亿元的房企总计 43 家，建发、华发、新力、禹洲、合景泰富、龙光等房企通过合理的业务布局与精准的营销策略，销售额突破千亿元，其中，建发、龙光增速较快，增速分别为 76%、51%。

样本房企的目标增速自 2019 年的 17% 左右下降到 2020 年的 12%。2020 年，目标增长率在 10%~25% 之间的房企占比约为 50%；目标增长率在 10% 以内的房企，占比为 44%。可见，受政策调控的影响，多数房企的发展以长效稳定为主。

通过房企的公开信息，多数房企完成了全年销售任务。TOP10 房企中，目标完成率在 100%~110% 的占比约为 63%；TOP10~20 房企目标完成率在 100%~110% 的占比最高，约为 50%；目标完成率大于 110% 占比为 38%；TOP20~30 的房企目标完成率大于 110% 的最多，占比约为 57%。整体来看，TOP10 的房企规模较大，发展稳定；TOP10~20 房企目标完成情况略有分化，TOP20~30 的房企发展空间较高。

规模企业优势依旧　集中趋势稳中有升

2020 年，前四大房地产开发企业销售金额占比（CR4）为 14.30%，集中度稳中有升。以销售金额计算的 TOP10、TOP20、TOP50、TOP100 房地产企业市场份额分别为 25.28%、37.64%、53.82%、63.94%，其中，TOP10、TOP20、TOP50 分别较上年增长 0.06 个、0.57 个、0.20 个百分点，TOP100 较上年下降 0.2 个百分点。房地产企业销售金额集中度上升趋势依旧，龙头房企仍占据规模优势。

2020 年 TOP10 房企开发销售总金额约占 TOP500 销售总金额的 33%，销售面积总计约占 TOP500 销售面积的 39%。TOP50、TOP100、TOP200 销售金额分别约占 TOP500 总销售金额 68%、82%、94%。

2020 年 TOP10、TOP11~20、TOP21~50、TOP51~100 房企销售金额的中位数分别为 4331 亿元、2234 亿元、1036 亿元和 335 亿元，各组别中位数同比变化率分别为 9.0%、8.7%、15.9% 和 18.4%。其中 TOP51~100 的房企持续规模扩张。

（3）风险管理分析。

三道红线融资新规　降负债成重要任务

2020 年伊始，房地产行业融资环境因疫情影响相对宽松，随着复工复产的推进，国内经济开始逐渐恢复正常轨道，房地产行业也较快复苏，且出现过热迹象，融资政策逐步收紧。8 月“三道红线”的提出，房地产融资调控转向需求端，“三道红线，四档管理”，“红色档”房企有息负债规模以 2019 年 6 月底为上限，不得增加，“橙黄绿”三档房企，有息债务年增速不能超过 5%、10%、15%，房企的融资监管进入了一个新的阶段，“去杠杆、降负债”成为房企的重要任务之一。

在“三道红线”监管下，TOP500 房企杠杆率有所降低，降杠杆初显成效。长期偿债能力方面，TOP500 房企 2020 年资产负债率均值为 78.77%，较上年下降 0.89 个百分点，为 2012 年以来首次下降；净负债率均值为 85.08%，较上年下降 11.62 个百分点，相比 2019 年也有大幅改善。2020 年 TOP500 房企短期偿债能力略有下降，流动比率均值为 1.40，较上年下降 0.05，速动比率均值为 0.49，与上年持平。2020 年在监管要求下，房企开始积极降低杠杆水平，但各企业负债水平不尽相同，龙头房企信誉较好，积极推动销售回款，风险管控能力较强。部分中小房企受融资渠道收紧、销售回款缓慢，前期拿地成本较高的影响，债务风险有所积累，需警惕资金链风险。

2020 年三季度达标率均有所上升，其中净负债率和现金短债比达标企业数量有明显增加（见图 6-1）。部分房企通过打折促销等方式加速去化，短期内在带动销量提升业绩的同时有效补充流动资金，对净负债率及现金短债比的改善均起到关键作用，后期仍需要继续改善财务情况，调整负债结构及资本结构以改善剔除预收款后的资产负债率。

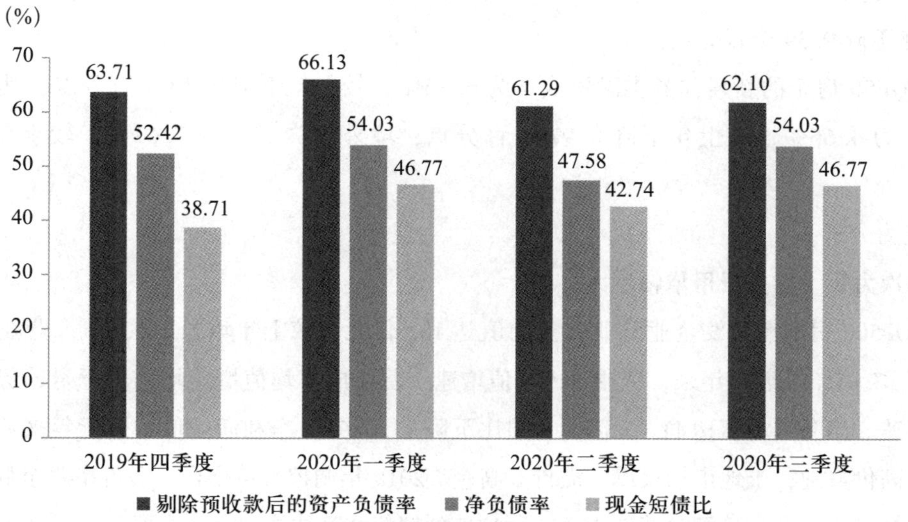

图 6-1　TOP500 房企"三道红线"达标率变动

数据来源：Wind、中国房地产测评中心。

到位资金增速回升　个人贷款占比提升

1—12 月，房地产开发企业到位资金 193115 亿元，同比增长 8.1%，增速比 1—11 月提高 1.5 个百分点，比上年提高 0.5 个百分点。从资金来源看，国内贷款 26676 亿元，同比增长 5.7%；利用外资 192 亿元，同比增长 9.3%；自筹资金 63377 亿元，同比增长 9.0%；定金及预收款 66547 亿元，同比增长 8.5%；个人按揭贷款 29976 亿元，同比增长 9.9%。

总的来看，2020 年我国经济在疫情之后率先恢复，房地产市场随之持续回暖，得益于积极的财政政策和稳健的货币政策，房企资金状况得到持续改善。全年到位资金增速由负转正，且增幅较大。随着房地产市场的持续回暖，预售回流资金缓解了企业融资压力。从分项来看，定金及预收款、个人按揭贷款增速由负转正且大幅增长。

房企开发投资资金结构也有所调整，得益于预售资金回流，定金及预收款在到位资金中的占比持续提升。"三道红线"提出后，随着融资环境的发生变化，国内贷款相对 2019 年略有回暖，但年内国内贷款占比持续收缩，在资金来源中的份额继续下降，表明总体上银行贷款相对偏紧。

融资环境逐步收紧　头部房企成本下降

2020 年房企融资环境逐步收紧。8 月针对重点房企的"三道红线"融资新规出台，相对宽松的货币环境宣告结束。四季度房地产行业融资相关政策继续收紧，2020 年 12 月 31 日，央行、银保监会发布《关于建立银行业金融机构房地产贷款集中度管理制度的通知》，明确了房地产贷款集中度管理制度的机构覆盖范围、管理要求及调整机制。

2020 年 TOP50 房企融资总额为 10793 亿元，较 2019 年全年下降 0.85%。虽上半年受到疫情的影响，但二季度的融资总额均超过 2019 年同期，且好于下半年的融资表现。一方面，疫情前房企借新还旧潮和年初货币资金额度充足，使得 1 月的融资总量较高；另一方面，复工复产后，货币环境相对较为宽松，房企融资量不减反增。融资量增加也导致了二季度以来土地市场热度提升，监管层面再次开始限制房企融资。

2020 年 TOP50 房企境内债权融资 5510.23 亿元，同比上升 12.77%，且融资量占比达到 51.49%，较上年上升了 6.22 个百分点。2020 年境外债权融资总量为 3565.74 亿元，同比下降 22.64%，境外债权融资占比为 33.32%，较上年下降 9.39 个百分点。

2020 年，TOP50 房企的新增债券类融资成本为 6.36%，较上年下降 0.70 个百分点，其中，境内债券加权平均融资成本为 4.66%，较上年下降 0.97 个百分点；境外债券成本为 7.67%，较上年增长 0.01 个百分点。

（4）盈利能力分析。

净利增速首次为负　财务费用增幅较大

2020 年，TOP500 房地产开发企业营业收入均值达 183 亿元，较上年增长 10.36%。营业成本均值 139 亿元，较上年提高 17.05%。近两年来，营业收入均值增速、营业成本均值增速均处于下滑趋势，营业收入增速不及营业成本增速。净利润均值达 11.01 亿元，同比下降 11.08%，净利润均值增速近年来首次为负。过去两年，开发商积极高价拿地，土地市场火爆，溢价率高企。2018 年调控政策出台，溢价率跌至低位。但由于开发商一般参考当前楼市销售及房价情况获取土地，而拿地到销售结算往往间隔一至两年，因此前两年土地高溢价也导致当下行业利润收窄。另外，政策层面抑制房价上涨，也带来行业利润走低。

TOP500 房地产开发企业三费均值达 11.98 亿元，三费占营业收入的比重为 12.07%，同比增长 0.15%。其中财务费用增幅较大，同比增长 18%。同期，房企负债额度同比上涨 16.49%，负债攀升带动有息负债比重提升。头部房企融资成本下降，但大量中小房企因品牌影响力、管理能力等较为薄弱，市场竞争力有限，面临的融资压力持续上升。融资收紧带动 TOP500 房企总体融资成本走高，加重了房企财务费用负担。

行业利润空间收窄　盈利能力有所下降

2020 年，TOP500 房地产开发企业总资产收益率均值为 1.32%，较上年下降 0.52 个百分点；净资产收益率均值为 4.53%，较上年下降 4.16 个百分点；成本费用利润率均值为 11.25%，较上年下降 6.75 个百分点。

利润空间收窄，房企总资产逐年上涨，尤其近两年房企的净利润增幅不及资产增幅，导致总资产收益率下滑。一、二线城市受限价及高地价的影响，销售净利率上升乏力。资产周转率方面，近年来，从拿地、建造到预售一整套流程已基本固定，提速有限，资产周转率较为稳定；影响权益乘数的主要因素是资产负债率。近年来，在融资收紧环境下，资产负债率虽有所上升，但涨幅有限，难以抵消销售净利率的下滑趋势。总体看来，净资产收益率受销售净利率影响较大。销售净利率下降带动净资产收益率下降。

2020 年全年，房地产开发企业土地购置面积 25536 万平方米，同比下降 1.11%，土地成交价款 17269 亿元，同比增长 17.4%。房企土地成本较上年有所上升。截至 2020 年年底，主要金融机构房地产贷款余额 49.58 万亿元，同比增长 11.7%。各项费用成本上涨，利润下行，成本费用利润率下降。

标杆房企表现优异　各类企业差异显著

TOP10 房企营收能力最为显著。全年营业收入均值最高，达 1600 亿元；营业收入同比增速最快，均值近 20%。TOP30 房企，营业收入均值达 1200 亿元，但营收同比增长率均值最低，表明 TOP11～30 房企营收增速处于 TOP50 房企的下乘。TOP50 房企的营收虽均值仅有 TOP10 房企的一半，但营收增长率却超过了 TOP30 房企，表明 TOP31～50 房企正加快步伐，目前已呈赶超之势。

TOP10 房企净利润均值最高，但 TOP30 房企净利润增速优势明显。TOP10 房企净利润均值超 200 亿元，是 TOP30 房企净利润均值的 2 倍，是 TOP50 房企的 2.5 倍。但在净利润增速上，唯有 TOP10 房企呈现下滑趋势，净利润增长率同比下滑近 1%。TOP30 房企虽然净利润均值在绝对数额上不及 TOP10 房企，但净利润增速最快，达 2%。TOP11～30 房企尽管营收增速相对略缓，但在盈利增速上表现优异。

TOP500 房企各项指标的与 TOP50 房企相差甚远，特别是净利润均值增速首次为负，表明中小企业的盈利程度多有退势，增长乏力。

在相对盈利能力方面，各位次房企在不同的指标上各有优势，差异明显。

净资产收益率 TOP30 房企均值最高，近 9%，TOP50 房企略少，TOP10 房企最低。

总资产收益率 TOP30 低于 TOP10、TOP50 房企，TOP50 房企最高。TOP31～50 房企具有相对优势。

成本费用利润率 TOP10 房企表现最优，TOP50 房企次之，TOP30 房企最低。

净资产收益率、成本费用利润率 TOP500 房企仅有或不及 TOP50 房企的一半，总资产收益率也逊色于 TOP50 房企。头部企业在相对盈利能力方面更具优势，行业内部分化趋势明显。

（5）成长潜力分析。

销售量价同步增长　中小企业成长受限

2020 年全年商品房销售面积 17.6 亿平方米，同比上涨 2.6%；销售额 17.4 万亿元，同比上涨 8.7%。2020 年 TOP500 房地产企业销售面积同比增长 5.5%，增速较上年上升 0.83 个百分点；销售金额同比上升 10.53%，增速较上年上升 3.39 个百分点；营业利润同比下降 5.1%，营业利润增长率多年来首次转负；净资产同比增长 17.89%，增速较上年上升 1.76 个百分点。2020 年行业销售规模依然处于高位，销售面积、销售金额增速较上年有所上升，利润下滑，房企业绩增长阻力明显。

为了更加细致地了解各个企业的发展状况，本次测评将 TOP500 开发企业按成长类型分类四类：销售金额大且增速较快的企业归类为快速成长型；销售金额大但增速较为缓慢或出现销售下滑的企业归类为平稳发展型；销售金额小而增速较快的企业归类为追赶成长型；销售金额小且增速较低或增速为负的企业归类为滞后发展型。

数据显示，滞后发展型的房企的比例最大，达到 50.8%，较上年增长 0.89%。追赶成长型房企占比 27.38%，较上年下降 4.96%；平稳发展型房企占比 15.38%，较上年增长 3.53%；快速成长型房企占比 6.46%，较上年增长 0.54%。龙头房企主要为平稳发展型，整体呈现稳健发展的态势。

并购交易量价齐降　住房租赁稳健发展

在房地产行业政策调控愈加收紧的情况下，中小房企面临的形势愈加严峻。金融红利逐渐退却，房企资金面承压，不少中小房企资金链紧张甚至断裂，不得已抛地套现。部分具有资金优势的企业需要土地，进入新的城市、新的领域。在通过招拍挂扩充核心城市、核心地段土储的难度加大后，并购成了企业增加土储的另一种有效且快速的方式。

根据 Wind 数据，2020 年房地产行业并购交易共计 192 宗，交易金额 1442.24 亿元，为近年来最低点。其中境内并购共计 178 宗，金额 1318.69 亿元。2020 年，过半数并购交易小于 1 亿元规模，但在 1 亿～5 亿元并购中，交易数量较上年有所上升；超过 50 亿元的大型并购交易数量最少。

多年来，房地产的快速发展大大提高了我国人均居住面积。2016 年，我国城镇人均居住面积达 36.6 平方米，已与部分发达国家处于同一水平。虽然住房数量不再成为主要矛盾，房价过高的阶段性问题却已显现，尤其在超大型城市、大型城市中尤为突出。为了缓解由此带来的政治、经济、社会、安全等问题，国家出台各项政策，多渠道鼓励支持租赁住房的发展，以解决大城市住房的突出问题。在 2021 年 3 月 5 日十三届全国人大四次会议政府工作报告中，住房租赁被再一次提及，“通过增加土地供应、安排专项资金、集中建设等办法，切实增加保障性租赁住房和共有产权住房供给，规范发展长租房市场，降低租赁住房税费负担，尽最大努力帮助新市民、青年人等缓解住房困难”。

近年来，随着相关政策的不断施行，住房租赁作为房地产行业的又一分支，正稳步成长。涉及的城市领域逐渐铺开。参与的企业除了国企外，已聚集了不少民营类房企，其数量呈增长趋势，各房企业务规模持续扩大。

克而瑞租售数据显示，截至2020年年底，当年新增租赁用地340万平方米。自2017年7月至2020年11月，全国范围内推出近233块租赁用地，规划建筑面积接近1484.8万平方米。主要分布在上海、广州、深圳、杭州、南京、成都等热点城市。6城市土地供应量约占91.5%。其中上海居首，占整体供应量的48.4%。

受特殊的土地性质及保障“租购并举”的因素影响，租赁用地以国企为主。各城市租赁用地中，由国企购得的土地约占95%，TOP10国企拿地份额累计占租赁用地总成交规模的26.2%。

受新冠肺炎疫情影响，集中式公寓发展受阻。随着复工复产的推进，行业回暖，集中式公寓市场总体恢复较快，发展稳健。截至2020年12月底，TOP20企业累计开业规模约有39.9万间，同比增长约23%；累计管理规模达74.4万间，同比增长约6%。万科泊寓、龙湖冠寓、旭辉瓴寓在管理规模和开业规模上均位列前三，碧桂园碧家国际社区、朗诗寓、华润有巢等14家房企系长租公寓管理规模超过10000间，合景泰富、中骏方隅等企业新增开业超1000间。融通地产、大华集团、星河控股等企业也陆续发布长租公寓品牌，未来或将成为住房租赁行业的重要力量。

投资态度趋于谨慎　回归主流热点城市

2020年年初，受疫情影响，多城土地出让一度停止。2月开始，为了恢复市场秩序，保障土地供给，北京、上海等热点城市开始提供优质土地，多地允许房企延期缴纳土地出让金、顺延竣工时间。在多种政策的带动下，上半年土地市场溢价率不断上升，流拍率大幅降低。下半年政策收紧，7月，中央主持召开10城市房地产工作座谈会；8月出台“三道红线”，进一步规范融资环境。尽管政策一再收紧，2020年一线城市土地市场依旧火热。

2020年，一线城市土地成交总价8515.22亿元，同比上升37.49%，上涨幅度远高于二线的4.97%和三、四线的19.93%。一线城市建筑面积达9762.17万平方米，同比上升18.96%，上涨程度也超过了二线的4.95%和三、四线的11.6%。

一线城市中，上海、广州是房企拿地主要区域。其中，广州以4436万平方米土地成交总建面积居榜首，上海以2996亿元土地成交总价摘得一线城市桂冠。全年成交土地总建面积、土地成交总价在11月达到最高点。

房企一改过去全面铺开的拿地策略，态度逐渐谨慎，不再单纯追求数量，开始注重土地质量。不少房企重点关注一、二线城市，尤其是长三角、粤港澳大湾区等地，同时关注围绕都市圈的三、四线城市。人口变迁带动了城市格局的改变，重点区域的土地储备依然是房企长远发展的保障。

（6）运营绩效分析。

运营指标小幅下降　管理红利亟待挖掘

2020年TOP500房地产开发企业存货周转率均值为0.11，较上年降低0.02；整体流动资产周转率均值为0.14，与上年持平；总资产周转率均值为0.10，较上年降低0.01。三大运营指标总体数据依然处于低位。

2020年，房地产企业周转速度维持低位主要源于政策和市场两方面因素。行业政策的核心为引导房地产市场保持平稳运行，尤其是房企融资方面持续收紧。2016—2020年，行业成交金额的上升主要来源于房价的增长，行业销售面积稳定在17亿平方米左右，未来预计也很难有较大幅度的突破。

随着融资环境持续趋紧，金融红利逐渐消失，管理红利时代来临。周转能力强是管理红利的重要体现之一，高周转的企业能够取得更好的市场地位。相较于过去高杠杆推动的高周转，房企更多通过提高执行效率、实施精细管理来提高企业周转速度。房地产行业体量巨大，尤其存量资产中的管理红利急待挖掘。

库存增速持续放缓　经营效率维持稳定

2020 年，TOP500 房企平均存货货值为 473.76 亿元，同比增长 10.90%，增速回落 8.45 个百分点。TOP500 房企整体存货货值继续保持稳健增长，但增长速度连续两年出现下降。存货货值增速下滑一方面是行业整体规模增速放缓，另一方面受“三道红线”等政策因素的影响。

2020 年 TOP500 房地产开发企业周转水平依然维持低位，存货周转率为 0.11，较上年下降 0.02。2020 年年初受新冠疫情影响，库存量出现跳增；2020 下半年以来随着成交逐步复苏，库存量维持稳中略降态势。整体库存情况尚且健康，整体风险基本可控。

从 2016 年开始，销售面积数据相对平稳，竣工面积则连续下降，且两者的背离越来越大。竣工面积相对减少，施工面积增加，一定程度上也提高了房企的存货量，不利于存货周转率的提升。

非住领域拓展加速　金融创新推进周转

我国过去的房地产企业普遍采用“重资产 + 高周转”模式，在房地产处于长周期向上阶段，该模式促进企业取得了长足的发展。现阶段行业宏观环境一方面是融资趋紧，另一方面是政策趋稳。继续维持该模式导致收益越来越低，风险越来越大。为应对这些问题，近年来，龙头房企在非住领域纷纷尝试轻资产化运营。2020 年非住领域拓展加速，包括物业、政府特别关注的租赁、办公、商业、文旅、养老。这对房企的融资能力和运营能力提出了很高的要求，尤其是如何合理使用金融创新解决资金退出的问题。

2020 年年底，全国住宅面积市场大约 300 万亿元，商业物业市值大约 50 万亿元。开发盘活存量房的金融工具势在必行。行业主要寻求在商业地产、养老地产、旅游地产等不动产领域发展公募 REITs。REITs 主要面临的问题是不动产收益相对于房价普遍较低，很难覆盖成本；REITS 的现金流稳定性无法保障，导致估值较低。目前随着“房住不炒”政策的持续实施及房企对于非住领域的重视程度增加，底层资产的收益率和现金流稳定性持续改善。

（7）产品品质分析。

产品为基品质提高　房企加强质量监管

近年来，社会快速发展，科技智能持续铺开，房地产产品也从单一的房屋居住功能升级到涵盖满足生活、精神、情感需求的多元生活空间。住宅产品、商业、办公楼等均实现了较大跨越。消费者对房屋的品质要求愈来愈高，对功能性需求层次提高，基于对消费者心理、行为、消费偏好的分析，房地产企业不断研发适配、升级的产品。

在房企快速扩张发展时期，房企追求高周转、快发展，容易导致施工监督、供应商品控不到位。而部分企业由于拿到地王项目，又受到政策调控、限价等影响，导致利润缩减，从而影响到产品质量，房屋漏水、连廊安全、交付标准与宣传不一致等维权事件也较以往发生得更为频繁。但是质量作为产品品质的基础项，也是房企打开和稳固市场地位的要点。在此背景下，房企在提升产品品质方面也投入了更多精力和意识，以提高产品口碑。

为了保证产品质量，房企首先从内部管理入手，搭建完善内部管理架构，增强责任意识，从开工前即确立一套完整的标准化质量管理体系，落实细致到每一项施工流程，充分加强前期施工设计研讨效率，加强风险控制。

住建部于 2020 年 1 月，在山东省、湖北省、宁夏回族自治区开展住宅工程质量信息公示试点，致力于进一步提升住宅工程品质，增强人民群众获得感、幸福感、安全感。对于住宅工程质量问题，政府与房企都不断深化、规范施工质量。在对质量全方位加强监督的背景下，房企的产品质量有着显著的提升，部分房企的产品也在工程、设计等方面获得了诸多奖项。

功能需求不断完善　产品策略助力发展

在保证产品质量的前提下，不同规模、布局的房企产品打造形式也有所差异。全国布局的规模房企以标准化的产品线在不同城市铺开较多，区域性房企以特色化产品打造居多。产品也从产品系发展到产品线，从核心产品向多元业态产品延伸。近年来房企多关注产品力的提升，从品牌、外观、功能、特点打造产品实体，整体发展从提供居住场所到呈现产品价值的方向跨越。

为了实现企业长期可持续发展，房地产企业着眼运营商角度，全面落实产品责任理念，以慢姿态加强产品研发，通过产品升级实现竞争差异。在 TOP50 房企中，具有明确产品线名称的房企占比约为 49%，51% 的房企虽没有明确产品线名称，但对于产品打造也具有针对性。在具有明确产品线名称的房企中，约有 48% 的房企具有 3 条产品线，多以消费者阶层划分，分别匹配改善型（或刚需）、中产需求、高端职业者需求。少于 3 条产品线的占比仅约为 4%，多于 3 条产品线的占比约为 48%。

近年来，房企产品研发方向多基于对不同阶层消费者居住需求进行细化分割，结合城市、地理、文化，深化人居需求研究，产品线精简，向智能、健康、绿色产品方向迭代升级。房地产企业以运营商的角度致力于提供给消费者更为幸福、品质、美好的生活氛围，从前端产品研发设计到后端居住服务全线服务于消费者，以智能、绿色产品提高住户生活便捷度，更加关注无形的需求，加强社区社群建设，提高生活价值，增强产品内部情感交流。

产品细节不断优化　绿色建筑持续铺开

在住宅产品有形实体打造中，包括户型设计、建筑外立面形态、社区环境、社区配套、产品品质及整体规划等几个方面。首先，为迎合居民对居住舒适性的需求，室内动线持续优化。为降低室外细菌病毒带入概率，通过玄关进行洗漱消杀，提高玄关的功能性；客厅的设计也更加灵活，实用性更强，满足家庭内部情感交流、和社交需求；套房设计持续增多，加强消费者隐私需求。

多数房企通过增强社区出入口的设计、入户大堂设计来增强业主归家仪式感。通过科技安保、智能识别系统加强社区外来人员管理，增强安保功能。部分房企将归家动线同景观设计结合，将入户设计场景化。对于车库也加强了品质、采光、智能、引导等功能，建立独立的人行区域，地下入户大堂的打造向品质化发展。

房企通过场景化打造，发掘社区内部潜力，打造具有情感、文化、精神融合的社区空间。在满足全龄层的基础上注入各个年龄层的情感需求，将人、空间、景观相结合。

（8）创新能力和社会责任分析。

多元创新差异竞争　线上营销成果明显

2020 年房企通过多元创新能力形成差异化竞争，为企业价值增长提供新动能，以自上而下地结构进行战略创新、组织创新、管理创新、技术创新、产品创新和营销创新。

部分房企剥离多元业务回归主业，专注地产开发；部分房企着手布局多元化战略发展；部分房企对组织和区域架构进行调整，加速人才结构优化，为区域运营匹配合适规模；部分房企通过线上营销、直播售房促进了模式转变；部分房企用云计算、人工智能、区块链等技术支持，覆盖多种房屋交易场景，促进房地产行业数字化升级。

税收保持稳定增长　企业践行社会责任

2020 年，TOP500 房企所得税均值为 4.68 亿元，同比增长 21.38%；税金及附加的均值约为 6.42 亿元，同比增长 11.65%。

现如今房企将明礼诚信作为健康可持续发展前提，以独立审计、多层防控、总部职能下沉、提高信息透明度等模式，加强集团内部监督机制，加强防腐反贪，不断完善管理机制。通过企业内部规范经营，科学发展，提高资产收益率，提高股东、股民的投资收益和合法权益。越来越多的房企以优秀的文化建设、员工关怀、完善的晋升制度多维度提高雇员满意度，加强人才培养，精炼总部提高人均效能。房企对集团营销、销售部门进行说辞培训，增强信息透明度。房企通过加强施工监察，供应商管理，对外公开施工细节等加强质量保证。房企加强民生居住需求调研，致力于开发更适合消费者的生活空间。房企物业接连登上资本市场，通过科技手段加强社区安保，提高业主生活便捷度，增强服务关怀。房企在履行社会责任方面投入连年持续提升，以教育扶贫、产业扶贫、文化扶贫、健康扶贫、乡村扶贫等多元模式贡献社会。

可持续发展为目标　资本关注 ESG 报告

2006 年，“十一五”规划提出节能减排目标。2020 年，《中共中央关于制定国民经济和社会发展第十四个五年规划和二〇三五年远景目标的建议》中提出“推动绿色发展，促进人与自然和谐共生”，环境、社会治理从萌芽阶段渐向规模化方向发展。

近年，房企愈发重视产品施工所造成的环境污染及废弃排放，通过“绿动力、绿生活、绿空间、绿宝藏、绿精灵”等系列活动，号召更多居民参与城市低碳生活。房企通过发布企业社会责任报告或环境，社会和治理报告，即 CSR 报告与 ESG 报告，履行自己应尽的社会责任。TOP50 房企中，约有 56% 的企业发布过独立的企业社会责任报告。其中，40% 的房企连续 3 年发布独立的社会责任报告，26% 的房企发布过 3 年以上的独立社会责任报告。截至 2021 年 1 月 27 日，恒生 ESG50 指数成分股中，房地产行业的总市值占比 12.1%，房地产行业成分股个数占比 34.0%。针对房地产企业公开的 ESG 信息，华证、富时罗素、商道融绿等机构也对部分房企进行了 ESG 评级（见表 6-3）。

表 6-3　机构对典型企业 ESG 评级情况（2021.01.27）

企业名称	华证	富时罗素	商道融绿	企业名称	华证	富时罗素	商道融绿
万科	AAA	2.0000	B-	恒大	—	1.6000	B-
金科	A	1.1000	C+	绿城	—	1.5000	B+
阳光城	AA	1.0000	C+	融创	—	1.5000	B-
招商蛇口	AAA	1.3000	B	碧桂园	—	1.8000	C+
金地	AAA	0.8000	C+	旭辉	—	1.4000	B+

数据来源：Wind、中国房地产测评中心。

整体来看，不论是在政策层面，还是资本市场，都促进房企积极履行对环境、社会的责任，房企通过披露 ESG 报告，以量化呈现对节能减排和降低污染排放的实际作为，身体力行的践行绿色发展路线，开展绿色业务，通过全链条绿色施工，举办绿色公益活动等等。

（二）2020 年中国房地产上市公司综合实力百强测评

发布机构：中国房地产业协会　上海易居房地产研究院中国房地产测评中心

发布时间：2020 年 5 月 26 日

发布地点：上海

1. 测评榜单（见表 6-4）

表 6-4　2020 年中国房地产上市公司综合实力榜

排　名	企业代码	企业简称	排　名	企业代码	企业简称
1	000002. SZ	万科 A	36	03377. HK	远洋集团
2	03333. HK	中国恒大	37	02103. HK	新力控股
3	02007. HK	碧桂园	38	01966. HK	中骏集团控股
4	01918. HK	融创中国	39	01813. HK	合景泰富集团
5	00688. HK	中国海外发展	40	01238. HK	宝龙地产
6	600048. SH	保利地产	41	600376. SH	首开股份
7	01109. HK	华润置地	42	00832. HK	建业地产
8	00960. HK	龙湖集团	43	00123. HK	越秀地产
9	601155. SH	新城控股	44	000031. SZ	大悦城
10	02777. HK	富力地产	45	000069. SZ	华侨城 A
11	600340. SH	华夏幸福	46	02868. HK	首创置业
12	001979. SZ	招商蛇口	47	00604. HK	深圳控股
13	00813. HK	世茂房地产	48	01862. HK	景瑞控股
14	600606. SH	绿地控股	49	Z25. SI	仁恒置地集团
15	00884. HK	旭辉控股集团	50	000402. SZ	金融街
16	600383. SH	金地集团	51	600565. SH	迪马股份
17	000671. SZ	阳光城	52	002244. SZ	滨江集团
18	000656. SZ	金科股份	53	600663. SH	陆家嘴
19	00817. HK	中国金茂	54	600325. SH	华发股份
20	06158. HK	正荣地产	55	601992. SH	金隅集团
21	000961. SZ	中南建设	56	601588. SH	北辰实业
22	002146. SZ	荣盛发展	57	000732. SZ	泰禾集团
23	03380. HK	龙光地产	58	01996. HK	弘阳地产
24	03883. HK	中国奥园	59	00106. HK	朗诗绿色地产
25	03383. HK	雅居乐集团	60	00754. HK	合生创展集团
26	03990. HK	美的置业	61	600657. SH	信达地产
27	01638. HK	佳兆业集团	62	01777. HK	花样年控股
28	600466. SH	蓝光发展	63	600266. SH	城建发展
29	03301. HK	融信中国	64	000537. SZ	广宇发展
30	02772. HK	中梁控股	65	600675. SH	中华企业
31	03900. HK	绿城中国	66	01107. HK	当代置业
32	01098. HK	路劲	67	600208. SH	新湖中宝
33	01628. HK	禹洲地产	68	03639. HK	亿达中国
34	01233. HK	时代中国控股	69	0563. HK	上实城开
35	600153. SH	建发股份	70	06111. HK	大发地产

续表

排　名	企业代码	企业简称	排　名	企业代码	企业简称
71	600177. SH	雅戈尔	86	600223. SH	鲁商发展
72	600094. SH	大名城	87	02608. HK	阳光 100 中国
73	00173. HK	嘉华国际	88	600743. SH	华远地产
74	00272. HK	瑞安房地产	89	000042. SZ	中洲控股
75	01622. HK	力高集团	90	002314. SZ	南山控股
76	600708. SH	光明地产	91	600736. SH	苏州高新
77	000517. SZ	荣安地产	92	000090. SZ	天健集团
78	000736. SZ	中交地产	93	600848. SH	上海临港
79	02019. HK	德信中国	94	00410. HK	SOHO 中国
80	02329. HK	国瑞置业	95	00028. HK	天安
81	600649. SH	城投控股	96	600648. SH	外高桥
82	600895. SH	张江高科	97	000718. SZ	苏宁环球
83	000926. SZ	福星股份	98	600064. SH	南京高科
84	600170. SH	上海建工	99	00059. HK	天誉置业
85	00230. HK	五矿地产	100	600639. SH	浦东金桥

2. 测评分析

(1) 入榜企业分析——万科位列榜单第一，十强排名基本稳定。

从核心测评指标来看，2019 年上市房企房地产业务均值为 270.00 亿元，同比增长 34.39%；总资产均值为 1409.37 亿元，同比上升 25.67%；净负债率均值较 2018 年上升 3.25 个百分点至 95.77%；资产负债率均值较 2018 年上升 1.87 个百分点至 69.96%；净利润均值为 28.68 亿元，同比增长 11.94%（见表 6-5）。

表 6-5　2015—2019 年上市房企部分核心测评指标均值比较

指　标	2015 年均值	2016 年均值	2017 年均值	2018 年均值	2019 年均值
房地产业务收入（亿元）	117.73	147.2	150.02	200.91	270
总资产（亿元）	586.18	717.47	873.43	1121.51	1409.37
净负债率（%）	115.61	91.31	89.87	92.52	95.77
资产负债率（%）	67.05	65.34	65.05	68.09	69.96
净利润（亿元）	13.48	17.16	22.51	25.62	28.68

数据来源：企业年报、CRIC、中国房地产测评中心。

排名前十企业整体没有变化，仅是排名出现微调（见表 6-6）。

表 6-6　2016—2020 年部分入榜企业名次变化

企业代码	企业简称	2016 排名	2017 排名	2018 排名	2019 排名	2020 排名
000002. SZ	万科 A	1	1	2	2	1
03333. HK	中国恒大	4	3	1	1	2
02007. HK	碧桂园	9	4	3	3	3
01918. HK	融创中国	15	10	9	6	4

续表

企业代码	企业简称	2016 排名	2017 排名	2018 排名	2019 排名	2020 排名
00688. HK	中国海外发展	2	2	4	5	5
600048. SH	保利地产	6	5	5	4	6
01109. HK	华润置地	7	9	11	9	7
00960. HK	龙湖集团	13	11	10	7	8
601155. SH	新城控股	19	16	13	8	9
02777. HK	富力地产	8	8	8	10	10

数据来源：CRIC、中国房地产测评中心。

万科 2019 年实现销售金额 6308. 4 亿元，同比增长 3. 9%；销售面积 4112. 2 万平方米，同比增长 1. 8%。2020 年，万科坚持以客户为中心，以现金流为基础，持续创造更多真实价值，实现有质量的发展。

恒大 2019 年实现销售金额 6010. 6 亿元，同比增长 9. 0%；销售面积 5846. 3 万平方米，同比增长 11. 5%。2020 年，恒大全面实施“高增长、控规模、降负债”的发展新战略。

碧桂园 2019 年实现权益合同销售金额 5522. 0 亿元，同比增长 10. 0%；权益合同销售面积 6237. 0 万平方米，同比增长 15. 2%。碧桂园将凭借在全国广泛而均衡的土地布局，坚持走城镇化路线。

（2）资本市场表现——年度态势先扬后抑，企业估值向下调整。

2019 年，A 股市场全年走势大致可以分为两个阶段：第一季度单边反弹的指数行情及之后全年的震荡盘整。以 2019 年 12 月 31 日收盘价计算，沪深 300 指数从 3010. 65 点上涨到 4096. 58 点，全年累计上涨 36. 07%。地产板块与大盘走势基本一致，但涨幅远小于大盘指数。申万房地产行业指数从 3496. 73 点上涨到 4292. 31 点，全年累计上涨 22. 75%，跑输沪深 300 指数 13. 32 个百分点；横向对比来看，房地产板块全年涨幅在申万 28 个二级行业里排名 22 位。港股方面，恒生中国 100 指数全年累计上涨 13. 69%，恒生中国内地地产指数全年累计上涨 33. 00%，跑赢恒生中国 100 指数 19. 31 个百分点。总体来看，不同市场间房地产板块表现基本一致，但 A 股房地产板块表现弱于港股内房股板块，原因是香港上市的地产股大部分是龙头房企，更受资金青睐，市场份额加速向头部企业集中的趋势未改。

具体到个股，龙头房企表现更为优异，其中，A 股的新城，港股的融创、龙湖和华润股价都创出了历史新高。

从每股收益来看，2019 年，A 股和港股指数每股收益平均值分别为 0. 63 元和 1. 23 元，A 股上市房企每股收益平均值为 1. 11 元，每股收益水平高于 A 股指数。港股上市房企 2019 年每股收益平均值为 0. 83 元，每股收益水平低于港股指数。

近两年，A 股上市房企和港股上市房企估值水平接近一致，2019 年在港上市房企平均市盈率与市净率分别为 8. 19 倍、0. 85 倍，平均市盈率小幅上升，但平均市净率有所下降。A 股上市房企平均市盈率与市净率分别为 7. 65 倍和 0. 91 倍，同比均有所降低，平均市盈率略低于在港上市房企，平均市净率则略高于港股上市房企。

截至 2019 年 12 月 31 日，上市房企中市值过千亿元的有 9 家，占比 5%，相比 2018 年增加 1 家，其中，万科市值超过了 3000 亿元，中海、恒大、碧桂园、华润、融创和龙湖超过了 2000 亿元，保利和招商蛇口超过了 1000 亿元。另外，市值在 500 亿元到 1000 亿元之间的房企有 12 家，占比 6%，市值在 200 亿元到 500 亿元之间的房企有 31 家，占比 15%，市值在 100 亿元到 200 亿元之间的房企有 37 家，占比 18%，市值在 50 亿元到 100 亿元之间的房企有 43 家，占比 21%，小于 50 亿元的房企有 70 家，占比 35%。

综合 A 股和港股上市房企，2019 年共有 137 家房企实现了上涨。其中：3 家企业涨幅超过了 100%，占比 2%；涨幅在 50%～100%的企业有 25 家，占比 13%；涨幅在 20%～50%的企业有 50 家，占比 26%；涨幅在 10%～20%的企业有 25 家，占比 13%；涨幅在 0%～10%的企业有 34 家，占比 17%。另外有 58 家房企在 2019 年股价下跌，占比 29%。全年股价累计涨跌幅前十名里 A 股上市房企占据 4 个席位，鲁商发展、万业企业、中南建设和中国宝安分列涨幅榜的第 1、3、4 和 9 位。港股上市房企占据 6 个席位，中国奥园、时代中国、融创中国、宝龙地产、中国金茂和合景泰富分列涨幅榜的第 2、5、6、7、8 和 10 位（见图 6-2）。

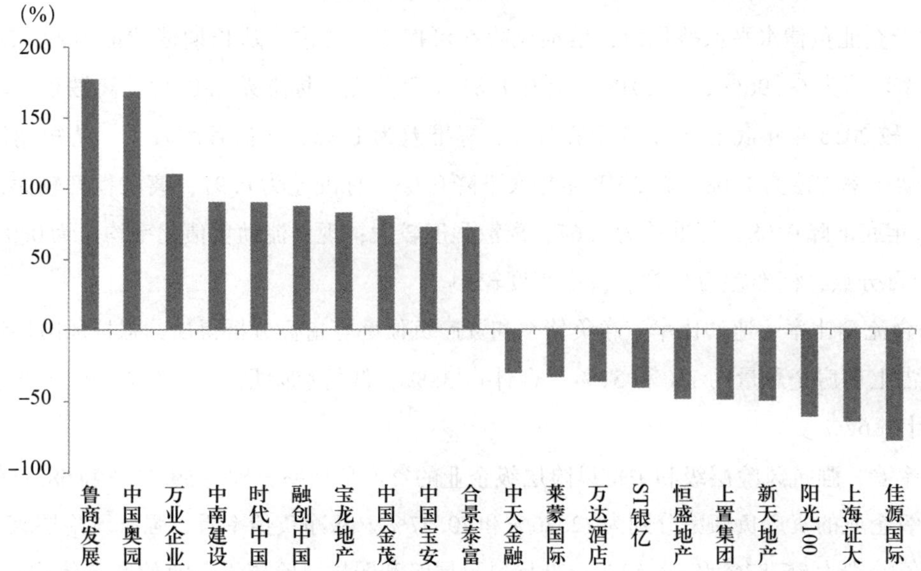

图 6-2　2019 年上市房企股价涨跌幅靠前个股

数据来源：企业年报、CRIC、中国房地产测评中心。

2019 年 A 股上市房企股价表现与港股上市房企大体相当，但涨幅靠前的企业大部分是头部房企。

（3）运营规模分析——经营规模稳步增长，行业分化趋势延续。

2019 年，港股上市房企的平均总资产、净资产、房地产业务收入和营业利润在绝对值上领先于 A 股上市房企；A 股上市房企在平均总资产、净资产和营业利润增速上领先于港股上市房企。2019 年年底，A 股上市房企总资产均值为 1105.47 亿元，同比增长 26.78%；港股上市房企总资产均值为 1817.35 亿元，同比增长 20.77%。A 股上市房企净资产均值为 232.60 亿元，同比增长 32.98%；在港上市房企总资产均值为 381.53 亿元，同比增长 15.14%。A 股上市房企房地产业务收入均值为 192.27 亿元，同比增长 33.50%；港股上市房企房地产业务收入均值为 390.76 亿元，同比增长 35.18%。A 股上市房企营业利润均值为 39.48 亿元，同比增长 16.95%；港股上市房企营业利润均值为 76.27 亿元，同比下降 3.11%。

2019 年，房地产上市公司中规模优势型的企业约占 33%，规模稳健型的企业约占 16%，两类企业合计占比约 49%；规模追赶型和规模滞后型两个阵营的企业分别占约 17%和 34%，合计占比约 51%。总体来看，行业规模类型分布基本保持稳定。

四类企业中，除了规模优势型企业各项指标均处于行业均值之上，其余三类企业各项指标均处于行业平均值之下。其中，规模追赶型企业和规模滞后型企业各项指标均与行业均值差距较大，一定程度上体现行业分化较为严重的情况。

截至2019年年底，总资产超过千亿的房企有57家，约占上市房企总量的28%；超过3000亿元的企业有22家，约占上市房企总量的11%。超过万亿元的企业有5家，依次是万科、恒大、碧桂园、保利和绿地。从总资产累积值占比来看，榜单前15家企业的总资产累积值占比已经超过50%，榜单排名前55家企业总资产累积值占比超过80%。销售金额方面，碧桂园、万科、恒大、融创等上市房企继续保持领先优势，稳居规模优势房企行列。其中，碧桂园全口径销售金额突破7000亿元，恒大和万科突破6000亿元。在销售增速方面，世茂、中海、龙湖等增速居前，同比增长均超过20%。

（4）偿债能力分析——负债比率小幅提升，房企偿债风险可控。

2019年房地产企业负债水平保持稳定，偿债风险在可控范围之内。从长期偿债能力看，2019年年底，上市房企资产负债率均值为69.96%，较2018年上升1.87个百分点，标准差为0.18，离散程度较小；净负债率均值为95.77%，较2018年年底上升3.25个百分点，标准差为1.36，离散程度较大。从短期偿债能力指标来看，上市房企流动比率均值为1.68，较2018年年底下降0.03，标准差为0.97，离散程度较大；速动比率均值0.63，较2018年年底下降0.08，标准差为0.67，离散程度较大；现金流动负债比率均值为0.97%，较2018年年底下降4.70个百分点，标准差为0.23，离散程度较小。

2019年，综合流动比率、速动比率、净负债率和资产负债率等指标分析得出，强抗风险层级和中抗风险层级的企业分别约占上市房企总量的7%和31%，合计占38%；低抗风险层级和弱抗风险层级企业分别占比约54%和8%，合计占62%。

从资产负债率看，强抗风险层级和中抗风险层级企业的资产负债率分别为59.72%和68.15%；低抗风险层级和弱抗风险层级企业的资产负债率分别为72.26%和70.57%。从净负债率看，强抗风险层级和中抗风险层级企业的净负债均值分别为85.87%和83.52%；低抗风险层级和弱抗风险层级企业的净负债均值分别为97.98%和137.72%。从流动比率看，强抗风险层级和中抗风险层级企业的流动比率均值分别为2.62和1.67；低抗风险层级和弱抗风险层级企业的流动比率均值分别为1.59和1.49。

从企业资产负债率的分布看，2019年，约25%的企业资产负债率低于60%，瑞安等企业位于这一区间；约16%的企业资产负债率处于60%~70%之间，中海、华润等企业位于这一区间；约26%的企业资产负债率处于70%~80%之间，保利、金地等企业位于这一区间；约27%的企业资产负债率处于80%~90%之间，万科、绿地等企业位于这一区间；另外6%的企业资产负债率高于90%，这一区间的典型有中南、中梁等企业。

2019年，12家典型房企资产负债率均值为79.46%，较2018年下降0.02个百分点，有6家企业同比上升。其中，中海、华润处于60%~70%的区间，中海资产负债率60.06%。富力、碧桂园、融创、恒大、万科、华夏幸福6家企业高于80%。扣除预收款项之后，12家典型房企的资产负债率均值为55.11%，较2018年上升0.93个百分点，其中，7家企业同比上升。12家典型企业净负债率均值为94.11%，较2018年上升4.75个百分点，7家企业同比上升。其中，新城、保利下降幅度明显，万科虽然有所上升，但净负债率绝对数为34.66%，维持在合理区间。典型房企的负债水平相对行业平均水平较高，一方面是企业快速发展的需要；另一方面也反映出资本方对典型企业认可度较高。

（5）盈利能力分析——行业利润增速下滑，不同房企表现分化。

2019年，上市房企净资产收益率均值为9.50%，较2018年下降0.30个百分点；总资产净利率均值为2.18%，较2018年上升0.18个百分点；总资产报酬率均值为4.74%，较2018年下降0.03个百分点。三大盈利效率指标与2018年相比基本持平，表明当前市场进入了平稳发展时期。此外，盈利效率指标的离散程度较大，表明上市房企的盈利效率水平差异较大。从盈利能力的绝对值指标看，上市房企营业利润均值为 56.51 亿元，同比增长 10.58%；净利润均值为 28.68 亿元，同比增长 11.94%，其上升势头得以延续。

从绝对盈利规模和相对盈利能力来看，绝大部分房企盈利规模介于 100 亿元以下，资产回报率介于 0 ~ 10% 之间。

从上市房企盈利能力类型分布来看，盈利乏力型企业数量小幅上升，而盈利稳健型企业数量有所下降。盈利突出型和盈利稳健型企业数量分别占约 10% 和 32%，二者合计占 42%；盈利追赶型企业数量占比约为 52%，盈利乏力型企业数量占比为 6%，较 2018 年上升 2 个百分点。

盈利突出型企业净利润均值和营业利润均值分别为 194.02 亿元和 324.16 亿元；净资产收益率均值和总资产净利率均值分别为 19.19% 和 3.31%。盈利突出型企业无论是绝对值指标还是效率指标均远高于其他类型的企业。盈利乏力型企业数量有小幅上升，整体亏损情况有所扩大，平均亏损 9.78 亿元。2018 年这一数据为 3.89 亿元，同时净资产收益率和总资产净利率均值均为负数，依次为 -6.32% 和 -2.30%。

2019 年，12 家典型房企纷纷创出销售业绩新高，与此同时，大部分企业的资本报酬率水平有所下降，且净利率水平出现分化。其中，保利的毛利率提高至 34.96%，净资产收益率攀升至 17.41%；另外中海和华润 2 家企业净利率均位于 20% 以上。在龙头房企梯队中出现盈利能力的分化，主要是不同企业商业模式不同形成的，有些房企偏向于高周转，通过以价换量让利走量，对于盈利能力要求有所放宽，另外一些房企更偏向于获取品牌溢价。

典型企业费用控制压力分化明显，12 家典型企业中，富力、恒大、融创、新城 4 家企业三费比率同比上升，万科、保利、碧桂园等 8 家企业三费比率则有所下降，2019 年相对于从收入端高速扩张，更多房企通过在成本端减费增效获取利润。总体而言，典型房企的三费控制能力领先于上市房企平均水平。

（6）成长能力分析——业绩增速整体向好，企业投资趋于理性。

2019 年，上市房企营业收入、净利润和净资产规模同比均实现增长。上市房企营业收入增长率均值为 19.72%，增速较上年上升 0.44 个百分点，标准差为 0.55；净利润增长率均值为 6.72%，增速较上年上升 3.36 个百分点，标准差为 1.33；净资产增长率均值为 16.43%，增速较上年下降 4.46 个百分点，标准差为 0.39。从成长能力指标看，离散程度较大，表明上市房企成长能力差异较大。

从成长能力类来看，2019 年，高成长性和中成长性企业占比分别为 11% 和 25%，低成长性和弱成长性企业占比分别为 25% 和 39%。整体来看，低成长性和弱成长性企业占比有所增加。

高成长性企业全年营业收入增长率均值为 96.14%，净利润增长率均值为 60.48%，净资产增长率均值为 45.80%；而弱成长性企业营业收入增长率均值和净利润增长率均值数据均为负数，企业成长出现困难。

2019 年上市房企在营业收入增长率的分布呈现向中心聚拢的变化，其中，增长速度在 0 ~ 20% 的企业占比增长较大；净利润增长率聚集在 0 ~ 40% 之间；净资产增速基本保持稳定。86% 的企业营业收入出现正向增长，较 2018 年上升 22 个百分点；营业收入增幅大于 40% 的企业占比为 17%，较 2018 年下降 8 个百分点。71% 的企业实现了净利润出现正向增长，较 2018 年上升 19 个百分点；净利润增长幅度大于 40% 的企业占比为 20%，较 2018 年下降 2 个百分点；80% 的企业实现了净资产的正向增长，增长幅度大于 20% 的企业占比为 27%。总体来看，2019 年企业增速总体趋于平稳。

根据数据统计，52% 的企业处于增收又增利的区间；22% 的企业处于增收不增利的区间；11% 的企业利润增长较快，收入出现下降；15% 的企业处于低速增长区间。从榜单前 10 的典型企业情况看，万科、融创、保利、华润、新城等 9 家企业处于增收又增利区间。其中新城、融创、龙湖收入增长较快，均超过三成；保利、融创利润增速较为领先。

（7）经营效率分析——运营效率略有下降，存货规模温和增长。

2019 年，上市房企经营效率基本保持稳定。2019 年年底，存货周转率、流动资产周转率和总资产周转率均值分别为 0.33、0.28 和 0.20，较 2018 年数据略有小幅下降。

2019 年约 25% 的上市房企为高速周转型企业，约 16% 的上市房企为平稳经营型企业，两者合计约 41%，较上年下降 15 个百分点。与此同时，低速周转型和落后经营型企业占比分别为 25% 和 34%。

从各类型上市房企表现看，高速周转型企业存货周转率、流动资产周转率和总资产周转率均领先于行业平均水平，三项指标分别为 0.59、0.46、0.35；平稳经营型企业三项周转率均值分别为 0.38、0.31 和 0.22；低速周转型及落后经营型企业各项经营效率指标则低于总体均值水平。

截至 2019 年年底，上市房企存货总计 13.99 万亿元。其中，存货超过 1000 亿元的有 33 家，较上年增加 4 家；超过 3000 亿元的有 10 家，分别为恒大、碧桂园、万科、中海、保利、华润、绿地、融创、龙湖和招商蛇口。500 亿 ~ 1000 亿元的有 25 家，200 亿 ~ 500 亿元的有 21 家，100 亿 ~ 300 亿元的有 48 家。榜单前 12 家企业的存货占据全部上市公司存货的 50% 以上，前 35 家企业的存货占据全部上市公司存货的 70% 以上。

以 10% 的净利润和 20% 的总资产周转率为分界线，区分盈利和周转速度的高低。从统计数据看，24% 的企业落入高周转高盈利区间；37% 的企业落入低周转高盈利区间；21% 落入高周转低盈利区间；18% 落入低周转低盈利区间。从榜单前 10 的典型企业看，9 家企业处于高周转高盈利区间，1 家企业处于高周转低盈利区间。其中，中海净利率最高，碧桂园总资产周转速度最快。

（8）社会责任分析——纳税金额保持增长，企业践行社会责任。

2019 年，房企社会责任理念愈发加强，行为落实更加细化全面。上市房企在关注自身发展的同时不忘反哺社会，积极承担企业责任，履行社会义务，促进企业、社会、城市共同向可持续、健康、完善方向发展。从纳税指标来看，2019 年，上市房企纳税额均值为 23.41 亿元，同比增长 10.38%。

2019 年，约 7% 的上市房企属于高贡献度型，中贡献度型房企占比约为 18%，两类合计占比为 25%，较 2018 年提高 6 个百分点。其余两类企业占比合计约为 75%。其中，高贡献度型、中贡献度型、低贡献度型企业均较 2018 年增多，弱贡献度较 2018 年下降 9 个点，呈现集中度上涨趋势。

2015 年到 2018 年，上市房企纳税额均值显著增长。2019 年，纳税额增长速度有所放缓。其中，高贡献度型企业纳税额均值达 189.51 亿元，同比下降 10.68%。恒大、万科、碧桂园纳税额分别约为 406.30 亿元、509.85 亿元、377.37 亿元；中海和华润置地纳税额均在 200 亿元以上。中贡献度型企业纳税额均值为 35.69 亿元，同比下跌 9.27%。低贡献度型企业纳税和弱贡献度型企业纳税均值为 9.41 亿元和 1.64 亿元，均较 2018 年有所下跌。

上市房企通过及时发布相关公告及季度、年度等报告，向股东、社会、消费者等主体披露高质量的企业经营信息。2019 年，多数上市房企进行了内部结构调整和管理，落实反腐败、反舞弊的实行措施，加强企业内部的高效运转和风险防控，提升盈利能力，增多股东收益回报。对于集团员工，上市房企通过分层、分级培训，助力员工综合素质提升，完善人才配比，夯实人员储备，为员工职业发展做好基础，激发内生力。此外，上市房企还加强了人文关怀，加大对员工身心健康的考量，职工福利愈发全面。

行业的高速发展导致房屋质量问题多发，针对这个问题，上市房企进行积极自省。对内，成立建筑质量安全委员会、多由集团高层核心管控；撰写、修订施工安全生产管理制度、工程质量管理办法等标准体系，规范项目施工管理。对外，加强供应商筛选和质量监督。上市房企对行业上下游市场发展起着重要的拉动作用，通过与供应商企业的联手合作，促进其产品优化提质、提升品牌化管理，推动行业迈向高质量、可持续发展。

上市房企更加关注消费者的多维需求。近年来，从户型、外立面选材、社区内部配套、园林绿化等全方位的进行精细化、人性化设计。户型方面，实用性更强，大大提高空间利用率，房型设计不断优化。2020 年年初，受疫情影响，上市房企在户型设计方面加重了对安全、健康的考虑，提高玄关的功能性，增强客户研究，产品围绕主要定位人群需求进行规划设计，不断探索定制化需求市场。疫情影响，社区物业服务重要性凸显，上市房企通过智能化管理提高防疫服务效率。上市房企发掘群众对老旧社区的改善需求，积极响应政府号召，参与保障房建设、三旧改造、城市翻新、一级土地整理等，盘活存量市场，为城市的成长力赋能。

上市公司公益慈善，涵盖教育扶贫、产业扶贫、乡村振兴、旅游扶贫、定向帮扶、文化帮扶等。多数上市房企通过公益基金会、现金捐赠的方式向社会困难需求方传递福祉。多年来，上市房企在扶贫的模式上探索出一条可持续、可复制的发展路径，扶贫成果渐显，通过提供就业岗位、加强教育培养，有效地解决根源贫困问题，创新公益扶贫内容、模式和手段。在 2020 年年初突发疫情期间，上市房企整合资源，减免租户租金、为疫情严重地区提供医疗物资、捐款捐物，实现企业社会价值。

上市房企将“绿色”两个字贯穿设计、采购、施工、建造、运营开发的全过程，从内倡导绿色办公，对外呼吁绿色生活。近年来房企重视绿色发展，推进住宅产业化，将环保节能精细化落实，从能源消耗、水污染、气体排放、废弃物处理等多方面入手。上市房企积极推进落实海绵城市建设，解决内涝、水资源短缺等问题，提高雨水利用率，助力城市发展建设。

总体来说，上市房企积极履行社会责任大大推动了社会的可持续发展。近年来，企业的责任理念深入传播，逐步摸索出长久的经营模式，建立良好的品牌效应，实现正向的口碑传导，责任表现模式向精细化、多维度发展。尤其在我国疫情期间，上市房企在疫情阻断、区域医疗辅助、资金支持等方面实现了积极助力。

（9）创新能力分析——技术助力运营增效，疫情加速线上营销。

发展迅速且占据较高市场份额的企业，普遍对市场的变动有着前瞻性的创新力。上市房企凭借持续输出的快速反应能力和创新能力树立起行业企业间的差异化竞争优势，促进房企、行业健康成长。

上市房企加速提高内部、外部双向整合能力。企业加强了数字化管理的资源投入，分别针对员工管理、销售管理、工程管理、质量检测、物业管理等方面，依托 APP 进行线上协作和监测，大大缩短施工、销售周期。上市房企积极探索户型的灵活化，定制化和可变性，提高面积利用率，增强产品差异化竞争力。上市房企针对不同主体进行差异化设计，加强人性化考虑；针对高端需求客户，提供定制化服务，加强社区园林景观设计，室内步入动线增强了从工作到家庭的过渡引导；针对二孩、改善需求，三房、四房渐成主流，通过“3 + 1 房”增强空间可塑性；针对年轻化需求，房企更加关注其社交性需求；针对刚需客户，则是向小面积产品转化。

上市房企以结果为导向，提振营销，丰富营销内容，提升营销质量。受疫情影响，上市房企通过自建营销平台、小程序，联手房产销售平台，提速创新线上营销。

多家上市房企将服务评分贯穿销售端到物业端，促进消费者、业主对销售人员服务、案场服务、物业服务进行评分，提出相关改进建议，基于此不断改善服务口碑。案场服务效率主要通过企业内部管理平台，如 ERP 管理系统；物管主要通过智能服务平台，以手机 APP 为媒介，辅以多元、全面的服务。

整体来看，近年来，上市房企积极在各个方面进行创新和突破，通过创新能力的提升助推企业向上发展，从“以人为本”的出发点改善人居品质，以创新营销手段、服务创新提高消费者看房效率和体验，通过业务创新完善企业业务结构。

（三）2020 年中国房地产开发企业品牌价值测评

发布机构：中国房地产业协会　上海易居房地产研究院中国房地产测评中心

发布时间：2020 年 9 月 17 日

发布地点：上海

1. 测评榜单（见表 6－7）

表 6－7　2020 中国房地产开发企业品牌价值 50 强

排名	企业名称	品牌价值（亿元）	排名	企业名称	品牌价值（亿元）
1	中海企业发展集团有限公司	709	26	佳兆业集团控股有限公司	203
2	万科企业股份有限公司	618	27	美的置业集团有限公司	195
3	恒大集团	583	27	路劲地产集团有限公司	195
4	碧桂园控股有限公司	505	28	上海中建东孚投资发展有限公司	188
5	华润置地有限公司	479	29	中梁控股集团	183
6	龙湖集团控股有限公司	402	30	金辉控股（集团）股份有限公司	176
7	保利发展控股集团股份有限公司	397	31	禹洲集团	169
8	融创中国控股有限公司	375	32	龙光集团有限公司	167
9	广州富力地产股份有限公司	343	33	卓越置业集团有限公司	162
10	世茂集团控股有限公司	324	34	中国金茂控股集团有限公司	160
11	招商局蛇口工业区控股股份有限公司	319	35	远洋集团控股有限公司	159
12	华夏幸福基业股份有限公司	307	36	合景泰富集团控股有限公司	154
13	金地（集团）股份有限公司	294	37	中骏集团控股有限公司	148
14	绿地控股集团股份有限公司	288	38	新力控股（集团）有限公司	142
15	旭辉集团	277	39	红星地产	141
16	阳光城集团股份有限公司	269	40	建业住宅集团（中国）有限公司	140
17	江苏中南建设集团股份有限公司	255	41	荣盛房地产发展股份有限公司	135
18	雅居乐集团控股有限公司	248	42	俊发集团有限公司	131
19	正荣地产控股股份有限公司	246	43	正商集团	127
20	绿城中国控股有限公司	240	44	海伦堡中国控股有限公司	124
21	融信集团	228	45	东原集团	117
21	融侨集团股份有限公司	228	46	重庆华宇集团有限公司	112
22	金科地产集团股份有限公司	216	47	隆基泰和集团有限公司	109
23	中国奥园集团	213	48	弘阳集团	101
24	四川蓝光发展股份有限公司	211	49	大华（集团）有限公司	96
25	祥生地产集团有限公司	209	50	北京首都开发股份有限公司	92

2. 测评分析

（1）入榜企业分析。

50 强房企基本稳定　中海连续位列榜单首位

近几年 50 强品牌房企位次基本稳定，2020 年 50 强的换榜率为 4%，20 强换榜率为 0%，10 强换榜率为 10%。其中，新晋 10 强的品牌房企为世茂，企业秉承“成为行业引领者，打造百年世茂”愿景，凭借多元业态投建可持续性发展生态圈，从 2019 年的第 12 位上升到第 10 位。

榜单前三由中海、万科、恒大占据。中海保持榜首位置，品牌价值为 709 亿元，万科、恒大分别以 618 亿元和 583 亿元位列榜单第二、第三位。

中海以“成为卓越的国际化不动产开发运营集团”为定位，坚持做“四好”公司。凭借稳健经营和精细化管理，以合理的战略业务结构保持行业领先优势。2019 年，集团全年累计实现销售额 3771.7 亿港元，同比增长 25.2%。年内集团新增设投资创新与产业合作部，加大了精准投资的力度，截至 2019 年年底，集团系列公司土地储备合计 8923 万平方米，为后续发展奠定丰富储备。

万科从房地产开发商向“城乡建设与生活服务商”转型。2019 年表现亮眼，实现销售金额 6308.4 亿元，同比增长 3.9%。企业关注市场变化且不断适应变化，在“战略—机制—文化—组织—人”五位一体全面转型升级的基础上，关注市场环境变化，聚焦产品力和服务力，深化组织重建。

恒大地产以“民生地产”为基础，始终坚持“规模 + 效益型”的发展模式。2019 年，集团依靠灵活进取的策略和强大的执行力，全年累计实现销售额 6010.6 亿元人民币，较上年增长 9.0%。此外，集团多元化业务齐头并进，在新能源汽车研发方面不断突破。2020 年受疫情影响，恒大前瞻性的开拓线上营销网络，取得了良好的销售反响。

华东华南占据大半　上市房企占比超过八成

由于房地产的特殊性，受地方政策影响，区域布局对品牌房企的发展起着至关重要的影响作用。据克而瑞数据显示，2000 年以后，50 强品牌房企中有 20 家品牌房企进行过总部迁移，新址呈现集中化趋势，以北上深居多，总部搬迁到上海的品牌房企最多。其中，祥生集团经历了两次搬迁，2014 年从诸暨迁往杭州，2019 年再度迁到上海。此外，基于品牌房企的战略模式，恒大、蓝光、禹洲等房企实行双总部模式（见表 6-8）。

表 6-8　典型品牌房企总部搬迁时间表（2000—2019 年）

房企简称	总部原所在地	总部现所在地	搬迁年份
世茂	香港	上海	2000
旭辉	厦门	上海	2000
阳光城	福州	上海	2012
雅居乐	中山	广州	2012
龙湖	重庆	北京	2013
中南	南通	上海	2016
正荣	福州	上海	2016
融信	福州	上海	2016
中梁	温州	上海	2016
东原	重庆	上海	2016
中骏	泉州	上海	2017
新力	南昌	上海	2017
恒大	广州	深圳	2017
融创	天津	北京	2017
奥园	广州	深圳	2019
蓝光	成都	上海	2019
弘阳	南京	上海	2019

资料整理：CRIC、中国房地产测评中心。

注：由于祥生经历两次搬迁、禹洲 2020 年搬迁为设立双总部，故不在表中。

从 50 强品牌房企总部分布来看，华东、华南房企占比较大，分别为 36.5% 和 34.6%。其次为华北，占比为 17.3%，西南房企占比为 7.7%，华中房企占比为 3.8%，西北房企仍未入榜。相较于 2019 年，各区域占比均较为稳定。其中，10 强品牌房企中，有 7 家华南区域房企，2 家华北区域房企，1 家华东区域房企。

从 50 强品牌榜单来看，上市房企依旧占据主流位置，资本市场对房企发展起着正面促进作用。2020 年，50 强品牌房企中，上市房企占比约为 81%；非上市房企占比约为 19%。2019 年 7 月，中梁于香港联交所挂牌上市；11 月，新力于港交所成功上市；2020 年 6 月，祥生向港交所递交招股书，拟在香港主板上市。融侨、卓越、俊发等非上市房企凭借其高效的运营能力，稳健的布局，优秀的产品力持续深化品牌影响力。

技术提升赋能品牌　供应链实现高质量发展

受房地产行业增速放缓及疫情影响，尽管房地产上下游供应链企业承压明显，但行业创新研发寻求突围的进程明显提速。

房地产企业凸显产品力价值，对科技、智能、健康的产品的营造需求促进优质供应链整合。政策层面，住房和城乡建设部印发的《建筑节能与绿色建筑发展“十三五”规划政策环境和发展趋势》提出，到 2020 年，城镇新建建筑中绿色建筑面积比重将超过 50%，绿色建材应用比重将超过 40%。计划完成既有居住建筑节能改造面积 5 亿平方米以上，公共建筑节能改造面积 1 亿平方米，全国城镇既有居住建筑中节能建筑所占比例超过 60%。此举也推动了供应链企业向健康、科技创新方向发展，旧改、城市更新也为行业带来新的发展契机。

技术创新方面，品牌供应商加大科研投入，更加注重技术人才培养，设立产品研发中心，以科技为引导，创新升级绿色产品。

渠道管理方面，品牌供应商在渠道管理方面规模更大，销售网络建立愈发完善。

环保贡献力方面，在政策和市场双向指引下，品牌供应商致力于减少传统装修弊端，发展标准化的健康装修。

对应消费者的需求改变，房企也在不断适应社会需求更替。在疫情突袭的 2020 年，品牌供应商也更加聚焦线上营销，进行全渠道覆盖，数字化营销改革。

总体来说，房地产行业由增转存，消费者需求、要求日益提高，品牌供应商之间竞争加大，对产品、营销、绿色施工、技术创新、渠道结构等方面提出了更高的要求，倒逼不合规企业加速退出。各级政府出台的精装修实施细则、节能标准提高及促进装配式产业化发展等利好政策，更促进供应链的发展，抢占健康、智慧风口，率先从产品端、服务端实现高质量发展，通过创新升级让品牌价值更具内涵。

（2）品牌成长分析。

品牌价值快速增长　企业品牌发展整体向好

企业品牌价值总体呈现快速增长的态势，这主要得益于近年来房企对于品牌建设的持续重视、企业业绩的稳定表现及作为企业公民承担了越来越多的社会责任。数据显示，50 强品牌价值均值由 2016 年的 135 亿元上升至 2020 年的 242 亿元，平均年增长率为 15.71%。20 强品牌价值均值从 2016 年的 222 亿元上升至 2020 年的 374 亿元，平均年增长率为 13.93%（见图 6-3）。随着行业进入稳步发展期叠加疫情影响，房企分化开始加速，50 强品牌房企的品牌价值增长速度有所加快。

从 2016—2020 年连续入榜企业的品牌价值测评结果来看，连续入榜企业的品牌价值均实现正向增长，其中89%的企业品牌价值增长率在10%以上，占比较2019年有所上升。随着行业强者恒强的趋势延续以及中小企业加速退出，龙头房企的品牌价值得到进一步提升。

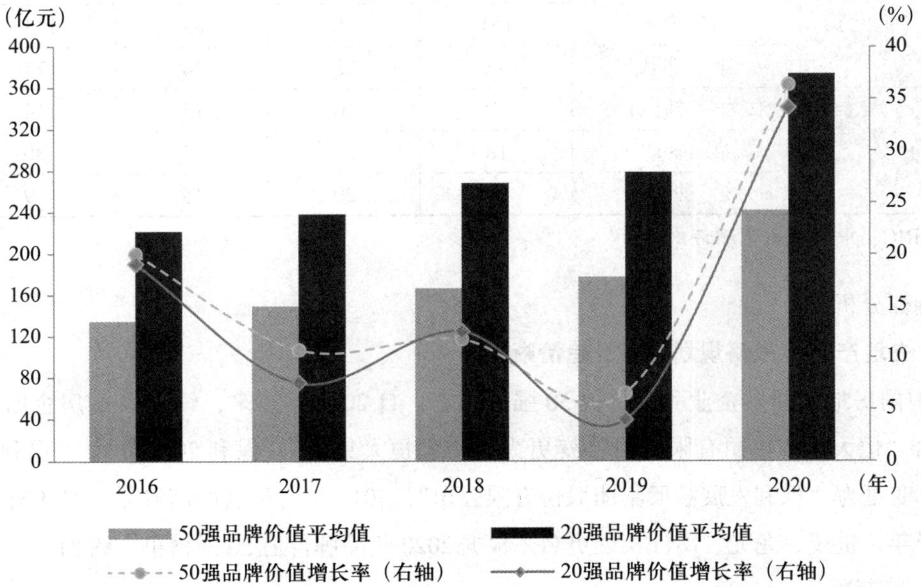

图 6－3　房企品牌价值平均值及增长情况（2016—2020 年）

数据来源：CRIC、中国房地产测评中心。

宏观经济逐步复苏　房企超额收益稳步增长

2019 年，我国经济总体保持中高速增长，国内生产总值 99.09 万亿元，较上年增长 6.1%。具体到房地产市场，2019 年全国房地产销售金额 15.97 万亿元，同比增长 6.5%，增速回落 0.8 个百分点；商品房销售面积 171558 万平方米，较 2018 年下降 0.1%。政策方面，管理层提出积极的财政政策要加力提效，稳健的货币政策要松紧适度，要发挥中心城市和城市群综合带动作用。同时坚持“房子是用来住的，不是用来炒的”定位，因城施策，促进房地产市场平稳健康发展。2020 年上半年，新冠肺炎疫情给我国经济发展带来较大冲击，整体经济环境面临严峻风险。随着一系列防控措施的稳步推进，我国经济运行先降后升，稳步复苏。

在此背景下，龙头房企顺应宏观经济环境的变化，灵活调整经营策略。为获取超额收益，龙头房企一方面努力提升产品力，并进行各种产品创新；一方面对品牌定位、传播等各个环节进行着力。同时，通过组织变革、精准投资等方法提升经营效率。从而保持了超额收益的持续增长。

第一梯队大幅扩容　龙头房企积极建设品牌

从各梯队品牌价值区间分布来看，品牌价值在 200 亿元以上的第一梯队企业数量为 27 家，占比 52%；品牌价值在 100 亿~200 亿元之间的第二梯队企业有 23 家，占比为 44%；品牌价值低于 100 亿元的第三梯队企业有 2 家，占比 4%。从近五年的数据看，第一梯队的品牌房企占比 2020 年首次超过近 50%，第二梯队的品牌房企占比较上年则略有下降（见表 6－9）。

从房企近几年的成长表现看，中海、万科、恒大、碧桂园、华润等房企对品牌建设愈加重视。一方面，房企不断丰富自己的产品线，满足不同需求的消费者；另一方面，积极投身物业管理、高科技、新能源汽车等新兴领域，不断扩展企业的品牌宽度。同时，越来越多的企业努力讲好自己的品牌故事，增加自身的品牌内涵。

表 6-9　50 强房企品牌价值区间数量及均值情况（2016—2020 年）

企业梯队		2016 年	2017 年	2018 年	2019 年	2020 年
品牌价值均值（亿元）	第一梯队	328	79	74	317	333
	第二梯队	151	48	82	144	149
	第三梯队	69	38	74	71	94
企业个数（个）	第一梯队	7	10	15	14	27
	第二梯队	18	20	22	30	23
	第三梯队	25	20	15	9	2

数据来源：CRIC、中国房地产测评中心。

（3）品牌特征分析。

企业更名“去地产”　战略规划目标日趋清晰

以 2020 年中国房地产开发企业品牌价值 50 强为样本，自 2015 年以来，约 38% 的房企已更名。如恒大在 2016 年将名称由“恒大地产集团有限公司”变更为“中国恒大集团”；保利 2018 年由“保利房地产（集团）股份有限公司”变更为“保利发展控股集团股份有限公司”。2018 年为更名的高峰年，当年有 8 家品牌房企更名；2020 年上半年，世茂、龙光、禹洲相继更名。根据 2020 年品牌价值 50 强榜单，约 81% 的企业名字中不含地产、置地或置业字样。

房企更名主要是与企业自身战略调整有关。为应对房地产行业规模增速放缓，企业业务范围不断扩大。部分企业选择重点进入新能源汽车、高科技、健康养老等领域，来消化房企的巨大体量。部分企业则选择以房地产为基础，大力发展物业服务、商业地产、物流地产等。无论选择何种路径，随着近年来的发展，房企对于自身的战略定位也越来越清晰（见表 6-10）。

表 6-10　品牌房企战略变更情况（2015 年、2019 年）

企业名称	2015 年战略	2019 年战略
恒大	构建以房地产为核心，多元产业协同发展新格局	以民生地产为基础，文化旅游，健康养生为两翼，新能源汽车为龙头
万科	从住宅开发商向城市配套服务商的转型	从房地产开发商向城乡建设与生活服务商转型
保利	以房地产开发经营为主，以房地产金融和社区消费服务为翼	以不动产投资开发为主体，以综合服务和不动产金融为两翼
碧桂园	始终坚持房地产主业，专注推动中国城镇化发展	为全世界创造美好生活产品的高科技综合性企业

资料整理：企业公告。

房地产开发板块的估值长期处于较低水平，这与房企的盈利能力出现一定背离。同时，房企中多项业务如物业管理、商业管理分拆上市后都获得市场的普遍认可。部分房企名称“去地产”有利于市场以更全面的角度评估企业的价值，从而使企业的整体市值价值回归。

品牌认知分化显著　美誉度、忠诚度普遍较低

通过消费者调研，从认知度、美誉度和忠诚度这三个维度分析房企的品牌特征。总体来看，品牌 50 强房企平均认知度为 45.61%，平均美誉度则为 37.86%，平均忠诚度仅为 25.16%，三者逐次降低。

多数房企的认知度集中在 25%～75% 之间。品牌 10 强房企平均认知度为 75.59%，显著高于 50 强认知度平均值约 30 个百分点。这表明在竞争激烈的市场中，龙头品牌房企率先在消费者群体中树立了较高的识别度（见表 6-11）。

表 6-11　品牌认知度调查排名前 10 房企

企业名称	恒大	万科	碧桂园	融创	绿地	保利	华润	金科	龙湖	中海
认知度（%）	90.60	90.27	87.17	82.62	80.00	75.65	75.09	72.38	67.93	64.60

数据来源：中国房地产测评中心房企品牌调研。

50 强品牌房企平均美誉度仅为 37.86%，10 强品牌房企平均美誉度则为 46.94%，虽然较 50 强平均水平高 9.08 个百分点，但仍未超过 50%（见表 6-12）。

表 6-12　品牌美誉度调查排名前 10 房企

企业名称	万科	龙湖	绿地	绿城	金科	华润	恒大	中海	融创	金地
美誉度（%）	62.07	57.30	54.76	54.76	50.75	50.74	49.89	48.91	48.42	46.33

数据来源：中国房地产测评中心房企品牌调研。

忠诚度方面，多数 50 强品牌房企忠诚度低于 40%。其中，10 强品牌房企平均忠诚度为 51.26%，较 50 强平均忠诚度水平高 26.1%（见表 6-13）。

表 6-13　品牌忠诚度调查排名前 10 房企

企业名称	万科	恒大	融创	保利	华润	金科	龙湖	碧桂园	金茂	中海
忠诚度（%）	74.54	67.75	63.95	49.43	49.05	48.68	48.53	46.01	42.80	40.97

数据来源：中国房地产测评中心房企品牌调研。

从各梯队品牌房企认知度、美誉度和忠诚度对比情况看，基本呈现认知度大于美誉度、美誉度大于忠诚度的情况。其中，10 强品牌房企的忠诚度略高于美誉度。这主要是因为部分受访者虽然对 10 强品牌房企的美誉度评价不高，但经过横向比较以及衡量了各项成本之后，依然将 10 强品牌房企的产品作为次优选择。

品牌助力开拓市场　房企偏好扎堆华东区域

业务布局全国化是房地产头部企业较为主流的企业战略。从 50 强品牌房企的统计数据看，进入城市的数量与企业 2019 年操盘金额呈现强相关关系，两者的相关系数为 0.73。其中，碧桂园、恒大进入城市数量依然保持行业领先，均超过 200 个，体现了优质品牌对于开拓市场的重要作用；绿地、中梁等企业进入城市数量也超 100 个。

10 强品牌房企平均进入城市数量显著超过 100 个，主要得益于碧桂园和恒大两家企业坚持全国各线城市布局策略。以中海为代表的部分房企则坚持深耕安全边际高、抗风险能力强的一、二线城市，全国布局数量因此相对较少。总体来看，随着排名分段的提高，进入城市的平均数量和中位数也相应提升（见表 6-14）。优质的品牌有助于企业开拓新的市场，而业务布局的不断拓展也使品牌的传播度不断提升，两者相得益彰。

表 6-14　各排名分段房企品牌分布情况图

排　名	平均进入城市	中位数	最　小	最　大
1~10 名	125	98	56	282
11~20 名	75	73	32	150
21~30 名	57	46	14	127
31~40 名	34	37	8	59
41~50 名	20	22	7	41

数据来源：企业官网、企业公告、中国房地产测评中心。

从进入省份的情况看，江苏省为品牌50强房企进入比例最高的省份，约86%的品牌房企在该省展开业务。其次为四川省，比例为82%。浙江、湖北和广东三省并列第三，比例约为80%。宁夏、青海、西藏三省（自治区）进入比例较低，均小于20%。四个直辖市中，上海市、天津市为品牌房企进驻最多的城市，约76%的品牌房企在两地开展业务，其次为北京市和重庆市。

（4）品牌效应分析。

品牌溢价效应趋稳　房企销售规模优质扩张

房企以差异化赢得消费者青睐，良好的品牌是房企最好的宣传，企业品牌的附加值还会给企业带来更高的盈利，提高企业产品溢价能力。选取10强品牌房企在代表性重点城市的销售均价与城市平均销售价格进行对比（见图6-4），计算得到各大品牌房企在各城市的销售溢价率。品牌房企近三年在重点城市销售溢价率多分布于5%~25%之间，其中2019年的平均数据为10.04%。近年来，在“房子是用来住的，不是用来炒的”背景下，房企均受到限价政策的约束，品牌房企销售溢价率整体有所降低。

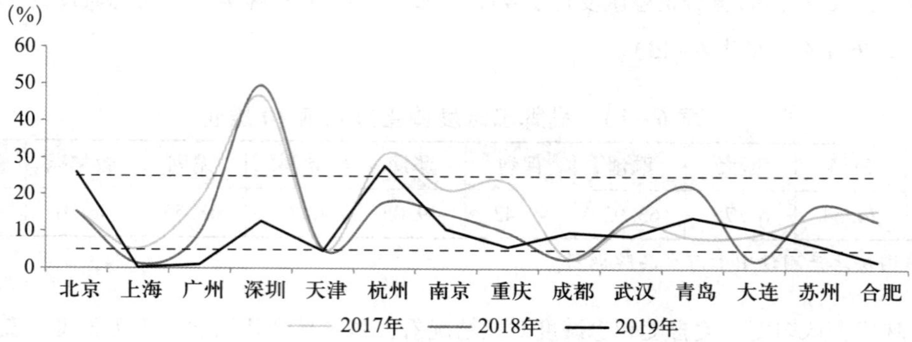

图6-4　10强品牌房企重点城市商品住宅销售溢价情况（2017—2019年）

数据来源：CRIC、中国房地产测评中心。

平均有68.40%的消费者愿意为10强品牌房企的项目支付0~20%的溢价，比63.65%的总体均值高近5个百分点。其中愿意为华润、万科和保利的项目支付0~20%溢价的消费者占比超过70%。可见消费者更愿意为具有良好品牌效应的房企支付溢价。而不愿意为品牌10强项目支付溢价的消费者平均占比为25.19%，低于29.59%的总体均值。龙头房企可以通过品牌效应形成的优势，获取高于同行的产品溢价。

近几年行业销售额保持稳步增长，但增长率逐年放缓，近3年行业复合增长率为10.74%，10强及50强品牌房企的近3年复合增长率分别为26.22%和37.84%，明显高于全行业增速。品牌房企依托其强大的品牌优势，聚拢资源提升产品力，在市场竞争中保持了较大优势。2020年以来，受疫情影响，1—7月全国商品房销售额同比下降2.09%，但50强品牌房企（全口径）销售额合计同比增长2.26%，其中有将近60%企业实现累计业绩同比提升。品牌房企积极创新调整运营节奏，用品牌化建设拉开差距占领市场，实现规模优质扩张，率先实现正增长。

报告选取2020年50强品牌房企，就其品牌价值与其2019年的销售金额数据进行相关性分析得出，品牌价值和销售金额之间显现正相关关系，良好的品牌效应对房企的销售金额具有正向的推动作用。

2019年房地产市场调控趋于常态化，企业销售规模增长放缓，10强品牌房企销售金额增速大多保持在25%以内。其中，碧桂园、万科、恒大和融创销售金额均超过5000亿元。同时，品牌房企凭借优秀的综合能力，品牌价值保持较快增长，10强品牌价值平均增长近40%，品牌价值优势继续扩大。

融资环境相对收紧　品牌房企拥有成本优势

2019 年的融资政策相对 2018 年有些微变化，顶层设计从“去杠杆”变为“稳杠杆”。执行层面年初银行信贷资金较为宽松，房企融资处于窗口期。进入年中，融资环境相对收紧。融资渠道继续收窄，融资成本有所抬高。上市房企品牌影响力更强，融资渠道更广，良好的品牌效应对房企融资形成了正向推动作用，创新多元融资手段，保持融资实力，降低融资成本。

2019 年，50 强品牌房企融资总量同比增长 17.76%，明显高于 5.49% 的行业平均水平（将克而瑞监测的 95 家典型房企整体融资情况视为行业平均水平，见表 6－15）。

表 6－15　50 强品牌房企融资额及同比增长率（2018—2019 年）

房企梯队	2018 年融资额（亿元）	2019 年融资额（亿元）	同比（%）
品牌 10 强	3101	3601	16.10
品牌 11～30 强	4488	5430	21.01
品牌 31～50 强	2045	2313	13.14
品牌 50 强	9634	11344	17.76
95 家典型房企	13740	14494	5.49

数据来源：CRIC、中国房地产测评中心。

在房地产领域金融监管依旧从严的背景下，品牌房企融资成本更具优势。2019 年克而瑞监测 95 家典型房企新增融资成本为 7.07%，较 2018 年的 6.53% 上升了 0.54 个百分点，而 10 强品牌房企融资成本大多低于行业平均，且 2019 年 10 强品牌房企中多数新增融资成本同比下降，其中中海、万科、华润及保利新增融资成本均下降至 4% 以下。

2019 年 500 强房地产开发企业资产负债率均值为 79.66%，净负债率均值为 96.70%。10 强品牌房企资产负债率均值 78.3%，净负债率均值为 84.43%，低于 500 强均值。

根据克而瑞数据统计，剔除预收账款后的资产负债率，50 强品牌房企均值为 74.27%，分梯度看，10 强均值最低，为 72.00%，11～30 强均值为 74.06%，31～50 强均值为 77.22%，展现了品牌房企较强的债务调节能力。其中，中海、华润分别为 54%、56%，保持着较低的负债水平。短期偿债能力方面，50 强品牌房企现金短债比均值为 1.77，10 强品牌现金短债比均值为 2.14。其中中海、华润、龙湖现金短债比分别为 3.0、3.0、4.4，在手现金充足，足够覆盖一年期短债。

品牌盈利优于均值　拿地审慎加码城市更新

品牌房企优势明显，获取资源能力强，货值存量维持较高水平，未来几年依然有能力保持平稳发展，例如碧桂园、恒大、融创总土储建面较为领先（见表 6－16）。品牌 10 强中，除融创新增土地建面增加，其他房企新增土地建面明显减少，受制于政策趋严、融资趋紧，品牌房企拿地整体呈现谨慎的态度。

表 6－16　2018—2019 年 10 强品牌房企土地储备情况

企业名称	权益货值（亿元）		总土储建面（万平方米）		新增土地建面（万平方米）	
	2018 年	2019 年	2018 年	2019 年	2018 年	2019 年
中海	10069	11227	7010	7053	1764	1157
恒大	25496	22931	30300	23454	4993	2328
万科	10804	11412	14900	11362	4681	3825

续表

企业名称	权益货值（亿元）		总土储建面（万平方米）		新增土地建面（万平方米）	
	2018 年	2019 年	2018 年	2019 年	2018 年	2019 年
保利	13906	15566	19544	16156	3116	2265
碧桂园	16330	18740	24000	24273	8648	7425
华润	4827	5718	5957	4527	2213	1707
龙湖	6675	5938	6636	5385	2189	1487
融创	12961	16115	16600	19572	4820	5067
富力	5338	5359	6951	4681	1405	974
世茂	6158	6776	5538	6214	1615	1368

数据来源：CRIC、中国房地产测评中心。

近年来，房企获取土地的模式众多，随着公开市场招拍挂竞争日趋激烈，“产业 +”拿地模式因获取地块面积大、拿地成本相对低，其重要性和可行性再次被房企普遍关注。此外，品牌房地产企业积极提高获取土地的精准能力，应用科技工具提高拿地效率，让经验与科技相互辅助。中海积极开发城市地图辅助决策系统、投资管理咨询系统等多个信息化系统，提高拿地与经营效率，深入挖掘土地价值。

随着城镇化率的快速提升以及人口的持续流入，部分一线及热点二线城市土地供应日渐稀缺。与此同时，大量急需更新的旧厂、旧村庄、旧城镇，催生出了城市更新的热潮，品牌房企纷纷加入城市更新新赛道，恒大和融创主要通过收并购获得城市更新项目，佳兆业、富力、时代中国则是凭借丰富的城市更新项目经验拓展。随着拿地成本的上升和行业竞争加剧，企业在自身布局拓展以及规模扩张需求下，纷纷寻求合作开发。合作开发有助于房企高效获取土地分散风险，使得房企可以各取所长，降低融资压力。尤其对于中小型或者专注区域深耕型的房企，可以通过自身区域优势与大型品牌房企进行合作。

通过 2020 年 50 强品牌价值增长率与 2019 年 50 强净利率进行相关性分析，可见品牌价值增长率和净利率呈现较弱的正相关关系。

10 强品牌房企平均净利率为 16. 40%，继续保持稳定，明显优于克而瑞统计的 2019 年 50 家典型上市房企净利率为 10. 90%。10 强品牌房企平均毛利率为 29. 71%，相比 2018 年有所下降，与克而瑞统计 2019 年 50 家典型上市房企平均毛利率为 29. 90% 相近。在行业整体利润率呈下行趋势的背景下，品牌房企凭借其合理的战略规划及突出的运营能力，保持住了优于行业平均的盈利能力。

（5）品牌策略分析。

产品愈发聚焦下沉　科技健康契合市场需求

近年来，产品作为房地产企业的核心竞争力之一，发展路径愈发聚焦、差异化。从单维的居住空间向具有文化、服务的多维方向发展。品牌房企通过不同的表现形式对空间形态进行升级塑造；通过产品契合消费者的消费理念与生活态度，同时对外输出企业的品牌文化、精神；通过提高物业服务水平增加品牌附加值。

房企品牌调研结果显示，影响消费者购房决策最高的是小区环境、其次是物业服务，然后是工程质量、房型因素，认同度分别约为 73. 47%、69. 91%、56. 26% 和 48. 65%（房企品牌调研中本题为多选）。可见，对于消费者，影响决策最重要的因素就是产品本身。周边配套、地段等影响因素则低于产品本身因素影响。

品牌房企在产品打造方面注入了更多对人居行为、需求的思考，注重生活空间场景的打造。在前期规划设计、产品研发、施工标准化管控、配套设施、物业服务等方面全方位进行提升和创新。品牌房企在前期规划设计中加入了对城市区域、土地价值的体现，贴合城市文化，深耕城市肌理。品牌房企创新研发不同的产品价值体系、建筑标准体系，多维度营造更为舒适的居住体验。

品牌房企细分客户群体市场，通过多品牌打造针对性的产品线，叩击主流人群，根据不同业态塑造相应的产品线。在基础品牌线上不断创新、迭代、研发，持续加快品牌渗透，传导产品文化和企业精神，让品牌线的不同理念匹配不同需求的消费者。

品牌理念持续输出　多种营销增加企业价值

在房地产企业成长的过程中，企业品牌也从无意识阶段走到如今的战略管理阶段。从短期建立鲜明、特色的形象，走到发展中期策略，长期战略转变。良好的品牌形象拥有正面的驱动力，是一种为企业增值的无形资产。品牌不只是企业的商标、标志，更是企业的价值输出、理念输出、文化输出及核心竞争力的输出。

从近年品牌房企的年报、官网可见，品牌影响力的相关内容被放入年报中，体现出房地产企业对品牌的重视度。品牌定位、品牌标语多呈现在企业官网上，确立的品牌理念多围绕消费者生活圈、提高居住品质、舒适度等方面，品牌从同质化逐渐向细分发展，愈发沉淀。房企根据自身规模、布局策略，未来的发展战略，输出不同的企业愿景（见表 6－17）。

表 6－17　典型品牌房企的企业愿景和品牌理念

企业名称	企业愿景	品牌理念
中海	成为卓越的国际化不动产开发运营集团	精筑幸福、创领潮流
碧桂园	作为全世界创造美好生活产品的高科技综合性企业	给您一个五星级的家
融创	中国家庭美好生活整合服务商	至臻·致远
路劲	成为值得信赖的房地产企业	用心筑造品质生活
奥园	成为世界一流的健康生活综合服务商	构筑健康生活
美的	智慧地产制造商	智慧生活引领者

资料整理：中国房地产测评中心。

品牌运营、营销方面，受疫情影响，线上售楼处活动持续发展。2020 年 2 月恒大率先实施线上卖房营销，上半年恒大"恒房通"的销售额占比 82%。多家房企同步自建线上营销平台，微信小程序提振销售，牵手明星、主持人、网红等直播卖房，线上引导培育，线下加强转化。房企品牌通过线上的多元营销模式，多平台推广，加强品牌输出和知名度的提升。

此外，房企通过联合开发、跨界合作、打造 IP 等模式进行品牌输出。品牌输出不仅承载着企业的文化内涵，也是寻求对企业品牌认可的消费者。房企不断创新推广模式，致力于增加品牌带来的无形资产价值。

多元策略维护品牌　社会责任强化品牌力量

在品牌维护方面，房企通过新品牌策略，积极履行社会责任，不断探索售前、售中、售后的回访工作，提升品牌美誉度和口碑，加强品牌维护，使得品牌具有更强势的竞争力。

社会责任的践行使得房企的品牌更有力量。有的房企践行企业社会责任，通过发展可持续、可复制的扶贫措施对典型地区进行精准帮扶，在部分区域、县城已有显著成果。2020 年年初，我国突发疫情，品牌房企快速响应，通过捐款捐物、设立基金抗击疫情影响；6 月入汛，多地发生洪涝灾害，众多品牌房企深入抗洪一线，捐献物资进行慰问；暴雨导致农产品出现滞销，品牌房企通过集中购买给予支持；品牌房企物业加强社区防汛演习和危险排查，保障了业主的生命财产安全。

此外，品牌房企十分注重官方微博的运营和维护，多家房企官方微博主号的文章具有超过 10 万的浏览量，除了传统的图文、视频、海报等表现形式，线上售楼处、直播，发布会等创新模式增多。部分品牌房企的高管也从幕后逐渐走向大众，大大拉近了房地产企业与消费者间的距离。

品牌房企积极加强标准化管控，加强质量监督工作，探索后续回访等服务。品牌房企的公关态度、速度、能力已成为对房企品牌维护最好的体现。

品牌房企通过持续创新输出、积累、维护，提高品牌价值引导消费者从知晓品牌到忠诚于品牌；提高品牌的深度，加强客户黏性，增强品牌的竞争力。

（6）品牌趋势分析。

行业集中趋势不减　未来持续分化加速洗牌

近年来，强者恒强态势不减，龙头房企销售规模持续稳步增长，使得房地产行业市场集中度继续提升。2019 年，10 强品牌房企销售金额集中度为 26.68%，同比增长 1.73%；20 强房企销售金额集中度为 39.13%，同比增长 2.47%；50 强品牌房企销售金额集中度为 56.89%，同比增长 13.84%。总体来看，10 强、20 强和 50 强品牌房企集中度依然呈现上升趋势。

2020 年 1—7 月，品牌房企 10 强、20 强、50 强的销售金额集中度分别为 29.86%、41.89%、60.68%，均高于上年。

2020 年上半年有 5 家房企入选世界 500 强，分别是碧桂园、恒大、绿地、保利和万科。其中，保利上升 51 名、万科上升 46 名、碧桂园上升 30 名、绿地上升 26 名。

品牌重要程度凸显　引流更需关注消费需求

品牌房企调研结果显示，品牌在消费者购房行为中起着很大的影响。其中，选择非常重要的占比约为 37.1%，选择重要的占比约为 45.5%，两者总计占比高达 82.6%。选择一般的占比约为 14.0%，不太重要和很不重要占比总计仅为 3.4%。由此可见，房企持续的品牌建设较有成效，品牌对于消费者的购房决策影响度较高，消费者更倾向于具有良好品牌印象的房企，对品牌房企的信任度较高。

对消费者来说，房企品牌具有较高的重要性，选择非常重要的集中在 30~40 岁年龄段，家庭年收入在 10 万~20 万元的硕士及以上的学历人群中；选择重要的在 20~30 岁年龄段，家庭年收入 20 万~30 万元的大学本科的人群中。

溢价方面，家庭年收入在 10 万元以下，年龄在 20 岁以下的大专以下学历较不愿意为房企品牌付出溢价。愿意付出房价的 0~10% 的客群以家庭年收入 20 万~30 万元、20~30 岁、大学本科最多；愿意付出 10%~20% 的以 50 万~100 万元家庭年收入，50 岁及以上的硕士及以上学历的消费者最多。总体来看，由于房屋总价较高，高薪人才普遍有更高的付溢价意愿和能力。

在影响购房者选择的方面，无论是在不同年龄层、收入层、学历层，都更加关注小区环境，其次是物业服务、工程质量。从房企角度来看，研发不同的产品线也正好对应了不同需求的人群，高价值产品具有高溢价能力，更吸引高净值客户人群。近年，品牌房企普遍注重“回归”，回归产品力，回归服务力，加强工程质量监督，这也与消费者需求相契合。

品牌效应持续延伸　旗下物管企业上市活跃

对于房企来说，除了地产开发主营业务以外，近年多元业务的发展结果逐渐显露，发展分化明显，房地产企业布局多元化也愈发理性。业务以围绕房地产上下游业务居多，但是随着房企发展规模、运营能力、发展战略的提升，多元化的培育偏向于专业性强的非地产领域。

从营业收入的结构来看，2019 年，房企的主营业务依旧是地产开发。10 强品牌房企中，房地产主营业务占比均高于 92%。

从业务结构方面来看，物业管理业务依旧是多家企业布局的重点，多家品牌房企关联物业的管理规模逐步扩大。近年房企积极分拆物业公司上市的趋势依旧，品牌50强房企旗下均有物业公司，总计有15家品牌房企旗下物业已上市，占比约为29%，其中14家分别在A股和港股上市，美的置业旗下的铂美物业于新三板上市；10家品牌房企旗下物业拟上市，占比约为19%；暂未上市占比约为52%。其中，10强品牌房企中，仅有万科、龙湖、富力3家暂无分拆物业上市计划。从时间段来看，2020年以来，品牌房企旗下物业上市较为活跃。

多家物业服务企业通过更名凸显企业物管发展战略，实现业务拓展。将“物业”替换为“服务”“生活服务”“智慧物业服务”。总体来说，房企关联物企通过更名，打造品牌，吸引了更多资本关注。

长租公寓方面，在经历了风口期后的激烈竞争下，又受到我国2020年年初的新冠肺炎疫情影响，管理运营、盈利难、资金链断裂等负面问题愈发显现，特别是一些小型运营机构，跑路、倒闭多发。未来，前期的房企跟风布局态势会收敛聚焦，无序野蛮竞争也将转向理性健康发展，大浪淘沙后，拥有强大背景平台的品牌运营公司市占率将进一步提升。

2019年，品牌房企联手科技公司趋势依旧，推动智慧城市建设。前30强品牌房企，过半涉水科技智能，智慧家居、智慧社区几乎均有布局（见表6-18）。而在前10强房企中，科技业务更加聚焦，整体投入更具深度。

表6-18　典型品牌房企合作布局科技领域情况

企业名称	合作单位	布局领域
恒大	中科院、国家电网等	新能源汽车、智能家居、现代农业等
万科	微软、腾讯、阿里巴巴、比亚迪等	智能建筑、智能物流、智能家居、未来城市等
碧桂园	LG电子、腾讯等	机器人、新零售、现代农业等
融创	中国铁塔、德尔未来等	智慧园区、智能家居、智慧社区等
保利	华为、中国铁塔等	智慧家居及社区、新零售、科技创新、5G等
中海	京东、华为等	智能家居、智能建筑等
华润	华为、中国电信等	智能建筑、智慧园区、5G等
世茂	云知声、商汤科技等	物联网、人工智能等
龙湖	Plug and Play 等	智能家居、智慧园区等
阳光城	清华大学等	智能家居、智慧社区等
旭辉	苏宁、科大讯飞、华东师范等	智能社区、智能家居等
金茂	科大讯飞、Plug and Play 等	智能建筑、智能家居、智慧社区等
富力	思为科技、中电光谷等	智能家居、高新科技等
雅居乐	深兰科技、中电光谷、量子云等	智能家居、科技影视、智能机器人等
美的	阿里云等	智慧家居、智慧社区等

资料整理：中国房地产测评中心。

在非地产上下游业务方面，品牌房企根据自身经营规模、发展战略的不同延伸到不同领域，其中，龙头房企更倾向于布局市场规模较大的行业。碧桂园不断发力科技版图，涵盖博智林机器人、现代农业、碧优选及机器人餐厅等。万科成立食品事业部布局生猪养殖、蔬菜种植、企业餐饮三大领域；恒大发布了六款品牌名为“恒驰”的新能源车型，集团力争3~5年内成为世界规模最大、实力最强的新能源汽车集团。

（上海易居房地产研究院中国房地产测评中心）

（四）第九届（2019—2020 年度）中国房地产广厦奖名单

发布机构：中国房地产业协会、住房和城乡建设部住宅产业化促进中心

第九届“广厦奖”第二批获奖项目

地区	编号	获奖项目	开发单位
北京市	GSJ0839－01－（1/1－1）	泽信公馆	北京丰南嘉业房地产开发有限公司
天津市	GSJ0760－02－（1/1－1）	格调林泉苑	天津泰达建设集团有限公司
天津市	GSJ0803－02－（2/2－2）	滨旅产业园（1－13 号）	天津滨海旅游区建设开发有限公司
河北唐山市	GSJ0786－03－（1/1－1）	溾阳锦园	唐山中冶万城房地产开发有限公司
山西长治市	GSJ0775－04－（1/1－1）	山西三建华苑东区	山西三建集团有限公司
内蒙古巴彦淖尔市	GSJ0761－05－（1/1－1）	今日尚品 A 区	内蒙古富源房地产开发有限公司
辽宁沈阳市	GSJ0720－06－（5/5－1）	华润润馨汇	沈阳华润润家养老服务有限公司
辽宁大连市	GSJ0820－06－（3/3－1）	华润半山悦景一期	华润置地（大连）房地产开发有限公司
辽宁沈阳市	GSJ0821－06－（3/3－2）	沈阳中海和平之门上和府	中海地产（沈阳）有限公司
辽宁大连市	GSJ0822－06－（3/3－3）	大连华润二十四城 E、F 区	大连润置房地产有限公司
黑龙江哈尔滨市	GSJ0765－08－（3/3－1）	宝宇·天邑环球港 A 区	黑龙江宝宇天邑房地产开发有限公司
黑龙江哈尔滨市	GSJ0766－08－（3/3－2）	哈尔滨华润中央公园二期	华润置地（哈尔滨）房地产开发有限公司
黑龙江哈尔滨市	GSJ0767－08－（3/3－3）	华润凯旋门 I	华润置地（哈尔滨）投资有限公司
上海市	GSJ0836－09－（3/3－1）	宝华城市之星	上海宝华企业集团有限公司
上海市	GSJ0837－09－（3/3－2）	上海世茂云图	上海世茂翊信置业有限公司
上海市	GSJ0838－09－（3/3－3）	彩虹湾动迁安置房四期	上海孚虹置业有限公司
江苏扬州市	GSJ0823－10－（7/7－1）	运和蓝湾	恒通建设集团有限公司
江苏苏州市	GSJ0824－10－（7/7－2）	澜青颐和花园	南京颐居建设有限公司
江苏盐城市	GSJ0825－10－（7/7－3）	万科悦达·翡翠云台一期	盐城悦达交控置业有限公司
江苏苏州市	GSJ0826－10－（7/7－4）	星公元名邸	苏州中锐尚城置业有限公司
江苏南京市	GSJ0827－10－（7/7－5）	中建国熙公馆	南京中建东孚置业有限公司
江苏张家港市	GSJ0828－10－（7/7－6）	汇金花园	金新城置业集团有限公司
江苏张家港市	GSJ0829－10－（7/7－7）	汇金商务中心	金新城置业集团有限公司
浙江宁波市	GSJ0802－11－（1/1－1）	德信·东宸	德信地产集团有限公司
安徽全椒县	GSJ0746－12－（4/4－2）	江海·紫金城东区	安徽江海投资置业有限公司
安徽铜陵市	GSJ0747－12－（4/4－3）	金御华府四期	安徽城乡置业集团有限责任公司
安徽肥东县	GSJ0748－12－（4/4－4）	安建锦绣花园·桃花园	安建房地产开发有限公司
安徽蚌埠市	GSJ0768－12－（5/5－1）	蚌埠荣盛华府一期	蚌埠荣盛鼎业房地产开发有限公司
安徽涡阳县	GSJ0769－12－（5/5－2）	涡阳邦泰·壹號院	安徽邦泰控股集团有限公司

续表

地区	编号	获奖项目	开发单位
安徽亳州市	GSJ0770－12－（5/5－3）	古井·上善名郡	安徽古井房地产集团有限责任公司
安徽颍上县	GSJ0771－12－（5/5－4）	徽创·江南郡一期	安徽徽创地产集团有限公司
安徽砀山县	GSJ0772－12－（5/5－5）	郡王府	安徽青山房地产开发集团有限公司
福建福州市	GSJ0762－13－（1/1－1）	三盛·托斯卡纳四期	福州三盛置业有限公司
江西南昌市	GSJ0790－14－（4/4－1）	南昌绿地会展铂瑞酒店	南昌绿地申博置业有限公司
江西南昌市	GSJ0791－14－（4/4－2）	南昌绿地朝阳海铂悦庭	南昌申阳置业有限公司
江西九江市	GSJ0792－14－（4/4－3）	联泰·万泰城一期	九江联泰地产有限公司
江西赣州市	GSJ0793－14－（4/4－4）	嘉福·金融中心	赣州嘉福房地产开发有限公司
山东济南市	GSJ0804－15－（14/14－1）	中新·锦绣天地中苑三区	山东中建房地产开发有限公司
山东济南市	GSJ0805－15－（14/14－2）	绿城·金融中心B楼	山东财富纵横置业有限公司
山东青岛市	GSJ0806－15－（14/14－3）	中建·锦绣城誉园	山东中建房地产开发有限公司
山东青岛市	GSJ0807－15－（14/14－4）	东方时尚中心·尚璟	青岛秀坤开发建设有限公司
山东淄博市	GSJ0808－15－（14/14－5）	临淄区方正·康悦城一期	山东方正房地产开发有限公司
山东淄博市	GSJ0809－15－（14/14－6）	金鼎绿城二期北组团	淄博金鼎立辰房地产开发有限公司
山东淄博市	GSJ0810－15－（14/14－7）	福园小区	新东升置业集团有限公司
山东枣庄市	GSJ0811－15－（14/14－8）	中房·缇香郡二期	滕州市中房房地产开发有限公司
山东潍坊市	GSJ0812－15－（14/14－9）	泰和上筑北区	潍坊泰和置业有限公司
山东潍坊市	GSJ0813－15－（14/14－10）	大源·紫檀文苑	山东大源置业有限公司
山东潍坊市	GSJ0814－15－（14/14－11）	金砖城一期	潍坊市滨海置业有限公司
山东临沂市	GSJ0815－15－（14/14－12）	开元·上府	山东开元置业集团有限公司
山东聊城市	GSJ0816－15－（14/14－13）	星光·清水湾一期	山东聊城星光房地产开发有限公司
山东德州市	GSJ0817－15－（14/14－14）	德州·壹号院	山东东海房地产开发集团有限公司
河南郑州市	GSJ0797－16－（1/1－1）	月湖商业中心二区	郑州碧源景盛房地产开发有限公司
湖北武汉市	GSJ0798－17－（4/4－1）	中建壹品澜湾	武汉中建壹品绿色置业有限公司
湖北襄阳市	GSJ0799－17－（4/4－2）	民发世界城三期都会山	襄阳市民发中盛房地产开发有限公司
湖北武汉市	GSJ0800－17－（4/4－3）	档案馆及公积金中心	武汉城市建设集团有限公司
湖北武汉市	GSJ0801－17－（4/4－3）	长城汇	武汉洪顶置业有限公司
湖南长沙市	GSJ0710－18－（4/4－3）	荣盛·岳麓峰景一期	湖南荣盛房地产开发有限公司
湖南长沙市	GSJ0776－18－（8/8－1）	中欣·楚天逸品	湖南省中欣房地产开发集团有限公司
湖南长沙市	GSJ0777－18－（8/8－2）	中建广场	中建信和地产有限公司
湖南长沙市	GSJ0778－18－（8/8－3）	恒大御景天下一期	恒大地产集团长沙置业有限公司
湖南长沙市	GSJ0779－18－（8/8－4）	中国铁建·洋湖苑	中铁城建集团房地产开发有限公司

续表

地区	编号	获奖项目	开发单位
湖南长沙市	GSJ0780 - 18 - (8/8 - 5)	阳光城尚东湾蓝莓苑	长沙中泛置业有限公司
湖南长沙市	GSJ0781 - 18 - (8/8 - 6)	碧桂园星城首府	长沙亚鑫房地产开发有限公司
湖南怀化市	GSJ0782 - 18 - (8/8 - 7)	澳海·公园1号	怀化市澳海房地产开发有限公司
湖南岳阳平江县	GSJ0783 - 18 - (8/8 - 8)	平江碧桂园一期	平江碧桂园房地产开发有限公司
广东汕头市	GSJ0830 - 19 - (6/6 - 1)	联泰悦水湾泰苑·康苑	广东联泰房地产有限公司
广东珠海市	GSJ0831 - 19 - (6/6 - 2)	华发琴澳新城揽澳郡	珠海华欣投资发展有限公司
广东佛山市	GSJ0832 - 19 - (6/6 - 3)	万科金域学韵府	佛山市顺德区万晴房地产有限公司
广东佛山市	GSJ0833 - 19 - (6/6 - 4)	万科中天城市花园	佛山市润丰实业投资有限公司
广东佛山市	GSJ0834 - 19 - (6/6 - 5)	万科美的西江悦花园	佛山市高明区融浩房地产有限公司
广东湛江市	GSJ0835 - 19 - (6/6 - 6)	民大广场	广东民大投资集团有限公司
广西南宁市	GSJ0733 - 20 - (8/8 - 1)	华润中心南写字楼	华润置地（南宁）有限公司
广西南宁市	GSJ0734 - 20 - (8/8 - 2)	云星·钱隆首府	广西云星集团有限公司
广西南宁市	GSJ0735 - 20 - (8/8 - 3)	荣和·公园大道	广西荣和企业集团有限责任公司
广西玉林市	GSJ0736 - 20 - (8/8 - 4)	万昌·东方巴黎水岸一期	广西玉林万昌置业投资有限公司
广西柳州市	GSJ0737 - 20 - (8/8 - 5)	柳州碧桂园一期	柳州市碧桂园房地产开发有限公司
广西南宁市	GSJ0738 - 20 - (8/8 - 6)	大唐盛世一期	广西唐美投资有限公司
广西南宁市	GSJ0758 - 20 - (8/8 - 7)	盛天东郡公园 ONE	南宁市盛尧房地产开发有限公司
广西南宁市	GSJ0759 - 20 - (8/8 - 8)	吉祥·凤景湾一期	广西北投地产集团有限公司
海南三亚市	GSJ0784 - 21 - (2/2 - 1)	艺海棠一期	海南中海三邦友房地产开发有限责任公司
海南三亚市	GSJ0785 - 21 - (2/2 - 2)	晋润园	三亚东吉水产食品有限公司
重庆市	GSJ0773 - 22 - (2/2 - 1)	泽京·南川万达广场	重庆泽京房地产开发有限公司
重庆市	GSJ0774 - 22 - (2/2 - 2)	泽科·星泽汇	泽科集团有限公司
四川成都市	GSJ0787 - 23 - (3/3 - 1)	蓝光·雍锦楠府	四川蓝光和骏实业有限公司
四川乐山市	GSJ0788 - 23 - (3/3 - 2)	邦泰·嘉州长卷·天街	四川邦泰投资有限责任公司
四川成都市	GSJ0789 - 23 - (3/3 - 3)	成都城市音乐厅	成都城建投资管理集团有限责任公司
云南昆明市	GSJ0764 - 25 - (1/1 - 1)	昆明三峡大厦一期	北京中建地产有限责任公司西南区域
西藏拉萨市	GSJ0763 - 26 - (1/1 - 1)	天知世界城珑岸	西藏天知投资股份有限公司
宁夏银川市	GSJ0794 - 30 - (3/3 - 1)	玺云台小区（北区）一二期	宁夏中房实业集团股份有限公司
宁夏银川市	GSJ0795 - 30 - (3/3 - 2)	中房·悦然居一期	宁夏金恒基业房地产开发有限公司
宁夏银川市	GSJ0796 - 30 - (3/3 - 3)	隆光·西萃芳庭二期	银川隆光置业有限公司

二、2020 年中国房地产开发企业信用状况白皮书

发布机构：中国房地产业协会

（一）房地产开发企业总体情况

中国房地产信用平台通过技术和数据合作，[①] 截至 2020 年 12 月 31 日，平台共收录了全国具有独立法人资格的房地产开发企业 37.64 万家。不过，这只是通过全国企业工商注册的大数据遴选而来，是涵盖了营业执照信息中包含了房地产开发、住房开发、不动产开发、房屋开发、商业用房开发、办公楼开发、房地产开发经营等“广义”内涵上的房地产开发企业。

根据中国房地产信用平台的统计，明确具有房地产开发资质等级信息，或拥有商品房预售许可证、建设用地规划许可证等信息可以证明其实际从事房地产开发经营活动的企业，也就是行业日常所说的房地产开发企业，2020 年共约 9.35 万家。[②] 本文所做的房地产开发企业的统计分析，均以这一数字为基准。

1. 区域分布

从房地产开发企业的分布来看，按省级行政区域来划分（包括省、自治区、直辖市），江苏、广东、河南这三个省的开发企业数量领先，均超过 6000 家以上。

从各省人口规模和房地产企业数量的对比来看，企业数量和人口规模有较强的相关性，人口较多的省份和地区，开发企业的数量也相对较多。

2. 注册资本

从注册资本来看，10 亿元以上的注册资本房企，占总量的 2.03%；1 亿~10 亿元的注册资本房企，占总量的 16.47%；约 1.5 万家；0.5 亿~1 亿元的注册资本房企占总量的 15.88%；0.1 亿~0.5 亿元的注册资本房企数量最多，超过 4.5 万家，占总量的 48.95%；0.01 亿~0.1 亿元的注册资本房企占总量的 14.20%；0.01 亿元以下注册资本的房企约 2300 家，占比约 2.47%。

3. 增长情况

从近 10 年新增和注销的企业总量来看，新增开发企业从 2017 年开始，呈持续下降趋势，2020 年新增企业数量是近十年的最低值，约为 2371 家。

从各省的新增情况来看，2020 年重庆、浙江、安徽、广西、江苏（省、自治区、直辖市）新增房地产开发企业的数量最多。不过，如果按增幅来看，2020 年全年，仅重庆、西藏（直辖市、自治区）同比呈正增长，其中重庆市同比增幅最大，高达 221.02%。此外，上海市、青海省新增企业同比增幅无变化，其余 27 个省份的增幅均呈下降趋势，其中，湖北、宁夏、四川、天津（省、自治区、直辖市）新增企业的下降幅度最大。

（二）行业不良信用信息情况

根据中国房地产信用平台监控数据显示，2020 年共收录全国房地产开发企业各类不良信用信息共计 4.37 万条，同比上年减少了 12.17%。需要指出的是，考虑到中国房地产信用平台在 2020 年收录的开发企业整体信用数据超过了 4700 万条，不良信用信息的占比仅为 0.093%。

---

① 中国房地产开发企业信用信息平台的数据和技术合作伙伴包括：启信宝、北京中房研协技术服务有限公司、杭州中房信息科技有限公司。

② 考虑到部分地区和企业对房地产开发资质等级证书数据的公示有滞后或公开不及时，以及部分企业在统计期限内未进行相关房地产开发经营活动，这一数字实际要略小于 2020 年全国真正拥有房地产开发资质的企业，我们估计这一数字应该在 10 万家左右。这也与国家统计局《中国统计年鉴 2020》公布的 2019 年内资房地产开发企业数 95691 家比较吻合。

从2020年开发企业的不良信用信息总体情况来看，主要分为6种情形。其中，行政处罚的类型占比最高，达到35.37%，其次是失信被执行人和经营异常的类型，占比分别为29.35%和19.25%，欠税、严重违法失信和重大税收违法，分别占了13.49%、2.49%和0.04%。

从2020年开发企业的不良信用信息的分类别增长情况来看，严重违法失信、欠税和经营异常的开发企业同比2019年分别上涨了15.25%、8.34%和4.68%。

从区域分布来看，河南、江苏、广东三省开发企业数量较多的地区，发生不良信用信息的开发企业数量也相对较多。

1. 行政处罚

根据中国房地产信用平台的统计，2020年全国被行政处罚的房地产开发企业共约5789家，占全部开发企业的6.19%。被行政处罚的开发企业数量，同比上年减少了19.91%。

从分布上看，河南、江苏、浙江、广东和山东五省被行政处罚的开发企业数量最多，分别有667家、650家、408家、399家和334家，这也基本与全国开发企业的总体分布接近。

从被行政处罚开发企业的注册资本情况来看，注册资金小于0.01亿元的房企占0.97%；0.01亿~0.1亿元的占6.74%；0.1亿~0.5亿元的占比约41.03%，约2375家；0.5亿~1亿元的占19.73%；1亿~10亿元的占比26.64%，约1542家；10亿元以上的占4.91%。

从行政处罚的实施机关来看，市场监督、住建部门、城管是主要的处罚机关。在所有行政处罚信息中，市场监督部门处罚的数量占比约22.72%、住建部门占比20.72%、城管占比19.29%、税务部门占比12.07%、自然资源部门占比7.44%、消防部门占比2.90%及其他部门占比14.87%。

2. 失信被执行人

2020年，中国房地产信用平台共收录了中国裁判文书网有关房地产开发企业的判决文书67.21万例。其中，超过70%的都是合同纠纷，而在合同纠纷中，有关商品房交易的纠纷又占到了70%以上，其次为金融借贷纠纷和施工合同纠纷。

从这67.21万份裁判文书来看，共有15119个[①]案例出现了失信被执行人的情况，没有履行法律文书判决的案例占比接近2.25%。

从上述失信被执行案例涉及的开发企业主体来看，2020年全国共计4804家开发企业出现失信被执行人情况，约占全部开发企业的5.14%；发生的企业数量同比上年减少12.48%。

从分布区域看，河南、安徽、江苏、云南和湖北5个省存在失信被执行人情况的开发企业数量居前，分别为706家、347家、319家、308家和129家，而这5个省的开发企业总数量在全国的排名分别为第3、9、1、4和5位。这个分布情况与各省的开发企业数量基本呈正相关，但值得一提的是，河南的失信被执行人开发企业数量要远高于其后面的省，宁夏回族自治区的失信被执行人企业数量相对该省开发企业总数的比例也比较靠前，而开发企业总数量排名全国第二的广东省，则在该项上表现较好。

从失信被执行人的原因来看，“有履行能力而拒不履行生效法律文书确定义务”的失信被执行人，占比高达70%；其次是“违反财产报告制度”的失信被执行人，占比17.46%；此外，“被执行人无正当理由拒不履行执行和解协议”和“其他规避执行”也是失信被执行人的常见类型。

---

① 根据中国房地产信用平台的收录数据，被标记为有失信被执行人情况的开发企业共4804家，但部分企业对应的相关裁判文书案例并未被获取，此15119个裁判文书仅来自其中3813家开发企业。

3. 经营异常

2020 年全国房地产开发企业中发生经营异常信息的达到 3151 家，同比上年上涨 4.68%，约占全部开发企业的 3.37%。

从区域分布看，云南、河南、湖北、山东、陕西五省经营异常的开发企业最多，分别有 269 家、261 家、223 家、192 家和 186 家。从经营异常与本省开发企业总数的占比来看，河北、吉林、云南等省位居前列。

在经营异常企业中，未在规定的期限公示年度报告占比 58.35%，通过登记的住所或者经营场所无法取得联系的占比 22.65%，这两种是出现经营异常的主要原因。

4. 欠税

根据中国房地产信用平台的归集数据，2020 年全国发生欠税行为的房地产开发企业共计 2208 家，约占全部开发企业的 2.36%，同比上年上涨 8.34%。

其中，广东、江苏、湖北、湖南和黑龙江五省的欠税开发企业数量最多，分别有 364 家、337 家、204 家、166 家和 145 家。贵州、海南和四川三省同比减少的欠税开发企业数量最多，降幅在 85% 以上，欠税开发企业数均有 10 家左右。

从欠税企业与本省开发企业总数的占比来看，宁夏、内蒙古、黑龙江等省（自治区）位居前列。

从欠税开发企业的注册资金情况来看，注册资金小于 0.01 亿元的房企占 1.22%；0.01 亿～0.1 亿万元的占 11.32%；0.1 亿～0.5 亿万元的占 47.06%，约 1039 家；0.5 亿～1 亿元占 22.33%，约 493 家；1 亿～10 亿元占 16.62%；10 亿元以上的占 1.45%。

从具体欠税的类型来看，企业所得税、增值税、城镇土地使用税、城市维护建设税、营业税是主要的欠税类型（见表 6-19）。

表 6－19　2020 年全国前 10 大欠税金额开发企业案例

单位：元

企业名称	注册省份	欠税税种	欠税余额/合计
苏宁置业集团有限公司	江苏	企业所得税	828317353.8
北京京发置业有限公司	北京	企业所得税	737298499.6
深圳市华佳业房地产开发有限公司	广东	企业所得税	461277537.4
湖北福星惠誉江汉置业有限公司	湖北	企业所得税	131062187.9
福建仁文建设有限公司	福建	增值税、营业税、企业所得税、城市维护建设税、印花税、土地增值税	130660836.7
半岛置业（广州）投资有限公司	广东	企业所得税	128054650.0
福建顺华置业发展有限公司	福建	营业税、企业所得税、城市维护建设税、房产税、印花税、城镇土地使用税、土地增值税	121997444.1
广州市明和实业有限公司	广东	土地增值税	117585847.5
上海荣信房地产开发有限公司	上海	企业所得税	109120939.0
黑龙江银海房屋开发有限公司	黑龙江	企业所得税	99655233.9

数据来源：中国房地产开发企业信用信息平台。

5. 严重违法失信

根据中国房地产信用平台显示，2020 年全国严重违法失信的开发企业共 408 家，约占全部开发企业的 0.44%，同比上年减少 15.25%。

其中云南、山东、安徽、湖南和河南五省严重违法失信的开发企业数量居前，分别有 83 家、43 家、35 家、35 家和 32 家。

从严重违法失信开发企业的注册资本情况来看，1 亿~10 亿元注册资金的房企占 4.17%；0.5 亿~1 亿元的占 12.01%；0.1 亿~0.5 亿元的占 50.73%；0.01 亿~0.1 亿元的占 27.21%；小于 100 万元的占 5.88%。

从严重违法失信的分类来看，被列入经营异常名录届满 3 年仍未履行相关义务的是主要类型，占比达到 80%；其中符合信用修复条件和进行信用修复的企业仅 6 家（见表 6-20）。

表 6－20　2020 年信用修复的开发企业

企业名称	省份	做出决定机关	移出原因
安徽大自然房地产置业有限公司	安徽	安徽省市场监督管理局	信用修复
蚌埠南北房地产开发有限公司	安徽	安徽省市场监督管理局	信用修复
河南德凯讯置业有限公司	河南	河南省市场监督管理局	根据豫工商〔2018〕31 号文件，已补报年度报告并公示，符合信用修复条件
南阳市住宅房地产开发有限公司	河南	河南省市场监督管理局	根据豫工商〔2018〕31 号文件，已更正公示的信息，符合信用修复条件
曲阜市康达房地产开发有限公司	山东	山东省市场监督管理局	符合信用修复条件
山东金诚置业有限公司	山东	山东省市场监督管理局	符合信用修复条件

数据来源：中国房地产开发企业信用信息平台。

6. 重大税收违法

根据中国房地产信用平台的收录，2020 年全国重大税收违法开发企业共 6 家，分布在江苏、广东、海南、青海和山西五省（见表 6－21）。

表 6－21　2020 年全国严重税收违法开发企业案例

企业名称	省份	案件性质	检察机关
清新县富兴房地产开发有限公司	广东	偷税	国家税务总局清远市税务局第二稽查局
海南迪纳斯投资有限公司	海南	偷税案件	国家税务总局海南省税务局第一稽查局
苏州东立置业有限公司	江苏	偷税案件	国家税务总局苏州市税务局第一稽查局
江苏金信达置业有限公司	江苏	虚开普通发票案件	国家税务总局宿迁市税务局第一稽查局
青海居易实业集团有限公司	青海	偷税	国家税务总局青海省税务局稽查局
山西潞安鸿源房地产开发有限公司	山西	偷税	国家税务总局长治市税务局稽查局

数据来源：中国房地产开发企业信用信息平台。

其中，涉案金额最大的是广东省清新县富兴房地产开发有限公司。经税务部门稽查发现其在 2011 年 1 月至 2016 年 6 月期间，采取偷税手段，不缴或者少缴应纳税款 1407.5 万元，同时其他涉税违法问题涉及税款 710.46 万元。2020 年 7 月，税务部门对其处以追缴税款 2117.96 万元的行政处理、对认定偷税部分处以罚款 703.75 万元的行政处罚。

（三）涉及不良信用信息的开发企业情况

根据中国房地产信用平台，2020 年涉及不良信用信息①的房地产开发企业共计 1.44 万家，占比全国房地产开发企业总量的 15.50%，同比上年减少 9.72%。

其中，2020 年发生不良信用信息的中国房地产开发企业综合实力 TOP500 的企业数量 34 家，约占 TOP500 企业的 6.8%，这一数据大大低于行业平均水平，也反映了行业综合实力领先的企业群体在信用建设方面同样也相对出色。

1. 区域分布

从发生不良信用信息行为的开发企业区域分布来看，河南、江苏、广东、云南和湖北五个省涉及的开发企业最多。

从发生不良信用信息占各省房地产开发企业总数的比例来看，宁夏、河南和内蒙古（省、自治区）不良信用信息开发企业占比最大，均超过了 20%，而西藏、海南、甘肃（省、自治区）占比最小，低于 10%，其余 24 个省市失信企业占比在 10%~20% 之间。

2. 注册时间分布

在 2020 年发生不良信用信息的开发企业中，从注册的年份来看，2020 年的占 0.86%、2015—2019 年的占 19.38%、2010—2014 年的占 36.27%、2005—2009 年的占 22.92%、2000—2004 年的占 12.99%、1999 年之前的占 7.58%。

3. 注册资本分布

从注册资本来看，2020 年发生不良信用信息的开发企业，注册资金在 10 亿元以上的占 2.37%；1 亿~10 亿元的占 18.48%；0.5 亿~1 亿元的占 18.23%；0.1 亿~0.5 亿元的占 47.01%；0.01 亿~0.1 亿元的占 12.27%；小于 0.01 亿元的占 1.64%。

从不良信用信息的类型来看，失信被执行人、经营异常、行政处罚、欠税、重大税收违法和严重违法等失信行为里，注册资本为 0.1 亿~0.5 亿元的开发企业明显高于其他注册资本水平的企业。

（四）良好信用与社会责任

房地产开发企业经历了多年的快速发展，带动了城市、区域经济发展，改善了居民生活住房条件，在发展中不忘反哺社会，积极履行企业社会责任。2020 年，房地产开发企业在积极纳税、参与公益等体现良好信用和社会责任方面均有不错的表现。

1. 纳税情况

根据中国房地产信用平台的收录，国家税务机关发布的 A 级纳税人数据显示，2019 年被评为 A 级纳税人的房地产开发企业约 1.30 万家，约占全部开发企业的 13.90%，其中江苏、广东、湖北、山东、河南五省的 A 级纳税人开发企业最多，分别是 1393 家、1332 家、965 家、854 家和 778 家。

从领先的房地产开发企业群体看，根据中国房地产业协会与中国房地产测评中心发布的测评数据，2020 年全国房地产开发企业综合实力 TOP500 的企业所得税均值为 4.68 亿元，同比增长 21.38%；营业税金及附加的均值约为 6.42 亿元，同比增长 11.65%。

2. 公益情况

2020 年年初，为驰援武汉抗击疫情，仅在 2 月之前，据不完全统计，全国就有 191 家房地产企业对新冠肺

---

① 不良信用信息与前文定义一致，包括行政处罚、失信被执行、经营异常、欠税、严重违法失信和重大税收违法 6 种行为。

炎疫情区进行了捐款捐物，累计金额超过26亿元。不少开发企业还调动其关联的物业、酒店、商业地产资源，发挥着各自的优势，为抗疫提供物业服务、医疗物资、医护人员住宿等服务，为租户减免租金等。

从中国房地产业协会和中国房地产测评中心开展的开发企业综合实力测评来看，TOP500房地产开发企业在履行社会责任方面投入连年持续提升，尤其是在扶贫方面。从扶贫方向来看，以教育扶贫、产业扶贫、文化扶贫、健康扶贫、乡村扶贫等多元模式居多。近年，受习近平总书记在多个场合强调教育扶贫的重要意义，即扶贫先扶智。房企在教育扶贫方面投入较多，TOP30开发企业中参与教育扶贫占比约为97%（见图6-5）。

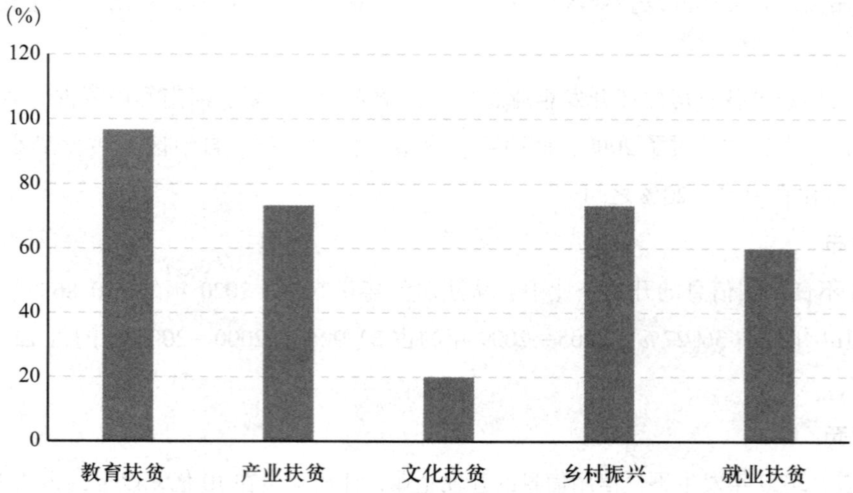

图6-5　TOP30房企多元扶贫参与比例

数据来源：中国房地产测评中心。

3. 信用评价A级以上企业情况

2020年，中国房地产业协会按照《中国房地产业协会房地产行业（开发企业）信用评价管理办法》，在房地产开发企业中开展了房地产行业（开发企业）信用评价工作。

经企业申报、第三方信用评价机构评价、信用建设专家委员会审议，信用建设管理委员会在2020年审定了新评价的70家房地产开发企业信用等级，延续了38家房地产开发企业信用等级。全国A级以上房地产开发企业共计108家，其中AAA级86家、AA级20家、A级2家（见表6-22）。

表6-22　2020年信用等级A级以上房地产开发企业名单

单位名称	信用等级	单位名称	信用等级
中铁建公寓管理有限公司	AAA	赤峰亚兴房地产开发有限责任公司	AAA
恒大地产集团北京有限公司	AAA	内蒙古富源房地产开发有限公司	AAA
晋中华晟房地产有限公司	AAA	黑龙江宝宇天邑房地产开发有限责任公司	AAA
山西宏图永盛房地产开发集团有限公司	AAA	哈尔滨华南城有限公司	AAA
山西万景源房地产开发有限责任公司	AAA	黑龙江省同江伟业房地产开发股份有限公司	AAA
山西省光信地产投资集团有限公司	AAA	哈尔滨宝力通市场开发管理有限公司	AAA
恒大地产集团呼和浩特有限公司	AAA	江苏龙信置业有限公司	AAA

续表

单位名称	信用等级	单位名称	信用等级
恒大地产集团（江西）有限公司	AAA	内蒙古兴泰房地产开发有限责任公司	AA
德州市房屋建设综合开发集团有限公司	AAA	黑龙江建达房地产综合开发有限公司	AA
山东金佰利控股集团有限公司	AAA	哈尔滨市和置房地产开发有限公司	AA
裕昌控股集团有限公司	AAA	哈尔滨保悦房地产开发有限公司	AA
济南四建集团房地产开发有限责任公司	AAA	哈尔滨保联房地产开发有限公司	AA
山东中铁诺德房地产开发有限公司	AAA	恒大地产集团珠三角房地产开发有限公司	AA
山东民生置业有限公司	AAA	恒大地产集团南宁有限公司	AA
恒大地产集团济南置业有限公司	AAA	桂林临桂金建房地产开发有限责任公司	AA
菏泽鲁商置业有限公司	AAA	成都市锦江区统一建设有限公司	AA
许昌恒达房地产集团有限公司	AAA	中国水电建设集团房地产（成都）有限公司	AA
湖南省中欣房地产开发集团有限公司	AAA	乐山新业置地发展有限公司	AA
广西北投地产集团有限公司	AAA	日喀则市藏兴房地产开发有限公司	AA
重庆海成实业（集团）有限公司	AAA	青海浙东实业发展有限公司	AA
重庆海怡天地产集团有限公司	AAA	青海旺宅房地产开发有限公司	AA
重庆昕晖房地产开发（集团）有限公司	AAA	格尔木世邦投资有限公司	AA
重庆贵博地产集团有限公司	AAA	青海中惠房地产实业有限公司	AA
泽科集团有限公司	AAA	青海正悦商源投资有限责任公司	AA
四川仟坤房地产开发有限责任公司	AAA	黑龙江省粮食工程建设综合开发公司	A
四川蓝光发展股份有限公司	AAA	海西昆仑花苑房地产开发有限公司	A
四川邦泰投资有限责任公司	AAA	恒大地产集团有限公司	AAA
成都德商置业有限公司	AAA	中铁房地产集团北方有限公司	AAA
成都城投置地（集团）有限公司	AAA	恒大地产集团天津有限公司	AAA
成都深长城地产有限公司	AAA	恒大地产集团石家庄有限公司	AAA
成都碧桂园富高置业有限公司	AAA	河北安联房地产开发有限公司	AAA
乐山宝尚投资发展有限公司	AAA	恒大地产集团山西有限公司	AAA
大理惠丰房地产开发有限公司	AAA	恒大地产集团长春有限公司	AAA
陕西兴科房建集团房地产有限公司	AAA	黑龙江宝宇房地产开发有限责任公司	AAA
兰州敦煌房地产开发有限责任公司	AAA	金迈投资有限责任公司	AAA
西宁新华联置业有限公司	AAA	恒大地产集团哈尔滨有限公司	AAA
西宁华盛房地产开发有限公司	AAA	黑龙江省高盛投资发展有限公司	AAA
青海新千房地产开发有限责任公司	AAA	黑龙江省置信房地产开发集团有限公司	AAA
宁夏润景房地产开发有限公司	AAA	中华企业股份有限公司	AAA
恒大地产集团乌鲁木齐有限公司	AAA	上海三湘（集团）有限公司	AAA
新疆中天博瑞房地产开发有限公司	AAA	恒大地产集团上海盛建置业有限公司	AAA
山西华盛苑房地产开发有限公司	AA	恒大地产集团南京置业有限公司	AAA
山西翔建房地产开发有限公司	AA	恒大地产集团合肥有限公司	AAA
山西名贺房地产开发有限公司	AA	恒大地产集团福州有限公司	AAA

续表

单位名称	信用等级	单位名称	信用等级
山东鲁班建设集团房地产开发有限公司	AAA	恒大地产集团重庆有限公司	AAA
九巨龙房地产开发集团有限公司	AAA	恒大地产集团成都有限公司	AAA
山东创业房地产开发有限公司	AAA	眉山市兰溪房地产开发有限公司	AAA
山东开元置业集团有限公司	AAA	恒大地产集团贵阳置业有限公司	AAA
菏泽天华房地产集团有限公司	AAA	中铁房地产集团（贵州）有限公司	AAA
恒大地产集团郑州有限公司	AAA	恒大地产集团昆明有限公司	AAA
恒大地产集团武汉有限公司	AAA	恒大地产集团西安有限公司	AAA
恒大地产集团长沙置业有限公司	AAA	恒大地产集团兰州置业有限公司	AAA
恒大地产集团（深圳）有限公司	AAA	银川建发集团股份有限公司	AAA
恒大地产集团海南有限公司	AAA	宁夏住宅建设发展（集团）有限公司	AAA

同时，依据2020年房地产开发企业信用等级动态监测结果，全国另有140家信用评价等级在A级以上的开发企业保持原有评级不变（见表6-23）。

表6-23　2020年房地产开发企业信用等级动态监测结果

单位名称	动态监测结果	单位名称	动态监测结果
中国铁建房地产集团有限公司	AAA	哈尔滨欧美亚鑫丰置业有限公司	AAA
中国葛洲坝集团房地产开发有限公司	AAA	黑龙江省金源房地产开发集团有限公司	AAA
天津市房地产发展（集团）股份有限公司	AAA	哈尔滨华茂房地产开发有限公司	AAA
天津住宅建设发展集团有限公司	AAA	上海中建东孚投资发展有限公司	AAA
天保房地产开发有限公司	AAA	上海中建申拓投资发展有限公司	AAA
东胜房地产开发集团有限公司	AAA	上海中建八局投资发展有限公司	AAA
河北润江房地产开发有限公司	AAA	上海绿洲投资控股集团有限公司	AAA
河北建工房地产有限公司	AAA	恒通建设集团有限公司	AAA
河北润龙实业发展集团有限公司	AAA	杭州市城建开发集团有限公司	AAA
山西九昌房地产开发有限公司	AAA	绿城房地产集团有限公司	AAA
赤峰中天房地产开发有限公司	AAA	浙江信达地产有限公司	AAA
内蒙古经纬房地产开发有限公司	AAA	浙江歌山置业有限公司	AAA
通辽希望（集团）房地产开发有限公司	AAA	理想四维地产集团有限公司	AAA
长春新星宇房地产开发有限责任公司	AAA	浙江省省直同人集团有限公司	AAA
哈尔滨银开房地产开发有限公司	AAA	金都房产集团有限公司	AAA
哈尔滨招商嘉天房地产开发有限责任公司	AAA	方远建设集团房地产开发有限公司	AAA
黑龙江昊诚集团房地产开发有限责任公司	AAA	浙江杨帆地产集团有限公司	AAA
哈尔滨瑞祥房地产开发有限责任公司	AAA	鸿翔房地产有限公司	AAA
哈尔滨市浩宁房地产开发有限公司	AAA	安徽江海投资置业有限公司	AAA
哈尔滨福泽房地产开发有限公司	AAA	安徽邦泰置业有限公司	AAA
黑龙江峰威伟业房地产开发集团有限公司	AAA	南昌铁路天集房地产开发有限责任公司	AAA

续表

单位名称	动态监测结果	单位名称	动态监测结果
萍乡市城北房地产有限公司	AAA	重庆融汇地产（集团）有限公司	AAA
山东中建房地产开发有限公司	AAA	重庆华宇集团有限公司	AAA
青岛鲁泽置业集团有限公司	AAA	重庆财信弘业房地产开发有限公司	AAA
山东渤海峰源置业有限公司	AAA	重庆鲁能开发（集团）有限公司	AAA
滨州市建设房地产有限公司	AAA	重庆渝开发股份有限公司	AAA
山东房源实业集团有限公司	AAA	重庆千山万水置业有限公司	AAA
山东众成地产集团有限公司	AAA	中铁房地产集团西南有限公司	AAA
山东万行置业有限公司	AAA	陕西金泰恒业房地产有限公司	AAA
山东海通地产有限责任公司	AAA	西安中建投资开发有限公司	AAA
潍坊泰和置业有限公司	AAA	中铁二十一局集团德盛和置业有限公司	AAA
德州金辰房地产开发有限公司	AAA	平凉市新世纪房地产开发有限责任公司	AAA
恒生地产有限公司	AAA	青海天麒置业有限公司	AAA
滕州市房地产综合开发有限公司	AAA	宁夏中房集团西宁房地产开发有限责任公司	AAA
潍坊天润房地产开发有限公司	AAA	青海紫恒房地产开发有限公司	AAA
山东黑马集团德州房地产开发有限公司	AAA	北控宁生城市投资发展有限公司	AAA
山东城投开元置业集团有限公司	AAA	银川隆光置业有限公司	AAA
山东永锋置业有限公司	AAA	新疆广汇房地产开发有限公司	AAA
滕州市城市建设综合开发公司	AAA	新疆广汇信邦房地产开发有限公司	AAA
山东同圆置业有限公司	AAA	新疆金茂实业有限公司	AAA
山东三箭房地产开发有限公司	AAA	新疆特变电工房地产开发有限责任公司	AAA
山东凤凰置业有限公司	AAA	中铁房地产集团创新产业投资有限公司	AA
河南碧源控股集团有限公司	AAA	中铁房地产集团商业地产开发管理有限公司	AA
郑州亚新房地产开发有限公司	AAA	天津渤化海晶建设发展有限公司	AA
湖北宏维置业有限公司	AAA	天津市赛达伟业有限公司	AA
中建信和地产有限公司	AAA	首城（天津）投资发展有限公司	AA
晋合置业（湖南）有限公司	AAA	山西广鑫房地产开发有限公司	AA
中铁房地产集团华南有限公司	AAA	山西济同房地产开发有限公司	AA
广州南沙中铁实业发展有限公司	AAA	内蒙古蒙西房地产开发有限公司	AA
广西荣和企业集团有限责任公司	AAA	鞍山市大德房地产开发有限公司	AA
广西云星集团有限公司	AAA	黑龙江省应赫房地产开发有限公司	AA
桂林彰泰实业集团有限公司	AAA	黑龙江奥博房地产开发有限公司	AA
金科地产集团股份有限公司	AAA	哈尔滨博实嘉业房地产开发有限责任公司	AA
重庆兴茂产业发展（集团）有限公司	AAA	哈尔滨毅腾房屋开发集团有限公司	AA
重庆龙湖企业拓展有限公司	AAA	黑龙江中青会诚房地产开发有限公司	AA
东原房地产开发集团有限公司	AAA	哈尔滨滨江房地产开发有限责任公司	AA
重庆新鸥鹏地产（集团）有限公司	AAA	哈尔滨金瑞麟投资有限责任公司	AA
重庆康德实业（集团）有限公司	AAA	哈尔滨中艺文化置业有限公司	AA
重庆泽京房地产开发有限公司	AAA	哈尔滨泰豪创意产业园开发有限公司	AA

续表

单位名称	动态监测结果	单位名称	动态监测结果
中铁房地产集团华东有限公司	AA	四川广汇蜀信实业有限公司	AA
杭州中兴房地产开发有限公司	AA	六盘水嘉和房地产开发有限公司	AA
浙江大树置业集团股份有限公司	AA	六枝特区乾峰房地产开发有限责任公司	AA
浙江衢州建工房地产开发有限公司	AA	咸阳华泰房地产开发有限公司	AA
浙江苏泊尔房地产开发有限公司	AA	武威市天一集团房地产有限公司	AA
六安远大房地产开发有限公司	AA	银川众一集团房地产开发有限公司	AA
山东省博兴县晔基置业有限公司	AA	新疆王家梁实业有限公司	AA
广西广汇投资发展有限公司	AA	山西龙昌房地产开发有限公司	A
桂林广汇实业投资有限责任公司	AA	南宁市盛尧房地产开发有限公司	A
玉林银丰中药港投资发展有限公司	AA	六枝特区九方和置业有限公司	A
广西盛邦投资集团有限公司	AA	西宁金座房地产开发有限公司	A

（中国房地产开发企业信用信息平台工作组）

三、中国房地产企业运营数据

（一）中国房地产企业整体运营数据

1. 企业及从业人员规模

表 6－24　2015—2019 年房地产开发企业个数

单位：个

年　份	企业个数	内资企业			港、澳、台投资企业	外商投资企业
			国有	集体		
2015	93426	88773	1329	409	3235	1418
2016	94948	90408	1093	364	3232	1308
2017	95897	91608	943	319	3066	1223
2018	97937	94063	767	280	2719	1155
2019	99544	95691	671	230	2664	1189

数据来源：国家统计局。

表 6－25　2019 年全国各地区房地产开发企业个数

单位：个

地　区	企业个数	内资企业			港、澳、台投资企业	外商投资企业
			国有	集体		
北　京	1340	1247	13	4	51	42
天　津	1161	1089	21	3	40	32

续表

地区	企业个数	内资企业			港、澳、台投资企业	外商投资企业
			国有	集体		
河　北	3498	3458	3	—	22	18
上　海	2539	2176	18	10	255	108
江　苏	6560	6017	33	15	388	155
浙　江	6824	6509	22	8	184	131
福　建	3519	3187	42	9	228	104
山　东	7445	7207	60	35	167	71
广　东	9239	8449	59	97	598	192
海　南	1188	1133	18	4	41	14
山　西	2389	2378	40	4	6	5
安　徽	4112	4066	26	1	34	12
江　西	2666	2608	21	—	48	10
河　南	7930	7864	38	1	47	19
湖　北	4275	4180	43	9	64	31
湖　南	4366	4284	34	3	59	23
内蒙古	1739	1737	4	—	1	1
广　西	3056	2984	20	6	37	35
重　庆	2226	2128	9	—	67	31
四　川	4350	4264	15	3	51	35
贵　州	2763	2730	18	1	24	9
云　南	2860	2822	25	3	27	11
西　藏	94	94	1	—	—	—
陕　西	2640	2608	34	7	18	14
甘　肃	1711	1700	21	4	7	4
青　海	304	303	—	—	—	1
宁　夏	556	550	—	—	2	4
新　疆	2010	2008	3	1	2	—
辽　宁	2848	2616	6	2	171	61
吉　林	1500	1480	3	—	13	7
黑龙江	1836	1815	21	—	12	9

数据来源：国家统计局。

表 6-26　2015—2019 年房地产开发企业从业人员数

单位：人

年　份	平均从业	内资企业	国有	集体	港、澳、台投资企业	外商投资企业
2015	2738454	2551484	57273	10771	124494	62476
2016	2752298	2576545	47085	9916	118495	57258
2017	2830960	2663954	37904	9092	113221	53785
2018	2889165	2735301	31383	6585	104378	49486
2019	2937379	2784130	25129	5018	103746	49503

数据来源：国家统计局。

表 6-27　2019 年全国各地区房地产开发企业从业人员数

单位：人

地　区	平均从业	内资企业	国有	集体	港、澳、台投资企业	外商投资企业
北　京	55012	48952	894	194	3760	2300
天　津	35233	31525	1021	38	2281	1427
河　北	108323	104931	123	—	876	2516
上　海	63812	47481	187	195	12550	3781
江　苏	170655	152525	830	283	12390	5740
浙　江	130969	123094	910	84	4835	3040
福　建	112797	102040	2349	220	7722	3035
山　东	212358	204474	2382	784	5932	1952
广　东	271392	239628	1520	2029	21816	9948
海　南	39428	35506	533	85	2050	1872
山　西	52009	51607	1373	268	160	242
安　徽	126022	124013	584	7	1592	417
江　西	89618	87800	763	—	1525	293
河　南	269077	266816	1213	—	1618	643
湖　北	136313	132412	2159	252	2382	1519
湖　南	148622	144473	1343	45	2746	1403
内蒙古	32771	32662	60	—	80	29
广　西	94896	90794	893	83	2394	1708
重　庆	99834	94613	282	—	3756	1465
四　川	161739	156806	523	182	2885	2048
贵　州	110785	109675	337	—	966	144
云　南	104854	102682	1021	57	1624	548

续表

地　区	平均从业	内资企业	国有	集体	港、澳、台投资企业	外商投资企业
西　藏	2126	2126	39	—	—	—
陕　西	86269	85254	2451	151	646	369
甘　肃	43583	43260	821	55	249	74
青　海	9280	9259	—	—	—	21
宁　夏	15306	14976	—	—	179	151
新　疆	37773	37682	24	4	91	—
辽　宁	52950	45305	116	2	5308	2337
吉　林	32916	31919	31	—	679	318
黑龙江	30657	29840	347	—	654	163

数据来源：国家统计局。

2. 企业整体经营情况

表 6-28　2015—2019 年房地产开发企业经营状况

单位：亿元

年　份	主营业务收入	土地转让收入	商品房销售收入	房屋出租收入	其他收入	主营业务税金及附加	营业利润
2015	70174.34	600.54	65861.30	1600.42	2112.08	6412.80	6165.54
2016	90091.51	666.32	85163.32	1786.97	2474.89	6875.67	8673.23
2017	95896.90	838.42	90609.15	1568.32	2881.01	6307.36	11728.11
2018	112924.68	1207.38	106688.38	1484.30	3544.62	7299.72	18543.71
2019	110239.78	874.14	104126.42	1539.29	3699.94	7420.57	15439.35

数据来源：国家统计局。

表 6-29　2019 年全国各地区房地产开发企业经营状况

单位：亿元

地　区	主营业务收入	土地转让收入	商品房销售收入	房屋出租收入	其他收入	主营业务税金及附加	营业利润
北　京	3425.84	86.52	2609.52	180.17	549.63	301.25	425.77
天　津	2126.73	46.79	1946.86	30.85	102.23	162.45	126.57
河　北	2313.24	13.96	2237.45	11.55	50.27	210.02	111.21
上　海	5031.76	25.05	4236.53	450.47	319.71	492.02	1236.95
江　苏	13257.25	123.37	12795.77	78.56	259.55	736.58	1814.58
浙　江	9247.50	42.74	8962.31	75.51	166.94	512.49	1320.00
福　建	3377.07	10.87	3152.10	45.82	168.27	250.08	641.56

续表

地 区	主营业务收入	土地转让收入	商品房销售收入	房屋出租收入	其他收入	主营业务税金及附加	营业利润
山 东	6895.29	61.18	6615.89	45.51	172.71	417.81	681.08
广 东	16160.51	47.98	15495.86	236.78	379.89	1656.61	3496.68
海 南	1274.87	28.40	1215.01	5.80	25.66	220.15	124.57
山 西	1227.24	12.57	1110.34	7.94	96.39	56.39	71.05
安 徽	5124.85	23.91	4959.50	18.35	123.09	201.63	598.66
江 西	2529.97	25.81	2450.03	8.40	45.73	122.81	383.34
河 南	5458.19	33.13	5181.40	33.52	210.13	258.83	789.05
湖 北	4837.02	41.65	4529.65	49.21	216.50	323.06	779.63
湖 南	3900.54	38.98	3722.97	20.35	118.24	207.61	361.58
内蒙古	731.43	6.37	710.64	6.15	8.27	52.47	36.72
广 西	2342.83	16.95	2238.37	23.47	64.04	95.14	234.04
重 庆	3777.44	44.64	3588.17	45.91	98.72	186.33	812.73
四 川	4992.08	21.34	4829.50	50.81	90.42	307.67	514.96
贵 州	1718.81	8.97	1609.46	12.01	88.37	106.28	116.10
云 南	1820.70	65.75	1641.12	25.86	87.97	115.96	59.88
西 藏	50.23	1.27	47.98	0.79	0.20	2.01	13.42
陕 西	2038.81	3.71	1906.89	16.17	112.04	93.86	212.58
甘 肃	779.19	2.75	751.79	6.53	18.12	29.85	41.96
青 海	202.01	0.29	193.10	1.35	7.27	7.29	9.46
宁 夏	393.88	0.03	378.26	6.55	9.03	13.43	18.24
新 疆	731.13	0.51	698.65	13.59	18.37	41.49	31.75
辽 宁	2492.57	20.96	2387.94	18.49	65.18	137.72	162.88
吉 林	986.81	8.08	962.95	6.97	8.81	40.67	122.68
黑龙江	993.99	9.59	960.37	5.84	18.19	60.60	89.67

数据来源：国家统计局。

表 6-30 2015—2019 年房地产开发企业资产负债

单位：亿元,%

年 份	实收资本合计	资产总计	累计折旧	本年折旧	负债合计	所有者权益	资产负债率
2015	78329.42	551968.06	3265.20	596.61	428729.90	123238.16	77.7
2016	79278.30	625733.70	3658.29	640.50	489750.32	135983.38	78.3
2017	85649.75	722236.02	3909.38	657.18	571274.85	150961.17	79.1
2018	95324.97	852720.54	4358.86	904.59	674333.36	178382.98	79.1
2019	105248.81	947935.60	4521.18	841.78	762035.19	185900.41	80.4

数据来源：国家统计局。

表6－31　2019年全国各地区房地产开发企业资产负债

单位：亿元，%

地　区	实收资本合计	资产总计	累计折旧	本年折旧	负债合计	所有者权益	资产负债率
北　京	5651.05	55227.47	278.19	35.28	44826.98	10400.49	81.2
天　津	4298.28	32666.19	112.69	17.33	26026.31	6639.89	79.7
河　北	1983.85	25290.18	105.21	23.75	21853.67	3436.51	86.4
上　海	10546.14	63917.07	551.19	81.01	43684.76	20232.31	68.3
江　苏	12294.76	79078.62	357.09	70.38	61393.39	17685.23	77.6
浙　江	9170.19	69193.16	283.55	51.69	56139.19	13053.97	81.1
福　建	4478.39	38316.23	120.78	20.82	29263.99	9052.24	76.4
山　东	6012.66	63672.71	295.97	60.21	53586.45	10086.27	84.2
广　东	11251.18	125657.00	505.07	97.59	100761.26	24895.73	80.2
海　南	1817.97	12532.69	81.82	19.22	10255.17	2277.52	81.8
山　西	1180.68	13676.21	57.00	11.87	12239.33	1436.88	89.5
安　徽	3848.82	31960.88	131.89	27.85	25891.68	6069.20	81.0
江　西	1586.31	17233.02	64.55	15.98	13906.84	3326.18	80.7
河　南	3231.69	38590.85	202.51	43.71	32547.24	6043.61	84.3
湖　北	4008.29	38238.47	167.77	43.46	30850.58	7387.89	80.7
湖　南	2108.64	22052.00	108.23	24.41	18117.55	3934.45	82.2
内蒙古	762.77	8931.28	39.81	6.81	7946.83	984.45	89.0
广　西	1487.41	20229.95	81.66	14.08	16242.93	3987.02	80.3
重　庆	3347.92	32324.11	110.74	17.96	24562.69	7761.42	76.0
四　川	3481.28	37519.27	209.38	34.90	31298.90	6220.37	83.4
贵　州	1615.30	18214.53	62.69	11.64	15073.59	3140.94	82.8
云　南	2201.43	23627.72	118.11	23.63	19883.46	3744.26	84.2
西　藏	32.49	457.85	3.74	0.53	345.83	112.02	75.5
陕　西	1987.10	20152.78	79.47	16.25	17413.40	2739.37	86.4
甘　肃	548.30	7113.75	44.45	8.86	6163.09	950.66	86.6
青　海	151.17	1870.57	9.84	1.73	1681.63	188.94	89.9
宁　夏	357.83	3256.54	37.94	5.86	2814.89	441.65	86.4
新　疆	696.30	7398.88	68.60	12.25	6261.02	1137.87	84.6
辽　宁	3346.64	21962.63	123.87	20.79	17615.67	4346.96	80.2
吉　林	717.93	7436.91	42.81	8.92	6298.21	1138.70	84.7
黑龙江	1045.99	10136.06	64.57	13.01	7088.66	3047.40	69.9

数据来源：国家统计局。

3. 开发企业销售排行情况

表 6－32　2020 年度中国房地产企业操盘榜 TOP200

单位：亿元，万平方米

排　名	企业简称	操盘金额	排　名	公司名称	操盘面积
1	碧桂园	7493.6	1	碧桂园	8613.3
2	中国恒大	6964.7	2	中国恒大	7774.1
3	万科地产	6920.5	3	万科地产	4622.8
4	融创中国	5462.5	4	融创中国	3937.2
5	保利发展	4576.0	5	保利发展	3127.8
6	中海地产	3452.6	6	绿地控股	2660.0
7	绿地控股	3388.7	7	新城控股	1859.2
8	绿城中国	2892.2	8	中海地产	1844.6
9	华润置地	2428.0	9	金科集团	1783.6
10	世茂集团	2404.2	10	中南置地	1573.9
11	金地集团	2384.0	11	建业地产	1486.3
12	招商蛇口	2221.0	12	绿城中国	1418.7
13	龙湖集团	2196.2	13	华润置地	1402.0
14	中南置地	2068.0	14	世茂集团	1371.1
15	旭辉集团	2009.7	15	阳光城	1350.3
16	中国金茂	2002.7	16	旭辉集团	1325.9
17	新城控股	1992.1	17	龙湖集团	1300.7
18	阳光城	1918.5	18	荣盛发展	1179.0
19	金科集团	1787.6	19	金地集团	1165.9
20	富力地产	1445.0	20	富力地产	1148.3
21	龙光集团	1422.2	21	招商蛇口	1079.0
22	荣盛发展	1249.8	22	蓝光发展	1073.1
23	建发房产	1232.0	23	美的置业	1055.7
24	正荣集团	1231.9	24	奥园集团	1023.0
25	中梁控股	1215.5	25	中国金茂	998.4
26	美的置业	1208.2	26	中梁控股	970.0
27	融信集团	1192.6	27	龙光集团	896.6
28	佳兆业	1175.1	28	佳兆业	877.2
29	华发股份	1120.6	29	祥生集团	815.8
30	中国铁建	1120.0	30	雅居乐	780.7
31	滨江集团	1093.3	31	正荣集团	773.0

续表

排　名	企业简称	操盘金额	排　名	公司名称	操盘面积
32	奥园集团	1072.5	32	中国铁建	746.0
33	雅居乐	1049.9	33	海伦堡	686.7
34	建业地产	1039.1	34	建发房产	658.1
35	祥生集团	1010.7	35	时代中国	641.8
36	时代中国	949.1	36	金辉集团	565.7
37	华夏幸福	949.0	37	阳光大地	547.8
38	远洋集团	946.6	38	隆基泰和	543.1
39	蓝光发展	926.7	39	万达集团	529.6
40	越秀地产	849.3	40	融信集团	519.6
41	卓越集团	832.8	41	滨江集团	509.8
42	新力地产	803.5	42	华夏幸福	502.1
43	金辉集团	786.1	43	中骏集团	497.5
44	海伦堡	762.6	44	远洋集团	493.3
45	中骏集团	753.9	45	红星地产	490.1
46	禹洲集团	732.9	46	禹洲集团	488.1
47	仁恒置地	729.9	47	新力地产	486.7
48	融侨集团	721.6	48	华发股份	482.0
49	万达集团	699.0	49	宝龙地产	434.5
50	俊发地产	670.1	50	正商集团	428.5
51	宝龙地产	669.1	51	卓越集团	416.5
52	合景泰富	651.6	52	敏捷集团	412.2
53	首开股份	598.9	53	合景泰富	399.9
54	大悦城集团	597.4	54	俊发地产	388.0
55	金隅集团	571.7	55	融侨集团	382.6
56	华侨城	558.2	56	当代置业	358.6
57	新希望地产	548.4	57	力高集团	353.6
58	首创置业	532.9	58	越秀地产	337.2
59	路劲集团	520.4	59	花样年	327.9
60	大华集团	509.2	60	弘阳地产	326.1
61	隆基泰和	501.2	61	彰泰集团	324.6
62	敏捷集团	495.1	62	大悦城集团	299.0
63	电建地产	492.3	63	中交房地产	292.6
64	花样年	484.1	64	路劲集团	287.5
65	三盛集团	483.9	65	三盛集团	274.2

续表

排　名	企业简称	操盘金额	排　名	公司名称	操盘面积
66	红星地产	480.6	66	新希望地产	272.3
67	保利置业	479.7	67	石榴集团	272.2
68	弘阳地产	467.2	68	保利置业	259.9
69	石榴集团	450.3	69	恒泰集团	258.8
70	中交房地产	450.1	70	领地集团	251.4
71	正商集团	423.8	71	大华集团	250.6
72	朗诗绿色地产	411.3	72	大唐地产	249.5
73	东原地产	390.8	73	东原地产	248.2
74	当代置业	371.5	74	电建地产	247.0
75	德信地产	360.0	75	佳源国际	245.8
76	星河地产	349.0	76	儒辰集团	245.6
77	金融街	348.5	77	中天城投	239.6
78	联发集团	329.5	78	实地集团	237.8
79	阳光大地	324.2	79	中昂集团	231.5
80	力高集团	324.0	80	康桥地产	231.0
81	华宇集团	316.8	81	华侨城	230.5
82	合生创展	303.1	82	朗诗绿色地产	230.0
83	中天城投	282.7	83	首开股份	217.1
84	佳源国际	274.4	84	金隅集团	207.4
85	康桥地产	271.5	85	协信远创	206.2
86	中昂集团	270.6	86	联发集团	202.7
87	大唐地产	261.6	87	华远地产	199.0
88	泰禾集团	260.4	88	天誉置业	194.3
89	彰泰集团	254.2	89	龙记泰信	193.8
90	领地集团	253.3	90	仁恒置地	184.5
91	中冶置业	252.7	91	首创置业	183.2
92	景瑞地产	251.0	92	德信地产	181.2
93	珠江投资	250.1	93	合生创展	180.0
94	复地集团	246.2	94	信友集团	179.3
95	实地集团	243.0	95	奥山集团	174.8
96	华鸿嘉信	230.3	96	云星集团	174.3
97	儒辰集团	224.4	97	大发地产	173.6
98	恒泰集团	221.7	98	星河地产	173.1
99	上坤集团	221.3	99	华地集团	170.1

续表

排　名	企业简称	操盘金额	排　名	公司名称	操盘面积
100	海尔产城创	220.9	100	华宇集团	170.0
101	荣安地产	220.3	101	鑫苑中国	163.8
102	协信远创	220.0	102	昌建地产	161.7
103	国贸地产	219.7	103	澳海集团	159.8
104	武汉城建	219.5	104	武汉城建	159.5
105	鑫苑中国	219.3	105	华鸿嘉信	158.0
106	大发地产	219.0	106	和昌集团	155.3
107	华远地产	214.4	107	上坤集团	155.1
108	九龙仓	212.6	108	华南城	152.6
109	五矿地产控股	207.6	109	邦泰集团	143.3
110	德商置业	204.0	110	珠江投资	140.9
111	金成集团	199.8	111	祥源地产	139.5
112	天誉置业	197.4	112	复地集团	138.6
113	祥源地产	195.6	113	金融街	138.5
114	香港置地	191.4	114	大名城	137.7
115	苏宁置业	179.1	115	麒龙集团	135.1
116	瑞安房地产	176.8	116	金成集团	132.7
117	光明地产	176.0	117	鲁商发展	131.2
118	中旅地产	174.4	118	明发集团	129.3
119	大名城	173.4	119	光明地产	129.2
120	中天美好集团	172.2	120	国瑞集团	128.1
121	大家房产	171.8	121	中庚集团	125.1
122	保亿置业	171.4	122	中建信和	124.0
123	奥山集团	170.7	123	中冶置业	123.5
124	国瑞集团	170.4	124	德商置业	121.4
125	北京城建	166.2	125	中奥地产	120.6
126	信达地产	160.9	126	景瑞地产	116.9
127	雅戈尔	154.8	127	锦艺置业	116.2
128	北辰实业	153.7	128	中天美好集团	111.7
129	华地集团	151.7	129	海尔产城创	111.0
130	北京建工	151.5	130	亚新集团	110.6
131	中建东孚	149.1	131	泰禾集团	109.7
132	海信地产	147.8	132	东方今典	109.6
133	龙记泰信	146.8	133	五矿地产控股	109.3

续表

排　名	企业简称	操盘金额	排　名	公司名称	操盘面积
134	长江实业	146. 0	134	大家房产	108. 5
135	中庚集团	143. 5	135	新怡和集团	105. 1
136	鲁商发展	141. 1	136	中旅地产	104. 6
137	鸿荣源	139. 3	137	荣安地产	101. 1
138	和昌集团	139. 1	138	信达地产	99. 3
139	昌建地产	138. 0	139	阳光 100	99. 0
140	信友集团	137. 8	140	永威置业	94. 2
141	云星集团	137. 6	141	港龙中国	93. 1
142	天恒置业	132. 7	142	九颂山河集团	90. 7
143	永威置业	132. 5	143	金为集团	90. 0
144	星河湾	132. 0	144	香港置地	89. 0
145	深业集团	131. 4	145	正弘置业	88. 4
146	港龙中国	124. 7	146	国贸地产	87. 5
147	新湖中宝	124. 0	147	新湖中宝	86. 4
148	象屿集团	122. 7	148	中建东孚	85. 7
149	新鸿基	120. 1	149	三巽集团	84. 5
150	方圆地产	120. 0	150	宁夏中房	82. 4
151	中奥地产	119. 2	151	北辰实业	80. 6
152	华南城	116. 2	152	正黄集团	79. 7
153	亚新集团	115. 8	153	海信地产	79. 1
154	众安房产	114. 8	154	荣和集团	77. 7
155	宋都集团	113. 6	155	保亿置业	75. 9
156	澳海集团	113. 2	156	广西中鼎	73. 6
157	中建信和	113. 0	157	浩创集团	71. 7
158	锦艺置业	112. 9	158	大都投资	71. 0
159	邦泰集团	111. 7	159	九龙仓	70. 8
160	银城国际	109. 4	160	大众置业	70. 0
161	宝能集团	109. 1	161	绿都地产	69. 3
162	上海城投	108. 6	162	宝能集团	68. 6
163	明发集团	106. 6	163	金鹏地产	67. 7
164	中洲控股	106. 2	164	同信地产	66. 4
165	阳光 100	105. 2	165	鸿基地产	66. 2
166	文一地产	101. 6	166	宋都集团	65. 7
167	葛洲坝	101. 2	167	苏宁置业	65. 2

续表

排　名	企业简称	操盘金额	排　名	公司名称	操盘面积
168	天阳地产	100.9	168	广西兴进	63.5
169	中信泰富	98.8	169	海宁鸿翔	61.6
170	正弘置业	98.7	170	天一仁和	60.4
171	中环投资	97.0	171	北京城建	59.8
172	凯德置地	95.9	172	中建智地	59.6
173	九颂山河集团	95.3	173	鸿坤集团	58.4
174	中航里城	93.7	174	天地源	56.3
175	海宁鸿翔	93.6	175	深业集团	55.3
176	绿都地产	89.4	176	象屿集团	55.0
177	上海地产	88.7	177	湖北联投	53.9
178	中建智地	88.5	178	星联芒果集团	53.3
179	申能集团	86.8	179	中航里城	53.1
180	中华企业	86.7	180	广宇发展	52.3
181	安徽置地	86.5	181	文一地产	51.9
182	银丰投资	83.4	182	银城国际	51.8
183	天地源	82.9	183	天阳地产	51.2
184	大都投资	82.7	184	长江实业	51.0
185	正黄集团	82.6	185	众安房产	50.9
186	荣和集团	81.5	186	雅戈尔	50.0
187	恒裕实业	77.9	187	亿达中国	47.4
188	上海城建	77.0	188	方圆地产	47.0
189	京基集团	76.6	189	北大资源	46.9
190	恒盛地产	75.6	190	邦泰控股	46.6
191	吉宝置业	75.1	191	硕丰控股	46.4
192	湖北联投	74.3	192	和喜安筑	45.4
193	东方今典	73.3	193	星河湾	44.9
194	西岸开发	72.8	194	安徽置地	44.6
195	紫光科城	72.6	195	光大地产	44.3
196	宁夏中房	72.3	196	新华联	42.0
197	星联芒果集团	71.5	197	华景川集团	41.7
198	天一仁和	71.4	198	中洲控股	41.6
199	金为集团	71.3	199	新鸿基	40.5
200	新世界中国	71.1	200	宏立城	37.9

数据来源：中国房地产决策咨询系统（CRIC）。

表 6-33 2020 年度中国房地产企业销售全口径金额及权益金额排行榜 TOP200

单位：亿元

排 名	公司名称	全口径金额	排 名	公司名称	权益金额
1	碧桂园	7888.0	1	中国恒大	6690.3
2	中国恒大	7035.0	2	碧桂园	5702.4
3	万科地产	7011.2	3	万科地产	4557.3
4	融创中国	5750.0	4	融创中国	3886.0
5	保利发展	5028.0	5	保利发展	3620.0
6	中海地产	3634.4	6	中海地产	3396.0
7	绿地控股	3567.0	7	绿地控股	3210.3
8	世茂集团	3003.1	8	世茂集团	2102.2
9	华润置地	2850.3	9	招商蛇口	1940.0
10	招商蛇口	2780.1	10	新城控股	1938.1
11	龙湖集团	2706.0	11	龙湖集团	1904.7
12	新城控股	2521.6	12	华润置地	1819.1
13	金地集团	2426.0	13	金科集团	1586.8
14	旭辉集团	2310.0	14	中国金茂	1543.5
15	中国金茂	2237.0	15	金地集团	1503.1
16	金科集团	2234.9	16	阳光城	1424.1
17	中南置地	2232.1	17	中南置地	1408.1
18	阳光城	2180.1	18	富力地产	1388.0
19	绿城中国	2146.0	19	旭辉集团	1339.8
20	中梁控股	1688.2	20	龙光集团	1223.5
21	融信集团	1551.7	21	荣盛发展	1195.6
22	正荣集团	1530.2	22	绿城中国	1191.5
23	龙光集团	1497.0	23	中梁控股	1181.7
24	富力地产	1496.6	24	佳兆业	1068.9
25	佳兆业	1435.2	25	雅居乐	1026.6
26	雅居乐	1381.5	26	融信集团	1003.3
27	滨江集团	1363.6	27	中国铁建	999.3
28	荣盛发展	1358.0	28	奥园集团	993.2
29	奥园集团	1330.1	29	正荣集团	968.5
30	祥生集团	1306.0	30	时代中国	942.7
31	建发房产	1296.8	31	祥生集团	922.8
32	中国铁建	1273.4	32	建发房产	918.6

续表

排　名	公司名称	全口径金额	排　名	公司名称	权益金额
33	美的置业	1260.8	33	越秀地产	888.5
34	华发股份	1205.0	34	华夏幸福	856.0
35	新力地产	1196.4	35	美的置业	848.5
36	远洋集团	1183.4	36	金辉集团	786.0
37	禹洲集团	1049.7	37	远洋集团	769.3
38	蓝光发展	1036.3	38	华发股份	733.2
39	合景泰富	1036.1	39	海伦堡	730.0
40	新希望地产	1031.0	40	新力地产	727.3
41	中骏集团	1015.2	41	蓝光发展	724.5
42	首开股份	1015.0	42	融侨集团	704.4
43	时代中国	1004.0	43	卓越集团	700.3
44	卓越集团	994.1	44	滨江集团	700.0
45	金辉集团	972.0	45	中骏集团	674.7
46	越秀地产	970.3	46	禹洲集团	668.8
47	华夏幸福	963.0	47	合景泰富	646.4
48	仁恒置地	871.2	48	万达集团	632.5
49	弘阳地产	865.1	49	华侨城	618.3
50	融侨集团	859.0	50	首开股份	614.1
51	华侨城	858.7	51	宝龙地产	608.3
52	中交房地产	850.9	52	俊发地产	584.2
53	万达集团	832.2	53	路劲集团	547.8
54	大悦城集团	822.4	54	金隅集团	538.6
55	宝龙地产	811.1	55	新希望地产	537.7
56	海伦堡	783.9	56	建业地产	515.2
57	建业地产	712.1	57	保利置业	500.5
58	首创置业	708.6	58	敏捷集团	495.1
59	俊发地产	670.1	59	中交房地产	484.8
60	华宇集团	658.4	60	大华集团	465.2
61	电建地产	657.5	61	隆基泰和	455.1
62	德信地产	635.3	62	仁恒置地	450.4
63	红星地产	614.0	63	红星地产	438.0
64	东原地产	602.1	64	大悦城集团	432.0
65	路劲集团	595.2	65	首创置业	420.6
66	金隅集团	571.7	66	正商集团	417.7

续表

排　名	公司名称	全口径金额	排　名	公司名称	权益金额
67	保利置业	550.0	67	弘阳地产	406.6
68	大华集团	509.2	68	电建地产	387.2
69	隆基泰和	501.2	69	石榴集团	375.0
70	敏捷集团	495.1	70	金融街	370.2
71	武汉城建	494.8	71	花样年	365.9
72	花样年	492.1	72	三盛集团	344.1
73	大唐地产	445.1	73	联发集团	333.1
74	三盛集团	439.5	74	东原地产	324.8
75	荣安地产	438.0	75	星河地产	321.3
76	当代置业	422.1	76	阳光大地	311.4
77	正商集团	420.1	77	合生创展	297.0
78	联发集团	413.7	78	华宇集团	291.5
79	力高集团	409.8	79	荣安地产	269.7
80	石榴集团	407.3	80	武汉城建	264.7
81	金融街	406.8	81	珠江投资	244.3
82	大家房产	348.4	82	实地集团	238.0
83	光明地产	342.1	83	当代置业	237.3
84	星河地产	341.0	84	光明地产	233.7
85	阳光大地	324.2	85	德信地产	233.3
86	港龙中国	313.2	86	九龙仓	229.0
87	佳源国际	311.9	87	佳源国际	227.7
88	国贸地产	306.3	88	天誉置业	227.4
89	方圆地产	304.3	89	国贸地产	224.6
90	大发地产	303.2	90	领地集团	219.1
91	合生创展	303.1	91	复地集团	217.1
92	朗诗绿色地产	299.4	92	中冶置业	215.8
93	华鸿嘉信	288.6	93	大唐地产	210.4
94	泰禾集团	280.6	94	力高集团	207.9
95	九龙仓	274.7	95	鑫苑中国	195.8
96	协信远创	268.1	96	海尔产城创	195.5
97	上坤集团	265.1	97	祥源地产	190.0
98	领地集团	264.6	98	中旅地产	182.9
99	绿都地产	260.0	99	中昂集团	179.8
100	实地集团	257.4	100	中天美好集团	179.4

续表

排　名	公司名称	全口径金额	排　名	公司名称	权益金额
101	五矿地产控股	256.1	101	大名城	179.0
102	复地集团	255.7	102	苏宁置业	178.8
103	景瑞地产	255.2	103	五矿地产控股	178.6
104	信达地产	255.0	104	康桥地产	178.5
105	康桥地产	254.3	105	泰禾集团	178.0
106	中冶置业	252.7	106	中天城投	177.1
107	珠江投资	250.4	107	大家房产	175.7
108	德商置业	250.1	108	大发地产	172.5
109	保亿置业	249.8	109	信达地产	171.3
110	中天美好集团	248.5	110	国瑞集团	171.2
111	香港置地	243.0	111	奥山集团	171.0
112	天誉置业	241.1	112	华远地产	170.9
113	银城国际	232.1	113	协信远创	163.0
114	华远地产	231.1	114	彰泰集团	161.4
115	海尔产城创	230.1	115	德商置业	161.2
116	鑫苑中国	226.3	116	华鸿嘉信	159.0
117	彰泰集团	224.5	117	北京城建	153.4
118	金成集团	220.6	118	方圆地产	149.4
119	和昌集团	215.1	119	景瑞地产	148.5
120	国瑞集团	214.9	120	港龙中国	146.7
121	中昂集团	214.7	121	恒泰集团	145.2
122	北京城建	213.1	122	保亿置业	145.0
123	众安房产	212.2	123	云星集团	141.2
124	天阳地产	203.7	124	上坤集团	139.8
125	儒辰集团	199.3	125	鸿荣源	139.3
126	宋都集团	198.1	126	深业集团	137.9
127	大名城	196.1	127	绿都地产	133.3
128	祥源地产	195.6	128	天恒置业	132.7
129	中旅地产	191.7	129	信友集团	131.7
130	奥山集团	185.6	130	瑞安房地产	130.9
131	中建东孚	183.6	131	雅戈尔	130.8
132	中天城投	182.9	132	和昌集团	130.3
133	长江实业	182.5	133	金成集团	129.4
134	苏宁置业	179.1	134	鲁商发展	127.0

续表

排　名	公司名称	全口径金额	排　名	公司名称	权益金额
135	瑞安房地产	176.8	135	北辰实业	125.0
136	雅戈尔	172.3	136	中建东孚	123.2
137	中奥地产	171.5	137	象屿集团	122.7
138	北京建工	169.3	138	银城国际	122.6
139	恒泰集团	167.3	139	宋都集团	121.2
140	云星集团	163.1	140	华地集团	120.4
141	北辰实业	158.2	141	长江实业	118.6
142	华地集团	151.7	142	星河湾	118.1
143	海信地产	147.8	143	朗诗绿色地产	116.8
144	九颂山河集团	144.3	144	新湖中宝	116.5
145	深业集团	144.0	145	华南城	116.2
146	中庚集团	143.7	146	中奥地产	116.0
147	宁夏中房	143.6	147	新鸿基	115.3
148	信友集团	143.0	148	永威置业	110.4
149	鲁商发展	141.1	149	大都投资	108.9
150	鸿荣源	139.3	150	中建信和	108.6
151	大都投资	137.1	151	上海城投	108.5
152	永威置业	135.4	152	文一地产	108.4
153	天恒置业	132.7	153	宝能集团	108.1
154	星河湾	132.4	154	众安房产	107.8
155	新湖中宝	129.5	155	中洲控股	107.2
156	昌建地产	125.5	156	中庚集团	104.6
157	象屿集团	122.7	157	明发集团	103.8
158	新鸿基	120.1	158	邦泰集团	103.6
159	中洲控股	119.6	159	九颂山河集团	101.3
160	葛洲坝	117.6	160	澳海集团	100.4
161	华南城	116.2	161	中信泰富	98.8
162	文一地产	113.4	162	中环投资	97.0
163	中建信和	113.2	163	凯德置地	95.9
164	澳海集团	113.1	164	海信地产	94.7
165	锦艺置业	112.9	165	儒辰集团	93.2
166	邦泰集团	111.8	166	北京建工	92.7
167	北京住总	111.5	167	宁夏中房	90.6
168	宝能集团	109.1	168	锦艺置业	90.5

续表

排　名	公司名称	全口径金额	排　名	公司名称	权益金额
169	上海城投	108.6	169	正弘置业	90.4
170	海宁鸿翔	108.3	170	葛洲坝	90.1
171	明发集团	106.6	171	阳光100	89.4
172	阳光100	105.2	172	中建智地	89.2
173	三巽集团	102.3	173	上海地产	88.7
174	中信泰富	98.8	174	申能集团	86.8
175	正弘置业	98.7	175	安徽置地	86.2
176	中航里城	98.4	176	天地源	82.9
177	中环投资	97.0	177	荣和集团	80.7
178	凯德置地	95.9	178	龙记泰信	78.4
179	中建智地	93.9	179	恒裕实业	77.9
180	安徽置地	89.8	180	正黄集团	77.8
181	上海地产	88.7	181	上海城建	77.0
182	申能集团	86.8	182	京基集团	76.8
183	中华企业	86.7	183	吉宝置业	75.1
184	亚新集团	84.5	184	湖北联投	74.3
185	银丰投资	83.4	185	中华企业	74.0
186	龙记泰信	83.2	186	天阳地产	73.1
187	天地源	82.9	187	西岸开发	72.8
188	鸿坤集团	81.8	188	紫光科城	72.6
189	荣和集团	81.5	189	三巽集团	70.8
190	正黄集团	81.0	190	广宇发展	70.3
191	恒裕实业	77.9	191	天一仁和	68.8
192	上海城建	77.0	192	银丰投资	68.7
193	京基集团	76.6	193	勤诚达	68.5
194	恒盛地产	75.6	194	鸿坤集团	68.0
195	东方今典	75.5	195	东方今典	67.8
196	吉宝置业	75.1	196	昌建地产	67.0
197	湖北联投	74.3	197	中航里城	66.7
198	西岸开发	72.8	198	大众置业	66.4
199	紫光科城	72.6	199	北京住总	66.2
200	邦泰控股	71.5	200	星联芒果集团	65.5

数据来源：中国房地产决策咨询系统（CRIC）。

4. 上市房地产经营开发和物业服务企业股价情况

表 6－34　沪市房地产经营和开发企业股价（前复权）涨跌幅排行榜

单位：元，%

排名	证券代码	证券简称	2019 年收盘价	2020 年收盘价	涨跌幅	最高价	最低价
1	600515. SH	海航基础	4. 46	6. 75	51. 35	10. 93	4. 10
2	600415. SH	小商品城	3. 83	5. 51	43. 71	8. 41	3. 14
3	600185. SH	格力地产	4. 84	6. 46	33. 47	18. 10	3. 74
4	600246. SH	万通发展	5. 23	6. 97	33. 38	10. 43	4. 41
5	600791. SH	京能置业	3. 83	5. 03	31. 37	6. 22	3. 01
6	600641. SH	万业企业	15. 82	20. 17	27. 49	26. 37	13. 62
7	600158. SH	中体产业	9. 99	12. 26	22. 67	17. 70	7. 90
8	600773. SH	西藏城投	5. 79	6. 98	20. 55	8. 03	4. 65
9	600503. SH	华丽家族	3. 17	3. 64	14. 95	5. 07	2. 80
10	600895. SH	张江高科	15. 22	17. 04	11. 96	24. 49	11. 68
11	600692. SH	亚通股份	6. 39	7. 00	9. 55	8. 73	5. 21
12	600064. SH	南京高科	9. 38	10. 27	9. 54	12. 57	7. 78
13	600823. SH	世茂股份	4. 26	4. 61	8. 16	7. 40	3. 48
14	600658. SH	电子城	5. 17	5. 41	4. 70	7. 41	3. 86
15	600077. SH	宋都股份	2. 95	3. 08	4. 30	4. 35	2. 52
16	600790. SH	轻纺城	3. 23	3. 37	4. 23	3. 87	2. 85
17	600657. SH	信达地产	3. 89	4. 05	4. 00	5. 93	2. 98
18	600510. SH	黑牡丹	6. 53	6. 79	3. 96	10. 18	5. 74
19	600048. SH	保利地产	15. 32	15. 82	3. 24	18. 70	12. 69
20	900911. SH	金桥 B 股	0. 89	0. 92	2. 65	1. 07	0. 76
21	600223. SH	鲁商发展	8. 36	8. 52	1. 90	15. 90	6. 27
22	600159. SH	大龙地产	2. 50	2. 54	1. 66	3. 16	2. 01
23	600724. SH	宁波富达	3. 54	3. 58	1. 17	5. 13	2. 63
24	600716. SH	凤凰股份	4. 07	4. 11	0. 90	4. 45	3. 25
25	600638. SH	新黄浦	7. 02	7. 02	0. 00	8. 55	4. 81
26	600173. SH	卧龙地产	5. 04	4. 99	－1. 05	6. 10	3. 93
27	600807. SH	济南高新	3. 61	3. 57	－1. 11	5. 90	2. 87
28	900940. SH	大名城 B	0. 38	0. 38	－1. 41	0. 42	0. 30
29	600533. SH	栖霞建设	3. 27	3. 18	－2. 69	4. 18	2. 68
30	600383. SH	金地集团	13. 92	13. 50	－2. 98	17. 05	11. 35
31	600649. SH	城投控股	5. 65	5. 43	－3. 92	6. 67	4. 51
32	601155. SH	新城控股	36. 94	34. 83	－5. 71	38. 04	24. 75
33	600743. SH	华远地产	2. 36	2. 17	－7. 92	2. 48	1. 89

续表

排名	证券代码	证券简称	2019 年收盘价	2020 年收盘价	涨跌幅	最高价	最低价
34	600067. SH	冠城大通	3. 98	3. 65	-8. 29	4. 85	3. 14
35	900928. SH	临港 B 股	1. 42	1. 29	-8. 84	1. 48	1. 02
36	900902. SH	市北 B 股	0. 38	0. 34	-11. 21	0. 46	0. 30
37	600683. SH	京投发展	4. 53	4. 01	-11. 48	5. 40	3. 38
38	600622. SH	光大嘉宝	3. 85	3. 38	-12. 19	5. 05	3. 07
39	600665. SH	天地源	3. 56	3. 12	-12. 36	3. 92	2. 97
40	600606. SH	绿地控股	6. 66	5. 83	-12. 41	9. 49	4. 96
41	900932. SH	陆家 B 股	0. 89	0. 78	-12. 46	0. 92	0. 69
42	600162. SH	香江控股	2. 21	1. 93	-12. 70	2. 41	1. 74
43	600463. SH	空港股份	7. 29	6. 24	-14. 40	9. 55	5. 55
44	600748. SH	上实发展	5. 84	4. 91	-15. 87	6. 88	4. 27
45	600239. SH	云南城投	2. 89	2. 42	-16. 26	5. 38	2. 34
46	600325. SH	华发股份	7. 44	6. 21	-16. 54	7. 91	5. 72
47	600215. SH	*ST 经开	6. 50	5. 40	-16. 93	12. 28	4. 91
48	600848. SH	上海临港	24. 28	20. 02	-17. 54	27. 13	17. 98
49	600208. SH	新湖中宝	3. 77	3. 10	-17. 75	4. 06	2. 92
50	600736. SH	苏州高新	5. 78	4. 70	-18. 67	6. 38	4. 47
51	600684. SH	珠江实业	3. 76	3. 00	-20. 17	4. 72	2. 86
52	600376. SH	首开股份	7. 46	5. 87	-21. 32	7. 77	5. 64
53	600266. SH	城建发展	6. 50	5. 08	-21. 85	6. 62	4. 87
54	600322. SH	天房发展	3. 00	2. 34	-22. 00	3. 18	2. 30
55	600565. SH	迪马股份	3. 51	2. 73	-22. 17	3. 58	2. 65
56	600393. SH	粤泰股份	2. 70	2. 05	-24. 07	3. 94	1. 97
57	600890. SH	中房股份	6. 33	4. 78	-24. 49	10. 40	4. 70
58	600708. SH	光明地产	3. 40	2. 55	-24. 97	3. 49	2. 50
59	600604. SH	市北高新	8. 85	6. 60	-25. 42	11. 45	6. 41
60	600675. SH	中华企业	4. 51	3. 36	-25. 42	5. 14	3. 34
61	601588. SH	北辰实业	3. 11	2. 28	-26. 79	3. 22	2. 21
62	600007. SH	中国国贸	17. 05	12. 45	-27. 00	17. 35	11. 96
63	600094. SH	大名城	5. 82	4. 02	-30. 94	8. 53	3. 85
64	900955. SH	*ST 海创 B	0. 18	0. 12	-33. 88	0. 30	0. 07
65	600466. SH	蓝光发展	7. 01	4. 63	-33. 99	7. 38	4. 54
66	600555. SH	*ST 海创	2. 31	1. 48	-35. 93	3. 73	1. 00
67	600340. SH	华夏幸福	20. 89	12. 93	-38. 11	21. 44	12. 42
68	600225. SH	*ST 松江	2. 96	1. 36	-54. 05	3. 10	1. 28

数据来源：wind.

表 6－35　深市房地产经营和开发企业股价（前复权）涨跌幅排行榜

单位：元，%

排名	证券代码	证券简称	2019 年收盘价	2020 年收盘价	涨跌幅	最高价	最低价
1	000615. SZ	奥园美谷	4. 43	7. 60	71. 56	8. 25	3. 19
2	000667. SZ	美好置业	2. 73	3. 88	42. 12	4. 18	2. 19
3	002314. SZ	南山控股	3. 03	4. 14	36. 59	5. 56	2. 45
4	000502. SZ	绿景控股	7. 13	9. 25	29. 73	11. 13	5. 88
5	002208. SZ	合肥城建	6. 64	8. 32	25. 22	15. 77	5. 37
6	000736. SZ	中交地产	5. 41	6. 68	23. 55	9. 07	4. 69
7	000897. SZ	津滨发展	2. 10	2. 49	18. 57	3. 71	1. 96
8	002818. SZ	富森美	12. 49	14. 13	13. 10	16. 85	10. 34
9	000965. SZ	天保基建	3. 16	3. 54	11. 99	4. 07	2. 73
10	002077. SZ	*ST 大港	5. 95	6. 62	11. 26	8. 70	4. 39
11	000517. SZ	荣安地产	2. 65	2. 90	9. 33	3. 70	2. 26
12	000006. SZ	深振业 A	5. 20	5. 61	7. 86	9. 89	4. 09
13	000863. SZ	三湘印象	4. 28	4. 55	6. 23	5. 35	3. 30
14	000668. SZ	荣丰控股	13. 36	13. 51	1. 10	24. 38	10. 59
15	000036. SZ	华联控股	3. 98	3. 98	0. 05	5. 10	3. 10
16	000631. SZ	顺发恒业	3. 04	3. 04	0. 00	3. 31	2. 38
17	000616. SZ	海航投资	2. 43	2. 40	－1. 23	3. 65	1. 95
18	000718. SZ	苏宁环球	3. 52	3. 43	－2. 63	3. 90	2. 65
19	000656. SZ	金科股份	7. 33	7. 09	－3. 28	11. 27	6. 01
20	002244. SZ	滨江集团	4. 77	4. 59	－3. 79	5. 47	3. 69
21	002133. SZ	广宇集团	3. 23	3. 07	－4. 82	3. 61	2. 64
22	000573. SZ	粤宏远 A	2. 97	2. 83	－4. 84	3. 96	2. 36
23	000540. SZ	中天金融	3. 33	3. 15	－5. 41	5. 30	2. 48
24	002344. SZ	海宁皮城	4. 34	4. 09	－5. 77	5. 54	3. 61
25	000002. SZ	万科 A	31. 03	28. 70	－7. 52	32. 73	23. 32
26	002305. SZ	南国置业	2. 20	2. 03	－7. 73	3. 25	1. 61
27	000797. SZ	中国武夷	3. 45	3. 17	－8. 03	4. 38	2. 99
28	000058. SZ	深赛格	7. 32	6. 72	－8. 21	12. 66	5. 86
29	000014. SZ	沙河股份	9. 30	8. 28	－10. 97	14. 85	7. 38
30	000838. SZ	财信发展	3. 06	2. 72	－11. 06	3. 72	2. 44
31	000961. SZ	中南建设	10. 25	8. 83	－13. 84	10. 97	6. 71
32	000042. SZ	中洲控股	10. 74	9. 14	－14. 89	11. 39	8. 18
33	000537. SZ	广宇发展	7. 48	6. 27	－16. 21	8. 86	5. 95
34	000506. SZ	中润资源	2. 88	2. 40	－16. 67	3. 54	2. 12
35	000609. SZ	中迪投资	5. 50	4. 58	－16. 73	8. 38	3. 95
36	000809. SZ	铁岭新城	2. 37	1. 96	－17. 30	2. 64	1. 90
37	000402. SZ	金融街	7. 81	6. 45	－17. 41	7. 95	6. 13

续表

排名	证券代码	证券简称	2019 年收盘价	2020 年收盘价	涨跌幅	最高价	最低价
38	000514. SZ	渝开发	4. 68	3. 79	-18. 97	4. 92	3. 39
39	000671. SZ	阳光城	8. 24	6. 52	-20. 92	8. 59	6. 07
40	002016. SZ	世荣兆业	8. 66	6. 82	-21. 25	8. 94	6. 18
41	000926. SZ	福星股份	6. 39	5. 03	-21. 29	6. 47	4. 83
42	000007. SZ	全新好	9. 50	6. 97	-26. 63	10. 09	6. 64
43	002146. SZ	荣盛发展	9. 30	6. 53	-29. 79	9. 70	6. 41
44	001979. SZ	招商蛇口	19. 02	13. 29	-30. 12	19. 60	12. 66
45	000720. SZ	新能泰山	5. 45	3. 74	-31. 38	6. 14	3. 61
46	000029. SZ	深深房 A	10. 81	7. 14	-33. 95	11. 89	6. 92
47	200056. SZ	皇庭 B	2. 17	1. 41	-35. 02	2. 28	1. 29
48	000608. SZ	阳光股份	4. 93	3. 13	-36. 51	6. 29	3. 02
49	000031. SZ	大悦城	6. 97	4. 40	-36. 88	7. 20	4. 32
50	000918. SZ	嘉凯城	5. 97	3. 66	-38. 69	6. 15	3. 22
51	000620. SZ	新华联	4. 05	2. 45	-39. 51	4. 44	2. 38
52	200029. SZ	深深房 B	5. 31	3. 20	-39. 74	5. 31	3. 17
53	000732. SZ	泰禾集团	6. 15	3. 27	-46. 83	7. 70	3. 21
54	002147. SZ	* ST 新光	2. 12	1. 06	-50. 00	2. 55	1. 00

数据来源：wind.

表 6-36 港市房地产经营和开发企业股价（前复权）涨跌幅排行榜

单位：港元,%

排名	证券代码	证券简称	2019 年收盘价	2020 年收盘价	涨跌幅	最高价	最低价
1	0989. HK	广泽国际发展	0. 08	0. 50	541. 03	0. 64	0. 05
2	0754. HK	合生创展集团	7. 40	19. 76	166. 90	21. 95	5. 18
3	0726. HK	筑友智造科技	0. 51	0. 96	87. 50	1. 80	0. 31
4	3992. HK	创毅控股	0. 92	1. 46	58. 70	1. 92	0. 81
5	1730. HK	LHN	0. 66	1. 02	53. 92	1. 27	0. 29
6	1589. HK	中国物流资产	3. 03	4. 54	49. 84	4. 68	2. 67
7	0672. HK	众安集团	0. 22	0. 32	46. 51	0. 40	0. 19
8	1908. HK	建发国际集团	8. 34	12. 00	43. 93	15. 90	7. 61
9	0028. HK	天安	3. 24	4. 63	42. 96	4. 79	2. 28
10	2278. HK	海蓝控股	3. 78	5. 10	34. 92	5. 66	0. 51
11	1427. HK	中国天保集团	2. 44	3. 27	33. 79	3. 92	2. 18
12	0281. HK	川河集团	0. 45	0. 59	32. 16	0. 60	0. 34
13	0185. HK	正商实业	0. 33	0. 43	31. 51	0. 51	0. 28
14	6111. HK	大发地产	5. 39	7. 07	31. 13	7. 56	3. 65
15	0960. HK	龙湖集团	35. 22	45. 40	28. 89	51. 39	27. 60
16	3616. HK	恒达集团控股	1. 01	1. 29	27. 72	1. 31	0. 81
17	1278. HK	中国新城镇	0. 14	0. 18	27. 47	0. 19	0. 10

续表

排名	证券代码	证券简称	2019 年收盘价	2020 年收盘价	涨跌幅	最高价	最低价
18	1663. HK	汉港控股	0. 13	0. 16	25. 66	0. 37	0. 09
19	0101. HK	恒隆地产	16. 34	20. 45	25. 17	22. 36	13. 17
20	0029. HK	达力集团	11. 78	14. 50	23. 13	16. 56	9. 30
21	1668. HK	华南城	0. 95	1. 15	20. 81	1. 17	0. 64
22	3900. HK	绿城中国	9. 57	11. 34	18. 50	15. 70	6. 45
23	6968. HK	港龙中国地产	3. 93	4. 63	18. 11	5. 13	3. 73
24	0845. HK	恒盛地产	0. 21	0. 25	17. 92	0. 34	0. 12
25	0859. HK	中昌国际控股	0. 39	0. 45	15. 58	0. 80	0. 29
26	0535. HK	金地商置	0. 97	1. 11	14. 83	1. 56	0. 82
27	1168. HK	百仕达控股	0. 44	0. 49	12. 64	0. 62	0. 24
28	1238. HK	宝龙地产	4. 75	5. 35	12. 55	6. 56	3. 49
29	1387. HK	中国地利	2. 45	2. 75	12. 24	2. 95	1. 25
30	0034. HK	九龙建业	7. 33	8. 10	10. 51	8. 10	5. 76
31	1321. HK	中国新城市	0. 88	0. 97	10. 23	1. 27	0. 81
32	1996. HK	弘阳地产	2. 45	2. 70	10. 02	3. 04	1. 66
33	6166. HK	中国宏泰发展	2. 89	3. 17	9. 54	3. 20	2. 29
34	0251. HK	爪哇控股	6. 89	7. 43	7. 87	10. 02	4. 88
35	0004. HK	九龙仓集团	19. 44	20. 85	7. 23	21. 93	11. 81
36	1638. HK	佳兆业集团	3. 58	3. 83	7. 00	4. 55	2. 06
37	0010. HK	恒隆集团	18. 09	19. 28	6. 58	20. 60	13. 17
38	0884. HK	旭辉控股集团	6. 18	6. 57	6. 34	7. 32	3. 70
39	2340. HK	升捷控股	0. 33	0. 35	6. 06	0. 48	0. 26
40	0258. HK	汤臣集团	1. 82	1. 92	5. 26	2. 39	1. 46
41	0978. HK	招商局置地	1. 09	1. 14	5. 02	1. 51	0. 78
42	2103. HK	新力控股集团	3. 91	4. 10	4. 82	4. 55	3. 48
43	2768. HK	佳源国际控股	2. 94	3. 07	4. 32	3. 93	2. 59
44	1813. HK	合景泰富集团	10. 20	10. 58	3. 78	15. 29	7. 57
45	2892. HK	万城控股	1. 06	1. 10	3. 77	1. 26	1. 01
46	3380. HK	龙光集团	12. 25	12. 70	3. 66	14. 93	8. 33
47	1902. HK	银城国际控股	2. 31	2. 38	3. 16	2. 93	2. 22
48	1176. HK	珠光控股	1. 05	1. 08	2. 86	1. 40	0. 93
49	0480. HK	香港兴业国际	3. 13	3. 20	2. 11	4. 04	2. 44
50	0899. HK	亚洲资源	0. 05	0. 05	2. 00	0. 08	0. 03
51	1862. HK	景瑞控股	2. 29	2. 30	0. 53	2. 36	1. 78
52	0247. HK	TST PROPERTIES	24. 64	24. 45	-0. 77	24. 64	23. 11
53	2599. HK	祥生控股集团	5. 59	5. 53	-1. 07	5. 64	5. 20
54	0093. HK	TERMBRAY IND	0. 30	0. 30	-1. 67	0. 35	0. 25
55	0059. HK	天誉置业	1. 01	0. 99	-1. 73	1. 07	0. 96
56	0014. HK	希慎兴业	28. 97	28. 45	-1. 81	31. 15	19. 78

续表

排名	证券代码	证券简称	2019 年收盘价	2020 年收盘价	涨跌幅	最高价	最低价
57	1224. HK	中渝置地	1. 77	1. 72	-2. 82	2. 55	1. 50
58	0208. HK	保利达资产	0. 91	0. 88	-3. 00	0. 92	0. 61
59	1777. HK	花样年控股	1. 39	1. 35	-3. 15	1. 92	1. 08
60	3383. HK	雅居乐集团	10. 68	10. 32	-3. 38	11. 98	6. 93
61	2019. HK	德信中国	3. 09	2. 96	-4. 06	3. 44	2. 73
62	1218. HK	永义国际	3. 79	3. 60	-5. 01	3. 90	2. 35
63	0083. HK	信和置业	10. 69	10. 10	-5. 52	11. 14	7. 69
64	2288. HK	宏基资本	0. 65	0. 61	-6. 15	0. 68	0. 40
65	1396. HK	粤港湾控股	0. 48	0. 45	-6. 32	0. 52	0. 28
66	2098. HK	卓尔智联	0. 76	0. 71	-6. 58	0. 89	0. 58
67	0050. HK	香港小轮（集团）	6. 57	6. 14	-6. 58	6. 66	5. 27
68	0565. HK	锦艺集团控股	0. 30	0. 28	-6. 67	0. 35	0. 15
69	0519. HK	实力建业	0. 20	0. 19	-6. 93	0. 22	0. 12
70	0123. HK	越秀地产	1. 68	1. 56	-7. 07	1. 73	1. 14
71	2608. HK	阳光 100 中国	1. 32	1. 22	-7. 69	1. 68	1. 10
72	0041. HK	鹰君	23. 10	21. 30	-7. 81	23. 76	15. 92
73	0604. HK	深圳控股	2. 90	2. 66	-8. 24	2. 96	1. 90
74	2007. HK	碧桂园	11. 71	10. 72	-8. 45	12. 24	6. 91
75	0075. HK	渝太地产	2. 19	2. 00	-8. 66	2. 43	1. 79
76	2772. HK	中梁控股	5. 67	5. 18	-8. 67	6. 10	3. 89
77	0173. HK	嘉华国际	4. 10	3. 73	-8. 99	4. 24	2. 73
78	1972. HK	太古地产	24. 79	22. 55	-9. 03	26. 66	16. 83
79	0226. HK	力宝	2. 60	2. 36	-9. 16	2. 88	1. 96
80	0798. HK	中电光谷	0. 46	0. 42	-10. 11	0. 56	0. 30
81	0237. HK	安全货仓	3. 96	3. 55	-10. 25	4. 11	2. 44
82	0089. HK	大生地产	4. 31	3. 87	-10. 25	4. 74	3. 73
83	1997. HK	九龙仓置业	45. 00	40. 35	-10. 34	46. 47	26. 36
84	0017. HK	新世界发展	40. 54	36. 10	-10. 94	42. 74	28. 77
85	3688. HK	莱蒙国际	1. 33	1. 18	-10. 99	1. 39	0. 74
86	1570. HK	伟业控股	4. 63	4. 09	-11. 66	4. 65	1. 02
87	0563. HK	上实城市开发	0. 93	0. 82	-11. 75	0. 99	0. 63
88	0115. HK	钧濠集团	1. 02	0. 90	-11. 76	1. 27	0. 70
89	0832. HK	建业地产	4. 08	3. 60	-11. 80	4. 87	3. 04
90	0016. HK	新鸿基地产	113. 72	100. 00	-12. 07	118. 20	84. 48
91	0141. HK	天禧海嘉控股	0. 51	0. 45	-12. 75	1. 45	0. 31
92	0898. HK	万事昌国际	0. 34	0. 30	-13. 04	0. 36	0. 22
93	0120. HK	COSMOPOL INTL	1. 76	1. 53	-13. 07	3. 00	0. 85
94	2118. HK	天山发展控股	3. 09	2. 68	-13. 27	3. 21	2. 24
95	0287. HK	永发置业	10. 20	8. 82	-13. 52	10. 20	7. 47

续表

排名	证券代码	证券简称	2019 年收盘价	2020 年收盘价	涨跌幅	最高价	最低价
96	0499. HK	青岛控股	0. 58	0. 50	-13. 79	0. 59	0. 37
97	0160. HK	汉国置业	3. 05	2. 63	-13. 82	3. 12	2. 00
98	0095. HK	绿景中国地产	2. 72	2. 33	-14. 26	3. 20	1. 95
99	0813. HK	世茂集团	28. 82	24. 70	-14. 31	37. 83	19. 37
100	1109. HK	华润置地	37. 39	32. 00	-14. 42	39. 50	26. 07
101	1232. HK	金轮天地控股	0. 63	0. 54	-14. 48	0. 63	0. 40
102	0497. HK	资本策略地产	0. 27	0. 23	-14. 63	0. 32	0. 20
103	6158. HK	正荣地产	5. 49	4. 67	-14. 94	5. 66	4. 18
104	0683. HK	嘉里建设	23. 11	19. 64	-15. 00	24. 09	16. 00
105	0212. HK	NANYANG HOLD	48. 39	40. 90	-15. 47	48. 39	38. 95
106	2202. HK	万科企业	31. 87	26. 75	-16. 07	33. 31	20. 75
107	0012. HK	恒基地产	36. 11	30. 25	-16. 23	37. 05	24. 59
108	0938. HK	民生国际	0. 46	0. 38	-16. 48	0. 60	0. 19
109	0106. HK	朗诗地产	0. 74	0. 62	-16. 65	0. 75	0. 48
110	0313. HK	裕田中国	0. 01	0. 01	-16. 67	0. 01	0. 00
111	1009. HK	国际娱乐	0. 57	0. 48	-16. 67	0. 93	0. 25
112	0158. HK	万邦投资	196. 18	162. 20	-17. 32	202. 31	162. 00
113	8313. HK	杰地集团	0. 35	0. 29	-17. 39	0. 38	0. 22
114	0081. HK	中国海外宏洋集团	5. 09	4. 16	-18. 19	5. 77	3. 25
115	0035. HK	远东发展	3. 52	2. 88	-18. 28	3. 56	2. 04
116	0124. HK	粤海置地	1. 35	1. 10	-18. 52	1. 40	0. 72
117	0131. HK	卓能（集团）	3. 63	2. 95	-18. 79	3. 93	2. 20
118	0271. HK	亚证地产	1. 40	1. 13	-19. 30	1. 45	0. 98
119	0225. HK	博富临置业	13. 94	11. 23	-19. 46	14. 23	10. 78
120	0655. HK	香港华人有限公司	0. 83	0. 67	-19. 48	0. 86	0. 55
121	2292. HK	晋安实业	1. 18	0. 95	-19. 49	1. 44	0. 95
122	0456. HK	新城市建设发展	0. 13	0. 11	-19. 55	0. 22	0. 08
123	1201. HK	天臣控股	0. 51	0. 41	-19. 61	0. 59	0. 36
124	6090. HK	胜捷企业	2. 52	2. 02	-19. 83	2. 78	1. 85
125	2777. HK	富力地产	12. 48	9. 97	-20. 14	13. 49	7. 15
126	1207. HK	上置集团	0. 07	0. 05	-21. 21	0. 07	0. 03
127	0613. HK	梧桐国际	1. 27	1. 00	-21. 26	1. 65	0. 49
128	0410. HK	SOHO 中国	2. 94	2. 31	-21. 43	4. 80	2. 00
129	3990. HK	美的置业	22. 06	17. 32	-21. 49	23. 35	14. 68
130	0088. HK	TAI CHEUNG HOLD	6. 06	4. 73	-21. 92	6. 74	4. 38
131	1107. HK	当代置业	1. 10	0. 85	-22. 67	1. 18	0. 60
132	1622. HK	力高集团	3. 76	2. 90	-22. 93	4. 93	2. 80
133	0278. HK	华厦置业	6. 52	5. 00	-23. 26	6. 52	4. 74
134	3333. HK	中国恒大	19. 51	14. 90	-23. 62	27. 23	9. 49

续表

排名	证券代码	证券简称	2019 年收盘价	2020 年收盘价	涨跌幅	最高价	最低价
135	1222. HK	宏安集团	0. 08	0. 06	-23. 79	0. 08	0. 05
136	0119. HK	保利置业集团	2. 99	2. 27	-23. 99	3. 26	1. 97
137	1966. HK	中骏集团控股	4. 24	3. 20	-24. 54	4. 58	2. 79
138	0337. HK	绿地香港	3. 09	2. 33	-24. 63	3. 31	2. 17
139	0105. HK	凯联国际酒店	18. 24	13. 70	-24. 89	18. 41	12. 73
140	1233. HK	时代中国控股	14. 44	10. 78	-25. 36	16. 58	9. 20
141	0369. HK	永泰地产	4. 81	3. 58	-25. 52	4. 97	3. 48
142	0214. HK	汇汉控股	1. 23	0. 91	-26. 02	1. 30	0. 76
143	1113. HK	长实集团	53. 96	39. 80	-26. 24	54. 87	32. 04
144	0495. HK	PALADIN	0. 16	0. 12	-26. 25	0. 21	0. 10
145	1560. HK	星星地产	0. 54	0. 40	-26. 27	0. 76	0. 35
146	0277. HK	太兴置业	4. 35	3. 21	-26. 40	6. 27	3. 00
147	0878. HK	金朝阳集团	9. 62	7. 07	-26. 48	9. 71	6. 21
148	1064. HK	中华国际	0. 18	0. 13	-27. 17	0. 31	0. 11
149	0108. HK	国锐地产	1. 32	0. 96	-27. 27	2. 05	0. 78
150	1628. HK	禹洲集团	3. 86	2. 80	-27. 44	4. 01	2. 32
151	1098. HK	路劲	13. 66	9. 90	-27. 55	14. 22	8. 22
152	0230. HK	五矿地产	1. 21	0. 87	-28. 11	1. 29	0. 85
153	0129. HK	泛海集团	1. 28	0. 92	-28. 13	1. 34	0. 78
154	0216. HK	建业实业	2. 33	1. 67	-28. 28	2. 33	1. 41
155	0053. HK	国浩集团	128. 98	92. 25	-28. 48	128. 98	91. 20
156	1030. HK	新城发展	9. 05	6. 45	-28. 75	9. 36	5. 15
157	0194. HK	廖创兴企业	9. 89	7. 04	-28. 84	10. 17	6. 16
158	0760. HK	新天地产集团	0. 03	0. 02	-29. 03	0. 04	0. 02
159	0266. HK	天德地产	6. 93	4. 90	-29. 31	7. 00	4. 71
160	0021. HK	大中华地产控股	0. 12	0. 08	-29. 41	0. 14	0. 07
161	1329. HK	首创钜大	1. 29	0. 91	-29. 46	1. 60	0. 80
162	1240. HK	青建国际	1. 05	0. 74	-29. 78	1. 10	0. 55
163	0224. HK	建生国际	1. 55	1. 08	-30. 32	1. 55	0. 94
164	0583. HK	长城环亚控股	0. 94	0. 65	-30. 85	0. 96	0. 25
165	0864. HK	永利地产发展	0. 56	0. 39	-31. 25	0. 57	0. 36
166	0199. HK	德祥地产	1. 14	0. 77	-32. 31	1. 14	0. 70
167	0272. HK	瑞安房地产	1. 60	1. 08	-32. 68	1. 73	0. 95
168	2868. HK	首创置业	1. 95	1. 31	-32. 88	2. 28	1. 23
169	1036. HK	万科海外	3. 63	2. 42	-33. 25	3. 86	2. 38
170	0163. HK	英皇国际	1. 66	1. 10	-33. 81	1. 67	1. 04
171	0367. HK	庄士机构国际	1. 44	0. 95	-33. 89	1. 49	0. 89
172	1918. HK	融创中国	44. 63	28. 65	-35. 80	47. 50	26. 60
173	3883. HK	中国奥园	11. 88	7. 54	-36. 52	12. 27	6. 71

续表

排名	证券代码	证券简称	2019 年收盘价	2020 年收盘价	涨跌幅	最高价	最低价
174	1124. HK	沿海家园	0. 11	0. 07	-37. 27	0. 16	0. 06
175	2349. HK	中国城市基础设施	0. 16	0. 10	-37. 50	0. 18	0. 09
176	0191. HK	丽新国际	9. 90	6. 15	-37. 88	10. 46	5. 70
177	0588. HK	北京北辰实业股份	2. 35	1. 45	-38. 26	2. 41	1. 43
178	0817. HK	中国金茂	5. 78	3. 57	-38. 28	6. 16	3. 43
179	0127. HK	华人置业	6. 14	3. 78	-38. 44	6. 54	3. 15
180	2286. HK	辰兴发展	2. 41	1. 47	-39. 00	2. 64	1. 11
181	3366. HK	华侨城（亚洲）	2. 66	1. 61	-39. 52	2. 82	1. 45
182	1125. HK	丽丰控股	10. 00	6. 02	-39. 80	11. 12	5. 86
183	1838. HK	CHINAPROPERTIES	0. 80	0. 48	-40. 00	1. 02	0. 42
184	0488. HK	丽新发展	10. 32	6. 15	-40. 41	10. 60	5. 18
185	0190. HK	香港建设（控股）	6. 02	3. 58	-40. 51	7. 20	3. 52
186	0207. HK	大悦城地产	0. 80	0. 48	-40. 60	0. 86	0. 46
187	8155. HK	南华资产控股	0. 02	0. 01	-41. 18	0. 03	0. 01
188	3603. HK	信基沙溪	3. 33	1. 95	-41. 48	3. 33	1. 83
189	0688. HK	中国海外发展	29. 00	16. 86	-41. 85	29. 62	16. 36
190	0147. HK	国际商业结算	0. 16	0. 09	-42. 33	0. 21	0. 09
191	2330. HK	中国上城	1. 20	0. 69	-42. 50	1. 42	0. 50
192	0009. HK	金奥国际	0. 11	0. 06	-42. 86	0. 19	0. 05
193	0508. HK	鼎亿集团投资	0. 23	0. 13	-44. 44	0. 28	0. 03
194	0674. HK	中国唐商	0. 17	0. 10	-44. 44	0. 20	0. 06
195	3377. HK	远洋集团	2. 99	1. 55	-48. 10	3. 12	1. 47
196	0262. HK	迪臣发展国际	0. 19	0. 10	-48. 15	0. 22	0. 09
197	0715. HK	中泛控股	0. 27	0. 14	-49. 06	0. 32	0. 11
198	0432. HK	盈大地产	1. 61	0. 82	-49. 07	2. 53	0. 80
199	2329. HK	国瑞置业	1. 58	0. 77	-51. 16	1. 61	0. 76
200	0680. HK	南海控股	0. 10	0. 05	-52. 43	0. 11	0. 04
201	0063. HK	中亚烯谷集团	0. 22	0. 10	-52. 75	0. 23	0. 10
202	2183. HK	三盛控股	9. 80	4. 60	-53. 06	9. 51	4. 31
203	0747. HK	沈阳公用发展股份	0. 23	0. 11	-53. 33	0. 27	0. 09
204	0865. HK	建德国际控股	0. 19	0. 09	-53. 44	0. 24	0. 08
205	0618. HK	北大资源	0. 21	0. 09	-56. 10	0. 21	0. 06
206	0193. HK	冠中地产	0. 89	0. 39	-56. 18	0. 92	0. 34
207	2088. HK	西王置业	0. 18	0. 08	-58. 15	0. 22	0. 07
208	1246. HK	保集健康	0. 60	0. 22	-63. 33	1. 50	0. 04
209	0593. HK	梦东方	4. 83	1. 26	-73. 91	9. 20	1. 00
210	1195. HK	京维集团	0. 17	0. 04	-74. 71	0. 14	0. 03
211	0996. HK	嘉年华国际	0. 38	0. 09	-74. 93	0. 40	0. 03
212	0627. HK	福晟国际	0. 15	0. 04	-76. 35	0. 19	0. 03

续表

排名	证券代码	证券简称	2019 年收盘价	2020 年收盘价	涨跌幅	最高价	最低价
213	0496. HK	卡森国际	3. 65	0. 73	-80. 00	3. 73	0. 67
214	0112. HK	勒泰集团	4. 58	0. 90	-80. 35	5. 39	0. 40
215	1191. HK	中国中石控股	0. 06	0. 01	-80. 65	0. 08	0. 01
216	1243. HK	宏安地产	0. 73	0. 11	-84. 43	0. 96	0. 09
217	2699. HK	新明中国	1. 17	0. 09	-92. 14	1. 41	0. 08

数据来源：wind.

表 6-37　海外上市内地房地产企业股价涨跌幅排行榜

单位：美元，%

排名	证券代码	证券简称	2019 年收盘价	2020 年收盘价	涨跌幅	最高价	最低价
1	HGSH. O	汉广厦房地产	1. 44	1. 78	23. 61	5. 40	0. 48
2	NYSE：LEJU	乐居	2. 01	2. 29	13. 93	6. 96	1. 03
3	NTP. N	南太地产	8. 61	5. 85	-32. 06	11. 82	3. 66
4	XIN. N	鑫苑置业	3. 54	2. 20	-37. 88	3. 60	1. 66
5	DNK. N	蛋壳公寓	13. 50	2. 91	-78. 44	13. 90	1. 27

数据来源：wind.

表 6-38　上市物业管理服务企业股价（前复权）涨跌幅排行榜

单位：元，港元，%

排名	证券代码	证券简称	2019 年收盘价	2020 年收盘价	涨跌幅	最高价	最低价
1	1995. HK	永升生活服务	5. 26	17. 02	223. 70	18. 06	5. 14
2	1922. HK	银城生活服务	1. 49	4. 51	202. 11	9. 69	1. 21
3	9909. HK	宝龙商业	9. 66	24. 80	156. 74	29. 71	8. 90
4	3316. HK	滨江服务	7. 02	14. 28	103. 31	21. 20	6. 79
5	6098. HK	碧桂园服务	26. 13	52. 45	100. 73	56. 50	23. 84
6	1895. HK	鑫苑服务	1. 39	2. 40	72. 98	4. 86	1. 15
7	6093. HK	和泓服务	1. 32	2. 11	59. 85	3. 62	1. 22
8	9928. HK	时代邻里	4. 83	7. 26	50. 31	13. 74	4. 58
9	1755. HK	新城悦服务	12. 07	17. 76	47. 17	27. 65	10. 80
10	000011. SZ	深物业 A	9. 04	12. 17	34. 63	31. 87	6. 87
11	1538. HK	中奥到家	0. 55	0. 74	34. 18	1. 88	0. 43
12	0352. HK	富阳	0. 51	0. 67	31. 37	0. 91	0. 20
13	6049. HK	保利物业	46. 55	61. 10	31. 26	92. 45	44. 11
14	002285. SZ	世联行	3. 75	4. 92	31. 20	7. 50	2. 52
15	3319. HK	雅生活服务	26. 61	34. 40	29. 30	48. 55	24. 87

续表

排名	证券代码	证券简称	2019 年收盘价	2020 年收盘价	涨跌幅	最高价	最低价
16	0697. HK	首程控股	1. 81	2. 20	21. 64	2. 88	1. 15
17	2869. HK	绿城服务	8. 44	9. 57	13. 34	11. 78	7. 51
18	200011. SZ	深物业 B	4. 79	5. 34	11. 38	8. 38	3. 53
19	1971. HK	弘阳服务	4. 15	4. 90	11. 36	7. 72	4. 15
20	002968. SZ	新大正	45. 66	49. 55	8. 52	76. 50	33. 96
21	0733. HK	合富辉煌	1. 54	1. 65	7. 30	1. 91	1. 13
22	8426. HK	雅居投资控股	0. 15	0. 16	6. 96	0. 19	0. 12
23	001914. SZ	招商积余	20. 23	21. 53	6. 43	38. 68	17. 77
24	1417. HK	浦江中国	1. 96	1. 89	-3. 65	2. 45	0. 95
25	002377. SZ	国创高新	3. 99	3. 82	-4. 17	5. 12	3. 25
26	000560. SZ	我爱我家	4. 25	4. 06	-4. 54	5. 40	2. 96
27	2231. HK	景业名邦集团	3. 02	2. 86	-5. 41	3. 39	2. 41
28	2048. HK	易居企业控股	7. 56	7. 11	-5. 97	12. 68	5. 89
29	603506. SH	南都物业	21. 09	19. 81	-6. 07	33. 13	17. 01
30	2168. HK	佳兆业美好	20. 66	19. 10	-7. 54	39. 30	18. 10
31	3699. HK	光大永年	0. 52	0. 48	-7. 81	0. 72	0. 40
32	0459. HK	美联工商铺	0. 11	0. 10	-8. 18	0. 16	0. 07
33	9978. HK	方圆房服集团	0. 57	0. 50	-12. 28	0. 78	0. 43
34	3662. HK	奥园健康	5. 80	5. 00	-13. 73	9. 65	4. 69
35	1778. HK	彩生活	4. 18	3. 48	-16. 75	4. 60	2. 90
36	2669. HK	中海物业	4. 87	4. 04	-17. 00	9. 30	3. 90
37	1200. HK	美联集团	1. 02	0. 74	-27. 13	1. 17	0. 63
38	2606. HK	蓝光嘉宝服务	48. 72	35. 20	-27. 76	62. 70	26. 65
39	0873. HK	世茂服务	16. 60	11. 96	-27. 95	16. 60	11. 42
40	0183. HK	宏辉集团	0. 07	0. 05	-28. 57	0. 09	0. 04
41	8173. HK	万亚企业控股	0. 06	0. 04	-31. 25	0. 07	0. 01
42	2379. HK	中天国际	0. 60	0. 39	-35. 00	1. 30	0. 23
43	1941. HK	烨星集团	1. 56	1. 02	-40. 70	1. 88	0. 86
44	8181. HK	时时服务	0. 32	0. 19	-41. 56	0. 35	0. 17
45	2310. HK	时代环球集团	0. 23	0. 13	-44. 34	0. 24	0. 11
46	3301. HK	融信中国	9. 93	5. 42	-45. 42	10. 39	5. 05
47	0299. HK	宝新置地	0. 85	0. 30	-64. 71	0. 85	0. 28
48	8030. HK	汇联金融服务	0. 10	0. 04	-65. 69	0. 11	0. 03

数据来源：wind.

（二）中国部分优秀房地产企业运营数据

1. 碧桂园控股有限公司（见表6-39～表6-42）

表6-39　2020年商品房销售业绩及同比增幅

类　别	2020年	同比（%）
权益销售金额（亿元）	5706.60	3.34
权益销售面积（万平方米）	6733.00	7.95
销售均价（元/平方米）	8476.00	-4.27

数据来源：企业公告、CRIC.

表6-40　2019—2020年企业财务指标

财务指标	2020年	2019年
净负债率（%）	55.59	46.32
三费费用率（%）	4.40	6.74
总资产周转率（次）	0.24	0.27
长短期债务比	2.39	2.18
现金短债比	1.91	2.31
净利润增长率（%）	-11.57	26.08
销售毛利率（%）	21.80	26.06
销售净利率（%）	11.69	12.60

数据来源：企业公告、CRIC.

表6-41　2020年重点新增土地储备

城市	宗地名称	属性	成交时间	建筑面积（万平方米）	成交总价（亿元）	楼板价（元/平方米）
东莞	横沥镇2020WR019	商住	2020-06	24.60	25.87	10516
义乌	义土挂（2020）74号	商住	2020-08	14.25	23.10	16215
西安	西土出告字（2020）96号	住宅	2020-09	16.35	24.74	15126
慈溪	慈自然资规告（2020）188号	住宅	2020-10	32.29	35.07	10861
临沂	临审服让告字（2020）112号	住宅	2020-10	29.43	24.54	8340

数据来源：企业公告、CRIC.

表6-42　2020年重点新开盘项目

项目名称	城市	项目名称	城市
碧桂园云顶	西安	碧桂园·铂翠廷	上海
碧桂园玖玺	上海	碧桂园云顶	丽水
碧桂园御江东郡	宁波	碧桂园·铂悦天境	泰州

数据来源：企业公告、CRIC.

2. 中国恒大集团（见表 6-43 ~ 表 6-46）

表 6-43　2020 年商品房销售业绩及同比增幅

类　别	2020 年	同比（%）
销售金额（亿元）	7232.50	20.33
销售面积（万平方米）	8085.60	38.30
销售均价（元/平方米）	8945.00	-13.00

数据来源：企业公告、CRIC.

表 6-44　2019—2020 年企业财务指标

财务指标	2020 年	2019 年
净负债率（%）	152.89	159.30
三费费用率（%）	10.90	13.79
总资产周转率（次）	0.23	0.23
长短期债务比	1.14	1.15
现金短债比	0.54	0.61
净利润增长率（%）	-6.39	-49.60
销售毛利率（%）	24.17	27.84
销售净利率（%）	6.19	7.02

数据来源：企业公告、CRIC.

表 6-45　2020 年重点新增土地储备

城市	宗地名称	属性	成交时间	建筑面积（万平方米）	成交总价（亿元）	楼板价（元/平方米）
广州	穗规划挂出告字（2020）11 号	住宅	2020-04	17.78	22.06	12406
中山	中土告字〔2020〕0011 号	住宅	2020-04	30.94	35.89	11600
佛山	顺德区 TD2020（SD）WG0009	商住	2020-04	41.93	47.37	11297
福州	榕宗地 2020-22 号地块	商住	2020-05	57.85	62.60	10822
东莞	企石镇 2020WR012	商住	2020-05	34.78	29.89	8594

数据来源：企业公告、CRIC.

表 6-46　2020 年重点新开盘项目

项目名称	城市	项目名称	城市
恒大阳光半岛	广州	恒大时代新城	重庆
国玺悦龙府	杭州	恒大翡翠华庭	六安
恒大悦澜湾	丽水	恒大御龙天峰	三明

数据来源：企业公告、CRIC.

3. 万科企业股份有限公司（见表6－47～表6－50）

表6－47　2020年商品房销售业绩及同比增幅

类　别	2020年	同比（%）
销售金额（亿元）	7041.50	11.62
销售面积（万平方米）	4667.50	13.50
销售均价（元/平方米）	15086.00	－1.66

数据来源：企业公告、CRIC.

表6－48　2019—2020年企业财务指标

财务指标	2020年	2019年
净负债率（%）	18.09	33.87
三费费用率（%）	6.38	7.30
总资产周转率（次）	0.23	0.23
长短期债务比	2.12	1.75
现金短债比	2.35	1.77
净利润增长率（%）	7.56	11.89
销售毛利率（%）	29.25	36.25
销售净利率（%）	14.15	14.99

数据来源：企业公告、CRIC.

表6－49　2020年重点新增土地储备

城市	宗地名称	属性	成交时间	建筑面积（万平方米）	成交总价（亿元）	楼板价（元/平方米）
福州	榕宗地2020－21号地块	商住	2020－03	31.89	41.24	12931
南京	宁出04号NO.2020G10	住宅	2020－03	10.82	43.50	40196
南京	宁出09号NO.2020G54	住宅	2020－08	17.22	38.10	22128
南通	（2020）46号R20030地块	住宅	2020－10	16.60	28.76	17330
深圳	深土交告（2020）48号	商住	2020－10	18.96	59.98	31639

数据来源：企业公告、CRIC.

表6－50　2020年重点新开盘项目

项目名称	城市	项目名称	城市
万科海上都会	宁波	万科天府公园城	成都
万科金域国际	福州	万科·海潮映月	宁波
四季都会·晓风来	上海	万科·星耀都荟	南京

数据来源：企业公告、CRIC.

4. 融创中国控股有限公司（见表 6－51 ~ 表 6－54）

表 6－51　2020 年商品房销售业绩及同比增幅

类　别	2020 年	同比（%）
销售金额（亿元）	5752.60	3.42
销售面积（万平方米）	4102.10	7.15
销售均价（元/平方米）	14024.00	－3.47

数据来源：企业公告、CRIC.

表 6－52　2019—2020 年企业财务指标

财务指标	2020 年	2019 年
净负债率（%）	96.04	172.26
三费费用率（%）	5.30	10.68
总资产周转率（次）	0.22	0.20
长短期债务比	2.31	1.37
现金短债比	1.45	0.93
净利润增长率（%）	40.47	61.40
销售毛利率（%）	20.99	24.46
销售净利率（%）	17.15	16.63

数据来源：企业公告、CRIC.

表 6－53　2020 年重点新增土地储备

城市	宗地名称	属性	成交时间	建筑面积（万平方米）	成交总价（亿元）	楼板价（元/平方米）
杭州	杭钱塘储出〔2019〕11 号	商住	2020－01	23.15	41.14	17768
绍兴	绍市自然告字〔2020〕25 号越城区东光地块	商住	2020－06	31.33	38.38	12250
杭州	杭钱塘储出〔2020〕6 号	商住	2020－06	53.16	50.19	9441
深圳	宝安沙井 A301－0575 号宗地	商住	2020－11	131.07	127.10	14000
宁波	北仑新碶凤凰山西 ZB04－05－04d 地块	商住	2020－12	19.71	40.01	20301

数据来源：企业公告、CRIC.

表 6－54　2020 年重点新开盘项目

项目名称	城市	项目名称	城市
重庆融创文旅城	重庆	融创中心	青岛
重庆融创文旅城	济南	公元 2040	上海
广州融创文旅城	广州	融创映虹桥	上海

数据来源：企业公告、CRIC.

5. 中国海外发展有限公司（见表 6-55 ~ 表 6-58）

表 6-55　2020 年商品房销售业绩及同比增幅

类　别	2020 年	同比（%）
销售金额（亿元）	3607.23	12.50
销售面积（万平方米）	1917.31	6.85
销售均价（元/平方米）	18814.00	5.23

数据来源：企业公告、CRIC.

表 6-56　2019—2020 年企业财务指标

财务指标	2020 年	2019 年
净负债率（%）	31.22	32.69
三费费用率（%）	3.78	3.75
总资产周转率（次）	0.24	0.24
长短期债务比	3.86	4.92
现金短债比	2.52	2.98
净利润增长率（%）	11.61	8.97
销售毛利率（%）	30.05	33.66
销售净利率（%）	25.68	26.12

数据来源：企业公告、CRIC.

表 6-57　2020 年重点新增土地储备

城市	宗地名称	属性	成交时间	建筑面积（万平方米）	成交总价（亿元）	楼板价（元/平方米）
武汉	汉阳区 P（2020）014 号	住宅	2020-06	67.54	78.10	11564
武汉	汉阳区 P（2020）013 号	住宅	2020-06	70.04	66.10	9438
北京	河西区 X46R1、X46R2 地块	住宅	2020-08	26.26	79.00	30086
北京	石景山区北辛安地块	住宅	2020-09	39.30	69.78	17754
珠海	珠海十字门 CBD2020-06 号	住宅	2020-11	61.56	104.76	17016

数据来源：企业公告、CRIC.

表 6-58　2020 年重点新开盘项目

项目名称	城市	项目名称	城市
中海臻如府	上海	中海城南公馆	南京
中海汇德理	深圳	中海阅麓山	长沙
中海寰宇时代	深圳	中海汇德里	上海

数据来源：企业公告、CRIC.

6. 世茂集团控股有限公司（见表 6－59 ~ 表 6－62）

表 6－59　2020 年商品房销售业绩及同比增幅

类　别	2020 年	同比（%）
销售金额（亿元）	3003.07	15.47
销售面积（万平方米）	1712.60	16.85
销售均价（元/平方米）	17535.00	－1.18

数据来源：企业公告、CRIC.

表 6－60　2019—2020 年企业财务指标

财务指标	2020 年	2019 年
净负债率（%）	50.28	57.35
三费费用率（%）	4.88	6.72
总资产周转率（次）	0.26	0.26
长短期债务比	2.97	2.44
现金短债比	1.87	1.62
净利润增长率（%）	18.82	33.05
销售毛利率（%）	29.31	30.61
销售净利率（%）	14.38	14.69

数据来源：企业公告、CRIC.

表 6－61　2020 年重点新增土地储备

城市	宗地名称	属性	成交时间	建筑面积（万平方米）	成交总价（亿元）	楼板价（元/平方米）
福州	宗地 2020－23 号地块	商住	2020－05	55.91	61.50	11000
绍兴	绍市自然告字〔2020〕15 号	商住	2020－05	20.90	25.22	12066
东莞	2020WR021	商住	2020－06	15.13	26.18	11787
宁波	鄞州区 JD13－06－20 地块	商住	2020－06	22.07	33.80	15318
杭州	ZX11－G－14 地块	商住	2020－10	24.89	18.08	7264

数据来源：企业公告、CRIC.

表 6－62　2020 年重点新开盘项目

项目名称	城市	项目名称	城市
世茂璀璨倾城	西安	世茂璀璨悦宸	宁德
世茂璀璨荣里	桐乡	五象澜庭府	南宁
世茂九溪墅	张家港	世茂璀璨天城	长沙

数据来源：企业公告、CRIC.

7. 华润置地有限公司（见表 6-63～表 6-66）

表 6-63　2020 年商品房销售业绩及同比增幅

类　别	2020 年	同比（%）
销售金额（亿元）	2850.30	17.54
销售面积（万平方米）	1418.70	7.09
销售均价（元/平方米）	20091.00	9.76

数据来源：企业公告、CRIC.

表 6-64　2019—2020 年企业财务指标

财务指标	2020 年	2019 年
净负债率（%）	29.48	29.64
三费费用率（%）	6.53	8.32
总资产周转率（次）	0.22	0.21
长短期债务比	3.64	5.30
现金短债比	2.52	3.03
净利润增长率（%）	-1.08	26.34
销售毛利率（%）	30.86	37.89
销售净利率（%）	18.98	23.26

数据来源：企业公告、CRIC.

表 6-65　2020 年重点新增土地储备

城市	宗地名称	属性	成交时间	建筑面积（万平方米）	成交总价（亿元）	楼板价（元/平方米）
西安	西土出告字〔2019〕164 号	商住	2020-01	16.28	76.00	46670
北京	京土整储挂（通）〔2019〕051 号	住宅	2020-02	22.02	46.70	21209
北京	京土整储挂（海）〔2019〕047 号	住宅	2020-02	10.75	54.40	50587
北京	京土整储挂（海）〔2020〕001 号	住宅	2020-02	16.28	76.00	46670
沈阳	2020-010、011、012 号沈海热电厂-1-3 地块	商住	2020-09	78.27	55.87	7138

数据来源：企业公告、CRIC.

表 6-66　2020 年重点新开盘项目

项目名称	城市	项目名称	城市
华润置地公元九里	济南	华润置地润西山	重庆
华润澜山望	重庆	城北万象城幸福里	杭州
华润万象华府	南宁	华润·未来城市	兰州

数据来源：企业公告、CRIC.

8. 招商局蛇口工业区控股股份有限公司（见表 6－67 ~ 表 6－70）

表 6－67　2020 年商品房销售业绩及同比增幅

类　别	2020 年	同比（%）
销售金额（亿元）	2776. 08	25. 91
销售面积（万平方米）	1243. 53	6. 34
销售均价（元/平方米）	22324. 00	18. 41

数据来源：企业公告、CRIC.

表 6－68　2019—2020 年企业财务指标

财务指标	2020 年	2019 年
净负债率（%）	28. 08	29. 28
三费费用率（%）	5. 55	6. 87
总资产周转率（次）	0. 19	0. 19
长短期债务比	1. 67	1. 59
现金短债比	1. 49	1. 37
净利润增长率（%）	－10. 33	－3. 23
销售毛利率（%）	28. 69	34. 65
销售净利率（%）	13. 05	19. 31

数据来源：企业公告、CRIC.

表 6－69　2020 年重点新增土地储备

城市	宗地名称	属性	成交时间	建筑面积（万平方米）	成交总价（亿元）	楼板价（元/平方米）
东莞	谢岗镇谢山村 2020WR026 地块	商住	2020－07	21. 46	16. 74	7804
沈阳	JK2020－008 号曙光汽车地块	住宅	2020－10	15. 54	7. 46	4800
上海	静安区中兴社区 C070202 单元 268－01 地块	住宅	2020－12	7. 24	52. 13	72000
武汉	经开区 P（2020）152 号 1MA 地块	商住	2020－12	75. 14	57. 44	7644
珠海	斗门区编号 20215/珠自然资储 2020－34	商住	2020－12	9. 70	7. 85	8090

数据来源：企业公告、CRIC.

表 6－70　2020 年重点新开盘项目

项目名称	城市	项目名称	城市
招商闻博花城	杭州	太子湾·湾玺	深圳
招商臻府	深圳	雍宁府	南京
招商·都会中心	北京	招商雍华府	徐州

数据来源：企业公告、CRIC.

9. 龙湖集团有限公司（见表6-71～表6-74）

表6-71　2020年商品房销售业绩及同比增幅

类　别	2020年	同比（%）
销售金额（亿元）	2706.10	11.59
销售面积（万平方米）	1616.20	13.51
销售均价（元/平方米）	16744.00	-1.69

数据来源：企业公告、CRIC.

表6-72　2019—2020年企业财务指标

财务指标	2020年	2019年
净负债率（%）	46.46	51.02
三费费用率（%）	6.74	7.04
总资产周转率（次）	0.26	0.26
长短期债务比	8.13	9.48
现金短债比	4.24	4.38
净利润增长率（%）	8.62	27.10
销售毛利率（%）	29.28	33.63
销售净利率（%）	15.63	17.58

数据来源：企业公告、CRIC.

表6-73　2020年重点新增土地储备

城市	宗地名称	属性	成交时间	建筑面积（万平方米）	成交总价（亿元）	楼板价（元/平方米）
武汉	武告字（2020年）2号武昌区石牌岭路与工大路交汇处地块	商住	2020-03	22.53	23.52	10439
杭州	杭政储出〔2020〕33号	商住	2020-05	36.02	71.89	19958
福州	榕宗地2020-24号地块	商住	2020-06	19.19	21.61	11261
长春	长公资土挂〔2020〕089号净月区220102016384GB00030、220102016384GX00002号地块	商住	2020-06	22.94	13.44	5859
广州	2020挂-1127［番禺区亚运大道北侧番禺客运站地块（穗规划资源挂出告字〔2020〕98号）］	商住	2020-12	28.18	58.11	20621

数据来源：企业公告、CRIC.

表6-74　2020年重点新开盘项目

项目名称	城市	项目名称	城市
龙湖·天曜	宁波	龙湖·春江天玺	深圳
龙湖·景粼天著	常州	龙湖首开湖西星辰	苏州
龙湖春江天镜	重庆	龙湖葛洲坝景粼天著	杭州

数据来源：企业公告、CRIC.

10. 新城控股集团股份有限公司（见表 6－75 ~ 表 6－78）

表 6－75　2020 年商品房销售业绩及同比增幅

类　别	2020 年	同比（%）
销售金额（亿元）	2509.63	－7.33
销售面积（万平方米）	2348.85	－3.42
销售均价（元/平方米）	10684.00	－4.05

数据来源：企业公告、CRIC.

表 6－76　2019—2020 年企业财务指标

财务指标	2020 年	2019 年
净负债率（%）	43.65	16.36
三费费用率（%）	7.20	10.58
总资产周转率（次）	0.29	0.22
长短期债务比	2.83	1.42
现金短债比	2.61	2.09
净利润增长率（%）	23.52	9.18
销售毛利率（%）	23.50	32.64
销售净利率（%）	11.32	15.53

数据来源：企业公告、CRIC.

表 6－77　2020 年重点新增土地储备

城市	宗地名称	属性	成交时间	建筑面积（万平方米）	成交总价（亿元）	楼板价（元/平方米）
北京	北京市大兴区 B1_05_(2) 地块	商住	2020－06	10.68	29.40	27537
长沙	〔2020〕长沙市 063 号地块	商住	2020－08	53.63	24.10	4494
贵阳	GD〔20〕017 地块	商住	2020－09	53.05	40.43	7621
徐州	2019－114 号地块	住宅	2020－10	17.95	24.12	13441
深圳	坪山 G12314－8030 号地块	商住	2020－10	11.88	28.00	23653

数据来源：企业公告、CRIC.

表 6－78　2020 年重点新开盘项目

项目名称	城市	项目名称	城市
融创静安映	上海	新城尚隽天骄	常州
新城璞樾春秋	常州	新城玖珑湖	徐州
MOC 芯城汇	苏州	新城滨湖云境	合肥

数据来源：企业公告、CRIC.

11. 旭辉控股（集团）有限公司（见表 6-79 ~ 表 6-82）

表 6-79　2020 年商品房销售业绩及同比增幅

类　别	2020 年	同比（%）
销售金额（亿元）	2310.00	15.15
销售面积（万平方米）	1538.51	27.83
销售均价（元/平方米）	15015.00	-9.92

数据来源：企业公告、CRIC.

表 6-80　2019—2020 年企业财务指标

财务指标	2020 年	2019 年
净负债率（%）	64.04	65.59
三费费用率（%）	7.91	9.67
总资产周转率（次）	0.20	0.20
长短期债务比	4.60	3.91
现金短债比	2.74	2.79
净利润增长率（%）	28.71	29.84
销售毛利率（%）	21.74	25.01
销售净利率（%）	16.57	16.37

数据来源：企业公告、CRIC.

表 6-81　2020 年重点新增土地储备

城市	宗地名称	属性	成交时间	建筑面积（万平方米）	成交总价（亿元）	楼板价（元/平方米）
上海	闵行区七宝镇古美北社区 S110501 单元 27-01 地块	住宅	2020-08	8.25	45.23	54814
北京	京土整储挂（顺）〔2020〕032 号	综合	2020-08	20.61	31.18	15130
天津	津滨开（挂）2020-3 号	商住	2020-09	23.91	29.85	12485
绍兴	绍市自然告字〔2020〕23 号	商住	2020-11	26.40	31.62	9032
北京	京土整储挂（朝）〔2020〕043 号	综合	2020-12	7.45	35.02	47008

数据来源：企业公告、CRIC.

表 6-82　2020 年重点新开盘项目

项目名称	城市	项目名称	城市
旭辉银盛泰正阳府	青岛	熹樾	南京
旭辉都会山	长沙	旭辉·雨花郡	长沙
旭辉都会山	武汉	旭辉广场	成都

数据来源：企业公告、CRIC.

12. 中国金茂控股集团有限公司（见表 6－83～表 6－86）

表 6－83　2020 年商品房销售业绩及同比增幅

类　别	2020 年	同比（%）
销售金额（亿元）	2311.00	43.71
销售面积（万平方米）	1129.08	50.86
销售均价（元/平方米）	20468.00	－4.74

数据来源：企业公告、CRIC.

表 6－84　2019—2020 年企业财务指标

财务指标	2020 年	2019 年
净负债率（%）	44.68	74.39
三费费用率（%）	13.08	15.30
总资产周转率（次）	0.17	0.15
长短期债务比	2.51	2.60
现金短债比	1.88	0.93
净利润增长率（%）	－28.21	16.98
销售毛利率（%）	20.17	29.44
销售净利率（%）	10.32	19.90

数据来源：企业公告、CRIC.

表 6－85　2020 年重点新增土地储备

城市	宗地名称	属性	成交时间	建筑面积（万平方米）	成交总价（亿元）	楼板价（元/平方米）
北京	海淀区四季青镇中坞南地块	住宅	2020－01	6.68	46.75	70026
武汉	汉阳 P（2020）011 号	商住	2020－03	67.60	32.41	4794
武汉	汉阳 P（2020）012 号	商住	2020－03	59.40	30.06	5061
青岛	LS0502－35－1 及 LS0502－36 地块	商住	2020－09	38.72	35.31	9118
青岛	SF0604－207、SF0604－305、F0604－902 及 SF0604－1002 地块	商住	2020－09	27.44	25.16	9170

数据来源：企业公告、CRIC.

表 6－86　2020 年重点新开盘项目

项目名称	城市	项目名称	城市
融创映虹桥	上海	未来金茂府	北京
中欧国际城	青岛	霞客岛生态城	江阴
虹桥金茂悦	上海	扬子江金茂悦	南京

数据来源：企业公告、CRIC.

13. 金科地产集团股份有限公司（见表6－87～表6－90）

表6－87　2020年商品房销售业绩及同比增幅

类　别	2020年	同比（%）
销售金额（亿元）	2232.00	20.00
销售面积（万平方米）	2240.00	17.59
销售均价（元/平方米）	9964.00	2.05

数据来源：企业公告、CRIC.

表6－88　2019—2020年企业财务指标

财务指标	2020年	2019年
净负债率（%）	75.07	120.37
三费费用率（%）	7.93	11.12
总资产周转率（次）	0.25	0.25
长短期债务比	1.99	2.09
现金短债比	1.34	1.14
净利润增长率（%）	52.65	58.11
销售毛利率（%）	23.16	28.84
销售净利率（%）	11.06	9.38

数据来源：企业公告、CRIC.

表6－89　2020年重点新增土地储备

城市	宗地名称	属性	成交时间	建筑面积（万平方米）	成交总价（亿元）	楼板价（元/平方米）
济南	济自然规划告字〔2020〕11号	住宅	2020－11	12.82	8.45	6597
广州	2020挂－1123	住宅	2020－12	19.78	19.80	10010
绵阳	绵自然资规公告〔2020〕219号	住宅	2020－12	22.57	8.16	3617
南阳	宛自然资告字〔2020〕28号	住宅	2020－12	18.01	7.87	4368
宜兴	宜地（2020）45号	商住	2020－12	5.76	4.56	7921

数据来源：企业公告、CRIC.

表6－90　2020年重点新开盘项目

项目名称	城市	项目名称	城市
盛世金悦	南宁	翰粼天辰	重庆
金科博翠湾	成都	中梁金科·启宸	常州
金科博翠天宸	西安	领地金科蘭台府	成都

数据来源：企业公告、CRIC.

14. 绿城中国控股有限公司（见表 6－91～表 6－94）

表 6－91　2020 年商品房销售业绩及同比增幅

类　别	2020 年	同比（%）
销售金额（亿元）	2892.00	43.31
销售面积（万平方米）	1385.00	34.86
销售均价（元/平方米）	20881.00	6.27

数据来源：企业公告、CRIC.
注：销售口径含代建。

表 6－92　2019—2020 年企业财务指标

财务指标	2020 年	2019 年
净负债率（%）	63.84	63.17
三费费用率（%）	13.49	12.93
总资产周转率（次）	0.18	0.20
长短期债务比	2.67	1.74
现金短债比	2.01	1.49
净利润增长率（%）	46.44	65.69
销售毛利率（%）	23.67	25.39
销售净利率（%）	8.76	6.39

数据来源：企业公告、CRIC.

表 6－93　2020 年重点新增土地储备

城市	宗地名称	属性	成交时间	建筑面积（万平方米）	成交总价（亿元）	楼板价（元/平方米）
宁波	甬土告〔2020〕01048 号	住宅	2020－08	27.76	32.66	11768
泰州	泰地储告〔2020〕13－1 号	住宅	2020－09	15.37	19.25	12523
佛山	TD2020（NH）WG0026	住宅	2020－09	12.97	22.74	17533
杭州	杭政储出〔2020〕65 号地块	住宅	2020－09	11.29	29.97	26549
宁波	甬储出 2020－116 号地块	住宅	2020－09	21.49	33.92	15783

数据来源：企业公告、CRIC.

表 6－94　2020 年重点新开盘项目

项目名称	城市	项目名称	城市
奥海明月	北京	晓风印月	宁波
新湖明珠城	上海	春来晓园	杭州
全运村	西安	公园大道	广州

数据来源：企业公告、CRIC.

15. 中梁控股集团有限公司（见表 6－95～表 6－98）

表 6－95　2020 年商品房销售业绩及同比增幅

类　别	2020 年	同比（%）
销售金额（亿元）	1688.00	10.69
销售面积（万平方米）	1350.00	-9.10
销售均价（元/平方米）	12504.00	21.77

数据来源：企业公告、CRIC.

表 6－96　2019—2020 年企业财务指标

财务指标	2020 年	2019 年
净负债率（%）	65.80	65.67
三费费用率（%）	3.34	3.31
总资产周转率（次）	0.27	0.29
长短期债务比	1.27	0.87
现金短债比	1.44	1.23
净利润增长率（%）	4.96	147.63
销售毛利率（%）	21.01	23.27
销售净利率（%）	9.96	11.05

数据来源：企业公告、CRIC.

表 6－97　2020 年重点新增土地储备

城市	宗地名称	属性	成交时间	建筑面积（万平方米）	成交总价（亿元）	楼板价（元/平方米）
杭州	余政储出〔2019〕66 号	纯住宅	2020－01	21.46	49.02	22843
合肥	合自然资规公告〔2020〕1 号经开区 JK202001 号	纯住宅	2020－03	26.62	27.25	10237
天津	津滨开（挂）2019－5 号	商住	2020－04	12.91	13.53	10477
漳州	漳州市城东板块长福 2020P07 号地块	纯住宅	2020－06	21.46	13.69	6504
临沂	临审服让告字〔2020〕122 号	纯住宅	2020－11	27.64	13.01	4707

数据来源：企业公告、CRIC.

表 6－98　2020 年重点新开盘项目

项目名称	城市	项目名称	城市
中梁·天悦湾	丽水	云龙湖金茂府	徐州
中梁隐山府	绍兴	中梁鹿城中心	温州
中梁湖栖云庐	宁波	徐州百悦城	徐州

数据来源：企业公告、CRIC.

16. 融信中国控股有限公司（见表 6－99 ~ 表 6－102）

表 6－99　2020 年商品房销售业绩及同比增幅

类　别	2020 年	同比（%）
销售金额（亿元）	1551.73	9.81
销售面积（万平方米）	725.09	10.74
销售均价（元/平方米）	21401.00	－0.84

数据来源：企业公告、CRIC.

表 6－100　2019—2020 年企业财务指标

财务指标	2020 年	2019 年
净负债率（%）	82.82	69.92
三费费用率（%）	3.13	5.94
总资产周转率（次）	0.22	0.25
长短期债务比	1.88	2.38
现金短债比	1.20	1.83
净利润增长率（%）	－40.71	69.78
销售毛利率（%）	11.00	24.24
销售净利率（%）	7.23	11.45

数据来源：企业公告、CRIC.

表 6－101　2020 年重点新增土地储备

城市	宗地名称	属性	成交时间	建筑面积（万平方米）	成交总价（亿元）	楼板价（元/平方米）
杭州	萧政储出（2019）47 号	住宅	2020－01	19.13	33.38	17452
福州	福州鼓山大桥 2020－30 号	住宅	2020－06	38.30	41.32	10788
上海	闵行区七宝镇古美北社区－S110501 单元 27－01 号	住宅	2020－08	8.25	45.23	54814
上海	嘉定区南翔镇 JDC2－0203 单元 18－02、20－01 号	住宅	2020－08	12.57	48.71	38763
苏州	苏地 2020－WG－65 号	住宅	2020－12	7.24	52.13	72000

数据来源：企业公告、CRIC.

表 6－102　2020 年重点新开盘项目

项目名称	城市	项目名称	城市
融信世纪东方	南京	古翠隐秀	杭州
融信中能海月清风	温州	融信展望	杭州
融信旭辉湘湖悦章	杭州	融信创世纪	嵊州

数据来源：企业公告、CRIC.

17. 正荣地产集团有限公司（见表 6－103 ~ 表 6－106）

表 6－103　2020 年商品房销售业绩及同比增幅

类　别	2020 年	同比（%）
销售金额（亿元）	1419.01	8.56
销售面积（万平方米）	889.75	5.43
销售均价（元/平方米）	15949.00	2.98

数据来源：企业公告、CRIC.

表 6－104　2019—2020 年企业财务指标

财务指标	2020 年	2019 年
净负债率（%）	64.65	75.20
三费费用率（%）	7.76	8.20
总资产周转率（次）	0.18	0.21
长短期债务比	2.44	1.93
现金短债比	2.20	1.76
净利润增长率（%）	15.03	38.60
销售毛利率（%）	19.11	19.96
销售净利率（%）	9.85	9.50

数据来源：企业公告、CRIC.

表 6－105　2020 年重点新增土地储备

城市	宗地名称	属性	成交时间	建筑面积（万平方米）	成交总价（亿元）	楼板价（元/平方米）
南京	NO. 2020G04	住宅	2020－04	16.90	29.75	17608
南京	NO. 2020G32	住宅	2020－07	12.61	25.00	19818
南京	NO. 2020G40	住宅	2020－07	13.05	25.80	19777
南京	NO. 2020G36	住宅	2020－07	8.80	24.60	28106
苏州	苏地 2020－WG－49 号地块	住宅	2020－08	9.26	18.42	19901

数据来源：企业公告、CRIC.

表 6－106　2020 年重点新开盘项目

项目名称	城市	项目名称	城市
悦溪正荣府	重庆	晋东正荣府	泉州
江悦润府	南京	正荣梅溪紫阙台	长沙
时代天樾	南京	正荣府	漳州

数据来源：企业公告、CRIC.

18. 龙光集团有限公司（见表 6－107～表 6－110）

表 6－107　2020 年商品房销售业绩及同比增幅

类　别	2020 年	同比（%）
权益销售金额（亿元）	1206.94	31.87
权益销售面积（万平方米）	745.21	13.06
销售均价（元/平方米）	15637.00	14.68

数据来源：企业公告、CRIC.
注：2019 年只公布了权益金额，权益面积是按全口径均价计算。

表 6－108　2019—2020 年企业财务指标

财务指标	2020 年	2019 年
净负债率（%）	61.43	67.39
三费费用率（%）	7.87	7.26
总资产周转率（次）	0.32	0.31
长短期债务比	2.44	1.35
现金短债比	1.84	1.38
净利润增长率（%）	15.66	28.54
销售毛利率（%）	30.01	31.55
销售净利率（%）	18.82	20.12

数据来源：企业公告、CRIC.

表 6－109　2020 年重点新增土地储备

城市	宗地名称	属性	成交时间	建筑面积（万平方米）	成交总价（亿元）	楼板价（元/平方米）
汕头	汕自然资公〔2020〕10 号新城新津片区 E 组团 WG－2020－3	住宅	2020－04	27.22	18.33	6734
深圳	深土交告〔2020〕8 号/T102－0346	住宅	2020－05	18.36	115.97	63164
广州	白云区黄石街道江夏村 AB2906037 地块	住宅	2020－05	6.90	29.76	43130
上海	杨浦区定海社区 D5－1 地块	住宅	2020－07	3.64	23.82	65440
宁波	甬土告〔2020〕01074 号北区 cc09－01－03b 地块	住宅	2020－10	5.95	8.78	14756

数据来源：企业公告、CRIC.

表 6－110　2020 年重点新开盘项目

项目名称	城市	项目名称	城市
南海龙光天曜	佛山	龙光玖云台	惠州
龙光玖誉城	南宁	龙光·莲花悦府	柳州
龙光珑滨嘉园	佛山	龙光花溪澜园	昆山

数据来源：企业公告、CRIC.

19. 广州富力地产股份有限公司（见表 6－111 ~ 表 6－114）

表 6－111　2020 年商品房销售业绩及同比增幅

类　别	2020 年	同比（%）
销售金额（亿元）	1387.90	0.40
销售面积（万平方米）	1153.10	－8.10
销售均价（元/平方米）	12036.00	9.40

数据来源：企业公告、CRIC.
注：销售数据为权益数据。

表 6－112　2019—2020 年企业财务指标

财务指标	2020 年	2019 年
净负债率（%）	130.19	198.88
三费费用率（%）	13.85	16.64
总资产周转率（次）	0.20	0.23
长短期债务比	1.50	2.17
现金短债比	0.63	0.62
净利润增长率（%）	－9.38	15.64
销售毛利率（%）	23.74	32.79
销售净利率（%）	10.65	11.11

数据来源：企业公告、CRIC.

表 6－113　2020 年重点新增土地储备

城市	宗地名称	属性	成交时间	建筑面积（万平方米）	成交总价（亿元）	楼板价（元/平方米）
兰州	G1918－G1921 四宗地	商住	2020－04	32.47	15.24	4693
长治	潞州区马坊头 2020－10 号	住宅	2020－05	17.62	2.59	1470
长治	潞州区马坊头村 2020－09	商办	2020－05	20.02	3.34	1670
太原	万柏林区 SG－2056 地块	商住	2020－09	0.63	0.27	4225
广州	花都大道以北、莲山路以东花都中轴线宅地	住宅	2020－12	10.44	11.20	10726

数据来源：企业公告、CRIC.

表 6－114　2020 年重点新开盘项目

项目名称	城市	项目名称	城市
天鹅港华庭	苏州	富力首开·金禧璞瑅	北京
富力芙蓉新天地	长沙	武汉美桥富力广场	武汉
富力开远城	西安	富力南驰·富颐华庭	广州

数据来源：企业公告、CRIC.

20. 佳兆业集团控股有限公司（见表 6－115 ~ 表 6－118）

表 6－115　2020 年商品房销售业绩及同比增幅

类　别	2020 年	同比（%）
权益销售金额（亿元）	1068.96	21.31
销售面积（万平方米）	616.46	32.80
销售均价（元/平方米）	17340.00	－8.70

数据来源：企业公告、CRIC.

表 6－116　2019—2020 年企业财务指标

财务指标	2020 年	2019 年
净负债率（%）	99.40	146.90
三费费用率（%）	14.40	12.80
总资产周转率（次）	0.38	0.38
长短期债务比	4.27	2.67
现金短债比	1.99	1.11
净利润增长率（%）	26.76	26.40
销售毛利率（%）	28.52	28.80
销售净利率（%）	9.46	8.67

数据来源：企业公告、CRIC.

表 6－117　2020 年重点新增土地储备

城市	宗地名称	属性	成交时间	建筑面积（万平方米）	成交总价（亿元）	楼板价（元/平方米）
上海	盈港东路北侧 14A－06，14B－04	住宅	2020－07	6.10	16.33	26770
南京	NO. 2020G36 地块	住宅	2020－07	8.75	24.60	28114
北京	门头沟区 MC00－0004－6022	住宅	2020－07	4.00	12.60	31500
合肥	滨湖科学城 BK202005 号	住宅	2020－10	7.50	11.45	15267
宁波	鄞州区 JD13－03－27	住宅	2020－11	6.49	14.37	22142

数据来源：企业公告、CRIC.

表 6－118　2020 年重点新开盘项目

项目名称	城市	项目名称	城市
珑玺苑	成都	云顶都汇	长沙
悦江府	广州	樾伴山	深圳
浣溪璞园	武汉	佳兆业城市广场	上海

数据来源：企业公告、CRIC.

21. 雅居乐集团控股有限公司（见表 6-119～表 6-122）

表 6-119　2020 年商品房销售业绩及同比增幅

类　别	2020 年	同比（%）
销售金额（亿元）	1381.90	17.15
销售面积（万平方米）	1025.00	15.03
销售均价（元/平方米）	13482.00	1.84

数据来源：企业公告、CRIC.

表 6-120　2019—2020 年企业财务指标

财务指标	2020 年	2019 年
净负债率（%）	61.00	82.82
三费费用率（%）	10.79	14.20
总资产周转率（次）	0.27	0.24
长短期债务比	1.54	1.29
现金短债比	1.32	1.01
净利润增长率（%）	32.66	10.47
销售毛利率（%）	30.04	30.48
销售净利率（%）	15.26	15.33

数据来源：企业公告、CRIC.

表 6-121　2020 年重点新增土地储备

城市	宗地名称	属性	成交时间	建筑面积（万平方米）	成交总价（亿元）	楼板价（元/平方米）
肇庆	肇庆新区 XA2019-20	商住	2020-01	24.70	4.60	1854
天津	津宝（挂）2019-041 号	商住	2020-04	24.30	6.90	2835
西安	泾河 XXTH-GZ03-32-A	商住	2020-04	11.90	3.60	2992
中山	中山翠亨新区北塔片区地块	商住	2020-07	91.83	39.96	4352
南京	雨花台区 2020G50	商住	2020-11	9.82	17.10	17420

数据来源：企业公告、CRIC.

表 6-122　2020 年重点新开盘项目

项目名称	城市	项目名称	城市
京华雅郡	北京	星瀚雅府	重庆
熙悦府	常州	美的雅居乐云筑	武汉
雅居乐汇港城	南京	亚运城天骄	广州

数据来源：企业公告、CRIC.

22. 中国奥园集团股份有限公司（见表 6-123 ~ 表 6-126）

表 6-123　2020 年商品房销售业绩及同比增幅

类　别	2020 年	同比（%）
销售金额（亿元）	1330.10	12.66
销售面积（万平方米）	1288.22	10.25
销售均价（元/平方米）	10325.00	2.19

数据来源：企业公告、CRIC.

表 6-124　2019—2020 年企业财务指标

财务指标	2020 年	2019 年
净负债率（%）	82.66	74.87
三费费用率（%）	10.13	10.47
总资产周转率（次）	0.22	0.21
长短期债务比	1.20	1.29
现金短债比	1.34	1.63
净利润增长率（%）	35.03	77.65
销售毛利率（%）	25.09	29.73
销售净利率（%）	10.40	10.33

数据来源：企业公告、CRIC.

表 6-125　2020 年重点新增土地储备

城市	宗地名称	属性	成交时间	建筑面积（万平方米）	成交总价（亿元）	楼板价（元/平方米）
宁波	北仑区甬储出 2020-029 号	商住	2020-06	7.19	7.01	9760
广州	增城区中新镇集丰村 83103207A20005 号	住宅	2020-07	8.26	8.00	9684
上海	嘉定区安亭镇 02A-01A 地块	商住	2020-07	13.41	15.42	11500
广州	增城区 3103200A20044 号	商住	2020-08	16.37	8.47	5170
漳州	台 2020P04 号地块	商住	2020-10	13.52	7.42	5485

数据来源：企业公告、CRIC.

表 6-126　2020 年重点新开盘项目

项目名称	城市	项目名称	城市
奥园和悦府	西安	奥园金基天著尚居	南京
奥园半岛 ONE	成都	奥园华景川上锦宸府	杭州
奥园龙川玖著	合肥	奥园誉峯	佛山

数据来源：企业公告、CRIC.

23. 祥生控股（集团）有限公司（见表 6-127 ~ 表 6-130）

表 6-127 2020 年商品房销售业绩及同比增幅

类 别	2020 年	同比（%）
销售金额（亿元）	781.68	25.1
销售面积（万平方米）	567.22	2.5
销售均价（元/平方米）	13781.00	22.0

数据来源：企业公告、CRIC.
备注：数据为权益口径。

表 6-128 2019—2020 年企业财务指标

财务指标	2020 年	2019 年
净负债率（%）	136.38	360.91
三费费用率（%）	7.47	8.38
总资产周转率（次）	0.32	0.28
长短期债务比	1.08	1.48
现金短债比	1.10	0.60
净利润增长率（%）	-4.85	649.90
销售毛利率（%）	18.09	23.87
销售净利率（%）	6.55	9.03

数据来源：企业公告、CRIC.

表 6-129 2020 年重点新增土地储备

城市	宗地名称	属性	成交时间	建筑面积（万平方米）	成交总价（亿元）	楼板价（元/平方米）
杭州	下沙大学城北单元 JS0602-16	住宅	2020-07	13.93	17.09	12267
宿迁	2020（经）C 宿豫 03 地块	住宅	2020-07	30.44	7.81	2565
合肥	庐阳区 LY202005 号	住宅	2020-08	13.99	11.06	7903
绍兴	凤林西路以南 5 号地块	住宅	2020-09	15.92	20.80	13065
义乌	后宅街道新凉亭 2#地块	住宅	2020-12	10.80	11.92	11038

数据来源：企业公告、CRIC.

表 6-130 2020 年重点新开盘项目

项目名称	城市	项目名称	城市
祥生光明金麟府	宁波	江滨 ONE	温州
祥生云湖城	杭州	祥生星合映	杭州
祥生光合映	杭州	江山云樾府	杭州

数据来源：企业公告、CRIC.

24. 美的置业集团有限公司（见表 6－131～表 6－134）

表 6－131　2020 年商品房销售业绩及同比增幅

类　别	2020 年	同比（%）
销售金额（亿元）	1261.60	24.63
销售面积（万平方米）	1111.40	10.88
销售均价（元/平方米）	11351.00	12.39

数据来源：企业公告、CRIC.

表 6－132　2019—2020 年企业财务指标

财务指标	2020 年	2019 年
净负债率（%）	79.20	89.01
三费费用率（%）	10.88	15.29
总资产周转率（次）	0.20	0.19
长短期债务比	3.79	4.98
现金短债比	2.19	2.95
净利润增长率（%）	11.53	31.63
销售毛利率（%）	22.21	31.62
销售净利率（%）	9.19	10.52

数据来源：企业公告、CRIC.

表 6－133　2020 年重点新增土地储备

城市	宗地名称	属性	成交时间	建筑面积（万平方米）	成交总价（亿元）	楼板价（元/平方米）
温州	温审资中心土告字〔2020〕34 号	商住	2020－04	42.78	22.50	5259
义乌	经开区江湾有机更新区块 4 号	商住	2020－06	18.42	22.38	12155
佛山	顺德区 TD2020（SD）WG0023	商住	2020－08	23.63	26.40	11174
宁波	江北区 JB04－03－23、24 地块	住宅	2020－09	10.76	24.37	22657
佛山	南海区 TD2020（NH）WG0040	商住	2020－10	19.26	22.40	11630

数据来源：企业公告、CRIC.

表 6－134　2020 年重点新开盘项目

项目名称	城市	项目名称	城市
金科美的原上	重庆	十里江湾	上海
美的世茂·云筑	常州	美的·招商东樾	东莞
金科美的新天宸	重庆	美的云悦江山	佛山

数据来源：企业公告、CRIC.

25. 新力控股（集团）有限公司（见表 6－135～表 6－138）

表 6－135　2020 年商品房销售业绩及同比增幅

类　别	2020 年	同比（%）
权益销售金额（亿元）	504.21	11.77
权益销售面积（万平方米）	336.01	－2.55
权益销售均价（元/平方米）	15006.00	14.70

数据来源：企业公告、CRIC.

表 6－136　2019—2020 年企业财务指标

财务指标	2020 年	2019 年
净负债率（%）	63.61	66.96
三费费用率（%）	7.48	7.79
总资产周转率（次）	0.29	0.31
长短期债务比	1.10	1.28
现金短债比	1.24	1.43
净利润增长率（%）	1.20	262.96
销售毛利率（%）	24.44	29.64
销售净利率（%）	7.26	7.46

数据来源：企业公告、CRIC.

表 6－137　2020 年重点新增土地储备

城市	宗地名称	属性	成交时间	建筑面积（万平方米）	成交总价（亿元）	楼板价（元/平方米）
宁波	余国土告字〔2020〕8 号	商住	2020－06	5.95	5.88	9877
惠州	GZK2020－31	商住	2020－06	29.67	4.89	1647
泰州	泰地储告〔2020〕5－1 号	商住	2020－07	5.54	5.98	10800
南昌	DAJ2020022	商住	2020－08	17.78	10.44	5872
惠州	GZK2020－120	商住	2020－12	25.73	7.37	2866

数据来源：企业公告、CRIC.

表 6－138　2020 年重点新开盘项目

项目名称	城市	项目名称	城市
新力弘阳湖语时光	合肥	金地新力都会学府	南京
华晟新力·氿悦湖山	宜兴	新力翡翠湾	无锡
嘉宝新力梦之晴华庭	上海	新力铂园	长沙

数据来源：企业公告、CRIC.

26. 远洋集团控股有限公司（见表 6－139～表 6－142）

表 6－139　2020 年商品房销售业绩及同比增幅

类　别	2020 年	同比（%）
销售金额（亿元）	1310.4	0.8
销售面积（万平方米）	706.4	11.3
销售均价（元/平方米）	18552.0	-9.5

数据来源：企业公告、CRIC.

表 6－140　2019—2020 年企业财务指标

财务指标	2020 年	2019 年
净负债率（%）	54.75	76.73
三费费用率（%）	9.24	11.00
总资产周转率（次）	0.22	0.08
长短期债务比	2.17	8.03
现金短债比	1.69	3.61
净利润增长率（%）	12.40	-10.70
销售毛利率（%）	18.50	20.07
销售净利率（%）	8.29	8.18

数据来源：企业公告、CRIC.

表 6－141　2020 年重点新增土地储备

城市	宗地名称	属性	成交时间	建筑面积（万平方米）	成交总价（亿元）	楼板价（元/平方米）
杭州	拱墅区 GS0905－R21－02 地块	住宅	2020－05	3.38	9.03	26716
北京	丰台区大瓦窑 L33 地块	居住	2020－07	10.30	48.00	46602
上海	徐泾镇 26－04、31－01 地块	住宅	2020－08	5.89	22.66	38484
北京	京土整储挂〔2020〕050 号	商办	2020－12	15.59	55.56	35638
福州	三江口福乐新苑收储地块三	住宅	2020－12	10.30	15.15	14706

数据来源：企业公告、CRIC.

表 6－142　2020 年重点新开盘项目

项目名称	城市	项目名称	城市
远洋万和府	济南	远洋天著	深圳
洛克公园	苏州	远洋·琨庭	廊坊
远洋滨海大厦	深圳	远洋滨海大厦	深圳

数据来源：企业公告、CRIC.

27. 禹洲集团控股有限公司（见表 6-143 ~ 表 6-146）

表 6-143　2020 年商品房销售业绩及同比增幅

类　别	2020 年	同比（%）
销售金额（亿元）	1049.67	39.74
销售面积（万平方米）	626.46	26.02
销售均价（元/平方米）	16756.00	10.89

数据来源：企业公告、CRIC.

表 6-144　2019—2020 年企业财务指标

财务指标	2020 年	2019 年
净负债率（%）	85.80	70.17
三费费用率（%）	13.02	8.31
总资产周转率（次）	0.07	0.18
长短期债务比	2.38	2.65
现金短债比	1.83	2.33
净利润增长率（%）	-94.25	6.46
销售毛利率（%）	4.61	26.21
销售净利率（%）	2.19	17.07

数据来源：企业公告、CRIC.

表 6-145　2020 年重点新增土地储备

城市	宗地名称	属性	成交时间	建筑面积（万平方米）	成交总价（亿元）	楼板价（元/平方米）
苏州	苏地 2019-WG-47	住宅	2020-01	9.95	13.80	13867
苏州	苏地 2019-WG-60	住宅	2020-01	6.51	9.60	14763
绍兴	绍市自然告字（2020）27 号	住宅	2020-06	12.79	26.29	20560
武汉	武告字（2020）8 号	住宅	2020-07	21.92	28.50	13006
重庆	渝国土房管告字（2020）44 号	住宅	2020-07	22.70	14.60	6432

数据来源：CRIC.

表 6-146　2020 年重点新开盘项目

项目名称	城市	项目名称	城市
禹洲融信玺湾	福州	禹洲天境璞悦	上海
酩悦都会	上海	禹洲海西明月府	宁波
招商禹洲·云鼎府	中山	樾山林语	南京

数据来源：CRIC.

28. 合景泰富地产控股有限公司（见表 6－147～表 6－150）

表 6－147　2020 年商品房销售业绩及同比增幅

类　别	2020 年	同比（%）
销售金额（亿元）	1036. 08	20. 32
销售面积（万平方米）	610. 60	24. 13
销售均价（元/平方米）	16968. 00	－3. 07

数据来源：企业公告、CRIC.

表 6－148　2019—2020 年企业财务指标

财务指标	2020 年	2019 年
净负债率（%）	61. 73	75. 42
三费费用率（%）	12. 84	17. 08
总资产周转率（次）	0. 13	0. 11
长短期债务比	2. 08	2. 61
现金短债比	1. 77	2. 39
净利润增长率（%）	－31. 37	142. 03
销售毛利率（%）	31. 47	31. 10
销售净利率（%）	23. 20	42. 00

数据来源：企业公告、CRIC.

表 6－149　2020 年重点新增土地储备

城市	宗地名称	属性	成交时间	建筑面积（万平方米）	成交总价（亿元）	楼板价（元/平方米）
杭州	杭政储出〔2019〕70 号	商住	2020－01	10. 42	20. 58	19750
杭州	余政储出〔2020〕5 号	商住	2020－04	18. 39	11. 92	6482
苏州	苏地 2020－WG－52 号	住宅	2020－08	9. 69	17. 06	17606
广州	增城区荔湖街 83001208A20066 号	住宅	2020－10	32. 29	33. 50	10375
嘉兴	经开 2020－30 号	商住	2020－12	38. 28	18. 68	4880

数据来源：企业公告、CRIC.

表 6－150　2020 年重点新开盘项目

项目名称	城市	项目名称	城市
合景映月湾	合肥	合景珑樾东方	徐州
合景领汇长安	北京	合景观棠明月	杭州
誉峰	重庆	合景叠翠峰	南宁

数据来源：企业公告、CRIC.

29. 中骏集团控股有限公司（见表 6-151 ~ 表 6-154）

表 6-151　2020 年商品房销售业绩及同比增幅

类　别	2020 年	同比（%）
销售金额（亿元）	1015.37	26.13
销售面积（万平方米）	736.78	16.49
销售均价（元/平方米）	13781.00	8.27

数据来源：企业公告、CRIC.

表 6-152　2019—2020 年企业财务指标

单位：%

财务指标	2020 年	2019 年
净负债率（%）	59.16	60.02
三费费用率（%）	10.85	12.45
总资产周转率（次）	0.20	0.17
长短期债务比	2.36	2.42
现金短债比	1.69	1.94
净利润增长率（%）	10.49	9.43
销售毛利率（%）	24.14	27.57
销售净利率（%）	13.65	18.83

数据来源：企业公告、CRIC.

表 6-153　2020 年重点新增土地储备

城市	宗地名称	属性	成交时间	建筑面积（万平方米）	成交总价（亿元）	楼板价（元/平方米）
福州	仓山区 2020-07 号	住宅	2020-02	33.01	45.60	13816
厦门	思明区 2020P01 号	住宅	2020-05	21.00	103.55	49310
厦门	忠仑公园 2020P07 号	住宅	2020-09	7.00	33.00	47143
泉州	丰泽区 2020-9 号	住宅	2020-12	12.00	19.00	15833
昆山	昆山花桥 2020 挂字 19 号	住宅	2020-12	34.00	18.00	5294

数据来源：企业公告、CRIC.

表 6-154　2020 年重点新开盘项目

项目名称	城市	项目名称	城市
中骏天盈	厦门	中骏天荟	苏州
中骏天禧	厦门	中骏西山天璟	北京
中骏璟峰	泰州	中骏四季阳光	深圳

数据来源：企业公告、CRIC.

30. 时代地产控股有限公司（见表 6－155～表 6－158）

表 6－155　2020 年商品房销售业绩及同比增幅

类　别	2020 年	同比（%）
销售金额（亿元）	1003.81	28.10
销售面积（万平方米）	673.10	25.88
销售均价（元/平方米）	14913.00	1.76

数据来源：企业公告、CRIC.

表 6－156　2019—2020 年企业财务指标

财务指标	2020 年	2019 年
净负债率（%）	65.63	67.17
三费费用率（%）	10.05	8.90
总资产周转率（次）	0.22	0.29
长短期债务比	2.40	1.86
现金短债比	2.10	1.57
净利润增长率（%）	－3.49	15.59
销售毛利率（%）	28.78	29.32
销售净利率（%）	13.91	13.10

数据来源：企业公告、CRIC.

表 6－157　2020 年重点新增土地储备

城市	宗地名称	属性	成交时间	建筑面积（万平方米）	成交总价（亿元）	楼板价（元/平方米）
佛山	TD2020（NH）WG0019 号	商住	2020－07	63.89	65.05	11503
广州	SDK－C1－2 地块	住宅	2020－07	37.31	57.14	15674
广州	LGPQ－D2－1 地块	住宅	2020－07	6.85	10.66	16388
惠州	GZK2020－54	商住	2020－08	52.10	5.70	1096
嘉兴	海自然 20235 号	商住	2020－12	13.85	6.81	3286

数据来源：企业公告、CRIC.

表 6－158　2020 年重点新开盘项目

项目名称	城市	项目名称	城市
时代梅溪领峰	广州	佳兆业时代·芳华	东莞
佛山时代天韵	苏州	天韵雅苑	汕头
时代香海彼岸（广州）	广州	时代招商天禧	佛山

数据来源：企业公告、CRIC.

31. 卓越置业集团有限公司（见表 6－159 ~ 表 6－161）

表 6－159　2020 年商品房销售业绩及同比增幅

类　别	2020 年	同比（%）
销售金额（亿元）	994.10	4.70
销售面积（万平方米）	501.60	－5.32
销售均价（元/平方米）	19819.00	10.58

数据来源：CRIC.

表 6－160　2020 年重点新增土地储备

城市	宗地名称	属性	成交时间	建筑面积（万平方米）	成交总价（亿元）	楼板价（元/平方米）
苏州	吴中经济技术开发区苏地 2020－WG－1 号	住宅	2020－03	18.25	23.45	12846
苏州	吴中区甪直镇苏地 2020－WG－8 号	住宅	2020－04	20.69	24.05	11627
宁波	慈自然资规告〔2020〕136 号横河镇慈横河 I201801#地块	住宅	2020－04	13.66	3.61	2643
南通	2020 年第 15 号公告平潮镇 R2020－012 地块	住宅	2020－06	15.17	10.60	6991
西安	西土出告字〔2020〕115 号阎良区 HK1－9－26 地块	商住	2020－10	20.46	3.38	1650

数据来源：CRIC.

表 6－161　2020 年重点新开盘项目

项目名称	城市	项目名称	城市
卓越·湖樾云著花苑	宁波	润辰府	南京
卓越金茂浅水湾	东莞	翡翠公园	北京
卓越蔚蓝星宸苑	南京	卓越皇后道	重庆

数据来源：CRIC.

32. 金辉控股集团有限公司（见表 6－162 ~ 表 6－165）

表 6－162　2020 年商品房销售业绩及同比增幅

类　别	2020 年	同比（%）
销售金额（亿元）	972.01	/
销售面积（万平方米）	692.04	/
销售均价（元/平方米）	14046.00	/

数据来源：企业公告、CRIC.
注：未披露 2019 年销售数据。

表 6-163　2019—2020 年企业财务指标

财务指标	2020 年	2019 年
净负债率（%）	75.27	166.85
三费费用率（%）	7.97	8.30
总资产周转率（次）	0.21	0.19
长短期债务比	1.79	1.56
现金短债比	1.38	0.70
净利润增长率（%）	41.97	16.97
销售毛利率（%）	22.12	21.81
销售净利率（%）	10.95	10.36

数据来源：企业公告、CRIC.

表 6-164　2020 年重点新增土地储备

城市	宗地名称	属性	成交时间	建筑面积（万平方米）	成交总价（亿元）	楼板价（元/平方米）
余姚	子陵路北侧、兵马司路东侧地块	住宅	2020-02	8.75	12.68	14491
绍兴	柯桥柯岩 A03 地块	住宅	2020-05	12.06	14.67	12164
无锡	XDG-2020-25 号地块	住宅	2020-06	23.11	36.82	15932
扬州	瘦西湖花都汇 GZ198 地块	住宅	2020-07	14.07	12.60	8955
佛山	禅城湖涌 TOD 北侧地块	住宅	2020-07	18.62	15.69	8426

数据来源：企业公告、CRIC.

表 6-165　2020 年重点新开盘项目

项目名称	城市	项目名称	城市
长安云筑	西安	四季金辉观岚	连云港
凤栖云筑	西安	金辉城	淮安
江山铭著	西安	优步大道	福清

数据来源：企业公告、CRIC.

33. 越秀地产股份有限公司（见表 6-166～表 6-169）

表 6-166　2020 年商品房销售业绩及同比增幅

类　别	2020 年	同比（%）
销售金额（亿元）	957.63	32.79
销售面积（万平方米）	379.31	8.67
销售均价（元/平方米）	25247.00	22.20

数据来源：企业公告、CRIC.

表 6－167　2019—2020 年企业财务指标

财务指标	2020 年	2019 年
净负债率（%）	51.06	78.39
三费费用率（%）	7.55	8.86
总资产周转率（次）	0.19	0.19
长短期债务比	2.73	6.72
现金短债比	1.98	3.17
净利润增长率（%）	－1.01	55.63
销售毛利率（%）	25.15	34.21
销售净利率（%）	10.13	12.34

数据来源：企业公告、CRIC.

表 6－168　2020 年重点新增土地储备

城市	宗地名称	属性	成交时间	建筑面积（万平方米）	成交总价（亿元）	楼板价（元/平方米）
苏州	苏地 2020－WG－29 号	住宅	2020－05	2.08	2.44	11742
广州	穗规划资源告字（2020）24 号	住宅	2020－05	25.69	74.92	29164
杭州	临政储出〔2020〕18 号	住宅	2020－06	11.23	11.65	10370
广州	穗规划资源告字（2020）73 号	住宅	2020－09	31.58	37.15	11764
广州	穗规划资源告字（2020）104 号	住宅	2020－12	22.94	25.24	11001

数据来源：企业公告、CRIC.

表 6－169　2020 年重点新开盘项目

项目名称	城市	项目名称	城市
和樾府	广州	天萃名邸	杭州
相悦四季雅苑	苏州	和悦府	青岛
星樾山畔	广州	天樾湾	中山

数据来源：企业公告、CRIC.

34. 弘阳地产集团有限公司（见表 6－170 ~ 表 6－173）

表 6－170　2020 年商品房销售业绩及同比增幅

类　别	2020 年	同比（%）
销售金额（亿元）	865.00	32.78
销售面积（万平方米）	591.60	20.62
销售均价（元/平方米）	14621.00	10.08

数据来源：企业公告、CRIC.

表 6－171　2019—2020 年企业财务指标

财务指标	2020 年	2019 年
净负债率（%）	50.29	70.38
三费费用率（%）	13.11	15.66
总资产周转率（次）	0.19	0.19
长短期债务比	1.82	1.38
现金短债比	1.62	1.36
净利润增长率（%）	13.39	23.93
销售毛利率（%）	22.36	25.14
销售净利率（%）	9.20	10.78

数据来源：企业公告、CRIC.

表 6－172　2020 年重点新增土地储备

城市	宗地名称	属性	成交时间	建筑面积（万平方米）	成交总价（亿元）	楼板价（元/平方米）
重庆	渝北区两路组团 F37－3/04 地块	住宅	2020－03	5.95	5.92	9957
徐州	徐州贾汪 2020－10	住宅	2020－03	17.12	1.97	1151
宁波	鄞州区 YZ09－09－d4	住宅	2020－04	7.23	15.52	21466
长沙	雨花区板塘村地块	住宅	2020－06	3.53	1.62	4593
南京	NO. 2020G39	住宅	2020－07	3.81	6.60	17323

数据来源：企业公告、CRIC.

表 6－173　2020 年重点新开盘项目

项目名称	城市	项目名称	城市
一曲晴江	重庆	平澜府	南京
熹樾	南京	梵锦 108	成都
弘阳万侯府	长沙	金科弘阳·集美时光	青岛

数据来源：企业公告、CRIC.

35. 融侨集团股份有限公司（见表 6－174 ~ 表 6－176）

表 6－174　2020 年商品房销售业绩及同比增幅

类　别	2020 年	同比（%）
销售金额（亿元）	859.00	27.18
销售面积（万平方米）	466.57	7.28
销售均价（元/平方米）	18411.00	36.45

数据来源：CRIC.

表 6－175　2020 年重点新增土地储备

城市	宗地名称	属性	成交时间	建筑面积（万平方米）	成交总价（亿元）	楼板价（元/平方米）
郑州	荥政储（2019）57－2－2 号	住宅	2020－01	5.40	1.23	2277
龙岩	金山湖片区 JSH－A04－05－03	住宅	2020－01	18.19	5.20	2860
成都	JN04（251）：2020－022	住宅	2020－08	8.08	14.55	18000
福州	榕宗地 2020－34 号地块	住宅	2020－08	8.51	14.70	17284
福州	榕宗地 2020－37 号地块	住宅	2020－08	5.35	8.55	15976

数据来源：CRIC.

表 6－176　2020 年重点新开盘项目

项目名称	城市	项目名称	城市
融侨星誉	上海	融侨首玺	重庆
融侨则徐道壹號	福州	融侨悦府	无锡
融侨誉江	福州	融侨观湖	福州

数据来源：CRIC.

36. 深圳华侨城股份有限公司（见表 6－177～表 6－180）

表 6－177　2020 年商品房销售业绩及同比增幅

类　别	2020 年	同比（%）
销售金额（亿元）	1051.54	21.91
销售面积（万平方米）	465.06	84.50
销售均价（元/平方米）	22611.00	－33.93

数据来源：企业公告。

表 6－178　2019—2020 年企业财务指标

财务指标	2020 年	2019 年
净负债率（%）	73.35	84.47
三费费用率（%）	9.23	11.12
总资产周转率（次）	0.20	0.18
长短期债务比	4.23	2.35
现金短债比	2.23	1.07
净利润增长率（%）	9.63	27.29
销售毛利率（%）	49.14	56.58
销售净利率（%）	19.21	23.89

数据来源：企业公告。

表 6－179　2020 年重点新增土地储备

城市	宗地名称	属性	成交时间	建筑面积（万平方米）	成交总价（亿元）	楼板价（元/平方米）
深圳	宝安中心区 A002－0077 宗地	商办	2020－05	10. 47	35. 39	33788
武汉	青山红坊 P（2020）051 号地块	综合	2020－06	52. 70	66. 66	12648
上海	浦东镇北社区 PDP0－0404 单元	住宅	2020－07	11. 30	50. 01	44239
成都	龙泉驿区编号 LQ08（252/211）	综合	2020－08	25. 44	11. 37	4470
南京	溧水区编号 NO. 2020G43 地块	综合	2020－09	48. 81	20. 11	4119

数据来源：企业公告、CRIC.

表 6－180　2020 年重点新开盘项目

项目名称	城市	项目名称	城市
燕熙台	南京	江汇城	宁波
华著兰庭	南京	山语隽府	南京
华侨城・曦海岸	海口	纯水岸花园	东莞

数据来源：企业公告、CRIC.

37. 大连万达集团股份有限公司（见表 6－181～表 6－183）

表 6－181　2020 年商品房销售业绩及同比增幅

类　别	2020 年	同比（%）
销售金额（亿元）	832. 20	46. 82
销售面积（万平方米）	630. 50	26. 02
销售均价（元/平方米）	13199. 00	16. 51

数据来源：CRIC.

表 6－182　2020 年重点新增土地储备

城市	宗地名称	属性	成交时间	建筑面积（万平方米）	成交总价（亿元）	楼板价（元/平方米）
天津	津蓟（挂）2019－38 到 40 号	商住	2020－01	37. 89	9. 27	2447
青岛	即自然资储告字〔2020〕13 号	商住	2020－04	19. 76	8. 13	4116
安庆	庆自然资告字〔2020〕14 号	商住	2020－07	50. 05	9. 17	1833
天津	津静（挂）2020－09 和 11 号	商住	2020－09	39. 43	24. 82	6296
茂名	茂土交网挂告字〔2020〕22 号	商住	2020－12	65. 98	14. 99	2272

数据来源：CRIC.

表 6-183　2020 年重点新开盘项目

项目名称	城市	项目名称	城市
阳逻万达广场御江	武汉	万达御湖汉印	武汉
即墨万达广场琴岛 ONE	青岛	万达·光语未来	常州
万达天府 1 号	成都	万达天府 1 号	成都

数据来源：CRIC.

38. 大悦城控股集团股份有限公司（见表 6-184 ~ 表 6-187）

表 6-184　2020 年商品房销售业绩及同比增幅

类　别	2020 年	同比（%）
销售金额（亿元）	694.00	-2.37
销售面积（万平方米）	312.00	7.59
销售均价（元/平方米）	22244.00	-9.25

数据来源：企业公告、CRIC.

表 6-185　2019—2020 年企业财务指标

财务指标	2020 年	2019 年
净负债率（%）	86.30	99.20
三费费用率（%）	9.04	13.80
总资产周转率（次）	0.20	0.20
长短期债务比	2.87	3.13
现金短债比	1.73	1.64
净利润增长率（%）	-66.75	-5.54
销售毛利率（%）	31.44	41.03
销售净利率（%）	2.92	9.99

数据来源：企业公告、CRIC.

表 6-186　2020 年重点新增土地储备

城市	宗地名称	属性	成交时间	建筑面积（万平方米）	成交总价（亿元）	楼板价（元/平方米）
成都	成都蒲江 2019-5 号地块	住宅	2020-03	10.50	1.50	1425
嘉兴	嘉兴秀洲 2019-022 号地块	住宅	2020-04	11.40	9.14	8022
重庆	江北区大石坝组团 D 分区地块	住宅	2020-05	27.10	22.83	8424
沈阳	JK2020-003 号地块	住宅	2020-07	20.21	9.09	4500
厦门	集美区 2020JP06 地块	住宅	2020-12	23.22	39.55	17033

数据来源：企业公告、CRIC.

表 6－187　2020 年重点新开盘项目

项目名称	城市	项目名称	城市
隆盛府	昆明	中粮祥云	济南
中粮云玺庭	成都	中粮地铁小镇	武汉
望熙雅苑	苏州	中粮云玺台	成都

数据来源：企业公告、CRIC.

39. 宝龙地产控股有限公司（见表 6－188～6－191）

表 6－188　2020 年商品房销售业绩及同比增幅

类　别	2020 年	同比（%）
销售金额（亿元）	815.51	35.13
销售面积（万平方米）	532.73	41.40
销售均价（元/平方米）	15308.00	－4.43

数据来源：企业公告、CRIC.

表 6－189　2019—2020 年企业财务指标

财务指标	2020 年	2019 年
净负债率（%）	73.92	81.20
三费费用率（%）	6.56	12.76
总资产周转率（次）	0.20	0.18
长短期债务比	2.22	2.61
现金短债比	1.37	1.55
净利润增长率（%）	46.49	64.98
销售毛利率（%）	36.11	36.41
销售净利率（%）	24.84	23.11

数据来源：企业公告、CRIC.

表 6－190　2020 年重点新增土地储备

城市	宗地名称	属性	成交时间	建筑面积（万平方米）	成交总价（亿元）	楼板价（元/平方米）
温州	黄龙商贸城街坊二期 C－31、C－34	商住	2020－06	26.60	48.62	18279
南京	NO. 2020G21 地块	商住	2020－07	40.11	40.80	10171
宁波	甬储出 2020－089 号地块	商住	2020－08	29.55	29.94	10132
珠海	珠自然资储 2020－24	住宅	2020－10	38.90	32.58	8376
厦门	同安 T2020P03 地块	商住	2020－11	46.49	52.00	11185

数据来源：企业公告、CRIC.

表 6-191　2020 年重点新开盘项目

项目名称	城市	项目名称	城市
兰溪	金华	翡翠天地	温州
美的宝龙世家	义乌	溪岸名城	湖州
天台樾湖兰庭	台州	宝龙世家	无锡

数据来源：企业公告、CRIC.

40. 建业地产股份有限公司（见表 192 ~ 表 6-195）

表 6-192　2020 年商品房销售业绩及同比增幅

类　别	2020 年	同比（%）
销售金额（亿元）	683.39	-4.82
销售面积（万平方米）	889.50	-3.24
销售均价（元/平方米）	7683.00	-1.63

数据来源：企业公告、CRIC.

表 6-193　2019—2020 年企业财务指标

财务指标	2020 年	2019 年
净负债率（%）	13.56	5.60
三费费用率（%）	11.29	13.06
总资产周转率（次）	0.28	0.25
长短期债务比	1.05	1.52
现金短债比	1.92	2.46
净利润增长率（%）	-13.00	70.69
销售毛利率（%）	19.85	26.02
销售净利率（%）	4.85	7.85

数据来源：企业公告、CRIC.

表 6-194　2020 年重点新增土地储备

城市	宗地名称	属性	成交时间	建筑面积（万平方米）	成交总价（亿元）	楼板价（元/平方米）
驻马店	ZMDY-2018-15	住宅	2020-06	27.15	4.67	1719
周口	HY2020030	住宅	2020-07	24.41	4.65	1903
洛阳	LYTD-2020-40	住宅	2020-09	52.26	16.55	3166
洛阳	LYTD-2019-47	住宅	2020-10	41.02	14.90	3633
商丘	商土网挂 2020-20 号	住宅	2020-10	23.25	4.63	1993

数据来源：企业公告、CRIC.

表 6-195　2020 年重点新开盘项目

项目名称	城市	项目名称	城市
建业滨河珑府	洛阳	建业君邻大院	郑州
建业盛悦府	郑州	建业心怡苑	许昌
建业中州府	洛阳	泰宏建业国际城	郑州

数据来源：企业公告、CRIC.

41. 首创置业股份有限公司（见表 6-196~6-199）

表 6-196　2020 年商品房销售业绩及同比增幅

类　别	2020 年	同比（%）
销售金额（亿元）	708.60	-12.31
销售面积（万平方米）	292.70	-7.46
销售均价（元/平方米）	24209.00	-5.24

数据来源：企业公告、CRIC.

表 6-197　2019—2020 年企业财务指标

财务指标	2020 年	2019 年
净负债率（%）	123.61	156.32
三费费用率（%）	19.30	25.30
总资产周转率（次）	0.11	0.12
长短期债务比	1.62	2.78
现金短债比	1.14	1.10
净利润增长率（%）	-50.48	6.28
销售毛利率（%）	25.13	32.55
销售净利率（%）	5.99	12.36

数据来源：企业公告、CRIC.

表 6-198　2020 年重点新增土地储备

城市	宗地名称	属性	成交时间	建筑面积（万平方米）	成交总价（亿元）	楼板价（元/平方米）
北京	北京石景山区西黄村 646 项目	住宅	2020-02	20.3	29.80	14679
重庆	重庆沙坪坝西永组团	商住	2020-04	40.00	12.30	3075
北京	丰台区大瓦窑 L39 地块	住宅	2020-07	11.99	29.60	43868
青岛	即墨商贸城 JY20-82	商业	2020-07	27.41	10.75	3921
江阴	江苏省江阴市敔山湾东麓项目	商住	2020-09	22.62	12.90	5700

数据来源：企业公告、CRIC.

表 6-199 2020 年重点新开盘项目

项目名称	城市	项目名称	城市
壹·亮马	北京	天阅湖滨雅苑	苏州
保利首创颂	上海	首创·禧瑞江南	杭州
禧悦雅苑	上海	首创禧瑞光华	成都

数据来源：企业公告、CRIC.

42. 云南俊发房地产有限责任公司（见表 6-200 ~ 表 6-202）

表 6-200 2020 年商品房销售业绩及同比增幅

类 别	2020 年	同比（%）
销售金额（亿元）	670.10	26.82
销售面积（万平方米）	584.20	17.33
销售均价（元/平方米）	11470.00	8.08

数据来源：CRIC.

表 6-201 2020 年重点新增土地储备

城市	宗地名称	属性	成交时间	建筑面积（万平方米）	成交总价（亿元）	楼板价（元/平方米）
上海	A6d-06b 地块	住宅	2020-07	4.05	11.33	28000
上海	A2a-02b 地块	住宅	2020-07	0.77	2.16	28000
昆明	KCGD2020-1-A4	住宅	2020-12	14.43	7.60	5269
昆明	KCPL2020-4-A5	商住	2020-12	9.27	2.24	2410
昆明	KCGD2020-1-A3	住宅	2020-12	16.31	8.23	5048

数据来源：CRIC.

表 6-202 2020 年重点新开盘项目

项目名称	城市	项目名称	城市
星阳俊园	成都	滇池华府俊园	昆明
蓝湖俊园	昆明	巅峰荟	昆明
空港俊发城	昆明	观云海	昆明

数据来源：CRIC.

43. 路劲基建有限公司（见表 6-203 ~ 表 6-206）

表 6-203 2020 年商品房销售业绩及同比增幅

类 别	2020 年	同比（%）
销售金额（亿元）	427.12	6.88
销售面积（万平方米）	198.00	-6.29
销售均价（元/平方米）	21572.00	14.06

数据来源：企业公告、CRIC.

表 6-204　2019—2020 年企业财务指标

财务指标	2020 年	2019 年
净负债率（%）	72.29	52.40
三费费用率（%）	11.98	11.78
总资产周转率（次）	0.25	0.25
长短期债务比	1.83	2.62
现金短债比	1.06	1.82
净利润增长率（%）	-24.29	-0.59
销售毛利率（%）	26.89	34.93
销售净利率（%）	11.50	17.10

数据来源：企业公告、CRIC.

表 6-205　2020 年重点新增土地储备

城市	宗地名称	属性	成交时间	建筑面积（万平方米）	成交总价（亿元）	楼板价（元/平方米）
苏州	苏地 2020-WG-14 号	住宅	2020-01	11.62	20.91	18000
南京	南京市本级挂〔2020〕宁出第 07 号	住宅	2020-06	18.18	20.60	11334
上海	2020 年 114 号公告嘉定区菊园新区 JDC1-0403 单元 28-03、29-01 地块	商住	2020-06	13.43	28.21	20993
南京	南京市本级挂〔2020〕宁出第 10 号	住宅	2020-08	4.62	7.60	16460
上海	2020 年 180 号公告崇明区陈家镇 CMSA0008 单元 17-01（实验生态社区 37 号）地块	住宅	2020-09	7.91	10.05	12701

数据来源：企业公告、CRIC.

表 6-206　2020 年重点新开盘项目

项目名称	城市	项目名称	城市
路劲·云河上苑	北京	路劲银城澜仕里	杭州
路劲辉映时代花园	苏州	金融街路劲时光鸿著	无锡
路劲海尚湾	上海	山语隽府	南京

数据来源：企业公告、CRIC.

44. 保利置业集团有限公司（见表 6-207 ~ 表 6-210）

表 6-207　2020 年商品房销售业绩及同比增幅

类　别	2020 年	同比（%）
销售金额（亿元）	521.00	21.60
销售面积（万平方米）	283.00	19.92
销售均价（元/平方米）	18410.00	0.58

数据来源：企业公告、CRIC.

表 6-208　2019—2020 年企业财务指标

财务指标	2020 年	2019 年
净负债率（%）	109.52	103.97
三费费用率（%）	7.30	8.95
总资产周转率（次）	0.17	0.26
长短期债务比	2.08	3.18
现金短债比	1.55	1.82
净利润增长率（%）	-38.64	45.64
销售毛利率（%）	33.74	33.88
销售净利率（%）	7.43	9.48

数据来源：企业公告、CRIC.

表 6-209　2020 年重点新增土地储备

城市	宗地名称	属性	成交时间	建筑面积（万平方米）	成交总价（亿元）	楼板价（元/平方米）
昆山	昆地网〔2020〕挂字 2 号开发区蓬莱路北侧、富春江路西侧	住宅	2020-04	23.75	24.05	10126
宁波	甬土告〔2020〕01045 号鄞奉片区 HS17-04-05a 和 09a 地块	住宅	2020-07	12.44	31.77	25540
广州	2020 挂-0827 花都中轴线八地块二。穗规划资源告字 72 号	住宅	2020-09	20.46	22.47	10983
上海	2020 年 208 号公告奉贤新城 10 单元 04-02 区域地块	商住	2020-11	7.40	12.93	17480
南宁	良庆区延庆路东侧、五象大道南侧 GC2020-121	商住	2020-12	24.58	21.61	8795

数据来源：企业公告、CRIC.

表 6-210　2020 年重点新开盘项目

项目名称	城市	项目名称	城市
保利·半岛 1 号	万宁	保利冠江墅	南宁
保利领秀前城	南宁	保利月映庭	苏州
南沙保利城	广州	保利阳光城	惠州

数据来源：企业公告、CRIC.

45. 花样年控股集团有限公司（见表 6-211～表 6-214）

表 6-211　2020 年商品房销售业绩及同比增幅

类　别	2020 年	同比（%）
销售金额（亿元）	492.07	35.89
销售面积（万平方米）	334.73	4.33
销售均价（元/平方米）	14701.00	30.25

数据来源：企业公告、CRIC.

表 6-212　2019—2020 年企业财务指标

财务指标	2020 年	2019 年
净负债率（%）	77.54	76.13
三费费用率（%）	23.21	19.20
总资产周转率（次）	0.22	0.20
长短期债务比	1.57	2.32
现金短债比	1.54	1.96
净利润增长率（%）	16.61	28.57
销售毛利率（%）	24.56	27.97
销售净利率（%）	8.05	7.87

数据来源：企业公告、CRIC.

表 6-213　2020 年重点新增土地储备

城市	宗地名称	属性	成交时间	建筑面积（万平方米）	成交总价（亿元）	楼板价（元/平方米）
杭州	杭政储出〔2019〕89 号	住宅	2020-01	6.65	18.19	27367
绍兴	绍自然告字〔2020〕11 号镜湖官渡 4 号	商住	2020-04	23.67	41.56	17560
佛山	南海区 TD2020（NH）WG0009	商住	2020-05	17.84	20.15	11294
佛山	2020-0519（顺德区 TD2020SDWG0013）	商住	2020-06	11.16	10.85	9724
成都	WJ2020-21 温江区红桥 10、11、12 组	住宅	2020-11	13.40	11.53	8600

数据来源：企业公告、CRIC.

表 6-214　2020 年重点新开盘项目

项目名称	城市	项目名称	城市
潮悦南塘	宁波	花样年花好园	南京
凤璘府	宁波	花样年对越天	杭州
凤璘府	北京	东原花样年印未来	成都

数据来源：企业公告、CRIC.

46. 当代置业（中国）有限公司（见表 6－215～表 6－218）

表 6－215　2020 年商品房销售业绩及同比增幅

类　别	2020 年	同比（%）
销售金额（亿元）	422.12	16.60%
销售面积（万平方米）	406.91	20.36%
销售均价（元/平方米）	10224.00	－3.13%

数据来源：企业公告、CRIC.

表 6－216　2019—2020 年企业财务指标

财务指标	2020 年	2019 年
净负债率（%）	95.65	82.67
三费费用率（%）	10.84	11.21
总资产周转率（次）	0.21	0.24
长短期债务比	1.51	0.95
现金短债比	1.44	1.20
净利润增长率（%）	5.93	59.22
销售毛利率（%）	24.04	25.48
销售净利率（%）	7.10	7.25

数据来源：企业公告、CRIC.

表 6－217　2020 年重点新增土地储备

城市	宗地名称	属性	成交时间	建筑面积（万平方米）	成交总价（亿元）	楼板价（元/平方米）
石家庄	［2019］103 号地	住宅	2020－02	4.59	1.69	3681
太原	HGZ－2027 地块	商办	2020－08	4.38	1.63	3722
太原	HGZ－2036 地块	商住	2020－09	9.80	3.52	3192
婺源	DEL2020－42 号地块	住宅	2020－12	15.23	4.00	2626
石家庄	［2020］103 号	商住	2020－12	14.93	8.24	5519

数据来源：企业公告、CRIC.

表 6－218　2020 年重点新开盘项目

项目名称	城市	项目名称	城市
通州万国城 MOMA	北京	当代城 MOMA	太原
武汉当代境 MOMA	武汉	当代公园阅 MOMA	天津
当代高科上品 MOMA	株洲	当代上品	衡阳

数据来源：企业公告、CRIC.

47. 金融街控股股份有限公司（见表6-219~表6-222）

表6-219　2020年商品房销售业绩及同比增幅

类　别	2020年	同比（%）
销售金额（亿元）	402.01	26.00
销售面积（万平方米）	172.78	46.40
销售均价（元/平方米）	23267.00	-13.93

数据来源：企业公告、CRIC.

表6-220　2019—2020年企业财务指标

财务指标	2020年	2019年
净负债率（%）	172.58	188.96
三费费用率（%）	14.95	11.81
总资产周转率（次）	0.21	0.17
长短期债务比	4.90	4.33
现金短债比	1.27	0.69
净利润增长率（%）	-46.16	2.06
销售毛利率（%）	32.86	40.15
销售净利率（%）	12.24	15.74

数据来源：企业公告、CRIC.

表6-221　2020年重点新增土地储备

城市	宗地名称	属性	成交时间	建筑面积（万平方米）	成交总价（亿元）	楼板价（元/平方米）
遵化	福泉地块（遵储〔2020〕8号）	商业	2020-02	0.65	0.08	1231
天津	津丽（挂）2018-03号	住宅	2020-02	19.78	13.54	6845
佛山	TD2020（SD）WG0020	住宅	2020-07	25.57	16.40	10161
上海	宝山BSPO-2302单元	住宅	2020-11	10.10	18.30	25648
惠州	陈江德赛第三工业区地块	住宅	2020-12	51.19	12.58	2757

数据来源：CRIC.

表6-222　2020年重点新开盘项目

项目名称	城市	项目名称	城市
成都春熙路融御	成都	金悦郡	廊坊
深圳融御华府	深圳	苏州融悦湾	苏州
北京融御	北京	金融街华发融御花园	深圳

数据来源：CRIC.

48. 九龙仓集团有限公司（见表6-223～表6-225）

表6-223　2020年商品房销售业绩及同比增幅

类　别	2020年	同比（%）
销售金额（亿元）	176.24	-14.00
销售面积（万平方米）	58.69	-4.13
销售均价（元/平方米）	30028.00	-15.63

数据来源：企业公告、CRIC.

表6-224　2019—2020年企业财务指标

财务指标	2020年	2019年
净负债率（%）	15.60	13.01
三费费用率（%）	12.24	16.93
总资产周转率（次）	0.08	0.07
长短期债务比	2.65	3.35
现金短债比	1.44	2.56
净利润增长率（%）	37.87	-48.29
销售毛利率（%）	64.86	61.19
销售净利率（%）	22.78	20.56

数据来源：企业公告、CRIC.

表6-225　2020年重点新开盘项目

项目名称	城市	项目名称	城市
壹·亮马	北京	九龙仓天曦	苏州
九龙仓翠樾庭	苏州	邂湾澜庭	苏州
九龙仓天灏	苏州	九龙仓·天玺	杭州

数据来源：企业公告、CRIC.

49. 四川蓝光发展股份有限公司（见表6-226～表6-229）

表6-226　2020年商品房销售业绩及同比增幅

类　别	2020年	同比（%）
销售金额（亿元）	1035.36	1.97
销售面积（万平方米）	1205.07	10.02
销售均价（元/平方米）	8592.00	-7.32

数据来源：企业公告、CRIC.

表 6-227　2019—2020 年企业财务指标

财务指标	2020 年	2019 年
净负债率（%）	88.57	79.07
三费费用率（%）	7.21	9.32
总资产周转率（次）	0.19	0.22
长短期债务比	1.53	1.76
现金短债比	1.06	1.26
净利润增长率（%）	-11.61	66.62
销售毛利率（%）	22.58	28.33
销售净利率（%）	8.56	10.61

数据来源：企业公告、CRIC.

表 6-228　2020 年重点新增土地储备

城市	宗地名称	属性	成交时间	建筑面积（万平方米）	成交总价（亿元）	楼板价（元/平方米）
常州	JZX20200201 号	住宅	2020-04	16.92	24.73	14615
佛山	南海区 TD2020（NH）WG0006 号	商住	2020-04	21.54	22.17	10293
宁波	海曙区 GQ03-02-04b	住宅	2020-06	11.96	20.65	17263
宁波	南部新城 JK05-01-01s	住宅	2020-06	9.51	11.81	12412
西安	西安市 HT01-30-15 号	住宅	2020-10	9.87	14.02	10654

数据来源：企业公告、CRIC.

表 6-229　2020 年重点新开盘项目

项目名称	城市	项目名称	城市
未来嘉苑	慈溪	蓝光月映华章	奉化
锦悦嘉苑	桐乡	蓝光未来城	重庆
蓝光雍锦湾	温州	雍锦府	成都

数据来源：企业公告、CRIC.

50. 金地（集团）股份有限公司（见表 6-230 ~ 表 6-233）

表 6-230　2020 年商品房销售业绩及同比增幅

类　别	2020 年	同比（%）
销售金额（亿元）	2426.80	15.23
销售面积（万平方米）	1194.80	10.73
销售均价（元/平方米）	20311.00	4.06

数据来源：企业公告、CRIC.

表 6－231　2019—2020 年企业财务指标

财务指标	2020 年	2019 年
净负债率（%）	62.53	60.24
三费费用率（%）	8.23	9.41
总资产周转率（次）	0.23	0.21
长短期债务比	1.57	1.65
现金短债比	1.28	1.25
净利润增长率（%）	3.2	24.41
销售毛利率（%）	33.12	40.82
销售净利率（%）	18.15	24.39

数据来源：企业公告、CRIC.

表 6－232　2020 年重点新增土地储备

城市	宗地名称	属性	成交时间	建筑面积（万平方米）	成交总价（亿元）	楼板价（元/平方米）
哈尔滨	南岗区 NO. 2019HT048 南地块	商住	2020－01	16.4	13.3	8064
广州	天河区广氮 AT0607113 地块	住宅	2020－04	5.8	20.8	35782
东莞	茶山镇 2020WR006 号	商住	2020－04	27.2	28.8	4458
上海	嘉定新城（马陆镇）戬浜社区 16－06 地块	住宅	2020－06	11.0	24.7	22517
深圳	前湾片区十开发单位 02 街坊 T102－0345	住宅	2020－11	13.0	81.5	62707

数据来源：CRIC.

表 6－233　2020 年重点新开盘项目

项目名称	城市	项目名称	城市
澜悦景苑	北京	溪山玥	重庆
桃李东方	常州	北辰金地漾时代	武汉
都会四季	南京	金地香山湖	广州

数据来源：企业公告、CRIC.

51. 北京首都开发股份有限公司（见表 6－234 ~ 表 6－237）

表 6－234　2020 年商品房销售业绩及同比增幅

类　别	2020 年	同比（%）
销售金额（亿元）	1074.5	6.03
销售面积（万平方米）	381.6	－7.3
销售均价（元/平方米）	28158	14.3

数据来源：企业公告、CRIC.

表 6-235　2019—2020 年企业财务指标

财务指标	2020 年	2019 年
净负债率（%）	153.82	170.73
三费费用率（%）	11.21	10.61
总资产周转率（次）	0.14	0.16
长短期债务比	4.10	3.74
现金短债比	1.35	0.96
净利润增长率（%）	-25.76	41.47
销售毛利率（%）	27.96	37.59
销售净利率（%）	9.46	11.83

数据来源：企业公告、CRIC.

表 6-236　2020 年重点新增土地储备

城市	宗地名称	属性	成交时间	建筑面积（万平方米）	成交总价（亿元）	楼板价（元/平方米）
珠海	珠自然资储 2020-04 地块	住宅	2020-02	4.6	6.9	15137
福州	2020-13 号	商住	2020-04	14.8	41.4	27998
常熟	2020A-003 号地块	住宅	2020-04	18.5	19.5	10547
苏州	苏地 2020-WG-43 号	住宅	2020-07	17.2	34.4	19959
南京	NO. 新区 2020G17	住宅	2020-10	5.1	11.9	23322

数据来源：CRIC.

表 6-237　2020 年重点新开盘项目

项目名称	城市	项目名称	城市
富力首开·金禧璞瑅	北京	龙湖首开湖西星辰	苏州
首开香溪郡	北京	首开光明国风上观	武汉
都会澜岸	南京	首开龙湖·天奕	广州

数据来源：企业公告、CRIC.

52. 保利发展控股集团股份有限公司（见表 6-238～表 6-241）

表 6-238　2020 年商品房销售业绩及同比增幅

类　别	2020 年	同比（%）
销售金额（亿元）	5028.48	8.88
销售面积（万平方米）	3409.19	9.16
销售均价（元/平方米）	14750.00	-0.26

数据来源：企业公告、CRIC.

表 6-239　2019—2020 年企业财务指标

财务指标	2020 年	2019 年
净负债率（%）	56.54	56.91
三费费用率（%）	5.90	5.72
总资产周转率（次）	0.25	0.21
长短期债务比	3.60	3.06
现金短债比	1.82	2.10
净利润增长率（%）	6.64	43.61
销售毛利率（%）	32.56	34.96
销售净利率（%）	16.47	15.92

数据来源：企业公告、CRIC.

表 6-240　2020 年重点新增土地储备

城市	宗地名称	属性	成交时间	建筑面积（万平方米）	成交总价（亿元）	楼板价（元/平方米）
福州	福州市鼓楼区 2020-13 号地块	商住	2020-04	14.75	41.42	28072
宁波	海曙区鄞奉片区 HS17-04-05a、HS17-04-09a 地块	住宅	2020-07	12.44	31.77	25540
厦门	厦门市同安区凤祥路 T2020P02 号地块	住宅	2020-08	11.46	16.15	14092
南昌	青云谱区广州路以北、博学路以东、青山湖大道以西（CN205-K05、K06、K07 地块）	商业	2020-09	32.34	17.44	5392
莆田	莆田市涵江区塘北片区 PS 拍-2020-23 号地块	住宅	2020-10	29.98	15.60	5203

数据来源：企业公告、CRIC.

表 6-241　2020 年重点新开盘项目

项目名称	城市	项目名称	城市
保利鱼珠港	广州	保利首创颂	上海
保利和光尘樾	合肥	保利天悦	佛山
保利锦上	上海	保利·大国璟	青岛

数据来源：企业公告、CRIC.

53. 阳光城集团股份有限公司（见表 6-242～表 6-245）

表 6-242　2020 年商品房销售业绩及同比增幅

类　别	2020 年	同比（%）
销售金额（亿元）	2180.11	3.31
销售面积（万平方米）	1528.52	-10.78
销售均价（元/平方米）	14263.00	15.79

数据来源：企业公告、CRIC.

表 6-243　2019—2020 年企业财务指标

财务指标	2020 年	2019 年
净负债率（%）	94.90	138.2
三费费用率（%）	6.35	6.99
总资产周转率（次）	0.25	0.24
长短期债务比	2.26	2.35
现金短债比	1.53	1.25
净利润增长率（%）	27.07	10.62
销售毛利率（%）	-6.52	26.58
销售净利率（%）	-0.40	6.92

数据来源：企业公告、CRIC.

表 6-244　2020 年重点新增土地储备

城市	宗地名称	属性	成交时间	建筑面积（万平方米）	成交总价（亿元）	楼板价（元/平方米）
合肥	合肥市滨湖区 BK202001	商住	2020—03	28.13	29.61	10524
无锡	经开区 XDG-2019-29 号地块	住宅	2020—04	16.69	30.02	17987
东莞	2020WR005 大朗镇长塘社区地块	商住	2020—04	9.71	17.05	17558
佛山	TD2020（SD）WG0012 佛山市顺德区陈村镇华阳路东侧 C2-1 地块	住宅	2020—06	27.56	37.54	13621
西安	GX3-18-21	住宅	2020—07	12.10	15.74	13010

数据来源：企业公告、CRIC.

表 6-245　2020 年重点新开盘项目

项目名称	城市	项目名称	城市
阳光城尚东湾	长沙	阳光城滇池半山	昆明
阳光城佛山半岛	佛山	阳光城檀苑	苏州
阳光城翡丽海岸	杭州	阳光城悦江山	重庆

数据来源：企业公告、CRIC.

54. 江苏中南建设集团股份有限公司（见表 6-246 ~ 表 6-249）

表 6-246　2020 年商品房销售业绩及同比增幅

类　别	2020 年	同比（%）
销售金额（亿元）	2238.30	14.17
销售面积（万平方米）	1685.30	9.39
销售均价（元/平方米）	13281.00	4.37

数据来源：企业公告、CRIC.

表 6-247　2019—2020 年企业财务指标

财务指标	2020 年	2019 年
净负债率（%）	97.24	167.85
三费费用率（%）	6.49	7.45
总资产周转率（次）	0.24	0.27
长短期债务比	2.42	1.93
现金短债比	1.41	1.06
净利润增长率（%）	68.83	99.89
销售毛利率（%）	17.29	16.75
销售净利率（%）	9.93	6.44

数据来源：企业公告、CRIC.

表 6-248　2020 年重点新增土地储备

城市	宗地名称	属性	成交时间	建筑面积（万平方米）	成交总价（亿元）	楼板价（元/平方米）
南京	江心洲街道生态科技岛 13-034 地块	住宅	2020-04	8.73	30.80	35281
南通	CR2020-009 号	住宅	2020-07	30.51	23.95	7850
宿迁	2020（经）C 宿城 04	住宅	2020-07	18.71	10.50	5612
莆田	PS 拍-2020-21 号	住宅	2020-09	17.30	23.20	13410
苏州	苏地 2020-WG-65 号	住宅	2020-10	27.41	42.76	15600

数据来源：企业公告、CRIC.

表 6-249　2020 年重点新开盘项目

项目名称	城市	项目名称	城市
中南君启	西安	中南樾府	宁波
中南棠玥湾	杭州	中南春溪集	杭州
中南恒通和平府	徐州	中南樾府	成都

数据来源：企业公告、CRIC.

55. 绿地控股集团股份有限公司（见表 6-250～表 6-253）

表 6-250　2020 年商品房销售业绩及同比增幅

类　别	2020 年	同比（%）
销售金额（亿元）	3584.00	-7.63
销售面积（万平方米）	2909.00	-10.68
销售均价（元/平方米）	12320.00	3.42

数据来源：企业公告、CRIC.

表 6-251　2019—2020 年企业财务指标

财务指标	2020 年	2019 年
净负债率（%）	135.01	155.90
三费费用率（%）	5.59	6.07
总资产周转率（次）	0.36	0.39
长短期债务比	1.95	1.51
现金短债比	0.98	0.76
净利润增长率（%）	0.89	30.75
销售毛利率（%）	14.47	15.52
销售净利率（%）	4.63	4.89

数据来源：企业公告、CRIC.

表 6-252　2020 年重点新增土地储备

城市	宗地名称	属性	成交时间	建筑面积（万平方米）	成交总价（亿元）	楼板价（元/平方米）
合肥	经开区 JK202001 号地块	住宅	2020-03	26.62	27.25	10236
长沙	长沙岳麓区 L05-B521、L05-B622 地块	商住	2020-07	61.30	38.01	6201
苏州	苏州吴江区 WJ-J-2020-019 地块	住宅	2020-07	20.07	26.51	9795
武汉	武汉空港国际会展中心项目 P（2020）082 号、083 号、084 号、085 号、086 号、087 号、088 号地块	商住	2020-08	426.00	164.32	3857
西安	西安 JK1-4-274、JK1-4-276、WY6-16-360、WY6-16-361 及 WY6-16-362 号土地	商住	2020-10	104.85	33.12	3158

数据来源：企业公告、CRIC.

表 6-253　2020 年重点新开盘项目

项目名称	城市	项目名称	城市
绿地淮海国博城	徐州	绿地 IFC 中央公馆	济南
绿地长沙城际空间站	长沙	绿地紫金中心	南京
绿地国港城	西安	绿地亚洲公园	杭州

数据来源：企业公告、CRIC.

56. 珠海华发实业股份有限公司（见表 6-254～表 6-257）

表 6-254　2020 年商品房销售业绩及同比增幅

类　别	2020 年	同比（%）
销售金额（亿元）	1205.00	30.59
销售面积（万平方米）	504.00	27.30
销售均价（元/平方米）	23909.00	2.58

数据来源：企业公告、CRIC.

表 6－255　2019—2020 年企业财务指标

财务指标	2020 年	2019 年
净负债率（%）	96.66	176.32
三费费用率（%）	6.28	8.96
总资产周转率（次）	0.18	0.16
长短期债务比	1.27	1.34
现金短债比	0.95	0.59
净利润增长率（%）	37.58	38.00
销售毛利率（%）	24.30	29.62
销售净利率（%）	8.94	10.00

数据来源：企业公告、CRIC.

表 6－256　2020 年重点新增土地储备

城市	宗地名称	属性	成交时间	建筑面积（万平方米）	成交总价（亿元）	楼板价（元/平方米）
南京	南京市本级挂〔2020〕宁出第 03 号	商住	2020－04	23.17	6.91	29821
上海	2020 年 140 号公告闵行区颛桥镇闵行新城 MHC10402	住宅	2020－08	15.87	6.44	40558
深圳	深土交告〔2020〕47 号/A301－0575	商住	2020－11	131.07	127.10	9697
武汉	武告字（2020 年）22 号	商住	2020－12	44.90	94.30	21002
武汉	武告字（2020 年）25 号	商住	2020－12	66.90	74.69	11164

数据来源：企业公告、CRIC.

表 6－257　2020 年重点新开盘项目

项目名称	城市	项目名称	城市
都会四季	南京	华发中城荟中央首府	武汉
仁恒江湾世纪	南京	华发首府	无锡
海曙金茂府	宁波	印悦府	南京

数据来源：企业公告、CRIC.

57. 杭州滨江房产集团股份有限公司（见表 6－258 ~ 表 6－261）

表 6－258　2020 年商品房销售业绩及同比增幅

类　别	2020 年	同比（%）
销售金额（亿元）	1363.60	21.68
销售面积（万平方米）	386.85	11.79
销售均价（元/平方米）	35249.00	8.85

数据来源：企业公告、CRIC.

表 6－259　2019—2020 年企业财务指标

财务指标	2020 年	2019 年
净负债率（%）	83.57	88.54
三费费用率（%）	6.03	7.43
总资产周转率（次）	0.23	0.19
长短期债务比	2.83	2.03
现金短债比	1.69	1.14
净利润增长率（%）	－10.70	26.04
销售毛利率（%）	27.04	35.10
销售净利率（%）	12.41	15.92

数据来源：企业公告。

表 6－260　2020 年重点新增土地储备

城市	宗地名称	属性	成交时间	建筑面积（万平方米）	成交总价（亿元）	楼板价（元/平方米）
杭州	杭政储出〔2020〕17 号	商住	2020－04	13.24	56.42	42607
萧山	萧政储出〔2020〕19 号	住宅	2020－05	28.58	49.70	17388
杭州	杭政储出〔2020〕35 号	商住	2020－06	21.29	61.86	29058
萧山	萧政储出〔2020〕37 号	住宅	2020－06	10.42	34.05	32688
杭州	杭政储出〔2020〕48 号	住宅	2020－07	29.85	107.38	35969

数据来源：企业公告。

表 6－261　2020 年重点新开盘项目

项目名称	城市	项目名称	城市
明石东潮府	杭州	悦潮府	萧山
拥翠府	萧山	翠语华庭	萧山
拥涛府	萧山	春语蓝庭	杭州

数据来源：企业公告。

58. 泰禾集团股份有限公司（见表 6－262 ~ 表 6－264）

表 6－262　2020 年商品房销售业绩及同比增幅

类　别	2020 年	同比（%）
销售金额（亿元）	260.40	－67.40
销售面积（万平方米）	92.00	－73.15
销售均价（元/平方米）	28304.00	21.45

数据来源：企业公告、CRIC.

表 6-263　2019—2020 年企业财务指标

财务指标	2020 年	2019 年
净负债率（%）	442.30	248.20
三费费用率（%）	70.20	13.43
总资产周转率（次）	0.02	0.10
长短期债务比	2.16	0.75
现金短债比	0.10	0.24
净利润增长率（%）	-801.34	-81.38
销售毛利率（%）	11.78	16.16
销售净利率（%）	-141.28	3.08

数据来源：企业公告、CRIC.

表 6-264　2020 年重点新开盘项目

项目名称	城市	项目名称	城市
泰禾北京院子二期	北京	泰禾福州院子	福州
泰禾金府大院	北京	泰禾金尊府	镇江
泰禾济南院子	济南	文一泰禾合肥院子	合肥

数据来源：企业公告、CRIC.

Ⅶ.发展篇

导　读

本篇收录了住房保障、物业管理、房地产金融、房地产估价、境外房地产投资和城市轨道交通场站综合开发六篇特约文章，反映了这些领域在2020年取得的新进展和新经验。

一、住房保障

党中央、国务院高度重视住房保障工作。2020年10月，党的十九届五中全会提出，有效增加保障性住房供给，扩大保障性租赁住房供给。12月，中央经济工作会议提出，要高度重视保障性租赁住房建设。12月3日，国务院副总理韩正在住房和城乡建设部调研时强调，要以保障性租赁住房为着力点，完善基础性制度和支持政策，加强住房保障体系建设。住房和城乡建设部认真贯彻落实党中央、国务院决策部署，2020年年底召开的全国住房和城乡建设工作会议要求，扩大保障性租赁住房供给，做好公租房保障，支持人口净流入的大城市发展共有产权住房。

（一）“十三五”期间住房保障取得巨大成就

经过多年发展，我国建成世界最大住房保障体系。“十三五”期间，全国棚改累计开工超过2300万套，帮助5000多万居民出棚进楼。截至2020年年底，3800多万困难群众住进公租房，累计2200多万困难群众领取了租赁补贴，低保、低收入住房困难家庭基本实现应保尽保，中等偏下收入家庭住房条件有效改善。

（二）扩大保障性租赁住房供给

2019年年底以来，住房和城乡建设部部署在沈阳、南京、苏州、杭州、合肥、福州、济南、青岛、郑州、长沙、广州、深圳、重庆13座城市开展完善住房保障体系试点工作，重点探索发展面向新市民供应的小户型、低租金保障性租赁住房，主要利用存量土地和房屋建设，以降低建设成本，促进职住平衡。在住房和城乡建设部指导和推动下，各试点城市积极研究政策措施，实施了一批试点项目；中国建设银行与试点城市签订了战略合作协议，将于3年内提供不少于3000亿元长期低息贷款；万科、龙湖和华润等房地产开发企业积极参与试点项目建设筹集。

（三）做好公租房保障

2020年，住房和城乡建设部统筹做好疫情防控和公租房保障工作，明确公租房工作要点，指导重点省份督促市县完善公租房轮候制度，合理确定轮候期限，加大公共服务行业住房困难职工精准保障力度，加快推进信息系统数据共享。

一是加大保障力度。对71座大中城市等地区2020年新筹集公租房给予中央补助，支持各地新筹集公租房开工13.8万套。积极推进公租房租赁补贴，截至2020年年底，正在领取租赁补贴的有159万户。

二是推动做好精准保障。推广长沙、杭州等地经验，指导山东、贵州等地开展公租房需求摸底调查，对环卫、公交等公共服务行业困难职工实施精准保障。截至2020年年底，全国有12万环卫工人、5万公交司机正在享受公租房保障。

三是加快信息系统建设。截至12月底，全国已有336座城市初步实现公租房数据共享，比上年年底增加了150座。

四是推广政府购买公租房运营管理服务。支持8个试点省（区）做好试点推广工作，在更多公租房项目推行政府购买公租房运营管理服务。总结浙江省、安徽省安庆市加强公租房运营管理工作经验，编发简报，供各地学习借鉴。

（四）因地制宜发展共有产权住房

截至2020年年底，北京已通过多种方式筹集房源约7.8万套，上海共有产权保障住房已累计签约12.7万户，南京、广州、西安等城市也积极探索发展共有产权住房。

（五）稳步推进棚户区改造

2020 年全国棚改计划开工 194 万套，实际开工 209 万套，超额完成年度计划，完成投资 1.1 万亿元。住房和城乡建设部指导各地坚持因地制宜、量力而行，严格把好棚户区改造范围和标准，科学确定城镇棚户区改造计划任务，抓好项目工程质量和施工安全监管，加大配套基础设施建设力度，让困难群众早日搬进生活方便舒适的新居。

（王国田　亚太建设科技信息研究院有限公司）

二、物业管理

（一）物业管理行业发展的总体情况

我国物业管理行业从 1981 年起步，已经走过了 40 年的发展历程。在 2016—2020 年间，物业管理行业产业结构不断优化，产值持续提升，市场规模增势强劲，从业人员稳定增长，行业得到蓬勃发展，呈现良好发展态势。

1. 物业管理行业发展指数达到 361.6，复合增长率达 13.6%

2020 年物业管理行业发展指数①达到 361.6，相比上年提高 32.8 点，同比增长 10.0% 。② 从 2016 年到 2020 年，物业管理行业发展指数提高 144.5，复合增长率达到 13.6%，保持了快速的发展态势（见图 7-1）。

图 7-1　2010—2020 年物业管理行业发展指数情况

资料来源：中国物业管理协会调查数据。

2. 营业收入发展指数达到 464.9，行业产值超过万亿元

2020 年物业管理行业营业收入发展指数为 464.9（见图 7-2），达到 11800.3 亿元，同比增长 12.3%。物业管理行业营业收入的增长速度分别高于管理规模和从业人员 5.7 个和 4.4 个百分点。近五年行业营业收入发展指数提高 205.5，复合增长率达到 15.7%，实现了高速增长。

---

① 物业管理行业发展指数（Property Management Industry Development Index）是以各地方物业管理行业协会申报数据和全国经济普查数据为基础，从物业管理行业的管理规模、营业收入等方面，对物业管理行业发展的基本状况进行量化评价，以测算物业管理行业发展指数的方式，来衡量行业发展的总体水平和发展态势。

② 2020 年物业管理行业发展指数为测算值，因受新冠肺炎疫情影响，对营业收入、管理规模等相关指标进行下调，增长速度降到 10%。

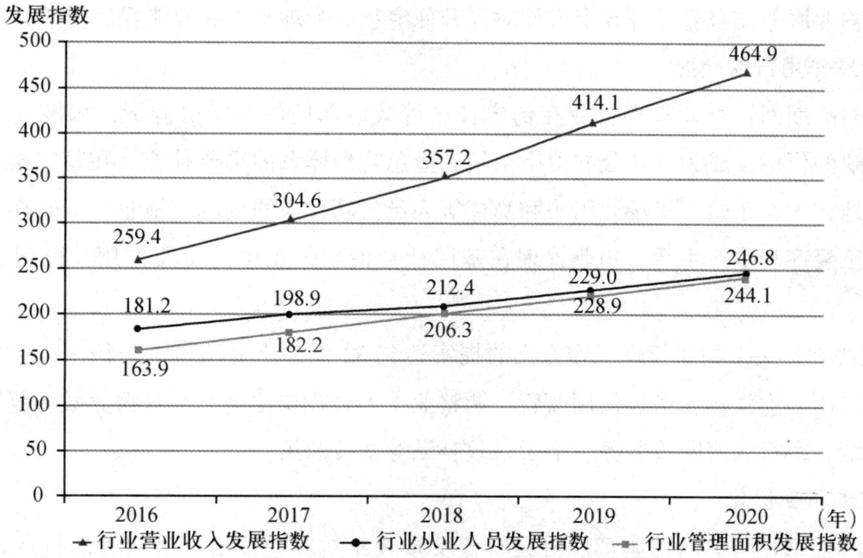

图 7－2　2010—2020 年物业管理行业营业收入、从业人员和管理面积发展指数情况

资料来源：中国物业管理协会调查数据。

3. 管理面积发展指数达到 244. 1，行业在管规模突破 330 亿平方米

2020 年物业管理行业管理面积指数达 244. 1（见图 7－2），管理面积达到 330. 4 亿平方米，同比增长 6. 6%。从 2016 年到 2020 年，物业管理行业管理面积发展指数提高 80. 2，复合增长率达 10. 5%，单位面积营业收入由 29. 7 元/平方米提高到 35. 7 元/平方米，人均管理面积由 4084. 2 平方米提高到 4463. 7 平方米。物业管理单位产值快速提升，人均管理效率稳步增长。

4. 从业人员发展指数达到 246. 8，每年新增就业岗位 50 万个

2020 年物业管理行业从业人员发展指数达 246. 8（见图 7－2），从业人员约 740. 2 万人（不包括外包人员），增加 53. 6 万人，同比增长 7. 8%。“十三五”期间，物业管理行业从业人员发展指数提高 65. 6，复合增长率达 8. 0%，人均营业收入由 12. 1 万元/人提升到 15. 9 万元/人，人均产值持续提升。

（二）物业管理行业发展的环境

1. 政策制度环境不断完善

2020 年 5 月，《中华人民共和国民法典》第十三届全国人民代表大会第三次会议通过。《民法典》中物权编、合同编、侵权责任编等编章增设和修改了大量关于物业管理的内容。能够在国家基本法中对物业管理予以确认，正是因为我国物业管理经过四十年的快速发展，已经全面融入社会经济领域的方方面面，深刻改变了城镇居民生活的点点滴滴。

2020 年 8 月，住房和城乡建设部等 13 部门联合发布《关于开展城市居住社区建设补短板行动的意见》，提出到 2025 年，基本补齐既有居住社区设施短板，新建居住社区同步配建各类设施，城市居住社区环境明显改善，共建共治共享机制不断健全，全国地级及以上城市完整居住社区覆盖率显著提升的工作目标。为解决居住社区存在规模不合理、设施不完善、公共活动空间不足、物业管理覆盖面不高、管理机制不健全等突出问题和短板，提供了政策指导和工作方向。

2020 年 12 月住房和城乡建设部等 10 部委联合印发《关于加强和改进住宅物业管理工作的通知》，从融入基层社会治理体系、健全业主委员会治理结构、提升物业管理服务水平、推动发展生活服务业、规范维修资金使用和管理、强化物业服务监督管理等 6 个方面对提升住宅物业管理水平和效能提出要求。

2. 基层社会治理作用日益凸显

新冠肺炎疫情防控期间，物业管理行业在街道社区等政府部门的组织协调下，积极融入社区联防联控工作，发挥了不可或缺的作用，成为社区公共卫生供给和应急管理体系的重要补充。在写字楼、城市综合体、产业园区等人员密集地方，在车站、机场、码头和高校等人员流动性大的场所，物业管理同样承担着疫情防控的工作职责，保障复工复产和生产生活。物业管理在基层社会治理体系中的重要作用，得到了社会各界的广泛认同。

2020 年全国政协委员关于物业管理工作方面的提案达到 32 件，比上年多了一倍。包括加强党的领导，发挥社区党组织引领作用，加强物业管理信用监管，调整业主大会投票比例，拓宽物业服务范围，调整物业管理行业分类、减免税费，实行政府购买服务、给予财政补贴等扶持政策。

3. 社会舆论氛围不断优化

新华社中国经济信息社与中国物业管理协会联合发布《新冠肺炎疫情对物业管理行业影响调查报告》显示，36450 名受访业主中，91% 认为疫情中物业服务品质明显提升，94% 认为小区物业防疫措施得当，98% 认为物业在社区联防联控体系中很重要。

（刘寅坤　王丽霞　中国物业管理协会）

三、房地产估价

（一）2020 年度中国房地产估价行业的基本情况

1. 房地产估价机构数量

2019 年全国房地产估价机构 5484 家，其中一级机构 707 家、二级机构 2538 家、三级机构 1281 家。截至 2020 年年底，全国共有房地产估价机构 5600 家，同比上升 2%。其中：一级机构逐年递增至 800 家，同比上升 12%；二级机构 2500 家，同比下降 1%；三级机构 1200 家，同比下降 6%。

2. 房地产估价机构营业收入

从上报机构的营业收入情况来看，房地产估价机构的营业收入呈微增态势，同比上升 1.3%。从分档的营业收入来看，2020 年估价机构营业收入 5000 万元以上的占比 8%；收入 2000 万～5000 万元的占比 18%；收入 1000 万～2000 万元的占比 25%；收入 500 万～1000 万元的占比 24%；收入 500 万元以下的占比 25%。2020 年房地产估价机构头部集中效应有所放缓，5000 万元以上的机构数量占比较上年度有所下滑，由上年度的 10% 下滑至本年度的 8%。

3. 房地产估价机构业务构成

从业务分类和估价总值来看，估价机构仍以传统房地产估价业务为主，抵押估价占比 57%、创新估价占比 17%、咨询顾问占比 16%、土地出让占比 6.5%、征收评估占比 1.5%、转让估价和司法鉴定各占比 1%。

（二）中国房地产评估行业、行政法规及措施年度变化

1. 新《土地管理法》实施，土地评估迎来机遇与挑战

2020 年 1 月 1 日，新修订的《中华人民共和国土地管理法》正式施行。新法规范土地征收程序、完善了对被征地农民的保障机制；允许土地所有权人通过出让、出租等方式交由单位或者个人使用；允许进城落户的农村村民依法自愿有偿退出宅基地；鼓励农村集体经济组织及其成员盘活利用闲置宅基地和闲置住宅。新法中涉及了不同评估目的集体土地价值评估需求，这是土地估价行业未来一个重要业务领域，也是估价行业的新机遇

与新挑战。

2. 新修订的证券法取消了证券评估资质行政许可，改为实施双备案制

3 月 1 日，新修订的《证券法》改为实施双备案制。评估机构和相关评估人员承接证券业务后，将更加勤勉与尽责，努力保护投资者利益，为资本市场保驾护航。11 月 9 日，《资产评估机构从事证券服务业务备案办法》正式施行，旨在规范资产评估机构从事证券服务业务备案行为。

3. 进一步强化资产评估在提高上市公司质量、国有资产处置等方面的鉴证作用

3 月 26 日，国务院国资委《关于做好 2020 年中央企业违规经营投资责任追究工作体系建设有关事项的通知》，确定评估或鉴证报告是央企认定资产损失金额及影响的重要依据。

10 月 9 日，《国务院关于进一步提高上市公司质量的意见》，要求促进上市公司市场化并购重组，要发挥资产评估结果在交易定价中的作用。资产评估提到新高度，凸显资产评估的重要性。

4. 《农村集体土地价格评估技术指引》，规范农村集体土地价格评估体系

4 月 22 日，自然资源部自然资源开发利用司会同中国土地估价师与土地登记代理人协会组织专家起草的《农村集体土地价格评估技术指引》正式发布实施。通过构建全方位、全流程、全覆盖的农村集体土地价格评估技术体系，进一步规范农村集体土地价格评估，显化农村集体土地资源资产价值，促进城乡统一土地市场建设，支持城乡融合发展与乡村振兴战略。

5. 助力完善城乡地价体系，推进自然资源分等定级

5 月 13 日，自然资源部印发《关于部署开展 2020 年度自然资源评价评估工作的通知》要求各地建立自然资源政府公示价格体系、推进自然资源分等定级及拓展自然资源等级和价格监测等工作。相关工作涉及不同自然资源领域的评估、评价技术要求。

中国土地估价师与土地登记代理人协会组织起草了《农村集体土地价格评估技术指引》，引导土地估价机构拓展传统土地估价业务范围。在工作实践中，各地土地估价机构也承担了其中重要的技术工作，协助各地自然资源管理部门完善城乡地价体系，推进自然资源分等定级试点等自然资源评估评价工作。

6. 《民法典》的颁布为评估业务带来诸多影响

5 月 28 日，十三届全国人大三次会议通过《中华人民共和国民法典》。从事抵押评估业务的评估机构和注册房地产估价师适应新形势，充分把握相关变化对估价专业工作带来的改变。

7. 规范征收补偿标准，积极参与征地区片综合地价编制

9 月 20 日，自然资源部启动征收农用地区片综合地价数据填报入库工作。自 2019 年 12 月自然资源部印发《关于加快制定征收农用地区片综合地价工作的通知》以来，各省（自治区、直辖市）陆续推进区片综合地价的制定、公布和实施。该项工作包括了农用地补偿价值与安置补助费的测算等专业评估内容，各省市土地估价机构利用自身专业知识和土地评估技术，积极参与相关的评估工作，为征收农用地区片综合地价的科学决策提供技术支撑。

8. 国有资产评估行政法规启动修订程序，新的资产评估准则发布实施

在财政部指导下，中国资产评估协会制定了《资产评估执业准则——资产评估方法》，2020 年 3 月 1 日起施行。10 月 27 日，财政部在官网发布了《国有资产评估管理办法（征求意见稿）》。11 月 25 日，中评协发布《企业并购投资价值评估指导意见》和《资产评估准则术语 2020》，使得资产评估准则体系更加完善。

9. 土地征收成片开发标准印发，方案编制涉及专业评估需求

2020 年 11 月 5 日，自然资源部印发《土地征收成片开发标准（试行）》，对《土地管理法》第四十五条规定的土地开发的“成片征收”标准做出了规定。

《标准》要求，县级以上地方人民政府组织编制土地征收成片开发方案，包括：成片开发的位置、面积、范围和基础设施条件等基本情况，成片开发的必要性、主要用途和实现的功能，拟安排的建设项目、开发时序和年度实施计划，开发范围内基础设施、公共服务设施以及其他公益性用地比例，土地利用效益以及经济、社会、生态效益评估等内容。

土地征收成片开发方案的编制涉及土地利用效益评估、征地社会稳定风险评估等专项评估，土地估价机构能够发挥相应的技术专长，主导或参与土地征收成片开发方案的编制工作，为各地土地储备部门提供专业服务。

10. 刑法修正案（十一）强化了评估机构和评估专业人员的法律责任

12 月 26 日，全国人大常委会通过《中华人民共和国刑法修正案（十一）》。修正案加大对“提供与证券发行相关的虚假的资产评估”“提供与重大资产交易相关的虚假的资产评估”打击力度，并规定：“有前款行为，同时索取他人财物或者非法收受他人财物构成犯罪的，依照处罚较重的规定定罪处罚。”修正案对于出具资产评估虚假证明文件罪的评估人员，增加了“处五年以上十年以下有期徒刑，并处罚金”这一量刑档次。

（三）中国房地产估价行业年度实事进展

1. 降低疫情影响，土地估价行业有序复工复产

2020 年春节期间，为降低疫情的影响，中国土地估价师与土地登记代理人协会积极引导土地估价机构有序复工复产。同时各地土地估价机构也积极组织物资捐赠等活动，共同抗击新冠疫情。中国土地估价师与土地登记代理人协会及广东省不动产登记与估价专业人员协会发布工作指引，引导土地估价机构解决因疫情无法进行土地评估现场勘查等技术问题。

2. 中房学开通线上服务功能，加强估价师的管理与沟通

2 月，中房学开通网站、微信在线客服功能。相关人员可通过“中国房地产估价师”“中国房地产经纪人”网站，“中国房地产估价”“中国房地产经纪”“中国住房租赁”微信公众号，以及房地产估价师注册系统、房地产经纪专业人员登记服务系统等业务系统，发起在线业务咨询，获得及时解答。

3. 新冠病毒疫情倒逼评估工作开辟线上新路径

新冠疫情给整个评估行业带来巨大影响，评估机构的业务收入普遍下降。各评估协会相继出台远程现场查勘指导文件，运用互联网视频手段替代部分查勘程序。各评估协会通过线上直播形式召开年会，开展在线继续教育。4 月 23 日，北京法院尝试执行拍卖房产在线“云评估”。VR、直播、视频等在线技术的运用，为疫情常态化下的评估工作开辟了新路径。

4. 加强新型基础设施建设，新、旧基建两手抓，关注城市老旧小区改造

5 月 22 日，《政府工作报告》指出要扩大有效投资，新、旧基建两手抓。在旧基建领域，除了传统的铁路、公路、机场建设，同时关注城市老旧小区改造。根据住建部的初步统计，全国共有老旧小区将近 16 万个，涉及居民超过 4200 万户；全国老旧小区改造的市场空间或达 5 万亿元；2020 年计划改造的城镇老旧小区达 3. 9 万个，涉及居民近 700 万户。老旧小区的改造需要在充分评估小区建筑质量、市政基础设施、配套设施、小区基本服务完整度和小区居民改善需求的基础上开展，旧改的持续高速推动为房地产估价行业的发展带来了机遇与挑战。

5. 房产交易领域加速数字化转型

7 月 24 日，贝壳集团正式在纽约成功上市。贝壳第二大股东为腾讯，持股比例为 12. 3%。7 月 31 日，易居中国宣布与阿里巴巴集团签署战略合作框架协议，双方将在线上线下房产交易、数字营销和交易后相关服务等领域展开深度合作。大数据技术的普遍应用推动房产交易信息化、数字化的进程不断加快。

6. 中房学积极参与租赁市场管理规范的编制，9 月租赁住房建设运营标准出台

9 月 8 日，根据住建部决定组织的住房租赁行业首个国家标准《租赁住房建设运营标准》编制组成立该标准的编制目的是解决租赁住房新建、改建和运营过程中存在的标准滞后、规范缺失问题，规范指导住房租赁企业依法依规开展建设运营。

7. 中国房地产估价师与经纪人学会举办 2020 年年会

11 月 5 日，2020 中国房地产估价年会召开，旨在引导房地产估价机构积极应对新冠肺炎疫情带来的冲击和挑战，积极深化与拓展估价业务，努力开拓相关咨询顾问业务。

8. 国家健全知识产权评估体系为评估行业开拓新机会

中共中央政治局 11 月 30 日就加强我国知识产权保护工作举行第二十五次集体学习。国家下一步将深化知识产权保护工作体制机制改革，健全知识产权评估体系，改进知识产权归属制度，研究制定防止知识产权滥用相关制度。随着这些改革工作的推进，必将带来无形资产评估的新机遇和新挑战。

9. 房贷集中度管理落地，控制过量资金进入房地产市场

12 月 31 日，中国人民银行、中国银行保险监督管理委员会明确在我国境内设立的中资法人银行业金融机构，其房地产贷款余额占比及个人住房贷款余额占比不得高于确定的相应上限。居民信贷会受到房贷管控的影响而降速，房地产总贷款及个人住房贷款占比将平缓下行，大量资金进入楼市的现状得到一定程度的缓解。

10. 土地估价师与房地产估价师“两师整合”工作未如期完成

《关于 2019 年度房地产估价师资格考试有关问题的通知》：“土地估价师考试拟于 2020 年作为土地估价方向纳入房地产估价师职业资格考试。”迄今为止，仍未见房地产估价师土地估价方向的考试开考。“两师整合”工作留待来年继续。

（许　军　田蓉泉　上海联城房地产评估咨询有限公司）

四、房地产金融

（一）2020 年度金融政策梳理

1. 中央关于金融工作的指示精神

3 月，政府工作报告。稳健的货币政策要更加灵活适度。综合运用降准降息、再贷款等手段，引导广义货币供应量和社会融资规模增速明显高于上年。保持人民币汇率在合理均衡水平上基本稳定。创新直达实体经济的货币政策工具，务必推动企业便利获得贷款，推动利率持续下行。

4 月，政治局会议。要以更大的宏观政策力度对冲疫情影响，积极的财政政策要更加积极有为，提高赤字率，发行抗疫特别国债，增加地方政府专项债券，提高资金使用效率，真正发挥稳定经济的关键作用。稳健的货币政策要更加灵活适度，运用降准、降息、再贷款等手段，保持流动性合理充裕，引导贷款市场利率下行，把资金用到支持实体经济特别是中小微企业上。

7 月，政治局会议。要确保宏观政策落地见效。财政政策要更加积极有为、注重实效。货币政策要更加灵活适度、精准导向。要保持货币供应量和社会融资规模合理增长，推动综合融资成本明显下降。要确保新增融资重点流向制造业、中小微企业。宏观经济政策要加强协调配合，促进财政、货币政策同就业、产业、区域等政策形成集成效应。

12 月，中央经济工作会议。宏观政策要保持连续性、稳定性、可持续性。要继续实施积极的财政政策和稳健的货币政策，保持对经济恢复的必要支持力度，政策操作上要更加精准有效，不急转弯，把握好政策时度效。积极的财政政策要提质增效、更可持续，保持适度支出强度，增强国家重大战略任务财力保障。稳健的货币政策要灵活精准、合理适度，保持货币供应量和社会融资规模增速同名义经济增速基本匹配，保持宏观杠杆率基本稳定。深化利率汇率市场化改革，保持人民币汇率在合理均衡水平上的基本稳定。

2. 各部委政策

6 月，银保监会印发《关于开展银行业保险业市场乱象整治“回头看”工作的通知》。《通知》明确对连续三年市场乱象整治工作进行“回头看”，主要在以下五方面：一看主体责任是否落实到位；二看实体经济是否真正受益；三看整改措施是否严实有效；四看违法违规是否明显遏制；五看合规机制是否健全管用。

7 月，中共中央政治局常委、国务院副总理韩正在北京主持召开房地产工作座谈会，强调要实施好房地产金融审慎管理制度，稳住存量、严控增量，防止资金违规流入房地产市场。要加强市场监测，对市场异动及时提示、指导和预警，精准分析市场形势。

8 月，银保监会主席郭树清在《求是》刊文指出，房地产泡沫是威胁金融安全的最大“灰犀牛”。近年来，各地区各部门根据“房住不炒”和“一城一策”精神，优化金融资源配置，严防资金违规流入房地产市场。

8 月，住建部在北京召开部分城市房地产工作会商会。会议强调，要进一步统一思想认识，提高政治站位。要切实落实城市主体责任，提高工作的主动性，确保实现稳地价、稳房价、稳预期目标。落实省级监控和指导责任，加强对辖区内城市房地产市场监测和评价考核，确保城市主体责任落到实处。

8 月，住建部、央行联合召开重点房地产企业座谈会，为进一步落实房地产长效机制，形成了重点房地产企业资金监测和融资管理规则，即“三道红线”、四档管理。三道红线是指：剔除预售款后的资产负债率大于 70%；净负债率大于 100%；现金短债比小于 1 倍。四档管理是指：根据“三道红线”触线情况不同，试点房企分为“红—橙—黄—绿”四档，以有息负债规模作为融资管理的操作目标。有息负债规模以 2019 年 6 月底为基础，如果房企“三线”均超出阈值为“红色档”，有息负债规模不得增加；“二线”超出阈值为“橙色档”，有息负债规模年增速不得超过 5%；“一线”超出阈值为“黄色档”，有息负债规模年增速不得超过 10%；“三线”均未超出阈值为“绿色档”，有息负债规模年增速不得超过 15%。

12 月，央行、银保监会发布《关于建立银行业金融机构房地产贷款集中度管理制度的通知》，建立银行业金融机构房地产贷款集中度管理制度。综合考虑银行业金融机构的资产规模、机构类型等因素，分档设置房地产贷款余额占比和个人住房贷款余额占比两个上限，对超过上限的机构设置过渡期，并建立区域差别化调节机制。

（二）宏观货币供需及价格

1. 货币供应总量

2020 年年底，广义货币供应量 M_2 余额为 218.7 万亿元，同比增长 10.1%，增速比上年年底高 1.4 个百分点，以适度的货币增长支持了经济高质量发展。基础货币余额为 33 万亿元，同比增速 1.9%，增速比上年年底高 4.0 个百分点。货币乘数（广义货币/基础货币）为 6.6，保持扩大趋势。

2. 存款

2020 年年底，金融机构人民币各项存款余额为 212.6 万亿元，同比增长 10.2%，比年初增加 19.7 万亿元，同比多增加 4.3 万亿元。从存款部门分布看，住户存款、非银行业金融机构当年存款增量分别为 11.3 万亿元、1.0 万亿元，分别同比多增加 1.6 万亿元、减少 2070 亿元；非金融企业存款增量为 6.5 万亿元，同比多增加 3.3 万亿元（见表 7－1）。

表 7－1　2020 年人民币存款结构

单位：亿元，%

类　型	存款余额	同　比	当年新增额	同比多增额
人民币各项存款	2125721	10.2	196936	43376
住户存款	925984	13.9	112968	15989
非金融企业存款	658683	10.9	64641	32527
政府存款	343508	1.7	5838	-6247
非银行业金融机构存款	189695	5.8	10388	-2070
境外存款	12938	14.5	1634	1158

数据来源：中国人民银行。

3. 贷款

2020 年年底，金融机构人民币贷款余额为 172.7 万亿元，同比增长 12.8%，比年初增加 19.6 万亿元，同比多增加 2.8 万亿元。从贷款部门分布看，住户贷款余额 63.2 万亿元，同比增长 14.2%，比年初增加 7.9 万亿元，同比多增加 4307 亿元，其中，个人住房贷款余额 34.5 万亿元，同比增长 14.5%，比年初增加 4.3 万亿元，同比少增加 1000 亿元。非金融企业及机关团体贷款余额 108.4 万亿元，同比增长 12.6%，当年新增额 12.2 万亿元，同比多增加 2.7 万亿元（见表 7－2）。

表 7－2　2020 年年底人民币贷款结构

单位：亿元，%

类　型	贷款余额	同　比	当年新增额	同比多增额
人民币各项贷款	1727452	12.8	196329	28172
住户贷款	631847	14.2	78656	4307
非金融企业及机关团体贷款	1084388	12.6	121651	27203
非银行业金融机构贷款	5121	-47.9	-4706	-3773
境外贷款	6096	13.6	728	435

数据来源：中国人民银行。

4. 社会融资规模

2020 年年底，社会融资规模存量为 284.8 万亿元，同比增长 13.3%。其中：人民币贷款余额为 171.6 万亿元，同比增长 13.2%；外币贷款折合人民币余额为 2.1 万亿元，同比微降 0.5%；委托贷款余额为 11.1 万亿元，同比下降 3.3%；信托贷款余额为 6.3 万亿元，同比下降 14.8%；未贴现的银行承兑汇票余额为 3.5 万亿元，同比增长 5.4%；企业债券余额为 27.6 万亿元，同比增长 17.7%；政府债券余额为 46.1 万亿元，同比增长 22.1%；非金融企业境内股票余额为 8.3 万亿元，同比增长 12.1%；存款类金融机构资产支持证券余额为 1.9 万亿元，同比增长 12.3%；贷款核销余额为 5.3 万亿元，同比增长 29.9%（见表 7－3）。

表 7－3　2020 年社会融资结构

类　型	余额（万亿）	同比（%）	当年新增额（亿元）	同比多增额（亿元）
社会融资规模	284.8	13.3	335180	92417

续表

类　型	余额（万亿）	同比（%）	当年新增额（亿元）	同比多增额（亿元）
人民币贷款	171.6	13.2	200280	31432
外币贷款	2.1	-0.5	-100	924
委托贷款	11.1	-3.3	-3798	5634
信托贷款	6.3	-14.8	-11053	-7586
未贴现的银行承兑汇票	3.5	5.4	1801	6558
企业债券	27.6	17.7	41546	13908
政府债券	46.1	22.1	83327	36123
非金融企业境内股票融资	8.3	12.1	8935	5456
存款类金融机构资产支持证券	1.9	12.3	2071	-1963
贷款核销	5.3	29.9	12146	1595

数据来源：中国人民银行。

注：社会融资规模统计口径较上年有所完善。

5. 市场利率

从银行融资看，2020 年受疫情影响，货币市场利率下降明显，尤其是 3—6 月。2020 年 12 月底，3 月期 SHIBOR 为 2.76%，比上年年底的 3.02% 下降 26bp；银行间市场存款类机构以利率债为质押的 7 天期回购利率（DR007）为 2.55%，比上年年底的 2.85% 下降了 30bp。

从非金融机构融资看，国债可代表当前无风险利率水平，企业债代表企业直融成本，这两个指标利率都是衡量金融市场各类融资利率的标尺。2020 年 12 月底，1 年期国债、1 年期 AAA 企业债、1 年期 AA—企业债到期收益率分别为 2.47%、3.11%、5.88%，较上年年底分别上升 11bp、下降 6bp、上升 44bp。

（三）房地产信贷

1. 房地产信贷总量

2020 年年底，人民币房地产贷款余额 49.6 万亿元，同比增长 11.7%，增速比上年年底低 3.1 个百分点。全年增加 5.2 万亿元，占同期人民币各项贷款增量的 26.3%，比上年全年水平低 7.7 个百分点。其中：个人住房贷款余额 34.5 万亿元，同比增长 14.5%，增速比上年年底回落 2.2 个百分点；住房开发贷款余额 9.1 万亿元，同比增长 8.2%，增速较上年年底回落 6.4 个百分点。

2. 与其他行业比较

从国民经济各行业来看，房地产贷款增幅持续平稳回落，增速自 6 月底开始低于其他行业。2020 年年底，房地产贷款同比增速 11.7%，低于工业贷款增速 20.0%（包括重工业和轻工业），且低于服务业贷款同比增速 14.3%。

3. 房地产按揭贷款利率

2020 年四季度末所有贷款加权平均利率为 5.03%，较上年年底下降 41BP。其中，个人购房贷款利率加权平均利率为 5.34%，较上年年底下降 28BP；一般公司贷款加权平均利率为 5.30%，较上年年底下降 44BP（见表 7-4）。

表 7-4　房地产各项贷款余额及利率

单位:%

频　率	个人购房贷款利率（季末）	一般公司贷款利率（季末）	所有贷款加权平均利率（季末）	基准利率上浮贷款占比（季末）
2016Q1	4. 63	5. 67	5. 30	61. 58
2016Q2	4. 55	5. 58	5. 26	58. 14
2016Q3	4. 52	5. 65	5. 22	60. 38
2016Q4	4. 52	5. 44	5. 27	52. 73
2017Q1	4. 55	5. 63	5. 53	58. 57
2017Q2	4. 69	5. 71	5. 67	64. 39
2017Q3	5. 01	5. 86	5. 76	68. 14
2017Q4	5. 26	5. 80	5. 74	64. 41
2018Q1	5. 42	6. 01	5. 96	74. 35
2018Q2	5. 60	6. 08	5. 97	75. 24
2018Q3	5. 72	6. 19	5. 94	73. 76
2018Q4	5. 75	5. 91	5. 63	65. 26
2019Q1	5. 68	6. 04	5. 69	67. 88
2019Q2	5. 53	5. 94	5. 66	66. 18
2019Q3	5. 55	5. 96	5. 62	—
2019Q4	5. 62	5. 74	5. 44	—
2020Q1	5. 60	5. 48	5. 08	—
2020Q2	5. 42	5. 26	5. 06	—
2020Q3	5. 36	5. 31	5. 12	—
2020Q4	5. 34	5. 30	5. 03	—

数据来源：中国人民银行。

（四）房地产信托

1. 房地产信托相关政策

4 月，多家信托公司接连收到相关监管部门的“窗口指导”，要求压缩具有影子银行特征的信托融资业务，并制定融资类信托压缩计划。

5 月，银保监会制定《信托公司资金信托管理暂行办法（征求意见稿）》，拟加强对资金信托投资非标债权资产管理，限制投资比例及非标债权集中度。明确全部集合资金信托投资于非标债权资产金额不得超过全部集合资金信托合计实收信托 50%，投资于同一融资人及其关联方非标债权资产金额不得超过信托公司净资产 30%。

6 月，银保监会下发信托公司风险资产处置相关工作通知：坚持“去通道”目标不变，继续压缩信托通道业务，逐步压缩违法违规的融资类信托业务；监管政策不会一刀切停止信托公司开展融资类信托业务，而是逐步压缩违规融资类业务规模。

10 月，银保监会信托部向各地银保监局下发《关于开展新一轮房地产信托业务专项排查的通知》，要求继续严控房地产信托规模，强化房地产信托穿透监管，严禁为资金违规流入房地产市场提供通道，切实加强房地产信托风险防控工作。

12 月，多家信托公司收到监管部门指导意见，要求严格压降融资类信托业务规模，保证完成此前设定的压降任务。银保监会相关部门负责人表示，监管政策不会一刀切停止信托公司开展融资类信托业务，而是逐步压缩违规融资类业务规模，促使其优化业务结构，直至信托公司能够依靠本源业务支撑其经营发展。

2. 资金投向余额情况

截至 2020 年四季度末，资金信托余额 16. 3 万亿元，同比下降 9. 1%，工商企业依然以 4. 96 万亿元的余额规模稳居榜首；其次是基础产业、房地产、证券市场、金融机构。投向房地产行业的规模为 2. 28 万亿元，同比下降 15. 8%。

从资金信托的投向占比看，截至 2020 年四季度末五大投向占比为：工商企业占比 30. 4%、基础产业占比 15. 1%、房地产业占比 14. 0%、证券市场占比 13. 9%、金融机构占比 12. 2%。房地产业的资金信托余额占比较上年年底下降 1. 1 个百分点（见表 7－5）。

表 7－5　2020 年四季度末资金信托投向余额及占比

单位：万亿元，%

类　别	基础产业	房地产	证券市场	金融机构	工商企业	其　他
余额	2. 47	2. 28	2. 26	1. 98	4. 96	2. 36
同比	－12. 60	－15. 80	15. 40	－20. 80	－9. 60	－4. 30
占比	15. 10	14. 00	13. 90	12. 20	30. 40	14. 50

数据来源：中国信托业协会。

（五）房地产公募基金

选取基金市场类中全部基金作为研究对象，统计公募基金对于房地产板块的配置情况。

从持仓市值来看，2020 年房地产板块的基金持仓总市值为 935. 8 亿元，较上年同比下降 16. 8%。占股票投资市值比重（基金持仓行业市值规模/基金配置 A 股市值规模）为 1. 77%，为近五年来新低，较上年大幅下降 2. 6 个百分点（见图 7－3）。

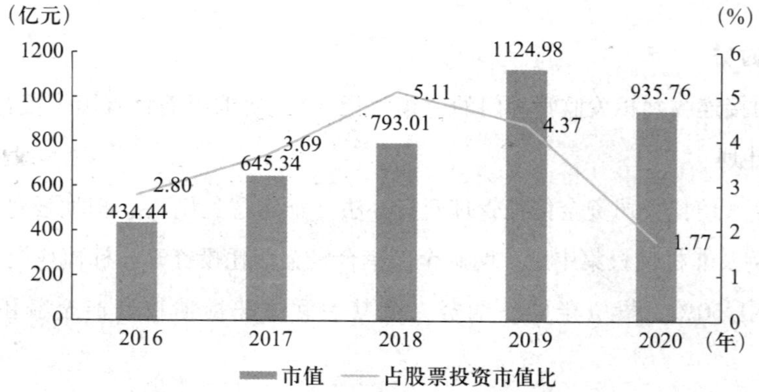

图 7－3　2016—2020 年房地产板块的基金持仓市值及占比

数据来源：wind 数据库。

2020 年，公募基金对于房地产板块的标准行业配置比例（行业自由流通市值/全 A 股自由流通市值）为 2.77%，较上年下降 1.5 个百分点。低配幅度扩大至 1.01%，是 2017 年以来最低。

横向对比全行业配置情况，房地产板块标准行业配置比例及相对配置比例分别排名 6/18 和 12/18，较上年下降 1 位及 5 位（见图 7-4）。

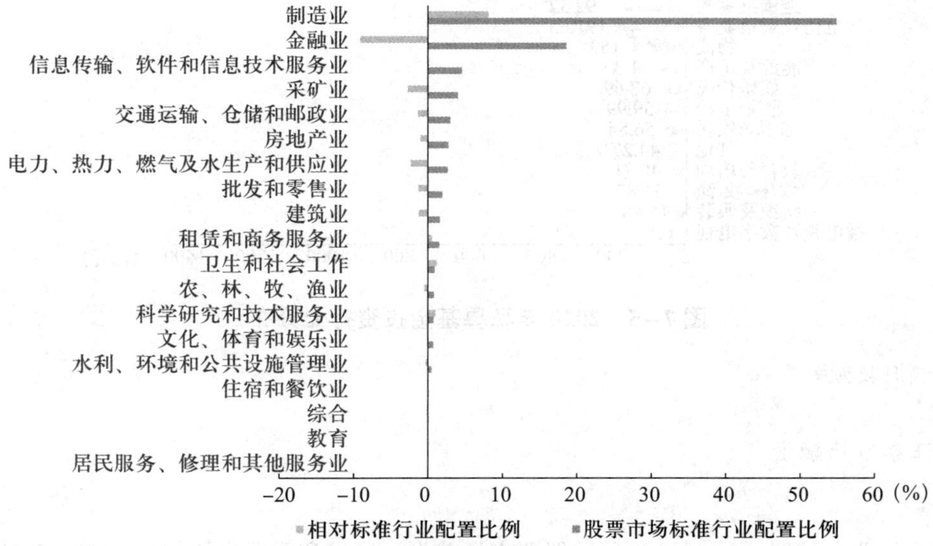

图 7-4　2020 年各行业公募基金配置比例

数据来源：wind 数据库。

（六）房地产私募基金

2020 年私募股权基金募集金额 9404.3 亿元，同比下降 7.4%。投资金额 6795.3 亿元，同比增长 14.4%。

2020 年，房地产基金募集数量 44 只，募集金额为 301.9 亿元，占比为 3.2%（见表 7-6）。募集数量较上年同期减少 50%，募集金额同比增长 30.5%（2019 募集 88 只，231.3 亿元）。

表 7-6　2020 年新募基金的募集金额及占比

单位：亿元,%

类　型	金　额	占　比	类　型	金　额	占　比
成长基金	6697.58	56	房地产基金	301.90	3
创业基金	2909.31	24	早期基金	158.16	1
并购基金	1106.96	9	夹层基金	9.62	0
基础设施基金	788.61	7			

数据来源：清科数据库。

从投资情况看。2020 年，私募股权基金在房地产领域的投资案例共有 53 起，较上年增加 3 起；投资金额为 270.9 亿元，同比增长 91.7%；投资金额名列行业第 8 位，较上年上升 1 位（见图 7-5）。

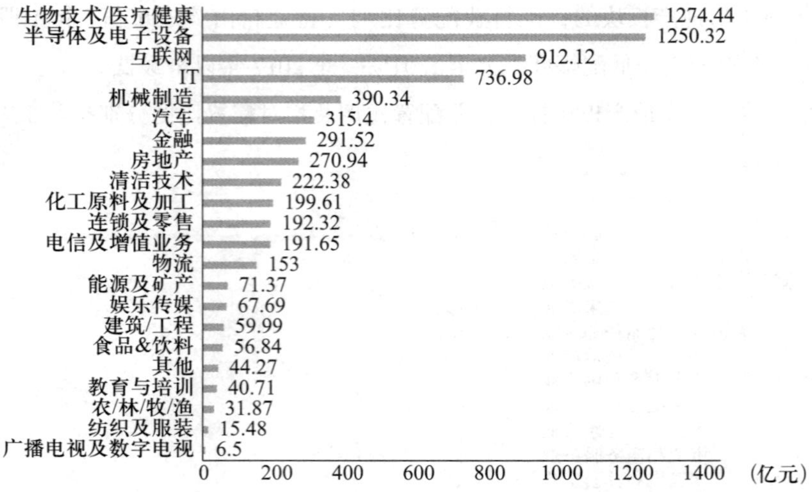

图 7-5　2020 年私募基金投资行业分布

数据来源：清科数据库。

（七）境内证券市场融资

1. 股票融资

2020 年房地产行业（按照 wind 行业划分）股票市场首发、增发和配股融资规模为 797.2 亿元，同比增长 87.2%。其中：地产开发类公司融资规模达 195.7 亿元，较上年（融资规模为 300.2 亿元）下降 34.8%；物业服务类公司融资 601.5 亿元，较上年（融资规模为 125.9 亿元）大幅增长 377.8%（见表 7-7）。

2. 境内债券融资

2020 年房地产行业共发行债券 562 只（不包括资产证券化产品），累计发行金额 5610.3 亿元，同比增长 12.3%；主要产品以超短期融资券、定向工具、私募债、短期融资券、公司债和中期票据为主，从发行面额的占比来看：公司债（37.4%）＞中期票据（23.7%）＞超短期融资债券（19.5%）＞私募债（9.7%）＞定向工具（4.3%）＞短期融资券（2.0%）。

根据克而瑞 2020 年销售金额榜单，TOP20 的房地产企业发行债券 1745.7 亿元，占比为 31.1%。发行主体主要有招商蛇口、恒大、世茂、金地、保利、龙湖、中南等企业（见表 7-8）。

表 7-7　2020 年房地产企业股市融资情况

类　别	公司简称	发行方式	上市日期	上市地点	交易币种	发行规模（亿元）
地产开发类	大悦城控股集团股份有限公司	增发	1 月 6 日	深圳	CNY	24.26
	汇景控股	首发	1 月 16 日	香港	HKD	15.21
	合肥城建发展股份有限公司	增发	3 月 20 日	深圳	CNY	12.86
	绿城管理控股	首发	7 月 10 日	香港	HKD	13.13
	港龙中国地产	首发	7 月 15 日	香港	HKD	16.92
	中体产业集团股份有限公司	增发	8 月 5 日	上海	CNY	5.37
	合肥城建发展股份有限公司	增发	8 月 28 日	深圳	CNY	10.00

续表

类 别	公司简称	发行方式	上市日期	上市地点	交易币种	发行规模（亿元）
地产开发类	金辉控股	首发	10 月 29 日	香港	HKD	27.74
	上坤地产	首发	11 月 17 日	香港	HKD	13.06
	祥生控股集团	首发	11 月 18 日	香港	HKD	35.97
	中体产业集团股份有限公司	增发	12 月 8 日	上海	CNY	5.37
	领地控股	首发	12 月 10 日	香港	HKD	15.76
物业服务类	兴业物联	首发	3 月 9 日	香港	HKD	1.99
	烨星集团	首发	3 月 13 日	香港	HKD	1.64
	建业新生活	首发	5 月 15 日	香港	HKD	23.63
	金融街物业	首发	7 月 6 日	香港	HKD	7.62
	弘阳服务	首发	7 月 7 日	香港	HKD	4.77
	正荣服务	首发	7 月 10 日	香港	HKD	13.08
	卓越商企服务	首发	10 月 19 日	香港	HKD	34.44
	第一服务	首发	10 月 22 日	香港	HKD	6.00
	世茂服务	首发	10 月 30 日	香港	HKD	60.42
	合景悠活	首发	10 月 30 日	香港	HKD	30.25
	金科服务	首发	11 月 17 日	香港	HKD	68.32
	融创服务	首发	11 月 19 日	香港	HKD	92.05
	恒大物业	首发	12 月 2 日	香港	HKD	71.35
	佳源服务	首发	12 月 9 日	香港	HKD	6.24
	华润万象生活	首发	12 月 9 日	香港	HKD	141.05
	大唐集团控股	首发	12 月 11 日	香港	HKD	16.58
	远洋服务控股	首发	12 月 17 日	香港	HKD	17.40
	特发服务	配股	12 月 21 日	深圳	CNY	4.70

数据来源：wind 数据库。

表 7-8 2020 年销售 TOP20 房企发行债券情况

发行人	发行日期	发行面额（亿元）	利率（%）	期限（年）	债券类型
碧桂园	3 月 26 日	34.00	4.20	5.00	公司债
	7 月 3 日	13.60	4.19	5.00	公司债
	9 月 22 日	20.00	4.38	5.00	公司债
	10 月 29 日	17.78	4.15	5.00	公司债

续表

发行人	发行日期	发行面额（亿元）	利率（%）	期限（年）	债券类型
恒　大	1月6日	45.00	6.98	3.00	公司债
	5月22日	40.00	5.90	3.00	公司债
	6月3日	25.00	5.60	3.00	公司债
	9月21日	40.00	5.80	5.00	公司债
	10月13日	21.00	5.80	5.00	公司债
万　科	3月12日	10.00	3.42	7.00	公司债
	3月12日	15.00	3.02	5.00	公司债
	5月15日	15.00	3.45	7.00	公司债
	5月15日	10.00	2.56	5.00	公司债
	6月17日	12.00	3.90	7.00	公司债
	6月17日	8.00	3.20	5.00	公司债
	11月11日	16.00	4.11	7.00	公司债
	11月11日	3.81	3.50	5.00	公司债
融　创	3月30日	40.00	4.78	4.00	公司债
	5月25日	33.00	5.60	5.00	公司债
	9月9日	13.00	6.48	3.00	私募债
保　利	2月20日	9.00	3.39	3.00	中期票据
	3月30日	20.00	3.00	5.00	公司债
	4月9日	15.00	3.07	3.00	中期票据
	4月20日	6.00	3.49	5.00	中期票据
	5月25日	15.00	3.18	3.00	中期票据
	6月18日	5.00	3.78	7.00	公司债
	6月18日	15.00	3.14	5.00	公司债
	9月25日	16.10	4.18	7.00	公司债
	9月25日	7.00	3.72	5.00	公司债
	11月17日	20.00	3.98	3.00	中期票据
中　海	8月12日	20.00	3.20	6.00	公司债
	11月5日	24.00	3.40	3.00	公司债
	12月10日	15.00	3.60	3.00	中期票据
绿　城	2月26日	5.00	3.86	5.00	中期票据
	2月26日	15.00	3.30	3.00	中期票据
	3月4日	14.30	3.19	5.00	公司债
	3月13日	10.00	3.27	3.00	中期票据
	3月27日	5.00	3.87	7.00	公司债

续表

发行人	发行日期	发行面额（亿元）	利率（%）	期限（年）	债券类型
绿城	3月27日	10.00	3.26	5.00	公司债
	4月24日	15.00	4.20	3.00	中期票据
	10月23日	9.50	3.82	5.00	公司债
华润	4月9日	12.00	3.20	5.00	中期票据
	4月9日	8.00	2.65	3.00	中期票据
	4月29日	5.00	2.95	5.00	中期票据
	4月29日	15.00	2.42	3.00	中期票据
	8月14日	15.00	3.20	3.00	公司债
世茂	1月8日	5.00	4.12	3.00	中期票据
	1月17日	5.00	4.50	3.00	定向工具
	3月3日	20.00	3.60	3.00	公司债
	3月23日	28.00	3.90	7.00	公司债
	3月23日	17.00	3.23	5.00	公司债
	4月24日	5.00	3.70	3.00	定向工具
	5月7日	31.00	3.20	5.00	公司债
	7月3日	10.00	3.76	2.00	公司债
	8月25日	27.00	3.90	5.00	公司债
	8月28日	5.00	3.99	2.00	公司债
	9月22日	5.00	3.94	2.00	公司债
金地	2月18日	10.00	2.83	0.74	超短期融资券
	3月4日	10.00	2.69	0.74	超短期融资券
	3月12日	10.00	2.63	0.74	超短期融资券
	3月18日	10.00	2.60	0.74	超短期融资券
	4月1日	5.00	3.55	5.00	中期票据
	4月1日	15.00	3.05	3.00	中期票据
	6月3日	20.00	3.30	3.00	中期票据
	8月10日	20.00	3.83	3.00	中期票据
	9月29日	30.00	3.95	5.00	公司债
	11月10日	20.00	3.93	3.00	中期票据
招商蛇口	2月10日	10.00	2.70	0.44	超短期融资券
	2月24日	15.00	2.65	0.66	超短期融资券
	3月5日	7.00	3.30	5.00	中期票据
	3月5日	13.00	3.00	3.00	中期票据
	3月5日	19.00	2.56	0.55	超短期融资券

续表

发行人	发行日期	发行面额（亿元）	利率（%）	期限（年）	债券类型
招商蛇口	3月30日	12.50	2.20	0.41	超短期融资券
	3月30日	10.00	2.20	0.39	超短期融资券
	7月9日	30.00	2.20	0.74	超短期融资券
	8月18日	10.00	3.89	5.00	中期票据
	8月18日	20.00	3.53	3.00	中期票据
	9月22日	19.00	2.84	0.25	超短期融资券
	10月20日	15.00	2.65	0.66	超短期融资券
	11月13日	10.40	4.15	5.00	公司债
	12月16日	16.00	3.76	3.00	中期票据
龙　湖	1月15日	23.00	4.20	7.00	公司债
	1月15日	5.00	3.55	5.00	公司债
	3月2日	30.00	3.80	7.00	公司债
	7月13日	5.00	4.50	5.00	中期票据
	7月13日	12.00	3.95	3.00	中期票据
	8月5日	10.00	4.30	7.00	公司债
	8月5日	20.00	3.78	5.00	公司债
中　南	3月4日	9.00	7.40	5.00	公司债
	3月4日	8.00	6.80	4.00	公司债
	6月22日	12.00	7.20	4.00	中期票据
	8月24日	6.00	6.85	0.74	超短期融资券
	8月25日	18.00	7.20	4.00	中期票据
旭　辉	5月27日	21.20	3.80	5.00	公司债
	5月27日	10.00	4.50	5.00	公司债
	10月22日	7.50	4.23	5.00	公司债
金　茂	2月17日	8.00	2.90	0.74	超短期融资券
	3月11日	25.00	3.10	3.00	中期票据
	3月17日	5.00	3.28	3.00	中期票据
	7月8日	25.00	3.80	3.00	中期票据
新城控股	3月5日	6.00	5.10	3.00	公司债
	3月27日	7.50	4.27	0.49	超短期融资券
	4月26日	5.00	4.28	0.49	超短期融资券
	5月20日	10.00	4.39	0.71	超短期融资券

续表

发行人	发行日期	发行面额（亿元）	利率（%）	期限（年）	债券类型
新城控股	6月4日	7.50	5.15	0.74	超短期融资券
	8月28日	10.00	5.90	5.00	公司债
	8月28日	5.00	5.70	4.00	公司债
阳光城	4月22日	8.00	7.30	5.00	公司债
	4月22日	12.00	6.95	4.00	公司债
	5月26日	9.00	6.20	1.00	短期融资券
	6月22日	6.00	6.60	4.00	中期票据
	7月22日	7.50	6.80	5.00	中期票据
	8月20日	10.00	7.00	4.00	公司债
	10月12日	8.00	6.67	5.00	公司债
	10月27日	16.50	6.80	4.00	中期票据
金　科	1月7日	8.00	5.30	0.74	超短期融资券
	2月18日	4.00	6.30	5.00	公司债
	2月18日	19.00	6.00	3.00	公司债
	5月26日	4.50	5.60	5.00	公司债
	5月26日	12.50	5.00	4.00	公司债
	7月28日	10.00	5.58	4.00	中期票据
	8月21日	10.00	5.48	4.00	中期票据
富　力	1月14日	7.00	5.40	0.33	超短期融资券
	4月21日	10.00	6.30	4.00	定向工具

数据来源：wind 数据库。

（八）不动产资产证券化

2020 年不动产资产证券化产品发行 2761.2 亿元，发行笔数 283 笔。其中：类 REITs 发行规模为 343.5 亿元，占比 12.4%；CMBS/CMBN 发行规模为 1381.1 亿元，占比 50.0%；购房尾款 ABS/ABN 发行规模为 392.2 亿元，占比 14.2%；供应链金融 ABS 发行规模为 621.7 亿元，占比 22.5%；物业费 ABS 发行规模为 22.7 亿元，占比 0.8%（见表 7-9）。

表 7-9　2020 年不动产资产证券化产品发行

类　型	发行笔数（笔）	占比（%）	发行规模（亿元）	占比（%）
类 REITs	24	8.5	343.5	12.4
CMBS/CMBN	65	23.0	1381.1	50.0
购房尾款 ABS/ABN	40	14.1	392.2	14.2
供应链金融 ABS	150	53.0	621.7	22.5

续表

类　型	发行笔数（笔）	占比（%）	发行规模（亿元）	占比（%）
物业费 ABS	4	1.4	22.7	0.8
合　计	283	100.0	2761.2	100.0

数据来源：wind 数据库。

截至 2020 年年底，不动产资产证券化产品的存续规模已达到 8809.5 亿元，累计发行笔数 709 笔。其中：不动产抵押类资产证券化产品（类 REITs、CMBS/CMBN）发行规模 5014.3 亿元，占发行总额的 56.9%，包括类 REITs 发行 89 笔，融资规模 1732.3 亿元；CMBS/CMBN 发行 137 笔，融资规模 3282 亿元。此外，预期收益支持类不动产 ABS 产品（物业费 ABS、购房尾款 ABS/ABN、供应链金融 ABS）发行规模 3795.1 亿元，占据总规模 43.1%，包括物业费 ABS 发行 65 笔，融资规模 754.2 亿元；包括购房尾款 ABS/ABN 发行 104 笔，融资规模 1243.5 亿元；包括供应链金融 ABS 发行 314 笔，融资规模 1797.5 亿元（见表 7－10）。

表 7－10　截至 2020 年年底不动产资产证券化产品累计发行

类　型	发行笔数（笔）	占比（%）	发行规模（亿元）	占比（%）
类 REITs	89	12.6	1732.3	19.6
CMBS/CMBN	137	19.3	3282.0	37.3
购房尾款 ABS/ABN	104	14.7	1243.5	14.1
供应链金融 ABS	314	44.3	1797.5	20.4
物业费 ABS	65	9.2	754.2	8.6
合　计	709	100.0	8809.5	100.0

数据来源：wind 数据库。

（九）境外证券市场融资

2020 年，内地房企共在境外发债 206 只，同比减少 14.2%，较上年增速下降 124.7 个百分点；实际募资 636.9 亿美元，同比减少 18.8%，较上年增速下降 80.7 个百分点（见表 7－11）。

表 7－11　2020 年 TOP20 房地产企业境外债券发行情况

发行人	起息日期	发行规模（亿元）	票面利率（%）	上市地点	交易币种
碧桂园	1 月 14 日	4.5	5.63	新加坡	USD
	1 月 14 日	5.5	5.13	新加坡	USD
	5 月 27 日	5.4	5.40	新加坡	USD
	8 月 6 日	5.0	4.80	新加坡	USD
	8 月 6 日	5.0	4.20	新加坡	USD
	10 月 22 日	5.0	3.88	新加坡	USD
	10 月 22 日	5.0	3.13	新加坡	USD
恒　大	1 月 22 日	10.0	12.00	新加坡	USD
	1 月 22 日	10.0	11.50	新加坡	USD

续表

发行人	起息日期	发行规模（亿元）	票面利率（%）	上市地点	交易币种
融　创	1月10日	5.4	6.50	新加坡	USD
	7月9日	4.0	7.00	新加坡	USD
	7月9日	6.0	6.50	新加坡	USD
	8月3日	5.0	6.65	新加坡	USD
保　利	11月10日	5.0	4.00	香　港	USD
中　海	3月2日	3.0	2.38	香　港	USD
	3月2日	5.0	2.75	香　港	USD
	3月2日	2.0	3.13	香　港	USD
绿　地	3月3日	3.0	6.75	香　港	USD
	6月16日	5.0	6.25	香　港	USD
	7月22日	4.0	6.13	香　港	USD
	7月22日	2.5	7.25	香　港	USD
	10月21日	2.5	6.75	香　港	USD
绿　城	7月13日	3.0	5.65	香　港	USD
	10月29日	3.0	4.70	香　港	USD
世　茂	7月13日	3.0	4.60	新加坡	USD
龙　湖	1月13日	2.5	3.38	新加坡	USD
	1月13日	4.0	3.85	新加坡	USD
中　南	8月3日	2.0	9.00	香　港	USD
旭　辉	1月16日	5.7	6.00	香　港	USD
	7月20日	5.0	5.95	香　港	USD
	7月20日	2.0	5.95	香　港	USD
	8月19日	12.0	5.85	香　港	CNY
	11月13日	3.5	5.25	香　港	USD
新城发展	2月5日	3.5	6.80	新加坡	USD
	6月11日	4.0	6.45	新加坡	USD
	8月12日	2.5	6.00	新加坡	USD
	12月15日	4.5	4.80	新加坡	USD
阳光城	1月15日	3.0	9.25	新加坡	USD
	2月25日	3.0	8.25	新加坡	USD
	7月15日	3.0	7.50	新加坡	USD
	11月17日	2.7	7.50	新加坡	USD
富　力	11月18日	3.6	12.38	新加坡	USD

数据来源：wind数据库。

（于璐源　傅　强　中国民生银行地产金融事业部）

五、境外房地产投资

（一）中国对外直接投资发展现状

根据国家商务部、国家统计局和国家外汇管理局的统计，2020 年全年中国全行业对外直接投资总额1329.4 亿美元（折合约9169.7 亿元人民币），同比增长3.3%，总体实现了平稳健康的缓步增长。其中，就非金融类直接投资而言，中国境内投资者对全球172 个国家和地区的6790 家境外企业新增非金融性直接投资累计总额近1101.5 亿美元（折合约7597.7 亿元人民币），同比下降0.4%，在投资总额上基本与上年同期持平，但仍呈现下降趋势。

2020 年，全年地方企业对外非金融类直接投资807.5 亿美元，同比增长16.4%，占同期对外直接投资总额的73.3%，显示出地方企业对外投资相对活跃。其中东部地区对外投资同比增长21.8%，广东、上海、浙江分别位列前三。此外，对“一带一路”沿线58 个国家非金融类直接投资177.9 亿美元，同比增长18.3%，与沿线国家新签承包工程合同额1414.6 亿美元。由于受到新冠疫情的影响，2 月中国投资者参与的交易势头大幅放缓并出现下降（见图7-6），之后的几个月呈现平稳态势，直至12 月，我国非金融类对外直接投资出现大幅增长。

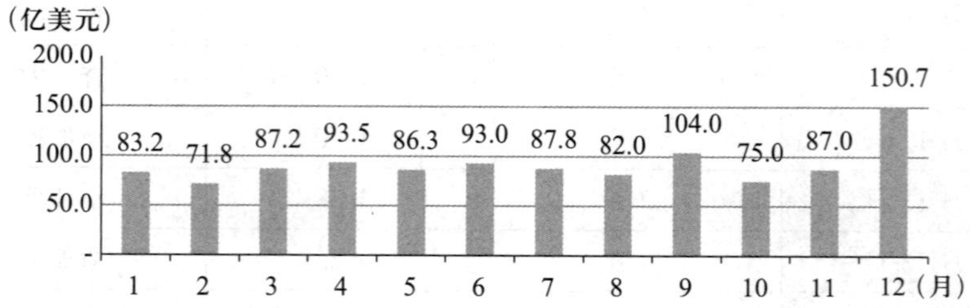

图7-6　2020 年中国非金融类对外直接投资月度统计数据

数据来源：中国商务部、国家统计局、国家外汇管理局。

全年中国大陆企业海外并购交易总额420 亿美元，[①] 同比下降26.7%，是2010 年以来的最低值，金额仅为2016 年峰值时期的1/10。

除了受疫情影响之外，资本出境的严格核查，境外投资调控和一些国际政治因素等的影响，是严重打击中国企业海外并购活动的重要因素。全年中国企业境外并购共完成项目403 起，其中民营企业仍然是最活跃的海外买家，交易数量253 起。超大型并购交易数量明显减少；国有企业的境外投资数量进一步呈现下降态势。

2020 年全年共计发生93 宗单宗10 亿美元以上的超大型并购交易，其中高达33 宗超大型交易是由政府或国企主导的，集中在金融服务行业（10 宗）和能源行业（8 宗）。32 个非国家主导的私募股权交易中，包括高瓴资本、华平投资、红杉资本等投资明显聚焦于高科技（7 宗），消费品（6 宗）和工业品（6 宗）。

（二）中国对外直接投资的国家分布

2020 年，在完成非金融类直接投资的国家和地区个数上，由2019 年的166 个增加到172 个。完成投资的境外企业和项目也由2019 年的5791 家上升至6790 家，与上年同期相比均出现了小幅回升，但从整体金额上来看基本与上年持平。

① 资料来源：汤森路透、投中数据及普华永道分析。

由于疫情在海外的肆虐，除大洋洲以外，中国所有地区的对外投资金额均呈大幅下降的趋势。亚洲是跌幅最大的地区，但亚洲依然是中国2020年境外直接投资交易额最高的地区，总交易额达到268亿美元，较上年下降近50%（见图7-7）。

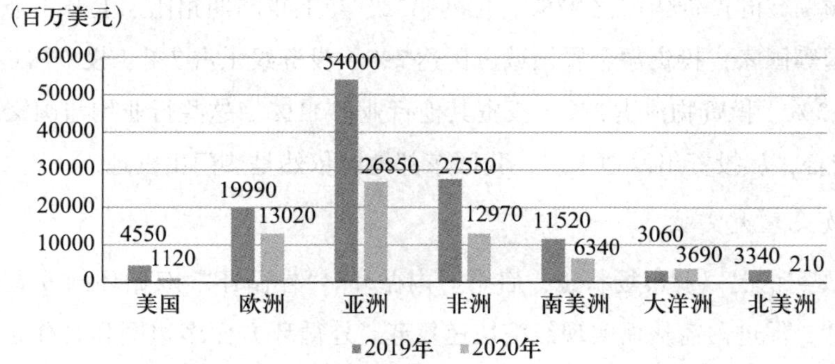

图7-7　2019年与2020年中国对外直接投资分布对比

数据来源：China Global Investment Tracker.

注：China Global Investment Tracker中统计的数据仅包含投资规模在1亿美元以上的投资案例统计，且不包含对香港的投资（后同）。

就单个被投资国家和区域来看，越南跃居榜首。往年居于榜首的欧洲区域国家的交易金额明显缩水，比如瑞士、德国和英国这些主要投资地区均出现了大幅下降。与此同时，新的中欧投资协定获得批准，应会对未来投资前景产生积极的影响（见图7-8）。

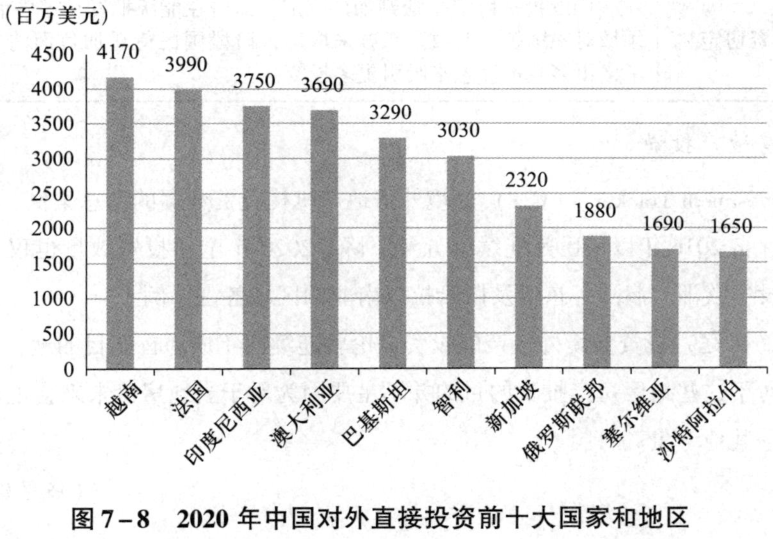

图7-8　2020年中国对外直接投资前十大国家和地区

数据来源：China Global Investment Tracker.

根据Rhodium Group荣鼎咨询2021年发布的报告，2016年，中国对美国的直接投资达到峰值，为546亿美元，此后，对美国的投资逐年下降；截至2020年12月中国对美国的直接投资总额达47亿美元，与前两年同期数据基本持平。

（三）中国对外直接投资的行业分布

2020 年中国对外直接投资的行业主要还是集中在能源、运输、金属和科技领域。据 China Global Investment Tracker 的统计数据，2020 年交易金额大于 1 亿美元的中国企业对外直接投资交易中，能源领域的交易占比 33%，比重最大；运输领域的投资额占比 27%，位列第二，与上年同期相比，上升 4 个百分点，主要分布在新加坡、澳大利亚、德国等国家；投资额金属领域占比达 7%、投资娱乐占 7%、投资房地产占 5%、投资科技占 4%、投资工业化学占 3%、投资物流占 3%、投资其他行业占 11%。这些行业均与国家政策鼓励投资大方向及“一带一路”倡议相契合，从投资出发地来看，我国东部地区依然是热门出发地。

（四）境外投资政策重大突破

2020 年中国迎合现实情况以及市场状态，启用“内循环”“外循环”双循环的发展模式。内循环方面继续保持供给侧改革的方针，促进内需从而实现经济快速复苏。外循环方面多边国际合作被积极推进，《区域全面经济伙伴关系协定》（RCEP）的签署使得在亚太区以及中欧区合作上取得了质的飞跃，全球最大的自由贸易区就此诞生。如期完成谈判的《中欧投资协定》更加奠定了中欧经贸合作的深层化（见表 7－12）。

表 7－12　中国境外投资相关政策法规

日　期	法规协定	含义内容
2020/10/17	《出口管制法》	《出口管制法》正式通过（2020 年 12 月 1 日生效），为我国实施全面、灵活的出口管制政策以应对国际新形势提供了制度保障
2020/11/15	《区域全面经济伙伴关系协定》	《区域全面经济伙伴关系协定》签署，协议包括了外汇转移、损失补偿等投资保护性条款及争端预防等投资便利化条款，成员国均对在制造业、农林渔业、采矿业等领域投资采用负面清单做出了较高水平的开放承诺
2020/12/30	《中欧投资协定》	《中欧投资协定》谈判如期完成，欧盟在能源批发和零售市场、可再生能源市场等领域对中国扩大开放。双方采取准入阶段国民待遇加负面清单模式，放宽准入条件、承诺更多政策优惠来吸引更多投资

（五）中国境外房地产投资

据 China Global Investment Tracker（CGIT）的境外房地产机构投资数据的汇总案例，规模超 1 亿美元的中国境外房地产投资案例，自 2016 年以来已是连续第五年下降，2020 年全年投资数量也仅为 8 例，达到了历史最低。在 8 起案例中，投资欧洲、澳洲、东亚及撒哈拉以南非洲区域各占 2 例。

国内高净值个人（家庭）投资者境外地产的投资，伦敦连续两年成为首选目的地，其次是悉尼、洛杉矶及西雅图。高净值人群对于这些地区房产投资的目的并不主要因为对于当地房价未来会上涨做出的判断，而更包含了教育、生活环境等其他考量。

（任思媛　亨瑞集团兆瑞资本）

六、城市轨道交通场站综合开发

（一）建设运营情况

截至 2020 年 12 月 31 日，中国内地累计有 45 座城市开通城轨交通运营线路 7978.19 千米。按照系统制式来看，地铁 6302.79 千米，占比 79.00%；轻轨 217.60 千米，占比 2.73%；单轨 98.50 千米，占比 1.23%；市域快轨 805.70 千米，占比 10.10%；现代有轨电车 485.70 千米，占比 6.09%；磁浮交通 57.70 千米，占比 0.72%；自动导轨快运（APM）10.20 千米，占比 0.13%。

2020年共新增城轨交通运营线路1241.99千米，再创历史新高，同比增幅达到28%（见表7－13）。共涉及3种制式，其中地铁1122.19千米，市域快轨51.10千米，现代有轨电车68.70千米。2020年新增三亚、天水、太原3座城轨交通运营城市。25座城市有新线路投运，共新增运营线路36条，新开延伸段或后通段20段。

“十三五”期间，中国内地城轨交通新增运营线路长度总计达4360千米，年均新开运营线路872千米，五年间新增城轨交通运营线路长度超过“十三五”前城轨交通运营线路长度累计总和。

表7－13　2020年中国内地已开通城轨交通运营线路长度统计汇总

单位：千米

序号	城市	2020年当年新增运营线路长度	截至2020年12月31日运营线路长度
1	成都	216.30	652.00
2	杭州	169.03	299.93
3	深圳	107.26	423.36
4	西安	82.54	240.54
5	青岛	70.20	254.20
6	长沙	59.00	159.40
7	宁波	57.53	154.43
8	郑州	54.70	249.40
9	昆明	50.66	139.36
10	广州	30.90	531.90
11	南昌	28.50	88.90
12	无锡	28.50	87.30
13	北京	27.60	799.40
14	呼和浩特	27.30	49.00
15	沈阳	27.21	211.81
16	南宁	27.00	107.90
17	上海	24.30	834.20
18	徐州	24.25	46.05
19	太原	23.38	23.38
20	合肥	22.87	112.37
21	石家庄	20.96	59.36
22	宜宾	17.70	17.70
23	重庆	14.99	343.49
24	天水	12.93	12.93
25	三亚	8.37	8.37
26	福州	5.01	58.41
27	株洲	3.00	3.00
28	南京	—	394.30
29	武汉	—	387.50

续表

序号	城市	2020 年当年新增运营线路长度	截至 2020 年 12 月 31 日运营线路长度
30	天　津	—	238. 80
31	苏　州	—	210. 10
32	大　连	—	181. 30
33	长　春	—	117. 70
34	兰　州	—	86. 50
35	厦　门	—	71. 90
36	温　州	—	53. 50
37	济　南	—	47. 70
38	东　莞	—	37. 80
39	贵　阳	—	34. 80
40	常　州	—	34. 20
41	哈尔滨	—	30. 30
42	佛　山	—	28. 00
43	乌鲁木齐	—	26. 80
44	淮　安	—	20. 10
45	珠　海	—	8. 80
	合　计	1241. 99	7978. 19

数据来源：中国轨道交通协会、易居研究院。

2020 年，国家发改委批复徐州、合肥、济南、宁波 4 市的新一轮城市轨道交通建设规划，线路长度共计 455. 36 千米，总投资额共计 3364. 23 亿元。另有厦门、深圳、福州和南昌 4 市获批城市轨道交通建设规划调整方案，涉及项目新增线路长度共计 132. 59 千米，新增总计划投资额 1345. 63 亿元。

“十三五”期间，由国家发改委批复已获公示的新一轮城轨交通建设规划或建设规划调整方案中涉及新增规划线路长度总计 4001. 74 千米，新增计划投资额总计 29781. 91 亿元，略高于“十二五”期间批复项目的总计划投资额。

（二）行业年度新进展

1. 行业标准化进程加快，多项成果出台

2020 年 7 月，中国城市规划学会团体标准《城市轨道交通站点周边地区设施空间规划设计导则》完成征求意见稿。《导则》聚焦城市轨道交通站点周边地区的交通衔接空间、车站附属空间、集散驻留空间、公共服务空间、市政公用空间等五类设施空间，关注人的出行全流程体验，对各类设施空间进行一体化规划设计引导，确立城市轨道交通车站设施空间与周边城市空间的三维立体对接关系，提升空间规划设计的协同化、精细化、高效化、品质化，指导城市轨道交通站点周边地区各类设施空间共谋、共建、共治、共享。

9 月 29 日，由中国城市公共交通协会和中国房地产业协会共同组织编制的《城市轨道 TOD 综合开发项目通用技术规范》《城市轨道 TOD 综合开发项目评价标准》正式发布。这是中国首个 TOD 标准，填补了国内 TOD 领域团体标准的空白。

10月22日，《中国城轨TOD指数》在北京国际城市轨道交通高峰论坛期间亮相。该指数由中国城市轨道交通协会联合多家机构合作研发编制。该指数按照站点——线路——城市层面的实际应用需求构建多层次的指标体系，基于站点构建TOD指数，结合理论和政策研究，创新采用大数据手段，综合定量分析与定性评价，进行系统分析研究。通过对土地、物业、交通、人口、产业、公共空间等关键要素之间互动关系的深入分析，旨在评估TOD对城市发展和交通生活的影响，进而切实加强城市轨道沿线地区的规划引导，促进城市功能与交通功能的一体化发展。

2. 交通强国落地各城市，三铁融合趋势延续

2020年8月13日，中国国家铁路集团有限公司发布《新时代交通强国铁路先行规划纲要》，其中提到发挥“高铁+”支撑引领作用。依托高铁通道和枢纽助力发展高铁经济，打造经济高质量发展新动力源。发挥高铁车站辐射带动作用，科学推进高铁站区及周边综合开发建设，发展站城一体融合的临站经济。

12月7日，国务院办公厅转发国家发改委等单位《关于推动都市圈市域（郊）铁路加快发展意见的通知》。提出“同步做好沿线及站点周边土地综合开发规划方案”“加大市域（郊）铁路沿线和站点及周边土地综合开发强度，合理确定综合开发规模和实施方案，统筹地上地下空间复合利用，积极推广地下空间开发、轨道交通上盖物业综合开发等节约用地的技术和模式，打造站城融合综合体。强化城市政府和铁路企业开发合作，根据国土空间规划和用途管控要求，落实用地性质变更等事项，有效盘活既有铁路站场及周边可开发铁路土地资产。创新收益分配机制，鼓励市域（郊）铁路相关企业通过物业开发、物业租赁和管理、车站和车辆商业开发等形式，构建综合开发溢价回收机制，支持市域（郊）铁路发展。”

（三）城市轨道交通场站综合开发（TOD）

1. 土地出让情况

2020年主要城市轨道交通TOD项目累计公开出让土地计容建筑面积927.3万平方米，出让总价为853.3亿元（见表7-14）。

表7-14　2020年主要城市轨道交通TOD项目土地获取情况

单位：万平方米，亿元

城　市	地块数	建筑面积	成交总价
成　都	11	314.3	172.9
东　莞	2	149.3	98.1
佛　山	2	96.4	117.5
福　州	3	21.5	14.3
广　州	3	59.1	136.5
杭　州	2	41.0	92.4
南　京	4	8.5	3.3
宁　波	3	23.8	44.8
青　岛	2	18.0	4.3
绍　兴	2	54.9	6.2
深　圳	2	76.1	129.1
武　汉	1	37.9	13.9

续表

城　市	地块数	建筑面积	成交总价
长　沙	1	26.4	20.2
总　计	**38**	**927.3**	**853.3**

数据来源：上海易居房地产研究院。

2. 在建项目进展情况

据不完全统计，2020 年 15 座主要城市有 24 个轨道交通 TOD 项目持续推进中（见表 7-15）。

表 7-15　2020 年主要城市轨道交通 TOD 在建项目进展情况

城　市	时　间	项目名称	进　展
成　都	3 月	新津站 TOD	开　工
	10 月	万盛站 TOD	股权转让
	10 月	廖家湾 TOD	股权转让
	12 月	陆肖站 TOD · 麓鸣九天	销　售
	12 月	双凤桥 TOD	销　售
	12 月	新津站 TOD 二期	股权转让
广　州	1 月	南沙庆盛 TOD 综合体	试行香港工程建设管理模式
	1 月	凰岗停车场场站综合体	控规调整
海　口	5 月	龙湖天街海口旗舰项目	开　工
杭　州	9 月	春和云境	销　售
济　南	10 月	腊山站	规划公示
昆　明	12 月	凉亭片区	控规调整
南　昌	11 月	南昌东站枢纽	规划公示
南　京	2 月	珠江东项目	转让股权
	3 月	王武庄车辆段上盖项目	签署合作协议
上　海	4 月	上海万科天空之城	销　售
绍　兴	5 月	绍兴高铁北站	规划公示
深　圳	3 月	西丽综合交通枢纽	概念设计及主体建筑设计方案出炉
	4 月	龙岗 TOD 旧改项目公示并通过规划草案	规划公示
无　锡	1 月	东风站 TOD	开　工
	8 月	具区路 TOD	开　工
武　汉	6 月	长江 TOD 综合体	合作签约
长　沙	3 月	高铁西站产业新城	合作签约
重　庆	12 月	金沙天街	开　业

数据来源：上海易居房地产研究院。

（崔霁　邓乔乔　上海易居房地产研究院）

Ⅷ.大事记

2020年中国房地产大事记

1. 中国人民银行多次下调存款准备金率

1月6日，央行下调金融机构存款准备金率0.5%。3月16日，央行对达到考核标准的银行定向下调存款准备金率0.5至1个百分点。4月15日和5月15日，央行分两次对中小银行定向下调存款准备金率共计1%，同时将金融机构在央行超额存款准备金利率从0.72%下调至0.35%。年内三次降准共释放长期资金近1.75万亿元。

2. 华为摘得上海3宗租赁住房用地

1月9日，上海市出让3宗租赁住房用地，规划建筑总面积66万平方米。华为技术有限公司以底价17.38亿元摘得，用于人才配套用房建设。

3. "蛋壳"暴雷引发长租公寓危机

1月17日，高端白领长租公寓品牌"蛋壳公寓"在纽交所上市，募资达1.5亿美元。此后"蛋壳公寓"经历了CEO被调查、租客退租、房东讨债维权、员工工资被拖欠、主管部门约谈等事件，涉及全国13座城市40万间出租住房，最终导致房屋信息全部下架。同期市场多个长租公寓企业出现经营困顿，甚至破产的事件。

4. 疫情冲击房地产市场，走势呈现"V"型反弹

受疫情影响，1—2月房地产投资同比下降16.3%，销售面积同比下降39.9%，销售金额同比下降35.9%。此后市场行情逐月回暖，到年底投资、销售、到位资金、施工面积、地价、房价均再创历史新高。其中，房地产开发投资141443亿元，同比增长7.0%；商品房销售面积176086万平方米，同比增长2.6%；商品房销售金额173613亿元，同比增长8.7%。

5. 恒大降销价、降负债、降库存，引入战略投资资金

2月13日，恒大启动所有楼盘网上购房的营销创新，通过"恒房通"平台和七五折扣销售，加大回款力度，巩固市场份额。11月8日，恒大、深深房终止原先重组计划，引入的1300亿元战略投资资金绝大部分选择继续持有恒大权益。12月2日，恒大物业在香港上市。

6. 建设用地指标审批权下放

3月1日，国务院印发《关于授权和委托用地审批权的决定》，将国务院可以授权的永久基本农田以外的农用地转为建设用地审批事项，授权各省、自治区、直辖市人民政府批准。试点将永久基本农田转为建设用地和国务院批准土地征收审批事项，委托北京、天津、上海、江苏、浙江、安徽、广东、重庆等8省市政府批准，试点期限1年。

7. 2020 中国房地产开发企业 500 强测评成果发布

3 月 18 日，由中国房地产业协会和中国房地产测评中心联合主办的“2020 中国房地产开发企业 500 强测评研究成果暨 500 强高峰论坛”在线上举行，500 强榜单前三强由恒大、碧桂园、万科占据，融创、中海、保利、龙湖、新城、华润和富力分列四到十位。

8. 深化城乡统一的土地要素市场化配置改革

3 月 30 日，中共中央、国务院发布《关于构建更加完善的要素市场化配置体制机制的意见》，要求“推进土地要素市场化配置”，建立健全城乡统一的建设用地市场、深化产业用地市场化配置改革、鼓励盘活存量建设用地、完善土地管理体制等。

9. 房企在抗疫风潮中积极履行企业社会责任

仅在一季度，就有 130 余家大型房企为了抗疫，累计捐赠金额及物资价值超过 36 亿元。全年，中国房地产全行业，一直不断地通过各种方式，捐款、捐物、减租、免租、降价、设立专项援助基金等，恪尽职守，承担行业应尽的社会义务。

10. 各地密集出台扶持房地产业平稳健康发展的临时性政策

一季度内，为减弱疫情对房地产的影响，全国近百座城市陆续出台房地产相关扶持政策，促进宏观经济和楼市走出困境。这些措施主要是延期或减免部分税收，财政补贴贷款贴息，降低融资成本，阶段性免租金，调整土地出让金付款方式和期限，降低监管资金比例，加快和优化各项审批流程，调整商品房预售条件，加大信贷支持力度等，缓解房企压力。通过缓缴住房公积金，保障公积金正常提取及提高租房提取额度等措施，缓解居民压力。

11. 加强新型城镇化建设和城乡融合发展

4 月 3 日，国家发展和改革委员会发布《2020 年新型城镇化建设和城乡融合发展重点任务》，要求督促城区常住人口 300 万以下城市全面取消落户限制，推动城区常住人口 300 万以上城市基本取消重点人群落户限制；加快发展重点城市群，加快实施京津冀协同发展、长三角区域一体化发展、粤港澳大湾区建设、长江经济带发展、黄河流域生态保护和高质量发展战略等。5 月 29 日，国家发展和改革委员会发布《关于加快开展县城城镇化补短板强弱项工作的通知》，提出各地区要统筹配置城镇化补短板强弱项工作的公共资源，重点投向县城新型城镇化建设；注重盘活存量建设用地和低效土地，分类推进就地入市或异地调整入市，保障县城城镇化补短板强弱项项目的合理用地需求。

12. 2020 中国房地产上市公司测评成果发布

5 月 26 日，由中国房地产业协会和中国房地产测评中心共同主办的“2020 中国房地产上市公司测评成果发布会”在上海举行。万科、恒大、碧桂园、融创、中海、保利、华润、龙湖、新城和富力分列上市公司前十。

13. 《中华人民共和国民法典》完成立法

5 月 28 日，十三届全国人大三次会议通过了先后启动 5 次、耗时 66 年的《中华人民共和国民法典》。《民法典》中的“物权篇”在 2007 年“物权法”的基础上，进一步完善了我国物权法律制度。它涉及物权（设立、变更、转让、消灭和保护等）、所有权（三种所有权的占有、共有、使用、收益、处分等）、用益物权（占有、使用、收益等）和担保物权（抵押权、质权、留置权等）。“物权篇”对于中国房地产企业产权和国民财产财富的保护，具有重大历史意义。

14. 市场监管持续高压，调控政策加码升级

下半年起，各地政府对房地产市场监管力度不断收紧。主要举措是整治市场各种乱象；规范市场交易秩序；强化商品房预售资金监管；支持住房租赁市场维权；提高入市购房条件门槛；延长购房后再售时限；设置离婚买房新条件等。总体取得明显成效。

15. 装配式施工为代表的新型建筑工业化快速推进

7月3日，住房和城乡建设部等13部门联合印发《关于推动智能建造与建筑工业化协同发展的指导意见》提出大力发展装配式建筑，推动建立以标准部品为基础的专业化、规模化、信息化生产体系。8月28日，住房和城乡建设部、工业和信息化部等9部门联合发布《关于加快新型建筑工业化发展的若干意见》为持续推进新型建筑工业化工作指明了方向。

16. 全国首个集体土地租赁住房项目建成入市

7月6日，由万科负责开发并拥有管理权和收益权45年的北京成寿寺社区“泊寓”入市，成为全国首个村集体土地租赁房运营项目，共提供租赁房源900余套。此举为超大城市完善租购并举体系、缓解住房供需矛盾探索了一条新路。

17. 全面推进城镇老旧小区改造工作

7月10日，国务院发布《关于全面推进城镇老旧小区改造工作的指导意见》，明确重点改造2000年年底前建成的老旧小区。2020年全国新开工改造城镇老旧小区4.03万个，惠及居民约736万户，完成全年目标任务。

18. 强化房地产市场法治保障

7月20日，最高人民法院发布《关于为新时代加快完善社会主义市场经济体制提供司法服务和保障的意见》，提出依法妥善审理涉房地产相关纠纷案件，引导房产交易回归居住属性，积极运用司法手段支持政府严控房价，防范炒地炒房投机行为，保障房地产市场平稳健康发展。

19. 住房租赁市场发展试点城市扩容至24城

7月24日，财政部、住建部联合发布《关于组织申报第二批中央财政支持住房租赁市场发展试点的通知》，国家财政支持的住房租赁试点城市由原来的16座城市扩展到了24座城市，均为一线和二线城市。

20. 七次高层会议坚持“房子是用来住的，不是用来炒的”定位

7月24日和12月3日，国务院副总理韩正两度主持召开房地产工作座谈会；7月30日，中共中央政治局会议；8月26日，住建部部分城市房地产工作会商会；11月3日，中共第十九届五中全会；12月18日，中央经济工作会议；12月21日，全国住房和城乡建设工作会议等，均提出要坚持“房住不炒”定位，促进房地产市场平稳健康发展。

21. 推进土地制度改革，落实农业农村优先发展，保障农民利益

7月29日，自然资源部、农业农村部下发《关于农村乱占耕地建房“八不准”的通知》和《关于保障农村村民住宅建设合理用地的通知》，强调坚决遏制新增违法违规占用耕地建房问题；9月9日，自然资源部明确农民的宅基地使用权可以依法由城镇户籍的子女继承并办理不动产登记；9月10日，国务院办公厅下发《关于坚决制止耕地“非农化”行为的通知》，严格耕地保护制度，坚决制止各类耕地“非农化”行为；9月23日，中共中央办公厅、国务院办公厅印发《关于调整完善土地出让收入使用范围优先支持乡村振兴的意见》，提出调整完善土地出让收入使用范围，稳步提高土地出让收入用于农业农村比例。

22. 新版《中华人民共和国契税法》立法通过

8月11日，第十三届全国人大常委会二十一次会议通过新版《中华人民共和国契税法》，规定境内转移土地、房屋权属，承受的单位和个人为契税的纳税人；契税税率为百分之三至百分之五；税收机关依照本法和《中华人民共和国税收征收管理法》的规定征收管理。

23. 碧桂园成为世界500强企业排名最高的房企

8月11日，《财富》2020年世界500强榜单发布，碧桂园以703.35亿美元营收位列榜单第147位，较上年提高30位，荣获房地产行业的全球最高排名。

24. 贝壳找房在纽交所上市

8月13日，中国线上、线下房产交易和服务平台——贝壳找房在纽交所挂牌上市。以当天收盘价计算，市值达422亿美元。

25. 房企融资“三道红线”与商业银行“集中度管理”共筑信贷风险防火墙

8月20日，住建部和央行联合召开12家头部房地产企业座谈会，提出“三道红线”（资产负债率大于70%，净负债率大于100%，现金短债比小于1）为主要内容的重点房地产企业资金监测和融资管理新规，约束处于分类四档指标公司的新增有息负债的比例。

12月28日，央行、银保监会发布《关于建立银行业金融机构房地产贷款集中度管理制度的通知》，对各级银行分档设置房地产贷款占比和个人住房贷款占比的上限，设置一定期限的调整过渡期，建立区域差别化调节机制。

26. 阿里、易居携手开启“不动产交易协作机制”

9月16日，“天猫好房成立暨阿里易居联合战略发布会”在杭州召开，推出基于数字化、智能化的产品赋能，以区块链技术为支撑，不动产交易主体多方参与、公平开放、高效协作的新机制。

27. 2020中国房地产企业品牌价值50强揭晓

9月17日，由中国房地产业协会和中国房地产测评中心共同主办的“2020中国房地产企业品牌价值测评成果发布会暨房地产品牌发展高峰论坛”在上海举行。中海、万科和恒大分别以709亿元、618亿元和583亿元品牌价值，位列2020中国房地产开发企业品牌价值排行榜前三强。

28. 明源云香港上市

9月25日，国内领先的地产生态链数字化服务商——明源云在香港联合交易所挂牌上市。该企业以长期提供房地产项目、销售和费用等三大管理服务著称。以当天收盘价计算，市值达574.40亿港元。

29. 深圳土地管理制度建设被赋予更多自主权

10月11日，中共中央办公厅、国务院办公厅印发《深圳建设中国特色社会主义先行示范区综合改革试点实施方案（2020—2025年)》。其中，支持深圳市在土地管理制度上深化探索：将国务院可以授权的永久基本农田以外的农用地转为建设用地审批事项委托深圳市政府批准；推进二、三产业混合用地；支持盘活利用存量工业用地；探索解决规划调整、土地供应、收益分配、历史遗留用地问题；探索利用存量建设用地进行开发建设的市场化机制；完善闲置土地使用权收回机制；深化深汕特别合作区等区域农村土地制度改革；支持依托公共资源交易平台建设自然资源资产交易市场；完善一、二级市场联动的土地市场服务监管体系；试点实行土地二级市场预告登记转让制度等。

30. 党中央建议：推进以人为核心的新型城镇化

10月29日，第十九届五中全会审议通过《中共中央关于制定国民经济和社会发展第十四个五年规划和二〇三五年远景目标的建议》，其中有关房地产相关内容为：实施城市更新行动，推进城市生态修复、功能完善工程；统筹城市规划、建设、管理，促进大中小城市和小城镇协调发展；加强城镇老旧小区改造；租购并举、因城施策，促进房地产市场平稳健康发展；有效增加保障性住房供给；完善土地出让收入分配机制；探索支持利用集体建设用地按照规划建设租赁住房；完善长租房政策，扩大保障性租赁住房供给；推动金融、房地产同实体经济均衡发展；促进住房消费健康发展。

31. 自如并购贝客青年精品公寓

11 月 30 日，自如完成并购贝客青年精品公寓。至此自如在北京、上海、广州、深圳、南京等城市运营五十余个集中式公寓项目，为城市青年提供更丰富和自由的房源选择。

32. 人口、人才政策客观扩大地方商品房市场需求

中小城市放宽农民工进城，大城市降低人才进入门槛。在本年度，全国百余座城市出台或更新了不同力度的“放宽落户”和“人才引进”政策：拓宽人才认定标准，提供租赁住房，给予购房和租房补贴，提高工资、津贴、奖励水平，个税减免，配套家属户口、工作落地和子女就学等措施，有效地扩大了住房需求，减少了库存空置，激发了市场活力。

33. 住房公积金政策调整“有紧有松”，多地实现互认互贷

全年，超过 70 座城市调整公积金政策。“紧”的方面包含提高公积金贷款利率、加强公积金申请个人信息审核、提高公积金贷款最低首付比例、停止三套及以上的公积金贷款等。“松”的方面包含提高贷款最高额度、提高租房提取标准、扩大公积金使用范围、放宽公积金贷款异地申请限制等。4 月起到年末，多个城市间实现了公积金的互认互贷，推动了区域间公积金信贷的协调发展和利用效率。

34. 全年上市物业企业数量创历史新高

全年共有 17 家物业公司陆续在香港上市。它们是兴联物业、鸿坤物业、建业新生活、金融街物业、弘阳服务、正荣服务、卓越商企服务、第一物业、世茂服务、合景悠活、金科服务、融创服务、恒大物业、华润万象生活、佳源服务、远洋服务、建发物业。

35. 一线城市写字楼市场租金大幅下降

全国写字楼市场呈现投资上升、销售下滑、空置上升、租金下跌的特点。北京写字楼整体租金同比降幅创近十年的纪录，空置率接近 20%。

36. 土地出让总收入再创历史新高

全年全国土地转让总收入 8.4142 万亿元，同比增长 15.9%。土地转让总收入，占全国一般公共预算收入的 46%，占全国税收收入的 55%，占全国地方财政收入的 84%。

37. 全口径销售金额千亿元房企数量增至 43 家

全年中国房地产开发企业全口径（把企业集团连同合营及联营公司所有项目计入业绩的统计方式）销售金额超过千亿元的企业是碧桂园、恒大、万科、融创、保利、中海、绿地、世茂、华润、招商蛇口、龙湖、新城、金地、旭辉、金茂、金科、中南、阳光城、绿城、中梁、融信、正荣、龙光、富力、佳兆业、雅居乐、滨江、荣盛、奥园、祥生、建发、中铁、美的、华发、新力、远洋、禹州、蓝光、合景泰富、新希望、中骏、首开、时代中国，共计 43 家，较上年增加 9 家。其中，碧桂园、恒大和万科的全口径销售金额均超过 7000 亿元。

38. 全国新建商品房市场平均价格逼近“万元时代”

全年全国新建商品房销售均价为 9860 元/平方米，较上年上涨 550 元/平方米。其中，住宅均价为 9980 元/平方米，较上年上涨 693 元/平方米。

39. 土地购置面积和成交价款同比增速出现背离，地价快速上涨

全年房地产开发企业土地购置面积 25536 万平方米，同比下降 1.1%；土地成交价款 17269 亿元，同比增长 17.4%。年内土地价格上涨趋势明显，推动房价上涨。

企业形象展示

企业形象展示名录

（详见彩页）

新城控股集团股份有限公司
阳光城集团股份有限公司
江苏中南建设集团股份有限公司
中梁控股集团
正荣地产控股股份有限公司
融信集团
祥生实业集团有限公司
宝龙地产控股有限公司
禹洲集团
中骏集团控股有限公司
佳源创盛控股集团有限公司
红星地产
弘阳地产集团有限公司
仁恒置地有限公司
正商集团
东原房地产开发集团有限公司
联发集团有限公司
三盛集团有限公司
大华（集团）有限公司
景瑞地产（集团）有限公司
上海建工房产有限公司
郭氏投资集团有限公司
上坤置业有限公司
安徽省恒泰房地产开发有限责任公司
康桥集团
厦门大唐房地产集团有限公司
国贸地产集团有限公司
华董（中国）有限公司
杭州市城建开发集团有限公司
中建信和地产有限公司
祥源控股集团有限责任公司
杭州澳海控股集团有限公司
河南信友置业集团有限公司
恒通建设集团有限公司
江苏富园集团有限公司
恒大地产集团有限公司
广州富力地产股份有限公司
金地威新产业发展管理公司
奥园集团有限公司
佳兆业集团控股有限公司
美的置业集团有限公司
时代中国控股有限公司
越秀地产股份有限公司
合景泰富集团控股有限公司
卓越置业集团有限公司
四川蓝光发展股份有限公司
俊发集团有限公司
四川新希望房地产开发有限公司

企业形象展示名录

（详见彩页）

海伦堡中国控股有限公司
广州市敏捷投资有限公司
重庆华宇集团有限公司
广州市方圆房地产发展有限公司
星河湾集团有限公司
中天城投集团有限公司
广东珠江投资股份有限公司
云星集团
重庆新鸥鹏地产（集团）有限公司
广东方直集团有限公司
荣盛房地产发展股份有限公司
吉林大众置业集团有限公司
隆基泰和集团有限公司
大连万达商业管理集团股份有限公司
中昂地产（集团）有限公司
银泰置地（集团）
山东众成地产集团有限公司
龙记泰信
鑫苑集团
龙湖集团控股有限公司
石榴置业集团有限公司
北京鸿坤伟业房地产开发有限公司
金辉集团股份有限公司
融创中国控股有限公司
中国电建地产集团有限公司
中交地产股份有限公司
青岛海尔产城创集团有限公司
北京北辰实业股份有限公司
北京金隅地产开发集团有限公司
当代节能置业股份有限公司
光明房地产集团股份有限公司
上海嘉定新城发展有限公司
江苏默元养老产业发展有限公司
西安紫薇地产开发有限公司
杭州老板电器股份有限公司
广东巴德士化工有限公司
上海全筑控股集团股份有限公司
上海乐迈地板有限公司
雨中情防水技术集团股份有限公司
中国联塑集团控股有限公司

seazen

集团简介
GROUP **PROFILE**

中梁地产集团是内房股中梁控股（股份代号：2772.HK）上市主体。2019年获得标普、惠誉、穆迪三大国际信用评级B+ B+ B1评级，为同期上市内房股最高评级，同时，三家评级机构对公司的展望都为“稳定”；同年11月再获联合信用AA+评级，并被纳入恒生综合大中型指数、恒生港股通指数；2020年12月获得联合资信AA+主体长期信用评级，展望稳定。合约销售屡创新高的同时，中梁地产财务继续保持稳健，盈利能力稳定提升，债务结构持续优化，其中多项指标好于行业平均水平，截止2020年中报，中梁地产ROE水平高达13.58%，列上市房企第三。其规模、发展速度、口碑被媒体誉为地产界丰田。根植于长三角经济区，布局全国，凭借卓越的产品品质、优质的客户服务，中梁稳居中国房地产开发企业综合实力20强，并位列发展潜力10强TOP1等。

展望未来，中梁地产聚焦住宅核心业务，持续发展商业、产业等新业务。以更加开放合作的姿态，迎接市场的机遇与挑战，打造高素质经营人才，通过多元化投资策略识别新的增长机遇，共创价值，让四季心情绽放。

henro正荣地产
06158.HK
改善大师 美好传城
TOP20
中国房地产企业品牌价值
TOP10
中国大陆在港上市房地产公司综合实力
TOP20
中国房地产企业综合实力
正荣地产，中国大型综合性房地产开发商，专注于开发住宅物业以及开发、运营和管理商业及综合用途物业，
并致力于发展成为国内最具发展质量的均好型房地产开发企业。
正荣地产基于对城市群的理解及前瞻性，聚焦城市群发展，坚持城市深耕。
截至2020年中已投资布局长三角、环渤海、中部、西部、海西、珠三角等6大区域，
落子34座城市，开发运营精品项目超200个。

禹洲集团
YUZHOU GROUP
股票代码:01628.HK
2021致匠心
帆越千亿 致敬匠心
中国 500 强企业 CERTIFICATION
中国房企综合实力 30 强 CERTIFICATION
连续十年中国房地产 100 强企业 CERTIFICATION
中国物业管理企业综合实 50 强 CERTIFICATION
《财富》中国 500 强企业 CERTIFICATION
福布斯全球企业 2000 强 CERTIFICATION
中国物业服务 40 强企业 CERTIFICATION
中国商业地产运营能力 28 强 CERTIFICATION
YUZHOU GROUP

中骏 专筑您的感动

中骏集团介绍 INTRODUCTION

中骏集团创办于1987年，总部设于上海，是一家专注于房地产开发及相关业态的综合性城市运营服务商；集团于2010年2月在香港联交所主板成功上市，股票代码01966.HK。

中骏集团业务体系涵盖住宅开发、商业地产、长租公寓、文化旅游地产、产业地产，大型购物中心的营运管理、住宅与公共设施的物业管理、教育、健康管理等业务板块，以及基金管理及投资等金融服务。

中骏集团雇佣员工超过10000人，连续6年进入“中国房地产开发企业50强”，连续5年进入“财富中国500强企业”。

2020年，中骏集团销售规模超过1000亿人民币。

业务 FRAMEWORK 架构及介绍

综合性城市运营服务商

地产开发	FUN+幸福生活		
住宅开发	商管智慧服务	长租公寓	其它
中骏 专筑您的感动	中骏商管	FUNLIVE方隅	联合办公、教育、健康管理 基金管理及投资

中骏 专筑您的感动

成为卓越的美好生活引领者

不用扬鞭自奋蹄的拼搏精神

客户至上 持续奋斗

简单自律 开放创新 惧者生存

FUN+ 幸福生活生态圈

中国骏马

50强

创建智慧生活让幸福触手可及

利他共赢的合作精神

股票代码 01966.HK

以未来决定现在的创新精神

专注客户需求的匠心精神

红星地产
MACALLINE
这才是生活
红星地产
这才是生活
光辉10余载
57城100余项目
That's Life
这才是生活
红星地产形象代言人
红THE品质
星ONE地产人
2021
MACALLINE
QUALITY
DEVELOPER

仁恒
YANLORD
仁恒置
YANLORD LA
ORIGIN SERIES OPU
仁恒置地
2021年度作品
深之源
Add 深圳 罗
效果

为新的每一天

FOR A NEW DAY
EVERYDAY

东原集团，专注于地产开发、商业运营等多元业务，创新整合母公司迪马股份（SH.600565）先进制造业、不动产及产业发展三大核心业务资源，布局全国30余座核心城市，以印长江、印系列两大产品品牌与商业开发运营，持续激发城市活力，赋能城市发展，2020年位列中国房地产开发企业综合实力TOP44。

作为社区运营领导者，东原持续践行“心入住”产品与服务主张，以“原STORE”这一基于生活场景的创新生态系统，打造童梦童享、原·聚场等社区运营创新标杆作品，持续激发社区生命力，为社会带来温度与生活意趣，三度蝉联中国新社区文化运营TOP1。

東原
为新的每一天

重庆东原·印长江

大华集团
DAHUA GROUP

与时代同行
筑中国美好

Dahua
FOR
BETTER CITY

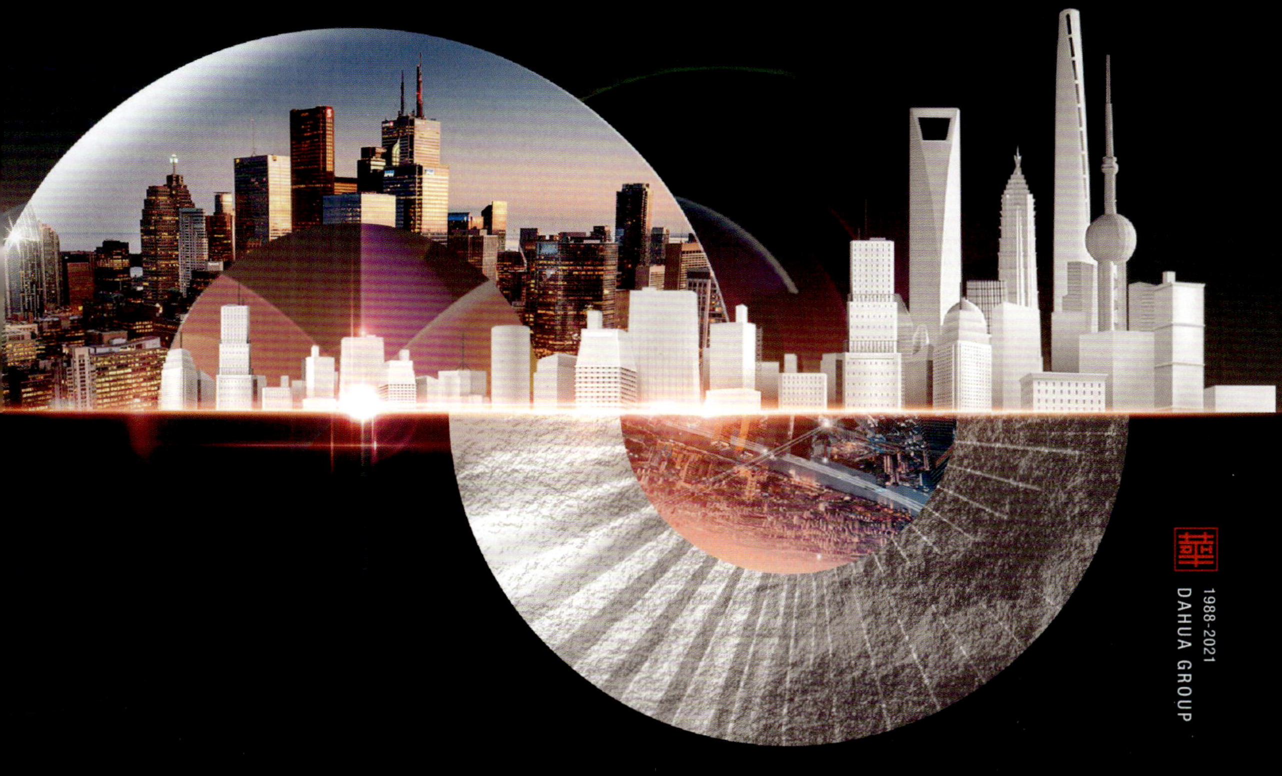

華
1988-2021
DAHUA GROUP

上海建工房产有限公司
专攻建筑经典
成就人居梦想

上坤
居而来
上坤，为宜居而来
sunkwan

KANGQIAO GROUP IN CHINA
康桥集团
品质筑家·相伴一生
5+好房
品质筑家 相伴一生
康桥集团5+好房
连接五十七万余户家庭的生活理想
HOUSING QUALITY HOME
FOREVER

大唐地产
DYNASTY PROPERTY
—时代中国范—
(股票代码:2117.HK)

时代中国范

上市房企 百强地产

大唐地产是中国国韵地产领域先行者,连续多年位列中国房企百强,并获稳健经营10强、住宅开发专业领先品牌价值TOP10等行业权威荣誉,以“建筑恒久品质,结构美好人生”为使命,通过地产全业态开发、商业运营、酒店管理等领域的深耕,打造地产系统产业链,致力创造城市美好,实现“人文地产,基业长青”的企业愿景。2020年12月11日,大唐地产(股票简称:大唐集团控股,股票代码:2117.HK)于香港成功上市。上市揭开了大唐地产跨越发展的崭新篇章,集团将持续为打造具有强劲、可持续增长能力的优质上市公司而不懈努力,实现客户、员工、社会、股东的共赢。

2021 中国房地产开发企业稳健经营 10强

2019 中国房企住宅开发专业领先品牌价值 TOP10

中国地产百强

2020 年度成长力地产企业

金砖厦门会晤四大中心服务提供商

关联企业 实力支持

福信集团于1993年创建于厦门,是中国民生银行发起人,先后投资多家全国性银行、地方商业银行、保险公司等金融机构。2010年,福信国际控股战略整合大唐地产,至此,大唐地产迈入高速发展新阶段。

国风建筑先行者 专注国宅造诣

大唐臻观

大唐印象系

大唐世家系

南宁大唐臻观 亚洲不动产奖“最佳户型设计”一等奖

南宁大唐臻观 金盘奖琼桂赛区年度[综合类最佳住宅奖]第一名

南宁大唐盛世 全国第九届“广厦奖”

厦门大唐中心 国家体育产业示范项目

温馨提示:
1.2021中国房地产开发企业稳健经营10强:数据来源于2021年3月16日,由中国房地产业协会、上海易居房地产研究院中国房地产测评中心联合主办的2021中国房地产TOP500测评成果发布会;
2.2019中国房企住宅开发专业领先品牌价值TOP10:数据来源于2019年9月10日中国房地产品牌价值研究成果发布会;
3.中国地产百强:数据来源于2021年3月16日,由中国房地产业协会、上海易居房地产研究院中国房地产测评中心联合主办的2021中国房地产TOP500测评成果发布会公布,厦门大唐房地产集团有限公司位列100强中;
4.2020年度成长力地产企业:数据来源于2020年8月13日,由观点地产机构主办在博鳌房地产论坛上发布“2020年度中国地产风尚大奖”榜单;
5.亚洲不动产奖“最佳户型设计”:数据来源于2018年11月9日,亚洲房地产界顶级的房产盛事——2018亚洲不动产颁奖仪式;
6.金盘奖琼桂赛区年度[综合类最佳住宅奖]:数据来源于2020年11月2日,第十五届“金盘奖”琼桂赛区综合类评选;
7.全国第九届“广厦奖”:数据来源于2020年12月29日,第九届(2019-2020年度)中国房地产“广厦奖”第二批获奖项目名单;
8.国家体育产业示范项目:数据来源于体育总局关于认定国家体育产业示范单位和国家体育产业示范项目的批复文件。

DAJA大家 | 大美为家 MEGA HOME | 39周年
中国房地产百强企业
未来 更美好
大家房产 杭派精工践行者
39载开发历程 25余座城市覆盖 中国房地产开发企业100强
200余个市级以上奖项 近160个精品筑作 服务近14万户家庭
近120个市政公建项目 近2400万平方米建筑面积

恒通集团

HENG TONG GROUP

绿色生活运营商

YEARNING

FOR A BETTER LIFE

恒通建设集团有限公司，简称“恒通集团”，总部位于美丽的历史文化名城——扬州。恒通集团坚持以“绿色建筑与建筑节能”投资开发、建设运营两大版块为主营业务，利用可再生能源系统的“清洁能源”技术，立志“建好房子给老百姓住”，做城市“绿色生活运营商”，拥有智慧生态产业链和数据链两大平台，实践“绿色节能、智慧科技、健康可持续”三大主题，发展“绿色建筑、绿色研发、绿色空间、绿色运维、绿色金融”五类集群。运用大数据信息化互联互通进行管理。已形成建筑总承包、热泵及太阳能等技术应用和能源管理、门窗幕墙、装饰装潢，市政园林、土壤修复，物流运输，商业运营、不动产物业服务等业态多元、产业多样的绿色建筑生态产业链。

恒通集团坚持“守信务实、品质责任”的绿色发展理念起源于2002年。恒通人的“清洁能源”的绿色建筑技术已走在全国前列，2020年已进入全国绿建前十强，引领行业迅猛发展。目前在经营的公司有32家；其中：建筑板块9家、工业企业2家、不动产物业服务和商业管理2家，拥有国家一级资质11项，员工总人数约1700人，公司注册资本36008万元。

恒通人精诚敬业、面向未来、励志前行，创造了连续两年销售额过百亿元，2020年入库税收超10亿元的骄人业绩，一直是注册所在地扬州大市的纳税大户，多次荣获“纳税特别贡献奖”、“一等功”企业，为扬州和邗江的经济发展做出巨大贡献。2021年集团共有30多个项目，在售货值300多亿元。

恒通集团一方面继续深耕房地产主业，另一方面创新全产业链思维，探索了“2+1”发展模式。通过建筑版块、运营版块的发展反哺传统的房地产版块，转型建筑建造、智能装配、智慧社区、能源管理、生态（土壤）修复、污水治理和大数据运用等，形成“2+1”全生命周期产业链，为企业高质量发展夯实了基础。

2021年是恒通民营20年，恒通人的20年，是守护尊严，怀揣梦想，踏实苦干筑就广厦千间的20年，20年来始终坚持做一件事：绿色建筑、健康住宅。“植根扬州，就要做对得起这座城市的产品，做有良心的本土企业。”陈有川说，这就是恒通人“行胜于言”的诠释。

奥园
构筑健康生活
香港联交所上市编号:3883
Aoyuan
中国奥园传承奥林匹克基因，
秉承“构筑健康生活”品牌理念，
为人们提供更健康、更智慧、更美好的生活场景，
引领健康生活未来。
构筑健康生活
《财富》中国500强
《财富》中国最佳董事会50强
《福布斯》亚洲最佳上市公司50强

奥园美谷
惟德動天 無遠弗届
中国奥园
YY.COM

合景泰富集团
KWG GROUP HOLDINGS
合景泰富集团
以心筑家·创建未来
合景泰富集团成立于1995年，于2007年在香港联交所上市（股票代码HK.1813）。作为国内领先的城市综合运营商，合景泰富集团秉持“以心筑家·创建未来”的核心理念，旗下业务已涵盖地产开发、物业服务与商业运营、轻资产运营（酒店、长租公寓）、文旅、教育、大健康六大战略板块，并致力于通过多元化、高品质的产品和服务，探索城市文明新高度，为构筑城市美好生活创造无限可能。
KWG
BUILDHOME WITH HEART
CREATE FUTURE WITHASPIRATION

蓝光BRC
更懂生活 更懂你
更懂生活 更懂你
Better Life Better You
蓝光BRC

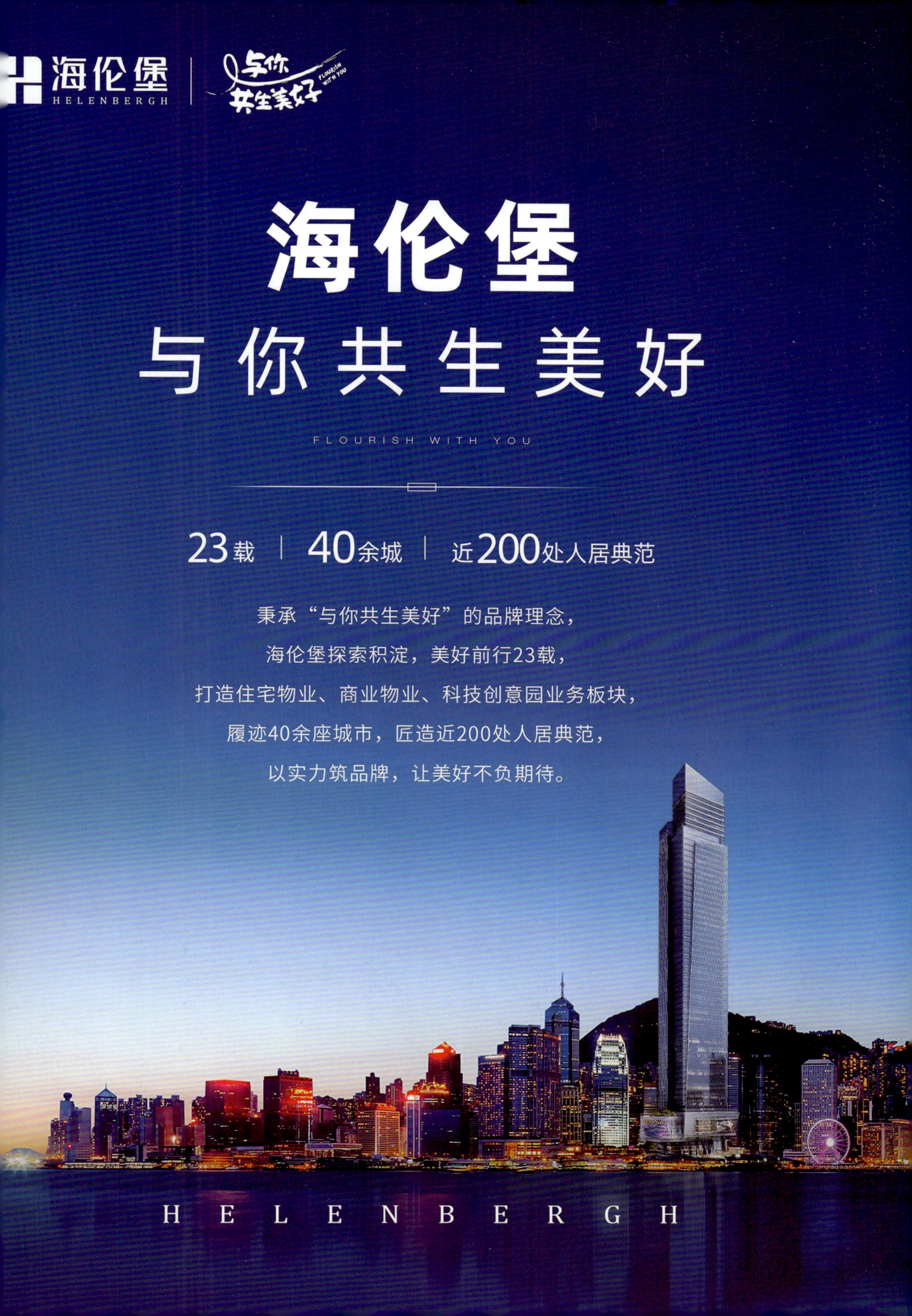
海伦堡
HELENBERGH
与你共生美好
FLOURISH WITH YOU
海伦堡
与你共生美好
FLOURISH WITH YOU
23载 | 40余城 | 近200处人居典范
秉承“与你共生美好”的品牌理念，
海伦堡探索积淀，美好前行23载，
打造住宅物业、商业物业、科技创意园业务板块，
履迹40余座城市，匠造近200处人居典范，
以实力筑品牌，让美好不负期待。
HELENBERGH

Newhope 新希望地产
EXQUISITE GREEN
NEW HOPE
新希望地产
精致著新 · 绿色赋新
精致著新，新希望地产，中国精致绿色房企，永怀初心，向阳生长，向新而行
与时代和鸣，与城市共新，脚步始终追寻美好之境。
www.xinxiwangdichan.com
成都|重庆|昆明|南宁|杭州|苏州|温州|宁波|嘉兴|南京|大连|沈阳|武汉|西安|广佛

华宇集团
责任华宇 幸福一生
TIME
TOG
华宇集团
HUAYU GROUP
责任相伴 行稳致远
TIME TOGETHER
38载 29城 230项目
华宇企业成立于1983年，华宇地产成立于1995年，华宇物业和商业公司成立于1997年，业如数字金融集团发端于2014年，华宇集团是一家以地产、金融、优家、建设为一体的全球多元化运营集团。截止目前，华宇集团累计开发楼盘230个，在售项目81个，遍布重庆、成都、杭州、南京、苏州、西安、武汉、合肥、广州、郑州、天津、宁波、沈阳等29个城市，开发规模逾3180万方，商业运营面积逾200万方，服务业主超68万人，提供金融投资及服务逾100亿元，回馈社会慈善捐款，超3.74亿元。
TOP 10
连续6年荣获中国房
开发企业经营绩效
AAA
连续18年荣获中国
AAA级信用企业
TOP 10
中国房地产企业
资金实力TOP10

星河湾集团
Star River Group
以科技驱动品质
全面升级
广州、北京、上海、太原、沈阳、西安、临汾
青岛、汕尾、海丰、长沙、江阴、汉口

云星集团
筑造优美生活

坚守品质 YUNXING GROUP 幸福筑家

专注筑造优美生活28载

云星五大产品系

YUNXING GROUP

精工 美学 绿色 宜居
创新引领，赋能美好生活

高端钱隆系—城市封面

高端公园系—大宅境界

精品御园系—东方府邸

品质别墅系—私家院落

商业办公系—精英气度

YUNXING GROUP

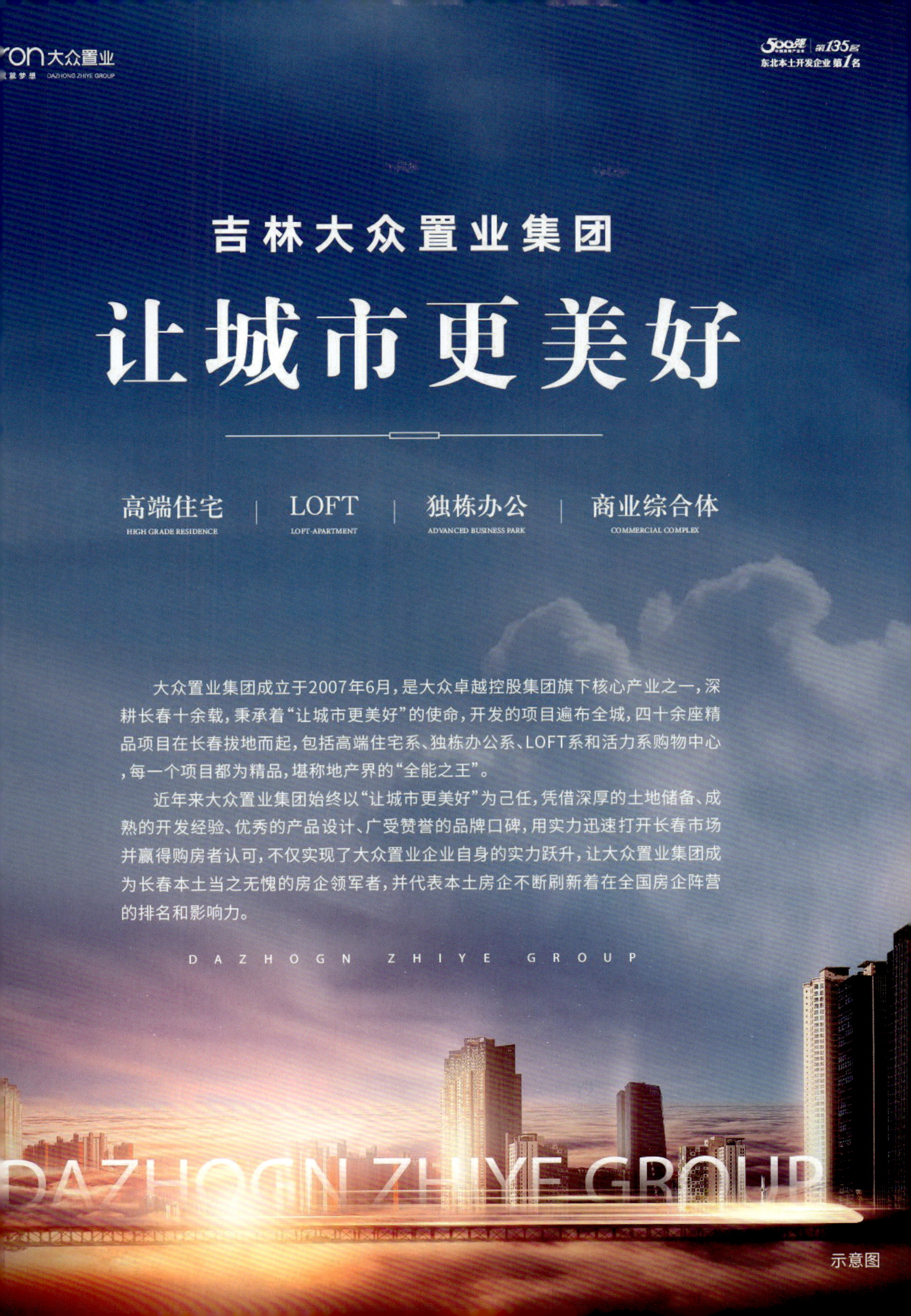
ron 大众置业
DAZHONG ZHIYE GROUP
500强 第135名
东北本土开发企业 第1名
吉林大众置业集团
让城市更美好
高端住宅
HIGH GRADE RESIDENCE
LOFT
LOFT-APARTMENT
独栋办公
ADVANCED BUSINESS PARK
商业综合体
COMMERCIAL COMPLEX
大众置业集团成立于2007年6月，是大众卓越控股集团旗下核心产业之一，深耕长春十余载，秉承着“让城市更美好”的使命，开发的项目遍布全城，四十余座精品项目在长春拔地而起，包括高端住宅系、独栋办公系、LOFT系和活力系购物中心，每一个项目都为精品，堪称地产界的“全能之王”。
近年来大众置业集团始终以“让城市更美好”为己任，凭借深厚的土地储备、成熟的开发经验、优秀的产品设计、广受赞誉的品牌口碑，用实力迅速打开长春市场并赢得购房者认可，不仅实现了大众置业企业自身的实力跃升，让大众置业集团成为长春本土当之无愧的房企领军者，并代表本土房企不断刷新着在全国房企阵营的排名和影响力。
D A Z H O G N　Z H I Y E　G R O U P
DAZHOGN ZHIYE GROUP
示意图

LONGJITAIHE

公司简介

隆基泰和集团成立于1995年，始终致力于中国新型城镇化建设，以文化商业旅游、地产开发、产业发展、金融服务、智慧能源等九大产业为支撑，集多元业态为一体的中心城市运营商。隆基泰和集团以“和城市 共生长”为使命，经过20多年的精细化运营，产业足迹已遍布20余个城市，荣获中国企业500强、中国房地产开发企业50强、中国物业服务百强企业、中国产业园区运营商50强等众多殊荣。

九大业务板块

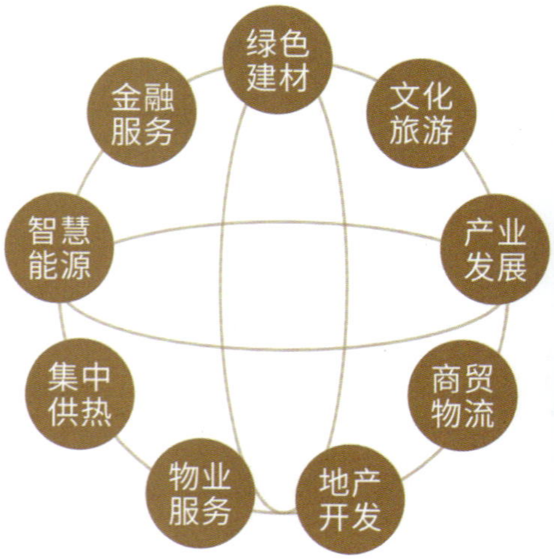

企业使命

和城市 共成长

万达集团
WANDA GROUP
万达广场就是
幸福生活中心
万达广场
万达广场

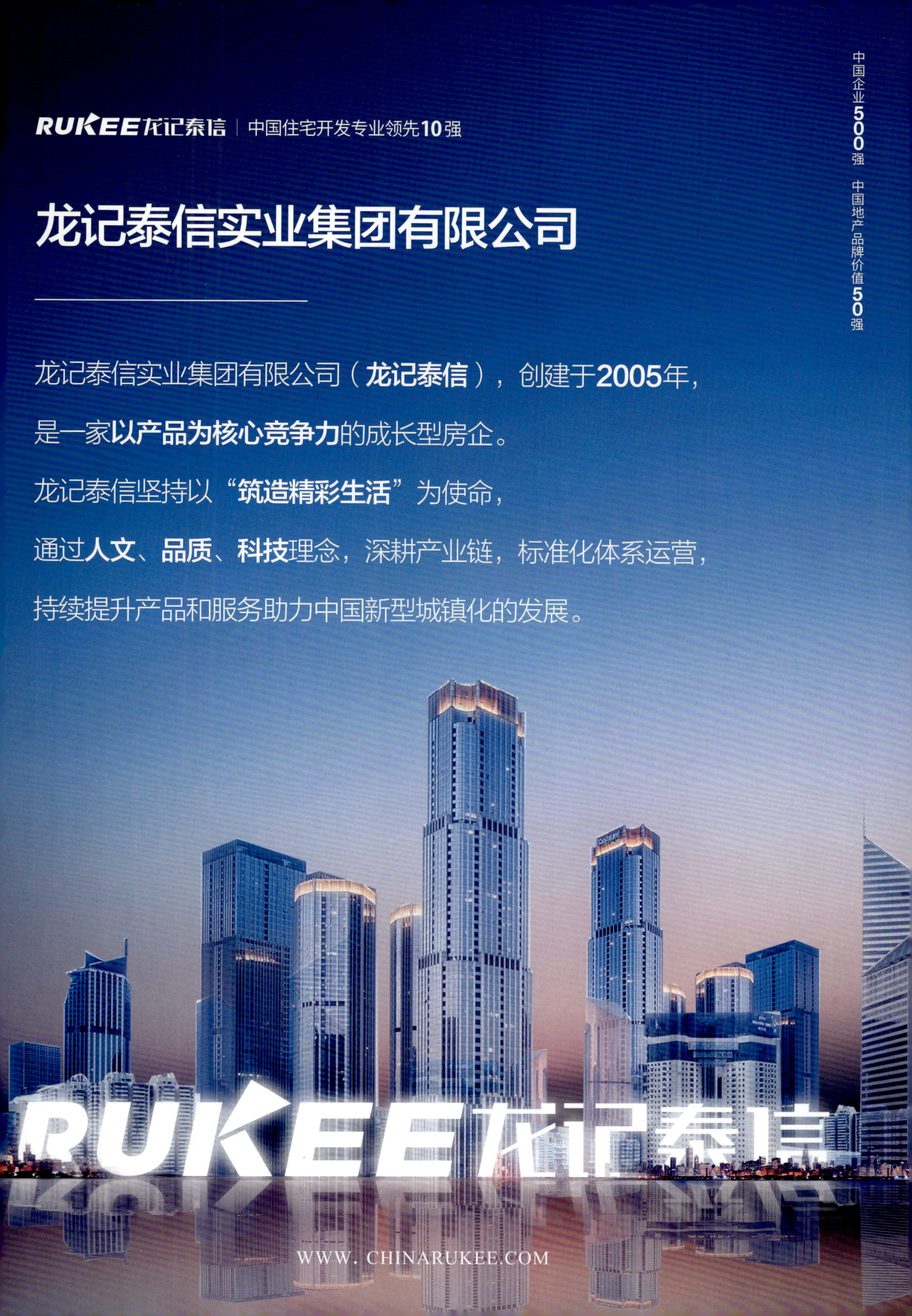
RUKEE龙记泰信 | 中国住宅开发专业领先10强
中国企业500强 中国地产品牌价值50强
龙记泰信实业集团有限公司
龙记泰信实业集团有限公司（龙记泰信），创建于2005年，
是一家以产品为核心竞争力的成长型房企。
龙记泰信坚持以“筑造精彩生活”为使命，
通过人文、品质、科技理念，深耕产业链，标准化体系运营，
持续提升产品和服务助力中国新型城镇化的发展。
RUKEE龙记泰信
WWW. CHINARUKEE.COM

鑫苑集团
XINYUAN GROUP
国际化科技地产生态引领者
地产开发
产城运营
融资代建
智慧科技
商业管理
物业管理
西安·鑫苑府

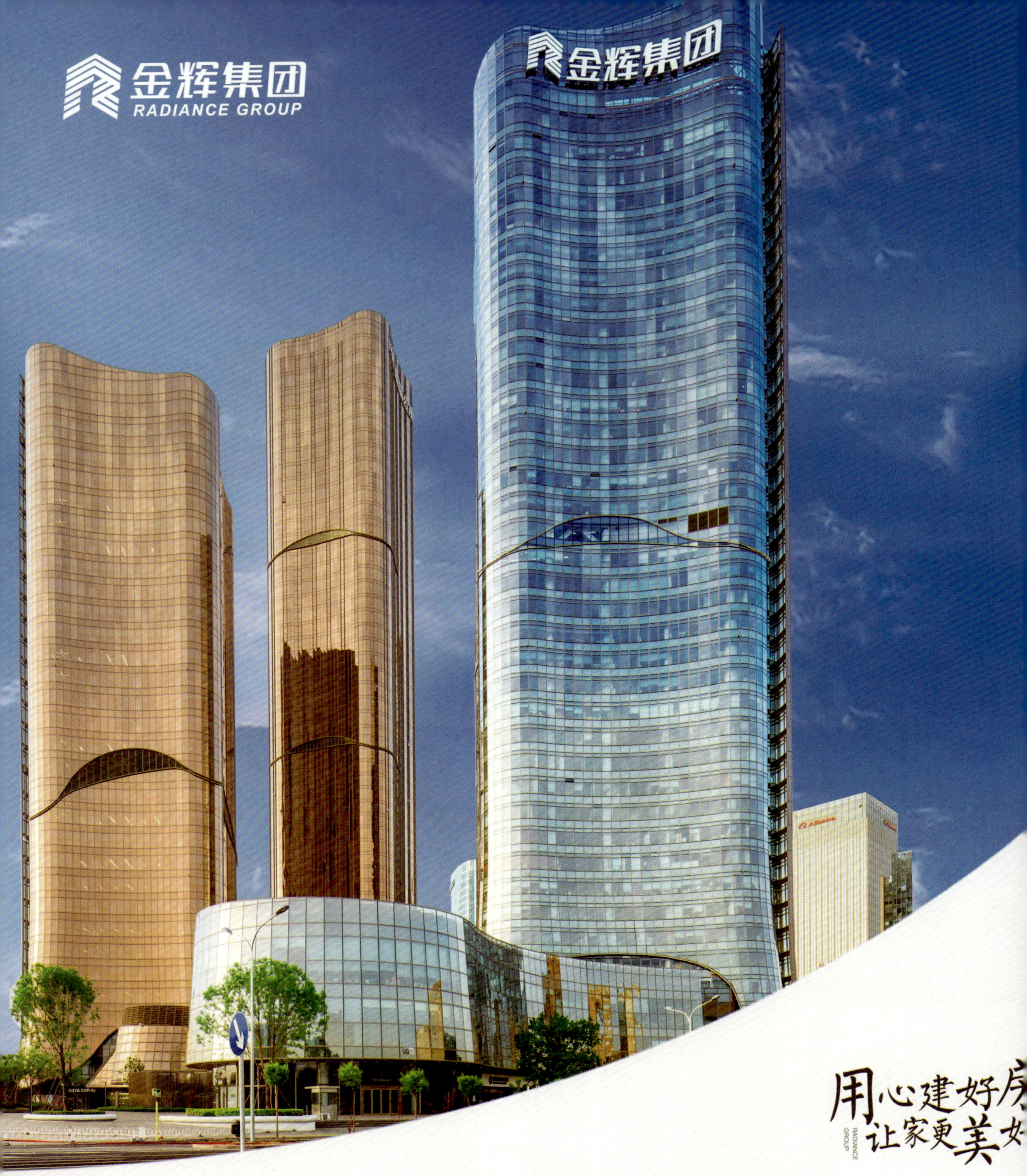
金辉集团
RADIANCE GROUP
金辉集团

融创中国
美好城市共建者

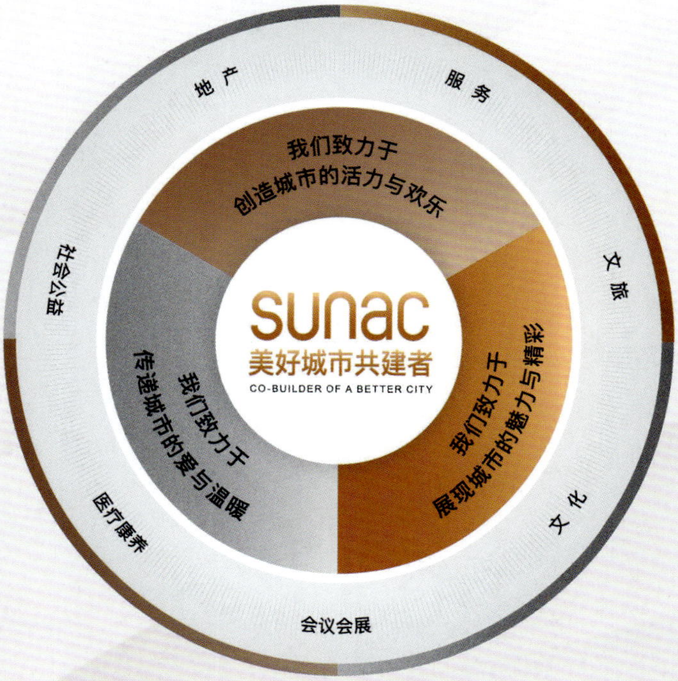

融创中国控股有限公司（01918.HK），香港联交所主板上市企业。成立于2003年，以“至臻·致远”为品牌理念，致力于通过高品质的产品与服务，整合优质资源，为中国家庭提供美好生活场景与服务，成为中国“美好城市共建者”。

融创中国以地产为核心主业，布局六大业务板块：地产、服务、文旅、文化、会议会展和医疗康养。经过17年发展，融创已是中国房地产行业TOP4企业，中国最大的文旅产业运营商之一，和中国最大的会议会展物业持有者及运营商。

融创地产-北京壹号院

融创服务-归心服务中心

融创文旅-重庆融创文旅城

融创文化-重点参与影视作品

融创会议会展-环球融创武汉国际博览中心

融创医疗康养-清华融创青岛医学中心

电建地产
Langold
南国置业
武汉地产集团
E·HOPE
洺悦城
置业新一线城市
当燃重庆洺悦城
南重庆·百万方·公园城市
建面约 101-137m² 瞰景华宅
建面约 136-142m² IMAX 宽景大平层
繁华商圈
轨道交通
公园大城
国匠精工
PARK·CITY·HOME
效果图

海纳云
HAINAYUN
国内引领的物联网
智慧社区/园区生态平台
AIoT SMART COMMUNITY/PARK ECOLOGICAL PLATFORM
领跑“数字中国”建设
助力“数字经济”腾飞
10+ 参与行业标准制定
12+ 联合实验室
32+ 智慧场景
50+ 行业应用
100+ 生态合作方
1000万+ 用户
网址：www.hainayun.net
地址：青岛 · 崂山 · 海尔云谷

中交地产
CCCG REAL ESTATE

中交地产是世界500强企业中国交通建设集团有限公司实现“五商中交”战略之“特色房地产商”的主要平台，也是“中交”品牌在房地产业务板块的直接承接者。凭借精确的战略规划、成熟的管理能力、专业的市场运作和优秀的人才队伍，以及对美好生活的不断追求，中交地产开启了特色特质高质量快速发展之路。

目前，中交地产旗下拥有70余家全资、控股及合营公司，紧紧围绕国家区域发展战略，持续深耕京津冀、长三角、珠三角、成渝、粤港澳大湾区、长江经济带等重点区域，全面实现华东、华北、华中、华南、西南、西北六大区域加代建集团的全国化布局。目前项目近百个，开发面积超过3000万平方米，2020年签约销售排名进入行业前50位。

未来，中交地产将继续坚守“美好生活营造者”的愿景，在质量坚持中寻求产品创新，在服务客户中践行初心使命，以央企责任塑造良心品质，用心用情打造“产品向美、始于颜值、终于体验”的更好产品。

股票代码 HK.0588 SH.601588
北辰实业
BEIJING NORTH STAR
服务国际交往
筑造理想空间
国际一流的会展品牌企业
国内领先的复合地产品牌企业

光明地产
BRIGHT LIFE
筑 亮 新 生 活
证券代码: 600708
光明地产
筑亮新生活
BUILDING A NEW LIFE
新地标的建设者
新生活的开拓者
新融合的先行者
新产业的创业者

JDNC 嘉定新城
JIA DING NEW CITY

远香湖

城市会客厅

CITY
RECEPTION
HALL

- 最美风景观光区
- 高效文化交流区
- 便捷生活体验区
- 综合商务展示区

紫薇地产
绽放城市生命力
Ignite City
INSPIRE LIFE
Ignite City
25 YEARS
新生绽放
1996-2021
紫薇地产25周年
与西安美好致新

ROBAM老板
创造中国新厨房
连续6年
全球更畅销
19th Asian
Hangzhou
杭州亚运会官方
独家供应
老板双腔大吸力油烟机8235S
ROBAM
老板燃气灶9B515
老板洗碗机WB755
老板蒸烤炸一体机CQ9
中国新厨房 老板4件套
油烟机 灶具 蒸烤一体机 洗碗机
连续六年全球更畅销资料来源：欧睿认证“老板油烟机连续6年全球更畅销品牌之一”“老板嵌入式灶具连续6年全球更畅销品牌之一”
资料来源：Euromonitor International，消费者家电产品2021版本资料：“更畅销”指前三品牌，以母品牌旗下零售量在2015-2020年数据计算。
产地：出自杭州老板电器股份有限公司

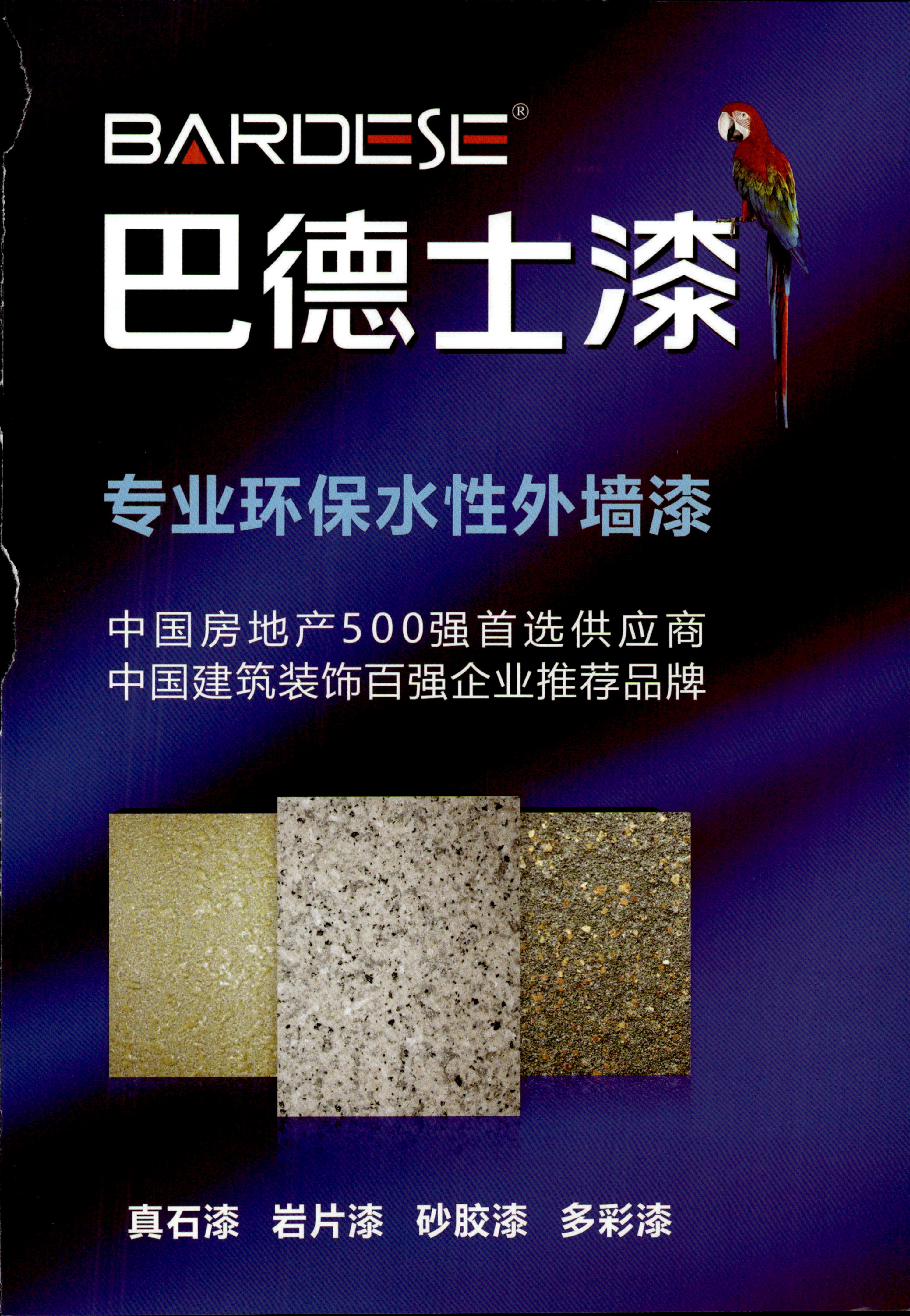
BARDESE®
巴德士漆
专业环保水性外墙漆
中国房地产500强首选供应商
中国建筑装饰百强企业推荐品牌
真石漆 岩片漆 砂胶漆 多彩漆

Lamett®
PASSION FOR FLOORS!
乐迈石晶
地板 • 墙板
Close to nature
您的健康生活专家！
Waterproof
防水防潮
Formaldehyde Free
无醛环保
Anti-slip
安全防滑
Impact Resistance
耐磨抗冲击
Sound Reduction
静音降噪
Easy Installation
易安装
Heat Resistant
可安装地暖
PASSION
FOR
FLOORS
Close to nature
石晶时代 美好生活
www.lamettchina.com